湖北咨议局文献资料汇编（上）

吴剑杰 主编
吴剑杰 李天松 陈祯琏 王兴科
严威 编

荆楚文库编纂出版委员会
武汉大学出版社

湖北咨议局文献资料汇编：全2册

HUBEI ZIYIJU WENXIAN ZILIAO HUIBIAN (QUANERCE)

图书在版编目(CIP)数据

湖北咨议局文献资料汇编(全2册)/吴剑杰主编.
—武汉：武汉大学出版社，2017.1
ISBN 978-7-307-18523-4

Ⅰ.湖…
Ⅱ.吴…
Ⅲ.咨议局—文献—汇编—湖北
Ⅳ.K296.3

中国版本图书馆CIP数据核字(2016)第195270号

责任编辑：朱凌云
整体设计：范汉成　曾显惠　思　蒙
责任校对：李孟潇
出版发行：武汉大学出版社
地址：武昌珞珈山
电话：(027)87215822　　邮政编码：430072
录排：武汉大学出版社
印刷：湖北新华印务有限公司
开本：720mm×1000mm　1/16
印张：59.75　插页：15
字数：830千字
版次：2017年1月第1版　2017年1月第1次印刷
定价：272.00元(上、下册)

《荆楚文库》工作委员会

主　　　任：李鸿忠

第一副主任：王国生

副　主　任：梁伟年　尹汉宁　郭生练

成　　　员：韩　进　肖伏清　姚中凯　刘仲初　喻立平
　　　　　　王文童　雷文洁　张良成　马　敏　尚　钢
　　　　　　刘建凡　黄国雄　熊承家　潘启胜　文坤斗

办公室

主　　　任：张良成

副　主　任：胡　伟　马　莉　何大春　李耀华　周百义

《荆楚文库》编纂出版委员会

顾　　　问：罗清泉

主　　　任：李鸿忠

第一副主任：王国生

副　主　任：梁伟年　尹汉宁　郭生练

总　编　辑：章开沅　冯天瑜

副总编辑：熊召政　张良成

编委（以姓氏笔画为序）：　朱　英　刘玉堂　汤旭岩
　　　　　　阳海清　邱久钦　何晓明　陈　伟　陈　锋
　　　　　　张建民　周百义　周国林　周积明　宗福邦
　　　　　　赵德馨　郭齐勇　彭南生

《荆楚文库》编辑部

主　　　任：周百义

副　主　任：周凤荣　胡　磊　冯芳华　周国林　胡国祥

成　　　员：李尔钢　邹华清　蔡夏初　邹典佐　梁莹雪
　　　　　　胡　瑾　朱金波

美术总监：王开元

出版说明

湖北乃九省通衢，北学南学交会融通之地，文明昌盛，历代文献丰厚。守望传统，编纂荆楚文献，湖北渊源有自。清同治年间设立官书局，以整理乡邦文献为旨趣。光绪年间张之洞督鄂后，以崇文书局推进典籍集成，湖北乡贤身体力行之，编纂《湖北文征》，集元明清三代湖北先哲遗作，收两千七百余作者文八千余篇，洋洋六百万言。卢氏兄弟辑录湖北先贤之作而成《湖北先正遗书》。至当代，武汉多所大学、图书馆在乡邦典籍整理方面亦多所用力。为传承和弘扬优秀传统文化，湖北省委、省政府决定编纂大型历史文献丛书《荆楚文库》。

《荆楚文库》以"抢救、保护、整理、出版"湖北文献为宗旨，分三编集藏。

甲、文献编。收录历代鄂籍人士著述，长期寓居湖北人士著述，省外人士探究湖北著述。包括传世文献、出土文献和民间文献。

乙、方志编。收录历代省志、府县志等。

丙、研究编。收录今人研究评述荆楚人物、史地、风物的学术著作和工具书及图册。

文献编、方志编录籍以1949年为下限。

研究编简体横排，文献编繁体横排，方志编影印或点校出版。

《荆楚文库》编纂出版委员会
2015年11月

湖北谘议局文献资料汇编

百零四岁辛亥革命老人喻育之

前 言

　　义和团运动后，清朝封建君主专制制度已无法原封不动地继续下去。在国内外和朝廷内外的压力下，最高当权者被迫同意对专制政体进行某些改变。于是，继1901年宣布实行"新政"，对所谓"无一成不变之治法"施行改弦更张后，1906年又决定预备仿行宪政，使君主制逐步过渡到君主立宪制。这一过程后来因为辛亥武昌起义、清王朝被推翻而终结。毫无疑问，清朝统治者在其最后十年中所进行的新政和宪政活动具有使自身进一步买办化和笼络立宪派、消弭民主革命运动的双重动机，但是，从君主制向君主立宪制的过渡毕竟是一次政治近代化的某种尝试，特别是各省咨议局的设立，为立宪派提供了合法的政治舞台，为他们提供了议政的场所和实践民主政治的机会。而这一切，曾经对辛亥革命前后的国内政局的演变产生过不容忽视的深远影响。

　　湖北咨议局成立于1909年10月14日（清宣统元年九月初一日）。此前一年的六月，清廷颁布了各省咨议局章程和议员选举章程，并谕令各省督抚迅速举办，实力奉行，"自奉到章程之日起限一年内一律办齐"。湖北咨议局的筹备经过和成立情况大致是：1908年9月设咨议局筹办处，由湖广总督指派督院大吏和在籍绅耆会同筹划办理；继设选举研究所以培训骨干，称司选员，于同年11月派往全省各县宣讲宪政大义，并按照有关章程规定，调查、登记选民，协助地方官筹备初选事宜。1909年6月2日，各厅州县均依议员选举章程进行初选，如额选出选举人113233名；同年7月31日于各府、直隶州进行复选，由选举人如额选出省咨议局普通议员80名、专额议员3名，共83名。9月，当选议员先期陆续会集省垣武昌，入议员讲习所学习规则章程，以"稍资历练"。10月3日，开预备会议，选举第一届咨议局议长1名、副议长2名、常驻议员15名。10月14日，咨议局第一次常年会正式召开，会期50天，至12月2日闭会。

按照咨议局章程规定，议员每届任期为3年。湖北咨议局第一届议员的构成情况大体是：从年龄结构看，在83名议员中，年龄最大的68岁，最小的30岁，平均年龄为44.1岁。从出身和文化程度看，在可查的68名（另有15名因资料缺损待补）议员中，有科举功名的62名，其中有进士5名、举人7名；历任中央和地方官缺的22名，其中官至道员的2名，翰林院编修1名，内阁中书、六部主事3名，同知、州判、知县、县丞、教谕、训导、都司共17名；国内中学堂以上毕业2名，留学日本者4名。从地区分布看，全省69个厅州县中，有夏口厅及嘉鱼、通城、汉川、宜城、郧西、保康、归州、恩施、宣恩、来凤、鹤峰等12个厅州县没有当选议员，其余57个州县多为1至2名议员，仅江夏、孝感两县各有3名。

湖北咨议局分别于1909年和1910年举行过两次定期的常年例会，应于1911年10月召开的第三次年会的准备工作业经就绪，因10月10日武昌起义的突然爆发而未能如期举行，咨议局的活动也因此而中止，它的会所成为革命军政府的所在地，它的一些领袖人物也参预了军政府的工作，不少议员后来又成为省临时议会的成员。

按照咨议局章程规定，各省咨议局每年秋季举行一次的常年会会期一般为40天（湖北咨议局第一次常年会因议程较多请准展延10天），各议员必须于会前一月齐集省城，准备和草拟提案。湖北咨议局常年开会的会议程序大致是：开幕之日，由湖广总督亲率文武大员莅临，并亲致贺词，议长致答词；然后分别投票选举若干议案审查委员会，如第一次常年会举有法律、预决算、税法及公债、陈情、资格审查、惩罚以及茶叶、矿业、规复应盐、荒政、工业等委员。各委员会一般由7人至9人组成，也有多至13、15人的，遂有一议员同时名列数委员会的情况。接着，会议进入对各项提案的审议阶段。按照有关章程规定，提交咨议局审议的议案分为三类，一为总督交议之案；一为议员提议之案，这类议案须有五名议员附议赞同；一为人民陈情建议之案，这类议案须有一名议员推荐介绍。不论何种议案，都必须先经由各相关审查委员会审理，决定是否提交大会审议。议案的审议程序一般是：主持大会的议长宣布审议某项议案后，先由咨议局办事处书记长朗读该议案原文，次由该议案提出人（如提出人缺席，由赞成人代表）报告该案提出之理由（如为总督交议之案，则由有关行政长官代表总督出席说明交议理由），或由相关审查委员会报告审理意见；然后，议长请各议员就该议案发表意见，最后付诸表决，如获多数赞成通过，则依原案径呈总督核批札复，或交由有关委员会修正补充后再呈。按照上述程序，湖北咨议局第一次常年会共受理提案80余件，交议66件，被大会审议通过并呈送总督核批的有31件。第二次常年会共议决呈送议案38件，受理与交议之件没有准确记载，大概不会少于上届年会的数量。这些议案的内容涉及本省学务、吏治、实业、农林、税政、民政、公益、灾赈及地方自治、外交等各个方面。对于咨议局上呈的议决案，总督批示或照准公布施行，或交由咨议局复议再呈（如年会闭会，则由常驻议员会议议复），或以种种"窒碍难行"而予以否决。当然，即令经总督批准公布实施并札饬地方官"切实奉行"的议决事项，绝大多数也是形同具文，但这是旧的官僚体制的弊害，不能因此否定或贬低咨议局的工作。

湖北咨议局虽然只存在了短短不足两年，而它留存的文献资料却是非常丰富的、有价值的。近几年来，我们十分留心搜集这类珍贵史料，但限于客观条件，目前能得到的远非全部，暂付阙如的当不在少数。现在辑入本汇编中的，主要是咨议局两次常年会议的记事录和议决案，第一次年会闭会后至第二次年会前的公文函牍，以及咨议局各项规则和议员名录等。还有一部分内容，则是湖北咨议局议长汤化龙、副议长张国溶在1911年四五月间各省咨议局联合会北京第二届年会上的几件提案，这些提案有的是受会议委任起草的，有的是以个人名义提出的，但都被议决通过。在这届年会上，曾任第一届联合会主席的汤化龙被选举为审查长。

关于本书的编辑工作，需要说明如下几点。

一、为方便使用，同时也使本汇编具有相对的系统性和完整性，编者选录了若干有关咨议局的上谕、奏折和咨议局的两个章程，作为本书的第一编。

二、本书所录各篇篇名一般不作改动（个别原无篇名者由编者代拟），并注明资料来源；对需要特别说明的部分文献，编者在适当位置加有按语。

三、本书所录各篇除行文中的避讳"抬头"一律改为接排外，格式仍旧，议案中用以表示不同层次所使用的序码也原则上不作改变，以存原貌。

四、编者只就文献原文进行标点和必要的校勘，不划分段落，不修订文字。凡原件中明显误置、脱漏和重叠的文字以及通假字，编者均据文意径予改正、增删和换成常用字，不另作标示。如："靡费"改为"糜费"、"三十二串六百"增为"三十二串六百文"、"则并须报告"删为"并须报告"、"为丛殴爵"改换为"为丛驱雀"等；凡疑有错讹又无法确断者，则分别用如下方式标示："如以之[资]挹注"（意即"之"当为"资"之误）、"眼[跟？]该商会"（意即"眼"恐为"跟"之误）、"失[？]后散赈一次"（意即"失"字有误）、"于法律上的知识不完足，于监狱法亦（不）清楚"（意即当脱一"不"字）；凡原文因漫漶不易辨识的字，则用□标示；个别语意不明、不顺的句子，则在句末用圆括号注明"原文如此"四字，如"本当给以手数料（原文如此）"之类。原文中，有通用义的文字经常同时出现，如"札复"、"札覆"等，编者均本着保存原貌的原则，不做修改。

五、本书所录议案或函呈中提及督抚等大员时，均仅书其姓氏，如"督部堂陈"，"前督宪赵"、"前阁督部堂张"，或仅书其谥号如"胡文忠公"等，编者均在其姓氏之后用圆括号加注其名，如"督部堂陈（夔龙）"、"前督宪赵（尔巽）"、"胡文忠公（林翼）"等，以便读者。

我们注意到，最近十年来，学术界对清末立宪运动和资产阶级立宪派的研究有了长足的进展，咨议局也逐渐为研究者所重视。这些研究的继续深化，必将有助于提高和加深人们对清季政治和对近代中国资产阶级整体的认识水平。湖北咨议局在各省咨议局中是极为活跃、影响较大的一个，它的主要领导人汤化龙等曾经是辛亥前后政坛中叱咤一时的风云人物。因此，对湖北咨议局及其代表人物作微观的个案研究，不仅是湖北地方史研究中不可或缺的环节，而且可望促进和丰富人们对咨议局、立宪派乃至清季立宪运动的整体的宏观研究。正是基于以上认识，我们选择了湖北咨议局研究这一课题，而本资料整理的汇编出版便是此项研究的必要准备，目的是为有兴趣于此的国内外同仁提供某些方便，借以赢得更多的合作者。

本书由吴剑杰主持编辑；参加资料搜集、整理与编辑的，有李天松及陈祯琏、王兴科等同志。朱雷教授、王承仁教授等对本书的编辑、出版甚为关切，多所献议。

最后，我们谨向为本项课题研究提供资助的中共湖北省委社会科学领导小组，向关心和支持本书的编辑和出版的武汉大学的校、系和出版社领导，向为我们搜集资料提供帮助的武汉大学图书馆、中国社会科学院近代史研究所等单位，致以诚挚的谢意。

吴剑杰
1990年11月11日
于武汉大学历史系

目 录

序言（吴剑杰） ………………………………………………………… 1

第一编　湖北咨议局之成立 ……………………………………… 1
 一、著各省速设咨议局谕 ……………………………………… 1
 二、宪政编查馆等奏拟订各省咨议局并议员选举章程折 …… 1
 三、咨议局及议员选举章程均照所议办理著各督抚限一年内
  办齐谕 ……………………………………………………… 27
 四、湖广总督陈夔龙奏遵设咨议局筹办处及办理情形折 …… 28
 五、湖广总督陈夔龙奏湖北第一年筹办宪政情形及第二年预备
  事项折 ……………………………………………………… 30
 六、湖北咨议局之筹办 ………………………………………… 34
 七、湖广总督陈夔龙奏报咨议局成立并议定该局经费折 …… 51
 八、湖广总督瑞澂奏湖北第四届筹办宪政情形折 …………… 52
 九、湖广总督瑞澂奏湖北第五届筹办宪政情形折 …………… 56

第二编　湖北咨议局规则 ………………………………………… 61
 一、湖北咨议局议事细则 ……………………………………… 61
 二、湖北咨议局旁听规则 ……………………………………… 73
 三、湖北咨议局办事处办事细则 ……………………………… 75
 四、湖北咨议局议事堂守卫巡警执务规则 …………………… 78
 五、湖北咨议局办事处书记执务细则 ………………………… 79
 六、湖北咨议局议长、副议长、常驻议员互选细则 ………… 84
 七、湖北咨议局税法及公债委员会办事规则 ………………… 89

八、湖北咨议局收受自治会或人民陈请建议规则……………………91

第三编　湖北咨议局第一次常年会议文献……………93
卷一　会议记事录（宣统元年九月初一日至十月二十日）……………93
卷二　会议议决案……………………130
第一　学务类
兴学筹款以广教育案……………………130
改良高等农业学堂案……………………167
改良法政学堂案……………………170
第二　农政类
推广农林以兴实业案……………………173
厅州县创农林劝办所规则案……………………178
兴茶业以开利源案……………………190
讲求宣防以除水患案……………………194
补助堤工案……………………200
筹办荒政以纾民困案……………………206
移民实边案……………………208
第三　实业类
规复应盐案……………………216
建设公司以维持膏业案……………………221
兴矿业以辟利源案……………………226
请奏争取消铁路借款草约归还商办以保利权案……………………229
铁路劝股方法案……………………230
保全商律以维持商务案……………………231
第四　税政类
清剔孝感县钱粮积弊并拟定办法案……………………237
清剔税契钱漕积弊案……………………242
照章核减典息以纾民困案……………………258

请提淮盐运商遵章应减款项案 259
　请撤下新河补捐鹅公颈局加抽案 261
　减少黄梅应山县烟酒糖税案 267
　军田估价总书揹册案 271
第五　吏治类
　整顿湖北吏治案 274
　实行裁汰书役案 278
　厅州县讼费划一规则案 280
　厅州县命案报验规则案 283
第六　其他类
　筹经费以办自治案 293
　咨议局调查事件请仍不用函询案 295
　禁止缠足案 296
　禁种洋烟案 299
附录：《湖北咨议局第一次常年会议决案报告书》叙言（鄞瑞松） 300

卷三　会议未议决案 302
　请撤两湖赈巢米谷捐补卡议案 302
　改军为民议案 303
　裁汰吏役议案 304
　淘汰教员以宏教育议案 305
　请清旧款以办新政议案 306
　清厘驿站空额以节糜费议案 308
　足兵食以保治安案 309
　修正会议规则议案 313
　力争实地调查议案 314
　振兴工业以广利源议案 315
　请通饬各州县划交税款并日后不准擅自加捐议案 316

续修湖北通志议案 …… 317
请革粮差及更换百甲议案 …… 318
除盗安民议案 …… 319
筹办积谷议案 …… 320
提议减少公费修正预算案 …… 323
请酌提军户公产以充铁路经费议案 …… 324
划一讼费议案 …… 325
请酌裁庙款以办自治及小学堂经费议案 …… 326
议员胡壬林增补筹款宣防以除水患议案 …… 328
提议清丈田亩案 …… 329
议员赵麟书提出秋米改征折色议案 …… 332

附录：议案审查委员会审查报告书 …… 334
 税法与公债委员会审查改军为民案报告书 …… 334
 法律委员会审查裁汰教员议案报告书 …… 335
 法律委员会第四次报告书 …… 336
 法律委员会农林议案报告书 …… 337
 法律委员会审查命案报验规则议案报告书 …… 338
 法律委员会审查筹款兴学议案报告书 …… 338
 法律委员会审查整顿吏治议案报告书 …… 339
 法律委员会审查议裁驿站案报告书 …… 339
 法律委员会审查禁种洋烟议案报告书 …… 340
 法律委员会审查讲求宣防议案报告书 …… 340
 法律委员会审查划一讼费议案报告书 …… 341
 税法及公债委员会审查划一税款并不准擅自加捐议案报告书 … 341
 税法及公债委员会审查请撤两湖米谷捐补卡议案报告书 …… 342
 税法及公债委员会审查清查户口议案报告书 …… 343
 税法及公债委员会审查清丈田亩议案报告书 …… 344
 税法及公债委员会审查筹办积谷议案报告书 …… 345

工艺特别委员会审查振兴工艺以广利源议案报告书 ………… 346
特别审查荒政委员会报告书 …………………………………… 346
陈情委员会审查郧县拔贡黄泽深浪用侵蚀绅富捐议案报告书 … 348
陈情委员会审查南漳士绅请劾县令议案报告书 ……………… 349
陈情委员会审查孝感县举人陈邦谷等陈控该县徐令议案报告书 … 351
陈情委员会审查陈请移民议案报告书 ………………………… 352
预算决算委员会审查清旧款以办新政议案报告书 …………… 353
预算决算委员会审查查核官局发行钞票议案报告书 ………… 354
会食规约特别委员会审查议员火食议案报告书 ……………… 354
咨议局审查刘尚桓等陈请事件之报告书 ……………………… 355
咨议局审查秋米改征折色报告书 ……………………………… 358
咨议局审查陈请水利议案报告书 ……………………………… 359
咨议局审查清厘州县罚款议案报告书 ………………………… 360

卷四 文牍 …………………………………………………… 361

札行准宪馆派员到局参观文 …………………………………… 361
札行禁烟误造谣言请速行更正文 ……………………………… 361
呈复英领事照会由 ……………………………………………… 362
呈请复加选定资政院议员并送当选人名册由 ………………… 364
札行黄议员赞枢控案文 ………………………………………… 364
呈请从赈款项下拨款移民并咨部减车价由 …………………… 367
呈请减收电费由 ………………………………………………… 368
札行呈请电信减费未照允文 …………………………………… 369
呈请批示呈报各案由 …………………………………………… 370
呈请收回分行司道核议各案批示施行由 ……………………… 371
呈请批示议决各案文 …………………………………………… 372
呈请将本局议决已经裁夺各案分途公布严饬实行文 ………… 373
札复议决各案公布方法文 ……………………………………… 375
呈请莅局监督选举副议长文 …………………………………… 376

札行莅会监督选举副议长文 ……………………………………… 377
呈请照会张议员国溶被举副议长文 …………………………… 377
呈请彻查冯革道私有地皮按律充公文 ………………………… 378
呈请饬嘉鱼县各典商遵章实行减息文 ………………………… 379
札复嘉鱼县贡生涂德楷陈请核减典息文 ……………………… 380
札复遵办核减典息案由 ………………………………………… 380
札行奏派员赴各省考察宪政办法文 …………………………… 381
请彻底清查豁免无屯军户税契文 ……………………………… 381
札复况思文等陈请豁免无屯军户税契文 ……………………… 383
呈请将各署局所单行规则章程及属于行政经费预算案并提议
　各案统于七月二十日交局文 ……………………………… 386
呈请札饬各署局所发交各单行章则文 ………………………… 387
札送各署局所单行章则文 ……………………………………… 388
札复行政经费预算案俟部奏交议文 …………………………… 388
呈复当选督署会议厅审查科士绅文 …………………………… 389
札行准奉天清理财政局监理官熊京卿电请议筹接济营口
　饥民办法文 ………………………………………………… 390
呈复筹款安插饥民开垦文 ……………………………………… 390
呈复筹集移垦款项仍扣拨薪费文 ……………………………… 392
札复呈复营口鄂省饥民筹商安插办法文 ……………………… 394
呈请咨达度支部将川淮盐要政加价仍归专办学款文 ………… 395
呈请咨部将要政加价一款免行提拨批 ………………………… 397
札行本局第二届开会业已先期召集文 ………………………… 397
呈请督院发交议案文 …………………………………………… 397
孙议员提议清厘各州县罚款 …………………………………… 398
咨议局为国债事复鄂护督函 …………………………………… 400
孝感县士绅陈请咨议局纠举县令劣迹书 ……………………… 401
咨议局驳官绅互讦纠葛呈护院文 ……………………………… 403

咨议局移复藩学臬三司文 …………………… 405
　　瞿鸿宾科长陈请咨议局书 …………………… 406
　　鄂督札饬抄呈单行章程规则以备札咨议局行各署局所文 ………… 407
　　鄂督札饬清理财政局移行各署局所另缮地方行政经费预备
　　　交咨议局议决文 …………………… 408
　　鄂督札发北咨议局预算总册表札文 …………………… 408
卷五　名录 …………………… 410
　　湖北咨议局第一次会期议员录 …………………… 410
　　湖北咨议局第一次会期议长、副议长、常驻议员姓名表 ………… 413
　　湖北咨议局第一次会期议长、副议长、常驻议员更迭表 ………… 413
　　湖北咨议局第一次至第二次会期议员出缺补缺一览表 ………… 414

序 言

吴剑杰

20世纪的最初十年,是中国资产阶级真正独立登上中国近代政治舞台并导演出有声有色的历史活剧的年代。在这十年中,资产阶级的左右两翼分别领导着两种平行发展的政治运动,革命派以"民主共和"为旗帜,创立三民主义学说,组建革命团体同盟会,发动武装起义;立宪派以"君主立宪"为主义,宣传中国只可行立宪不可行革命,组织宪政社团,发起国会请愿运动。当然,历史究竟不是活剧,它比活剧要丰富、复杂得多。威武雄壮的辛亥革命终于导致中国最后一个封建王朝的覆灭,这一划时代的不朽伟绩早已彪炳史册,并且愈来愈显示出它不可替代的历史和现实价值;与之异曲同工的立宪运动在最近十年来也开始受到应有的重视,尽管学者对它的认识和评价还未尽一致。其实,只要认同立宪派和立宪运动的资产阶级属性,又恰如其分地将它与清朝上层统治者推行的所谓"预备立宪"的主观企图区别开来,就不难理解其历史的进步性,因为历史表明,正是资产阶级立宪派的理论宣传、舆论鼓吹和请愿活动,才推动和迫使清政府决定和加快了立宪的进程,而不是清廷的"预备立宪"诱发或操纵了立宪运动。

立宪派长远的终极目标是在中国逐步建立起英国式或日本式的君主立宪制的资产阶级国家,其近期的直接目标是缩短立宪的预备期限,尽速召开国会,提前组成责任内阁政府,以期取得议政、参政权。1909年各省咨议局的成立和1910年中央资政院的成立,无疑是立宪派实施其近期目标的积极成果。立宪派虽然没有像革命派那样组成有明确政治纲领的政党如同盟会,也没有一致公认的领袖人物如孙中山,但它却以江浙湘鄂直奉等省立宪党人为中坚，以国会请愿同志会和各省咨议局议员联合会为联系纽带，以各省咨议局为活动舞台，造成了比革命运动更具有统一性的立宪运动。在这个运动中，湖北立宪派有着举足轻重的作用和广泛影响，它的领袖人物汤化龙曾参与发起国会请愿运动，后来又当选为各省咨议局议员联合会主席，他领导的湖北咨议局则成为各省咨议局的联络中枢。因此，汤化龙与张謇、汤寿潜、谭延闿一起，成为叱咤当时的著名人物。基于以上认识，笔者认为对湖北立宪派及其在咨议局中的实践活动作个案研究，无疑有裨于清末立宪运动和立宪派整体研究的深化。

关于咨议局的性质，过去人们一直认为它和资政院一样，都是"以钦命来决定的御用机构"或"捧场机构"。近些年来，有的论者提出异议，认为咨议局"是具有相对独立性的政治权力机构"，甚至认为它是"类似资产阶级议会的机关"。笔者以为，这两种认识似乎都有失偏颇。根据《咨议局章程》的有关规定和清朝中央对《咨议局章程》的解释，涉及咨议局性质和职能的条文大约不外如下几点："咨议局为各省采取舆论之地，以指陈通省利病、筹计地方治安为宗旨"（《咨议局章程》第一条）；"凡地方应兴应革事宜，议员公同集议，候本省大吏裁夺施行，遇有重大事件，由该省督抚奏明办理"（光绪三十三年九月十三日上谕）；"咨议局之设，为地方自治与中央集权之枢纽，必使下足衷一省之舆论，而上仍无妨于国家统一之大权"、"咨议局即议院之先声"、"夫议院乃民权所在，然其所谓民权者，不过言之权而非行之权也"、"况咨议局仅为一省言论之总汇，尚非中央议院之比，则其言与行之界限尤须确切订明，不容稍有逾越"（光绪三十四年六月十四日宪政编查馆奏折）。由以上所引各条中似不难判断，咨议局只能是一种对本省利病和兴革事宜实施"指陈"和"集议"的议政机关，它虽然具备了西方议会的某些民主形式，但它所作的决议必须经地方督抚甚至中央朝廷裁夺办理，因而不具有立法效力这一代议民主制的本质功能，所以不能认为咨议局是所谓"具有相对独立性的政治权力机构"。另一方面，从咨议局审议和决定的事项看，多数议案并非由各省督抚交议,即使对督抚交议的少数议案,也间有被议员否决和修正的情况。仅此一层,便很难说它是清政府的御用机构或捧场机构。因此,无论在理论上和实践上,咨议局都应该认为是一种遵循一定民主程序对本省利弊兴革等项行政事宜实施提案和审议的议政机构。

从以上对立宪运动和咨议局的总体认识出发,本文拟从议政程序、议政态度和议政效果三个方面,对湖北立宪党人在咨议局中的议政实践作初步的考察。

一、议政程序

关于咨议局的议政程序,宪政编查馆奏定的《各省咨议局章程》未作具体的明细规定,准许各省咨议局"自行酌定",报该省督抚批准执行。据此,湖北咨议局曾制订《湖北咨议局议事细则》(下文简称《细则》)共126条,其中涉及议政程序的规则就有43条,主要内容是:一、每次大会非有议员半数以上到会,不得开议,已至应开议时间而到会议员不过半数时,议长得指定候延时间,如届时仍不达半数,则宣告延会。二、关于议案:由总督交议之案,应于每次常年例会前四十五日备文并详具事实理由交送咨议局;由议员提出之案须有议员五人以上附议赞成;由各州县自治团体或绅民陈请之案须由议员一人推荐介绍。咨议局每次年会应依提案内容选举设立若干议案审查委员会,上列各类议案"非经各该委员会审查后,不得付于讨论"。三、关于讨论与审议,《细则》规定:议员对于议事日表所载之各案欲发表意见,须于会议开始前预将其姓名及反对或赞成之旨,通告书记员以制订发言顺序表;开议时,议长先命书记长朗读提案原文,继令提出或审查该案者报告提出理由或审查意见,然后"依发言表先命反对者发言、次赞成者发言、次命反对与赞成者交互发言"。四、表决:对经过讨论的提案,一般采取赞成者起立的方式进行表决,"认定起立者过到会议员之半数,由议长宣告可决",予以通过;如果"可否同数,取决于议长"。当议长认为必要或有十名以上议员要求时,则采取记名或不记名投票方式表决;如遇意见分歧较大,可归纳为甲乙丙丁等多种意见,用红绿黄白等多种色票投票表决,若投票后皆不过半数，则该案作为废弃。凡经多数议员表决通过的提案，称为议决案，须于七日之内由书记员清缮定案后交由议长呈于总督裁夺。此外，《细则》还对提案的修正、复议、质问、纠举以及投票办法等，均有详尽的规定。如果加上《咨议局章程》已有明确规定的诸如"凡议案有关议员本身、亲属及职官例应回避者，该议员不得与议"；"凡议员于咨议局议事范围内所发言论，不受局外之诘责"；"凡议员除现行犯罪外，于会期内非得咨议局承诺，不得逮捕"等项内容，可以看出，湖北咨议局在议政活动中已具备了西方议会制度所必须具备的基本的民主程序。

按照《咨议局章程》规定，议员任期为三年，每届咨议局在三年内应于每年阴历九月召集一次例会，称常年会或年会，会期一般为四十天，如有必要可延长十天。于宣统元年九月初一日（1909年10月14日）成立的首届湖北咨议局分别于当年和次年举行过两次常年会，会期分别为五十天和四十天。从这两次年会的《纪事录》和《速记录》等文献资料看，湖北咨议局是严格照上述议政程序进行工作的。据统计，经第一、第二次年会讨论通过的议决案分别为31件和38件。这69件中由湖广总督交议的为12件，仅占总数的17.4%，由议员提出的为40件，约占58%，由绅民陈请的为17件，约占24.6%。这69件议决案和其余未获通过的一百多件提案在交付大会讨论前，均经过有关审查委员会的审查，为此，湖北咨议局除设立法律、预算、税法及公债、陈请、资格审查、惩罚六个常设委员会外，还依据提案内容增设教育、民政、荒政、工业、实业、矿业、茶叶等专门委员会。对于不符合有关程序规定的提案，议员有权拒绝审议讨论，如第二次年会中，议员蔡中灵提出的"严禁私用门丁并裁革承启另拟办法"议案交付大会讨论时，蔡本人因病缺席，须由该案赞成员周某代为陈述理由，而周竟称"这个议案虽有我的名字其实我并不晓得"，还说提案中所拟办法"未必能做得到"，表明自己实际并不赞成此项提案。于是，大会以议员提出议案必须有五人赞成始可提出公决为由，判此案为程序规则不合，手续不完备，决定待"补足赞成员数再议"。湖北咨议局对议员在会期内言论自由权利亦曾照章予以严格保护。

第一次年会曾讨论通过了议员卫寅宾提出的"禁种洋烟案",该案要求"重申宣统元年收获后不准再种罂粟之令",并请总督通饬各府州县照会城乡公正绅董组织禁烟会,对查禁不力的地方官员可随时指控撤参。厉行禁烟的结果,必然危及英国的在华利益,于是英国驻汉口总领事馆照会湖广总督,以咨议局议员"乱言挑动百姓均存排外之心"为由,令其札饬咨议局"速行更正"。咨议局立即强硬答复:"查奏定咨议局章程第三十九条'凡议员于咨议局议事范围内所发言论,不受局外之诘责'等因。是本局议员议事自有权限,非该领事所得干涉,如凭私报递加诘问,尤为法律所不许。……该领事辄谓本局以乱言上禀,非惟事涉无稽,亦且诬枉太甚,固非本局所能受。……拟请督部堂照复英领事,嗣后本局议员于咨议局范围内所发言论,该领事不得任意诘责,以符馆章而重国权。"在第二次年会上,咨议局再次提出并通过了《重申种烟禁令案》,要求采取强制措施禁种鸦片。

在处理与地方督抚的关系上,湖北咨议局竭力维护有关章程所赋予的议政权,并严格遵循有关程序,与官府往复交涉。按照《咨议局章程》规定,咨议局有权"议决本省单行章程规则之增删修改事件"和全省预算决算;《湖北咨议局议事细则》规定"总督提出之案,应于每届常年会期四十五日以前备文详具事实理由,交付咨议局"。据此,湖北咨议局于第二次年会前呈请总督将所属各有司衙门单行章程规则、行政经费预算及提议各案于阴历七月二十日前交付咨议局,以便开会议决。后总督复称本省各项章程规则"卷帙甚繁,范围亦广,勒限抄齐,终恐有挂一漏万之弊",请咨议局先行指定最紧要项目抄呈送审。七月十七日,湖广总督瑞澂即将经咨议局指定的关于教育、实业、财政、警务等类规则章程共43件,提前送交咨议局,但所提议案迟至年会开幕之日始交付3件而预算案仍未交付。对此,瑞澂解释说:"议案应该在三十日以前交出,一因为晋京耽延,一因为回来事忙。"但许多议员并不谅解。议员郑万瞻发言认为,总督交付审议的有关学务、警察和自治等三项提案均以经费为前提,"要办此事不能不筹款,筹款的方法非通盘筹划,无从下手。

现在是预备立宪第三年,照章要发交预算案,预算案交下,我们才有讨论的方法",强烈要求总督将预算案速即交付。副议长张国溶也认为总督发交预算案是审议其他三项议案的"先决问题"。最后,大会决定将总督交付的三项议案"暂缓议决",一面由议长催促总督速交本年财政预算。几天后,瑞澂致函咨议局,称已饬财政局赶紧办理,将行政经费预算册于九月十五日前发交咨议局;又说"因预算清单册籍繁多,该局能否如期办到,尚未可知,要之,此册必交必速,则已为本衙门定议矣"。虽然留有余地,但终究未敢再拂逆舆情,表示尊重咨议局的议政职权和程序要求,尽速发交财政预算案。

二、议政态度

章程决定,咨议局有权指陈本省利病和集议兴革事宜,但它所议决的兴利革弊事项必须经地方督抚裁夺,即令有被裁可公布的议案也不见得都能实行。湖北咨议局的议员仍然本着上不辜政府求是之心,下不违人民负托之愿的认真态度,勤勉地工作。议长汤化龙在咨议局第二次常年会开幕时致词,大意说:本次会议应专注于政治问题和财政问题。政治问题涉及全国,以一省之力固难解决,但属于本省地方行政范围之内如教育、实业等问题,本局有议定之权。财政预算至今尚未交议,以势揆之,必不能满足我辈之希望,但议决预算为我局之职权,此种职权断不可以抛弃。"我辈既被选为议员,当以国利民福为唯一之目的,积极之进行与消极之限制,苟可达此目的,皆为我同人之所宜究心。"又说:"各国议制,群策兼进,有政府为之导河,有人民为之后盾,是以议会择言有遵循之途而无纷靡之习。吾国朝野鼎沸,政府向治虽殷,而无一定之政令可据;人民袖手待治,权利之心虽日竞日盛,而责任之义绝不己属,徒以舆论代表责诸咨议局。勿论能力薄弱,知识有限,而以全省大计属诸有数之人,即无遗误,必多挂漏。由是以观,议员之所处如是可危,各方面之环绕亦无所恃,以云进行,岂不难议员等谬膺斯选?"这段话集中地反映了湖北立宪党人参与议政的矛盾心理。在西方实行代议民主制的国度里,议会以选民为后盾,以民意为归宿,议会提案由议员提出，议会决议具有法律效力，行政官吏只有执行的义务，没有裁夺的权力。汤化龙等立宪党人显然意识到咨议局不可与西方议会职能同日而语，但基于君主立宪的政治信仰，又不甘抛弃那个"向治虽殷而无一定之政令"的皇帝所赋予的审议地方行政、预算之类的所谓职权；虽明知咨议局的处境艰难可危，仍表示"惟有于千曲百折之中，力图补偏救弊之策，相辅行政长官筹备宪政，遂厥天职"。他们确实在尽职尽责、兢兢业业地工作。

如前所述，湖北咨议局第一次常年会共审议通过了31件议案，只占全部80余件提案的大约37%；第二次常年会共审议通过了38件，提案总数未见明确记载，当不会少于上次年会。这些提案内容涉及地方教育、实业、农林、吏治、刑狱、税政、赈济、民事、外事等各个方面。清朝咨议局年会一般仅为40天。如湖北咨议局第一次年会虽有50天，但会议的前20天都用于进行开幕式、通过各项规则、选举各审查委员会，最后一天则用于选举资政院议员和闭幕式；在剩下的29天中，共举行过15次全体大会以审议提案。每次会议一般从下午1时至下午5、6时。实际用于议案审理的时间，总共不足60个小时，故每次会议都安排审议3至5件，最多一次会议竟达9件之多，真正用于议员发言讨论的时间极其有限。因此，咨议局不可能对交付审议的每一件提案都进行充分的民主讨论，但议员们并不以此懈怠自己的工作，不负责地随意臧否。对于包括总督交议、议员提出和绅民陈请的各类议案中的某些重要议案，咨议局往往能相对地集中时间进行比较充分的审议。如第一次年会对总督提交的"兴学筹款以广教育"一案，便用了一个下午还多的时间，逐纲逐条逐目地进行讨论，共作出17处否决、补充和修正的决定，并附具理由和办法，呈送总督裁夺；总督复称"所议各节，颇多可行"，但教育经费如何筹措，请咨议局"再行研究，妥议具复"。咨议局于是再次复议，"悉心讨论"，提出裁减签捐局24项冗费计29万两以抵充教育经费的建议，专册呈核。尽管这项建议因签捐局的抵制而未能实现，但足以说明咨议局议员们的议政态度是严肃认真的。在第二次年会上，议员孙传烈提出"以征收税契机关委任自治团体"一案，提案认为，全省各州县每年征收契税收入当在180余万两，按规定应解省财政140余万两，但实际各州县报解额只有该州县契税收入的一半或不及一半，有的甚至只及数十分之一，"其余概为官吏所中饱"。因此，提案主张将税契征权转归州县自治团体，由地方士绅负责征收，以杜中饱。对此，咨议局用了大约两个小时的时间进行辩论，有议员19人次就此发言，最后予以否决，原因是认为在理论上和事实上暂时还办不到。因此，只能就原办法"量为变通"，甚至"忍而受之"。尤值一提的是，湖北咨议局对于有关振兴地方实业、维护工商业者利益的提案一般都给予了足够的重视，经讨论通过的此类议决案即达19件之多，不仅居各类议决案之首，而且提案通过率也是最高的。此类议决案中有关于发展本省铁路、矿业、盐膏、茶林的，有收回厂矿利权的，有整顿税捐以利流通的，有维护投资人合法权利的，其中对于由议员陈登山介绍江忠谦陈请"保全商律以维持商务"一案的审议，最能集中地反映咨议局所具有的资产阶级倾向。江忠谦曾以8000两白银加入汉口北丰有限公司为股东，但公司经理人刘某私将其列名董事，江以不合商律，未予签字承认，并诘责刘某除名换票，刘多方推延不改。后该公司破产倒闭，原公司债权人同大钱庄欲索赔债款，投诉于夏口厅，该厅竟判处由江忠谦等四股东认赔亏欠，"压力横至"。江申诉无门，乃陈请咨议局保护，说："职虽微薄，苟可以一赔而息两造之争，偿各钱庄之累，亦复何辞？无如公理所在，商务攸关，公司律一日不保全，商务前途何堪设想？"咨议局经过认真调查、审理，确认"该案于商律施行大有关系，延久不结，任其纵情违法，则商律势同虚设"，并就夏口厅判决之"曲断之处，分别指陈"，谓其"舍法律而勒赔于殷实四商"、"舍不遵商律办理之人，遂择肥而噬之智"及徇情左袒、诬陷无辜，要求湖广总督严饬夏口厅按照商律秉公迅结。

但并不是说每位议员都具有同等的议政能力和热情。这一点，可以从以下的几种统计得到说明。从大会出勤率看。据第一次常年会《记事录》统计，在审理提案的15次全体会议中，除3次到会议员分别为64

人、57人和56人外，其余11次均在54人至43人之间（有一次大会无出席人数记载），平均每次为50人，只占议员总数83人的61%强。有两次大会因规定开会时间到会议员不过半数而推迟半小时开会，另有一次因推迟后仍不满议员半数而延期开会。这一统计表明，至少有三分之一以上的议员对会议缺乏热情。从讨论发言情况看，第二次常年会《速记录》第2~5号记载了宣统二年九月初三、初五、初八、初十共4次大会审议提案的情况。这4次大会共审议提案26件，有议员25人先后发言106次，其中发言5次以上的有张国溶（22次）、吕逵先（12次）、阮毓崧（12次）、胡瑞霖（7次）、李继膺（7次）、周孚（7次）、汤化龙（6次）、郑万瞻、张中立（各5次）等9人，共发言73次。这一统计表明，至少在这4次大会上，出席议员的绝大多数或一言不发，或很少发言。在发言较多的上述9人中，汤化龙、张国溶是正、副议长，湖北立宪派的领袖人物。其余7人除张中立身份不明外，也都是立宪派中坚，并与汤化龙关系密切，如吕逵先是武昌商会会长，是汤化龙在经济上的主要支持者，周孚是吕的家庭塾师，胡瑞霖与汤化龙是姻亲，李继膺是汤化龙留学日本法政大学时的同学，郑万瞻是咨议局常驻议员，阮毓崧是汤化龙的亲信。按照李继膺的说法，这些人构成了汤化龙立宪派集团的核心。他们是湖北咨议局中最活跃的人物，并联系和团结着其他立宪党人和具有立宪倾向的官绅议员，实际上领导和控制着咨议局的议政活动。所以，从这个意义上说，我们有理由认为湖北咨议局的议政活动实际上是湖北立宪党人的一次议政实践。

三、议政效果

如前所述，各省咨议局只对本省范围内的兴革利弊事项有"与议之权"，它所通过的议案必须经督抚裁夺，或批准公布施行，或令其复议补正，或径予否决。因此，评价咨议局的议政效果，首先必须考察它所呈送的议决案是否能得到督抚的裁可；其次，要看被裁可并公布施行的议决案是否真正得到贯彻实行。

湖北咨议局两次常年会讨论通过的69件议决案中，属于所谓"兴利"的有 26 件,"除弊"的有 30 件,另有 13 件属办自治、警察之类。"兴利"一类议决案,主要涉及教育、实业、农林、荒政等,"除弊"一类议决案,主要涉及吏治、漕粮、税捐、禁烟等。对于咨议局呈送的上述议决案,湖北大吏开始并不十分在意,往往迟迟不作答复,如第一次年会呈送的 31 件议决案,仅有 12 件是在年会期间及时作出批复,其余各件则多被搁置不理,直至下一年四月,咨议局在《呈请批示议决各案文》中仍说"去年议决各案,未蒙批示者尚居四分之一"。这一年第二次常年会开幕时,议长汤化龙再次就议案批复问题向出席仪式的总督瑞澂提出:"议案之必经督抚裁夺,所以求议决、执行双方之合意也。顾裁答之期宜在会期之内,可行,则议员全体均知其有效,不可行,则更张补正,亦有置喙之余地。非是则议案迭上,裁夺期遥,终一会期,可行不可行均在不可知之数。……蹉跎岁月,虚掷无裨,年复一年,收效何日?"经过这次力争,第二次年会期间和会后呈送的 33 件议决案,绝大多数都能在递达后三五天或十天半月之内得到批示,并且没有一件是拖延至下一年才得到答复的。

湖北咨议局不仅要求对所呈议决案做到及时批示,而且要求总督按照章程规定,必须亲自裁夺,向咨议局作"正当之批答"。第一次年会时,总督往往借口"局议事件皆以利害所关,未能轻易批核",将议决案发交所属主管衙门核复,然后将核复结果批转咨议局,作为正式批答,咨议局曾致函总督深表不满:"督抚为一省之行政长官,对于咨议局有法定监督之权,对于咨议局议案为裁夺施行之主体,司道为督抚僚属,督抚已裁夺之议案,应任施行之责,决无代督抚复议之权;以复议委诸司道各员,在督抚为自弃法定之权能,在咨议局为受数重之监督,揆诸法理,似为背驰。"且不仅背驰法理,在事实上亦多窒碍,因为"咨议局决议各端大半为行政改良之计划,为全省计利益,未必即利于主管各衙门,而疏剔陋规,整顿积弊,各主管衙门痛痒相关,必非其所甚愿,一一交其复议,恐赞成少而反对必多,遂使咨议局议决之件终归于无实"。据此,湖北咨议局要求新任总督收回被视为不正当的原批,"查核本局原案，正当批示"。经过咨议局的据理力争，湖广总督对咨议局第二次年会所呈各案不但都能及时批答，而且亲自裁夺了。这些，无疑应当视为湖北咨议局议政实践活动的初步效果。

关于湖北咨议局议决案的实施情况，因限于材料，尚难以作出具体详细的说明，但我们可以从议员们在第二次年会上的发言中，获得某些有关上次年会议决案是否落实的若干信息。那次年会呈送的31件议决案，至少有17件被总督裁可批准并札饬各地施行，但据来自各州县的议员反映，他们那里的官府却对此"视若弁髦"，故"多未实行"。他们喟叹，说"开会时一议再议，唇灼笔秃，闭会以后烟消雾灭，都归乌有"；他们愤懑，说"议员立法而执政不能实行，一县如此，他县可知，今年如此，来年可知。议案徒托空言，亦安用此哓哓为哉?"至于决议公布后何以得不到贯彻实行，则认识不一。有的议员认为是由于公布议案的手续不完备，主张从改进议案公布办法做起，要求总督采取登载官报与下通饬、出告示三者兼行并进之法，"以官报遍晓各项官吏，以通饬札行主管衙门，以告示普谕全省士庶"。有的议员认为议决案不能贯彻落实，是总督对下属执行议案督促、检查不力所致，说如果对地方官"实行的就有保举，不行的就被参，包管可以实行"，因此，要求总督严厉通饬各州县如案施行，对"泄沓之员阳奉阴违或绝不过问者，切实考核，立予撤参"。也有人敏锐地意识到议案的不能实行，是中国官僚政治的锢疾所使然。如议员胡瑞霖发言认为，中国官场一向以敷衍为本，坐而论道，凡事都不讲究实行，没有国家思想，只有个人命令；州县官玩视宪政，对于咨议局决定的事更不愿实行，"以为绅权不可张"。咨议局在给湖广总督瑞澂的一份呈文中也尖锐指出："议其所议，行其所行，议决机关与执行机关乃不能为一气之衔接，此全球立宪国所未有之奇事，长此终古，则咨议局为不消灭之消灭。"

其实咨议局的议决案不被地方督抚批准或批准后并不实行的情况，绝非湖北一省独然。需要提及的是，湖北咨议局的个别议决案也有在一定程度或一定范围内得以施行的情况。如第一次常年会曾议决"核减典息"一案，决定各当铺应将典息由三分减为二分，"以纾民困"。这一规定至少在蒲圻县得到过贯彻实行；相邻的嘉鱼县士绅涂德楷等人对本县当铺未能照章减息不满，陈诉于咨议局，就说"蒲之车埠、新店二铺与嘉之龙口、陆溪口二铺即是一家，何以减于蒲而不减于嘉？"又如东湖县绅控告该县巡警坐办舒某勒捐滥刑一案，经咨议局议决呈送后，总督瑞澂即派委员前往调查。后以"有违持平办理"，给予"记过一次，以示薄惩"。这样的事例虽然还能举出若干，但不外就一时一事的"补苴罅漏"之类，不能改变咨议局决议的重大议案从总体上未予贯彻实施的基本事实。

通过革命或改良以建立议会制的近代国家，是辛亥时期中国资产阶级左右两翼的共同理想。当左翼革命党人全身心地投入武装反清而无暇顾及未来的政权建设时，右翼立宪党人却利用咨议局这一舞台部分地实践着西方式的议会民主。从上述湖北立宪党人的议政活动看，其实际效果固然微不足道，但却因此而取得了大体上按照代议制原则和程序参与地方政治生活的实践经验，并增加了他们在社会上的地位和影响。因此，当武昌首义成功，新的政权建设任务提上日程的时候，既缺乏理论准备又无实践经验的革命党人很自然地齐集于被他们视为全省"民意机关"的咨议局，并遇事虚心地向汤化龙等立宪党人求教。他们既然心甘情愿地把关系政权建设的"民政"委之于立宪派，同时又把作为政权支柱的"军政"交给了黎元洪一类旧军官，那么自己便由"打天下"的主人变成为"坐天下"的客人，其革命前途便注定要失败了。

（本文曾以《论清末湖北立宪党人的议政实践》为题，发表于《历史研究》1991年第6期）

第一编 湖北咨议局之成立

一、著各省速设咨议局谕①
（光绪三十三年九月十三日）

光绪三十三年九月十三日内阁奉上谕：朕钦奉慈禧端佑康颐昭豫庄诚寿恭钦献崇熙皇太后懿旨，前经降旨于京师设立资政院以树议院基础，但各省亦应有采取舆论之所，俾其指陈通省利弊，筹计地方治安，并为资政院储材之阶。著各省督抚均在省会速设咨议局，慎选公正明达官绅创办其事，即由各属合格绅民公举贤能作为该局议员，断不可使品行悖谬营私武断之人滥厕其间。凡地方应兴应革事宜，议员公同集议，候本省大吏裁夺施行。遇有重大事件，由该省督抚奏明办理。将来本资政院选举议员，可由该局公推递升。如资政院应需考查询问等事，一面行文该省督抚转饬，一面径行该局具复。该局有条议事件，准其一面禀知该省督抚，一面径禀资政院查核。其各府州县议事会一并预为筹划，务期取材日宏，进步较速，庶与庶政公诸舆论之实相符，以副朝廷勤求治理之意。钦此。

二、宪政编查馆等奏拟订各省咨议局
并议员选举章程折②
（光绪三十四年六月二十四日）

奏为拟订各省咨议局章程及案语，并议员选举章程，分别缮具清单，

---

① 录自《清末筹备立宪档案史料》下册，中华书局1979年版，第667页。
② 录自《清末筹备立宪档案史料》下册，中华书局1979年版，第667~682页。

请旨钦定颁行，以资遵守，恭折仰祈圣鉴事。

光绪三十三年九月十三日内阁奉上谕：（谕文见前）仰见皇太后、皇上孜孜求治重视舆论之至意，钦服莫名。臣等窃维立宪政体之要义，在予民人以与闻政事之权，而使为行政官吏之监察，故不可无议院以为人民闻政之地。东西立宪各国，虽国体不同，法制各异，而要之无不设立议院，使人民选举议员，代表舆论，是以上下之情通，而暌隔之弊少。中国向无议院之说，今议倡设，人多视为创举，且视为外国之法，不知虞廷之明目达聪，大禹之建韶设铎，洪范之谋及庶人，周官之询于外朝，皆古义也。古昔盛时，无不广采舆论以为行政之准则者，特未有议院之制度耳。记曰：上酌民言，则下天上施，上不酌民言，则犯也，下不天上施，则乱也。传曰：防民之口，甚于防川，川壅而溃，伤人必多，是故为川者决之使导，为民者宣之使言，是民言之不可壅障，断断然也。然为川之道，固不可使之壅塞而不流，亦不可任其泛滥而无纪。必也宽予之地，俾其畅行无阻，而仍遥筑堤防，不容溢出于界域之外。议院者，予水畅行之地也；规则者，不容外溢之堤防也。既将创设议院，若不严定规则，预为之制，曲为之防，流弊有不可胜言者。今者钦奉明纶，于京师设立资政院外，复令各省均在省会设立咨议局，以为各省采取舆论之所，并为资政院储才之阶，法良意美，薄海同钦。臣等查咨议局即议院之先声，自当上承德意，下体舆情，将其规则妥为厘定，以期行之有利而无弊。

伏查各国立宪制度，皆设上下议院于国都，其下多直接地方自治之议会。惟联邦之制，各邦自有国会，帝国但总其大纲。中国地大民众，分省而治，各省之政，主于督抚，与各国地方自治直接国都者不同，而郡县之制，异于封建，督抚仍事事受命于朝廷，亦与联邦之各为法制者不同。咨议局之设，为地方自治与中央集权之枢纽，必使下足以哀集一省之舆论，而上仍无妨于国家统一之大权。此其要义一也。夫议院乃民权所在，然其所谓民权者，不过言之权而非行之权也。议政之权虽在议院，而行政之权仍在政府。即为外国监督政府之说，民权似极强矣，而议院攻击政府，但有言词，并无实力，但有政府自行求退，议院并不能驱之使行。普鲁士、日本宪法，且明载进退宰相，任免文武官之权，在于其君，此足见民权之是言非行矣。况咨议局仅为一省言论之汇归，尚非中央议院之比，则其言与行之界限，尤须确切订明，不容稍有逾越。此其要义二也。立宪之国，必有议院，此一定之理。敕定宪法之国，必先期宣布开设议院年限，此亦自然之序。今资政院、咨议局已次第建立，为议院之基础矣。基础既立，则朝廷自将宣布开设议院年限，以定人心而促进步，此可预计者也。是则此日各省咨议局办法，必须与异日京师议院办法，有相成而无相悖。宣布年限之后，局中议员，即当随时为选入议院之预备，故议员资格，议事权限，皆当于此时早为厘定。此其要义三也。

兹经臣等督饬馆员，仰体圣训，博考列国立法之意，兼采外省所拟章程，参伍折衷，悉心编纂，谨拟成各省咨议局章程十二章六十二条。第一章总述纲要，明咨议局之缘起及其设立之宗旨。第二章至第五章，定咨议局议员之额数、资格、分类任期，兼及补缺、改选、辞职之事。第六章至第八章，定咨议局之职任权限，及其会议监督之法。第九章以下，定经理本局庶务，筹支经费，保持纪律之事。而以章程之施行修改，列为附条殿焉。所有条项文句，均经斟酌再三，屡成屡易，椎轮之作，不敢即谓精密无遗，而因时制宜，斟酌亦不敢不力求详慎。谨疏通证明，加具案语，附于各条之后，以便解释，而免疑误。

其议员选举事宜，端绪繁杂，非局章所能备载，若不详细筹拟，另定专条，诚恐办理纷歧，漫无把握，故别为选举章程一百十五条，以与局章相辅而行，庶几范围不过，率由有章。谨分别缮具清单，恭呈御览。如蒙俞允，拟请明降谕旨，颁行各省，即由臣馆分咨各督抚钦遵办理。其安徽抚臣冯煦所奏咨议局章程，奉旨交臣馆议奏之案，此项章程现既具奏，即毋庸再行议复。

是否有当，谨合词恭折具陈，伏乞皇太后、皇上圣鉴训示。

再，此折系宪政编查馆主稿，会同资政院办理，合并声明。谨奏。

附一：各省咨议局章程（附加案语）

第一章　总纲

第一条　咨议局钦遵谕旨为各省采取舆论之地，以指陈通省利病，筹计地方治安为宗旨。各省咨议局设督抚所驻之地。

谨案：咨议局系钦奉谕旨设立，凡诸大纲，俱见于光绪三十三年九月十三日上谕。本条特称钦遵谕旨者，所以示咨议局之缘起，且以见本章程所定各条皆根本圣谟，敷宣厥旨，非出于拟议者之臆见也。

第二章　议员

第二条　各省咨议局议员以左列数目为定额，用复选举法选任之：奉天五十名，吉林三十名，黑龙江三十名，顺直一百四十名，江宁五十五名，江苏六十六名，安徽八十三名，江西九十七名，浙江一百十四名，福建七十二名，湖北八十名，湖南八十二名，山东一百名，河南九十六名，山西八十六名，陕西六十三名，甘肃四十三名，新疆三十名，四川一百零五名，广东九十一名，广西五十七名，云南六十八名，贵州三十九名。京旗及各省驻防，均以所住地方为本籍。但旗未改以前，京旗得于顺直议员定额外，暂设专额十名。各省驻防得于该省议员定额外，每省暂设专额一名至三名，其名数由各督抚会同将军、都统定之。

谨案：议员定额之准则，固以比照户口之数为最当，惟中国户口尚无确实统计，详细调查，恐需岁月，不得已参酌各省取进学额及漕粮之数，以定多寡。本条所定，以各该省学额总数百分之五为准。惟宁、苏两处漕粮最重，而学额较少，故就漕粮每三万石加增一名，于江宁增九名，江苏增二十三名。其漕粮虽重，而学额已敷，如浙江等省，不再加额。东三省及新疆地方，建设行省未久，学额漕粮俱难取准，故酌定一相当之名额。其府厅州县划分名额之法，则以选举人多寡为标准，由本省督抚按照另定选举章程办理。

又案：各国选举议员之法，有单选、复选之别。单选者，径由选举人投票选出议员是也。复选者，先由选举人选出若干选举议员人，更令选举议员人投票选出议员是也。现当初行选举之际，一切办法，自以详密为宜，若遽用单选制度，恐拣择未精，不无滥竽倖进之弊，故本条采用复选举法，以示矜慎。

又案：近年迭奉谕旨，消融满汉畛域，将来旗制裁改，则旗人自应以所居地方为本籍。但旗制未改以前，旗人尚未编入民籍，京旗及驻防若不另为设额，旗人将全无与闻政事之权，似不足以昭平允，故暂为旗人设议员专额，京旗则附顺直，驻防则附各省，庶免偏枯之虑。至东三省地方，即系旗人本籍，非京旗及驻防可比，所有旗汉人等，自应一律办理，毋庸另设专额，以为实行化除畛域之倡。

第三条　凡属本省籍贯之男子，年满二十五岁以上，具左列资格之一者，有选举咨议局议员之权：一、曾在本省地方办理学务及其他公益事务满三年以上著有成绩者，二、曾在本国或外国中学堂及与中学同等或中学以上之学堂毕业得有文凭者，三、有举贡生员以上之出身者，四、曾任实缺职官文七品武五品以上未被参革者，五、在本省地方有五千元以上之营业资本或不动产者。

谨案：各国选举资格有普通选举、限制选举之别。普通选举者，于财产上之资格不加限制，使全国成年以上之男子皆有选举权者是也。限制选举者，据财产上之资格以定选举权之有无，如取一定之纳税额为标准而付与以选举权者是也。现当初行选举之际，势不能骤用普通选举之制。然使专以财产为标准，又易启民间嗜利尚富之风，故本条参用限制选举法而推广之，于财产限制之外，另设资望学职名位等格，以与财产并重，有一于此，即为合格，既免冒滥之嫌，亦无偏重之弊，似为今日适宜之制。至第四款所指曾任实缺职官，必以未被参革为限者，因既经褫夺，即与齐民无异，不能复谓之职官矣。

第四条　凡非本省籍贯之男子，年满二十五岁，寄居本省满十年以上，在寄居地方有一万元以上之营业资本或不动产者，亦得有选举咨议局议员之权。

谨案：寄居人于寄居地方所受之利害关系，较本籍人为轻，则其权利自亦不能无所区别，故本条定寄居人之选举资格，较本地人为特严。

第五条　凡属本省籍贯，或寄居本省满十年以上之男子，年满三十岁以上者，得被选举为咨议局议员。

谨案：本章程第六、第七、第八等条，于被选举权之限制，已极严密，故本条所定被选举资格，除年龄以外，更无何等要项。盖选举议员与任命官吏不同，国家但当指定何种人为在不应选举之列，不当更立程式，强令选举人必于何种人内行其选举权也。故各国通例，被选举资格除年龄以外，大抵无所限制。年龄资格各国亦互有不同：法兰西、德意志、比利时等国以二十五岁为及格，英、美则以二十一岁为及格，惟日本议院法，必年满三十岁以上者方有被选举权。本条采之者，以议员与闻政事，责任綦重，未达壮年之人，识力未富，经验未深，不宜轻授以代表国民之重任也。

第六条　凡有左列情事之一者，不得有选举权及被选举权：一、品行悖谬，营私武断者，二、曾处监禁以上之刑者，三、营业不正者，四、失财产上之信用，被人控实，尚未清结者，五、吸鸦片者，六、有心疾者，七、身家不清白者，八、不识文义者。

谨案：选举议员及被选举为议员者，必身无过犯，并具有相当之智识及信用，而后资格乃为完全，故犯本条诸款中之一者，不得有选举权及被选举权。其第一款所谓品行悖谬，营私武断者，指宗旨歧邪，干犯名教，及讼棍土豪劣迹昭著者而言，第六款所谓有心疾者，指有疯狂痴骏等疾，精神已异常人者而言，第七款所谓身家不清白者，指为娼优隶卒等贱业之人而言。

第七条　左列人等停止其选举权及被选举权：一、本省官吏或幕友，二、常备军人，及征调期间之续备后备军人，三、巡警官吏，四、僧道及其他宗教师，五、各学堂肄业生。

谨案：本条所定选举及被选举之限制，非以其资格缺欠之故，乃以其所处之地位，不适于选举议员及被选为议员故也。盖本省官吏、幕友，当行政之任，与咨议局本属对立，若与以选举议决之权，恐生旷职及干涉勾通等弊；军人以不预政事通例，巡警亦然；僧道教师均从事宗教，不预世务；学堂肄业学生正当精勤学业，自不宜与闻政事，故一律停止其选举权及被选举权。

第八条　现充小学堂教员者，停止其被选举权。

谨案：小学堂教员职司国民教育，责任綦重，若以被选议员之故，致旷厥职，殊于学务有碍，故仅留其选举权，而停止其被选举权。

第九条　咨议局选举事宜，照另定选举章程行之。

谨案：选举事宜甚为烦琐，非本章程所能备载，故另立专章，相辅而行，以期周密。

第三章　议长副议长及常驻议员

第十条　咨议局设议长一人，副议长二人，常驻议员若干人，均由议员中互选。常驻议员以该省议员额数十分之二为额。议长、副议长用单记投票法分次互选，常驻议员用连记投票法一次互选，均以得票过半数者为当选，其细则由咨议局自定。

谨案：本条系定正副议长及常驻议员之额数及其选举之法。缘咨议局不能常年开会，而一省之中，临时事务甚多，久稽不议，亦非所宜，故设常驻议员以补救之，所以期议事之敏捷，而省开会之烦数也。

又案：投票之法，有单记、连记之别。单记者，由选举人记其所举之人一名于票是也。议长与副议长职任权限不同，故用单记法，令分次互选，每次选出一人。连记者，按照应举人数，由选举人列记所举之人若干名于票是也。常驻议员彼此职任权限相同，故用连记法一次互选。

第十一条　议长总理全局事务，副议长协理全局事务。议长有事故时，由副议长中一人代理。议长及副议长俱有事故时，由议员中公举临时议长代理。

谨案：本条系定议长、副议长之权限，及其代理之法，一以防将来之牴牾、一以免临时之紊乱。

第十二条　常驻议员于第二十一条第九至第十二各款所列事件，若不在开会期中，得由议长委任，协议办理，惟须于次期开会时报告全体议员。常驻议员如督抚有时招集，亦可至会议厅以备询考。

谨案：本条系定常驻议员之权限及职务。常驻议员之协议，以不在开会期内为限，若值会期，即与寻常议员无别。协议之先，必由议长之委任，事毕之后，必须于次期会议报告议员，则专擅之渐，亦无自而开矣。

又案：第二项所定，因续订直省官制第六条，有各省设会议厅，可酌择公正乡绅与议之条。当续订官制时，尚未奉有设立咨议局之旨，是以拟有会议厅一条。现在既专设咨议局，则督抚与司局各官会议时，或招集常驻议员以资询考，或议论有不便同坐时，即不招集常驻议员，均听其便。若不在会议厅，督抚愿随时与常驻议员等晤谈询访，亦无不可。

第十三条　议长、副议长、常驻议员均常川到局办事。

谨案：正副议长及常驻议员，既于会期以外有一定之职守，自不得不常川到局，以免旷废之弊。

第十四条　议长、副议长、常驻议员除特定职权外，其余权利义务均与议员同。

谨案：议长、副议长、常驻议员本皆由议员中互选而来，就特定职任权限言之，则谓之议长、副议长、常驻议员，就普通权利义务言之，则议长等亦一议员也。本章程内凡以议员与议长、副议长、常驻议员对举者，专指寻常议员而言，其泛称议员者，即兼赅议长等在内。本条特声明议长、副议长、常驻议员权利义务与议员同者，恐解释者于本章程内所有泛称议员之处，亦误以议长等为不在其列也。

第四章　任期及补缺

第十五条　凡议员之任期，以三年为限，议长、副议长之任期亦同。但常驻议员之任期，以一年为限。任期以每届选举后第一次开会之日起算。

谨案：本条系定议长、议员等之任期。议员三年一改选者，因岁序屡易，各省情形亦有变迁，前举之人适宜与否，不可不再卜之舆论也。议长亦由议员中选出，其被选也同，故其改选也亦同。常驻议员以一年为限者，一以均劳逸，一以杜少数专擅之弊。

第十六条 议长因事出缺时，以副议长递补之。副议长因事出缺时，由议员中互选补之，若不在开会期中，得由常驻议员中互选补之。常驻议员因事出缺时，以候补常驻议员名次表之列前者递补之。议员因事出缺时，以复选候补当选人名次表之列前者递补之。

谨案：本条系定议长、议员等补缺之法，以免临时之紊乱，兼省再选之烦琐。

第十七条 凡补缺之议长、副议长、议员、常驻议员，其任期以补足前任未满之期为限。

谨案：议长、议员等改选，必归一律，不使有参差不齐之病，故本条定各项补缺者之任期，悉以补足前任未满之期为限，则斠若划一矣。

第五章　改选及辞职

第十八条 凡议员任满后，均分别改选，再被选者得行连任，但连任以一次为限。若议员任期未满而选举区有更改者，照旧任职。

谨案：改选议员，本以新旧相乘除，然再被选而亦许连任者，资熟手而顺舆情也。但连任或至数次，为时太久，恐有挟持资望，蔑视同列之弊，且后起者亦将为所抑压而不得进，甚属非计，故连任止以一次为限。

第十九条 凡议员非因左列事由不得辞职：一、确有疾病不能担任职务者，二、确有职业不能常住本省境内者，三、其余事由特经咨议局允许者。

谨案：议员有应尽之义务，一经被选，不得推诿，然或真有疾病，或以事不能常住本省，则虽令强留，亦难尽职，故经审查确实，亦可听其辞退。

第二十条 凡议员于任满后再被选而欲辞职者听之。

谨案：议员虽可连任一次，然使久从公务，或于本人私计大有妨害，是亦不近人情，故既经任满而再被选者，虽辞退亦无不可。

第六章　职任权限

第二十一条 咨议局应办事件如左：一、议决本省应兴应革事件，二、议决本省岁出入预算事件，三、议决本省岁出入决算事件，四、议决本省税法及公债事件，五、议决本省担任义务之增加事件，六、议决本省单行章程规则之增删修改事件，七、议决本省权利之存废事件，八、选举资政院议员事件，九、申复资政院咨询事件，十、申复督抚咨询事件，十一、公断和解本省自治会之争议事件，十二、收受本省自治会或人民陈请建议事件。

谨案：本条系定咨议局应办事件，凡所列举，均以本省之事为止，示与资政院所定权限有国家、地方之分。第一款总括地方庶政而言，二、三、四、五等款为监察财政事宜，六、七两款为参与立法事宜，第八款系钦遵谕旨，预立议院之根基，九、十两款以备京外之顾问，十一、十二两款以平自治会之纷争，以通人民之情悃。

第二十二条 咨议局议定可行事件，呈候督抚公布施行。前项呈候施行事件，若督抚不以为然，应说明原委事由，令咨议局复议。

第二十三条 咨议局定不可行事件，得呈请督抚更正施行。若督抚不以为然，照前例第二项办理。

第二十四条 咨议局于督抚交令复议事件，若仍执前议，督抚得将全案咨送资政院核议。

谨案：以上三条，系就咨议局所议与本省大吏或合或不合之事件，而定其往复之办法，以防咨议局与督抚生意外之龃龉也。其要旨有五：一、咨议局议定可行事件，督抚若无异议，有公布施行之责，二、督抚提议事件，咨议局如以为不可行者，有议请更正之权，三、咨议局议定可行或不可行事件，督抚如不以为然者，有交局复议之权，四、交局复议事件，督抚必须说明原委事由，否则不能令其复议，五、督抚及咨议局各执一见不能解决之事件，督抚应咨送资政院，以待决定。

第二十五条　第二十一条所开第一至第七各款议案，应由督抚先期起草，于开会时提议，但除第二、三款外，咨议局亦得自行草具议案。

谨案：第二十一条所开第一至第七各款议案，皆与行政相关，督抚为行政长官，应预为筹划一切，故先由督抚起草。然或咨议局自有所见，足以补督抚之所不及，若不许其提议，则与采取舆论之旨不符。本条特许咨议局以自草议案者，所以通下情也。

第二十六条　咨议局于本省行政事件及会议厅议决事件，如有疑问，得呈请督抚批答。若督抚认为必当秘密者，应将大致缘由声明。

谨案：本条系申明咨议局于本省政务有与议之权。盖有问必答，虽秘密者亦当说明其大致缘由，至详细内容，毋庸宣示。

第二十七条　本省督抚如有侵夺咨议局权限，或违背法律等事，咨议局得呈请资政院核办。

谨案：本条所定，系为保护咨议局之权限，并预防督抚滥用其权力而设。盖督抚如有侵夺咨议局权限，或违背法律等事，咨议局得呈请资政院核办，则督抚限于众议，而不致有病国害民之举。顾又不令咨议局径行抗议，而必以核办之权付诸资政院，则咨议局亦不能肆行批剔，以制督抚之肘，凡以避上下之争突，保行政之平衡而已。

第二十八条　本省官绅如有纳贿及违法等事，咨议局得指明确据，呈候督抚查办。

谨案：咨议局为一省舆论所集之地，官绅有纳贿违法等事，人民必遭其冤抑，自应立予纠举，俾顺群情。其必指明确据者，以防挟嫌诬陷之弊，其必呈候督抚查办者，以保行政长官监督之权。

第二十九条　凡他省与本省争论事件，咨议局得呈请督抚，咨送资政院核决。

谨案：各省壤地交错，难保无争议事件，事关两省，相持不已，督抚及咨议局俱未便定议，故非经资政院核决不足以昭平允。

第三十条 凡第二十四、二十七、二十九条所列各事项，经资政院议定后，均宜分别照行。

谨案：资政院居全国舆论最高之地位，故咨议局与督抚，或咨议局与咨议局有相持之时，则资政院应实行其解决权。既经解决，咨议局与督抚等不得另有异议，所以保政治舆论之统一也。

第七章　会议

第三十一条 咨议局会议期分常年会及临时会两种，均由督抚召集。开会之第一日，督抚应亲自莅局行开会仪式。

谨案：咨议局为一省之议会，与国会不同，其所议系本省之事，故由本省督抚召集之，常年会照下条定期，临时会期则督抚酌定之。

第三十二条 常年会每年一次，会期以四十日为率，自九月初一日起，至十月十一日止，其有必须接续会议之事，得延长会期十日以内。

谨案：常年会以每年九十月间为宜，盖时值秋冬，民间事务较简，且于次年预算等事，尤便调查。会期以四十日为率，可以从容集议，倘仍不足，亦可展期，其不得过十日者，所以防议事迁缓不决之弊。

第三十三条 临时会于常年会期以外，遇有紧要事件，经督抚之命令，或议员三分之一以上之陈请，或议长、副议长及常驻议员之联名陈请，均得召集。其会期以二十日为率。

谨案：临时会非有紧要重大事件不宜轻易召集，故开会之事亦较郑重。会期二十日，较常年会为短者，以临时会所议事项亦简也。

第三十四条 凡召集开会，应于三十日以前，由议长将本届开会应议事件，预行通知各议员。

谨案：议事不可无准备，故必由议长早日通知，俾各议员事前有所研求，则临时自不至漫无定见矣。

第三十五条 凡会议非有议员半数以上到会不得开议。

第三十六条 凡议案之可行与否，以到会议员过半数之所决为准。

若可否同数，则取决于议长。

谨案：以上二条，定开议、定议之人数，盖取决多数乃议会之通例也。

第三十七条 凡会议时，督抚得亲临会所，或派员到会陈述意见，但不列议决之数。

谨案：咨议局议案既多由督抚提出，则开会之时，自当到局陈述其意见。惟是督抚政务甚繁，势难常自到会，故派员代理，亦无不可，其不列议决之数者，以督抚及其委员本在议事者之外故也。

第三十八条 凡议案有关系议员本身亲属，及职官例应回避者，该议员不得与议。

谨案：本条系为议员远嫌疑起见，故定议事时回避之例。

第三十九条 凡议员于咨议局议事范围内所发言论，不受局外之诘责。其以所发言论在外自行刊布者，如有违犯，仍照各本律办理。

谨案：议员在议会内所发言论，于议会以外不任其责，为立宪各国之通例。盖议员有代表国民之重任，自应于国计民生筹之至熟，直抒己见，不屈不挠，方为尽职，若加以束缚，致令瞻前顾后，缄默自安，殊非设立议会之本意，故本条所定不受诘责者，谓于法律上不负责任，在导之尽言，使无顾虑。惟以所发言论在外自行刊布者，则自系一人之责，如有违犯，仍应照各本律办理。

第四十条 凡议员除现行犯罪外，于会期内非得咨议局承诺，不得逮捕。

谨案：本条尊重议员之身体，所以防官吏妄行逮捕之弊，若现行犯罪，则情形显著，自不致涉于疑似，故不在此限。

第四十一条 凡会议不禁旁听，其有左列事由经议员公认者，不在此限：一、督抚令禁止者，二、议长、副议长同意禁止者，三、议员十人以上提议禁止者。

谨案：本条定议会公开之制。其应禁止旁听者，必经议员公认，所以示慎重也。

第四十二条 凡议决事件，除议长、副议长同意认为应行秘密者外，均公布之，并应随时报告督抚及资政院。

谨案：本条定议决公布之制。督抚为一省之行政长官，资政院为全国之议事总汇，故非随时报告不可。

第四十三条 议员会议时有违背局章及议事规则者，议长得止其发议，违者令退出，其因而紊乱议场秩序致不能会议者，议长得令暂时停议。

第四十四条 旁听人有不守规则或紊乱议场秩序者，议长得令其退出。

谨案：以上二条，定会议之纪律，以防议员及旁听人违背章程及紊乱秩序之弊。

第四十五条 凡议事细则及旁听规则，由咨议局议定，呈请督抚批准后公布之。

谨案：议事细则及旁听规则，系咨议局内部之事，均应归咨议局自行酌定。

第八章　监督

第四十六条 各省督抚有监督咨议局选举及会议之权，并于咨议局之议案有裁夺施行之权。

谨案：本条定督抚于咨议局有监督裁夺之权。如各处选出议员，督抚查明有舞弊及不合格情事，自可即行撤销。会议如有不遵定章者，亦可随时纠正。至裁夺施行，即指第二十二、二十三两条所载事项而言，皆所以重行政长官之责任也。

第四十七条 咨议局有左列情事，督抚得令其停会：一、议事有逾越权限，不受督抚劝告者，二、所决事件违背法律者，三、议员在议场有狂暴举动，议长不能处理者。停会之期以七日为限。

谨案：本条特将应行停会情事列举者，以防督抚之专擅。停会之期不得过七日者，以防事务之废弛。

第四十八条　咨议局有左列情事，督抚得奏请解散，并将事由咨明资政院：一、所决事件有轻蔑朝廷情形者，二、所决事件有妨害国家治安者，三、不遵停会之命令，或屡经停会仍不悛改者，四、议员多数不赴召集，屡经督促仍不到会者。

谨案：本条定解散咨议局之权。一、二两款有关国家之安危，三、四两款有失议会之体制，自非立予解散不可。然必将事由咨明资政院，庶督抚不致滥用其权。

第四十九条　咨议局议员解散后，督抚应同时通饬，重行选举，于两个月以内召集开会。

谨案：咨议局一经解散，亟当重行选举，以示议会虽可暂行解散，不可久于停止也。

第九章　办事处

第五十条　咨议局设办事处，经理局中文牍、会计及一切庶务，由议长、副议长监理。

第五十一条　办事处置书记长一人，书记四人，由议长选请督抚委派。

第五十二条　办事处办事细则，由咨议局自定。

谨案：以上三条，系明定局中庶务章程。委员与议员地位不同，故不用选举而用委派。

第十章　经费

第五十三条　咨议局经费由督抚筹指专款拨用，其款目分列如左：一、议员旅费，二、议长、副议长及常驻议员公费，三、书记长以下薪金，四、杂费，五、预备费。

第五十四条　前条公费及薪金数目由督抚定之。其旅费、杂费及预备费，由咨议局会议预算数目，呈请督抚核定。

第五十五条　咨议局经费由议长、副议长按月清查一次，于常年会开会时造册清报，由议员审查之。

谨案：以上三条，系明定局中经费章程。议员只给旅费者，以其为名誉职也。议长及常驻议员另给公费，以其常年到局任事，必有津贴，庶可专心从事也。其费用数目由督抚审定者，以关系议员本身之事，不便自定也。

第十一章　罚则

第五十六条　咨议局罚则分为二种如左：一、停止到会，但以十日为限，二、除名。

第五十七条　停止到会，以议长、副议长同意行之。除名则以到会议员全体决议行之。

第五十八条　凡议员屡违局章，或语言行止谬妄者，停止到会，其情节重者除名。

第五十九条　凡议员无故不赴常年会之召集，或赴召集后无故不到会，延至十日以上者，均除名。

第六十条　凡议员以本局之名义干预局外之事者，停止到会，其情节重者除名。

谨案：以上五条，系明定议员处罚章程。议员均由合格绅民投票公选，自应能举其职，惟流弊所至，不可不预为之防，自五十八条至六十条所指情节，均属蔑弃职守，有玷名誉，自当酌加惩罚，以肃纪纲。惟除名必以到会议员全体决议行之者，以议员既由公选而来，亦不容以一二人之私见而去之也。

第十二章　附条

第六十一条　本章程自奏准奉旨文到之日起为施行之期。

谨案：本章程一经奏准，即应先事预备，故以奉旨文到之日为施行之期。

第六十二条　本章程未尽事宜，得由各省咨议局拟具草案，议定后，呈由督抚咨送宪政编查馆会同资政院核议办理。

谨案：本章程甫经草创，难保无未尽事宜，各省咨议局既有所见，自可随时拟议，增添删改，其议决核定之权，仍归之宪政编查馆及资政院者，所以防各省自行改制，致有参差不一之弊。

附二：咨议局议员选举章程①

第一章　总纲

第一节　选举资格

第一条　凡选举及被选举资格按照咨议局章程第三条至第八条办理。

第二节　选举区域

第二条　初选举以厅州县为选举区，复选举以府、直隶厅州为选举区，各以所辖地方为境界。直隶厅州之本管地方及府之有本管地方者，均作为初选区。直隶厅无属县者，以附近之府为复选区。

第三条　府厅州县境界有更改时，选举区一并更改。

第三节　办理选举人员

第四条　初选区，厅以该同知、通判，县以该知州、知县为初选监督。府、直隶厅州以该同知、通判、知州为复选监督。府、直隶厅州之本管地方作为初选区者，由该知府同知通判和知州遴派教佐员为初选监督。选举监督各以本衙门为办理选举事务之所。

第五条　初选复选均应设投票管理员、监察员、开票管理员、监察员若干名。管理员不拘官绅均可派充，监察员应以本地绅士为限。

第六条　初选监督职掌如左：一、监督初选投票、开票及选举一切事宜。二、保荐初选投票、开票管理员及监察员。三、筹定初选投票区投票所及开票所地址。四、造具初选区选举人名册，申报复选监督。五、征集初选管理员及监察员报告。六、决定初选当选人。七、给与初选当选人执照。八、申报初选当选人姓名、职衔、票数及初选情形于复选监督。九、宣示初选当选人姓名、职衔及票数。十、执行

---

① 录自《东方杂志》1908年第7期，第27~35页。

初选变更事务。

第七条 复选监督职掌如左：一、监督复选投票、开票及全区选举事宜。二、派定初选复选投票、开票管理员及监察员。三、分配初选当选人名数于各厅州县。四、汇申初选各区选举人名册于督抚。五、核定初选投票区投票所、开票所及择定复选投票所、开票所地址。六、征集初选监督及复选管理员、监察员报告。七、决定复选当选人。八、给与复选当选人执照。九、申报复选当选人姓名、职衔、票数及全区选举情形于督抚。十、宣示复选当选人姓名、职衔及票数。十一、核定初选变更及执行复选变更事务。

第八条 投票管理员职掌如左：一、掌投票所启闭。二、决定投票之应否收受。三、记录投票情形申报选举监督。四、掌投票匦、投票簿、投票纸及选举人名册。五、稽查投票所纪律。

第九条 开票管理员职掌如左：一、掌开票所启闭。二、清算投票数目。三、检查投票纸真伪。四、决定投票之是否合例。五、记录开票情形申报选举监督。六、保存票纸。七、稽查开票所纪律。

第十条 投票监察员、开票监察员各会同管理员办理投票、开票事宜，其职掌与前二条同。监察员如与管理员有意见不同时得建议于选举监督。

第十一条 凡办理选举人员均为名誉职，不支薪水。

第十二条 办理选举人员除监察员外，不得与于选举人及被选举人数。

第四节　选举年限

第十三条 选举年限以三年为一次。

第十四条 每届选举年限，以是年正月十五日为初选日期，三月十五日为复选日期，届期由督抚奏明并咨报民政部立案。其临时选举日期由复选监督申请督抚酌定，汇案奏报。

第二章　初选举

第一节　投票区

第十五条 初选监督应按照地方广狭、人口多寡，分划本管区域为若干投票区，至多以十区为限，每区设投票所一处。

第十六条　投票区应于选举期三个月以前，由初选监督一律筹定详细绘图，申报复选监督核定。

第二节　人名册

第十七条　初选举监督应按照选举资格详细调查，将合格者造具选举人名册。

第十八条　调查时初选监督应就本管各地方分设选举调查员。选举调查员办事细则由初选监督拟订，呈请复选监督核定施行。

第十九条　选举人名册应载事项如左：一、姓名、年岁、籍贯、住所或寄居年限。二、办过某项学务及其他公益事务并其年限。三、出身。四、官阶。五、营业资本或不动产之某项所值确数。

第二十条　选举人名册应于选举期六个月以前一律告成。

第二十一条　选举人名册告成后，初选监督应即呈由复选监督申报督抚，并于选举期三个月以前颁发各投票所，宣示公众。

第二十二条　宣示人名册以二十日为期，如本人以为错误遗漏，准于宣示期内取具凭证，呈请初选监督更正。前项呈请更正，初选监督应于收呈之日起二十日以内判定准否。

第二十三条　初选监督判定毋庸更正时有不服者，得呈诉于复选监督。复选监督判定期限照前条第二项办理。

第二十四条　凡过宣示期限，即为确定，不得再请更正，其续由初选或复选监督判定更正者，应一律补入选举人名册。

第二十五条　选举人名册确定后，应分存各投票所及开票所并由督抚咨报民政部。

第三节　当选人额数

第二十六条　初选当选人额数按照议员定额加多十倍，每届由复选监督遵照督抚所定该复选区议员额数十乘之，为该复选区当选人额数，分配于各厅州县。

第二十七条　初选当选人分配之法，由复选监督以该复选区应出当选人额数除全区选举人总数，视得数多寡定选举人每若干名得选出当选人一名，再以此数分除各初选区选举人数，视得数多寡定各该初选区应出当选人若干名。其各初选区有选举人数不敷选出当选人一名，或敷选若干名之外仍有零数，致当选人不足定额者，比较各初选区零数多寡，将余额依次归零数较多之区选出之。前两项分配定后，由复选监督于初选举期两个月以前榜示各初选区。

第四节　选举告示

第二十八条　初选监督应于该选举期三个月以前颁发选举告示，其应载事项如左：一、初选日期。二、初选投票区投票所及开票所地址。三、投票方法。

第五节　投票所

第二十九条　投票所由投票管理员及监察员掌投票一切事宜。

第三十条　投票之日，管理员及监察员均应按时齐集，如有临时不到，应由初选监督派员代理。

第三十一条　投票所周围得临时增派巡警严查一切。

第三十二条　投票所除本所职员及投票人与巡警外，他人不得阑入。

第三十三条　投票所之启闭以午前八时至午后六时为率，逾限不准入内。

第三十四条　管理员及监察员应将投票始末情形会同造具报告，连同投票匦于投票完毕之翌日移交开票所并申报初选监督。

第三十五条　投票所自投票完毕之日起，十五日以内一律裁撤。

第三十六条　投票所办事细则由初选监督拟订，呈请复选监督核定施行。

第六节　投票纸、投票簿及投票匦

第三十七条　投票纸应由复选监督按照定式制成，于选举期二十日以前交初选监督。

第三十八条　初选监督应按照各投票所所属投票人分别造具投票簿，并按照定式制成投票匦，于选举期十日以前分交各投票所。

第三十九条　投票簿应载明投票人姓名、年岁、籍贯及住所。

第四十条　投票匦除投票时外应严加封锁。

第七节　投票方法

第四十一条　投票人以列名本属投票所之投票簿者为限。

第四十二条　投票人届选举期应亲赴投票所自行投票，不得请人代理。

第四十三条　投票人应在投票簿所载本人姓名项下签字毕，方准领投票纸。

第四十四条　投票人每名只准领投票纸一页。

第四十五条　投票用无名单记法，每票只准书被选举人一名，不得自书本人姓名。

第四十六条　投票人于投票所内除关于投票事宜得与职员问答外，不得涉及私言并不得与他人接谈。

第四十七条　投票完毕后，投票人应即退出，不得逗留窥视。

第四十八条　投票人倘有顶替及违背定章等事，管理员及监察员得令退出。

第八节　开票所

第四十九条　开票所设于初选监督所在地方，由开票管理员及监察员掌开票一切事宜。

第五十条　开票所自各投票匦选齐之翌日，由初选监督酌定时刻，先行榜示，届时亲自到场督同开票，即日宣示。

第五十一条　开票时准选举人前往参观，若人众不能容时，管理员得以限制人数。

第五十二条　管理员及监察员应将开票始末情形会同造具报告，于检点票数完毕之翌日申送初选监督。所有票纸分别有效、无效一并附送，于本届选举年限内，由初选监督保存之。

第五十三条　第三十条至第三十三条及第三十五、三十六条所定各事项开票所一律办理。

第九节 检票方法

第五十四条 检票时应先将选举票与投票簿对照，如有姓名不符及放弃选举权等事，均应另册记明。

第五十五条 凡选举票应作废者如左：一、写不依式者。二、夹写他事者。其记载被选举人官衔、职业或住址等项者不在此限。三、字迹模糊不可认者。四、不用投票所所发票纸者。五、选出之人不合被选举资格者。

第十节 当选票额

第五十六条 初选以本区应出当选人额数除选举人总数，将得数之半为选票额，非得票满该额以上者不得为初选当选人。

第五十七条 凡因不满当选票额致无人当选，或当选人不足定额，由初选监督就得票较多者，按照应出当选人额数，加倍开列姓名，即行榜示，于开票后第三日在原投票地方令原有投票人，即就所列姓名内再行投票一次，以期足额。

第五十八条 当选人名次以得票多寡为序，票数同者，以抽签定之。

第五十九条 凡得票满初选当选票额而当选人额数已满者，作为初选候补当选人，其名次照前条办理。

第十一节 当选知会及执照

第六十条 当选人确定后，应即榜示，并由初选监督具名，分别知会各当选人。

第六十一条 当选人接到知会后，应自知会之日起，二十日以内呈明情愿应选，其逾期不复者，作为不愿应选。

第六十二条 凡呈明情愿应选者，由初选监督酌定日期给与当选执照为凭。

第六十三条 当选执照由复选监督按照定式制成，于选举期二十日以前分交初选监督。

第六十四条 当选执照给与后，应将当选人姓名、职衔榜示并申报复选监督。

第三章　复选举

第六十五条　复选由初选当选人齐集复选监督所在地方行之。

第六十六条　复选人名册以初选当选人为限，按照各初选区先后依次编列，其册内应载事项除照第十九条外，并应载明初选当选票数。

第六十七条　复选当选人为咨议局议员。其各复选区应得议员若干名，每届由督抚按照各该复选区选举人名册总数，以全省议员定额分配之。

第六十八条　复选当选人分配之法，由督抚于各复选区选举人名册报齐后，按照名册以该省议员定额除全省选举人数总数，视得数多寡定若干选举人得选出议员一名，再以此数分除各复选区选举人数，视得数多寡定各该复选区应出议员若干名。其各复选区有选举人数不敷选出议员一名或敷选若干名之外，仍有零数，致议员不足定额者，比较各复选区零数多寡，将余额依次归零数较多之区选出之。若两区以零数相等，其余额应归何区，以抽签定之。前两项分配定后，由督抚于初选举期三个月以前榜示各复选区并咨报民政部。

第六十九条　复选监督应于该选举期一个月以后颁发选举告示，其应载事项如左：一、复选日期。二、复选投票所和开票所地址。三、投票方法。

第七十条　复选投票所及开票所地址，由复选监督酌定。其管理员、监察员及一切章程均按照第二十九条至第三十五条及第四十九条至第五十二条办理。所有办事细则由复选监督酌定施行。

第七十一条　复选投票纸、投票簿及投票匦定式与初选同。

第七十二条　复选投票方法按照第四十一条至第四十八条办理。

第七十三条　复选检票方法照第五十四、五十五条办理。

第七十四条　复选以本区应出议员额数除初选当选人总数，将得数之半为当选票额，非得票满该额以上者，不得为复选当选人。

第七十五条　复选当选人名次照第五十八条办理。

第七十六条　凡得票满复选当选票额，而当选人额数已满者，作为复选候补当选人，其名次照第五十九条办理。

第七十七条　复选当选人确定后应即榜示，并由复选监督具名分别知会各当选人。当选人呈明情愿应选后，由复选监督定期给与议员执照为凭。其呈明期限照第六十一条办理。

第七十八条　议员执照给与后，复选监督应将议员姓名、职衔申报督抚，由督抚分别咨报资政院、民政部立案。

第四章　选举变更

第一节　选举无效

第七十九条　凡遇左列各项为选举无效：一、选举人名册有舞弊作伪情事牵涉全数人员被人控告判定确实者。二、办理选举不遵定章被人控告判定确实者。三、照咨议局章程第四十八条已经奏请解散者。

第八十条　初选有前条第一、二款情节者，其初选为无效；复选有前条第一、二款情节者，其复选为无效。但初选无效者，复选虽经确定，一并作为无效。

第二节　当选无效

第八十一条　凡遇左列各项为当选无效：一、辞任。二、疾病不能应选或身故。三、被选举资格不符，被人控告判定确实者。四、照咨议局章程第五十八条至第六十条除名者。

第八十二条　当选无效，如已给与执照，应令缴还并将姓名、职衔及其缘由榜示。

第八十三条　当选无效，各以候补当选人递补，仍按照第六十条至第六十二条办理。

第三节　改选或补选

第八十四条　改选于每届选举年限举行，选举无效时，均应一律改选。

第八十五条　补选以有左列各项情事时举行：一、议员缺额，无候补当选人。二、增广议员员额，无候补当选人。

第八十六条　改选及补选一切应有事宜均照本章程办理。

第五章　选举诉讼

第八十七条　凡选举人倘确认办理选举人员有不遵守定章之行为，或于选举人名册有舞弊作伪之证据，得问该管衙门呈控。

第八十八条　凡选举人倘确认当选人内有左列情况者，得向该管衙门呈控：一、被选举资格不符。二、当选票数不实。

第八十九条　凡落选人员倘确信有左列情节者，得向该管衙门呈控：一、得票额数可以当选而不能与选。二、候补当选人名次错误、遗漏。

第九十条　凡呈控应自选举之日起三十日以内为限。

第九十一条　凡选举诉讼事件，初选应向府、直隶州衙门呈控。复选应向按察使衙门呈控。其各省已设审判厅者，应分别向地方及高等审判厅呈控。

第九十二条　凡选举诉讼事件，应于各种诉讼事件内提前审判，不得稽延。

第九十三条　凡不服该管衙门之判定者，初选得向按察使衙门上控，复选得向大理院上控，但自判定之日起三个月以内为限。其各省已设审判厅者，照审判厅上控章程办理。

第九十四条　凡选举诉讼事件，所有讼费等项悉照通行章程办理。

第六章　罚则

第九十五条　以诈术获登选举人名册或变更选举人名册者，处十元以上一百元以下之罚金。办理选举人员知情者，处一月以上六月以下之监禁，或三十元以上二百元以下之罚金。

第九十六条　冒用姓名投票者，处二月以上二年以下之监禁，附加十元以上百元以下之罚金。

第九十七条　以财物利诱选举人，或选举人受财物之利诱及居中周旋说合者，处六月以下之监禁，或二百元以下之罚金，财物入官，已用去者按价追缴。

第九十八条　以暴行胁迫妨害选举人及选举关系人者，处一月以上一年以下之监禁，或三十元以上三百元以下之罚金。

第九十九条　凡选举人及选举关系人携带凶器者，处一月以上六月以下之监禁，凶器入官。

第一百条　加暴行于办理选举人员或骚扰投票所、开票所或阻留毁夺选举票、投票匦及其他有关选举文件者，处二月以上二年以下之监禁，附加十元以上百元以下之罚金。

第一百一条　办理选举人员漏泄选举票上之姓名者，处二月以上二年以下之监禁，附加十元以上百元以下之罚金。其所漏泄非事实者罚同上。

第一百二条　办理选举人员违法干涉选举人之投票或暗记被选举人之姓名者，处一月以上一年以下之监禁，或三十元以上三百元以下之罚金。违法擅开投票匦或取出投票匦中之选举票者，罚同上。

第一百三条　凡犯本则所定各条者，于处罚后二年以上十年以下，不得为选举人及被选举人。

第一百四条　本则所定各条俟新定刑律颁行后，应照新刑律办理。

第七章　专额议员选举办法

第一百五条　专额议员指咨议局章程第二条第二项所载京旗及驻防人员而言。

第一百六条　专额议员选举人及被选举人以京旗、驻防人员为限。

第一百七条　专额议员选举及被选举资格按照咨议局章程第三条至第八条办理。

第一百八条　各省驻防专额议员之数，视省驻防旧日取进学额全数在十名以内者设议员一名，二十名以内设二名，二十名以外设三名，由各该省督抚会同将军、都统定之。

第一百九条　专额议员初选当选人额数，以议员定额十倍之数为准。

其复选当选人额数，以议员定额为准。

第一百十条　专额议员调查选举人名册，由督抚会同将军、都统于京旗及驻防人员内，应各酌派选举调查员。

第一百十一条　专额议员初选投票开票事宜，附于京旗及驻防相近之初选投票所、开票所，同日举行。

第一百十二条　专额议员复选投票开票事宜，附于省城或将军、都统、城守尉所驻及相近之复选投票所、开票所，同日举行。

第一百十三条　专额议员当选、改选、补选及诉讼、罚则各事宜均照本章程办理。

第八章　附条

第一百十四条　本章程与咨议局章程同时施行。

第一百十五条　本章程如有未尽事宜应行增改者，照咨议局章程第六十二条办理。

三、咨议局及议员选举章程均照所议办理著各督抚限一年内办齐谕[1]

（光绪三十四年六月二十四日）

光绪三十四年六月二十日内阁奉上谕：朕钦奉慈禧端佑康颐昭豫庄诚寿恭钦献崇熙皇太后懿旨，宪政编查馆、资政院王大臣奕（劻）、溥伦等会奏，拟呈各省咨议局及议员选举各章程一折。咨议局为采取舆论之所，并为资政院预储议员之阶，议院基础即肇于此，事体重大，亟宜详慎厘定。兹据该王大臣拟呈各项章程，详加披阅，尚属周妥，均照所议办理。即著各督抚迅速举办，实力奉行，自奉到章程之日起，限一年内一律办齐。朝廷轸念民依，将来使国民与闻政事，以示大公，因先于各

---

[1] 录自《清末筹备立宪档案史料》下册，中华书局1979年版，第683~684页。

省设咨议局，以资历练。凡我士庶，均当共体时艰，同摅忠爱，于本省地方应兴应革之利弊，切实指陈，于国民应尽之义务，应循之秩序，竭诚践守，勿挟私心以妨公益，勿逞意气以紊成规，勿见事太易而议论稍涉嚣张，勿权限不明而定法致滋侵越，总期民情不虞壅蔽，国宪咸知遵循。各该督抚等亦当本集思广益之怀，行好恶同民之政，虚公审察，惟善是从，庶几上下一心，渐臻上理。至于选举议员，尤宜督率各该地方有司，认真监督，精择慎取，断不准使心术不正行止有亏之人托足其内，致妨治安。

该王大臣所陈要义三端，甚为中肯。如宣布开设议院年限一节，自是立宪国必有之义，但各国宪政本难强同，要不外乎行政之权在官吏，建言之权在议员，而大经大法，上以之执行罔越，下以之遵奉弗违。中国立宪政体前已降旨宣示，必须切实预备，慎始图终，方不至托空言而鲜实效。著宪政编查馆、资政院王大臣，督同馆院谙习法政人员甄采列邦之良规，折衷本国之成宪，迅将君主宪法大纲及议院选举各法择要编辑，并将议院未开以前逐年应行筹备各事，分期拟议胪列具奏呈览。俟朝廷亲裁后，当即将开设议院年限钦定宣布，以立臣民进行之准则，而副吾民望治之殷怀，并使天下臣民晓然于朝廷因时制宜变法图强之至意。钦此。

四、湖广总督陈夔龙奏遵设咨议局筹办处及办理情形折[①]

（光绪三十四年十二月十九日）

奏为湖北遵设咨议局筹办处，谨将办理情形，恭折具陈仰祈圣鉴事。窃查光绪三十四年六月二十四日奉上谕"钦奉懿旨：咨议局为采取舆论之所，并为资政院预储议员之阶，议院基础即肇于此。著各督抚迅速举办，实力奉行，自奉到章程之日起，限一年内一律办齐等因。钦此"，旋于八

---

① 原载《庸庵尚书奏议》卷十，文海书店1966年版，第11~14页。

月初三日承准宪政编查馆咨"现在咨议局尚未成立，各省应就省会地方先行设立该局筹办处，钦遵谕旨，选派公正明达官绅创办其事"等语，并原奏清单咨行前来。臣敬绎庙谟，深维治本，兢兢夙夜，弥切屏营。当就前督臣赵尔巽奏设咨议局创办所照改为筹办处，分别派委湖北布政使李岷琛、提学使高凌霨、按察使杨文鼎为总办，在籍法部主事姚晋圻、试用道周云为坐办，翰林院编修复寿康、奏调翰林院编修张国溶、法部主事汤化龙、候补知府陈树屏为参事，率同在处提调科长、科员切实筹划办理，臣仍随时督饬，遇事推求。计开办以来于今数月，用敢撮其崖略，敬为我皇上陈之。咨议局事属创始，筹办只限一年，而凡百皆应备具。成立后之善否，实惟筹办时之疏密基之，千条万绪，极为纷繁，而核其要归，莫重于调查、选举两事。使入手之初，淆杂无等，则差以毫厘者，势必谬以千里，不绸缪于先事，俱卤莽于临时，宜于预备之中，区为全体、分期二义。其全体之预备有二，则确定期限、统一规则是也。查选举之前，调查尤须明确，机关未备，条教为先。鄂境多山，交通不尽便利，必须计算文书到达之后，乃为施行起限之时。馆定正月十五初选，三月十五复选，日期太促，疏舛堪虞，但使不误明年九月初一开局，限期自可量为推展。拟定四月十五日为初选期，六月十五日为复选期。又虑奉行者玩于具文，而凡民难与图始，所有调查申报等事，断以道里最远之率为一律告成之归，后先各有定程，事序不容差误，并随时核记功过，俾利推行。此确定期限之办法也。原章关于调查、选举各项规则，由初选、复选监督订定。惟宪政初基，得人不易，咨议局以省会为标准，一省之内，断不容稍有分歧。倘由各监督分拟条规，异同实所难免，间逢抵触，又起纷更，日期无可转移，何暇互相纠正。所有调查、选举详细规则，均经饬筹办处分项拟定，由臣复核，通饬一体遵行。地方之繁简攸殊，民情之通塞或异，务令遵循途径，庶免南辕北辙之虞。此统一规则之办法也。分期之预备有三，有关乎调查前者，有关乎选举时者，有关乎议员确定后者。选举事项在各国为通例，在中国为肇端。宪政编查馆所定咨议局章程，密辏万端，诸烦解剖。调查之初非使身当其任者了然于胸，则枝节横生，选期难待。因先于筹办处附设选举研究所，择在省候补中明白事理各员研究选举事宜，已于十月毕业，分派各厅州县为初选司选员，会同初选监督办理初选一切事务。复选派籍隶本省留日法政专科毕业各生，分赴各府直隶州为选举襄理员，襄理复选一切事务，并饬各属选派调查员，前赴该管府直隶州讲演章程，解释疑义，然后各回所属调查。此分期预备之一也。选举既属创行，则凡选举人之职任，举选之关系与夫办理选举之程式，倘未能彻上彻下明白于心，非疑虑不前，即张皇失措。因饬刊白话告示，广为晓谕。一面由襄理员、司选员邀集所属调查员及管理监察员，练习投票开票一切办法，或以讲演，或以接谈，总期僻壤穷乡咸晓然于选举权及被选举权之重要。此分期预备之二也。咨议局为人民与闻政事之始基，原章第二十一条所列各项以关系最巨最重要之事责诸数十议员，其担负之重可知。虽湖北风气夙号开通，而全局纲维所在，苟一事未能莹彻，则众情不免游移，自非预储成材，不足以资因应。拟于复选确定后，在省设议员讲习所，召集各议员先期来省讲习，稍资历练，期得完全议会，同摅忠爱，共体时艰。此分期预备之三也。以上各节，惟议员讲习所须待明年七月设立，规则续行拟定，其余应行预备之事，章程条告均经节次办理，选举人员刻亦分赴所在地方举办。此后仍当督同在事各员按期责效，严定考成，断不容稍有迁延，致误成立。至建筑咨议局房屋，现方饬令详细绘图，核实估计，一俟妥晰议定，再当专折奏明。其该处开办以及常年各项经费，业经饬司陆续筹拨，恳恩准予作正开销。除分咨外，所有湖北省城遵设咨议局筹办处及办理情形，理合恭折具陈，伏乞皇上圣鉴训示，敕部立案施行。谨奏。

五、湖广总督陈夔龙奏湖北第一年筹办宪政情形及第二年预备事项折[①]

（宣统元年闰二月十四日）

湖广总督臣陈夔龙跪奏，为鄂省逐年筹备事宜，遵章将第一年筹办

---

① 录自《清末筹备立宪档案史料》下册，中华书局1979年版，第767~771页。

成绩及第二年预备事项，恭折具陈，仰祈圣鉴事。

窃臣承准宪政编查馆王大臣咨开，光绪三十四年十二月十一日钦奉谕旨：宪政编查馆会奏，遵设专科，考核议院未开以前逐年筹备事宜，酌拟章程、折单各一件，著依议。钦此。等因。又恭读本年正月二十七日上谕：前经宪政编查馆奏定，颁行分年筹备事宜，本年各省均应举行咨议局选举及筹办各州县地方自治，设立自治研究所，并颁布资政院章程等等。著各省将军、督抚督率所属，选用公正明慎之员绅，一律依限成立各等因。仰见我皇上眷怀宪政，策励臣工之至意，跪聆之下，钦佩莫名。臣窃惟九年筹备事宜，无一日不在实行之中，即无一日不在预备之中，事别后先，理贯终始。查宪政编查馆原奏九年筹备事宜清单内载，第一年督抚所应办者只一项，第二年督抚所应办者共八项。又查宪政编查馆奏定考核专科章程第三条内载，九年筹备事宜，责成内外臣工每届六个月将筹办成绩胪列奏闻，并咨报宪政编查馆查核。应自光绪三十四年八月起至十二月底止为第一届，以后每年六月底及十二月底各为一届，限每年二月内及八月内各具奏咨报一次等语。是本年二月所奏报者，属于第一年筹备事宜，虽未列附奏第二年应办事项明文，而筹办伊始，预备宜先。兹将第一年筹办成绩暨第二年预备各项，敬为我皇上陈之。

查鄂省筹办咨议局选举事宜，上年八月准宪政编查馆咨行各省设立咨议局筹办处。臣于文到后即就前督臣奏设咨议局创办所改为咨议局筹办处，曾于上年十二月间将办理大概情形奏报在案。当筹办之始，以选举事属创行，入手无方，势必漫无结束，因以确定期限统一规则为第一要义。据该处划定办事顺序期限，以本年四月十五日为初选期，六月十五日为复选期。而其间如调查、申报等事，皆明定日期，以资考核，并经该处拟定调查选举详细规则，由臣详加复核，通饬一体遵行。虑司选员之难其人也，先于筹办处附设选举研究所，择在省候补中明白事理各员，研究选举事宜，已于上年十月毕业，分派各厅州县为初选司选员，会同初选监督办理初选一切事务。虑调查员之未能尽谙也，复派籍隶本省留日法政专科毕业各生，分赴各府直隶州为选举襄理员，担任讲演，并由该处通饬各属选派调查员，前赴该管府直隶州听讲，五日而毕，各回所属调查。虑士民之未尽浃洽也，因饬刊白话告示，广为晓谕。一面由襄理员、司选员邀集所属派定之管理监察员，练习投票、开票一切办法。自上年十一月实行调查，各属选举人名册，业经一律到处。一俟复选确定后，拟于本年七月间在省设立议员讲习所，招集复选当选人，先期来所讲习，一为议案之预备，一为开议之练习，筹办咨议局选举事宜，至此毕事。至该局建筑地址，拟用原有贡院改建，以阖属贡选之场，为全省咨议之地，名实尚属相符。近正饬工绘具图式，核实估计，筹款兴办，届时当专折奏明。此属第一年已经筹办之实在情形也。

臣又查原奏清单内载第二年应归督抚筹办者，除选举事宜续筹开办外，其余七项，其已由臣分别预备者，如筹办城镇乡地方自治、设立研究所一节。查湖北地方自治事宜，于上年二月间经前督臣奏设全省地方自治局。臣到任后，因调查乏员，先于法政学堂附设自治研究班，分饬各厅州县选送循谨明达之士绅来省入学，与之讲演各国地方制度及组织方法。又由该局设立公民养成所，为武昌、汉阳两府试办自治之预备，业于上年四月开办，期以年终毕业。各属士民屡有以试办自治为请者，深惟地方自治实与官治有相成而无相妨，然行之不慎，士庶涉于嚣张，官吏引为疑虑，是转失好恶同民之本旨。鄂省既设立武、汉公民养成所，即借武、汉两府为试办自治之地，使人民或晓然于职务范围之所在，然后推行遵办，庶不致法立弊生，徒滋纷扰。上年十二月该所一律毕业，即议及推广办法，改名为自治研究所，定额三百名，由各厅州县考送，大县五人，中小县四人，为养成全省地方自治人才之本。正饬办间，钦奉谕旨，颁布城镇乡自治章程，并查明宪政编查馆原奏，责成咨议局筹办处兼理地方自治筹办事宜。遵将原局归并咨议局筹办处兼理其事，俟办理就绪，即当奏咨立案。此属于办理地方自治之预备者一也。

又调查各省人户总数一节。臣惟宪法万端，必自清查户口始。鄂省设立之调查局，上年分制统计各表，于民政户口特详，现正刊表饬发。

且户口消长与地方自治关系尤密，前设自治局，曾通饬各厅州县举定调查员，即以调查户口为第一要端。现又准民政部咨送奏定调查户口章程，当经饬由巡警道转饬各属一体遵办，既有依据之资，益利推行之用，必使户口之消长盈虚，了如指掌，而后可与言治。此属于调查户口之预备者又一也。

又调查各省岁出入总数一节。查上年迭准度支部咨行清理财政，详核部章，自以厘定款项为入手办法，尤以截清旧案，为承接关键。界划既明，举凡预算、决算，乃有凭借。当饬司道各员，遵设清理财政局，业于本年二月开办。惟查上年十二月度支部奏遵旨妥议清理财政一折内称：决算、预算报告各册，与从前报销旧案不同，自应另订册式，现拟逐一厘订，交清理财政局遵式填送等语。此项调查，应候部定册式到后，遵造填报。现在试办大纲，先饬省内外文武大小各署及局处、学堂、场厂、公所，均自光绪三十四年起，分别内销、外销，赶造收支清册，注明事由，近者限闰二月内到局，远者限三月内到局，复限于此两月内，由该局核定，厘为国家行政、地方行政两项，详晰开列。其自光绪三十三年以前，应遵部章第五条作为旧案，仍饬照光绪三十四年造报办法，分别内销、外销，核实开列，由臣详细复核，妥议截结办法。似此界别部分，为今日清理之初基，亦即为将来预算之张本。此属于调查岁出入之预备者又一也。

又筹办各省省城及商埠等处各级审判厅一节。臣惟宪政要端，其一在司法独立。鄂居天下中枢，又为通商大埠，将来拟收回领事裁判权，必先改良审判，使外人无所借词，而后法权乃无旁落。现在遵章筹办，即以省城及商埠审判厅计之，其需才已在数十人以上，循流溯源，自应以养成审判人才为预备始基。已督饬臬司迅遵筹办，另案奏陈。此属于筹办各级审判厅之预备者又一也。

又各厅州县巡警年内粗具规模一节。查鄂省巡警，业设专官，且于武昌省城开办警察学堂，数年以来计毕业学生已及三四百人，分派武、汉及外属充当巡士，并在该堂内附设巡警教练所，招集粗通文字之人，入所训练。继又陆续抽调武、汉两处警兵来所补习，于更番训练之中，寓逐渐推广之意。兹准民政部咨行奏定各省设立高等巡警学堂，各府厅州县应设教练所，期限三月、六月设立，按章教授等语。臣于奉文后，即札饬该学堂改为高等巡警学堂，招选高等科学生一百人，三年毕业，仍在该学堂内附设巡警教练所，专以养成巡警下士为主。至定章府厅州县应设巡警教练所一节，通饬各属一律筹办，其有因经费不足，不能如期设立，或已练巡警仍属不敷分布者，则由省城教练所酌派巡警前往开办。此属于筹办各属巡警之预备者又一也。

以上各节，就第一年已经筹办者只一项，于第二年应筹办而已预备者共六项。余如举行资政院选举及创设厅州县简易识字学堂，颁布国民必读课本各节，应俟资政院章程并简易识字国民必读各课本由资政院及学部颁发到鄂后，再行分别筹办。臣惟九年筹备事宜，外用虽殊，内体则一，事以能豫而不穷，理以相因而各当，直追急赴，犹恐后时，月考岁稽，敢忘惜寸。微臣遭际圣明，忝膺疆寄，惟有督饬所属各员，振刷精神，（硃批：是。）克期责效，庶几交相鞭策，必求实事之归，不使稍涉铺张，致蹈空言之咎。是则区区愚虑，不得不披沥直陈者也。

所有遵章胪列第一年筹办成绩及第二年预备各项，除分咨查明外，理合恭折具陈，伏乞皇上圣鉴。谨奏。

硃批：该衙门知道。

六、湖北咨议局之筹办

湖北咨议局筹办处选举人调查浅章①

一、调查员应分区会同各区士绅等散发选举人资格调查表，并解说选举资格。

---

① 载《汉口中西报》1909年1月7日，新闻第1~2页。

二、调查员于散发选举表格调查表时，应在表纸旁面书明交还日期，届期应如限收回。

三、调查时须详问其本人或其家属，并可访之邻右。

四、填写年龄或资产时，如有可疑，当誊以如不确实须防人指摘。

五、填写住所须列详细地名，并须记其区名。

六、凡年满二十五岁以上之男子合局章第三条选举资格之一者，即以其一项之资格写入表中。

七、凡俱合局章第三条选举资格者应详细载入表中。

八、凡填写有资格者之姓名时，应将其人之外号一律载入。

九、调查外省寄居人，除问其家属外，并须访之邻右。

十、凡外省寄居人必全合局章第四条之资格者，方可填入表中（表中寄籍云者，即指外省寄居人而言）。

十一、无论本省外省人，虽合选举资格，有局章第六条所列各项之一者即无选举权，不必入表。

十二、无论本省外省人，合选举资格，有局章第七条所列停止选举权各项之一者，亦得入表，惟须记明事由，俟填册时剔除之。

十三、凡本籍人有局章第三条各项资格之一者，虽其人现不在籍，或并无住所者，皆一律入表。

十四、调查员收回各调查表后，即分别区域填入选举人名草册，汇呈初选监督。

附局章第三、四、六、七条浅解：

第三条　凡属本省籍贯之男子，年满二十五岁以上，具左列资格之一者有选举咨议局议员之权。满二十五岁以己酉年初选期扣算。

第一号　曾在本省地方办理学务及其他公益事务满三年以上，着有成绩者。

（一）办理学务及其他公益事务，以本省为限，不以府厅州县为限。

（二）凡学堂监督、堂长、教员皆为办理学务者。

（三）凡经官承认办理属于行政事件及各种善举者，皆为办理公益事务者。

（四）凡办理学务及公益事务，但满三年即可入册（如声名恶劣确有实据者不在此例）。

（五）办理学务及公益事务，只须前后共计三年即可入册（但中间因声名恶劣而去职者不在此例）。

（六）办理学务及公益事务两项可并作三年，但两项同时办理者不能分开计算。

第二号　曾在本省或外国中学堂及与中学堂同等或中学以上之学堂毕业，得有文凭者。

（一）凡有毕业文凭者只视其为中学堂及中学同等以上之学堂，不问其学堂之为官立私立。

（二）凡本省人在他省中学或中学同等以上之学堂毕业，得有文凭者，皆可入册。

（三）凡留学外国中学堂或中学同等以上之学堂及速成师范、法政、警察等毕业，得有文凭者，皆可入册。但留学手工、音乐者必以正式之学堂文凭为准。

（四）师范传习所经官承认得有毕业文凭者，皆可入册。

第三号　有举贡生员之出身者。

（一）凡举贡生员以上之出身，应以文为限。

（二）凡高等小学堂毕业生，得有廪增贡生之奖励，已奉明旨者，皆可入册。

（三）荫生照生员例一律入册，□骑尉、恩骑尉皆同。

宜昌府长阳县榜示选举人名告谕①

为榜示事。窃照光绪三十四年十二月初八日奉湖北全省咨议局筹

---

① 本篇与下一篇《宜昌府长阳县选举划分六区地段告谕》均载《汉口中西报》1909年2月28日，新闻第1页。

办处颁发初选事序章程第九十两条内开，初选监督人数其凭证呈请更正，即由初选监督迅速判定，过二十日之后不准呈请各等因。奉此，业经会同绅首将属邑地段酌定划分六区，选派公正士绅充当选举调查员，分赴各区，按照局章所定各项资格人名，详细调查，并先后张贴告示，剀切晓谕各在案。查区域人繁地广，调查难周，诚恐有遗漏错误举报不明情弊，致负国家求才选士宣德达情之盛意。兹据该区调查员造送该区资格照册列表榜示，如有遗漏错误及不合格者，自本月二十宣示之日起，至二月初十日止，限期内本人取具确实凭证，亲自赶紧赴县，呈请本监督判定更正，逾期不准呈请变更。除分别榜示并申报外，为此示仰阖区选举士民人等一体知照。事关立宪要政，各宜凛遵毋违。特示。

宜昌府长阳县选举划分六区地段告谕

照得选举新政，首重划分区疆，然后调查有准，庶免紊乱局章。现分六区地段，俾尔投票相当。始从一区说起，县城作为中央。永和东山白石，泉流源头津洋。沿溪渔溪各地，金平木桥等乡。高家堰城子口，悉隶一区中央。二区平乐磨市，马鞍峰山高冈。社林沿市西寺，花桥七邱各坊。晓麻大田大堰，蔡家平共一方。三区都镇固里，沙沱水竹园庄。神坛马连杨柘，雪山椿树傲霜。横山龙潭等处，约计十有一乡。四区资邱卜岭，天池泉水汤汤。桃山巴山株栗，西湾成五河漳。黄柏山土木塥，合并秀峰桥梁。五区茅平柿枧，双古墓前邱荒。中坪龙坪枝柘，傅家蹇家园桑。招徕高丘龙旺，李田木株等乡。六区里名堡子，白沙井水泱泱。贺家长冲沙地，榔平沙平青岗。罗山层峦耸秀，雄峙西北保障。以上六区界限，缕晰晓谕煌煌。分别此疆彼界，毋得稍涉荒唐。调查告竣在即，幸勿观望彷徨。赶紧报名选举，实与尔等有光。倘将区域淆混，他日自悔未遑。自此通谕之后，各宜遵守勿忘。

江夏县令颁发选举议员日期及投票地区方法①

为出示晓谕事。照得本县奉文筹办选举事务，业经将各区合格人数姓名排印宣示，并造册申报在案。查奉颁咨议局议员选举章程第二十八条，初选监督应于该选举期三个月以前颁发选举告示，其应载事项：一、初选日期；二、初选投票区投票所及开票所地址；三、投票方法等因。查选举议员为立宪预备之第一事，而初选举又为选举议员入手之第一事。惟各区投票均限一日内竣事，时间极为迫促，自应照章于三个月以前预先告示。为此，示仰县属各项人等一体知悉：凡有选举资格者，务各遵照后开初选日期，认明本区，按照投票方法，于名册内选定平日最所信重之人投票选举，听候开票榜示。仍当凛遵谕旨，不使心术不正行止有污之人托足其内。事关选举要政，慎勿观望迟疑，自失权利。切切。特示。

（一）初选日期：
奉文定于本年四月十五日。
（二）初选投票区投票所及开票所地址：
省城上区蛇山南城内外属之，以警察所辖地段为限。投票所：江夏县署。下区蛇山以北城内外属之，以警察所辖地段为限。投票所：江夏县儒学署。

三乡第一区鲁家巷：上下长乐里，嘉□里，永丰一里，附城里，东山、来望、广埠、官廖、磨旗队虎各屯属之。投票所：钱家祠堂。

第二区油坊岭：夹山一、二、三里，上西一里，灵泉屯属之。投票所：天王寺。

第三区豹子獬：上西二里，上西里，保安一、二里，永丰二里属之。投票所：保桥寺。

第四区金口镇：修贤一、二、三里，太平一、二里，石渚、老军、

---

① 载《汉口中西报》1909年3月16日，新闻第3页。

狮子、赤矶、鲤鱼、上下沙洑、北港、青林各屯属之。投票所：善安堂。

第五区五里界：来苏二、三、四里，上恩三里，下恩里，黄合一、二里，宣明、茂和、兴仁、仁爱、弼化各里，柳林、八分、上杨、中杨、下杨各屯属之。投票所：朝马庵。

第六区马鞍山：湘东一、二、三里，龙泉一、二、三里，高埠、大青、双曲、高□、桂子各屯属之。投票所：龙王庙。

第七区山坡：依仁一、二、三里，□城一、二、三、四里，积善一、二、三里，桃林等屯属之。投票所：巡司署。

第八区尤家庙：永丰二里，上下招贤里，白湖里属之。投票所：尤家庙。

第九区青山镇：草埠里、从善里、横山里、皂角、草埠、青山、枯树、红社各屯属之。投票所：本镇小学堂。

第十区八吉堡：上八吉、中八吉、下八吉、上张、下张、龙坑、□林、甫城、沙口各屯属之。投票所：东岳庙。

开票所遵章设于江夏县署。

(三)投票方法：

投票人以列名本属投票所之投票簿者为限；

投票人应在投票簿所载本人姓名项下签字毕方准领投票纸；

投票人每名只准领投票纸一页；

投票用无名单记法，每票只准书被选举人一名，不得自书本人姓名；

投票人于投票所内除关于投票事宜得与职员问答外，不得涉及私言，并不得与他人接谈；

投票完毕后投票人应即退出，不得逗留窥视；

投票人倘有顶替及违背定章等事，管理员及监察员得令退出。

湖北咨议局筹办处初选事序[①]

一、初选事序所规定之一切，初选监督应会同司选员依序办理。

[①] 载《汉口中西报》1909年1月5日，新闻第1页；1月6日，新闻第1~2页。

二、初选监督于十二月内按照调查区域配定投票匦，设二投票所。右投票匦至多以十区为限，但原分之调查区若在十区以外，亦可通融办理。

三、投票区配定之后，初选监督依区编成号数申报本处及复选监督。

四、初选监督者应于十二月内将投票所地址决定，并即申报本处及复选监督。

五、初选监督于十二月内每投票所预先选定投票管理员三人、监察员六人，分任初选投票事宜。开票所选定开票管理员十人、监察员六人，分任开票事宜，并将各员姓名申报本处及复选监督。右管理员绅（如巡官、警长、汛官、营弁、小学教员等）均可派充，惟监察员以本地绅士为限。

六、各区投票所管理监察员外，得因事宜，由初选监督增派选举事务员。

七、管理员、监察员派定后不得辞职，如有万不得已事故，须于投票或开票期前三日呈明初选监督改派。

八、初选监督须于正月十八日以前汇齐调查选举人名册。

九、初选监督于正月二十日内核定选举人名册，宣示各区。

十、宣示之日起二十日内，凡选举人名册之遗漏错误由本人呈请更正者，初选监督迅速判定，过二十日之后不准呈请。

十一、初选监督于二月初十日确定选举人名册，确定后即将人数电报本处，一面照章造具正册五份，一份存初选监督，为将来底本，一份申送本处，其余三份申送复选监督。其申送本处者须于闰二月初十日以前送到，其申送复选监督者须于二月二十三日以前送到。

十二、选举人名册造成后，应即按照原册每一投票区造具投票簿一本，注意（人名册确定后，因选举人以事实表失选举复或停止者，应即时于册内注明，造投票簿时须删除之）。

十三、初选监督者于二月十一日以前，应发布初选举告示，其记载事项如左：（甲）初选日期，本处定为四月十五日；（乙）投票区投票所及开票所之地址；(丙)投票方法，用单记无记名法；(注)票纸记所选者之姓名，以一人为限，选举人不得自誊姓名。

十四、初选监督于三月二十五日以后，得请复选监督发督宪所颁之各初选当选人额数及票纸执照。

十五、初选监督领到分配额数公文后，须于四月初七日以前告示各区。

十六、初选监督于四月初七日以前，须将选举投票所布置完善，以管理一员、监察一员处理其事。其应布置各事项如左：(甲)入门处；(乙)投票人休息处(投票人拥挤时用之)；(丙)投票簿签到处；(丁)发票处须与投票签到处接近，记事簿置此；(戊)写票处须分设数席，各置笔砚□□，距离以彼此不能窥见票纸之姓名为□；(己)□□□□选举人姓名处、各投票处，须将其厅州县之选举人姓名照选举人名册全数榜示，以便投票人对于列名□□□□□初选□□人□于其厅州县之列名□□□□□□□本区投票所之选举人也；(庚)□□□□□；(辛)□□□；(壬)出门处。以上各处均应黏贴红签，令人注意。

十七、初选监督于四月初十日以前，须将投票纸、投票匦、投票簿及一切必要之件，发交布置投票所事务之管理员、监察员。

十八、初选监督于四月十三日以前，于初选监督所在地方布置选举开票所，以管理一员、监察一员，处理其事。其应布置各事项于左：(甲)初选监督席及司选员席；(乙)票匦安置处；(丙)开票处，统计簿置此；(丁)得票计数处须于开票案两旁各设一席；(戊)收存票纸处，记事簿置此；(己)贴示规则处；(庚)宣示当选人名处；(辛)参观处；(壬)出门入门处。以上各处均应黏贴红签，令人注意。

十九、四月十五日行初选举，各区同日举行。

二十、行初选举时，投票所周围得临时增派巡警，严查一切(开票时亦应一律办理)。

二十一、行初选举时，管理员、督察员分任职事如左：(甲)入门出门处监督员各一人；(乙)投票簿签到处管理员一人；(丙)发票处管理员一人、监察员一人；（丁）写票处监察员二人；（戊）投票处管理员、监察员各一人。以上各处职员均应分别开列姓名职衔榜示。

二十二、行选举之翌日，管理员、监察员即将投票匦、投票报告书送到开票所，并申报开票情形于初选监督。

二十三、四月十九日举行开票，初选监督须会同司选员先时亲临开票所，监视开票。

二十四、开票时管理员分任职掌如左：

（甲）票匦安置处管理员一人；

（乙）开票处管理员二人、监察员一人；

（丙）得票计数处管理员四人、监察员一人；

（丁）收存票纸处管理员二人；

（戊）宣示当选人名处管理员一人；

（己）参观处监察员二人；

（庚）出门入门处监察员各一人。

以上各处职员均应分别开列姓名职衔榜示。

二十五、开票完毕后，即日榜示当选人名及票数，得票满当选票额，而当选人额数已满者，作为候补当选人。

二十六、当选人不足额时，按照选举章程第五十七条，于开票之第三日再选。

二十七、开票完毕以后，管理员及监察员送呈投票纸于初选监督，并报告开票情形。

二十八、初选监督于四月二十三日以前须知会当选人，当选人接到知会后，应自知会之日起，二十日以内呈明情愿应选，逾期不复，作为不愿应选。

二十九、当选无效，致当选人不足额时，以候补当选人递补。

三十、当选人呈明情愿书后，初选监督即发给执照，于五月十三日以前申报复选举监督及本处。

三十一、初选监督于五月十五日榜示初选当选人之确定，并通知复选举日期于初选当选人。

附条：
　　一、投票管理、监察员数，初选监督得因投票人之多寡，□为增减。
　　二、开票日期，各厅州县得因情势量为伸缩，但不能出本处所定期限二日以外。
　　三、所有关于初选一切事宜为本章程所未列者，须按照咨议局选举章程及本处所定各项规则办理。

湖北省各府直隶州议员分配表①

　　湖北全省选举人总数十一万三千二百三十三名，以议员定额八十名除之，应每一千四百一十五名（又八十分之三十三）出议员一名。

府直隶州	选举人总数	应出议员	零数	应得余额	共出议员
武昌府	一六三六四	一一	七九九	一	一二
汉阳府	一〇九三三	七	一〇二八	一	八
黄州府	一三一三五	九	四〇〇		九
德安府	一一〇〇六	七	一一〇一	一	八
安陆府	一二〇三三	八	七一三		八
襄阳府	一三七四六	九	一〇一一	一	一〇
郧阳府	五〇九六	三	八五一	一	四
荆州府	一三一四二	九	四〇七		九
宜昌府	七二七三	五	一九八		五
施南府	四九六七	三	七二二		三
荆门州	五五三八	三	一二九三	一	四

① 载《汉口中西报》1909年4月20日，新闻第1页。

武昌府属各州县初选当选人数分配表①

武昌府属选举人数总数一万六千三百六十四名,应出议员十二名,十乘之,应出初选当选人一百二十名,以除本府选举人总数,每选举人一百三十六名(又一百二十分之四十四)出初选当选人一名。

州县名	选举人总数	应出议员	零数	应得余额	共出议员
江夏县	四〇一〇	二九	六六	一	三〇
武昌县	一六八一	一二	四九		一二
嘉鱼县	五六三	四	一九		四
蒲圻县	一九一九	一四	一五		一四
咸宁县	一一二四	八	三六		八
崇阳县	一二〇四	八	一一六	一	九
通城县	一二〇五	八	一一七	一	九
大冶县	一九六三	一四	五九		一四
通山县	八五五	六	三九		六
兴国州	一八四〇	一三	七二	一	一四

汉阳府属各厅州县初选当选人数分配表②

汉阳府属选举人总数一万零九百三十三名,应出议员八名,十乘之,应出初选当选人八十名,以除本府选举人总数,每一百三十六名(又八十分之五十三)出初选当选人一名。

---

① 载《汉口中西报》1909年4月20日,新闻第1页。
② 载《汉口中西报》1909年4月21日,新闻第1页。

州县名	选举人总数	应出议员	零数	应得余额	共出议员
汉阳县	一四九八	一一	二		一一
汉川县	一三四四	九	一二〇	一	一〇
孝感县	二五六二	一八	一一四	一	一九
黄陂县	二四〇〇	一七	八八		一七
沔阳州	一七九七	一三	二九		一三
夏口厅	一三三一	九	一〇八	一	一〇

黄州府属各州县初选当选人数分配表①

黄州府属选举人总数一万三千一百三十五名，应出议员九名，十乘之，应出初选当选人九十名，以除本府选举人总数，每一百四十五名（又九十分五十三）出初选当选人一名。

州县名	选举人总数	应出议员	零数	应得余额	共出议员
黄冈县	二一八二	一五	七		一五
圻水县	一五三〇	一〇	八〇		一〇
黄梅县	一六〇〇	一一	五		一一
黄安县	一三八三	九	七八	一	一〇
罗田县	七二四	四	一四四	一	五
麻城县	二九九六	二〇	九六	一	二一
圻州	一〇八六	七	七一		七
广济县	一六三四	一一	三九		一一

---

① 载《汉口中西报》1909年4月21日，新闻第1页。

德安府属州县初选当选人数分配表①

德安府属选举人总数一万一千零六名，应出议员八名，十乘之，应出初选当选人八十名，以除本府选举人总数，每一百三十七名（又八十分之四十六）出初选当选人一名。

州县名	选举人总数	应出议员	零数	应得余额	共出议员
安陆县	二四〇六	一七	七七	一	一八
云梦县	六五〇	四	一〇二	一	五
应城县	一四一七	一〇	四七		一〇
应山县	五〇〇四	三六	七二		三六
随　州	一五二九	一一	二三		一一

安陆府属各县初选当选人数分配表②

安陆府属选举人总数一万二千零三十三名，应出议员八名，十乘之，应出初选当选人八十名，以除本府选举人总数，每一百五十名（又八十分之三十三）出初选当选人一名。

县　名	选举人总数	应出议员	零数	应得余额	共出议员
钟祥县	三四七〇	二三	二〇		二三
京山县	三七〇六	二四	一〇六	一	二五
潜江县	一四二九	九	七九		九
天门县	三四二八	二二	一二八	一	二三

① （载《汉口中西报》1909年4月21日，新闻第1页。）
② 载《汉口中西报》1909年4月21日，新闻第1页。

襄阳府属各州县初选当选人数分配表①

襄阳府属选举人总数一万三千七百四十六名，应出议员十名，十乘之，应出初选当选人一百名，以除本府选举人总数，每一百三十七名（又百分之四十六）出初选当选人一名。

州县名	选举人总数	应出议员	零数	应得余额	共出议员
襄阳县	二八一三	二〇	七三	一	二一
宜城县	一九七七	一四	五九		一四
南漳县	九四三	六	一二三	一	七
枣阳县	三六一一	二六	四九		二六
谷城县	一四二〇	一〇	五〇		一〇
光化县	一二五二	九	一九		九
均　州	一七二八	一二	八四	一	一三

郧阳府属各县初选当选人数分配表②

郧阳府属选举人总数五千零九十六名，应出议员四名，十乘之，应出初选当选人四十名，以除本府选举人总数，每一百二十七名（又四十分之三六）出初选当选人一名。

县　名	选举人总数	应出议员	零数	应得余额	共出议员
郧　县	一一二三	八	一〇七	一	九
房　县	八八六	六	一二四	一	七
竹山县	一一七九	九	三六		九

---

① 载《汉口中西报》1909年4月21日，新闻第1页。
② 载《汉口中西报》1909年4月24日，新闻第1页。

续表

县　名	选举人总数	应出议员	零数	应得余额	共出议员
竹溪县	九八三	七	九四	一	八
保康县	二八〇	二	一六		二
郧西县	六四五	五	一〇		五

荆州府属各县初选当选人数分配表①

荆州府属选举人总数一万三千一百四十二名，应出议员九名，十乘之，应出初选当选人九十名，以除本府选举人总数，每一百四十六名（又九十分之二）出初选当选人一名。

县　名	选举人总数	应出议员	零数	应得余额	共出议员
江陵县	三三三五	二二	一二三	一	二三
公安县	一三六九	九	一四一	一	一〇
监利县	三〇六〇	二〇	一四〇		二一
松滋县	一一一七	七	九五	一	八
枝江县	一六〇〇	一〇	一四〇	一	一一
宜都县	一二〇六	八	三八		八

宜昌府属各州县初选当选人数分配表②

宜昌府属选举人总数七千二百七十三名，应出议员五名，十乘之，应出初选当选人五十名，以除本府选举人总数，每一百四十五名（又五十分之二十三）出初选当选人一名。

---

① 载《汉口中西报》1909年4月24日，新闻第1页。
② 载《汉口中西报》1909年4月24日，新闻第1页。

州县名	选举人总数	应出议员	零数	应得余额	共出议员
东湖县	二一九八	一五	二三		一五
兴山县	一八二〇	一二	八〇	一	一三
巴东县	五六三	三	一二八	一	四
长乐县	九二二	六	五二		六
长阳县	一〇三一	七	一六		七
归州	七三九	五	一四		五

施南府属各厅县初选当选人数分配表①

施南府属选举人总数四千九百六十七名，应出议员三名，十乘之，应出初选当选人三十名，以除本府选举人总数，每一百六十五名（又三十分之一十三）出初选当选人一名。

厅县名	选举人总数	应出议员	零数	应得余额	共出议员
恩施县	一三四〇	八	二〇		八
宣恩县	三六一	二	三一		二
来凤县	四二九	二	九九	一	三
咸丰县	五二四	三	二九		三
利川县	一四一三	八	九三		九
建始县	四八九	二	一五九	一	三
鹤峰厅	四一〇	二	八〇		二

荆门直隶州各属初选当选人数分配表②

荆门州属选举人总数五千五百三十八名，应出议员四名，十乘之，

---

① 载《汉口中西报》1909年4月24日，新闻第1页。
② 载《汉口中西报》1909年4月24日，新闻第1页。

应出初选当选人四十名,以除本府选举人总数,每一百三十八名(又四十分之一十八)出初选当选人一名。

州县名	选举人总数	应出议员	零数	应得余额	共出议员
荆门州	二八一八	二〇	五八		二〇
当阳县	一二〇九	八	一〇五	一	九
远安县	一五一一	一〇	一三一		一一

督宪核准复选办法①

督宪据咨议局筹办处详□各属复选名额,并拟定分配表,请核示遵等情。奉批"详表均悉。查各复选区应出议员名数,为选当选名额根据。现经该处悉心核议,列为一表,义简而赅,厘然各当。至初选当选人名额,照章应由复选监督分配。该处虑文书往□[返],恐误定□[期],并由该处代为核定,为复选监督分劳苦,其事尤未为初选选法谋画一,其效大彰。披览之余,殊深嘉慰。候即送宪政编查馆备案,一面由该处分饬各初选复选监督,照章榜示,以昭大信。至驻防额议员前经咨明将军查照核定见复。兹准复到,荆防每次岁科考试取进学额均在二十五、六名以上,应照章核定三名等因。案经并行咨□宪政编查馆矣。仰即知照"云云。

咨议局议长副议长常驻员选举时期通知书②

敬启者。前准函开:本月十四日贵议员等会议选举议长,时期经多数决定,以本月二十、二十一、二十二等日为选举议长副议长常驻议员之期。当经敝处备文详请督院届期临场,照章监督选举,并由敝处就教

---

① 载《汉口中西报》1909年5月9日,新闻第3页。
② 载《汉口中西报》1909年10月1日,新闻第3页。

育总会之会场布置选场,敬请诸公自二十日起,按日于午前八时携带议员执照,赍具衣冠,莅集选举场,实行投票选举。谨先奉书通知,即希察照是盼。顺请台安。湖北咨议局筹办处谨启。

七、湖广总督陈夔龙奏报咨议局成立并议定该局经费折①

(宣统元年九月二十九日)

奏为遵旨筹办咨议局依限成立并拟定该局经费数目恭折仰祈圣鉴事。窃查分年筹备宪政事宜清单内开"各省咨议局本年一律成立"等因。鄂省遵于上年八月设立咨议局筹办处,所有初选、复选各事宜,业于本年闰二月、八月两次奏报筹备宪政成绩折内详晰胪陈,并于九月初一日将该局成立情形电由军机处代奏各在案。查选举事属创办,千端万绪,备极纷繁。溯自设立筹办处以来,先后札发章程并饬令各厅州县按照选举资格切实调查,计本年正月十八日一律完竣。四月十五日行初选举,鄂省应出选举人十一万三千二百三十三名,分次选定如额。六月十五日行复选举,鄂省应设议员八十名,专额议员三名,复分次选定如额。随于七月间札由该处分电各府直隶州转饬各议员于八月初一日以前齐集省垣,布置开局事宜,各议员均于八月内先后到省,二十日举行议长、副议长、常驻议员正式选举。是日,臣亲莅监督,选定吴庆焘为议长,汤化龙、夏寿康为副议长,刘赓藻等十七名为常驻议员,刘耕余等九名为候补常驻议员,一律足额。九月初一,举行开局典式,臣亲临行礼,恭率议长、副议长、议员等北向宣诏谢恩讫。适奉宪政编查馆电传八月三十日上谕,当即恭录行知,敬请缮录,咨议局议场一体钦遵。各议员均蹈咏皇仁肃聆明谕,按秩成礼而退。至是咨议局始告成立,前设咨议局处筹办处即于是日照章裁撤。一面应将该局经费分别常年、开办两项列款核筹。查

---

① 原载《庸庵尚书奏议》,文海出版社1966年版,第37~39页。

奏定咨议局章程第五十三条内开：咨议局经费由督抚筹指专款拨用。其款目一议员旅费，二议长、副议长及常驻议员公费，三书记长以下薪金，四杂项，五预备费。又第五十四条内开：前条公费及薪金数目，由督抚定之。其旅费、杂费及预备费，由咨议局会议预算数目，呈请督抚核定各等语。先经臣将议长、副议长、常驻议员公费及书记长、书记薪金分职规定，并饬该局将议员旅费、杂费、预备费各项分别拟定呈核。兹据该局呈赍预算经费清册前来，臣详加复核核实改定，计公费、薪金、议员旅费、杂费、预备费，共五项计常年应需银四万两，其开办经费当以建筑为大宗，前选定阅马厂绿营地址作为该局建筑地段，现正估工兴筑，俟经费核定后再行专折奏明。至本届该局会场系借用教育总会，办事处系借用劝业公所。所有修葺各费计核定银四千两。综合上列两项经费，业经饬由湖北布政使如数动支，作正开销。此鄂省咨议局成立及议定该局经费之实在情形也。伏查选举事宜虽入手本于调查，而要旨根于劝谕。诚以按户登记易启群疑，故于襄理司选各员出省之时，诫以多方演说，群情既彻，众感自消。前设筹办处执事各员，亦均能黾勉图成，恪恭将事兹幸克期成立，毋误要公，此皆仰赖朝廷叠次谕旨皇言纶绰俾示周行，微臣奉以周旋，始无失坠。至会议期内，臣自当凛遵诏旨，随时监督，务使议决事件，以权限为标准，以法律为范围，期于宪政前途益征［臻］进步，此尤臣所夙夕兢兢自矢者也。所有鄂省咨议局依限成立并议定该局经费数目各缘由，除分咨查照外，理合恭折具陈，伏乞皇上圣鉴。谨奏。

八、湖广总督瑞澂奏湖北第四届筹办宪政情形折[①]

（宣统二年八月二十八日）

头品顶戴湖广总督兼管湖北巡抚事臣瑞澂跪奏，为胪陈鄂省筹备宪

---

① 录自《清末筹备立案档案史料》下册，中华书局1979年版，第785～789页。

政情形，恭折仰祈圣鉴事。

窃查宪政编查馆奏定考核专科章程第三条内载：九年筹备事宜，责成内外臣工，每届六个月将筹备成绩胪列奏闻，并咨报宪政编查馆查核等语。鄂省第三届筹备事宜，业经臣会同前护督臣杨文鼎，于本年二月间分别奏咨在案。除咨议局建筑工程，现据监修委员禀报完竣，应即专案奏报，资政院纳税多额议员，业于四月初一日由前署湖北布政司高凌霨监督互选，将当选人名、票数照章咨送资政院外，其第四届应行筹备宪政各项情形，谨为我皇上缕晰陈之。

伏查逐年筹备清单，第三年各省应行筹备之事，一曰续办城镇乡地方自治及筹办厅州县地方自治。查鄂省各属城治之自治公所，已据报告，一律成立，自治研究所亦各次第开办。所有该所总理所员，均由自治筹办处札派省城自治研究所第一届毕业学员回籍充当，尚能尽职。目下各属划分区域，调查选民，均已陆续申报。计城议事会、董事会并报成立者，则有汉阳、天门、远安、宜城、南漳、谷城、光化、竹溪、应山、黄安、蕲水、公安、东湖、恩施、咸丰等州县。城议事会成立，正在筹备董事会选举者，则有江夏、兴国、孝感、沔阳、钟祥、京山、枣阳、郧县、安陆、随州、黄冈、麻城、黄梅、江陵、监利、宜都、巴东、宣恩、来凤、建始、鹤峰等厅州县。其繁盛各镇提前先设自治公所者，则有襄阳之樊城，宜城之官庄、璞茅，南漳之东安、豫城，光化之老河口，应城之长江埠，江陵之沙市，麻城之阎河、宋埠，应山之广水、马坪、陈家等镇。其余各属或以区域宜分，或以选民过少，筹议务求适当，成立因尚需时。至筹办厅州县地方自治，则范围较广，诠释宜详，业经饬令自治筹办处核定筹办事务清单，颁发各属，饬即另行组织全属自治公所，以便挈领提纲，兼筹并顾。此续办城镇乡地方自治及筹办厅州县地方自治之实在情形也。

一曰汇报人户总数。查鄂省户数，上年以水患频仍，流亡未复，仅将各府首县、商埠地方人户总数，查明咨部。今年系汇报人户总数之年，若不从事调查，则户籍失稽，庶政百端，无从着手。经臣督饬巡警道遵发部颁表式，札令各属切实详查，依限填写。现在各属申报户数，已到者计有六十七州县，总计正户四百零五万三千五百九十八户，附户七十五万九千六百八十七户。惟照章十月报部，期限尚宽，居民辗转迁移，尚恐不无增减。又复饬令详细复核，切实填表，送道会填总表，以期依限咨报。此筹办汇报人户总数之实在情形也。

一曰复查各省岁出入总数及试办预算、决算。查湖北通省财政，自光绪三十四年起至宣统元年秋季止，收支各册并各项盈亏比较表，前已奏明咨送度支部查核。其宣统元年冬季、二年春夏两季收支，及宣统元年岁出入各报告册，亦据清理财政局先后造齐送部。鄂省度支困竭，供不逮求，每岁计短银二百余万两，而历年之积亏新增之用款尚不在内。迭经臣将关于财政局所一律裁撤，设立度支公所，统归藩司经办。此外可裁局所，亦均分别归并，并将学务、军政冗费，酌量核减，计每年节省银二十余万两，惟不敷之数，尚属不赀。至试办预算、决算，部电宗旨，则以量入为出、收支适合为断。揆诸鄂省现在情势，尚多扞格。前经督同清理财政局司道，会商监理财政官，严饬各署局赶紧编造预算表册，陆续送局汇编，依限完竣，详送奏咨。所有关于财政之司道及府厅州县各官公费，亦均就其原有进款酌定，奏咨核办。惟府厅州县本署行政经费，繁简缺有不同，多寡数难悬定。现正按属派员调查最近三年出入实数，容俟通盘筹划，另行酌议。此复查岁出入总数及试办预算、决算之实在情形也。

一曰厘定地方税章程。查中国地方税与国家税向未区分，今欲厘定章程，自非确切调查不可。饬经前署藩司高凌霨，议设地方税调查处，审查所属各项税捐情形，约分四类：一、税目，二、额数，三、征收方法，四、使用目的。均令详细禀陈，以便逐加研究。现在近属州县，业据陆续答复，而距省遥远之区，未经复到者尚居大半，应俟查报齐全，再行辨明性质，分别奏咨，用清界限。此筹办厘定地方税之实在情形也。

一曰各省省城及商埠等处各级审判厅，限年内一律成立。查各级审判厅之设，为司法独立初基，非先改定统辖名称，不足以示标准。业经督饬臬司，按照提法司官制，逐节规定，撤除旧幕，考用属官，奏准自本年四月十五日为始，分科治事，各专责成。其鄂省省[城]高等地方初级、汉口商埠初级审判各厅，已先后据报竣工。汉口地方审判厅则因委员承办不力，稍致稽延，现正另派委员刻期营造。宜昌、沙市两埠地方初级各厅，原定西式图，按工费较巨，由司详请改从华制建筑，量为变通，借资撙节，亦经派员分往监造，以冀依限完全。至鄂省任用法官，应由法部考试，当招合格人员咨送投考，一俟录用，即可实行。至司法警察，为审判补助机关，亦饬巡警道预为养成，以应临时调度。余若检验吏，若承发吏，若庭丁、看守人等，亦俱分班招练，预备开庭。惟是前筹经费，关税既不容动拨，签捐则又虑将停，此正设法另筹，俾无匮绌。此筹办省城、商埠各级审判厅之实在情形也。

一曰推广厅州县简易识字学塾。查此项教育，重在普及。本年二月准学部送到章程课本，当饬提学司印刷通行，限期开办，一面派委视学员周巡各属，编辑白话文告，张贴晓谕。据各厅州县先后禀报开办，计全省已设者一千零七十余所，学生达二万二千四百余人，其中尤以兴国、汉阳、黄陂、黄冈、蕲州、钟祥、京山、天门、应山等州县所设为多，办理亦较合法。惟保康一县尚未据报，业由提学司专札饬催，务使各厅州县一律整齐，认真讲授，庶识字人数日有增加之望。此外尚有学部筹备清单本年应行检定两等小学教员，编定初级师范学堂教授细目，分划学区各项。查湖北检定两等教员，自光绪三十四年业经试办，嗣奉部章复为校正。现在已经检定者四千四百余人，其未经检定之处，仍令接续办理。至初级师范学堂教授细目，甫准部咨，业经派员编定。分划学区，则与自治区域互有关系，尚须参酌地方情形，妥为支配。其余若图书馆、存古学堂两项，鄂省筹办在前，早经奏咨有案，尚拟极力扩充，以求完赡。此筹备推广厅州县识字学塾及本年学务之实在情形也。

一曰各厅州县巡警，限年内一律完备。查鄂省武汉巡警以及各厅州县巡警原额，计有五千四百九十五名教练，未开办者共业三千二百七十四名，惟办法未尽适宜，致执行尚难得力，经臣督率巡警道遵照部章认真整顿，精神形势似较胜前。所有教练毕业者，悉经催令实地服勤。其各属教练所教员，亦一律任用警生，冀收得人之效。计目下鄂省警察，除分区守望外，设有卫生、教练、工程、消防、差遣各队，改良章制，大制井然。一面编辑司法讲义，使长警研究服习，以备检察之指挥，而为审判之辅助。其各属教练所举行毕业者，复饬开练二班，以供调遣。而规定岗额，虽僻小地方，亦饬以六十名为度，统俟年内派员考查，再行列表咨报。此筹办厅州县巡警力求完备之实在情形也。

以上各项，计共赓续办理之事六，经始筹备之事三，均经敦促进行，不敢稍存纡缓。惟其中有事实相生而声叙毋庸分晰者，如续办城镇乡地方自治与筹办厅州县地方自治，机轴本属相关，自应兼营而并进。如复查岁出入总数及试办预算、决算，表里必须如一，务综全局以通筹。是办法既以联属为宜，故汇述正可互觇其实。此后限期愈促，措置尤难，臣惟有殚竭愚忱，遵循秩序，益加策励，计日程功，以期仰副朝廷宵旰勤劳惠民求治之至意。

除照章分咨外，所有鄂省第四届筹备宪政各情形，理合恭折具陈，伏祈皇上圣鉴。

再，臣因赴京觐见，甫经回任，是以奏报稍迟，合并陈明。谨奏。

宣统二年九月初八日奉硃批：该衙门知道。钦此。

九、湖广总督瑞澂奏湖北第五届筹办宪政情形折[①]

（宣统三年三月十四日）

头品顶戴湖广总督兼管湖北巡抚事臣瑞澂跪奏，为鄂省第五届筹备

---

① 录自《清末筹备立宪档案史料》下册，中华书局1979年版，第816~820页。

宪政情形，恭折胪陈，仰祈圣鉴事。

窃查宪政编查馆奏定考核章程内载，九年筹备事宜，每届六个月，内外臣工应将筹办成绩胪列奏闻等语。臣到任后，业将鄂省第三、第四两届筹办大端分别奏咨在案。去年仰奉明诏提前召集国会，旋经宪政编查馆遵旨颁到修正清单，并准通电各省奏报上年下半年成绩仍按原单所列办理，至本年以后筹备成绩，应即按修正清单改定各项奏报等语。自应恪遵办理。伏查筹备清单各省第三年应行筹办之事：

一曰续办城镇乡地方自治。查鄂省规定办法，条理尚觉秩然，各属循序进行，均能依期选举。现在全省自治、议事、董事各会已于年内一律成立，正饬自治筹办处司道，将各职员汇造名册咨部立案。其镇自治会之成立者则有江陵县之沙市，京山县之永兴、吴堰岭、孙家桥，天门县之乾驿、岳口、渔工、新河、皂市，襄阳县之樊城，光化县之老河口，郧县之十堰，应山县之马坪、陈家镇，麻城县之阎河、宋埠等共十五镇。乡自治会之成立者则有崇阳、麻城、蕲水、石首四县，计共二十四乡。现据筹办处司道详请，限令各属于宣统三年闰六月间将各镇乡自治会一体办竣，严加策励，似不难计日程功。此鄂省续办城镇乡自治之实在情形也。

一曰筹办厅州县地方自治。查上级自治不立，则机关终欠完全。臣体察情形，决宜提前赶办，即经一面咨部商订，一面饬属筹设各属自治公所。查全省自治研究所已属两次毕业，合之各属官立、公立各研究所自治学员，计共有四千三百余人，襄同筹办，不患无材，风气既渐开通，推行自较便捷，并经遴派妥员驻府督催，各厅州县当能益加奋勖，已限于宣统三年十月以前同时竣事。此筹办厅州县自治之实在情形也。

一曰汇报人户总数。查鄂省水患频仍，流亡未复，调查户口得实殊难。去岁秋收较丰，多归安业，经臣督饬巡警道遵照部颁表式札饬各属确切调查，即据依限填报按册勾稽统计，湖北全省正户四百十八万三千一百七十九户，附户七十四万九千三百五十四户。除将各属户数细表别行咨部外，其人口细数，业又檄饬各属接续赶查造册具报，俾版籍有所编查，则庶政便于规定。此筹办调户数之实在情形也。

一曰复查各省岁出入总数及试办预算、决算。查鄂省全省财政自光绪三十四年起至宣统二年春夏两季止，收支各册各项盈亏比较表及宣统元年岁出入各项告册，先后由清理财政局造齐详经奏明并咨送度支部查核，兹复将宣统元年各府厅州县岁出入总册，查明调查条款审编，计分岁入为十二款，岁出为十款，造具总数各表送部。至预算、决算案内，前准度支部电，不敷过巨，须令收支适合等因。饬据前藩司王乃徵核议裁减，并准度支部酌拟应增应减各款，经臣督同各主管署而按切事实，再四核商，共裁节银三十八万余两，另就原有岁入款项切实厘整，约可增银二百余万，以收抵支，所差无几。业经遵章具奏，并将追加预算各数附片陈明，一面详叙理由，分造表册，先后咨部核办。此复查岁出入总数及试办预算、决算之实在情形也。

一曰厘定地方税章程。查中国地方税与国家税向未区分，久经饬由前藩司高凌霨设立地方税调查处，详确审查。嗣经度支部奏明国家税、地方税须同时厘定，应以宣统二年为调查地方税、国家税年限，三年厘定，四年颁布。并准部电，令收税项列一简表，分别国家税、地方税，并编定财政说明书同于年底送部等因。饬清理财政局司道与监理官公同综核详考税额之现在情形，酌财政之学理，逐款分别列为沿革、利弊、性质、办法四端，编成财政说明书一帙，一面按照宣统三年预算之数，将国家行政经费若干，地方行政经费若干，分别国家税、地方税，汇为一比较表，均于年内造齐详咨送部。此调查国家税、地方税之实在情形也。

一曰省城及商埠等处各级审判厅限年内一律成立。查鄂省审判，省城应设高等、地方、初级各一厅，汉口、宜昌、沙市三商埠应设地方、初级各一厅，均经督饬提法司按照法院编制法妥为筹划，酌分庭数，配置各级检查厅，其高等厅丞检察长，由臣遴员奏保，钦奉简放，试署推检各官亦经先期咨部照额分发。嗣因分发法官一时不克到省，且员数亦未足额，复经电商法部查照奏定试办章程用人条内所定四项资格，遴员暂派代理，陆续更换，并饬司将应设书记官及丞发吏、司法警察、庭丁人等分别考试，派充幕用，于十二月十六日一律开庭。虽各项机关组合粗备，惟宜昌、沙市两埠各厅，汉口地方一厅，省城、汉口初级两厅，或工程尚未落成，或建设尚须修改，不得不暂赁合式房屋先为布置，惟以经费不充，用人较少，讼狱繁重，竭蹶可虞，犹须广筹的款，添庭增员，俾巩法权而宣民隐。此各级审判厅依限成立之情形也。

一曰推广厅州县简易识字学塾。查鄂省厅州县简易识字学塾，上届奏报时惟保康一县尚未设立，其余各属已计设者计有一千七十余所。现在全省均经遵章开办，顾以限于财力，附设两等小学者为多。近准学部改定章程，教法益趋单简，当即饬司预定推广办法，责成各地方官及学界人员设法举办，以图普及。至本年应行筹备学务事宜，尚有编订初级师范学堂教授细目。查湖北初级师范计共四所，惟两湖师范学堂规模较大，学科颇全，该堂各科教员曾编订必修科细目十四册，随意科细目三册，于去岁二月咨送学部在案。又检定两等小学教员及优待教员，查检定两等教员上届奏报时全省尚未完竣，现经臣督饬湖北提学司委派省视学，并另选专员分赴各属照章检定，计得初等教员六千三百八十八名，其年功加俸章程亦经酌量实行，以广师资而昭激劝。至分划学区，迭经札司饬属赶办，并颁发图表、凡例，以备填注。现据赍到者三十九州县，其郧、襄、施、宜偏远各属，交通阻滞，报告稍迟，正饬勒限严催，务使析并分明，以资支配。此筹办简易识字学塾及本年学务之实在情形也。

一曰厅州县巡警限年内一律完备。查巡警手续最属繁难，迭经臣督饬进行，严定功过，各厅州县亦知关系要政，无不勉为其难。所有前招教练警生，已先后具报出勤服务，总计全省巡警共有九千三百三十二名，较第四届巡警表册计增五百六十三名，饬道派员巡视，规模尚有可观。现仍严饬各属接续招生教练，以为办理乡镇巡警之预备。第经济异常支绌，推广尚费筹维，已饬巡警道督催所属，与各自治会就地妥筹，不任延误。此筹办厅州县巡警之实在情形也。

综核以上各大端，或成立如期而完密须求渐进，或基础已立而扩充尚复需时，大抵绌于经费者半，窘于人才者亦半。然湖北地处澳区，为中外观瞻之所系，而宪政事关国本，知朝廷厪念之弥殷，臣世受国恩，忝膺疆寄，自当殚竭血诚，督饬所司按照修正清单尽力筹备，总期早日观成，以仰副圣明励精图治轸念民依之至意。

所有依限奏报第五届筹备宪政缘由，除分咨外，理合恭折具陈，伏乞皇上圣鉴。谨奏。

宣统三年三月二十三日奉硃批：该衙门知道。钦此。

第二编　湖北咨议局规则

一、湖北咨议局议事细则[①]

第一章　总纲

第一条　咨议局办事大纲除遵照咨议局章程暨宪政编查馆明定专条外，悉以本则规定之(本条遵督批加入)。

第二章　开会期前之组织

第二条　咨议局议员应总督之召集，于指定之期日内，齐集于咨议局所在地。议员齐集咨议局所在地日期，至迟须在开会期三十日以前。

第三条　已到咨议局所在地之议员，应即通知咨议局办事处，并呈示咨议局议员执照。

第四条　议员通知咨议局办事处后，由前任议长定期通知各议员齐集咨议局，举行议长、副议长及常驻议员之选举，其选举日期，至迟须在开会期五日以前。因前任议员之解散，再行召集议员时，其通知选举议长、副议长及常驻议员各项办法，由办事处书记长代理之。

议员一任期中第二会期以下之常年会期前，由议长通知议员，但行常驻议员之选举。

议长、副议长及常驻议员选举方法，另以规则定之。

第五条　议长、副议长、常驻议员举定之翌日，前任议长、副议长

[①] 本细则及以下规则、细则共六件，均为铅印本，武汉大学图书馆藏。

及常驻议员约时通知新举议长、副议长、常驻议员集会于咨议局，交代一切。

因前任议员之解散，再行召集议员时，议长、副议长、常驻议员之交代由书记长代行之。议员一任期中第二会期以下之常年会期前，但举行常驻议员之交代，其交代期由议长通知新举各常驻议员。

第六条　议长、副议长、常驻议员受交代之翌日午前八时，各议员齐集咨议局，由办事处书记长在咨议局为议长、副议长之介绍，引议长临议长席。

第七条　议长临席后，命书记长用抽签之法定全数议员之议席，议员之议席编定号数，每会期一定之，但临时会则继续前会之议席。

第八条　议长莅职，议员议席确定后，即由议长将咨议局组织成立情形，咨呈总督，预备开会一切事宜。

议员一任期中第二会期以下之常年会议员议席确定后，咨呈总督，预备开会与前项同。临时会于召开后，议员已到省通知办事处者及半数以上，即由议长咨呈成立情形于总督，预定开会日期通知各议员。

第三章　开会

第九条　咨议局议员遵照咨议局章程第三十二条，于九月初一日午前八时齐集咨议局，举行开会式。

临时会之开会日期，由议长咨呈总督定之。解散后再行召集之开会期，由咨议局办事处书记长呈请总督定之。

第十条　咨议局之开会，依开会之次数定名为湖北咨议局第某次大会。

临时会之次数，依前次会之次数递算之。

解散后再行召集之开会次数，仍原解散之会之次数。

第十一条　咨议局常年会遵章以四十日为率，其有必须接续会议之事，得由议长呈请总督遵章延长会期十日以内。

临时会会期遵章以二十日为率。

第四章 会议

第一节 通则

第十二条 咨议局议员会议以午后一时至五时为率，但因议事进行之必要时，议员得变更之。

第十三条 咨议局议员会议非有议员半数以上到会，不得开议。

第十四条 议事开始时刻由议长宣告开议。

议长未宣告开议以前，无论何人不得就议题发言。

第十五条 已至应开始议事时刻到会议员不达半数时，由议长指定相当之犹豫时间，经过此时间议员仍不达半数者，由议长宣告延会。

第十六条 议事中遇有应行中止会议事项发生时，得由议长宣告会议之中止。

第十七条 记载于议事日表之事项已经议毕，虽未至散会之定时，得由议长宣告散会。

达散会之定时记载于议事日表之事项未经议毕时，由议长宣告散会。以未经议毕之事项，列于次回会议之议事日表，但其事项虽未议毕而已经开议易于取决或紧急之事项必须议毕者，得由议长宣告延长会议时刻。

第十八条 咨议局会议不禁旁听，但秘密会议时，不在此限。

第二节 议案

第十九条 咨议局议案照章由本省总督提出，惟咨议局议员亦得自行提出，但关于预算决算议案，惟本省总督得提出之。

第二十条 总督提出之议案，应于每届常年会期四十五日以前备文详具事实理由，交付于咨议局。

第二十一条 议员提出议案须有议员五人以上之赞成，由提出之议员详具说明书，署赞成员之姓名，呈出于咨议局。

第二十二条 自治会或人民陈请之件详具说明书呈出咨议局，经委员会或常驻议员之审查，认为应作为议案提出者，仍作为咨议局议案。

第二十三条 每届应议之议案，由议长汇分印刷，于开会期三十以前通知各议员，但议员随时提出之议案，不能于三十日以前通知者，则于开议该议案前七日通知之。

第二十四条　既提出于咨议局之议案，不得任意取消之，但总督交付之议案不在此限。

第三节　质问及纠举案

第二十五条　咨议局议员遵咨议局章程第二十六条、第二十七条、第二十八条之规定，得提出质问案及纠举案。

第二十六条　质问及纠举案之提出，须详具理由书，有议员十人以上之赞成，连同署名，呈出于咨议局。

第二十七条　自治会或人民陈请之件，属于质问或纠举之事项，经委员会或常驻议员之审查，认许提出者，仍作为咨议局质问案或纠举案。

第二十八条　质问案及纠举案由议长于提出审认之后开议该案日前七日通知各议员。

第四节　议事日表

第二十九条　每次会议日之前，由议长将该日应议之案刊印议事日表，记载该日开议时刻、案由，次第分配各议员并呈请于总督。

第三十条　议事日表以总督交付之议案居前，但因紧急事件，经总督之同意时，不在此限。

第三十一条　议事日表已经刊定分配，遇有紧急事件发生，急须付议时，议长得取消已分配之议事日表，再行更正，分配各议员。

第三十二条　议事日表指定之日如不能会议所载之事件时，议长当再定议事日表，分配各议员。

第五节　讨论

第三十三条　咨议局会议各案非经当该委员会审查后，不得付于讨论，但极简单之案，议长认为不必审查时，不在此限。

第三十四条　议员对于议事日表所载之各案欲发表其意见者，须于会议开始前，预将其姓名及反对或赞成之旨，通告书记员。

第三十五条　书记员依前条之通告记入发言表呈出议长，议长当讨论之始，命提出或审查该案者报告后，依发言表先命反对者发言，次赞成者，次命反对与赞成者交互发言。

受议长交互发言之命时欲发言者，须起立报名，待议长之许可。

第三十六条　未行通告之议员非于已通告之各议员发言既终后，不得遽请发言。

但已经通告之议员赞成与反对之两方，有一方发言已毕时，未通告之议员，不妨为发言之请求。

第三十七条　未行通告之议员请求发言时，须起立报名，待议长之许可。

第三十八条　议员二人以上请求发言时，由议长认定先时起立者使先发言，若同时起立，则由议长指定其发言之次第。

第三十九条　议员发言讨论须登演台，但极简单之意见，不在此限。

第四十条　议员发言讨论不得涉于议题之外，否则可由议长制止之。

第四十一条　议长对于讨论之案遇有疑义，得请议长命出该案者辨明其趣旨。该案或为总督所交付者，得请总督委员之辨明。若为自治会或人民陈情之件，得请议长命审查该案委员或承认署名该案之一人辨明之。

第四十二条　议员讨论时，总督委员对于总督交付之议案欲申辨其趣旨者，虽无议员之请求，无论何时得告知于议长，登演坛申辨。委员会之委员长或报告员对于讨论所审查之件，无论何时得请求于议长，登演坛辨明其趣旨。

第四十三条　议长欲自与讨论时，须降临议席，令副议长临议长席，行议长之职。

第四十四条　议长既与讨论，该问题未议决以前，不得复于议长之席。

第四十五条　讨论终结，议长宣告之。

第六节　修正及复议

第四十六条　议员对于讨论之案，有发修正之议者，须有议员十名以上之赞成，于讨论之当日具案提出于议长。

委员会提出之修正案，无须更他议员之赞成。

第四十七条 同一议题有提起数个修正案者，开议取决之顺序由议长定之。

第四十八条 除咨议局章程第二十二条、第二十三条之规定，总督于咨议局议定事件得复令更议外，咨议局议员对于议决之案，于议决之当日亦得提出复议之议。

议员提出复议之议，须有议员赞成者三十名以上之署名，提出理由于咨议局。

第四十九条 应付复议之件，复议之日莅会议员非与原议决定日莅会议员之数在同等以上，不得开议。

经过复议议决之件，不得再提起复议之议。

第七节　决议

第五十条 凡决议，非在场之议员不得与于表决之数。

第五十一条 议长于讨论终结时，即宣告该讨论案之决议。

议长宣告讨论案之议决时，无论何人不得再就该案发言。

第五十二条 议长宣告决议问题，使以问题为可者起立，认定起立者达到会议员之半数，由议长宣告可决；否则宣告否决；可否同数取决于议长。

第五十三条 议长认为必要时或有议员十人以上之要求时，得不用起立，取决之法，以记名投票或无记名投票法决之。

前条起立决议之数认为可疑时，议员申明异议，有议员二十人以上之赞成，得改用记名投票或无记名投票法决之。

第五十四条 用投票法取决时，由议长命书记员挨席各发红白票各一纸，无论记名不记名，赞成该案之议员用红色票，反对该案之议员，用白色票，投入瓯中。

投票毕后，未经使用之票纸，由书记员点数收回，若收回票数与到会议员总数不符时，从前项办法再行投票。

第五十五条　投票收票毕后，由议长命书记开票计可否之数，宣告其结果。

第五十六条　议长宣告开票之结果，议员不得再行请求表决。

第五十七条　议员对于一议案之意见涉于分歧时，可分为甲乙丙丁各意见，用红绿黄白各色票投票决定。其投票之结果，若皆不满到会议员之半数者，该案作为废弃。

前项发票收票之法，照第五十四条办理。

第五十八条　关于修正案之决议，若全行反对时仍取决于原案。

第五十九条　修正案与原案皆不得到会议员过半数之赞成时，从第五十七条之规定，该案作为废弃。但咨议局议员决议为不得废弃者，得使委员会特行起草，再议决之。

第六十条　议决既定后，议员不得请更正自己之表决。

第八节　议决案之呈上

第六十一条　每项会议议决各案，于议决之七日以内，书记员依决议者诠次定案，书记长署名盖印，交由议长呈上之。

议案遵咨议局章程第二十二条、第二十三条，呈请总督核定施行。

质问案、纠举案，遵咨议局章程第二十七条、第二十八条呈请总督或资政院核办。

第六十二条　已呈出之议决案，议长当于每次会议时宣告之。

第五章　闭会

第六十三条　咨议局之闭会，由议长先期呈报，以总督之命令行之。

第六十四条　总督下闭会之令，凡会期未经议决之件，次会期不继续之，但经咨议局之决议付托常驻议员之调查者，不在此限。

第六章　委员会

第六十五条　咨议局每届开会期中，为审查事件，得设各项委员，由议员全数中选举之。

一、法律委员　　　　　　十人

二、预算决算委员　　　　十人

三、税法及公债委员　　　十人

四、陈情委员　　　　　　六人

五、资格审查委员　　　　六人

六、惩罚委员　　　　　　六人

第六十六条　前条各项委员外，咨议局认为必要时，得更因事设置委员，其员数由议长临时定之。

第六十七条　选举各项委员于咨议局开会日举行之，但前条因事设置之委员，不在此限。

第六十八条　选举各项委员，由议长命书记员照第六十五条所列之顺序分次挨席发给票纸，议员各就议席用无记名连记法写毕，投入瓯中。

第六十九条　选举委员每一次投票毕后，由议长命书记员开票，以得票多者为当选，票数同者抽签定之。

每次当选委员姓名，于开票后即宣示议场，选举他项委员时，不得再选举之。

第七十条　各项委员选定后，由各该项委员中互选或公推一人任为该项委员长。

第七十一条　各委员开会时日，由委员长定之。

第七十二条　委员会期中，委员长有故障时，由该委员会推临时委员长代理之。

第七十三条　当咨议局开会时间，不得开委员会，但得咨议局之许可者，不在此限。

第七十四条　委员会非有三分之二以上之委员到会不能开议，其议事以到会委员过半数决之，可否同数取决于委员长。

第七十五条　本省总督得派员莅委员会发言，但须先期告知委员长。

第七十六条　咨议局议员对于委员会所审查之事件欲发表意见时，先期告知委员长得莅委员会发言。

第七十七条　咨议局议员须阅览委员会之记录及其他各种文书时，除有特别之障碍外，委员会当应其请求，但不得携出咨议局之外。

第七十八条　委员会于当该审查事件审查终结后作报告书，由委员长呈之议长，但经委员会之决议，委员长可以口述报告之，或委任他委员为报告者。

第七十九条　委员会之报告书，应于开议该事件之前日，由议长印刷分配于各议员，但必须秘密之事件，不在此限。

第八十条　咨议局可指定期限，使委员会报告所审查之事件，若委员会迟延报告，咨议局可选特别委员审查之。

特别委员不拘员数，其选举方法与各项委员之选举同，但因其情事亦得由议长委任之。

第八十一条　委员会为调查事件，得函请各署局将事件范围内应阅卷宗抄答，审查终结，所有抄答各件，即由咨议局办事处收存。

第八十二条　委员会除总督或议长所派专员及经委员长许入会场者外，不准旁听。

第七章　常驻议员会

第八十三条　凡不在开会期中，常驻议员由议长遵照咨议局章程第十二条委任，协议办理事件时，得开常驻议员会。

第八十四条　前会期中未决议之事件决议付托常驻议员调查者，为调查该事件亦得开常驻议员会。

第八十五条　常驻议员会开会日期、事由，由议长通告之。

第八十六条　常驻议员非有常驻议员四分之三之到会不得开会。

第八十七条　本省总督得派员莅常驻议员会发言，但须先通知于议长。

第八十八条　常驻议员外，议员之在省城者，于常驻议员会所议之事件欲陈述意见时，先期告知议长，亦得莅会发言。

第八十九条　常驻议员会之决议，以到会之常驻议员三分之二定之。

第九十条　常驻议员会之决议，在权限以内得行办理之事件，即由议长办理之，仍须于次会期报告于全体议员。

第九十一条　常驻议员会之决议，有非常驻议员之权限所得办理者，以其议决之件作为次会期之议案。

第九十二条　前会期中付托调查之件，常驻议员会议决后，详具报告书于次会期提出之。

第九十三条　常驻议员会为调查事件，得函请各署局将该事范围内应阅卷宗抄答，查审终结，所有抄答各件即由咨议局办事处收存。

第九十四条　常驻议员会除总督委员及经议长特许入场者外，不准旁听。

第八章　记录

第九十五条　咨议局会议、委员会议、常驻议员会议，皆须有左列之记录：

一、记事录；

二、记言录。

第九十六条　记事录应载之事项如左：

一、到会之议员数；

二、开议、延会、中止及散会之月日时；

三、本省总督委员到会之姓名；

四、议长或委员长及总督委员报告之件；

五、会议之议题及发议者之姓名；

六、决议之件；

七、计算表决可否之数时则记载其数；

八、其他认为必要之事件。

第九十七条　记言录记载会议时议员之言论及其他报告辩论之要旨。

第九十八条　咨议局开会期中，每次会议之记言录、记事录，由书记长诠次印刷呈出议长分配于各议员。

第九十九条 议员对于记事录、记言录或有异议时，议长可命书记长答辩之，不服书记长之答辩者，各于次回之会议取决之，但在委员会、常驻议员会之记录得以传观时，征当日到会各员之意见取决。

第一百条 议员于分配记录之当日，对于记言录除订正字句外，不得变更其演说之趣旨。

第一百一条 记事录、记言录须署经手书记员、书记长之姓名，由议长签字，盖用关防，保存于咨议局办事处。

第九章　秩序

第一百二条 凡会议时列于议场者，无论何人，当守一定之秩序。

一、不得对于皇室发不敬之言语；

二、不得对于他人为谩骂侮辱之言语，但为议事之参考报告劣迹者，不得以本款论；

三、不得携带伞杖等物入议场；

四、议事中不得阅读报纸及他种书籍，但供议事参考者，不在此限；

五、不得为异样之服装；

六、议场内不准吸烟、饮食、任意咳唾；

七、议事中不得发赞声、否声及任意喧噪。

第一百三条 咨议局开会期中，为保持秩序，呈明总督饬由巡警道特派巡警官丁，驻在咨议局，听议长之指挥。

第一百四条 议员不守秩序者，议长得警戒制止之，且得取消其发言。

第一百五条 因议员不守秩序，致议场骚扰时，议长得命不守秩序之议员退出会场，其骚扰致难整理者，议长得中止当日之会议。

第一百六条 委员会有不守秩序者，委员长得制止之，不受制止者，由委员长报告议长，请其处分。

第一百七条 旁听人不守秩序，议长得使其出场，因其情节且得付警官处分之。咨议局议事旁听规则另定之。

第一百八条 咨议局会议散会时，非议长退席之后，议员不得退席；

常驻议员会之散会同。委员会之散会，委员长退席后，各委员始得退席。

第十章 请假、辞职及退职

第一百九条 议员如有事故不能到会，必须请假者，当开具事由，预定日期，呈出于议长，受其允许。

咨议局会议中，议员请假日期不得逾五日。

第一百十条 已受议长请假之允许者，假满日尚不能到会时，当开具事由，续行请假。但咨议局会议期中，续假不得逾五日，闭会后常驻议员之请假、续假，至长不得逾二十日。

第一百十一条 议长、副议长遇有事故须请假者，开具事由、日期，通知办事处书记长，其请假、续假期限与议员同。

第一百十二条 所有请假续假期限遇有大故时，不适用之。

第一百十三条 议员欲行辞职者，当开具事由，呈出于议长。

第一百十四条 开会期中，议长以辞职议员之事由书，宣布议场，议决辞职之允否。

闭会后议员辞职，由议长开常驻议员会取决之，但须于次会期之始报于全体议员。

第一百十五条 议员失咨议局章程所载之被选举资格时，当自行退职。

第一百十六条 咨议局开会期中，议员有对于他议员之资格提出异议者，须开具事由，呈出于议长。

第一百十七条 议长以提议议员开具之事由通知被议议员，定期令其答辩。

第一百十八条 提议议员开具之事由及被议议员之答辩书，皆须付当该委员会审查之。

被议议员逾期不答辩时，审查委员亦得报告审查之结果。

第一百十九条 审查委员报告后，由议长通知各议员于会议时决定之。

关于议员资格之会议，被议议员得到会自行辩明，或托他议员代辩之，但被议议员到会辩明时，不得与于表决之数。

第一百二十条 被议议员经决定无议员之资格时，当由议长令其退职。

第十一章 惩罚

第一百二十一条 依咨议局章程第五十六条，咨议局得有惩罚权，其惩罚分二种：

一、停止到会，但以十日为限；

二、除名。

第一百二十二条 议员提出惩罚之议者，须有五人以上之赞成，开具事由，连同署名提出于议长。

第一百二十三条 惩罚事件属于停止到会者，由议长、副议长之同意行之；属于除名者，付委员会审查后，须经大会之决议。

第一百二十四条 关于惩罚议员之会议为秘密会议。

第一百二十五条 惩罚会议应受惩罚之议员，不得列于议席，但得议长之许可时，得自行到会辩明，或托他议员代辩之。

应受惩罚之议员到会自行辩明时，不得与于表决之数。

第一百二十六条 惩戒事件议决后，由议长于公开之议场宣告之。

附 则

第一条 本规则以咨议局议决呈请总督批准公布后为施行之期。

第二条 关于本规则之疑义，由议长解决之。

第三条 本规则之修改，须有五人以上之提议，由当该委员会拟具草案，于咨议局会议决定后，呈请总督核准。

二、湖北咨议局旁听规则

第一条 咨议局议场之栏外，设旁听席，分三种：

一、外国交际官席；

二、新闻记者席；

三、普通席。

第二条 咨议局旁听席于咨议局开会期前，由书记员分别东、西编定号数。

第三条 咨议局印制旁听券，于每届会议日前，由书记员按照旁听席东、西号数填入于旁听券中。

第四条 外国交际官之请求旁听者，由本省总督于开会日前通知咨议局，咨议局书记长听议长之命令，限定员数，送呈旁听券若干枚于总督转致之。

外国交际官旁听券，除秘密会议外，通一开会期中不失其效力。

第五条 新闻记者旁听券，由书记长按照武汉各报馆于开会日前各送致一枚，该券除秘密会议外，通一开会期中不失其效力。

第六条 普通旁听券，由书记长按计旁听席数于每次开会议事日前，分配于各议员。

普通旁听券之效力，以旁听之当日为限。

第七条 普通旁听人由议员介绍发给旁听券者，须于该券中署绍介议员之姓名。

第八条 书记长、书记员亦得为普通旁听人之绍介，发给旁听券时，须署该绍介书记长或书记员之姓名。

第九条 旁听人莅议局时，由咨议局前门之巡丁验明旁听券，始得入门。

第十条 旁听人入门时，如有携带伞杖等物者，须交付于门役，领取存物信券。

第十一条 旁听人入门后至议事堂前，须以旁听券示守卫警丁，分别由东、西旁门入堂，认定号数，各就旁听席。

第十二条 旁听人入议事堂时，至迟以议事开始后一点钟为限。

第十三条 酒醉风[疯]癫及为异样之服装或携带凶器者，虽持有旁听券，不准入议事堂。

前项不准入议事堂之人，已入后始发见者，得由议长命其退出。

第十四条 旁听人入议事堂后，不得搀入于议员之议席。

第十五条 旁听人就席后，不得彼此搀越来往扳谈。

第十六条 旁听人不得于旁听席吸烟、饮食、任意咳唾及为妨害议事之喧噪。

第十七条 议事时旁听人对于议员之言论，不得表示可否。

第十八条 议事休息时，旁听人之休息，须入于旁听人休息室。

第十九条 休息后旁听人继续旁听者，入议事堂时，仍各就原席。

第二十条 议事中因特别问题之发生，决议应行秘密者，得由议长命旁听人退出。

第二十一条 旁听人不守规则者，得由议长命其退出。

第二十二条 旁听人不遵议长退出之命令者，议长得命警官处分之。

第二十三条 旁听人出议事堂时，须由东、西旁门分途退出，不得妨害秩序。

三、湖北咨议局办事处办事细则

第一章　通则

第一条 按照奏定章程第五十条，于咨议局设办事处经理局中文牍会计及一切庶务。

第二条 咨议局办事处由议长、副议长监理。

第三条 办事处遵照奏定章程第五十一条，置书记长一人，书记四人，由议长选请总督委派。书记以下得设司事，襄任其职务，由书记长选请议长派充。

第四条 书记长、书记以非本省官吏及议员为限。

书记长、书记不与于开会议决之数。

第五条　书记长、书记之薪金由总督定之，司事薪给由咨议局议决数目，呈请总督核定。

第六条　议长、副议长、常驻议员遵照奏定章程第十三条均常川到局办事。

第七条　办事处应设办事厅，以为议长、副议长、常驻议员逐日到局办事之所。

第八条　办事处于星期日得为休息。

第二章　议长、副议长、常驻议员

第九条　议长、副议长、常驻议员于非开会期中，常川到局办事，其范围如左：

甲、奏定章程第十二条第一项所规定者；

乙、议事细则第八十三条至第九十四条所特定事项；

丙、奏定章程第十六条所规定不在会期中之补缺选举事项。

第十条　议长、副议长、常驻议员到局办事时间，以午后一句钟至四句钟为率。

第十一条　议长、副议长应按照前条所定时间每日到局办事，议长有事故，得由副议长处理之，但副议长二人不得同日请假。

第十二条　常驻议员应分日轮值到局办事，每日以三人为率。其轮值顺序，依当选名次，由书记长于每月排定，分致各常驻议员。

于前项外，常驻议员认为必要莅局会商时，均得按前定时间到办事处协议，在省居住之非常驻议员得依右项办理。

第十三条　于奏定章程第十二条议长之委任协议办理外，常驻议员有三人以上之同意，得要求议长开常驻议员会。

第十四条　于每日办事时间，所有咨议局逐日来往文件，应由该管书记呈送办事厅核阅。议长、副议长、常驻议员阅毕，均应加盖图记。

每日应办事件及随时发生事项，该管书记除于其职权内得自行处理外，均应于办事时间内莅办事厅，听议长之指示。

第三章 书记长、书记

第十五条 书记长受议长之指挥，总理局中一切事宜，于本则第十条所定办事时间内，每日到办事厅办事。

书记长于其所阅文件亦应加盖图记。

第十六条 书记长有事故时，得由议长派书记一人代理。

第十七条 书记商承书记长办理局中一切事务，其职务之分掌如左：

甲、文牍　掌一切记事录及主稿；

乙、会计　掌关于一切收支及财产业上保管事项；

丙、庶务　掌不属于上二项之一切事务。

第十八条 文牍应以书记二人掌理之，会计、庶务各以一人分理。

右项之分配，由书记长认定，经议长之核准。

第十九条 文牍、会计、庶务皆各得置司事若干人，因事务之繁简酌定之。

司事受书记之指挥，承办其特定之职务。

第二十条 书记长、书记未经请假，不得擅离职守，请假之限，不得逾二十日。

书记不得同时有二人以上之请假。

第二十一条 前条请假之规定，开会期中不适用之。但因重大事故，书记长由议长于书记中选任代理，书记由请假者自举代理。

第二十二条 书记长、书记除本则规定外，应遵守议事细则各条办理。

第二十三条 书记长、书记有违反本则及咨议局各项章则时，得由议长呈请总督处理。司事由书记长商承议长更替之。

附　　则

第一条 本则以咨议局议决后为实行期。

第二条 本则之修改照议事细则附则第三条办理。

四、湖北咨议局议事堂守卫巡警执务规则

第一条 咨议局于会议期中，依议事细则第百三条之规定，得设置巡警，名曰守卫。

第二条 守卫以守卫长一人，守卫七人组织，受议长之命令，执行警察权。

第三条 守卫长、守卫于开会存续期间，常川驻局守卫，不得擅离职守。

第四条 守卫长于开会时间内，列席议事堂，遇临时事变发生，听议长之指挥，维持其秩序。

第五条 守卫于开会时间内，轮班于议事堂外守望，其职务如左：

一、关于招待旁听人出入及验收旁听券之事项；

二、关于携带物器入堂者检查之事项；

三、关于禁止闲人阑入及喧嚣之事项；

四、关于其他必要之事项。

第六条 守卫遇议事堂事变激烈时，听守卫长传达议长命令，得入堂襄助。

第七条 守卫长、守卫关于秘密会议之事项，于未经宣布之前，当同守秘密之义务。

第八条 守卫长、守卫对于议员及书记等不得为不敬之举动，但遵议长之命令，执行警察权时，不在此限。

第九条 守卫长、守卫除会议时间内行第四、第五、第六各条所决定之职务外，不得干预其他局务，但遇临时事变发生视为必要时，不在此限。

第十条 守卫科组织细则，守卫长自行规定之。

五、湖北咨议局办事处书记执务细则

第一章 通则

第一条 咨议局办事处遵局章第五十条、第五十一条之规定，置书记长一人，承议长、副议长之指挥，总理局中一切事项；书记四人，二司文牍，一司会计，一司庶务。

第二条 书记长、书记执务之分配，应恪遵本则办理。

第三条 书记长、书记于所分掌之职，遇有疑义不能解决时，得商承议长、副议长或书记长斟酌办理。

第四条 书记长、书记于所分掌之职务外，遇事得相助为理。

第二章 书记长

第一节 关于承启之职务

第五条 每日议长、副议长莅议事厅时，书记长应即莅厅将收文簿、发文簿、送稿簿及一切印刷宣布等件汇送议长、副议长，听候处置。

第六条 议长、副议长于书记长汇送各件分别处置后，书记长应即分致各主任职员，分途办理或自行办理之。

第二节 关于通告之职务

第七条 书记长应行通告之事务分五种：

一、各种提议案件之通告；

二、内部选举之通告；

三、委员会报告书之通告；

四、议事日表之通告；

五、关系全局紧急文电之通告。

第八条 前条第一款、第三款、第五款之通告，书记长应承议长、副议长之命令，饬主管司事遵照原文印刷，并注明收到、交印日期。前条第二款、第四款之通告，由书记长承议长、副议长之命令拟定送核后，盖书记长图记分配之。

第九条　各种通告分配时，由书记长命主管司事编定议员住址册，并交送差分致各议员。议员收到通告时，各于本名下书收到字样，或取其名片缴由书记长存备查考。

第十条　除第七条规定各款外，因特别事由，受议长、副议长之命令，必须通告全体议员，或一部议员，或特定之一人者，书记长应即时通告之。

第三节　关于会议之职务

第十一条　每回会议前，书记长应分配旁听券，连同每回议事日表，送致于各议员。

第十二条　每回会议之当日于开议时前，书记长依议事细则第三十五条编定发言表，呈出于议长。

第十三条　每回会议时限到达时，书记长检点到会员数，报告于议长。

第十四条　议长宣布应行开议时，书记长承议长之命令，得于议题未报告之先，报告逐日来往紧要函电及议员请假或辞职并各次议决案呈上裁夺等一切事由。

前项应行报告之事由涉于繁冗者，书记长请求议长之指示，得于会议终结时报告之。

第十五条　议员会议中，有请求书记长应行报告事项者，书记长承议长之命，即时报告之。

第十六条　书记长报告之事项，有须主管书记自行报告者，书记长得属主管书记代报告之。

第十七条　决议时议员意见涉于分歧者，书记长承议长之命令，分别各意见撮简明之旨，宣示于议场，照章取决。

第十八条　凡承议长之命令以起立之法取决时，书记长应检点起立员数，报告于议场。

第十九条　议场中为委员选举时，其选举之事项、名数及结果，书记长承议长之命令，当场宣告之。

第二十条　每回会议之结果，于会议之当日，由主管书记诠次报告书，书记长审核付印，盖用图记报告之。

前条报告分送之法照第九条办理。

第二十一条　凡属于会议之记录及各文件，书记长应盖用图记，由主管书记保存之。

第三章　文牍书记

第一节　收发及保存文件

第二十二条　咨议局收受文件，由文牍书记于收受时，分别登入收文簿。

第二十三条　咨议局收文簿分三种：

一、公文收入簿；

二、提议案件收入簿；

三、函电收入簿。

第二十四条　前条各项收文簿外，文牍书记应另制议员名籍簿及议员请假簿。名籍簿记载议员之姓名、籍贯、年龄、资格。请假簿记载请假议员之姓名、事由及假期。

第二十五条　咨议局收受文件，文牍书记除即时登簿外，仍于各文件注明收到日期，汇送于书记长。

第二十六条　咨议局发行文件，文牍书记承书记长之指令，分别发行，记明发行文件事由、日期于发文簿，逐日送核于书记长。

第二十七条　咨议局文件之保存，由文牍书记分别门类编定号数储藏之，仍记明于文件存查簿。

第二节　文件起草及记录报告之编次

第二十八条　咨议局往复各处公牍、函电等文件，文牍书记承书记长之指令，分任起草，交付于书记长。

第二十九条　咨议局会议或常驻议员会议，文牍书记依议事细则第九十五条至第九十七条之规定，行记事记言之职务。

第三十条 会议时之记事录、记言录，文牍书记承书记长之指示，于会议之当日，编定存卷，并作成报告，送核于书记长。

第三十一条 每会期中之文件于会期终结时，文牍书记汇齐印刷报告书，分布并保存之。

第三十二条 不在开会期中咨议局往来各文件，文牍书记每三个月汇齐印刷报告书一次。

第三节 议决案之诠次

第三十三条 凡会议议决各案，文牍书记依据当场议决之记录，对照原提出之案及委员会审查报告，按定式诠次之。

第三十四条 文牍书记诠次议决各案，除订正字句、文体外不得变更原议决案之趣旨。

第四节 督理印刷及缮校

第三十五条 咨议局各文件，无论油版印刷、活字印刷，由文牍书记督理主管司事限期交齐。

第三十六条 咨议局缮写各文件，由文牍书记督理主管司事，指示程式，限期交齐。

第三十七条 咨议局缮印各文件，主管司事应悉心校对，仍由文牍书记查核，自负责任。

第五节 关防之保管及应用

第三十八条 咨议局关防，由议长、副议长委任文牍书记一员专管之，不另支薪水。

第三十九条 文牍书记启用关防时，应请书记长当场监视之。

书记长公出或请假不能监视启用关防时，由主管书记临时请议长、副议长之监视，或请另委他书记监视之。

第四章 会计书记

第一节 经费之领发及存储

第四十条 咨议局常年经费，由会计书记领收，存储于公钱储局。

第四十一条　咨议局公费薪金，由会计书记于每月初十日以前，照章支送，各取回收条，盖用印记为凭。

第四十二条　开会期中议员旅费，由会计书记分两期支送，仍各取具收条盖印为凭。

第四十三条　各司事杂役工食，每月望日由会计书记按名发给。

第四十四条　会计书记会同庶务书记酌计每月本局零用活支若干于庶务处，每届十日，以庶务书记之领条，盖用印记领发之。

第二节　簿记及报告

第四十五条　会计书记应制咨议局经费收入簿、存款簿、支出簿。

一、收入簿　记载承领款项及存银所收之息款；

二、存款簿　记载存储款数，分别长储、短储标明息率；

三、支出簿　记载局用各款。

第四十六条　咨议局领用各款，每三个月会计书记应造具报告表三份，一呈总督，一呈藩司，一存本局查核。

第四十七条　每届常年会开会期一个月以前，会计书记应汇齐各次报告表，编印成册，报告各议员。

第五章　庶务书记

第一节　室中室宇之布置及修理

第四十八条　咨议局所有一切室宇，均由庶务书记布置经管之。

第四十九条　开会期前及开会期中，议场内外，庶务书记应承书记长之指示，妥为布置。

第五十条　局中室宇有须修理者，除重大工程须秉承议长指示外，寻常修葺诸事项，庶务书记得自由处理。

第二节　保管物资

第五十一条　咨议局所有一切器物，庶务书记应置局用器物簿，分门别类逐一登记。

第五十二条　咨议局器物，庶务书记每三个月应检点一次。

第五十三条　咨议局器物，除各局、所、学堂暂时借用外，庶务书记不得擅行借出。

第三节　约束司役

第五十四条　咨议局雇用之司事、杂役等，无论属何部分，皆须受庶务书记之约束。

第五十五条　庶务书记进退司事，须商承书记长；杂役之进退，庶务书记得专决之。

第五十六条　司事、杂役遇违则舞弊情节较重者，除斥退外，庶务书记得承书记长送该管衙门处分之。

第四节　招待宾客

第五十七条　凡外来宾客参观咨议局，均由庶务书记招待之。

第五十八条　凡外来宾客，因咨议局之事件与议长、副议长交涉者，庶务书记承议长、副议长之指令，预备一切招待事宜。

第五十九条　凡招待宾客必要之费用，由咨议局支给之。

第六章　附则

第六十条　本则经议长、副议长之认可，宣布施行。

第六十一条　本则所不载者，照议事细则、办事处办事细则办理。

第六十二条　本则有未尽事宜或至不适用时，由书记长商承议长、副议长酌量增删或修改施行。

六、湖北咨议局议长、副议长、常驻议员互选细则

第一章　选举员及场所

第一条　咨议局议长、副议长、常驻议员之选举，按照奏定咨议局章程第十条互选之，规定以各该本届之议员为选举员。

第二条　互选之场所，在咨议局议场。

第二章　办理选举人员

第三条　议长、副议长、常驻议员之选举，除照奏定咨议局章程，以本省总督为监督外，办理互选事务，应以现任议长为总理，但因解散议员重行选举时之本项互选事务，则以书记长总理之。

第四条　议长、副议长、常驻议员之选举，应设投票管理员、监察员、开票管理员、监察员。

右项之管理、监察员，以咨议局书记或常驻议员充之。

第五条　总理之职任如左：

一、通知各议员互选日期；

二、认定投票开票管理员及监察员；

三、按照议员名数，备制选举员名簿；

四、造具当选员名册及候补常驻议员名册，呈明本省总督。

第六条　投票管理员、监察员职掌如左：

一、于互选之前一日布置选举场；

二、经理投票匦、投票簿、投票纸及选举员名册；

三、于入场处验明议员执照；

四、按照议员坐次分发票纸；

五、其他关于投票时之一切事宜。

第七条　开票管理员、监察员职掌如左：

一、清算投票数目；

二、检查票纸真伪；

三、决定投票之是否合例；

四、经理得票计数簿及已投票纸；

五、其他关于开票时一切事宜。

第八条　投票管理、监察员不妨兼任开票管理员，其分任员数如左：

一、投票管理及监察各员数：

（甲）入场口管理、监察员各一人；

（乙）发票管理员二人；

（丙）票瓯安置处监察员一人。

二、开票管理及监察员数：

（甲）开票管理监察员各一人；

（乙）检票管理员一人；

（丙）得票计数管理员一人。

第三章 选举年限

第九条 议长、副议长之互选，每三年举行之。常驻议员之更选，以一年为限期。

第四章 选举时日

第十条 议长、副议长、常驻议员互选之日期，依议事细则第四条之规定，至迟须在常年开会期五日以前。

第十一条 互选日各选举员应于八点钟以前，齐集选举场，开始互选之时，至迟不得过九点钟。

第十二条 互选开始后，一日不能完毕时，得以监督之命令，于其翌日接续选举。接续选举日之时限，从前条之规定。

第五章 选举方法

第十三条 议长、副议长、常驻议员之选举，按照奏定咨议局章程第十条之规定，由议员中互选。

第十四条 按照奏定咨议局章程第十条第二项，议长、副议长用单记投票法分次互选之，常驻议员用连记投票法一次互选之。

右项之投票均用无记名式。

第六章 投票

第十五条 互选投票凡本届之议员均应齐莅选举场，但有特别事由或在请假期内者，不在此限。

第十六条　选举员之入场投票者，应先于入场口呈验议员执照后，方准入场。

第十七条　选举员入选举场，应依先后次序分席入坐。

第十八条　每次举行投票时，应由监督宣告投票，管理员禀明监督，按照坐次，每员发给票纸一张，令其填写。

第十九条　选举员填写票纸，除关于投票事宜得与职员问答外，不得涉及私言，并不得与他选举员接谈。

第二十条　投票管理、监察员应于选举员未投票以前，向选举员开投票匦示其空虚，然后由监察员锁其内盖。

第二十一条　选举员填写票纸毕后起，至投票匦前自行投票，仍返原坐次坐定。

第二十二条　选举员于定时前未经入场，开始投票后始补入者，于该次投票未行完竣时，投票管理员请监督之命令得就坐补发票纸，令其填写补投，投毕仍返原坐。

开始投票后补入选举场之选举员，值该次投票已毕者，不得补行该次投票。惟互选之次数尚未全竣时，得依序就坐，俟下次宣告投票，同与于投票之列。

第七章　开票及检查

第二十三条　投票完毕后，开票管理员应将实到员数同已投票数核照，如不符时，得监督令选举员即时另行投票。

第二十四条　票数核照后，开票管理员开匦按核票数无误，然后由检票管理员唱名得票，计数管理员记数其票纸之有效无效者，由开票监察员分别暂存之。右项暂存之票纸事毕，缴呈现任议长保存于咨议局办事处。

第二十五条　本项选举之无效投票，按照奏定咨议局选举章程第五十五条办理。

第八章　当选名额

第二十六条　据奏定咨议局章程第十条每届议长、副议长之选举，应选举议长一人，副议长二人。

第二十七条　常驻议员当选额数据奏定本省议员八十三人，按照局章第十条第二项之规定，应出当选常驻议员十七人。

前项选举时须预备候补当选常驻议员至少须达常驻议员名额之半。

第九章　当选票额

第二十八条　议长、副议长、常驻议员之选举，据奏定咨议局章程第十条均以得票过半数者为当选。

第二十九条　凡因不满当选票额致无人当选，或当选不足额时，由监督就得票较多者，按照应出当选员额数加倍开列姓名，即时宣示，令所有选举员就所列姓名内再行投票。右项之决选，应以足额为止。

第三十条　当选名次按照局章第五十八条办理。

第十章　当选呈报

第三十一条　议长、副议长、常驻议员当选后，应由现任议长将各当选员姓名、年岁、籍贯、职衔及得票数，呈报总督。

第十一章　当选、辞职及改选

第三十二条　议长、副议长、常驻议员当选后，非因左列事由不得辞职：

一、确有疾病，不能担任职务者；

二、确有职业，不能常住省垣者；

三、有特别事由，经咨议局允许者。

第三十三条　因选举年限之已届，因而改选时，再被选者得连任，但连任以一次为限。

右项任满后，再被选而欲辞职者听之。

第十二章　补缺选举

第三十四条　据奏定咨议局章程第十六条议长因事出缺，以副议长选补之。副议长因事出缺时，得由议员中互选补之。

前项之选举若不在开会期中，据咨议局章程第十六条第二项，得由常驻议员中互推补之。常驻议员因事出缺时，据咨议局章程第十六条第三项，以候补常驻议员名次表之列前者选补之。

附　则

第三十五条　本则经咨议局议决后呈请总督批准，公布实行。
第三十六条　本则之疑义，由议长解决之。
第三十七条　本则所不载者，按照咨议局章程及议事细则办理。
第三十八条　本则之修改，按照咨议局议事细则办理。

七、湖北咨议局税法及公债委员会办事规则[①]

第一条　本会依会议规则第六十九条选举委员十人，公推一人为委员长。

第二条　本会开议，遵会议规则第七十六条非有三分之二以上之委员到会，不得开议。

第三条　本会开议，先期由委员长通告各委员，如有特别事故不能到会者，叙明其理由。

第四条　本会分任案件至为繁杂，委员长、委员于开会时不得无故接续三次缺席。

第五条　委员长之责务如左：

---

① 载《汉口中西报》1909年11月13日，新闻第4页。

甲、开会时日之宣告；

乙、可否问数时之所决；

丙、认许总督派员莅会及议长所派专员，或议员意见之发表；

丁、报告书呈递及口述报告或委任报告者；

戊、综核本会审查议案事件；

己、应付他委员会协商事件。

第六条　委员之责务如左：

甲、应分担审查；

乙、于协定时间内完结其所审查案件；

丙、于开会时间按时到会协议；

丁、报告书之作成；

戊、关于会议时临时记录。

第七条　凡交付审查之案件，会议时由委员长宣告旨趣后，委员公同讨论。如系全体窒碍者，议决后由委员长或委员作成报告书，呈交议长。

第八条　前条讨论时认为应分担审查者，由委员中轮定数员，其员数因该案之繁简临时拟定。

第九条　各该案审查完竣期内，委员会协议定之。

第十条　审查案件有应行调取官府及私家文书者，由委员长通知议长调取。如有应行诹访者，请由议长给发诹访卷后，即以轮定审查委员担任。

第十一条　各该案审查完竣，报告委员长开委员会，由各该审查之一员报告其审查结果，经当场议后，各该案审查员中轮担一人作成报告书交委员长呈之议长。

第十二条　本委员会对于所审查之案，其决议方法一依会议规则办理，以到会委员过半数定之。

第十三条　本委员会对于讨论所审查之案，遵会议规则第四十四[二]条，无论何时得请求于议长，登演坛辨明其旨趣。

第十四条　本委员会提出之修正案，遵会议章程第四十八条，无须待他议员之赞成。

第十五条　各该审查员报告书末应由委员长署名盖印，并列各委员姓名。其名次以各该案审查员列前，其余以到会之坐次定之。

第十六条　遇有与他委员相关事件，应推举一人与他委员长协商。

第十七条　本会应设委员会议厅，中置长桌，开会时按位坐书，不必起立。但同时二人欲言者，须俟一人言毕方可发言。

八、湖北咨议局收受自治会或人民陈请建议规则①

一、凡学会、商会、农会、工业会，以及各种公司与自治会相类者，均得陈请。

一、自治会陈请书格式须用正式公文，盖用各该会钤记。

一、人民陈请书须用白折楷写(式附后)。

一、自治会须详列某地方某绅姓名。

一、人民陈请书须详注籍贯职衔。

一、人民陈请书须以本局议员为介绍人，介绍议员即盖本局所发各议员介绍图记。

一、陈请书开端直书某某为陈请事，不得用禀呈字样。

一、陈请书尾只用理合陈请咨议局公鉴，不得沿用禀呈旧式抬须恭颂之语。

一、陈请书期于辞达，不拘字数，不得语涉浮诞。

一、所陈请事件有对于皇室发不敬之言者不收。

一、所陈有依咨议局章程第二十八条言及官绅纳贿及违法等情，不指明确据者不收。

一、所陈有关于军事、外交、裁判等事不收。

---

① 载《汉口中西报》1909年11月2日，新闻第4页。

一、所陈关于个人诉讼情节微细者不收。
一、陈请书内字画不清图书不明者不收。
一、陈请不依本局程式者不收。
一、陈请书由陈请委员认为不应提作议案者，仍交原介绍议员发还。

第三编　湖北咨议局第一次常年会议文献

卷一　会议记事录①
（宣统元年九月初一日至十月二十日）

九月初一日

午前十时，行开会礼式。莅会议员七十一人先入议事堂就议员席坐，次书记长、书记入就书记长席、书记席坐，次议长、副议长陪左列文武官员入：

（甲）文官
一陈制军夔龙
一李方伯岷琛
一杨廉访文鼎
一高提学凌霨
一盐法道马观察吉樟
一劝业道高观察松如
一巡警道冯观察启钧
一汉黄德道齐观察耀珊
一武昌府双太守寿

---

① 本记事录为铅印本，武汉大学图书馆藏。

一汉阳府曹太守允源

一夏口厅冯司马筼

一江夏县王大令士卫

一汉阳县李大令曾麟

(乙)武官

一张统制彪

次各局所总办相继入，各依次席坐；次各学堂管教员及一切来宾由东西厢入，分就特别席及旁听席坐。首由督院临演说台，读颂辞；次则议长临演说台，读答辞。至十一句钟礼毕，散会。

午后一时，开选举各部委员会。莅会议员七十一人，用无记名连记法投票，经众议员决议，正副议长不得与选，一人不得二次当选，遂行投票。兹揭其顺序如左：

第一次选举法律委员会委员，其当选姓名及票数如左表：

张君国溶　　五十二票

张君中立　　五十一票

李君继膺　　五十一票

杨君文澜　　四十八票

陈君登山　　四十八票

杨君清源　　四十票

刘君赓藻　　三十八票

阮君毓崧　　三十票

陶君峻　　　二十六票

吕君逵先　　十七票

以上当选十人，由李君继膺推举张君国溶为本会委员长，同会委员皆赞成决定。

第二次选举预算决算委员会委员，其当选姓名及票数如左表：

金君式度　　三十七票

万君昭度　　三十五票

王君光翰　　三十四票
时君象晋　　二十六票
丁君庆泰　　二十三票
黄君文润　　二十三票
孙君传烈　　二十票
邓君殷源　　十九票
沈君明道　　十九票
邢君　璜　　十九票

以上当选十人，由沈君明道推举金君式度为本会委员长，同会委员皆赞成决定。

时已六句钟，选举未毕，由议长宣告延会，约定初二日午前九时开会，继续投票。

九月初二日

午前九时开会。莅会议员六十六人，由议长宣告仍行选举事务。
第三次选举税法及公债委员会委员，其当选姓名及票数如左表：

董君钦墀　　三十六票
陈君国瓒　　三十四票
刘君耕余　　三十四票
胡君瑞霖　　三十二票
刘君寅熙　　二十五票
郑君　潢　　二十四票
何君世谦　　二十四票
刘君起霈　　二十四票
金君　麟　　二十四票
倪君惠渊　　二十四票

以上当选十人，由刘君寅熙推举董君钦墀为本会委员长，同会委员皆赞成决定。

第四次选举陈情委员会委员,其当选姓名及票数如左表:

黄君赞枢　　二十五票

谢君鸿举　　二十三票

周君　孚　　二十二票

刘君金镛　　一十九票

刘君元丞　　一十七票

谈君　钺　　一十六票

以上当选六人,由谢君鸿举推举黄君赞枢为本会委员长,同会委员皆赞成决定。

时已十二句钟,由议长宣告停会,约午后二时开会继续投票,遂散会。

午后二时开会,莅会议员六十四人,由议长宣告终了选举事务。

第五次选举资格审查委员会委员,其当选姓名及票数如左表:

胡君柏年　　三十一票

左君树瑛　　三十一票

邹君永铜　　二十三票

车君斗南　　二十三票

卫君寅宾　　二十一票

刘君德标　　一十八票

以上当选六人,由车君斗南推举胡君柏年为本会委员长,同会委员皆赞成决定。

第六次选举惩罚委员会委员,其当选姓名及票数如左表:

但君祖荫　　二十六票

胡君大溓　　二十六票

刘君定瑗　　二十二票

刘君克定　　二十票

胡君壬林　　十九票

张君国琪　　十九票

以上当选六人，由胡君壬林推举但君祖荫为本会委员长，同会委员皆赞成决定。

右六部委员选举毕时，时方四句钟。议员阮君毓崧提议呈文问题，经各议员详细讨论，其结果多数议员赞成对于督院用咨呈，司道以下通用移文。

九月初四日

午前九时开第一次会议，其议题如左：

第一　咨议局会议规则案

第二　咨议局旁听细则案

是日莅会议员六十五人，由议长命书记长李宗藩报告事件如左：

一、督院恭录行知实行监督咨议局上谕札。

二、督院交付教育农林堤工自治议案札。

三、顺直咨议局请联络各省声气，并联名询问。宪政编查馆咨议局与地方官往来公文有妨体制，即请酌改函。

四、安徽咨议局询问咨议局与督抚往来公文体制，并开局时应报于资政院否电。

五、江苏咨议局复本局询问呈文问题电。

次议长宣告开议，请第一议题审查委员会陈述意见。

次由法律委员会会长张君国溶报告咨议局会议规则案审查修改之旨，经各议员分别讨论，其结果如左：

(甲)依委员会修正全案一百十五条下增加一条：

第一百十六条　所有请假续假期限遇有大故时不适用之。

(乙)字句修改增补者计十七条：

(一)原修正案第二条(本年权通知咨议局筹办处)句删除。

(二)原修正案第三条(本年权由咨议局筹办处办理)句删除。

又同条及第四条"原"字俱更作"前"字。

(三)原修正案第六条"使"字更作"命"字。

（四）原修正案第十条"咨呈总督"更作"呈请总督"。

（五）原修正案第十三条第二项"事"字更作"题"字。

（六）原修正案第二十六条"所得专决之事件"句更作"有应行专决者如军事外交等事"二语。

（七）原修正案第四节及本节各条"弹劾"二字更作"纠举"（以下之"弹劾"同）。

（八）原修正案第六十五条定案下加书记长署名盖印交数字。

（九）原修正案第七十四条"由议长至年长者一人"数句更作"由各该项委员中互选或公推一人"。

（十）原修正案第八十四条"限"字更作"指"字。

（十一）原修正案第九十二条会长"会"字更作"议"字。

（十二）原修正案第一百六条第六项去"及"字，末加"任意咳唾"四字。

（十三）原修正案第一百十五条末加"其请假期限与议员同"二语。

按：本规则呈明督院时，遵咨议局章程改为议事细则，后奉批加一条删数条，故名目条次与此略异。

第一议题讨论终结，由议长宣告第二议题开议。次由法律委员会会长张君国溶报告咨议局旁听细则案审查修改之旨，经各议员分别讨论，其结果如左：

（甲）依原修正全案二十三条不另行增减。

（乙）字句修改增补者计三条：

（一）原修正案第四条"札"字更作"通"字。

（二）原修正案第十一条"巡"字更作"警"字。

（三）原修正案第十六条"饮食"下加"任意咳唾"四字。

第二议题讨论终结时方四句钟，得议长许可，讨论左之二问题。

（甲）咨议局常年经费预算案提出之问题　预算决算委员会会长金君式度提议：咨议局常年经费之预算案，非由本局办事处实际调查，不得根据。经各议员相互讨论结果由书记长协同书记员提出草案，再付审查报告，以便决议。

（乙）开用关防用呈文之问题　议员吕君逮先提议：开用关防，原议对于督院用"咨呈"，会议长改用"呈文"，是否合宜？经各议员相互讨论，议赞成原议者起立，同时起立者四十六人，过到会议员半数，照章决定。

右二问题讨论毕，由议长点交应付审查之议案于各部委员会如左表：

一兴学筹款以广教育案　督院提出　　交法律委员会
一讲求宣防以除水患案　督院提出　　交法律委员会
一推广农林以兴实业案　督院提出　　交法律委员会
一筹经费以办自治案　　督院提出　　交税法及公债委员会
一农林劝办所规则案　　副议长夏君
　　　　　　　　　　　寿康提出　　交法律委员会
一禁烟办法案　议员胡君柏年提出　　交法律委员会

以上所交议案由各部委员会会长查收，旋改为随时发交，取其手续便利事机敏活也。

九月初五日

午后一时开第二回会议，其议题如左：

修正呈文议决案　　　议员何君世谦提出

是日莅会议议员五十九人，议长因事告假，副议长夏君寿康升议长席，代行职务。命书记长李宗藩报告山西咨议局询问公文用札用呈体制不合本局如何办法电。次代理议长宣告开议，请本案提出议员何君世谦陈述意见。次何君世谦报告本案提出之旨，经各议员相互讨论，议对于各行政官用呈文，对于各局所用移文，经全会议员起立决定。时四句钟，由代理议长宣告散会。

是日以后至十二日始有会议。中间各委员会议事甚多，以不在会场与正式会小别，故不备录。

九月十二日

午后一时开第三回会议，其议题如左：

第一　咨议局常年经费预算案　　　本局提出

第二　咨议局办事细则案　　　　　本局提出

是日莅会议员六十三人，由议长命书记吕遵先报告事件如左：

一、督院行准宪政编查馆电开酌定议场内行政官席次札。

二、督院行准宪政编查馆电开咨议局对官吏公文程式札。

三、督院行准外务部电开日本东亚同文会评议员井手三郎来局参观即便接待札。

四、留日铁路会请转致督院及商会力拒借款电。

五、宪政筹备处介绍日人旁听函。

六、湖南咨议局守卫科询问本局守卫办法函。次由议长宣告第一议题开议，请本案审查委员会陈述审查之意见。

次预算决算委员会会长金君式度报告咨议局常年经费预算案审查修改之旨。

次各议员分别讨论。讨论终结，由议长宣告决议，其结果如左：

（甲）旅费　在常年会以二百一十两为率，临时会除到会各议员定额三十两外，另以道路之远近酌量计算，其标准如左：

（一）三千里以上七十两

（二）三千里以下六十两

（三）二千五百里以下五十两

（四）二千里以下四十两

（五）一千五百里以下三十两

（六）一千里以下二十两

（七）五百里以下一十两

右项均只以一面计算。

（乙）膳费　自议长以下，局中皆不供膳费，各于公费薪金工食内扣算。

右二项经议长宣告以起立之法决议，起立员数达到会员数之半数，照章决定。

次由董君钦墀提议，以膳费各自支给，各议员不能合宿一处，涣散无纪，诸多不便，宜于开会期中订立议员规约。当经到会议员全数赞成，决定照章由议长委任特别委员起具规约草案。次由议长宣告第二议题开议，请本案审查委员会陈述审查之意见。

次由法律委员会会员吕君逵先报告咨议局办事细则审查修改之旨。

次各议员分别讨论，终结后由议长宣告决议，其结果如左：

（甲）依委员会修正全案二十三条、附则二条，不另行增减。

（乙）字句修改增补者计二条：

（一）原修正案第二十一条"不适用之于开会期中"句，改作"开会期中不适用之"。

（二）原修正案第二十条"书记长"下添"书记"二字。

右项以议长之命令起立取决，计起立员数过到会员数之半数，照章决定。

四议题决定后，时五句钟，由议长宣告散会。

九月十七日

午后一时开第四回会议，其事由如左：

第一　选举特别审查委员

第二　讨论应否作为议题之案

是日莅会议员六十三人，书记长因病请假，汤君化龙代行职务，报告事件如左：

一、督院交付矿业茶叶应盐议案札。

二、督院行准民政部电开咨议局酌派守卫巡查札。

三、安徽咨议局请仍电致宪政编查馆争公文格式电。

四、旅沪同乡会请转督院及商会合力筹拒铁路借款电。

五、北京江汉公学贺咨议局成立函。

六、洋务局请给日人特别旁听券函。

次由议长宣告选举茶业、矿业、规复应盐三部特别审查委员,用无记名连记法投票,每票分别茶、矿、盐三项,各写被选者一人,以省手续。副议长汤君化龙报告:因本日代理书记不列于投票之数,共发票六十二张,投毕开匦,查数相符,当场开票,计各部当选姓名及票数如左表:

(甲)茶业审查委员五人

金君式度　　　　二十票

吕君逵先　　　　六票

张君国溶　　　　五票

黄君文润　　　　五票

刘君德标　　　　四票

(乙)矿业审查委员四人

邓君殷源　　　　十票

周君　孚　　　　六票

熊君正钧　　　　五票

阮君毓崧　　　　五票

(丙)规复应盐审查委员四人

王君光翰　　　　三十九票

左君树瑛　　　　四票

涂君占鳌　　　　二票

左君质鼎　　　　二票

次由副议长汤君化龙报告筹办荒政及振兴工业二案,须准照前茶矿盐三案方式,选举特别委员。共发票六十一张,胡君柏年请假,退还票纸一张。登时投票开匦,查数相符,计各部当选者姓名及票数如左:

(丁)荒政审查委员四人

董君钦墀　　　　八票

胡君柏年	八票
谢君鸿举	五票
黄君赞枢	五票

（戊）工业审查委员四人

胡君瑞霖	六票
时君象晋	三票
陈君登山	三票
胡君大濂	三票

次由副议长汤君化龙报告议员时君象晋、王君光翰、赵君麟书所提出各案应否作为议题，须公众讨论。兹记其始末如左：

（一）时君象晋提出调取学务公所外省游学生经费，及该公所岁出入报告册应否作为议案，待众公决。悉以此项问题准照宪政编查馆来电，已致函往抄卷宗，候抄至审查后，再交时君斟酌提议。

（二）王君光翰提出之应城宜立石膏公司案，请陈述意见。王君光翰陈述毕，决议以此项当照陈情办法改作陈情书。

（三）赵君麟书提出秋米改征折色案关系奏案，应作为建议案，经众议员赞成决议。

各项议毕，时五句钟，由议长宣告散会。

九月二十日

午后一时开第五回会议，为二十一日开正式会之预备，讨论左之各议题：

第一　兴学筹款以广教育议案　　督院提出
第二　推广农林以兴实业议案　　督院提出
第三　农林劝办所规则议案　　　议员夏君寿康提出
第四　禁烟办法议案　　　　　　议员胡君柏年提出

是日莅会议员四十三人，初由书记吕遵先报告事件如左：

一、督院发本局会议规则及旁听细则批由札。

二、山东咨议局请联合各省咨议局提议四大问题函启。

三、湖南咨议局询问铁路借款本省如何对待电。

四、广西咨议局因中日新约事请电致政府力图废约电。

五、留日咨议局事务调查会请拨款函。

六、开封法政学堂教员周兆沅李继桢何福麟等建议筹办鄂境路款。

七、函留日铁路会介绍归鄂劝股代表 张伯烈 夏道南 函。

次由副议长汤君化龙报告督院批回议事细则各节。

次留日学生派归铁路拒款代表要求在议事堂陈述意见一节，议员全体起立，决议许该代表于会议铁路案时，到场陈述意见。

次由议长宣告第一议题因审查委员刘君赓藻缺席，将第二议题移前讨论，请法律委员会报告。次由议员阮君毓崧报告对于农林案审查之意见。次由副议长汤君化龙报告明日开正式会，众议员对于督院及委员质问答辩之方式及议事堂服装各节。至五句钟，由议长宣告散会。

九月二十一日

午后一时开第六回会议，其议题详前。莅会议员六十四人，督院派委到会行政官三人列记于左：

一学务主管委员高提学凌霨

一农务主管委员梅观察光曦

一禁烟主管委员金观察鼎

首由副[议]长汤君化龙承议长命令宣告第一议题开议，请主管委员陈述本案提出之意见。

次高提学陈述兴学筹款以广教育案提出之旨。次议长命审查委员长报告审查第一议题之意见。次法律委员长张君国溶报告对于第一议题审查之旨，承议长之命令，逐纲讨论，以避繁冗。遂先报告第一议题第一纲。

次各议员对于委员会审查报告第一纲开始讨论，其结果如左：

（甲）否决之件二

（一）省城初等小学堂及女子两等小学堂每添招班数，委员会原报告每半年添招一班，临时报告每年应添招二班，具陈理由，议改原报告一字为二字，无人起立，遵章否决。

（二）简易识字学塾议就省垣设立模范，起立者三十人，不及出席员数半数，遵章否决。

（乙）修正之件一

（一）省城设立保姆讲习所，议附属幼稚园，全会无异议，即行补入。

右第一纲讨论终结，由议长委任副议长汤君化龙宣请法律委员会会长依次报告自第二纲至第七纲，皆经通过。次及第八纲时，已六句钟。讨论未决，由议长宣告延会，准明二十二日午前十二时继续开会。

九月二十二日

午前十二时开第七回会议，其议题详前，茌会议员未达半数以上，依议长之命，宣告犹豫三十分钟。午后一时，继续前会开议。茌会议员五十四人，督院派委到会行政官二人列记于左：

一农务主管委员梅观察光曦

一禁烟主管委员金观察鼎

首由书记吕君遵先承议长命令，报告督院行知宪政编查馆派委员专员胡编修大勋前来参观札。次由副议长汤君化龙报告江苏咨议局为淮盐事项，特派专员凌君文渊前来会商，本局当派员招待。

次由议长委任副议长汤君化龙报告继续讨论学务议案第八纲。

次各议员对于委员会审查报告书第八纲互相讨论。讨论终结，由议长宣告取决，其结果如左：

（甲）可决之件二

（一）市镇乡村设立学堂经费一二三各项，议仍旧，起立者三十六人，过茌会议员半数，遵章决定。

(二)清学务权限理由一项,议删除,起立者三十三人,依前项理由决定。

(乙)否决之件三

(一)府立学堂经费甲乙丙三项,议删除,起立者三十六人,过到会议员半数,遵章原报告应作否决。

(二)厅州县设立学堂经费丙丁二项,议删除,赞成委员会起立者十五人,不及莅会议员半,遵章否决。

(三)附说乙项,议删除,赞成委员会起立者二十人,依前项理由否决。

(丙)修改之件一

(一)厅州县设立学堂经费甲项,议改作宣统二年全款归还,起立者四十一人,过莅会议员半数,遵章修正。右按宣统二年以前未解之款,仍议解齐,亦经多数起立决定。

案:报告除甲乙丙三项各案以起立法取决外,余皆直接通过,并无异议。

第一议题讨论终结,由副议长汤君化龙承议长命令宣告第二议题开议,请主管委员陈述本案提出之意见。

次梅观察陈述督部堂交出推广农林以兴实业一案之旨。

次议长宣请第二议题审查委员会报告审查之意见。

次法律委员会会长委托委员阮君毓崧逐条分别报告对于第二议题审查之旨。各议员逐条分别讨论,其结果如左:

(甲)可决之件二

(一)报告书第一项,赞成起立者五十一人,过莅会议员半数,遵章决定。

(二)报告书第二项,赞成起立者四[?]人,依前项理由决定。

(乙)否决之件一

(一)报告书第六项,赞成起立者十七人,不及莅会议员半数,遵章否决。

右法律委员会报告除甲乙二项以起立法取决外，余皆直接通过，并无异议。

第二议题议毕，由副议长汤君化龙承议长命令宣告第三议题开议，请副议长夏君寿康陈述本案提出之意见。

次副议长夏君寿康报告州县应设农林劝办所规则议案提出之旨。

次议长宣请第三议题审查委员会报告审查之意见。

次法律委员会会长委托委员阮君毓崧如前法分别报告对于第三议题审查之旨，各议员亦如法分别讨论，其结果直接通过，并无异议。

第三议题议毕，由副议长汤君化龙承议长命令宣告第四议题开议。因本案提出议员胡君柏年请假，请法律委员长张君国溶代为报告。既乃报告该会对于原案审查之旨，全会议员赞成，依委员会报告，原案作为度弃。

第四议题议毕，副议长汤君化龙报告江苏咨议局特派委员来到，应请议长派员招待。当由议长派委四人如左：

张君国溶

阮君毓崧

吕君遒先

谈君　钺

右项委员当场布告。毕时六句钟，由议长宣告散会。

九月二十九日

午后一时，开第八回会议，其议题如左：

第一　铁路借款案　　　　议员左君树瑛提出

第二　铁路筹款案　　　　议员张君国琪提出

第三　湖北厅州县命案报验规则案　　副议长汤君化龙提出

是日莅会议员五十三人，宪政编查馆派委专员胡编修大勋、加派馆员刘主政泽熙前来参观，俱列行政官席；日本驻汉领事渡边省三君前来参观，列特别旁听席。首由议长命书记吕遵先报告事件如左：

一、督院行准宪政编查馆电开咨议局议事权限札。
二、督院行准宪政编查馆电开加派馆员刘主政泽熙就近参观札。
三、督院行准宪政编查馆电开所派员参观员咨议局不得馈赆供张札。
四、督院交清查户口议案札。
五、督院行准政宪编查馆电开督抚行咨议局用札程式札。
六、山西咨议局商电宪政编查馆以七大理由力争公文体制函并电稿。
七、江苏咨议局通知所致宪政编查馆电力争公文体制函。
八、湖北旅京同乡会请筹款修路拒借外债函。

次由副议长汤君化龙承议长命令宣告第一议题开议。因本案提出议员左君树瑛抱病请假，请赞成员一人代为陈述意见。

次本案赞成员李君继膺报告铁路借款案提出之旨。

次副议长汤君化龙承议长命令请审查委员会报告审查之意见。

次税法及公债委员刘君寅熙报告对于铁路借款案审查之旨。

次各议员分别讨论，其结果到会议员全数主张力拒外债，要求废弃借款草合同，原案全体通过，无反对者。

第一议题议毕，由议长委任副议长汤君化龙宣告第二议题开议，请本案提出议员张君国琪陈述意见。

次由张君国琪报告铁路筹款案提出之旨。

次各议员分别讨论，大致谓该议案筹款办法十条，有可作为本局议案者，有不必作为本局议案者；其可作为议案者，亦应另提出详细办法，分别取决。

讨论终结，由副议长汤君化龙承议长命令宣告取决，其结果如左：

（甲）应作为本局议案须另提出详细办法者：

（一）原案第三条开设彩票，另定办法。

（二）原案第七条提留地价，另定湖北铁路经过土地收用规则。

右二项均由原案提出议员张君国琪会同左君树瑛另行起草，经起立之法取决，第一次起立议员三十一人，第二次起立议员三十七人，过莅会议员之半数，遵章决定。

（乙）不须作为本局议案者：

（一）原案第一条招集商股。

（二）原案第四条广销股票。

（三）原案第五条利用铁矿。

（四）原案第八条联络湖南。

右四项以铁路公司当然应办，无待本局提议为理由，决议不必作为本局议案。

（五）原案第六条抽提办理铁路人员薪资。

右项以铁路公司力能自办，决议不必作为本局议案。

（六）原案第二条借用房租。

右项以督院本年借用武汉两镇房租，已明白晓谕不再借用，否则不足以昭大信，决议不必作为议案。

（七）原案第九条按租摊股。

右项本应为本局研究之议题，经议员讨论，以现时灾荒甚重，暂不作为议案。

（八）原案第十条请提税厘。

右项以各项税厘系行政经费，已有用途，提归铁道必另设法弥补行政经费，不如不提较为直捷，决议不必作为议案。

第二议题议毕，由议长宣告第三议题开议，请本案提出副议长汤君化龙陈述意见。

次副议长汤君化龙报告厅州县命案报验规则案提出之旨。

次由议长宣请第三议题审查委员陈述审查之意见。

次由法律委员会会长张君国溶报告对于第二议题审查之旨。

次各议员分别讨论，依委员会之报告，就全案中酌改修正原案共三条，其余各条均全体通过。各案议毕，达六句钟，由议长宣告散会。

十月初四日

午后一时开第九回会议，其议题如左：

第一　秋米改征折色案　　　议员赵君麟书提出
第二　筹款兴学以广教育案　议员胡君壬林提出
第三　改军为民案　　　　　议员卜君文焕提出
第四　请提淮盐运商遵章应减款项案　议员张君国溶提出
第五　清厘驿站空额案　　　议员孙君传烈提出
第六　议裁驿站案　　　　　议员刘君定瑗提出

是日莅会议员五十人。由议长命书记长鄭瑞松报告事件如左：

一、督院行准宪政编查馆奏议复考察宪政大臣于式枚奏陈咨议局章程权限折及奏定章程应以官定解释为据。

二、湖南咨议局复允合力拒款电。

三、直隶宪政研究会询问力争废约意见电。

四、吉林咨议局为中日新约失败请联合策应函。

五、直隶宪政研究会为中日新约丧失权利请抵制日货函。

六、藩司移知向官钱局借款一万拨交本局文。

次副议长汤君化龙承议长命令宣告第一议题开议，请本案提出议员赵君麟书陈述意见。

次赵君麟书报告秋米改征折色案提出之旨。

次副议长汤君化龙承议长命令宣请第一议题审查委员陈述审查之意见。

次税法及公债委员刘君寅熙报告对于第一议题审查之旨。

次副议长汤君化龙承议长命令宣告讨论，当经本案提出议员赵君麟书请依审查委员会之报告自行切实修正，俟修正后再讨论。到会议员均无异议，由议长宣布发交修正。

次副议长汤君化龙承议长命令宣告第二议题开议。请本案提出议员胡君壬林陈述意见。

次胡君壬林报告筹款兴学以广教育案提出之旨。次副议长汤君化龙承议长命令宣请第二议题审查委员会陈述审查之意见。

次法律委员会会长张君国溶报告对于第二议题审查之旨。

次各议员讨论，以该案为清减天门一县赔款捐之问题，前会议督部堂交出兴学筹款以广教育案中，已决定拨还各厅州县赔款，此案以事实变更，应为废弃，无容再议。经到会议员全数赞成，作为废弃。

次副议长汤君化龙承议长命令宣告第三议题开议，请本案提出议员卜君文焕陈述意见。

次卜君文焕报告改军为民案提出之旨。

次副议长汤君化龙承议长之命令宣请第三议题审查委员会陈述审查之意见。

次税法及公债委员刘君寅熙报告对于第三议题审查之旨。

次各议员讨论，以本案办法不甚清晰，尚须调查修正，惟详细调查，非各厅州县议员自负责任，归筹进行方法不可，本届会议期迫，势难竣事，须俟下次开会期提出。当由议长命赞成缓议者起立取决，起立者四十八人，过到会议员半数，本案作为缓议。

次由副议长汤君化龙承议长命令宣告第四议题开议，请本案提出议员张君国溶陈述意见。

次张君国溶报告请提淮盐运商遵章应减款项案提出之旨。

次副议长汤君化龙承议长命令宣告讨论，各议员皆无反对意见，直接通过。

次副议长汤君化龙承议长命令宣告第五议题开议，请本案提出议员孙君传烈陈述意见。

次孙君传烈报告清厘驿站空额案提出之旨。

次副议长汤君化龙承议长命令宣请第五议题审查委员会陈述审查之意见。

次委员会沈君明道报告对于第五议题审查之旨。

次各议员讨论，其结果以此案尚待调查，经到会议员全数赞成，作为缓议。

次副议长汤君化龙承议长命令宣告第六议题开议，请本案提出议员刘君定瑗陈述意见。

次刘君定瑗报告议裁驿站案提出之旨。

次副议长汤君化龙宣告第五议题既缓议，此案性质相同，当从前议。经全会赞成决定。

次法律委员会委员阮君毓崧提出：前月二十二日决议督宪交出之农林案各府直隶州设立林区署，委员会改名为农林筹办所一条经众否决，与副议长夏君寿康提出厅州县应设农林劝办所议案两相牴牾，应加修正，当由议长宣告赞成修正督院交出农林案否决之林区署（委员会报告改名农林筹办所）一条者，起立取决。起立起四十三人，遵章决议修正。至六句钟，由议长宣告散会。

十月初八日

午后一时开第十回会议，其议题如左：

第一　　兴茶业以开利源案　　　　督院提出

第二　　规复应盐案　　　　　　　督院提出

第三　　禁种洋烟案　　　　　　　议员卫君寅宾提出

第四　　筹备警察办法案　　　　　议员董君钦墀提出

第五　　董议员庆云资格审查之件

第六　　黄议员赞枢资格审查之件

是日莅会议员五十一人，督院派委莅会行政官三人列记于左：

一茶业主管委员高观察松如

一盐法兼禁烟主管委员金观察鼎

一警察主管委员裴大令柟

初由副议长汤君化龙承议长命令宣告第一议题开议，请主管委员陈述意见。

次高观察松如陈述督院交出兴茶业以开利源一案之旨。

次副议长汤君化龙承议长命令请审查委员会陈述审查意见。

次特别委员张君国溶报告对于第一议题审查之旨。

次副议长汤君化龙承议长命令宣告讨论。

次各议员讨论，其结果就审查委员会报告书甲项办法之一"招茶商及茶户之子弟"改为"招产茶地方及茶商之子弟"。又"应由劝业道会商茶业公所"下加一先字，作为"先于汉上筹设"者。外皆直接通过。

第一议题讨论终结，由副议长汤君化龙承议长命令宣告第二议题开议，请主管委员陈述意见。

次金观察鼎报告督院交出规复应盐案之旨。

次副议长汤君化龙承议长命令宣请第二议题审查委员陈述审查之意见。

次特别委员王君光翰报告对于第二议题审查之旨。

次副议长汤君化龙承议长命令宣告讨论。

次各议员讨论，其结果依原案直接通过。

第二议题讨论终结，由副议长汤君化龙承议长命令宣告第三议题开议，请本案提出议员卫君寅宾陈述意见。

次卫君寅宾报告禁种洋烟案提出之旨。

次副议长汤君化龙承议长命令请审查委员陈述审查之意见。

次法律委员会会员吕君逵先报告对于第三议题审查之旨。

次副议长汤君化龙承议长命令宣告委员会报告书对于原案初无反对意见，各议员可再加讨论，如亦无反对意见，作为全体通过。

全会赞成决定。

第三议题讨论终结，由副议长汤君化龙承议长命令宣告第四议题开议。本案提出议员董君钦墀因病请假，请本案赞成员一人代为陈述意见。

次赞成员张君光耀代董君钦墀报告筹备警察办法案提出之旨。

次副议长汤君化龙承议长命令请审查委员会陈述审查之意见。

次法律委员会会长张君国溶报告对于第四议题审查之旨。

次副议长汤君化龙承议长命令宣告讨论。

次各议员讨论，其结果赞成委员会报告起立者二十八人，过莅会议员半数，原案作为否决。时已六句半钟，第五第六两件不及开议，由议长宣告暂时散会，延至晚八时开议。

晚八时继续开议，由副议长汤君化龙承议长命令宣告第五件开议，请资格审查委员会陈述审查之意见。

次资格审查委员会会长胡君柏年报告对于董议员庆云资格审查之旨。

次各议员讨论，其结果俟由本局电至襄阳府转南漳县调卷宗查实再行讨论。

第五件讨论终结，由副议长汤君化龙命令宣告第六件开议，请资格审查委员会陈述审查之意见。

次资格审查委员会会长胡君柏年报告对于黄议员赞枢资格审查之旨。

次黄议员赞枢要求陈述本案发生事由，得议长许可，遂行陈述。

次副议长汤君化龙承议长命令宣付讨论。次各议员讨论。其结果以本案于黄议员赞枢资格毫无所损，惟事由发生是否属于孝感县徐令之陷害，本局应查实后提出纠举案，呈请督院核办。

右二资格审查之件讨论毕，时已十一句钟，由议长宣告散会。

十月初十日

午后一时开第十一回会议，其议题如左：

第一	整顿湖北吏治案	议员谢君鸿举提出
第二	划交税款案	议员刘君寅熙提出
第三	清除酒税肉捐案	议员蓝君田提出
第四	查核发行官票以杜后患案	议员邢君璜提出
第五	裁汰教员以宏教育案	议员周君培金提出

是日莅会议员三十七人，不及全体议员半数，依议长命令，犹豫一小时，至二句钟仍如前数，照章不能开议，由副议长汤君化龙承议长命令宣告延会。

十月十一日

午后一时开第十二回会议，其议题如左：

第一　筹经费以办自治案　　　　督院提出

第二　　整顿钱漕案　　　　　　议员陶君峻提出
　　第三　　枝江附生曹孝原陈请军田　议员时君象晋介绍
　　　　　　估价总书揩册案

是日莅会议员四十四人，议长因病假，副议长汤君化龙代行职务，升议长席，命书记长鄷瑞松报告事件如左：

　　一、督院行准英领事为报载咨议局禁烟议案请正误札。
　　二、督院批准延长会期酌加旅费抄由。
　　三、督院行抄录咨议局成立经费奏稿札。
　　四、光化县移送补缺议员魏君鸿仁到局文。

次代理议长汤君化龙报告第一议题开议，请审查委员会陈述审查之意见。

次税法及公债委员刘君寅熙报告对于筹经费以办自治案审查之旨。

次代理议长汤君化龙宣告讨论。

次各议员讨论，其结果如左：

　　(一)原案省城自治筹办处经费，以省城各局署经费出入预算决算尚未成立之故，本局未便担任筹措。

　　(二)原案各属自治公所经费，应由各地方斟酌实在情形，自行筹集，本局不能预定普通办法。

右二议全会赞成决定，惟委员会报告书容有未当之处，仍请自行修正。

第一议题讨论终结，由代理议长汤君化龙宣告第二议题开议，请本案提出议员陶君峻陈述意见。

次陶君峻报告整顿钱漕案提出之旨。

次税法及公债委员刘君寅熙报告对于第二议题审查之旨。

次代理议长汤君化龙宣告讨论。

次各议员讨论，其结果以本案办法不甚精详，请委员会细加修正，再行提议，经全会赞成决定。

第二议题讨论毕，时已五句钟，第三议题不及讨论，由代理议长宣告俟另会开议。即时散会。

十月十二日

午后二时开第十三回会，其议题如左：

第一　清旧款以办新政案　　　议员陶君峻提出

第二　照章核减典息以纾民困案　议员黄君文润提出

第三　整顿咨议局实行规则案　　议员郑君潢提出

第四　建始县季绅廷举等陈请纠举前县令金令策先贪诈案
　　　　　　　　　　议员刘君德标介绍

第五　南漳县冯绅仁佺等陈请弹劾赵令传鎏案
　　　　　　　　　　议员孙君传烈介绍

是日莅会议员四十五人，议长因病告假，副议长汤君化龙代行职务，升议长席，命书记长鄢瑞松报告督院札行准宪政编查馆电开明定咨议局议事权限札。

次代理议长汤君化龙宣告第一议题开议，请本案提出议员陶君峻陈述意见。

次陶君峻报告清旧款以办新政案提出之旨。

次代理议长汤君化龙宣请审查委员会陈述审查之意见。

次预算决算委员邢君璜报告对于第一议题审查之旨。

次代理议长汤君化龙宣告讨论。

次各议员讨论，其结果以本案碍难实行，故请赞成委员会报告者起立。时起立议员三十二人，过莅会议员半数，本案作为取消。

第一议题讨论终结，由代理议长汤君化龙宣告第二议题开议，请本案提出议员黄君文润陈述意见。

次黄君文润报告照章核减典息以纾民困案提出之旨。

次代理议长汤君化龙宣请审查委员会陈述审查之意见。

次税法及公债委员刘君寅熙报告对于第二议题审查之旨。

次代理议长汤君化龙宣告讨论。

次各议员讨论，其结果如左：

（一）原案减月息为二分，赞成起立者三十六人，过莅会议员半数，遵章决定。

（二）原案减官息为五厘，为法定利息五厘之外，议任当事者契约增加为约定利息，二者并行不悖，赞成起立者四十人，过莅会议员半数，照章决定。

第二议题讨论终结，由代理议长汤君化龙宣告第三议题开议，请本案提出议员郑君潢陈述意见。因对于本案有意见发表，降议员席，副议长夏君寿康代理议长，升议长席。

次议员郑君潢报告整顿咨议局内部实行规则案提出之旨。

次代理议长夏君寿康报告本案内容与会议规则微有出入，应否作为议题，须先行决定。因宣告赞成作为议题者起立，同时起立议员二十六人，过莅会议员半数，遵章决定。

次代理议长夏君寿康宣告讨论。

次各议员讨论，其结果俟闭会时再行决议，作为内部规约。

右三议题讨论毕，时六句钟，第四第五两议题不及讨论，约俟另会开议，由代理议长宣告散会。

十月十三日

午后二时开第十四回会议，其议题仍前第十一回会议各案，理由详本月初十日记事录。是日莅会议员四十三人，首由副议长汤君化龙承议长命令宣告第一议题开议，请本案提出议员谢君鸿举陈述意见。

次谢君鸿举报告整顿湖北吏治案提出之旨。

次副议员汤君化龙承议长命令请审查委员会陈述审查之意见。

次法律委员会会长张君国溶报告对于第一议题审查之旨。

次副议长汤君化龙承议长命令宣告讨论，全体俱无反对意见，直接通过。

第一议题终结，由副议长汤君化龙承议长命令宣告第二议题开议，请本案提出议员刘君寅熙陈述意见。

次刘君寅熙报告请通饬各州县划交税款并日后不准擅自加捐案提出之旨，请从委员会报告决定，全会亦无反对，不付讨论，但作为缓议。第二议题终结，由副议长汤君化龙承议长命令宣告第三议题开议，请本案提出议员蓝君田陈述意见。

次蓝君田报告清除酒税肉捐积弊案提出之旨。

次副议长汤君化龙承议长命令请审查委员会陈述审查之意见。

次税法及公债委员刘君寅熙报告对于第三议题审查之旨。

次副议长汤君化龙承议长命令宣告讨论。

次各议员讨论，其结果仍由本案提出议员详细调查，依委员会审查报告，作为地方陈情。

第三议题讨论终结，由副议长汤君化龙承议长命令宣告第四议题开议。本案提出议员邢君璜因要事请假，请赞成员一人代为陈述意见。

次赞成议员刘君寅熙报告请查核官钱局发行钞票以杜后患提出之旨。

次副议长汤君化龙承议长命令请审查委员会陈述审查之意见。

次预算决算委员会会长金君式度报告对于第四议题审查之旨。

次副议长汤君化龙承议长命令宣告讨论。

次各议员讨论，其结果暂从缓议，由常驻议员调查确实，俟来年常会期临再行提议讨论。

第四议题讨论终结，由副议长汤君化龙承议长命令宣告第五议题开议。本案提出议员周君培金因要事请假，请赞成员一人代为陈述意见。

次赞成员陈君教奎报告裁汰教员以宏教育议案提出之旨。

次副议长汤君化龙承议长之命令请审查委员会陈述审查之意见。

次法律委员会会长张君国溶报告对于第五议题审查之旨。

次副议长汤君化龙承议长命令宣告讨论，全会无特别意见，从委员会报告，由原提议者切实指陈，再行分别提议。

右五案议毕，时已五句钟，由议长宣告散会。

十月十四日

午后一时开第十五回会议，其议题如左：

第一　急筹裁汰吏役案　　　议员陈君国瓒提出

第二　整顿差役积弊案　　　议员孙君传烈提出

第三　实行裁汰书役案　　　议员刘君寅熙提出

第四　革除官吏绅董积弊案　议员涂君占鳌提出

第五　南漳冯仁佺陈请纠举赵令传鎏案

　　　（十二日未议之件）　议员孙君传烈介绍

第六　建始季廷举陈清纠举前县金令策

　　　先案（十二日未议之件）　议员刘君德标介绍

是日莅会议员四十二人，首由议长命书记长酆瑞松报告事件如下：

一、旅奉天同乡通知铁路借债草约未成立电。

二、湖北商办铁路协会请通知同人担任股份函。

次由副议长汤君化龙承议长命令宣告开议。第一议题提出议员陈君国瓒请假，请赞成议员一人代为陈述意见。

次赞成议员李君继膺报告急筹裁汰吏役案提出之旨。

次副议长汤君化龙承议长命令报告第二、第三两案与第一案性质相同，故委员会合并审查报告，应请第二、第三两案提出议员相继陈述意见。

次第二议题提出议员孙君传烈报告整顿差役积弊案提出之旨。

次第三议题提出议员刘君寅熙报告实行裁汰书役案提出之旨。

次副议长汤君化龙承议长命令请审查委员会陈述审查之意见。

次法律委员会委员长委托会员李君继膺报告对于第一、第二、第三议题审查之旨。

次副议长汤君化龙承议长之命令宣付讨论。

次各议员讨论，其结果三案全交法律委员会依江楚会奏变法第二折并光绪二十七年上谕修正。

第一、第二、第三各议题讨论终结,由副议长汤君化龙承议长命令宣告第四议题开议,请本案提出议员涂君占鳌陈述意见。

次涂君占鳌报告革除官吏绅董积弊案提出之旨。

次副议长汤君化龙承议长命令宣请审查委员会陈述审查之意见。

次法律委员会会长张君国溶报告对于第四议题审查之旨。

次副议长汤君化龙承议长命令宣付讨论。

次各议员讨论,其结果原案第一、第二两条因与前三案相关联,合并前三案,付法律委员会修正;第三、第四两条从委员会报告书所驳诘,作为废弃。

第四议题讨论终结,由副议长汤君化龙承议长命令宣告第五议题开议,请介绍议员孙君传烈陈述意见。

次孙君传烈报告南漳冯仁佺等陈请纠举赵令传鎏陈情书理由。

次副议长汤君化龙承议长命令宣请审查委员会陈述审查之意见。

次陈情委员谢君鸿举报告对于第五议题审查之旨,全会皆无反对,依委员会报告,原书作为废弃。

第五议题讨论终结,由副议长汤君化龙依议长命令宣告第六议题开议,请介绍议员刘君德标陈述意见。

次刘君德标报告建始季廷举陈请纠举前县金令策先陈情书理由。

次副议长汤君化龙承议长命令请审查委员会陈述审查之意见。

次陈情委员刘君金镛报告对于第六议题审查之旨。

次副议长汤君化龙承议长命令宣付讨论。

次各议员讨论,其结果仍由介绍议员刘君德标调取确据,再作陈请书交付审查。

右六议题讨论毕,时五句钟,由议长宣告散会。

十月十五日

午后一时开第十六回会议,其议题如左:

第一　讲求宣防以除水患案　　　督院提出

第二　讲求宣防以除水患案　　议员胡君壬林提出
第三　整顿堤工案　　　　　　议员张君树林提出
第四　堤工议案　　　　　　　议员蓝君田提出
第五　堤工议案　　　　　　　议员董君钦墭提出

是日莅会议员五十七人，首由副议长汤君化龙承议长命令宣告开议，请第一议题审查委员会呈述审查之意见。

次法律委员会会长张君国溶报告对于第一议题审查之旨。

次副议员汤君化龙承议长命令宣告讨论。

次各议员讨论。议次，督院派委本议题主管委员黄观察以霖至，由副议长汤君化龙承议长命令宣读陈述意见。

次黄观察以霖报告督院交出讲求宣防以除水患案之旨。

次副议长汤君化龙承议长命令宣告无反对原案之意见者起立。同时起立议员五十二人，过出席议员半数，遵章决定。时已五句钟，遂散会。

十月十七日

午后一时开第十七回会议，其议题如左：

第一　兴矿业以开利源案　　　　督院提出
第二　除盗安民议案　　　　　　议员张君中立提出
第三　请撤两湖赈粜米捐补卡案　议员邹君永钶提出
第四　足兵食以保治安案　　　　议员黄君赞枢提出
第五　讲术宣防以除水患案附增补　议员胡君壬林提出
第六　整顿堤工议案　　　　　　议员张君树林提出
第七　堤工议案　　　　　　　　议员蓝君田提出
第八　堤工议案　　　　　　　　议员董君钦墭提出

右第五至第八议案系第十六回会议未决之件

是日莅会议员五十四人，由议长命书记长酆瑞松报告事件如左：

一、督院行准资政院咨开遵旨拟订资政院议员选举章程札。

二、督院行批准施行推广农林、农林劝办所规则、命案报验规则及是日莅会议员五十二人，议长因要事请假，副议长汤君化龙代行职务，升议长席，命书记长鄞瑞松报告事件如左：

一、督院核准互选资政院议员细则抄由。

二、督院行知兴学筹款议案须复议札，并批准施行整顿吏治、核减典息、讲求宣防、筹办自治各议案抄由。

次代理议长汤君化龙宣告第一议题开议，请本案提出议员陶君峻陈述意见。

次陶君峻报告请力争实地调查案提出之旨。

次代理议长汤君化龙报告本案未付委员会审查之理由，全会皆无反对，直接通过。

第一议题终结，由代理议长汤君化龙宣告第二议题开议，请本案提出议员孙君传烈陈述意见。

次孙君传烈报告划一讼费案提出之旨。

次代理议长汤君化龙宣请本案审查委员会陈述审查之意见。

次法律委员会吕君逵先报告对于第二议题审查之旨。

次代理议长汤君化龙宣付讨论。

次各议员讨论，其结果仿照江夏县旧定每进一词纳费三百文、每过一堂纳费五百文之例，由法律委员之常川驻局者调取其原章，完全划一，详加修改。起立者四十八人，过莅会议员半数，照章决定。

第二议题讨论终结，由代理议长汤君化龙宣告第三议题开议，请本案介绍议员时君象晋陈述意见。

次时君象晋报告枝江曹孝原陈请军田估价总书揹册陈情书理由。

次代理议长汤君化龙宣请本案审查委员陈述审查之意见。

次陈请委员谢君鸿举报告对于第三议题审查之旨。

次代理议长汤君化龙宣付讨论。

次各议员讨论，其结果由议员谢君鸿举依呈请督院通饬所有卫田各州县勒将该管境内应完正杂报解各款项册，限日抄呈转交本局查阅再议办法之意修改。

第三议题讨论终结，由代理议长汤君化龙宣告第四议题开议。本案介绍人议长吴君庆焘请假，即代为陈述意见。时方四句半钟，宣告休息三十分钟，暂时停会。休息至五句钟，依代理议长汤君化龙命令集会，宣告讨论。

次各议员讨论，至六句钟不决，遂由代理议长汤君化龙宣告延会至明日午前十时再议，即时散会。

十月十九日

午前十时，开第十九回会议，其议题如左：

第一　复议兴学筹款以广教育案　　督院批札

第二　改良法政学堂案（本案与第一案关连故次之）　议员李君继膺提出

第三　清查户口案　　督院交出

第四　铁路协会陈请案　　十八日未决之件

第五　修正整顿钱漕税契案　　税法及公债委员会提出

第六　修正关于书役官吏案　　法律委员会交出

第七　续修湖北通志案　　议员时君象晋提出

第八　筹办积谷案　　议员刘君定瑗提出

第九　清丈田亩案　　议员张君光耀提出

第十　筹办荒政以纾民困案　　议员倪君惠渊提出

第十一　革除粮差更换百甲案　　议员蔡君中烁提出

第十二　陈邦谷陈请纠举孝感县令案　　议员陶君峻介绍

第十三　董议员庆云资格审查之件

是日莅会议员五十六人，首由副议长汤君化龙承议长命令报告选举资政院议员，按部章所云，照各省名额之二倍，依湖北名额五人计之，究系十人抑系十五人，待众公决。经各议员讨论，仍依传单十五人选举。次宣告第一议题再付讨论。

次各议员顺序讨论，其结果如左：

一、高等工业学堂承诺原案之规定另行建设，惟高等商业学堂一视学务公所之财力为定，使财不足，即仍以中学堂改办，不必另行建设。

二、两湖总师范学堂除博物、理化二专修科为特别建设，已合于预备立宪清单本年各省应设优级师范一二类之规定毋庸置议外，应一依初级师范办理，除去总字，正名曰初级师范。

三、简易识字学塾议以省垣所有半日学堂改之，女子职业学堂议附设于女子师范学堂，起立者四十二人，过莅会议员半数，遵章决定。又艺徒学堂议附设于工商业学堂，得全议会员赞成。

四、南北二路高等小学堂既因校舍莫容不能合并，得全会承诺，仍旧分办。

五、各州县赔款捐一节，赞成原议拨还，起立者四十八人，过莅会议员半数，遵章决定。惟拨还后学务公所所需之款四十余万，于省城各学堂管、教各员中名额可淘汰者汰之，薪水可裁减者减之，以弥补此数，不足则自签捐、善后各局清查干薪浮费等款济之。

第一议题讨论终结，时已午后一句钟，由议长宣告暂时休会。

二句半钟重新集会，莅会议员五十四人，由书记长酆瑞松报告议员董君钦墀修正堤工议案顷交办事处时请呈报。

次副议长汤君化龙承议长命宣告本修正案未列于议事日表，可否请董君钦墀报告修正之旨，提前讨论，以起立取决，同时起立者三十一人，过莅会议员半数，遵章决定。

次董君钦墀报告堤工案修正之旨。

次副议长汤君化龙承议长命令宣付讨论，咸以本修正案未付印分布，一时难于研究，议仍印送各议员再行付议，得全会赞成，遂中止。宣告第二议题开议，请本案提出议员李君继膺陈述意见。

次李君继膺报告改良法政学堂案提出之旨。

次副议长汤君化龙承议长命令宣布讨论。

次各议员讨论，其结果原案中关于法政学堂监督薪金之项，不得以本局议长为比例，就中恐有与部章不合之处，应审查修改后，呈请督院核夺施行。起立赞成者三十五人,过莅会议员半数,遵章决定。

又法政学堂学员高步青等陈请停止官班津贴一书,其内容与本案暗合,由副议长汤君化龙承议长命报告其旨,附同讨论,亦得全会议员赞成决定。

第二议题讨论终结,由副议长汤君化龙承议长命令,报告第四议题,为昨日未决之件,且事机逼迫,请停止第三议题,将此议提前讨论。经全会议员赞成,遂宣告第四议题继续讨论,请依发言表顺次发言。初宣请议员周君孚发言,次宣请议员赵君麟书发言,次宣请议员邢君璜发言,次宣请议员阮君毓崧发言,次各议员讨论。其结果如左:

(一)原陈情书按丁粮派股一项,议改为每收租五十担者,劝入一股,起立赞成者三十九人,过莅会议员半数,遵章决定。

(二)原陈情书按营业资本派股一项,起立赞成者三十五人,过莅会议员半数,遵章决定。

(三)原陈情书按契价派股一项,议改百元为五十元,全会赞成决定。

右四议题讨论终结,时六句半钟,由议长宣告散会。

十月二十日

是日行闭会礼,并选举资政院议员,莅会行政官三人如左:

一陈制军夔龙

一高方伯凌霨

一马廉访吉樟

午前十一时,莅会议员七十四人、制军陈亲宣闭会命令,且致颂辞。

次副议长汤君化龙承议长命令代致答辞毕,互选。监督陈制军宣告行资政院议员选举,以有要事不能久留,委高方伯代行职务,升监督席,马廉访亦相继去。

次书记如数发给票纸,中有委托投票者三人。

一胡君瑞霖委托张君国溶代行投票。

二黄君赞枢委托陶君峻代行投票。

三刘君起需委托刘君定瑗代行投票。

右受委托者三人，各另给票纸一张。投毕开匦，检数相符，由书记长请代理监督命令：凡票纸未记选举人姓名者，作为无效，至所选举不及十五人之数者，仍为有效。宣告毕，开票，计实在投票数七十七票，折半计算，以三十九票为当选。开票后满当选票数者八人，其姓名如左：

胡君柏年	六十票
陈君国瓒	五十票
郑君　璸	四十五票
谈君　铖	四十五票
黄君文润	四十四票
陶君　峻	四十三票
胡君大濂	四十三票
邹君永铡	四十票

右当选八名，不及定章额数之二倍，由书记长请代理监督照章以得票次多数加倍榜示，再行决选。时已午后一时，由代理监督宣告暂时休息。

午后四时继续举行决选。莅场投票议员六十一人，由书记如数发给票纸，投毕开匦，检数相符，当堂开验有二票未记选举者姓名，作为无效，应以五十九票计算，以三十票以上为当选票额。开票后计满当选票额者七人，表列如左：

邓君殷源	三十九票
张君光耀	三十八票
金君　麟	三十四票
熊君正钧	三十二票
胡君汝衡	三十二票
何君世谦	三十票
姚君晋圻	三十票

右决选得当选人七名，前后共计十五名。时已六句钟，由代理监督监视书记收存各票纸及记录，并榜示各当选人名、票数。宣告退场。

卷二 会议议决案①

第一 学务类

兴学筹款以广教育案②

（宣统元年十月初十日呈）

第一纲 关于省城学务应兴之计划

甲、急须扩充者

一、初级师范学堂

二、女子师范学堂

三、文普通学堂

四、第二中学堂

五、法政学堂

乙、扩充可缓者

一、优级师范理化专修学堂

二、优级师范博物专修学堂

理由

上二项学堂毕业生系供中学及高等小学教员之用，现已有学生三百

---

① [编者按]湖北咨议局第一次常年会于宣统元年（1909年）九月初一日至十月二十日举行。其间经议决通过并陆续呈送湖广总督批复的计三十一件。同年十二月，咨议局书记长鄞瑞松曾辑有《湖北咨议局第一次常年会决案报告书》（后文简称《报告书》）一种。该报告书将上述三十一件议决案厘为"督院交议之案""本局提议之案"和"人民陈请建议之案"三类，分成三卷，"各依呈出期日为先后，并于本案之末各附督院批札，未奉批札者暂缺焉"。为方便读者使用，本编将内容相近的议决案作了相对集中的编排，分为学务、农政、实业、税政、吏治和其他等类，并据《湖北咨议局文牍》下卷补入原《报告书》中"暂缺"的总督批札；同时于各议决案下注明原《报告书》中所属类别和卷次，鄞瑞松为《报告书》所作的"叙言"也附在编末。《报告书》和《湖北咨议局文牍》为铅印本，武汉大学图书馆藏。

② 本案为督院交议案，载《报告书》上卷。

人,故扩充可缓。

三、存古学堂

理由

该学堂章程未尽完善,例如毕业限以七年,收招高等小学毕业生则程度不足,收招中学毕业生则期限太久,招之不来。又如词章列为专科,经史以外,岂词章足言国粹?将来学部必奏请修改,故扩充可缓。

丙、须改良后徐图扩充者

一、初等农业学堂

二、初等工业学堂

三、初等商业学堂

四、中等农业学堂

五、中等工业学堂

六、中等商业学堂

七、中等矿业学堂

八、高等农业学堂

理由

实业教育最忌虚浮,应请饬学务公所实业科科长会同省视学赴各堂详细考查试验场、实习场、实践室是否设备完全,教员能否胜实习科目教授之任,据实报告,力加整顿。农堂急宜去粉饰铺张之习,工堂习[急]宜筹屋场器具之资,管理勿任滥竽,教授必求实际,庶不失实业教授之本旨,可再徐图扩充。

丁、扩充须有限制者

一、模范初等小学堂(每年添招学生一班)

二、女子两等小学堂(每年添招学生一班)

三、宣讲所(添设一所)

理由

上三项应由厅州县筹办,省城特示以模范耳,故扩充须有限制。

戊、急须筹办者（须于宣统二年上学期筹办）

一、音乐体操教员养成所

二、手工图画教员养成所

三、复式教授研究所

四、方言学堂添设文科中学

己、筹办可缓者

一、高等工业学堂

二、高等商业学堂

理由

现距中等工商实业学堂毕业期尚远，无合格学生升入。将来各厅州县须设中等实业学堂，省城即毋庸设，就中等工商实业学堂改办高等，似稍省易，故筹办可缓。

三、医学堂

理由

专门医学须中学毕业生升入方合，现中学毕业生无多，故筹办可缓。

庚、筹办应稍变通者

一、优级师范学堂

二、高等学堂

上二项学堂，可仿北京第一次大学预备科优级师范办法，并设一校。

理由

中学毕业学生无多，上二项学堂难得合格学生，并设一校，借节经费。

三、保姆讲习所及幼稚园　应于女子师范学堂附设。

四、官话讲习所　应于初级师范学堂附设

辛、应归厅州县筹办者

一、简易识字学堂

二、艺徒学堂

三、实业补习学堂

四、女子职业学堂

理由

上四项学堂责成厅州县筹办，收效较溥。

第二纲　关于教育补习之计划

甲、应扩充者

一、图书馆　应移于兰陵街官房之内，并拨款添购书籍。

理由

馆地狭隘，兼近尘嚣，殊多妨碍。若择地建筑，需费甚巨。查兰陵街官房建筑，一切均合图书馆之用。

二、教科书印刷所。

乙、应即扩充并应急改良者

一、教育会　应遵部批改订章程并实谋补助教育。

二、教育成绩展览会　应杜成绩作伪之弊。

丙、应急筹办者

一、动植物园。

二、公园。

上二项应请饬善后局拨款协助。

理由

该二园不独关系学务，实为改良社会及卫生重要之图，故可拨用全省公款。

丁、应分别筹办者

一、运动会　应责成各学堂自办或合办。

二、英文学社　应由学界团体筹办，由学务公所助款。

第三纲　关于省城学务应革之计划

一、初等小学应即改归江夏县办理，由各官署协款拨江夏县。

二、南北两等小学堂以后不再招考，现应并为一堂。

第四纲　关于各府厅州县学务应兴之计划

一、劝学所
（一）筹划学务进行表
（二）分划学区（与自治局会商）
（三）调查学龄儿童
（四）附设劝学员养成所
（五）附设教科书发行所

二、师范教育
（一）府立初级师范
（二）教育研究所
（三）师范传习所
（四）巡回讲习所
（五）冬夏讲习所

三、普通教育
（一）府立分科中学堂
（二）两等小学堂（每年添招新班）
（三）初等小学堂
（四）半日学堂
（五）宣讲所
（六）简易识字学堂
（七）女子两等小学堂

四、实业教育
（一）艺徒学堂
（二）手工传习所
（三）初等农工商学堂
（四）女子职业学堂

五、专门教育

(一)英文学社(通商口岸设立)

(二)算学理化研究所

上列各项,除府立初级师范学堂、县立初等农工商学堂暂难筹办外,应请饬各府厅州县竭力举办,勒限具报,违者撤参。

第五纲 关于教育补助之计划

一、教育分会

二、恳话会

三、阅报室

第六纲 省城学务经费之筹措

第七纲 关于省城补助教育各种经费

教育经费日有增加,现已不敷,后之支绌何堪设想,诚当急为筹措。然不裁省虚糜,人言啧啧,筹措亦苦难着手。谨列学务应裁应减款项于左:

甲、应裁之项

敬节学堂监督袁承祖每月干薪银元一百元;

支郡师范学堂监督黄嗣东每月干薪银一百两;

编译陈毅每月干薪银一百两;

法政译员陈武每月干薪银元一百元;

编辑陈问咸每月干薪银一百两;

编辑继宗每月干薪银一百两;

编辑龚镇湘每月干薪银一百两;

编辑杨守敬每月干薪银一百两;

编辑杜宗预每月干薪银一百两;

编辑王代功每月干薪银元一百元;

编辑陈德薰每月干薪银元一百元;

编辑周祺每月干薪银元一百元；

编辑宋育仁每月干薪银一百两；

编书局总办喜源每月干薪银一百两；

医员陈本森每月干薪银元二十四元。

以上每年应共裁干薪银一万零八百两，银元六千六百四十元。

游学毕业生赴京应部试，廷试川资每年约银四千余两；

日本留学生监督田吴炤每月干薪银元一百元，计每年一千二百元，合银八百六十四两；

东洋游学员安家费每年约合银六千余两；

随同管理游学生委员薪公费每年日币七千二百元，合银六千三百五十七两；

各学堂堂外检查员薪水每年合银八百六十余两；

陆军特别小学堂加增经费二万七千一百四十四两；

陆军第八镇师范助教银六千五百九十两；

两湖师范学堂湘生津贴银元二千八百元，合银二千零十六两；

省城初等小学堂经费及添置什物修理房屋等项合银二万零五百九十二两。

以上除畸零不计，共可裁银九万零四百六十三两。

乙、应减之款

两湖初级师范学堂应裁汰员司杂役杂费；

存古学堂应裁汰员司杂役杂费；

文普通学堂应裁汰员司杂役扣抵膳费学费；

方言学堂应裁汰员司杂役扣抵膳费学费；

高等农业学堂应裁汰员司杂役杂费。

以外各学堂冗员浮费，均所不免，每年共可裁银数万两，另册开报。

丙、原预算表估核不精可减之款

一、支各学堂临时增加等经费准备银四万两；

二、支开办文高等学堂等项经费准备银十万两；

三、支公所一切无定活支准备银五万两。

三项共十九万两，实计不过用数万两，应余十余万两。

以上仅就裁减一方面言之。既有急应扩充与筹备之事件，即有应增加之经费，约数当不下二十万两。又宣统二年应拨还州县赔款入款约短二十余万两，除游学经费腾抵外，请饬善后局筹拨的款二十万两济用。

第八纲　关于各府州县学务经费之计划

一、**府立学堂经费**

甲、加提州县赔款捐五厘自宣统二年始；

乙、派省视学彻查各府旧日书院款项提入学款。

二、**厅州县所设学堂经费**

甲、拨还提款限自宣统二年始，五成提款，全数拨还，其有本年未缴提款，速限清缴。

理由

州县学务必注重小学，注重小学必整理一县学务机关，并注重师范，需款自巨，筹措弥艰。若非将省提一项全数拨还，则学款困难，而州县学务终无起色，可断言也。

乙、饬各厅州县遵照部文提书院芹香、宾兴、公车各款。

三、**市镇乡村所设学堂经费**

甲、各区公款　原款无论由个人捐出，团体捐出，为本区公用之款，皆谓之公款，应斟提作学堂经费。

乙、捐款　凡捐勿论土地房舍物品，皆可作用，均可劝募。其有捐多数财产者，应作为学堂基本金。

丙、出产捐　区内大宗出产如茶麻丝布膏盐石灰等类，皆可妥商酌量抽捐，以充学堂经费。

丁、迎神赛会之款　有存款者查明提出，无存款者，于迎赛时节提用款十分之二，作学堂经费。

戊、公产所收获之款　例如区内有官山官地或地方所有公地为人民所耕种者，可酌提收获作学堂经费。

己、官中费　官中一项类入州县私橐，应以区董为官中，以官中费为学堂经费。

庚、收学费　赤贫免收，父兄所有所得每年约百串以上者，即须酌收，俟后再定一律免收期限。

辛、学校园

理由

助直观教授利一，发实业思想利二，练习劳苦引动活泼兴趣利三，蔬果所入补助学校经费利四。

办法

（一）辟园一区，先觅公地，不得租私地为之。

（二）雇老圃一人司播、种、耘、锄、收获，圃小者以斋夫兼司。

（三）教员率学生间日至圃工作一点钟，任择种、除草、理蔓、溉水等易为之事。

（四）教员于学生工作毕后讲演物理。

（五）出款入款由校员任理，每月榜示校外。

壬、学校林

理由

十年树木，收效似缓。然求教育普及，十年后需款更巨。英人担任学款，计所有所得十之一六，其比例也。林业效缓而大，且属易举。

办法

（一）择官有公有荒山旷地为林地，或禀地方官拨公庙熟田尤宜。

（一）由市镇乡村董长管理保护。

（三）由董长协同教员分派学生各种树五株，贫者准加种五株，免其学费，幼稚学生由其父兄代种。

（四）由教员率引学生间日往视一周，并尽培护灌溉之力。

（五）由教员报告董长林地有无践损盗伐情形。

（六）有践损盗伐，由董长查出践损盗伐人，失一责其偿五，违者禀由地方官处理。

（七）俟所种树得利，原种学生分十分之三，余归学校，愿尽捐入学校者听。

癸、学校池塘

办法

（一）认公池塘为之，不得则租私池塘为之，或定分利约。

（二）由公款购鱼秧养蓄，无公款则由学生预缴学费十分之二购蓄。

（三）由市镇乡村董长管理保护。

（四）取鱼由董长协同教员督率渔人为之，由教员榜示鱼数及易钱数于校外。

次、学务亟应改良事宜如左：

一、遵学务章制

理由

初等师范学堂有三长，中等矿业学堂有三长，或于监督外添用堂长，或于堂长外添用副堂长，既淆事权，又耗薪水，将来学务官制发表，何以处此。

办法

甲、正名　例如初级师范学堂即以初级师范学堂名之，不得有总师范之称。

乙、责实　凡奏定学堂章程内未有名目，应裁革之。

二、重学务职守

理由

学务公所内议长议绅足迹寂然，其何所议。科长科员勤于案牍者有之，于学务进行筹备，鲜能计及。学务公所以外，监督兼两堂，将勿顾此遗彼，甚且遥制千里，虚领薪水。实业学堂监督以道员充之，处尊养优，又凤无专门学问，管教能勿败坏。堂长监学多谋兼别教习以自肥，于教育宗旨背诣远矣。

办法

甲、学务公所应定会议规则；

乙、学务公所应定学务进行年表；

丙、学务公所应定办事细则；

丁、应定监督不兼两堂之限制；

戊、应实行监督住堂之定章；

己、专门实业各学堂监督，应选专门实业学堂毕业生任用之；

庚、应定堂长监督兼本堂功课不兼别堂功课之限制。

三、清学务权限

甲、由学司派委中学堂及初级师范学堂监督，或正堂长之名曰监督，或正副监督之名曰监督。

乙、由学司颁发各该学堂应用木质关防；

丙、凡关于学堂各事宜，由各该监督直禀学司；

乙、遇有道府禀揭监督及监学教员事件，由学司派员考察报告后核办；

戊、学堂内部事件，统由监督处理，或禀请学司核办；

己、各该学堂原有经费无论自何项拨出之款，不得由道府收回及作别用；

庚、凡照章应设之学堂，仍应责成道府遵章筹款，不许推诿。

次、推广国民教育办法如左：

甲、亟设师范传习所；

乙、振顿官立初等小学；

丙、提倡公立初等小学；

丁、改良私塾；

戊、津贴公立小学及已改良之私塾；

己、由学务公所增置印刷机器，广备教科书，务足应各州县之用。

理由

舍改教科书外，改良无着手处。垫款虽需七八万元之多，势属万无可省。

庚、教科书消耗费应由学司详咨学部作正开销。

理由

查学务公所教科书照部价减半，并除畸零，不计折损之费，即属消耗之费，用书愈多，消耗愈大，而教育愈以推广，应计数详咨学部作正开销，俾书价有减无增，可以实促教育进步。

附一：湖广总督札复

案据北咨议局呈送议决兴学筹款以广教育案一件，当经本部堂督饬北提学司高司凌霨详悉研求，需衷审度，务期裨益大局，不倚不偏。兹据该司覆称："案内所议各节，颇多可行。惟有一二陈义甚高而按诸实际稍有窒碍者，亦有因调查未确，见闻失真尚待更正者。兹谨逐条胪陈：查其中关于学务者如筹办可缓者一条内开一高等工业学堂、二高等商业学堂。查高等工商业学堂此时无合格学生，开办自当需时，而筹办实不可缓。盖高等学堂规模宏阔，断非仓卒所能举办。原议案本谓预先筹办，并非由即日开办，若就原有中学改办，恐不免因陋就简，仅存高等名目，必无实效可言，此尚待研究者也。又筹办应稍变通者一条内开一优级师范学堂、二高等学堂。查奏定优级师范学堂章程第三节：省城优级师范学堂初办时尚可与省城之初级师范学堂并置一处，俟以后首县及外州县全省有初级师范学堂，即将省城初级师范学堂增高其程度，并入于优级师范学堂。本城初级师范学堂规模至为阔大，前阁督部堂张（之洞）奏咨立案，冠以总师范名目，即含有优级初级同堂合办之意。现奉学部颁布奏定预备立宪清单，本年各省应设优级师范一二类，前因合格学生至少，故未开办，近接学部来函，方言毕业生专门司拟仅给与中等奖励。查该堂此学期复有毕业学生，合计前后毕业生共百余名。又荆南初级师范此学期毕业生计三十余名，此外尚有文普通毕业生，合招一班，当易集事。就原有两湖总师范开办，则与筹备清单及原奏原定章程悉相符合，而经费无须多筹，似较直捷简当，不宜变通，致干部驳。又应归厅州县筹办者一条内开一简易识字学塾、二艺徒学堂、三实业补习学堂、四女子职业学堂。查学部颁发按年筹备清单，宣统元年京师及各省设简易识字学塾，饬各省创办之件，此居第一。盖简便国民教育，最为部中所注意。省城若不首先创办，则不独有违部意，且外州县亦无所取法。艺徒学堂及女子职业学堂，自以溥遍为贵，然不于省城先储师资，则种子未播，安望发生？此尚须研究者。至实业补习学堂责成地方兴办尚可，又南北两等小学堂以后不再招考，现应并为一堂一条：查南路现有学生八堂，北路现有学生七堂，堂内实均无隙地，若议归并则须添造讲堂，更觅寄宿舍，为费更属不赀。以上数条，咨议局所议尚待研求。其关于学款者如袁承祖等薪水一条：查袁承祖等各员薪水本先已奉宪台谕发至十月停止，本已奉谕停支。又东洋毕业生川资一条：查毕业生赴试川资本年九月间亦经本司详奉宪台批准自宣统二年始，一律永远停发，咨部立案，并经出示晓谕，移知教育总会及各州县有案。又东洋游学员安家费一条：查东洋游学员安家费，先于光绪三十三年黄前司任内详准减半发给，并以一年为限，限满即行停止，奉批有案。嗣于三十四年春间由杨守楫径禀调任督宪赵（尔巽），以各员调查事件出力，禀请规复安家银元，奉准后复行补发。现在学员留东，除本年夏间毕业回国，约计不及二十员，自应自宣统二年正月起，一律停发。又随同管理员薪公一条：查该员前因湖北留东学生人数众多，故特派员随同管理。现学生回国者多，应即饬令杨守销差回国，以节经费。又各学堂堂外检查员一条：查此条应如所议裁撤。又陆军特别小学堂加增经费及师范助教薪水二条：查以上两项经费业经本司详请宪台批准，由盐道改拨停发。又两湖师范学堂湘生津贴一条：查该生津贴系由官钱局在赈粢捐项下每年解银元七千元，约合银五千零四十两，本公所发两湖师范湘生津贴每年二千八百元，约合银二千零十六两，两相比较，实长收银三千余两，为贴补各学堂不敷之款。现在湖北赈粢捐已奉宪台札饬奏准尽充赈捐之用，所有前项学生津贴，自应请宪台札饬湖南旅学堂在湖南附学经费内拨解，惟本公所入款项下实又短收银三千余两。又省城初等小学堂经费一条：查预算草册每年收各署局所捐助经费约银一万一千九百八十两，支经费银二万零五百九十二两(均按本年有闰之年计算)，系统收统支，除收外本公所每年实垫银八千两上下。原议谓可省二万余两，是未将收数扣除。现在既拟将各署局捐款拨归江夏县，本公所所省应只入千余两上下，实无二万零五百余两之多，该局议案未尽符合。又日本留学生监督田吴炤薪水一条：查该员因监督所定薪水不敷，经前阁督宪张电请，由宁鄂各给薪水银一百两。现既经咨议局公决议裁，自应照办。又应减之款五条，如两湖师范、存古、文普通、方言、农业各学堂经费，本年秋间本公所曾经专案行查，饬令严加裁汰，原议另册开报，应俟册到之后，再行转饬各学堂各就实在情形切实办理。又原预算估核不精，可减之款内开一各学堂准备银四万两一条：查准备之费，原以各学堂临时加增之款未能预算，不能不准备一款，以备不虞。如本年农业学堂临时加增之费有美代清彦酬劳银元一千六百四十元、养蚕经费银元四百元、农林两科购器械经费银元三千元、博物专修学堂临时加增之费有添置器械等件银元一千四百元、购动植矿生理各药品银元三千七百元，理化专科学堂临时加增之费有置夏布操衣银元五百十六元、购化学器械药品银元一千三百元、实验室添置器具银元二千一百七十一元，两湖总师范学堂临时加增之费有购博物标本银元一千元，方言学堂临时加增之费有购外国文讲义银元三百元、郝汝基回俄川资银元六百元又加送一个半月薪水银元五百二十五元，总共支银元一万六千五百五十二元，约合银一万一千九百余两。九月以后尚未核计，冬季三月有无临时加增之款，尚难预定。盖准备之款数目本难逆料，或备而分毫不用，或备而支用不敷，均未可定。现拟改为二万两，实难再少。又开办文高等学堂等项经费准备银十万两一条：查预算草册内文高等学堂等约开办八处，如文高等经费每月约银元二千元，常年共银元二万四千元，又开办经费连购理化器具约银元一万元；第二中学堂经费每月银元一千七百元，常年共银元二万零四百元，又开办经费约银元二千元；女子师范学堂经费每月约银元一千五百元，常年共银元一万八千元，又开办经费约银元七千元；女子两等小学堂经费每月约银元七百元，常年共银元八千四百元；中等农业学堂经费每月约银元八百元，常年共银元九千六百元；工业教员讲习所经费每月银元一千三百元，常年共银元一万五千六百元、又开办经费银元四千元；单级教授研究所经费每月约银元七百元、常年共银元八千四百元，又开办经费银元一千元；体操音乐传习所经费每月银元一千元，常年共银元一万二千元，又开办经费银元一千元。总共银元十四万一千四百元，约合银元十万零一千八百余两。原议内开三项实计不过用数万两，似系核算未确，应令更正。又公所一切无定活支准备银五万两一条：查本公所自今年正月起至九月止，临时增加之费实支银一万七千余两，九月以后开支数目多少，尚难预定，情形与各学堂准备银相同，亦拟减去数目二万两。原预算草册内以上三项共准备银十九万两，现核减四万，应尚需银十五万两，可减银不过四万两，原议指为应余银十余万两，数目似未甚符。至赔款改学堂捐自宣统二年起拨还州县一节：查省城学款以川淮盐要政新加价抵东西洋游学经费，数目所余无多，此外省城各学堂经费除两湖师范、文普通、中等工业三学堂每年由盐道解银元十四万元零勉敷支应外，其余惟农业高等学堂经费每年需银元六万三千余元，由统捐局解到石饼杂粮捐钱七万余串，以目前钱价兑换银元五万三千余元计，尚不敷银元一万余元（本年水旱成灾尚解不及此数）。签捐局每年解银元六万元，此外各学堂经费每年约共支银元二十四万余元，加以文高等学堂及准备银共十万两，以至学务公所一切经费计无着落之款。每年数在四十余万元，全仰给于各州县赔款捐为挹注。况该局所谓改良实业学堂及扩充图书馆、印刷所等事，无不需款，今若骤将赔款全数拨还州县，是以上经费全无着落。至所谓腾挪游学经费：查学生未届毕业，无从腾挪。数目若干，善后局款项奇绌，能否认拨的款二十万两，事关巨款，均非可以空言所能指注。设届时腾挪筹拨之款无着，其影响于省城各学堂及本公所者甚大。查赔款捐提归省城，本系不得已之举。惟既已提作各学堂经费，此时非另筹有的款，委难遽允拨还。本司统辖全省学务，实不能不总挈全局，为内外兼筹之计。此时距宣统二年期已甚促，仅此二三个月，欲筹拨四十余万元巨款，实觉万难。款项一日无着，赔款捐即一日不敢遽允拨还，此实为维持全省学务起见。惟有俟宣统二年后，再查酌情形，或筹款抵补，按数免提，或分作年数分成拨还，均俟临时议请施行，此皆不能不请宪台再饬咨议局更正者也。此外各条，或可即时施行，或可徐图整顿。总期于教育之进行有效，行政之秩序不淆，借以仰副宪台提倡学务重视教育之至意。"等因，据此。查该司胪举各项事实理由，均系详加体查，悉关鄂省近日学务实在情形。应由咨议局按照所列各要端再行研究，妥议具复。但使事情翕协切实易行，本部堂无不乐与观成，认真督率办理。为此札行咨议局查照公议。须至札者（宣统元年十月十七日到局）

附二：湖广总督交议原案

古者建国，国必有学，闾塾党庠之制，灿然俱备，故泽以诗书之气，而人尽善良，纳于轨物之中，而俗无桀骜。自遭秦烬，古制荡然，后世稍稍修举，殊不完备。唐宋以降，科举制兴，劝之以学问之事，而反引之于利禄之途。于是士与民歧为二。又所学非所用，所用非所学，学古人官之说不复可行，于是士与士又歧为二。都会之地，习为狙诈，乡僻之区，安于椎鲁，甚至农工商贾，几于目不识丁，或仅识字而不通其义，智识卑薄，有由来矣。近年朝廷锐意求治，废弃科举，兴设学堂，采列国之成规，进吾民于上理，风声所树，薄海倾心。鄂中进化最先，规模初具。顾学校之制，千绪万端，或有待于改良，或有资于增置，属望既切，规划宜详。且教育为宪政之母，不求其美备，无以昭划一之规，不谋其普及，无以见文明之化。将欲推广学校，普行教育，开拓既多，经费尤巨。辄举本部堂筹措所及与学司条议所陈者，共列八纲，详以细目，并附以就地筹款之法，具著于后。愿诸绅悉心研求，勿遗勿略，期不失古人学校之意，进斯民于同风之盛。想诸绅笃念梓桑，裁成子弟，公义所在，各有同情。希具议待裁。

一、关于省城学务应兴之计划

甲、师范教育

一、业经设立尚待扩充者

(一)初级师范学堂
(二)优级师范理化专修学堂
(三)优级师范博物专修学堂
(四)女子师范学堂

查以上四项学堂虽已开办,然设备均不完全,且学生名额仍嫌太少,亟宜添置器械标本,扩充学额,方能有效。

一、未经设立必须筹办者
(一)优级师范学堂
(二)音乐体操教员养成所
(三)手工图画教员养成所
(四)复式教授研究所
(五)保姆讲习所

查本年为预备立宪第二年,照章应设优级师范一二科,惟现时合格学生不多,明年方言学堂学生及文普通中学堂学生先后毕业(方言学生如奉学部核准照高等给奖则不在此例),势不能不开设一二班,以储师资而广造就。音乐、手工、体操、图画教员本省尤为缺乏,亟须养成。复式教授法,中国向未讲求,应先在省城设立研究所一二所。至保姆讲习所,依部定按年筹备事宜,本年亦须设立。

乙、普通教育
一、业经设立尚待扩充者
(一)初等小学堂
(二)文普通中学堂
(三)第二中学堂
(四)女子两等小学堂
(五)宣讲所
一、未经设立必须筹办者
(一)简易识字学塾
(二)官话讲习所

(三)方言学堂添设文科中学班

查部定分年筹备事宜，本年各省应设简易识字学塾、官话讲习所，现因部编课本尚未颁出，故尚未办，然至迟明年必须开办。至方言学堂去岁曾奉部文停止添招学生以后，应添招文科中学班，俟方言旧生次第毕业，此堂即可改办文科中学堂。

丙、实业教育

一、业经设立尚待扩充者

(一)初等农业学堂

(二)初等工业学堂

(三)初等商业学堂

(四)中等农业学堂

(五)中等工业学堂

(六)中等商业学堂

(七)中等矿业学堂

(八)高等农业学堂

一、未经设立必须筹办者

(一)艺徒学堂

(二)实业补习学堂

(三)高等工业学堂

(四)高等商业学堂

(五)女子职业学堂

查本省农工商业学堂均已设立，农业学堂开办最早，规模尚称粗备，然定章中等五科，现仅有蚕农两科。高等三科现毕业者仅有林业一科，余科须陆续开办，以期完备。工商两堂预备科均于本年八九两月先后毕业，即须开办本科。高等工商两科虽须本科毕业方能升入，然建造校舍厂屋、购备机器，均须前一二年预为筹备。若商业补习学堂、女子职业学堂，均切于小民生计。查环球教育，德国最为完美，而国民教育以外，几无人不入艺徒学校，其程度或半年至二三年不等。英国英格伦一镇有女子职业学校千六百七十三所，富强之盛有所由来。中国学业日趋空虚，生计日见穷蹙，再不力求实际，仰屋咨嗟，究复何益。此教育方针有不得不注重实业者。

丁、专门教育

一、业经设立尚待扩充者

（一）存古学堂

（二）法政学堂

一、未经设立必须筹办者

（一）高等学堂

（二）医学堂

查经史文学，为中国数千年国粹。自海禁大开，实科日进，不得不猛起直追，大有顾此失彼之势。欲求二者不至偏废，故有存古学堂之设。应逐年添招学生一班，以维国学于不坠。若法政学堂，原有官绅两班，现绅班之在堂肄业者尚无多人，按照宪政九年筹备清单，本年即须筹办地方自治，限至第六年一律成立。若地方绅士法政知识不居多数，断难收自治之效，是法政学堂亦应逐年添招学生，将来方敷应用。又高等学堂照章各省应设立一所，以为京师大学堂专门学术之基。湖北学务创在各省之先，高等至今犹未成立，因中学毕业者少，未便招取不合格学生。加以高等之名，重核实也。现中学毕业陆续有人，自应及时开办，就裁并之中路高等小学堂之校舍改用。按照定章，三类学科先开一类，余俟赓续开办。医学堂为体育之要图，不可不早为筹划。应设学堂一所。先教中国医理，兼及生理理化诸科，后教西国医法，并须设立病院，以资练习。

一、关于教育补习之计划

一、业经成立尚待扩充者

（一）教育会

（二）图书馆

（三）教科书印刷所

（四）教育成绩展览会

一、未经成立必须筹办者

（一）动植物园

（二）公园

（三）运动会

（四）英文学社

查教育会为补助教育行政之机关，于教育前途关系甚重，须竭力维持，以规久远。图书馆为普及专门智识之一端，论者徒见西国五十年内人才辈出，著作如林，不知扶植诱进，亦自有道，图书馆即其一也。考法国巴黎素波拿书库储藏中国书籍三万余种，英俄诸国所藏亦不下此。本省图书馆虽经成立，不独佉卢横行之书未经购买，即参考中国古籍不过沧海之一粟，择要搜罗已属不易，况居复近市，车马喧阗之声不绝于耳，殊于披读有碍。是既须广购书籍，又须另行建筑，方期美备。至教科书印刷所近虽成立，而需用教科书者日渐增多，已有日不暇给之势，必须添置机器，另觅工厂，以图扩张，方敷分布。前出洋考察政治大臣载、端回国奏准各国导民善政，请次第举行一折，内列四事，公园、动植物园居其一，经民政部通行各省核办在案。盖公园、动植物园之设，不仅便万民之游豫，实于德育之理大有关系；且于卫生求学诸多便利，不得视为缓图。展览、运动二会，一为知识之竞争，一为体育之竞争。本年展览会虽经开办，但仅囿于省城一隅，嗣后必须推广。运动会亦须次第举行，以鼓精神而示提倡。

一、关于省学应革之计划

（一）初等小学应渐改归江夏县办理

（二）南北两等小学堂以后不再招考

查两等小学应拨归地方自办。

一、关于各府厅州县学务应兴之计划

一、劝学所

（一）筹划学务进行表

(二)分划学区(与自治局会商)

(三)调查学龄儿童

(四)附设劝学员养成所

(五)附设教科书发行所

一、师范教育

(一)初级师范(查照九年筹备清单每府应设初级师范学堂如财力不及应联合两府或三府共设一处)

(二)教育研究所

(三)师范传习所

(四)巡回讲习所

(五)冬夏讲习所

以上五项，宜各酌量本地情形设立。

一、普通教育

(一)分科中学堂(每府应设一所)

(二)两等小学堂(逐年添招新班)

(三)初等小学堂

(四)半日学堂

(五)宣讲所

(六)简易识字学堂

(七)女子两等小学堂

一、实业教育

(一)艺徒学堂

(二)手工传习所

(三)初等农工商学堂

(四)女子职业学堂

一、专门教育

(一)英文学社(通商口岸设立)

(二)算学理化研究所

一、关于教育补助之计划

（一）教育分会

（二）恳话会

（三）学校园

（四）阅报室

一、省城学务经费之筹措

一、师范教育经费

查省城师范学堂现仅两湖总师范及理化、博物三所，年经常费共一十三万九千三百元（闰月在外）。但三堂设立殊不齐全，每年至少须加三万金，以期徐图完备。女师范开办费五千元，常年费现每月暂领一千元。音乐、体操、手工、图书教员养成所及复式教授研究所、保姆讲习所若全开办，仿理化、博物专科办法，除开办经费外，常年经费约需款六七万元。

一、普通教育经费

查初等小学堂前均借用庙宇或租赁民房开办，而房屋湫隘，地段偏僻，多不适用。欲改办多级，非另建校舍不可。约计省城内外共设八所，每所三千元，共需二万四千元。现在小学改归江夏县自办之议未定，而另建校舍刻不容缓，经费自当筹及。明年州县高等小学堂毕业生计在二千名以上，文普通应添招学生，方言亦拟开文科中学生班。查本年归并五路为南北两等小学堂，年约可省费四万元有奇，腾出此款以弥补各项学堂，相差当不甚远。惟实科中学设备及常年经费尚须酌加经费。

一、实业教育经费

查中等农学五科，现仅开设两科，高等三科尚缺兽医一科，若欲科目完全，则逐年庀工、聘师、招生、购器经费按年增加，目前若不筹办，又不免临渴掘井矣。商业今年中等预科毕业，再过三年即应开办高等，此刻已须预为筹备。工业学堂就原有道师范设立，四面俱为地所限，设机械厂则取水不便，设试验厂则室须改造。若欲遵章增设各科，则又无地可以扩张。使因陋就简，名为省费，实则糜费，决无成效可期。故湖北不欲振兴工业教育则已，若欲振兴工业教育，则以择地另建为宜。若目前各科不能同时并设，或以六年为设备之期，姑先作设立一二科之计，如明年(宣统二年)设染织科、器械科，则购地庀工购办机器开办之费，当以十万计。明年除常年经费外，如欲后年(宣统三年)增土木科、金工科，则建筑购器用之于明年者开办之费又以七八万计，以后逐年有扩充学科，即逐年有开办经费。就目前预计，六年后各科完备，当有学生千名，计常年经费至少需二十万。盖实业教育无一不需实地练习，即无一不需巨费，且教课必须聘洋教员，薪费尤重。此外若艺徒学堂及商业补习学堂、女子职业学堂开办，常年经费至少需五万元。

一、专门教育经费

按高等学堂就裁并之中路高等小学堂先开一类，计开办、常年两项经费约需三万余元。医学堂尚无堂舍，就目前开办而论，除建造费外，开办费及常年经费约需二万元。存古学堂、法政学堂添招生徒，经费应亦有增加。

一、关于省城补助教育各项经费

查图书馆亟须建造，至少需款二万元，添购书籍图书，撙节计算约需三万元。其他印刷所、公园、动植物园扩充开办等费，少许亦需二万元。图书馆若有相宜之地拨用，建筑费可省。查宣统元年湖北学务公所岁入岁出预算表(原表存公所会计科)，岁入项下共计银八十九万零五百三十五两，岁出项下共计银一百二十一万二千八百零五两，出入两抵，不敷银三十万二千余两，内有本年需支明年需除去者。然历年来每年不敷总在十万两上下。又赔款改学堂捐每岁各州县应解钱四十二万二千一百五十串，去岁屡经严催，仅解钱二十一万串四千有奇。据以上所列明年省城应增之费将近五十万元，是赔款即能解齐，不敷之数当在六十万元上下，内惟东西洋游学费常年共四十六万六千四百四十万两，以后逐年毕业回国，此款逐渐减少，然总须在宣统三年方可大减，约可腾出二十余万两，明年省款不过数万元。且以后日本留学生考取官立高等学堂有拨归官费之定章，西洋应否续遣游学生亦一问题，此时实均难预定。

至内地专门实业各学堂，程度自有增加，经费即日有增进，已开者既须扩充，未开者仍须筹办，非经费实有着落，何从着手。

一、关于各州县学务经费之担任

一、府立学堂经费

查各府应设立初级师范及中学堂各一所，在武、汉、黄、安、德五府中学堂均已成立，除原有书院公款外，均恃抽提赔款改学堂捐五厘以资挹注，款项不丰，以致规模狭隘，教授设备均不完全，实非长久之计。而荆、襄、郧、宜、施五府中学虽经筹办，而原提赔款数目无论解齐与否，终觉入不敷出，况初级师范开办尤不容缓。查预备立宪分年筹备清单，九年期限人民识字义者须二十分之一，现在户口调查未能清晰，湖北省人数素称三千万，以二十分之一计算，应得学生一百五十万人。就部定新章每教员应教学生五十名，共须教员三万，就本省现行章程每堂学生五十名用正副教员二人，应共需教员六万。查从前各师范毕业生统计不满五千人。欲普及教育，不得不广储师资，欲广储师资，不能不预筹经费。现各府开办中学财力已不能支，若再开办师范，款将安出，此皆不能不预计者也。

一、厅州县所设学堂经费

查州县学款除赔款改学堂捐四成五厘外，其余留作各属兴学，若芹香，若宾兴、公车、书院等费，均应拨入劝学所经理，以为开办师范传习所及两等小学之用。他如半日学堂、宣讲所、简易识字学塾、女子两等小学堂、艺徒学堂及女子职业学堂，均须多设，若专恃原有学款，教育决难展布。

一、市镇乡村所设学堂经费

查现时各属市镇乡村所立初等小学，除杂捐外专恃赔款改学堂捐一项。欲期教育普及，则杯水车薪，其势难济。况各属地方寥落，或百里或数百里而学堂仅数所，或数十所，分乡划区，岂能勾配。盖初等小学经费，宜由地方担任而以赔款捐为补助费，庶可以谋普及而彰公道。

附拟就地筹款方法

一、各区公款　凡非一人之私款，为本区公用之款，皆谓之公款，可酌提作学堂经费。

二、捐款　凡所谓捐金钱固捐也，即捐以物品、房舍、土地，亦皆捐也；如有慨捐多数财产者，应作存本，收用利息。

三、出产捐　区内或有某种大出产如茶麻丝布膏盐石灰等类，皆可妥商酌量抽捐，以充学堂经费。

四、迎神赛会之款　其原有存款者固可查明提出，即无存款者亦可于迎赛之时令其节捐几分，提作学堂经费。

五、公产所收获之款　例如区内有官山官地或地方所有公地为人民所耕种者，可酌提其所获几分之利，以充学堂经费。

六、契约捐　区内人民遇立契约之时，可按照中人代笔之费酌加几成，捐作学堂经费。

七、收学费　义务教育以不收学费为极则，此各国所公认。然各国情形不同，其真能不收学费者惟法国独著，日本虽谓以不征学费为宜，而其借征学费以为学款大宗之处，实为最多。今我国各地学款支绌之时，如各学区内款项尚足者，自应免收学费，若款项本少，或虽有款而欲谋扩广，则宜酌收，以期学堂易于开办，但极贫寒之子弟仍须免收。

附三：咨议局呈报复议兴学筹款以广教育案各款文

为呈覆事。十月十七日案奉前督部堂陈(夔龙)札开"案据北咨议局呈送兴学筹款以广教育案一件云云，须至札者"，等因奉此。当于十九日开会宣读，由到会议员悉心讨论，依札开覆议各款，分别决定：一、高等工业学堂依原议案之筹划，另行建设一高等商业学堂，依学务公所财力之充足与否，为建设与否之标准，如财力不足，即仍以中学堂改办。一、优级师范既特设有理化专修科、博物专修科两堂，已足当预备立宪清单本年各省应设优级师范学堂一二类之规定，毋庸再于两湖初级师范学堂内设立优级师范选科，转致名实不符。一、简易识字学塾，请以省垣半日学堂改办。一、女子职业学堂，请附设于女子师范学堂。一、艺徒学堂请附设于工商业学堂。一、南北两等小学堂从原议案，以后不再招考。一、请饬签捐局每年拨银二十八万两作学务公所兴学经费，仍饬提学司拨还各厅州县赔款捐，均自宣统二年正月为始。上列各款或从原议案，或稍加变通，均不必另附理由，唯其中请拨签捐归还赔款捐一款有不能不为详晰陈明者：查原议决案以宣统二年应拨还各厅州县赔款捐学务公所入款约短二十余万两，议除游学经费腾挪外，请饬善后局筹拨的款二十万两济用，原以善后局为鄂省财政总汇之区，预备行政一切经费，各局署公所款项，多由该局认拨，教育行政视他项行政尤为重要，请饬筹拨的款，亦属正当办法。而提学司覆称"腾挪游学经费，查学生未届毕业，无从腾挪，数目若干，善后局款项奇绌，能否认拨的款二十万两，事关巨款，均非可以空言所能指注。设届时腾挪筹拨之款无着，其影响于省城各学堂及本公所者甚大。查赔款捐提归省城，本系不得已之举，惟既已提作各学堂经费，此时非另筹有的款，委难遽允拨还。本司统辖全省学务，实不能不总挈全局，为内外兼筹之计"等因。足见提学司洞悉各厅州县学款之支绌，维持全省学务之进行，具有苦衷，持以毅力，非重内而轻外，实量出以制入。但得的款抵补，即可全数拨还。兹谨调查签捐应裁减各款，共得实数计银二十八万一千二百七十六两，以为抵补归还赔款捐之用，应请分别饬照办理。窃鄂省学务创在各省之先，现仅省垣三数学堂尚有成绩可睹，各厅州县学务毫无起色；渐即衰微，揆厥由来，虽或办理不尽得人，而苦于经费困难。欲图振兴，束手无策，则全省一致，过此以往，将恐有中学以上之学堂而无中学以下之学堂；至无中学以下之学堂，而中学以上之学堂无可升入之学生，亦徒虚立，教育前途何堪设想？此非独本局难安缄默，亦于提学司内外兼筹之本旨大相背驰矣。况赔款捐系随丁漕附加之款，即属加赋，破数百年之成例，为他行省所无。取之民者还之民，原一定不易之理。若不拨作各厅州县学堂之用，他日必有议请停止赔款捐者，将欲拨作各厅州县学款而不得。至请拨签捐款项抵补学款，为节省虚糜以济实用起见，其中尤有至理存焉。盖签捐者赔捐也，巧取之而正用之，或可免怨。若不拨作省城学款之用，他日亦必有议请停办签捐者，将又欲拨作省城学款而不得。诚如听请，学务公所得所挹注，外厅州县得复旧数，各有的款支应，整顿振兴不至无从着手，教育普及刻期可待，则鄂省学务振衰起敝之转机也。本案覆议各款，十九日业于会场经到会议员全体决议，惟以筹拨签捐局抵款确数尚未清晰，公同委托常驻议员调查确实，再行呈覆。兹经常驻议员等就签捐局报销清册详悉考核，分别清厘，于可行裁减之中移为抵补之用，在该局无丝毫之损，在学务有邱山之益，揆诸督部堂提倡教育节虚核实之盛心，当必为督率办理。除将调查签捐应裁减各款细数并理由另册呈核外，理合依十九日议决各节，备文呈请督部堂察核施行。须至呈者。

附：裁减签捐局款拨抵学款清折

一、票价九五扣改归九七扣，每年应增入款银洋八万六千四百元。

（理由）签捐折贴原因开办之初信用未著，乃借折贴以广招徕，而渔利之人即从而包揽，该局初归九扣，包揽者即以九三、九四扣转卖与票行。后因销行日旺，该局增归九五扣，包揽者以九七、九八扣转卖与票行，一转移间坐收厚利。上宪明知其弊，因此利为候补道府以次所得，几视暗为津贴，以致久未提并归公。现在财政困难，未便听其中饱。自后由该局与分售票行直接统归九七扣岁，可增入如右之数。

一、官报刷印局经费可裁计银元二万一千六百元。

（理由）查官报刷印局开办之初，筑厂购器，在在需费，自应支拨之款。现在筑厂已成，购器已备，且经调任督部堂陈通饬各府州县一切官印刷文件均由该局印刷，该局果能办理核实，应有余利可获，周转不患不灵，毋庸另拨常年经费，致令虚糜。

一、制烟厂经理英商盘尔思薪水已停，计合腾出银一千八百两。

一、制烟厂工师吕宋人罗敏洛薪水已停，计腾出银九百两。

（理由）上两款列在光绪三十四年开支册内，注有该厂停办期限，应为已停之款。

一、督中协署武员津贴可裁,计九八钱八百串。

(理由)督中协署自有饷项,不待津贴。

一、宜昌府公费可裁,计库平足银二千两。

一、施南府公费可裁,计库平足银三千两。

一、本省瘠缺各厅州县津贴可裁,计库平足银三万五千六百一十两。

一、夏口厅津贴可裁,计洋例银一千六百两:

(理由)府厅州县瘠缺津贴应由优缺匀拨,今优缺分文未除,提瘠缺厚给津贴是官为致富之途,转于吏治有损。湖北向所称为瘠缺州县,今并不为瘠缺。何也？解项少则无钱价之亏累,差事少则无供应之浩繁。且签捐者固仍民脂民膏耳,钱粮税契种种积弊未除,脂膏尽矣,又另取以益州县,在州县应受之不安,在捐局亦予之不当。

一、纱布、缫丝等局商股息款应停,计估平宝银二万五千六百两。

(理由)查该款从光绪三十年七月起拨,以五年为限,自应于本年七月停止。

一、高等农业学堂购办秧子经费应停,计银元三千元。

一、盐署购办丰备仓积谷费应停,计银元三千元。

一、施南府两次到任供支应裁,计库平银一千两。

(理由)上列三款均在活支项下,既系活支,自可因事因时裁节。又如广东省水灾赈款计库平银五千两,本省黄州府属各县水灾赈款计银元五千元,直隶省赈款计银元五千元,亦属活支项下,灾歉必非常年所有,似亦可以腾出。

一、年终提奖员司花红应裁,计银元三万一千七百八十二元。

(理由)员司薪水既优,焉用提奖花红,且签捐余利月有定数,不因员司贤否为增减,在员司无受奖之理由,在局亦无给奖之必要。

一、补还光绪三十三年开支不敷银元二万零七百二十二元,应可全数腾出。

(理由)三十三年开支不敷,自应补还,三十四年除支尚有盈余,此款自可腾出。

一、购买印票大机器并火油机器一架，计洋例银二千八百零九两二钱八分五厘；

一、本局搬移商务局内添盖房屋工料等项，计银元一千九百七十三元九角四分；

一、本局购买与南首毗连之帐帮公所与文昌阁地址，计价银二千五百两；

一、本局修造彩台廊房铺面工料等项，计钱四万七千五百六十八串二百一十五文；

一、省城造票所购买保安门津水闸之湖地民产，计价钱一千二百四十九串七百八十九文；

一、省城造票所备造楼房厂屋厂厅工料等项计钱一万四千七百四十六串九百四十七文；

一、省城造票所备价收回警务公所前购津水闸空地计价钱二百八十六串九百九十文。

以上七项凡购器购地修造，均系一劳永逸之举，并非经常费用，合银洋铜钱统归银计，应可腾出银三万九千九百两。

一、局内员司已裁薪水计应腾出银元一万九千一百元。

（理由）查光绪三十四年员司开支薪水年合银元五万七千三百四十元。本年该局所开员司姓名薪水表月合银元三千一百八十三元，常年应腾出银元一万九千零六十元，该薪水表仍有应裁之款，请饬该局酌裁。

一、签捐副票售价九扣改为九五扣，每年应增入款银元三万六千元。

（理由）经售副票稍嫌零琐，故不援大票为例，酌议为九五扣，以便销行。共银元二十三万三千五百七十七元一申，合银元十六万五千八百四十两；共钱六万四千六百四十八串五二申，合银三万三千六百一十七两，共银八万一千八百一十九两。总共银二十八万一千二百七十六两。

附说明书

以上系照光绪三十四年签捐局报册酌加增减，腾出款项拨抵学务公所归还各厅州县赔款捐五成之数，尚有盈余，可以扩广学务。湖北各局所开支浮滥甚多，道路喧传，人所共晓。兹谨就一局而言，一局之内仍有可裁未议遽裁之处。当此清理财政时代，与其锱铢取之泥沙用之，曷若加以裁节拨济学款之为愈也。

附四：署湖广总督札复①

为札行事。案据北咨议局呈送"签捐应裁各款抵补还归赔款"一件，当经本护部堂交司局及关于支用签捐款项之各局所核议具覆。兹据布政、提学两司，善后、签捐两局会详覆称："咨议局所议提拨签捐应裁各款抵还各州县赔款，难行之处，为宪台缕晰陈之。一原议签捐正票九五扣加为九七扣，每年应增价银元八万六千四百元，副票九扣加为九五扣，应增银元三万六千元一节：查签捐售票章程前阁督部堂张（之洞）奏请开办时，仿照吕宋票章折扣，原定领票之多少，分别九扣、九一扣、九二扣收价，俾商家得获余利，始能代局推广销行。一如商家批发零销价各不同，以是逐年递加票张，从二万以至六万，筹增进款，皆此微末鼓动商情之效。迨光绪三十四年四月，禀奉调任督宪赵（尔巽）批准一律加为九五扣，商利遂微，票价日跌。前总办邹道履和知加九五扣折之不可全恃，又恐拨定巨款无着，乃禀准调任督宪陈（夔龙）加设副票六万张，九扣收价，设遇跌落，即可藉资抵补。宣统元年闽、皖、鲁三省彩票，仿照鄂局签票号单发彩，鄂票顿滞。迭经职道禀请咨禁，复设法抽换号数，俾难仿照。近虽各省自行开彩，而去冬江南票复经开办，只收九一扣，安徽、山东票又只收八五扣，均较鄂票价廉，且允先票后银，存票准退，较鄂票活便无害。商人惟利是好，避重就轻，鄂票价遂大落，均经职局先后沥陈艰危情形，并禀请如本年正二月票市仍滞，拟将票价酌减，维持商情，即系兼顾要需，均蒙批准照办在案。是加价之难行，早在明鉴之中。至局中票户，除上海、南洋两分局外，仍以各省票商为多数，惟

---

① 载《湖北咨议局文牍》下卷，原题为《札覆拨签捐补助学款案文》。

零售小铺始有转批,而每月票价高低,各市自有行情,非如原议所能包揽。其中间有官场领票者,皆系开办时并无销路,商家不肯承领,佥以鄂票创行之际,能否销行,尚在未定,商家安肯以巨资轻为尝试?以是职局不得已,始票由前阁督宪张(之洞)派销各署、局、所以及官家之认销者,以是当时官家实占多数。迨后票市销行日广,商家知有利可获,始纷纷投局请领,争先恐后,各出势力,互相争执。职局既穷于应付,而谣诼遂致于纷纭,中经复经开双彩跌价,加十元大票跌价,另开铁路票跌价,几经亏折,始有今日。复历经前各督宪裁减,现计原领官家只存三四户,亦非原额。此时检册点数,仍以商家领票为多,不能一律指为官场津贴也。又原议官报刷印局筑厂已成,购器已备,各州县文件皆由局刷印,周转已灵,每年经费银二万一千六百元可裁一节:兹据官报刷印局覆称,报局津贴一项,系奉前阁督宪张(之洞)核定。所发期报,志在开通,并非营业主义,非有津贴,局用无着。嗣奉调任督宪赵(尔巽)改办日报,为时无几,行销不畅,耗缺甚多,除领用津贴外,负债累累,有册可核。三十四年八月奉调任督宪陈(夔龙)饬将日报改为半旬报,委吴道肇邦经理,通盘核减进出之数,仍属不敷。各报全属派销,借为行政机关,断难重收报价,长此津贴,终觉不宜。于是议兼办官纸刷印,借为挹注。查官纸刷印局系宣统元年六月先行试办,请领官本银三万两,概系购地建屋置办机器之需,并未另领营业资本。现在一切印件,各属多未实行,间有请印者,概由本局借垫款项,以为接济。幸赖尚有此项津贴,供薪工火食之需,一旦裁撤,全局即为停歇。应请俟刷印官纸一律创行,获有余利,自当详请停支,断不虚糜公款,宣统二年仍请照常拨给以济要需。又原议督中协武员自有饷项,此项津贴九八钱八百串可裁一节:兹据督中副将尚其奎覆称,查副将署中武员所领签局津贴,系光绪二十四年蒙前阁督宪张(之洞)体念省标各营都守苦况,公费又经减成给发,遇有新政诸多掣肘,饬由马路捐项下拨给此项津贴,并非动用正款。斯时车捐亦系前俞副将经收,由院拨用,旋因兴办警察,车捐遂并归警局经收,武员津贴仍由警局支领。三十四年春巡警道冯

(启钧)道禀奉调任督宪赵(尔巽)批，准将车捐开支各款分别拨发，遂将省标各营部都守及副将署催收车捐及巡防差弁津贴改由签局给发。现在裁减绿营，清苦已极，廉俸之外，别无款项，且为数无多，应恳俯念营艰，此项津贴仍准给领以资办公。又原议宜昌府公费库平银二千两、施南府公费库平银三千两、本省瘠缺各厅州县津贴库平银三万五千六百一十两、夏口厅津贴洋例银一千六百两，此项津贴可裁，应由优缺匀拨一节：本司等查湖北各厅、州、县之缺，向以钱漕收数多者为优，近年钱价奇跌，收钱解银，各员赔累不堪，纷纷求请卸任，何有匀拨之款。前经调任督宪赵(尔巽)定有此项津贴，瘠缺借免赔累。现当清理财政，各州县所有规费，皆令和盘托出，遵照宪政编查馆章程，应与该员等酌定公费，此项津贴应请俟公费议定后，再行裁撤。又原议签局年终提奖员司花红银三万一千七百八十二元应裁，谓员司薪水既优，签捐余利自有定数，不因员司贤否等语。查职局自总会办、提调、坐办以下，所有在差各员薪夫无过百元，以三四十元为多，司事十余元者为多，不能为优。提奖一项，蒙前阁督宪张(之洞)自开办以来即定提奖章程，按全年盈余之数，以五厘提奖，并非取诸正项，盈余乃在年满止兑项下开支，每届均经由历任督宪批给，用能鼓励人心，借养廉隅。各省彩票之倏起倏停，而鄂票之独占优胜者，固由办事结实，无弊可指，故能诚信昭著，风行一时，实亦奖励之功，有以维系之也。一旦裁去，人心涣散，设有弊端，名誉必损，滞碍实多，倘因此失去巨款，谁任其咎？且朝廷有赏罚并用之文，商家亦有二八提红之例，在商家不能以既给以火食、工资，即不应再给以二八提红之奖，官商名目虽分，任事情形本无二致，签局性质尤近营业，同一羁縻之术，岂能意存轩轾，况五厘之中并非职局所能全领，尚有督辕差遣各员之费，东西洋侦探之费，临时赈济邻省及本省各善举之费，又有鄂省京官津贴之费，实归职局，员司工役等领受者尚不及三厘之数。应否裁留，非职局所敢擅拟，请由宪台核办。又原议指制烟厂盘尔思、罗敏洛薪水，纱布、缫丝等局商股息款为已停之款，农业学堂购买秧子、盐署购买积谷、施南府到任供支，及广东、直隶、黄州府赈款，并补还三十三年开支不敷购买机器、地址、修造各项工料各款，均列入活支，共银四万余两，又银元四万余元，钱六万三千余串，皆可尽数腾出等情。不知签局盈余岁只此数，局中除造票工料、员司薪水、局用、年终提红局款外，皆备鄂省各项新政之用。其中奉拨局款，有为甲年所有乙年所无，有为甲年所无而乙年所有者，咨议局所指活支局款，以为三十四年所有、元年所无者，即可腾出，岂知元年奉文添拨之款，计部十四万两有奇，银元一万余元，较之三十四年多至四万两，宪署及清理财政局皆有册可稽。现在二年又加拨筹还公债票银三万两，审判厅经费银二万四千两，京师工艺厂银五千两，皆属新政要需，非停此不能挪彼，又岂职局所能擅更。况现当立宪预备之时，去冬两广督部堂袁（树勋）已经奏准禁售外来彩票，并咨行到鄂请一并禁止，奉饬在案。前因开办副票满年，详请调任督宪陈（夔龙）咨部，亦议将各款筹定，即行停办，亦奉行在案。此外于江南、安徽、江西各省咨议局亦提议禁止，倘经议决，鄂票销路日见蹙减，此项盈余，何能常年恃为进款，以为抵拨之资。本司职道等反复筹维，与其取彼与此徒为补苴之计，曷若一劳永逸，另图经久之规。此奉饬会议提拨签捐各款抵还各州县学款势难遵照之情形也。是以再回集议，拟请宪台批札咨议局，暂将原案取消，仍由议员等另筹的款，以兴学校，较为经久可行。其原议内现由签捐局支领经费之各署、局、所可否由宪台札饬，自为酌核裁减归并，即以所节之费，量为兴学之资，抑或仍照旧开支之处，伏候宪裁。总之，签捐一局，本系前阁督宪张（之洞）一时权宜之计，并非长久之策。去秋咨议局开，签局曾经提议，立宪时代万不能容有此秕政，应请裁撤。刻下预备期限已届三年，转瞬之间，即应裁停。不但兴学之款不能指望，即现拨款之各署、局、所亦宜早自为计。即使令如咨议局所订之数照拨，亦不过一二年间即当停止，以后学款又当何属？固以及早另图经远至计之较为正当也。"等情，到本护部堂，据此为此札行咨议局查照。须至札者（宣统二年二月十八日到局）。

附五：咨议局呈请将学务议案另行正当批答文①

(宣统二年三月初五日呈)

为呈请事。窃本局上年十月初十日呈复前督部堂陈(夔龙)提出"兴学筹款以广教育"案内，第八纲关于各府州县学务经费之计划、第二目厅州县所设学堂经费甲项"拨还提款限自宣统二年始，五成提款，全数拨还。其有本年未缴提款，连限清缴"理由："州县学务必注重小学，注重小学必整理一县学务机关，并注重师范，需款自巨，筹措弥艰。若非将省提一项全数拨还，则学款困难，而州县学务终无起色，可断言也。"等语。十月十七日奉前督部堂陈(夔龙)札开："查赔款提归省城，本系不得已之举，惟既已提作各学堂经费，此时非另筹有的款，委难遽允拨还。惟有俟宣统二年后，再查酌情形，或筹款抵补，按数免提，或分作年数分成拨还，俟临时议请施行。"等因，行知本局复议。当经本局于十月十九日遵章复议，调查签捐局应行裁减各款，冀为学务公所拨还各厅州县赔款之弥补。据签捐局报销清册，实查得应裁减之款，共二十八万一千二百七十六两有奇，以抵学务公所拨还各属赔款二十万两，实属有盈无绌，业于十二月初四日呈复前护督部堂杨(文鼎)在案。时逾数月，未奉批答。本年二月十八日奉前护督部堂札知本局，呈送签捐应减各款抵补还归赔款一案，已交司局核议。经签捐局详复，将本局议裁减各节逐条指驳，并请批札本局，暂将原案取销。前护督部堂径将原详札行本局查照，当经本局于二月二十日以签捐局详复之件系该主管官之意见，未敢认为监督正当之批答，呈明前护督部堂请正当批示在案。窃湖北各厅州县赔款捐，多系随丁漕附加之款，即属加赋，破数百年之成例，为他省所未有。前阁督部张(之洞)拨归各厅州县为兴办小学之经费，取诸民者还诸民，原属不易之定理。嗣以省城学款支绌，酌提五成归学务公所，本出乎不得已之举。前督部堂陈(夔龙)已明著于札文，并谓但得的

---

① 载《湖北咨议局文牍》上卷。

款抵补，即可按数免提。今签捐局可裁减之款既得二十八万有奇，已超过学务公所二十万两不足之额，巧取正用，于签捐局无丝毫之损，于各属学务有普及之益，当为热心教育，综复名实者所深赞成。惟此案于签捐局利害相关，搜剔无遗，必非其所心愿。前护督部堂不亲裁夺，授之签捐局逐条指驳，亦属人情。至以司员分红为正当奖励，请札行本局取销原案，他复何说。原详所陈可驳之处甚多，惟既非监督之批答，自无所庸其辩论，惟有仰恳督部堂查核本局原案，正当批示。督部堂实事求是，办理新政，力除旧弊，本局久深钦仰；裁节浮款，振兴学务，无不乐予提倡。所有本局呈报复议"兴学筹款以广教育"一案，请赐批示缘由，理合备文，呈请察核施行。再本局去年议决各案，未蒙批示者尚多，督部堂履新以后，业经陆续批复，故未开单呈览，合并声明，须至呈者。

附六：署湖广总督札复①

为札复事。据咨议局呈"请将签捐局应行裁减各款，以为学务公所拨还各厅、州、县赔款之弥补一案，应再查核原案，正当批示"等情到本署部堂，据此。查此案前经前护部堂杨（文鼎）札行司局核议，无非为集思广益利于推行起见。惟签捐局议复后，不即裁定可否，以致咨议局视为非正当之批答，尚属情理。兹本署部堂重加复核，所请将签捐局应行裁减各款，以为弥补学务公所拨还各厅州县赔款一事，筹之至再，实有不可行之理由。盖前督部堂陈（夔龙）提议筹款兴学，原欲合省绅民另筹的款，以应取求。若借公家固有之款以为挹注，则此盈即彼绌，仍多窒碍。况查赔款改学堂捐一项，创自光绪二十七、二十八等年，维时新案赔款，湖北派认筹银一百二十万两，期长数巨，筹措无方，经升任督部堂张（之洞）督同司道各府、厅、州、县筹议，传集绅董，劝谕认筹券票捐、铺捐及田房税契加价等项，名之曰赔款捐。幸鄂民热心爱国，群知此款关系大局安危，无不遵从。迨后，另筹土

---

① 载《湖北咨议局文牍》下卷，原题为《札复签捐局裁减各款抵补各厅州县赔款案文》。

膏、签捐、铜元余利等项，凑足每年赔款应解之数，随饬将此项赔款捐改办学堂，名曰赔款改学堂捐，是签捐等款指定抵补赔款捐而设。近数年来，湖北各厅、州、县学款所以不至挪作他用者，悉赖有此抵补之款。然在光绪三十四年以前，铜元未尽停铸，膏捐尚有的款，应解赔款，或不专恃签捐一项。今则铜元久已停铸，已无余利可言，膏捐自奉旨禁烟以来，逐渐减少，亦将无着，仅赖有此签捐一项，借资凑解。近以江粤各省纷纷议禁彩票，本省又议定自明年起减去票额三分之一，尽三年内限满停止，是票额既减，销路又隘，此三年中有无余利尚不可恃，而月月赔款，按期必须解足，此项赔款捐既已更正名目改为学堂捐，又未便以兴学要需，仍复充解赔款。现在所恃以凑解赔款者，仅此签捐一项。无论嗣后分年递减，势将由少而无，即如议案指陈，目前尚有可以酌量裁提之处，亦应分别扎饬裁提，尽数凑解赔款，以维大局而符原案。相应逐条札复如左：

一、领票改折一节。签捐局原议难行之处，亦尚近情。惟近闻此票颇为信用，每月票行售价比之原定贵至一二元不等，批折不妨稍加，应自本年七月分起，正票改九五为九七折，副票改九折为九五折，所赢之款专案提存，凑解赔款。至官场领票，因开办时派销在先，未便没劳于后。现既拟办改折，则公家所入顿增，领户利益已微，不必别议更张。

一、印刷局经费，现已责令该局格外改良核实办理，应俟获有余利，即将此款停发。

一、制烟厂盘尔思、罗敏洛薪水，纱布、缫丝等局商股息款为已停之款，农务学堂购买秧子、盐署购买积谷、施南府到任供支及广东、直隶、黄州府赈款并补还三十三年开支不敷购买机器、地址、修造各项工料各款，共活支银四万余两，银圆四百余元，钱六万三千余串，皆可尽数腾出等情。据签捐局复称：签捐盈余岁只此数，局中除造票工料、员司薪水、局用、年终提红各款外，皆备鄂省各项新政之用，其中奉拨各款，有为甲年所有，乙年所无，有为甲年所无，而乙年所有者。原议所指活支款，以为三十四年所有，元年所无此，即可腾出。岂知元年奉文添拨之款，计银十四万两有奇，银元一万余元，较之三十四年多至四万两，清理财政局皆有册可稽。现在二年又加拨筹还公债票银三万两，审判厅经费银二万四千两，京师工艺银五千两，皆属新政要需，不能停止等语，极有理由，自不能指为之款。

一、津贴中协一款，每年仅有八百串，为数无多，暂从缓议。

一、裁撤宜昌、施南等府公费，夏口厅及本省瘠缺各厅、州、县津贴一节。查湖北各厅、州、县之缺，向以钱漕为大宗，近年钱价奇跌，收钱解银，各负赔累不堪，纷纷求请卸任，何有优缺可匀之款。前经调任督部堂赵(尔巽)定有此项津贴，瘠缺借免赔累。现当清理财政，各州、县所有规费，皆令和盘托出，遵照宪政编查馆章程匀定公费。应俟各属酌定公费后，此项津贴，再行裁撤。

一、年终提奖一层。该局自总、会办以下，薪夫无过百元以上者，并非优厚。是以升任督部堂张(之洞)订定提奖章程，按全年盈余之款，酌提五厘给奖，均在年满止兑下开支，以示鼓励而养廉隅。故开办以来，毫无弊端，信用颇著，未始非奖励之法有以致之。按照营业性质，比之商家提红亦属无可訾议。况其中尚有督署差遣各员及东西洋侦探、临时赈济、邻省本省各善举等费，又有津贴鄂省京官等项，并非该局专利，岂能过于苛刻以失忠信重禄之意。惟目下各处款项业经格外撙节，则提红一节，亦应裁减二厘，以昭平允，所有本部堂衙门差遣各员津贴一项应即停止，即将此项并入凑解赔款之用，应饬签捐局遵照。以上裁定各条，无非以凑解赔款为急。不能因学务需款兼筹并顾，本署部堂实为歉仄，想咨议局当能共体斯意。惟兴学亦目前急务，本部堂断不视为缓图。此外，如有可以拨补赔款，又无碍于别项要需者，应随时查明拨充学务经费。各议员热心教育，尚希别筹良策，以资推广而副群望，是所企盼。为此，复咨议局查照。须至札者(宣统二年四月十五日到局)。

改良高等农业学堂案①

（宣统元年十一月二十七日呈）

为呈请事。九月二十八日，由议员胡柏年介绍内阁中书程荫南陈请改良高等农业学堂一书。据称："该堂现情腐败，弊窦实多，所宜厘剔改良之处有三大端：一、任用私人。查场长必须精习农学、每日能到场者，始得充任。场长当种作时，须指挥种植及巡查诸虫害病害；当秋获时，须选择种品及预备来年种作诸事项。设不到场，何须场长，又何须试验场。再农事试验场只宜设场长一员，技术师一员，会计一员，理料场内一切事宜。至于管理亦应属场长事，而编辑一节，场内会计必有日记，以之刊布可也，无容另请专员住场编辑。即或场事繁冗，亦可临时酌请，万不宜聘请毫无学识之外国人以为该试验场之编辑员。查该堂所用私人甚多：（一）农林两场长黄庆澜不谙农事，又时在上海营商，常不到场，年来一二次，干用薪水。（二）农林两场管理员彭鸾年亦不谙农事，久不到场，凡事皆委之司事。（三）农堂会计员陈国和刻扣工人工资，每月给工食五串五百文，而以七串报公。（四）日本教习船冈毫无学问，以千余元之巨资，聘充学堂东文教习兼农事试验场编辑员。此用人上之宜厘剔改良者也。二、虚糜公款，在在可指。（一）场长既不到场，司事复多冗员，又皆不谙农事，故徒耗公款，毫无成效。（二）农场内所种之田约计仅二百余亩，不应常用农夫五十名。（三）林场工人共二十名，实在场内作事者仅七八人，余皆轮作管理员彭鸾年轿夫役使。（四）农场经费每月七百五十元，又扩充经费四万元。除前所已领一万四千元外，自七月起作二十六期分领，每月一千，合之原有经费，应有一千七百五十元。查该农场用费除场长薪水约百元、管理员约七十元、技师百五十元、农夫五十名每名四串一百文约一百六十元，尚有编辑、司事及杂用等费约一百五十元，合共六百三十元外，尚余一千一百二十元，不

---

① 本案为人民陈请建议之案，载《报告书》下卷。

知作何报销，犹有农场出产费未计。（五）林场经费每月七百两。查林场用费，场长薪水每月约百元、管理员七十元、司事约四十元、林工二十名工食一百二十串合洋银九十余元、杂费一百五十元，合计四百五十元，就每月七百两计之，应余洋五百数十元，又不知作何报销。（六）东文教习船冈每月薪水一百元，又兼农场编辑薪水三十元。然东文一科，学堂既有翻译，应归翻译教授，或教员教授，合中东语言，明晰讲解，学生心得既多，而教员薪水亦可从减，似无容另聘一外国员教授，致耗重资。至农场编辑不过会计之报告，亦无容另设一员耗数十元。此款项上所宜厘剔改良者也。三、办事周章，更有数端。（一）日本教习美代清彦每月薪水四百三十元。查该员年龄过大，且在中国多年，习染最深，与学生每形玩忽。前监督黄已拟辞退，因年限未满，勉留教授。今既满限，不应订约复留。（二）农事试验场技师真山，系去年梅观察在日本聘来。今期未满，遽行辞退，而薪水亦如数付给。既知伊无学问，不应聘请，今拟辞退，当先另聘技师接授，以免学生旷课，既误于前，又误于后，实误学生。（三）农堂全无标本图书，按高等农业学堂所聘各教员，理宜分别学科采集标本，以为研究农学之资料。至教授动植物学者，宜采动植物制成标本，各置一室以备研究。至图书则中等学堂亦多设置。今农业学堂名列高等，而图书室徒有虚名，实中学之不若。自应多购图书，以备教员学生之参考。此设备上之宜改良者也。右列各条，事属实在，理合改良。伏乞列入议案，以俟公决。"等情前来。当交议员审查。兹据审查报告书称："该堂各种弊端均属实在情形。现该堂监督虽已辞退，而该堂种种弊端依然如故，亟应呈请饬该堂按照所请实行改良，以期渐著成效。"等因。本局业于十一月二十三日开常驻议员会公同讨论，咸谓宜据情直陈，静候钧裁。为此备文呈请督部堂察核，酌夺施行。须至呈者。

附：湖广总督札复[①]

为札复事。案查上年十一月二十八日据湖北咨议局呈称九月二十八

[①] 载《湖北咨议局文牍》下卷，原题为《札覆程荫南陈请改良农业学堂文》。

日由议员胡柏年介绍内阁中书程荫南陈请改良高等农业学堂一案。据称，该堂现情腐败，弊窦实多，所宜厘剔改良之处有三大端：一、任用私人；二、虚糜公款，三、办事周章。此案前护督部堂杨（文鼎）未及札复，本署督部堂接任以来，接[按]照指称各条，取证群议，周咨博访，总以实行改良，筹划尽善为指归。除行提学司饬再切实整顿外，为此，逐条札复咨议局查照。须至札者。

第一条　原呈称该堂农林场长黄庆澜不谙农事，农林两场管理员常不到堂，日员船冈毫无学问各节。查该农林场长黄守庆澜于农业一项平日颇有经验，观其所编成绩表，如植物之报告、栽培之方法、肥料之用量、发育之状况、收获之丰歉，以及经济之盈亏、气候之测算，类能讲求精细，并经学部农工商部批奖在案，尚非不谙农事者所能企及。现黄守庆澜委署德安府事以后，场长一职，自须选用曾在高等农业学堂农林两科毕业之人。其农、林两场管理员既因地段相距辽阔，不能兼顾，林场本有经理员，各该场又皆有庶务、督工等司事，此项管理员俨同虚设，业采原议，以场长兼任管理，裁去原设之管理员。日本教习船冈，因其学识平常，该堂已于上年冬间辞退，应毋庸议。

第二条　原呈又称场长既不到场，司事复多冗员，报销不知如何各节。查农林场长黄守上年六月派赴苏州调查农业试验场，七月又请咨赴引，因公出差，在所不免。司事、工役两项司事已裁二人，林工已裁十一名，农工实存二十八名，原呈所指五十名想系误会。至于农林两场每月造具管收，除在各项银钱细数报销清册内有津贴高等农业学堂五百五十元，摊还借款四百金，收支两抵，尚无出入。不过目下经济困难，其间如有可以裁汰之处，自应饬令接管之员随时核减，以祛浮滥之弊。

第三条　原呈又称教习美代清彦不应订约后留农事试验场，技师真山辞退后仍付给薪水，标本图书应多购备各节。查美代清彦一员，前后教授各班学生尚能禽服，转瞬毕业，未便遽易生手，应俟此次学生毕业后，另行核办。真山自光绪三十三年十二月十七日到场，至去年十二月十七日两年合同期满，该堂当即另聘日本井上、麻多二员助手接充技师。

至标本图书无多，嗣后该堂既力事撙节，即以省出之款，为添置图书标本之用，或择其最要者，酌量开单申请核添，以资参考。以上三条均由本署部堂咨询查明，故核原呈所称，择要答复。且查内阁中书程荫南现已委充该堂管教职务，此后尤应加意勤勉，力求进步，庶所议非托空言，以蹈责人则明之弊，本署部堂并当随时派员考察成绩。农林为实业之主要，毋负职务，是所厚望。合并知照（宣统二年四月十三日到局）。

改良法政学堂案①

（宣统元年十二月初一日呈）

一、改良用人才之方法

（甲）任用章程之修改

查该堂原定章程第二十一条"堂中职员皆由监督聘委"，盖系仿照奏定京师法政学堂办理。其时尚未奉到法政学堂由提学司管理之明谕，似属可行。今既归学司管理，而该堂用人行政，学司既不过问，有是理乎？又查该堂修改章程内有云："遇招新生时，由学司调取合格学生补额，本堂不加考试。"学司既有招学生全权，而反无聘委管教各员之权，有是理乎？拟请自本年十二月始，除洋教员合同未满毋庸议及外，所有华教员及一切办事人员，于年假前十日由学司一一传见，详细考验，出具切实考语，开列名单，详请督宪复核，以定去留。

（乙）冗员之裁汰

查该堂修改章程议减当年经费案内有云"裁撤教务长专员，以教员一人兼充"，迄未实行。兹请学宪饬该堂查照章程办理。此外有所谓庶务长者，其职务不过收讲义及管束仆役而已，应行裁撤，改设杂务员一人，尽可了事，月薪至多不过三十两。有所谓管课长三人者，其下复各置司事多人，官所为者，司事皆优为之，应行裁撤二人，留用一人，并正其名曰监学。有所谓杂务官二人者，隶庶务长下，实为赘疣。有所谓

---

① 本案为咨议局提议之案，载《报告书》中卷。

会计官二人者，所司不过款项之出纳，往往枯坐终日无一事，应行裁撤，即以其职务并入庶务，添雇司事一人，帮同办理足矣。有所谓掌书官者，该堂设有图书馆，图籍既少，管理甚易，应以监学兼充，毋庸另置专官。

(丙)职员资格之确定

查该堂办事职员皆非法政卒业生，所用所学，甚属不合。除文案杂务毋庸拘拘资格外，其余管教各员应一律任用法政卒业学生，不必限定官界，用人既不限官界，即不必为官班专设管课官，此不待言也。

二、改良款项收入支出之办法

(甲)改定拨付款项之机关

查该堂原定常年经费五万两，旋由度支部饬令核减七千五百八十两，尚余四万零四百二十两，由藩司拨付。本年六月曾经前藩宪李(岷琛)会同提学司高(凌霨)详请前督宪陈(夔龙)核减该堂经费，终以某宪调停而止。盖明知其糜费甚巨，而事权不一，彼此皆不免瞻徇情面也。拟请督宪切实核定该堂应用款项，饬藩司拨交学务公所，该堂直向公所领取，庶学司便于考核，而于管理法政学堂之名义亦觉相符。

(乙)裁减职员之薪金

查照该党章程，裁教务长岁可省银千八百两，裁庶务长岁可省银千二百两，裁管课官二人岁可省银一千二百两，裁掌书官一人岁可省银三百六十两，裁会计官二人岁可省银一千零八十两，裁杂务官一人岁可省银四百八十两，共可省银六千一百二十两。

(丙)酌定教员之薪金

查核堂原有中国法制史一科，教员薪金以钟点计算，每点钟三元，应以此为标准。除洋教员合同未满碍难更定外，所有华教员自本年关约期满(关聘例须每年更换)日始，一律改照该堂原定法制史教员薪金数目办理，最为平允，不得以教员有本省人与外省人之别，而妄加厚薄，政[致]启猜嫌。

(丁)停止学生之津贴

查该堂原定章程无学生津贴，旋经官班学生多方运动，始于去年九月奏筹津贴，官额百二十名，岁在万金以上。此事既有妨学章，复下拂舆情。去年知县熊家琪禀请不受津贴，监督大加奖许，其为不应享有权利亦可概见。亟应停止，以节縻费而重学章。惟念该官班竭死力争来之津贴骤议裁减，必致纷扰。现在毕业期逼，为时无多，应自来年正月开始，所有官班津贴即行停止，续招新班不准援例要求。绅班原无一定津贴，仅恃校外讲义赢余以资挹注，虽非动用正项学款，究与学章不合，自应一律于明年正月停止。所有该堂校外讲义赢余之数，应由学宪临时查核酌定，拨充他用。

附：湖广总督札复[1]

为札复事。案查上年十二月初二日据湖北咨议局呈请改良法政学堂一案，前护督部堂杨（文鼎）未及批答，移交前来。本署部堂以修改各项皆关重要，特依照原案详加审慎，逐条答覆于左：

一、修改任用章程一节。查宪政编查馆原订章程，考验法政学堂学员系藩、学、臬三司办理，续经学部规定新章，各省法政学堂专责成学司统辖，前后办法，已略有歧异。湖北法政学堂开办之始，官绅并取，混同教授，权限既未分明，管理尤无专属。此后应将官绅划分两堂，绅班专照学部新章办理，官班仍照宪政编查馆定章办理，一以造就通才，一以整饬官方。其各项详细章程及变通办法，已饬司妥议详复，并咨明宪政编查馆及学部核复施行。

一、裁汰冗员一节。查法政学堂教务长一职，专司全堂教授事宜，责重事烦，此员固不宜裁，并不宜以教员兼充。该员薪水应照本省各高等学堂教务长一例支给，以昭平允。该堂原有管课官三员，应裁去一员，酌留二员，将管课官改为监学名目，所有图书事件，依照原议，仍责成该员兼管，毋庸另设专官。庶务长应即改为庶务员，月薪照所拟庶务员之数支给。会计员专司出纳，原用二人，本嫌冗赘，应即裁去一员，酌

---

[1] 载《湖北咨议局文牍》下卷，原题为《札覆改良法政学堂文》。

留一员，以专责成。

一、确定职员资格一节。查法政学堂为立宪基础，办事职员自宜具有法政知识，方足以课成绩。嗣后管教各员，应一律选用深通法政、确有经验人员充当，俾收实效。

一、改定拨付款项一节。查该堂常年经费向由藩司拨付。该堂月有开支清册呈本部堂查核，果有虚糜，自当随时饬令酌减。所请饬藩司拨交学务公所给领，俾学司便于考核之处，应可免议。

一、裁减职员薪金一节，已于第二条内注明，毋庸重述。

一、酌定教员薪金一节。查教员薪金按照授课钟点支给，固属正当办法。惟教科有难易之分，教员有聘自外省者，有本省官费学生毕业后应尽地方义务者，其薪多寡，数目亦不便比同，应仍饬该堂监督会同学司随时核议详夺。

一、停止学生津贴一节。查该堂官班学员从前给予津贴本属权宜之计，现值库帑异常支绌，应照原议所定月分，一律全裁，以资撙节。

以上各条，本署部堂细核原案，证明定章有为原议所指陈者，亦有原议尚未提及，经本署部堂检查旧案，斟酌改易者。法政关系宪政始基，不厌求详。嗣后该学堂管教各员及在堂肄业员绅，均各研究学理，实力进行，效文明之竞争，泯异同之成见，则本署部堂与诸绅所殷殷厚望者也。为此札覆咨议局查照。须至札者（宣统二年四月二十七日到局）。

第二 农政类

推广农林以兴实业案①

（宣统元年十月初十日呈）

甲、可决各条

一、苗圃地面请即扩充。

---

① 本案为督院交议之案，载《报告书》上卷。

理由

按：林业苗圃，自应附入林业试验场内合办。但现时林业试验场在卓刀泉，所办之苗圃为数无多，将来林区划分，非独不足供各属之求，恐并不足敷省城及江夏县之用。故欲推广林业，非赶紧将洪山等处再开办极大苗圃不可。其有购子或秧与开荒种植等费，究属有限。查农堂两试验场册报内多可裁减之款，倘稍为整顿，则区区扩充苗圃之费，亦尽可不必另筹。

二、拟设之各府林区署请改名农林筹办所，其筹办职员并限定由绅学界选充。

理由

按：外州县距省道里远者数千，近亦数百，此后因筹办农林起见，原可于各府设一农林筹办所为省垣之间接机关，惟各府办公经费异常支绌，将来承办农林各职员，应请就本地绅学界之研究农林热心公益者，由各知府选请劝业道查核，转详督部堂札派，俾含有义务性质，而经费可少从节省。且办事之处遽以某部署名之，恐渐涉于铺张。兹请于拟设之各府林区署改名为某府农林筹办所，并请由督部堂颁发钤记，以专责成，似觉相宜。其经费除就公屋设立不必另建外，每一所计开办费约百元、常年费月百二十元，自来年七月起以六个月计算，每所约七百二十元，共计八百二十元。

三、劝农白话报请印行。

理由

按：农林为天地自然之利，亦即乡民致富之源。以白话报董劝开导，收效自捷。请由高等农堂编纂（由农务总会亦可）、由劝业道署发行、由各处宣讲所宣讲，并分送各属初等小学堂，由教员随时指示，使各学生亦渐次通晓。将学校与家庭互相传说，尤有益于农业前途矣。

四、农林演说会场请即于首县分设。

理由

按：农林演说会场照部章亦亟须酌设，开通民智莫此为宜。惟大部此次定章实于广兴地利曲体民情之处，至密且周，除须由劝业道刊发各厅州县农林劝办所(各厅州县农林劝办所另具议案)外，必一一分别编纂，参酌演说，务使人民知为要政，因仰体朝廷提倡之实心。只以各属地方自治会尚未成立，暂宜于江夏四乡首先开办，以后渐次推广，仍须饬各属举行。

五、各府苗圃请通行设置。

理由

按：农林为至要之图，将来各地方必陆续筹办，仅省城一处苗圃实不足供各县之取求。故既拟于各府设农林筹办所，即宜于各府设苗圃各一处。其开办所需经费除地亩以各府官地充用外，每处约二百六十元常年费；月约四十元，自来年七月办起以六个月计，每处约二百四十元，两共计五百元。

乙、否决各条

一、农林局即请裁撤，其来年另设农林总局之议，请勿施行。

理由

按：劝业道办事公所经遵部章第十二条分设有农务专科，并于该科中置农林森林各股，掌一切关于农林之事项。今既蒙提倡实业，首期推广农林，则所谓统一机关理合专责成劝业道，以仰副朝廷因事设官之至意，似不必另设局所，侵其权限，致劝业道渐成冗员。况自劝业公所成立后，凡商务矿务两总局业经次第裁并；尚有成例可援也。

二、农林两试验场请不另设立。

理由

按：本省农业学堂早设有农林试验场各一所，计办理迄今数年，其糜费巨而成效不见，久为人民所诟病，若再另设，用费益繁，即曰筹办农林应有试验场以便研究，亦宜将农堂现有之两所拨归劝业道督率主管，仍一面责成改良，而凡属农林学堂有必须到场实习者，均听其便。如是则一举两得，而经费亦不必另筹。

三、调查员请勿札派各府，编查荒土公所请勿设立。

理由

按：筹办农林本应从查荒入手，但部章所定系责成各该地方官就所属境内履勘清查，似不必另派专员，致滋扰累。况鄂属自咸同后，生聚抚息几忧人满，已无大段荒土，即近因水灾冲压间有畸零花插之处，而或公或私，究皆非无主之业，尚易调查。今如将前定之查荒问答表式改由劝业道颁发各该地方官，并札饬赶紧查明，通限六个月一律申报，否即详由督院分别参撤，将届期各报汇齐，自可由劝业道编订成册，详请核办，较之由省另派调查员赴各府设查荒公所，简便实多。

四、派员赴各府设垦荒公所请作罢论。

理由

按：部章各处散荒归地方官自行筹办，既鄂属无多荒土，应俟划分区域后仍责成地方官酌量施行。农林为百姓之利源，果经地方官提倡奖励，保护维持，则一责令垦荒，自无不踊跃从公，希图后效。今如另派员赴各府设垦荒公所，将该员等分赴各州县，则必竞起谣言，转生缪辀，不分赴各州县则又无所事事，致等赘疣矣。

五、农林夜班学堂请暂勿开办。

理由

按：农林夜班学堂系欲聚乡民讲习，本足为推广农林之助。但拟于省垣设立，则虽有教习恐无每晚来城之学生，若改于乡间设立，则即有学生而农务林务各职员亦不便于每晚出城教授。具此两难，莫如俟农业教员讲习所毕业后再为酌办。

六、外省农林事务请暂勿派员调查。

理由

按：本省农业学堂开办甚早，程度自高，凡中外农林事务，各职员谅可略识，况劝业道农务科长即系该堂教务长，今如因筹办农林有必须某地种子某地树秧之处，可直接着人往购之，似不必派员往查。即谓各省有各省特别之物产特别之技能，可借调查以期种子知识之交换，亦应俟本省各厅州县农林劝办所成立后，一切物产技能调查完毕，再赴各省考察，以谋取长补短，方有把握。若现在遽派员前往，恐亦徒糜旅费，终不得要领而还。

七、肥料制造所请暂勿专设。

理由

按：农业实习学科其四曰肥料制造法，大抵非药物不为功。中国旧用肥料如芝麻菜豆各饼之类亦最佳。近因洋商采买，价值渐高，农夫不便多购。今如以新法制造，其价值之便宜与否，亦是一大问题。如新法实有制造易而价值廉者，则请于演说时或白话报上详细说明，使乡人之稍开通者自行仿造之，其非乡人所能仿造者，则由农堂农产制造所实行制造，作为卖品陈诸市面售与乡人试用，必俟稍有成效，始可设专所办理。今日办理之人既未有把握，乡民复不见信，似未宜遽议设置。

八、农产制造所请暂勿另设。

理由

按：农产制造事项按学章有制麻法、制丝法、制茶法、制靛法、罐藏法、酿造法、榨乳法、炼乳制造法、粉乳制造法、牛酪制造法、干酪制造法、酱油制造法、淀粉制造法、各种制糖法及蔬菜果实干燥法等，讲求发达，实足利民。惟此项制造所农堂业已告成，闻亦虚有其名，尚待聘请技师教授。今拟于江夏县另设一所，似不如就农堂认真办理，再招生附属专学之。即谓是农家副业，最宜扩广，亦应俟农堂学生毕业后再为开办，将直接讲授，较之聘外人用翻译便利良多。

九、各府试验场请毋须酌设。

理由

按：试验场设立之性质原以备学生之实习。日本公私学校大半有农林教课，故为实习起见，亦多有规模不大试验场，且以见种植合宜，自可得善良之效果也。今本省各府实业中学堂概未开办，其余普通各学堂亦皆未加农林科，是已无学生实习之可言。徒以考求一处之土宜，累各府常年经费各需银万元以上，似亦可以不必矣。

十、各项经费请不必多筹。

理由

按：原议各项经费合银二十一万六千六百六十元，加以准备费四万三千三百四十元，统计需银二十六万元，款项过大，行之维艰。议员等筹议再三，款求其省，事求其实，合府厅州县一律举办常年经费总在十万元以内，不必筹至二十余万之多，庶几财不困而事易集。再农林两试验场前既请拨归劝业道，则该两场的款亦应由劝业道提存。查该两场经费除由善后局月拨银七百五十元，由签捐局月拨银七百两外，复于去春以来由督部堂共批拨四万元。今如因推广农林起见，由劝业道将此款核实支配，暂时经费不至格外支绌也。

十一、屯垦公所请暂不设立。

理由

按：大段荒地荒山地势绵亘跨连数州县者，部章所定本应由该省大吏仿照屯垦办法，遴派监司大员筹集的款兴办，以专责成。但此等情形惟东三省与蒙旗部落甚多，鄂属若通城慕阜山等仍可由该地方官会同查看，组合垦种，其余与外省毗连各山，应俟各厅州县调查清楚，再行斟酌筹办。

厅州县创农林劝办所规则案[①]

第一条　宗旨

本所遵照农工商部奏定推广农林章程，以辨土宜、尽地力、广种植、劝蚕桑、期全邑农林发达利益殷蕃为宗旨。

第二条　办法

兴造林业蚕桑，为本所着手办法，开办之始，必须切实易行，候办有成效，即自然之利以供推广一切农事之用。

第三条　地址

仰各州县原有之公所借用，或暂附各州县劝学所开办。

---

① 本案为咨议局提议之案，载《报告书》中卷。

第四条　办事员

一、劝业员一员，由地方官会同正绅慎选热心公益熟习农业者，禀请劝业道分别照派。

二、干事二员，由劝业员选请地方官派充。

三、书记一员，由劝业员选请地方官派充。

四、场夫及代理场夫无定额，由劝业员酌量选充。

第五条　职务

一、劝业员承本府农林筹办所之指示，管理本所一切事务，联络官绅，清查阖邑官荒民荒，相度土宜，营运佳种，竭力劝导实行种植，其已植林木蚕桑之地，即时设法改良推广。

指挥干事下乡切实调查，每岁至少须劝导一周，不得遗漏。

本所钱财出入，用人行政皆其责任。

凡收入支出及已办之事项，每季分造清册图表，呈报本府农林筹办所转详劝业道察核。

二、干事受劝业员指挥，编历乡间，与各区绅（或城镇乡董事会）就近考查荒地，访问土宜，劝导种树养蚕各事业，并代觅树苗蚕种，一切办法随地筹划，随时注册呈报劝业员察核施行。

凡调查树秧产地、经营官地种植、督率夫役及代各地方购选树秧，届期派役分送，皆其责任。

三、书记凡簿书、图表文报、公牍皆其专责。

四、场夫及代理场夫受劝业员、干事之命令，常驻场所日夜守视，随时培植。

第六条　权限

本所凡关于农林事项内创造、保护、改良、推广之各种方法，皆其职权，兼有要求地方官维持扩充，并仰地方绅士（或农务总分会）协助之权。

第七条　林地

一、官地　凡官荒山湖田地及各官田地之有佃无租者，统归本所经理种植，或由商民承领合资种植（照部章另订规约）。

二、公地　凡一村一族公有之地，归该村该族公举经管植种。

一乡一区公有之地，归该乡该区公举经管种植。

三、私地　即一家所私有者，凡宅旁田隙皆宜种植。

第八条　调查

官地种植，由本所向本府或省垣林业试验场及苗圃取苗种植，商民承领之官地及公地私地种植，由本所代为购种。

凡一种树秧一区能购五百株，或一村能购二百株者，本所皆应承办。

凡素有蚕业之地方，当为谋改良方法，如选觅蚕种、购办缫丝新器、雇养蚕及缫丝技师等，本所皆应承办。

凡某乡某区某人需某种树苗若干株，或关于蚕业事件须代办者，由干事与区长（或城镇乡董事会）当面议定，分类注册，书券并须由区长（或董事会）画押，以免反复。

凡未经干事调查之处有径托本所承办者，由本所注册一律承办。

调查簿分五种：

一、树苗簿　某乡某区产某树苗，自播种至分栽需若干时，每百株需播种费若干，时售价若干，一人能负若干株，何时宜播种，何时宜分栽，皆应列表分注。

二、林地簿　某乡某区有官荒山湖田地若干亩，公荒山湖隙地若干亩，乡民愿种之地若干亩，该处每亩宽长若干尺，大概宜种某树，皆列表分注。

三、预种簿　某乡某区官地拟由本所种某树若干株，由商民承领种某树若干株，公地愿种某树若干株，私地愿种某树若干株，以及承领商民之名姓，管理公地之经管名姓与私地地主之名姓，皆列表分注。

四、已种簿　某区地之形势肥瘠若何，旧有树木若干，何种最良，何种最多，何种系天然生长，何种系人力种植，每岁出息若干，皆列表分注。

五、蚕业簿　某区某户有湖桑土桑若干株，向养蚕若干席，取丝若干斤，平均售价若何，该地方蚕月之气候若何，皆列表分注。

该户愿购蚕子若干两，或愿购何项缫丝新机若干具，或欲请技师几人，可另书预约券寄本所承办。

第九条　选苗

树苗以本府生植最蕃，出息最大者为良，既适于土性，又便于移种也。然有必须向他省购办者，如苗杉、湖桑之类，亦应由本所代为采办，分布各乡。凡树苗系本邑出产，径由本所筹办。若系本府出产，当由本府农林筹办所承办。凡采买转运付价各事项，皆由本府等办所通知各劝办所、劝业员通力合作，不分畛域，不必另派采办员。若系他府或他省出产则由本所汇收价值，汇送本府筹办所，临时选派采办员分途采买，运交本所分送各乡。若本府苗圃能多种佳苗，以价廉备民间取求，则可不向他处采买。

本所承办之树秧，无论道路之远近皆应运送到该处交付，其专为一村承办者，即送到该村，若地主为便宜计愿自行搬运者听。

第十条　种法

凡本所调查土地之质性及拟种之树类，应由本所汇报农林筹办所，转详劝业道（或请托农务总会）交农业专家逐件详审，将各树种植之法，肥料之宜，去害之方，简明开示，即由劝业道署刊刷发交本所分送各处，俾地主周知先期预备。

官地创办之初，宜多种桑柘果树，以收近利。四五年后，宜多种佳木，培植乔林，保卫地方，收久远极大之利。公地私地可听地主之便，然以多种桑为宜。

山地宜种土桑。麻、罗各县，黄丝出产甚旺，泽地宜种湖桑，沔阳黄冈已有种植收效者，我省气候与汉黄相同者甚多，是宜二者并种，以期蚕业普及。

第十一条　保护

本所为地方谋实益，且系助治之一端，地方官自应极力保护。

创办之始，应出示严禁损害，各区区长有保护之责，各区地保有看守之责，如有损害不遵章认罚者，随时由区绅禀送官厅惩办。

凡官地种植万株之场，专派场夫一人看守，数千株之场或数百株之场，皆就地选择代理场夫一人看守。

我省农民向有农业保护会（俗名看禁），地主出费甚少而获益极大，缘人民不敢损害农业已成习惯，而犯禁之罚又极严也。今本所应请地方官出示申明，令各村所有林木禁止侵害，当归并于农业保护会中一律办理，各地主视林木之多少，略出禁费，以资集合。若有侵犯，与盗五谷木棉等类同罚。

凡损害树木情节较重者，送官照盗律惩办，轻则由保护会中公议，计损害之数加十倍勒罚，罚款以五成赔地主，以五成留充保护会公费。如不遵公议或无钱可罚者，由保护会公同送官惩办。

凡无知童幼损害树木，家长任咎受罚，牲畜损害树木，主人任咎受惩，不遵公议者送官惩办。

第十二条　轮伐期

凡林木伐期愈长则获利愈厚。本所以培植乔林为目的，官地除桑柘及弱质果树外，当选大木秧苗，用每年连续栽植法，以五十年或百年为轮伐之期，其他公私地面积甚小不能连续栽植者，亦当相各树之长养量二三十年以上为期，按规则轮伐轮种。

凡高山大壑及沼江沿湖堤岸有保安林之性质者，皆宜种植乔木，长期轮伐。凡天然生育之林木若在千株以上者，由本所代请技师临场相度指示轮伐方法，不得随意歼薙。

第十三条　种植费

官地由本所向省垣或本府农林筹办所之苗圃取种，若需用太巨，可由本县公款内挪借，备半价以示限制。

商民所承领之地，由商民合资购种。

公地由共此土地者结合团体，照丁敛费，不出费者永远不得分利。

私地即由地主出费。

凡商民所承领之官地及公地私地愿种某树若干株，既经注册，即应分别交费。凡树秧购自外府外省者，先收费后交秧，其购自本府者，先交秧后收费。先收费者计费分秧，先交秧者计秧收费。

凡购本府本县树秧，注册时应交价十分之一。

凡树秧无论购自外省本省本府本县，皆照买价实数收纳，相道路之远近，再加运费每百株若干，不得含混。

凡收纳树秧价值，当给印收为据，印收用三联票（三联票由劝业道署刊刷发各劝办所备用），一随报册送本府农林筹办所，一存本所，一给地主。

第十四条　出息

官地自种树之月起算，至五年期满，若桑柘之叶、果树之实皆有出息，届时当由本所会同本邑参事会设法出售，所收之价即充本所办事经费。有余款则推广种植，或推广蚕业，或提还借款，临时公议。开办至十年后，所种之各树皆有出息，余款必多，应还清借款，再有余款，即作推广阖邑一切农业之费。

商民所承领官地，限两年种植完全，其升科之年限，应提阖邑公费之多少，均遵照部章办理。若种植完全后该地方自治团体愿备价收回作该团体公产时，应由本所会同县参事会公议价值，不得令其折阅本息。

公地出息应归团体公用，或充农业费，或充学费，或充警察费，或照股平分，皆听其自便，但须于本所呈明注册。

第十五条　养蚕

本所开办之始，务期蚕种改良。各蚕户需蚕子若干两，经本所呈报本府农林筹办所后，该所应与劝业道署（或农务总会）商量备办，照数交本所分寄，初次不取蚕子费，无论路之远近必须寄到。

凡养蚕之区，其土性之燥湿，蚕月之温度，风尚以及养蚕之旧法，蚕病之情状，逐一详明呈报本所，以便送本府农林筹办所交劝业道署考验，或将病蚕送验；以期设法补救改良。

凡关于蚕业之一切新理新法，由劝业道署颁发简明报告，本所应随时分送，或广贴育蚕地方，以便各蚕户一律通晓，易于遵循。

官地种桑，本以售叶取费为简易，然为提创蚕业起见，亦可由本所就近借屋育蚕，延聘技师试验新法新器，并考验各处蚕户送来之蚕子蚕儿或病蚕，为就近改良之地步，但每次蚕事完毕后所得丝价绵价，除养蚕缫丝各费外，所余之款当点滴归公。

第十六条　守规则

本所每年已办事件除呈报本府农林筹办所外，应存底册备查，随时可由县参事会调取复核。

凡采办秧苗，必分别种类，各将实价及远近运费填写清白，每年宣布一次，以昭大信。

干事下乡，川资饭食寄宿等费皆自备，不得搔扰。

秧苗购费运资之外，不得多取分文，运送人役食宿费皆自备，代办蚕业器械亦同。

官地至有出息时，应有预算决算宣告各办法，届时增订章程，由县参事会议决。

本所自干事以下有违章时，劝业员皆负责任，款项不清，如数赔偿。

第十七条　经费

开办费一百元。

劝业员一员，薪水火食二百元。

干事二员，薪水火食四百元。

书记一员，薪水火食一百元。

场夫无定额，每人工食六十元。

代理场夫无定额，数千株之场照料费三十元，数百株之场照料费十元。场夫与代理场夫之费，由本所在种植费内另筹。

活支每年一百二十元。

以上开办之年计九百二十元，以后常年经费八百二十元。

附一：湖广总督批复

据呈送推广农林以兴实业议案一件、厅州县创设农林劝办所规则议案一件，当经本部堂逐条覆核，筹划精详，具征完善，自应查照局章第二十二、二十三两条，由本部堂分别札饬劝业道、农林总局、农业高等学堂查照施行，并候咨送宪政编查馆查照。此批。议案两件存（宣统元年十月十五日到局）。

附二：湖广总督交议原案

农林之学，著于经传，详于载籍。大抵任土办材，培良去莠，急民事以尽地力，期于厚生利用，给养不穷而已。近世以来，水利未修，游民日众，农政于是大坏，偏灾一至，琐尾流离。每念民生，喟然增叹。彼东西各国采列邦之成法，教本国之人民农业森林各专其学，本计既得益臻富强，盖犹有周官之遗意焉。鄂据长江上游，崇山巨浸，天然雄阔，山多则宜木，水多则宜稼，此大较也。而民间自食不足，辄仰给于邻封。汉阳木税虽丰，多来远于湘蜀，岂非地力有所未尽，而民事有所未讲欤？本部堂下车以后，扩张农务学堂，复设农林局于省垣，冀以推拓农桑，讲求树艺。惟是事不详审则偏而不全，款不宽筹则暂而难久。所有开垦之事、试验之场、培植之方、子种之利，皆实业家所宜亟讲也。爰命该主管官条列办法，本部堂复详加察核，虽认民力未充，政费奇绌，未克一时具举，而本政所关，至须提倡。诸绅闻见较真，考求有素，必能分别缓急，俾可见诸施行，希具议待裁。

一、农业局于今年成立，附设农业学堂内，来年拟借拨省城内公所公屋另设农业总局，庶办事较为近便。

理由

鄂省统辖六十九州县，地大物博。欲使野无旷土，民竞实业，惟设立全省总局以为统一机关，庶足收切实改良之效。

经费

农林总局若另行建筑，需款甚巨。今拟拨公产公屋暂行充作总局，则建筑费即无须另筹。惟常支经费每月约一千元，每年约一万二千元。

一、在省城附近地方设立农业林业试验场各一所，以为各属之模范。

理由

实业试验为中外至要之图。鄂土瘠沃肥硗各异,其性培护种植,各有其宜,不有试验,何以究知利病,是为讲求农林者第一入手办法。

经费

省城设农业试验场、林业试验场各一处,除地亩以荒地充用,场屋以公屋充用外,各须开办经费约一千元,常支经费月各五百元,从来年三月办起,十个月计算各六千元,共一万二千元。

一、附设林业苗圃,以供各属之取求。

理由

湖北全省绝少养苗专家,间有购苗邻省者,道远费大,装运潦草,易于枯萎。树艺少则子种少,子种少则秧苗少,秧苗少则树艺少,循环受累,终难发达,是育苗在鄂尤为要务。拟先在省城设立林业苗圃,即附入林业试验场内,凡中外有用材木,或子或秧,收购分植,以为各属之倡,其价但取回官本,期易推广。

经费

此项林业苗圃系为各属标本之用,暂可无须建筑,先行附入林业试验场内合办,只须开办费四百元,加入十个月常支一千元,共合一千四百元。

一、札派调查员分赴各府设立编查荒土公所,调查荒土并即划分区域,以便官绅商民承领开垦。

理由

部章推广农林从查荒入手,此系大部饬查之件,不厌求详。拟再派调查员分途续查,详明报告,俾畸零花插咸归划一。限六个月竣事,以便开垦,庶商民承领皆有经界可循,不至互有牴牾。

经费

编查荒地公所每府设一处,除房屋借用外,每月每所经费平均牵算计各二百元,限六个月竣事,每处约费一千二百元,合十府十所须一万二千元。

一、俟区域划定后，即派员分赴各府设立垦荒公所。

理由

愚民百万谓之无民，荒土百万谓之无地，良以万宝大原皆出于地，而土地之生产力又常视人之劳动力为增减。拟俟来年六月编查事竣，即派员分赴各府设立垦荒公所，各印委之考成，视恳荒之勤惰为功过，庶有实际。

经费

垦荒公所每府设一处，各需开办经费五百元，常年经费月五百元。自编查事竣，来年七月办起六个月计算，约三千元，每处约三千五百元，十府十所约共三万五千元。

一、俟区域划定后，视荒山之多寡，分别派员前赴各府设立大林区署或小林区署。

理由

近年电信、电话、电灯、电力之柱，栋梁、船材、几桌、薪炭、枕木、燐寸、纸张、烛心、火药原料及其他要材，无不取资于木，每年所需难以数计，故改善林制，刻下尤急。拟自来年六月编查事竣，即仿照日本办法，派员先从各府设立大、小林区署，以为之倡。

经费

林区署每府设一处，各需开办经费五百元，常年经费月五百元。自来年七月办起六个月计算，约三千元，每处约三千五百元，十府十所约共三万五千元。

一、于总局内开办劝农白话报以为董劝村民之用。

理由

白话报种类甚多，而最与农民有切身之关系者，莫如创设农业白话报。盖农书虽有多种，而辞旨义理俱甚精雅，可供上等社会之研究，不能耸下等社会之听闻。拟以粗浅之辞旨寓精深之义理，分发各属遍贴城乡，庶风气易开推行较易。

经费

总局开办劝农白话报月出一册，分发各州县各五十份，所有编纂纸张笔墨印刷装订等费，平均扯算每分需洋一角，计三千五百份，月需三百五十元。自来年三月办起，十个月算，共约需三千五百元。

一、先于首县开办乡村农林演说会场。

理由

欲长农民一切智识，除白话报之外，则以演说为最宜。今拟仿地方自治宣讲所之法，先于首县乡村设立演说会场，庶农学智识易于普及。

经费

江夏县开办农林演说会场暂于四乡分设，每处月约二十四元，每月共约九十六元，自来年三月办起，十个月计算，约九百六十元。

一、先于首县开办农林夜班学堂讲说粗浅农业大意。

理由

比利时政府令少壮农夫夜授农学十五科，日本札幌农学教授冬期讲习生。今拟仿用此意，即认农务林务各职员组织农林夜班学堂，俾款不多筹而学能普及。

经费

江夏县设农林夜班学堂，其管教各员以场长所长署长教员技师等兼充，不支薪水外，杂用月约一百元，自来年三月办起十个月计算，计一千元。

一、派员调查外省农林事务。

理由

以同一种子年年栽培于同一之地位，数年之后必至收量减少，物态日变，故老农必常取他地之种子交换栽培，此普通子种之交换也。且中国地大物博，各省有各省特别之产物，即各省亦有各省特别之技能，取长补短，互换智识，庶观摩比较，进步可期，则调查实为当务之急。

经费

农林事务调查员先从湘赣苏汴查起，每省四人共十六人，各给川资三百元，需费四千八百元。

一、先于首县设立肥料制造所。

理由

肥料者改良土地之良剂也,如医药然,补之太过则有壅塞之弊,补之不及则有枯瘠之虞,故物产之丰殖在用肥料之适当,则肥料制造,所关实巨。

经费

江夏县设立肥料制造所,需开办费五百元,常支费五百元,自来年三月办起十个月计算合五千元,共约五千五百元。

一、先于首县设立农产制造所。

理由

收获之生产物,有随时出售于市场者,如果实蔬菜等类是也;有必须加工制造始可出售于市场者,如工艺制造各品是也。农业制造乃农家之副业也,讲求愈精,斯获利愈厚。

经费

江夏县设立农产制造所约需开办费二千五百元,常支费月五百元,自来年三月办起十个月计算,合五千元,共约七千五百元。

一、于各府酌设农业试验场林业试验场。

理由

日本府县郡町村无不有试验场处处创设,就其土宜为之,规模不大,经费亦无多,盖以善良之效果指示于全境也。

经费

农业试验场每府设一处,除地亩以荒地充用,房屋以公所借用外,每处开办经费约八百元,十府十所共八千元;常年经费月三百四十元,自来年三月办起十个月计算,每处约三千四百元,十府十所约三万四千元,合共四万二千元。林业试验场、林业苗圃暂行归并合办,每府设一处,除地亩以荒地充用、房屋以公所充用外,每处开办经费约八百元,十府十所共八千元;常年经费月三百六十元,自来年三月办起十个月计算,每处约三千六百元,十府十所约三万六千元,合共四万四千元。二共八万六千元。

以上合共洋二十一万六千六百六十元。

一、准备费加二成计算，约需四万三千三百四十元，通共预算，须洋二十六万元，除屯垦公所应作为临时费用外，其余所有额外用项，即在准备费内开支。

一、于各府附设府林业苗圃以供各州县之取求。

理由

省城设立苗圃，原以供各属绅民之取求，然鄂省幅员延长数千余里，若辽远之处亦仅以省城苗圃之子秧供其取求，势必川资昂贵，时日延长，到即枯萎，无济于事，且省城一处亦有供不胜求之患。宜于各府分设苗圃各一所，免至借材异地。

一、于跨连数州县大段荒山荒地设立屯垦公所。

理由

鄂省荒山荒地连跨数州县以方志考之，何止千百亩计。山则杳无人烟，地则听其硗确。宜先筹款令官绅合力确查荒数，从实报告，俾因地制宜，量施种植，以尽地利。如查有广大之荒地，临时再行特派专员设立屯垦公所，以示统一。

兴茶业以开利源案[①]

（宣统元年十月十三日呈）

甲、研究所之设宜分为三种

一、汉上长期之研究

二、茶商临时之研究

三、产茶地方之研究

理由

茶业之日衰，由茶业学之不讲，今欲从事研究，则原案所谓深造与

---

① 本案为督院交议之案，载《报告书》上卷。

普及二者不可偏废。至原案分为二种，今拟分为三种者，以向例焙制属诸茶商，且原列两种，学科可分主从，不可划弃也。

办法

一、长期研究所由劝业道会商茶业公所，先于汉上筹设，招产茶地方及茶商之子弟在高等小学堂毕业者入所研究，以一年为限，限满考试，给予凭证。

二、茶商临时研究所由劝业道会商茶业公所，于茶商集汉时就公所开所研究，每星期二次，以四个月为限。

三、产茶地方研究所由劝业道分饬各该产茶地方每年于乡间或茶镇开研究所一次，招集业茶户商，教授简切要诀，以一个月为限，火食自备，不取学金，其优者给予凭证，以备展转讲习之用。

乙、研究所之学科宜分为二种

一、实科：（一）种植；（二）采摘；（三）焙制。

二、文科：（一）公司之组织；（二）采办之方法；（三）外人之嗜好；（四）受亏之历史；（五）挽回之计划。

理由

向例茶户只知种植采摘，焙制则属之茶商。然以性质论则焙制与种植采摘同属茶身之事项，不可分也。故研究不可限于茶产，而学科亦宜实文兼顾。惟产茶地方研究期限有限，可仅就茶身为研究。

办法

长期研究所学科以实科为主课，而以文科附之；茶商临时研究所学科以文科为主而间附以实科；产茶地方研究所则专研究实科。

丙、筹设研究所之先宜速预备教员

办法

由劝业道会商茶业公所先于汉上筹设茶业教员养成所，选聘外国技师及中国实业家富于学问或经验者教授，以八个月为限，限满考验，给予凭证，以备各研究所教员之用。

丁、公司之设立请从缓议

理由

托辣斯洵不易办，即股份有限公司如原案所称，至少约须二百万元以上者，一时亦难筹集。包息一层，拟请由劝业道会商茶业公所妥筹办法，现时是否能行，尚无把握，不如俟研究有得，凡业茶者炯知利害所在，争自筹集，较为顺易，故请从缓议。

戊、公司未设以前补救之办法

一、茶商之注册

理由

汉上茶市之败坏，多由新立茶号任用生人，以致焙制失法。且此类多属小商，急于求售，动辄牵动行情。今议茶商均应立定商标，赴劝业道署注册，庶资本不实者不敢轻于尝试，而殷实茶商，乃可徐图振起矣。

一、设立茶业公栈

理由

公司既难遽设，莫如暂设公栈，使鄂茶抵汉，一律起存，依次递卖，不准凌躐。即或货本单薄急求销售者，亦可按估茶本由公栈挪垫三分之一，照日计息，庶免牵贱行情之弊，由劝业道会商茶业公所妥订办法。

附一：湖广总督批复

据呈赉兴茶业以开利源一案，经本部堂详加覆核，均属妥洽，应即查照定章，分别施行。此批。议案存（宣统元年十月十九日到局）。

附二：湖广总督交议原案

红茶一项昔为出口大宗，近日已成弩末，关心时局者思有以整顿之。其扼要办法不外设研究所与立公司而已。湖北产茶素富，最为各国所欢迎。欲振兴本省茶业，应从设研究所与立公司下手。盖研究所者公司之根本，未经研究，公司虽设无益，则研究所之设为尤不可缓。惟产茶之区域甚广，各地之情形不同，该所应如何设立，尚待考求，姑发其凡如左，希即具议。

研究所之设宜分为二种

甲、茶户之研究；乙、茶商之研究

茶户研究之学科宜分为三类：（一）种植；（二）采摘；（三）焙制。

茶户研究之方法宜分为二项：（一）深造；（二）普及。

深造者招产茶地方子弟之在高等小学毕业者入所研究，授以关于植茶之理化学及印度日本之制茶法。普及者每年于乡间开讲习所一次，招乡村间茶户教授简切要诀。其期以一个月为限，火食自备，不取学金。其优者给予凭单，以备充讲习员之用，如乡村中有十户以上共同植茶或数户各自植茶愿延请者，均许之。以上系茶户之研究。但深造与普及有交相为用之道，孰先孰后，抑宜同时并举；且深造之学应否限于茶户之子弟抑不限制，其普及之法舍辗转教授以外有无别种良法，其熟计议之。

茶商研究之学科宜分为五项：（一）公司之组织；（二）采办之方法；（三）外人之嗜好；（四）受亏之历史；（五）挽回之计划。

茶商研究之方法，宜于茶商集汉时开所，每星期研究二次，其期四个月为限。

以上系茶商之研究。事之能行与否，一视该主管官提倡之力与各帮商人之互相团结之力为何如耳。此时殊虽决定，姑勿具论。请言公司。公司之设立宜托辣斯耶（联合公司为一总公司西人谓之托辣斯）？宜股份有限耶？茶商涣散，托辣斯恐所难行，不如招集股分为较易。然近年来因不明公司之组织，设立者多无成效，且红茶为江河日下之势，稍知时务者所能言，而历年业此者类多失败，尤资本家所深戒。公司之资本至少约须二百万元以上，方敷展布，一时筹集断非易事。无已则惟有公家补助之一法，凡有公司股分者岁包息若干，许以十年或十五年。然湖北普通行政经费已极支绌，此种费用果有术以协赞之欤？总之红茶一项为出口大宗，东南各行省随在多有，而鄂省产茶之区不下二十余州县，汉上又为茶商辐辏之地，是鄂中既据茶山，复扼茶市，苟欲整顿，实占地利。诸绅考求有素，当具同心。兹既条问如右，复列产茶表于后，备参考焉。

湖北各州县产茶表

州县别	名别	年产额	州县别	名别	年产额
嘉鱼	红茶	二三千斤	南漳	山茶	二万余斤
蒲圻	红黑两茶	十六万五千余担 十六七万担	郧阳	家园	百余斤
崇阳	色老茶	二百余万斤	竹山	家园	百余斤
通山	次老头红茶	钱六七万串	东湖	绿茶	钱万串
兴国	春茶	三万余斤	兴山	雨前	二万八千余斤
通城	茶	千余担	归州	毛尖	千余斤
圻水	青茶	一千余斤	长乐	红白茶	十万三千余斤
黄梅	红绿茶	一、二百斤	长阳	红白茶	六万余斤 无查
广济	家园	万余斤	利川	毛尖	四千余斤
枝江	雨前毛尖	无多	恩施	绿茶	五万余斤
均州	武当太和茶	无多	鹤峰	红茶	四十万斤
谷城	家园 女儿红 山梨	二百 二千余斤 百			

讲求宣防以除水患案①

（宣统元年十月十六日呈）

一、堤工总局前附设藩司衙门之内，现既分委专员各司其事，自应另行择地设局，以示统一而专责成。

---

① 本案为督院交议之案，咨议局依原案一致通过。载《报告书》上卷。

理由

鄂省滨临江汉六府一州计三十余州县，地长工多，若无总局主持一切，则官各为其本境，民各为其本乡，利害相反，动辄龃龉。现设总局为全省宣防之总机关，添委人员专司其事，各属禀牍朝至夕复，平时则核费勘工，临事则督工防汛，分别勤惰酌加赏罚，庶收整齐划一之功，免推诿贻误之患。

经费

省城总局总计薪水、局用及活支等项经费月约需一千二百元，常年共银元一万四千四百元。

一、江、汉扼要之地如江之荆州、汉之安陆，各设专局二处，选择总局谙工程耐劳苦之府厅，专任督率筹备之责，并随带委员，加派绅董，以资指臂，遇事仍会同该管府随时禀承总局核示，期无贻误。所辖境内能三年无溃决者，则优奖之。

理由

襄河自襄阳老龙堤起至汉口止，旁及东西荆河支堤，大江自荆州府起至黄州府止，延长数千里，若以遥远之区，值盛涨之时，一切须俟总局派员拨费，必有缓不济急之虞。应于江、汉适中之地各设专局一处，由总局遴员，会同该管府并公正绅士切实办理，汛涨时梭巡防险，汛退时查勘估修，并将一切情形详细报告，以便预行规划，无冗无旷，庶免虚糜。

经费

专局二处薪水、局用各项每局月约支银元四百元，两局每年各支银元千八百元。

一、专局境内各设上中下三分局，其襄河专局并附设东西荆河两分局。该分局所辖地段酌分上中下三汛，各责成绅士一人随时巡视。以上所有员绅，均选择年富力强之州县及地方公正绅士于工程有阅历者专任，该段防护培修之责，遇事仍会同该管州县禀受专局核示，期无贻误。

理由

各属堤工向由府厅州县监督防护，然各地方官政务殷繁，势难兼顾，一有疏虞，为患匪细。现于专局之下复设分局分汛，会同地方官办理，率士绅从事，辅地方官所不及，以昭周密。

经费

分局薪水、局用每局约月支银元三百五十元，每局每年各支银元四千二百元。

一、总局内附设堤工研究所，其研究人员选官绅之于工程有阅历者充之。

理由

办理堤工，事劳而理颇精，若以未谙工程人员任之，草率从寄，不特虚縻公款，百万生灵同受其害，关系至为重要。应在总局内设堤工研究所，每年从二月开讲，以三个月为限，专选年历富强朴实耐劳之官绅入所研究。凡属办堤防险之法，绘图测算之方，或互换智识，或别延专家，集合讲肄。一交夏秋有工之时，择其讲求有得者派委办工，借资历练，庶几理法兼通，益收实效。

经费

堤工研究所附设总局之内，一切购置图器延请讲员之费，每月约需银元二百元，以三个月计，共需银元六百元。

一、派员测绘江汉水道图。

理由

鄂以江、汉为经流，所有各堤自应每年派员带同测绘生逐段测绘，分最险次险平稳三项，以河滩宽远堤埂高厚者列为平稳；若滩窄溜近而河形尚顺堤虽单薄而土性尚坚者，列为次险；至迎溜顶冲，或沙嘴挺出，或堤脚沙滩淘空以及土弱沙松屡筑屡溃之堤，列为最险。详细绘图以备预防。俟绘齐后由总局颁发各专分局各分汛，俾得按图考核，了如指掌，庶胸有定见而功不妄施。

经费

测绘水道堤防各图以三十余州县计之，每处约银百元，计银元三千元。

一、购置挖河机器船，为水谋去路。

理由

襄河源出嶓冢，长数千里，沿途所受大小山河不下百数，群汇注于下游，以水势而论，即铸铁为堤亦恐难资抵御，况卑薄破坏之堤乎。是非多开支河不可。无如下游北岸旧有支河均已淤塞，不可复开，仅余南岸改口一河，万万不敷宣泄。而水路沙滩复节节阻塞去路，水流不畅，则刷沙无力，兹拟购挖泥机器船以济之，长江亦随在有滩，诚恐愈积愈多，后患不堪设想，亦非择要试挖不可。又汉以江为归宿之地，江以洞庭为分渚之区，则治汉莫要于治江，治江尤莫要于治江泄水之口与阻水之滩。而虎渡、调弦、藕池各口及沿江各滩，急应择要挖开，则购置挖泥船实为万不可缓之图。查挖泥船有数式，拟取其长舌而抛泥远者购之，俾得抛土堤内，借护堤根，且可使异日加培之用。

经费

挖泥机器船拟暂置大小各一艘，分置扼要地段，计需洋四万元。至于管理员弁、雇用人夫、煤炭驳船一切养船经费，两船月约银元三千元，每年共需银元三万六千元。

一、预备经费以为临时防险之用，如土牛秸料杉篙绳索，以及人夫工费之类，皆于是乎取之。

理由

凡事预则立，不预则废。盛涨一来，奇险万状，缓之须臾，灾及千里。若不早为预备，则一时仓猝呼应不灵，虽委员实心任事，抑将何济。自应宽为储备，严为稽核。有侵蚀者以赃款论，严参着赔，决不宽贷，庶几力杜弊风渐收实效。

经费

预备经费一项，除总局另筹专款，以多为贵，不必拘定成数外，分局八处每局每年各发给银元四千元，共需银元三万二千元，实用实销，随时报告专局查核，转报总局复核比较而赏罚之。

以上预算经费计需十六万元有奇，除总局另筹专款、购船不入常支外，每年额支经费约需十一万元有奇。以地方之财办地方之事，取诸土费，悉从至约之数，撙节预算，先行试办，仍随时实地考验，期于节财卫民、两有效果为准。

附条

一、筹办土费　查鄂省有堤州县向系征收土费，江陵、监利、公安、潜江等县各数万，此外各县有临工议派者，有出夫代费者，办理不得其法，易启经手侵蚀之弊。拟照江陵等县成规，按亩收钱，仍察核受益大小，分为上中下三则，上则每亩征钱一百二十文，中则一百文，下则八十文。湖北年年被水，民堤民修，此项钱文在小民终须摊任，万无可省。兹设专官经理，不过求其杜虚縻而归实际，变其事后之补苴，而为先事之绸缪。仍详定细章，由印委切实查核禀准后，即仿统捐局三联票式，由总局盖用关防札发，随粮带征，已办者切实整顿，未办者一律创办。暂以五年为限，前三年所收除每年额支外，余作本境培堤浚河之用，堤则加高培厚，河则开宽挑深；后两年所收除每年额支外存为预备金，以备意外溃决修筑溃口之用。其堵筑溃口用去各款，仍于下年补收，总以存储二年土费为定数，俟存有两年之后，当察核情形，酌减土费，其数以足敷每年额支为准，庶于卫民之中仍寓恤民之意。

一、上项土费存于官则妨官侵，存于绅则恐绅蚀，应发殷实典商生息，官绅互相稽查，遇有收支各款，不准衙门丁役书差从中经手，按月造册，申报总局查考，一面榜示通衢，以符公取公布之义。

一、土费开支分数除总局另筹不用土费一文外，其余新设之两专局六分局，各就本管境内土费提用，均须禀经总局核准后方可动支。若未经禀报擅自提用，无论官绅均当着赔，以杜从前自收自支、借公浮销积弊。

一、游地招租　查有堤州县临河临湖新淤地亩成熟有年，此项田地并无赋税，应彻底清查，照已熟田亩酌收租课。

一、禁筑私垸　查湖河利在宽深，其旁间有淤地，不过水小时偶然涸出，水至则当让之于水，方足以畅水流而资潴蓄。乃愚民图淤地之肥润，筑垸占垦，所占之地日益增，则蓄水之地日益减，每遇潦涨，水无所容，漫溢为患。此等私垸若一律挖毁，易启骚扰之弊。自应存其既往，严杜将来，违者押毁治罪。

一、剔除堤弊　查各县堤工，均归堤绅经理，其勤廉从公者固不乏人，而借工肥己者亦复不少。堤之溃也，始则浮估工价，禀请派费兴修，迨工未及半，费已告罄。停工待费，续议加征，弱者如数呈缴，强者刁控不已，控讼之费又复敛之于民。此等堤绅实以堤工为生涯，诚恐堤之不溃也，其弊一。当派费之时，凡与堤绅有瓜葛者将为护符，或可免交，或可短派，甚至有贿赂请免者，其弊二。岁修开支本有定章，若辈往往斩草见新，敷衍粉饰，到工之款不及十之二三，余俱侵肥，其弊三。堤绅之弊如此，公正绅士不屑为之，而因缘为利之人，遂串同衙蠹，滥保蒙充，为彼此分肥之计，以衙蠹为牙爪，视百姓为鱼肉，其弊四。亟应设法剔除，以期工有实际，款不虚糜。

一、裁撤民局　查鄂省有堤州县境内向设堤工分局，由堤绅经理，浮费在所不免。现既设专局分局经理其事，所收土费由官稽查，别民局自当一律裁撤，免致糜费。至各州县衙门丁役、书差，积弊甚深，亦当革除名目，永塞弊窦。

附：湖广总督批复

据呈赍议决案四件，当经本部堂逐件复核。如讲求宣防以除水患一案、照章核减典息以纾民困一案，自应查照定章，由本部堂分别公布施行。又整顿吏治一案，所陈均中时弊。宪政万端，植基吏治。朝廷澄叙官方，不遗余策，即本部堂莅鄂年余，亦无时不认振饬吏治为事，凡开陈允惬，实足借资匡益。惟其中定公费一条，事关官制改革，职在馆部，非各省所能自谋者也。至筹经费以办自治一案，既据称请仍饬司属分别筹措，应候札行北布政司及自治筹办处妥定办法，详复核夺。此批。议案四件存（宣统元年十月十七日到局）。

补助堤工案①

（宣统元年十月十六日呈）

第一条　多设分局以资策应

理由

分局分汛，主修主防，责成最为重要。且各州县堤塍绵长者三四百里，至少亦百数十里，江、襄两境堤塍各二千余里，只分三局，诚恐有鞭长莫及之势，易致疏虞。拟于每州县设一分局，各就地方情形相势利导，较为周匝。添入绅首若干人，以绅力所能为，辅官力之不逮，萃集思广益之功，收指臂灵通之效，沉溺之患当可稍甦。

办法

甲、凡滨江、汉州县，皆宜各设一分局（如该县堤少不愿常年设立分局者可属于邻县）。

乙、专局官绅专任勘估，分局官绅于分局境内督率修堤防汛一切事务，皆其专任。

丙、分汛首士宜各分段落，于修防时经理工程购置什物，皆其专任。

第二条　切实研究以资练习

理由

古人治水，多设专官，沟洫河渠，别有学问。且堤工关系民命至重且巨，岂可以茫无经验之人轻于尝试。研究三月，自当较有把握。官绅皆须研究者，以各有职守，必各具所长，始无负委任也。

办法

甲、官绅差委宜于先年腊月下札，二月入所，四月期满后方准到局任事。

乙、前条核准后，宜于宣统元年腊月实行。官班由大府简委，绅班由总局通饬有堤工各州县，每大县选送六人，小县三人，赴省肄习，并

---

① 本案为咨议局提议之案，载《报告书》中卷。

限定明年正月一律到省。

丙、研究所宜搜辑古人治水成法，编订成书，借资镜鉴，并调集受水各县志乘地图，用备参考。

第三条　专责成以严赏罚

理由

天下事惟能专则能精。以一人之精神而责任数事，患在废弛，以可分之权限而不分责任，患在推诿。必画出一定之界线，悬为一定之标准，各司其事，各循其职，则事易集而令易行。责任所在，赏罚随之，称其职者见长，尸其咎者无怨。凡事皆当如是，堤工其尤要者乎。

办法

甲、凡勘估由专局官绅担任，修防由分局分汛官绅担任。勘估者不修防，修防者不勘估。各司职守，各专责成，互相牵制，此堤工之紧要关键也。

乙、凡兴修之堤，承办官绅查照定章保固年限，限期内如有疏失，归承办官绅赔偿。勘估如有虚浮捏报，防汛如有侵蚀延误，一经查觉，官则撤参，绅则惩罚。

丙、有堤塍之府厅州县印官，于堤工应有协助保护之责，如或推诿规避，致有疏虞，应请分别惩罚，以为玩视要公者戒。

第四条　慎岁修以防疏虞

理由

江、襄两境，堤塍绵长，每年盛涨，水啮堤身，类多崩塌。宜于水落之后详细查勘，择要补修，加高培厚，则来年水涨方可无虞。

办法

甲、古者仲冬修堤防，盖谓冬土结实而又值农事方毕之后，不得不预为筹划。且水性届秋渐次退落，趁此水涸之日赶紧估计兴工，一则土场无沮洳之苦，一则土夫少稽久之虞，讵不甚善。迩来秋冬专收堤费，迟至来春始行开办，局绅委之夫头，夫头责之土夫，时迫势急，以致偷脚减面，斩草见新等弊，不可胜穷。今欲大加整顿，宜早为勘估，迅开冬工，雨雪饱经，土尤坚实，先年竣工，来年受水方不至土浮脚松，易致崩塌。

乙、修堤以硪工为要。凡新修或岁修堤塍，务须夫硪并用，相须成功。每硪须派夫十六名，硪方有力，每夫工食最多不过每日二百六十文，督工官绅沿堤查察，无任稍懈。如有不遵约束，就近送官惩治。至查验硪工之法，于该段硪工告竣后，用铁锥栽入二尺余，将锥抽出，取水灌入，锥眼毫无渗漏者，便属坚实硪工，否则务令再行加功。

丙、江陵原以万城、鹤穴、镇江寺等处为最险，然万城自前府宪舒每年竭力培修，堤甚巩固，至今称为舒公堤，有由然也。然该县堤塍太长，獾洞渗漏在所不免，每年岁修尤需切实。监利、沔阳全县皆堤，今年为水所啮，崩塌不堪，并宜切实估工，重加修葺。此数县者，盖不独本境之保障，实下游各州县之门户也。

丁、襄河北岸钟祥王家营等处，堤脚扫空，石矶屡修屡挫，外无衬滩，内皆深潭。今秋堤穿，赖抢救得力，幸不成灾。然垂危之势，万难再幸，一朝不虞，不惟修堤无款，亦且取土无地，不及早挽修月堤，从前狮子口连淹八年之水患恐将复见。故凡如此险堤，皆宜估计挽月，防患未然，则曲突徙薪之上策，较塞修于既溃之后者，保全多矣。

戊、襄河南岸险要处甚多，今年溃口二处，自宜注意修筑。然下流险处亦多，亦宜一律岁修，加高培厚，以防冲决。

第五条　筑矶头以御湍急

理由

水力最劲，风浪助之，崩腾澎湃，日夜奔吼，累土为堤，其险极矣。然水势平顺之处，尚可恃以无恐，至急流湍悍之处，年年崩塌。崩近堤脚，即须退修月挽，每一月挽至少需款巨万，不二三年水又逼近，即须改挽，愈退愈逼，无所底止，抛弃良田，淤塞河身，为害最烈。但能建石立矶，从外面捍御，较之退挽实为良策。查江陵鹤穴、观音寺等处前五六十年屡经溃决，自建立乱石矶头后，得保无虞，此良法之急宜仿行者也。

办法

甲、取山中碎石，或大如瓮，或小如碗，抛置江干，上下用木桩数层管住，略为铺匀，或随意抛置亦可。

乙、如十分湍急处难于立脚，或用古人竹笼法，编大竹笼联络数十个，盛石于内，傍江岸骈列，用土微筑，再加乱石由堤脚累至堤面，再用石灰糯米撮合匀铺，自可堵住。

丙、此项碎石在山中价值极贱，不过略需运费，堆砌之时，亦不至多费人工。

丁、监利堤塍险工林立，每年月挽动辄数万。现在车湾汛之万家港、朱河汛之林家塘月挽在即，需费均在十万串以外，倘有疏失，终费大府之筹谋。不如改月挽为建矶，仿照鹤穴等处办法，筑成乱石矶头，当可一劳永逸。不然，恐溃决之祸即在眉睫也。以外仍需月挽者，亦宜相势改挽。

戊、公安堤塍以堵湖堤、高里坳等处为最险，宜一律酌建乱石头矶。

己、石首向无长堤，通属子垸，费巨堤单，难资抵御。宜相势合筑长堤，堤直则费转少，力专则堤更厚。长围既筑，再行择要建矶，自当更为稳固。

庚、襄河两岸，旧有河形可开者疏凿以利导之，其余可以修筑者，应请酌量地势，建立矶头，以资堵塞。

第六条　浚河道以杀水势

理由

筑堤堵水，治水下策，故古人治水，常弃地以与水，不与水以争地，盖深有鉴于川壅而溃，伤人必多之意也。然则购置机器疏浚河道，实系切要之图。然河道迁徙无常，有故道淤塞多年，居民稠密难于措手者，有上游稍具形迹，下游绝无出路者，统宜详细调查，方可施治。

办法

甲、石首所属之藕池口自咸丰二年溃决，水趋洞庭，为消泄江流之最要。目今口门渐淤，大有阻塞之势，亟宜竭力疏浚，以杀水势。虎渡、调弦均宜一律相机疏浚。

乙、洞庭向为潴水之区，现今淤升过半，冬令水落，君山脚可达旱道三四十里，此前古未有之奇事。水势不南则北，诚为可虑。监利正对洞庭，所以险工林立者，实因南岸淤洲所致。但能于车湾对面水心洲、尺八口对面熊家洲开一直河，令水势直达遂其就下之性，自可永无崩塌之患。请测绘官绅留意体察后即予施行（水心洲开浚河道不过五六里，熊家洲不过半里许）。

丙、江心常起沙洲，日久成势，与堤为敌，宜相机刷去，以免愈淤愈高，积为后患。襄河亦然，其河身太窄者亦应一律浚宽，两岸淤洲，并请严禁私挽，沙尖一律刷除。

丁、东西荆河似可疏浚，然水既引入，若无出路，更恐四处泛溢。且西荆河据旧图所载，系由桑湖、白湖出荆州之里穴闸入江。该闸处所至今绝无可考，而荆州内河再无入江之路。如若勉强开浚，有来口而无去口，江、监两县必沉釜底。东荆河亦淤塞多年，两岸居民异常稠密，如认新滩、沌口为尾闾，则相隔各五六百里，取道太远，恐难畅流。只宜相机略疏，似难一律开浚。宜于水落后详细测量，斟酌施行也。

戊、襄河南有大泽口、小泽口，北有牛蹄口，小泽口已塞，所恃以消泄襄水使之杀其势者，仅存大泽口一处。其小泽口、牛蹄口二处，宜详细履勘，相其地势，如未成民田，施工甚易者，亦可设法疏通，使得畅流。

第七条　清界限以便征收

理由

向来征收土费，各州县办法迥不相同。现今明定章程，随粮带征，似应通归一律。然各地方情形，有去堤略远关系极重而抗不纳费者，有此县堤塍与他县大有关系而毫无帮费者，殊非所以昭公允。现既随粮带征，总宜分清界限，以归划一。

办法

甲、凡与堤确有关系处所，虽距堤较远，应一律征收土费。其无关系者，虽属同县，亦应分别免征。

乙、土费钱文应通解专局存储，如有险工，不分畛域，均可动用。盖专储之款，必能挹彼注兹，方不至坐视要工而束手无策也。

丙、土费征收方法及违抗处分，应俟总分各局成立后，由咨议局协商总局妥定专章办理。

丁、凡有土费之各厅州县印官所征之土费，应请提出百分之三，作为一切办公津贴（细目另详专章）。

戊、查安陆府船厘局专为堤工而设，此厘应尽归堤工支用。近年安襄郧荆道岁提若干办学堂，钟祥前此岁借六千串抵赔款，为堤取不为堤用，吾国筹款备用之不能见信于民，大率类此。此后应将堤工原有之款一一拨归堤用，不准挪借，并请由总局备文调查，该款如有存余，尽提存专局为堤工修防之用。

己、土费既随粮带征，则安陆府属之堤费水利票捐等类自应一律销除。

第八条　厘费用以昭大信

理由

土费性质系以民间之财力，为民间之保卫，取之不苛，而用之有度，自无不踊跃输将，急公赴义。然究需有预算以原其始，有决算以要其终，而民情乃能帖然服也。拟请由总局通盘筹划列表预算，用资信守。

办法

甲、总局应将各局、所岁出入支用通盘筹划，预算列表，报告有堤各州县。

乙、各局、所修防工竣决算后，由分局报告专局，转详总局察核存查（并将决算表登入官报）。

丙、总局应每年综核各局岁出入款项，决算列表登入官报，并于咨议局常年会开会期前一月汇送账目一份，以备稽考。

附：湖广总督批复①

据呈赍补助堤工一案，经本署部堂逐条考核，均系讲求宣防应办之事，见闻确凿，思议周详，准公布施行。惟河势迁徙无常，工事变幻靡定，百工借款兴办，官力有限，尤以征收土费之数为宣防施工之准，其间轻重缓急，如何拟议妥定之处，应俟本年间开会期内察核实在情形，再行妥议。除饬堤工总局遵办外，希即查照。此拟。议案存（宣统二年二月三十日到局）。

筹办荒政以纾民困案②

（宣统元年十一月二十一日呈）

为呈请事。窃湖北今岁大水为灾，沉溺三十余州县，流亡载道，惨不堪言。督部堂轸念民瘼，筹款赈济，委员载道，办理数月，应已具有端倪。本局为全省舆论机关，理难漠视。谨拟办法六则，冀为办理赈务之补助。一、放赈委员廉能宜久任也。查向来赈款或拨国库，或捐富绅，此前办法则然耳。本年水灾，朝廷拨发帑银六万两，藩库、江汉关道库各拨银十万两，汉镇商务、善会缴捐钱九万余串，督宪暨各宪皆倡捐巨款，下至府州县局所、军界、学界以及签捐、赈捐并湖北京官、外省助赈，所入已及百万。近闻商务善会仰体各宪德意，议将汉上房租除零星小数不计外，概提一月租金助赈，约在五十万两以上，并由筹赈局宪分别被灾各厅州县为上中下三等，委派大员并州县佐贰等官分途查放，其己饥己溺之心，无微不至矣。但赈务之精神，全视委员之贤否。应请简任廉能，周历灾区，切实查察；并遴选殷实公正绅耆若干人，查明次贫极贫户口，认真散放，不假胥吏之手。其一切赈款应饬地方官交典存储，乃无濡滞折算之弊。今年灾情过重，为日方长，不惟冬赈吃紧，明年春赈尤为切要。往年办赈委员，三月后即膺酌委，几成惯例。办理方亟，

---

① 载《湖北咨议局文牍》下卷，原题为《议决补助堤工案批》。
② 本案为咨议局提议之案，载《报告书》中卷。

遽易生手，事理隔膜，滞碍实多。此次各属委员应饬令始终其事，以专责成。二、放赈委员成绩宜严考察也。赈差最为劳苦，既经久任其事，必需有特别之奖励，方足以资激劝。各属委员散放完竣之后，应会同地方官将散放情形造册通报，由督院及筹赈局宪详加考察，其办理切实、名誉蔚然、确著成效者，优予保奖。其敷衍其事，或至糜费侵蚀者，重惩不贷。地方绅耆亦然，如有独捐巨款或实心任事者，分别奖励，有侵蚀赈款分文者，科以严刑。并请将此项办法先行通知各委员并受灾各州县地方官，既可坚经久任事之心，复可收实心任事之效，于赈务前途当有裨益。三、蠲缓告示宜详颁也。查被灾有轻重，即发款有多寡，并及粮种缓征各节，总以榜示通衢登载报章为要。惟查各州县情形蠲缓誊黄到县，每匿不张贴，即张贴亦必延宕多日，希图蒙混，且其中所载如某厅某州某县自某年起至某年止概行豁免等字样，不独乡愚未能周知，即士绅亦难目了。应请由藩宪颁发誊黄之外，另饬各厅州县刊发简明告示多张，将各厅州县应缓应免地方院坨分区名一一详列，咸使闻知，杜混杂禁中饱，即所以广皇仁溥宪德也。四、采办运济。查湖北所产米谷，即丰年亦不足供本省之食，故仰给湖南省者十居六七，江西次之，四川又次之。前此江西、四川禁止米谷出境，蒙前督宪电商江西抚宪冯（汝骙），允派员持护照采买；并电商四川督宪赵（尔丰），允暂开禁，湘米亦陆续到汉，米价稍平，盖由于此。但水势旋退旋涨，饥民日久日难，今冬明春何堪设想。应请迅派贤员多运谷米，以资接济。再或各受灾州县如实系由地方官谕饬绅耆筹捐款项赴各邻省购运谷米赈济灾民者，应请饬筹赈局一律给发护照，概免厘税，则灾民之受惠更多矣。五、树艺新种。查江、监、潜、沔各属因水势过大，渍滞难消，即明年春收业经难于播种，为日方长，隐忧何极。查本省宜昌、施南等处旧产洋芋，冬腊尚可播种，似可补救灾区明年春收之望。虽洋芋性喜干燥沙土，然于平地泥土亦能生长茂盛。请饬由筹赈局赶急派员前赴宜昌、施南购洋芋种子，给发灾区，俾令冬腊月水退后即可播种，所费不多，为益甚大。盖春收业经误种，改种洋芋实为有益无损之事也。六、匀派款项。本年水灾实数十年所罕见，刻下水势虽稍退落，然灾黎满目，来日大难，人心惶惶，至为可虑。拟请督宪饬筹赈局宪，迅将筹定赈款按前定灾区上中下三等斟酌匀派，俾人心稍有所恃，不至相率为非。至于灾情最重州县，应请另饬各委员会同地方官及公正绅耆多设粥厂，广办平粜，抑或赈粜兼施，总以急救饥民之命为宗旨。其他如办理工赈、开设工厂、推广渔业种种事件，既可安插流亡，又可广兴实业，尤要举也。抑更有请者，此项赈款浩大，按区分配，责在总局；据实报告，责在委员。其灾区轻重、分款成数及各委员放发确数，拟请分别饬令随时详具表册，由本省官报按期登载，并发交武汉各报馆一律登录，各使绅民周知，以杜浮冒而昭核实。凡此诸端，于赈务似皆切要，业经本局会议决定，理合备文呈请督部堂俯赐察核施行。须至呈者。

附：湖广总督批复

查阅所拟决定补助赈务办法六则，尚属切实，应即公布施行，希即知照。此复。抄由批送（宣统元年十二月二十三日到局）。

移民实边案①

（宣统元年十二月十四日呈）

为呈请移民实边，恭恩奏咨立案，筹拨路费并咨邮传部减免火车票价，以济灾黎而重边务事。窃维鄂省幅员为本国之中省，江、汉两大河流直贯中区，大小山系延于各府，河湖在在皆是，而无高大平原。人民日多，耕地日少，往往于蓄水之区域建筑堤防，从事种植，夏秋水涨即有冲决泛溢之患。去年蛟水为害，其时尚短，灾区不过十数州县。今年水灾几遍全省，甚者漂没全州县，其次则田产屋宇多被淹没，老弱男女流离载道，转死于沟壑者不可胜数。朝廷连年发帑赈济，地方官长、绅商、各省好义之士筹募赈款以救灾民，未尝稍懈，重视民命亦云至矣。

---

① 本案为人民陈情建议之案，载《报告书》下卷。

惟是人民不能减，耕地不能增，水患不能除，不另图救济之方，鄂民永无生存之望。前叠据绅民陈情书称："鄂省土地不足以容人口，又为九省之通衢，需要过于供给，水患逐年发生，皆民与水争地。欧美各国均以殖民政策致富，本国西北边省人民稀少，土地肥厚，只议放荒，不知移民。邻国侵占，遂开边衅，调兵防边，年费巨万，坐令内地有用之民失业，边境空旷之地耗财，利国利民一无所得。调查黑龙江省荒地甚多，且属上腴，交通亦复便利。是宜呈请官长筹拨款项，移民往江省开垦，为实边计，以均本国之人民，以杜外国之觊觎。"等因。本局近数月与黑龙江巡抚周（树模）函电商筹，拟暂移鄂民千户到江省垦荒。其有移民到江后所需各项费用，由江省筹备，移民路费由鄂省筹备。复经宪政筹备会副会长李哲明、本局副议长汤化龙、夏寿康合词陈请并赍到护督部堂覆函称"护督部堂函嘱妥筹移民千户办法，现已与江省函电筹商妥协，移民一千余户，额定五千人。移民房屋牛马种子器具各项，由江省筹拨公款，移民路费，由鄂省筹拨公款。移民到江后，耕种地亩照章升科，的是移民实边，并非营业性质，请护督部堂在赈款项下拨银十万余两，作为移民路费，并请咨邮传部咸免由汉至奉火车票价，以利遄行"各等因。本局查移民实边，于国计民生大有裨益。鄂省连年患水，无地居民，移民尤刻不容缓。惟灾民累万，仅移五千为数似少，然实足以开风气，将来移民政策盛行国中，殖民政策发达国外，皆此五千人为之创始。兹据陈请前来，除另折开呈酌移鄂民赴江垦荒办法，并抄呈江抚庚电外，为此呈请护督部堂在赈款项下拨银十万余两，作为移民路费，并请咨邮传部减免火车票价，由护督部堂委官一员，由本局举绅七员，封印之前，即行设局开办，以济灾黎而重边务。是否有当，伏乞督部堂俯赐酌夺施行。须至呈者。

谨拟酌移鄂民赴黑龙江垦荒办法

一、宗旨　本案以移民实边之策，救鄂省失业农民为宗旨。拟请督部堂会同江抚奏咨立案，刻期举行。

二、经费 业经江抚电准移民到所后,由公家拨给庐舍农具地亩,妥为安插,纯属奖励政策,非营业性质。所有鄂省移民千余户,路费及招送移民杂费,拟请督部堂落赈款项下支用。

三、垦所 近接江函,荒地宽广无垠,拟以距齐齐哈尔西南一百数十里之地为鄂民垦所,请督部堂与江抚确商指定。

四、移民区域 移民一千余户,额定五千人,宜按本年鄂省各厅州县受灾轻重,分迁民之多少,以救灾民而免纷议。谨以分迁之数如左。

甲、极重:公安、石首、江陵、沔阳四州县每处移民百余户(以五百人为率)。

乙、次重:夏口、汉川、孝感、天门、潜江、监利、应城、黄冈八厅州县每处移民五十余户(以二百五十人为率)。

丙、又次重:枝江、松滋、黄梅、圻水、嘉鱼、汉阳、黄陂七州县每处移民三十余户(以一百五十人为率)。

以上共计移民一千余户,每户平均以五口计算。

五、招民

甲、由督部堂刊刷移民实边告示,札发受灾各厅州县遍贴各灾区,并将江抚优待与本省筹款保送各事实详示大众。

乙、由督部堂札饬各地方官并放赈委员,会同各处正绅劝导灾民赴江开垦。

丙、官绅就灾区选择朴实可靠者充当领头,令其帮同劝导,每领头一人承领十户。

丁、灾户情愿赴江,即当官绅之面注册,其户主之姓名、籍贯、年岁、眷属男女大小口数均应胪列,并注明归何领头承领,当给印牌,印牌上记明户主姓名,并男女大小口数。

戊、各厅州县将应移户数招齐,即一面造册报总局,一面催移民如期到汉:

(一)各处户口册到汉总局时期:武昌、汉阳、黄州三府所属,以二月初十以前为限;德安、安陆二府所属,以二月十五以前为限;荆州府所属,以二月二十以前为限,过期即就近另招。

(二)各属移民到汉时期:武昌、汉阳、黄州三府所属,以二月十五为限;德安、安陆二府所属,以二月二十为限;荆州府所属,以二月二十五为限。

以上限期凡逾五日不到,即就近招补。

己、移民到汉,以印牌为凭,无印牌者不收。

六、时期 移民到垦所,以明年三月内为合时。为期甚迫,必于年内封印前开办,方无延误。

七、路程 各属移民在汉口取齐,由汉乘京汉火车至驻马店为第一栈,至彰德为第二栈,至北京为第三栈;换乘京奉火车至山海关为第四栈,至奉天为第五栈,至江省为第六栈。此为六大栈。自奉天换大车(即牛车)至垦所,约分为十八小栈(每大车一辆六人共之,老幼乘坐,壮丁担物随行)。

八、设局 汉口设总局,余六大栈各设一分局;由奉至垦所十八小栈,每栈设一事务所。局、所以借用公所为宜,如不便借,即租客栈房间办事。

九、窝棚 自汉至垦所,大栈盖窝棚以容四百人为率,汉口加倍;小栈窝棚以容二百人为率。

十、办事人

甲、汉口总局请督部堂礼派委员一员,由咨议局公举绅士一员,常川驻局办事。司事四员,杂役六名。

乙、六分局。由咨议局公举绅士六员各驻一局办事;司事每分局二员,杂役每分局二名。

丙、护送役。自汉至奉共二十四名,分十二次随火车护送。

丁、十八小栈。每一小栈驻司事一员,杂役一名(此杂役由奉天江省雇用)。

以上司事三十四人均用警察毕业学生充当。

戊、护兵。每一小栈八名,共一百四十四名,由江省派充,受各栈司事指挥，轮流护送。

己、领头。一百零一名，仰各县移民中每十户选一名充之。各厅州县招民时即就灾区将领头选定，令其与所属之十户联络，约同到汉，并随同护送役、护兵沿途照料。

十一、职守

甲、汉口总局局员

（一）应于年内封印前到局，预备督催各厅州县招民就垦到期进行各事宜。凡通饬地方印委文件、晓谕绅民告示，均应拟就，呈请督部堂札发；招民简章簿册一律议定，函寄各印委官绅备用。

（二）备办移民到汉窝棚，按日计口发给口食，并照料一切随时发生事件。

（三）发给每次登车户数役口数详册，令护送役赍带各分局查验。

（四）与火车栈委员接洽，妥订车位多少，分次乘载日期，并率司事照料移民登车各事。

（五）承领经费总数，分拨一总局六分局供用。

（六）有考核司事、督率杂役、护送役之责。

乙、驻马店、彰德、山海关三分局局员

（一）应于明年正月到局，预备移民下车寄宿各事宜。

（二）与甲项同。

（三）移民下车，应照户口详册查验确实，画押盖章，续交护送役赍带。

（四）移民登车，应率同司事妥为照料，并随时与车栈委员接洽，以便照料周密。

（五）领本局经费，核实支用。

（六）与甲项同。

丙、北京分局局员

（一）应于明年正月到局，预备移民下车寄宿及换京奉火车各事宜。

（二）与甲项同。

（三）与乙项同。

（四）与甲项同。

（五）与乙项同。

（六）与甲项同。

丁、奉天分局局员

（一）应于明年正月到局，预备移民下车寄宿及换大车发往江省垦所各事宜。

（二）会同江省分局局员布置十八小栈各事件。

（三）备办移民到奉窝棚，按日计口发给口食并照料一切随时发生事件。

（四）准备大车以期敷用。

（五）会同江省分局局员请江抚拨兵沿途护送。

（六）发给每次由奉起行户口详册交护兵赍带，备各小栈逐日查验。

（七）承领分局经费，并领十八小栈经费备用。

（八）有考核分局司事及清查十八小栈司事之责。

戊、江省分局局员

（一）应于明年正月到，商请江抚预备移民到奉后之招待，到垦所后之安置各事宜。

（二）请江抚派兵由奉至垦所沿途各栈护送移民。

（三）调查荒地段落及屋宇、农具、饮食、日用等件是否齐备。

（四）移民到垦所后之种种情形，均须详明记述，回鄂报告。

（五）与乙项同。

（六）与丁项八款同。

十二、到垦所安插　驻江省分局局员会同江省垦务局妥为安置，遵照江抚庚电办理。

附：经费预算清册

一、移民路费

甲、自汉至奉火车费三等车价：京汉十四元五角，京奉十元五角，减半价每人十二元五角。移民千余户约成人五千口，共计六万二千五百元。

按：迁民垦荒，招商局轮船已奏咨有案可减半价，光绪三十四年邮部新章各省运赈亦系半价。此次迁灾民垦荒事关重大，请督部堂电商邮部当邀允准。又按：光绪三十三年，东三省钦差大臣徐、黑龙江巡抚程奏请迁民实边宽免轮路川资。此次移灾民实边，拟请督部堂会同江抚奏请豁免。若蒙恩准，则上项车费可不指拨。

乙、自汉至奉食用：居汉五日，每口每日银一角；一二三四栈各一日，每日每口二角；居奉三日，每日每口二角；由奉至垦所作二十日计算，每日运大车价每口四角。合计每人需九元九角，作十元算，共计五万元。

上共银十一万二千五百元。

一、办事费

局员官绅八员，均尽义务，每日火食夫马费一元；以四个月计算，约九百六十元。司事三十四人，每人每月薪水火食四十元；以三个月计算，约四千零八十元。杂役六十名，每名每月工食六元；以三个月计算，约一千零八十元。护送警兵一百四十四名，每名十元，约一千四百四十元。领头一百零一名，每名赏十元，共一千零十元，约同十户到汉发给一半，到垦所再给完。

上共银八千五百九十元。

一、川资

官绅来往川资：京汉三等车、京奉、南满、东清二等车价一栈十元，二栈二十元，三栈三十元，四栈五十元，五栈七十元，六栈一百二十元，合计三百元。司事来往川资：六大栈每栈二人，共六百元；自奉至垦所十八人，火车每人七十元，共一千二百六十元，外加大车费每人每日五角，平均二十日，每日九元，共一百八十元，统计二千零四十元。杂役六大栈每栈二役，共计五百四十六元；自奉至垦所十八名，全由奉天雇用，给路费一百元，统计六百四十元。护送杂役由汉至奉二十四名，作十二次分送，来往作半价，每名二十五元，共计六百元。

以上共银三千六百八十六元。

一、窝棚费

每栈以容四百人为率，惟汉口加倍预备。每棚一座容十人，每栈置五十座，包与木厂承办，用后材料仍归木厂。每栈约五百元；由汉至奉共六十栈，计三千元。由奉至垦所作十八栈计算，每栈窝棚只须容二百人，亦作五百元计，共需九千元，统共一万二千元（各栈若有间屋可租借此款尚能撙节支销）。

一、活支

汉口总局油烛纸墨茶炭等项，每月计九十元，合共三百六十元。邮电费约六百元。印刷文件登记簿册报章广告约一千元。准备费一千二百元，六局分存。

上共银三千一百六十元。

统共各项经费，共需十三万九千九百十六元。

附抄黑龙江巡抚周（树模）庚电

鄂咨议局诸公鉴：支电悉。此间商民组织垦务公司，缓不济急。现决议由公家拨给庐舍农具地亩，妥为安插。其第一年抵江至秋收，所有一切日食费用概行垫给，总计所需各款，分年向农民收回，以后农具庐舍地亩均归农民管业，照章纳赋升科。此系特别优待奖励移民之意，并非营业性质，后此不得援以为例。至若鄂省所费川资如系赈款，即由鄂省自用自销，以清界限。选择农民，以有眷属能操耕作者为合格。尊处决定后，即请电复，以便届时派员预备招待，奏咨立案。此复。模、庚。

附：湖广总督批复[①]

来牍阅悉。查移民垦荒，不惟可以实边，且为鄂省灾黎广筹生计，

---

① 载《湖北咨议局文牍》下卷，原题为《移民赴江垦荒办法批》。

本护督极愿赞成。惟鄂省度支奇绌，现在工、赈、巣三项用款甚巨，罗掘殆尽，借垫之款，尚苦无法筹还，捐务改章，收数必绌。所请拨银十余万两，应候札行各司局设法筹议，一时恐难就绪。至火车减价一节，亦候咨商邮传部核复再定办法。其选员派绅分别设局，均须俟筹有的款，方可举办，较为妥协，并先据情咨商黑龙江抚院核复，统俟彼此商定，再行奏咨立案可也。此复（宣统元年十一月三十日到局）。

第三　实业类

规复应盐案①

甲、开导乡民勿惑于风水废弃地主权利

应城在前明之世，英贤辈出，不及百里，俨然名区。洎入本朝，人文顿歇，邑人咸归咎于开采石膏凿伤地脉，划河为界，河以西归之峒，河以东不准开采。其实采掘石膏始于明嘉靖之际，其时乡贤陈恭襄公金方扬历中外，李元树、陈应虹、徐京咸三尚书，曹余周王诸侍郎亦先后继起以阀阅显，是开峒原无害于地脉也。今欲劝导乡民，劝导之于形势，不若开放之于本源。形势之劝导，宣演也，讽谕也，文告也，本源之开放，惟取消当年不准过河凿峒之禁令，使乡愚失所依据，刁健者无从把持，则得之矣。往时东南各乡有淘井发见各种之巨块者，有从峒底渡河发见石膏较河西尤丰富者，则依地质之推测，可见膏盐出产虽邻近各邑且当有之，惜无人缒幽凿险，试一探求，故弃货于地耳。今年春，邑绅闵厚相约集同志在河东赵姓村近创开数峒，为乡愚阻止，诚得上宪明文许令开采，此数峒者必有所成；成则乡愚亦与有厚利，彼此各生羡心，不出年余将各争辟其田亩兴事，峒业虽欲禁之而不能，此谓不劝导之劝导，胜于劝导也。惟是愚氓之虑不在开导之无术，而在经制之无方。年来峒事日繁，或以违章开挖，或以邻峒被穿，致兴讼累，此等情事不齐，

---

① 本案为督院交议之案，载《报告书》上卷。

曲直各异，官府因无完备之律例，委之绅首调处，绅首集议，在膏盐公所亦缘各无定章，臆决是非，两造安能输服。甚有两造各具势力，均不相下，讽与劝两无所用，斯排解之术穷。迨至一讼，经年棼丝莫理，而膏盐绅首又为丛怨之府，公所俨同虚设。今救其弊，亦惟先事膏盐公所之整顿，整顿之道在组织商会，遵照商律创立公司，参以时宜，门分类别，共立详章禀官立案，相与遵守。如此则赴愬之来即可按章解决，其不听而兴讼者，官府亦按章而理，则无所逃自章程之规定。除公司详章应俟饬下该县嘱令组织，公司成立后自行遵照公司律拟定外，拟请即饬该县取消过河掘峒之禁，刊布告示，一体周知，并广发白话演单，廓清旧蔽以去阻力，此着手之第一办法也。

乙、厚集商股俾合资集股多开井峒

二十年前邑人鄙弃峒业，至以之比赌博，甚或以开峒与否觇家运之隆替，今则其风稍变矣。夫开峒求财，虽近冒险，然令资本充裕，则虽遇膏盐贫乏之峒，所失亦寡。盖凿膏以工食为大宗，熬盐以烧料为大宗，资本多者可以赊取，资本少者必以现求，涓涓之失，遂成江河，故有同开一峒而赚折之数相差悬远者。无他，资本为之也。故非厚集资本不足以改良峒业，非创立公司不能厚集资本。现在公司律业经颁行，各项公司先后设立者亦复不少，拟请该县劝谕绅商招集股本，组织公司，共同采掘，庶资本可免倒折而峒业亦可渐图振兴，此进行唯一之办法也。

丙、审查地势能否用机器开凿期功有速效

凡峒之开凿，概由平地掘二穴作垂直线，达三四十丈以至六七十丈而止，名曰直门，中间所历之膏层，曰头到，曰二到，曰稀三层、曰密三层，曰巩峒，皆产膏。峒户择膏之最富者，开横门取之。往时开辟横门，绕直门取径成环式，凿径无多，中空而止，压重易致坍塌，峒多因之以废。迨后改良由直门之下总辟四门，更分多门，取扇面式，此出彼入，无复从前坍塌之虞。径之远者辄至二三里外，横门之高不及三尺，锤工伏行门内，凿膏则仰卧于地，以足指夹凿插入研际，更以锤击取，斯膏板同时坠落。凡峒壁受凿之处曰研，研之柔软皆出天然，有研则膏可凿取，无研则膏虽至富亦无由得，以故横门之内，论者以为必用人工，非机器所得致力。然机器之力虽不易致之于横门，犹可效之于直门，备取膏取水之用，视人力当更加速。即令缴膏不足以备缒工之上下，缴卤不足以备横门之吸取，而得其建设专备之以缴三四眼之白水大水之峒，收效尤多。向雇人车时，被车手挟制，年来改用牛车而无效，改用人工机器车而又无效。去岁秋邑绅王定标创用东洋机器缴束卤水，大受赔累，至今峒户引为前鉴，不知王绅机器之失败在水管大而锅炉小，火力微而水力不足以引重机器不良之咎，非机器之不足用也。诚得配置合宜，更合多数之心思以事研究，亦安见机器之效力不百倍于人工也。夫以泼土诸法尚能发明于素不识字之人，至今谈者目为神异，可见利用机器，在峒户亦未尝不一意诚求。拟请暂不用外洋开掘机器，饬该县劝谕组织公司，成立后聘请中国技师至县相与实地推求，随造随改，随改随试，以图适用而后已。既无巨费亦可逐次改良。此渐求进步之办法也。

丁、讲求改良盐质使色味俱佳人乐购食

应邑井盐由浸取板盐而致，中含杂质自多，苟非熬滤加谨则多硝味苦，食之令人生下泄之症。十余年来，熬法进步，其味浓厚不减淮盐而洁白过之。惟盐质过嫩，不能久存，久存则化而为水，故应盐一斤之食用，仅敌淮盐十四两有赢。此种缺陷在峒户屡思补救，苦无善策。惟既谋推广销路，则改良尤为急务。考盐质所以易消不能久存者，必为杂质混合、水分不能去尽，抑或浑合物质易与空际水分相融，此非精细研求，不能得其症结之原，即无所用其改良之法，故改良盐质尤非一二熬工之事，乃学人之责。拟请饬该县谕令该县商会奖劝士夫研究应盐原质，参用化学以图补救，并督劝熬户多加清滤，俾两山之盐熬成一律，再与他产比较考验改良，随时将补救改良各方法编成白话演单，传布熬户周知，以期熬煎得法，销路不滞。此最后改良之办法也。

以上四端，遵照原案，体察现在确实情形，详悉敷陈。惟念应盐原销九州县，至后束销案定，仅留应城、京山、天门三邑许令行销。然由应城以达天门，中间相隔汉川，只有水路一条可以自由贩运，余则概以盘缉阻止。且天门旧为川盐引地，至今购食川盐犹多，而应城界内如邻江地方，淮盐亦设仓销售，是应盐名消三邑，实则不及两县耳。加之工重费繁，成工不易，虽按炉计课较淮盐按斤计课稍轻，然峒水至卤，每炉一日出盐不过二千余斤，盐价至贵亦不过七十文，以七十文计，所入只得一百四十余串文，顾盐课不计，杂费亦需四串九百文；人工不计，空食亦需十五六串文；车班不计，用具亦需十二三串文；烧燃不计，沿途损失亦需六七十串文。凡此已及一百余串之多，再以杂项开销通盘计算，每盐一斤成本何止五六十文。应盐成本五六十文，淮盐成本仅须四五文，两相比较，奚止十倍。以十倍少于应盐之成本者而销场之大于应盐复百倍，且龈龈然与应盐争区区之引地，可知应盐销售之难也。夫利之所在，小人冒死以争趋。应城邻近各邑如云梦、安陆、汉川、孝感以及同郡之随州、应山，岂无出于私购者。亲友投赠以土物表情愫，又岂能免一出之以缉拿。缉获则盐悉充公，充公诚足惩矣，抑思此充公之盐曾弃之于无用之地乎？知其终归食用也，终归食用，则所以占淮盐之食用，仍无减损，不过以此缉拿为苦贫民肥私役之资耳。是故应盐之在今日，官亦销，私亦销。与其严禁官销阻峒业之发达，何若遂予畅销济淮引之空乏。惟是湖北上游旧为川盐引地，下游为淮盐引地，骤欲以应盐畅销全省，不惟事势未能遽行，应盐出产亦未必即能敷用。为今之计，莫于暂行规复应山、云梦、黄陂、孝感、汉川、随州、天门、京山等九州县旧销之地，应产既足敷用，于淮盐引地妨阻无多，事较易举。但应山、随州旧与安陆接壤，两处销地既行规复，安陆不通随州，应山之销路中断，不为规复，实多阻碍，后此争论将无已时。拟请将应盐原销九州县规复情形奏明立案，并加入安陆一县，以通应山、随州之邮。此宽筹销路之办法也。

附一：湖广总督批复

据呈赍规复应盐一案，经本部堂详加复核，所议甲乙丙丁四条均属切实可行，应照章公布饬办。惟所请暂行规复应山、云梦、黄陂、孝感、汉川、随州、天门、京山九州县并加入安陆一县各节，查应盐自限炉定案后，准行销应城及京山、天门二县，所有应熬之一万一千余炉，迄今并未及额，应俟所议办法逐一实行，确有成效后，再行分别施行。此批。议案存(宣统元年十月十九日到局)。

附二：湖广总督交议原案

凡其地之有特别物产者，皆天之所以利其民也。司马迁曰：太上因之，其次利导之，斯则官斯土者之责任耳。应盐一事，本部堂闻之素矣。莅鄂以后，屡经查询，思有以扩地利而裕民生。旋据所司缕陈情况，据称：鄂省十府一州，上游为川盐销岸，下游为淮盐销岸，无不仰食邻盐。惟应城井盐尚属鄂产，其盐由于凿峒以先取石膏而后蓄卤熬成，先年注重采膏，以膏尽为废峒，明知有盐概行封禁。军兴以来，淮运梗阻，借食川潞各盐，始奏准弛禁，一律抽厘济饷，遂行销附近之应山、云梦、黄陂、孝感、汉川、随州、天门、京山等州县。光绪十二年，两江因其有碍淮销引地，咨鄂商办。经鄂请准，以当日开熬一万一千余炉为准，行销地界只准于应城本邑及向销天门、京山二县为限，其淮引界内应山等六州县不准销售。自是以来，熬炉之数顿减，公家按炉收课，每年收数较额定一万一千余炉，短绌甚多，历年迭奉部文，饬令酌定岁额奏明办理，而相沿二十余年，收数无凭，岁额难定。其实该处西北两山著名产盐，此外毛河、陈河等地方蕴盐亦富。以鄂省需盐区域之大，只此地宝，乃并旧定熬盐之炉不能足数，坐失自然之利，殊觉可惜。今日扩充之法，计有数端：

一、开导乡民勿惑于风水，废弃地主权利；

二、厚集商力，俾合资集股，多开井峒；

三、审察地势能否用机器开凿，期工有速效；

四、讲求改良盐质，使色味俱佳人乐购食。

以上数端果能筹定办法切实举行，新添之井峒益多，即新出之膏盐益富。实业既盛，利源斯启，在营业与食力于其间者，已自邀福无穷。

况盐为日用所必需，与其运之于他省而价贵，何如取之本省而价廉，此中利益其施及于吾民者尤大，等因前来。本部堂复加察核，详究本原，应盐之不能畅销者，淮盐之引地限之也，淮盐之所以优胜者，引课之定额为之也。夫两淮盐法推行已久，其收入为国库一大宗，其章程为昔贤所核定，经制所关，势不能因一隅而动全局。然昔年湖北省悉属淮盐引地，中兴以后，川盐灌输势不能遏，于是举全境而划分之，淮盐则昔得其全，今得其半，川盐则今虽为主，昔本为宾。使吾应盐果能如该主管官所陈，厚集商资，改良盐质，务使色味俱佳，购食益便，以本省之产养本省之民，盐价尤减，劳工得业，为益宏多，淮川两岸恐亦难持异议。念小民谋生之艰，体圣主恤民之德，苟利于民，奉以从事，或咨请于部，或奏陈于朝，此本部堂之责任也。若该主管官所陈四条，则贵绅等所宜善自为谋者矣。希即具议。

建设公司以维持膏业案[①]

（宣统元年十一月十八日呈）

为呈请事。十月二十日，由议员王光翰介绍应城县职商彭瑗等陈请建设公司维持膏业一书。据陈："石膏为应邑特产，有物料食料药料肥料之用，销行最广。从前贩运者，有山陕客驻应坐买。咸同间，西贾不至，邑人乃创立汉帮，汉帮者舟运石膏至汉达硚口而上，销售外客者也。比来此业营生者虽多，然皆乏于资本，买空卖空，无持久之力。又不顾全大局，戕行杀价，无所不至，遂使行户得以居间武断，市价随之高低，夹版旗船坐收渔人之利。此膏业失败之原因也。膏业失败，则膏商无以获利，膏商无利，则峒商凿膏更必至于折本。夫石膏与卤板同产地中，凿膏为蓄卤水也。往时炭薪工食贱，盐课轻，熬盐可以获利，今则增加各数倍矣。凿膏折本，所望于盐，盐又折本，何事乎峒？此膏业失败而更及于峒业之原因也。是故膏业之失败以汉帮无团体也，汉帮无团体以

[①] 本案为人民陈请建议之案，载《报告书》下卷。

膏商无重资也。欲救其弊而兴其利，则惟厚集资本。去岁有他邑士绅刘凤鸣条呈石膏改归官办，严令先庚从而和之，亦注重于资本也。第以官办最不利于峒商，故邑绅王定标等有创立公司之议，禀请前劝业道宪刘恳准立案，蒙批饬应城会同膏关委员查明公司创立于峒业有无窒碍，纠股一层能否确有把握云云。夫此之创立公司，实欲集合一邑之财力以维持膏业于不败。重资本也，重团体也，创办者半属峒商，其于峒商无窒碍可知也。以稳厚可图之利益，邑人向所共知，特限于汉帮非峒商，则无膏可买，故虽欲于此营业，几苦于不能。今举石膏之利益而公之，谁其不愿？则纠股一层，有确实之把握又可知也。去年冬三次招股，八千股份认购立尽，公司可告成立。孰意地方之人心溺于私益，而竟有不明公理者。方禀请立案时，汉帮会首陈立齐、膏商胡元义亦皆勇于创办。及招股时，自认股份，在信义君子，有何异说。乃逾时未几，忽然反对公司，控之各宪，谓公司为垄断，石膏为汉帮固有权利，公之合邑，未免偏枯。此等不晓事理之言，本无足深辩。然窥其初心，以公司成立，彼辈皆为要人，大众所集之金钱，可任其求取。后以留学司陈树、荆史直书闵启豫年假回籍，范韵鸾亦自汉阳城归，相与共订章程，务主严密，一切不许染指，斩绝旧日之流弊，陈某因大失初望，尤以身本会首，公司立更将不便于其利权，而胡向居汉镇，以囤膏为业，有公司则膏不能踩价囤买，因是觖望。此反对公司之由来也。惟既难于情喻，又不可以理遣，故今年四月邑绅陈大文等又复禀恳督宪陈、劝业道宪邹、江汉关道齐，准予迅速立案，无任公益破坏于私心。旋蒙批饬应城县皮、会同膏关委员刘迅速确查详复。乃刘委则谓必先验股本，乃可详复，且其咨县曰必得股本验足，一切细章绝无窒碍，庶几予以会详。未邑人之禀请立案，原非禀请开办也。禀请开办必须先验股本，禀请立案则只须解决两造之是非，是非明而公司在所应立，而后可以收股，而后可以催股，而后可以劝缴，股不缴者而后可以另招，此定理也。若案尚未立而敛取他人之股金，将焉用耶？且各宪之饬刘委亦第谕其会详矣，而江汉关道且严限于十日内会详矣。如刘委所云，是直阻挠公司之成立也。夫此次创立公司，本应城人所创见。事经创见，而办事诸人乃至于被控，人不知立公司为救峒业、振商权、谋公益、兴地利也，方以为作奸犯科也。以立公司为作奸犯科，则必以缴股本为贾祸。至于群以缴纳股本为贾祸，则愈求其缴股，是愈求其不缴股也，是直求其退股也。且公司股本四十万串，分优先、普通二种，优先股十五万，原议今年二月缴齐，普通股则以五年缴清，每年约缴十分之二。此亦因地制宜，区区小县不足以胜如许之征集。而石膏只此出数十五万之优先股，合五万头期之普通股，此二十万钱亦足以资转运，则又不必收括之过画，转启地方之钱荒。今二月为收股之第一期，是期之内即收股本一万有赢，县宪皮公曾目视之，亦可见人心之踊跃矣。苟非陈、胡反覆，安知股本不齐集多时哉？夫委之欲破坏公司，亦以身任膏关，虑公司成而或至包税膏关必至裁撤，因是忍以一人之私利，破坏合县无穷之公益。吁！胡亦不思之甚耶。窃公司之立，所以兴膏业，兴膏业者，兴峒业也。峒业应城之矿利也，井峒愈多，则应盐亦自然发达，是矿利之兴，可以富应城之人民者。即以图湖北之幸福，职等生长应城，目见利之当兴，害之当除，至深且悉。今公司收集股本逾二万矣，举办之势已成骑虎。比来地方屡遭水灾，纠纷多故，膏价有一跌千丈之势。不图急立公司，膏情岌岌，不可终日，峒业前途，更难设想。于此请急提议谋公司之成立，非必有他意于其间，救危焉尔。"等情前来。当交议员审查，兹据审查报告书称："原书意在设立公司，维持膏业，亟应代为陈请。谨详具其理由：查石膏为湖北大宗出产，膏峒为应城固有利源。近年膏业失败，实由于商力薄弱，商情涣散。欲图维持之策，自以设立公司为第一要义。应城职商彭瑗等于去年创立石膏公司之议，宗旨正大，股款踊跃，乃竟因陈立齐、胡元义等挟私妄控，致阻进行，迁延一年之久，公司卒未成立。事关兴办实业，地方官应竭力提倡，似不宜任少数人之私见，而废弃阖邑公益之举。查奏定公司律第十一条：股份公司创办人订立合同，应载明创办人所认股数；第二十一条：公司呈报注册时，应声明每股已交银若干；第二十五条：每股银数至少以五元为限，惟可分期缴纳。是无论何项公司，如创办人确已集资，股份确已认齐，应准其注册开办，并非必限定股款全缴方准立案也。近年各省铁路公司所招股份，均系先缴五分之一即行开办，石膏公司自可仿照办理。拟请呈明督部堂札饬劝业道转应城县，查明彭瑗等创办石膏公司果能遵照定章先行集资，所招八千股份果能先缴五分之一（原书言八千股计钱四十万串应先缴钱八万串），即当详请立案，准予开办，无论何人不得借端阻挠，庶膏商无乏资之款，峒商无折本之虞。将来膏业扩充，销行愈广，关税愈旺，不特保存应城之权利，于湖北财政亦大有裨益。"等因。业于十一月十六日开常驻议员会公同讨论，咸谓宜据情直陈，静候钧裁。为此备文呈请督部堂府赐察核，酌夺施行。须至呈者。

附：湖广总督札复①

为札复事。案查北咨议局呈称：议员王光翰介绍应城县职商彭瑗等请建设公司维持膏业一案，当经先后札道确查，妥议评覆去后。兹据北劝业道详称："案据补用通判邬倅荣诰、应城石膏统捐委员补用知县扬令湘云、署应城县知县朱令纯经会禀称：'窃卑职于本年三月二十日奉札开：案奉督部堂瑞（澂）札以案查上年十一月十二月间先后接据北咨议局呈称人民陈请建议之建设公司维持膏业一案，饬即遵照迅速驰赴应城，会同该县膏关委员查明禀夺。'等因奉此。卑职荣诰遵即叩辞，束装起程，于是月二十九日驰抵应城会晤，卑职湘云、纯经亦先奉同前由，当即分期谕传议立公司之发起人王定标、彭瑗等，并缙绅陈大文等，及汉帮峒商廖安记多人到县开议，节次均已到会，惟反对之陈永兴、胡义泰未到。迨询以设立公司与峒商有无窒碍，债款有无着落，佥称峒商即膏商，峒贸膏贸之人统为汉帮，并无另有汉帮一方面之人。公司一立，价值划一，何致有彼戕此杀折本之虞，债款无着，且可各享幸福。如稍有窒碍，认股断无如此之踊跃。复询以陈永兴、胡义泰二人因何始认股出

---

① 载《湖北咨议局文牍》下卷，原题为《札覆应城县职商彭瑗等陈请建设膏业公司文》。

名具禀，继起反对。金称章程载有协理一职，住汉办事，该二人贸汉年久，欲充协理，因选举票数赵以瑗票占多数，陈、胡未得当选，遂起反对之心，乃节次债人转旋，稳坐汉上，并不回县，致生障碍，非恳请关传到案面质，是非终不能明等语。卑职湘云、荣诰、纯经等公同筹议，陈永兴、胡义泰远居汉上，始终均未回县，若不俯准关传到案，是非终不能明。遂即会关夏口抚民厅饬传，去后接奉电催，遵即将卑职荣诰到县日期及开议情形，驰禀宪台，一面函催，旋于四月二十三日准夏口厅将陈永兴移送到县，即传知发起人王定标等及各峒商定于二十四日赴县集议。此时均已集齐，陈永兴即自认其咎，面称前此误听人言，怀疑赴控，今蒙关传回县，公司说明理由，何敢始终固执，愿表同情，出结请销，以便成立。胡义泰实因病不能回县各等语，即当取具切结附卷。卑职等伏查石膏为应城天然特产，数百年来悉属个人经营，无甚团体。兹因朝廷振兴实业，有人条陈改归官办，职商王定标、彭瑗等恐失利权，起而集议鸠股创立有限公司，以抵制官办。开会之初，认股踊跃，汉帮陈永兴、胡义泰亦认股联名具禀。嗣续开选举大会，该二人票数无多，未得要职，即勾廖安记等极力反对，阻挠其成。迨蒙委查，廖安记等变易宗旨，陈永兴见帮夥离心，一木难支，一经到案即深自愧悔，愿践前言，共结团体。由是以观，创立公司与商情无窒碍，可一言而决。果有窒碍，陈永兴岂肯自认其咎。总之，陈永兴等既结团体，化其偏私，是公司即汉帮，汉帮即公司。各峒原欠债款仍可取偿，何致无着。但公司重在股本，考其实际集股四十万串，以五十串为一股，分优先、普通，限五年缴齐，先遵商律缴五分之一股本八万串以为基础。发起人已缴应邑殷实字号红票共八万串，呈请公同验明存署，则股本有着，断非虚张声势者可比。卑职湘云、荣诰、纯经博采舆论，核与节次集议情形，适相符合。缘奉前因，除陈永兴甘结附卷，一面由卑职纯经督同该公司绅董妥议章程、详请立案开办外，理合将会同确查应城石膏议立公司似属可行一案缘由会禀，俯赐查核批示只遵等情。据此，理合详报查核等情。"到本部堂。据此。查案经议该印委齐集两造，说明理由，先时反对者既愿表同情出结存案，而发起人亦经呈资请验股本有着，又查明创立公司确与商情无碍，所有应城县职商彭瑗等请立石膏公司，自应准其设立。由应城县督同妥议章程，禀明核定，刻期开办，庶于实业前途有所裨益。除批示外，为此札复咨议局查照。须至札复者(宣统二年五月十六日到局)。

兴矿业以辟利源案①

（宣统元年十月十八日呈）

(甲)去弊之道，在赶紧提创公司，并发展民智。

理由

查原案所开六弊，已足为全国矿务揭出其不能发达之总因，但前后四说，究视公司之组织为转移，中二说实与民智之通塞相关系。盖民智若能进化，将不独风水之迷信无难解脱，即一切界址之争执，亦无难设法调停。至公司如照律构成，则概须呈报备查，自不至有招摇影射之事，况财力若稍充裕，又必可聘技师讲求脉络，并渐次开通运道，借便畅销也。

办法

一、提创公司(即后试办之法)当先择矿产之最易获利无甚牾辖者，标明地址并预算所需款项，登入报章，张贴文告，特招集股本若干作为有限公司，专归商办，众擎易举，想亦资本家所乐为也。但现在鄂人视线咸注射铁路公司，恐更无余力及于矿务。故为提创起见，莫若筹拨官款若干万，分借热心矿业之绅商，并限定如借银一千两入股者，必本人有银一千两并行入股乃可(多少照此例推)。而凡属官款之借出，乃按照该公司股息定例向各本人取息，其本银则通俟三年后分期偿还，如是则公私两有便宜，而公司不难成立矣。

一、发展民智有普通与特别两层。普通者，编白话报以发交自治团

---

① 本案为督院交议之案，载《报告书》上卷。

体也，设宣讲所或演说会于城镇乡村也，就各小学堂地理格致诸课程多参入矿务要义，以唤起各学生公益思想也。特别者，地方官于一切风水案件，务极力破除其说，专就事理判断之，切不可全以风水为凭，致乡民迷信益深，皆援为矿山之惯例。又或公家与民间因矿产致争地界，则与其弃货于地而长此封禁之实，莫如让地于民而责令经营之。盖果能招商开办，使地方均沾利益，致国家亦得有租税之可收，将此外民与民争或亦有感而退让，而不欲其弃货于地者。

(乙) 调查之法，当先令地方呈报，再派员履勘并设矿山保存会。

理由

按矿政调查局设立以来，其表明现开、已开、已报、已勘者尚属无几。顷以注重实业，将该局归并于劝业公所。而本年农工商部复饬将矿界清厘，自应切实查明以便核办。惟各州县地方有无矿山与其种类优劣，如在在须由省派员一一亲历考察，将不独耽延时日，其旅费亦必不赀。如全以地方之呈报为凭，恐于苗脉之盈虚与开办之难易暨其种种关系，终不得其实际。故必由各该地方绅耆先行呈报，以便转详注册，然后由劝业道酌量缓急再派员次第履勘，乃为合宜。

办法

一、地方呈报事项，应由劝业道详请督部堂通饬各州县官，务剀切晓谕所属各绅耆，如有深知某处有矿与得有矿苗者，即应呈由该本管官申报劝业公所，或由本人自赴公所呈报，均宜随呈矿质数斤以备化验，并声明该苗得自何处，该处系何地名，以便查勘。而无论向何处呈报，均无小费，断不准书吏等索取分文。惟通饬后一年以内，限即将所属矿产一律呈报清楚，其确系一年后续出之矿，亦惟随时呈报，无得故延。现在自治会将次告成，其或有随匿偷挖私售等弊致不呈报者，自应由各自治会禀明该地方官照章办理。

一、派员履勘事项，应即于各矿质化验成分后表明优劣区分缓急，由劝业道酌委精通矿学者随带测绘助手前往查勘，并饬属晓谕地方妥为保护，免生纠葛。惟该委员等亦应自守礼法，认真从事，倘不知检束，一经发觉即应由劝业道撤回。至勘矿时一切用资费用，均由劝业公所发给，不准向地方官要求供应并不准丝毫扰累商民，亦不得任意逗留，致生事端。

一、设立湖北全省矿山保存会，由本局发起，置全鄂矿山保存簿，凡已经调查者按册登簿，其未经调查者迅即查明登簿，以为全鄂矿山之总汇。声明所有矿山不许售与外人，并不许暗中串通外人开采，如有私售外人等情，应由保存会买取并指名禀官究办。

（丙）化验之所，应即由劝业公所设立。

理由

按矿质之化验与矿产之查勘，其关系密切，前条已略言之，若不将分析室与分析炉及附属器具等件早为置备以便化分，将各种矿质之优劣无从验明，一旦由地方禀请查勘，而该员等把握毫无，恐不免徒劳往返也。查劝业道前因此项曾经禀准拨银一千两置备器具，而其开办常支以及购备药品等费尚付阙如，幸督部堂提创矿业，急欲为鄂人开辟利源，想此种必不可缓之图，定仍饬劝业道筹办完全，期无缺憾。惟其经费除房屋以公处借用外，似尚需银数千两，自应由劝业道力求撙节，就各项开具清册，预算若干，并即妥拟章程，谨呈鉴核，兹不赘。

（丁）试办之方，应先以纯粹商办为主。

理由

查各种营业公司，照章有官办商办及官商合办诸名色。鄂属资本家各属特性，恒不乐与官为商业之经营，故既承督部堂德意将为湖北辟财源，自必以纯粹商办为主义。但现在鄂人视线皆已注射铁路，即明知矿务当办，恐更无余力兼营，则欲为矿业设公司，势必如前说提倡乃可成立。万一各商家财力单薄仍难承办，终必由公家拨款，于未经开采者选矿产之最易获利无甚镠辖者暂归官办，并招商股作为有限公司。惟其董事局中务须于鄂绅之公正廉明者酌举三人参入会议，俾借以研求矿政，亦恃以联络商人，将不数年铁路告成，而商办矿务公司或不难渐次发达也。

附一：湖广总督批复

呈送议决兴矿业以开利源案一件，当经本部堂复加核阅，指陈切实，动中綮要，候即札饬北劝业道按照所议各节，妥晰议定办法，详候核夺，次第施行。此批。抄由发议案一件存（宣统元年十月十九日到局）。

附二：湖广总督交议原案

湖北全境矿产极富，禀求开采者时有所闻。然大抵有说无成，毫无实济，推求其故，厥有二因：一则其人本无开矿之心，不过借此招摇，婪人财物，财尽则止；或妄指地方，假立民号，不必真有其地，此招摇之弊也。一则潜结外人，攫取用费，或声东而实西，或借竿以立影。迨至情见势绌，竟是跳身远飏，此影射之弊也。有此二因，是生四果：其显违定章照例注销者无论矣，若已经禀准试开之地，土人惑于风水之说，横生阻力，不知公益为何物，虽有佳矿，竟难过问，其弊一也。若准开之地，土人渐知其利，互争界址，势不相下，必至封禁而始已，其弊二也。又于矿学素未讲求，脉络不明，见所得无多，便自嗒然而返，此为因噎废食，其弊三也。又或矿已采得，而因出路不便，销场不畅，相率裹足不为进步之想，此为半途而废，其弊四也。今欲去此数弊，讲求实事，利国利民，则必有调查之法，化验之所，试验之方。诸绅生长是邦，见闻较确，如何谋公益以兴乡里，希即具议。

请奏争取消铁路借款草约归还商办以保利权案[①]

（宣统元年十月十二日呈）

为呈请代奏事。窃川汉粤汉铁路，上则关系中国之全局，下则关系鄂人之生命，始基不慎，后患方长。兹据本局议员提议拒借外款，业于前月二十九日会议，依多数之意见赞成原议，决定力争废约，归还商办，

---

① 本案为咨议局提议之案，载《报告书》中卷。

以保路权。惟是进行方法须从筹款及奏争两方面着手，乃克有济。筹集的款，本局愿分责任；奏争废约，唯赖督部堂极力主持，实心保护，顺舆情以达圣听，则鄂人之生命可保，而中国之全局亦安。理合备文呈请督部堂俯赐察核，准予代奏施行。须至呈者。

附：湖广总督批复

呈悉。查鄂境川粤两路，关系吾鄂前途，至为重要。现闻明达士绅合力组织铁路协会，筹商办法，本部堂正殷廑念。该会成立有日，度必有良策嘉谋，期裨路政。如经拟订章程，有所陈述，自当据情入告也。此批（宣统元年十月十七日到局）。

铁路劝股方法案[①]

（宣统元年十月二十三日呈）

为呈请立案事。窃湖北商办铁路协会陈请会议劝股方法一案，业于十月十九日经到会议员悉心讨论，取决劝股方法三项：一、按租课劝之。凡年收租五十石以上者入一股。二、按营业资本劝之。凡资本在五百元以上者入一股。三、按税契价额劝之。凡契价在五十元以上者入一股。每股以五元为限，就其中一切办法，本应拟具详细章程，随同议案缮呈核夺。惟此案关系重大，事机逼迫，所拟办法非迅速呈请立案，不能实行；而办法章程现虽起草，非宽假时日讨论周详，又恐易滋流弊。本局再四筹维，只得先将议决劝股方法呈请立案以定基础，其详细章程一俟拟定之后，另缮呈核，为此备文呈请督部堂俯赐察核，准予立案。须至呈者。

附：湖广总督批复

查粤汉铁路及鄂境川汉铁路，前经奉旨归邮传部妥协接办在案。前

---

① 本案为人民陈请建议之案，载《报告书》下卷。

据吴绅兆泰等禀请设立商办铁路公司，办理鄂境粤汉川汉铁路等情，业经前督部堂陈（夔龙）抄章咨明邮传部查核立案矣。兹据呈前情，应俟部复核准到鄂，再行行知可也。希即知照。此批（宣统元年十一月初三日到局）。

保全商律以维持商务案①

（宣统元年十一月十九日呈）

为呈请事。十月初九日，议员陈登山介绍原籍江苏分部郎中江忠谦陈请保全商律以维持商务一书。据陈："职员因汉口兆丰公司一案，始终根据公司律不敢遵厅宪及商会之曲断，保持于今，压力横至。职虽微薄，苟可以一赔而息两造之争，偿各钱庄之累，亦复何辞。无如公理所在，商务攸关，公司律一日不保全，则商务一日不发达。职员将受天下人之指摘无论已，商务前途何堪设想。谨就先后之历史与夫曲断之理由，一一缕陈于贵局诸公前，以求公议焉。查兆丰公司于光绪三十三年六月在部注册，限具十万，每大股四千两，经理人刘煜先，协理则萧秉之也。职员与刘、萧均无半面缘。是年九月，因江西赣州府学教授刘香谷及刘次阶等之劝请，探知有江西殷实之家入股，遂允附二大股，按股缴银，此职员认有定律而为股东之所由来也。经理人交到股票，票尾上硃书职另贸牌号福昌典，及他股东另贸之永丰厚、鼎丰、豫熙、泰昌各牌号为董事，职当以不合商律，未经签字，并诘令除名换票。渠答以票经编号，碍难更换，董事暂列，还待集议。嗣经屡催开股东会议，刘、萧均多方推延，职员再四催询，并迫以再迟退股之词，刘又以丁艰之故，婉转支吾，迄未一开会议，而已于上年九月倒闭。此浑认股东为董事之所由来也。倒闭之时，萧秉之远飏无踪，刘煜先为各钱庄所扭获，所有公司各账据遽席卷于同大庄一人之手。刘急则反噬，请商会传四大股东调处。同大等十八家钱庄以共被亏八万余金，舍现获之经理而诬栽四大股东于

---

① 本案为人民陈请建议之案，载《报告书》下卷。

前夏口厅金宪，此迫令股东摊赔之所由来也。厅宪始则面讯，以甘言诱各股东认成董事，迫书遵判，并云明知冤枉亦不能不屈。继则强执三理判令四股东认赔。经职等通禀列宪，枭批有公司注册是否确系有限，详引多条，着令从此根究，至商董齐相琴既与此案确有关系，更应引嫌回避等语。督批屡谓刘煜先已经获案，是何详情，不难对簿质明，速予集案调处，查照商律秉公讯断；又谓商会不再干涉等因在案。是此案之结果，列宪均以为应据商律之明证也。商会为保护商务而设，尤应根据商律以剖断是非。乃商会总理即同大钱庄之经理，当时既不回避，胆敢背律自私，近又移文厅宪，谓非用压力不可，遂至福昌典之管事无辜被厅宪收押。是保护商务之商会，而为背律自私之总理据之，以逞其颠倒是非之手段，则职诚不解汉镇何贵有此商会，而商人又何贵有此商律也。职资产不足惜，独惜此明镜高悬之厅宪，反回惑于背律自私之商会总理，保护商人之商律，竟破坏于我国中枢之汉口商会。为此缕陈情由，钞粘禀批节略各件，谨乞公鉴。"等语前来。当交议员审查。兹据审查报告书称："该案于商律施行大有关系，延久不结，任其纵情违法，则商律势同虚设，商务前途何堪设想。谨就其曲断之处，分别指陈，并根据商律拟定办法，以待公决。一、按商律，公司有二种：一合资，一股分，皆有有限无限之分。查兆丰公司注册声明有限公司，限具股本十万两，大股四千，小股四百，永丰厚等四家仅认股二万八千两，该公司实已集股银四万两，则非四家合资已为确凿可据。而前厅谕断为合资，责令四家赔偿，不问公司之有限无限，不问股东之是否仅系四家，不问经理者之组织是否完全，有无侵挪及其他项弊端，舍法律而勒赔于殷实四商，其曲断一也。一、公司之成立，先有创办人，继有股东会议，然后有董事、有总理。查兆丰公司创办人既非永丰厚等四家，则公司组织一切不完全，责有攸归，非股东所能认过，即亦非认股较大之股东所能认过。以牌号为董事，以股票砗书为凭证，未开股东会议，未经公举，种种不合商律，是不待股东之承认与否，董事资格当然无效。而前厅一则判为冤枉董事，再则谕令担承公司之亏欠，舍不遵商律办理之人，逞择肥而噬之智，其曲断二也。一、硃书董事，照章不生效力。永丰厚等四家虽各认大股，按照商律只能守股东之权义。该公司招股是否足额，开办后有无侵挪等弊，股东会议屡催不开，股银招缴又非四家担任。而前厅听一面诬架之词，勒令四家赔偿，于商律既无依据，于事实亦将无附丽，其曲断三也。一、公司虽名有限，而办理不合法律。商律定有专条，各钱庄欠款求偿自属正当，各股东按律追求原可解散不认。而前厅堂谕架汉口欺骗之情形，诬殷实无辜之四股东，以为人情天理之后，惟有国法。试问舍法律而欺殷实，尚何天理人情之足云，舍商律而断商案，尚何国法之可守？其曲断四也。一、各钱庄与兆丰公司既为两造，则同大钱东应在回避之列。查同大钱东即汉口商会总理，当兆丰倒闭之时，既不遵照商律，径席卷公司所有账据而去，迄两造争执之日，又复左右其间，不知引嫌自避，终复移夏口厅冯，称该董事刁狡，非用压力不可。夫商会总理应如何保护商律，维持商务，乃因一人私意显背商律。而今厅慑于汉口商会之势力，不究左袒之原因，不遵钦定之法律，遽行收押福昌典管事，以徇前厅之曲断，而违前臬按律根究之批语，其曲断五也。有此五因，则此案之曲直可知。按照商律，永丰厚等四家之为董事当然无效，则四家不过认股较大之股东。该公司招股未足额，欠款宜偿还及一切组织之不合法，非股东之责，即非四家之责。应请督部堂严饬夏口厅按律迅结。永丰厚等四股东先事不慎，其股银共二万八千两全数亏失，自属应得之咎。各钱庄应知商律所在，责有攸归，不得架词向股东勒偿。一面严讯刘煜先，追缉在逃之萧秉之有无实在舞弊情事，按照商律分别赔偿完案。事关商务前途，商律动摇，后患将不知胡底，本局不敢不据律公决。"等因。业于十一月十五日开常驻议员会公同讨论，咸谓宜据情直陈，静候裁夺。如蒙准饬夏口厅遵照审办，则不独江忠谦之冤枉得伸，而汉口之商务亦可渐图发达。为此备文呈请督部堂察核施行。须至呈者。

附：湖广总督札复①

为札复事。查接管卷内咨议局呈开："十月初九日，由议员陈登山介绍原籍江苏分部郎中江忠谦陈请保全商律以维持商务一书。据陈：'职员因汉口兆丰公司一案，始终根据公司律不敢遵厅宪及商会之曲断，保持于今，压力横至。职虽微薄，苟可以一赔而息两造之争，偿各钱庄之累，亦复何辞。无如公理所在，商务攸关，公司律一日不保全，则商务一日不发达。职员将受天下人之指摘无论已，商务前途何堪设想。谨就先后之历史与夫曲断之理由，一一缕陈于贵局诸公前，以求公议焉。查兆丰公司于光绪三十三年六月在部注册，限具十万，每大股四千两，经理人刘煜先，协理则萧秉之也。职员与萧、刘均无半面缘。是年九月，因江西赣州府学教授刘香谷及刘次阶等之劝请，探知有江西殷实之家入股，遂允附二大股，按股缴银，此职员认有定律而为股东之所由来也。经理人交到股票，票尾上砵书职另贸牌号福昌典，及他股东另贸之永丰厚、鼎丰、豫熙、泰昌各牌号为董事，职当以不合商律，未经签字，并诘令除名换票。渠答以票经编号，碍难更换，董事暂列，还待集议。嗣经屡催开股东会议，刘、萧均多方推延。职员再四催询，并迫以再迟退股之词，刘又以丁艰之故，婉转支吾，迄未一开会议，而已于上年九月倒闭。此浑认股东为董事之所由来也。倒闭之时，萧秉之远飏无踪，刘煜先为各钱庄所扭获，所有公司各账据遽席卷于同大庄一人之手。刘急则反噬，请商会传四大股东调处。同大等十八家钱庄以共被亏八万余金，舍现获之经理而诬栽四大股东于前夏口厅金宪，此迫令股东摊赔之所由来也。厅宪始则面讯，以甘言诱各股东认成董事，迫书遵判，并云明知冤枉亦不能不屈。继则强执三理判令四股东认赔。经职等通禀列宪，臬批有公司注册是否确系有限，详引多条，着令从此根究，至商董齐相琴既与此案确有关系，更应引嫌回避等语。督批屡谓刘煜先已经获案，是

---

① 载《湖北咨议局文牍》下卷，原题为《札复江忠谦陈请保全商律案文》。

何详情，不难对簿质明，速予集案调处，查照商律秉公讯断；又谓商会不再干涉等因在案。是此案之结果，列宪均以为应据商律之明证也。商会为保护商务而设，尤应根据商律以剖断是非。乃商会总理即同大钱庄之经理，当时既不回避，胆敢背律自私，近又移文厅宪，谓非用压力不可，遂至福昌典之管事无辜被厅宪收押。是保护商务之商会，而为背律自私之总理据之，以逞其颠倒是非之手段，则职诚不解汉镇何贵有此商会，而商人又何贵有此商律也。职赀产不足惜，独惜此明镜高悬之厅宪，反回惑于背律自私之商会总理，保护商人之商律，竟破坏于我国中枢之汉口商会。为此缕陈情由，钞粘禀批节略各件，谨乞公鉴。'等语前来。当交议员审查。兹据审查报告书称：'该案于商律施行大有关系，延久不结，任其纵情违法，则商律势同虚设，商务前途何堪设想。谨就其曲断之处，分别指陈，并根据商律拟定办法，以待公决。一、按商律，公司有二种：一合资，一股分，皆有有限无限之分。查兆丰公司注册声明有限公司，限具股本十万两，大股四千，小股四百，永丰厚等四家仅认股二万八千两，该公司实已集股银四万两，则非四家合资已为确凿可据。而前厅谕断为合资，责令四家赔偿，不问公司之有限无限，不问股东之是否仅系四家，不问经理者之组织是否完全，有无侵挪及其他项弊端，舍法律而勒赔于殷实四商，其曲断一也。一、公司之成立，先有创办人，继有股东会议，然后有董事，有总理。查兆丰公司创办人既非永丰厚等四家，则公司组织一切不完全，责有攸归，非股东所能认过，即亦非认股较大之股东所能认过。以牌号为董事，以股票砵书为凭证，未开股东会议，未经公举，种种不合商律，是不待股东之承认与否，董事资格当然无效。而前厅一则判为冤枉董事，再则谕令担承公司之亏欠，舍不遵商律办理之人，逞择肥而噬之智，其曲断二也。一、砵书董事，照章不生效力。永丰厚等四家虽各认大股，按照商律只能守股东之权义。该公司招股是否足额，开办后有无侵挪等弊，股东会议屡催不开，股银招缴又非四家担任。而前厅听一面诳架之词，勒令四家赔偿，于商律既无依据，于事实亦将无附丽，其曲断三也。一、公司虽名有限，而办理不合法律。商律定有专条，各钱庄欠款求偿自属正当，各股东按律追求原可解散不认。而前厅堂谕架汉口欺骗之情形，诬殷实无辜之四股东，以为人情天理之后，惟有国法。试问舍法律而欺殷实，尚何天理人情之足云，舍商律而断商案，尚何国法之可守？其曲断四也。一、各钱庄与兆丰公司既为两造，则同大钱东应在回避之列。查同大钱东即汉口商会总理，当兆丰倒闭之时，既不遵照商律，径席卷公司所有账据而去，迄两造争执之日，又复左右其间，不知引嫌自避，终复移夏口厅冯，称该董事刁狡，非用压力不可。夫商会总理应如何保护商律，维持商务，乃因一人私意显背商律。而今厅慑于汉口商会之势力，不究左袒之原因，不遵钦定之法律，遽行收押福昌典管事，以徇前厅之曲断，而违前臬按律根究之批语，其曲断五也。有此五因，则此案之曲直可知。按照商律，永丰厚等四家之为董事当然无效，则四家不过认股较大之股东。该公司招股未足额，欠款宜偿还及一切组织之不合法，非股东之责，即非四家之责。应请督部堂严饬复口厅按律讯结。永丰厚等四股东先事不慎，其股银共二万八千两全数亏失，自属应得之咎。各钱庄应知商律所在，责有攸归，不得架词向股东勒偿。一面严讯刘煜先、追缉在逃之萧秉之有无实在舞弊情事，按照商律分别赔偿完案。事关商务前途，商律动摇，后患将不知胡底。本局不敢不据律公决。'等因。业于十一月十五日开常驻议员会公同讨论，咸谓宜据情直陈，静候裁夺。如蒙准饬夏口厅遵照审办，则不独江忠谦之冤枉得伸，而汉口之商务亦可渐图发达。为此备文呈请督部堂察核施行。"等因准此。查兆丰公司到部注册，限具十万股本，乃仅集四万两已属违背商律，且不待开会，竟将江忠谦等之贸牌号填入股票，砵书董事字样，尤为不合，惟江忠谦既不承认董事名目，当时何不禀官立案或登报声明，亦属咎由自取。该前署夏口厅金丞以有限公司混为合资性质，断令四大股东赔偿，如果属实，殊欠公允。惟未据该厅详报讯断情形，是否业经判决，江忠谦之词有无遁饰，尚难悬断。查卷初次呈控系韦尚文与江忠谦等共四人联名，第二次只江忠谦等三人具禀，无韦尚文之名。后据职商义源庄等禀控则称，韦尚文已遵批认赔，核之第二次禀内独无韦尚文之名，亦复适合。既同被累，何以一人独甘认赔，其中亦恐另有情节。除札枭司会同江汉关道、劝业道饬令夏口厅按照商律迅速查明该公司是否有限、创办何人，一面严讯刘煜先，追缉萧秉之究明有无实在舞弊情形，迅予秉公断结外，为此札复咨议局，请烦查照。须至札者(宣统二年三月十三日到)。

第四　税政类

清剔孝感县钱粮积弊并拟定办法案①

（宣统元年十一月二十日呈）

为呈请事。十月初五日，由议员陶峻介绍孝感县恩贡生陈灼曾等陈请清剔钱粮积弊并拟办法一书。据陈："孝感钱粮自前屠侍御仁守奏行由单后，纳钱有数，一望可知，乡里小民顿除重害。嗣因日久弊生，民困如故，复经湖南候补府经历屠天爵等以浮收及私收诸弊，禀明前府宪余，蒙饬前县宪沈照奏定价目，勒石县署及各柜所，严约书吏不准丝毫浮收。后经各县宪严加查察，有犯必惩，前害复除，虽小有勒索，在所不免，然浮不过重，暂可强安。不谓去年弊端骤重，浮收之数，有数百钱一户者；有串余钱一户者；有一人数户多纳数串者；有因争执钱数为柜书以闹粮诬堕，致被笞责或架号者；有稍不遂意，延至半夜始给粮券者；有钱已勒尽，券不早给以至冻饿坐于檐下而太息者；有哀告受辱詈者；有被殴打且受拘留者；有浮收已重复不全给粮券，催差旋即将券裁出送官责押致荡家产者；有故意多索逼令花户将钱私交，许以永不裁券，名曰打商量者；有以酒食愚弄花户，将钱收清，许交粮券终不交出者；有催差站柜择肥而噬，将花户行至锁拿，诡云券已裁出恣意讹索，与柜书分饱私囊者。投诉无门，禀官需费，兼之官恒庇护，冤不能申，极其流弊。花户视粮柜为陷阱，畏书吏如虎狼，裹足不前，征收反无起色。

---

① 本案为人民陈请建议之案，载《报告书》下卷。

病国病民，难以言罄。本年二月间开教育分会时，五乡绅士齐集邑城，与县宪商议禁止浮收办法。县宪徐拟欲定为每张粮券加钱四十八文，以为署内并柜书诸人火食及办公杂费，且云分千余串以为警察之补助费以外，不准需索。众绅共议，以为警察经费花布捐及屠捐、门捐各项不下万余串，以供正用尚有赢余，万一不敷，尽可另筹别款。况柜书火食，早订于折价十足钱数之内，办公杂费，早已加有的款正银南漕折收钱数，前胡文忠公（林翼）奏有定章，后府宪余著有定案，正价每两银收钱二串九百文外，每银一两加收钱五十文，以为上下忙券票及办公杂费，共每两银纳钱二串九百五十文，勒石县衙，原期上下遵守，今若按票加征四十八文，每户银米二票该多纳钱九十六文，上中之户多纳此款为害尚小，惟是孝感县属小户特多，纳银之数多半属几钱几分几厘，故额银仅二万余两，而列册二十万户。除前次合邑绅士议定按银数加学堂捐二千余串，赔款改学堂捐二万余串外，计每户再加九十六文，合算又加钱二万余串，其在小户纳数十文或数文之钱粮，反加以九十六文之券票，较前次赔款、学堂等捐奚啻十倍或数十倍之重？哀哀穷户，钱自何来？无益国家之正供，徒滋小民之隐恨。理既不顺，势断难行。在众情群议为不宜，故县宪旋罢其初意。然加征之议虽停，而书吏即乘其隙苛勒较甚从前。若不另筹办法，何以裕国便民。谨拟办法八条：一、用人。孝感五乡，柜设三处。拟由合邑绅士每年公举六人，禀县谕充钱漕监收所董事。每年改选一次，其改选复被选者，亦许续任。二、地位。每柜谕派二人于粮柜左右寄寓，以便稽查。三、名称。定名为钱漕监收所，由县给予木记，以为往来禀牍之据。四、权限。花户被害，该绅可径至柜下阻止，若理处不遵，即将实情立禀县宪彻究。其有柜书与花户私相授受者，亦即禀县查办。五、时限。上忙以五月为多，下季以八月、九月、十月、十一月四个月为多。其余数月赴柜纳粮者颇少，即有纳者均系大户，尚能与柜书照章辩论。拟于上季之五月，下季之八、九、十、十一四个月，派该绅等赴柜外监察，逾限撤所，花户恐逾限仍被浮收，完纳必早。裕国便民，似可预信。六、经费。每月每绅公给火食旅费十串文。计三柜六人，每月需钱六十串，每年查察之时共五个月，计共需钱三百串文。由选举绅士时会同筹措，具禀立案，以便永远遵行。七、补救。立一法易生一弊，拟每年于选人时公议一次，见有弊端，即随时设法补救。八、惩罚。法固待人而行，然行之既久，难保不生他弊。倘有与柜书通同蒙蔽或徇隐照顾不尽职务者，经合邑绅士会议禀宪斥退，以后不得复充绅董办理公益事务。倘有受贿实据，禀请追缴彻办。窃思立法虽良，亦必待人而举。前次由单牌示非不严而且详，乃有由单而不照办，有牌示而不遵行。穷民终受其欺凌，官府亦难于觉察。征收视为利薮，门丁相与弥缝。小民无力呼天，惟有坐困。士绅留心民瘼，敢不维持。拟由合邑士绅每年公举公正殷实之绅董六人，由县宪于征收时每柜谕派二人，亲往监察。倘有各项弊端，轻则随时理处，重则立时送县，以便按律彻办。倘蒙俯赐认可，即请上呈督宪立案，转饬县宪慎重办理，以成便国便民之盛事。"等情前来。当交议员审查。兹据审查报告书称："原书所列粮柜征收种种弊端，术诱威劫，无所不至，阅之令人浩叹。若不急为厘剔，贻害何穷。孝感士绅设法维持，实具苦心。所拟办法亦尚妥实，应呈请督部堂酌夺，转饬该县照办。"等因。旋复由议员陶峻介绍孝感举人彭荫棠等陈请率由旧章一书，据陈："孝感县钱粮向有定章，屡经各大宪、各县宪严禁苛浮，柜书尚知畏惮。今春徐前宪拟加票钱，以秦绅应逵等婉陈利害，徐宪遂为中止。然柜书之讹诈乡民，从此日苛一日。现今滕宪到任，出示准由三柜，每年每柜各公举一人以为监收，地方人深盼此举实行，庶可立除前害。惟所云转收票征号，拟请代邀恩免。盖柜书本无善类，禁之则其凶可戢，纵之则其焰转张。倘因柜役浮收为定例外之例，势必借端需索，复成讹外之讹。且柜书经费已于胡文忠公定章外加有定数，有案有碑，自可毋庸另派。警察、习艺所经费本系地方应负之责，然加之钱粮项下，恐乡民群生加粮之疑，反于旧政新政两有妨碍，且恐柜书凭倚官势，为害转深。拟请代陈督宪饬县宪实遵胡文忠公奏定原章及前各大宪批饬征收，撤销滕宪前示，禁收票钱，并饬县宪重与刊石，以清扰累。公举绅士监收一节，立与施行，俾小民实受其益。如习艺所、警察等事尚须筹款，可由县宪会同各乡士绅别筹办法，免致分厘小户转负重税。"等情，并附陈该县钱粮章程一部，该县令滕油印告示一张前来。查原章程系奉前各大宪批准饬令勒碑之案，其一切熔工火耗饭食纸张，均在折价十足钱数之内，且每纳银一两正价折收二串九百文，外复定有公费五十文，并有不得格外需索券票印红串绳等钱，致滋扰累等语，自应遵守旧章，免滋扰累。今滕令告示有云：如恐柜书格外勒索，拟由三柜地方每年每柜各公举绅耆一人，禀县谕充各该柜监收，以杜书吏之弊。足见该县书吏罔民为害颇重，该绅等所请公举绅士监收，实属迫于万不得已之举，与滕令告示正合。本局业于十一月十三日开常驻议员会公同讨论，咸谓宜据情直陈，静候督部堂察核施行。须至呈者。

附：湖广总督批复①

据呈赍"人民陈请建议清剔钱粮积弊并拟定办法"一案，详加察阅，内有应照办者，有应删除者，有办法宜从核实者，有展限酌加经费者。兹特依照原案逐条说明原委事由，粘单札复，应由局中再行复议补正，呈候公布施行可也。此批。

附录粘单

计开：

第一条：用人。孝感五乡，柜设三处，拟由合邑绅士每年公举六人，禀县谕充钱漕监收所董事，每年改选一次，其改选复被选者亦许续任。

查征收钱粮柜书之敢于浮收者，弊在无人监视，所请派绅监收，柜书稍有忌惮，乡愚不受欺蒙，应即照办。

第二条：地位。每柜谕派二人于粮柜左右寄寓，以便稽查。

查派绅监收虽寓柜附近，然必逐日到柜，早到暮归，方符监收之义，不得有名无实，致归无效。

---

① 载《湖北咨议局文牍》下卷，原题为《孝感县贡生陈灼曾等陈请清剔钱粮积弊案批》。

第三条：名称。定名为钱漕监收所，由县给予木记，以为往来禀牍之据。

查监收钱粮，责在杜弊，事之小者可直接柜书理处；其重大者，该绅可赴县面陈，应毋庸刊发木记，致滋流弊，应即删除。

第四条：权限。花户被害，该绅可径至柜下阻止，若理处不遵，即将实情立禀县彻究；其有柜书与花户私相授受者，亦即禀县查办。

查花户完粮争论，如实系柜书抑勒浮收，应由该绅阻止，不听，禀县严办。如花户于应完之款，恃有监绅故意刁抗，该绅即应明白开导，令其照完，不得稍涉偏袒，以示大公。

第五条：时限。上忙以五月为多，下季以八月、九月、十月、十一月四个月为多，其余数月，赴柜纳粮者颇少，即有纳者，均系大户，尚能与柜书照章辩论。拟于上季之五月，下季之八月、九月、十月、十一月四个月派该绅等赴柜外监察，逾限撤所，花户恐逾限仍被浮收，完纳必早。裕国便民，似可预信。

查征收钱粮定例，上忙二月开征，若待五月设所监收，花户必多观望，应即改为上忙之三月、四月、五月三个月，下季仍如所拟，派绅往柜监察。

第六条：经费。每月每绅公给火食旅费十串文，计三柜六人，每月需钱六十串，每年查察之时共五个月计算，共需钱三百串文，由选举绅士时会同筹措，县禀立案，以便永远遵行。

查原拟五个月，今既加添二个月计，多需钱一百二十串文，应于设所之前，并行筹足，以免不敷。

第七条：补救。立一法，易生一弊，拟每年于选人时，公议一次，见有弊端，即随时设法补救。

第八条：惩罚。法固待人而行，然行之既久，难保不生他弊。倘有与柜书通同蒙蔽，徇隐照顾，不尽职务者，经合邑绅士会议，禀宪斥退，以后不得复充绅董，办理公益事务，倘有受贿实据，禀请追缴彻办。

以上两条均极周妥，应准照办。惟此项拟章八条杜弊之法，至为详尽，仍应严饬该县于上下忙开征时，不时亲历稽察，以资整顿。如监收柜绅有不能称职者，惟士绅并花户举发。查办必官绅交相监视，交相警策，征收积弊，庶可廓清，以收实效(宣统二年二月三十二日到局)。

清剔税契钱漕积弊案①

（宣统元年十二月初一日呈）

第一，清剔之理由

国家税之普及人民者，为税契、钱漕两大宗。征取既广，弊混滋多。地方官之任意浮征，书吏之借端苛索，湖北六十九厅州县如出一辙。现今新政繁兴，在在需款；凡所为取给予吾民者，方有加无已，而吾民于必应负担之外，更受无名扰累。若不设法解免，不但此后取求民力将有不逮，揆之朝廷爱民至意与立宪本旨，亦复大相刺谬。伏读宪政编查馆奏定九年筹备清单，厘定国家税及地方税章程原定于宪政筹备之第四年、第五年颁布。清源正本，应俟政府之施行；救敝补偏，姑作权宜之计划。就税契钱漕积弊但加清剔，于法制上无变更，于行政上无妨碍，并于财政上有增加，似为今日之急务。且查咨议局章程，凡议决本省应兴应革事件，本省税法事件，皆议员之职守，曷敢稍存顾忌，放弃责任。此清剔税契钱漕积弊之所由提议也。

第二，清剔之方法

甲、各厅州县设立经收税契兼监收钱漕局。

（说明）经收税契设局专理，原系率循旧章。征收钱漕为地方官特权，士绅毋庸干预。惟各厅州县书吏积弊，钱漕视税契尤甚。税契设局专理，弊端冀可廓清，而钱漕一项不加清剔，书吏将举一切舞弊手段移之钱漕，民间何堪扰累。以经收税契局兼办监收钱漕事宜，既不妨局权，复得清弊窦，更可节经费，较属简易可行。故各厅州县应一律设立经收税契兼监收钱漕局。

乙、各厅州县征收钱漕设有分柜者，由该局就各分柜地方设立监收

---

① 本案为咨议局提议之案，载《报告书》中卷。

钱漕分局。

（说明）征收钱漕设有分柜，自应按柜设立分局，办理监收钱漕事宜。至税契必汇齐缴署印发，无须另设分局。

丙、经收税契兼监收钱漕局设总董一人，协董一人。司事杂役酌用，监收钱漕分局设分董一人，并用杂役一人。

（说明）该局事务殷繁，总其大纲者，断非一人之精神能力所能及，故须设总、协董各一人。又承总、协之指挥办理各项事件者，非分科不足以清理，故司事杂役得由总、协董酌用。分局事较简单，故分董杂役均以一人为限。

一、总、协董之选任

总、协董由各厅州县完纳钱漕多额者三十人中，用互选法选充之，分董由各分局管辖地方完纳钱漕多额者，依前法选充之。

（说明）总、协董之责任重大，非得公正绅士充之，不惟不克称职，或恐转滋流弊。分董亦然，故不用委任而用选任。

二、总、协董之任期

总、协董选定后，禀请地方官照会到局，其任期以二年为限，限满改选，改选时如再当选，得连任，分董同。

（说明）任期太短不足以专责成，且交代时或有经手事件不能如期完结者，而太长又不免滋生弊端，故酌中以二年为限。

三、总、协董之职务

天、关于说契事项之职务

（说明）税契立局经理，原属定章，而各厅州县迄未遵办，故官吏民均为弊薮。弊之在官者，不问税契多寡，惟勒书吏按月缴钱若干，或按税契提钱若干，勒令按月清结，统名"□月缴"。弊之在吏者，因月缴过重，愈向民间勒取，名限六分九分，实则照旧递加，每契价一千文收至百数十文或二百文不等。弊之在民者，困于官吏需索，相率匿契短价。此外官吏民时复通同作弊，有所谓放炮者（官当交卸时减价招徕），有所谓大头小尾者（于契纸腾缝短填契价），有所谓本契者（但须官印，不用司纸），甚有税契实旺而报解不及十之一二者。民因避重而玩法，官吏因急私而忘公，而国家税之损失不知凡几矣。查广济遵章设局以来，照章征收，弊端悉绝，收数日旺，滞碍毫无，各厅州县应急仿办。惟广济推收尚由书吏经理，虽推收底册由税契局发交，推收费用由税契局以给，而私自推收之弊仍未革尽，即匿契之弊，在所不免。诚责成该局办理推收与监收钱漕并行，一切不假手书吏则得矣。

一、业户投契后，即于契内填明本契实价若干，零注税钱若干，契纸钱若干或附收之钱若干，共应缴钱若干，并照上列各项填具收条，发给业户，以便凭条领契。

二、业户投税后，限十日缴还收条领契。

三、收契无论多寡，每五日印送一次，署内三日印发，预备业户领契，彼此不得延误。

四、税款之应缴署者，附收费之应交各局所者，每印契一次，随即缴清。

五、款项之收付，册簿之保存，均须各专责成，如有亏空错误，惟经手人是问。

六、兼办推收时，应请该地方官饬书吏将前年推收底册缴归该局，以便税契时另册载明图甲户名粮数，税契后照册按户推收。

（说明）推收不假手书吏，为清查匿契最要关键。查广济税契局虽未兼办推收，而推收底册及费用皆由税契局发交，是税契局兼办推收毫无妨碍。

各厅州县一律仿办，于清查税契尤有裨益。

地、关于钱漕事项之职务

（说明）维正之供，下民不得短欠，官吏亦不得浮苛。查各厅州县官吏浮苛往往若明若暗不可究诘，乡里自爱之士率皆隐忍迁就，一任为所为。间有积不能平呈诉上宪者，而查办委员又以查无实据为之洗刷净尽，即或形迹败露，因此撤参，而官去吏留，弊端旋发。后来官吏相与为奸，狡猾益甚，上宪亦无可如何。诚得正直士绅为之监收，责令专事稽查，遇有弊端，随时请查究办，并为之明定职务权限，俾免官绅之冲突，其害当可救止。

一、掌管收发由单　查胡文忠公奏定章程，每张粮券附易知由单一张，粮户赴柜完纳，先掣取由单，方能上柜，实足杜柜书浮收之弊。惟各厅州县单多属册书自造自发，致有搭执由单勒索辛力等弊，粮户时被留难，反为民害。此后由单仍照章随粮券造成，一并由局董发给，加盖图记，其式样遵照前屠侍御仁守奏准定例，依银米若干折制钱若干，实数数目楷写壹贰等字，俾乡民易知。其未用由单及已用由单而不如上列式样之各厅州县，应责成一律照办。

二、评议柜价　地丁完银完钱，凡向有定章，不随市价涨落之。各厅州县仍照旧章完纳，毋庸置议。惟折价未定之各厅州县往往逐渐增加，每两正较市价高至百余文、二百文甚或三百文、四百文不等，浮收之弊，莫此为甚。此后凡定柜价须知会总、协董，邀同各公所绅首持平妥议。

三、防止银钱限制　定章地丁完银完钱，各听民便，概无限制之事。乃迩来各厅州县因高抬柜价之故，与柜书勾结，凡完银钱者必多方挑剔盘剥，近更定为成数，每两正只许完银二成或三成四成，小户地丁无多，完银时又被抑勒，遂浸浸无完银者。大户不堪烦扰，完银者亦少，盖不许完银则抬价，全获大利。此后总、协董随时稽察，如有不许完银及私限成数情事，应即极力阻止。

四、严防灾缓弊混　灾缓年份，某乡缓征若干，某区缓征几成，各厅州县绝不明白宣示。粮书串通劣绅，往往私提缓征银米，囊分洒卖，捏户搪塞，或灾户已完上忙，下忙不为核减，名曰"急公"。究不报解官吏，时相攘夺，灾券复不注明缓征实数，借此弊混。国沛殊恩，民鲜实惠，徒饱官吏劣绅私橐。总、协董当尽心察访，除缓征誊黄告示必请明白详晰遍行张贴外，如有以上诸弊，经灾户指实，即请官查究。

五、严禁柜书浮收　钱漕乃维正之供，丝毫为重。柜书欺乡民愚懦，往往任意盘算，兼以弊混，每户于应完正数外，常浮收数十文或百余文，多或数百文不等，小户受害尤甚。乡民至城，举目无视，畏势畏累，无敢告诉，隐忍而返。总、协董当随时到柜巡察，遇有粮户与柜书争执，或粮户来局陈诉，立为查实，一面勒令退转，一面请官严惩。

六、严禁截垫　查钱漕征收之法，始用滚单，继以亲催，最后差追，至奏销时，勒限扫数，所以防滞纳者至矣。乃近来各厅州县于催征之法全置不讲，粮书往往串通大户，私自收入，至批解期迫，即勾结钱漕丁幕，请官截券，年或数次，鲜不照准，所截之券多半小户，截券之款收自大户。不但小户截券、大户私纳与征收之法不合，而截券之害，官之清廉者，不过责书垫解，听其取息，若贪婪者，知粮书取息甚重，并不责书垫款，但取票据，按月计息。粮书见官取息，更为得计，愈向粮户勒索，多则数倍，少则加倍。官吏因缘为奸，至此极矣。总、协董如遇截券，得请本官彻究。至催征之法，仍当酌量地方情势，明定期限，一律催齐。有抗欠者，尽可差追，但差追时须将各户次单交局审查盖章，然后下乡，防有大户私纳小户先催等弊。

七、严禁粮差讹索　粮户滞纳及奏销时仍不完清者，自应由官签差严催。但此项粮差下乡异常横暴，动索差费数串数十串不等，稍不如意，即毁票图讹，加以抗粮之罪，甚有全家逃避，连累亲属者。应酌量地方情形，明定差费，按里计算，著为定例。尤宜加以限制，不准乘坐车轿，不准挑剔饮食，非日暮不准留宿，有实主不准牵连他人。如有借端勒索及上列等弊，由粮户赴局陈明，转请究惩。

八、局置三簿记　一、由单簿，载明由单收入发出；二、记事簿，载一切处理及函请事件；三、收支簿，载该种经费之出入，以备查考，借觇成绩。

以上各项，监收钱漕之分董均应遵照办理。

四、总、协董之权限

一、凡书吏有浮收勒索或偷匿讹诈等弊，总、协董得随时开单，函请核办，以归简易，但不得干涉局务范围以外之事。分董遇有书吏上开等弊，得函知总、协董转请核办。

二、局内执务细则，由总、协董会商拟定。

三、司事杂役之薪工，由总、协董酌定；分局杂役之工食，由分董酌定。

五、总、协董之公费

一、总、协董各月支钱十二串文。

二、分董每人月支钱八串文。

六、总、协董之责任

一、税契钱漕积弊至为复杂，以上均就现在事实而言，此后若有他种弊端，总、协董应随时随事商承地方官设法补救。

二、总、协董如有徇情受贿或串同舞弊等情，经绅民查实，立即禀地方官斥退究办。

丁、常年经费

一、经费之收入

查广济设税契以来，于税契六分内提一分留县办公，以五厘缴署，以五厘归局支用，常年契价以十万串计算，得钱一千串。此外契纸费亦提一分留县办公，又每契一张誊写钱四十文，常年以三千张计算，约得钱二百串，合计每年可收钱一千二百串，以供局用，当无不足。近则契价增至十四、十五百串，契纸四千张，收费愈旺，除支用外，尚有赢余。亟应请饬各厅州县照广济定例办理。现奉税契新章加收三分，内提一文留县办公，合前一分共有二分，照广济旧例，应一分缴署，一分归局。

二、经费之支出

支用经费，除总、协董公费或分董公费有定数外，其余他局内火食打油茶水笔墨纸张并司事杂役之薪工，以及一切杂用，均须核实开支。

附则

一、此案经督部堂批准后，通饬各厅州县克期举办，并将办理情形勒限申报。如有敷衍塞责或竟置不理者，许各该地方士绅禀候核办。

一、此案但定清剔积弊之大要，至一切办法，俟各厅州县立局时由该局详定规则，呈候该地方官核准施行。

一、此案候各厅州县自治会成立后，经收税契兼监收钱漕局得由各该厅州县自治会酌置办理，其监收钱漕分局，即由各该厅州县城镇乡自治公所办理之。

附一：湖广总督札复①

为札复事。查接管卷内咨议局议决清剔税契钱漕积弊一案，各前部堂均系行司核议，未及札复。本部堂到任以来，详加讨论，穷究原委。查税契一项，改派公正绅士设局经收，不假胥吏之手，本系前阁督部堂张（之洞）奏定章程，乃各属除广济一县外，多未实行。此次议决各节，意在申明定章，又监收钱粮，为杜绝书役浮收起见，可补地方官督之所不及。且孝感县征收钱粮业经咨议局介绍贡生陈灼曾陈请举董监视，则各属事同一律，均应照办。惟经收税契事已纷烦，再令监视粮漕，恐难兼顾。盖既称监收，必须常川到柜，始有实际，另设一局，耳目转虑不及，且税契只设城局，钱粮则各乡设有分柜，若监收绅董亦复到处设局，更滋糜费。是经收税契与监收钱漕明明两事，自应分案办理，庶与奏定章程及孝感县监收办法甫经补正公布之案不相刺谬。兹就原议各条逐一札复于后：

一、经征税契兼监收钱漕局设总董一人，协董一人，司事杂役酌用。监收钱漕分局设分董一人，兼用杂役一人。查经征税契与监收钱漕应分两案办理，前条业已叙明原委。各厅州县应各设税契一局，选派总、协董各一人，司事杂役名额，由总、协董酌量拟议，禀请地方官核转，听候本部堂裁定饬遵。至监收钱漕，应查验孝感县公布原委，城乡粮柜各举二人，名曰董事，常川到柜监视，不另设局，亦不必添用杂役。

一、总、协董由完纳钱漕多额者用互选法选充之，分董依前法选充。查税契局总董、协董应照互选法选举，监收钱漕董事，应查照孝感县原案另行选充。

---

① 载《湖北咨议局文牍》下卷，原题为《札复清剔钱漕税契积弊案文》。

一、总、协董选定后，禀请地方官照会到局，任期以二年为限，限满改选，改选时当得连任。分董同。查孝感县原案，监收钱漕董事系每年改选一次，前案甫经公布，未便遽尔更张，税契局总董、协董可照办。

一、总董、协董之权限。查税契局之总董、协董，监收钱漕之董事，应各按后开各条恪守权限，担任办理，概不得干涉范围以外之事。此条孝感县原案未议及，应补入。

一、局内执务细则由总、协董议定，司事杂役之薪工，由总、协董酌定，分董杂役之火食，由分董酌定。查监收钱漕一事，不另设局，不用杂役，此两条应专指税契局言，拟定以后，仍应禀由地方官呈送本部堂察核听候裁定施行，分董、杂役两语并应删除。

一、总、协董月各支公费钱十二千文，分董月各支钱八千文。查监收钱漕董事火食旅费应查照孝感县原案月各支钱十千文，税契局总董、协董则准其照办。

一、通饬厅、州、县克期举办，如敷衍塞责，或竟置不理，许地方士绅禀办。查税契设局与监视粮柜两事，布置筹划，官绅同负责任，应令会同商酌，克期实行，彼此不得延宕。

一、此案但定清剔积弊之大要，至一切办法由该局详定规则。查税契局办事细则由总、协董酌拟，已于前条申明，此条重复，应删除。

一、自治会成立后，经收税契兼监收钱漕局得由自治会酌量办理，监收钱漕分局由自治公所办理之。查税契设局及监视粮柜一切办法如须变通增损，应由地方官审查利弊，随时禀诸本部堂酌核执行，此非自治会范围以内之事，不便越权干涉，应删除。

甲、关于税契事项

一、业户投契，复于契内填明本契定价若干，零注税钱若干，契纸钱若干，或附收之钱若干，共应缴钱若干，并照上列各项填具收条，发给业户，以便凭条领契。

一、业户报税后，限十日缴还收条领契。

一、收契无论多寡，每五日送印一次，署内三日印发预备业户领契，彼此不得延误。

以上三条均照办。

一、税款之应缴署内、附收费之应交各局所者，每印契一次，随即缴清。查税款正项及一切附收费，业户投税之时，先已按数缴清，应由局董于送印时随缴地方官核收解拨，不得延宕。

一、款项之收付册簿之保存，均须各专责成，如有亏空错误，惟经手人是问。查此项契税既由局董经征，则款项之收付册簿之保存皆属局董专责，如有弊混，应惟局董是问，不得委过于司事杂役。倘复亏挪公款，并应切实究追，追不足数，著公举人担任分赔，不得丝毫短缺。

一、兼办推收由地方官饬书吏将推收底册缴局，以便税契时，另册载明图甲户名粮数于税契后按户推收。此条应照办。

一、广济设税契局以来，于税契六分内提一分，以五厘缴署，五厘归局支用；新章加收三分，内提一分留县办公，合前一分共二分，照广济办法，应有一分缴署，一分归局。查度支部新定章程准其就加收数内每分中提扣一厘，并非三分中准提一分。此条系属错误。

一、支用经费，除总、协董公费，分董公费有定数外，其他局内火食、灯油、茶水、笔墨、纸张、司事杂役之薪工，及一切杂用，均须核实开支。查税契只设城局，分董公费四字应删去。局用各项应以留局一半办公经费为限，不得溢出此数，支有余剩仍尽数归公，拨充地方别项公用。局用细数，应按月造册报告地方官查核。每届年终编造总册，送由地方官核转通报一次。

一、税契钱漕积弊至为复杂，此后若有他种弊端，总、协董应随时随事商承地方官设法补救。查总、协董专管税契，不能兼顾钱漕，"钱漕"两字应删去。设局以后，局董应视收数之多寡，熟察隐匿漏税、民间积弊之所在，随时设法补救，禀商地方官斟酌施行。

一、总、协董如有受贿舞弊情事，经绅民查实，禀地方官斥退究办。查总、协董经征税契如有需索弊混，及不守权限，违背本项章程情事，一经地方官查实，或经绅民控告，应随时斥退究办，情节较重者应禀请长官核示。

乙、关于监收钱漕事项

一、易知由单由监收董事发给。查一县之大，花户不知凡几，董事只此数人，势难挨户遍给，假手仆役，则又蹈书差积弊，未必有益；且监收董事职在监视，并不经手钱漕，掌管由单名实亦复不符。此条应即删除。

一、地丁折收钱数知会董事评议。查湖北各州县地丁征银征钱均有一定章程，曾经咨部有案，并无折价未定之州县。只须饬令遵照定章切实办理，无须另议柜价。惟向来征银解银之州县，遇有零星小户不便完银，势不得不折钱收纳，书吏抬价浮收在所不免，董事既在柜监视，遇有此等零星小户，应令按照市价合钱，倘柜书任意加收，即可禀官请究。所有评议柜价一条，应即删除。

一、防止银钱限制。

一、严防灾缓弊混。

一、严禁柜书浮收。

一、严禁截券计息。

以上四条无非抑勒浮收，孝感县公布议案内权限一条已赅括言之，应查照前案补正，以归一律。监收董事不另设局，亦不刊发戳记，所云"差追钱粮交局审查盖章"，应即删除。惟灾缓誊黄，书差如匿不张贴，董事可禀官查究。此层孝感县原案漏未议及，应补入。

一、粮差下乡，应明定差费，按里计算，不准乘车坐轿，不准挑剔饮食，非日暮不准留宿，有实主不准牵连他人，如有借端勒索及上列等弊，由粮户陈请究惩。查粮差讹索到处不免，明定差费，使不得恣意婪索，最为切要办法。惟既给差费，则一切舟车、饮食、客寓所需，均应该差自备，不得再累粮户，倘敢违玩，许粮户指名控告。董事如见有前项弊端，亦许禀官究办。差费多寡，按里计算，应由地方官酌拟数目，呈候本部堂核定饬遵，冀得划除积弊，克期实行。此条孝感县原案漏未议及，应再补入。

一、董事置由单、记事、收支三种簿记。查由单一事，已详前条。

记事簿记监视情形，借觇成绩，自可照办。此条孝感县原案漏未议及，应再补入。至监收董事并不兼办契税，则收支簿可不设，应与由单簿一并删除。此外未尽事宜，如时限、经费、补救、惩罚各条，均应查照孝感县公布原案逐一补正，俾得通省一律，彼此不致两歧。总之，监收钱漕为防察书吏弊混，系属一时权宜之计，并非国家税中应有之办法。将来书差裁尽，改用士人经理，积弊不难廓清，监收董事即可毋庸赘设，届时当体察情形斟酌办理。以上各节，应由咨议局分察复议，厘定次序，逐条补正，呈候公布施行。为此，札复咨议局查照。须至札复者（宣统二年五月二十六日到局）。

附二：咨议局呈复议正清剔钱漕税契积弊案文①

（宣统元年六月二十三日呈）

为呈复事。宣统二年五月二十六日奉督部堂札开："查接管卷内咨议局议决清剔税契钱漕积弊一案，各前部堂均系行司核议，未及札复。本部堂到任以来，详加讨论，穷究原委。查税契一项，改派公正绅士设局经收，不假吏胥之手，本系前督部堂张（之洞）奏定章程，乃各属除广济一县外，多未实行。此次议决各节，意在申明定章，又监收钱漕，为杜绝书役浮收起见，可补地方官督察之所不及。且孝感县征收钱粮业经咨议局介绍贡生陈灼曾陈请举董监视，则各属事同一律，均应照办。惟经收税契事已纷烦，再令监视粮柜，恐难兼顾。盖既称监收，必须常用到柜，始有实际，另设一局，耳目转虑不及，且税契只设城局，钱粮则各乡设有分柜，若监收绅董亦复到处设局，更滋糜费。是经收税契与监收钱漕明明两事，自应分案办理，庶与奏定章程及孝感县监收办法甫经补正公布之案不相刺谬。兹就原议各条逐一札复，应由局分案复议，厘定次序，逐条补正，呈候公布施行。"等因。奉此。遵将原案发交本局常驻议员，遵批分作两案，厘定次序，再加修改，除清剔税契积弊一案全

---

① 载《湖北咨议局文牍》上卷。

依钧批注定无俟声叙外，其清剔钱漕积弊案，遵照钧批，微有出入，谨缕晰为督部堂陈之。查督部堂札复各条内，除清剔钱漕另立一案，不设专局因缘而生差异各条应行删除外，其应行补正者，一为孝感陈情案所无而本案所有，可以施行者，则以本案补正孝感陈情案。一为孝感陈情案与本案均有规定，而办法不尽一致者，则依已公布之孝感陈情案改正本案。本局常驻议员共体斯旨，再三协议，金称清剔钱漕积弊，但得公正绅士赴柜监视，即不另设专局，亦足杜遏弊端，遵即如批改正，不另设局清厘，所有原案因设局而生之各条，当然归于消灭。其本案原有规定孝感陈情案漏未及叙载者，原可以本案补正孝感陈情案。唯本案通筹全省办法，且为本局所提议，孝感陈情案不过一地人民陈请建议之件，本案若更正完善，批准施行，效力所及，自较陈情建议者大有差别，虽不再更动孝感陈情案，孝感一县不能独行立异，实与已补正者无殊。故但修正本案，而孝感陈情案不再为变更，与钧札实质相同，毋俟特为申明者也。至孝感陈情案与本案均有规定，不能一致之处，有可以照孝感案补正者，如董事之任期、薪水等项，均遵札查照孝感陈情原案参互更正，其不能尽照孝感陈情案补正者，如董事选举，孝感案毫无标准，似不如原悉行选较有头绪。又如董事职务，孝感案仅定为权限，实不足以首尾兼包，故职务仍列为专条，而权限一条，仍遵批另定。至发给由单权不操于董事，自应遵批删改，惟董事虽无发给由单之权，而可以有检查之责，故易"发给"为"检查"。其余职务各条，为孝感案所无者，实孝感案之疏漏，似未可以孝感案之所无而删本案之所有。故以上各节，视督部堂之批少有变更，而其大致则不相刺谬者也。当经协议，各员一致议决除将议案另缮清折分别呈核外，所有覆议清剔钱漕积弊一案详细理由，理合备文，呈请督部堂察核，乞赐批示，公布施行。须至呈者。

计呈复议清剔钱漕积弊案及复议清剔税契积弊案清折各一扣

复议清剔钱漕积弊案章程

按：清剔钱漕积弊原案，系田税契局兼办，其征收钱漕设有分柜之处，始设分局，置分董。现经修改公举董事就钱粮柜监察，不另设局，所有原案各办法，未能适合者，均行改正。

一、董事。各州、县设柜征收之处，各置监收董事二人，由各州、县完纳钱粮多额者三十人中用互选法选充之，每年改选一次，其改选复被选者得连任。

按孝感陈请案选举董事，选举者与被选举者究无一定标准，因援照清剔税契案用互选法选举，且昭划一。

二、住所。董事就钱粮柜左近寄寓，以便逐日到柜实行监查。

三、名称。定名为钱漕监收所。

四、职务。

按：孝感陈请案第四条"权限"似欠妥协，且语意单简，各州县情形不一，殊难赅括。特遵此札参酌补正，仍改"权限"一条于后：

（一）检查易知由单。查胡文忠（林翼）奏定章程，每张粮券，附易知由单一张，粮户赴柜完纳，先掣取由单，实足杜柜书浮收之弊。惟各州、县由单多属册书自造、自发，数目字率草书，不可识辨，并有搁执由单勒索辛力等弊，粮户时被留难，反为民害。此后由单式样，应遵照前屠侍御仁守奏准定例，依银米若干，折制钱若干，实数数目，楷书壹、贰等字，俾民易知。其未用由单，及已用由单而不如上列式样之各州、县，应责成一律照办。册书如有任意填写及搁执勒索情事，董事得查明禀究。

按：收发由单，董事日不暇给，自不能不由册书办理，而由单不遵旧式及搁执勒索诸弊，董事究应检查，特遵批更正，仍须补入。

（一）严防高抬柜价，私限完银成数。查湖北各州、县地丁征银、征钱，均有一定章程，曾经咨部有案，自应遵照办理。惟向来征银解银之州、县遇有零星小户，不便完银，势不得不折钱收纳。应令按照市价合钱，柜书如敢抬价加收或因抬价之故复私限完银成数，董事得禀官究办。

（一）严禁柜书浮收。查花户赴柜完纳，时既迫促人复拥挤，柜书欺乡民愚懦，往往任意朦混，明知浮收，无可告诉。董事应随时查明阻止，不听，禀官严办。如花户应完之款恃有监绅故意刁抗，该董亦应明白开导，令其照完，不得稍涉偏袒，以示大公。

（一）严禁截券计息。查钱漕征收之法，始用滚单，继以亲催，最后差追。至奏销时，勒限扫数，所以防滞纳者至矣。乃近来各州、县于催征之法，全置不讲。粮书往往串通大户，私自收入，至批解期迫，即勾结钱漕丁幕，请官截券，借收重息，所截之券多半小户，截券之款收自大户；大户私纳，小户截券，官民两受其害。除照章应饬各州、县不准截券外，如柜书与花户私相授受，串通舞弊，董事得禀官究办。

（一）严查灾缓舞弊。查灾缓誊黄及地方官缓征告示，书吏多匿不张贴，粮书串通劣绅，往往提私缓征银米，囊分洒卖，捏户搪塞，或灾户已完上忙，下忙不为核减，名曰急公。究不报解灾券，复不注明缓征实数，借此弊混。国沛殊恩，民鲜实惠，徒饱书吏私橐。董事当尽心察访，如有缓征誊黄告示匿不张贴，及犯以上诸弊者，经灾户指实，得禀官究办。

（一）严禁差役讹索。查粮差讹索，最为民害，应由地方官酌拟差费，按里计算，呈候督部堂核定饬遵。倘粮差仍敢故违，于差费外仍向粮户需索舟车、饮食、客寓等费，经粮户指实，董事得禀官究办。

（一）以上监视各情及一切处理禀请事件，董事须置记事簿详载，以备查考，借觇成绩。

五、权限。凡禀官究办事件，得随时开单函请，以归简易，不得干涉本章程范围以外之事。

六、时限。上忙自三月起至五月止，下忙自八月起至十一月止，每年七个月，该董应逐日到柜监收。其余各月赴柜完纳者颇少，大户尚能与柜书照章辩论，该董毋庸常川到柜，以节糜费。惟遇有前条各项弊端发觉，经该董查实后，仍照前条办理。

七、经费。每月每董公给火食旅费十串文，每年以七个月计算，其费由选举监收董事时会同筹措，具禀立案，以便永远遵行。

八、补救。立一法易生一弊，每年于选举监收董事时，公议一次，见有弊端，即随时禀请设法补救。

九、惩罚。法固待人而行，然行乏既久，难保不生他弊，如监收董事有与柜书通同蒙蔽，徇循隐庇，不尽职务者，经合邑绅士会议，禀请斥退，以后不得复充绅董，倘有受贿实据，并应禀请追缴彻究。

附　　则

此案经督部堂批准公布后，布置筹划，官绅同任责任，应即会同商酌，克期实行，并将开办情形通报，彼此不得延宕。

复议清剔税契积弊案章程

按：本案除遵批补正各条，谨就原案厘定次序，别无增改。

一、局所之组织

(一)局所就旧有税契房或推收处改用。

(一)税契兼办推收，应定名为税契推收局。

(一)局设总董一人，协董一人，司事杂役无定额。

税额最少之各州、县局董可减少一人。

(一)总、协董由各州县完纳钱漕多额者三十人中，用互选法选充之，司事、杂役由总、协董同意委用。

(一)总、协董选定后，禀请地方官照会到局，任期以二年为限，限满改选，其改选复被选者得连任。

(一)总、协董月各支出公费钱十二串文，司事、杂役薪工由总、协董酌拟。

二、办理之方法

(一)业户投契后，即于契内填明本契价若干，税钱若干，契纸钱若干，或附收之钱若干，并照上列各项填具收条，发给业户，凭条领取，以便官民周知，永无浮征之弊。

(一)业户投税后，限十日缴还收条领契。

(一)收契无论多寡，每五日送印一次，署内三日印发，预备业户领契，彼此不得延误。

(一)税契正项及一切附收费，业户投税时，即须按数收清，于送印时，随缴地方官核收解拨，不得延宕。

（一）兼办推收时，应由地方官饬书将前年推收底册缴局，以便税契时，另册载明图甲户名粮数，税契后，照册按户推收。

（说明）照章推收，不假书手，为清查匿契最要关键，查广济推收虽未由税契局兼办，而推收经费，系由局拨给，每年推收册簿，亦系由局发交，是即由局推收，自无丝毫妨碍。开办之始，惟饬各书将前年推收底册，缮写工整，核对清楚，和盘交出，即为推收张本，克期举办不难矣。

三、总、协董之权限

（一）凡书吏有串通匿契、留难册底及一切舞弊情事，总、协董得随时开单，函请地方官核办，以归简易，但不得干涉局务范围以外之事。

（一）局内执务细则及司事、杂役名额、薪工，由总、协董酌量拟议，仍应禀由地方官呈送督部堂察核，听候裁定饬遵。

四、总、协董之责任

（一）设局以后，总、协董应视收数之多寡，熟察隐匿漏税、民间积弊之所在，随时设法补救，禀商地方官斟酌施行。

（一）税契既由局董经征，则款项之收付，册簿之保存，皆属总、协董专责，如有遗误，应惟总、协董是问。倘复有挪亏公款，并应切实究追。如无着落，责成公举人担任分赔，不得丝毫短缺。

（一）总、协董经征税契，如有需索弊混及不守权限、违背本项章程情事，一经地方官查实，或经绅民控告，应随时斥退究办。情节较重者，应禀请长官核示。

五、常年经费

（一）查广济局章，前此税契，尚只六分，系于一分留县办公项下，以五厘缴署，以五厘归局支用。常年契价以一万串计算，得钱五百串（原案一千串系缮校之误）。此外契纸留县办公一分，并旧例每契一张，誊写钱四十文，每年以契纸三千张计算，约得钱二百串，税收通足以九八缴署，岁得钱百余串，通计每年八百余串，以供局用及推收费尚无不足。近则契价增至十四五万串，契纸且四千张，除支用外，尚有赢余，各州、县自应一律仿办。现奉度支部新章加税三分，每分中各州县提扣一厘办公，照广济前例，亦应一半缴署，一半归局。

（说明）查广济誊写取钱四十文，税收通足，系因开办之始，经费支绌，故官绅会议就中设法弥补，议俟税收加旺时，即行停止，税额较多之各州、县可变通办理。

（一）局用各项，应以留局一半办公经费为限，支有余剩，仍尽数归公，拨充地方别项公用。局用细数应按月造册，报告地方官查核，每届年终编造总册，送由地方官核转通报一次。

附　　则

此案经督部堂批准公布后，布置筹划，官绅同负责任，应即会同商酌，克期实行，并将开办情形通报，彼此不得延宕。

附三：湖广总督批复①

查阅折开复议清剔钱漕积弊案，尚属妥洽，候即照准公布施行。惟清剔税契积弊案内常年经费一条，尚有疑义，已行北布政司妥议，俟议复到日，另由本部堂裁夺札知，此批。折二扣存（宣统二年七月十九日到局）。

照章核减典息以纾民困案②

（宣统元年十月十六日呈）

第一，请减之理由

窃维赊贷之政，创始于《周官》。倍称之息，见讥于贾谊。民间之有典当，所以济缓急，通有无，意至美，法至善也。武汉各典向例按月三分起息，嗣于光绪十六年奉前督堂张（之洞）抚院奎（斌）部院奎（斌）示谕，一律减为月息二

---

① 载《湖北咨议局文牍》下卷，原题为《覆议清剔钱漕积弊案批》。
② 本案为咨议局提议之案，载《报告书》中卷，本案批复见《讲求宣防以除水患案》所附。

分，以便贫民。其发典生息之公款，一律减为官息五厘，以示体恤。当赎平均，商民两便，历年以来，遵守无异。此外，各府州县亦迭经札饬照章核减。无如地方官吏或因保存规费，不肖绅董又恐丧失利权，往往联为一气，饰词搪塞，动以印卷宾兴育婴各项公款息重为言，故虽三令五申，依然违例滥取。不知公项所获无几，而贫民受累实多。他州县无论矣，即如蒲邑存典各公款仅四五万之谱，以一分减为五厘，公息所损不过二千有零，而合邑典当六家，架本约计三十余万，以三分减为二分，则贫民每年沾润者三万六千有奇。两相比较，孰得孰失，不待辨而自明矣。夫此项利息乃贫民脂膏，商家少一分之吸收，即穷簷多一分之生计。况比岁水潦频仍，灾黎遍地，与其筹赈募捐有名乏实，何若轻利减息寓抚于商。且典息过重，而乡间善权子母者咸借以为口实，于是有听价谷之说（自腊月照明年四五月高价外另加钱二百文），有新谷之说（自五六月借钱订定钱八百或九百谷一石至新熟之时归谷），有七百一串之说（自腊月借钱七百文至明年立夏还钱一串文），有洋厘十足之说（自腊月借银三分起息其秤限以洋厘而立夏归还其钱数又要十足）；而贫民愈苦矣。

第二，核减之办法

拟除江夏、汉阳、武昌、沔阳、监利及业经照减各州县不计外，如崇阳、蒲圻、嘉鱼、应山、利川、江陵、公安、石首、松滋等属，凡州县之未减者，请饬司严札通行各地方官晓谕各该典当，统限来年正月起一律照章减为月息二分，其旧日公款存典利息有约定者，仍其约定，无约定者从官息亦予酌减。

请提淮盐运商遵章应减款项案[①]

（宣统元年十月初十呈）

第一，应减之历史

查运商定章时，每银一两约兑钱一串五百文。至同治七年，银价涨

[①] 本案为咨议局提议之案，载《报告书》中卷。

至一千六七百文。当奉前阁督部堂曾札饬各岸督销局酌定鄂、湘、西三岸每百斤减价三钱，皖局每百斤减价二钱，在运商本利内扣去一半，应解盐厘内扣去一半，并谕将来银价如跌至一千五百文以内，仍当随时酌复。光绪二十一年银价跌至一千二百数十文，运商援案求复，并声明此后钱价兑至一千六百文以上，仍将岸价酌减，商等断不敢稍有异词。迭奉前署盐督张、前盐督刘先后酌复原减售价一半；二十九年银价低至一千一百余文，运商又禀请将原减一半售价按数全复，暂行贴商，并声明以后银价每两兑至一千六百余文仍请将岸价随时酌减，以昭平允，经前署盐督张批谕遵办在案。三十一年钱价渐平，前署盐督周曾电运司恩速谕四岸运商将同治七年份盐厘所扣之款一律归还盐厘，运商一再禀求，多借口甲午以还捐款及二十七年筹备偿款之新加厘课。后经前盐督宪周批定原贴之数暂行收回八成，其余两成暂行贴商，此后查看商力若何，再行酌量办理。迄今银两涨至每两一千九百文，运商并未遵章请减，江苏绅士前以此案呈请前盐督端亦未得复。是就历史上观之，银贵钱贱，运商除应减所得不计，又除厘金报效公费一切加价外，每售盐百斤净得本利银二两零。准之曾文正定案一千五百文则每百斤增钱九百数十文，每大票约计钱价可增银一千五百余两，复案之钱贵银贱时运商自称每票须加成本千金，今非特不复加本，更增羡余一千五百余金也。

第二，请提之理由

查食盐之地，即消费之区，吾民消费借资挽回，鄂省援章请提，自是正当办法。况银价奇涨即提减此款，在运商所入较之钱贵时犹有厚利存焉，正毋庸鳃鳃代虑为也。然运商反对亦必有所借口；不知运商借口之理由，曰甲午以还共捐巨款五六百万金也，然每捐百万，准奖实官以七八折售票请奖，核其实数不过捐银二三十万。曰偿款新加厘课也，然每票共银五百五十两，银贵钱贱之时，钱价所赢每票约增银一千五百余两，除完新加厘课，尚可余积千金。曰补缴票价共积银一百八十万两也，然以银贵钱贱三四年之久，照曾文正定案应追缴复回原减岸价一半，盐厘津贴二成，共计抵偿一百八十万金，亦属有盈无绌。曰新捐海军经费十万两也，然海军捐款计分五成，以三成为开办费，余两成以四年分缴，区区此款，毫不损失其倍蓰之利益。是从种种方面上研究之，运商固无丝毫借口之理由也。

第三，提分之办法

拟请督部堂按照鄂岸引数，咨商盐督照章饬提运商前复原减一半之价盐厘津贴之款。苏省为产盐地，盐厘二成应请扣归苏有，其原减半价按年充作湖北商办铁路经费。

附：湖广总督批复

据呈送请提淮盐运商遵章应减款项议案一件，均悉。查本案应隶入国家行政，与地方行政无关，且款项增减向归盐督主持，尤非本省所能独断，自应查照宪政编查馆电咨事理，毋庸具议，此批。议案一件存（宣统元年十月十五日到局）。

请撤下新河补捐鹅公颈局加抽案

（宣统元年十一月二十六日呈）

为呈请事。九月十六日，由议员刘寅熙介绍汉口茯苓帮首士蓝翎五品衔汪和声等陈请书。据陈："缘下新河查局违背统捐，勒令补税，前禀督辕暨统捐总局均蒙批在卷。现汉口下局刘宪遵总局批示，改从前旧章，饬内河鹅公颈局照黄州外江向章每药材百斤收捐钱一百八十文。第鹅公颈向章每百斤收捐壹百文，其所以轻于黄州者，因外江之货皆由水道，内河之货皆由旱道，此捐章轻重之分所由定也。当日者商战未烈矣，厘税定章尚权衡轻重之宜，寓体恤保全之意。今处商战竞争之世，朝廷设商部，镇市立商会，汉口开商业学堂，无非欲维持保护，使商务发达而不忍摧残也。胡汉局刘宪竟改内河数十年之旧章，示照外江一律以困商病商乎？况厘金改办统捐，经前阁督奏准在案，原上为国家裁冗费裕饷项，下为商民保血本减厘捐也。自黄州裁局，商民每以外江混内河，希图取巧。自新河勒税，查局概以内河混外江，捐令补捐。故去九月以来，一遇苓船无不补税，而苓商比未与抗者，因新河流急，无地停桡，恐遇风波船伤货坏，去岁杜立俊之苓船及今七月宏顺发、阎永和、义兴、公永、顺合、谦益永等苓船其伤坏皆明证也。致苓商抵卡均任其勒税而无可如何，而该局之收数由此盈，解款由此盛，比较由此，多内外人员遂据为媚上取巧之捷径，此前宪刘承绪所以邀总局之详情奖励也。茯苓如是，百货可知；上行之货如是，下行之货可知。似此统捐未统，既统复捐，非落地捐，非出口捐，特混之曰补捐。立名愈巧，作弊愈深，恐有补不胜补者矣。若谓外江内河朦混难别，莫如验各处雇船过载之货单。外江茯苓向至黄州完捐者，必由圻水之兰溪、巴河过载，均有货单可验也。若内河之由鹅公颈者，必有石炉栈房之交单，由团风者必有车行之交单，及水满时，有罗家沟分卡之捐票。况单上注明斤数，皆苓帮出入公秤较准。苟逐一验明，则外江内河可以别，斤数多少可以查也。爰缴各处货单验明，总局恳请将厘捐仍各照向章，沐批已详院定案，碍难准行，且斥为商贩取巧。知者茯苓由旱道运出者，至石香炉、团风等处过载，远则三百余里，近亦百数十余里，每百斤运费由一串数百至三串以外，而谓不惜如许之运费，希图每百斤减八十文之捐，亦不近人情之甚也。果使碍难，何改数十年之旧章而无碍，独行数百言之文牍而苦难呼？谨乞贵局转请督宪饬统捐总局，将前刘宪所改内河旧章照外江一律收捐之示撤还。至所减之团防号捐，明白悬示，勿以随捐混淆，并饬各局凡苓船抵卡，必查验各处货单，斯外江不能混内河，多数不能报少数。倘鹅、团等局查有外江之货，即斥其取巧减捐，加倍重罚。余均照单扣算，完纳统捐。外江内河仍各照旧章，毋任留难需索，查实果未偷漏，即予放行，再勿补税，并将两次所批各项捐悬示局外，以剔弊窦而恤商艰。"等情前来。当交议员审查。兹据审查报告书称："该书陈述下新河查卡揩索补税、鹅公头局改章加抽案稿到局，互查对勘，知下新河查卡不应开办补捐，鹅公颈局不应改章加抽，谨分析说明其理由。甲、下新河不应开办之补捐理由。查厘金改办统捐，张文襄奏案内有云'收捐章程：外省客货征之于入境第一卡，本省土货征之于出产地运出内河第一卡，计其指运地方沿途经过几局卡，将向章应完厘数合并计算，统于此第一卡征收一次，以后概不重征'等语，故改章后，凡经收统捐，各局卡于发给已完统捐之商贩票内注明合给此票，交该商作为已完由某处至某处统捐之据，凡在指运之地以内，如非起坡落地，不再重收分文字样，章程票据，何等明晰。今苓商由鹅局及鹅局之团风分卡报完统捐，指运汉口，是已于运出内河第一卡将抵汉厘捐统完矣，而中途之下新河查卡复勒收补捐，殊与奏案相违。该商既有统捐票可验，原无复补之理由，借云所捐不实，前卡员司岂伊异人，而何其独宽也。文襄奏案言局卡繁密，司巡苛暴，查验则到处留难，浮费则有加无已，洵为洞见症结之论。查粘抄折内，谓该查卡任意加税为掯索地步，一遂所索验票放行，未遂则加倍补税，当不尽诬。原书又谓'若新河查卡理宜收税，则鹅团之局可裁；若鹅团失察，新河不应补捐'数语，亦甚明了。夫改办统捐，原以便商裕饷，既统复捐，是增倍也，商何所便。商既不便，饷何自裕，此下新河卡不应补捐之理由一也。查该查卡补捐之开办，据总局抄来详院文稿内叙汉局刘令承绪禀称：'樊口北岸黄州一局裁撤后，上自汉口，下至武穴，水程四百五十里，无抽收过境之局，商贩得其便宜。虽有经收出产如沙口、鹅公颈、樊口、富池口各局，均设横水港内，商贩岂肯绕入完捐，始则运汉所以扬帆上驶，抵汉后起坡过载，偷减实多。去秋九月前委舒令察悉情形，禀准于下新河卡开办上水补抽统捐，商贩则无可逃遁矣。而下新河卡不独补抽统捐，并兼查上下水各局之遗漏，应统不统之误核。'云云。此指外江货船以为言也。查文襄改办统捐告示内计开章程十条，其第二条云：'宜昌为四川货物进口，宝塔州及太平口以为湖南货物进口，武穴为江西货物进口，均定为抽收进口总捐局。'然则外省客货之入长江者，无不有收统捐之第一卡。统捐章程第三条云：'本省出产货物，止于内河出江各河口扼要抽收。现以金口、沙口、樊口之南卡鹅公颈、富池口、蔡甸、清滩口、沌口为抽收产地土货由内河运出长江统捐局。'然则本省土货之入长江者，又无有不收统捐之第一卡，何取乎于新河，而复设补卡耶？若谓自武穴至汉口无抽收过境之局，则有章程第七条'汉口过载厘金，凡上下游商船可于经过第一卡一并核计统收'之例在，新河补卡自毋庸设。若谓商贩偷税，局卡遗漏，则章程第二、第三两条有云：'如有统捐票呈验，即盖某局查验讫戳记，交还商人收执，如无统捐票呈验，即系绕越偷漏卖放，应照章补收，并加罚五倍，以示儆戒。'商人惜财重于生命，即令内河各局卡尽设横水港内，商贩岂肯避绕入之劳，不完统捐扬帆直驶，坐受第二卡于补捐外令加五倍之罚乎？是无论商贩不敢偷脱，即间有局卡遗漏，彼亦不自愿遗漏，必输捐请票以行。何也，有重罚随其后也。刘令所禀开办补捐原因，揆之奏案章程，尽属龃龉；质之人情，亦不相合。且查改办统捐时，下新河查卡业经文襄札饬裁撤，并出示有案。乃无端复设，已可骇异，然犹曰不过查卡耳；及去秋禀准开办补捐，则居然捐局矣，然犹曰仅抽上水补捐耳；而今日刘令禀称兼查上下水各局遗漏应统不统之误核，是举本省境内数千里长江扼其中权设一第二统捐局矣。而刘令禀内自言验符者少，不符补加者多，何各局遗漏误核皆成习惯，而新河一卡独能精核。若谓非勒加，谁其信之。国家改为统捐，剔除厘金积弊，既以只捐一次概不重征号召商民，商民亦各于入省出口之第一卡完有指运长江某处之统捐票。乃复于此故意苛索，逼勒加补，上失信用，下困诛求，岂为得计？此下新河卡不应补捐之理由二也。乙、鹅公颈局不应改章加抽之理由。查茯苓一项，由兰溪、巴河出口者，旱道少，运费减而成本轻，故前此黄州局每苓百斤收捐钱壹百八十文，此局批所谓外河章程也。其由鹅公颈局、团风分卡出口者，旱道长、运费多，而成本重，故鹅团向章每苓百斤收捐钱壹百文，此局批所谓内河章程也。权轻重以定征额，当前此厘金繁密之日，尚寓恤商之深意。今者改为统捐，与商民更始，而刘令乃谓外江苓贩自黄州裁局后，希图取巧，皆向鹅团完捐，避重就轻，致下新河查卡抽收补捐每多争执。于是禀准饬鹅团局卡照外江倍重之税，则概征内河之商船，以归划一。彼内河苓商真所谓池鱼殃及，此非惟与恤商初意大相剌谬，亦且与统捐办法不合。统捐照旧章而鹅团改章统捐非加捐，而鹅团加抽内河，商民且有款不若不改统捐之为愈者，良有以也。况内河既已加抽,而出江以后驶抵新河查卡,仍须补捐,商力有限,何以堪此。且一方作俑,他方必从而生心,此事影响于统捐前途,至为重要。是则鹅公颈局不应改章加抽之理由也。为今之计,惟有申明定章,黄州之局既裁,兰溪、巴河出口苓船自以鹅团为经过第一局卡,其统捐应归鹅团征收。亟宜呈请护督札饬总局转饬鹅团局卡,凡苓船自内河出口者,仍照内河向章,每百斤征税百文,以示体恤。其苓船自外江绕入完捐者,则照外江章程,每百斤征税一百八十文,以裕饷糈。鹅团局卡位置适中,而来船有上流下流之分,则辨别易。外江内河各遵旧章,虽完捐有此轻彼重之殊,而怨咨泯。如外江苓船绕越偷漏,不入鹅团输捐,及凡长江上下游商船不赴各该出口第一卡完捐者,经下新河卡查无统捐票据,即报知汉口专局复查确实,由汉局按章补捐加罚五倍,以儆刁滑。而下新河查卡立予批销,抽收补捐之案仍还查卡之旧,以肃统捐捐章。如此则于奏案不相背驰,推行可以尽利,于商民毫无窒碍,输将自然踊跃,湖北统捐庶有日新月异之现象。不然,违章补捐、改章加抽若刘令者,惟求该局收数之优胜,不顾竭泽而渔,势必摇动商船之人心,难免为丛驱雀。方今洋旗蔽江,有识寒心,其所以致此之由,皆向日局卡员司实阶之厉。今纵不能减轻税额,招回华商,更何忍于统捐外变本加厉,令商民铤而走险乎?敢布区区,用效一得,是在通达政体,总揽厘纲者之能纳刍言而善于后。"等因。本局业于十一月二十二日开常驻议员会公同讨论,佥谓宜据情直陈,静候钧裁。为此备文呈请督部堂察核酌夺施行,须至呈者。

附:湖广总督札复[①]

为札行事。据湖北统捐总局详称:"窃照职局前奉札开:据咨议局呈称,九月十六日由议员刘寅熙介绍汉口茯苓帮首士蓝翎五品衔汪和声等陈请书。据陈,缘下新河查局违背统捐,勒令补税,前禀督辕暨统捐

[①] 载《湖北咨议局文牍》下卷,原题为《札复汪和声等陈请规复完捐旧章文》。

总局均蒙批在卷等因，奉此。当经札饬汉口局查议禀复，以凭核办去后。兹据该局委员程守道存禀称：遵查茯苓帮首士陈请书及议员报告各节，一在规复完捐旧章，一在撤销补捐新案，往复辩论，均以体恤商艰为词。当将前委刘令原禀详加考究，乃知从前禀请内河外江苓捐划为一律，实非无因。缘茯苓本分两路，由兰溪巴河出口者至下新河分卡完捐，由鹅公颈一带出口者，至鹅公颈团风分卡完捐，于商人本无不便。惟因外江捐章较重，不免有取巧商人绕入鹅公颈分卡完捐，而鹅公颈分卡司事亦因比较增多，来者不拒，且间有持票至江浔招揽苓船者，谓之望江写票。此刘令所以自顾考成，而有划一捐章之请也。但刘令只能见征税一方面，而于内河商情一方面实未详筹熟计。查禀请改章办法，外江减防号九十文，内河加正捐八十文，有减有增，故能仰邀宪准。第其改章以后，外江苓船固得减收防号之便宜，而内河苓船实受加收正捐之牵累，此议员报告所以有池鱼殃及之喻也。知府再四察核，内河茯苓旱道多，成本重，外江茯苓水道多，成本轻，此系实在情形。拟照提议原文，规复旧章。鹅公颈苓捐仍令每百斤完纳一百文，下新河苓捐仍令每百斤完纳一百八十文，所有正捐一串，带收筹防五十文，赈捐一十文，仍行照旧。其下新河团防号捐九十文，既经宪台裁减，拟亦毋庸再收，以示体恤。至所请以筹防赈捐数目悬示局门，勿以随捐相混等语，下新河早经分别牌示，应请饬知鹅公颈局一律办理。又议员请裁补捐一事，此系奏准通行之案，似未便因下新河一卡掣动全局，且设立补捐大票之意，各商实未详知，从前各局查有漏捐及添载之货，动辄科罚，现在查有漏捐及添载之货，但令补捐，体恤商情，实为良法美意，拟仍照旧办理。惟补捐必应核实，倘各商船并无隐漏，亦未添载，各局卡即验票放行，不得再令补捐。如司巡有强勒情事，准即指名控告，查实严办。仍请行知鹅公颈局，严饬司巡，凡外江苓船，该局不得收捐给票，如查有揽收外江苓船情弊，即行撤差、记过。似此办理，于商情既便，亦不致损碍饷源等情。据此。查茯苓捐章，向有内河、外江之别，如由鹅团两路出口者，经过鹅局则照内河章程，每百斤抽捐钱一百文，如由兰溪巴河等处出口，经过下新河赴汉口者，则照外江章程每百斤抽捐钱一百八十文，轻重不无悬殊，办理未能划一。该商等以新河补抽太重，商民受累，一再呈控，当经饬据前办汉口局刘令查议章则，禀请以后下新河茯苓捐每百斤仍令完钱一百八十文，每收捐钱一串，免收团防号捐钱九十文，并饬鹅局改照樊口局旧章抽收，以防商民避就取巧之弊，详准饬行遵照在案。今该商等复以内河、外江运道远近、成本轻重不同等词哓哓渎请，既经程守详细考查，该商等所陈尚系实在情形，自应规复旧章，以杜借口。拟请嗣后鹅公颈茯苓捐仍令每百斤完纳钱一百文，下新河茯苓捐仍令每百斤完纳钱一百八十文，所有正捐一串，带收筹防捐钱五十文，赈捐钱一十文，仍行照旧。其下新河因防号捐既经裁减，仍准宽免再收，以示体恤。至下新河补捐一节，因防奸商狡谲，前局被其朦混，或沿途添载以致货票不符，始行责令补捐。其已照章完纳货票相符者，并不准加以苛勒。如有不肖司巡格外浮索，自是在下者违章之咎，并非在上者立法之苛，应准商民等据实禀陈，立予严办。补捐系通行章程，诚不能因下新河一卡掣动全局，该议员请裁补捐，应毋庸议。如此办理，既可以下恤商情，亦不致有妨捐政，如蒙允准，拟请颁发告示，晓谕遵行，并札行咨议局知照，除俟奉到批示，再由职局分饬汉、鹅两局并下新河等处照办，并令将章程榜示局门以昭大信外，所有遵饬议覆茯苓捐，拟请仍照内河、外江旧章分别饬遵。"等情，到本护部堂。据此，除批示转饬遵照办理外，合就札行。为此札行局中，希即知照。须至札者（宣统二年二月十三日到局）。

减少黄梅应山县烟酒糖税案①

（宣统元年十二月初四日呈）

为呈请事。十月十四日，由议员邢璜介绍黄梅县附贡梅宝瑷等陈请烟酒糖税统照各州县办法仍旧改为认捐一书。据称："梅邑烟酒糖三捐，自光绪二十六年经前印委各员察看市面情形，每年认捐钱二千九百余串，

---

① 本案为人民陈请建议之案，载《报告书》下卷。

绅收官解，商民两安。光绪三十三年，武穴筹饷局委提归该局办理，于县城、孔垄、独山、杨穴等处各设分局，多派司事巡丁，几同关卡，任意加增。如烟叶一项加捐数倍于前，民不堪命。糖酒两项，零沽带卖，并无专业，乃至巡丁闯搜内室，骚扰坐商，司事守望，中途诈讹，行贾有罚金四五十倍匿而不报者，有力难认罚遂受责押拖累者，有担负小贸一货重捐至绝生计者。种种情状，笔难罄述。窃梅邑民贫土瘠，生计萧条，土货无多，既非繁盛市镇，而分设局卡至三四处之多，殊与局章相背。即云烟叶一宗，黄梅颇有出产，然每年合计为数无多，兼之近年烟价日跌，捐数日加，因此改种杂粮希脱赔累者日多一日。若不设法变通，则梅邑此项出产将来必有绌无赢，捐款亦因之日减。是害在民而官仍间接受之。且黄梅贫瘠甲于阖省，多设局卡，其捐数未必增至数倍，而卡费薪资亦不少，故司事意存见好，则非虐征苛罚不为功；局委意欲取赢，则非纵容司事扰害商民又不足以慰其望。查定章除繁盛市镇外，各厅州县均系认捐。广济之武穴，同一县地也，武穴设局，而县城则仍系认捐，不设分卡。梅邑事同一例，何至独受此累。为此恳请调查敝邑每年报解实数若干，仍由本县照数摊认，并恳呈请撤去分局司事，以免扰害。其每年认捐之款，仍照旧章绅收官解，严定责成，不得短少，毋须由武穴局经过，以省烦费，上下直接，官民两便。"等情。又十一月十七日，由议员涂占鳌介绍应山县熊居正陈请恤减烟酒糖三税以苏民困一书。据称："应邑地属山林，民多困苦。自有烟酒糖捐，民困益甚。夫烟酒糖三项非养生物，即重税以裕饷需，且寓卫生之义，安敢议减。无如应邑开办之初，未遵上宪定章，以致贻害匪浅。生等目击心伤，不忍缄默，用敢缕晰直陈。查应邑糖税无几，车糖由汉贩运，已按包抽税。熬糖之户仅下秋一季，均系小贸，常年认捐不过三十余串，尚无大累。烟叶一项，县东十三会向多栽种，穷民借以谋生。约每担六七十斤，每岁可出烟叶百余万斤，客贩畅行。自前宗宪创办烟捐，各行户认缴税钱七百串，乡民不甚受苦，销路亦广。迨王令奉委专办，每百斤骤加税钱千文，又于烟户收刨税五百八百不等。嗣后逐年种少，至今不过十余万斤之谱，且苦其难售，东路居民生计日蹙。然烟叶之害仅及于种户，犹未及于各乡。更可惨者，酒税一项，应取税于漕坊酒匠，不应征收于乡民。前宗宪谕绅劝办认缴酒税之数，与烟叶等，合糖税共解一千五百余串，久有成案。讵王委至县，下谕勒令各乡绅保均按旧章加至三倍。正绅保等不敢承认，而滥绅劣保贪缘渔利，或照田派捐，或照人派捐，或照牛派捐。颛顼苛勒，民不聊生，稍有违拗，即架以抗公大题，禀县拘究。乡民何罪，绅保恶索于前，差役严索于后，中人之产立破，而无产业者甚至卖妻鬻子以偿。今春滕令悯愚民无辜被害，据实申详，蒙上宪批令责成熬户试办半年，再行立案。而权书叶湘三故匿批文，不令生等得知，后经查出，犹然上下因循，收数如故，未见申详定案。生等拟为民请命，非必格外要求。如烟酒糖三税仍复一千五百原额，则生等阖邑沾恩。"等情前来。当交议员审查。兹据审查报告书称："应山县熊居正、黄梅县梅宝瑗等陈请书各一件，所陈皆烟酒糖税情形，大略相似，自可归并审查。据应山县熊居正所陈，该县向经宗令谕定每年缴钱一千五百串，绅收官解。后因委员王查税到县，勾通劣绅，骤加三倍，因不敷数，致有照田派捐、照牛派捐之事。现任滕令申详请减，上宪批令试办半年核夺，又被叶湘三匿批不发，仍然搜索如故。此应山县烟酒糖税之情形也。黄梅县梅宝瑗等所陈，该县向年认缴钱二千九百余串，绅收官解。至光绪三十三年改归武穴筹饷局办理，乃于孔垅、独山、杨穴等处各设分局，多派司巡，居然关卡。该司巡等任意苛索，烟叶则骤加数倍，酒糖则入室搜寻，中途销缉，有勒罚至四五十倍之事。此黄梅县烟酒糖税之情形也。查烟酒糖为销场税，烟叶既为两县土产，凡贩运出境，但完出口统捐，决不能概照销场取税，此中界限自应分明。应山县所陈烟叶每百斤加税一串，又索刨税五百、八百不等，是一货两征，不合税法。黄梅县既出烟叶不多，而设局劳费，亦觉得不偿失。税捐皆朝廷不得已之举，若听胥吏因缘为奸，则重累吾民，当为行政长官所不忍。该两县非不认负担，而征加额外，无怪其积不能平。朝廷明诏迭颁，严防抑勒，尚敢借公苛敛，违背向章，由此推之，恐受害者不仅应山、黄梅两县也。应请饬筹饷局呈明应山、黄梅两县每年缴税若干，有无侵没，并饬两县令调查每年实销烟酒糖若干，应纳税若干，规定数目，委任公正绅商遵抽汇解。黄梅所设孔垅、独山、杨穴等埠分局一律裁撤，以免滋扰。应山之亩捐、人捐、牛捐如果实有其事，急应彻究，以儆效尤。一面通饬各厅州县查明烟酒税有无滥章流弊情事，不假手胥吏，不苛刻商民。总期涓滴归公，民无怨謣。"等因。本局业于十一月二十九日开常驻议员会共同讨论，业经通过。理合备文呈请督部堂察核施行。须至呈者。

附：湖广总督札复①

为札复事。案据湖北咨议局呈称议员介绍应山县熊居正及黄梅县附贡梅宝瑷等陈请书两件，所陈皆烟酒糖税情形，自可归并审查。据熊居正所陈，该县经宗令谕定每年缴钱一千五百串，绅收官解，后由委员王勾通劣绅骤加三倍，致有照田派捐，照人派捐，照牛派捐之事。经滕令申详请减，上宪批令试办半年，又被叶湘三匿批不发，搜索如故。此应山县烟酒糖税之情形也。梅宝瑷等所陈该县向年认缴钱二千九百余串，绅收官解。光绪三十三年改归武穴筹饷局办理，乃于孔垅、独山、杨穴等处各设分局，多派司巡任意苛索，烟叶则骤加数倍，酒糖则入室搜寻，中途锁绁，有勒罚四五十倍之事。此黄梅县烟酒糖税之情形也。查烟酒糖为销场税，烟叶既为两县土产，凡贩运出境，但完出口统捐，决不能概照销场取税，此中界限自应分明。应山县烟叶加税，又索刨税，是一货两征，不合税法。黄梅县出烟叶不多，设局劳费，恐得不偿失，应请调查应山、黄梅两县实销酒糖烟若干，每年缴税若干，有无浸没规定应纳税数目，委任绅商遵抽汇解，分局一得[律]裁撤，以免滋扰等情。前护部堂杨（文鼎）未及核办，交卸本部堂。查烟酒糖三项，屡经前户部奏准加倍收捐有案，因其为消耗品，非贫民日用所必需也。湖北烟酒糖税始于光绪二十五年，当时订定办法，只就出产地方收税一次，听其出境

---

① 载《湖北咨议局文牍》下卷，原题为《札复应山县熊居正及黄梅县梅宝瑷等陈请案文》。

行销；其由他处运来者，另收落地税，方准销售。是出产税与消场税各有界限，本无不分明处。烟税取之于烟业，刨税取之于刨工，各收各税，亦不得谓之一货两征。惟查应山土酒，乡民半饮半售，稽察不易。王故令整顿之初，捐额虽增，收数迄未起色，可见乡民漏税、绅董侵蚀均不能免。前署县滕令禀请撤销原办绅董，改用警察、绅首办理，令造酒之家随时自赴绅首处照章报税，给与执照，方准酿酒，查有匿漏，分别充公究罚，早经善后局试办半年。该县迄未实行，自可照滕令禀准原案暂行试办，且俟半年期满，察看收数多寡，有无流弊，再行斟酌办理。至于烟糖两税，乡民完纳踊跃，仍应照常收缴，未便更张。黄梅县烟叶、烟刨及酒糖两税自归武穴筹饷局兼办，每年收数亦不过四千六百余串。现经本部堂饬县会商绅士议由地方官督率绅董协同征收，年额暂认三千八百串，如果收数有赢，再行核实加认。国课商情，冀得兼筹并顾。筹饷局所设县城、孔垅、独山分卡三处，准俟交接清楚，一并裁撤。此外，杨穴地方本未另设分卡，梅宝瑗等所陈筹饷局苛罚扰累，本部堂亦查无其事，均应毋庸置议。除札饬遵办外，为此札复咨议局查照。须至札者。

军田估价总书揩册案[1]

（宣统元年十月二十四日呈）

为呈请事。九月二十日，由议员时象晋介绍枝江附生曹孝原递到陈情军田估价总书揩册一书。据陈："生祖居枝邑，籍隶军家，于光绪三十年遵照按亩估价章程，已将契税清并遵收布政使司印契一纸。生惟知奉公守法，何敢妄议大政。然朝廷变法，锐意自强，广开言路，咨议将行，故黎庶切瞻云之望，草野抒献曝之忱。如改军作民一事，已有年所，理宜赴柜完纳，方无负朝廷变法之至意。奈当事者揩册不缴，使州县无从办理，以致为总书者如故，为掌管者如故，新章所谓一概革除者，至今未除。考张（之洞）相国于光绪三十一年另定新章八条中有税契一条

---

[1] 本案为人民陈请建议之案，载《报告书》下卷。

云：有完银一两者，缴税契钱及局费钱八千文。至今当事者只论粮石多寡，不论银两轻重，竟有每石索至二十余千者，或多至三十余千者。新章又云：有照估价章程税多者，准其留抵今明两年钱粮。至今当事者不准留抵分文，反从重苛收。军粮向无定例，闻当阳现立碑据，每石以二千为定，许其赴柜完纳。本邑不但不能赴柜，竟有每石索至三四千至五六千者。闻自屯漕合一后，运火已免，至今当事者仍与粮饷并收，甚至各项正数已足，而又外索十足钱、契纸钱及运丁火耗钱。种种弊窦横生，乡愚难堪。窃思圣朝深恩厚泽，每值旱潦之年，特颁缓征豁免之诏。如枝邑地属偏僻，居高乡者十之二三，居低洼者十之七八。今岁水灾异常，饥民嗷嗷，赈恤难缓。而当事者复加以无定之悉索，重以差役之追呼，乡愚其得保安者几何。生荷朝廷之恩，恭逢立宪之时，不忍军家之愚民终困于书役掌管之手，是以不揣冒昧，切实指陈。祈查议公决，转呈督院酌定划一章程，每粮一石折定钱数完纳，无论屯饷运火，共该完钱若干文；至税契亦折定钱数，每石共该税钱若干文，著为定例，布告全省，使乡愚咸知照章完纳税契，以绝军家累世苛收之弊，庶几愚民之脂膏不致剥削殆尽，则合邑幸甚，全鄂幸甚。"等语。当交陈情委员会审查去后。兹经审查报告前来，报称："卫田旧本公产，自有明鼎革后，多被人民占种占漕，例载康熙年间谕令军户备价自赎，是卫田向为国有，后已变为民有。圣祖仁皇帝不忍强夺之民以还之军，其意可想。自是屯产不言买卖，但言推管，其实用价得产，与民田无异。前督宪张（之洞）示中所谓各卫田屯户实系用价典买而来，职此之故。案起光绪二十八年，有不谙漕例之言官条奏各省卫田按亩估价，照数追缴，督宪奉旨饬办，遂于省设卫田局，派员清丈，亦知缴价万难强行，乃分田为上中下三则，估价税契，外加局费，减重为轻，意亦良苦。而委员四出如虎如狼，随带司事人役缩短弓尺，信手丈量，多方恶索，前督宪张示中所谓纷纷来省禀求宽减另丈者以此。军田毗连民产，丈从何起，势不免贿役短丈，挟嫌妄指，抑或抛却奇零，任意开报。前督宪张示中所谓报有溢额缺额者以此。间有一二州县禀准照粮计亩，照亩派税，而税契綦重，办理过严，遂致酿成宜城杀戮百余人之巨案。乃更定新章，按照司道两库额征正杂各款，每银一两缴税钱局费八串文。其所谓正银者盖即屯田之赋，系国家正供；所谓杂款者，系屯丁输以济运，各卫异名，各船异费，要皆等于津帮而非国课。自运停后，咸丰八年胡文忠公（林翼）将此项银两奉拨军饷，杂项遂与正银并重究之。杂项初非田赋，税田而兼收杂项，此又一误。然屯户并此减税八串之惠尚多未能实受，此示初出，州县多匿不张，仍旧收税。有私收而不与契者，有税多照章抵完钱粮而不抵者，有粮完折色亦照此数混算者，有地塌粮存报勘不勘而仍收税者。种种苦状，殆难笔罄。如曹孝原所陈仅其一端，而以枝江概他州县，蠹书积弊，举可想见。窃卫田本屯户所固有，无端令其缴税，杂项本运丁所自筹，而又因以征税，即令减税八串，尚是宜城百数十人性命换来。若枝江等处并求纳八串之税而不可得，当此天灾流行，饿殍载道，万一追呼过迫或又如宜城激变，纵民命不足惜，如国家事何。本委员会念屯户无辜，既不幸遭此计臣一言之害，又罹此蠹书之苦，呈控而身先受累，忍辱而家以终毁。如此情状，实不忍壅于上闻。谨将原书并报告原委呈请督部堂查明定章，饬有卫田各州县勒令卫书迅造屯田名册，收数细目，何户税完，何户税欠，何户收多数抵应粮若干钱，毫不容含混。总计一邑收数、欠数榜示于众，申送备查；并请出简明告示，钱粮仍照向完之数完纳，税钱除此八串外一概不准需索分文，向有之册费、编查费、一切杂项及公帮置产及军头等名目，仍依前章革除。闲丁一项准照部咨查明豁除，所有塌地饬即报勘豁免，已报验之灾区亦从缓征。庶屯丁蒙恩，蠹书无从弊混，税契暂可清收。至曹孝原所陈总书揩册不缴等情，卫官既已裁撤，即不应复有卫书名目，应请督宪严札：凡有卫田各州县，勒限将应完正杂报解各款底册追缴申送到院查核，立将卫书裁撤，并柜征收，以除积弊。税契既经前督宪按照正杂银两定为每年缴钱八串，是钱粮税契已经折色。所谓酌定章程每粮一石折定钱数完纳，税契亦折定钱数，每石该税钱若干之处，可毋庸议，以符定章。"等因。复经共同议决，理合据情呈请督部堂裁夺施行。须至呈者。

附：湖广总督札复①

为札复事。案查宣统元年十月二十六日据咨议局呈称"枝江县人民陈请建议军田估价总书揩册"一案，本署部堂详加披阅，所陈军田积弊各节中肯要，而格外浮收，尤应实力整顿，免致扰累。卷查上年七月间，曾据枝江县孙令星煜禀称该县原额田亩十一万三千余亩，而所存归户册内只有九万余亩，即以此数，每亩平均作银七分，上田加一分，下田减一分，荒田湖地以次递减，作成银数，再定章每八千征收，并在江口设柜，听花户自行投柜完缴。当经司局核与定章相符，批令刊示章程开办在案。兹阅局中所议之宗旨，正与该县禀准办法适相吻合。至议案所称勒令卫书迅造屯田名册等语，查屯户完税欠税清册，县署自有收税底簿存根可查。该县卫田地亩册，三十一年归户原册俱在，户柱田亩全不相符，此时亦无从查对，须俟此次税契办完，换柱填照，自有根据可稽，将来实在坍塌田亩若干，办完时方能核出确数，能否豁免，届时再行核办。其各船总管、屯头、什军人等，照章虽应一律裁革，惟此时粮税两项茫无头绪，仍不能不用以查催，一时似未便遽行裁革，且江口已经设柜，花户尽可自完，不必假手屯头人等。俟办有端倪应即另行裁改，以除积弊。除仍饬该县随时严密督查，恪遵定章，勿任丝毫浮收外，为此札复咨议局查照。须至札者（宣统二年三月二十日到局）。

第五　吏治类

整顿湖北吏治案②

（宣统元年十月十六日呈）

一、汰冗员

湖北所辖厅州县缺仅六十有九，候补人员多至十数倍，而分发到省

---

① 载《湖北咨议局文牍》下卷，原题为《札复枝江人民陈请军田估价案文》。
② 本案为咨议局提议之案，载《报告书》中卷；本案批复见《讲求宣防以除水患案》所附。

者且以岁至，佐班则又过之，除实任委署关卡局所差遣外，类皆无可位置。措资既窘，奔走钻营势所不免；气节既隳，谋略可想，是当随时查看。有所谓正途者，大都自考试来也，甄别复以文试过矣，通经致用乃为真儒。试之以事，才不才立见，实行汰老（衰迈不振者）、汰迂（不识时务者）、汰惰（不勤案牍者）之法，十得八九矣。有所谓检举议叙者，或人在此而案在彼，或甲宣劳而乙冒奖，事既不实，才焉足信？验其实迹，以课殿最，能者任之，伪者黜之，实行汰庸（才欠开展者）、汰巧（因事见好者）、汰滥（名实不符者）之法，而真才出矣。有所谓捐纳者，朝入赀而暮授职，贤不贤非所知也。抑其间岂无一二贤豪托赀即以自见，而品流既杂，钱神当道，既以开倖进之门，又以广苞苴之路，今即停止实官而移奖复滥，此又不捐之捐。若美其利而恶其人，何以服众？诚缓其任期，考其学行，量可而予，庶可补救前失，实行汰昏（不通文义者）、汰滑（专事应酬者）、汰浮（性情流荡者）之法，百不失一矣。今者部章既严定考成，法政又勤为讲学，试之不艺，教之不能，罢之复何足惜，正不必意存宽大、姑事优容，转使及老放归无以自存。盖一以善个人之退步，一以儆国家之官邪也。如是，则仕途清。

二、勤考核

品官到省，例须禀见，见后或朔望或牌期，又须谒见大宪。日接数十员，即强有力，日终必疲。疲则以不见辞，或数往或数十往不得一面，即得见，寥寥数语，此亦何由别其贤否？昔林文忠（则徐）之御下僚也，每见时设长案共治事。公亦自治，事竣公为折衷，若臧若否，期于至是。诚仿此法，预备一官禄，一省闲员多不过千百，督宪而下，藩学臬道府宪皆所统属，诚定时刻，各署先期牌示某日见某员，定以十数，正班六佐班四，见即不话寒暄，出公牍共判，六宪日各十员，依次轮见，一轮毕，一轮复始，日六十员，十日则六百员矣。冗员即多，月余当一无不见之人。一轮周则命胥吏总所判牍合校之，判之时派精于法律之员监之，所判牍另纸录案由署名其下。判后加批盖戳，彼此戒接谈，戒互观，务使真相毕现，年终则大加甄别，判事中者录用，其一年中判牍终不中理者放回，此亦淘汰冗员之一助也。如是则能员显。

三、祛夙累

宦气著人如瘟疫传染，恒积久而不能去。一人入官，全家变态，日用寻常渐即奢靡，侍儿倚门亲串接屡，来来之呼声震耳，施施之骄态逼人。一旦罢职乃各囊金而去，亏累则自受之。此私累也。至于在官藩牌一悬，报喜则例有重赏，谢委则各有门包，馈幕则礼有加敬，荐人则坐有干修，寿敬节敬依时不绝，接差送差其礼有加，差门因之遂得上下其手，冒报浮开，稽核稍严，则故颠倒其事，以犯其所敬，而为所敬者亦非餍其从者之欲，亦将报以是术以激怒而引隙。两两交迫，虽其悭亦不得不竭力以供，而此外之例差，过境之差徭，又纷至而沓来，应之不敢稍惜，甚或措办要差初许作正开消，后不准列入交代，若诳垫者然。此官累也。由前言之，固属己私，非长官所能代谋，而俭以率下，下亦何敢骄纵。此中之保全不少，抑或量缺肥瘠限其随官人数，彼亦可援以相谢，此一术也。由后言之，大官察吏奚乐有此，承顺效媚之人，便一己以累百官，且累之不已，后无所出，必至朘削百姓，又岂所忍为。诚申明乾隆四十六年革除陋规之禁令，上下内外一切弊端，悉予裁汰。违者榜示其名于外，以为众儆，庶人知羞恶，不敢再以媚献矣。如此则重累消。

四、定公费

官有廉俸，按日月算给，意本至公。而实缺全领，署事半领：曰减平，曰减成，曰文员报效。除领费外，所得几何，诚不足以赡身家。所借以办公者，钱漕平余也，驿站马干也，田房税契也，土产杂税也。之数者，非取诸民，即窃诸公，又皆非分所应有。而钱漕改拆，驿站议裁，税契核实，杂税无常，此后更无所恃。近且新政励行，在在需款，计无所施，势不至于私征匿税不止。是非官之自出于贪婪，实不得不然耳。不若查清底缺，按其缺之大小，事之简繁，酌分上下中三等，以定其费之多寡。上缺酌视外国之头等知县加费若干，中缺酌视外国之二等知县加费若干，下缺酌视外国之三等、四等知县加费若干。费定后划清界限，某为官款，某为地方款，已定官款，地方不得剥削，已定地方款，官亦不得挪用。所有流滩津贴诸名目，概划于公费之外，另款开消。凡地方自筹之款，听其存案，上不得提，官不过问。如是则官视义外无可求之财，分内有应为之事，其心稍安，不更觊觎美缺矣。

五、专责任

州县为亲民之官，国家最为注意。钦颁州县事宜，剀切详明，责无旁贷。佐官不擅受，要案必亲理，例有明文。乃一二有司，或意酝晏安，或计在调剂，往往以重大案件委之所属。属员得此，如渴得饮，急思满喉，即签役以往，县差从之，齐声咆哮。在民一事已经两扰，而此来意在居奇，甲贿入则右甲，乙贿入则右乙，甲与乙两贿，则故模棱其语，以牒悬悬，求其实不得，转向其口探索，则不遑计事是非，但视所得多寡以为轻重，不惟信谳难成，而民财先已多耗矣。更有禀请帮审之问官，大约以讼繁难理为辞，上宪亦以为清理狱讼而推诿之。不知代人听断，事关印官处分，明者必先有所顾忌而不肯尽情，暗者以为与己无伤随意划分，最易于罪。有所出入，甚或侨居日久，于本地情形既习，劣绅差门暗相钩串，市恩鬻德，率以为常，遂置请者之付托而不顾。国家设官，所为何事，裁判须人，官将何为，不过兀坐欠伸，与二三幕友官亲斗拇战耳，打麻雀耳，坐卧上房与妻妾共谈笑耳，岂知署内嬉笑自若之时，正堂上百姓呼号无门之候。言念及此，可为寒心。诚时为申儆，严禁委讯，万一事难分身，亦须先将所委之员、所委之事，就近报告该管上司，有失则两罪之，庶稍知儆矣。（外更有各处之首县，例须请员帮审，本官专奔走，不时亲案牍。不知此官之设为民事耶，为差遣耶，久思不得其解。相沿既久，遂使各省有呈身之县令，名曰知县，应使知县事，所当顾名思义耳。）

六、禁积压

一邑词讼多不过百余，尚多旧案，按日亲阅，数日可了。上告下批，已成通例。然迟仅四日耳，或准或驳，尚可立待。若延至经旬，无论讼者需费孔多，阅时既久，扛帮者枝节旁生，牵累者群集插讼，事愈缪辂而不可解。书差承隙诡计百出，于是房索送稿之费，差诈催案之钱，官渔传词之利，一谳未讯，两家已破。案头所留之牍，守候者不知几人，差手所握之票，拖累者不知几时。一案积则一家穷，百案积则百家败。为民父母，胡使民至此极也。欲杜此弊，当使月报已结未结之案，并详具来控之日月。其逾日太久者，查无别故，即系有意延宕，择其尤者轻则记过，重则撤任。一月之间，按其案之多少与结案比较，能结案至十分之六七者记功，仅结三两案者，即行申饬。如匿案不报，经控议罚，庶延玩者有所戒惧。盖讼事为人民生计所关，早结一日之案，自少耗一日之财。保民之道，计无有急于此者，是在牧民者克自振作耳。又各衙陋习，往往俾昼作夜，日晡始起，傍晚传呼声达巷衢，堂内寂然。夜分张灯，官乃堂皇视事，庭燎高烧，必不能旁烛四隅，所谓以目听色听者何在？诚通饬改良：案不夜问，白昼时长，可以细究，案情不至恍惚，便一；官署内外及书役人等可以养息精神，有益卫生，便二；衙内及书役人家均可不费灯油，亦少度用，便三；讼民夜息，翌日可归，亦省讼费，便四。否则以积累之案，而欲以夜半了之，时促事烦，种种易生弊窦，无怪案牍日劳，愈积而愈多也。

上列数端关系于治安者甚大，故虽语近伤时，事嫌越俎，亦弗容已。盖惟朝廷望治情殷，督部堂延访念切，若不从此着手，即有伟论动听，嘉纳施行，恐将格于印官，终以一言而止。不揣冒昧，谨陈所见。是否有当，伏乞察核俯赐，酌夺施行。

实行裁汰书役案[①]

（宣统元年十月二十五日呈）

甲、裁汰书吏之方法

一、书吏名称之改更及资格之限定

厅州县衙门稿书应改名为稿生，以生监或毕业学生充之；清书改名

[①] 本案为咨议局提议之案，载《报告书》中卷。

写生，雇读书安分之书手充之。

（理由）改用士人，优其名称，使皆有顾惜廉耻之心，化去玩法营私之习。

一、稿写生之薪水　应由各厅州县就地筹款，酌定薪水，详请督部堂核定施行。

（理由）办公需费，所以养廉。其由各厅州县筹给者，以各地方情形不同也。

乙、裁汰差役之方法

一、限定名额　由各厅州县量其地繁简，就原有名额差役分别裁汰，大率繁缺不得过百二十名，中缺不得过八十名，简缺不得过六十名。

（理由）名额不限定，差役必繁多，为祸靡既。故裁汰差役，首须限定名额。

一、裁去散役白役　由各厅州县于定额之外，实力裁去一切散役、白役。

（理由）各厅州县差役此辈实繁有徒，非实力裁去不可。

一、严禁滥冒更名之弊　责成各厅州县实力清厘。

（理由）滥冒更名，为患最剧，此弊易除而未能实行者，坐厅州县官之玩忽耳。

一、确定工食　就厅州县原有差役工食，分别酌量各地情形确定数目，详请督部堂核定施行。

（理由）旧例工食久已扣发，故宜亟为分别确定。

丙、裁汰之年限　应以宣统二年为限

（理由）裁汰书役之诏已阅九年，至今决不可缓。

丁、裁汰后书吏之生计

一、书吏裁汰后，其文理明顺者仍可当写生，其余听其自谋生计。

（理由）书吏虽以资本谋充世职，而积年所得已属不赀，其生计毋庸代筹。

一、差役裁汰后应酌给工食，俾另谋生计。

（理由）差役多系无赖子弟，裁去后不酌给工食，则不能谋生活，势必流为匪类。

戊、裁汰后之赏罚

自经裁汰之后，所有办事人等其奉公谨慎确著勤劳者，由该地方官择优奖励，若违背规则贻误要公者，即由各地方官分别严予惩罚。

（理由）赏罚不明，则职务不举。

附：湖广总督札复①

为札复事。案照湖北咨议局呈送裁汰差役议决案一件，请予察核施行等情。本署部堂查此事久奉明诏，理应分别裁汰。察阅议决案内甲乙丙丁戊各节，清源正本，要皆切实可行，应饬各厅、州、县量其缺分之繁简，酌定应用。稿写生应留差役名额，查其原支工食各有若干。此次改章整顿，意在划除积弊，应如何优给薪工，使得赡其身家，不敷若干，如何就地筹款，所裁差役，如何酌筹生计，查照议决案所指各节，会商绅董一一斟酌厘定，限三个月详细具覆，听候察核，俾得如期实行。一面将散役、白役先行裁汰，冒滥更名之弊，实力革除。此关民生休戚，事在必行，不准违延贻误，致干严咎。除公布饬遵外，为此札复咨议局查照。须至札者（宣统二年五月初八日到局）。

厅州县讼费划一规则案②

（宣统元年十二月初七日呈）

第一条 凡民刑事诉讼之当事者，须担任诉讼之费用。其费用分三种：

一、挂号录供费

二、差传费

三、堂费

第二条 各厅州县收受民刑诉讼事件，应于大堂前设立诉讼挂号处，以承发书一人掌管诉讼挂号事宜。

---

① 载《湖北咨议局文牍》下卷，原题为《札覆裁汰差役议决案文》。
② 本案为咨议局提议之案，载《报告书》中卷。

掌管诉讼挂号之承发书，每日自上午九点钟起至下午四点钟止，不得无故擅离挂号处。

第三条 民刑事件诉讼之当事人欲行起诉或辩诉时，应自投歇家，带同赴署内诉讼挂号处挂号，并说明起诉辩诉事由，及指告人姓名，由承发书摘记于号簿。

第四条 各厅州县印官应每日于下午一点钟坐堂，由承发书将本日诉讼挂号簿汇呈印官，按照号次递传当事人讯供；印官讯供时，由招书照录毕后，令该书向诉讼人朗诵供词，给与诉讼人画押，下堂候批。

各案批示应牌悬大堂。

第五条 印官有事故不能坐堂时，所有当日已经挂号应行讯供之诉讼事件，须牌示于次日讯明批示。

已经挂号之诉讼案件，印官坐堂讯供不能一日毕事者，从前项之例，牌示未讯各件，于次日坐堂时尽先讯问批示。

第六条 凡起诉或辩诉之当事者，应于挂号时缴纳制钱三百文，作为挂号录供之费用。

第七条 凡诉讼事件批准差传者，除重大案件外，每案只用差役一人，其费用每十里给制钱一百文，由被传者负担之。前项计里给费之法不足十里之零数，均以十里计算。

第八条 诉讼之两造到堂时，印官应立予讯问，每讯问一次，两造各给站堂杂役费，以制钱五百文为限。

第九条 诉讼两造之堂费，应予讯问之当日未开始讯问以前缴由承发书登簿，按日分发。

第十条 本规则施行后，所有各厅州县诉讼陋规传词费、告期戳记费、投到费、点单费、出差费、压差费、具结了案费、取保和息费、扭禀费、拦舆费、进卡出卡费等名目，应一律革除。

第十一条 本规则至各厅州县审判厅成立、钦定诉讼律施行时，不适用之。

附：湖广总督札复[①]

为札复事。据咨议局议决讼费划一规则呈请公布施行一案，经前护部堂行司核议，兹据臬司议复前来本部堂。查各属诉讼案件，自起诉以至结案，随在有费。书役婪索无厌，原、被受累无穷，其任听私索，莫可究诘，诚不如明定讼费，示以限制。咨议局所请划一讼费，本部堂甚表同情。折开第一条民刑事件诉讼之费用，定为挂号录供费、差传费、堂费三种，及第十条将从前各项陋规名目一律革除，自属可行。第六、第七、第八三条所议讼费数目，挂号录供费每案三百文，差传费每十里一百文，堂费每次两造五百文。挂号录供费、堂费二项，尚属得中。惟差传费一项，殊未适当。查诉讼数目，法部奏定审判厅试办章程内本定有细则，有因财产诉讼之费，有非因财产诉讼之费，有拍卖费，有抄录案卷费，有递送文书及传票费，有证人及鉴定人到庭费，名目甚多，征取均不在少数。即如传票费一项，定章每件征收银一钱，十里以外者，每五里加征银五分，不能一日往返者，每日加征食宿费银三钱，以新币制折算，每银一钱得合洋一角五分，以现时银值计算，每银一钱得易钱一百八十文左右。局议一百文之数，核与部章多寡悬殊。且路远不能一日往返之处，亦未议有加征食宿之费。以彼例此，未免不均。虽部章只适用于审判厅，非所行于州县衙门，第既拟酌定讼费，自应援普通之部章以为衡，不应执单独之江夏县以为例。州县衙门役食不及审判厅之优，以事理而论，似宜照部章酌量加增，即不加增，亦宜与部章一律，断不能部章多者而局议反少，部章有者，而局议反无。本部堂对于此事固重，为民生计，尚何矜惜于差役，特事必求其近情，弊只去其泰甚，虽在劳动，贱役亦有衣食所资，自必予相当之费给，方可免分外之取求。若所定过少，非特难期实行，且同一差传费而部章如彼，省章如此，同在一省而州县衙门如此，审判厅如彼，施行既未划一，何能使有划一之遵守。

[①] 载《湖北咨议局文牍》下卷，原题为《札复讼费划一规则案文》。

即为民间规划，所出无论多寡，但使止此名目，止此定数，以视从前之择肥而噬，漫无限制者，相去何啻天渊。况州县衙门诉讼，不取部章所定因财产、非因财产起诉等费，倘此差传费一项即照部章征取，民之诉于州县衙门者，较诉于审判厅所省已多，此本部堂所指为未能适当之理由，应再由局复议。挂号录供费、堂费二项虽属得中，惟须与差传费相辅而行，仍俟差传费复议裁可后，一并公布施行。至第四、第五两条所议各厅州县印官每日限以点钟坐堂收呈讯供一节。查各厅州县衙门司法与行政不分，非专管司法一部于一审判厅可比。当兹筹备宪政之际，地方官应办事宜较从前何止增倍，百端集分之身，正虑日不暇给，若每日下午一点钟起专事收呈坐堂，日力几何，他事之旷废不少，万一因有事故，辗转递延而使小民有守候之苦，转非体恤之道。自应仍按告期收呈，以昭简便。且此两条系改变诉讼之章程，并非征取讼费之规则，所议已在此案问题之外，并应毋庸复议。为此，札复咨议局查照。须至札者（宣统二年六月二十日到）。

厅州县命案报验规则案①

（宣统元年十月初十日呈）

第一条 凡命案分为有主名、无主名两种。死者有亲属谓之有主名命案；死者不知姓名，或虽有姓名而无亲属及有亲属而死时无出认识者，皆谓之无主名命案。

（理由）本条规定有主名命案与无主名命案之分，盖两种之命案呈报之手续互异，故不得不分别规定。

第二条 凡命案发见时有主名者由死者之亲属，无主名者，由尸体所在地之土地或家宅所有者或管有者，或密近居住者，投报尸体，所在地之本管区长或团长、保正莅场验明。除有毁损尸体之虞必须迁移外，不得任意迁移，并不得变更隐匿死者随身之衣服物件。

---

① 本案为咨议局提议之案，载《报告书》中卷。

（理由）有主名命案由死者亲属投报，本管区长或团长、保正莅场验明，原无疑议。惟无主名命案既无亲属出而投报，自应以尸体所在地之土地所有或家宅所有者行投报之义务。然土地所有或家宅所有者有时不必管有其土地家宅，如佃田贷屋于他人，事实多有。尸体在其已佃已贷出之土地家宅内，所有者离其土地家宅甚远，决不能责以投报义务，则投报必须归诸管有其土地或家宅者。然尸体所在地或属公地公屋，或属荒地空屋并无管有者，投报义务何人代行，又生疑义，故特定为归密近居住者。至本条所谓有毁损尸体之虞者，如悬梁者必为解下，投水者必为拯起之类，此外不得任意迁移，并不得变更隐匿死者随身之衣服物件者，恐相验时不能得死者死时之情状事迹，致案情难破也。

第三条　凡命案发见时，除确见当场下手正凶之人得将凶犯暂时拘留，或投报尸体所在地本管区长或团长、保正指名请其暂行拘留外，其仅有凶犯之嫌疑者，不得妄行拘留。

区长或团长、保正暂时拘留凶犯时，得雇看守二名，其日给每名每日以制钱四百文为率。

（理由）人民非依法律不得逮捕，惟现行犯为例外，此为各国通例。故本条亦定为确见当场下手正凶，无论何人得暂行拘留，其确见之人力不能拘留者，得投报尸体所在地之本管区长或团长、保正拘留之，所以防凶犯之逃逸也。至仅被嫌疑者不准拘留，所以防杜诬枉，确保人民身体之自由权也。

第四条　凡命案发见报经区长或团长、保正验明后，得由区长或团长、保正雇役二名看守尸体，其雇役日给从前条二项之规定。

（理由）看守尸体必由公人雇役者，防于未相验之先为变更形迹之弊，致相验官不能得其实际也。

第五条　有主名命案尸体或在凶犯、或在被嫌疑者之家宅内，除死者之亲属未经官验以前得随时入视尸体外，无论何人不得擅入家宅。

死者之亲属入视尸体时，人数不得过三名以上，并不得恣意咆哮及为暴动情事。

（理由）死体在人家宅内时，俗例凭借死体，往往凶集多人，恣意抢夺，财物器用为之一空，此本法律所禁，而习俗相沿莫知其非，故本条定为亲属以外之人不得擅入死体所在之家宅，其亲属之人视尸体者，亦不得过三名以上。盖看守既有定役，尸亲入视尸体即当随入随出，或者多数亲属不得不入视者，不妨分为数次，每次以三人为限，一防喧嚷之渐，一恐家宅所有或管有者穷于供给也。

（注意）本条所谓无论何人自指寻常之人而言，其经家宅所有或管有者许可入室及已投报之区长或团长保正，或受区长团长保正之委任者，自不在内。

第六条 无主名命案尸体或在凶犯或在被嫌疑者之家宅内，经区长或团长、保正呈报后，死者之亲属莅尸体所在地认识确凿者，均从前条之规定。

（理由）同前条

第七条 有主名命案以亲属为原告，无主名命案以死体所在地之本管区长或团长保正为原告，均限于死尸发见之二日以内呈报本管印官。

（理由）命案发见，无论有主名无主名，皆须投报本管区长或团长、保正，故不能即时呈报本管印官，惟亦断不可过迟，故本条定为二日以内。

（注意）本条所谓二日以内呈报本管印官系指起身呈报时不得过二日，非谓呈报到达本管印官必在二日以内也。

第八条 有主名命案死者之亲属呈报请验时，除有指名正凶或确系被嫌疑者外，不得任意诬指。

呈报被嫌疑者之姓名，不得罗列至五名以上。

（理由）本条系防凭借命案任意诬指之弊，故除指名正凶或确系被嫌疑者外，定为不得任意诬指。二项限定呈报被嫌疑者之姓名不得罗列至五名以上，所以救旧时任意飞诬漫无限制之陋习也。

第九条 有主名命案死者之亲属呈报请验指名控告时，应出具实究虚坐切结。

（理由）本条系因仍旧例，不过旧时命案多系私和，实究虚坐切结概系具文耳。

第十条 无主名命案区长或团长、保正呈报请验时，除有正凶可指名外，不得列名控告。

无主名命案报验人指名凶犯时，亦须出具实究虚坐切结。

（理由）无主名命案由区长或团长、保正呈报请验，有正凶可指名固可指名控告，无正凶可指，当呈请本管官访缉凶手，不当以涉于嫌疑者列名控告，而指名控告正凶时，亦须出具实究虚坐切结者，防挟嫌诬陷之弊也。

第十一条 凡命案呈报后，该管印官应自呈报时二十四点钟以内亲往检验或委员检验之。

（理由）定例命案呈报后，本管官应即往验，然事实上或不能尽无障碍，如呈报命案时适本管官有他种案件须待急结，或适公出必逾时始得归署，断不能限于呈报之当时即往相验，惟亦不可过迟，故本条定为自呈报时二十四点钟以内亲往检验之，顾亦有时本管印官不能亲往检验者，如罹于重疾或因公出二十四点钟内不能亲往，其势不能不委员代往，故本条有委员检验之规定，委员检验命案固旧例之所许也。

（注意）本条所谓二十四点钟以内亲往检验，谓检验官起身前往时不得逾二十四点钟以外，非谓莅场检验必在二十四点钟以内也。

第十二条 本管印官或委员检验命案时随带人役不得过左定之数：

一、轿夫四名

二、长随一名

三、仵作一名

四、刑书一名

五、捕差二名或四名

右项人役等概不准用车轿。

（理由）定例地方官相验命案，止许随带仵作一名、刑书一名、皂隶二名。今鄂中官验命案随役多者或数十名，少亦在十名以上，定例不行久矣。故本条就定例略加变通，期于适用而止。至随带人役不准乘车轿，申旧例亦以矫敝俗也。

第十三条 本管印官或委员检验命案，随带人役应随检验官同行，不得先时前往。

（理由）旧习命案呈报官未相验，差役先往尸场，遍地讹索饱欲之后，勒之私和，邀同劣绅呈禀拦验。积弊既久，习以为常。本条欲清其弊，故定为检验官随带人役不得先检验官前往。

第十四条 本管印官或委员莅检验场时，随带人役限在检验场听候指使，不得私入人家宅妄行迫吓，及招集地方劣鄙和同讹索。

检验官随带人役有右项情事时，无论何人得即时告发。

（理由）旧习书差于检验命案时能私行讹索者，以脱离检验官之约束，得随意入人家宅串同地方刁鄙暗中舞弊也。故本条定为检验官莅检验场时，随带人役不准擅离检验场之外。

第十五条 本管印官或委员于检验毕后，督同随带人役回署，除奉本官特派查案人役外，不准一人稽留。

检验毕后不能当日回署时，检验官驻宿于区长、团长或保正听办之行馆，所有随带人役不得私行出馆之外，入人家宅妄行迫吓及招集地方劣鄙和同讹索，违者无论何人得即时告发。

（理由）同前条。

第十六条 本管印官或委员检验命案随带人役之日给除轿夫长随由本官自给工食外，其余之日给从左之规定：

一、仵作　日给制钱一串

二、刑书　日给制钱一串

三、捕差　每日每名给制钱八百文

右项日给以往返一日计算，其往返需一日以上者，按日照加。

（理由）定例地方官相验命案，一切夫马饭食自行备用，严禁书役人等不准需索分文。顾积久弊生，讹索百出，命案一起，破产者动数十家，例虽森严，率不能守。故本条斟酌变通，凡随带人役各定日给，一以顺人情，一以定限制也。

第十七条 前条各项之人役日给均由本管印官先行垫发，案情终结时，由败诉之一方面按照定数勒还。

不能遽结或虽终结无可勒还之命案，前项支用之费用，由本管印官于该管厅州县公款项下提结。

前项不能遽结之命案取偿于公款者，至该案终结对仍勒令败诉之一方面偿还公款。

（理由）相验命案时，各项人役日给自应由地方官给发。然使此款尽归地方官担负，赔累过重，官且以相验命案为畏途，故定为案情终结时由败诉之一方面按数勒还。

命案不能遽结而官有更调不能待结案时，追还垫款，或命案虽结而犯人死亡或并无财产可追还时，不得不就前项变通办理，故本条二项准本管印官得于该管厅州县公款项下提还。

命案不能遽结而官有更调不能待结案时，追还垫款既准本管印官就公款中提还，至该命案终结时不能不偿还公款，仍即于败诉之一方追还之。惟命案终结无可提还，本管印官在公款中提还垫款者，追还既无所出，已经官提之公款即在公款中报销可也。

（注意）命案费用由败诉一方追还，系仿东西各国之通例。所谓败诉之一方者，如原告审系诬告，则原告即为败诉之一方面，或被告审系凶犯，则被告即为败诉之一方面是也。

第十八条 区长、团长或保正依本则所用之雇役日给，及区长或团长、保正因命案必要之费用，本地方有公款时由公款支给之，本地方无公款，由被嫌疑者或与尸体附近殷实之家以区长或团长、保正之名义借给之。

前项由公款与非由公款支给之款，须有区长或团长、保正之借券，记明事由、年月、借数，俟该命案检验后开具用款单，借款单呈本管印官附该命案卷内，于案情终结时由败诉之一方面断还之。

前项断还之费用，由区长或团长、保正具状呈领分还，取出借券。

案虽终结无可断还时，除本地公款毋庸偿还外，得由区长或团长、保正于借款一年内就该地方募款偿还之。

（理由）因命案所用雇役日给，本则已明为规定。其必要之费用如区长或团长、保正因命案入城报验之火食、杂费及检验时预备器用、检验后衣食棺椁等费用之类，区长或团长、保正不能赔垫，故于本地有公款时由公款中支给，无公款则由被嫌疑者或附近尸体殷实之家借给。

因命案必要之费用借给于被嫌疑者或附近尸体殷实之家最易生弊窦，本条二项为防流弊，故必须有区长或团长、保正之借款，且开单附卷呈核。

命案费用无论借用公款，或借用私人之款，皆须偿还。本管印官既经核定之用款，自应于该案终结时由败诉之一方面断还借款，由区长或团长、保正经手还款必归诸原经手人，故有第三项之规定。

案虽终结，或犯人已死，或实无资力不能断还借款，在公款中之借款应将原券注销，私人借款不能不还，故许经手人得以一年以内就本地募款偿还，但募还之款项数目，经手人须列单宣示本地方，并报明本管官。

第十九条 本管印官或委员检验命案，照例填具伤格后，除指控之凶手得随带管押候讯外，其仅系被嫌疑者应交保候讯。

检验时检验场内不准闲人擅入，场外应由区长或团长、保正酌派雇役守卫，其雇役日给从第三条之规定。

（理由）旧习命案发见，无辜之民株连系狱，一案动至数十人，原非律例所许。本条第一项务杜此敝习，故定为除指控之凶手得随带管押外，其仅系被嫌疑者概交保候讯。

检验官随带人役既有限制，检验场之保护不得不责成区长或团长、保正。故有第二项之规定。

第二十条 检验毕时，由检验官亲督尸亲，或区长、团长、保正之雇役收殓尸体，所有本官随带各人役不准干涉。

（理由）检验命案后，旧习由本官轿夫收殓尸体，多方讹索，本条为杜其敝，故定为由检验官亲督尸亲或区长团长保正之雇役收殓尸体，所有本官随带人役不准干涉。

第二十一条 凡命案之审讯，分别实究虚坐，照律办理。

以下各条均系申明现行律例，理由不赘。

第二十二条 凡命案无论已报未报，不准私和，违者照私和律办理。

第二十三条 凡凭借命案入室骚扰毁损器物者，由被害事主告实，照白昼抢夺律办理。

第二十四条 凡凭借命案故意寻衅斗殴伤人者，由被害事主告实，照斗殴律办理。

第二十五条 凡发现无主命案不行呈报私行埋葬者，照界内有死人不申报告官可检验律办理。

第二十六条 本管印官或委员检验命案，随带人役不遵本则第十四条、第十五条之规定，任意讹索，或区长、团长、保正不遵本则第十八条之规定任意讹索于没者，由被害事主告实，照恐吓取财或诈欺取财律办理。

第二十七条 本管官于人命案件不遵本则，任听刁鄙陷害、讹索私和不照律例处断者，除由被害事主得向该管衙门呈控外，咨议局遵奏定章程第二十八条，得指明确据，呈候总督查办。

附　则

第一条 本则以总督批准公布通饬文到厅州县之日为实行之期，各厅州县奉到通饬日，应将本则刊印榜示各镇集通衢。

第二条 本则所称亲属，专指五等以内之亲属而言。

第三条 本则所称被嫌疑者限于下之四种：

一、死出非命，尸体在其家宅内不能确指其致死之由，或不能指名凶犯者。

二、死出非命，尸体紧在门外发现不能确指其尸体之由来者。

三、死出非命，在家宅以外经人发现时，于尸体之旁仓惶逃避不能确证其凶手者。

四、持有死出非命者死时身中所有之物品，经众认实不能证明其由来者。

第四条　本则所称区长或团长、保正，系指各该本地方办公之人而言，其厅州县分划地域无区长保甲之名者，各就其原有之最小区域内办公之人行使其职务。

城镇乡自治会成立后，本则所称区长或团长、保正之职务，城镇得由董事、乡得由乡董行之，但原有区长、团长、保正等人员未尝废止者，仍不妨执行本则所定职务。城镇董事、乡董行使区长或团长、保正之职务时，不适用本则第十条第二项之规定，但该案审系诬告时，仍照诬告律办理。

第五条　本则第二十二条至第二十五条定有照各本律办理者，各厅州县公布本则时须摘录大清律各本条一并公布。

第六条　本则至厅州县各级审判厅设立完备，钦定新刑律、刑事讼诉律施行时，遇有不合之处，由咨议局提议修改。

附：湖广总督批复

据呈赍厅州县命案报验规则一案，当经本部堂分条复核，悉臻妥治，惟其中有须增订各语足以补原案所未备者。兹经另单抄发，应由各议员悉心续议，呈候施行。此批。议案存，粘单附（宣统元年十月二十日到局）。

附粘单

计开：

第四条"看守尸体"句下，应加入"并保存尸体所在地之一切服物器具形迹"一语。

（原委事由）查人命案件未经检验以前，不特看守尸体务须格外谨密，即尸身地之巾服器具、片纸只字，均不得稍有移动，俾检验官得揣测当时争斗情状，搜求无意遗存之证据，实于相尸缉凶之事大有裨益，本条加入语义本此。

第七条"均限于死尸发现之二日以内"，应改为"均限于死尸发现之二十四小时以内"。

（原委事由）查本条限两日呈报，秋冬固属无妨，若在炎暑时令，其在起身呈报之时已有尸身发变之虞，本条改为二十四小时，用意本此。

第十条"除有正凶可指名"句下，应旁注"如船户谋害孤客，邻船当时警觉捕获确有证据者之类"一语。

（原委事由）查本条加入一语"其尸身虽无主名而正凶确有证见者"自应准指名呈控，语义本此。

第十一条"亲往检验"句下，应改为"如印官公出时，代行之员务于十二小时之内禀府派员或委邻封检验之，其邻封委员奉檄代验其起身时间，亦依本条之规定，不得迟逾"等语。

（原委事由）查定例呈报命案不准擅委佐杂代验，原文"或委员检验之"一语应即删除改正，语义本此。

第十二条"不得过左定之数"句下，应加入"如相验女尸，随带稳婆一名；如须勘丈绘图，随带工书一名，其日给即照第十六条刑书件作之数"等语。

（原委事由）查命案有男女之分，情节亦变幻多端，加入语义本此。

第十七条"公款"二字均改为"笞杖罚金"四字。

（原委事由）查州县经手公款，断难稍任挪移，改正字义本此。

第十八条"本地方无公款"句下，应改为"地方官于笞杖罚金项下支给之，俟案情终结时仍由败诉之一方面照数追还，其案虽终结，或犯人已死及实无资力不能断还者，即于罚金项下支销造报"等语，以下二节均删。

（原委事由）查本条雇役日给如由被嫌疑者或尸体附近殷实之家借给，及就本地募款偿还各节，流弊滋多，改正语义本此。

再本条命案必要之费用亦应量为规定，以示限制。应即会议核定，呈候施行。

附则第三条应添列四项：

一、被害之日经其邀同死者外出者；

二、被害之前经确切证人见其偕同行走作事或有口角情事者；

三、与死者夙有仇隙，出事后忽避匿无踪者；

四、尸身发现之处沿途有血迹或雨雪后之足印直达其居住之处者。

（原委事由）以上所列四项，不得谓非被嫌疑者，加入语义本此。

附则第四条"城镇乡自治会成立后"应改为"城镇乡自治会成立、区长团长保正之制废止后"等语。

（原委事由）查自治会虽已成立，而保正等项尚未废止，似毋庸董事等干预，以免供招达部有干驳诘，改正语义本此。

（编者按：咨议局遵督批续议，并据粘单所云应改、应加各语补正原案，于宣统元年十一月初三日复呈。同月十七日奉批："查阅复议补正厅州县命案报验规则，尚属要洽。除照章公布外，希即知照。此复。"）

第六 其他类

筹经费以办自治案①

（宣统元年十月十九日呈）

一、原案称："省城自治筹办处自九月初一日后，该处经费已经有司筹拨。现准部咨不得作正开销，司拨之款绝非长久之计。"等因。窃自治筹款责原难辞，但现在国家地方各税未经剖析，预决算亦须明年试办，所有省城各署局公款或盈或绌，本局无从周知。此项省城筹办自治经费，应请仍饬司就正款外杂款项下按数支拨，至何者为正款，何者为杂款，

---

① 本案为督院交议之案，载《报告书》上卷；本案批复见《讲求宣防以除水患案》所附。

本局但知为全省所担任，名目既未周知，确数亦难骤定。该管官责有攸司，自能分别指拨，非本局所能臆揣。一俟预算清厘，本局能知财政之出入盈虚后，必不敢意存推诿，今尚非其时也。

一、原案据奏定章程：自治经费三款为现时筹办自治预筹经费，以现时尚无罚金，不得不抽提公产公款，或贫瘠之区并此项而无之，又不得不征收公益捐。其逐条研究，具有不得已而取诸民之微旨。窃查自治经费须由议事会议决，是定章对于此事已极慎重。自治成立以后，该会筹款事宜，必就各处情形因地制宜，随势利导，以期事集而民不扰。本年为筹办时代，各处情形不同，断难遽定划一办法。若分就六十九厅州县各立一法，微论立法未能周至，势亦必难通行，且此事属城镇乡议事会权限范围，本局即为预定办法，该议事会成立时可不承认。与其定一法而将来或不承认，不如饬各该地方官督同各地方正绅各就地方情形，斟酌多寡、妥慎筹措，较为便利，本局此时固未便干涉也。

附：湖广总督交议原案

治民之道，经纬万端；设官分职，中外同轨。惟地方公益事极纤悉，则佐治不得不资于绅民。朝廷有鉴于兹，明诏迭颁，并饬部厘订专单，通行各省，所以期吾民者用意甚厚。鄂省开通最早，公益所在，素称踊跃。本部堂遵章设省城自治筹办处，以为通省枢纽，所有应办各事，业由筹办处妥拟章程，先后详经核准施行在案，毋庸提议，惟照章办理，经费宜筹。查奏定城镇乡自治章程第九十四条：自治经费由议事会议决。该会现未成立，则所称自治经费仅属筹备自治，即省城自治筹办处与各属自治公所经费是也。鄂省自治筹办处原名自治局，前经奏定常年经费银二万六千两，本年归并咨议局筹办处，职员均系兼理，薪水并不另支，此项经费暂行停拨，自九月一日后，该处为独立机关前，由该处拨定常年经费银二万六千百余两，详经本部堂批准。查照原定经费接续拨用，尚不敷银六百数十两，由司另行筹拨在案。惟是项经费前准度支部咨不得作正开销。本省财政清理方始，国家地方各税尚未分晰，现虽由司筹拨，终非长久之计，此应筹及者一也。各属自治公所，部章指定繁盛中等偏僻城镇各级次第设立，本年所应成立者仅属繁盛城镇。然机关既备，经费为先。向来各属筹办新政，均责令自行筹款。现在筹办自治，官绅互相观望，其弊在推诿；甲县主抽提，乙县主挪垫，其弊在庞杂；款多则易涉铺张，款少则时形拮据，其弊在不均。非通筹划一之办法，事殊多窒碍。此应筹及者二也。据奏定自治章程第九十三条：自治经费列为三款：一、本地公产公款；二、本地公益捐；三、按照自治规约所科之罚金。议事会董事会未成，尚无自治规约，自无罚金一项。公益捐系不得已时始行征收，惟有抽提公款公产最为简易可行。自治公所系分年成立，则是项公款公产必须预为清理。各属情形不同，地方公款之可以拨充自治经费者几何，地方公产之可以提作自治经费者几何，或贫瘠之区并公款而无之，则不得不遵章征收公益捐。惟部章开列公益捐有附捐、特捐不同，附捐系指附属于正税者而言，特捐系指从前未有此捐者而言。就地筹捐，从部章附捐为便，抑从特捐为便，或二者并举，何项可行附捐，何项可行特捐，苟非生长是邦，情形不能洞悉，必预为规定而后可以利推行。

贵绅谊切桑梓，责无旁贷，事关自治，必有良法以善其后，希即具议待裁。

咨议局调查事件请仍不用函询案[①]

（宣统元年十月十九日呈）

为呈请事。案奉九月初七日札开"准宪政编查馆电开：'咨议局应请本事项内遇有必须调查卷宗及诹访事件，止可函请各署局抄交并答复，毋庸派员径往。'等因奉此。本局遵照办理一切调查事件，概系函询抄交，并未派员前往。兹据议员等佥谓函调公件固为简易手续起见，然函件往来动须时日，又或节抄大概，紧要全遗，既有濡缓迁延之虞，复莫

[①] 本案为咨议局提议之案，载《报告书》中卷。

得真确详明之据。调查不实,议决奚从?拟请准予本局嗣后遇有应行调查事件派员径往,毋俟函商,并通饬省城各局署所及外州县一律遵办,庶调查较速,确据易寻,揆诸事实,裨益良多。为此备文呈请督部堂察核施行。须至呈者。

附:湖广总督批复

据呈已悉。查咨议局调查卷宗及诹访事件止可函请抄交答复,毋庸派员径往,原系准宪政编查馆电咨转行。兹据来呈,亦为调查确速起见,应候咨询大馆核复办理。此批。抄由发(宣统元年十月二十日到局)。

禁止缠足案①
(宣统元年十月初二日呈)

为呈请事。十一月十五日,由议员陶峻介绍举人刘人杰、刘博文等陈请禁止缠足一书。据称:"女子缠足,为吾国积弱一大原因。前经孝钦显皇后明降谕旨,张文襄(之洞)、端(方)制军出示劝谕,并饬各州县实力奉行,并经前督宪赵(尔巽)制军出示劝禁。无如民智不开,官吏不知公益,小民不知公理,行之者不力,应之者无人。长此因循,积弱何以能振。推原其故,官长以无与一己之升降,小民以未著一定之赏罚,故虽以国家强弱攸关之端,往往熟视无睹。窃见端制军前定禁止缠足章程,对于州县有奉行不力撤任记过之惩戒,对于民间有罚银赏银之规定。倘能依此而行,积弱无难立转。贵局争铁路、倡禁烟,大利大害所关,均能协力以求其济。此事虽若至微,而关系实为至大。谨抄端制军章程一份,伏祈核议呈院,通饬各厅州县实力奉行。"等情前来。当付议员审查。兹据审查报告书称:"缠足之害,关系匪浅。千百余年,积弊难返。近虽风气稍为开通,各处设立不缠足会以为劝导,然民间仍多观望,明知为切肤之害,而不即为革除者,推原其故,实由无一定之功令以为之

---

① 本案为人民陈请建议之案,载《报告书》下卷。

督责也。细阅原章程所列各条，详密完善，平易可行。其大旨以劝导责之官绅，以稽查委诸女董。倡率有自，防闲维殷，不苦已缠足者以所难，不令未缠足者以幸免。赏罚分明，劝惩兼施，办法尤为得体。至于罚有等级，款不另筹，宽严之途并用，苛派之弊不生，借调查户口登记年岁，既易从事，尤免纷扰。其他如发给奖牌，遍设会所，更可鼓励人心而树风声。倘能奉行不息，自当收效无穷。亟应呈请札饬各厅州县实力奉行，庶为女界放一线光明。"等因，本局业于十一月二十七日开常驻议员会公同讨论，业经通过。理合备文呈请督部堂察核施行。须至呈者。

计抄端（方）手定禁止缠足章程

一、现奉民政部奉颁调查户口章程，业经本部堂刊发各属，饬令以限举行。各该厅州县应于调查户口之日，即饬经办员按户教给劝不缠足白话告示、歌曲，并逐户告以此事。利害迫切，业经本部堂明定赏罚章程。俟一年后即于复查户口之时挨户查究，为家长者应督率家中妇女速于一年内切实遵行，免致临时受害。

一、禁止缠足与劝放足，应分为两事。自宣统元年起，凡十岁以下之幼女，一律禁止缠足。至宣统二年复查户口之时，凡十一岁至六岁之女子，均应由查户员绅亲为查验，有仍缠足者，即于册内注明某户缠足女子几人应罚字样。俟一区查竣，由该员绅另造应罚女子缠足清册，送各该厅州县衙门核办。其十一岁以上之妇女，缠足已成，筋骨已损，而能听劝放足者，由本户自向查户员绅报明，毋须亲验，即由该员绅另造应赏放足女子清册同送。两册均应载明该家主姓名、住址、执业，以后逐年查户，均照此办理。

一、城乡镇均应遍设不缠足会，以树风声，而便考察。由地方官劝谕士绅尅日开办，各就本地方情形议定会章，禀明本部堂立案。一年以后，如劝谕有效，地方缠足妇女日见其少，即由该地方官详请本部堂奖给该会匾额，由官亲自赍往，鼓吹悬挂。其有女学地方，应以该堂女堂长或女职员兼充稽查不缠足女董事，饬令切实劝导，兼任执行赏罚事宜。

其向无女学地方，以素有名誉之绅董家不缠足妇人充之。均由地方官给与照会，以示优异。此项稽查女董，城乡均应遍设，愈多愈善。遇有昭告地方官事件，仍由各该家主代递，其女董毋庸出入官署。俟劝办有效，照不缠足会办法一体给奖。

一、应罚之户，列为三等：每一缠足人罚洋银一元（实系赤贫者准酌减），举贡生员家每人罚洋银二元，职官家每人罚洋银四元（佐贰微员准照举贡生员论）。自宣统二年起，俟查户员绅呈报到日，由该地方官查照册开人数，分别等级，按名制给两联印单，注明罚款数目，发交城乡女董事分往收取罚银，随给印单为据。其赤贫之户应量为减罚者，须由女董报明寒苦实情，经地方官核定方准减收。遇有抗不缴款者，亦即报明，由官谕令同办慈善事业之董事带同地甲前往，勒令照缴，仍不遵者，签提责追，如有不持印单前往收款者，即系冒诈，亦准该户指控严办。

一、应赏之户，以内有年长妇女，不便由查户员绅亲验。俟该员由开报到日，即由官按照人数每人制给一两重银牌一面，上镌"遵旨不缠足淑女"七字，发交女董事，逐户前往，看明再行发给。如绅员所报不实，即行扣发缴回。倘女董徇情滥给，查明追回银牌，其女董并应酌量议罚。或有不领银牌愿改领匾奖者，准由地方官制匾发给。

一、本年应罚之户，罚后由女董再为剀切劝谕，并次年查户口之日，此项上年已收罚之户，即由女董挨家复验，有仍不遵办者，照上届罚金之数勒加一半，仍给印单，以后逐年照加。其应赏之户上届未经报明者，次年准其补报，仍照章验明给奖。惟已赏者不得复领，收罚后放足者亦不得给赏。

一、女董复查应酌给费用，由地方官查核该女董所历地面之远近，临时酌定。此项经费及制给银牌匾额之费，均于罚款内核实动支，有余则悉数拨充女学堂及育婴、清节等堂经费。每届年终应将收支数目大张晓谕，遍贴城乡，并造册报明该管上司及本部堂查考。

一、女学堂学生及育婴堂女婴一律不许缠足，由地方官会同经管绅董实力稽察，不得迁就。

一、地方自治会成立后，该议事会及董事均有协助地方官禁止妇女缠足之义务，该地方官应随时会同办理。

一、自宣统二年起，由各该厅州县将该管地方十一岁以下女子分别缠足不缠足及十一岁以上妇女报明放足者，按照查户口员绅册报，分别城乡四乡每处每项各若干，各开具清折，年终呈候本部堂查核，比较邻县折报，以定优劣。其成效昭著者，由本部堂随时特与优奖，劝谕不力者分别记过撤任。

一、劝不缠足文告由本部堂撰定俗话文告，由各州县印刷多张，散给各户，庶可令其触目警心。

附：湖广总督批复

报呈及抄章，已照饬司道通行遵办矣。希即查照。此复。抄由批送（宣统元年十二月十四日到局）。

禁种洋烟案①

（宣统元年十月十三日呈）

一、重申禁令　请电饬各府厅州县重申宣统元年收获后不准再种罂粟之令，实行查禁。

一、设立禁烟会　请通饬各府州县照会城乡公正绅董组织禁烟会，克期成立，所有禁烟会应办事件如下：

（甲）宜将种烟之害与禁种之一切关系编成白话，分途演说；

（乙）调查种烟地亩，劝令立将烟苗铲除；

（丙）凡不肯铲除烟苗之地户，应即呈明地方官核办；

（丁）购买戒烟丸，施济戒烟贫民。

一、明示惩罚　地方官既据禁烟会呈报，应即亲往履勘，将未拔之

---

① 本案为咨议局提议之案，载《报告书》中卷。

烟苗一律铲除，并酌罚该地户，罚款充作禁烟会经费。

一、严定考成　查度支部奏案载明湖北限至宣统元年一律禁种净尽，如届限仍查有私种情事，立将该管官从严撤参等语。各州县既设立禁烟会，倘该管官查禁不力，一经禁烟会指控得实，应即撤参不贷。

附：湖广总督批复

据呈赍禁种洋烟一案，当经本部堂详加复核，均属可行。惟原案严定考成一条，查本年七月间禁烟公所详议仿照南藩司禁烟功过表及月报表办法，经本部堂批准通饬遵办在案。该表虽非专注禁种，而禁种一项实为表内切要条件。原案严定考成，语义正与相符，候札行禁烟公所分别施行。此批。议案存（宣统元年十月十九日到局）。

附录：《湖北咨议局第一次常年会议决案报告书》叙言

鄞瑞松

宣统元年九月朔日，湖北咨议局开第一次常年会，各属议员咸集。既举定议长，议定各项规则，乃始从事于议案，盖距开会之期已旬日矣。自时厥后，督院之交议，议员之提议，人民之陈请建议，鳞论交集，审查会议靡有宁晷，延会十日，仅乃就绪。闭会之后，议员之非常驻者相率协议，以吾曹膺乡父老之选举，厕身咨议局，凡所言论，乡父老侧耳听之久矣，虽议决裁可之件有督院之公布，而官报非尽人所见，吾曹返里，不可无以报告之也。乃商于议长，取本会期议决各案汇刊之。既得议长之许可，瑞松乃辑集成帙而叙其端曰：咨议局者，一省之言论机关也。议员之所以言即为一省之公言，其所吸收之言论，虽或出于政府，或出于人民之自行陈情，一经议员之议决，即为议员之言，亦即为一省之公言。夫议员者其多数皆知名士，其平日之以言论自见，则恒欲矫正一切之积弊，理新机之轴而手捩之，以此博邦人父老之信仰，而举之以为议员，以为此行矫正一切之积弊，理新机之轴而手捩之。觥觥赫赫，其必有以自致也。而开会、而闭会，其言论之发表，则殊不足以自副，非议员忘其平日所持之言论，甘负我邦人父老也。理论必合诸事实，始可以推行而无滞。就今日之事实而论，行政之组织乱丝纠纷，欲窥其内容，无精密之统计，无详实之报告，荆天棘地，披斩无着手之路，则革弊难；国家税、地方税未划分以前，咨议局无干涉财政之权力。一省之岁出岁入既莫知其总数，一有改作，徒增人民之负担。而官制未经改良，随在生推诿掣肘之弊，则掞新难。坐此之故，不能为根本之改革，不得不补苴罅漏，以为一时之计。补苴罅漏为一时之计，非邦人父老之所望于议员，亦非议员之本心，而其势不能不出于此，则其弊亦即发生于此。盖就一时一事而补苴之，已不复有全局之计划，议员各就其所见以著之为议案，数十人之所出，彼此遂不能无异同，同者并之，异者亦必衷于一是，故终一会期中累案凡八十余起，而决定呈出于督院者仅十之三四。寻经过之途辙，非于记言录中合废弃、缓议、合并各案依次刊布，不足以知其层累曲折之故。而今日各议员之拟汇刊议决各案，义取乎报告我邦人父老，又似无须为若是之烦重也。则于记言录中摘其已决之件而刊印之，厘为三类，一曰督院交议之案，二曰本局提议之案，三曰人民陈请建议之案，各依呈出期日为先后，并于本案之末各附督院之批札，未奉批札者暂缺焉。至由督院交议之案，经议决之后实质多变更，非有原案，颇难得其根据，故以原案附于议决案之后。其本局议决案之简单未用清折呈报者，则登载呈稿以纪事实。计披阅之便利，不遑计体例之善否也。（十二月朔。书记长鄺瑞松。）

卷三 会议未议决案①

请撤两湖赈枭米谷捐补卡议案②

[提议员邹永钶]厘捐之弊极矣，然未有横征暴敛大背公理如吾鄂所谓两湖米谷补卡之甚者也。□斯卡之设，起于湘省之以征为禁。湘本产米之区，每岁出口何止千万，皆以吾鄂为大销场。湘人见其然也，又迫于摊派之赔款无处筹措，创议以征为禁，每米一石抽钱四百，谷减其半，扼要之处遍设局卡，既已星罗棋布矣。继又以澧州、安乡一带地方与吾鄂之公安、石首犬牙相错，港汊纷歧，虑有偷漏，行文于鄂，请设补卡，以资稽查，所收入归之鄂省。吾鄂当道利其然也，由是循其请，于太平、藕池两支流建设局卡数处，当事者昧于地形，一听委员之呈报，而此补卡遂设于吾鄂腹地。从此南米北米混杂不分，弊端百出，不可究诘，而公安首罹其害。永钶公安人也，请言公安之己事及其现象。公安偏僻下邑，东南相见冈峦，农夫因天然之形势，多治水田，出产以米谷为大宗，西北则弥望平垣，利菽麦杂粮棉花之属。丰稔之年，交相接济，民食尚有赢[盈]而无绌。迩来水患频仍，闾井凋敝，所赖东南稍有余粟可资转运，又困于补卡之需索，留难商旅，于焉裹足。盗贼由此横行，致烦当道之派兵镇慑。及今不图善后，吾恐从此永沦化外。在上者虽有免厘三月之久，转瞬限满，依旧抽收，下民何以聊生。长官留心民瘼，永钶敢为民请命，即以裁撤之说进。所有理由具开如左：

（一）该卡科捐太重，环球无此重征邻于不仁。

（一）吾鄂民食仰给于湘，此卡之设，实坐困之道，近于不智。

---

① [编者按]湖北咨议局第一次常年会议共受理议案八十余件，除前载经会议议决通过并呈送总督批复的三十一件外，尚有五十余件未经议决通过。兹据《汉口中西报》辑录二十二件，刊载于后。另据该报辑出咨议局各议案审查委员会审查报告书二十九篇，作为附录，读者或可从中窥见某些未议决之案的大概内容。
② 载《汉口中西报》1909年11月12日，新闻第3页。

(一)公安、石首皆吾鄂疆域，此卡名为补卡，实则所收捐项，皆两邑出口税，下民几疑不在湖北管辖之内，行政区划不明。

改军为民议案①

同是民也，而有名之为军者，以其有特别之荣誉在也，而今且获利特别之痼疾焉。何也？当时为军籍特设之专官，有漕运总督也，有各省粮道也，有各属卫官也，故凡隶军籍者，其冠皆[婚]丧祭之制，均与民籍大有区别，甚至运满十年而给以运职，其荣誉何其隆。今漕督已撤矣，各省粮道已撤矣，各属卫官已撤矣。值轮轨交通之际，运粮一节，文焕敢断其永远停止不复行运矣。由斯以推，向虽籍判军民，今则无妨同治一炉，将军籍二字删除净尽，与民籍混合化合，共登国民之版图，亦一视同仁之办法也，而竟惮改奚为者？况明达之士目睹时事之艰难，辄曰中国无团体。然欲有团体，文焕窃谓大之则在划一满汉，小之则在划一军民。虽然划一满汉者，国籍上之研究也，划一军民者，国税上之研究也，兹不具论。请进言国税。夫国税所过甚广，凡有田地者皆负完纳之任务也，岂民籍之田地分上中下三等而纳税，军籍之田地独不分上中下三等而纳税乎？乃民地所完纳之票仅一张，而军地独二张，何也？查军地所完纳之票有三种，一名屯饷，凡军地皆有之。一名运银、资役，有运银者无实役，[实役]者无运银，合计共完纳二种。夫屯饷与民地粮票无异，何谓运银？预积运粮时之运费也。何谓资役？不运粮之军出资以助运费也。之二项者朝廷均不与焉。然自停运至今百余年，之二项之款果归国库乎？抑归中饱乎？仍留军籍而不改，或者恐此款之不能源源而来乎？虽然如是，而不改亦可毋庸置议。乃缴税契之明诏迭颁矣，催税契之委员数至矣，前则每两缴二十四串，仅就屯饷一项计算，迨宜城祸酿，改为每两仅缴八串，乃合屯饷、运银、资役三项计算，名为从减，其实与未减同，宜其税契十数年至今尚未能完竣也，然军籍之被此滋扰

---

① 载《汉口中西报》1909 年 11 月 22 日，新闻第 3~4 页。

亦惨矣哉。且夫苍苍烝民，谁非同胞，乃屯饷之外又有运银资役，今且又加以税契，税契完而果脱军籍之羁绊，负累原有止境，税契完而仍束军籍之牢笼，苛索夫复何穷。噫！军籍亦民也，非饩羊也，非国粹也，胡为爱之保存之，而不毅然改之也哉。夫使医除疾者无遗类，无使滋蔓者恐难图。事有必至，理有固然。譬如民间遇有谬辋，一立永无后患字样，虽加倍以亏之，亦必甘心悦服，谓其损失止此，而无来复之日也。今果大书特书改为民籍，示百姓以永无诛求之一念，不数月而税契齐矣，奚待明诏之迭颁，委员之数至乎？文焕襄阳人也，即襄阳卫军籍也，少读书不谙漕务，身当军籍之卫，抱痛而莫可控告者久之。今忝列议员，责无旁贷。近因咨议局成立十余日，议案重重，而提及此议者未见一人，想二十余行省其无军籍者甚鲜，或亦有议及此而详且尽者，是则文焕之所薰香祷祝也。

裁汰吏役议案①

　　吏役之害，至今极矣。上下隔阂，吏役界之。官府虐民，吏役伥之。多一吏役，即多一民蠹。胥天下之害，未有甚于此者。今者各属吏役，大都之数，多至数千，少亦千百。斥革者易名复入，垂涎者相继而进。根株滋蔓，弊实深固。裁汰之事，顾可稍缓乎哉。近虽屡有此议，不过具文来往，未□实行。寻其原因，一在奉行延玩，一在办法之辣手，一在吏役之把持。延玩者以为舍吏役无以为臂助，把持者以为投身之始各有资本，舍去之后，则难谋生计。今宜由本局呈请督宪严催属员，亟行裁汰，力行者奖之，迟延者罚之，免虚玩行之者，既能风行雷厉，吏役即无能把持。惟办法繁难，亟宜筹之。兹略议如下：

　　（甲）清理更名之弊。凡吏役之遭斥革者，皆其专横苛扰为罪魁者也。辰而见斥，卯而更名，作恶如故，兔窟之深，罔能诘也。今宜详悉讯查，如已革而又易名入卯者，立予屏斥，不许仍旧听差。此为入手第

---

① 载《汉口中西报》1909年11月25日，新闻第3页。

一法。

（乙）察核冒替之名。卯册姓名率非真实，有数人共一卯名者，有顶名与人、人易而名弗易者。今言裁汰，则此□弊端，将益加甚，宜预筹所以清之。名必一人，人必本名，冒替之弊，庶其有豸。

（丙）亟裁散役。房分以六，班分以四，各属通例也。房有吏，班有头，养尊处优埒官府，而以散役为爪牙。散役对于房吏班头随其所得分为孝敬，有师徒之分，有主仆之分，其数之多寡，至无一定，人纳愈多，蠹毒愈剧。裁汰吏役，不能不从此辈着手也。

（丁）差用限一。各属吏役传案，少亦三四，多则八九至十余人不等，官差而房吏益之，役一而与夫且倍之。骏马纷腾，拖累无已。不饱其壑，即横加骚扰，无所不至。今宜限一人承票，而以城镇乡警□督之，传讯不至则科之。严重之罚以警玩，即可清苛扰之弊，复可杜贪饕之心，岂犹有趋之如鹜者哉。

（戊）规定工食。吏役下乡，供给馈遗，需索不餍。宜筹限制之法，每十里每人给钱二百文，余以此类推，违者咨本地官厅，轻则惩，重则斥革。

请公决。

淘汰教员以宏教育议案①

为淘汰教员以宏教育事。窃湖北开办学堂十数年而教育无大成效者，动曰学款不足所致，而吾谓管教之不良为尤甚焉。学款与学堂相终始，管教与学堂亦相终始。然款绌而管教尚可渐次以图，而管教失而学款充，难免半途而废。虽然，学界办事人员总不外学问经济两端。顷有学问经济毫无而骤然插足学界者，或假等级虚誉，或凭奥援声势，日夜营谋，运动百出，干得一个管教，名色声施烂[灿]然，举止赫濯，俨然以广教育造人才为己任。泊乎办事少许，堂内偶有风潮，遂茫然

---

① 载《汉口中西报》1909年11月25日，新闻第3页。

不知其何为恃。学问乎，学问未有恃，经济乎，经济乌在。当此万难支持之会，则惟有捶胸顿足，作楚囚对泣之丑态已耳。降而初等教员，则学问经济尤缺一不可焉。易曰：蒙以养正，圣功也。彼初等学生，名虽只要读书识字，而实则为造就国民之基础。倘不此之计，谬以句读未详之辈，负圣功重任，以坏具始基，俾聪颖子弟长其骄惯之习，嚣陵之风，而莫知□极。由此而升高等小学暨中学高等等学，即令管教得人，且恐不能除其旧习，复其初心，况止此各管教又未必彼善于此也。以此种管教出而办理学堂，无论款不足不克收其成效，即款充盈，尚望其教育普及，无朝廷十数年养士之报乎？是则学款之筹犹其后焉耳。且学务前途种种积弊，吾八十三人已耳之熟矣。兹者咨议局成立，□可听其腐败而置之不论乎。培金栲昧思之，则惟有淘汰管教之一法。是否有当，仰祈公决。

谨附淘汰法四条：

（甲）一考其成绩之优劣，或不谙管教，不善教授，致误生徒者黜之。

（乙）一查其旧学之根底，学问深纯者无论己彼，文理不通不堪任事者黜之。

（丙）一验其品德之贤否，或有嗜好恶迹，或喜干预讼事，不足为学生模范者黜之。

（丁）一察其科学浅深，或出洋二三月买一文凭，或传习四五月毫无心得，不足胜教育责任者黜之。

请清旧款以办新政议案①

举办新政，需款甚多。骤取于民，易生疑谤，反为新政之碍。不有的款，又有废事之虞，于宪政大有妨害。无已，请即旧有之款清厘焉，以充其用。

---

① 载《汉口中西报》1909年11月26日，新闻第3页。

一、官款

甲、省会之款。省会之款弊在支出。

（一）减滥费；

（二）裁干薪。

此事为咨议局应尽之责任，调查既已确实，即可呈请督宪核减。

乙、州县之款。州县之款，弊在收入。

（一）官匿之款；

（二）吏吞之款；

（三）绅吞之款。

此事为各议员应尽之责任。省下之款，开会时尽可调查，闭会时复有常驻员随时可以调查。州县应办之事日多一日，其用款尚无定项。议员既为一邑之望，即宜勉尽义务，闭会后宜受议长之委任，归县商同地方正绅将各项出入之事切实调查，商请官长及咨议局，滥者清之，浮者减之，无费则官绅合议而筹之，以之办公，必有所济。

二、公款

（一）庙产。各地颇多。

（二）祠宇之产。各族颇多。

（三）严禁演戏及闹龙灯等事。此项演费动至数百，甚至赌博，人命等事因之而生，亟宜杜绝，移其款以为办公之用。

（四）严禁僧道经费会。此项浪费动至数千，禁其浪用归正用，各项新政无难措手。

此事为地方官及各地绅士应尽之责任。一二两项请饬地方自□其款，凑成各地新政之用。三四两项拟请督宪饬地方官出示严禁，督率绅士认真□禁，即照前曰筹费之法移为公之用。

以上所陈，诸多不利个人之事。然今日之事，如救灾拯溺，刻不容缓，去私利以成公利，同人想有同情。不然咨议局初立之日，今日加税，明日筹款，小民未受其益，先遭其害，恐咨议局适为丛怨之府，而后此之新政反生阻力。不识先生等以为然否也。

清厘驿站空额以节糜费议案①

咨议局提议清厘驿站报告书已载初八日报端，爰将孙传烈君提出议案录于后。

自邮便电线次第设立之后，旧日之驿站久已等诸无用。近数年来，在廷诸臣之建议裁汰者屡□，倘诚能立见施行，则其每年为国家节省之经费岂复可以数计。当以库款支绌之日，移大宗无益之糜费供办理新政之要需，谋国善策，计无逾此。而陆军部则谓各省邮局尚未遍设，一旦将驿站遽行裁撤，恐于紧要之军情不无滞碍，遂极力反对，使已建之嘉谟阻隔而不行，不亦重可惜乎。窃以谓通行裁撤之说倘能办到，固属甚善，纵或事体重大，一时不能定议，似亦宜将各州县吞噬之空额严加清厘，以节糜费。方今新政百端待举，通国之财源久已罗掘一空，各大宪筹款无术，焦劳万状，而顾此有用之巨款中饱于州县官之囊橐，揆诸事理，岂可谓平溯。查吾鄂六十九厅州县中有有驿者，有无驿者。有驿者如江夏、武昌、咸宁、蒲圻、汉阳、汉川、黄陂、孝感、黄冈、圻水、罗田、蕲州、黄梅、广济、钟祥、京山、潜江、天门、安陆、云梦、应山、应城、江陵、公安、松滋、宜都、襄阳、宜城、东湖、归州、巴东、荆门等三十二州县是也。无驿者如嘉鱼、兴国、大冶、通山、通城、崇阳、沔阳、麻城、黄安、随州、石首、监利、枝江、枣阳、南漳、光化、谷城、均州、郧县、郧西、房县、竹山、竹溪、保康、兴山、长阳、长乐、鹤峰、恩施、宣恩、来凤、咸丰、利川、建始、远安、当阳等三十六州县是也。有驿者用马递，无驿者用差递，所以求迅速重要公也。声息灵通，款不虚糜，立法本属至善。无如承平日久，弊窦渐生。额定之马匹，差役之饭食以及草料、药饵、兽医、修理费等，用半为官吏所侵蚀。驯至近日，虽在寻常之公文亦且有贻误者矣。窃常暗加仿察，其有驿各州县，每岁为官吏中饱者多则殆将近万，少亦不下数千，其无驿者

---

① 载《汉口中西报》1909年11月27日、29日，新闻第3页。

虽一岁所需之费无几，而短少铺兵名额、克扣夫役工食等弊，亦难保其必无。以近日公文时有贻误之事观之，亦大略可睹矣。约计驿站一端，每岁中饱之款共[至?]少当在二十万以外，急宜乘此时机及早清厘，但责其提出岁蚀之款项以归实用，不责其补足补少之夫马以足定额，应于事无损而款不虚糜，公私交便，计无善于此者。是否有当，伏候公决。

足兵食以保治安案①

为提议足兵食以保治安事。窃吾鄂占天下之中心点，轮轨交通梯□咸集，奸慝混[迹]食口日繁，非有能战之兵，可恃之粮，一旦有警，何以应之。赞枢内省文吏，不□军旅，然一介书生，敢忘武备，倥偬戎马，曾与敌场，念养兵千日之言，愈切千里馈粮之怀，不揣固陋，谨具条议。是否可行，敬待公决。

第一条　兵操急宜改良

理由

近日学练洋操，期成劲旅也。不知镇南一战，法人胆寒，联军入京，马公名重。即前此广西匪乱，湖北调往武健八营、安徽调往武匡六营，或则畏匿，或覆全军。惩前毖后，急宜改图。孙武子曰："知彼知此，百战不殆。"岳武穆曰："运用之妙，存乎一心。知此而可与言兵，可与练兵。"(非徒在表面形势上说也)

办法

(甲)测量准头，人占优胜，我得皮毛。我宜学人者此其一。

(乙)号令必行，赏罚必信，人务其实，我有其名。我宜学人者又其一。

(丙)做大事不惜小费，如打靶必用子弹之类。人练之于平日，命中自易。我习之于临时，命中较难。我宜学人者又其一。

(丁)兵凶战危，命在呼吸，伤亡士卒，不可损弃。我宜学人者又其一。

---

① 载《汉口中西报》1909年11月30日，12月2、3日，新闻第3页。

（戊）山路崎岖，穿靴万难行步，武健之畏葸不前，弊即坐此，急宜仿照湖南办法，一律改赤脚草鞋。

（己）洋操门面可谓齐整矣，然近来枪炮日出日精，杀敌致果全在善于用□，不在以□，能人自为战则得矣。

（庚）楚人剽勇，出入如飞，自古称为劲敌，练走练跃，宜用囊沙囊铁之法，一改洋操之呆笨。

（辛）枪炮之外，各练腰刀，前人有行之者，枪头洋刺不足□也。

（壬）制胜出奇，马兵尤妙，而我久擅胜场，宜多招东三省土著之人入伍，仿多公隆阿营制办理。

（癸）行军口号关系最重，我行我法可矣，学法学日皆非所宜。

第二条　汉口宜练商团

理由

汉镇五方杂处，伏莽甚多，一起风潮，奸人即因而窥伺，内忧外患，防不胜防。设立商团，暂时不费分文之饷，久之可得无数之兵。保境宁民，莫善于此。

办法

（甲）凡钱帮、布匹、广货及杂货各帮，由该钱（帮）商会公同斟酌，分为二等，上等家出二人，中等家出一人，约计可得万余人。

（乙）上等铺户，火夫轿班常四五人，中等亦二三人者居多，其团丁即由以上各项人中派出。

（丙）每十人为一棚，五十人为一哨，二百五十人为一队。棚长就十人中公推，哨长就五十人中公推，队长就各号股东店伙中公推，其腰牌书明某队某哨某棚某号，并团丁姓名年岁籍贯。

（丁）每团丁暂置五尺长坚木棍一根，随时练习。三六九各队应分期至后湖操练一次，仿照前戚南塘练兵之法，俾知步伍。

（戊）如遇莠民，勒令闭市，各团丁持棍立于门首弹压，半年之外，应由商会斟酌情形，禀请督宪饬枪炮厂每队先行发给洋枪五十支，□（子）码二千五伯（百）颗，以资练习。

（己）每队置金鼓各一、号令一对，旗帜则每队每哨各一方，书明某队某哨字样。

（庚）一年之后，两哨合为一哨，两队编成一营，仿从前湘军营制，一营分前后左右中五哨。

（辛）编成营制之后，由商家共举有将略者为营官，分统、统领薪水由商家筹款公任之，并禀请督宪发关防。

（壬）既设营官统领之后，每年应大操一次，十月内禀请督宪定期阅操，酌给花红奖札，不力者分别记过撤差。

（癸）督宪阅毕，果有成效，应请仿照各防营发给枪炮子弹，名曰商防营。但此营系保卫地方而设，不得调往他处。惟全镇宜划分汛地，由商会定之。

第三条　枪炮厂宜个[筑?]城垣

理由

枪炮为行军之要需，而汉阳枪厂工匠既多，良莠不齐，兼之汉上奸民颇多亡命，设有贼酋如洪杨诸逆者从而煽惑，恐武汉皆危地矣。易曰："君子以戒戎器备不虞。"（易原文为"君子以除戎器戒不虞"）诗曰："迨天之未阴雨，彻彼桑土，缪绸牖户。"杞人之忧，其能已哉。

办法

（甲）相地势之广狭，定城垣之大小。

（乙）其南面依大别山为之，东西北三面阻江阻河阻湖，不拘一定，但其高应与府城等。

（丙）如占据人民房屋基地，按时价给以地价及迁移之费，勿许司事人等克扣。

（丁）各方宜修炮楼一座，以便防守。

（戊）防守之兵队宜日夜梭巡，夜间尤宜勤慎。

（己）其营队各官应常居城内，随时弹压稽查，不得敷衍塞责。

（庚）稽查之法，应分铺面、住家为二等，如有亲朋留宿者，除女丁不计外，应赴该营报明查验。

（辛）如有内室藏匿奸人者，许左右邻攻讦，送地方官按律惩办，获同徇□者同罪。

（壬）城内不准开设烟馆赌馆妓馆，查出并即驱逐。如有兵丁暗中包庇，按照军律办理。

第四条　丰备仓宜储谷米

理由

汉高得敖仓以成帝业，李密开洛口而致败亡，食之所关大矣哉。查汉阳丰备仓已改学堂，省城丰备仓除左右改作学堂外，存储无几。即汉口碾坊粮店，充其量不过一月之粮，其余更可想也，是在当道诸公维持而补救之耳。

办法

（甲）欲备粮必先筹款。

（乙）筹款之法，应将盐土签捐通□官书各局干修一律裁去，计每年可得数十万金，尽可全数提买谷米存仓。

（丙）汉口既立商团，即由各绅商仿照常平仓办法，公同筹款，储两月之粮。

（丁）采买谷米应由督宪遴委公正官绅会同办理，搀入潮湿者从重议罚。

（戊）如存储日久，亦可推陈易新。但旋买旋即填仓，一月填半，两月全数填还。

（己）推陈易新之时，如有盈余，亦即多购谷米，不得挪作别用。

（庚）派管仓官绅各一人，司事一人，仓丁门丁更夫各一人。汉阳、汉口由该处绅商酌量办理。

（辛）立管仓循环簿三本，呈藩宪盖印，一存藩署，一存委员，一存绅士。汉阳、汉口亦由绅商酌量禀请地方官立案。

（壬）所有武汉三镇仓储谷米，除日久推陈易新外，非遇军情紧急之时，不得擅动。

以上四条，皆迄今之急务矣，不察必有不测之忧。思患预防，可获无穷之福。其中头绪尚多，得人则理，诸君留心时局，当亦能见及此也。

修正会议规则议案①

为提议修正会议规则。顷奉督宪核定议员旅费，均以距省往返日期合之常会日数，武、汉、黄三府定为三［三疑为一］个半月，安陆、荆州、襄阳、宜昌、荆州驻防定为两个月，荆门州定为两个半月。查前公决呈请督宪核准会议规则内第一章第一条云，议员齐集咨议局所在地日期，至迟须在开会期三十日以前；第三条云议员齐集咨议局举行议长、副议长及常驻之选举日期，至迟在开会期五日以前。第二章第十条之咨议局常年会遵章程以四十日为率，其有必须接续会议之事，得由议长咨呈总督遵章延长会期十日以内。据此通计，至少亦须三月住省，往返日期多少均尚在外，殊与督宪所定旅费日期不符，理合修正会议规则，以免歧异，否则规则全案将无效力矣。谨拟修正案于左：

理由

武、汉、黄三府往返或三五日或十余日不等，安陆、德安、荆州、襄阳、宜昌、荆州驻防、荆门州往返计十余日或二十余日不等，除常会四十日外，以一月半计者，往返仅五日，以两月计者，往返仅二十日。水陆交互，夷阴不齐，风雨稽延，久暂难必，克期立在，谁能信之，倘更延长会期，窃恐欲守馆章已先违督札也。

办法

甲、第一章第一条议员齐集咨议局所在地日期下，似应改作至早当在九月［八月？］初十日内外。

乙、第三条举行议长、副议长及常驻议员之选举日期下，似宜改作至早当在开会期以后。

丙、第二章第一条遵章延长会期十日以内下，似应注明武、汉、黄、安、德、荆、宜、驻防、荆门州等处非常驻议员均不必与。

---

① 载《汉口中西报》1909年12月2日，新闻第3页。

力争实地调查议案①

[陶君峻提出]前由督宪抄交馆电,据云所有一切文件应归调查者,统由各局署自行抄交,毋庸径往调查。怪哉此言,诚立宪之障碍哉。前因同人有云直接与编查馆争改者,是以默尔而息,久之乃毫无影响,而应用调查之事又复日多,此而不争,又焉用此咨议局为哉。谨拟一说,以待公决。

(甲)馆电之原因。编查馆岂滥为此庇护各局署之语以阻宪政之进行哉,此必有不便于调查者从而愚弄之也,彼之所不听调查者,果何为也,同人试静思焉。

(乙)争执之次序。(天)与督宪争。督宪岂曲护此营私舞弊之官吏哉,此必若辈簧鼓以荧宪听也。详具理由与督宪往复辩论,督宪本无成见,当必易于转环[圜]。(地)与编查馆争。争之于督宪而不得,则争之于编查馆。编查馆为宪政之基,知阻挠调查之有碍于宪政,必不甘受官吏之蒙蔽。

(丙)争议之理由。(子)据上谕以为争。查上谕有曰"勿挟私以妨公益"。阻挠调查,其原因有挟私心,其结果必妨公益,是背上谕者一。又曰"总期民情不虞壅蔽"。如此限制调查,负总期终归壅蔽,是背上谕者二。又曰"各该督抚亦当本集思广益之怀,行好恶同民之政,应公审察,惟善是从"。试问调查局署之积弊为善乎,为不善乎,为公乎,为不公乎,为益乎,为无益乎,不具理由而漫曰不许径往调查,是背上谕者三。申明上谕其可力争者一也。(丑)据馆折以为争。查馆折云"地方应兴应革事宜,议员宜公同集议"。若不调查明确,亦复何从置议。又曰"立宪政体在使为行政之监督"。调查既不详确,欲监察而何从,是显背馆折也。以馆折为根据,其可争者二也。(寅)据局章以为争。局章二十一条一项云"议决本省应兴应革事件"。调查不议确,决何从。前据预

---

① 载《汉口中西报》1909年12月3日,新闻第3页。

算委员会报告□云，目下咨议局不能议减行政经费。不知行政之费不可议减，混用之款亟当议裁。调查不明，议裁何自。又据预算委员会报告云，调查责任只须□人□□□交□□□集□□□，如此限制，□交□亦奚从着手。局中人有无尽之责，即有可守之章。以局章为定职，其可争者三也。（卯）质问限制调查之理由以为争。谓公文恐有失落，该局署尽可派人同□本局启视封闭，前日学务公所派人同交各项公件，初无损害也。谓公文不宜轻出局署，本局尽可派人前往该局署阅抄，毕[必]不出此，而但许由该局署自行抄交，上有所改，必有所漏。据理由为质问其可争者四也。

（丁）最后解决之方法。力争不得，则此咨议局者有名而无实之□也，有言责者不得其言则去，不能造湖北莫大之福，徒糜湖北巨万之款，果何为乎？前此一二高识之复选当选之人辞避不至，已逆知本局之不足与有为矣，然犹望我同人之已至者之力洗此耻也。争之不得则去，后来者亦必终出于争，此者争则彼者必争，编查馆与总者[督]岂必终护官吏之私而破坏我中国咨议局哉？南史之争直笔也以死，吾辈之争调查者，以现在毫无实际之议员，就果何荣，去果何誉？昔人有云饿死事小，廉耻事大。今虽辞去议员，尚未至此。愿我同人一商决焉。

振兴工业以广利源议案①

楚为农国，生殖自足致富，然农田水利动需数载经营。鄂省堤防绵亘几二千里，经费尤巨，为富力所牵制，非咄嗟可以立办，惟工艺一途程[成]功较易。近日民日[间]□承学之士□索之工多有能自创新机，改良旧艺者，利而用之，扩而充之，皆足为发达实业之一助。款项难筹，废置半途，功用遏而不显（广济桂姓木工改良纺纱各机，功用已著。前督宪赵试验后曾批饬前县劝业道筹拨官款提倡，卒以款绌不克观成，抑郁而死。现虽继志有人，赓续制造，为劝业奖进会所调验，然仍困于经

---

① 载《汉口中西报》1909年12月6日，新闻第3页。

费，无力扩张，行将中辍。夫广济下邑耳，桂工一粗人耳，而匠心独运，奇巧至此，推之他属良工为资本所困而莫由自达者，不知凡几，良可浩叹）应遵照农工商部定章，严饬各地方官，查有能自创新机改良旧艺者，验实后即酌量经费大小，禀拨公款补助，或归公款开办，务底于成。如地方官漠不关心，为设法维持，听其废置，一经访查得实，或经该工人呈请试验实利民用，即治该地方官以应得之咎。□实业易与土货日就改良商务自有起色，请公决。

请通饬各州县划交税款并日后不准擅自加捐议案①

举办新政必筹经费固矣，乃迩来湖北各厅州县于已筹留县办公款，非多方弊混，即匿不宣示。至新政逼迫，势不得已，则又勾结一二劣绅擅自加税，依然任意挥霍。名为留县办公，而办公之费究须另筹，徒滋扰累，六十九厅州县如出一辙。即如税契一项，契费有留县办公经费。办公云者，断非专指署内而言也，各州县均认为在官厅应享权利，丝毫不许外溢，致税书借口枵腹，另向业户勒索，每价一千竟收至百数十文二百文不等，所谓弊混者，诸如此类矣（钱粮项下此弊尤多）。本年税契又加三分，查有一分留县举办新政，乃此项文件各州县迄未发表，此项收数各州县迄未交出。乡民无知，直不知此税之何以增加，此款之若何使用。所谓匿不宣示者，诸如此类矣。至近年各州县税捐正供之外有亩捐、米捐，税契之外有学捐、警察捐、三费捐、育婴捐，城镇有房捐，房捐之外有铺面捐，关税之外有麻捐、烟捐、木捐各项杂捐。每抽一捐，但凭三数人之协赞，并不禀报，而上台[?]无可稽查。多至十数人之开支，继以烦苛，而公家无甚利益，甚至市面因之冷落，人民时起风潮。元气既伤，挽回已晚。既不遵奏案留县办公之明文，复不遵先皇巧立名色之严谕，国计民生，两受其害。急应申明定章，严饬各厅州县凡关于留县办公之款一律划出，作为地方办理新政之用，前此私加各捐克日逐

---

① 载《汉口中西报》1909年12月6日，新闻第4页。

项详报。此后凡关于筹款事件，必将所办之事所需之款所加之税并办理规则，先行禀由督宪，发交咨议局决议，方准抽收，以期民困得以稍苏，公款得归实用。请公决。

续修湖北通志议案①

[时君象晋提出]为提议续修湖北通志事。查此案经始于涂朗轩(宗瀛)制军，继之谭敬甫(继洵)中丞，中更大吏数人，聘总撰数人，耗经费逾百万，丛稿盈屋，阅时三十年，迄今尚未成书。春间孟君晋祺向晋提议及此，晋适厕教育总会书记一职，曾报告于职员会，以赞其成者少，故未见诸实行。伏思通志为吾鄂文献攸关，既非邻封所能代谋，亦非新学新政举行以后遂可束阁不办之事。此时不从速修成，更历数年□，昔与事之人少，嗣续宜增之件多，迁延将靡所底止，前功几乎尽弃，后效复不可必。矧当财政困难，已除之款既不可追，续修之费浸将益巨。兹事既为全鄂应办之事，本局复负有提议全鄂应办之事之责。时不可缓，谊勿多让。理合提出，用待公决，并附条件于后。

办　法

假定职员：(甲)总办。请以本局议长为假定总办，两副议长为假定副总办，商订开办一切事宜。(乙)书记。由议长委派特别员二人，拟稿陈请督院，俟奉到核准批示后即行开办。(丙)庶务。由议长委派特别员二人或四人，承办经始一切事宜。(丁)会计。由议长委派特别员二人，经理开办一应款目(按一时款未拨定，可先就公益团体借用，俟陈请督院拨定的款，即行照还)。

以上各职俟总撰举定任职后，交卸清楚，即行取消。

选举总撰：(甲)用复选法公举。无论本省外省及何项资格，既由本局发起，即应由全体议员各就所知者胪陈学行举报，举定多数，榜示会

---

① 载《汉口中西报》1909年12月6日，新闻第4页；12月7日，新闻第3页。

场,再由全体投票公定一尊。(乙)所举总撰必常川驻局办理一切,并始终其事,乃可担任。按:总撰既得,其他分修分校各职,或公推,或票举,或径由总撰委任,胥听公□。

请拨局所:今之官书处即昔之通志局,可否仍以原处为局所,抑或另拨他处,俟公决陈请督院核定。

经费:续修经费,须于陈请督院核准后,委假定庶务员至官书处检验草稿,查其缺卷应补、续案应增之件,自起至讫,额支活支须款共若干,陈请督院照拨。确定期限,缺卷应补、续案应增各节,均须由假定总办协同假定各员约略计算。须时若干,稍展数月,订一确期,责其成功。按:此条当公举总撰后即须函告其人,与之约定愿担任者请到局,否则另举。按:此案已经具草,质之同人,有谓宜由教育总会主持者,如公决以为宜然,则假定各职胥请督院照会教育会长办理亦无不可。又按:总撰一职向由长官访聘,或由乡绅举荐,究属个人意见。今拟仿江苏公举学堂监督例,用复选举投票法较为公允。举定后仍呈请督院开聘。

请革粮差及更换百甲议案①

[议员蔡中爌提出]范文正当秀才时能以天下为己任,顾亭林谓天下安危匹夫有责,可知吾人读书不可自甘菲薄,有至重大之责任在焉。已立立人,已达达人,吾人之思想固当如是,吾人之责任亦即如是也。窃恨无权无位,不能见诸施行,徒存思想而已。今者朝廷诏设咨议局,为采取舆论之地。凡属兴利除害之举,经一人提议,多数赞成,即陈请督抚核准施行,固吾人莫大之幸福,亦即吾人应尽之责任也。中爌才疏学浅,不敢妄言兴作,但就其耳目所及于吾民身受其害者,思有以剔除之。匪曰为民请命也,亦弊去其太甚之意耳。中爌京山人也,请言京山之事。

一曰革差。京山钱粮□额三万六千,向由清书下乡征收。自道光年间改归花户赴柜完纳,旋被兵燹,将征粮块[账?]册焚毁,于是征收遂

---

① 载《汉口中西报》1909 年 12 月 9 日,新闻第 3 页;12 月 10 日,新闻第 3~4 页。

难齐全。惟其不能齐全，遂不得不派差下乡督催，然无确实底册可考，花户之姓名住址亦难调查确实，因之粮差得以蒙漏为奸。譬如一张姓之粮未完，凡属张姓，见其愚懦可欺者，皆可加以抗粮之名，无端扭锁吓诈，虽有百口亦莫辩，因是而败产倾家者比比皆是。又有花户赴柜完粮之时，而催粮票内有该花户之姓名，粮差等在柜遇见，即嘱令柜书不准裁给券票，必百般吓诈出钱若干方准完纳，甚至商通钱漕门丁，朋比为奸，私行锁押，不至内外用钱不止。宜革除者一。

一更换百甲。京邑地方面积一百余团，每团设一保正，设数百甲。其实百甲毫无事事，徒供不肖绅衿保正之驱使迫胁而已，有业农民谁肯充此苦役。向例各团保甲有刑书经管，名曰乡保团。更换保正则由团绅商之团书禀举，尚无大害。更换百甲但凭团书任意指派，在县署用钱数百文，给一印牌，所派之百甲尽系乡间之农民略有资产又极愚懦者，譬如今日推某甲为百甲，明日某甲即备钱数串推到某乙，后日某乙又推到某丙。一甲之中，一年竟有更至数十者，以故人皆以充当百甲为畏途，而团书竟借此为利薮。害人之事莫过于此。宜革除者又一。

以上二端确系百姓受害之事。一邑如此，他邑可知。谨质之诸君，请公决焉。

除盗安民议案①

[张中立君提议]为提议除盗安民事。查近年湖北水灾频仍，伏莽遍地，各厅州县抢劫之案几日有所闻，而所为除盗之法实多疏而不备。以言乎警察，则除各州县外，尚未开办，不足以资保卫。以言乎营汛，则各属以次裁撤，所留者不过一二疲残，不足以资镇慑。于此不亟筹一保护防守之策，恐入冬以后益形横决，而各属饥民为之响应，其家将有不止于抢夺劫杀者，骚扰乡民为祸止自无穷也。爰具末议数条，谨录如左：

一、办乡团。居今日[应有缺字，编者]，而办乡团，必谓不如办警

---

① 载《汉口中西报》1909年12月9、11日，新闻第3页。

察，不知警察费重。乡团则仿古守望相助之义，彼此互相救护，一户有警，各户齐集，不需别筹款项。其便一。警察必先教练，成立尚待时日。乡团则各县原有基础，咄嗟可办。其便二。警察必自城镇始，乡村多不易集，乡团则湖北六十九厅州县无乡无之。其便三。今年二月，京、潜交界白家台一带匪徒猖獗，未久即就扑灭，不至酿成大害者，皆乡团先事捕剿之力也。盖乡团一兴，则内匪不敢有勾串之事，外匪即无藏迹之所。当此警察未备之日，治盗之法似无有善于此者。

一、添防营。各汛营兵大半裁汰，其存者不过十之一二，各厅州县实不免于空虚。所恃以镇慑者，省城所练之新军耳，而相距远或千余里，近或数百里，一旦有警，缓不济急。今年二月京、潜交界白家台一带匪徒倡乱，若非乡团先行收剿，徒使省城前往弹压，其糜烂更不知若何。前公安、石首请派步兵择要驻扎，潜江请派水师分扎东西荆河，皆有鉴于此也。拟请水陆两路各添防营数队，分汛驻扎。陆路或可另行招练，或即拨省练新军前往，按期轮换。在各厅州县既可以资防守，在该营兵士亦可借以练习。水路则于长江、襄河一带各要地酌拨师船若干艘，不时巡查。如此则或不至变生意外，而居者可以安枕，行者不至裹足，故添设防营尤为今日救时之急务。

一、徙流亡。湖北今年被灾者计三十余州县，饥民约计二三百万，一片汪洋，既无家之可归，邻省拦截又无路之可走，嗷嗷万众，不横出而为盗将奚为。

［下缺］

筹办积谷议案①

［提议员刘定瑗］为提议筹办积谷案事。窃维天灾流行，国家代有补救之方，全赖人事，然临事而始谋补救，何如未事而豫切绸缪。古之时耕三余一，耕九余三，以三十年之通制国用，故岁有丰凶而民无流散，

---

① 载《汉口中西报》1909年12月10日，新闻第1页；12月12日，新闻第3~4页。

是则备荒之政当以积谷为第一要义。自汉以降，常平、义仓、社仓之设，规制綦详，救灾恤邻，宛存古意。国家折衷今古，子惠元元。直省积谷，原有定章。湖北各属，多则数万石，少亦数千百石，倘能有盈无绌，实储在仓，一逢歉荒，未始不足补救于万一。无如董理之人实心任事者少，侵蚀亏空者多，平日伙串吏胥互相朦蔽，而地方官又或别项挪移，一旦需用，半系有名无实，至乱端已成，虽食其肉而寝其皮已无济矣。查光绪二十七年各大宪奉先皇太后先皇帝谕旨，通饬各属整顿积谷，而地方官大都视为具文，敷衍塞责。湖北惟宜都一县遵章办理，数年来已著成效。定瑗松滋人也，与宜毗连，访问确实，且读奏定地方自治章程内列积谷一条，拟呈请督宪札饬各州县会同公正绅首妥为筹商，勿得蹈从前因仍苟且之事。或曰积谷之说似正实迂，所谓老生常谈者非耶，不知方无古今，中病则验，射无巧拙，中鹄则神。湖北年本大水，被害者二十余州县，筹赈募捐，艰矣瘁矣。水旱偏灾，事所恒有，不筹一善后之良策，则呼庚吁癸，长此安穷济众博施，尧舜犹病。谨具条议如左：

一、各府州县旧有仓谷亟宜清厘

理由：查各府州县仓谷有被地方官挪移别项者，有被劣绅从中侵蚀者，若不急为清厘，则人心不服，此次扩充积谷，必多窒碍，故其从此入手。

办法：拟呈请督宪札饬各州县于所属积谷挪移者宜设法弥补，其被劣绅侵蚀者，饬令将历年账项缴出，会同公正绅首核算，如查得侵蚀确据，责令赔还，并加倍议罚，以示惩□。

二、调查境内收租之家应提谷若干，以归划一

理由：一逢歉岁，民间待哺嗷嗷，苟不善为抚辑，则铤而走险劫夺之事时有所闻，而富户实首罹其害。故劝谕收租之家积谷备荒，利人亦以利己，谅所乐从。

办法：除收租仅数十石者不计外，至百石者应提出四石，由此类推，大约大县可获二万余石，中县可获万余石，小县可获数千石。至有不收租谷而自种田者，照田亩多寡酌派。城镇殷商照家资多寡酌派，但只收

一次，不得作为常年捐。

三、仓廒宜分配各乡，不得专设城内

理由：旧有仓谷俱设县治，一县之大，相距甚远，乡民取求诸多不便，各乡分配，庶免偏枯。

办法：（甲）除原有仓谷仍设县治外，此次扩充办理，分配各县，按户口之多寡以定存谷之数。建仓之地，或择本乡公所及庙宇俱可，要期尽于适中，大约相距以二三十里为断。筹定后，须将某乡存谷若干及建仓何所，报告自治会转呈地方官备案，以便稽查（如无公所庙宇，即存本乡殷实正绅家更为妥当）。（乙）建仓经费计每乡不过五十余串，即由自治会项下支销。

四、定推存出新之法

理由：积谷归仓，每至夏季间被虫伤，色味俱变。春散秋敛，古制犹存。况值青黄不接之时，乡间之食指浩烦[繁]者，缺食在所不免。拟酌量发给，以资接济，亦未始非属官赈贷之遗意也。

办法：（甲）乡民赴仓赊贷，秋收之后即须归还，并须酌加利息。拟每石增收一斗，以五升作为耗谷，以五升进息作本。如有抗不缴纳者，禀请地方官究追。（乙）乡民贷谷，须有切实保人方可发给。（丙）地方无业游民纵有保人亦不准发给，缘彼既无业，势难归还，恐致亏欠。（丁）乡民贷谷，调查其家人口多寡，酌量发给，至多不过二三石，以示限制。

五、慎择经管之人

理由：邑中公事有治法，尤赖有治人，况积谷为人民生命财产所关，宜先取殷实，次取老成。倘有刁绅劣监滥厕其中，必致多方弊混，故不得不慎之于始。

办法：（甲）原有仓谷宜择城内正绅管理，不可使胥吏经手。沿乡各仓即由其本乡之人公举，俱报告自治会禀请地方官派充。（乙）绅董管理积谷系为地方尽义务，不必筹给薪水，但每年发放及收还等事项，势不能亲任其役，可饬令自雇一人，工资拟定每人一年六串，统由自治会项内支销。（丙）经管之人以三年为限，届期择人接办，以均劳逸。（丁）经

管者于发放毕后，须将赊贷者之姓名、居址、谷若干石以及保人俱造具清册，报告自治会转呈地方官备案，并广贴通衢，俾众周知，以昭核实。收还后亦如之。(戊)如绅董经管三年确有劳绩者，自治会禀请地方官核□，稍有不实不尽之处，亦宜薄示惩罚，以儆效尤。

以上各条，系为备荒起见。尽人事以弭天灾，似于地方自治不无小补。所有理由及办法是否有当，敬待公决。

提议减少公费修正预算案①

为提议减少公费修正预算案以期速决事。顷因郑君璜提议实行规则一案，会议竟日，迄不能决。窃照常驻之应兼差与否，必以其所负之责任为断，反复权度，请诸公进一筹焉。查宪政编查馆奏定咨议局章程第五十三条第一项议员旅费，第二项议长副议长及常驻议员公费，第五十四条前后条公费及薪金数目由督抚核定，其旅费杂费及预备费由咨议局会议，预算数目，呈请督抚核定。据此解释，旅费在公费之前者，旅费重而公费轻，全体议员重而常驻议员轻也。公费由督抚规定，而旅费由会议，再请督抚核定，良以公费轻，可由督抚持其全权，旅费重，不可由督抚持其全权也。盖会议法理以全体议员为重，凡本省兴革、预算决算一切重大事件，皆须全体议决之，常驻议员不能以少数人之意见独断也。常驻议员所能行者，不过备京外之顾问，及平自治会之纷争，通人民之情悃而已，此意已见于章程之二十一条。改过[遇有]特别事件不能俟常会期会议者，须开临时会议决之，此意已见于章程之三十三条。由此观之，则常驻议员实无多事，既无多事即可听使兼差矣。何者，常驻时虽不同于看守局所之人，其时究不甚重也。常驻时所办之事虽不同于吏胥所办之事，其事究不甚重也。其时与事俱不甚重而又可以兼差而得多金，则驻局之公费尽可减少，每月以三十元为率，不必重耗我民脂膏每月至七十金也。如谓公费系督宪所规定，本局不便请减，则旅费一节，

---

① 载《汉口中西报》1909年12月10日，新闻第3页。

督宪本无规定之全权，而督宪一改再改，反重为轻，似若可以持其全权者，则公费一节，本局亦可以过问矣。且常驻职务应至闭会时发生，则除常会期三月外，应以九个月计算，不应称年计若干。督宪所定公费年计若干，实在必应修改之列。因修改而连类及之，当无不可。至请减经费为本局自有之权，又非增加经费恐无款筹拨者可比，况重者全体而旅费反轻，轻者常驻而公费反重，权衡所在，未应□倒至此。若谓议员为名誉职，不宜以旅费相较，但相较之下，系较而请减，非较而请加也。非常驻议员既为名誉职，岂常驻议员即罔恤名誉惟利是图之人乎。应速请督宪减少公费而修改本局经费预算案为是，则实行规则议案可不烦言而解矣。是否有当，请公决。

请酌提军户公产以充铁路经费议案①

为提议酌提军家[户]公产以充铁路经费事。窃军田之弊极矣，总书掌管任意浮收，军户受害历有年所。阅卜君文焕改军民案、枝江曹孝原陈请书及陈请委员报告，言之綦详，毋庸赘述，惟其中公帮置产一项，奉前督宪张（之洞）永远革除之示。兹就管见所及，略陈如左：

查公产所由来，因旧例军户皆有运粮之责，丁单势弱者以造船等费扰累滋多，遂视运粮为畏途，不得已乃相率置产，名其田曰济运，有合一船而共置者，有合数船而共置者。济运田之稞租向遍总书收掌，充当运费。夫此田既为运粮而设，停运后应归消灭。然自道光年间停运以来，此田仍未退还各原主者，缘总书借口卫署未裁，供应需费，借公肥私，饱填欲壑，各军户亦未敢过问也。至光绪二十八年奉上谕裁撤卫官，改军为民，各花户应完钱粮饬卫署交各府转以发各州县征收。若能照章办理，总书等再不能一毫干涉。无奈地方官于军田一项曩昔既未经手，此时又不检查，阳违阴奉，则仍系总书上下其手，外征外解自若也。地方官徒受陋规数百两而已，以至公帮置产仍为总书掌管，什军等伙同侵占，

---

① 载《汉口中西报》1909年12月11日，新闻第3页。

私为己有，与前督宪之旨大相背谬。定瑷军籍也，洞悉此弊。现当湖北铁路筹款甚急，拟请督宪札饬各州县会同公正绅首调查各属济运公产，变卖入股，息钱所入与分红所得，即归各属地方自治经费，则是数十年之积弊既可剔除，多数人之财产有裨实用。在帮运者以公济公，永断葛藤，已出之财自无阻碍，在筹款者变卖闲田，毫无苛扰。负此担任，义所难辞。谨纾愚见，伏祈公决。

划一讼费议案①

议员孙传烈提议划一讼费案，除会议情形已见二十日本报，及审查报告书载二十八日本报外，兹特将孙君提议原案录左以备□览。

为提议划一讼费事。窃以讼费一端，东西各国莫不勒为专条。其在日本则有罫纸税，有裁判费。其在欧西则有票费，有裁判堂费。其数目之多寡，各国不同，而要其用意则在使刁狡者惮于伤财而不敢健讼，矫诬者有所惩戒而不敢尝试，立法本为至善。我国则刑事民事法律既无特殊之规定，而输金罚元又无明定之专条，以故诉讼一端，官吏每得借以上下其手。一庭讯也，而有铺堂费之苛索。一呈词也，而有代书、挂号、传呈、经承、拘提、号单、扣[和]息之费用。种种弊害，需索百端。而其最堪痛恨者则尤莫于传呈一事。官吏往往任意苛索其费，或三串或五串，甚且有至数十串者。州县然然，道府亦然。衙门愈大，索费亦愈巨。其循例于三、八等日呈控者，则其费较传呈略轻，故人民多俟至告期始行呈诉，而不肖官吏知其然也辄多方刁难。如近日襄阳县徐令每遇告期，清晨接受，过期不收。无论远道人民不能赶至，即近在郡城且有不及呈递者。盖其为时仅一二点钟，稍有迟延，即至误期。本期既误，则又须留候下期，一辗转间而为时已过数日，原被人证守候之费用且至不赀，以故一届放告之期，必须先日住宿城中，次日或可不至误事，否则鲜有能及期者。即使幸而及期矣，而官吏又故肆其挑剔之手段，威吓之伎俩，

---

① 载《汉口中西报》1909年12月12日，新闻第4页；12月13日，新闻第3~4页。

立言一有不慎，则且掷□状纸，掌责代书，用是人民之及期呈词者盖寡，而不得不群趋于传呈之一途，于是而官吏之为计得，于是而人民之用心苦。约略计算，州县之陋规，仅此一端，一岁之中，多者殆将以万计，此项规费官吏与门丁各得其半。以小民之脂膏，供官衙之分肥，言念及此，可胜痛恨。今幸武汉审判厅成立，以后此项弊害当可为之稍减。然一仅限于武汉一隅，而外府[厅]州县审判厅之成立则尚待至宣统五年以后。为期既觉过遥，而补救又苦无术。为今之计，莫如呈请督宪饬令各厅州县迅仿武汉审判厅之制，不论告期与否，收受一状，准其取费四百三十文，例外不得丝毫虐取。其他有代书、挂号、传呈、铺堂、门规、经承、拘提、号单、和息等费用，一律革除。倘有不遵，一经告发，立予撤参，庶民困可以稍舒，而将来府厅州县审判厅之设立或亦较易为力。是否有当，伏候公裁。

请酌裁庙款以办自治及小学堂经费议案①

为提议酌裁庙款以办自治会及初等小学堂经费事。窃惟天地之生财止有此数，不取固有之利则目前之事不能办，不开未浚之源则将来之事不能办。朝廷变法图强，属望于自治会之成立，小学堂之推广，以为宪政之基础者设也，然不急筹地方公有之款，以作地方公用之费，恐仰给于官而官不足以应其求，取税于民而民无以堪厥命。虽日日畅谈自治，快论兴学，终成画饼，未如何。中国自汉朝明帝以来，二千余年受浮屠之祸，或集款或置常田，遍于天下，而鄂省所辖各厅州县尤甚。以有用之产，养无用之人，殊深可惜。兹值举行要政，筹款惟艰，似宜酌裁各厅州县所有各庙田宅等常款，以作该地方开自治会及推广小学堂经费，庶风化端而人尽良善，教育宏而士多通材。鄂人之幸，即天下之幸也。是否可行，专候公决。谨具条议如左：

第一条　裁住持自有之庙款。

---

① 载《汉口中西报》1909年12月13日，新闻第3页。

理由：湖北庙款本属国民所公有，何得称为住持所有。盖僧道尼存有巨款之庙，或创修于胜国，或建筑于熙朝，若辈盘踞日久，虽属招聚而成师徒，亦有祖孙父子之称，代远年湮，曰寺曰观曰庵，皆俨然世守其业者，更或有携资入庙与努买田[？]巨款成自本身者，皆为住持自有之庙款，裁以作地方公费，当与他庙有别。

办法：住持自有之庙无论常田多寡，上宜裁所有之半，地方官饬团约绅耆善言劝导，相与俱偕携约契入署当堂验明立案，勒令勒界佃客。至庙款微少，正能敷住持衣食者，但禁其招徒与饬妙年僧尼还俗，暂时免裁，以示体恤。倘或私贿团绅及书役，一经发觉，务将所有庙款全裁，以昭惩戒。而受贿者按所得财物加十倍受罚，勿得稍循情面。至官吏贪赃护庇，人民与议员均可陈情本局禀报督宪严加撤参。

第二条 裁地方公有而住持之庙款。

理由：地方公有之庙款，或因施主而得，或由募化而成。远者不过七八十年，近者更或二三十年。其人其事，皆确有碑记及约契可□。此等庙款、所有田宅为该地方公有之物，其款与住持自有之庙相比例，自加倍裁款。

办法：地方官谕饬该处所团绅调察施主或施主之子孙及碑记约契以为证据，偕住持入署当堂立案，裁该庙款三分之二以作自治会及初等小学堂经费。此等庙款本应全裁，奈有住持或一人或数人不等，少壮者可令其还俗，而老弱残疾之人即以此庙作孤贫院论，姑留一分以终大年。至行贿受贿，以前项为比例，不赘。

第三条 裁地方公有而无住持之庙款。

理由：无住持之庙，或因款小而无住持，或因土豪占据而不招住持。总之，既为公有之款，又无住持之人，其视前两项庙款实过□殊，即裁款断难一例。

办法：公有而无住持之庙，多为不肖团绅所占据，地方官当速派调察员详审款之大小，以造一册回禀，提该庙值牛首人立缴约契□劝学绅董管辖，以裕自治及小学之经费。倘敢把持阻挠，即将该团绅严行治罪，追赔先年侵蚀之款。至该庙之神或在祀典或不在祀典，而为人民之所迷信，除裁并地方公费外，均宜留香灯之资，以从民愿，惟妖神淫祀则当禁绝。朝拜不在此例。

［下缺］

议员胡壬林增补筹款宣防以除水患议案①

督院提出讲求宣防议案曾经各议员互陈意见，兹将胡君壬林增补宣防议案录下：

为增补筹款宣防以除水患事。窃以前所提议者以就筹款正项言之，而于协帮之款尚属缺点，兹又增补一条，只续前议之末。谨列其议如左：

理由：堤工经费有正项即有协帮。本县之堤既溃，就本县筹款修之，则谓正项。此县之堤既溃，费巨难筑，必于彼县筹款修之，则谓协帮。如安陆所辖之钟、京、潜、天四县，尝有钟、京堤溃而潜、天协帮，潜、天堤溃而钟、京协帮者，不一而足。盖汉水汛涨突然溃决，下游皆一片汪洋，一经修筑，下游又一律稳固。同利同害之区，尤当结为团体，以期功之速成。与其独修孤掌难鸣，何如朋修则众擎易举。此协帮之说可谓正正堂堂者也。从前遇安陆所属之堤溃口，欲与下游之沔阳、汉阳、汉川、应城、黄陂、夏口、孝感、云梦等州县相筹商，彼必不允。间有捐费者有之，而于协帮义举反多阻力。害既同受，利亦同享，而于协帮之款则不同筹，兴修则一滴不施，工竣则安享其成，其于情理似觉未当。况安陆一属协帮者已有明证，岂同府者宜协帮，而异府者竟可置若罔闻，其于不分畛域、破除界限之义何有乎？拟请督宪通饬下游各州县妥筹协帮，量其害之大小，定款数之多寡，只宜分别筹办，断不能一概不应。揆之天理人情，谁曰不然。

办法：一、酌筹数目之多寡，量其受害之大者酌定十分之三，受害之不大不小者酌定十分之二，受害之小者酌定十分之一。其数甚少，不

---

① 载《汉口中西报》1909年12月14日，新闻第3~4页；12月15日，新闻第3页。

至束手无策。二、酌筹之款仍存于下游各州县。一遇溃口，先由钟、京、潜、天四县令通行报告，说明各州县溃口地段。至修筑时，由此县与彼县长官对拨，或由正绅亲往领取。总要集有的款，方不至临时为难。

提议清丈田亩案①

[张光耀君提出] 为提议清丈田亩以祛积弊事。窃湖北襟江带汉，素称泽国。近年水势日大，江、汉流域淤阜之田日益多，潴水之区日益少，溃决之患，无岁无之。本年春夏秋之间，江、汉两水先后尽涨，被其害者二十余州县。督宪关心民瘼，于是统筹全局，讲求宣防以除水患，复下其议于咨议局，冀与吾鄂人士上下其议论，以折衷于至当。此诚鄂省政治界一大关键，而滨江临江三十余州县受治之人民所馨香祷祝而求之者也。伏查讲求宣防案内以整顿堤工为大纲，而以地方之财办地方之事，势不能不取之于土费，其附条所列筹办土费一节，酌分上中下三则，按亩收钱。因田亩之等差，分土费之轻重，立法至为详慎。但本省六十九州县其田亩清晰毋待丈量者不过十之三四，其纷歧朦混无可查核者十居六七。光耀荆州人也，即以荆州一郡论，除江陵、监利向系官督绅办，田亩尚称确凿外，其余各属均皆弊混不清，而公安、石首其尤甚者也。江水自岷山发源，历数千里而入荆州界，一望平舒，无崇山峻岭为之约束，以致江流□急。公、石当□之处，形势日有改变，其旋淤旋坍、旋坍旋淤者，修堤丈亩，皆由本地土豪自为经理，地方官并不过问。间有地段较大万难隐匿者，亦未尝不造具亩册报□升科，而不肖胥吏往往与经事之人朋比为奸，借弊混以为分肥之计，所以新修之垸、新垦之田亩数无从查□。即滨江一带额征钱粮，所谓□银麦粮正□银者，类皆有名无实，等诸子虚乌有之列。即江岸新垦田亩日有进益，而每年报解钱粮仍无所加于原额之外。盖田亩不清，则土费钱粮□□□等项在在可以取巧。此种弊端即在数十百年有之，□皆于□绅把持□□侵占改册□亩之

---

① 载《汉口中西报》1909年12月16、17、18日，新闻第3页。

弊，亦所不免，兼以山田岗田向例不任堤工，其山岗附近田亩弊混尤多，止不独新淤之地为然也。一邑如此，他邑可知，一郡如此，他郡可知。现在九年筹备期间，田亩田产件件皆请调查确实，不能稍有朦混。此次整顿堤工，尤宜以此为入手办法。拟俟议决后，呈请督宪通饬凡有堤工各州县赶将所属田亩切实清丈，统限于一年内造具鱼鳞清册，呈报督宪转交堤工总局，以凭查核，毋得再以一纸空文申复了事，庶田亩可归划一，则积弊可以廓清。为国为民计，无有先于此者。谨条其议于左，是否有当，伏希公决。

一、设局所

理由：清丈一事与堤工有密切之关系，若令分局而治，则彼此不相联属，隔膜滋多，且开办经费常年经费在在需款，未免徒滋扰累。兹拟将清丈一事并归堤工总局经理，就形质而论，不过为节省经费起见，其实划一办法联络血脉，实于堤工前途大有裨益。其各州县之总分局办事规则，由经理员绅于开办之始自行酌定，不为遥制。俟清丈告峻，即将总分局一律裁撤，以示限制，庶几无冗无朦，款无虚縻。

办法：甲、省城不设总局，于堤工总局内另设清丈一科，以节虚縻；乙、各州县于城内设清丈总局一所，即就别项分所改设；丙、各州县视其区域之大小，宜设分局若干所，由各州县与经理员绅临时酌定。

一、慎委任

理由：向来中国之事，专归官办则遇事敷衍，民情诸多隔膜，专归绅办则遇事把持，款项难免侵渔。此次清丈田亩，拟定官绅合办，除派委员绅为总、协理外，仍责成该管地方官严行督饬，总其大成。其在局办事绅首，许由印委各员严定劝惩章程，于开办之始榜示各局，俾众周知。其有朦混舞弊及玩误公事等情，或经印委各员查出，或由本地人民控告，一经查实，即科以应得之罪。委员之旷职者亦得由地方官禀请改委，庶办事员绅咸知淬厉公事，乃克有济。

办法：甲、每属遴委州县一人为该属清丈局总理员，以廉明而耐劳者充之。乙、每属选派本地正绅二人为该属清丈局协理员，以公正而有资望者充之。丙、每属各设分局若干所，分局绅首多者以五人为率，少者以三人为率，由地方官会同总协理员绅公同选派，以勤慎而无嗜好者充之。

一、筹经费

理由：向例各州县办理大丈，原有大丈费一项，由经理绅首按亩摊派，少者每亩一二百文，或多至四五百文不等。此次通饬凡有堤工各州县一律清丈，原系普通办法，自不能不力为撙节，以示体恤。但清丈造册以及应用纸笔器具，雇请司书、算手、工手、杂役等项，需费不赀，拟援照督宪所定按亩收钱之议，分上中下三则，上则每亩派钱一百文，中则八十文，下则六十文，概由清丈时按亩核收。其各属总局经费，应责成各分局公同担任。惟开办之始不能征收亩费，许于堤工及别项公款内提拨，其收支账目赢余款项，仍宜详晰榜示，以符公取公布之义。

办法：甲、开办经费无论官立民立，各堤局概提二成为办理清丈之用，如堤工实无可提之款，并许于别项公款内酌量挪用。乙、征收亩费由各分局经理呈报总局核示。所有收支除存账目，仍于清丈完竣时详晰榜示，以昭核实。丙、征收亩费项下除办理清丈一切事务，如有赢余，将挪用别项公款照数清还外，余款概归入本属堤工项下，以免浮销。

一、谋善后

理由：各属田亩，有向本清晰后弊混淆者，有历来混淆并未清晰[者]。此次办理清丈，虽为整顿堤工起见，其实于调查统计诸事关系尤为重要者，不妥筹善后之方，则各属变卖田地应推应收之亩漫无稽考，弊混日久，遂至于不可究诘。此次清丈之后，宜按照各垸田亩划分区域，编成字号，造具鱼鳞块册三分，一分存局，一分存地方官署内，一分呈送督辕转交堤工总局，以备考查。三年办理推收一次，九年内仍一律清丈一次，另行造具清册照章存缴各局署，庶清查田亩有一定之限制，弊窦无自而生。

办法：甲、清丈以后，田地变卖应定每三年仍造□[推]收册一次，款由该属堤工经理。乙、推收仍易滋弊，应定于九年内照旧办理清丈一次，仍照原案委员派公正廉明员绅妥慎经理。丙、推收年分由地方官出示晓谕，着令各业户携带新老印契呈请催[推]收公所照契催[推]收，庶足以昭核实。如有以多报少、希图弊混者，严惩不贷。丁、清丈局缮造鱼鳞清册呈请地方官盖用骑缝钤记，分别呈缴，其局内所存亩册，责成每届堤局绅首轮流保存，俾昭慎重。

附条（厘定丈田弓尺刍议）

　　中国权量度衡向无定制，二十有二行省，每各自为风气，莫衷一是。近虽屡议校正，终未见诸实行。即如丈田弓尺一项，纷纭百出。匪特省与省殊，府与府殊，县与县殊，即至一乡一村之间，或此短而彼长，或此盈而彼绌，土著之人亦苦于无从查悉。查各处弓尺有四尺八寸者，有五尺二寸者。有六尺四寸者，有七尺二寸者。毋论其大小若何，然以视本省官弓，则有过之无不及也。此次举办清丈，若一律改用官弓，似嫌太小，恐于舆情不甚相洽。若仍照各州县原用弓尺，不加厘定，则大小参差，办法不能划一，即征收土费，摊派钱厘，亦无以均苦乐而昭平允。此非斟酌损益，筹一至当适中之定式，以广为颁行，则小民无所遵守，且适以滋流弊。兹拟采照武汉贸易尺每五尺为一弓，由堤工总局照式仿制，定其名曰本省制弓，多刊白话告示，随同所制弓尺颁发各州县，广为张贴，俾乡民家喻晓，咸知改用制弓诚为划一办法起见，以视奇零不齐之弓制较为简当。此后丈量田亩、办理堤工均一律遵用制弓，毋许增损，庶收整齐划一之功，永杜纷纭错杂之弊，未始非振兴内政之一端也。附陈管见，用备采择。

议员赵麟书提出秋米改征折色议案①

　　湖北全省秋米自胡文忠（林翼）抚鄂时洞察其弊，一律奏请改征折色，惟郧之各属独仍其旧。其时非薄于郧也。郧距省为远，额征秋米向例拨充本地绿营之兵饷，一经改征，于兵食多不便，故虽全省奏改折色，

① 载《汉口中西报》1909年12月18日，新闻第3页。

而于郧仍本色也。今则时事大殊，郧之兵额已奉明诏实行裁减，其裁减之兵无须乎是，即将减未减之兵亦无须乎是，而此项秋米依旧征收本色，浮加勒折，实为郧之人民五十年来独受之大害。其种种积弊，窃敢为我诸公缕陈之。考郧之公属除保康向无秋米，其防兵之饷系由郧县拨充外，郧县一千六百一十二石八斗九升二合一勺，郧西五百六十石零三斗六升一合二勺，房县一千八百九十一石六斗四升九合六勺，竹山县七百八十石零八斗六升零一勺，竹溪县三百九十四石三斗七升三合二勺，合计五千二百四十石零一斗三升六合二[勺]，粮□例俱系存留□充本处绿营之兵饷。自兵额迭经裁减，其剩米应解归府库存蓄（《郧府志》及《丁漕指掌》所载俱系如此）。然证之今日之事实，则殊有大谬不然者。五县之收秋米大率于九月二十六日始贴红告示开仓，期限即以二十七八九至月□[杪]为止，此三四日内交米者异常拥挤，争输恐后。然得缴者率属有局函之士绅与多资之富户，其下则虽守候仓门，终难插入。综此三四日内所收，多不过一二百石。何以故，因每日必至下午一二点钟始启仓门，五六点钟即封闭。收兑之时间已如此其短促，而手续又异常烦琐。交米者每钱例□三斗，每易一钱即须呈□□□米（约一二斗），斗级仓差等于交米人往斛之□□□□失，或故推其肘，使之抛洒□□为己有（对于有势者稍敛钱），大概市面一行米（合京斗二斗）仅克敷仓内一京斗，或且有不足者，故虽云收三四日，其为数故□□也。然目下绿营尚未全裁，自□府署以下迄两学、丞倅、千把，又莫不有所谓礼米者（自八石至□石不等）。收入之米固不敷用，于是县官又有办法。或先遣人至安陆一带购贱值米预给兵食（武弁受县令之贿代为说项，兵则敢怒而不敢言），或临时广请城内各富户面恳各认凑若干石，以送官礼（由前说者尚少，由后说者几于无任不然）。虽曰订购，而价值则实比市面低一二百或二三百文。至对于未交之花户，则悬牌令照市价折交，或有更加一二十文者。间有好名之官折价比市面略低数十文，以沽声誉，然亦如凤毛麟角，不可多觏矣。至于应解存府库之截旷，则又不解米而解钱，每京斗米一石折钱三千二百文，发典生息，而府守新旧交代之时，旧任又扣除若干归其私橐(风闻系扣一千七百文,每石米注册价仅一千五百文,此向行之惯例也)。似此层层剥削,国民交病,诚有过于胡公原奏者。值此多难之秋,筹款维艰,安可不设法变通,以期公私两有裨益。拟照各州县折收南粮之例(通一两五钱银),以归划一。每民完秋米一石,即依县解府库之例,折交钱三千二百文,外加地方官公费钱一千文(仿黄州府各县办法),本县举办自治、警察经费二千文,共六千二百文。现在未裁尽之绿营兵,其应领之米或照胡公原奏,每石折给库平银九钱,或即以三千二百折付,统在宪裁。似此小民之负担稍轻,要政之举办亦易,惟于向来中饱之官吏不无少有损失。然毁家纾国,古之人尚且优为,况捐弃本属溯来之物,以裨益国计民生,苟稍有天良者,必不至或有难色也。又郧县前次加赔款捐时,核计秋米应有一千七百五十石(赔款捐系按每秋米一斗加捐四百文,共加七千串,照除应有米一千七百五十石),与《郧府志》及《丁漕指掌》载数俱不同,似应向藩司处彻底清查。可否之处,并请公同议决之。

附录：议案审查委员会审查报告书

税法与公债委员会审查改军为民案报告书①

为报告事。本月二十一日由议长交卜君文焕提出改军为民议案一件,经本委员详细审查,此案关系极大,理应作为议案,但原案语太简单,未经叙明理由,指定办法,其中应如何革除积弊,如何详拟定章,拟转请卜君逐件指陈,缕列条目,俾本委员会得照原案所陈,详细研究,借抒意见,再请公裁。其理由如左：

甲、查光绪二十八年业经明降谕旨,改军为民,军民合一,畛域不分。即原案亦云明诏迭颁,委员数至,似乎军籍之羁绊可以脱然无累矣,

---

① 载《汉口中西报》1909年11月28、29日,新闻第3页。

乃何以仍称必待大书特书改为民籍，岂谕旨煌煌尚不得谓之大书特书乎。原案又云：此非国粹，胡为爱惜之保存之，而不毅然改之。在朝廷固毅然改之矣，不过奉行者未能实力改良耳。应请叙明理由者，此其一。

乙、原章[案]每军粮银一两纳税钱二十四串，后改为每两八串纳交税款，后一律改为民田，则纳税之义务似应立遵。乃闻各州县军田现象，有已纳税二十四串，又复向愚懦而重征八串者，亦有对于八串税款分文未能交纳者，种种情形，未能划一，以至复杂繁难无从收束。应请叙明理由者，此其二。

丙、原案所谓屯饷、运银、资役三者皆系从前军粮名色，改军为民后应于一律扫除。然军田之改民与否，自以纳税与否为断，屯饷、运银、资役三项不能与税款相提而论。大约各州县此刻情形，有将各卫书吏裁尽，而归各县粮书带征者，有仍就各卫书吏征收者，无论如何，皆未将从前军粮名色扫除净尽，故军籍之羁绊似脱而未脱，已纳税者心滋不服，未纳者观望不前，此卜君之所以痛陈而军民之所以难于骤合者，皆由此也。应请叙明理由并拟办法者，此其三。

丁、如能将各卫书吏一律革除净尽，各州县带征之粮书不准沿用，从前名色一律照民田折银征解，则军田之纳税者自能踊跃。税既纳矣，军粮之名色裁净，则无所谓之军矣。照民田算粮，即可谓之民矣。并请督宪通饬各州县照办，则军民自应分别矣。是否如此，应请叙明理由而并拟办法者，此其四。

委员长董钦墀，委员陈国瓒、刘耕余、胡瑞霖、刘寅熙、郑潢、何世谦、金麟、刘起需、倪惠渊。

法律委员会审查裁汰教员议案报告书①

为报告事。九月三十日议长交周议员培金提出裁汰教员一案到会审查，当经本委员会之决议，应请原提议者切实指陈，分别提议。其理由

---

① 载《汉口中西报》1909年11月30日，新闻第3~4页。

如左：原案淘汰之法均系现行各章则所明订，且现行管教各章则尤较原案详，而且□□此提□未免有挂漏之处，□宜实地调查省城各级学堂、各属州县各学堂所有教员实在情形，择别能否或分案提出，或并案提出，较为有济。如就原案议则已赅括于学堂改良之范围中，且不过改良办法之一□耳。

法律委员会第四次报告书①

为报告事。本月初四日由议长交督部堂提出推广农林议案一件，并嘱详细审查，从速报告。兹经本委员会审查决议，照原案指陈利弊，略附意见如左：

（甲）农林局请即裁撤其来年另设农林总局之议，请勿施行。

理由：

按劝业道办事公所早□遵部章第十二条分设有农务专科，并于该科中置农政森林各股，掌一切关于农林之事项。今既蒙提倡实业，首期推广农林，所谓统一机关，理合专责成劝业道，以仰副朝廷因事设官之至意，似不必另设局所，侵其权限，致劝业道渐成冗员。况自劝业公所成立后，凡商务矿务两总局业经次第裁并，尚有成例可援也。

（乙）农林两试验场请不必设立。

理由：

按本省农业学堂早设有农林试验场各一所，计办理迄今数年，其糜费巨而成效不见，为鄂人所诟病者久之，今拟另设，恐亦不过如是。此等模范，鄂人实不敢赞成。即日筹办农林，似应有试验场以便研究，要宜将农堂现有之两所拨归劝业道督率主管，仍一面责成改良。而凡属农林学生有必须到场实习者听。如是，则一举两得而经费亦不必另筹。

（丙）苗圃地面请即扩充。

---

① 载《汉口中西报》1909年12月13日，新闻第3页。

理由：

按林业苗圃自应附入林业试验场内合办，但现在林业试验场所办于卓刀泉处之苗圃，原系敷衍塞责，为数无多，将来林区划分，非独不足供各属之求，恐并不足敷省城及江夏县之用。欲推广农林，非赶紧将洪山等处再开办极大苗圃不可，其有购子或秧与开荒种植等费，究属有限，查农堂两试验场册报内多可裁减之款，倘稍为整顿，则区区扩充苗圃之费，亦尽可不必另筹。

[后缺]

法律委员会农林议案报告书①

为报告事。本月初四日由议长交副议长夏君寿康提出农林议案一件，并嘱详细审查，从速报告。兹经本委员审查决议，原案略加修订。其理由如左：

一、此案原可独立，不必附入督宪农林议案后作二条件，因改议题为各州县应设农林劝办所议案。

一、开首理由经费不必分列，因改归一段作为总论，其六十九州县经费之核实有误，且可不必统计，因删之。

一、第一条宗旨项内应派注遵照农工商部奏定推广农林章程字样，以昭郑重，因加入。

一、第三条劝办员似不必由督宪札派，因改由劝业员□[选]请地方官派充。

一、督宪议案内所有各府林区署名色既改名农林筹办所，因于第五条及以下本府林区署字样亦改为本府农林筹办所。

一、督宪议案内既请将农林总局裁并，以便责成劝业道，因于第五条及以下总局字样亦皆改归劝业道。

一、既名曰农林筹办所，自应兼管农务，因将第六条第二项删去之。

① 载《汉口中西报》1909年12月6日，新闻第3页。

一、各条件子目条列不整，殊不雅观，因改将各条子目分列于各条之下空一格写，各条款照正文低二格写。

一、其余略加修正之处不必缕述。

法律委员会审查命案报验规则议案报告书①

为报告事。九月二十二日议长交汤君化龙提议湖北厅州县命案报验规则案到会审查，兹经本委员会议决，应酌加条订者如左：

（一）原案第十二条二项内"除忤作、刑书得用车轿外，其长随、捕差等"十六字应行删去。其第十六条忤作、刑书日给应另行酌减，"轿夫工食在内"六字均应删去。理由：忤作、刑书例不得乘车轿，如以明文规定得用车轿，转滋流弊，故须删去。既限其不得用车轿，日给一层自当酌减。

（一）原案于呈报一方面无费用之规定，应加条增入。理由：向例命案报验不索分文，已成习惯，然[此]层如不叙入，则实属挂漏。如据习惯规定，理固正当，但审判制于刑事用纸费用汇有定章理[？]，应责照该项章程增加一条，庶于本则上方为完密，而于推行审判制度时亦较为顺易也。

法律委员会审查筹款兴学议案报告书②

为报告事。九月初六日议长交出议员胡君壬林提议筹款兴学以广教育案一件，经本委员会详细审查全案，内容与议题不合，似应作为否决案。理由具左，敬待公裁。

原案以请提学使减提天门县赔款捐三千串为宗旨，以历任天门县令索取赔款捐六千串为原，无论天门县学款被损于县令而求偿于提学使不合公理，即提学使概允所请减提三千，亦属得不偿失，何得云筹款兴学以广教育乎？况据称自昔赔款三万串，按照五成定章，明明有可提一万

---

① 载《汉口中西报》1909年12月4日，新闻第4页。
② 载《汉口中西报》1909年12月4日，新闻第4页。

五千串之根据，提学使固必不允减提也。但县令索取六千是否属实，如未索取，则毋庸置议，如果索取，则应由天门县人胪列证案，据实陈请，经本局调查的确，付议可决后，呈督部堂饬县永不准索取，并追缴历任县令索取之款，乃为正当办法。如原案只云县令索取，不向县令追偿，非本委员会所敢赞成也。

法律委员会审查整顿吏治议案报告书①

为报告事。九月十四日议长交到议员提出整顿吏治一案，经本委员会审查，原案提出者系现身说法，所言皆自经验得来，本会无不表同情。惟就意见所及，尚有稍拟修订之处，谨拟如左：

一、原案定公费一节，与编定官俸性质略同，似应增补数语，以期周详。

一、按查奏定立宪逐年筹备清单，所有文官任用、考试及官俸章程编订、颁布、实行，皆有定期，审判厅之设立亦有定限，此层应否参酌声叙。

一、原案除任用试验及官俸外，关于官吏职务颇偏注司法一方面。现在百度维新，行政事项尤不易措手，此层本局是否提有议案，抑原案提出者增加数条。

法律委员会审查议裁驿站案报告书②

为报告事。九月十四日议长分到议员提出议裁驿站一案，经本委员会决议，似应暂从缓议。谨具理由如左，即俟公决。

（甲）驿站为全国交通行政机关，裁撤与否，系全国问题。

（乙）邮政现由外人经理，尚未收回，遇有军事公牍，似不可以外人经理。

---

① 载《汉口中西报》1909年11月30日，新闻第3页。
② 载《汉口中西报》1909年11月26日，新闻第3页。

法律委员会审查禁种洋烟议案报告书①

为报告事。九月十四日议长交到卫君寅宾禁种洋烟议案，经本委员会审查，原案以一律禁种实行惩罚为宗旨，洵属近日禁烟之妥着，惟所[拟]条件尚有未尽之处。谨就原案酌改数条，是否有当，敬请公决。

一、重申禁令。拟请督部堂电饬各府厅州县重申前宣统元年收获后不准再种罂粟之令，实行查禁。

一、设立禁烟会。拟请督部堂通饬各府厅州县照会城乡公正绅董组织禁烟会，克期成立，所有禁烟会应办事件如左：

（甲）宜将种烟之害与禁烟之一切关系编成白话，分途演说。

（乙）调查种烟地亩，劝令将烟苗铲除。

（丙）凡不肯铲除烟苗之地户，应即呈明地方官核办。

（丁）购办戒烟丸，施济戒烟贫民。

一、明示惩罚。地方官既据禁烟会呈报，应即亲往履勘，将未拔之烟苗一律铲除，并酌罚该地户钱款，充作禁烟会经费。

一、严定考成。查度支部奏案载明湖北限至宣统元年一律禁种净尽，如届限仍查有私种情事，立将该管官从严撤参等语。各州县既设立禁烟会，倘该管官查禁不力，一经禁烟会指控得实，应即撤参不贷。

法律委员会审查讲求宣防议案报告书②

为报告事。九月初六日议长交督院提出讲求宣防以除水患议案，经本委员会详细审查，拟请按照原案试行一年，以征成效若何。惟其中有应修改名数之处，谨陈如左，以待公裁。

一、堤工总局应更名为水利总局，专局同。理由：水利足以赅括堤工，堤工不能赅括水利。

一、挖河机器宜购置大小各二艘。理由：疏浚处所甚多，仅大小机

---

① 载《汉口中西报》1909年11月26日，新闻第3页。
② 载《汉口中西报》1909年12月8日，新闻第3页。

器船两艘不足应用。

法律委员会审查划一讼费议案报告书①

为报告事。十月十一日议长交到议员孙君传烈划一讼费议案，经本委员会详加审查，极愿赞成，惟尚有应行删改之处，谨条列于左，仍待公决。

甲、光绪三十一年条律大臣已于核议恤刑狱各条折内奏准，笞杖等罪仿照外国罚金之法，明定罚金等差。原案"输金罚缓""又无明定之专条"二句应删去。

乙、诉讼苛索之弊端，各州县大概相同，不必单指襄阳徐令，以免与纠举案相混。原案"如近日襄阳县徐令"一句应删去。

丙、武汉审判厅尚未成立，现在所设审判见习所办法，仍多变通之处。原案"今幸武汉审判厅成立"至"补救又苦无术"八句删去。

丁、武汉审判见习所所收讼费，系仿照天津审判厅贴用印纸规则，于起诉时按值征收，原案收费四百三十文之说不确。究应如何规定，以何项为标准，似宜公同斟酌，免滋流弊。

戊、外府县既未设审判厅，如饬令仿照武汉审判章程征收讼费，仍嫌过重。原案末段应俟讼费数目决定，再行修改。

税法及公债委员会审查划一税款
并不准擅自加捐议案报告书②

为报告事。九月十四日由议长交出□□[刘君]寅熙提出之请通饬各州县划交税款并日后不准擅自加捐议案一件，经本委员会审查，原案所陈积弊本极明切，但其中窒碍甚多，应从缓议。其理由如左：

（甲）该议案所陈留县办公经费非多方弊混，即匿不宣示一节，查本年度支部原奏由声明厘定税法则，凡各买契一律征税九分，典契一律征

---

① 载《汉口中西报》1909年12月10日，新闻第3页。
② 载《汉口中西报》1909年12月6日，新闻第4页。

税六分，其前由此项税收内支用之款，应如数划还各省，并准加收项下扣提一成，以为办公经费，此外听尽数存储，听候部拨。是本年部章既有规定明文扣提一成，留省留县此时又未划清，应俟调查明确后再行酌议。是此案之应从缓议者一。

（乙）该议案所陈近来各州县税捐，除正供税契关税之外，巧立名色不一，小民受害，流毒无穷。但各处情形不同，凡关于举行新政事件，自非就地筹款，决难就绪，理应酌量地方情形，妥筹办法，毋庸臆揣遥制。是此案之应从缓议者二。

（丙）该议案所陈凡关于筹款事件，必将所需之款所加之税，逐项详报，先待禀由督宪发交咨议局议决，方准抽收，法非不善。但现在国家税与地方税既未划清，各州县自筹之款，咨议局亦无从议定划一办法。至详报一层，各州县遇□捐项，自必通详预站[算？]地步，毋庸赘议通饬。是此案之应从缓议者三。

税法及公债委员会审查请撤两湖米谷捐补卡议案报告书①

为报告事。九月初六日由议长交出邹君永钶请撤两湖赈枭米谷捐补卡议案，经本委员会调卷审查，加以采访，拟请提议者酌量情势，分别提议。其理由如左：

（甲）查两湖米谷捐原为两湖赈枭善举经费，现经奏定专抵还赎路借款之用。本年闰二月，吴侍御兆泰禀请裁撤两湖赈枭局，经湘省司局议驳，仅许应解鄂分一半暂减百文。是两湖米谷捐既系抵还路债的款，补卡之设又为查验湘船补收漏捐，自应并力征收，以资分济。此时能否请撤，尚须斟酌。

（乙）查石首之藕池地方，曾与补卡委员大起冲突，议将补卡移至南北交界之处，嗣因每年津贴该县学款三千串，议遂中辍。公安地既毗连，事同一律，何以未议津贴，久不呈控撤补卡，是否与石首县会议，抑专为公安一县而言？宜分别声叙。

---

① 载《汉口中西报》1909年12月4日，新闻第3页。

（丙）查补卡捐票系由湘省厘金总局预发空白填给，本与鄂省米谷无涉，乃因卡设腹地，南米北米混杂不分，弊端百出。藕池补卡每年津贴石首学款三千串，是即混收证据。查前兼署督部堂端任内，公安前署县王令国铎亦曾禀请将卡移至南北交界之萧家嘴两处，业蒙批准，因委员朱文瑞朦禀善后局，称该处不堪设卡而止。可否援照前案仍请移卡，抑或仿照石首办法借筹津贴，应由提议者调查详确，酌量情势，另行提出，不必遽请撤卡，反形窒碍。

税法及公债委员会审查清查户口议案报告书①

为报告事。九月二十五日议长交出督部堂提出清查户口案一件，本委员会查原案主要之处，即在监督之权主之有司，调查之事任诸董事二语，而此语悉照部章办理。部章既定，断无更改。然遵此以行，必无成效。何也？今有刑名、钱谷、教育、劝业、巡警各事生于有司之一身，换言之，则司法行政皆其一人。司法为人民生命财产之所关，朝廷视为最重，良有司尽心于此，即为难得，今又以至繁极重最曲折之事加之，且责成焉，其可得乎？东西各国户口已有成数，其随时变更者不过迁徙往来诸项，尚有特立机关如部奏所谓户籍公所、户籍吏等，盖曲折繁重之事，非经曲折繁重之手续不能行也。大部恐其不能遵行，而责之于地方司，试为地方有司设身处地而筹之，其能办与否，固不待智者而明矣。至地方绅董，无论公正难得，即得一二，而此项谓□事宜，须括全体，以许之一处，不实则全体皆虚。且民智未开，常以抽丁税自惧，即今绅董皆公正，而彼众我寡，亦岂能于遽行。本届举行选举，资产五千元多匿而不报，近年举办统计，无非任意填写以塞责，是皆明证。中国推行新政，自应取则东西，其奈户口无稽，列国未之□有，但仿现行规则，犹恐难收实效，况又求其便耶。事属部定，非本局所能议改，如遵章以行，揆之情势，实无善法。谨就督部堂原案再四紬绎，所提纲领、

---

① 载《汉口中西报》1909年12月4日，新闻第3~4页。

任用、经费、时期四问题，有尚待折衷之处，谨具意见如左，以待公决。

原案第一条，遵照部章以巡警道为总监，其地方调查事则由厅州县监督，巡警官暨本区董事为之，不准假手吏胥，自是正当办法。但偏僻州县尚未举办巡警，自治会亦未成立，无所谓巡警官暨董事名目，仍应责成各厅州县酌量地方情形，遴选诚正绅首，禀总督分别委派，以昭妥慎而免延误。

原案第三(二)条，本地董事其自治会已经成立者自应以投票公举为是，若自治会未经组织，投票漫无端绪，亦得由地方官慎选谕充，并严定功过，以资策励。其应支薪水每月至多以二十串，至少以十串为率。

原案第三条，部章准动用本地保经费，其筹此项经费者自不能另筹的款。本年奏准通饬着各厅州县于税契原额加收三成，以一成留任本属办理新政之用，调查户口系新政切要之事，应即指定此款以资搛用。

原案第四条，按部章第三十二条内甲明准其提前办理，但既有月支经费，自应确定期限，方足以昭划一。拟请督部堂通饬各厅州县勒限于宣统二年内一律调查完竣，造具户口清册，呈报总监，其应支经费并着手明年年终截止，庶几款不虚糜，事可速举。

税法及公债委员会审查清丈田亩议案报告书①

为报告事。九月二十一日由议长交出议员张君光耀提出清丈田亩议案一件，经本委员会详加审查，原案所拟办法均甚妥善，自应作为议案，惟其中有尚需讨论之处，谨具意见如左，以待公决。

查原议办理清丈，仅就凡有堤工各厅州县一方面而言。现在九年筹备期间，凡关于国家地方各处，其取之田亩者实居多数，自不能不逐件清厘。原案以督宪所提讲求宣防案内附列筹办土费一则，拟照江陵县成规，按亩收钱，自是正当办法。若不重加清丈，则所谓上中下三则者似乎无从分晰，是原案所谓清丈田亩专就整顿堤工说法，不知各厅州县之

---

① 载《汉口中西报》1909年12月5日，新闻第4页。

田亩情形各不相同，有业经丈量明晰，据有鱼鳞块册者，然实居少数，其飞粮凌杂、弊混不堪者则十居六七，将来清厘税则仍恐不有不从清丈田亩入手。此次提议清丈，或仅就有堤工之各厅州县先行举办，或通饬六十九厅州县一律办理，本委员会不敢臆断，尚需公同酌定。

查原案附列厘定丈田弓尺刍议，所称各处丈田弓丈长短赢缩，纷纷百出，莫衷一是，亟欲筹一至当适中之弓式，颁布民间，以便遵守，拟照武汉贸易尺，每五尺为一弓。去其畸零，俾归整齐，用意至为周密。但本省通行弓式有所谓官弓者（约汉尺四尺零），有所谓宜门弓者（约汉尺六尺四寸），至各属通行之弓，宜用门弓式者居多，其遵守本地习惯，自为风气者亦复不少。思弓尺之大小田亩视为广狭，即钱漕土费杂税等项亦罔不根据于此。弓尺加大一寸，则小民多获一寸之利益。若定制太狭，恐有窒碍难行之处，是不得不预为筹及者也。

税法及公债委员会审查筹办积谷议案报告书①

为报告事。十月初三日议长交到议员刘君定瑷提出筹办积谷议案，经本委员会详细审查，所议各条皆利用厚生思患预防之至意，尤当可行，似应作为议案。谨具管见于左，以俟公裁。

理由：

原案第一条清厘各府州县旧有仓谷，其办法从官绅侵蚀责令赔还着手，不畏强御，使蚀者复圆，侵者复还，早立储积之基础，自足以警将来，而复[服]众心。

第二条照境内收租之家，应提谷若干，以归划一，所陈利弊明白了当，均属可行。惟必收租至百石者始出谷四石，不及百石者不计，似宜斟酌。可否以五十石为标准，收租五十石以上者即令出谷二石，则出谷者较多，而积款较易。盖小康之家，乡间甚众，而百石之家，恐不多有。

三四两条仓谷宜分设各乡，不得专设城内，与推陈出新之法，皆斟

---

① 载《汉口中西报》1909年12月5日，新闻第4页。

酌尽善，有利无弊，不但足以备凶岁，并有裨于常年，着实可行。

第五条慎择经管人，要言不烦，其利甚薄，惟先取殷实，次取老成二语，似未周详。宜改为择殷实老成经管为合宜。盖殷实之家公正固多，而贪鄙者亦复不少，若仅以殷实为先，恐任非其人，则纨袴之侵蚀糜费，流弊更甚。

是否有当，愿请公决。

工艺特别委员会审查振兴工艺以广利源议案报告书①

为报告事。九月某日议长交出刘君寅熙建议振兴工艺以广利源案一件，本委员会悉心审查，因属应办之事，惟揆诸情势，现尚未能遽行，应从缓议。谨述其理由如左，敬待公决。

一、工艺一项，地方官厅应行提倡之事，惟现在省中官厂多不能接济，外州县习艺所亦多未举办，补助与公办，此系地方官财力，似尚未能，徒责之于官无益也。

一、地方官兼刑名、钱谷、教育、巡警与劝业各事，能一二者即为良有司，况五者之中，刑名为重，以其关人民之生命财产也，其余四者亦皆行政之要，如仅责以劝业，未免挂漏。

特别审查荒政委员会报告书②

为报告事。九月二十一日议长交到倪君惠渊筹办荒政一案，经委员会逐条审查，略附管见，是否应提作议案，敬待公裁。其理由具列于左：

（甲）委任廉能。查原案赈款或拨国库，或捐富绅，此从前办法则然耳。本年水灾，除朝廷拨发帑银六万两，藩库、江汉关道库各拨银十万两，汉镇商务、善会缴捐钱九万余串外，督宪及各宪皆倡捐巨款，下至府厅州县局所、军界、学界以及签捐赈捐并湖北京官、外省助赈，所入已及百万。近闻商务、善会仰体各宪德意，议将汉上房租除零星小数不

---

① 载《汉口中西报》1909年12月5日，新闻第4页。
② 载《汉口中西报》1909年12月8、9日，新闻第3页。

计外，概提一月租金助赈，约在五十万两以上，并由筹赈局宪分别被灾各厅州县为上中下三等，又委派大员并州县左式等官分途查放，其已饥已溺之心，无微不至矣。但委员少则灾区万难周历，委员多则供应又苦浩繁，计惟一属派委一员，遴选殷实公正绅耆若干人，再由该绅耆等另举各乡各社绅耆中之公正而殷实者，自备夫马，认真查明次贫极贫户口，切实散放，不假吏胥之手，其一切赈款应饬地方官交典存储，乃无濡滞折算之弊。惟切实散放之后，应即造册呈由委员会同地方官通报。

（乙）详颁告示。查原案被灾有轻有重，即发款有多寡，并及粮种缓征各节，而终以榜示通衢，登载报章。近日办赈者比比如是，惟查蠲缓誊黄到县，其中所载如某厅某州某县自某年起至某年止概行豁免等字样，不独乡愚未能周知，即士绅亦难目了。应请由藩宪颁发誊黄之外，另饬各厅州县颁发简明告示多张，将各厅州县应缓应免地方一一详列，咸使闻知，杜混杂禁中饱，即所以广皇仁溥宪德也。

（丙）采办运济。查湖北所产谷米，即丰年亦不足供本省之食，以故仰给湖南者十居六七，江西次之，四川又次之。前此江西、四川禁止谷米出境，蒙督宪电商江西抚宪冯，允派员持护照采买，并电商四川督宪赵，允暂开禁，湘米亦陆续到汉，米价稍平，盖由于此。但水势旋退旋涨，饥民日久日难，今冬明春何堪设想。应请督宪迅派贤员多运谷米，以资接济。再或各受灾州县如实系由地方官谕饬绅耆筹捐款项赴各邻省购运谷米赈济灾民者，应请饬筹赈局一律发给护照，概免厘税，则灾民之受惠更多矣。

（丁）树艺新种。查江、潜、沔各属因水势过大，渍滞难消，即明年春收业经难于播种，为日方长，隐忧何极。原案所称洋芋冬腊尚可播种，似可补救灾区明年春收之望。且据倪君所陈，该洋芋固喜干燥沙土，然于平地泥土亦能生长茂盛。请饬由筹赈局赶即派员前赴宜昌、施南购运洋芋种子，给发灾区，俾今冬腊月水退后即可播种，所费不多，为益甚大。盖春收业经误种，改种洋芋实为有益无损之事也。案本年水灾实数十年所罕觏，倪君惠渊籍隶利川，尚拳拳于汉、沔，关心民瘼，徇堪钦佩。但刻下水势虽稍退落，然灾黎满目，来日大难，拟请督宪饬赈捐局宪迅将筹定赈款按前定灾区上中下三等斟酌匀派，委员赴各属会同地方官及公正殷实绅士亲历各区体察灾情，或设粥厂，或办平粜，抑或赈粜兼施，总以急救饥民之命为宗旨。至以工代赈，固为救灾良法，但须通饬各受灾州县遴选公正绅士切实举办，方能有益。如办理非人，则假公济私，不堪设想。其他如开设工厂、推广渔业种种事件，既可安插流亡，又可广兴实业，尤要举也。

陈情委员会审查郧县拔贡黄泽深浪用侵蚀绅富捐议案报告书①

为报告事。十月初二日议长交出议员赵君麟书介绍该郧县任毓岳所陈县拔贡黄泽深浪用侵蚀绅富捐请派员清理一书，经本委员会详细审查，佥谓事关款项纠葛，宜由行政各级官厅彻算裁判，本局不便干预。且其中多有可疑之处，碍难提作议案。其理由如左：

一、据陈郧县府属兴学□款，特开绅富捐，又云谕郧县作速捐，以备学务开销，是筹款为办学也，乃后忽云黄绅于本区小学辄任意支使，复邀人设劝学所，擅拨绅富捐以充其费，城内本区是否入有捐款，城外各区小学黄绅曾否□拨开办，未□叙明。若劝学所系部章规定，不得谓黄绅私设，借以为名。至给考□贡川资，学款内曾否并有宾兴旧款，此应由总董禀请开支。

一、陈黄绅禀请自办两等小学堂，修葺关帝庙以为校址，所费不出百金之外，禀报开办三千两。所费当有账目可稽，禀报当分列开办各款，以百金较三千，数太悬殊，非对核不实，账目未据钞□，无从考资。所陈删去捐款各节，既经查出，令敝邑绅靳文心等复向劝学所清账，账果不清，具禀府县得俱置不理？

一、据陈府宪委修府中学堂，糜款至七千余串，尚不适用，府宪驳

---

① 载《汉口中西报》1909年12月12日，新闻第3页。

令改筑，复委周绅天成、傅绅康济专其事，所有费用前后自必核算结清，账有未既清，经刘绅家骏、吴绅景星、傅绅康济等先后指控。该绅被控果实，何犹令充师范会计，且府宪即委郧清账，岂无只字禀复，又何得听其规避长不交账。

一、陈宾兴学田始定留省出洋给资章程，继又避并于劝学所中，又并夺府中学堂之庙产等情。地方公款□并学款，此系部章即游学给资，各州县亦有此等情事。至位置私人，或情所不免，然只当论其能否胜任，若克胜任，不足为黄绅责。本局因有监查财政之责，惟学款系提学司专政，自有省县视学调查禀办，无待本局越俎。至请由本县公推廉正士绅清理，此系本地方权限，本局未便干涉。仍待公决。

陈情委员会审查南漳士绅请劾县令议案报告书①

为报告事。九月二十一日议长交到议员孙君传烈介绍南漳县冯绅仁佺等陈请据实弹劾赵令传鏊书一件，经本委员会开会审查，于书内所陈四条逐一讨论，其中语多不实，且有前后相背之处，本会同意认为不应提作议案。用胪列理由于左，以俟公决。

一、隐匿税契一条。据陈，南漳县令私立章程，每月限税契三万串，常年三十六万串，闰月则三十九万串，由都书呈缴，不足则押勒都书取盈，逐年有卷册可查，其缴税以百分之四为率，癸卯年督宪札饬加三分，合全数为七分等语。是所云皆癸卯年以前事，则无论虚实，均系前令所为，不得引为现任赵令之咎。又云今年奉督宪札饬复加三分，自六月朔起，合前数为十分，据赵所呈州县事实表仅注税契十八万串，今年应余二十一万串，全行隐匿，六月以前六个月以七分缴税，计中饱六千三百串，六月以后七个月十分缴税，计中饱一万二千串各节。按，此系照私章私算，姑不问收数之能否如此齐全。而就时论事，本局收到冯绅陈请书为九月二十日，距六月仅三个月又二十日，而陈请书竟扣至腊底，硬

---

① 载《汉口中西报》1909年12月14日，新闻第3页。

坐赵令以七月中饱之罪，似亦未免□内矣。

一、玩视新政一条。据陈，赵令以指办新政为名，创加中人捐、庚书捐、斗斤捐、牛皮捐、百货捐，竭泽而渔，一事未举，止图中饱，不漏一钱诸语。按州县每创一捐，必先通禀上宪批准，然后开办。赵所创各捐是否经层峰批驳有案，以及各捐自何收起，捐户果否承认，每月每捐收数多寡，开支若干，概□未言及，但一切指为中饱而无确实证据，似碍难率尔提议。

一、私庇董庆云一条。按董议员庆云是否有完全资格，本局已致函调钞各署卷宗，俟调齐后，应另归资格审查委员会[审]查报告公决，是非所在，自有定论，本会不敢预为悬拟，致蹈侵越。惟原案书于此条中，有构讼两年，卷稿俱呈局备查之语。检阅书尾，并无钞粘卷稿，且无计钞粘文稿若干件字样，是亦令人滋生疑窦之一端也。

一、违抗奏章一条。据陈，南漳税契每串加钱三文充育婴堂经费，系前抚院于（荫霖）奏准此款常年九百六十串，闰月则九百九十串，甲辰年前任万令提与典史余僎办清道局，然则违抗非赵令咎也。至云此款自甲辰迄今竟为该典史盘踞，今春据实禀控，奉学宪批县查复，赵令竟以查无侵蚀，含胡朦禀。及查此款归宿，仅月给该典史十六串，余概□赵令中饱云云。是前言典史盘踞者未盘踞，今春据实禀控典史者不实，而其款除分给典史外，概未归赵令侵蚀矣。乃书内又云，此款关系在当私挪与不私挪，不在有侵蚀与无侵蚀，亦似未侵蚀而被其私挪者，末又继以况毫无支销耶一语。然则究竟是侵蚀，是私挪，语涉含胡，令人莫测宗旨。盖不实之言则前后相违，亦固其所。他如言钱漕积弊皆前令所定章程，至指赵令种种劣迹无非笼统其辞，茫无实据。本局于地方官虽职得纠举，然必不至出于诬陷，必持情理之平。来书所陈，非张大其词，即吹求己甚，碍难据此转呈督院查办。

总之，粮税弊深，在南漳绅耆如能审度地方情形，妥筹善法，整顿改良，涤除夙弊，本局亟愿闻教，提为议案，呈请督院施行。若以数十年相沿之弊政，欲致毒于现任之一官，僵同李代，殃等池鱼，则人心将有所不餍。本委员会具征同意，谓此书不应提作议案。是否，仍待公裁。

陈情委员会审查孝感县举人陈邦谷等陈控该县徐令议案报告书①

为报告事。十月初八日议长交到议员陶君□歧（峻）介绍孝感举人陈绅邦谷等陈请一书，查案内牵涉本委员会长黄君赞枢，照章回避，推临时会长共同审查，所指诸款，均有实据，似应照章据实纠举。谨查照原书各节，其议于左，以待公决。

一、陈黄君赞枢因本县水灾办赈，该县徐令因劝阻加税，挟恨诬禀等情，此案已由审查资格委员审查报告，本委员会自毋庸置议。

一、私加钱粮。据陈小河溪分县范前禀藩宪有案，藩署既有案据，又出自分县之禀，足见陈绅等所陈非虚。又陈向淤租庄把诸会书，勒加票钱每银百两加钱二十串，应请委员查询诸杂项会书，并询秦绅应逸、汪绅明善曾否进署规谏。

一、玩视人命。据陈姜孙氏控杜姓敛费毙命一案，又徐志意等拐折威逼黄周氏一案，一以无凭相验拍结，一将命凶拐犯保释，迭经臬宪斥以玩视人命，再斥以疲玩已极，又斥以疲玩至此，玩视之心屡斥不改。臬宪且无可如何，无论此两案如何终结，督宪自当予以相当处分，以为玩视人命者戒。

一、横敛缓征。据陈去岁水灾，务本等二十余会已蒙缓征，徐令将缓征各会钱粮令催差裁券下乡横索数倍十数倍不等，并钞单粘呈与敝人社二十户、阳和社六户粮券，核其裁券时日，均在冬月，不知前报缓征何心，既缓而又加征何心。欺上虐民，同利孰甚，应陈请将所征缓征各券单开附呈督宪，以为横敛缓征之证。

一、结亲部民。据陈徐令与城内富户严姓联亲，筵请城绅徐咸正、赵震开作媒，七月二十日已过庚帖。以父母官而婚子民，应请督宪饬讯

---

① 载《汉口中西报》1909年12月22日，新闻第3页。

媒证□取庚帖依律科断。

一、报灾冒款。据陈五月陡发蛟水，警局雇船十只，用钱四串有零，徐分文未出，捏禀自发馒头并发钱五百余串，应请调查局账目核对，是否朦禀自见。

一、朦混公款。据陈斗捐向系学款，徐令朦禀为警察经费，实则警察并未收用，究竟此款收数几何，用于何项，一概秘密，意图混吞等语。学款划界久经通饬在案，徐令岂有不知，既知此意图混吞，应即调查此捐收数多少，核其有无侵蚀，以重公款。

一、衙署聚赌。据陈徐令性嗜麻雀，串通城绅徐姓门丁苏祥父子聚赌等情。打麻雀为官场惯技，此不足异，其祖苏祥，应请派委员查询警员胡金铺、警察管理员徐咸正自实。

一、纵庇差役。据陈六月三汊埠铁路磕车失麦一事，徐令派恶役黄大兴带散役六十余名，骚扰十余村，勒索数百串，经铁路公司访知，兴始退钱二百余串，复经关道札提收押，自系纵庇确据。应请调取关道札提之卷核实参办。

一、纵幕争利。据陈江汉关道弛禁札文下县，徐令暗使劣幕吴葆初买米运汉，调查邱复兴行账，自得确据。

一、玩视警政。据陈串用徐鸿熙讹诈乡民，经绅士王凤藻等呈控不理，复禀请巡警道查办等情。徐鸿熙纵论被控实否，自当查明办理，以重警务，不得一味夸庇收用，应请调王凤藻等禀巡警道及徐令禀复巡警道原案全卷，以证虚实。

一、玩视戒烟。据陈用徐鸿熙为警员，各处私收规费，境内烟馆日多。查戒烟宪札綦严，徐令朦禀塞责，因以为利，应请调徐鸿熙曾否吸烟，境内烟馆是否过多，以为玩视确证。

陈情委员会审查陈请移民议案报告书①

为报告事。十月初九日议长交到副议长夏君寿康介绍张君大昕陈请

---

① 载《汉口中西报》1909年12月12日，新闻第3页。

移民一书，经本委员会详细审查，急应提作议案。仅具理由如左：

原书所称湖北被灾之故，在与水争地，此语最为中肯。欲行殖民政策，非组织移民公司不可。查本局未成立以前，督宪曾因连年被水，欲救数百万灾黎，两次札行咨议局筹办处筹商移民实边在案。张君此书，具征同意，且亲往调查江省纳谟尔河荒地，胸中已有把握，附陈图表章程亦皆完备，惟预筹股本百万元，由本局担任息借公款五十万元，是否可行，仍待公电。

预算决算委员会审查清旧款以办新政议案报告书①

为报告事。九月二十二日议长交到议员陶君峻提出请清旧款以办新政议案一件，经本委员会审查，似不必另作议案。其理由如左：

一、官款之调查不必另议。

（甲）原案于省会之款意主裁减，此在本局同人当无乐于赞成者。然于学款一项，已于督院交下议案内议决。警察签捐前亦由同人等议决分途调查，一俟调查确实，必有办法。其余各局署开支之项，本年督部堂既照章不交出预算决算案，而国家税、地方税未分以前，又有咨议局不能议减行政经费之说。似此限制綦严，本局即请调查裁减，恐亦未能实行。

（乙）原案于州县之款，但分官匿、吏吞、绅吞三种，未经指实款目。据本委员会审查，大概不出钱漕契税各项。查各项皆已提有议案，似不必另提。又细绎提议者之旨趣，专注在调查，故反复声名[明]此事为议员之责任，以期实力进行，其热诚至可钦佩。但责任二字，人人同负，窃谓以此布告我八十三人交勉可矣，固勿俟议决以待长官之执行也。

二、公款之筹禁不必另议。

查督宪交下筹经费以办自治一案内，已据奏定自治章程议及地方公产公益捐等项，原案（一）（二）两项即公产也，（三）（四）两项即公益捐

---

① 载《汉口中西报》1909年12月10日，新闻第3页。

之特别捐也。窃谓如督宪交下自治经费案议决，此提议者之目的即可达到，必欲另作议案，本委员会似不赞成。

预算决算委员会审查查核官局发行钞票议案报告书①

为报告事。九月二十二日议长交来议员邢君璜提出查核官局发行钞票一案议案一件，经本委员会审查，似不能作为预算决算案。谨具理由并意见如左：

（一）预算决算案本年既照章不交咨议局，是原案调查之说能否实行，本委员会不敢决议。

（二）此案必能实行调查，方能议及办法，而调查有数方面，略述如下：（甲）纸币发行在官钱局，而资本流通则在铜币局，调查官钱局，必兼调查铜币局；（乙）官钱局与公□钱局之关系应一并调查；（丙）官钱局与各商号之关系应一并调查；（戊）各处官钱分局之利弊应一并调查。

（三）调查官钱局既有各种方面，本年常会内能否实行，本委员不敢议决。

（四）限制商号发行纸币，原案略提及之，未陈办法。窃谓此为货币一大问题，应另提作议。

会食规约特别委员会审查议员火食议案报告书②

十二日奉议长命令拟呈全体议员火食细则一案，委员等退后磋商，殊难着笔。本局办事规则均经完备，议决仅为火食一条，另开规则，似嫌琐细。附入办事规则，又不雅驯，且膳费均在公费旅费项下自备，亦经决议，惟合开一说，分开一说，无论入座不入座一律扣除膳费又一说，三说纷陈，未能定议。谨按合开一说，意主同餐，便于接洽，开会易于合集，系从结团起见。分开一说，意主人众事繁，厨丁难于周到，系顺人情起见。至于入座不入座一律扣除膳费一说，似宜斟酌。议员负郭而

---

① 载《汉口中西报》1909年12月8日，新闻第3页。
② 载《汉口中西报》1909年12月6日，新闻第4页。

居者原不乏人，家食□公未为耽误，若一律扣除膳食，似不近情，管见此说可毋庸议，但合开分开自应折衷一是。若从结团体起见，自以合开为好。然常会上席在十桌以上，下席亦须十余桌。天气渐近寒冷，一餐而齐开十余席，势必温冷不同，有碍卫生。更不便者，议员各带伺候夫役一名，合计人数不少，在驯服者固自安于驾驭，间有粗野者见食而争，观之不雅。前此曾见此弊，日久恐更滋生。窃拟合举分办，求适其宜。公设一大厨房，□厨丁二名，安炭炉一座，如茶房炉，然多开二三火门，年约须钱二三百串，在杂费项下开支。膳费由议员自备，每日或取银一钱，欲从丰者与厨丁另议。如人位众多，厨丁不敷调遣，即由厨丁自□帮助，是膳费一钱，人位若多，厨丁自有利益派□，夫役亦所乐为。或有约同数位自购盐米就公厨烹调者听之。又或约同数位先行自炊者亦听之。各从其便，庶不至强人所难，总期按时到局不误要公为主义。猥承委任，用献□言。是否有当，俟诸公决。

咨议局审查刘尚桓等陈请事件之报告书①

为报告事。前月二十八日由议长交到沔阳拔贡刘尚桓、黄陂附生童寿鼎之陈请书一件，当即详悉审查，该陈请书所言颇多不实。谨就审查情形并条办法报告于左，仍请公决。

(甲)对于原书之驳正

一、原书"植党营私"一节之驳议

据原书谓纪监督排摈旧员，安插新进，其引用诸员皆属门生故旧，各职员以能否阿顺为去留。查各学堂监督原有去留职员之权，其所辞退旧员皆有特别原因，湖北学界公论自在，本局未便一一指出。且其所谓谬然辞退之海内名宿，其人大抵并未到堂教课，徒月支干薪而已，留之何益于学堂。至新聘各员，若顾、李、曹、周诸君，皆素有名望，不尽是门生故旧。且纪监督办事认真，绝不瞻徇情面，为鄂人所公认。即所

---

① 载《汉口中西报》1909年12月19、20日，新闻第3~4页。

用有一二门生故旧，亦只求于教课有益，原不必引避小嫌。又该堂所留职员若马、汤、傅、吕、钱、黄、王诸员，皆长于教授，品学俱优，岂可以阿顺诬之。至钟教员因课小注错误，自行告退，钱某并未聘请，李君在省充算学教员，颇有名誉，且出自该堂学生公举，皆毋庸置议。湖北学界向无党援，何得任意虚诬。

一、原书"显背定章"一节之驳议

据原书所陈，指外国史三年不了，博物、理化迟至五学期不添，词章增至十六点钟。查学堂教课钟点，本应照章派定，而各堂因时因事，亦稍有出入于其间。该堂外国史本应一年了课，但纪监督到堂尚在二年以后，其未到差以前，两年中只讲罗马、马基顿二国，嗣不得不接续教授，应了未了，实不能归咎后来。博物、理化本应聘请教员，惟以钟点太少，每星期一点钟，多不愿就，故尔迟迟，况纪监督前与学生相商，已经允聘，并非故意耽延。词章一科，原定主课二十四点钟，今止十六点钟，并未添加，且系全[金]、吕、李、顾四人分教，金讲唐宋诗□[词]，吕讲文选，李讲古文辞类□[纂]，顾改诗教字，皆属词章要课，并非敷衍。

一、原书"不知缓急"一节之驳议

据原书谓纪监督丹朱楹桷，务饰外观，而不购学生应阅之书籍。查纪监督素性朴实，人所共知，即或丹朱楹桷，亦各学堂岁修时偶一为之事。且庶务自有主者，所费无几，在监督原可不必阻拦。至各项应用书籍如注疏、文选、地图、碑帖之类，皆陆续一律发过，何得云不知缓急。

一、原书"不顾公论"一节之驳议

据原书谓纪监督不应兼差，或半月到堂一次，或月余到堂一次，一切管教事权专倚曹、闵二君。查监督可兼差与否，在本局未开以前，湖北尚无此问题，且纪监督系张文襄三次电聘辞不就，已人所共知。任事以来，除上学期文中学堂毕业及赴京□□文襄时，各耽搁十余日外，其余无日不到存古，并无半月到堂一次之事，何况月余。至该堂教课要目，原归监督核定，所谓询及功课茫不能答，尤属子虚。且纪监督为人，湖北自有公论，兹以□断无廉耻等语任意诬□，殊非读书人之所为。

一、原书"不知奖励"一节之驳议

据原书谓纪监督不出学生考案，不发修业文凭。查纪监督未到存古以前，该堂临时学期考试各分数拼算不合，经学务公所驳回重行核算，旋由纪监督嘱监学赶紧更正，遂致将去岁年终及上期分数积历[压]，且现在均已算出，并非故为延宕。其修业文凭已刷，因学生要求于文凭上改官立字样，为奏办拟与学宪商定，是以未填，何得以不知奖励诬之。

一、原书"不事检束"一节之驳议

据原书谓斋房被窃，系执事疏忽之过。查该堂斋房被窃，系某学生引客入内，以至窃取同室衣物，曾经原人查明追还。此事各学堂亦间有之，不得独指为存古之污点，亦不得以不事检束专责备执事各员。

一、原书"多方摇惑"一节之驳议

据原书谓纪监督由京返省后拟改章程，显系玩视奏案，多方摇惑。查该堂本系张文襄专奏立案，卒业后应得何项奖励，尚须学部核定。纪监督拟增订章程，请学宪酌定，详院咨部，无非为学生出身起见，谓为摇惑，未免太不近情。且纪监督在鄂历有年所，皆由办事认真，聿著成效，素为道署重，兼以鄂学界之出其门下者均甚相得，是以勉留。兹忽以盘踞、巨蠹、贪狠等字样肆口骂之，殊太无理，恐问心亦终有不安也。且原书有"为前途惧，望即设法维持"之言，试问湖北学风素称纯谨，今该堂学生以被人扇惑之故，竟至与监督龃龉，罢课要挟，目无师长，若他堂从此效尤，风潮群起，湖北教育前途何堪设想。现在纪监督业已辞职，应速请督部堂札行学宪迅即派员查办，务期水落石出，以免启排击之风。

(乙) 整顿存古学堂之方法

理由：

此次存古学堂聚众停课，自应彻底查办，以免效尤。但具善后之策，必一面妥为筹划，期于副名实而育真才，则文襄此举庶不至中道而废。

办法：

一、学生应再甄别也。查该堂开学时，正张文襄授相入都之日，仓猝招考，其中秀士固多，而文字平庸者亦复不少，若听其滥竽充数，将来必无成就。请即由学宪重行甄别，以定去留。

一、功课须即核定也。经此次风潮之后，请即由学宪将各门功课详调查核，力求改良，并即酌定章程，详请督部堂报部立案，以便遵守。

一、职员不可久旷也。查该堂除监督辞职仍应慰留外，所有斋务长曹汝川、监学闵豸皆同时辞职，应请由学宪查实是非，或挽留或另聘，以重学务而专责成。

宣统元年十一月初三日常驻议员阮毓崧报告。

咨议局审查秋米改征折色报告书[①]

为报告事。九月二十一日议长交到赵君麟书建议秋米改征折色一案，经本委员会审查决议，原案系为划一漕规革除弊害起见，实觉可行。惟其中不无疑义，当待斟酌之处，应假公决。其理由如左：

一、未交米之花户则悬牌令照市价折交，所折之价是否按京斗折算。抑照郧斗折算。市价随时涨落，就近年折价平均约计与解府折钱数目比较，每石米实浮收钱若干，似宜详悉声叙，应呈请改征折色，方能动听。

一、郧府新旧交代，果驻册每担米价仅一千五百文，扣除一千七百文归其私橐，保毋[？]业经定案，作为该府津贴，既系风闻，似应查实。

一、现在米价腾贵，钱价奇跌，未裁尽之绿营兵饷议照胡文忠公原案奏每石折给库平银九钱，或即以三千二百文折付，能否籴京米一石，似宜详加考核。

一、外加本县举办自治警察经费二千，系附捐性质，与本案似不相涉，毋庸列入。

一、郧县所加赔款捐核计秋米应有一千七百五十石，与原额一千六百一十石八斗九升二合一勺不敷，此事回本县查问便明，似不必向藩司

---

① 载《汉口中西报》1909年12月23日，新闻第3页。

处调卷，且不必列于案内。

一、本委员会对于此案极力赞成，只以案为建议，不得不详加研究，拟仍请赵君重行修正。

咨议局审查陈请水利议案报告书①

为报告事。冬月十一日由议长交出张君云龙陈请水利案一件，逐条审查，似难认作议案。用抒管见如左，以俟公决。

（甲）据原案第一条所陈四[泗]港堤一险象，尚系实情。至江、汉两境堤工危险地方何止数十，岂独泗港一处。查本局督院水利案甫经议决，修正补助水利案通过未久，如又因泗港一隅之地哓哓烦渎，殊觉未便。且据督院水利案原有派员查勘极险次险平稳三项之条，一俟查明，比较泗港地方，果系极险，专局分局既经成立，该堤工局自必大有设施力为捍御也。

（乙）据原案第二条建筑矶□固属险工要着，然总应俟专局分局成立查勘明解后方能施工。至加修月挽一层，亦是救急良法，惟据原案所陈从前大月挽本系按亩摊费，小月挽亦系张太尊就地筹款，此时似应由本地绅耆禀请张太尊仍照前章估勘，切实筹办。既有成例可沿，并非另行建筑，当毋庸督宪札饬潜江方可集事也。

（丙）据原案第三条筹拨官款较之□□□费□易□□固属悬殊，但现今省垣财政清厘方极，支绌异常，从前筹拨江汉两境修堤款项数已不资，似未便以泗港一隅运石买灰之费。据情代请至地方办公首士，诚如原案所陈，实难其人，而指请彭太尊办理此差，恐未必遽能如愿。张君既身居河滨，眷念桑梓，必能纠合正直无私热心公益之同志征费集工，力为挽救。现值堤工改章之始，诸未就绪，如必俟官款官力以图补救，诚恐迫不及待致误要工也。

［下缺］

---

① 载《汉口中西报》1910年1月31日，新闻第3页。

咨议局审查清厘州县罚款议案报告书[①]

为报告事。议长交到孙君传烈清厘各州县罚款一案，当即详细审查。此案剔除州县积弊，剀切直陈，为新政切要之举。原案第一条与四条五条事属可行，惟第二条请督宪派委廉明严正之道府大员分头驰赴各该州县会同地方正绅妥为清算，与第三第四两条由各该处议员担任调查，并调查各房档案诸法，逐条详审，似有未能尽推行而无弊者。夫立法贵能持久。罚款之有无多寡原无一定，大员仅清查一次，既不能援以为例，年年行之，在州县不胜应酬之难烦，而委员亦未敢尽信其无私。若由议员调查罚款，非调查档案，本属无据，但官吏苟舞弊于平日，临时调查档案，何能水落石出。绅士即皆持正，亦不免与地方官动起冲突，倘有不肖者迎合官长之意旨，则扶同徇隐之弊，即不敢言。盖治法治人不可偏废，立法不善，虽有人亦无如之何。中国行政法与司法不分，故官吏得以弄奸。将来裁判成立，则其弊不难立除。今拟简明办法，宜请督宪札饬各厅州县，自宣统二年起，凡有罚金之案，应一律照新章办理。嗣后地方罚款，必立联三印票，书立号头，以一纸存州厅衙门为根，以一纸付罚户为据，以一纸付自治公所登簿存记，其经费即由罚款内出，不另筹款。付罚户印票，州县当堂给予，不准吏役需索分文。每月或每季州县或同自治分所将罚款数目报明一次，榜示通衢，如有数目不符者准由罚户执票上控，如此庶不劳而理，则中饱之弊可除。若宣统二年以前之罚款，可照原案请督宪派委廉明大员会同地方正绅严为清厘，以资整顿而警贪污。是否有当，仍祈公决。

[①] 载《汉口中西报》1910年3月3日，新闻第3页。

卷四　文牍①

札行准宪馆派员到局参观文

（宣统元年九月二十五日到）

为札行事。宣统元年九月二十四日承准宪政编查馆漾电开："现加派馆员刘主政泽熙就近同胡编修大勋参观咨议局，即希接洽。"等因，到本部堂。承准此合就札行札到该局，俟刘主政、胡编修到局参观，即便妥为接待。切切此札。

札行禁烟误造谣言请速行更正文

（宣统元年十月初十日到）

为札行事。顷据英总领事法照称："近闻戒烟会在武汉演说之词，每以本国政府曾声明印度洋药年年减少出口，中国不能同时戒种戒吸，到十年限满后，中国仍不能禁尽，则向中国索赔巨款等语。本总领事昨与晤面时曾经云及此节，随又备函，恳请设法通饬，将此项妄谈更至。今乃阅及《公论新报》本月初三日亦载有本省咨议局拟请贵督部堂戒烟规则内称，请通饬各府、厅、州、县，谕城乡公正绅董划清区域，组织禁烟会，设立巡查，先将禁烟之害与逾十年期限禁不能尽，定成交涉，英人重索赔款，民不堪命之祸，明白演说，有知识之人必悟此使之自然不种之法也等语。窃查当初贵国政府一提有戒烟之志，本国政府立即允许印度出口烟土按年减运十分之一，印度政府以此举与进款大有亏短，因

---

① ［编者按］湖北咨议局办事处曾刊印《湖北咨议局文牍》两卷，上卷载咨议局于宣统元年（1909年）十月至二年八月向湖广总督呈文，计二十二件；下卷载湖广总督于宣统元年九月至二年七月复咨议局的札文，计三十二件。以上共五十四件文牍中，有部分札文和个别呈文是对咨议局第一次常年会所呈议案的批复或补充，我们已将其编入以上各相关议案之后，作为附录，并注明各件在《湖北咨议局文牍》中的卷次。其余三十六件，则依其内容相应集中编次如后，不再分卷。另据《湖北官报》、《汉口中西报》辑录六件，排列其后。

两国睦谊素笃，本国政府情愿担此亏短之累，但其时原有多人云，中国未必能认真禁戒办理，故本国有俟三年之后，如果中国禁戒无有妥实之据，本国不能承减运之责，印度自有自由之贩运。然自两国商议之际，至今未尝提及有可讨赔之语，亦未声明三年后如不认真禁办印度必不肯每年仍减运一分至于满期之语。按以上各节，想早在洞鉴之中。据报上所载，谣言实不知从何而起，亦不审此种谬谈系出何人之口。但咨议局既以此项乱言上禀，足见已经传播甚广，天下之人必皆以为然。且此种乱言如令百姓皆信以为实，势必致各界永存怨恨本国之心，显而易见，于两国睦谊妨碍甚大，则明系如同留学者鼓惑咨议局、教育会、武汉商会立拒款协会，称列强有瓜分中国之私谋。盖以此乱言，实有挑动百姓均存排外之心，再酿巨大之祸同一义也。为此备文，请查照可否速行咨议局、武汉各商会、教育会通饬改正，不得再编有此种无影无形之乱言，鼓惑人民挑衅之语，以保睦谊，免生巨祸，望切施行。"等因。查戒烟一事，迭奉明谕，切实举行，禁种禁吸皆自行应办之事，与印度贩运烟土无干，且英国政府敦尚睦谊，极力赞成，并无十年种食未清索赔巨款之议。劝戒者危言耸听，虽具苦心，而播扬者虚语讹传，恐多误会。为此札行咨议局饬令速行更正，用笃邦交而昭核实。须至札者。

呈复英领事照会由

（宣统二年十月十三日）

为呈复事。本月初十日奉督部堂札开："顷据英总领事法照称：'近闻戒烟会在武汉演说之词，每以本国政府曾声明印度洋药年年减少出口，中国不能同时戒种戒吸，到十年限满后，中国仍不能禁尽，则向中国索赔巨款等语。本总领事昨与晤面时，曾经云及此节，随又备函恳请设法通饬，将此项妄谈更正。今又阅及《公论新报》本月初三日亦载有本省咨议局拟请贵督部堂戒烟规则，内称请通饬各府、厅、州、县，谕城乡公正绅董划清区域，组织禁烟会，设立巡查，先将禁烟之害与逾十年期限禁不能尽，定成交涉，英人重索赔款，民不堪命之祸，明白演说，有知识之人必悟，此使之自然不种之法也等语。窃查当初贵国政府一提有戒烟之志，本国政府立即允许印度出口烟土按年减运十分之一。印度政府以此举与进款大有亏短，因两国睦谊素笃，本国政府情愿担此亏短之累，但其时原有多人云，中国未必能认真禁戒办理，故本国有俟三年之后，如果中国禁戒无有妥实之据，本国不能担承减运之责，印度自有自由之贩运。然自两国商议之际，至今未尝提及有可讨赔之语，亦未声明三年后如不认真禁办，印度必不肯每年仍减运一分，至于满期之语，按以上各节想早在洞鉴之中。据报上所载，谣言实不知从何而起，亦不审此种谬谈系出何人之口，但咨议局既以此项乱言上禀，足见已经传播甚广，天下之人必皆以为然，且此种乱言如令百姓皆信以为实，势必致各界永存怨恨本国之心。显而易见，于两国睦谊妨碍甚大，则明系如同留学者鼓惑咨议局、教育会、武汉商会立拒款协会，称列强有瓜分中国之私谋，盖以此乱言，是有挑动百姓，均存排外之心，再酿巨大之祸，同一义也。为此备文请查照可否速行咨议局、武汉各商会、教育会通饬改正，不得再编有此种无影无形之乱言，鼓惑人民挑衅之语，以保睦谊，免生巨祸，望切施行□，等因。查禁烟一事，迭奉明谕，切实举行，禁种禁吸，皆自行应办之事，与印度贩运烟土无干，且英国政府敦尚睦谊，极力赞成，并无十年种食未消、索赔巨款之议。劝戒者危言耸听，虽具苦心，而播扬者虚语讹传，恐多误会。为此，札行咨议局饬令速行更正，用笃邦交而昭核实。"等因奉此。窃查奏定咨议局章程第三十九条"凡议员于咨议局议事范围内所发言论，不受局外之诘责"等因，是本局议员议事自有权限，非该领事所得干涉，如凭私报，递加诘问，尤为法律所不许。本局议员本有禁种洋烟之议，业经决定呈请督部堂鉴核在案，并无十年限满未行戒令，英国将索赔款之文。该领事辄谓本局以乱言上禀，非惟事涉无稽，亦且诬枉太甚。凡云上禀者，必已呈督部堂，或散见官报。查核本局原呈，既无此文，官报亦未载此案，该领事竟加以乱言之罪，固非本局所能受。本局议员经复选而来，类皆深明大局，不至创为无根之言，致招物议，即或激于义愤，慷慨陈词，亦断不得以辞害意，受局外人诘责。法律所在，未容隐默，自损国权。拟请督部堂照复英领事：嗣后本局议员于咨议局范围内所发言论，该领事不得任意诘责，以符馆章而重国权。抑更有请者，世界大通，交涉日赜，国际条约关系全国人民权利义务，凡为议员者，亦宜搜辑研究。查向来交涉约章，惟北洋刻本可以购阅，近年陆续订定各条约，外间实鲜流传。拟请于北洋约章汇纂成本外，饬下洋务局将近年约章未经刻布者，汇钞发下本局，后有续修新约，并请随时抄发，以资研究，裨益尤多。为此备文呈请督堂察核。是否有当，乞赐酌夺施行。须至呈者。

呈请复加选定资政院议员并送当选人名册由

（宣统二年十月二十二日呈）

　　为呈请事。窃查奏定各省咨议局互选资政院议员章程第十二条"互选完竣后，由咨议局办事处造具当选人名册及候补当选人名册，连同票纸于十日以内呈送互选监督。互选监督按照第一条所定该省议员额数，将前列当选人复加选定为资政院议员，榜示投票所"等因，本局本届举行资政院议员互选，业于前二十日在议事堂投票，经督部堂亲临监督，计第一次互选得票满当选票额者八人，不及定章额数之二倍，照章依缺额之数加倍开列姓名榜示，决选开票后，得票满当选票额者七人，前后共计得票满当选票额者共十五人。理合造具当选人名册及候补当选人名册，连同本届互选票纸，呈请核夺，伏乞照章复加选定五人作为资政院议员，其余各议员均作为候补当选人。又查原章第十四条"议员选定后，由互选监督给与执照，另造议员名册，连同当选人及候补当选人原册，咨送资政院"等因。如蒙选定，除由本局通知各当选人外，应请督部堂颁发执照，并造具清册，连同本局原册，咨送资政院，以符定章，而重要典。为此备文呈请督部堂察核，乞赐酌夺施行。须至呈者。

札行黄议员赞枢控案文

（宣统元年十二月十二日到）

　　为札行事。据署湖北布政使高凌霨等会详称："窃奉札开：查孝感县绅士擅行禁米出口、私自收捐之事，官商互相禀讦一案，当经本部堂饬委调补汉阳县滕松前往查访确情去后。兹据滕令开折禀称：'知县奉札后，即自备川资，先请妥友前赴暗访。知县由陆而往，由水而回，按照各节复加明查，谨为呈之。徐令禀称黄绅擅张旗帜在河下阻禁一节，知县乘舟至该县出境之新安渡地方，询之该地民人，均云月前实有哨划巡缉阻禁，现已撤去。知县未见旗帜，惟至该县署中，徐令面交小旗二面，载有"孝感县查禁搬运"等字样，称系护勇获于小船者，知县仍交徐令收存。又徐令禀称黄绅擅收米捐一节，知县访查收捐实有其事，因彼时徐令遵札开禁，一时外商内贾闻风赶买，米价飞涨，该绅倡议，一面私禁，一面乞恩上宪，于是百口同声，各米贩惧不敢行，然又恐日久米坏，只得央求商会绅董调和，每石捐赈款钱六百文，保护出境。殊该绅等阻禁既不通知徐令，放行、收捐又自擅专，且所收之款，更不交于筹赈局，竟存于该绅进城寓处向来管公之广生典内。知县查明尚未动用，并取具该典存条呈电。至于捐数、米数是否相符，或系奸商取巧，或系经手人肥私，知县查无从查，乞恩原宥。此徐令禀黄绅各节之实在情形也。黄绅赞枢禀徐令裁券酷征、差役券外苛索一节，知县检查征收流水，今年新赋自二月至今，只收正银二百余两，是新赋并未裁券可知，或者指旧赋而言。访查该邑向章，年内完者赴柜领券，至年外不完者，粮差裁券下乡催收，该差饭食路费实取之于花户，然未闻有滋生事端者。然花户理应年内早完也，然官不裁券，钱粮必不能批解也。又黄绅禀称徐令横向会书迫索，每裁券银百两，加小票钱二十串文。知县访之城乡耆老，均云不知其事，不得已严询经管之户粮总书，坚称本官实无加小票钱二十串之事。知县细思黄绅所控，必不至毫无影响，再三盘诘，始据该书面称该邑地丁漕粮而外，另有庄淤等租。先人传说原系荒山旷野之柴草稞，后虽开垦而未升入正科，其粮极轻，人民向不赴柜完纳，向来章程不由粮差经手，概归数十家册书于四五月内出具钱票，领券催收，分期归款，每征银百两，加学堂捐钱百串，内八十串，余发二十串为该书津贴。今年册书领券，每百两欲先扣除津贴二十串，再行分期出票。

本官欲俟款项缴齐尾数，再行拨给。官吏相持数日，后经该粮总等邀恩，本官方准先扣，而该租正款至今尚未缴钱，何有另加小票之事。黄绅指控或系此事之讹等情，该书等并愿具切结。知县详细推求，该册书等津贴钱二十串，系加于百两内。黄绅所禀之小票钱亦二十串，亦加于百两内，钱数均属相同，黄绅必系误听传言，遂以张冠李戴。该总书等既敢具结，徐令自无其事，其所取该书等切结呈核，此黄禀徐令各节之实在情形也。又北藩司面谕徐令私征票钱分厘，小户不堪其苦，饬查等因。仰见北藩司视民如伤，莫名钦佩。知县访查民间，询之徐令，均称抽收票钱实有其事，核阅卷宗，知系相沿已久，前署县林令道堂早经禀详，各宪有案，去岁十二月徐令因缺赔累禀求交卸案内，亦经叙明券钱四十八文，化私为公，以二十文弥补钱价，仍以二十文津贴该书，八十文归警察费，已蒙北藩司议准，宪台批令照行在案。然徐令尚未提缴分文，有黄绅禀内加券钱未遂之语可证。愚昧之见，此项钱文收否，均宜即速出示，勒碑通衢，免书吏借端需索，是为要着。知县细核此案情形，窃谓黄绅行止实太跋扈，然而捐未动用，事非一人，其情似有可原。徐令征收本未贪横，原控乃谣传之误。方今预备立宪、议员初立之时，官绅正宜联络，免贻笑柄，议政行政，各安本位，然后新政乃克有济。'等情，禀复前来。查此案前经批饬司局会同筹办处拟议核办在案。兹据前情，合行札饬，备札行司会同筹赈局秉公妥议，详复核夺。等因，奉此。此案前据徐令冠瀛、黄绅赞枢先后禀，奉宪批示会局议详。正核办间，奉饬前因查本年鄂省灾区甚广，孝感尚有收成，储蓄丰者自应出其有余，接济邻境。前经会同江汉关道详明，专禁商人大宗贩运，其运数不及五十石者，其运销本境，不得禁阻，呈宪台批准有案。乃黄绅赞枢于奉文开禁之时，倡议禁阻，已属不合，复借查放为名，擅收捐款，虽据查明款存广生典内，尚未入己，但先未禀县出示所收钱文，又不能交县城筹赈局核收充赈，即该绅评徐令禀内，亦未声明，责以私收米捐，当亦无可置辩。应请行饬该县查提捐款，悉数拨交该县商会筹赈局，核报以后，不准再收。徐令本年新赋仅征正银二百余两，旧赋裁券下乡催收，并未滋生事端，自无酷征苛索之事。至庄淤等租征钱一百串津贴册书二十串及券票抽钱四十八文，查系沿案办理，并非由徐令加收，自尚可信。惟称券票四十八文内，以二十文弥补钱价，以二十文津贴粮书，八文归警察费等语，现当银价奇昂，各属征不敷解，借以弥补，仍系因公。拟请暂仍其旧，俟钱价平时即将此二十文拨充地方公用。警察为地方要政，八文经费太少，粮书津贴二十文太多，拟请以十四文拨归警察费，以十四文津贴粮书，似较允协。徐令现将交卸，应俟奉批后，行饬新任遵办，并示谕周知。当此预备立宪之时，无论官绅，均应祛除偏私，力顾公益。徐令业经调者，自可随时察看。黄绅赞枢既亦举充议员，尤应检束身心，矜式乡里，乃既抗谕禁阻米粮出口，又借查放为名，擅收捐款，实属有玷议员名誉，拟请行饬咨议局，查照奏定章程核办，以维宪政。所有遵饬核议缘由是否有当，理合会文详请查核，批示只遵。"等情，到本护部堂。据此。除批示外，为此札付咨议局，希即查照办理具复。须至札者。

呈请从赈款项下拨款移民并咨部减车价由

（宣统元年十二月十四日呈）

为呈请移民实边，恭恳奏咨立案，筹拨路费并咨邮传部减免火车票价，以济灾黎，而重边务事。窃为鄂省幅员为本国之中省，江、汉两大河流直贯中区，大小山系延于各府，河湖在在皆是，而无高大平原。人民日多，耕地日少，往往于蓄水之区域，建筑堤防，从事种植。夏秋水涨，即有冲决泛溢之患。去年蛟水为害，其时尚短，灾区不过十数州县。今年水灾几遍全省，甚者漂没全州县。其次则田产屋宇多被淹没，老弱男女流离载道，转死于沟壑者，不可胜数。朝廷连年发帑，赈济地方，官长、绅商、各省好义之士，筹募赈款，以救灾民，未尝稍懈，重视民命亦云至矣。惟是人民不能减，耕地不能增，水患不能除，不另图救济之方，鄂民永无生存之望。前叠据绅民陈请书称："鄂省土地不足以容人口，又为九省之通衢，需要过于供给，水患逐年发生，皆在民与水争地。欧美各国均以殖民政策致富强，本国西北边省人民稀少，土地肥厚，只议放荒，不知移民。邻国侵占，遂开边衅，调兵防边，年费巨万，坐令内地有用之民失业，边境空旷之地耗财，利国利民一无所得。调查黑龙江省荒地甚多，且属上腴，交通亦复便利，是宜呈请官长筹拨款项，移民往江省开垦，为实边计，以均本国之人民，以杜各国之觊觎等因。本局近数月与黑龙江巡抚周（树模）电商，筹拟暂移鄂民千户到江省垦荒，其有移民到江后所需各项费用由江省筹备，移民路费由鄂省筹备。复经宪政筹备会副会长李哲明，本局副议长汤化龙、夏寿康合词陈请并赍到护督部堂覆函称："护督部堂函嘱妥移民千户，办法现已与江省函电筹商妥协，移民一千余户，额定五千人。移民房屋、牛马、种籽、器具各项，由江省筹拨公款。移民路费由鄂省筹拨公款，移民到江后，耕种地亩，照章升科，的是移民实边，并非营业性质。请护督部堂在赈款项下，拨银十万余两作为移民路费，并请咨邮传部减免由汉至奉火车票价，以利遄行。"各等因。本局查移民实边，于国计民生大有裨益，鄂省连年患水，无地居民移民尤刻不容缓，惟灾民累万，仅移五千为数似少，然实足以开风气。将来移民政策盛行，国中殖民政策发达国外，皆此五千人为之创始。兹据陈请前来，除另折开呈，酌移鄂民赴江垦荒办法，并抄呈江抚庚电外，为此呈请护督部堂在赈款项下拨银十万余两，作为移民路费。请咨邮传部减免火车票价，由护督部堂委官一员，由本局举绅七员，封印之前，即行设局开办，以济灾民而重边务。是否有当，伏乞督部堂俯赐酌夺施行。须至呈者。

呈请减收电费由

（宣统元年十二月十六日呈）

为局务繁赜，电费重巨，恳减收半价，以利要公而资节省事。窃各省咨议局自本年九月初一日一律成立，数月之内，用款浩大，活支项下以电费为大宗。盖咨议局之职权，在决议本省应兴应革之事件，惟事件之当兴当革，中国向无精密之报告。但经提议，必需临时调查。常年会开会之期，仅四十日，益以延会不过五十日，所调查之事项多在各厅州县,非咄嗟可以立至,文牍往返,递驿羁滞,时日虚糜,进行阻滞,此不能不借资电力之一因也。咨议局之权限范围,虽仅限于一省大利大害之关系,类多各省所共同,而大疑大难之发生,亦往往非一省所能解决,此问彼答,络绎交驰,事非豫期,机贵迅速,一有迟误,即生参差,此不能不借资电力之二因也。综斯二因,发电既多,用费自巨。各省财政现均窘绌万分,支给不当,顾惜自甚。于无可撙节之费力求撙节,简单则不达意旨,延递则恒失事机。再四图维,不得不吁求钧部略与通融减价,以为补济之术。窃查钧部核订报馆寄报减费章程第二条"各报馆所发新闻电报,无论明码、密码,准照电局明码价表一律减半收费"等因。盖以报馆为开通民智之机关,宣布政令之轮轳,酌加优待,以示国家提倡舆论之盛心。咨议局为各省舆论之会归,当不仅与报馆同论,国家之重待咨议局,似当视报馆有加,援报馆减费之条类推于咨议局,事既不甚相远,例似可以相通。或疑咨议局之电费既多,电报局之收入自旺,骤议减价于电局似有不利。且咨议局人员甚众,因减价之利益或不免生借公便私之弊端。不知咨议局常年活支必有豫定之额,电费一项,原非漫无限制,价重则发电求少,价轻则发电必多,电价轻重即电报多少之衡,益寡衰多,咨议局得收费省事敏之功,电报局决无前盈后绌之理。如虑假公利私,或生流弊,无论局员其有人格,不至有舞弊之行为,必欲防止弊端,或明定章程,或颁发执照,仿报馆减费之例,略加变通,不难绝夹私隐射之风,似毋庸鳃鳃过虑也。本局开会期中,即倡请减电费之议,函商各省,除云南函覆现业减半收费毋庸联名外,其余已签名之各咨议局意见皆同。理合合词恭恳钧部俯赐察核,准照报馆新闻减费办法,明定条例。通咨各省督抚,转饬各省电报局,遇有咨议局电报,一律减收半价,以顺舆情而重新政,实为公便。再,此呈系由湖北咨议局主稿,合并声明。谨呈。

札行呈请电信减费未照允文

(宣统二年二月十三日到)

为札行事。宣统二年二月初五日承准邮传部咨开:"电政司案呈:

据湖北、湖南、奉天、江苏、广东、广西、陕西、安徽、四川、甘肃咨议局呈称：窃各省咨议局自本年九月初一日一律成立，数月之内，用款浩繁，活支项下以电费为大宗，现值财政窘绌万分，支给不常，顾惜自甚，于无可撙节之费力求撙节，简单则不达意旨，延递则恒失事机。再四图维，不得不吁求钧部略与通融减价，以为补济之术。查钧部核订报馆寄报减费章程第二条，各报馆所发新闻电报，无论明码、密码准照电局明码价表一律减半收费等因。盖以报馆为开通明智之机关，宣布政令之轳辘，酌加优待，以示提倡舆论之盛心。咨议局为各省舆论之会归，当不仅与报馆同论，似当视报馆有加，援报馆减费之条类推于咨议局，事既不甚相远，例似可以相通。恭恳准照报馆新闻减费办法，明定条例，通咨各省督抚转饬各省电报局，遇有咨议局电报一律减收半价，并声明系由湖北咨议局主稿等情。当经札饬电政局核议。兹据该局禀称：'中国设立电报，一切规则及寄报章程，均按照万国电报通例而行。各报馆发寄新闻电信之减收半价，亦系载在万国通例，其地方各团体无论为公为私，欧美各国均无电费减价之例。咨议局亦为公共团体，准诸万国通例，碍难援照新闻电信减收办理。所有湖北等省咨议局呈请减收电费一节，未能照允。'等情前来。查该局所禀咨议局电费碍难援照新闻电信减价办理，系属实情，自应如该局所议，毋庸减收电费。相应咨行贵督转行湖北咨议局查照通知可也。"等因，到本护部堂，承准此。为此札行咨议局查照通知。须至札者。

呈请批示呈报各案由

（宣统元年十二月十九日呈）

为呈请事。窃本局自开会以后，呈报议决各案计三十一件，除十六件先后奉批，准予公布施行外，余皆未邀核准。查咨议局章程第二十二条"咨议局议定可行事件，呈候督抚公布施行。前项呈候施行事件，若督抚不以为然，应说明原委事由，令咨议局覆议"；第二十三条"咨议局议定不可行事件，得呈请督抚更正施行，若督抚不以为然，照前条第二项办理"等因。是督抚之权限，对于咨议局议决事件，只有批准及令覆议之两途。本局呈出各议案虽不尽在常会期内，其议决实在开会期中，或受开会期中议员全体之委托，诠次繁重，稍涉迟延，可否公布施行，抑或发交复议，亟应早为定夺，以免久悬。至人民陈请建议各件，本局议决呈上者，亦有十数件之多，此种事件虽不能与议案同视，可行与否督部堂原有权衡，对于本局似宜有明白之批示。查宪政编查馆奏覆考察宪政大臣于式枚奏陈咨议局章程权限折内开："十二、收受自治会或人民陈请建议事件。督抚为国家行政之代表，有应行专决者，如军事、外交、裁判等事，断非议员所能干涉，但以人民各具国家思想，苟实有所见，不妨上书陈请。定例在内由都察院代奏，在外由督抚代奏，已开其例，其必以咨议局代为陈请建议者，因表示众意所在，以备督抚采择。"等因。是咨议局呈决人民陈请建议之件，立法之意实仿都察院及督抚代奏之例。旧例代奏之件无不明降谕旨，则本局呈决人民陈请建议之件，理应由督部堂批示施行。现在岁序将终，所有本年议决各事宜，一经核夺，即应发生效力，久羁不决，于进行事务迂滞良多，既不足慰士民仰望之殷，本局亦有放弃职任之惧。理合将未奉批示各案分别缮单，备文呈请督部堂察核，乞赐批示施行。须至呈者。

计缮呈未批各案清单一扣。

呈请收回分行司道核议各案批示施行由

（宣统二年二月二十日呈）

为呈请事。宣统二年正月初六日案奉护督部堂批，本局呈折开未批各案，请赐批示施行由。奉批："查阅折开各议案，均经分行各该管衙门详加复议，有因往返商酌者，有尚待查核者，是以尚未具复。本护部堂忝权斯任，凡局议事件，皆以利害所关，未能轻易批答，实为慎重起见。一俟各主管衙门复到，即当陆续批示施行。"等因奉此。查局章第二十二条"咨议局议定可行事件呈候督抚公布施行，前项呈候施行事件，若督抚不以为然，应说明原委事由，令咨议局复议"；第二十三条"咨议局议定不可行事件,得呈请督抚更正施行,若督抚不以为然,照前条第二项办理"。又查宪政编查馆复江督张(人骏)电:"督抚行司道核议,系行政官内部之事,本毋庸与局声明,咨议局即不必过问。至司道核议之后,仍由督抚裁夺,如有应交局覆议者,仍以督抚名义交局覆议。"等语。申绎局章馆电,均以裁夺之权专归督抚。盖督抚为一省之行政长官,对于咨议局有法定监督之权,对于咨议局议案为裁夺施行之主体。司道为督抚之僚属,督抚已裁可之议案,应任施行之责,决无代督抚覆议之权,以覆议委诸司道各员,在督抚为自弃法定之权能,在咨议局为受数重之监督,揆诸法理,似为背驰。且咨议局决议各端,大半为行政改良之计划。为全省计利益,未必即利于主管各衙门,而疏剔陋规整顿积弊,各主管衙门痛痒相关,必非其所甚愿,一一交其覆议,恐赞成少,而反对必多。又况各主管衙门其所主管者各为行政之一偏,彼此操复议之权,虽甚贤能未必能为统一之计虑,而往返驳议,羁迟时日,使一会期议决之件,终归于无实,尤事实上障碍之最甚者也。护督部堂以慎重为怀,对于本局议案多未裁夺,行司复议,非局章馆电之所有,本局不敢违朝廷之法令,率行承认。兹距去年开会之期,业经数月,批复之案,未及半数,虽间有一二主管衙门核议详复之件,由护督部堂札行本局,然系转行该主管衙门之意见,未敢认为监督正当之批答,且定章咨议局议决事件,督抚不以为然,应交局复议,其复议仍执前议,则咨送资政院核议。迭奉护督部堂札行各主管衙门议复之件,或经加驳斥,请转行查照,或请转行将原案取销。所据之章程,本局实未闻见,遵守无从。为此备文呈请护督部堂乞赐察核,将前行司复议各案收回批复,各主管衙门议驳本局之案,经转行本局知照及转行本局取销原案各节,是否为定章所有,抑系新例,请赐批示只遵。须至呈者。

呈请批示议决各案文

(宣统二年四月十二日呈)

为呈请事。窃本局前三月初五日呈请批示呈报复议兴学筹款以广教育案，并声明"去年议决各案，未蒙批示者尚多。督部堂履新以后，业经陆续批示，故未开单呈览"等因，自应只候批示，曷敢烦渎。惟去年创办之初，凡提议审查及讨论，多因仓猝未竟厥绪，故议决案件仅三十有一，即令尽数上邀核准施行，效力亦甚浅薄。重以未奉批示久羁不决者，尚居四分之一，本局深自惭怍。现第一届会期已逾半载，第二届会期转瞬即临，所有第一届议决各案可行与否，若非及早恳求核夺，则以延搁而生迂滞，于本局筹备进行各事务妨碍实多。理合将未奉批示各案，分别缮单，具文呈请督部堂察核，乞赐批示施行。须至呈者。

计呈未奉批示各案清折一本。

呈请将本局议决已经裁夺各案分途公布严饬实行文[①]
（宣统二年五月二十一日呈）

为呈请事。窃本局第一次常年会议各案呈请裁夺，业经督部堂先后批复，准予公布施行之件为数不少。查公布之法，外国例用官报，中国例用通饬、告示。湖北官报设立已有年所，惟系杂报体例，无官报之性质。通达人士既鲜省览，各属绅民未尝闻见，仅官吏一部分尚有翻阅及之者。故今日之公布，宜用登载官报与通饬、告示兼行并进之法，以官报遍晓各项官吏，以通饬札行主管衙门，以告示普谕全省士庶，庶于公布之义名实相符。本局第一次常年会期，至今已逾半载，所有批准各案，查核官报，缺然未登。各主管衙门虽经札饬施行，所谓施行者，特纸片之具文，实际则均已束诸高阁，甚者并纸片具文亦极吝惜。内而省垣各主管衙门未见布行本局议案之告令，外而各府、厅、州、县更漠然无所闻知。总厥原因，各主管衙门未知议事、执行分途之理由，视议案等诸条陈、视督部堂之批札等于虚应故事，而又秘密主义固结不解，决不肯以朝廷更新之法制，破其蒙蔽依违之旧例。此数百年之积弊，原不可以骤为责难。惟是国家以咨议局为法定机关，全省兴革诸大端均得其议决，

[①] 本件原无标题，此标题为编者所拟。

重之以督部堂之裁夺。裁夺之后，议决各事件即为法律上有效之言论，主管衙门决无反对之余地。若如今日议案，本局一呈出，督部堂一裁决，主管衙门一奉到通饬，即为完竣，开会时一议再议，唇灼笔秃，闭会以后烟消雾灭，都归乌有。朝廷岁糜巨款，方期以法定机关为大兴大革之举，究则朝廷之法律，不如所司之意思，议其所议，行其所行，议决机关与执行机关乃不能为一气之衔接，此全球立宪国所未有之奇事。长此终古，则咨议局为不消灭之消灭，非朝廷设立咨议局之本旨，亦非督部堂期望咨议局之盛心也。窃以本局第一届议案至今始议及实行，已不能免迟缓之讥评，及今犹不议及实行，则第二届会期又临，终不过为循例虚应之举。谓宜总核旧案分别宣布，全部已经裁夺确定者，即施行全部，其仅一部确定者，则施行一部。如"推广农林以兴实业"、"兴茶业以辟利源"、"讲求宣防以除水患"、"厅州县创设农林劝办所规则"、"厅州县命案报验规则"、"禁种洋烟"、"整顿吏治"、"照章核减典息以纾民困"、"实行裁汰书役、补助堤工、筹办荒政以纾民困"等案，是全部确定，宜施行全部者也；"兴学筹款以广教育"一案，惟提还赔款捐一节，未蒙裁夺，其余皆属已确定之数；"规复应盐"一案，惟规复应山、云梦等九州县及加入安陆一县各节，应俟所议办法逐一实行确有成效后再行分别施行，其余皆属已确定之数；改良法政学堂一案，惟修改任用章程一节，尚待宪政编查馆及学部核定，其余亦皆属已确定之数。此则一部确定，宜施行一部者也。自去年开会之初，各属绅民责望于本局者甚至，兴革大端未能详悉规划，既自怍惭，若并此戋戋议决批准之数端终归于无实，责言交集，亦实无以自辞。拟请督部堂严加通饬，一律厉行，一面登布官报，一面由各主管衙门明白出示，如案施行。其泄沓之员，阳奉阴违，或绝不过问者，督部堂切实考核，立予撤参。本局遵照章程第二十八条应有纠举之权，遇此等官吏确实违法时，亦不敢不指明确据，呈请查办，以谨守法定之权限，而副督部堂求实之殷怀。所有请将本局第一次议决已经裁夺各案分途公布、严饬实行各缘由，理合具文，呈请督部堂钧鉴，乞赐察核施行。再本局议决案未奉批答，尚有数起，应请一律批示施行，须至呈者。

札复议决各案公布方法文

（宣统二年六月十二日到）

为札复事。准咨议局呈称："窃第一次常年会会议各案呈请裁夺，业经督部堂先后批覆准予公布施行之件为数不少。查公布之法，外国例用官报，中国例用通饬、告示。今日之公布，宜用登载官报与通饬、告示兼行并进之法，以官报遍晓各项官吏，以通饬札行主管衙门，以告示普谕全省士庶，庶于公布之义名实相符。本局第一届议案谓宜总核旧案分别宣布，全部已经裁夺确定者，即施行全部，其仅一部确定者，则施行一部。如推广农林以兴实业、兴茶业以辟利源、讲求宣防以除水患、厅州县创设农林劝办所规则、厅州县命案报验规则、禁种洋烟、整顿吏治、照章核减典息以纾民国、实行裁汰书役、补助堤工、筹办荒政以纾民困等案，是全部确定，宜施行全部者也。兴学筹款以广教育一案，惟提还赔款一节未蒙裁夺，其余皆属已确定之数。规复应盐一案，惟规复应山、云梦等九州县及加入安陆一县各节，应俟所议办法逐一实行，确有成效后，再行分别施行，其余皆属已确定之数。改良法政学堂一案，宜修改任用章程一节，尚待宪政编查馆及学部核定，其余亦皆属已确定之数。此则一部确定，宜施行一部者也。拟请督部堂严加通饬，一律励行，一面登布官报，一面由各主管衙门明白出示如案施行，其泄沓之员，阳奉阴违或绝不过问者，切实考核，立予撤参。本局遵照章程第二十八条应有纠举之权，遇此等官吏确实违法时，亦不敢不指实确据呈请查办，以谨守法定之权限，而副督部堂求实之殷怀。所有请将本局第一次议决已经裁夺各案，分途公布，严饬实行。再本局议决案未奉批答尚有数起，应请一律批示施行。"等因，准此。查咨议局所呈议决各案，本部堂到任以来，凡有札复应准公布施行及应交复议之件，除札局及札饬所属遵照办理外，业经陆续饬登官报，以资省览在案。兹阅来牍，各该主管衙门对于此项公布议决事件，置诸漠视，宜总核旧案，再行宣布等语，事关公益，不厌重加申明。当即检查第一次会议各案，逐细复核，计发饬登官报者，约有十余起，如兴学筹款一案，维持膏业一案，裁汰书役一案，改良高等农业学堂一案，规复应盐一案，厅州县命案报验规则一案，补助堤工一案，推广农林并创设农林劝办所规则各一案，兴茶业以开利源一案，兴矿业以辟利源一案，禁种洋烟一案，筹办荒政以纾民困一案，均经先后饬登官报。其余各议案，现已无分确定全部、一部，凡经各前部堂及本部堂札复咨议局之件，均应一一清出，缮录登载，俾资考镜，而利推行。至整顿吏治一案，卷查前部堂陈（夔龙）批札，以职在馆部，此件似应不在公布施行之数。惟局中议决各案，俱系兴革诸大端，实于法制上有密切之关系，一经裁可公布即当发生效力。各该主管衙门，自宜互相策励，认真执行，岂能任意宕延，致议决事宜反受无形之阻碍。候将公布施行各条，逐一札饬各主管衙门，明白出示，如案施行。其有事关沿革、理由繁多，有非出示所能赅括者，但使确经本部堂裁夺公布施行之件，亦可由该主管官将公布之案，抄交自治会议员等广为宣告，另由该会加具说明书，或附发传单，分途散给，务使家喻户晓，以辅文诰所不及。倘该主管官奉行不力，一经察实，本部堂定即照章办理，决不姑容。至咨议局议案未经批札者，尚有裁减黄梅、应山两县烟酒糖税一案，划一讼费规则一案，应俟核定后，再行札复外，为此札复咨议局查照。须至札者。

呈请莅局监督选举副议长文

（宣统二年二月二十六日呈）

为呈请事。窃本局议长吴庆焘于上年十二月十七日假赴江西，本年正月十六日，接准函开：别后来江道中，风寒凄紧，受病滋深，臂痛殊甚，上紧医治，一时难以奏功。此间自治筹办一差，上游仍责成随时商同办理，一面任事，一面医调。因已奏明案，不许遽卸。查局章确有病与确有职业不能常在本省者，得以辞职，于鄙人现在情形相同，议长一席应行辞退等语。遵即于本月二十日集常驻议员协议，佥以议长援据局章自行辞职，未便挽留等语议决。查咨议局章程第十六条"议长因事出缺时，以副议长递补之；副议长因事出缺时，由议员中互选之；若不在开会期中，得由常驻议员中互选补之"等因，本局议长既因事辞退，议长一缺，自应照章以副议长汤化龙递补，所余副议长一缺，现不在开会期中，照章得由常驻议员中选补。现在议长辞职，将及两月，本局进行事务日就殷繁，未便久旷，除副议长汤化龙照章递补议长，请由督部堂改加照会外，所有副议长补缺互选，拟于三月初一日上午九点钟举行。查局章第四十六条，各省督抚有监督咨议局选举会议之权，此次本局互选副议长，自应请督部堂莅场监督。为此备文呈请督部堂察核施行。须至呈者。

札行莅会监督选举副议长文

（宣统二年二月二十八日到）

为札行事。据北咨议局呈称："本局议长吴庆焘现已辞职，所遗议长一缺，照章以副议长汤化龙递补，请改加照会前来。"应即照准。除照会外，所有互选副议长一缺，局中拟定三月初一日上午九时举行，届时本署部堂自应莅会监督。为此，札行咨议局查照。须至札者。

呈请照会张议员国溶被举副议长文

（宣统二年三月初一日呈）

为呈请事。窃本局议长吴庆焘因公辞职，照章以副议长汤化龙递补，业蒙照会在案。递遗副议长一缺，于本日午前九点钟由常驻议员中互选。荷蒙督部堂莅场监督，计到场投票者共十六员，遵章折算应以九票以上为当选。初次开票张国溶得六票，吕逵先得五票，何世谦得二票，董钦墀、时象晋、刘赓藻各得一票，均不足额。遵章请示，开列得票较多之张国溶、吕逵先二员重行投票。开票报告，计十六票之中，其一票写不依式，经呈明监督，宣告无效，以十五票折算，应以满八票以上为当选。张国溶得满八票，应作为本局副议长当选人，业经监督当场榜示。除由本局知会外，应请督部堂另加照会，以便刻日视事。理合具文呈请督部堂察核施行。须至呈者。

呈请彻查冯革道私有地皮按律充公文
（宣统二年四月十四日呈）

　　为请彻查充公事。窃查律载"凡有司官吏，不得于现任内置买田宅，违者笞五十，解任，田宅入官"等语，盖防假官吏之势力，渔平民之产业，立法之意至为深远。已革巡警道冯启钧，盘踞湖北，剥公肥私，积有年岁。督部堂洞烛奸宄，奏奉明旨，革职永不叙用，全省士庶靡不称快。惟该革道历年以来侵蚀公帑，私置产业甚多，若非按律彻查充公，该革道虽失职位之荣，尚足为不义之豪富，既无以伸国法，亦无以顺舆情。本局去年开局以来，即密行调查该革道在湖北省分所置私产，除开设武汉轮渡、厚记、利记等公司，汉口华胜洋行外，实以地皮为大宗。该革道购买地皮始于任夏口厅同知之日，其时购买者纯属于汉口后湖一带。洊升巡警道，力遂及于武昌，凡省城所有各地皮，乃遂尽归其囊括。本拟俟调查齐后，于本年开会期中，提出议案，呈请核办。现该道既已革职，自无容更待本局之提议，谨将调查所得该革道地皮清册恭呈钧核，以为查办之补助。查本局调查所得该革道地皮清册，为该革道经手账务人所存之底册，仅属于光绪三十四年二、三、四三个月内所购买，尽系武昌城外之地皮。计该革道私有地皮清册十二本，共有地皮清册三本，契纸二百零七张，总价钱十三万六千二百零三串一百零五文，银三万四千八百十三两四钱；其共有清册另纸所书冯几分、高几分、李几分等语，闻系该革道亲笔所书，各契尾所载之中人，多系警务公所之股员，均可传证。该革道购买地皮，肆其爪牙，多方抑勒，怨谤所积，万口同声。其付钱流水底簿，本局亦经调查，得其一二，拟请督部堂按照清册悉数清查，据律充公。惟此册所载不过该革道所置地皮之一部，汉口后湖一带地皮为该革道私有者尤多，拟请一并饬下江汉关道、汉阳府会同夏口厅公正士绅彻底清查，本局力所能逮，自当勉效补助。现时外间传言，该革道亏空公款过多，拟以地皮押卖于外国洋行，借清积债。查各国势力在武汉既已极盛，押卖地皮之举若使成立，一瞬息间，增涨外人无数之土地所有权，贻害国家，岂复浅鲜。本局深为此惧，不得不迫请严究充公，以省将来之缪辄。至该革道历次挪蚀公帑四十余万两，早经督部堂察觉，必能彻行追还，以重帑项。此项地皮尽数充公，不能作抵补亏空之用。盖抵补亏空之款，必属于亏空者之所有权；服官省分购买地皮为法律所不容，自非该革道所应有。充公系不法之产业所应得之处分，追补亏空为赔偿国库损害所应加之处分，两种性质原不相同，办法应各还着落。督部堂既以该革道徇利忘义据实入奏，该革道不正之利，必不稍赐宽容。如蒙彻究充公，匪惟湖北公家增收入之利源，于整饬官方维持法纪，利益尤大。除将该革道在武昌城外私有及共有各地皮清册底本盖用关防全数呈核外，所有请彻查该革道在武汉地方私置产业按律充公缘由，理合具文，呈请督部堂察鉴，乞赐批示施行。须至呈者。

计呈冯革道私有地皮清册十二本，共有地皮清册三本。

呈请饬嘉鱼县各典商遵章实行减息文

（宣统二年四月十六日呈）

为呈请事。窃本局去年开会期中议决"核减典息以纾民困"一案，于十月十六日呈请升任督部堂陈(夔龙)裁夺。十七日奉批，准查照定章公布施行，业蒙札饬各厅、州、县一体遵照办理在案。兹据议员金式度介绍嘉鱼县贡生涂德楷等陈请实行核减典息以符前议一书。据陈：典息一节，经前督宪张文襄公改定二分，各属久已遵照，嘉、蒲二县仍未改减。去年局中议决典息减归二分，于本年正月初一日一律施行。查蒲邑当铺已案期照章二分收息，独嘉鱼各当铺，贪婪厚利，抗不遵减。商人惟利是视，本不足责。而地方官百里寄命，父母斯民，宜如何奉行新政，体恤民艰。乃前县苏概不出示晓谕，现任汪下车伊始，曾对城绅提议减息，旋忽中变宗旨，城绅金承禧等公禀，反遭批斥，云当屋狭小，骤行减息，恐当棉絮者愈多，一经堆满，势必停当，理应押抱告人惩办等语。明知核减典息一案已经督部堂公布施行，该县不惟置之不理，且反极力反抗，实未知其何心。夫嘉邑与蒲接壤，而饥荒实甚于蒲，蒲可减息，嘉顾不可减乎！蒲之车埠、新店二铺，与嘉之龙口、陆溪口二铺即是一家，何以减于蒲而不减于嘉乎！现值青黄不接，民饥欲死，一丝一缕搜括无余，使减息展限一日，则取时多一点膏血，即少一分生机。生等不忍坐视，前已禀呈府宪蒙批，仰嘉鱼县禀覆县主，亦复宕延。情不得已，仍请由局重申前议，呈请督部堂大人严饬嘉鱼县各当铺遵照议决案一律施行等情前来。查"核减典息以纾民困"一案自前督部堂通饬施行后，各厅、州、县均经饬商遵办，何以嘉鱼一县独行抗延？地方官不恤民艰，视督部堂通饬为具文，使本局已定之案归于无效，实属违背法令，其中不能保无别情。拟请饬下嘉鱼县迅即恪遵前督部堂札饬，晓谕该县典当刻日减为月息二分，以惠穷黎，而符定案。并请饬下武昌府，迅将该县违抗札饬、破坏定案有无别情，确实查明，禀复核办，于新政进行似有裨益。为此具文呈请督部堂俯赐察核施行。须至呈者。

札复嘉鱼县贡生涂德楷陈请核减典息文

（宣统二年四月二十一日到）

为札复事。据咨议局呈称："议员金式度介绍嘉鱼县贡生涂德楷等陈请实行核减典息，以符前议一书。据陈，典息去年局中议决减归二分，应于本年正月初一日起一律施行。惟嘉邑各典贪婪厚利并不遵减，而地方官不恤民艰反为抗延，致使已定之案归于无效。应请严饬查明核办。"等情前来。查核减典息一案，有关民瘼，公布之后，即宜实行。该县奉文数月，尚无一字禀覆，致使定案久悬，转生阻力，殊属不合。除札饬北藩司转饬武昌府迅将所指各节确切查明禀复核办外，为此札复咨议局查照。须至札者。

札复遵办核减典息案由

（宣统二年六月十四日到）

为札复事。前据咨议局呈称议员金式度介绍嘉鱼县贡生涂德楷等陈请实行核减典息以符前议一书，尚经本部堂将所指违抗各节，行司饬府查明核办去后。兹据武昌府知府赵毓楠禀称"遵饬查明该县典息缓减原因，实由商困，现已照案核减，定期实行"等情前来。兹就原禀详细考查，尚与有心违抗始终固执者有别。惟所请自本年六月初一日起一律减让，核与定案日期不符，但时限推移无可追改，只得从权准其变通，以示体恤。嗣后该县无论新当、旧当，凡有赎取，统减按月二分取息，并照武汉章程，月不过五算利，如上月初一之当，下月初五赎取，只算一月之利；如于初六赎取，已满三十五日，即以两月算利，以清界限，而杜纷争。除转饬遵办外，为此札复咨议局查照。须至札者。

札行奏派员赴各省考察宪政办法文

（宣统二年四月二十五日到）

为札行事。宣统二年四月二十四日承准宪政编查馆梗电开："本馆于四月二十日具奏派员分赴各省考察筹办宪政实在情形，以资劝惩一折，奏旨依议，钦此。原奏系派陆京堂宗舆赴直隶、东三省，黄御史瑞麒赴山东、山西、河南，刘翰林福姚赴湖北、江西、安徽、江苏，林京堂炳章赴浙江、福建、广东。该员等现定五月初间由京起程，希即饬属于该员等应行考察事宜及前赴各衙门局所学堂稽察办法，调阅案卷，务各妥为接洽，据实详悉检示，以资考核，并饬属毋得丝毫供应馈送。除刷奏咨行外，合先电闻。"等因前来。除分别札行外，为此札行咨议局查照。须至札者。

请彻底清查豁免无屯军户税契文

（宣统二年四月二十四日呈）

为呈请事。窃本局于四月初一日由议员金式度介绍、江夏县无屯军户况思文等陈情一书。据称军户祖籍武昌卫，无屯军户册籍注明，于运粮年份，摊派帮费，出自乐从，此军帮之名所由昉也。厥后河运改道，运军遂除，而卫署书差仍行逐年收费，无屯军户久受其累，已有下情不能上达之苦。逮光绪二十八年十二月十八日奉湖北清理卫田总局各司道示云：钦奉谕旨，裁撤卫官，清查屯田，令屯户据实报告税契，将屯饷改为丁粮。又云现奉谕旨：屯军运丁名目，概行删除。又云奉督抚宪批准，派员分赴各卫所屯坐州县，会同地方官彻底清查，俾有田者实数完粮；无田者虚粮脱免。复于光绪三十一年二月奉前阁督张文襄公示谕第五条有卫田向有之册费、编审费一切杂项及公帮置产及军头等名目，永远革除，以清扰累；第六条有向有闲丁一项，历系循照旧日册名，派令无田之户认完。今查明全行豁除，催粮书差不准朦混再征，违者准其控告治罪。仰见皇恩浩荡，宪示昭彰，凡在军籍莫不同荷覆帱，军等无屯军户已在豁除之例矣。讵前任江夏县王大令士卫视旨为具文，藐宪示如弁髦，纵其劣幕王范久沟通卫田税契蠹书田松亭造端讹诈，勒令无屯军户一律税契，并苛征历年豁除之虚粮，偶不遂欲，非枷即押，乡愚闻之不寒而栗，听其诛求，即宣统元年，军等无屯军户核算勒税契钱已千余串文，均可调查，其苛征历年虚粮更数倍焉。由此类推，凡隶武昌卫无屯军数百余户，合计赃款，何止巨万，其违旨婪赃，确有可据。窃思契由产给，无产何以勒税，粮已豁除，既除犹复苛征。似此横暴，是为上遏天恩，下吸民髓。军等前之饮恨，不敢言者，恐言则枷锁立至，其残酷不能受也。现值王令离任，而王范久、田松亭仍在县署办税办征。军等意欲赴县呈诉，恐遭毒手，如再不申明，贻累胡堪。更可异者，以有屯之田契，税无屯之军户，设令照契查田，其将何田以应。此军等之所以迫不容待而急为陈请也。谨粘抄司印卫田执照及武昌卫无屯军户名目缕诉情形，伏乞迅速提议，呈请督宪俯赐察核，彻底清查，以除积弊而苏军困等情前来。当经调齐各卷公同协议。查漕船清册，每漕船一只，必有运军若干名，贴户若干名，班军若干名。三项军户，均有有屯、无屯之分。自卫官裁撤，有屯军户各令税契管业照章纳赋，无屯军户一律豁免，所以杜绝催粮书差朦混再征之意，至为深远。乃新章虽已颁行，而积弊仍然存在，长官利小民之愚懦，既朦混而不分，吏胥借长官之积威，因连累而并及，以有屯军户之田契，勒无屯军户而税之，下虐上欺，专图中饱。湖北各厅、州、县于况思文等之因缘受累者，当自不少。据该军户况思文等陈情前来，本局即调验该军户等所税之执照，验得该执照虽系藩司给发，而皆注明田地亩数等字，显系为税有屯军户而设。该军户等既系无屯军户，向无田亩，此种执照，自不适用。王令士卫纵容劣书一律蒙税其粮额若干，完银若干，概用朱标圈记，并不载明实数，是明知税银之不当，故为含混以欺愚蒙，实属有意舞弊。续调查乾隆五十九年武昌卫漕船报册，该军户等实系无屯军户，并非虚词。因思湖北各厅、州、县不止武昌一卫，其有无屯军户者，亦不独武昌一卫，即以武昌一卫论，无屯运户及无屯贴户各至百五十余户之多。朝廷既豁免其名，一律与平民同视，有司据为利薮，强与有屯各军户一律征收税契，似非所以恤民隐而广皇仁。弊端之开，实源于卫制，沿于前朝各军户有屯、无屯，皆非其子孙所能悉。无屯豁免之新案，亦为乡曲之不知，间有知其事者，而屯户名虽单一，其子孙蕃衍者常至数千万人不等，此数千万人皆席一军户之名，即皆负完屯之责。新案豁免无屯各户，少数之知者，或得邀豁免之典，多数不知之户永无豁免之途，此种情形，实为可悯。拟请督部堂饬下藩司，查照定章，将各卫无屯军户按名刊单，免其税契，札下各厅州县明白榜示，俾众周知，一次肃清，永绝缪辄。其有屯军户仍照定章税契，不得隐匿遗漏，庶足以免虚累而昭核实。至前江夏县王令士卫纵书欺民，应否饬下藩司转饬武昌府调验所税无屯军户各执照查实惩办，督部堂自有权衡。兹据前情，谨将审议军户况思文等陈请情形及请饬司转饬各厅、州、县将无屯军户豁免税契明白榜示各缘由，理合备文，呈请督部堂察核乞赐批示施行。须至呈者。

札复况思文等陈请豁免无屯军户税契文

（宣统二年七月十九日到）

为札复事。案据湖北咨议局呈称："窃本局于四月初一日由议员金式度介绍江夏县无屯军户况思文等陈请一事。据称军户武昌卫无屯军户册籍注明云云。兹据前情，谨将审拟军户况思文等陈请情形，请饬司转饬各厅州县，将无屯军户豁免税契，明白榜示各缘由，理合呈请查核。"等情。当经本部堂札行北布政司遵办去后。兹据署湖北布政使高凌霨详称：遵查此案，鄂省自光绪二十八年奉旨裁撤卫官，清查屯田，令屯户报官税契，并据言官条陈，议令按亩追缴田价，奉旨饬即认真清查。鄂省当即设立清理卫田局，遴员分赴有卫各州县设局清丈，订定章程较之原奏为宽，深知各屯军户强弱异势，贫富不均，欲举数百年积弊廓而清之，非逐户勘丈，不能使有田者完纳实数，无田者脱免虚粮。办法本极认真，体恤亦复周至。乃各卫军户不便于己，同谋反抗，聚众阻挠，致有宜城民变焚局伤官之案。经前阁督部堂张（之洞）体察情形，参访舆论，深恐别酿事端，即饬停办清丈，另筹简易办法，以顺舆情，奏明改章，按粮摊税，实属宽而又宽。嗣经部驳，以新章太轻，不及原奏五分之一，行令饬查。又经详情咨商，始经部议照办。是湖北卫田一事，初意本欲认真清丈，力除无田完粮，及田少粮多、田多粮少之弊，乃因军户阻抗，致使良法未能实行，不得已而出于按粮摊征之一途，即不得以各卫原拨粮额为标本。现在自当遵照新章办理，断不能仍执原案以为口实。即如江夏县所属卫田，应征正杂各款，本由武昌、武左、黄州等卫分拨而来，除闲丁一项已经奏明豁免外，余系仍旧征收，有屯饷军三、安家帮、津军帮等项名目。王令士卫于上年征收税契时，曾两次具详前卫田局，力言近时军丁半已无田，催征杂项税契军力恐有未逮，并请示填发执照方法，迭经卫田局批饬正杂各款均列正供，不能稍从宽免，仍应照旧按粮摊征。至军帮执照内不必填注亩数等语，王令遂遵批示，催令一律投税，其所征税钱均经报解有案。即其所填执照，亦系由司发给，照载亩数专为正项屯粮而设。此次填明亩数，则日后买卖便于稽查。况思文等所完税契系军帮名目，为随同屯粮征收之杂项，故其亩数皆用朱标圈记。是前卫田局之批示与王令之遵办，均系恪守定章，尚无错误，似难谓其违旨婪赃。考之屯卫制度，向用按户给田，按丁派运之法。垦田者为屯丁，运船者为运丁，运丁即在屯丁内摊派，并非两事。屯丁每年完纳钱粮，即今屯粮是也。初时屯丁皆遵章亲身起运，其后屯丁安土重迁，畏押运之险，乃津贴运丁专任押运之事，于是有军三、安家帮、津军帮诸名色，随同屯粮完纳，由卫官转给运丁。迨自漕船停运，此等随粮征解之款，亦成正项钱粮，名虽属之运丁，实仍出自屯丁。彼时固无无田之屯丁，亦无无田之运丁。况思文等所谓无屯运军，系属误解。使无田而责令运漕，且须按年完纳帮费，不独我朝二百余年无此苛政，即其先世亦未必能隐忍至于今日。近年军丁屯田辗转私相抵押，弊端百出，至于何屯应帮何船，虽生长卫家者，且不能辨其底蕴。若相率以无田遽请豁免，则今日之军丁无田者甚多，而有田无粮者又阻抗清丈，势必此项正供多归无着。且现在所称无田者，乃系因其祖上将田私押私卖所致，并非原来即有无田之户，祖上贪利，子孙受累，岂能归咎于人。原禀又云运粮年份摊派帮费，帮费者，屯丁摊派帮贴运丁之名也。况思文等如系运丁，且有应得帮费，今乃完纳军帮，其为系有田屯丁，毫无疑义，何能将应完军粮希冀豁免。至云书差逐年收费一层，况思文历廿年所完军帮，均属给有印券，何得自为书差收费。又云屯军运丁名目概行删除，查所谓删除者，系删除屯运名目，非删除正杂钱粮也，若谓删除运丁名目，即应删除军帮等项，则删除屯丁名目，即应删除屯粮矣。军帮屯粮一律删除，则是将漕粮一项全行豁免矣，其为误解可知。至为新章第五条革除各项名目，其所革除者，册费、编审费、公帮置产、军头、闲丁各项耳。军帮系属随漕正款，并未革除。又引第六条闲丁令行豁除之例，遂谓无屯军户已在豁除之例。查闲丁一项，鄂省每年征银九百两，三十一年即已停征。军帮一项，鄂省每年征银三万余两，部中每年列入正供，按分计考，岂可合闲丁、军帮为一事。溯查光绪三十三年奏销成案，帮津项下，武昌县顾令印愚以未完六分而革职。王令士卫以未完二分而罚俸，可见无屯豁免之说，皆外间误会之词，部中并无比案。今况思文不怨先年之将田私押私卖，而思亟脱虚粮，遂误以军帮为闲丁，又误以删除屯军、运丁名目，为豁免屯军、运丁粮额，生出种种疑惑，是以有此陈请。咨议局据事直陈，自系为体察屯艰起见，惟未详察湖北原奏、覆奏及部覆各案，遂不免为误会之词。总之，近年奉行新章完纳税费，更换执照，尚称踊跃，舆情并无阻碍。现完及七成，行将竣事，尤不得率议更张，牵动全局，致与奏案不符。王令士卫催收军帮税费，既经请示于前，后又遵章填注执照，所征税款，亦均随时报解，其非苛征舞弊违旨婪赃，无须再辩。其书役人等有无借端扰累情事，应饬彻查虚实，另案详办。所有奏改简易办法，王令士卫两次请示，原禀及前卫田局原批，及掉换执照原札，一并抄呈查核。"等情前来。本部堂调查案卷，卫田项下，闲丁一项系升任阁督部堂张（之洞）奏请豁免，此外均经度支部按年催征，处分严重，并无无屯军户准予豁免之案，自属无从刊单免税。军户况思文以军帮为闲丁，又以删除屯丁、运军名目为豁免屯丁、运军粮额，系属误会，前据江夏县王令士卫照章办理，尚无不合，均应毋庸置议。除批饬严查书役人等有无借端扰累情事另案详办外，合亟札行。为此札复咨议局查照。须至札者。

呈请将各署局所单行规则章程及属于行政经费预算案并提议各案统于七月二十日交局文

（宣统二年六月初七日呈）

为呈请事。窃查奏定咨议局章程第二十一条咨议局应办事件第八款议决本省单行章程规则之增删修改事件等语。盖厘订法规，宜有专责。全国法律现以资政院为协赞之机关，一省之单行规则章程，自宜得咨议局之承认。局章所定界限，原极分明。惟咨议局开办以来，提议、交议之件虽多，而单行之规则章程尚少置议。查本省行政事件，由本省自定章则施行者，为数甚多，新政迭兴，章则逐年增益，若非有议决之总会，诚恐彼此歧出，反生冲突之虞。且自订法规，自为执行，既反于立宪之精神，亦非局章第二十一条规定第八款之本意。拟请督部堂通饬司道及关系全省行政各局所，所有从前所订之单行章程规则，一律抄呈督部堂，仍以督部堂之名义发交本局，分别增删修改，开会议决，呈由督部堂裁夺，通饬施行。以后拟订之各单行章程规则，悉行遵办，以符定章，而清权限。再查局章第三十四条：凡召集开会，应于三十日以前，由议长将本届开会应议事件预行通知各议员；又查清理财政章程第二十条三项：各省预算报告册内款项，属于地方行政经费者，由度支部奏交督抚送咨议局议决，并将预算全册送供参考各等语。现届第二次开会期近，召集开会，督部堂自有权衡。本局于七月下旬，即应将本届应议各案遵章通知各议员，所有督部堂提议之案及本省行政经费预算案，请饬各主管衙门先期准备，统于七月二十日以前提交本局。先时有所研究，临事始不至张皇。本局为慎守定章起见，所有请将各单行章则札局议决及遵章召集议员先期提交议案各缘由，理合备文，呈请督部堂察核施行。须至呈者。

呈请札饬各署局所发交各单行章则文

（宣统二年七月初七日呈）

为呈复事。窃本局案奉督部堂札内开："来呈拟请通饬司道及关系全省行政各局所，将从前单行章程规则一律抄交，以为增删修改之准备，本部堂业已通饬照办。惟是本省从前此项单行章程规则卷帙甚繁，范围亦广，勒限钞齐，终恐有挂一漏万之弊。应请咨议局详加酌核，指定何项单行章程规则为增删修改之必要，开单饬抄，较有眉目。"等语，奉此。仰见督部堂慎重法律实事求是之至意。本局遵查筹备宪政，以教育、警察、实业、财政诸大端为最要之图。关于教育者，如学务公所必有办事章程，分科必有细则，议长议绅必有会议规则，推而至于视学、劝学、宣讲、普及教育各项，必均有现行章则。关于警察者，如警务公所办事章程、分科细则以及总局、分局、分区、分巡及拘留等所规则，高等巡警学堂、厅州县教练公所章则。关于实业者，如劝业公所办事章程、分科细则，均为实行宪政之柄，分年筹备，各公所亦必有筹备清单可核。关于财政者，如度支公所各项办事章程、分科细则；其统捐局归并后，厘税征收旧则，及整顿新章并局卡统计表、官钱局营业办事各项章程、公储钱局现行章程，均关紧要；其余若自治筹办处、堤工局、劝业场、造纸厂、毡呢厂、针钉厂、官印刷局、禁烟公所，或奉行有年，或改良伊始，均必有各项规则，相与执行。以上数端，尤为重要。拟请督部堂案照前列各项，先行分别札饬各主管官等即日分别抄呈督部堂，请由督部堂发交本局分途讨论，应否量加增删修改，以期各单行章程规则之完全，以副督部堂励精图治之盛意。嗣后所有拟订各单行章程规则，仍请督部堂分别札饬，悉行遵办，以符定章。所有遵札请将各单行章程规则分别发交本局缘由，理合备文呈复。为此，合呈督部堂俯赐察核施行，须至呈者。

札送各署局所单行章则文
（宣统二年七月十七日到）

为札送事。案据湖北咨议局呈请通饬本省行政各署局所将所订单行章程规则抄交本局分别增删修改，开会议决等情。据经说明单行法理由通饬抄呈，并札咨议局指定必要事项开单复候饬抄在案。兹据咨议局指明呈覆，并据北提学司、提法司、劝业道、巡警道、官钱局、公储钱局、军储局、签捐局、督练公所、禁烟公所、清理财政局、兵工钢药厂、白沙造纸厂、自治筹办处各按主管事项，将单行章程规则申送，并据手工善技场呈明该场规章尚未拟定，无从抄送前来。除再按照来呈饬催未到各处迅速抄送外，合将送到各项章程规则札送。为此札交咨议局，请烦查收。须至札者。

计札送各署局所章程规则四十三本，单一纸。

札复行政经费预算案俟部奏交议文
（宣统二年七月十七日到）

为札复事。案据湖北咨议局呈称："查清理财政章程第二十条三项'各省预算报告册内款项，属于地方行政经费者，由度支部奏交督抚送咨议局议决，并将预算令册送供参考'各等语。现届第二次开会期近，所有督部堂提议之案及本省行政经费预算案，请饬各主管衙门先期准备，统于七月二十日以前提交本局先时研究等情。"到本部堂，据此。查各署局所预算报告册，前已分饬依限造送清理财政局汇核详咨在案。据呈前情，复经札饬各署局所务将预算报告册内款项属入地方行政经费者，另缮清单送由清理财政局汇呈，俟准度支部奏交本部堂送咨议局议决，再将此案连同预算册送交咨议局分别议决参考去后。兹据北布政司、巡警道、盐法道、江汉关道兼夏口清丈局、劝业道、官钱局、白沙造纸厂先后申复，已各另缮清单送交清理财政局汇核转呈，并据北提法司、签捐局、手工善技场、官纸印刷局以各该局预算案内并无属于地方行政经费款项，具复前来。除再饬催未到各署局所作速办复照章一俟度支部奏咨交议，即将此项行政经费预算案连册送局，以便分别议决参考外，为此札复咨议局查照施行。须至札者。

呈复当选督署会议厅审查科士绅文

（宣统二年七月初八日呈）

为呈复事。案照前奉督部堂札开："本衙门会议厅业经前调任督部堂陈（夔龙）遵照奏定官制通则设立开议在案。本年三月初二日准宪政编查馆咨奏定议案权限一折内称：会议厅应分设两科：一参事科，专司参议庶政施行之件，宪政筹备处等名目，将来即可归并办理；一审查科，专司审查咨议局议决案件，将来各该省行政裁判事宜即可暂归办理等语。查参事科编制人员业经本部堂电请馆示，以本署幕职人员充之。其审查科人员，则原奏载明编制之法应分三项：一司道以下官；一通晓法律人员，或现任司法官，均由督抚遴选派充；一本省士绅，由咨议局公推，呈请督抚复选派充。是会议厅范围甚广，与原定行政合议之体制迥然不同，则一切章程规则自非重行订定，不足以臻完密。兹由本部堂申绎馆章，详加参酌，手定会议厅暂行章程规则共二十八条，除将该章程规则交付印刷局分别札发札送外，所有审查科内本省士绅一科，应请咨议局公推四人呈候本部堂复选派充，以重议决而符章制。"等因。计会议厅章程规则一本。奉此。查本局议员因逐日开会，协议一切案件，未即遵办。

兹奉札催，自应迅速公推本省公正明达士绅呈送，以便复选派充。现已于本月初七日开会协议，佥谓兹事体大，推举不如票举之公，且愈足以昭郑重。当即如法记名投票，开票计算，以吕逵先、张国溶、刘赓藻、阮毓崧四人得票最多，应呈送。除将当选士绅姓名及票数另折开呈外，理合具文呈送督部堂俯赐察核施行。须至呈者。

计清折一扣。

札行准奉天清理财政局监理官熊京卿
电请议筹接济营口饥民办法文

（宣统二年六月初十日到）

为札行事。照得本月初七日准奉天清理财政局监理官熊京卿歌电内开："查鄂省饥民航海至营口者，将及万人，扶老携幼，情状可悯。地方官及湘湖广同乡会商筹安插，甚形棘手，虽拟移住江官开垦，而一时筹备所费不赀，计愿赴垦者约有千户，平均五人预筹，本年至明年秋收止，各项用每户给款一百元，千户即须银圆五十万元，合银三十余万两。锡帅[良]视民如伤，允先垫款至十万两以内，其余尚属无着。拟请钧座集绅筹议接济办法，灾黎待命甚迫，伏乞电示。"等因，准此。查此次鄂灾甚重，饥民逃荒外出、流离失所者，报不绝书，殊堪悯恻。去岁咨议局建议移民实边一案，业经各前部堂及本部堂咨商东省总督部堂、江省巡抚部院在案，嗣以鄂省筹办赈务、工巣兼施、经济困难，因而中止，虚此宏愿，愧负殊深。现在鄂民携挈老弱转徙关外，既经锡制军垫发安辑之款，又承湖广各同乡会妥筹垦殖之方，本省官绅岂容漠然坐视。除由本部堂督饬司道力筹款项前往接济外，合行札请咨议局，请烦集绅筹议接济办法，以拯乡族之失依，而辅官力所不逮，是所至盼。如何之处，仍乞见复。须至札者。

呈复筹款安插饥民开垦文

（宣统二年六月十三日呈）

为呈复事。本月初十日奉督部堂札开："准奉天清理财政局电开：

'鄂省饥民航海至营口者将及万人,官绅筹商安插,拟移住江官开垦,计愿赴垦者约有千户,预筹费用须款三十余万两。锡帅[良]允先垫款十万两以内,余尚无着,拟请集绅筹议接济办法□。'等语。查此次鄂灾甚重,饥民流离失所。去岁咨议局建议移民实边一策,前经咨商东省总督部堂、江省巡抚部院在案,嗣以鄂省经济困难,因而中止。现在鄂民携挈老幼,转徙关外,本省官绅岂容漠然。除督饬司道力筹款项前往接济外,应请集绅筹议接济办法。"等因。奉此。本局当集常驻议员协议,佥谓督部堂统筹边计,廑念民依,在远不遗,犹言是察,曷胜钦感。伏念移民一事,本局熟筹已久,去岁派员亲赴东省踏勘者两次,电商江抚部院者弥月,其时江抚部院关怀桑梓,允拨上腴官地,搭盖房屋,购办农具、牛只、种籽,并接济秋收以前食用。其到营口以后,一切经费统归江省支拨,计江省所认者四十余万金,鄂但需五分之一充作路费。商议已定,呈案于前护督部堂杨(文鼎),并由议长赍往来各电亲谒呈览。前护督部堂不察,宁弃江省已布置之成局,而迫遣汉上麇集饥民于无家可归之原籍,宁掷二十余万之金钱,博男啼女哭惨不忍闻所谓资遣之美名,而靳十万之途费,不使放出于乐土,且堵截我民不准出灾区一步。我民逃死无地,冒万险,犯死禁,忍饥饿,潜遁于边省,乃飞电告急。本局闻电之下,愧不可仰。去年定议湖北只需旅费十万两,今则三四倍而尚未止,不能对江抚部院,不能对我湖北灾民,本局疚心汗颜,罔知所措,匍匐之疚,敢不勉承盛德,一效土壤细流之助。仅就愚虑所及者,为我督部堂陈之。一、请援照上年筹赈成案,凡政学军界公费薪金月在二十元以上者,照一九扣集款,以三个月计之,可得大宗巨款,有案可稽,无难立集。应请通饬各署、局、所、营务、学堂一体遵照。此事既经本局协议,应由本局首先扣拨公费,以为之倡。一、请将近二年湖北京外官绅筹募赈款之未请奖者,饬筹赈局概行提出,照武汉商会筹赈给奖案选派绅商承办,令其先行筹垫款项若干,俟移奖后自行垫还。此项当亦可得数万元,不敷之数仍赖督饬司道合力妥筹,总期灾黎无失所之虞,遐迩受广帡之荫,当亦官绅所深愿者。再,筹备开垦,头绪万端,似宜切实调查。现经本局票举副议长张国溶、常驻议员刘赓藻驰赴奉省及营口一带考查确实，其安插指定何处移垦，拟定何法，款项实需若干，所有一切情形，随时条陈，以备采择，庶几图终慎始，款无虚糜。如蒙俯允，乞电咨东省总督部堂查照，并备文饬发下局，以便张、刘两员赳日登程，迅速举办，以期实济。是否有当，伏乞督部堂俯赐裁夺施行。须至呈者。

呈复筹集移垦款项仍扣拨薪费文

（宣统二年七月十一日呈）

为呈复事。本月初七日案奉督部堂札开："据湖北咨议局呈称营口鄂省饥民筹商安插，集绅开议接济办法一案。查此案前请咨议局集绅筹议，原期各议员自就桑梓极力劝募绅富等捐，以拯乡族之失依，而辅官力所不逮。今咨议局第一条但就常驻议员一部分协议办法，担任扣拨公费，热诚义举，适称范围，曷胜嘉佩。惟是常驻议员平日皆系勉尽义务之人，必令援例扣拨，不特无以办公，且杯水车薪，亦恐无济于事。即政、学、军界自本部堂莅任以来，均经切实裁汰，目前各员所入，亦只足以赡其身家，且慈善事业应各视愿力以为衡，不能挟功令以相强。且上年筹赈，甫经实行，似不宜再有此举，致妨政体。此咨议局常驻议员及各署、局所扣拨薪金之议必不可行之理由也。至第二条请将近二年湖北京外官绅筹募赈款之未请奖者，概行提出，照武汉商会筹赈给奖案选派绅商承办，令其先行筹垫款项，俟移奖后自行填还。查此项鄂绅捐垫赈款分别义捐、借垫、垫捐三项，义捐概不给奖，借垫之款则须归还现银，惟垫捐一项，均应劝捐归款。筹赈局自光绪三十四年起，至宣统二年夏季止，共收库平银六万八千八百九十四两六钱二分五厘，内除吴故绅兆泰、黄绅庆曾、沈绅致坚及武昌商会等已于旧案内先后请奖银二万七千八百三十二两二钱三分一厘外，存未奖之款，共库平银四万一千六十二两三钱九分四厘。去年鄂灾甚广，办理工、赈、粜三项不下二百余万，挪垫俱穷，无从指拨。况常振各捐部议改章，成数加多，且必须由大清银行上兑，颇费周折，迄今半年并未收有捐款，即便选绅承办，令其先行垫款，将来能否填还，殊不可恃。此筹垫赈款目前毫无着落，事后毫无把握，必不可行之理由也。现在本部堂督同司道悉心筹议，拟由藩司、江汉关道各认银四万两，盐道认银二万两，一面电商度支部，请将此款作正开销，其余尚短十万两，专恃咨议局集绅筹议接济。业奉部电，准在藩、盐、关各库动拨，作正开销，仍将动拨何项款目，分晰报部查核在案。业经电请盛京锡（良）制军、熊京卿等定办法，即行电示，一俟电到，即当派员前往协同照料。如咨议局副议长张国溶、常驻议员刘赓藻既应公举前赴考查，本部堂自应电咨盛京锡制军查照，一面备文交局，以便出发。惟此项垦费短款十万两，各司道盼望咨议局接济，至为殷切，各议员应否另行筹议募集之处，议咨局自有议决机关，固无待于本部堂之敦促也。为此，札覆咨议局请烦查照。"等因，奉此。当即集常驻议员协议，佥称移民就垦，原为巩固边防、开拓实业政策，与寻常慈善事业不同。去岁本局议决移民之案，系与江抚部院议定办法，其民户由鄂省遣发，愿去各户均抱有垦荒目的，此次流离失所之饥民，就地安插，已非出之自然。本局前呈所称安插指定何处，移垦拟定何法，款项实需若干各节，实属急需调查之件。此刻督部堂、东督部堂先后垫拨各款，已至三分之二，进行在即，考查更不容缓。前本局票举常驻议员刘赓藻现在病中，未能前往，副议长张国溶拟即日出发，应请督部堂即日电咨盛京锡制军，以资接洽。至垦费短款十万，专恃咨议局集绅筹议接济。咨议局为一省议决机关，移民原案又系本局提出，自应竭力筹定办法。惟去岁移民议成，仅需川资银十万两，经前护督部堂杨（文鼎）以"候行司道筹款"等语札复本局，虑成画饼，迭次接商，士绅佥以鄂省财政搜括殆罄，频年灾歉，市面萧条，昔日富商，强半均侪齐民，绅商劝募，势不可行，即行之亦无所把握。本局只有集议之权，并无执行之责，固不能违舆论而强以所难。督部堂痌瘝在抱，业电商度支部准在藩、盐、关各库动拨银十万两，作正开销，此虽由司道等之悉心筹划，然入款源泉何在非吾鄂小民膏脂。本局前呈援案扣拨薪费一项，款既易集，亦实以官绅所得之什一辅民力之不足。此举关系中国移垦大局，本局常驻议员等自知杯水绵薄，而各署、局、所、营务学堂等官守均为筹办宪政之先觉，巩固边防，开拓实业，亦极表同情，岂复吝此戋戋而不协力襄助。东西各国类莫不有所得税，于事实有济，于政体无伤。此本局仍以前议为必可行之理由也。至筹垫请奖一节，办理既费周折，得数亦无把握，不如专办扣拨薪费一项，不计月数，以扣足十万两为止。本局仰体督部堂廑念民依，提倡垦务之至意，再四筹维，实以前呈扣拨薪费办法揆之现在时势，较他项筹措甚易为力。非敢坚持一得之愚，只期于事确有所济。所有考查员即日出发及遵筹接济垦费办法各缘由，理合具文呈复督部堂俯赐察核，立予施行。须至呈者。

札复呈复营口鄂省饥民筹商安插办法文

（宣统二年七月十九日到）

为札复事。案据北咨议局呈称"营口鄂省饥民筹商安插集绅开议接济办法一案，当即集常驻议员协议，佥称本局前呈援案扣拨薪费一项，款既易集，亦实以官绅所得之什一辅民力之不足。此举关系中国移垦大局，本局常驻议员等自知杯水绵薄，而各署、局、所、营务、学堂等官守均为筹办宪政之先觉，巩固边防，开拓实业，亦极表同情，岂复吝此戋戋而不协力赞助。东西各国类莫不有所得税，于事实有济，于政体无伤。至筹垫请奖一节，办理既费周折，得数亦无把握，不如专办扣拨薪费一项，不计月数，以扣足十万两为止"等情到本部堂，据此。查此案前因北咨议局呈请扣拨薪费、筹垫请奖两项办法，均属窒碍难行。经本部堂督同司道悉心妥筹，拟由藩司、江汉关各认四万两，盐道认二万两，其余尚短十万两，专恃绅筹接济。当经声叙理由，札覆咨议局请集绅另行筹议在案。兹据呈复仍持扣拨薪费之议，以为事必可行，在诸常驻议员好义急公，慷慨乐输，殊堪钦佩。惟各署、局、所、营务、学堂官守所关与本省士绅情形稍异，前经本部堂严加裁减，各员薪费所入仅足赡家，若再行扣拨，是使办事之人不足养廉，非独拂戾人情，抑且有伤政体。且本部堂之所望于咨议局者，诚以事关移垦，官绅同负其责，自不得不合力分筹。咨议局既有议决之权，即有担负筹款之责，如果扣薪办法实属可行，本部堂忝为长官，又何劳咨议局再三呈请。至称东西各国类莫不有所得税，考其性质为普通税法，无不采取属地主义，自不能特定其人。现在中国既未实行此项税则，尤未便独取之于官绅，致涉偏枯，有乖政令；且此款待用孔急，为数甚巨，若仅恃此区区扣款，以资挹注，尤有杯水车薪，缓不济急之虑。此本部堂以为必不可行之理由也。兹准前因相应札复，希再集绅开议，另筹办法，以济要需。至咨议局公举张副议长国溶前往东省考查，业经据情电咨，接准东督部堂电复，允为接洽。除将来往各电随札抄送外，希即查照。须至札复者。

计抄电二纸

　　致奉天锡制台电

　　奉天锡制台鉴：鄂省流民，前蒙垫款安置就地垦荒，至深心感。兹据咨议局公举张副议长国溶前来东省协同考查，用先电达，尚祈赐予接洽。至感。瑞澂。元。叩。

　　锡制台来电

　　武昌瑞制台鉴：元电悉查。鄂省难民由沪运到营口者，第一次一千六百余名，第二次一千八百余名，由秦皇岛到奉者亦近千名，现已经转送黑龙江就垦者一千四百二十三名，其不愿垦荒之难民，分别资送入关。谕示张议长来奉协同考查，硕画周详，实深感佩，容俟张君来时再为面商一切。先此奉复。良。愿。

呈请咨达度支部将川淮盐要政加价仍归专办学款文

（宣统二年七月十九日呈）

　　为呈请事。本月初八日为各学堂开学之期，闻是日开学者甚少。查悉各学堂于七月初一日经学务公所传知：奉督宪札准度支部来电，将川、淮盐要政加价提拨四分之三改作赔款。各学堂因经费无着，以致同时观望。本局查湖北学款以川、淮盐要政加价为岁入大宗，此项加价，系于光绪二十七年九月奏准川淮盐行销湖北境内者，一律加抽四文，留湖北省自用，拨充四项要政之需。自光绪三十年十月经前升阁督部堂张（之洞）以四项要政之中，惟兴学为尤重要。现在学务经费浩繁，且游学费为数尤巨，应将此项加价全数拨归学款，扎饬办理在案。据学务公所报告：学款收入，加价一款每年约在四十二三万两，各州县学堂捐虽有四十二万串之额，各州县实解不过二十二三万串，只合银十一二万两，盐道解两湖、文普通、工业三学堂经费九万余两，度支公所解石饼、杂粮等捐三万九千余两，签捐局票价盈余四万二千两，各署、局捐助初等学堂经费一万余两，共成七十三四万两之数。至其支出，则省城大小学堂四十余处，教育行政及补助机关二十余所，每年共银四十七八万两。东西洋游学生四百余名，每年共银三十万两，合计共八十二万两。出入比较，尚不敷银八九万两。查川、淮盐加价既经奏准归湖北省自用，未便提拨，就学款而论，岁入之数尚不敷出，今忽提去其半，将合东西两洋游学生四百余名尽数撤回，岁可省三十四万两，恰与提拨之数相符。惟查此项学生经前督部堂咨遣出洋，出使大臣保送入学，一旦因经费支绌，令其归国，不独贻笑外人，揆之遣派之初心，学废半途，殊为可惜。将举省城大小各学堂酌定去留，凡从前指定专款者留之，无指定专款者悉行裁撤，恐居裁撤者十之八九。鄂省开通最早，办学多年，著有成效，为各省所共闻。一旦举省城各学堂尽行裁撤，将所谓兴学为宪政之基础，九年筹备立宪者，未满三年，竟得如此结果，教育如此，其他何论。且各州县学堂捐现尚纷纷请求免解，留为各该地方学务之要需，今所提拨名为要政加价，实属已定之学款，一旦拨归他项，全省学务断难支持。本局忝负言责，目睹学款告竭情形，不得不沥陈始末，呈请督部堂咨达度支部，将要政加价一款另行提拨，仍专归办学使用，则维持教育，即所以维持宪政，本局无任祈祷之至。为此具文呈乞督部堂查核施行。须至呈者。

呈请咨部将要政加价一款免行提拨批

（宣统二年七月二十八日批）

来牍阅悉。查要政加价一项，由前北提学司详请免提，当经本任督部堂瑞（澂）批令会同藩司、盐法道妥议详候核办在案，应议复统等会局再行酌核咨部，希即知照。此复。

札行本局第二届开会业已先期召集文

（宣统二年六月十六日到）

为札行事。案照宪政编查馆奏定咨议局章程第三十条"咨议局会议期分常年会、临时会二种，均由督抚召集"；又第三十二条内载"常年会每年一次，会期四十日为率，自九月初一日起，至十月十一日止。其有必须接续会议之事，得延长会期十日以内"各等因。查湖北咨议局第一届开会业经如期办理奏报在案，现在第二届开会为期已近，一切应办事项，自宜提前预备，方无贻误。所有咨议局各该议员散处原籍，自应照章由本部堂先期召集，务由各该管府州从速通知各议员，早日齐集武昌省城，断不可误九月初一日咨议局开会之期，是为至要。除径札各府州外，为此札行咨议局查照。须至札者。

呈请督院发交议案文

（宣统二年八月十七日呈）

为呈请事。窃本局于六月初六日呈请本任督部堂瑞（澂），将所有提议各案及本省行政经费预算案，饬主管各衙门先期准备，统于七月二十日以前提交本局研究一案，于七月十七日奉本任督部堂札开："查各署、局、所预算报告册，前已分饬依限造送清理财政局汇核，详咨在案。据呈前情复经札饬各署、局、所务将预算报告册内款项属入地方行政经费者，另缮清单送由清理财政局汇呈，俟准度支部奏交本部堂送咨议局议决，再将此案连同预算册送交咨议局分别议决参考去后。兹据湖北布政司、巡警道、盐法道、江汉关道兼夏口清丈局、劝业道、官钱局、白沙造纸厂先后申覆,已各另缮清单送交清理财政局汇核转呈;并据湖北提法司、签捐局、手工善技场、官纸刷印局以各该局预算案内,并无属于地方行政经费款项,具覆前来。除再饬催未到各署、局、所作速办复,照章一俟度支部奏咨交议,即将此项行政经费预算案连册送局,以便分别议决参考。"等因,奉此。查咨议局章程第三十四条"凡召集开会,应于三十日以前,由议长将本届开会应议事件,预行通知各议员"等语,本届会议紧要之案首在预算全册,既经本任督部堂咨部请核,自应静候核定,奏交督部堂发局议决。惟现距开会期日不及半月,法定通知之限逾越已久,各议员纷纷来省,据章催促,本局实无以应命。踌躇再四,拟恳权为变通,先将各行政署局抄送清理财政局预算清单,暂行发局研究,一俟部交全案到后,再行遵据议决,似于咨议局及清理财政局章程两无妨背。至督部堂提议之案,皆属本省行政事件,平时早有成竹,各主管署局分途担任起草,本易竣功,本局前次呈请提交已届两月,此时想已前[全]数汇齐,拟请即赐札发下局,借资考核研究。窃惟事预则立,圣有明训。议案关系全省利害,仓卒决议流弊甚多。局章定通告必在三十日以前,立法具有深意。现以事实之迟误,不能遵守法定时限,已招啧啧之口。若再稽缓开会之日,必仍茫无把握,势将敷衍以塞责,负朝廷设局之本意,亦非督部堂期望之盛心也。为此备文呈请护理督部堂鉴核,乞赐迅速施行。须至呈者。

孙议员提议清厘各州县罚款①

　　为提议清厘各州县罚款事。窃以罚赎之法,滥觞最古。周制凡狱讼曲直未判断之前,必入束矢钩[纳]金以备不直者之罚。《淮南子·纪论篇》亦云齐桓公令讼而不胜者出一束矢,有轻罪者赎以金分。盖金为讼狱者取信之质,亦兼为罚赎之法,所以治不直者,使其伤财而不敢轻讼

---

① 此件及以下共九篇辑自《汉口中西报》和《湖北官报》。此件载《汉口中西报》1910 年 1 月 28、29 日,新闻第 3 页。

狱也。东西各国刑律各殊，然□收败诉者之罚金以相惩警则固无或稍异，盖必如是而后矫诬者有所惧而不敢尝试，惩罚之中仍寓情形之意，其与周制纳金束矢之义固同一用心也。吾国讼狱无输金之专条，以故州县官得以意为增减。每遇诉讼案件，则不问理之是非，事之曲直，辄视诉讼者家产之丰耗以定纳金之多寡，而其所罚之款则又上不归国，下不归民，而惟中饱于贪官污吏之囊橐。横览十八行省之中，其膺民社宰百里者往往如此，盖不独吾鄂为然也。而在吾鄂则较著，良以吾鄂人民禀性驯良，虽日困于厚敛苛罚之虐政，亦惟有忍气吞声而不敢呼号，以故州县官盖得肆其鱼肉小民之伎俩横行而无忌。自近年举办新政以来，此风愈甚，虽经朝廷三令五申而仍不为之稍减。环顾六十九厅州县之中，有一邑之内而罚款至三万五万之多者，如襄阳、蕲州等属是也。有一事之征而苛派至一千二千之重者，如新被控告之徐令久绪是也。际此水旱交乘灾荒迭见之后，即使州县官善为抚循，犹有民不聊生之慨，况又重之以敲骨剥髓之虐政，奈之何民不穷且盗哉。然使取之于民者仍用之于民，则虽稍违于姬周与东西列强之制而多取之亦不为虐。今乃以吾民有限之脂膏，供官吏无穷之欲壑，不亦重可忧哉。综计吾鄂六十九厅州县中，虽未必有此同一之现象，而要之□此现象者总居多数。近日新闻纸之所纪载，盖可知矣。虽其款之多寡各属不等，然约略计算，当在百余万以外（如襄阳、蕲州、枣阳等县皆在数万以外）。此等巨款各州县虽未必公然全行吞噬，然其支销之处，上官不能尽知，士民又不敢过问，浸寻日久，势不至于尽归乌有不止，是又非从速清厘不为功。清厘之法奈何，（一）宜呈请督宪札饬各州县，令其将各该县所有罚款一律造报详明清册，和盘托出；（二）宜呈请督宪派委严明廉正之道府大员分头驰赴各厅州县，会同地方正绅妥为清算，以察报册之有无弊混；（三）每厅州县应由各州议员于委员未到之前，将该县所有罚款调查明晰，以备委员到时之咨访；（四）此项罚款各经承之房书处有有案者，亦有无案者，各应选绅董既予以调查之权，即宜饬令各该绅于委员未到之前，将各房档案之关于罚款者全行调出，悉心钩核，以考其有无隐匿，庶奸书不至扶同循隐，而委员到时亦不至受其朦蔽；（五）该□□□□□□□□□□□□□□□所有罚款之数目分别榜示通衢，俾众周知；（六）清出之罚款应一律投入劝学所，为地方兴办公益事件之用。此后倘遇有罚款，应概由劝学所经收，以防地方官绅侵蚀之弊。

咨议局为国债事复鄂护督函[①]

为呈复事。窃自天津商会发起筹还国债之议，报纸喧阗，舆情踊跃，本局当即函致该商会，请寄各项章则，并表同情。正筹议办法间，迭奉护督部堂札行直隶督部堂先后电咨各节，复奉函开："兹事关系重大，必须本省官绅商学军界悉心筹划，择定万全之策，应请即开常驻议员会，切实研究，先行集议办法，随后并会集官界公同商筹，期臻完善。"等因，奉此。本局遵即开常驻议员会，佥以甲、庚赔款数巨年久，清还无术，即要挟多端，近年外交失败之因，多源于此。认一时之苦痛，清国家之积逋，食毛践土，固应担此义务。惟鄂中贫困，近年已极，负担之重，甲于各行省，重以水灾奇大，流亡载道，膏尽髓枯，际为补疮剜肉之谋，揆国民爱国之心，虽再加重责，决不肯稍存退却。士夫默察情状，颇觉出口为难，且官、民之不相信久矣。昭信股票纸贵一时，未为尾闾之填，已供覆瓶之用，人言啧啧，众口难扪。即以鄂省担任之赔款而论，每年已达一百余万两。此数之所从出，盈虚多寡，知者惟主持其事之有司，鄂民但出汗珠粒血之资，收数用途绝无闻问之权利。违词虽不敢出，谪言或非无因。窃维立宪之精神，全在上下相信，速还赔款，出于人民爱国之热忱，实赖官吏极力撙节，以倡其先声，昭示大公，以作其信用。盖官吏之撙节，不过去一分之虚糜，即可轻百姓一分之负荷。其昭示大公之法，亦非必尽进庶人而谋之，以百姓所输，将公布于百姓，消疑猜之窦，即所以鼓其急公好义之心。鄂省岁入总数闻已过一千六百余万，视国初全国岁入已达其半，而拮据情况年甚一年。在政府或有不得已之

[①] 载《汉口中西报》1910年2月26日，新闻第3页。

原因，乡里士民已相率色骇舌咋。平心而论，本省财政绅民均无闻见，固亦无怪其然。本局开局以来，各属人士以财政相询者日必数起，有问无答，深知怍惭。惟以预算案未提出以前，恪守定章，于财政不便过问。今承钧旨，将以筹偿赔款之义号召全鄂，设各属人士仍执前说，反唇相讥，自问实难置喙。现朝廷方清理财政，为试办预算之预备。鄂省设局，岁将一稔，各衙门局所出入报告，度已均有端绪。拟请各该管官照抄全份，发交本局，当即转布各属士庶，使共闻共见，晓然于护督部堂至公无私之盛心。并请饬各厅州县将岁入岁出清数造具清册，列表登布官报，随时发送本局。蒙隐尽去，疑阻自消，毁家急公，本局当与鄂中士民全体共勉。若长此秘密，不令周知，虽日以忠君爱国之言辞哗晓晓，恐有百呼而无一应。本局熟察舆论，未敢壅于上闻。兹奉前因，除移知商会、教育会筹议发筹国债会外，所有请饬各衙门局所及各厅州县抄布出入表册各缘由，理合备文，呈复护督部堂鉴核，俯允施行。须至呈者。

孝感县士绅陈请咨议局纠举县令劣迹书①

为陈请事。孝感县前后两岁迭被水灾，上下幸得黄绅赞枢大力维持，四募巨赀，全活民命，垫用巨款，首倡义捐，今春周历城乡，实心调查一切，川资用费，概归自备，早经迭禀在案。现方函商各省之同邑仕商，大呼将伯，苟稍具有人心，宜如何协同助理。乃徐令因黄绅劝阻加税，怀恨在心，以个人之私怨，遏灾庶之生机。一禀诬陈，万家宠冷。迄今同人已募之巨赀无人经理，上游准禁之奸贾违饬通行。巨商之渔利愈多，小民之生计愈促。愚等目击心伤，无从告语。夫黄绅之救民水灾，乡间显有公评，徐令之信口蔑诬，上台自有明察。惟是徐令之劣迹不陈，则小民之生活日迫。谨据确凭条列如左：

一、私加钱粮。孝邑钱粮定章，刊刷由单，勒碑在案。徐令去岁纵役苛征，本年又有加征之议。时邑城教育开会，邑人公请会长秦绅应逵、

---

① 载《汉口中西报》1909年12月15日，新闻第3~4页。

汪绅明善意进署谏言，徐令阳为应承，阴则浮收如故，有小河溪分县范前经禀明藩宪有案可查。徐令又向淤租庄把诸会书勒加票钱，每银百两加钱二十串，有会书可凭。

一、玩视人命。人命重案，辄为凶手硬夯。姜孙氏控杜姓敛费毙命一案，徐令以尸骸腐溃无凭相验拍结，将直言之保正及见证孙志德责押，经臬宪斥为玩视人命。徐令仍藐视不理，再经臬宪斥为疲玩已极。徐令怒其上控，刑逼保正、见证，称本县访得死者系自缢毙命，威令翻供，证、保均甘打死，不敢诬枉人命。又余志意等拐折威逼黄周氏一案，迭经臬宪严饬缉凶。徐令屡抗不比，反将命凶余抡发拐犯曾□交保开释。臬宪七次批斥疲玩至此，实所罕见。现蒙臬宪批府亲提。

一、横敛缓征。去岁水灾，务本等二十余会已蒙缓征，徐令季冬将缓征各会民粮裁券下乡，横加苛索，每串加征数倍、十数倍不等。有册书由外麋经确可调查，并有各社粮券可据。

一、结亲部民。地方官长觊觎子民财帛，嘱托媒媪与城居之富户严姓联姻，筵请城绅徐咸正、赵震武作媒，七月二十日已过庚贴可凭。

一、报灾冒款。五月陡发蛟水，警局雇船十支[只]，用钱银十串零。徐令分文未出，后竟朦禀上宪，捏称发馒首发钱文用去五百八串。借小民之灾，盗父母之誉，此而忍，为何不可忍。

一、朦混公款。斗捐向系学款，徐令朦禀为警察经费，实则警察并未收用。究竟此捐收数几何，用如[于]何项，一概秘密，意图混吞。

一、衙署聚赌。徐令素嗜麻雀，串通城绅徐姓、门丁苏祥父子，聚赌为事。本年度夏间，苏祥之子樵在张姓聚赌被查，段警员胡金镛扭至警局，罚钱五十串充警局经费。徐令代苏不平，挟嫌寻衅，申斥胡金镛，勒令告退而去。又苏祥之雇夥恃势凶横，被巡警申斥，徐令授意承启萧庆先，令警员将该巡警开除，顾祥体面，赖警察管理员徐咸正力争而止，是其明证。

一、纵庇差役。凡差役扰民，徐令必多方庇护，任控罔闻。即如六月三汊埠铁路磕车失麦一事，徐令派恶役黄大兴带散役六十余名骚扰十余村，勒索数百串，后经铁路公司访知，至县论理，黄大兴始退钱二百余串赔偿公司。后经关道访知，札提恶役黄大兴，徐令夯庇月余，不得已始行交出。现发夏口厅收押，有案可凭。

一、纵幕争利。自江汉关道弛禁札文下县，徐令暗使劣幕吴葆初在城南门外邱复兴米行屯买大宗米粮，由李遐□船户运汉，以致米价每石陡涨一串余文。有邱复兴行代买可查。

一、玩视警政。警察乃新政要枢，徐令串用[通]目不识丁、被前黎令批斥恃强扛讼、着即敛迹之徐鸿熙，四出讹诈，曾经王家店绅士王凤藻等赴县呈控，徐令置之不理，后当复还役票时，又经王凤藻等列款禀请巡警道查办，徐令卒为夯庇收效鹰犬。

一、玩视戒烟。戒烟迭经上宪严札催办，徐令辄以一纸虚文朦禀塞责，实则境内烟馆日开日多，徐令毫不过问，专恃吸烟之警员徐鸿熙在各处私收规费，借饱私囊。上背警章，下滋民累。

以上各条虽为吾邑之害，实即全鄂之羞。理合陈请咨议局公鉴。

咨议局驳官绅互讦纠葛呈护院文①

[上略]查孝感县议员黄赞枢与该县令徐冠瀛互讦一案，前准咨议局筹办处及藩司先后遵抄前督部堂陈批示并互讦禀稿，移请查照议复。嗣据黄议员抄交徐令七月十九日谕饬、八月初六日谕饬并规条、八月十八日函件，其他各处募赈捐册号簿、会书被索钱单等件前来，本局当交资格审查委员会审查。□准该委员会报告前来，于十月初八日到会职员开会公议。据徐令禀称黄议员违抗不遵一节。查孝邑连年水灾，饥民遍野，阻禁米粮出境，请募赈款济荒，皆属救急办法，故阖邑士绅联名禀请。平心论之，事成非黄议员一人之功，不成亦非黄议员一人之咎也。且查阅卷宗，巡道弛禁札文八月初一日发行，初五日到县，徐令初六日犹复发给谕饬并规条，是徐令洞悉民食艰难，始终主持阻禁，孝邑士绅不过奉行命令，何得谓黄议员违抗不遵。又称擅写孝感查禁搬运处旗帜一节，

---

① 载《汉口中西报》1910年3月15日，新闻第4页。

查徐令抄发规条，其第一条有各处所设□船哨划之语。船划既自谕饬而来，旗帜必由署内制发，何得谓黄议员擅写旗帜。又称擅收米捐，携钱逃回汉阳一节。查黄议员去冬今春会同邑绅熊祥绪、李兆煌等筹募赈捐，散发捐册，有捐册号簿可证，并无米捐名目。若谓米捐，则米贩之姓名米石及捐钱之数目，何无详细册簿。既无册簿，即非米捐，何得谓黄议员擅收米捐，更何得谓携钱逃回汉阳。依此以观，足见徐令之肆口蔑污，毫无实据，而黄议员之资格完全无缺，可断言矣等语。公决后□即具复。适奉前因，不得不更为缕晰陈之。据滕委员禀称，徐令面交小旗二面，载有"孝感县查禁搬运"等字样云云。查旗帜原由徐令制发，面交二面，不足为擅写旗帜之确证。又称该绅倡议一面私禁，一面乞恩上宪，于是百口同声云云。查阻禁当时已奉府县层谕，又依阖邑舆情，其谓乞恩上宪则是，其谓私禁则非也。又称所收之款更不交于筹赈局，竟存于该绅进城寓处之广生典内，知县查明尚未动用，并取具该典存条云云。查广生典原领有赈款册一份，现有各处募赈捐册号簿可考，该典存款确系赈捐，并无米捐。故滕委员复以捐数米数是否相符之语，留为辩驳地步。且依滕委员尚未动用一语，亦只能于徐令擅收米捐之虚谎曲为掩护，究不能于徐令携钱逃回之捏诬巧为弥缝也。至黄议员禀控徐令者，如加券票钱四十八文一节，本局已依该邑士绅陈请书议决禁止加收，呈请核夺。其他如裁券酷征及横向会书迫索等情，国法森严，督部堂自当彻究，无俟本局晓晓为也。窃黄议员热心公益，物望所归，以查禁米粮一事而论，经阖邑士绅之公议，复承府县层谕之指示，奉行维谨，无所偏私，按诸滕委员行止实太跋扈之语，及司局会详实属有玷议员名誉之词，在法律上则为罗织，在事实上则为诽毁。当此预备立宪时代，官绅正宜破除畛域，共济时艰。轻以不根之谈入人于罪，匪独本局难安缄然，抑亦于国家期望官绅互相扶助之至意大相背驰。除将徐令谕饬函件并规条，以及募赈捐册号簿捐册汇抄呈核外，理合备文呈复大帅台前察核，再饬司局会同秉公核议详夺，毋稍偏倚云云。

咨议局移复藩学臬三司文[①]

前署建始县金令策先上年十月间被该县绅耆李庭举等以欺上渔利等情，列款上控，当经调任督宪陈批司饬府核办。嗣因咨议局议员刘德标（建始人）赴县调查卷宗，该县陈令敬文以未奉省宪饬知，因电禀上宪，当经前护督饬司转询咨议局有无其事。兹咨议局移复三司文略云：本局开办以来，所有应议事项内必需调查卷宗及谘访事件之处，均属遵馆电函请各主管衙门抄交，并未派员径往。去年常会期中建始县李绅庭举陈情书缕举建始县前令策先种种违法事实，请照章纠举前来，由本局建始县议员刘德标介绍，当经审查后交付会议，以该陈请书所陈金令策先违法各款本局未得确实证据，未便率行纠举，应由原陈情人提出确实证据始准开议。议员刘德标既属籍隶建始，闻见较近，不能不任就近调查之责，当由刘德标当场承认，金无异词。闭会以后，议员之非常驻省者各回本籍，凡本籍之利弊自宜周谘博访，以为今年开会时提出议案之预备，故本局皆有专函通告，托其详悉考查，然亦均系浑括之词，并无指定之事项。且各议员就各本地调查利弊为对于本地应尽之义务，无所谓本局之遣派也。李庭举陈请金令策先一案，本局闭会后即未过问，议员刘德标以建始之人，留心建始之事，且系会场当众承认，调查原非无因，本局派遣则无其事。盖凡派遣专员一面，所派之员必有正式之公文，其遣派地主管之官吏必有正式之行知，此自通行之定例。本局并无移文及函知之件，陈令敬文应不问而知非本局所特派。总之，刘德标生长建始，为建始县人民所举之议员，调查建始县之利弊，原无不合，其误点在于径谓抄交卷宗。本局对于金令策先之案，如再无陈情之件，自当置之不议。若人民陈情赓续前来，自当专函开单，请建始县抄交到局，以期确实。兹准前因，相应备文呈复云云。

[①] 载《汉口中西报》1910年4月12日，新闻第3页。

瞿鸿宾科长陈请咨议局书①

　　为陈请事。谨按商部奏定商会简明章程第十五款云：凡华商遇有纠葛，可赴商会告知总理，定期邀集各董秉公理论，从众公断。如两造尚不折服，准其具禀地方官核办。再查武昌商务总会章程第八章权限内甲项云：商家如有争执事件，应先由本帮会董妥为调处，倘未能允洽，可到本会邀集办公各员及会董公断了结，不必径赴地方官衙门控告。乙项云：各商家如有屈抑隐情不能上达，可告知本会，如果查明确系屈抑，应代为转达官长，以期伸理。至商家如有被人控告事系冤诬者，亦可由本会查实后代为伸诉担保，以免羁押受累。若寻常词讼非关商务者，概不干预。丙项云：商家银钱货账被人拖欠，屡索屡延，应如何追索清偿，候债主持据来会验明，即当代为理处。若欠主反向债主逞强滋闹者，由本会转达地方官按律处治。部章会章，何等详明。乃有武昌商务总会总理吕君逵先者，不守章程。本年正月二十七日收到该会议董恒兴钱店店东张永祥等控恒泰福一案，遽于二十八日移请江夏县差传瞿渔筌、瞿耀堂、瞿畏三等押追。时渔筌等尚在南京清理欠项，鸿宾因属徐君毓华往该总理处代为要求遵章召集商会，公同处理。该总理要以三事，一须代表人殷实，二须代表担任偿还欠款，三须确指的款或不动产。查部章总理召集开会，并不须明定条件，不知该总理何所依据而为此不情之要挟。此其显违部章者一也。恒泰系木帮，恒兴系钱帮，两造争执，该总理并未遵章先行通知各该本帮会董调处，辄以该总理一人私见，擅自处理。此其[显]违会章二也。各该本帮会董不令与闻会事，已属专揽，又不遵章召集办公各员公断了结，以总会名称径禀地方官，为个人作原告。此其显违会章三也。瞿耀堂兄弟牵连被控，其中有无屈抑隐情，并未闻总理遵章查明，仅凭张永祥等一面之词，率尔移县。此其显违会章者四也。羁押商家，令其受累，会章所禁。该总理不知该会立法体恤商民之至意，

---

① 载《汉口中西报》1910年4月2日，新闻第3页。

反助桀为虐,屡次函要县尊收押。此其显违会章者五也。据该总理答瞿畏三诉词有"恒泰福倒闭钜款,本会调验证据,确凿可凭,业经移县传追"等语。该总理何以不遵章代为理处,且即令瞿耀堂等为欠户,并未闻如会章所指向债主有逞强滋闹等情,该总理何以遽转达地方官按律处治。此其显违会章者六也。总之,部章为国家保护商民之法律,会章为商民自治团体之规约,凡属商家,俱宜恪守。况以该总理为商民代表,有执法之权,兼充议员,有立法之责,一言一动,尤当谨遵法律,何得滥使执法权。闻吕君家世刑名,自是明通法理之人,讵不解此? 只以张永祥为该会议董,溺于私情,遂昧公理,不遵部章是目无国法,不守会章,是目无商界全体。贵局章程第二十八条语意凛然,吕君应当自省也。鸿宾从海内法学家游,略闻法理,非法言不敢道。窃以为该总理处理张永祥控瞿姓一案种种违法,章程几同虚设。鸿宾为维持法律起见,不得不据情直陈。想贵局为立法机关,事关商律,务必公审查,照章办理,万不至视为私人诉讼而漠然置之也。披沥上陈,敬祈咨议局公鉴。祇请钧安。

鄂督札饬抄呈单行章程规则以备札咨议局行各署局所文[①]

为通行事。据湖北咨议局呈称:窃查奏定咨议局章程第二十一条咨议局应办事件第八款,议决本省单行章程规则之增删修改事件等语,拟请督部堂通饬司道及关系全省行政各局所,所有从前所订之单行章程规则一律钞呈督部堂,发交本局分别增删修改,开会议决等情前来。查第二届会期转瞬召集,所有提议交议事件自应先事筹备,但所指单行章程规则亟应详晰说明,以免疑误。盖各署局所所有单行章程皆有法律性质,其附属于该章程之施行细则是亦在法律范围之内。咨议局既有增删修改单行章程之责任,自非预行研究无以为议决之准备。为此,合行札饬各署局所,认明各该主管事项,所有从前所订之单行章程规则,限十日以

---

① 载《湖北官报》1910年8月10日,第130册《公牍》。

内，务各一律钞呈本部堂，以凭礼发，不得违误，是所至要。切切。特札。

鄂督札饬清理财政局移行各署局所另缮地方行政经费预备交咨议局议决文①

为札饬事。据湖北咨议局呈称：查清理财政章程第二十条三项，各省预算报告册内款项属于地方行政经费者，由度支部奏交督抚送咨议局议决，并将预算全册送供参考各等语。现届第二次开会期近，所有督部堂提议之案及本省行政经费预算案，请饬各主管衙门先期准备，统于七月二十日以前提交本局。先时有所研究，临事始不至张皇等情前来。查各署局所预算报告册前经札饬依限造送清理财政局，由该局汇核详咨在案。现据咨议局呈催前来，合行饬札到该局，即便遵照，分别移行各署局所务将预算报告册内属于地方行政经费款项，限十日内另缮清单，送由该局汇核转呈，一俟全省预算报告册咨送度支部奏明交由本部堂送咨议局议决以后，便将此项地方行政经费预算案连同预算全册分别送供咨议局参考，毋得贻误，是为至要。切切。特札。

鄂督札发北咨议局预算总册表札文②

为札发事。案查前准度支部江电，并据北咨议局来呈，当经札饬清理财政局将湖北地方行政经费底册抄录一分，呈由本部堂交局在案。兹复据咨议局援章请将本省出入预算册交局议决，并将预算全册送局参考等情，具呈前来。查此次预算迟交，由于部中审慎，既为咨议局所共知，本部堂亦深知咨议局一再呈催，实为筹计各项行政经费裨益地方起见，因即准如所请，不俟度支部将各项预算核发，仍饬清理财政局抄呈各项出入总册转交局中，借资研究。惟据清理财政局司道呈称：前奉部复，在前项预算册内增减之款甚多，前经邀集各主管署局会议，各将意见拟

---

① 载《湖北官报》1910年8月10日，第130册《公牍》。
② 载《湖北官报》1910年8月20日，第132册《公牍》。

具说帖，日内将次汇齐，即可复议，请求是以此次呈请札发之预算全册未可作为定本等情。查现值新政进行，百端需款，开源节流，均非易事，本年预算未能即交议决，乃系时势使然，非别有所靳秘。咨议局既得参预政事，必能曲体时艰，所有此次交到各项表册，尽可先行逐项讨论查考，仍俟度支部核定颁发后，再由本部堂札交局中分别议决参考可也。为此，合行札发咨议局查照。须至札者。

卷五　名录

湖北咨议局第一次会期议员录

姓名	号	年岁	籍贯	出身
周　孚	晋陔	四十一	武昌府大冶县	（所据资料缺损，下同）
胡大濂	文莫	五十一	武昌府江夏县	
胡汝衡	佩珊	四十七	武昌府江夏县	
金式度	泽生	五十七	武昌府武昌县	
詹次桓	殿卿	五十六	武昌府大冶县	
黄文润	涵若	四十	武昌府蒲圻县	
邓殷沅	岷麓	三十二	武昌府兴国州	
刘文骏	慧澄	五十一	武昌府兴国州	
但祖荫	紫英	六十八	武昌府蒲圻县	
吕逵先	超伯		武昌府江夏县	
郑　潢	子书	四十八	武昌府武昌县	
张国溶	海若	三十一	武昌府通山县	日本法政大学肄业
万昭度	拗伯	三十四	汉阳府汉阳县	
何世谦	勤仿	四十	汉阳府汉阳县	
胡柏年	经庭	四十四	汉阳府沔阳州	
黄赞枢	理卿	五十二	汉阳府孝感县	
陶　峻	同甫	三十三	汉阳府孝感县	丁未（所据资料缺损，不全；下同）
陈宜恺	蔡评	六十一	汉阳府黄陂县	廪贡生
刘赓藻	孝存	四十	汉阳府黄陂县	丁酉举人
杨国珍	珩甫	六十	汉阳府孝感县	癸酉副生
鲍维淮	橘香	六十	黄州府麻城县	二品封职

汤化龙	济武	三十五	黄州府蕲水县	甲辰进士日本法政大学肄业
刘寅熙	孝移	三十八	黄州府广济县	岁贡生（以下全录）
夏寿康	仲膺	三十八	黄州府黄冈县	戊戌进士翰林院编修
邢璜	慇于	三十九	黄州府黄梅县	壬寅举人河南知县
姚晋圻	彦长	五十一	黄州府罗田县	庚辰进士翰林院庶吉士改授法部主事
陈国瓒	幼琼	四十五	黄州府圻州	戊子附副贡生
余应云	子存	六十二	黄州府麻城县	丙戌进士前刑部主事改选贵州镇远县知县
阮毓崧	次扶	三十九	黄州府黄安县	副贡生分省补用知县
胡壬林	退庵	六十一	安陆府天门县	廪贡生三品封职
张中融	和卿	三十一	安陆府钟祥县	附生
刘克定	继三	六十一	安陆府潜江县	甲午举人尽先选用知县
杨家麟	文圃	三十六	安陆府京山县	附生试用训导
张立中	卓夫	四十六	安陆府钟祥县	廪生
蓝田	绂斋	六十七	安陆府天门县	附贡生
蔡中爌	玉当	三十五	安陆府京山县	优增生
周培金	小舫	三十二	安陆府天门县	廪生
陈培庚	少渠	五十五	德安府安陆县	甲午进士贵州候补道
杨文澜	波晴	四十三	德安府安陆县	廪贡生升用中书署黄州府学教授分缺先选用教谕日本法政大学专门部毕业
李继膺	仲韬	三十	德安府随州	癸卯举人
左树瑛	惕庵	五十一	德安府应山县	岁贡生候补州判
王光翰	星五	四十四	德安府应城县	岁贡生同知衔
左质鼎	觉民	三十	德安府云梦县	岁贡生
张国琪	华卿	五十一	德安府应山县	附生日本法政大学毕业
涂占鳌	修斋	三十七	德安府应山县	廪贡生自治研究所毕业

金麟	銮阶	三十八	荆州驻防	附生
庚芳	稀波	三十	荆州驻防	郎中衔法部主事
琴海	遵南	四十	荆州驻防	附生
邹永钶	樾陔	三十	荆州府公安县	壬寅补行庚子辛丑恩正并科举人
刘定瑗	仰蓬	四十	荆州府松滋县	廪贡生分省补用县丞过班知县
张树林	丹阶	五十四	荆州府监利县	岁贡生
董钦墀	敬亭	四十五	荆州府监利县	甲午举人甲辰考取内阁中书
时象晋	君肃	五十四	荆州府枝江县	乙酉副贡候选教谕
胡瑞霖	子笏	三十三	荆州府江陵县	附生
刘起霈	佩芝	五十	荆州府宜都县	副贡
吴楚材	子端	五十八	荆州府江陵县	附生
张光耀	瑞棠	三十六	荆州府石首县	丁酉拔贡五品衔江苏试用直隶州州判征举孝廉方正
吴庆焘	宽仲	五十三	襄阳府襄阳县	壬午举人江西候补道
谢鸿举	遐尚	五十六	襄阳府枣阳县	拔贡举人山西知县
孙传烈	介卿	三十二	襄阳府襄阳县	文普通中学堂第二班最优等毕业
刘金瑗	陶庵	六十	襄阳府均州	岁贡生候选训导
董庆云	聘三	五十四	襄阳府南漳县	附贡生
卫寅宾	静庵	五十五	襄阳府枣阳县	廪生
刘元丞	右岑	三十六	襄阳府谷城县	己酉优贡征举孝廉方正
丁庆泰	云涛	四十三	襄阳府均州	廪贡试用训导
卜文焕	新庵	三十四	襄阳府襄阳县	附生
魏鸿仁	心斋	四十二	襄阳府光化县	优廪生
杨清沅	远舫	三十	郧阳府房县	同知职衔日本法政大学专科毕业
熊正钧	侍胪	三十五	郧阳府竹山县	增贡生分部主事

何其详	子舟	四十	郧阳府竹溪县	优廪生
赵麟书	新吾	三十三	郧阳府郧县	己酉拔贡
谈 钺	仲同	五十六	宜昌府兴山县	乙酉拔贡
黄联元	省吾	三十四	宜昌府东湖县	增贡生
陈登山	芷皋	四十六	宜昌府长阳县	岁贡生日本法政大学肄业
马象乾	子才	四十一	宜昌府长乐县	附生
沈明道	邋研	三十六	宜昌府东湖县	附生
刘德标	凤阶	三十四	施南府建始县	湖北督标中营候补都司
倪惠渊	泉如	三十五	施南府利川县	己酉优贡
刘耕余	子羽	三十四	施南府咸丰县	附生
车斗南	锦卿	五十六	荆门州	增生
曹道南	励廷	四十九	荆门州当阳县	岁贡生
王润槐	进之	六十一	荆门州远安县	岁贡生
陈教奎	璧卿	五十二	荆门州远安县	附生候选训导

湖北咨议局第一次会期议长、副议长、常驻议员姓名表

议长

吴庆焘

副议长

汤化龙　夏寿康

常驻议员

刘赓藻　吕逵先　金式度　刘寅熙　阮毓崧　周孚　张中立
董钦墀　李继膺　张国溶　杨文澜　王光翰　时象晋　何世谦
刘元丞　丁庆泰　陈登山

湖北咨议局第一次会期议长、副议长、常驻议员更迭表

议长

汤化龙

副议长
　　夏寿康　张国溶
常驻议员
　　刘赓藻　吕逵先　金式度　刘寅熙　阮毓崧　周孚　张中立
　　董钦墀　李继膺　杨文澜　王光翰　时象晋　何世谦　刘元丞
　　丁庆泰　陈登山　刘耕余

湖北咨议局第一次至第二次会期议员出缺补缺一览表

出缺议员	出缺事由	出缺时期	补缺议员	到局时期
吴庆焘	辞职	宣统二年三月	邱国翰	宣统二年十二月
宓昌墀	辞职	宣统元年九月	杨国珍	宣统元年十月
黄文润	被选资政院议员后因事除名	宣统元年腊月	葛尧丞	请病假未到
郑湏	被选资政院议员	宣统元年十月	陈士英	宣统二年三月
胡柏年	被选资政院议员	宣统元年十月	杨篪	宣统二年九月
陶峻	被选资政院议员	宣统元年十月	刘邦骥	宣统二年九月
陈国瓒	被选资政院议员	宣统元年十月	朱泽霖	宣统二年九月
周培金	辞职	宣统二年九月	李循墀	未到
胡壬林	病故	宣统二年冬月		
杨国珍	病故	宣统二年十月		
陈培庚	辞职	宣统二年五月	叶恒心	宣统二年九月
庚芳	辞职	宣统二年八月	禄循	宣统二年九月
刘邦骥	辞职	宣统二年九月	周兆熊	宣统二年十二月
孙传烈	病故	宣统三年正月		
谈铖	被选资政院议员	宣统元年十月	沈维周	宣统二年九月
黄联元	病故	宣统元年腊月	郑万瞻	宣统二年八月
马象乾	病故	宣统元年冬月	晏宗杰	未到
丁庆泰	病故	宣统三年正月		

目 录

第四编　湖北咨议局第二次常年会议文献 ………………………… 415
卷一　会议速记录（宣统二年九月初一日至九月初十日）………… 415
 第一号 ……………………………………………………………… 415
 第二号 ……………………………………………………………… 425
 第三号 ……………………………………………………………… 456
 第四号 ……………………………………………………………… 481
 第五号 ……………………………………………………………… 508
卷二　会议议决案 …………………………………………………… 543
 第一　学务类
 关于学务之议案 …………………………………………………… 543
 规定东西洋留学生经费案 ………………………………………… 553
 实业学社经理人马应瑞等陈请以农工商三讲习所学生一律改
  归官费案 ……………………………………………………… 557
 第二　实业类
 禁止洋商在租界以外违约经商案 ………………………………… 560
 保存民矿收复利权以维公益案 …………………………………… 562
 请专奏注销台子湾水泥厂执照收明家嘴水泥厂入官另招商股
  接办以保本省权利案 ………………………………………… 565
 请专奏保存矿石分别取消外售合同维持民矿不许强圈勒卖案 … 571
 请淮、应并销清查炉数实行规复应盐案 ………………………… 576
 商办鄂路公司应将官招股款及官局支用之米捐接收合并案 …… 580
 议决铁路派股简章案 ……………………………………………… 584
 武汉职商钱良佐等陈请官纸印刷局专印六种官纸案 …………… 590

第三　税政类

整顿统捐案 …………………………………………………… 593

议复清剔税契积弊案 …………………………………………… 603

改良安陆船捐旧章以纾商困案 ………………………………… 609

老河口商务分会陈请停止以六厘捐拨充巡防兵费案 ………… 613

江陵县贡生王振新等陈请革除保正裁券积弊案 ……………… 616

第四　吏治类

请禁革各厅州县官价购物案 …………………………………… 618

请严禁私用门丁实行遴委承启官案 …………………………… 620

质问停止刑讯并未实行案 ……………………………………… 623

请禁送在任官吏碑伞牌匾案 …………………………………… 625

请慎简委员以杜弊端案 ………………………………………… 626

严禁违律苛罚案 ………………………………………………… 628

纠举前署襄阳县徐令久绪案 …………………………………… 630

纠举前署建始县金令策先案 …………………………………… 634

纠举前署广济县何令庆涛案 …………………………………… 637

纠举荆州府斌守俊案 …………………………………………… 642

东湖县议、董事会陈请该县警察勒捐滥刑案 ………………… 649

第五　其他类

关于警务之议案 ………………………………………………… 655

关于地方自治之议案 …………………………………………… 664

划一筹办厅州县自治缩短成立年限案 ………………………… 675

请代奏速开国会建议案 ………………………………………… 690

汉口国会请愿同志会陈请建议代奏速开国会案 ……………… 695

汉口后湖开河筑路咨询案 ……………………………………… 698

筹办积谷宜注重社仓案 ………………………………………… 702

施南、安陆府增、廪生贺铸渊、杨文湘等陈请咨商邻省革除
　折扣本省铜币案 …………………………………………… 707

重申种烟禁令案	711
法令公布规则案	712
请批答水利议决案质问案	717

卷三 咨议局议决宣统三年预算表说明书 …… 722

卷四 文牍 …… 748
咨议局为预算案呈鄂督瑞澂文	748
咨议局就诋毁行政官一事复鄂督瑞澂函	748
咨议局议复学堂预算不敷案	751
咨议局审查潜江县议事会书（一）	752
咨议局审查潜江县议事会书（二）	752
咨议局审查郧阳县董事会呈请书	753
东湖县城议事会复咨议局文	753
咨议局审查襄阳县城议事会陈请书	755
襄阳士绅陈请咨议局纠举知县吴本义书	755
咨议局就秋米改折呈鄂督文	756
竹山陈大兴等上咨议局书	756
咨议局审查永安轮船公司陈请书	758
咨议局审查手工试验厂陈请书	759
鄂督札复咨议局呈办大冶县庇差殃民案	760
咨议局审查应城绅士一百六十五人陈请书	761
咨议局审查洋溪王天昌陈请书	762
咨议局就选举调查事呈鄂督文	764
咨议局移汉阳府文	765
咨议局就矿业学堂经费毋庸挪移议增学款事呈鄂督文	766
江陵县绅耆上咨议局书	767
咨议局拟复院交复议部咨筹款抵补预算经费不足案呈稿	770
鄂督札复咨议局呈请重申税契议案通饬遵办文	772
鄂督札行咨议局议复两湖师范学堂预算准饬遵办文	773

卷五　名录 …… 774
　　湖北咨议局第二次会期补缺议员录 …… 774
　　湖北咨议局第二次会期议长、副议长、常驻议员姓名表 …… 774

第五编　汤化龙、张国溶议案（在各省咨议局议员联合会
　　　　第二届会议上）…… 775
一、皇族不宜充内阁总理请另简大员组织内阁文（汤化龙）…… 775
二、请明降谕旨另简大臣组织内阁文（汤化龙）…… 777
三、陈请提议实行内阁官制另简大臣组织责任内阁案（汤化龙）…… 779
四、请饬阁臣宣布政策文（汤化龙）…… 780
五、直省咨议局议员联合会报告书（张国溶）…… 784
六、请废禁烟条件稿（张国溶）…… 791
七、增练备补兵为征兵预备文（张国溶）…… 794

附录 …… 797
一、汤化龙行状 …… 797
二、关于湖北咨议局的报刊资料 …… 805
　　（一）上海《申报》的报导 …… 805
　　（二）《汉口中西报》的报导 …… 847
　　（三）其他报刊的报导 …… 910

后记 …… 926

第四编　湖北咨议局第二次常年会议文献

卷一　会议速记录①
（宣统二年九月初一日至九月初十日）

第一号

宣统二年九月初一日午前十时，行开会礼。

莅会议员六十人，先入议事堂就议员席坐，次书记长、书记入就书记长席、书记席坐。次议长汤君化龙、副议长张君国溶陪左列文武官员入座。

甲、文官

一、瑞制军澂

一、高提学凌霄

一、马廉访吉樟

一、劝业道高观察松如

一、江汉关道齐观察耀珊

一、武昌府赵太守毓楠

一、汉阳府琦太守璋

---

① [编者按]湖北咨议局第二次常年会议速记录第一号至第五号铅印本（武汉大学图书馆藏），如实记录了这次年会的前十天中即宣统二年九月初一、初三、初五、初八、初十共五次全体会议的全过程，载有当日议事程序、提案原文、议员讨论发言、表决结果及来往函电等，其史料价值甚大。遗憾的是，尚有年会后三十天内历次全体会议的速记录各号未能觅得，只好暂付缺如。

一、夏口厅王司马国铎

一、江夏县李大令曾麟

一、汉阳县张大令振声

乙、武官

一、张统制彪

一、黎协统元洪

一、曾标统广大

次各局所总办各依其席坐，次各学堂管教员及一切来宾，由楼上东西厢入，分就特别旁听席及普通旁听席坐。

议长汤君化龙述开会辞：本日为我咨议局开第二次常会。议会每年开会一次，为各国之通例。所以必每年开会之故，一则今世之政治逐年必有新事业之发生，应时势之必需不能不逐年置议；一则岁出入预算大多数之国家，皆以一年为限，为国制用，不能不每年议定。以此二因，常年会例于常年定期开之。今日本局开第二次会议，应有专注之问题，其第一所宜专注者，即政治上之问题也。政治问题原通于全国，在行省一部分，政治问题固难办决。然教育、警察、实业属于地方行政范围之内者，其进行之方略，咨议局可以有议定之权，中央法令已有规定者，如何执行使无滞碍；其法令不备者，如何补助使无缺憾，此我辈议员所当一志凝虑研求厥策，以报称于我国民者也。第二，为预算问题。预算在今年原属试办，今日尚未交议，以势揆之，必不能满我辈之希望。惟议决预算为我局之职权，此种职权断不可以抛弃，不完全之预算，亦可于不完全之中改订厘正，以求于职权无负。若因不完全之故放弃不问，是我辈自弃其天职。且一切议案无不与财政相关联，若于预算上无酌剂之计划，虽议决之案皆为当务之急，财政不能相应，终亦必归于无效。故今年之预算案，深愿我同人对之为切实之研究也。总之，我辈既被选为议员，当以国利民富为唯一之目的，积极之进行与消极之限制，苟可以达此目的，皆为我同人之所宜究心。本届会期既已开幕，政策之表见正在斯时。同人奋策于前，鲰生不才，不敢不执鞭以从其后。

督部堂起致颂词：今日为湖北咨议局第二届开会，又为咨议局建筑落成开幕之第一日，本部堂得与其盛，良所庆幸。溯奉明诏建立咨议局，今逾一年。本部堂奉职斯邦，仅数阅月耳。对于国家言之，则筹备宪政尚无陨失；对于地方言之，则群治粗安，舆情静谧，然不敢侈言成绩也。研求利弊之宜兴革，竭穷心智之所能逮，此则本部堂拳拳所至愿。今者开会伊始，议长、议员诸君既为乡里所公推，讲求地方之公益，实共负扶树世程利导齐萌之职务，自必有以摅宣伟抱，发挥说论，进可为国家谋治安，下可为乡族增幸福。此又本部堂所矫首企踵祷祀以求之者也。抑本部堂更有进者，日本崛兴，实本我国阳明之学说，即知即行一语而已。盖言论征于事实，则发言之初，必于可行不可行之理由审慎而出之，然可行者与不可行者之区别，要以民力与风俗习惯为断，想议长、议员诸君久能于此三致意矣。本部堂今操此言，亦不过贡其一得之愚耳。苟利于民，他非所恤。本部堂固尝奉教于君子矣，伫闻宏济之良规，敢效执行之本职。今日之会，用特亲临，谨本夙怀以合颂规之旨。至本部堂陈述意见，则具议案，尚待与议长、议员诸君共扬榷焉。

议长汤君化龙代表全体议员答辞：本局第二次开会承督部堂宣示颂词，以知行一致相勖，至为拳挚。议员等溺职一载，上辜政府求是之心，下违人民负托之愿，顾名思义，无地自容。伏念国事日亟，议员代表群情受责至重，舆论攸寄虽免聚蚊之议。而地位孤悬，识等见龙之象，因思各国议制群策兼进，有政府为之导河，有人民为之后盾，一事行而政党之推究必竭其思虑，一议建而各界之鼓吹不遗夫余力，是以议会择言有遵循之途而无纷靡之习。吾国朝野鼎沸，政府向治虽殷而无一定之政见可据，人民袖手待治，权利之心虽日竞日盛，而责任之义绝不己属，徒以舆论代表责诸咨议局，未议以前漠无贡献，既议以后又鲜监察，仅贻此有数议员相与言事，勿论能力薄弱，知识有限，而以全省大计属诸有数之人，即无遗误，必多罣漏。由是以观，议员之所处如是可危，各方面之环绕亦无所恃，以云进行，岂不其难。议员等谬膺斯选，惟有于千曲百折之中，力图补偏救弊之策，辅相行政长官筹备宪政，勉副即知即行之训，视力所至，进寸进尺，遂厥天职。幸值督部堂整理群治，提倡舆论，议员等庇荫宇下，识解庸暗，补救之方虽不逮，希冀之愿则甚宏。其关于咨议局会议事项，窃有望于督部堂者厥有二端：一曰裁答期限。议案之必经督抚裁夺，所以求议决、执行双方之合意也。顾裁答之期，宜在会期之内，可行，则议员全体均知其有效，不可行，则更张补正，亦有置喙之余地。非是则议案迭上，裁夺期遥，终一会期可行不可行均在不可知之数，闭会而札复之覆议之权，不得不寄诸常驻议员，而常驻议员仅能为原议之声明，不敢为全案之更改。蹉跎岁月，虚掷无裨，年复一年，收效何日。故札复在会期之内，议员等之希望于督部堂者，此其一。一曰公布施行议案之实效。必公布而后能课其施行，必施行而后能考其成绩。吾国久无公布之法，官吏施行法令率相应以故事，悠悠惯例，有若沉疴。督部堂振精刷神，整饬百属，方取积弊而廓清之，公布之。厘订规程，议员等之所有事也；议案之可决者，课其实绩，率百僚以纳于求是之域，使吾民得沾涓滴之益，议员等亦有可负之责，则督部堂之所有事也。宏济之良规在[有?]效执行之，本职敬聆明谕，感佩弗谖，愿以始终持此宏旨，议员等之希望于督部堂者，此其二。议员等立法学疏，无西方代议之才力，望治心切，有南国化行之怀思，猥承慰勉，谨致答辞。

午前十二时礼毕，由议长宣告散会，继请各行政长官及来宾与本局议员办事处职员摄影，以为纪念。

午后二时开选举各科审查委员会，莅会议员六十人。

议长汤君化龙报告云：今天是第一次会议，本来议事日表所列的是两件：第一件签定议席，第二件选举各项审查委员，以便组织委员会，凡审查案件全在委员会，选举委员自应先行着手。今天所宣布的时间，本来是从一点钟起，因为上午举行开幕礼竣事稍迟，不能依限，这是事实上的障碍，即所谓临时展缓之说。今日所报告的有七件：第一，是议员请假。办事处以函电为主，所有请假的事由并日数应行报告。今日请假的有夏副议长寿康因病不能到，请假五日；议员刘君德标因在途中抱病，已有信来告假，准于月初必到；余君应云因病未痊，请假五日；刘君元丞因赴京考法官，请假十日；何君世谦病久畏风，请假十日；金君麟因赴京考试，请假十日；杨君文澜因赴京考试，请假八日，陈君登山因公赴京；杨君清源考法官，请假七日；倪君惠渊现在京有事，请假十日；姚君晋圻因病请假三日。这是因有函电通知，我们不能不报告的。再临时因公不到，有副议长张君国溶，与议员胡君瑞霖、万君昭度、吕君逵先，是到汉欢迎美国实业团不能到会。至于本局外来最紧要的报告共有六件。

第一，广西来电为禁烟展限事，电文如下：

湖北咨议局鉴：敝局为禁烟案展限全体议员辞职。桂局。

广西来电是为甚么事，本来有详细的报告书，说的是禁烟的事，原来桂林咨议局已将禁烟事议定限期，作为议决案，已由桂林抚台公布实行。到了第一次限期，各烟户求抚台展缓，抚台批准之后，又交到桂林咨议局常驻议员会议，桂林咨议局与抚台意见不合，抚台因之反对咨议局，就电致资政院，咨议局亦电致资政院。资政院如何核办未得而知，但是咨议局已经议决之案，督抚批准公布实行者，即不得任意取消，若可以任意取消，何贵乎有咨议局。桂林议员因之全体辞职，势所必然。现既已全体辞职，电致湖北咨议局，我们得此电后，不能不复电，现在我们所覆的电是不过询问现在情形，并未说如何办法，电文如下：

桂林咨议局鉴：贵局力争禁烟案展限，深持大体，甚服。结局如何，望随时电告。鄂局。艳。

第二，广东来电为预算未交事，电文如下：

湖北咨议局鉴：预算不交是否照联合会议。粤局。

第三，福建咨议局为预算案事来电，电文如下：

> 湖北咨议局鉴：预算尚未交，请坚持联合会原议。闽局。

此事原因是由各省咨议局议员联合会提议的。盖议会的精神全在预算案，预算交出，本是奉旨之事。如政府不交预算案，我们须电致政府力争，即令交下，止有总数，而无分数，我们亦是要争的。譬如湖北学款，年用八十余万，但知用八十余万，而不知其中用八十余万之项目，我们决不能承认。盖所以要预算案之故，无非要行政长官施用合法之行政经费，不少滥用。如有总数而无分数，其所预算之经费无从考其为滥用与否者，决不能成为预算，或交出之预算，止有岁出一部分，而无岁入一部分，亦不能为完全之预算案。盖预算案应出入对照，无岁入之款，虽岁出议决终归无效也。又或者所交之预算案，有岁出岁入，唯未划清国家经费与地方经费，此种预算应否承认，颇费研究。盖纯粹之预算案，有地方岁出，自应有地方岁入，但现在国家税地方税尚未划分，何者为地方行政经费，本难骤定，此种预算事实上万不能不承认，惟要划总岁入中几分之几，使地方入款稍有把握，议决出款不致尽归无效，似为要著。兹事大体均详载于联合会报告书，诸君均已看过。福建来电，正由联合会通告书而生，本局自当一体照办。

第四，襄阳来电，为孙议员传烈控告事，电文如下：

> 鄂咨议局徐令久绪被控，经督部堂瑞一再严饬赴襄报到，延抗不遵，今咨议局常会届期，议员应否在襄安候。孙传烈叩。

孙议员传烈控徐令久绪，制台札催孙议员到案，孙议员既到案，徐令久绪尚未到案，现已由办事处电致襄阳道，转请孙议员到局赴会，电文如下：

襄阳道台鉴：徐令久绪既未到案，应请转促孙议员传烈遵章到会，盼复。咨议局。艳。

第五，昨天督院交下三件议案，督院云议案应该在三十日以前交出，一因为晋京耽延，一因为回来事忙，事实上之障碍，故交案少迟。所交的议案，第一是学务议案，第二是警察议案，第三是自治议案，约初三日就要开会交付审查。

第六，资政院咨送速记生四人到咨议局充当速记，札文如下：

　　为札行事。宣统二年八月二十五日准资政院咨开："本院奏办速记学堂节经行知各省选送学生在案。现在第一班学生范化行、王灏、傅明辉、徐汝梅四名已于八月十六日毕业，除由本院给予文凭外，自应照章派回原省咨议局任用。查咨议局章程第五十一条办事处置书记长、书记等员，尚无速记职务，现在既有毕业速记学生，应即于办事处添设速记员生专司议场记录之事，将来当差满三年以上，著有劳绩者，并应照案择尤酌量请奖，以示鼓励，相应咨行查照可也。"等因到本部堂。准此，为札行咨议局查照办理。须至札者。

九月初一日到。

第七，督院来札知会派行政委员事，札文如下：

　　为札行事。案查咨议局章程第三十七条"凡会议时，督抚得亲莅会所，或派员到会陈述意见，但不得列议决之数"等因。兹查本年九月初一日开第二次常年会，所有提议事件，无不与庶政有特别之关系，及应委派行政各官到会指陈，庶克收集思广益之效。查有湖北提学使高学司、署湖北巡警道黄道、北自治筹办处坐办梅道，堪以派委，除札饬该员等遵照届时前往咨议局会场妥为陈述意见外，为此札行咨议局查照接待。须至札者。

八月二十九日到。

议长汤君化龙报告：广西来电如何复法，请大家讨论之。

周君孚：咨议局之议案有效与否，全视公布实行，已经公布实行之后，再行取消，殊为不合。一省如此，省省皆然，一年于此，年年皆然，似此我们咨议局可以不设矣，这是我们咨议局应该力争的。桂局既有电来，我们就该回复，桂局如照广东打电到广西抚台，这件事尚须斟酌，今日我们湖北开会，资政院也在开会，此事可以打电资政院核办。资政院为全国人民议事机关，咨议局为全省人民议事机关，此事可请资政院办理，既议决的案，既实行公布的案，万万不能取消。总之，打电到资政院，广西抚台那边可以不管。

时君象晋：本议员亦以为这个电报打广西抚台，不如打到资政院。

阮君毓崧：电桂林抚台与资政院，姑置不论。咨议局初开会，本省事尚未开议，就议外省的事，如果急急为外省事打电到资政院，似乎不合。

刘君赓藻：刚才所研究的是为广西咨议局议员全体辞职有电到我们咨议局来，我们如打电到广西抚台那是不能的，如电致资政院亦有难处，此时广西案想已请资政院核办，资政院此时尚未判断。既未判断，我们可以不争，这是缓事，不是急事。去年咨议局是第一次会期，今天是第二次会期，第一次会没有解散，第二次会如有解散，大概不止广西一省，有解散才有进步，全体辞职很不要紧，此事暂可缓议。

刘君寅熙：这个事鄙意亦以为可从缓议。

议长汤君化龙：这个事情有的说打电到广西抚台的，有的说打电到资政院，有的说请从缓办的。如从缓议，请起立取决（起立者得多数）。

议长汤君化龙：现在要紧的事，是签定议席，本年签定议席有三枝签不加入，即以一号至三号为议长、两副议长之席，此事原非法律所有，唯去年有此惯例，亦无毛病，似可仍旧。遂命书记员照签抽定，席次如下：

一　号　汤君化龙　　二　号　夏寿康　　三　号　张国溶

四　号	沈明道	五　号	杨国珍	六　号	陈宣恺
七　号	胡壬林	八　号	赵麟书	九　号	左质鼎
十　号	张光耀	十一号	刘定瑗	十二号	詹次桓
十三号	邢　璜	十四号	胡汝衡	十五号	邓殷源
十六号	黄赞枢	十七号	倪惠渊	十八号	陈士英
十九号	董庆云	二十号	王光翰	二一号	魏鸿仁
二二号	刘克定	二三号	吴庆焘	二四号	杨清源
二五号	陈教奎	二六号	张中融	二七号	谢鸿举
二八号	左树瑛	二九号	孙传烈	三十号	曹道南
三一号	张国琪	三二号	邹永铜	三三号	吴楚材
三四号	鲍维淮	三五号	杨文澜	三六号	周　孚
三七号	蓝　田	三八号	胡瑞霖	三九号	阮毓崧
四十号	张中立	四一号	胡大濂	四二号	姚晋圻
四三号	刘寅熙	四四号	陈登山	四五号	杨　簏
四六号	葛荚庭	四七号	余应云	四八号	丁庆泰
四九号	万昭度	五十号	沈维周	五一号	刘邦骥
五二号	刘起需	五三号	郑万瞻	五四号	刘赓藻
五五号	马象乾	五六号	卜文焕	五七号	叶恒心
五八号	卫寅宾	五九号	杨家麟	六十号	吕逵先
六一号	刘金镛	六二号	金式度	六三号	车斗南
六四号	蔡中爔	六五号	金　麟	六六号	李继膺
六七号	涂占鳌	六八号	何世谦	六九号	时象晋
七十号	刘德标	七一号	朱泽霖	七二号	熊正钧
七三号	王润槐	七四号	周培金	七五号	禄　循
七六号	刘元丞	七七号	董钦墀	七八号	玉　海
七九号	何其详	八十号	但祖荫	八一号	张树林
八二号	刘耕余	八三号	-刘文骏		

议长汤君化龙：今天第二次就选举各项审查委员，今年委员会名目

与去年不同,是因预备改定规则,于前月二十八日全体协议,先改委员会名目,试办如无滞碍,再行改正议事细则。

第一次选举财政审查委员九人如左:

金式度、吕逵先、王光翰、万昭度、刘邦骥、胡瑞霖、沈明道、左树瑛、张中立。

九月初二日。继续选举各科审查委员。午前九时开场。

议长汤君化龙报告云:今天是继续选举各科委员。财政科审查委员既已选定,次当选法律审查委员。

第二次选举法律审查委员九人如左:

阮毓崧、刘赓藻、杨文澜、陈登山、邢璜、刘寅熙、郑万瞻、李继膺、董钦墀。

第三次选举陈情审查委员十三人如左:

刘金镛、周孚、刘克定、黄赞枢、车斗南、胡大濂、胡汝衡、卫寅宾、但祖荫、时象晋、卜文焕、谢鸿举、熊正钧。

十二点钟,由议长报告休息。午后一时开场,继续选举。议长报告云第四次选举教育科审查委员,此科委员应选七人。

第四次选举教育审查委员七人如左:

何世谦、姚晋圻、丁庆泰、张光耀、左质鼎、邓殷源、朱泽霖。

第五次选举实业审查委员七人如左:

刘起需、何其详、胡壬林、刘文骏、张中融、孙传烈、赵麟书。

议长汤君化龙报告:现在选举民政科的委员七人。

议员刘君寅熙:"民政"二字界限甚宽,不知究属何部,现在议员强半已经被选,人数无多,可以不选。

议长汤君化龙答云:前天本未立民政一科,后由警察、水利无所归宿,旋于二十八日大家议增一民政科,民政二字本不甚妥,但为二十八日议决之件,不能凭一二人之意见遂致更改,且以选举各科后人数无多为理由,亦不正当。

第六次选举民政科审查委员七人如左:

邹永钶、玉海、刘定瑗、蓝田、张国琪、杨箴、沈维周。

第七次选举惩罚审查委员五人如左：

詹次桓、陈教奎、马象乾、余应云、吴楚材。

第八次选举资格审查委员五人如左：

张树林、王润槐、曹道南、徐占鳌、魏鸿仁。

议长汤君化龙：现在八科审查委员都选定了，从前议决是规定今日选常驻议员，现在接续选举常驻议员，照章以过半数为当选。得票如左：

邢　璜　三十七票　　刘克定　三十一票

以上二名当选，余均不足过半数，由议长汤君化龙宣告，照章以得票多者加倍决选。当选人姓名及所得票数如左：

沈明道　四十三票　　刘金镛　四十二票　　张光耀　四十一票
左树瑛　三十八票　　卫寅宾　三十八票　　左质鼎　三十六票
刘邦骥　三十四票　　车斗南　三十三票　　胡大濂　三十三票
郑万瞻　三十二票　　玉　海　三十一票　　刘定瑗　三十一票

以上十二名当选，尚不足三人，由议长宣告，仍照前法决议，得票如左：

谢鸿举　三十二票　　胡汝衡　二十八票　　何其详　二十七票

第二号

宣统二年九月初三日午后一时开场。

议事日表：

第一　学务议案　　督院提出

第二　地方自治议案　　督院提出

第三　警察议案　　督院提出

第四　划一筹办厅州县自治缩短成立年限案　　议长汤化龙提出

第五　请饬武汉暨各州县多设工艺厂备荒案　　议员蔡中爌提出

第六　整顿统捐局案　　议员金式度提出

书记长石山俨报告到会五十六人，并朗读长沙咨议局来电：

湖北咨议局鉴：预算未交，敝局议决实行原议。湘局。

书记长石山俨宣读第一案。

关于学务之议案

宪政万端，教育实为基础；然有普通教育与高等教育之分析，即以国家行政、地方行政为支配。普通教育以初等小学至中学堂为止。高等教育则高等以上各项专门大学皆是。故中学以下属于地方行政，高等以上属于国家行政也。鄂省办理学务最早，分途并进，业具大纲。上年备及扩充各事宜分别提交咨议局议复，官绅意见大略相同，本年自应接续办理，不宜稍有延滞。兹就本部堂规划所及与学司条议所陈，约举三端，即希议复。

一、推广师范教育

查分年预备立宪事项，第九年（即宣统八年）人民识字义者须得二十分之一。湖北人民素号三千万，就二十分之一计算，应得一百五十万人。查学部改订初等小学堂新章，每教员应教学生五十名。今以全省学生数目统计，应得教员三万名，始足支配。况穷乡僻壤，人户散处，学区所在，通学不便，致每堂学生或仅十余名及二三十名不等。然有一学堂，即不得不有教员以资讲授。今以教员加倍额为统计，则筹备期内，非养成教员六万名不敷应用。查本省宣统元年以前，各项师范毕业生不过五千五百名，尚不足十分之一。齐前署司报部筹备表内所筹师范教育办法，初级师范分为完全、简易二种，意盖以完全科年限长久，需费较多，揆之此时财力，恐不得多设，故多设简易科，以应急需。本年接准学部咨开"以后各省简易师范学堂须一律停办"，则欲为两等小学广储师资，非多设初级师范完全科不可。乃调查本省此项学堂，除省城开设两湖师范外，仅荆宜、汉黄德两道各设一所；施鹤道现议开办一所，尚未开学。安襄郧荆三府一直隶州去岁拟组织合办一所，经学司屡次移行筹商，讫未就绪。是全省已设师范学堂现仅三所，而三堂学生合计不过六百名有奇，比较应用之数，不过百分之二。九年期限，转瞬即届。今本省师范学生名额，既预算不敷应用之数甚多，究竟已设之师范学堂应如何扩充？未设者应如何筹划？据学部颁发分年筹备表，每府各须设立初级师范学堂一所，究竟各府财力能否实行？有无变通办法？此均亟须筹议者也。

一、省内外学堂应分别认定宗旨（附表说）

查省城开设各学堂，专门实业各科外，设有初级师范学堂、中学堂及两等小学堂、半日及简易识字各学塾。在当初风气未开，预于省城开设此项学堂，以示提倡，原属因时制宜办法。现各府中学堂既陆续开办，师范学堂亦亟须推广。高等小学则各州县成立已早，初等小学、半日学堂及简易识字学塾，均地方所应担任办理。现本省优级师范及高等学堂均未成立，专门实业各项学堂亟须扩张，若不亟定宗旨，分清界限，以后不独经费难筹，亦且校址难觅，其中窒碍实多。拟自宣统三年起，全省学款以注重办高等、专门、实业及优级师范为宗旨，以余力办初级师范及中学堂，为各属模范。至两等小学、初等实业、简易学塾、半日学堂，本在地方自治范围之内，即不能全恃官力。嗣后此数项学堂官应任提倡补助之责，士绅应任捐款劝办之责。所有省城现拟停办新开各学堂附具表说，应共权商而谋进行。

一、各属赔款捐仍须照章提解

查省城学务经费全年收入七十三四万两，其中赔款捐提解五成，实为大宗。全年出款，游学经费年需三十四万两，留于省城充办学经费者，仅约四十万两，而实支须五十万左右，故每年出入不敷，约在十万内外。然此七十余万两之入款率多不可持久，如要政加价，业奉部文提取四分之三，约三十三四万两。前经电请免提，能否挽回尚不可必。即使暂时不减，亦只敷游学经费。至省城学款，实全恃赔款捐提解五成，借资抵注。上年咨议局提议免解，并由咨议局指签捐局赢利划抵，在咨议局既为慎重地方学务起见。亦明知省城学款恃此项捐款为大宗，故为另筹抵补之计。乃签捐议停，赢余无著。现据学司详报各属观望欠解甚多，省城学款不敷甚巨，是去年议案所规定，揆诸现今情势，碍难实行。查此项五成解款大半用以办理中等以上学堂，将来各属中小学毕业学生既多，于省城设有按级递升之学校，于全省学务进行，实有重要关系。诸议员对于地方学务，无论省城州县均应一体补救维持，仍请详加讨论具复，以便施行。

附表　**省城各学堂自宣统二年至宣统五年暂停及添办表**

年别 \ 事别 \ 学期别	上学期 暂停	上学期 添办	下学期 暂停	下学期 添办
宣统二年			方言学堂毕业停办理化学堂毕业停办	
宣统三年	高等农业停办	开办高等学堂第三类添办中等工业漆工科织科各一堂	南路两等毕业停办	开办高等工业机械科一堂两湖附属两等高初各一班模范两等添招一班女子师范添办保姆讲习所一堂
宣统四年	北业两等毕业停办农业讲习所毕业停办商业讲习所毕业停办	添办高等第二类一堂添办优级师范第一类	工业教员讲习所停办	中等工业开办土木科图稿科绘画科两湖附属两等添初等一堂女子师范招一班模范两等添招高等生一堂

续表

年别＼事别＼学期别	上学期		下学期	
	暂停	添办	暂停	添办
宣统五年	博物学堂停办	优级师范开办第三类一堂高等学堂添办第三类模范两等添高等一班		

议长汤君化龙：今日督部堂交的议案，这个学务本可以先交付审查，因这个议案是很重要的，大家有什么意见很可发表，以为审查委员会的参考材料，然后添附自己的意见，当场公决。今先请行政长官报告提议理由的先决问题讨论讨论，候开第二读会再行决定。

高学台凌霨陈述：今天制台发下的三个议案，第一是学务议案，一推广师范教育，因为师范教育是学部章程所定的，五十个的学生在一个初等学堂，照湖北人口计算起来，要用三万个师范教育[员]。湖北以前师范毕业生不过五千五百人，照三万人算起来，不过五分之二。一个师范教员要教学生五十人，那乡僻地方，一个学堂未必能足五十人，有仅十数个、二三十个的，势不得不加倍计算，非养成六万师范生不能敷用。办一个师范学堂，全由官力是很难的，大家有什么意见，可以将师范学堂推广。原来师范学堂书籍、纸张一切全由官家措办，所以毕业后就有"义务"两个字。但外国师范生比别等学堂格外优待，所以义务极严，薪水只给一半，派在各处，不像中国人，有不愿去的，有借口人地不相宜辞职的，这个义务与优待本是相辅而行。中国义务之说，既做不到，自然亦无从优待，从今以后，书籍、纸张一切全由自备，则经费可省，师范学堂庶几可以多办。制台为的是师范教育关系甚大，没有师范生，教育即不能普及。法子不能想好，已设的不能扩充，未设的难以筹划，须大家研究研究。现在学款支绌，每年所入不过七十万，现在又被部提了三十万，如办学堂全靠官力是做不到的。现省城举办学堂，只办外州县办不到的，所以省城力量只能办中学以上学堂，为各州县之模范。至于赔款捐，去年咨议局已提议，是不得已的苦衷，张文襄既有此意见，后任制台也没有甚么变更。去年大家议以签捐余利补这个款，现在签捐局余利也无有。如浙江、江苏、广东均禁止售卖，现在彩票分三年减尽，已去三分之二，这个款全靠不住了。现在学务公所学款无着，好多学堂都要停办，所以制台发下这个议案请大家研究。

议长汤君化龙：现在学务议案，学台已代制台陈述过了，大家有甚么意见请发表。

郑议员万瞻：看到督部堂交下来三个议案，都是经济上的问题，学务因要经费始能措办，省城内外警察、自治都是经济上的解决，也不得因经济不足，遂因噎废食，遽然不办。这个经济困难的情形，不独湖北一省为然，要办此事，不能不筹款。筹款的方法，非通盘筹划，无从下手。现在是预备立宪第三年，照章要发交预算案，预算案交下我们才有讨论的方法。至于本议员的意见，这三个议案都是经济问题，请议长代表全体请行政长官代达督部堂，将预算案速即交下，我们研究才有入手的方法。

张副议长国溶：刚才郑议员所说的就是本议员先头所要说的。对于督部堂议案没有别的意见，但是有疑的是先决问题。今年宣统二年是预备立宪第三年，就是度支部奏定财政章程所定各省办预算案的年份。现在督部堂既未交下，而这重要事件又决不能不办，要办就要筹款，但既要筹款，必定先有预算案，而后筹款始可入手。所谓先决问题，现在郑议员与本议员及全体议员意见，要请督部堂先将预算案交下，然不能因预算案未交，就不承认这个议案。我们进行还是进行，不过先有预算案，然后才有把握，应当面请议长代表全体议员请行政长官转达督部堂速交预案，我们一面还是进行，本议员的意见如此。

议长汤君化龙：刚才张副议长所说的请督部堂发交预算案，大家以为然的，请起立取决。起立者全体。

书记长石山俨朗读督部堂提出自治议案。

关于地方自治之议案

自治之范围甚广，其要义在辅助政治之进行，且以济官力所不及也。本部堂对于兹事期望方殷，但此时地方筹办自治，一切公益之待兴、经费之待筹者，指不胜屈。既难同时并举，不得不斟酌缓急，决[次]第推行，庶自治非托虚名，地方可受实益。兹将交议各节条例于左：

一、丁漕附加自治经费

查自治经费，定章以本地方公款公产、公益捐及按照自治规约所科之罚金三项充之。现在各厅州县之议事会、董事会尚未一律成立，自治规约亦未实行，暂时自无罚金一项。而各地方公款、公产，早为办学堂、警务诸新政吸收殆尽。即各项杂捐，亦多有因筹办他事，已经抽收，不便再议增益。故近来自治筹款办法，大都不外请收中人捐及丁漕附捐两项。现中人捐一项，已经饬司议定，拟于五分中费内酌提二成，充作自治经费，撰发简章通行试办。如果无弊，尚可以资挹注。惟丁漕附捐一项，各属禀请带收，数目多寡不一。虽均饬司核议，尚未复到。而丁漕为普通正税，一经准予附捐，各属必将纷纷援请。究竟民力约能担任若干，不至重累，非再四体察情形，折衷筹定，不足以昭划一。闻江苏于丁漕项下，带征自治经费，每地丁一两带收钱六十文，漕米一石带收钱八十文，业经议决实行。鄂省应否仿办，抑或忖量民情自行酌定之处，应请公议具复。

一、厉行全省烟禁

查禁烟一事，仅恃官力必难普及，全赖地方多设机关，以为辅助。湖北自设禁烟公所以来，迭次严饬各属扫净烟种，一面创办公栈、牌照两项，寓禁于征，并调验文武职官，以示行法必自官始之意。乃近来遵戒未断者，既时有所闻，而公栈、牌照之设，仅足以导劝贫民，不足以限制豪富。是官力所不及之处，不能不责望于有自治之职者协助之。查自治章程第五条列有戒烟会一款，盖以深屋遮宇、穷乡僻壤，有时非法律所能直接者，官吏均无所施其稽查，诚不若生同里闬，闻见易周，社会制裁较为严确。近年武汉各属已有戒烟会，是否不同虚设，抑或尚待改良。其余若府厅州县城镇乡村，皆各议员生长之邦，痛痒相关，调查必实。所有禁种、禁卖、禁吃各项，亟宜公同筹议完全办法，以申法令，而除民害。

一、租卖产业之限制

查条约所载，外人除教会公产外，并无准在租界外置产明文。如西历一千八百九十六年即光绪二十二年中日订定通商行轮条约第四款内载，凡通商口岸城镇，无论已定及将来所定外国人居住地界之内，均准赁买房屋，租地起造礼拜堂、医院、坟茔等语。此即外国人不准在租界外置产之明证。近闻汉口商埠往往有奸猾商民，勾通外人在租界外置产情事。虽地方官可以按照条约办理，只恐稽查难周，愚民贪利，交易已成，必滋轇葛，且于分区自治多生窒碍。现在整理内政，应使我国商民守条约上规定之范围，以免事后挽回，转成交涉。应如何切实取缔，以防流弊，请公同筹议具复。

一、收容幼童之教养

蒙学不兴，幼童失教，习于游荡，无以谋生，其不贻累地方者几希。查东西各国对于无依童稚犯罪少年，多收入教养、感化等院，学习简易书算、粗浅工艺，使养成独立生活之能力，其关系诚非浅鲜。惟此项教养院之成立，全视财政为转移。现鄂省筹款维艰，临时经常在在需款。即如省城之游民习艺所，汉口之劝工院，虽已粗具形式，均以经费不充，未臻完备。此外各府州县地瘠民贫，更难筹办。事关民俗，岂可漠然。究应如何设法收容教养，以资造就，而广生计，各议员热心桑梓，应请筹议具复。

议长汤君化龙：请行政长官陈述第二案理由。

梅观察光羲：地方自治议案分四种：一、丁漕附加良治经费；一、厉行全省烟禁；一、租卖产业之限制；一、收容幼童之教养。第一条因为自治经费需要很多，大半取之本地方，现在本地方一切公款都办了一切新政，自治经费筹无着落，能否于丁漕项下附加自治经费，应候公议。再禁烟的事，官力很难普及，各地方多设机关以为补助，也须诸君公同筹议。至如何取缔租卖产业，也须筹覆。第四项收容幼童也是自治里要紧的事，但是官力有能到不能到的，诸君应设法收养，以资造就而广生计。

议长汤君化龙询问大众之意见，交存委员会审查。

书记长石山俨宣读督部堂警务议案。

关于警务之议案

查警察与人民关系最切，故一切民政均以警察为枢纽。鄂省警察办理多年，成效未著，业经本部堂督责整顿，次第改良。惟关于筹办推广各端，尚有待于商榷者，约举数端，分列于后：

一、筹办乡镇巡警

查宪政逐年筹备事宜清单，第三年厅州县巡警限年内一律完备。第四年筹办城镇巡警，至第八年一律完备。本年为第三年，虽经严饬各厅州县将城治巡警及巡警训练所先后勉力办成，而第四年转瞬即届，乡镇警巡不得不预为筹备。鄂省六十九厅、州、县，幅员辽阔，繁盛者人烟稠密，稽察固未易周；偏僻者山路纷歧，布置尤难扼要。况官制改定以后，一切行政事宜悉惟警察是赖，巡警人数自系以多为然。今姑从简单计议，平均每邑以三百人为率，全省办齐已须二万人左右，是教练难。此二万人薪饷每人每月至少以六千文计，每邑每年须款二万余串；此外，官长薪水、警局用费尚不在内，是筹款难。按警察性质，本有中央警察与地方警察之分。日本地方警察委任于町、村长，中国之乡、镇即日本之町、村也，则乡镇警察自应就地筹款。此事与自治前途关系最切，究竟此项经费将来应自何处筹拨,或胥归一律,或各按情形,必须早为筹备,庶可计日程功,应请详议呈复。

一、筹办水面警察

鄂省江、汉交流,舟楫如织,水警事项较陆警尤为吃重,若不早筹设立,终觉未尽完备。查商镇船帮于上下经过船只,间有差费、厘头等名目,或托名帮差,或称设会馆,徒敛巨资,毫无实效,尽可革除净尽,提充创办水警专款。论抽捐之法,自以按照船身舱口丈尺酌分等级,厘订捐则,或按年一收,或分季征入,发给凭照以备查验,最为简便。惟船只上下无定,而稽征良有为难,或宜于沿江要辖分设专局数处,或即饬各捐局随时带收,发给凭单,此局收后彼局仅验单,不复再收,必须斟酌妥洽,务期行之无弊。即沿江渔渡各船,亦须设法照办,以归一律。应请详议呈复。

一、整顿汉口警捐

查警察性质属于地方行政范围,其经费应就地方税筹拨。汉镇所收警捐,有房捐、铺捐、团防捐、号坊捐各名目。除号坊捐系附加税,整顿方法应由行政官自行筹划外,其房捐、铺捐等项,急须设法改良。缘汉镇为通商巨埠,租金之大,首推商铺市房。当开办警捐之始,定章已完铺捐者不纳房捐,其缴房捐者转系住家小户,立法殊欠平允,故房捐一项,每年收数甚微。查铺捐系营业税性质,房捐系所得税性质,本属二事,住户、地主同受警察保护利益,似应一律完捐,始为正当办法。现拟凡已完铺捐之铺户,仍应饬房主照完房捐,惟征收成数应以百分之几为率,及住家小户月捐不满若干者,应与豁免,借昭体恤而裕饷糈。事关更定本省地方税则,应请详议呈复。

议长汤君化龙:请行政[长]官述提案之理由。

陈太守树屏陈述:今天督宪交下来关于警察议案,一筹办水面警察、筹办乡镇巡警、整顿汉口警捐这三项都是关于预算。至于各项理由不用再说。现在预算没有发表，已打电去催，明天就同高方伯回禀督宪，请催预算案。至于这几样事件，或不待预算案可以交审查，如定要预算案交下来再议，留得以后也可以的。

张副议长国溶：头个先决问题是关系今天咨议局全体议案最大的问题，将才查督部堂所发的警务议案三条，不外筹款二字，然必须请督部堂把预算交下，大家才可以研究。本议员所说的先决问题，就是对于警务议案说的这乡镇警察，在宪政时代是不可缓的事，但是所谓先决问题须要有个解决。大凡办事，必要有个取法。中国所办的事取法在何处，大概取法于外洋。中国办警察，北洋为最早，所以警察以北洋为最好，于是各省警察就仿而效之。就湖北而论，既要筹办水面警察，究以何处为模范。再就武汉警察表面而论，办的好否也不是本议员所便言的，自有公论。若要筹办乡镇警察、水面警察，是仿于何处，若仿照武汉办理，成效何在？我们议员为全省人民代表，万不能漠视，应请行政长官说一说。大凡行路，必由近及远。就督部堂议案整顿汉口警捐，似觉偏枯。汉口为全国的中心点，警察非办不可，试问汉口警捐整顿之后，而汉口警察究竟能否改良是先决问题，必须解决这个问题之后，然后方可解决议案，本议员的意思如此。

陈太守树屏答复：才将的问题是问乡镇警察，大约将来办法是以武汉为模范，诸君另有高见，大家可以发表。湖北办警察是从武汉办起，大概将来警察也是仿照武汉，口［警？］捐也不是仅为汉口办事的。

张副议长国溶：以武汉办法为模范是解决了，警捐不缴，警察不能办，但是汉口警捐已缴之后，试问汉口警察究竟能否改良，或者还是现在的这个样子。

陈太守树屏答复：大约整顿警察是要认真的，章程也须要变动的，这个事情若是地方绅士有见得到的也可以说。至于如何改良，总在用人得宜。现在督宪对于此事很认真的，可见行政长官也要切实改良的，既经督宪提议，必有随时改良的办法，如果收了百姓的捐，不替百姓办事，亦非督宪的宗旨。

张副议长国溶：本议员所质问的是以如何改良的办法质问行政长官。

陈太守树屏答复：所谓办法者不是纸面上的话，是事实上事情要作出来的，将来改良办法合否，诸君都可以看得到的。

吕议员逵先：照行政长官所谓改良者，是在得人才之力，这样看来，没有章程，办事有何根据，既然报告随时改良，则我们议员有以为当改良的，亦可以随时报告，以尽手[守？]门议员的责任。

议长汤君化龙：张副议长的意思是要提出完全改良警察，以为整顿。汉口警捐是不错的，但是既要收捐，必须说明如何改良；民间才肯出钱。至于提出完全改良警察案，我们议员也可以提出来的，但督部堂既提出改良，总有改良的办法，不是空言所能作得到的。

陈太守树屏：这个议案制台看得非常认真，很想办理的，但是经费无着，亦是一个问题。

郑议员万瞻：经费问题解决甚容易的，何也？人民有担任经费的义务，止要上头定改良的方法，办得有点成效，经费也就易筹了。

吕议员逵先：九江警察是督宪在那里创办的，北京警察是很好的，可以仿效不可以仿效，我们可以把他的章程调查一下。

议长汤君化龙：这个事在合全局计算，不是一个章程所能了事的，这个案是应该当场交付审查的章程，督部堂交下的议案交付审查。

议长汤君化龙报告：第四"划一筹办厅州县自治缩短成立年限案"，是本议员提出，照章应有五人以上之赞成员。因本议员到北京去回来迟了，一时油印不及，现在不能不补出来了。赞成员是郑君万瞻、刘君赓藻、周君孚、刘君寅熙、邢君璜，但这个案是本议员提出，照章应退入议员席，请张副议长代为主席。

张副议长国溶：第四"划一筹办厅州县自治缩短成立年限议案"是议长汤君化龙提出，照章应退入议员席，所以委托国溶代议长事，请书记长石山俨朗读原案。

划一筹办厅州县地方自治缩短成立年限案

第一，划一筹办厅州县地方自治缩短成立年限之理由

谨案：厅州县自治章程奏定于去年腊月，而通咨于今年三月。宪政馆奏定逐年筹备事宜清单，以去年为筹办府厅州县自治之始，至第七年始一律成立，前后赓续延亘四年。民政部奏定清单，今年筹办省会首县自治，宣统三年筹办外府首县自治，宣统四年筹办冲繁厅州县自治，宣统五年至宣统六年筹办偏僻厅州县自治，又展延至于五年。立法之意，盖防操切急遽之弊。然熟察湖北各厅州县自治，实可以划一办理，缩限成立者，谨述理由如左：

（一）原奏定宣统五年厅州县自治一律成立，系合全国而预筹一最宽之限，如甘肃、新疆边省，风气未甚开通，不能不需以时日。湖北省分民智尚非锢塞，各厅州县无分繁盛、中等、偏僻，各城自治会皆能提前成立，足见部章分年续办不适合于湖北人民之程度。此厅州县自治可以划一筹办、缩限成立者理由一。

（二）厅州县自治成立，部章虽定于宣统六年，实属最迟之定限。此最迟之定限逾之则为违法；在定限之内先行成立，原为朝廷之所期望。预备立宪时代，早一日即有一日之益。可早者而迟办，非朝廷勒限之意。此厅州县自治可以划一筹办、缩限成立者理由二。

（三）今日主张迟办厅州县自治之议者，多以城镇乡自治尚未办齐为言，谓城镇乡自治未办齐而言厅州县自治，未免有躐等之弊。不知奏定筹办未尽事宜清单，城镇乡自治成立，实在宣统四年；而筹办厅州县自治，则以本年为始。是明示城镇乡自治未办齐以前，可以办理厅州县自治。鄂省各属城厢自治业均就绪，急办州厅县自治，势顺而易。且有厅州县自治，大纲既举，各城镇乡自治自易督促进行，不惟无躐等之嫌，且可得推广之助。此厅州县自治可以划一筹办、缩限成立者理由三。

（四）鄂省各属地方用款界限最不清晰，故今日办理各城厢自治率用全属之公款以资进行。使推之于一城一乡，流弊甚大，将来争

端一起，必成为不可解决之问题。先办厅州县自治，以全属之款项用办全属之自治，自不启此争端，且可借之划清范围，于办理镇乡自治之日，不致仍蹈故辙。此厅州县自治可以划一筹办、缩限成立者理由四。

（五）省城自治研究所及法政自治班、公民养成所毕业虽有数次，为数未及千人，各属自治研究所方始萌芽，真能办理自治事宜可充自治职员者尚不多觏。厅州县自治会成立选之于全属，或可以得多数之人才；城镇乡各限于一隅，人才之数必不能与议员相应。故先办厅州县自治，推及于各镇乡，俟将来各属自治研究所陆续毕业，庶足以应人才需要之度。此厅州县自治可以划一筹办、缩限成立者理由五。

（六）各属现所划分之镇乡，不过徇旧有之分区略变名目，并非有通盘筹划之成规。枝枝节节而筹办之，办甲区即不计乙区之不便，办乙区又不计丙区之不便，无统同之计划，一误则改正綦难。先办厅州县自治以提其纲，办全属自治选举之分区责诸现分之镇乡，遇不便之事由发生，即可先事以图改正。其情势既为便利，且厅州县之选民即为城镇乡之选民，厅州县之选举调查一竣功，各镇乡选举之基础即已立。因利乘便，虽使厅州县自治成立之际，同时成立镇乡自治可也。此厅州县自治可以划一筹办、缩限成立者理由六。

第二，划一筹办厅州县自治缩短成立年限之办法

欲缩短厅州县自治成立之年限，必有划一之法规，使各厅州县可以同时并举。盖厅州县自治与城镇乡自治不同，城镇乡自治筹办视各地方之繁盛与否以为先后之分，厅州县自治于一属之全体，无分繁盛与偏僻，虽财力贫富规模大小或有不同，其办法次第本可一律也。查府厅州县地方自治草程第一百零五条"本章程施行细则由督抚酌定，仍咨报民政部存案"，该条所定之施行细则，虽非专指筹办事宜而言，而筹办各方法，施行自治章程之事也。谨拟湖北厅州县地方自治章程施行细则如左：

湖北厅州县地方自治章程施行细则

第一章　通则

第一条　本细则依府厅州县地方自治章程第一百零五条之规定，为施行自治章程而设，凡湖北各厅州县，均当一律遵守之。

本细则所称自治章程或单称章程者，均指府厅州县自治章程。

第二条　各厅州县筹办厅州县自治，各于城治地方设立筹办全属自治公所一所，其任用职员一依自治筹办处通行章程办理。

第三条　各厅州县筹办厅州县自治，依现分之城镇乡区域，各于其区域内设立办理自治选举分所一所，其选用职员一依自治筹办处通行章程办理。

第四条　厅州县筹办厅州县自治，除拨帑补助外，所须经费得就本属情势酌量筹措，惟须得全属绅士之协议并禀明督宪核准立案。

前项筹措之经费，至议事会成立后，须交其议决。若议会不以为然时，得行废止，另设别法筹措。惟从前已筹用之款，仍为有效。

第二章　区域

第五条　各厅州县之区域，以现在之行政区域为标准。各厅州县壤地插花不便施行自治者，仍暂因其旧，俟议事会成立后，得提出议案，呈请地方官转详督宪奏明办理。

第六条　各厅州县区域交界之地不分明时，由交界之厅州县两方长官会同本地绅士勘分定夺；因而生争议时，由筹办全属自治公所总理知会咨议局解决之。

第七条　凡经过该厅州县境内之河川等，即为该厅州县之管辖区域；其以河川为界者，应就中流为分界之线，但有特别情形时不在此限。

第八条　各厅州县所属之城镇乡，以现分之城镇乡区域为标准。

但于调查选举时发见不便之情势必须拆并者，得由筹办全属自治公所总理会同地方官及该地绅士，酌量拆并，仍禀报自治筹办处备案。

第九条　城镇乡区域不便，而该城镇乡之两方均设有议事会时，由该议事会协议拆并；其仅一方设有议事会，一方未设议事会者，有议事会之一方先行议决，会同未设议事会地方之绅士商明拆并，仍会同筹办全属自治公所总理呈由地方官禀报自治筹办处备案。

第三章　调查居民及选民

第十条　筹办厅州县自治调查居民及选民，由筹办全属自治公所发给调查表格，交由各城镇乡办理，全属自治选举分所实行调查。

调查表格一遵自治筹办处颁发定式，其调查细则由自治筹办处拟定，通饬施行。

第十一条　凡厅州县所属之城镇乡内现有住所或寓所之居民，皆得为厅州县之居民。

第十二条　凡厅州县所属城镇乡内之船户，岸上虽无住所，而本处船行有名可稽者，仍以有住所论。

第十三条　厅州县之选民，依章程第八条，以有选举城镇乡自治职员之权者即有选举厅州县议事会议员之权，但现任本厅州县官吏及现充本厅州县巡警者不在此限。

第十四条　依章程第九条之规定，凡得为厅州县之选民者，除小学堂教员外，皆得被选为厅州县议员。

第十五条　调查居民及选民时，府厅州县章程第八条、第九条、第十条及城镇乡章程第十五条、第十六条、第十七条、第十八条、第十九条均由筹办全属自治公所摘录印刷，分配于各调查员。

第十六条　调查居民及选民遇有疑义时，由调查员函询筹办全属自治公所总理随时解答。

第四章　宣示选民册及核配议员名额

第十七条　各城镇乡办理选举分所于各本区调查完竣，将各本区选举人名册宣示于各本分所。

第十八条　选举人名册宣示后，应以二十日为确定之期，凡在确定期内照章声请更正者，由各该城镇乡选举分所职员更正之。

前项更正之事如遇争议时，由筹办全属自治公所职员处理之；再不服者，由该管地方官处断。

第十九条　选举人名册确定后，各城镇乡选举分所各造具选举人名册连同各本城镇乡居民册汇送于筹办全属自治公所，仍各存选民册副本一份于各本分所备查。

第二十条　厅州县筹办全属自治公所收到各城镇乡选举分所居民总数报告后，即汇计全属居民总数。算定全属应出议员名额。其算例如左：

甲、人口在二十万以下者，议员以二十名为定额；

乙、人口二十万以上者，每加人口二万增议员一名，但至多以六十名为限。

第二十一条　厅州县筹办全属自治公所算定全属应出议员名额后，应依全属应出议员名额分配于各城镇乡选举分所。

第二十二条　厅州县全属议员算定名额分配各城镇乡选举分所之法，由筹办全属自治公所以全属居民总数为实，以应出议员名额为法，用法除实，视得数多寡，定若干居民得分配议员一名，再按各城镇乡选举分所区域内居民总数多寡，核计分配之。

依前项核计各城镇乡选举分所区域内居民总数分配议员名额，其各城镇乡选举分所区域内居民总数或不敷分配议员一名，或敷分配若干名之外仍有零数，致议员不足额者，比较各城镇乡选举分所区域内零数多寡，将余额依次归零数较多之城镇乡区域选出之；若两区以上零数相等，其余额应归何区，由筹办全属自治公所职员会同地方官抽签定之。

依前项分配之法，若选举分区内有人数过少，仍不敷分配议员一名者，得合并二选举区为一选举区，但须得合并与被合并之两选举分所职绅之合议，呈由地方官申报督宪及自治筹办处备案。

第二十三条　厅州县筹办全属自治分所算定分配议员名额后，应将该分区议员名额详具说明书，连同全属分区总数、居民总数、选民总数绘图列表，呈由地方官申报督宪及自治筹办处核夺。

第二十四条　厅州县筹办全属自治分所核分议员名额遇有疑义，随时电请自治筹办处解决之；其核分错误，自治筹办处核明，应即电饬改正。

第二十五条　厅州县筹办自治公所核分议员后，应将各城镇乡选举分所区域内应选出议员名额会同地方官备文，分配于各城镇乡选举分所。

各城镇乡选举分所接到应出议员名额公文后，应即于各本分所宣示之。

第五章　议事会选举

第二十六条　各厅州县选举议事会议员，须于选举定期二十日以前，由筹办全属自治公所商明地方官，颁发选举告示于各城镇乡选举分所。

选举告示应载之事项照自治选举章程第五条办理。

第二十七条　各城镇乡选举分所接到选举告示后，应即张贴于各本选举分所并各区域内之通衢。

第二十八条　各城镇乡选举分所张贴选举告示时，应即预备布置投票所，并将投票所所在地方及启闭定时于各本区域内张贴广告。

第二十九条　各城镇乡选举分所选举厅州县议事会议员，须同日举行投票，其投票细则由自治筹办处另定通行。

第三十条　各城镇乡选举分所选举完竣之翌日，应即举行开票，其开票细则由自治筹办处另定通行。

第三十一条　各城镇乡选举分所举行开票，按照各本区应出议员额数，以得票较多者定为当选人。

开票时遇票数相同，无多寡之比较者，应依选举章程第三十二条办理。

第三十二条　各城镇乡选举分所开票完毕后，除将当选人姓名即日宣示外，应造具当选人名册，移送筹办全属自治公所呈明该管地方官。

第三十三条　各城镇乡选举分所宣示当选人名后，如有选举争议，须自选举之日五日以内呈明地方官会同筹办全属自治公所职员公断。

不服前项之公断者照章呈请咨议局公断之。

第三十四条　选举人确定后，地方官应即通知各当选人，于五日内答复应选，即行给予议员执照，并申报督宪及自治筹办处。

当选人受知会于五日内不答复者，作为谢绝应选。对于谢绝应选人之办法，除有自治章程第十二条之理由者外，应依第十三条之规定处分之。

第三十五条　已受领议员执照者，即为该厅州县议事会议员，以召集开会之第一日为始任之期。

第六章　议事会成立

第三十六条　厅州县议员给予执照后，由地方官于开会定期十五日以前召集各议员举行开会。

厅州县议事会开会遵章以九月为会期，其会堂之布置由筹办全属自治公所职员任之。

第三十七条　厅州县议事会开会之日，应即选举议长、副议长，其选举细则由自治筹办处拟订，通饬遵行。

第三十八条　厅州县议事会成立，应由议长、副议长遴派文牍、庶务等员，其员数由该议事会自定之。

第三十九条　厅州县议事会成立，应由地方官移交督宪刊发木质钤记，由议长、副议长启用，呈报督宪及自治筹办处，并知会咨议局。

第四十条　厅州县议事会成立，所有会议事项，除遵章程第二章第三节办理外，仍得自订规则，呈由地方官申请督宪核定。

第七章　参事会选举及成立

第四十一条　厅州县议事会成立后，应由议长呈明地方官，定期选举参事会参事员。

第四十二条　参事会参事员由议员中互选充之，其定额以该议事会议事员十分之二为准。

选举参事会参事员时，须另选候补参事员，如其参事员之数。

第四十三条　参事会参事员选定后，遵章以地方官为会长，遴派文牍、庶务等员，其员数由会长酌定之。

第四十四条　参事会成立后，由会长启用参事会钤记，申报督宪及自治筹办处，并知会咨议局。

第四十五条　参事会会议除遵照章程第二章第三节办理外，仍得拟定议事细则施行。

第八章　附则

第四十六条　本细则以督宪批准札到各试办州县之日为施行之期。

第四十七条　本细则未尽事宜，应遵照自治章程及自治筹办处所订各项章则办理。

第四十八条　各厅州县筹办全属自治公所非至参事会成立以后不得裁撤。

第四十九条　各厅州县筹办全属自治不遵定章，致逾另表所定成立期限者，除地方官呈由督宪分别惩处外，筹办全属自治公所总理亦应处以相当之惩罚。

第五十条　本细则以各厅州县全属自治成立为效力之终期，其成立以后施行自治章程细则，俟第三届咨议局开会时由咨议局另定议决，呈由督宪核夺施行。

第三，厅州县自治缩限成立定期进行表

谨按：奏定清单，办理厅州县自治原无合全省各厅州县限以日时成立之文，惟现既拟于湖北省分就定章限度内略为变更，则计日程功，必有共同遵守之定限。查自治章程，厅州县议事会开会以九月为会期，克限之定点，自宜以九月为成立之标准。今距宣统三年九月尚有一年，为时匪促。从前湖北筹办咨议局，开始于光绪三十四年十二月，远属厅州县或于宣统元年正月始肇其端，而咨议局选举尚多一复选之手续，是年六月十五日全省各属同日竣事。先例犹在，仿效非难。惟湖北各厅州县远近不一，章文迟速，斯有参差。兹表定限托始以最远者为准绳，俾得按时课事。其近属奉文较早者，原可提前办理，从容展布，非必抑令枯坐以待时至也。定表勒限，但期大纲不逾，非必枝节之必合。从前筹办咨议局，期限清单大纲细目皆排一定之期日，甚有同日可办之事，以事属数项，必分数日，其究亦不能不任其出入之自由，迂而无当，亦可哂矣。兹表但以大事为经，勒以大致之期限，其分条子目，但在大经定限之内，原难刻以一成之期。各厅州县如期进行，不必胶柱以期合，所以求利推行而免滞碍也。拟表如左：

纲要	分目	办理主位	期限
一、成立筹办全属自治公所及各城镇乡办理全属自治选举分所	甲、筹办经费 乙、遴派总公所职员 丙、择定公所 丁、按已划定之城镇乡区域遴派分所成员 戊、择各城镇乡适宜地域设立分所	地方官合同绅士 同上 同上 同上 同上	宣统二年十二月内

续表

纲要	分目	办理主位	期限
一、着手调查	甲、颁发调查表格 乙、遴派调查员 丙、实地调查居民及选民	公所 分所 同上	宣统三年正月内
一、调查告竣及选举人名之宣示	甲、各城镇乡选举分所汇收各调查员调查表册 乙、汇订居民草册 丙、编造选举人名册 丁、宣示选举人名册于各本分所 戊、报告各本分所居民数目于全属公所，居民册造齐补送	分所 同上 同上 同上 同上	宣统三年四月底止
一、选举人之确定	甲、算定本属应出议员名额 乙、算定各城镇乡分所区域内应分配议员名额 丙、申报该属议员名额及各城镇乡分配议员名额 丁、汇造各本城镇乡分所区域内选举人名册移送于全属公所	公所及地方官 同上 同上 分所	宣统三年五月内
一、举行选举	甲、颁发选举告示 乙、制印颁发选举票及投票匦、投票簿 丙、布置投票所 丁、布告投票所所在地及启闭定时 戊、遴派投票管理员 己、布置开票所 庚、遴派开票管理员 辛、报告投票情形 壬、报告开票情形 癸、宣示当选人	地方官分所 分所 同上 同上 同上 同上 同上 同上 同上 同上	宣统三年六月内

续表

纲要	分目	办理主位	期限
一、当选人之确定	甲、造具当选人名册移送全属公所呈报地方官 乙、知会当选人 丙、发给议员执照 丁、汇造议员名册申报督宪并自治筹办处	分所 地方官 同上 同上	宣统三年七月底止
一、议事会成立	甲、发布召集议会告示 乙、布置议事会 丙、申请督宪发给钤记 丁、选举议长副议长 戊、选举参事会参事员 己、申报议事会参事会成立于督宪及自治筹办处	地方官 公所 地方官 议员 同上 地方官	宣统三年九月内

第四，筹办厅州县全属自治经费之补助

谨案：各国地方自治，皆有以国库为之补助者。我度支部奏定预算表式内，亦有补助地方自治经费之目。近如山东、浙江等省，奏拨库银办理各厅州县自治研究所，亦补助自治经费之一例。盖地方之能力薄弱，恒难于大举。当今筹办伊始，居民未见地方自治之益，筹措巨款，必裹足而不前。听其自为，势必以经费难筹迁延岁月，甚或以款由不足托名，筹办并不实力进行，成立则永远无期，岁支则绵延不绝，于事实无济，而用款且不知其纪极，否则强为罗掘，征及锱铢，民怨沸腾，求治而实以酿乱，均非朝廷望治之意也。查督宪奏预算湖北宣统三年分经费表册折内开：补助自治经费，需银一百五十余万两等语。足见卵翼自治，已为督宪所关怀。惟湖北财政困难已达峰极，百万以上之大款，诚恐穷于支应，且为数太巨，于补助之义亦觉名实不符。兹拟适中之数，依据提使学司申报学部湖北厅州县等级表酌分三级，量为补助，如左表：

一等补助费：

江夏县、武昌县、兴国州、蒲圻县、大冶县、汉阳县、汉川县、孝感县、黄陂县、沔阳州、钟祥县、京山县、潜江县、天门县、随州、襄阳县、南漳县、光化县、黄冈县、黄安县、蕲水县、麻城县、黄梅县、荆门州。

以上二十四州县各补助银一千二百两。

二等补助费：

咸宁县、崇阳县、通城县、枣阳县、应城县、应山县、公安县。

以上七县各补助银一千两。

三等补助费：

嘉鱼县、通山县、夏口厅、当阳县、远安县、宜城县、谷城县、均州、郧县、房县、竹山县、竹溪县、保康县、郧西县、安陆县、云梦县、罗田县、石首县、松滋县、枝江县、宜都县、东湖县、归州、长阳县、兴山县、巴东县、长乐县、鹤峰县、恩施县、宜恩县、来凤县、咸丰县、利川县、监[建]始县。

以上三十四州县各补助银八百两。

通计六十九厅州县共计补助银六万七千八万两，其支拨报销之法由自治筹办处另定详章。

第五，厅州县议事会议员之研究

谨案：奏定自治研究所章程第一条"研究宗旨"，即为造就自治职员而设。盖自治会职员，为地方谋公益，非具有普通学识，必不足以胜任。惟现在省垣研究自治者，毕业之数既不甚多，且亦未必皆当议员之选。各厅州县自治研究所计明年当能遍设，而厅州县议事会成立，必在其毕业之先。所选出之议员，虽必为公正之士绅，未必即裕自治之知识。但务成立而不事研究，美锦学制，或有偾事之惧。即使不至偾事，亦必有形式而无精神，甚者并形式而无之，致足惜也。查上年咨议局成立之始，议员到省，即有临时讲习之举。拟仿其意，于各厅州县议事会议员选出之后，各组织一议员讲习所。临渴掘井，虽近于补苴之为，然有一日之研求，即可溚一分之知识。

用费无几，而收益实多，似一最切要之图也。谨拟定简章如左：

厅州县议事会议员讲习所简章

第一条 厅州县议事会议员选定后，筹办全属自治公所总理应商承地方官，会同该属自治研究所职员组织议员讲习所。

第二条 厅州县议员讲习所以各该厅州县议事会议员之全体为讲习员。

第三条 厅州县议员讲习所讲友，以各该厅州县自治研究所所长、讲员充之。

第四条 厅州县议员讲习所统于宣统三年八月初一日开始讲习，讲习时期以满一月为度。

第五条 厅州县议员讲习所讲习定课如左：

（一）府厅州县地方自治章程大意；

（二）城镇乡地方自治章程大意；

（三）府厅州县、城镇乡议员须知（此书应由自治筹办处编订，廉价发行）。

第六条 厅州县各议员讲习所讲员于讲习期间得酌量发给旅费。

第七条 厅州县议员讲习所讲友于讲习期间得酌给夫马费，但有给讲友以三人为率，其愿充名誉讲友者不限定数。

第八条 厅州县议员讲习所讲习时间除星期日外，每日以五点为率。

第九条 厅州县议员讲习所无论讲友、讲习员，每日莅所讲习时，须各签名于出席簿。

第十条 厅州县议员讲习所讲习员于讲习时间外或星期日，得自开讲演会研究地方自治一切事宜，遇有疑义，随时得咨询讲友解决之。

第十一条 厅州县议员讲习所之成立及完毕，均由筹办全属自治公所呈明地方官申报督宪及自治筹办处备案。

副议长张君国溶：请提议员汤君化龙报告提出理由。

议员汤君化龙陈述提出本案理由：本议员提出此案宗旨所在，因为部章所定宣统五年城镇乡地方自治始一律成立，六年州县地方自治始一律成立。照章所定是先办城镇乡自治，后办厅州县自治。今日财政困难，各省皆同，而人民程度各省互异。就湖北看起来，非先办厅州县自治提前成立不可。盖今日办理城自治均以全县之款注重一城，一办到镇乡必定生出许多争议。现在中国生计支绌，士民安居在乡的很少，人才不足以议员相应。试问今日一县有足充议员百人、二百人没有？即以现在自治研究所与法政研究班的人合而计之，一州县亦不过几个人，要各城镇乡都得议员怕靠不住，不如先办厅州县自治，议员尚足应用，且从前所分的城镇乡区域，大概就固有的区域区划并未十分注意，办甲处不问乙处的利害，办乙处不问甲处利害，种种冲突势必不免。惟先办厅州县自治，乃可以提纲挈领，免此冲突。本议员以厅州县自治会先成立有许多好处，现在咨议局之地位，上不在天，下不在田，很是不稳固的。若是厅州县自治会一律成立，六十九州县皆能与咨议局相通，魄力自然厚大。本议员的意见，想明年九月初一日各厅州县一律成立，十冬腊月我们议员开一个湖北厅州县自治会议员联合会，就开在省城，我们出点经费，请各厅州县自治员到局研究一两个月，彼此抱一个方针，替湖北做事。上有呼者，下有应者，就可以联合一个团体。至于此案应否作为议题交付审查，敬听公决。

张副议长国溶：此案已经本提议员说明提出理由，看是交付审查不交付审查，请大家研究。

李议员继膺：汤君提出来的自治案，本议员已通同看过，很表同情的。去年好几次计划，不是统筹全局的，汤君是统筹全局的，断无有不交付审查的道理。在汤君提出此案，替湖北统筹全局用意可谓远大，但有一层，议员讲习章程说是议员讲习，但是办理自治，总要有点自治的智识。本议员就拿实上看来,办理自治的人才是很要紧的。至于所说公民养成所,不知中国所说的公民是养成何样的人,本省法政学堂有自治一班,本议员看见有两个毕业的,毕业之后叫他办一自治公所,他不知道自治二字为何物,连划区办事也不晓得,到回家以后,一事不办,简直的闹出许多笑话来。汤君所提的案无所疑虑,本议员的意见以为凡办自治,总得有自治的人才,以本议员所见的而论,实在是靠不住的。

议长汤君化龙:李君所说问题非本案问题,是人才缺乏的问题。人才缺乏不独自治为然,即办理新政亦皆有人才缺乏之虞,这种人才的问题可另想别法。

张副议长国溶:刚才李君先所发表的意思,可算得已表同情。如有赞成此案可以交付审查的,请起立取决。全体起立可决。

张副议长国溶:第四案已全体赞成,交付审查,请议长入席。

议长汤君化龙:请饬武汉及各州县多设工艺厂备荒案,议员蔡君中燨提出,请书记长朗读。

书记长石君山儼朗读原案:

请饬武汉及各州县多设工艺厂备荒案

米价之贵,至今日已极,即无水旱偏灾,生活已属不易,况复频年大水为灾。吾鄂之滨临江汉者,如江陵、监利、石首、潜江、沔阳等州县,生者荡析离居,死者枕籍道路,易子析骸之状,惨无天日。近又如湖南常德府属之水灾,尤为百余年来所未有,以故各属因米价之贵,饥民滋事者不一而足。长沙之变,可为寒心。乱机之伏,已非一日,岂尽民之无良,以其为盗贼而死与饥饿而死一也。若不先事预防,广筹生计,灾变之来,虽复发帑募捐,殷殷拯救,而区域之广,时日之长,终属无济。明季流寇之乱,裹胁者多系饥民。殷鉴不远,言之足痛。今欲谋生计而弭乱机,舍广开工艺厂之外,别无良图。

理由与经费 吾鄂去岁水灾,其赈款不下数百万,亦云巨矣。

然灾区之大，灾民之众，终无补于万一。且赈荒一事，古无良法，济众博施，尧舜犹病。今宜呈请督部堂移筹赈局之款，并武汉各善堂之款，在省城、汉口地方开设工艺厂数处，收养饥民，教授手工，专以改良土货仿造洋货为主；而又在各州县设立分厂，其经费即以各属积谷之款，或地方各义举之款为之，否则，即提庙产亦可。良以积谷与各义举之款原为救荒恤民而设，此则备民荒于未然者也。但各州县之分厂，总以浅易手工、视本地各场店之易销售者为主。

办法　武汉各厂其管辖之权，统之劝业道。其办理之责，责之商会与各善堂绅董。至于聘用教师、制造何等货物及厂内一切章程，均由商会酌定，禀请劝业道批示遵行，造成之货，由商会分派武汉各店销售，或运往他埠销售。倘仿造之货与洋货一律，断不许奸商市侩借口于本货之低，而故抬洋货，此故自有之主权，想各商家亦必深明此义，且借此以抵制洋货者也。至于各州县之分厂，应由劝业道札饬各地方官会同商董及积谷首士、劝学所总董、实业学堂管教各员妥筹办理。其基址即以本地庙宇或祠堂扩充，为创办之始。聘用教师，则由地方官禀请劝业道委派；购置机器，则由地方绅董备价转请汉口商会代办。凡机器运回本地，道里遥远，经过厘卡官局，应请督部堂通饬一概免捐，不许稍有留难勒掯等弊。造成之货，亦由地方绅董分派各店销售，断不准舍本地之货而私贩洋货，违者予以重罚。若地方富商巨户有能自备资本或纠合资本创设厂内能容千人以上确有成效者，由地方官禀明督部堂以异常劳绩请奖，既以惠工而代赈，复以赈荒而生利，实业因之日兴，洋货因之日少，计无有善于此者。

议长汤君化龙：请提议员说明理由。

蔡议员中燨：近来米粮之贵已达极点，饥民起事不一而足。前、去两年，水旱天荒无省没有，我们湖北更甚。至于湖南饥民也是很多的。虽有皇帝所发的帑，商会所募的捐，无如灾区太广，难于普通，想要他不流离失所是更难的事。不如把这个款子，在有荒的地方多设劝工厂，收养饥民，一则可以救饥，一则可以备荒。现在中国的百姓生计日艰，灾害又年复一年，欲谋生计，欲弭乱机，我着舍开工厂之外，别无好法。开工厂的款子，一面呈请制台筹募，一面由各州县将积谷变卖，且由各善堂协济。至于教授手工，当以改良土货，仿造洋货为主。本议员的意思是这个样子，请大家公决。

议长汤君化龙：本案已经提议员说明理由，大家有意见的请发表。

胡议员瑞霖：这请饬武汉及各州县各设立工艺厂备荒案，以工业救荒是一种法子，以工业备荒是作不到的，到了年成一荒，作出来的东西就没有人要。说以工代赈是很可以的，惟不是可备荒。还有一层意见，原案说可以"改良土货，仿造洋货"，这八个字很不容易作到的，我们今日手工很难做到。譬如这个铃，中国未必作不到，甚至于费力作出，比他们还好些，不过他所造的是机械，我们所造的是人工，拿出来摆样子就可以，决不可以作生意赚钱，仿造洋货是断乎不能的。至于改良土货也不容易，像我们局的桌子椅子可算改良到极处了，试问这桌子椅子能够适用于一般普通不能呢？别的只要一串钱加工，把一串四百钱就算肯出钱的了，这要一串八百钱，你看哪个肯用他呢？这个案只要有点良心的，没有不绝对赞成的，不过是，就事实上看起来是做不到的。至于各州县的积谷是不能动的，如说要把积谷变卖来开工厂，试问再遇荒年，做出的东西尚未变出钱来，能不能把这个东西拿来当饭吃呢？凡工厂东西总要买的人多才好，若供给过于需要，就把活钱变成死货。就说要开工厂，哪里有钱购办机械，不过是用人工，人工作出来的东西，不过草鞋、花布、毛巾，试问这个东西能行销得几多呢？若说那些善堂款子，他是注重在施棺木，施医药，施义渡用的，岂肯拿出把你开工厂呢？有这种种事实上的障碍，只怕做不到。

议长汤君化龙：蔡君提出这个议案很费苦心，胡君对于此案也非反对，不过就事实上怕做不到，到底大家赞成这个原案与否，可起立取决。起立者五人。否决。

议长汤君化龙：第六，整顿统捐局议案，金君式度提出。请书记长朗读原案。

书记长石君山俨朗读原案：

整顿统捐局议案

张文襄公鉴于厘金之弊，改行统捐，期便民也，讵知流弊适以病民。统捐即子口也，于第一卡收足以后，经过局所但验票放行，定章如是。今则不然，凡已完统捐之货船，每遇一卡百般挑剔，或指为货票不符，或指为斤两不符，或指为石斗不符，或指为货件装束不符，吹毛求疵，种种留难。船户急赶途程，哀鸣俯首，求其过数过秤过携而又不即查验，故意迁延。船户之巧滑者，重贿司巡，从轻补纳。船户之愚懦者，亦听其按数重征，司巡更加需索，不饱私橐，仍不放行。有时喊禀，局委竟明目张胆以告之曰，比较太严，若不重征，全无收数，尔如上诉，我得卸肩，悍然不顾。无路呼冤，嗟我商民，殊堪矜悯。闻竹木统捐弊端更巨，不贿司巡，以少报多，重贿司巡，以多报少，行贿一条，几成习惯。现拟设法改良，几穷无术，徒为补苴罅漏。立一法，适增一弊，其如人心太坏何。抑勒重征病在商民，大头小尾病在公家，上下相蒙，利归中饱。中饱之弊，防不胜防，胡文忠公早见及此，所以截止有期，厘税已恃为进款大宗，必不能因噎废食，谬为不识时务之谈。此法既行，欲求弊绝风清，即集千万人之心思，亦难求完全善策。防抑勒之弊，惟有责收数无多专同查验之局卡酌量裁撤，宁宽无刻。如下新河去年新设一卡，专司查验，任意诛求，为害最烈，急宜裁去。其不能裁之局所，由藩司出示晓谕，船户有前局捐票可验，即令放行，不得故指斤两担斗装束不符，生端盘诘，勒索商民。如有此等情弊，准船户赴附近地方官具诉；一面由藩司通饬地方官准理此项案件，防大头小尾之弊。安心欺罔有何法以防及隐微？惟有由总局出示，晓谕商民，愿以统捐原票送缴总局者，予以本捐二十分之一之利益，商民为利是视，虽不能尽数收回，而缴者当亦不少。且有此一法，亦足动局委之戒心，如校对有根票不符，即置诸重典，以儆效尤。司巡一役多下等社会之人，全无心肝，不顾名誉，宜改用佐杂职官，虽贤否不齐，而微有考成，自知顾惜。总之，人心日坏，无计挽回，我恃为杜弊之计，而弊每从而生之。我视为必不敢生之弊，而彼竟公然为之。不正人心，万端莫治，独统捐乎哉！

议长汤君化龙：请本提议员报告理由。

金君式度：这个统捐局的案子是本议员提出，不过一管之见。但是统捐的流弊，人人皆知，商民受苦，更不堪言。张文襄公因为厘金有流弊，改为统捐，虽说卡子已经裁了好多，而下新河新设一卡舞弊更甚，可否裁撤，应请公议。大凡多裁一卡子，则商民少受一处害。据本议员所见，以为专司查验卡子可否改用委员，固然委员都未必全是好人，然而大小是个官，较有考成，并宜多出几回告示，不准勒索商民，三令五申或者有所补救。至于大头小尾，写给商民的票子是十吊钱，存根止写一吊钱，商民惟利是视，虽多用些钱，只要不留难他，他也就不计较了。总总［种种？］陋习，都是该敷［整］顿的。若据本议员所见，于商民不无小补，能付审查与否，尚须公决。

议长汤君化龙：本案已经提出议员陈说意见，大家有甚么意见，请讲一讲。

李议员继膺：金君所提的此案，于商民财产有绝大关系，文义虽然不好，据本议员所见，以为可以交付审查。

胡议员瑞霖：金君这个议案关系很大，不过这个事要研究得极精，等他溜不动。至于大头小尾的弊，并不难杜。我想一吊钱的票子用红纸，一吊五百钱的票子用蓝纸，两吊钱的用黄纸，这个弊就可以杜绝。然从根本上解决，只有加税免厘是顶好的办法。我们沙市厘金我是亲眼看过了的，就是用大青铜钱还要补尾子，那些商民说胡文忠公、张文襄公都树得有碑，没有说是要补尾子。那些司事们说你去问碑就是了。试问他们所恶诈的不过几百十吊钱,谁肯去问碑,反多花些钱,送到衙门里去呢?至于裁撤卡子,亦是去其太甚的办法,这个案子不能说是不好,不过正确理由非一时所研究得出来的,请大家讨论。

议长汤君化龙:这个议案赞成付审查者请起立取决,起立者四十九人,多数可决。

第三号

宣统二年九月初五日午后一时开场。

议事日表:

第一　请定州县公费议案　　议员谢君鸿举提出

第二　请严禁私用门丁并裁革承启另拟办法案　　议员蔡君中爔提出

第三　早申禁种洋烟议案　　议员卫君寅宾提出

第四　各府厅州县科房改为公所议案　　议员刘君寅熙提出

第五　议决公布之案请饬州县实行议案　　议员吴君楚材提出

第六　筹办各厅州县巡警议案　　议员刘君寅熙提出

议长汤君化龙:今天是本局第三次会议,先请书记长报告一切。

书记长石君山俨报告到会五十七人,并朗读各省来电与本局复电。

一、浙江来电:

> 湖北咨议局鉴:邮部片奏铁路公司与普通公司情形不同,违法欺君,剥夺民权,不独浙路首受侵害,全国同被影响,本局已停议力争,请为大局协助。浙咨议局。支。

一、奉天来电:

> 湖北咨议局鉴:预算未交出,各省能否照联合会原议?贵局为此次主任,速复。奉局。支。

一、本局复奉天电并电各省咨议局：

　　直隶、山西、陕西、江西、江苏、广东、云南、四川、奉天、河南、广西、贵州、安徽、山东、浙江、湖南、吉林、黑龙江咨议局鉴：预算不交，准照联合会议。初八日电资政院。盼复。鄂局。

一、本局致福建咨议局电：

　　福建咨议局鉴：已通电准初八日同电院，坚持原议，请愿事赞成，议长加入代表团，函详盼复。鄂。

议长汤君化龙报告：今天所提议案有六件。

第一，请定州县公费议案。
议员谢君鸿举提出，请书记长宣读原案。书记长石君山俨宣读原案。

请定州县公费议案
提议员谢鸿举

　　第一章，请定公费之理由

　　元年十月十六日由本局呈整顿湖北吏治一案内，有定公费一条，蒙前督宪批云："整顿吏治一案所陈，均中时弊，宪政万端，植基吏治，朝廷澄叙官方不遗余策，即本部堂莅鄂年余，亦无时不以振饬吏治为事，凡开陈充惬实，足借资匡益。惟其中定公费一条，事关官制改革，职在馆部，非本省所能自谋者也。"和慎谦光，具见重内轻外，慎守权限之至意。下情感戴，颂祷莫名。顾犹不能已于议者，州县之廉俸不足以自养久矣，所赖以生活者，皆陋规耳。今当清理财政伊始，又宪政萌芽之始秋，每行一事，必先筹款。地方集款，必借官收，公私之界苟不明，款项最易淆混，或为甲筹而指拨乙用，或明为征集而暗已支销，新旧交代，前者已往，后者不知，追问无从，万姓之膏血遂散流于无地。迨一事出，则又明号于众曰国民应担义务。呜呼，民力竭矣！朝吸其膏，暮剥其脂，利未克享，而害已渐深，款所自出而用不与闻，民亦何心复乐效力。近自治会又将成立，诸凡杂费又无一不筹之于绅董，而征之于官吏。官无沾润，则将曰我不带钱做官。绅为清理，则又曰我非为官营利。官与绅两相疾视，遂两相抵牾。社会见无官力规约因以不行，始则官与绅隙，继且绅与绅隙，日以争利自扰，势且终于自乱，自治之机以梗。是则公费之定，非为官也、为民也，实为宪政进行之机关也。不然，九年筹备立宪第二年单列编订官俸章程矣，第三年单列颁布官俸章程矣，第四年单列实行官俸章程矣。国家方为官谋，奚事代谋为也。

第二章，定公费无关于官制之改革

州县养廉虽微有不同，实不甚相远，而缺之肥瘠则大相悬殊。原案是以有按其缺之大小、事之烦简，酌分上、中、下三等之议。近各省会馆议捐往往按缺输款，最为公允。原议上缺酌视外国之头等知县加费若干，中缺酌视外国之二等知县加费若干，下缺酌视外国之三等、四等知县加费若干。"酌视"云者，乃比较之意，酌其缺之肥瘠而等第之，非取州县官而等第之也。盖颁自上者谓之官俸，即宪法大纲所谓君上大权设官制禄是也。定自下者谓之公费，若咨议局之有公费，各局所之有薪水津贴等项是也。此既禀称事之义，于官制无涉，定公费非费有多寡、官之大小即从费而定之也。俸与费其义别，不可不辨。

第三章，定公费亦馆部所规定

本年乃颁布官俸之期，越明年即实行，似定公费不必汲汲然。伏读度支部奏遵拟清理财政章程折云：出入既有确数，涓滴悉属公款，不筹经费奚资办公。臣部现拟章程是以有酌定外官公费之议。又读宪政编查馆奏核议清理财政章程酌加增订折云：以酌定公费杜绝瞻顾之路，其第七章酌定外官公费第二十七条云"□在官俸章程未经奏定之先，除督抚公费业由会议政务处议箄外，其余大小文武各署及局所等处，应由清理财政局调查各处情形，一面禀承督抚、度支部酌定公费，一面提出各款项规费除津贴各署公费外，概归入该省正项收款"。是定公费一节，馆部早已规定，以权授之督抚矣。其必调查各处情形者，因缺有肥瘠，不得一律强同。其必禀承督抚者，督抚所辖之地，自较馆部尤悉本省，若不与谋，馆部何所依据。前督宪意在推让馆部，其实馆部遥隔，能为各行省区划，不能代各行省施行也。按原奏第二十八条"全国财政自宣统元年起，至宣统五年全国预算案成立日止，一律照本章程办理"，似定公费犹在期限之内。公费不定，不能划清各州县财政之界限也。

第四章，定公费为官俸预备

州县廉俸略同，缺分断难划一。大宪明知州县陋规，不敢清厘，为州县养命之源在此耳。近朝廷议及官俸，亦是代为州县设想亲友之沾润，上司之供应，办事之经费于何取偿。查州县缺底，以钱漕税契为大宗，此皆国税。官为国用取怀而予理亦相当。与其暗亏，何如明予。合观馆部两奏亦是此意。前清剔税契钱漕积弊案内，请各厅州县设立经收税契兼收钱漕局矣。税契设局经理，广济已照章办有成效，各处如能仿行，并监收钱漕，自可得平余税务实数提向未报解之数，以公济公，亦于财政无累，否则，财政徒负清理之名，州县仍席规费之陋，此为两失。公费一定在官俸已先有预备，不清其源，奚得其平，故公费较官俸之厘定尤要。盖俸视官为上下，费可随地为低昂也。

议长汤君化龙：原提议人在假中，应请赞成员卫君寅宾代为报告，提出理由。

卫君寅宾：这个请定州县公费议案本是谢君鸿举提出的。谢君还未到会，本议员奉议长的命，把这个理由宣布宣布。这个州县官所以要给他定公费者，因为州县官的廉俸至多不过一千或八百两银子，似此款项，还不敷聘刑席之用。现朝廷整顿吏治,力裁陋规,然要裁陋规,必须明定各地方官公费,公费一定,然后可以养其廉,而一切陋规不裁自裁。这是要定公费之理由。第二章定公费无关于官制之改革。去岁谢君已经提过请定公费议案,前督宪说规定公费宜在改革官制以后。今谢君意思,以为定公费并无关于官制之改革。州县养廉虽微有不同,实不甚相远,而缺之大小相悬殊。今定公费可分上、中、下三等,仿照各省会馆出捐办法。近来各省会馆议捐,按缺输款最为公平,酌定公费也要按缺之大小分为三等,酌视外国州县官。外国州县官也有三等四等都须酌视加费。凡颁自上者谓之官俸,即宪法大纲上所谓君上大权设官制禄,定自下者谓之公益费,即咨议局之有公费,各局所之有薪水是也。第三章是定公费亦馆部所规定。第四章是定公费为官俸之预备。总之,为划清各州县财政界限地方,所以卫君提出这个议案,请诸君公决。

议长汤君化龙:请定州县公费议案,卫君寅宾已代谢君陈说意旨,看大家有甚么意见,但是现在湖北各州县公费已经奏定,北京政治官报已载得有,而谢君提出此案在未奏定以前,所以不能不报告的。

阮议员毓崧:这个案子是去年本局整顿吏治案内已经提议过了的,计有办法六条,大致与此案略同。现在公费已定,这个案子不必交付审查。本议员意见如此。

吕议员逵先:中国吏治之坏,坏于州县官之贪酷,而州县所以贪酷者,实因养廉不敷所用,以致滥取滥支,而立于违法之地也。现在不但要定公费,还要仿照外国定公俸的样子方好。谢君提出此议是很好的,但不是咨议局所能提议的。何也?督抚公费照清理财政第二十七条,是由宪政编查馆规定。司道以及各州县公费是由清理财政官禀承督抚请度支部规定。我们咨议局不能提议,这是就权限上说。如尚未定就可建议请督抚定,然现在已出了奏,照现在的情形,可以不必提议。既是他定了公费,我们要考察地方情形,看他规定如何。也可以提议,但是要有了预算案我们才可以考察地方情形,定多了的可以减少,定少了的可以增加,而预算案尚未交出,一年岁入岁出究竟多少,尚不得而知,我们于此亦无从提议。这是就事实上说。也可以不必提议，刚才阮君所说不必交付审查，本议员也是很赞成的。

议长汤君化龙：请定州县公费议案今日应提议不应提议，是第二说。原来议案是请定公费，现在公费已定，这个议案的目的已到达了，即是这个议题的目的已消灭，自然可以不议。

第二，请严禁私用门丁并裁革承启另拟办法案。

议员蔡中燨提出。请书记长宣读原案。书记长石君山俨宣读原案：

请严禁私用门丁并裁革承启另拟办法案
提议员蔡中燨

州县门丁之害，尽人知之。久经各大宪禁革，改用承启官，以为从前积弊一旦廓清，民害庶几可除，而不知各州县阳奉阴违。有到任并未请委承启者；有虽委承启，而承启仅得干脩，并不随赴任所者；有既用承启，而承启等于虚设，仍以门丁用事者；有既用承启，又用门丁，承启与门丁朋比为奸者；有名用承启而需索无异门丁者。种种弊端，较之未设承启之先尤甚。未设承启之先，虽地方不肖士绅亦决不肯与门丁相接，地方官之严肃者，亦决不容门丁进言，而门丁所与交接之人，不过书差，惟有指官诓诈而已。今则改用承启，地方官之自好者，承启固不敢肆其溪壑之欲，若地方官借讼费以为资润，则承启之设，直不啻为地方官添一贿赂之过付[？]人耳。间尝悉心调查，多由于地方官讯结一案，或和息一案，必向承启提钱若干，名曰归大账。以故承启、门丁鱼肉百姓愈无忌惮，即地方官亦竟有私通贿赂者。若各州县审判厅成立，此等积弊自可剔除。今尚未至其时，应呈请督部堂设法整顿。试略举办法如左：

办法：查各州县衙门，以词讼案件为多，次则来往文牍。承启官之设，无非传递词讼、禀状，收发来往公文而已，与门丁所司之事无异。门丁受贿尚不过朦蔽长官，而承启则直向地方官进言。查各州县尚有承发书，系专司调发卷宗及来往公文、挂号等事宜，于大堂两旁设票桌二处，派承发书之谨愿者二人，经理禀告挂号及收发来往公文等事。州县为亲民之官，似宜日坐大堂，与民相近。凡民间词讼可先向收发处挂号，由告状人与地方官直接。又大堂中间设木匦一个，仿咨议局投票匦式，只须用盖一层封锁完固。又于匦旁设一木梆，凡民间词状适值地方官公出，或官不在大堂时，急须呈递者，由告状人先在收发处挂号，将词状投入匦中，敲梆三下，署内即倩人持钥开匦，将词状取进批判。惟既设承发书经理，又设木匦木梆者，所以杜承发书留难需索之弊；既设木匦木梆又设承发书挂号者，所以杜挟嫌匿名之弊。今将承发书所司各事，划分甲乙两种，以便经理人分途办理焉。

甲、专司收入之文案，设在大堂东偏，派承发书一人，管理上司发来之札文及本地衙门学堂局所移送之函牍、各房送核之签稿、词状之挂号等等。

乙、专司发出之文案，设在大堂西偏，派承发书一人，管理本属申请上司禀件，及移送本地各衙门学堂局所函牍，各由署发房公事。

经费：三八告期之词状挂号，每挂一号，由告状人出钱一百文。三八之外，凡词状挂号者，以二百文为率。即以此钱作为承发书饭食纸笔津贴之用，惟命盗重案不准取钱分文。此外如旧有传词费、押词费等名目一概革除，违者立予重惩。

议长汤君化龙：蔡君中燨现在假中，赞成员是胡君壬林；现胡君也在假中，应请第二赞成员周君培金代为报告理由。

周君培金：蔡君中燨今天在假中，他所提出的议案，一切理由都载在原案上，至于他这个事件未必能做得到。

议长汤君化龙：周君是此案赞成员，既是赞成员，就应该把赞成的理由说明为是。

周君培金：这个议案虽有我的名字，其实我并不晓得。

议长汤君化龙：所以要署赞成员之名者，为的是要切实赞成。

张副议长国溶：照章议案要有五人以上赞成方可提出，今周君既不赞成，可候补足五人以上之赞成，再行提议。

阮君毓崧：蔡君请严禁私用门丁并裁革承启另拟办法一案，才将议长说本人既不在坐，而张副议长又说周君既不承认赞成，须补足赞成员数再行提议，这个成为议案不成为议案姑置勿论，暂就此事说一说。现在私用门丁之弊，早已改革，用承启官原以救门丁之舞弊营私也。门丁持官府为护符，州县持门丁为爪牙，以致人民受害无穷。承启官之价值较门丁稍高，蔡君既说承启官不好，必深有所见，但现在承启官之不能去，此乃事实上之彰明较著者。如说他确有弊端，此案中毫无一条明文，既无证据，又何得遽言改革。其所拟办法，承书役止用两名，一名专司收入，一名专司发出，但是州县无论大小，事务无论烦简，断非两名书役所能办得到的。又云每词状挂号收几文钱作为书役常年经费，每一张纸取一百钱，作两名书役常年经费，此事又与本局去年裁汰书役陋规的议案相冲突。总之，此案别无条件，据本议员的意见，亦在取消之列，无须再补足赞成员数。

刘君德标：蔡君提出议案必有意见，议长说有的赞成，有的不赞成，据本议员的意见，以后赞成他人议案总要签下字来，并不问议案之行不行。至于说请裁门丁一层，门丁本不好，所以不用门丁改用承启官，这个办法可算得好。大凡有治法，就有治人。我们就是各州县绅士，地方官做事用人不好，我们可以说他。像这些当绅士的人，地方公益事件概行置之不问，任听地方官纵容门丁。本议员以为地方绅士放弃责任，所以门丁、承启均可为地方之害。

但君祖荫：这个吏治上的要义是在法不在人，只要大家作官的很肯办事，就不得有过失。从前门丁是个贱役，本惟利是视，一班劣绅多交结他，因此长了他的威风，弊端丛集，所以剔除此弊，就要改用承启官。然而承启官之弊更甚，可见这是在人不在法。如说无承启官就不能办事，而承启书房与承启官有何区别？但就我们蒲圻而论，现在承启官就坏得很，百姓也无力反对，就是上控，亦只有批出查明禀复的空洞具文，本官也只有袒护他的，受害的百姓冤无可伸。再办公事本是他一个人责任，然就地方官还有县丞、典吏等以佐其外，刑名书启等以助于内，既无承启官亦未必无人办事。原来设承启官不过是改革门丁的弊病，我蒲圻的承启官此是人不好，并不是法不好，这个议案也可以交付审查，俾他们晓得有这个议案，闻而知惧，诸君以为何如？

但君祖荫：承启官有坏处，必定是有劣迹可据，然其情节必地方健讼之徒才能深知。向来地方公正的绅士总是以讼事为戒，本朝法律裁定亦有不许健讼。我到省时节，也有人向我说承启官所以然的不好，叫我陈说，我也不敢。但是蒲圻县上年为饥荒出了抢案，若是平日抢窃，本是应该办的，若是为饥荒逼迫攘窃粮食，办来殊觉可怜，是不能办的。如有到县报案的，承启官要八串钱一张纸，县官看得呈子，不是说候勘，就是说候办。承启官八串钱是已经花了的。可见承启官可以不设，是在人不在法，这是已经说过了的，不必再说。

张副议长国溶：大凡一个团体，必有一个章程，所以本议员略有意见。今天蔡君这个案子完备不完备暂可以不议，必须有五人赞成始可提出公决。去年本议员也在会，没有见赞成员反对的道理，今天蔡君议案请第二位赞成员报告，他说这个案子他不明白。分明赞成员少了一位，就是手续不完全，请把手续完全后再议。本议员意见，以后有不完全的手续，议长就可不受此案，今天不必提议了。

阮君毓崧：将才张君所发的意见我也很赞成的，议案的手续未完全，当待完全后再议，但是凡想提出的议案，是要把得大家看一看，赞成者署名，所谓赞成而无反对是也。既有赞成五人以上才可以列于议案，交到办事处列于议事日表，请公同议决此案。既有赞成员五人以上，不能说是手续不完全。今赞成员首先不承认，于本局的规则不合。本议员的意见，这种不合规则的举动，也得维持维持。

周君孚：才将蔡君所提出的案子，经议长请赞成员发表意见，因蔡君请假；请第二位赞成员报告；第二赞成员他说，他不晓得，这个话说不过去。据第二位赞成员报告实在没有见过这个议案，他就是不赞成，还有第三第四赞成员也可以追问他。张君说要补足赞成员，然后议案才完全，本来议案手续不完全，是不能提议，本议员也是这个意思。

议长汤君化龙：无论以下各赞成员是否赞成，凡议案须五人赞成始能作为议案，第二赞成员既不承认，是不足五人了。张君提出补足赞成员数，再行提议，是以规则为前提。周君主张追问第三第四赞成员，是以本案为前提。以本案为前提，那提出手续不完备，可以不问。以规则为前提，所以提议要五人以上之赞成，两君所议虽不同，而用意则无异。先要把这个决定了再分配议事日表。主张补足赞成员数再议的，请起立取决。起立者三十一人，多数赞成。

议长汤君化龙：

第三，请早申禁种洋烟议案。

议员卫君寅宾提出，本来无赞成员，请补足赞成员五人，如无五人之赞成，就照第二案办理。于是有刘君金镛、刘君克定、蓝君田、魏君鸿仁、李君继膺赞成，适合五人以上之赞成数。

书记长石君山俨宣读原案：

请早申禁种洋烟议案
提议员卫寅宾

为禁种洋烟宜早申儆重提议案以待公决事：窃寅宾去岁提议禁种洋烟一案公决后，蒙于十月十三日呈请督宪批准施行，然禁种之道施之于未种之前其势易，施之于既种之后其势难。尔时已值种烟既毕之后，既种而令其毁，人情所难，绅士认真办理，必起冲突，地方官稍存畏葸，益长刁风。何者？种烟一亩，多者获利百余串，少亦获利数十串。今春强悍者获利益大，今秋垂涎者效尤益多不休。督宪立行电饬，严加申儆，责成地方官，恐宣统元年收获后不准再种之令虽至十年民犹不从，他日英人执约以责我，我将无辞。误国之罪，我湖北人居其尤也。寅宾目击，窃为隐忧。谨拟禁种手续，以待公决。

甲、呈请督宪电饬各府厅州县各具切结，认将所管境内一律禁尽种烟，日后派员查勘某属有种烟地方，惟该管官是问。

乙、饬厅州县照会城镇乡各区总董，各具切结，所管区内不准种烟，一律禁尽，日后地方官查出某区有违禁种烟，惟该区总董是问。

丙、饬各厅州县出告示晓谕各村长，所管村内一律禁尽种烟，如有违禁，总董查出，惟该村长是问。

丁、村人查有种烟人家，禁之不从，以告区董，区董再禁不从，禀官惩办。

戊、如区董与村长俱不认真禁种，准该处小学堂密禀，所罚款即以归该学堂。

己、派员查烟须在正二月，年内烟苗小不易查，三四月烟已开花将收到手，悍民任夺官不毁。惟正月底二月初苗甫壮，去收成尚远，毁之尚易，且可别种粟菽，民无大损。惟派员查烟，须烟苗毁尽，方准回省销差，去早则印官视为具文，枣阳其前鉴也。

议长汤君化龙：请卫君寅宾报告提出理由。

卫君寅宾：禁种洋烟的议案，去岁本议员已经提过议的，公决后呈请督宪批准实行。今天又请早申禁令禁种洋烟，上五府种烟总是九十月，公事发下很迟，等到公事发下，烟已种了。今年派委查种洋烟，即如随州、枣阳私种洋烟很多，委员所到的地方，罚了一两家种烟的，毁了数处的烟种，就算了事，那未到的地方更不必说。今年秋后种烟更多，因春间枣阳县一百两土值一百串钱，烟户获利很大，非要求督宪早申禁令不可。禁令如不早申，迨他已经种了，百姓视利所在，必尽死力争。本议员想得这六条法子，因为去岁空说禁烟，未有办法，故今特立办法。第一请督宪责成各州县，各州县责成区总董，区总董责成村长，村长责成各民户，如有私种洋烟，就禀知地方官。百姓畏法自然不种了。大小相责成，上下相维系，到了时候督宪又派委员去查，州县责成区董，区董责成村长，村长责成各民户，层层相节制，自然一律不种。百姓能欺官之耳目，而不能欺村长，如徒恃官一人之力，那很难的。自上而下，层层节制，必易为力。本议员去年想请本县村长、区长合力禁烟，均不承认。想到现在高等初小学堂办事人很多，公正人很多，要是叫他明禀恐做不到，只有叫他密禀，即将所罚的款子归该学堂存用，所以要他密禀。恐州县官一纸空文，潦草塞责，不种烟地方州县可以无事，如种烟的地方，到第二年正二月以后，就是烟苗开花将收的时候，百姓视之若命，于正二月间毁其烟苗，尚可种别的东西，若三四月间，烟已成熟，毁之甚难，且毁了之后，亦无别的东西可种，所以强悍之民，纷纷借以抵抗。这是本议员亲见的。今年委员到枣阳也把烟毁了些，惜乎毁的太少，且销差太早，委员一去则百姓复种，以后派委员到外州县要住些时，把烟苗全行毁尽，烟始可禁。

议长汤君化龙：请早禁洋烟议案，既经提议人报告理由，请大家讨论。

李君继膺：卫君所提出议案，这个意思是很好的，对于此议案没有不赞成的。但是六条的办法第一至第四可以做一条包括，若责成地方官或村长空文反做不到；第五条归小学堂密禀，这是教育上管不到的；第六条说派员要正月底二月初，这二十天恐怕做不到。总之，意思很好，据本议员看，没有别的好法子，就不能够遽有成效。前天督宪交的自治案也有这个意思，将来回复督宪自治案，再把卫君意思申明一层。据本议员意见，不必多加讨论。

张副议长国溶：卫君这个议案是很好的。大凡我们中国作事，本是有名无实，所以本局去年提了的议案，今年又如此。但是去年已经定了的，今年又重申禁令，所拟办法从种种方面着想，与去年的空空禁烟的议案不同。至云委员走了之后，又裁下了，这个事上头或者不晓得，还不得而知。去年我们所议决的这个议案，不知制台何时行于各厅州县，各厅州县是否实心任事,遵行不遵行,绅士之力,竟无济于事。各州县官是否明知故昧,我们在省城或在本地方的绅士于此事亦无从得知,有晓得的,请简单说出来,俾大家周知。前天制台交的自治议案,有厉行全省禁烟一款,无非禁种、禁卖、禁吸,制台的议案是交付审查的,能否适当,再来讨论。这个议案不能不议决实行,不实行则烟终无禁尽之日,枣阳其前鉴也。像卫君是枣阳人,亲见其事,说派员查禁,不毁尽烟苗不准回省销差。我们就拿这个作个禁烟不能实行的确凭确据,呈请制台重申禁令,否则永远无禁尽之效力。其措辞虽重,在枣阳一县,其实亦有关全局。这是本议员的意见。

周君孚:才将卫君提出禁烟案,议长宣告讨论,张副议长与李君都赞成,本议员也是赞成的。这六条之中,李君说第一至第四合并一条是不错的,本议员也说要合并一条。至于丙条,丁条未能尽善,恐怕有不肖的总董、村长通同作弊,做不公正的事。据本议员意见,可以由各州县责成各团体,各团体纵有私见害人,本团体不得答应,而且由本团体拿出来文件,地方都肯信些。如自治会、教育会、劝学所这都是团体意思。像这个丙丁两条可以不说。第五条如区董与村长俱不认真禁种,准该处小学堂密禀,罚款即归该学堂,像学堂管理不尽是好人,而且于学堂名誉上不好。至于派人难免不派私人,以正月至二月相隔二十余天,诚恐做不到。此案还须细细研究,本议员意见如此。

郑君万瞻:卫君寅宾请早申禁洋烟的议案,本议员是很赞成的。禁烟一事,朝廷三令五申,迄今还无一点成效。譬如现今禁烟大臣简派多日,烟犹未禁。这禁烟下手的方法非从各州县下手不可,徒恃禁烟大臣,对于各省则鞭长莫及。据本议员的意见,以为宜交付审查。

左君树瑛:这个议案去年已经实行,但是卫君本意要禁止于未种以前,不能候议案完备。此案只在重申去年的禁令,不必年年作为议案,请议长转呈督宪仍重申禁令。大凡议决的议案,不过总要实行,既不实行,何须乎议?本议员意见如此。

陈君士英:禁烟功令已经颁布多年,迄无成效。然种的地方在湖北不过止有几府，本局无题目就不能作文章，可就制台议案将此答复，是要交付审查。

议长汤君化龙：禁洋烟的议案去年已经公布实行了的，但是只说要禁，并没有所以然的办法，所以卫君提出来这个案。此案解决当在审查委员对于本案问题一种当然认为议案，一种交付审查。本来督宪交付自治案中有禁烟问题，我们局里将来呈复督宪自治议案也可以把这种种理由一并议复，既要加附督宪自治议案里头，还是请审查委员另外想甚么法子归并，但是这个案应该归并督宪议案一并议复与否，请大家取决。赞成此案归并督部堂自治议案者，请起立，全体赞成。

议长汤君化龙：
第四，各府厅州县科房改为公所议案。
是议员刘君寅熙提出。请书记长朗读原案。
书记长石君山俨宣读原案：

各府厅州县科房改为公所议案
提议员刘寅熙

为提议各府厅州县科房改为公所事。窃去岁议决实行裁汰书役一案，经督部堂裁可公布，事在必行，可无疑点。惟查旧日房书积弊，往往将科房案牍挟蒙私室，非受贿抽匿，便听其散佚；缮送稿件迟速无定，非借端勒索，则任意玩延。弊窦丛生，为害滋大，不设一办事机关为之监察督促，即将书额实行裁汰，流弊终且不免。且查裁汰书役案内，稿写各生名额迄未分科，规定各属之能实行裁汰者盖寡。计惟改科房为公所，明示限制，实行稽查，庶几裁汰之说不至徒托空言，即旧日房书积弊亦可革除净矣。谨说明办法及理由如左：

一、改建

旧日府厅州县署前原有科房，以为书隶办公之所，惟地方大属湫隘不堪，居处关防又不严密，无以保存文件，相率废置不用。宜一律撤毁，即于其地改建公所，每科分文牍房及稿生写生办事处，科各三间，另建承启官监察室，以便承启官到所监察。若仍有余地，各府厅州县统计处一并附设其间，于法制调查尤多裨益。

一、分科

旧例府厅州县科房沿用部制，以吏、户、礼、兵、刑、工分科，或另有户粮房、承发房及新加学务房、新改房诸名色，科目既繁，房书自众，权限复不分明，按之新政尤多虚设。拟遵照新制改为四科：（一）刑事科（凡人命奸盗事之关于刑律者属之）；（二）民事科（凡田土婚姻钱债契约事之关于民律者属之）；（三）财政科（凡征收报解申领及关于度量衡之事属之）；（四）庶务科（凡内务行政若学堂巡警之类属之，其他关于祭祀典礼诸务亦附焉。因上数者，一则另有办事机关，各专其责，一则相沿旧制无重要关系事类似繁而文牍实简，故可以一科兼之）。至军政一科，绿营既尽裁撤，地无驻防之兵，驿站势在必裁，且已改由劝业道管辖，未尽事宜亦宜并入庶务科办理，不必另设专科。

一、科生名额

刑事科关系最重，然无论何地方，案牍虽繁而关于命盗之事究少。拟定大县稿生四名，中县三名，小县二名，写生均各如其数，以便兼录供招也。州县职务民事最繁，简节事程是为首要，科生名额固宜从宽拟定，大县稿生六名、写生五名，中县稿生五名、写生四名，小县稿生四名、写生三名。州县财政除征收报解外，余务无多，征收钱漕另有专书，度量衡制度尚未颁行，颁行后又当另设公局，刻需丈量事亦无几，则财政科生毋庸多设，大县拟定稿生一名、写生二名，小县稿生、写生各一名。庶务科名类虽繁，多属例行申发之事，宜多设写生，以供传唤。稿生即照学堂巡警及筹办地方自治各事宜分为数类，各定一名，写生不必预定名额，应斟酌缓急，量为增减。府厅名额比照大中小州县办理。惟各科须设科长一人，由稿生内选充，以专责成，文牍房册簿锁钥概归掌执，文牍出入逐日清理登记，庶免贻误。

一、办事时间

各科逐日应办文件，均由承启官发交科长分配，限期缮送。稿、写各生除年节期及星期外，夏秋间均以上午六点钟、春冬间上午七点钟入所办事，夏秋间均以下午四点钟、春冬间下午五点钟出所，无故不得远离。其有因事请假，先日呈明承启官，给予假条，将本日应办事件另行分配，以免延搁。承启官原以清理文牍为职务，须逐日驻所监督一切，稿、写各生出入应听稽查，勤惰应归考察。文牍房出入册簿按日由科长呈请核对，加盖图记。

一、附则

以上各节乃改科房为公所之大要。各地方繁简不同，情形各异，所有筹款方法办事细则或稿写各生名额仍有变通之处，应由各地方官会同士绅公同筹议，详请督部堂核示遵行。

议长汤君化龙：请刘君寅熙报告提出此案理由。

刘君寅熙：各府厅州县科房改为公所的议案与裁汰书役的议案相辅而行，裁汰书役的案已经督宪裁可公布，各府厅州县必要实行。然实行裁汰之后，其流弊恐终不能免，因之要改科房为公所，意在廓清旧日房书的弊病。因为向来各衙门两旁设有六房，如吏、户、礼、兵、刑、工，而房屋狭小，一切公事都不在此办，均挟回私室，所以有受贿卖案之事。改为公所将房子稍为扩充，示以限制，旁边稽查亦甚易易。改了房子之后，就要分科为四科，因为外州县司法尚未独立，而民事科、刑事科尚须兼设，所有财政、庶务也应该设立，至军政一科也应该并于庶务。所用的人，大中小县名额各有不同，而写生稿生专司文牍之用，又须于各科设科长一人，一切文牍都归科长经手，均每日到公所办事。既到公所办事，就不能随便，所以一切办事都有限定时间。凡有公事，可由承启官交稿生、写生，而承启官亦必须按办事时间到公所办事，则各稿生写生庶几可以稽查。这个议案不过是就房科改公所的大要，而如何办法尚须变通者，总要各地方官会同士绅筹款，详拟禀请制台核办遵行。

议长汤君化龙：各府厅州县科房改为公所议案已经提议员报告提出理由，可作为议案否？请大家讨论。

阮君毓崧：刘君这个各府厅州县科房改为公所一议案，据题目看起来是很正大，现在省城公所很多，如劝业公所、学务公所、警务公所。有个公所办事是很好的，但是这个问题有个先决问题。现在官制尚未改革，如果官制改革，试问一二年能实行否？不如从缓为是。这种经费若说就衙门所有的经费，殊不知科房全在收受一切陋规，此刻若改为公所，这陋规也就没有了。至于改造房间，还要有什么监察室，这个经费是更难的。就中县论，一科六人，四科就有二十四人，薪水也不容易，想事事完全也不容易。若今日以有用之财，办难办之事，将来官制改了之后，这不又废弃了么？这似可以不必。因为这个案子有几层关于经费的问题，所以有先决的问题。据本议员意见，有经费这个案就可以交付审查，如经费没有，这个事很难实行。

议长汤君化龙：各府厅州县科房改为公所的议案，在刘君提出此案的原意，以为改为公所或者于书吏积弊可除，一切行政都改了名色，或者旧日书吏精神为之一振，此补偏救弊之计，不得不暂谋改革，所以提出此案。究竟可以交付审查与否，尚待公决。赞成此案交付审查者请起立取决（全体否决）。

议长汤君化龙：
第五，议案请饬府县实行案。
是吴议员楚材提出。请书记长朗读原案。
书记长石君山俨宣读原案：

议案请饬府县实行案
提议员吴楚材

咨议局之设为立宪基础，所以立法也。然立法者议员，而行政者则资乎府厅州县，苟议案徒托空言，亦安用此哓哓为哉。乃客岁议决之案，而官府竟视若弁髦。第就江陵一县言之：典息犹未减也，书差犹未汰也，农林筹办所犹未设，教育分会犹未立也，钱粮舞弊如故，卫书之留册如故。至于荆州万城大堤扼沮江之喉，当蜀江之冲，绵亘百六十里，下及监利、石首界，江流震撼激射，咫尺不坚，千里为壑。又踞郡治上游，一有疏虞，直冲西郭，仓库民舍尽皆湮没，此犹要害所关，而国赋民命系焉。前督宪陈（夔龙）提议堤工新章，委员与绅士合办筑堤与疏沙兼施，意美法良，已经咨议局议决，迄今仍未遵章办理。土费虚縻极多，大半有估无修，堤防危险可虞（堤工调查来省面呈）。吁，议员立法而执政不能实行，一县如此，他县可知，今年如此，来年可知。议案徒托空言，亦安用此哓哓为哉。楚材细筹所以实行之方，请详言之。官府行一新政必与正直绅士热心公益者，同心共济，相辅而行，乃能济事。迩来官场习气，自遵卑人，好佞恶直，每发一言应之曰"是、是"，则以为纯谨老成，极其信任；彼直言骨鲠之士，动辄得咎，视之如仇。由是佞人日近，正士日远，委阿者不足以有为，正直者不使之任事，虽有良法，窒碍难行。此官场积习之宜痛除也。新政之行，若裁判、警察、农林、自治诸大端，无一不需乎经费。诚官与地方绅士预先筹款，或特捐或附捐，未雨绸缪，临事方不棘手。若无经费，遇有应办之事，官以清闲为福，借口无款，遂恝然置之，纵绅士要办，无米之炊，束手无策。此地方经费之宜预筹也。国家税与地方税均取之于民，必界限分明，彼此不得互相挪移，斯官府无从侵蚀。否则，有司因缘为奸，故意蒙混，以间阎之脂膏，填贪墨之溪壑（即如税契加三分并未办一新政），一旦行一新法，难免敲骨吸髓，小民何辜，何堪受此无厌之诛求？此官私税项之宜分明也。行政长官新法之能行与否，赏罚昭然载之宪典，似无容置喙，然大宪未尝实行赏罚，故执政视为具文，虽有札饬，束诸高阁。本局宜呈请督宪札饬府厅州县：客岁议决之事未行者，迅速行之；今岁常年会议决之事，一经批准，即饬实力奉行。行则陟之，否则黜之，雷厉风行，庶官府皆知警惕，励精图治，不敢泄泄沓沓，仍踏故辙。此官府赏罚之宜实行也。如是议员立法，执政实行，兴利除弊，革故鼎新，上足以佐维新之治，下足以挽积弱之风，立宪之基实基于此。谨陈刍荛，尚待公决。

议长汤君化龙：请提议员吴君楚材报告理由。

吴君楚材：国家预备立宪，咨议局是立法的机关，府厅州县是行政的机关，制台是裁可咨议局议决的机关。乃去年议决的案，我们一调查多未实行，不但外州县为然，省城亦如此。既未实行，又何贵乎决议，又何贵乎公布。即如我们江陵典息犹未减，书差犹未汰，农林筹办所犹未设，教育分会犹未立。诸如此类，均未实行。此刻拟请督宪通饬官吏实力奉行，如不实行，即加惩处，雷厉风行，励精图治。至于卸诿经费无著，不能奉行，这个经费也不能说是临渴掘井，本是为地方筹的款，而官场中又拿去作为国家经费。衙门中的津贴，本来难支，即如盐款提去，各项新政更形棘手，就不得不向百姓打主意。如地方百姓所出的款，又往往归于国家税，各省民穷财尽。所有咨议局议定的案，制台札饬外州县之后，就不管了。所以提出此案，为的要想制台札饬外府厅州县，以前议决的请实行，现在议决的，请公布实行。

议长汤君化龙：请饬州县实行案既经提议员报告提出理由，请大家讨论讨论。

郑君万瞻：议案既经本局议决，又经督宪批准，应该实行。所以不实行的道理，这个里头就是公布法令、公布机关没有完备的道理。要使一般人民知道，然后人民有质问的凭据。我们一省议案议决的也不少，督宪批准的也不少，既经批准，就可实行。大概批准的案由督宪札各州县或说"查照办理"，或说"酌量施行"，在各州县不但不实行，连告示也没有出过，叫人民如何知道？刚才吴君所提出的案子，须从公布做起，好比税契是厘定九分，若过九分，大家可以控诉，可以质问，如案子下去了，州县官都匿起来没有公布，我们人民从何处质问？吴君提的案子共四条理由，是很好的，本议员是很赞成的。

胡君瑞霖：这个议决公布之案请饬州县实行案，算是本局根本上的问题。我们中国今日不把这个事情干好，就是有形式没有精神，大家须合全体来研究他。中国凡事都是不讲究实行的，就是上谕亦属具文。将才郑君所说的公布法令不完全，却不知道虽誊黄的上谕也不能实行。总而言之，自天子以至于庶人，一是皆以敷衍为本，无论何事都是纸上的议论，连上谕都不能行，何况制台公事？还有应先报告的一件事，不是本局提出的案还可以行，若是本局议的，他简直不行，以为绅权不可长。而中国事情，上谕既不能行，公事又不能行，何以还有行的事情呢？因为虽没有国家思想，却有个人命运。督抚可以参人保人，所以他的公事有行的。我们所议之案经他批准之后，各州县实行的就有保举，不行的就被参，包管可以实行。以前听说制台札到州县札文说得有。总之，本部堂批准之后，即是本部堂的意见，这个样子还不实行，都笑我们所议的案子大半不切于事情。既不合于事情，就不应该批准。就是制台所提出的案，也应该实行，试问哪几件行了的？加以各州县玩视宪政之名万不能逃，简直要开单子说。哪些州县没实行，请制台实体撤参，如果有此一次公文，那外州县就不敢不实行；如仅一张空文，要各州县实行，我觉其一点效力都没有。

时君象晋：这个议案才将胡君说过，是很关紧要的案子，但是必要实在行了才算得，如光就议案里说的话敷衍一两件，却算不得实行。吴君提出的议案所说的话，却嫌敷廓一点，不能尽中肯綮。本议员意见如此。

张副议长国溶：吴君所提议案，是本局根本上的议案。既是根本上的议案，我们就要从根本上解决，自不待言。但当就法律一方面的根本上解决，吴君所提出来的，是就事实上解决。本议员就这个议案确实看起来，四层都是偏重事实，已经有一位报告嫌敷廓一点。前三层照议案看起来，并不能列为条件，大概这三层是不能实行的远因，所以本议员看，这三层有些缺点。郑君说的公布法令，是法律一方面根本上的解决，必以照法律上公布，庶几将来可望实行。照现在看起来，是纸上空文，照各国看起来，是无一国没有的，这是什么缘故呢？公布法令有实行的期限，到期限不实行，人民个个可以质问。就公布法令一方面讲，是一经公布，断不能不实行的，所以必要从法律一方面解决。但事实上的解决，是不可少的。就原案考查所有的精神，全在第四层。照本议员意见，应该交付审查，全体修正。

吕君逵先：吴君这个议案，本议员很赞成的，不过还要进一解。中国官场上行下效，犹其后焉者也。试问去年议案，有关于学台的，有关于劝业道的，这几种议案他们实行了没有呢？吴君这个题目，据本议员意见，以为凡有一个议案，上下一律实行，不仅各州县要实行，这是第一层；第二层，这议案里边四层意思，后一层要定出条件。至于经费可以不说，然而条件不能空空说过。所以张副议长说要修正，本议员是很赞成的。

议长汤君化龙：这个议决议案请实行的，果为本局根本上解决，不能不赞成的。但是要实行有先决问题，先决问题就是法令公布规则，法令公布规则一定，这议案实行的问题乃易于解决，所以联合会要另提作议案。大概本案是重在实行，要怎么研究实行的法子，从正面看起来，就是吴君提出来的四纲，从反面看起来，去年未实行，今年要他实行，就要将未行各案举出来，呈出去。这个案大家既以为可以作为议案交付审查，究竟能否交付审查不能不取决。赞成此案交付审查者，请起立取定。全体起立可决。

议长汤君化龙：现今既已取决，我还有一点报告，请各位将去年议案批出本县行了几件，通知办事处，再由办事处通知委员会。至于采择方法，全在委员会审查时，采择各方面的意见，手续完全，再行报告。

第六，筹办各厅州县巡警议案。

是议员刘君寅熙提出。请书记长朗读原案：

书记长石君山俨宣读原案：

筹办各厅州县巡警议案
提议员刘寅熙

为提议筹办各厅州县巡警事。教育、巡警皆地方行政之荦荦大者，数年来文诏叠颁，各地方官绅于兴学一事，大都尚知注意，而巡警一事，则皆视为无足重轻，而淡漠置之。即间有一二兴办者，大率草率从事，以为敷衍新政之具。岂视斯民之生命财产无当于国家强弱兴衰乎！近更水旱频仍，抢风日炽，人情浮动，尤有莫保安宁秩序之忧，各厅州县推办巡警，诚为刻不容缓。谨条议筹办方法，并说明于左：

一、巡警教练所急宜遵章设立，不得缩短学期课程也。

日本警察以二年为卒业，学科有行政法及刑法民法概要，诚以巡警为内务行政主要部分，与上种法律皆有密切关系也。我国部章于各厅州县巡警教练所限以一年卒业，学科于巡警自身外，仅设政法浅义一门，已属变通办法，为各厅州县力谋单简易于图功之至意。乃各厅州县于部限之期既不一律开办，其已开办者，又多禀减两学期为一学期，徒知惜费，绝不计及此二十四星期之内足以授完各种课程否？律意之不明，法理之未悉，卒业之后使服勤务，果能胜于临时召集之市井无赖否？倡举一事，即不能预期有功，亦当先求无弊。拟请巡警道严饬各厅州县凡未开办巡警教练所者，赶紧一律开办；其已开办者，一律遵照部章补足学期，不得缩短课程，庶使学生稍有心得，不致惰于职守，扰累闾阎。

一、巡警学生宜限以资格，不得滥为收容，以重流品也。

巡警为对内军备，其职务之繁重，较之军人尤甚。绿营裁，捕役汰，内务行政不得不赖巡警以推行。召集之初，急宜严其资格，重其流品，不宜使市井无赖撬[掺？]入其间，致乡党自好者不愿与之为伍。各厅州县教练所学生，宜以高等小学堂卒业生为合格，即开办之初无如许卒业学生，亦宜限以程度相当者，由父兄具备保证书，以防顶替，庶流品不杂，而服务可收其实效。

一、经费宜预为筹措，不得因陋就简，敷衍塞责也。

巡警为自治第一关键，地方士绅各有维持之责。近日举行新政，各厅州县公款固已搜括无遗，计开办巡警教练所，一区一年卒业，撙节用款，年不过千余串，求之公款，总可匀拨。惟教练所卒业后，设岗位，派巡士，划分区域，偏及镇乡，其经费应当倍蓰于前。查各厅州县著名差役，一县不下数百人，白丁持差者数尤倍之，六十九厅州县中，大县率一千余人，小县亦总在数百人以上。此辈衣食其中，恣为奸蠹，而良民之被其鱼肉者，遂指不胜穷，然总属以一邑之财，供一邑人之用，而不能取之外府也。与其以有用之财，养此无益有害之物，何如明立限制，化私为公。应饬各厅州县遵照去岁裁汰书役原案，立将散役、白役一律革除净尽。其著名之役，亦只准照现在卯册有减无增，一面由地方官会同绅士调查实在裁汰若干人，其平日所倚为利薮者若干款，所无限鱼肉者若干事，或制为特税，或征以附税，专存为开办巡警之用，于一邑之负担力实无所增，而无用皆化为有用矣。

一、巡警学生卒业后服职勤劳，亦宜宽予出身，优其廪饩也。

查部章于巡官长警等升阶奖励，固已分别规定，惟教练所卒业学生特限充本地方巡警之用，其升途未免过隘。拟请变通办理，于一巡警道管辖区内，无论何厅州县巡官长警等于职务经验著有专长者，准由地方官呈明巡警道著录，遇有相当之缺，一律考验拔升。至对于地方动务著名勋绩照章升拔之外，亦宜扩充奖章，酌加岁给几分之几，递加至倍数而止，使人有希冀心，庶愿投身其中，而不至如昔日之差役，人皆视为末业也。以上数条皆系参酌部章，或引申其义，推广其意，按之各地方情形，实无窒碍难行之处。惟开办巡警必遍及各乡，而民间始获保安实益，使巡警教练所卒业后学生稍足分布，即应遵照馆限，酌量乡镇地势先远后近，以次开办，如卒业生尚不敷用，即须开第二次巡警教练所，不得推诿迟延，敷衍了事。

议长汤君化龙：请提议员刘君寅熙报告提出理由。

刘君寅熙：各州县警察，巡警道已通饬各州县都在办理，却是各州县办的巡警教练所都是敷衍，以后定难办有成效的。近来水旱频仍，抢风日炽，警察万不可缓办的，所以议有办法。第一，巡警教练所急宜遵章设立，不得缩短学期课程。各州县办巡警教练所，大概都是六个月毕业，课程虽然很简单，试问六个月怎么学得完呢？一切既不完全，是像以前保甲一样，纵不能望他办得好，总要不缩短期限，不减少课程。第二，巡警教练所的学生，开办之初没有这样学生，总要程度相当。第四[三？]，经费半是公款，现在办巡警教练所，一年经费不过千余串，学成不过赚四千文，这怎么行呢？去年湖北裁汰书役的议案，大县一千余人，中县几百人，就可以把那个钱拿来办警察。但是各州县情形不同，不能划一。至于毕业生可以随便录用，若经费不足，可以按所抽之捐加多一点，不过是鼓励的意思。如办本地巡警，一日几串钱，更不足以示鼓励。所拟的几条，一切照部章因时制宜。现在无论如何，非从巡警教练所办起不可。诸君有什么意见、可以讨论。

议长汤君化龙：筹办各厅州县巡警议案经提议员报告理由，但是此案能作为议案与否，请大家研究。

刘君金铺：刘君所提议的这个议案，都是根据警章来，宗旨很不错的。第三、四两层都是一个鼓励的意思，这个筹画经费一层，在提议的意思就以州县裁汰书吏的费为经费，然此款甚无着落，章程也没有规定，问到书役他平日收入何项的钱，他敢说么！问到健讼的，他说打官事就用钱，不打官事就不用钱；还有用了钱他自己不肯说的；还有他自己好面子，用了十串钱，他说只用一两串钱；还有用了钱，他简直答应说没有用钱。这种款怎算得有着落呢？提议的理由四条用意很好，教育与警察相提并论，本来都是要政。但就教育一边论，外国学堂毕业均无奖励，不像中国学堂，高等小学毕业就有廪、增、附的功名，一些学生都是为功名而来，专心向学的很少。人情都是如此，先有利禄在心里，怎么能作大事呢！规之以利禄，不如规之以名誉。他办的巡警，若说他是胡闹，不能安民，反以扰民，就是我们道德上的话，非徒无益而反害之。应请督宪札巡警道编成白话告示两份，一面对巡警说的，一面是对百姓说的，巡警既晓得尽职务，百姓知识完足，其力全在宣讲所，每一会在巡警厅之前宣讲，地方官必要到。

副议长张君国溶：刘君提出各州县筹办巡警议案，议题无有不赞成的，本议员也极力赞成。他这四条无非是说人、费两大事件，但是本议员对于原案意见，以为应当怎么样审查暂且不说，本议员对于此以为巡警是应当今年一律成立，所以本议员要发表一下，这样看起来，今日办巡警有两问题，一是已往之成绩如何，二是未来之办法。确定各州县巡警教练所现在应办不应办，是未来的事体。各州县如何办法，有无弊病，有无效果，是已往的事实。已往的且不说，今日中国广袤不齐，在省城还容易，像乡间，山路崎岖，办乡间巡警，情形不同，有无变通的法子。且明年就是办镇警察的年份，这个事件应该预先筹划。至于经费内容暂且不说，有个先决问题，说到经费要交预算案，今年预算案交不交尚在未定，如要筹经费是事实上的障碍，今日就是预算案交下来，巡警经费出于何处，尚在无着。所以这件事很不容易。本议员意见，是很承认这个议案。至于内容，本议员意思有两项，或交审查，或举特别审查。还有一件事，本局去年所议的巡警案因为不甚完全，本局故没有过问。今年去了，明年又来，所以本议员意见，以为要注重内容，交付特别审查。

议长汤君化龙：筹办厅州县巡警，是筹备清单所定本年应办的，厅州县巡警，本年清单所载应一律成立。今年议案仅说筹备二字，似不甚对，且筹办巡警，非有全局筹划不可。刘君所提出来的仅仅在教练所一方面，要交付审查会全体修正。

周君孚：可否归并于制台的议案议复？

议长汤君化龙：这不能。制台是以筹办乡镇警察为前提，我们要怎样才能改良，非有全局筹划，不算有价值的议案。赞成此案交审查委员全体修正者，请起立取决。全体赞成。

第四号

宣统二年九月初八日午后一时开场。

议事日表

第一　禁阻烧熬议案　　议员曹道南提出

第二　严禁酒户耗粮议案　　议员张中融提出

第三　革除挪夫积弊议案　　议员张中融提出

第四　征收税契机关委任自治团体议案　　议员孙传烈提出

第五　请实行承启官议案　　议员王光翰提出

第六　改良条款并纠举证据议案　　议员朱泽霖提出

第七　裁谷米统捐以加奢侈税抵补议案　　议员金式度提出

书记长石君山俨报告到会五十九人。

议长汤君化龙：今天是开第四次会议。第一禁阻烧熬案，业经通知取消，更正的原因诸君想已全知，原来此案是陈请案，不得作为议题。

第二严禁酒户耗粮案，就算第一案，是张君中融提出。

请书记长朗读原案。

书记长石君山俨朗读原案：

严禁酒户耗粮案
提议员张中融

为提议严禁酒户耗粮以救凶荒而保安全事。窃为奉[泰]山之溜穿石，弹极之统[铳?]断干，水非石之钻，索非木之锯，渐靡使之然也。近数年来米价昂贵，虽由于年岁之凶荒，实坏于酒户之虚糜。夫酒固借以供祭祀宾客之用，岂必概加禁绝哉？但先王原有酿酒之资，何得耗食品以蠹民命？读《尔雅》之书酿资众秋披月令之篇，

"命重齐秫"。秫也者，即俗所谓高粱也。造酒惟用高粱一种，亦以高粱性涩不宜于养生。乃近数年来，酒户惟贪利便，滥用谷米、牟麦、黍稷、荞菽等粮，毫无限制。夫此等食品皆闾阎养生之具，使当每岁丰收时，地方官及城镇乡好善之士，各自量力出缗收籴，至来年民或艰食，即照原籴斗斛不增价粜之，在己初无甚损，于人则获大济，岂非阴德事。乃有司不以此施诸条格，严行禁止，坐使牟利者竟借以供酒徒捧罂承槽之燕乐。虽此种耗费亦尝迭经各大宪严饬禁革，奈各厅州县意欲使酒户多酿而酒税乃可多征，一心图囊橐之充牣，故于国计民生全不介意，此奚啻操刀杀人也，罪岂容于死。窃查钟祥一县，酒户岁耗谷米、牟麦、荞菽等粮不下九百余石；由钟祥而推及全省，岁耗约需六百余万石。由省而国，而天下，耗费更不知几许矣。倘积此以救凶荒而济穷困，则民无缺食之患，而国亦可转贫为富，尚何致仰给远方耗费无算乎！今湖北赴法国西贡籴米若干石，费银若干万两，此固国家之精华也，若早悬为厉禁，则精华不致外溢，否则必使穷者益穷，困者益困，将来大局何堪设想。今谨筹改革数[条]于左，是否有当，尚待公决。

（一）重申禁令　拟请督宪通饬各厅州县出示晓谕，不准酒户再造谷米、牟麦、黍稷、荞菽等粮类，以及行甑诸弊，实行查禁。

（二）严禁酒户之耗费　造酒之资原有高粱一种，此外又有葡萄、山楂等物，皆可造酒，勿得滥用谷米、牟麦、黍稷、荞菽等粮，致耗民食以戕民命。倘有不法之徒违不遵命，一经查出，该地方官严加重罚。

（三）严禁行甑之私造　行甑者即乡村中以木甑造酒之酒匠也。所业无定处，今东明西，不但酒税不及完纳，且耗费谷米、牟麦、黍稷、荞菽等粮较城镇之酒户更有甚焉。稽无可稽，察不胜察。该管地方官非责成各乡村之保甲，必不能破除前弊。倘各酒匠仍复如故，一经保甲指明具禀，地方官定即严惩究办。保甲若受私贿隐匿不报，与酒匠一律惩办。

（四）严定考成　各厅州县及筹酒税委员均宜禁造谷米、牟麦、黍稷、荞菽等粮，如经地方官出示晓谕后仍有私造等情，是筹办委员查禁不力，一经公正绅董指控得实，立即撤参不贷。

议长汤君化龙：请张君中融报告此案理由。

张议员中融：严禁酒户耗粮案，照近来万国交通商务发达的时候，只要商务发达原不能加以限制。然今日中国与外竞争总要在实业上讲究。但是酒是消耗品，既不行销外国，一则不能抵制外货，二则人民不能持为养生之具，不但于社会无益，并于民食关系很大。近来民食艰难，今年各处都有荒旱，米粮既贵，而酒户又用谷米酿酒，在好年岁原不要紧，一遇荒年百姓则吃亏更甚。近年各大宪已有公事到各县，无如各州县均视为具文，未尝实行禁止。现提出此案，不过是要实行的意思。这个案的理由也很简单，无须本议员多为报告。

议长汤化龙：严禁酒户耗粮案已经提议员报告提议的理由，应否作为议题，请大家研究研究。

曹议员道南：张君提出的这个案，据本议员一个人的意见，可作为议题是不消说了的。至张君所说一切杂粮也禁止不准酿酒，此意本来是好，但就法律上说，粮食为民食大宗，本不准拿来作酒，然我们湖北近山的地方，出产多半是高粱，说一切禁止恐不相宜，总要因时因地分别禁酿才好。何以见得呢？因为在年成荒的时候，粮食昂贵固不少耗粮酿酒，在年成好的时候，这个酒虽说是一个消耗品，亦人情之所不得禁，但是用谷米酿酒总应该永远禁止的。其余或用高粱，或用包谷，均无不可。且六十九厅州县土宜不同，尚望各自治会因时因地来禁止他，如果不可禁的，亦可以不必禁止。大家认可之后，这个事情也不过要求督部堂一纸公文，责成各州县办理这件事，于地方行政一方面亦有关系，现在都是要出酒税的。

议长汤君化龙：请问曹君赞成这个案，于社会上有什么实益？大概论一事必有一定的理由，究竟这个案子曹君赞成不赞成，请曹君把这个理由说一说。

曹议员道南：我是赞成的。

汤议长化龙：既是赞成，请就案论案，把赞成的理由简单说出。

曹议员道南：近来生计日促，水旱频仍，不但湖北一省，就是各省都是一样。将来生活程度日高，必致民不聊生，而铜元充斥也是一种原因。再一切劳动小民上游一带工资极薄，木工一日所得不过六十文，泥匠、裁缝不过五十文，田间苦工的不过三四十文。今年米粮昂贵，所得钱连买半升米都不够，一家老幼何以为生，所以赞成张君这个案，因为粮食不可耗费。不过中间不能一概归于禁止，或是高粱多的地方可以不禁，现在年岁饥荒就要禁止。如果能作议案，请督宪因时因地发一公文，分别禁止就是了。本议员意思如此。

吕议员逵先：张君提出严禁酒户耗粮议案，用意甚善，意在重民食。第一条重申禁令，第二条严禁酒户之耗费，第三条严禁行甑之私造，第四条严定考成。所谓重申禁令者，有禁令才能重申，所谓严定考成者，有考成才能严定。据本议员的意见，这个案子可以不提出，何以呢？现在的新律并无禁止酿酒的条文，不过旧律上载有凡地方官拿得有酒户耗粮酿酒的枷一日，杖八十，现在新律上已经删了。至于本局是立法的机关，提一案子总要做得到的，这种事国家既不禁，本局又何必去提议严禁呢？本议员的意见，以为可以不必提出。

致病之原因并不在酒户耗粮，禁酒有种种的弊，一在骚扰，还有一种弊，我们还未讨论的，中国与外国绝对不能去酒，这是经济学的原理。人为有嗜欲之动物，所以人生就有欲望，对于此种欲望日求增进，衣食住只有日益求精，无论中外，无论古今，皆不谋而合。酒不能全行禁绝，全世界的公式可以求得到的，既是不能全行禁绝，若是要中国绝对不喝酒，能保世界各国立不立公司到中国来卖么？能够中国绝对的不喝酒，外国不酿酒、不立公司到中国来卖，那就可以禁绝了。这是事实上万不能的。天下事要从利害上着想，利之中有多少害，害之中有多少利，然后可以成为确切理由。今天这个严禁酒户耗粮案，可否作为议题既有两方面的意见，不能不取决。赞成此案可作为议题者，请起立取决。少数起立，否决[按：此段似为议长汤化龙所云]。

第三，革除挪夫积弊案。
请书记长朗读原案。书记长石君山俨朗读原案。

革除挪夫积弊案
提议员张中融

为提议革除挪夫积弊事。窃为设官分职，所以安民，而安民之道莫要于体恤民隐。近者各处官吏皆以体察上意为宗旨，而于安民之道无复过问，官有要差，责民供役，民畏官势，趋避无策。举凡冲繁州县，例差过境，其由水道进者无论矣，而由陆路进者亦每有所闻，随役员弁动辄数十，舆马纷嘶，皆莫不责供于各县；而各县又遣差四出，责供民间，遇有夫马，硬行挪夺，稍有退避，鞭挞立至，甚至有迫令商贩弃货于地而供驱策者，有囊资倾尽饱差役之欲壑而得幸免者，亦有策骑奔走连商贩货物一并攫去而号泣于路侧者。种种惨状，不可言喻，即洪水猛兽究不是过也。以言乎官，则民间何乐有此官，以言乎保民，不但不能保民，转以扰民，无惑乎吏治之不古若也，今谨就现时积弊，拟改革数条如左：

（一）例差过境除随员外，一切工役概不准顾备车马，即路途遥远不能步行者，亦只许照民价自行筹备，不得拦路挪夫，多方苛索。

（二）例差过境夫价例须自备者，固宜照民价发给，如应由各州县供给者，亦须仍照民价给发，不得径任衙蠹上下其手。

（三）各州县公出夫价每名每日工食不过百余文，名曰官价，应从此一律改革，仍照民价给发。

（四）凡以上规定有不遵守者，一经告发，重者撤参，轻者则记过；若衙蠹吏胥借兹索诈，本管官失于约束，一经告发，仍以该管官是问。

以上数端不过略抒管见，借陈时弊。是否有当，尚待公决。

议长汤君化龙：请张君中融报告提出理由。

张议员中融：挪夫这个事情范围很小，不过中间所说的事，是中融目击的事，后面条款也是很简单的，这个事可以作为议案与否，请诸君公决。

议长汤君化龙：革挪夫积弊案既经提议员报告理由，应否作为议题，请大家研究。

刘议员赓藻：革除挪夫积弊案，这个不待说，自然挪夫的积弊是应去的，不过对于这个案件有不能不研究的。第一条如说一律改革，仍照民价给发，这当随员的挪夫也是要照民价；随员虽在丁役之上，不能不同丁役一律禁止骚扰，此是要补入的。第二条例差过境要供给，这个很难说。从前上司过境，州县本有给供的事，然只可招夫，不能另有供给。本局提出此议，岂不是要州县当差吗？第四条撤参这个事，恐怕做不到。照法律上讲，凡撤参必按之行事有应否可参的罪名，不能以挪夫这个事就要撤参。这个革除挪夫的积弊，我是很赞成的，但是条件要全体修正。

沈议员明道：张君这个革除挪夫的积弊案，本议员对于此案很赞成的，不过对于条件有点意思。他说的照民价自行筹备，这民价有数目，设有各处数目没有一定，百姓是怕官的，在官要他当差，他是没有话说的。如一百里官价发出来，只要几百钱，若是商人叫的就要几串钱，还要同他议价。本议员的意见，民价也要照道路之远近定一个标准。

议长汤君化龙：赞成的理由是不差了，请问"挪夫"的字样是可用不可用。

沈议员明道："挪夫"两个字是不妥当的，所谓挪夫，就是当差，议案所说是发官价。将这个议案交付审查，一律修正才好。

张副议长国溶：大凡本局的议案第一当从根本上改革，第二当谋弊病之革除。弊病不是指一事而言。近来官场弊病很多,这个议题好是很好,至于办法还要讨论。就题目看起来,只一件事,在州县范围虽然狭小,也不止这件事。本议员对于此案主张修改,议增加条款。

议长汤君化龙:张君革除挪夫一案业经全体研究,究竟可否作为议题,应即取决。如赞成本案作为议题交付审查者,请起立取决。少数起立,否决。

第四案,以征收税契机关委任自治团体案。
书记长石山俨朗读原案:

以征收税契机关委任自治团体案
提议员孙传烈

为提议以征收税契机关委任自治团体事。窃查税契一项,每岁各州县之收入多寡不等。就平日闻[见]所及,每州县每年之购买额多者至六七十万串,少亦不下一二十万,至于三四十万者,则尤居多数。平均每州县每年以三十万计算,则购买额当达二千零七十万串。按新章九分征收,每年收入应为一百八十六万三千串,除二分留存各州县办公外,每岁解到藩库之纯收入共为一百四十四万九千串,而按之实际,每岁每州县报解之额或仅及半,或不及半,其甚者,或报解之数,仅居该县收入数十分之一,其余则概为官吏所中饱。约略计算,每岁所短之额,当在百万串以外。以有用之款项,饱贪吏之囊橐,可惜孰甚,宜乎!去岁常会间期,陶君峻有整顿税契之提议矣,其于税契积弊言之至为详尽。惟查其办法系设局经征,则开支需费,局员由众公举,而如何选举之法则未经议及,即今选举之规则,有咨议局成案可援,而选举之手续,则极其繁重,选举之费用亦属不赀。方今各府州县城镇乡自治会次第举办,似不如即以征收税契之机关委任厅州县参事会(自治会未成立之前暂以公所代之)及城镇董事会或乡董,较为得宜。约略言之,其利益有数端。

会中职员均支薪水，代征税契无须另外开支，不过多用书手一二名，为费有限，较之设局经征所省实多，利一。局所既不另设，一切选举建筑之劳费可免，利二。此项节省之款，即以之津贴各地方团体作为自治经费，则人民之负担稍轻，利三。董事会或乡董直接收受，其区内之契约范围甚小，见闻尤确，一切短价漏税之弊自不作，利四。官吏户书之中饱与短价漏税等积弊既除，每岁国库收入之增加当在百万串以外，小民无加征之痛苦，国家增巨额之财源，利五。经征既由自治团体，则向日户书把[？]官府之弊可革，利六。民间税契直接自治团体，不受户书需索，利七。官绅互相维系，利弊可永远不作，利八。自治团体不假筹款之劳，而坐得可持之款，利九。参事会及董事会或乡董有议事会以监督之，自不虞其舞弊，利十。一转移之间而收效如此之巨，然则又何惮而不为乎！谨拟就办法三十条，是否有当，敬待公裁。

  第一条 厅州县参事会于会场门首另设一牌，题曰"附设某厅州县税契征收处"（该会未成立以前暂由该厅州县自治公所代办），其城镇董事会或乡亦于会场门首另设一牌，题曰"附设某厅州县某区税契征收处"。

  第二条 税契征收处在参事会则以参事员为主任，在董事会或乡则以总董或乡董为主任。

  参事员不止一员，其主任征收税契事宜，用轮管之法，每日推一人为主任，轮流经理，周而复始；其轮推之顺序以被选时票数之寡多定其先后，票数同者，用抽签之法定之。不以会长为主任者，即地方行政官职任较繁无力兼顾也。

  第三条 参事会于文牍科内特置写生二名，专司缮写契约事宜，薪水每人每月支钱六串，由税契办公项下开支。

  第四条 向章税契例给之三联契尾，应由藩司送交各厅州县参事会收领，不经地方行政官衙门。

  第五条 参事会接到此项契纸，当即备文将收到契纸之数目，呈明藩司，以备查考，不足得随时补请，有则存置该会，以备次年之用。

第六条 各该区内，凡新出之契约统限一月内交出于本区董事会或乡董，其照章应出之税契费亦一并交纳，不得逾限（其旧日未经税契之契约仿此）。

第七条 董事会或乡董收到民间契约，应将业户姓名、收到月日及实价若干、税契费若干，登之簿记，填给收条。

第八条 业户接受收条俟一月后，持条赴各该董事会或乡董处领契，其收条缴由该处保存。

第九条 董事会或乡董每届月终，即备文随同本月份收到本区契约及照章征收之税契费，一并移送于本厅州县参事会。

第十条 董事会或乡董每届年终，应将本年度经征税契数目，详悉册报本厅州县之参事会。

第十一条 参事会接到移送之契约，当即发交写生写讫，送至行政官署内用印，限即日印发，不得任意延宕。

第十二条 契约用印后，仍由该参事会领出，随时发支于原交契约之董事会或乡董，以便转交各业户收执。

第十三条 署内用印之司事，每月由参事会在存留办公项下支给津贴钱十串文，例外不得需索分文。

第十四条 契税照新章九分征收，其二分办公项下，以一分归本城镇乡董事会或乡董充该区自治经费，以一分归参事会供因征收契税所需之必要经费，有余则以之留充该参事会自治费用。

第十五条 董事会或乡董于收到契税时，按照九分扣一之例，当时扣除，一分存留该处，余则尽数汇交于参事会。

第十六条 参事会于接到契税约，按照八分扣一之例，扣除一分存留该处，余则随契约用印时，一并缴呈于该管行政官厅。

第十七条 该管行政官厅收到此项契费，遵照定章解交藩库，不得拖欠。

第十八条　董事会或乡董收到该区投税之契约，应盖该会印记于其上，无该会印记者，参事会不得收受。

第十九条　参事会收到董事会或乡董移送之契约，验明印记无讹，除照第十一条规定之手续办理外，原来之底约暂时由该处保存，俟至年终册报时，一并呈报藩署存案，以借查考。

第二十一条①　参事会董事会或乡董每届月终，应各将本月份征收之数目，分别榜示，俾众周知。

第二十二条　前条榜示数目倘有不敷时，除业户及有关系人外，本区之议事会并得随时诘问，倘实系舞弊，议事会亦得指出实据，纠呈于该管行政官厅。

第二十三条　业户于订立契约时，应将经手粮册之户书姓名一并载入约内。

第二十四条　参事会于契约投税后，按照该契约内之图甲、户名、粮数，开单知会各该经手之户书，饬令立时照单过割。

第二十五条　户书经手过割事宜，不得例外需索分文，并不得延宕时日，违者一经告发属实，当革退卯名，将其经管之粮册罚交参事会另行派人接充。

第二十六条　总董或乡董应饬令各该处之地保随时侦察该区内之买卖田房各事，报告于董事会或乡董，以防短价漏税等弊。

第二十七条　参事会于藩司发给之三联契纸，除以一联交业户收执外，其存根之一联应由该会保存而缴复之，一联仍由该会于年终汇呈藩署。

第二十八条　参事会每年届终，应将本年度经收税钱之数目详细造册，汇报藩司，以便与州县官之报册互相印证。

第二十九条　藩司接到此报册印证无讹，应按照册内之图甲、户名、粮数、税钱分别列榜，径交各该董事会或乡董张贴会所门首，

---

① "第二十条"缺失。编者注。

俾众周知。

第三十条 各业户如查阅榜列数目有不符时得向各该主任者质问。若主任者实有舞弊情事，并得向该管州县衙门或初级审判厅随时控告究办。该管之议事会对于此项事件发生时，得适用二十二条之规定。

议长汤君化龙：本案原是孙君传烈提出，孙君因有事尚未到会，请赞成员报告理由；赞成员沈君明道在前，应请沈君报告理由。

沈议员明道：孙君传烈所提的以征收税契机关委任自治团体议案，已经油印分派，同人已经看过了。理由甚长，条款甚多，无容赘述，谨就赞成理由陈述。

孙君案子在痛除积弊，是从根本改革。中国税契的弊病极深，也不是枝枝节节、补偏救弊所能革的。本局不提出这个案，将来自治机关也是一定要提出来的。本局已提此案，自应呈请督部堂决定办法实行改革。这是本议员一面赞成的理由。一面还有点意见。本局去年第一届常会已提出整顿税契议案，但在常会期中未经议决，不知同人如何审查，亦不知孙君此案与去岁议案有无冲突，总要经常驻同人报告之后，才可以解决。再孙君的意思是委任自治团体，但自治团体照宪政筹备期限至宣统五六年间始可成立，此刻各州县自治团体尚未成立，看大家意见，或者提前办理，或者定要自治团体成立之后再办，或者参以活动语，自治团体成立的地方可以先期措办，未成立的一俟成立之后再实行。本议员对于孙君此案之意见如此，尚须公决，不过本议员是很赞成孙君这个案子的。

议长汤君化龙：这个以征收税契机关委任自治团体的议案，既经赞成员说明理由，本来应付大家研究，但是没有研究之先有个报告，就是赞成员的话。去年这个案本已提过，因会期中未经议决，后来经常驻议员审查修正决议，要设个监收局，以本地的人监收本地的税契，与孙君这个用意相同。这个原案已于本年二月间由邮分寄各位，各位想已看过了。原来这个案因督部堂札复有种种不能行与能行的，我们大家以为既有可行的，就应该行，于是就所驳的稍为改了一下，监收税契另为一处，监收钱漕另设一局。后来督宪又说不能行，所以迟至于今尚未实行。从前常会期中已经议决，公请刘君寅熙详细修正，尚未报告出来，孙君这个议案或者另为提出。这是去年经过情形，不能不报告一下。

张副议长国溶：刚才议长报告去年提出整顿钱漕税契议案，还有一点原因，因议长在病假期中不甚清楚，所以报告稍略。这个案业经督院大段已批准了，不过稍有挑剔，交局复议。后瑞督（澂）到京陛见，王护院[乃徵]在任之时，把从前所批准的再行批下，与监院意见稍异，所以此案交下来有两个样子。究竟以瑞督所批的为然，抑以王护院批的为然呢？因议长在病假期中不晓得这一个事体，本议员所以略为报告。至本议员对于此案稍有一点意见，此案应提不待言也。大凡我们今日所主张的理论，必先有一定的宗旨，然后才能办到。即如司法、立法、行政三机关要分别清楚，我们大家办事的机关也要分别清楚，当归官办的就归官，当归绅办的就归绅。因为中国凡事在官手上总有弊病，所以此案要征收税契的事归自治团体交绅士征收，是觉绅士较官稍好一点。若一绅士又有弊病，又教什么人办呢？东边有病，往西边跑，西边有病往东边跑，跑之不及，还能办事么！就这个议案而论，因为要去积弊，不假手于官场，这是不错的；然照内容所有的法不得不委之于行政机关，即令委之于自治机关，而最下级的自治机关就是城镇乡，上级的就是厅州县。上级的自治如此，下级的自治亦如此才能通得过，不能说上级机关是官，下级不是官，就要他作。这是以机关为区别。此中理由很多，要过细研究，不但于事实上作不到，于理由上亦说不出。还有一层，现在预备立宪时代，上头预备毫无秩序，这个话也不是本局所能说的，所以本局不得不量为变通，种种方面也可以着手整顿。征收税契是很对很对的，若以委之于自治团体，参事会亦多未成立，议事会虽有监督一切性质，然一两年之后能成立不能成立呢？如果能成立是很好的，照这个案看来，今年议长也提得有划一筹办厅州县自治缩短成立年限议案，去年整顿税契案可以有统系下来，有统系就容易办，然必须将立法的机关与执行的机关分别下来才可以解决。这个议题是赞成的，至于一切办法，总须过细研究研究。

刘议员赓藻：据本议员看，这议题是宣统三年的议题，不是今日议题。现在自治团体各州县均未一律成立，要各州县自治团体成立才可以办这个事。自治团体要明年九月一律成立，此案就嫌提早了。我们提出议案要重在请督部堂公布实行，如自治团体已一律成立是今年，即能公布实行，就可提出，要到明年才能公布实行的事，就当明年再提出。如明年实行的事，今年就可提出，似乎本局今年可以多开几天会，明年可以不必开会了。本议员意见如此。

李议员继膺：孙君以征收税契机关委任自治团体议案，关于本案的内容，此刻尚不能研究，先研究议题。这个议题在今日是否必须提出的议案，如就学理上说，征收税契是国家机关的事，自治是地方机关，止可补助国家机关。议题既云委任，岂不是把这个事件归到自治团体么！这是必无的事。就事实而论，第一层，自治团体尚未成立，把国家的机关消灭了，这个事情还交什么机关来作呢？必须要等到自治团体成立以后才可以办，岂不要空悬不办么！处今日过渡的时代，当绅士的都说中国没有一个好官，此话是大家公认的，说是绅士好得多，这个话我亦不敢认承。一旦这征收税契的交绅士去办，本地绅士未必作得好。这是就自治团体说的。至于行政官他所讲的是权利，那征收税契就是官的权利，一旦拿来也不能无争执的事，何也？去岁我们提出监收钱漕案未见实行，就是这个原因。如果我们把他的权利全行夺了，恐作不到。这是就事实说的。而且与去岁的案有一点冲突。去岁议案现在虽未全行，将来实行此案亦不能并入，就不能同时并提。既不能同时并提，决不能提出此案，自相矛盾。现在就种种方面讲来，此案应请暂缓提议。

张副议长国溶：过细研究以征收税契机关委任自治团体议案，本议员是很赞成的，但是里边有许多要修正的地方，先说的还未详细。据刘君同李君皆是不赞成，但是本议员意见稍有不同。将才所说不赞成的理由，是说自治团体没有成立，但是本局已提出议案，想缩短年限，不知道能行不能行，即是能行，还须待到明年九月，这个理由是很好的。但是这个议案是在"机关"二字不对。机关二字是文字上的错处。大凡地方上事归地方上办，国家的事不可委任地方上人办；就事实上看起来，自治团体不知在何处，未知自治团体是如何办法，所以本议员又申明前说。至于这个案与去年那个案，本议员觉得没有十分冲突的地方，不过要提出，似须要请大家过细研究好，本议员是很赞成的。

刘议员德标：孙君以征收税契机关委任自治团体案，大家研究了半天，有的说缓提，有的说可以提的，但这个案子不能不从根本上研究。本议员从根本上看，想这个议案也深有意思，像各省清理财政官将各省的财政清理下来，都是入不敷出，确有实据，然地方官卸任，没有听见说卖衣服走路的。照这个看起来，是除了得地方的陋规以外，又在税契中舞弊。所以今日的弊端很多，孙君提出此案也有一番抱恨的意思，虽然地方官亦不许人民放炮等情，而每每视为具文，如十万止报一万，百万止报十万，他里头的弊端在于何处呢？就是将所用的税契倒填年月。如今年本是自己的事情，推到前任的身上，填写前任的年月日。中饱之害，于财政大受影响。今我们于此案尚未就财政研究，从财政上一研究，本议员还有一事实上的报告。今年从四川来，见得四川设有经征局收税契的事，由经征局代各州县征收，颇有成效。如果我们要整顿征收税契，可仿照四川的办法，此案就可以提议请督部堂批准实行也可以的。本议员意见如此。

汤议长化龙：刘君所说四川经征局办得很好，请照四川经征局的办法，也不过与本省提出监收局议案差不多。

刘议员德标：去岁四川实行在设咨议局以前，本议员所报告是在四川查得有这个案。

周议员孚：刘君所说的话，因为他散会回府去了，所有常驻议员与督部堂往来公文他都未见过，这个案今日也要报告。

汤议长化龙：已经印刷日[？]分发。

吴议员逵先：孙君所提的这个议题诸君讨论半天，有的说缓议，有的说修正。据本议员的意见，以为这个案可消灭。如说这个议案责成参事会，试问参事会未成立以前如何办法呢？我们中国的官绅各有权限，哪有官把应有权利让给绅士的道理呢？如说将来参事会成立，就可以把这个委任他办，据本议员看来，断断乎没有这个法律。这个案实在是不能提。

刘议员赓藻：税契这种事情，在各国自治团体代收税契亦是有的，这个案子错的是错在"机关"。至于这个议案，可以不议。本局的效力在要公布实行，若是要今年批准等到明年公布实行，我们没有这个效力，况督抚时常有更动，今天研究的是在交付审查不交付审查，其内容可不必研究。

左议员树瑛：孙君提出此案，因官吏舞弊，要委任自治团体，但是难行。一则侵越权限，就是吕君所说的。今中国自治人才很靠不住，李君已经说过了。照本议员看，总是难行。天下事人人都有习惯，官要钱，迫于势力，百姓无可如何，不敢不出钱。绅士问他要钱，百姓是不肯的，百姓怕的是官，不怕绅士，只怕劣绅，不怕正绅。照此案办来，自治团体几为人民之怨府，这个事情据本议员看，总是不能行，就是到了年限，还是行不动的。中国人民程度不足，中国与外国不同，比方现在农工商部、外务部衙门虽是新设的，办事的人还是那些旧人。此案可以不必交付审查。

魏议员鸿仁：孙君所提的这个议案，是湖北财政上的根本问题。委任自治团体，无非见得中国官场中饱的弊病。现在自治团体尚未成立，也不必过细研究。据本议员意见，只得忍而受之，以待自治团体之成立。

吕议员逵先：原来本局税契议案已经提出来了的。

魏议员鸿仁：像我们数县的税契总是以多报少，征收六分者，征收八分；征收八分者，征收十分，学款又得两分；这个税契去年四月初一日就加到九分，他说是六月初一日才加的。

议长汤君化龙：到底魏君于这个案有甚么研究。

魏议员鸿仁：现在这个案就是要督部堂平行公文，把浮收的积弊禁止。

议长汤君化龙：这个以征收税契机关委任自治团体议案，现在有两方面的意见，一方面说应以此案作为议题交付审查，一方面又说以征收税契另外还有案子，毋庸另外提出。究竟此案应否作为议题交付审查，不能不取决。赞成此案作为议案交付审查者，请起立取决。全体否决。

午后四时，由议长报告休息一小时。午后五时继续开议。

书记长石君山俨报告浙江、奉天两处来电及督院来函。

一、浙江来电：

武昌咨议局鉴：敝省预算已交，惟无岁入。浙局。

一、奉天来电：

湖北咨议局鉴：初五日督批：呈悉。候札饬清理财政局将该项预算案呈候交议缴奉局，应暂缓电院。鱼。

一、会议厅来函：

敬启者。顷读来牍，呈催本年湖北预算清单交局，当即上呈帅核。奉批："已行财政局将行政经费预算册抄送来辕，以凭札发等因，奉此。业由本厅专函致财政局，请其遵批赶速办理，能于十五以前赍送，尤所殷盼云云前去。惟查此项预算清单册籍繁多，该局能否如期办到，尚未可知。要之，此册必交必速，则已为本衙门定议矣。除俟清册赍到，再用正式公文办理外，先此奉布，以纾殷盼。"

议长汤君化龙：本局初三日以前有公事到制台，请把预算案交下才能议事。现通电各省，如初八日以前预算案尚未交下，即约同日电请资政院核办，这是我们所决议的。今浙江来电云，预算已交，止有岁入；接到奉天来电，亦有允许交下之意。本局既未交下，而制台公事又未复，然虽未有公事过来，而制台已有信过来，大概说是于十五日交到更好。这样看来，就算无交预算案的确期，而我们资政院的电就不能不打，既是通告各省一律电资政院核办，本局就应该打电的。现报上已载得有资政院出的奏，然上谕也没有说是一定要交，究竟本局仍非照前议电资政院不可。

第五，请实行承启官案。

书记长石君山俨朗读原案：

请实行承启官议案
提议员王光翰

朝廷之设官本为民也，利则兴之，害则除之。遇有民间诉讼等事，则为之劝导惩办而申理之，法至良意至美也。今者宪政初立，在贤有司抱公忠体国之心，具勤恳恤民之隐，事事务求实际，凡一切民事、刑事必亲自检查，吏胥跟丁无从上下其手，舞文弄法之积习，至此弊绝风清矣。汤[？]又恐防范未周，一手一足之难于顾虑也，于是遵照新章，禀请承启官专理收发文件，以为补助行政之机关，使阃邑绅民情隐不至隔绝，冤抑不难立诉，从前之陋规积弊尽扫除而革绝之，政治改良莫善于此。无如人类不齐，有固筮仕而为苍生造福者，亦有暴戾贪污，行同市侩，不顾国计民生，但知惟利是图，权势尽假之他人之手，信用门丁为打伙求财之计。纵设有承启，非待以客气即置之闲散，终日无所事事，一若上司之命令视为具文；甚或有月给干薪嘱令司承启者，仍留省垣，不必随之任所。至往来文牍，照例添盖戳记，则为尽其职务，无悖乎新章，罔上欺下，此居官日多险诈，政治愈不堪问，所以民气之激变，而视官为仇敌者，愈多而愈不可遏抑也。若任以承启，革除门丁，焉有是事乎，吾亦不敢信。此辈之学识俱优而又廉洁自好，果尽系贤能之足以任事也。第既实予以事权，则必负连带之责任，互有关系亦互相牵制，纵谓品流不一，偶于寻常事故，迹近招摇，彼即不爱惜声名、独不欲保全考成，顾其身家乎！且以职官而襄理置务，断不至遇事生风，如门丁之毫无顾忌，辄敢明目张胆作奸犯科也。立法最为周密，而请派复加以审慎，清源正本，犹曰地方不能收治理之效，吾未之闻也。彼到任未及而官声败坏，即久于其任者，而至后仅得一不堪之结果，岂官之不足以视事乎！其咎尽由于所任之家人门丁舞弊营私，把持隔阂，以故怨声载道，而本官犹不之觉也。所以泰西诸国不言政治，而政治自蒸蒸然日臻上理者，上下之情通，名誉之念重，壅蔽之患除也。应请督部堂再行严饬僚属，凡各厅州县不实用承启官而博以虚名者，概行撤差停委，予以重罚，庶循名核实，吏治得以维持而整顿之矣。是否有当，敬请公决。

议长汤君化龙：请王君光翰报告提出此案理由。

王议员光翰：这个承启官是由张文襄奏定的，现在各州县都视为具文，大半还是用门丁。至于承启官虽说不尽是好人，总比门丁、家人好些，纵然一样舞弊，然一经发觉就可惩办，不过现在各州县用承启官不是完全的办法。据本议员的意见，用承启官较之用门丁犹为彼善于此，将来审判厅一律成立，这承启官就不用了。至于应城县就没有承启官，能否请一律实用承启官，请大家讨论。

张副议长国溶：中国州县官之积弊大半在门丁，但是新官制未发表，将来厘定后，厅州县机关如何，不能悬定。惟今日补偏救弊，用承启官是很好的。本议员意见，以为此案内容所说的，不过是实行用承启官，没有办法，似要略为修改。据王君报告没有承启官的地方，须设承启官，现有承启官的衙门，究竟是好不好呢？以为承启官好，就用承启官，至用承启官难免不生种种弊病，前天已有人提议不用承启官的。照这样看起来，设如不设。我们今日请实行用承启官，各州县设了又是如此，有什么办法呢？中国官场之坏，并非制度之坏，乃各州县不照章程之坏。似乎这个案子可以定出条件，拟出一个办法来。本议员意见如此。

李议员继膺：王君提出请实行承启官的议案，在王君提出此案必有所谓而言，必是觉得要实行用承启官。现在已实行用承启官，我看王君目的已经达到了，即令一二州县无承启官，亦不能以一二州县概之全省。张副议长所说，本议员很赞成，其内容一切王君虽没有列出条件，我也可以列出条件。第一层，明承启官责任。王君看得承启官很重要，通达民隐，而承启官不是行政官厅重要官吏，原案所说，专理收发文件，使民隐不至隔绝，冤抑亦不难立诉，通达民隐莫善于此。讲得通达民隐系地方官之责，非承启官之责，以此责之承启官，未免把承启官看大了。第二层，研究承启官与门丁之区别。原案说用承启官较好，就是朝三暮四之说，承启官即门丁也，门丁即承启官也。如说州县不准用私人，州县哪个不用私人？既有私人，就请他作承启官，承启官本是不重要的官吏，所以随便可请，随便给薪水，就可雇用得来。原案说是加以审慎清源正本可收治理之效，又说承启官专以收发文件为事，何能得他的治理之效？质而言之，承启官与门丁毫无区别，即令审慎清源，于行政毫无关系。第三层，研究承启官与地方州县官之关系。如说承启官有名无实，就把州县停差撤委，见得承启官与州县很有关系，这件事万做不到。现在承启官有名无实，督抚未必不知道。如督抚札饬行政官断不准承启官有名无实，州县未必实行。至若说"整饬僚属"四字，价值很小。再合全案性质讨论，是建议案。我们对于行政官可以提出建议案，像这样建议案未免太无价值。据本议员意见，以为此案不作为议题。张副议长所说修改是很赞成的，各府厅州县没有一个不用门丁的，门丁既已改革，实用承启官，若是有名无实的，我们总要想出完全的法子来实行裁撤门丁。

吕议员逮先：王君提出这个议案很有意思的，何以呢？他这个议题是因为张文襄有这个章程，不能不行，但是据本议员的意见，以为承启官虽责任甚轻，可以为各州县之监察，如州县想纳贿，有承启官各州县看来也就不能行贿。好比来了一封信，里面有银票，承启官可以发表，承启官虽说是官小，也花了几百银子来的。如果门丁一串钱也要，两串钱也要，三串四串也要，这承启官就不至于滥要钱。如照李君这个案作为建议案，本议员不以为然。本局有议决本省单行章程之权，不过要议定一个用承启官的章程，各州县既设有承启官，就要用章程，章程如何定法呢？一、承启官之资格；二、承启官之功过；三、承启官之任期。从前有说要用仕学馆的毕业生，如果用他，资格一定，承启官办事章程一定，不照章办事，就当惩罚。所设任期，因为现在承启官没有一定的任期，比方姓王的做江夏县，就弄一个姓李的做承启官，若是姓张的做江夏县就又是一个承启官了。州县官换，承启官不换，承启官换的时候，州县官不换。任期或是一年，或是两年，总须规定。本议员意见如此。

议长汤化龙：本来实行承启官议案有两方面的意见，一主张原案不作为议题，一主张原案作为议题，必须另改题目另立法规。有赞成就原案内容改题目另立法规者，请起立取决（多数赞成）。

第六，改良条款纠举证据案。

书记长石山俨朗读原案：

改良条款纠举证据案
提议员朱泽霖

为提议改良条款并纠举证据从速整顿以勤政治而肃风化事。窃鄂省地大物博，人密烟稠，习惯甚深，流弊未已。方今新政初行，百废待举，若仍听其腐败无能，敷衍塞责，匪独无以对我君父，抑且遗诮于全球五大洲矣。奚就管见提出四条款纠举两证据质之诸君子，当必有以赞成者。谨首具条款次举证据于左：

首具提出者：

第一条　关于地方区域之布置

第一款　急须改良自治

一、创兴实业

二、安插游民

三、推广宣讲

四、慎重选举

理由

各府厅州县筹办自治虽已萌芽，惟有于着手之处尚欠周详。然自治根源，当首重民生，既重民生，当先筹执业。此实业中等学之即宜开办，刻不容缓。实业如开，则素日之游手无依者，得有安插之所，并须责成该父兄，凡听子弟之荒时废业者，以该父兄是问，罚以重金，与以痛苦，如此或不至流为盗贼，转于沟壑。现在自治于风气稍通之处，或有知此名义者，加以穷乡僻壤少见多怪，必须偏设，宜讲所发明自治应办之理由，宣示自治将来之利益，家喻户晓，庶可周知，然后清理正税，调查选民。然此中犹有须慎重者，盖以选民资格虽合，而品行卑污，一经冒滥当选，则欲增地方之福者，反添地方之害。留心自治诸明公，当必以此言为正而赞成者。

第二条 关于城镇乡村之关键

第一款　急须改良巡警

一、站岗职务

二、站岗宜节

三、站岗责任

四、站岗权限

理由

鄂省巡警极云幼稚，比较通国，南洋已具端倪，北洋渐臻美备，其余各省均有精神。惟我湖北仅省会稍有规模，各府厅州县尚在梦寐，有粗具形模者，有未具形模者，如此不知职务为何，宜节为何，责任为何，权限为何，即宜函商巡警道，通饬各属巡警局与教练所，饬其认真教练，从速改良。

第三条 关于府厅州县之筹划

第一款　急须改良统计

一、划分区域

二、调查户口

三、清理财政

四、厘定方法

理由

无精密之统计，故无完全之办法。各府厅州县漠视新政，或不聘请统计员，而委之书吏，敷衍塞责，或以他项幕友兼充此席，或所聘非曾习法政之人。凡事入手盲无头绪，无怪错误丛生，乖违迭见，实以所用非其所学。即遇上官之紧若雷霆，其如各属之渺如毫发何？维今之计，即宜禀请督部堂通饬各府厅州县，自今以往，无论何处，照章悉用法政毕业人员，并饬刻日具报承办统计员姓名、年貌、系在外国或本国何年在何处毕业，有无文凭，均详由调查局调省验看，加札委充，以归划一。

第四条　关于民刑诉讼之弊端

第一款　急须改良审判

一、监押人犯

二、擅用刑讯

三、久羁囹圄

四、压搁案牍

理由

各府厅州县于民刑诉讼动辄任性滥押人犯，视为习惯。迨乡民一入牢狱，先遭监卡家丁之剥虐，继受禁卒看役之讹索，一讼未终，倾家破产。倘贿赂得计，尚可早脱牢笼，否则拖累经年，久羁缧绁，民间极苦，莫此为甚。现今审判停止刑讯，上官明文不啻三令五申，乃行之者，仍置若罔闻，鞭笞未歇。更以州县较繁之缺，每一词入署，甚至一月半月尚不悬批，穷民守候，情状何堪。即此数端，宜速整顿，以挽沉沦而维新政。

次具纠举者

一、中国政治日久弊生，官民梗隔，两不相通，故近来各大宪深恐上下隔阂，民情壅塞，诸凡上控特许邮禀。乃近有不肖之徒，每因夙嫌私怨动辄无中生有，有架捏多名，以动上听，甚至禀中所列之名，或早年病故，或全行臆造，或盗列真名、参以伪姓，捏诬多端，希图破坏。迨一经行县根究，彼被诬者固实有其人，而捏诬不知谁何，有司无从查访，个人已被玷污。故当议定于上控收词时，必询明确实歇家，庶几稍有忌惮，得有稽查。如邮禀原系民刑诉讼，概不批示；如关公益公言，或条呈意见，不在此例。爰引证据如左：

证据

如黄冈县之架捏多名，控告孝廉方正，最奇者为首列名之林锡龄已故十余年，其余先后病故者已八九人。再新科优拔贡胡君等数人于四五月入都朝考，六月初四日场期，岂人既在北京，义[?]于六月初一二日犹在湖北告状之理？其盗列举人徐君等十余人均称不知此事，已纷纷赴县递盗名禀。更有早年远宦他省现奉差委者，亦竟名列禀中，函询亦无此事，其为架捏误控已可概见。此风岂可开乎！类此者犹不胜数。

一、禁烟为近来要政，曰禁绝种，曰禁断瘾。立法森严，禁法秘密，而玩法者仍毫无畏惧。在上者切实加查，有职官者，彼此具结，凡人民则责成地方官列表禁戒。无如禁者禁，未禁者依然迷昧无闻，未见减少。其何以故，盖以一地方官，既司法而又兼行政，公务纷繁，何暇及此，所禁者不过奉文出示，虚应故事而已。如此是以官禁不如民禁，官禁则有许多手续，一时难以尽绝；民禁则无微不入，是易奏功。特引证据于左：

证据

如现通饬各府厅州县于分列禁烟表，以知禁烟人数，每三个月造报一次。近来各府厅州县于造报期迫而又被上官迭次严催之时，该管职官并不派员调查已禁多少，仅饬书吏检出旧表任意减少数十名，朦填一表，敷衍公事，上官无考查，烟民深幸隐藏。所闻所见，确实不虚。今欲挽回，当添办法。

办法

禁烟当以官民合办为最妙，禁烟公所当附设于自治局，会同巡警切实举行。沿镇沿乡分设禁烟会，有官力所不及者，以民力济之，有民力所不逮者，以官力助之。如城镇乡以五家互结为一起，十起为一会，有烟无烟五家同负其责，分年禁绝。如年满而仍未禁者，则以五家是问，处以罚金。如互结时彼此隐瞒，声张无烟，日后查出或被告发，无烟者与有烟者罪属同科，责无旁贷。如此禁之，根株易绝。所谓禁烟，是自治之造因，自治是禁烟之结果。各厅州县如能从此办法，或可以稍补万一。生民幸甚，国家幸甚。

议长汤君化龙：请朱君泽霖报告提出此案理由。

朱议员泽霖：此案分四条，一、关于地方区域之布置；二、关于城镇乡村之规划；三、关于府厅州县之筹办；四、关于民刑诉讼之弊端。管窥之见，未知当否。

议长汤君化龙：第六案已经本提议员报告理由，应否作为议题，请诸君讨论。

阮议员毓崧：这个改良条规并纠举证据的案子，包括的事是很多的。其内容有四条：一是急须改良自治；二是急须改良巡警；三是急须改良统计；四是急须改良审判。这一项、二项在本局是关于民政一部分的事，三项是关于财政一部分的事，四项是关于法律一部分的事，而后面的附条是关于禁烟的方法。但朱君是本局新补的议员，一切议案形式都不甚清悉。至本局提出议案，一应取决，即应交付审查。这一笔案子，如说自治、巡警就应该交付民政委员审查；如说统计是应该交付财政委员审查。这个案子似乎分配的部分很多，不便于交付审查。不过这个议案很好，可仍就起草员将这个案子分四个议案提出，或分为五个案子提出，然后可以交付审查。

张副议长国溶：朱君提出的改良条款并纠举证据案，内容都是应当要改良的，既要改良，必先有办法。据阮君所说，朱君为新补议员，不知道提出议题的形式，所以要变动全案，分作几起，再行交付审查。但本议员所见，以为本局提出议案与督部堂提出的议案不同。督部堂提出议案原可空空洞洞，不拟办法，经咨议局审查，自然详细呈复，不但如此，而且出个题目来考我们。至本局自己提出的议案，必有确当的理由，详悉的办法，而后始可提出，不能说是这个要改良，那个要改良，必须要说出如何改良的办法，以及应该改良的理由，方可作为议案。本议员意见如此。

议长汤君化龙：这个改良条款并纠举证据案，本来条款太多，且尔疏纲漏目，要[这]是这个案的毛病，这个案是最好的题目，所以大家对于这个案的意见，都说分为四个、五个案，应就原起草的人分别详细另拟，大都所说的都是一样意见。今日要赞成把这个案子详细另拟的，请起立取决(全体赞成)。

汤议长化龙：既是全体赞成，请朱君就其条款再拟办法提出。

第七，裁谷米统捐以加奢侈抵补案。
书记长朗读原案。

裁谷米统捐以加奢侈税抵补议案
提议员金式度

厘金改为统捐，终为圣朝之禅政。时势至此，不得不然。果能体察情形，斟酌损益，取民之法，亦能隐寓爱民之心。大抵富民即多取之不觉其难，贫民即少取之甚以为苦，如谷米统捐不能无遗憾焉。百货所产之土地多未纳赋，其接[按]货以征之也，固宜。若谷出于田，田已纳赋；田既纳赋，谷又抽捐，是一物而两征之矣。四民惟农最苦，以粒粒辛苦之物，而一征再征，忍乎哉！购米而炊者贫民属其多数，以多数贫民之所须，公家因缘以为利，又忍乎哉！

年来水旱频仍，斗米千钱，民不堪命，亦既挽回无术，听物力之自然，已觉问心滋疚。乃以种种征收之故，使之更昂其价，值米珠同。慨饥夫载途，我虽未杀，伯仁当思所以致此。散赈平粜，非不竭全力以救荒；面临涸掘井，抚恤于待哺之时，曷若曲突徙薪，辅助于无形之地。虽值十抽一、值百抽一，所取无多，而减一分统捐，遂轻一分值，贫民即沾一分恩施。明知经济困难，该捐已特为的款，不得不筹抵补之方，而酌盈剂虚，尚可变通办理。如绸绫、绣器、珠宝、参茸、燕桂、海味，皮货、苏杭广东木器等类，皆富民之所须，所谓奢侈品也，西人重加奢侈税。此法正可仿行，量谷米统捐之岁入几何，悉以移注奢侈品类，在富民之所捐无几，在贫民之受惠无穷，即多寡不能相当，苟利贫民，稍损国家不足惜。昨今两年灾歉曾免数月统捐，是早知厘捐有妨于谷米；然暂免之而所济尚浅，何如终免之而所济更深也。商人惟利是视，一闻我省有豁免之条，湘豫谷米将辐辏而来，千仓万厢，四境自然充裕。况风声所播，亦足歆动，夫邻封相率蠲除亦意中事。果能同归一辙，贫民之幸福为何如也。至于菽麦杂粮等项，不能禁止出口，不得援以为例，让美利于外人。为贫民请命，敢以质之公裁。

议长汤君化龙：请金君式度报告提出理由。

金君式度：本议员提出裁谷米统捐以加奢侈税抵补案，无非是为谷米腾贵，民不堪命起见。谷米腾贵有两大原因，年年水旱频仍，此其一也。第二，湖北是交通地方，所以谷米腾贵，以湖北之米供湖北之人，势必不足，非仰给于人不可；兼之商人唯利是视，又奇货可居，所以厘税不能不裁。但谷米出之田间，田已纳税，米又抽捐，似觉重征，并且有点伤农。我厘捐为经济困难之计，裁了何以抵补？想来想去只有加奢侈税一法。奢侈的物品，如绸缎，绣货，珠宝，广东、湖南、宁波木器，这都是的。据财政局预算看来，湖北谷米捐有三十多万，如欲加奢侈税抵补，应如何办法，望诸君斟酌，交付审查能行不能行，以请大家讨论。

议长汤化龙：裁谷米统捐以加奢侈税抵补案，既经提议员报告理由，究竟此案能否作为议题交付审查，请大家讨论。

李议员继膺：金君提出裁谷米统捐以加奢侈税抵补案，可算是体恤农民之意，是很好的。但据本议员看来似是一个议题，实是两个议题。何也？裁谷米统捐必于税法很有关系的，势必调查谷米捐能否裁撤与应否裁撤；至于绸缎、绣货固然是奢[侈]品，一旦要把这个奢侈品通同加税是很难的。根据议员的报告，亦未详细调查，这两项一并调查很不容易，以两个题目合为一个议题是很复杂的，看来很难交付审查的。审查既难，亦想请原提议员可否把这个议题分作两项议案详细调查，再作议题如何。

吕议员逵先：金君所提裁谷米统捐以加奢侈税抵补案用意甚善，其实难行。天下事有意美而不能立法的，像那三十几万米捐想裁就裁他，但是抵补法子很难的。据议员意见，奢侈品不能禁止的，思加奢侈品的税，更是难办。我看非免厘加税之后，不易办此。但是加本国奢侈品的税，一般人将改用洋货，这三十余万还是没有抵补的。这个议题甚好，不过事情很难行。

张副议长国溶：到今日我们站在咨议局的地位论到税请[情？]茫无头绪，很有这个地位。至于将来或者大致改革，然而谷米统捐究竟可裁不可裁，裁了之后有多少负利益，于贫民有多少好处，亦难说定。至于加奢侈品的税种种不可行，吕君已经说过，但所有奢侈品之内有应否加税之别，还有奢侈品未经完税的，应想什么法子来要他完税，这是先决问题，就是刚才吕君所说非加税免厘不可。既是赞成吴[金？]君意见，何以又有意见呢？因为还有报告这个加税免厘之事，北京联合会已提有议案，可否由本局再拟加税的建议案。金君所提的，或者就修改，或者另定议案。据本议员的意思，以为联合会既有这个问题，我们本局也可另拟议题作为建议案。

时君象晋：金君裁谷米以加奢侈税抵补议案，意思很好，诸君都是赞成的。但凡事都有事实上的事，有理想上的事。现在这个时代款项支绌,想裁这项统捐,不能不筹抵补方法。据本议员的意见,裁是很好的,抵补很难,究竟"裁"之一字,决不可说,现在各处无钱,怎能说到"裁"之一字?如说裁撤统捐很有益于穷人,不知穷人不是裁捐可以补他的,还是与他筹点生路,所以有积极办法,有消极的办法。筹办实业把百姓生计好了,虽不裁捐何害,至于加奢侈税总要候加税免厘后,中外一得[律]外货进口也是要加起来的。加奢侈税是很赞成的,总是要在加税免厘之后。

议长汤君化龙:有厘金才有种种的问题,要裁厘捐先筹补救也是一层事。总之,非裁厘加税之后不能发生此种问题。若说加奢侈税,只能加中国的,不能加外国的,试问奢侈品是中国的多是外国的多,大概外国多于中国。诸君的意思,大概如此。但是裁厘加税的事,只可作为建议案,不是湖北一省做得到的事。如有赞成裁谷米统捐以加奢侈税抵补案仍交原起草人详详细细另拟办法,请起立取决。多数赞成。

第五号

宣统二年九月初十日午后一时开场。

议事日表

第一　清理各州县财产案　议员张中融提出

第二　规定东西洋留学官费案　议员董钦墀提出

第三　清查炉数规复应盐案　议员王光翰提出

第四　改定安陆船捐旧章以纾商困案　议员张中立提出

第五　拟整顿各厅州县监狱案　议员丁庆泰提出

第六　禁革各厅州县官价购物案　议员吕逵先提出

第七　禁止洋商在租界以外违约经商案　议员吕逵先提出

议长汤君化龙:今天是本局第五次会议。

第一议题清理各州县财政案。

议员张君中融提出。请书记长朗读原案。

书记长石君山俨朗读原案：

急宜清理各县财政案
提议员张中融

为提议急宜清理各县财政事。窃为清理财政一端，为近日急不可缓之图。一切新政在在需款，多方筹划，总属支绌。与其另设他法，科自民间，不若暂就旧款切实清厘，务使破除积弊，点滴归公，在民间负担可少轻一分之累，在旧日公款亦得归诸实用。近者鄂省财政本已派官监理，而各地自治亦将次第成立，皆各负有清理之责，似无容本局更为提议。然财政一端，千头万绪，各地情形互有不同，而流弊亦因之差异，不得谓监理财政官得以遍烛全省，不过勒限各县严定考成，据实报告；而各县亦不过视为官样文字，敷衍将事，其于实际不但毫无补益，而且将来皆视为具文，则各县财政终无可清之一日。将谓各地自治成立，就近调查，反觉确切，理固然矣，但近时民智初开，具特达智识者固不乏人，而为势利驱迫者，亦实繁有徒，即将来所举议绅，大半不过旧日之劣绅权贵，其于财政一端，望其确切清理，终难必有成效也。今谨就现时积弊，筹备数条于左。是否有当，尚待公决。

一、严饬各县速令经理公款各绅，据实报告以前岁出、岁入款项，及现时所有之一切公款、公产。

理由

各州县官不时调遣，皆存五日京兆之心，除应得规费外，一切公款、公产概任贪污，劣绅任意浮报，从不过问，即有一二正绅出而指摘地方官，又每曲为袒护。不如严饬各县勒令经理公款绅董，据实报告以前岁出、岁入款项及现时所有之公款、公产，以便稽核。

二、经理公款绅董据实报告县后，再由各县会同议、董事会职员或自治公所职员逐一查核。

理由

近时各县自治会均已次第成立，凡经理公款各绅，必须将逐年收入支出款项细目填具表册，据实报县，再由各县会同自治会职员复行查核，严加驳诘，如有鲸食亏欠，当即指实，勒令赔还，稍有拖延，即行惩办。

三、各州县报告清理款项，必须会同议、董事会或自治公所职员出具甘结。

理由

各县履任久暂不同，一切情弊恐难周知。宜会同董事会或自治公所职员切实察核，如果实无鲸食亏欠，自应出具切实甘结。此后如另有人指陈实弊者，则以该县及自治会职员等是问。

四、各县将清理款项报省后，即宜刷刊告示，实贴城镇乡各通衢。

理由

款项既已清理明晰，急应刊刷告示，将收入支出细节总目登记明白，不得含混，亦不得刊告与报省清册歧而为二。如有此等情弊，即将该管官严行撤参。

五、各县及自治职员等出具甘结后，如有指陈实弊者来省控诉，必须派员前往，会同正绅复加审察。

理由

自治职员难免无经理公款之旧绅，具结州县难免无劣绅之蒙蔽，即指陈实弊者，亦难免无挟忿之情事，故必须派员前往。除欲自治职员及指陈实弊者各陈述意见外，理应规避，再由本地公举正绅，复加审查。如实有可指情弊，则地方官即宜严行撤参，而自治职员宜即斥退严加惩罚，如指陈实弊者捏词妄控，宜即从公处论。

六、各县宜设一财政处以司出入，公举职员总理其事。

各县经理公款绅董不下数十人，所有办公费及开支薪水，诚所费不赀，而且相沿为奸，流弊各出。不若各县设一财政处，凡境内公款，无论何项，概行拨归于内，以归统一。如某款向归某项支用者，财政处亦只能照旧给发，不得淆混挪移，如节有余款仍存本处，以备将来办公之用。至财政处职员，必须由县公举总董一名，会计二名，任期皆以三年为限，任满再举，但不得连任。总董薪水火食每月以二十串为限，会计薪水火食每月以十五串为准，办公费每年至多不得过百二十串，或就各地情形另定章程；亦可总董以监理全县出入财政为职务，会计则一司出，一司入，每月初即将上月份收入支出细节总目录陈条款实贴境内通衢，年终则再总计报告一次，账务则送县盖印存案。如绅商学界有来处清查账务者，亦必检交查阅，不得支吾遮掩。

议长汤君化龙：请张君中融报告提出此案理由。

张议员中融：这个清理各州县财政的事，是万不可缓的。现在一切新政需款甚多，与其另外筹款，不如就旧日公款清理，涓滴归公，在没有钱的地方，民间担负可轻一分，在旧日公款亦得归诸实用。近来各州县报告公款亦不过视为具文，大凡入款报少出款报多，这是甚么原因呢？总想截留一点，与官办公，如果和盘托出，就怕上头要提。现在为公款在省控告的甚多，上头不过派一个委员去查三五天，查得好吗？不过敷衍一下，虽地方绅首可以清理，但不肖的绅士很多。本议员想此案本来是各州县自治的责成，无奈各州县自治的机关尚未完备，不如从这样入手，亦可以为将来预算案的基础。

议长汤君化龙：这个清理各州县财政案，已经提议员报告理由，究竟可否作为议题，请大家讨论。

张副议长国溶：清理各州县财政案是很好的。现在筹备宪政，然[非]筹款不可。然筹款然[非]把从前的款清理不可，清理之后，才晓得种种用款确实不确实。然向来各州县官中饱之弊，绅士挪移之弊，积重难返，所以提出此案。在原提议的意思是很好的，但本议员意见有与原提议案不同的地方。我们中国将来是立宪国家，最下级的机关是自治团体，为法定之机关。然此机关有二：一则各厅州县团体，一则城乡镇乡自治团体，大半皆有监督财政之权，就这一方面看是这样办，就那一方面看，各厅州县自治团体究竟能成立不能成立，或者几时成立，等到自治团体成立之后，再来清理公款，似乎不可。就两面看起来，是必要早为设备，先交法定机关，就法定机关定个办法。我们咨议局有增删修改之权，对于自治会未成立以前，清查公款公产的章程，暂本湖南各省的为底本，其中手续甚为详细，拟请督部堂批准，为未来自治会定个方法，因为原案中不甚详细，所以要如此，像这个清理财政章程，还须就从前所拟的章程，再行增删修改，以便大家研究。这个事是事实上的事，不能不研究的。就本案的内容而言，第一款"严饬各州县速令经理公款各绅据实报告以前岁出入款项及现时所有一切公款公产"。这固然是个办法，然范围未确定，所谓以前岁出入款项究竟从哪年起，原案未明白说出，到底是从前三年起呀，还是从五年八年起呢？所谓清理公款，各绅据实报告，假使前十年经理人不在，或者前两年经理人有甚么事去了，试问叫何人详细据实报告呢？照事实上说，这一条是断断乎行不动的：第二条"经理公款绅董据实报县后，再由各县会同议董事会职员或自治公所职员逐一查核"。我们现在因为自治会未成立，也是事实上所不可少的。但所谓职员，究竟何所指定。就一城而论，城有城的议事会、董事会，一镇而论，镇有镇的议事会、董事会，各有各的范围，要叫各县会同议董事会，那没有董事会的地方，叫他会同何项人去办呢？董事会、议事会都有的，究竟归哪个会呢？这样看起来于种种责任没有甚么分别，就要生出许多事来，而且各县的长官也就不能会同议董事会，会同就有挟制。自治机关虽在其下，其实是个独立机关，所以第二条应该斟酌的。第三条"各州县报告清理款项必须会同议董事会或自治公所职员出具甘结"，这一层又是做不到的。我们立法期于可行，然须于法律上研究一番，法律上认定这个议事会是议决机关，董事会是执行机关，可见这两个机关的性质不同，然都是法定机关，要他出具甘结，不但全球所无，也是情理所无，也是法律上所无，而事实上亦作不到。第四条"各县将清理款项报省后，即宜刷刊告示，实贴城镇乡各通衢"。此事是办事上之手续。如果报纸流通，或交报登载，或交官报通知，或者印刷传单，这是最小的题目。第五条"各县自治职员等出具甘结后，如有指陈实弊者来省控诉，必须委员前往，会同正绅复加审查"。这一层如果照这样办法，是发生了这个事实，就不能不照这样办，高头就必定派人查办，但是一层，我们中国人既不相信官场，又不相信绅士，所以原案要各县会同董事会会议事会清理，清理之后，又待审查，是官绅都不好。本来议事会、董事会选举职员都是法定，所以都为法定机关，今另外派人去查，又要会同正绅，这个正绅必须又由地方公举，选举的人要有什么资格，被选举的要有什么标准，势必滥于选举，以致全不相信，将来无一个机关能够办事。所以这个事件，又是事实上不可行的。第六条"各县宜设一财政处以司出入，公举职员总理其事"。既是要清查款项，或者另外设一财政处，或者就原有之地清理，这是事实上所有的事情。但其中有两个最大的问题，原案所谓自治职员与董事会的职员又何分别？所谓会同职员，是会同城镇乡的职员，抑系会同厅州县职员呢？再就清查一层看来，是万不可不办的，督部堂有清理财政的案已经批准了的。在本议员的意思，这个案可以不提出，就督部堂案子拿来增删修改，看能行不能行。

阮议员毓崧：有简单的质问批准的案是甚么案？

张副议长国溶：是清查公款公产的案。

阮议员毓崧：是由哪个地方拿出去的呢？

张副议长国溶：是由自治筹办处呈请的。

议长汤君化龙：这个清理各州县的财政案所说的，不是广义财政，而是狭义财政；因为清理各州县财政而设一财政处，这个案研究的有两项，清理财政是否可行。本来议清理财政，是为谋公产公款统一起见，试问各州县财政能统一与否，这是此案根本的问题。像现在各州县财政大概归之于学务用了，就是宾兴卷价；一切款项，劝学所又有总理之权。其余的款项甚少，虽然说有，也没有一笔作算，有的是临时捐的，有的是田课收入的，有的是利息收入的，如何能清理，如何能统一？这个办法也是要研究的，也是一个根本上的问题。若说厅州县议董事会有监督财政之权，将来办小学堂，办蒙养院，城里还是用城里的款，乡里还是用乡里的款，要另外设一个财政处，无论如何法理上定做不到。再原案第二条、第三条都是由各县会同议董事会职员办理，试问州县之中议董事会甚多，个个董事会、议事会都要问到，这确更做不到。但原案非清理各州县财政案，实在是清理公产公款之一部分的案。清理各州县财政的案，如像这样办法是与现行法律不合，所以张副议长不想提出。如赞成此案可以作为议案交付审查的，请起立取决。全体否决。

第二，请规定东西洋留学官费案。
书记长朗读原案。

请规定东西洋留学官费案
提议员董钦墀

为提议事。窃吾鄂自张文襄公提倡学风，一时负笈士子云附景从，数年之间，鄂垣学堂林立栉比，有志壮游之士，复航海东西，讲求科学，灌输文明，济济华华，绎络道路，彼时谈学界新历史者，莫不称吾鄂为冠首。然而自表面观之，吾鄂学务诚发达而恢廓矣。无如近数年来，流风余韵，几并销沉，实业则方始萌芽，高等则仅具影响，而其中最困难问题，尤莫如学务经费，前此诚用之无度，后此将何以为继？倘不力求撙节之方，吾恐省垣及各州县学堂均将偃旗息鼓，断绝弦歌。退化情形，何堪设想。查光绪甲辰年始将赔款捐改为学堂捐，各厅州县之学堂因有此资助，方得渐次成立。戊申年复定提解五年半之议，以致各厅州县之学堂靡不惶惶无措，相率解体。去岁咨议局开幕，屡向学务公所调查一切款项并东西游学人数，终末由得其真相。惟据议案札复云不敷之款共四十余万缗，所以不能不提各州县之学堂捐者，实由于此。不知省垣学务固重，外县之学堂，又岂可以从轻？挖肉补疮已非善算，而近日度支部来文又拟将盐斤加价项下拨去三十万元。果尔，则湖北之学款更堪问耶！昨阅学务公所传单，省垣各项学堂大有闭门停办之势，省垣学款既支绌如此，其影响定及于各厅州县，万一照数提解，则各州县学堂必多停办，则吾鄂全省学务当有瓦解而不可收拾之日矣。夫办事以款项为主要，筹划款项，以开源节流两方面为主要。吾鄂岁比不登，流亡载道，小民生计萧索，家室荡然，捐之无可捐，税之无可税，开源之法，诚知其所不能矣。至于节流办法，与其就细微款项纷纷裁减，不如取绝大漏卮切实规划。间尝查访东西洋留学生非湖北籍贯者，实繁有徒，合计消耗吾鄂学款甚巨，而尤以美国为最甚。查现今游美学生共二十一名，属湖北籍者仅姚臣慝、刘庆云、陶德琨、雷以伦、郭泰祺、新补之刘周余等六名，其余十五名概系外省籍贯，支用湖北官费。计游美学生一名，每年需中国银洋二千四百余元，就十五名积算，每年共需银洋三万余元，推算至毕业期限，不下数十万元。美国一处已复如是，留学日本者则以官费候补学员、畿辅生十六名两项居其多数，以及德、比、法、英、俄各国虽未能查考实数，闻亦不免有外省学生杂厕其间，而省垣各校亦有所谓南皮学生者，每年消耗其数甚巨。吾鄂财力拮据已达极点，自顾不暇，安能有余力培养他省之人材？即有余力，亦在所必争也。或谓车书混一，秦越何分，奚必过限方隅，示人不广？不知财政清厘，当今要政，国家、地方税务且应区别，东张西魏，籍贯岂宜混同。去岁吾鄂水灾，人民饥饿，庚癸频呼，将伯无助，邻近如川赣年谷屡丰，禁米出口，防范禁严。至亲如湘，不过常澧一带小有偏灾，长沙各府藏谷极富，而亦借口民食，借端暴动，不能通融（各省咸谓米价高昂，因湖北灾荒所致，不知铜元充斥，纸币过轻，百物均皆加倍，米价岂能独贱，湘省暴动实匪徒乘机煽诱，并非真正缺米所致），则各省之界限至为分明，吾省又何必务宽大之虚名，受窘迫之实祸？况学款支绌，危险万状，时至今日，实有万不得已之苦衷耶！再各国留学生监督署一切支销之公费，吾鄂担任较他省为巨,现今东洋留学生毕业归国者已十之六七,西洋学生亦较前减少,则监督署公费理应酌量裁节。又有所谓留学生医药费者,学生既经减少,此项费资更应核减。以上各情,无非为撙节学款起见。拟呈请督院作主,将非湖北籍而支用湖北官费者,概行咨回各省原籍,各国留学生监督公费、留学生医药费一律核减,借弥学款之支绌,挽救学务之危象,稍节吾鄂之财流,用纾鄂民之负担。学堂幸甚,湖北幸甚。敬陈管见,并拟办法七条,用俟公决。

办 法

第一条 应请督院札行北提学饬由学务公所查取东西各国留学生姓名、籍贯,填造表册,呈院核夺。

第二条 学务公所将此项底册抄齐,请由督院咨行美、日、德、比、英、俄七国出使大臣,核定本省留学生姓名、籍贯,发给留学经费,外籍一概停支。

第三条 应请督院规定湖北东西各国官费留学生名额。

第四条 以后各国补入官费学生,应由督院饬北提学考察合格咨送,不得由该国出使大臣请补。

第五条 此项非湖北籍贯学生,应请督院咨回各原籍认费,以免废弃半途;如该原省掉臂不顾,则非湖北之过也。

第六条 留学监督支销公费、留学生医药费两项,请由督院核定留学名额后,按照从前留学最多数表册比较核减,酌定数目,咨行各国留学监督知照。

第七条 省垣各校,请由督院饬北提学查明外籍学生,一概咨回原籍。

议长汤君化龙:请提议员董君钦墀报告本案赞成员,并提出理由。

董议员钦墀:从前因赴京在即,所以赞成员未填写,此案已交大家看过,有李君继膺、刘君金镛、张君光耀、吴君楚材、邢君璜情愿在赞成之列，这是提出议案应有的事。至于提出规定东西洋留学官费案，无非是见得湖北学款支绌万分，能照此案所拟办法做去，我湖北一年可以节省好几万款。理由与办法原案已举其大凡，尚望大家斟酌。

议长汤君化龙：这个规定东西洋留学官费案，已经提议员说明理由并办法，请大家讨论。

吕议员逵先：董君所提出规定东西洋留学官费议案很切当时事，于学务大有裨益，本议员很赞成的。不过稍有意见，第一条"应请督院札行北提学使饬由学务公所查取东西各国留学生姓名、籍贯，填造表册，呈院核夺"，这一条应加几个字，注明学科、学年，有三年、五年、八年、十年，所有毕业的是何学科要载明，我们才好规定。第二条"学务公所将此项底册抄齐，请由督院咨行美、日、德、比、英、俄七国出使大臣，核定本省留学生姓名、籍贯，发给留学经费，外籍一概停支"，这一条也是要核定学科、学年的。第三条"应请督院规定湖北东西各国官费留学生名额"，这是切要的。中国人办事可笑的很多，那个时候不派就不派，一派就滥派，他这一条定有个规定。殊不知哪一种人才缺乏，就派人去学哪一种，从前一派，就连派不已，现在又不派了，所以总要有个规定。第四[条]"以后各国补入官费学生，应由督院饬北提学使考察合格咨送，不得由该国出使大臣请补"。在董君意思是不准出使大臣以补学生做人情，用意甚善。本议员意见稍有不同，如说有缺额定要制台派遣官费学生，未免向隅，顶好留学生中湖北自费生按其学科酌补，此是一层办法，二层自费生免得中途废学。第五条"此项非湖北籍贯学生，应请督院咨回各原籍认费，以免废弃半途，如该原省掉臂不顾，则非湖北之过"，这项事我们可以不问。第七条"省垣各校，请督院饬北提学查明外籍学生，一概咨回原籍"，本议员意见不以为然。这个议案是规定留学官费案，并不能说到这里来，如分界线非湖北籍就请咨回，未必我们湖北人没有在外省附学的，都这一样，就伤感情，这一条要删才好。本议员意见如此，这个议题是极赞成的。

胡议员瑞霖：董君所提出规定东西洋留学官费案，自然是当务之急，但办法有不能行的。如第一条所说"请督院札行北提学使饬由学务公所查取东西各国留学生姓名、籍贯，填造表册，呈院核夺"，这一种事情，事实上业经办过了的。往日本议员承乏学务处办统计，为这个事情，电报与公文不晓得去了几多，终久一无回音，这因为虽是学台的公事，而究竟学台无羁束出使大臣之力，这是大家要研究的。看有什么方法使他切实报告，不使像往日竟无回复。刚才所说增加学科、学年，那是很好的。

周议员孚：此案是去年就应该办的，此时可以把这个案子呈请制台，电商学部，咨商出使大臣，把留学生姓名、籍贯、学科、学年详细报告。若是把这个款子停止不发，岂不令留学生半途而废吗？

时议员象晋：这个款子发是发的，但只可发给湖北留学生，不能发湖北所派的别省留学生。

胡议员瑞霖：刚才周君与时君所说也是不错的，但瑞霖对于此事还有点意见，这个款子并不是指定那个人才发的，说是打电到学部，是因为学台对于出使大臣没有羁束力，所以要学部打电与他，但我们中国煌煌上谕都不能作数，仅由学部的一纸空文又叫出使大臣回复，不晓得三个月、两个月能够回复不能，那是没有定期的。还晓得一件可笑的事，现在美国还有马夫补留学生官费的，至于马夫都可以充学生，那还可以定他发给甚么人吗？如无留学生的监督，固然学生无归宿，然留学生的监暂只可以监督学生行为，不可监督财政，这监督行为与财政是要分开的。财政一归了他的手，他就有极好的外赚，第一就是把学生经费放利钱，第二就是赚医药费。本议员在日本时候，就有许多留学生要住病院，并非实在害病，不过假害病之名，闹出种种不名誉的行为事，监督本应取缔，而他反利用他们这样行为，才可以赚医药费的钱。这样看起来，所以财政是不能不划开的。本议员在日本的时候，会着了外国银行的经理，他说中国留学生费用可由银行汇兑。从前颇不以这个话为然，现在想到实在没有一点毛病。那个时候的意思，以为如其好了外人，不如好了中国人，殊不知银行是很讲信用的，学生经费由他汇兑是很好的。我们现在可以把留学生名额清理，规定一个学生是几多钱，按数汇兑，并且息钱亦是有的，这样子办留学生经费才不至于多花。若行政一切的事宜都归监督，监督一人既管理学生，又管理财政，他就可以把留学生的费拿来放利钱，享这个不规则的权利，所以就生出许多毛病出来。现在把他划开，无直接监督财政的权利，自然就能监督学生，而不好的学生也可以好了。

张议员树林：这个留学生的经费照董君所说，少一个学生，就可减二千余元，合一年计有三万余元，既可省三万余元，何以不把这个钱节省留在本省办学堂，要提各州县五成来办呢？何以把各府州县的钱提来给留学生呢？所谓舍其田而耘人之田也。湖北经费不足，何以如此。照吕君所说的，头一条是要讲学科、学年，如咨议局无把握无权利，何贵乎有这个咨议局？董君第三条规定东西各国留学生官费，这是应该规定，规定才有数目，就说有病的，要医药费也不至于要好多，也是要规定的。本议员意见如此。

郑议员万瞻：董君提出规定东西洋留学官费案，本议员极力赞成。不过办法条件有一点意见。第一条如何办法，吕君所说是很赞成的。第三条所说是以后还须要派官费生，所以要规定。据本议员的意见，以为派官费生不过是张文襄公为开通风气起见，那个时候科举没有废，学堂不多，而举办各种新政在在需才，所以派官费生，是要造就人才为本省用。如师范、法政、陆军及一切新政都无人晓得办，而湖北举行新政在各省之先，所以等他们学了回来办一切的事。以后科举废了，学堂奖励已定，留学生考试已定，所以天下士子自备出洋的很多，风气业已开了，既有学堂奖励章程，而高等学堂将次成立，造就人才为本省用的很多，而造就人才不为湖北用的也很多，为官费生花钱甚多，实以湖北为最。现既有自费留学生，可以停派。还有一层，要陆军的人才，陆军部也有派人出洋的费用，而学部又有美国留学生的考试，为寒士无钱自备出洋起见，亦可以由他派出，需用何项人才，如实业教育等科，亦可以由他规定，所以绝对可以不由我们外省派。据吕君意见，似觉得此事不可取消；据本议员意见，可以取消。至于现在各学堂都有南皮的学生，可以教他照现章缴膳宿费，如不缴纳膳宿费，可以不准他进学堂，这是最好的法子。本议员意见如此。

议长汤君化龙：刚才讨论的是案内的问题，都是一枝一节的问题，所有的办法交审查委员会审查报告之后，再行决定。这个案的问题是先决交付审查问题，赞成这个案作为议题交付审查者，请起立取决。全体赞成。

第三，请清查炉数规复应盐议案。
书记长朗读原案。

请清查炉数规复应盐议案
提议员王光翰

今之劝人兴实业者，动曰开辟利源，广筹销路，是即拯困济穷之要道，救世安民之良策，而实则不啻拔其本而塞其源也。缘应邑井峒采取石膏，明知内含盐质，封禁不敢煎熬。迨军兴时，淮运梗阻，民苦淡食，远借川、潞各盐，始奏准弛禁，招商开熬，一律抽厘济饷，遂行销附近之云梦、应山、随州、京山、天门、黄陂、孝感、汉川等县。光绪十二年，两江因碍淮销引地，咨商我省大宪，议准应盐只销本县及向销之天门、京山两县，销路逼仄，峒业几乎废歇。十六年，众商民公呈苦况，禀由前升任阁督部堂张(之洞)批示，须为应盐留一实在销路。示谕虽蒙颁发，章程未经厘订，故实惠甫沾，而阻扰旋起。去岁蒙前督宪陈(夔龙)倡兴实业，欲为应盐谋销路，提作议案，交咨议局议决办法，筹备规复旧销之各州县，并指示应盐所当自为扩充之处，应邑商民曷胜感戴。现已只遵前谕力图进步，在毛家河、赵家畈等地过河开挖，先后成峒不下数十对，所出盐质亦设法改良，味美不减淮盐，而色白过之。宜乎，地方丰富，人民各有职业矣。乃井峒虽多，而资本过重，盐又常滞不行，以故营业与食力于其间者，日形窘迫，半途而废者有之，流离失所者有之。推其原因，盐不能行销，故有多方障碍，若地限宽，销路广，生机发达，峒业何患不蒸蒸日上？至云一万一千之炉只必须足额，乃能推广地段，其说详是。然查西北两山课认之峒一百五十余对，除蓄卤照常认课外，每年绞熬之峒，不下五十余对，每峒应熬炉数，合上中下三等平均计算，熬炉应二皆[？]有零，向定之炉数本不难于及额。惟报解任由盐局，峒商无从稽查，且亦无据可以杜侵渔之弊。如谓彻底查究，无论各峒户峒商人散不能汇齐，核对即有账可凭，而于局委一面，许多碍难。欲除近日积弊，自应改求良法，无若仍照旧例，将局中向给收条改用三联板票，一纸解上，一纸存局，一纸给熬户，彼此互相牵制，以备存查，并请颁给花押一枚，交保课公所经管。凡遇某峒开熄，各熬户须先持分局报单，注明开熄日期，熬炉几只，到总局换三联票纸，再由公所签盖花押，登时照票簿记，仰将此票仍交熬户保存，以为凭信，庶内外炉数两有查考，不致丝毫偷漏。如此办法，一万一千之炉额定有过无不及者，而课项不亦从此有起色乎！近年淮盐缺乏，曾借食外省东盐，并谨防洋盐售入内地，舍近求过[远？]，东应张淮，不审用意何在？应邑商民屡求推广销路，并非图占淮销引地，只求淮、应并行，听人购食，绝不存应主淮客之见，稍涉抵牾，但各任其出产势力之所及，以互相资补耳。即以淮销之三县而论，天门行销应盐矣，水路则隔以汉川，境地盘缉禁止，且彼亦旧食川盐，销售无多；长江埠系应城界内，可以通行矣，而淮盐设仓多年，不免侵占销路。是应盐名销三邑，实则不及两县之大，地限途愈窄，销行愈少，峒业前途，岌岌可危。同是赤子，同是土产，而亦同纳税课，限制束缚无乃非平允之道。今与果能体恤商艰，实行规复应山、云梦等州县，并加入安陆一县，则利之所在，人自争趋，以后无处不峒，无峒不可完全矣，岂犹有怨望咨嗟坐失自然之利者乎。况兹立宪时代，百度维新，矿务振兴，商律载有专条，我应盐以本省之出产，行销于我本省地方，自是应享之权利，当亦不违公法，不悖公理。即云各有限地，彼此不相侵越，而肩挑负贩每被缉私者拿获充公，遂从此绝迹乎！抑思此充公之盐曾弃之乎！终归人间食用乎，终归之于食用，则所以占尽淮盐之引地者，依然无裨于淮销也，然于淮销又几见有若何之损伤也。且淮盐价倍于应盐，人每不乐食，而淮仓时将应盐搀入，其弊又不可言罄；不过多此一番限制，一番缉拿，苦贫民肥私役耳。是应盐之在今日，官亦销，私亦销；与其严禁官销，阻峒业之发达，何若仍予畅销，济淮盐之空乏。而更恳添入安陆一县者，以安陆为随应出入之地，不加安陆，虽复如未复，前批中加入安陆一说，职是故耳。应请督部堂体察情形，奏请弛禁，并祈颁给花押、板票等项，以杜侵渔，而裕饷需。无任盼祷，敬请公决。

议长汤君化龙：请提议员王君光翰说明理由。

王君光翰：清查炉数规复应盐一案，去年常会期中，前督部堂陈（夔龙）已经提出议案，经大家审查之后，确定作为议案，请批准实行了的。据去岁陈督的意思，觉得[应]城的盐是很好的。去岁淮盐不足，借洋盐补助，而洋盐不好，所以要规复应盐。从前应盐只能行销于云梦、应城、应山、随州、京山、天门、黄陂、孝感、汉川等县，如果应盐改良，并可以增加出数，增加出数必须推广销路。这个议案未能实行者，因为督院有这个批，以炉子为主，必须足一万一千余炉的额数，乃能推广地段。我觉得只要规复之后，并可达一万一千余炉以上。

议长汤君化龙：请问王君能调查现在的炉数不能？

王议员光翰：所以本议员提出这个案子，清查炉数，必先有个办法。从前局中使用三联票，一纸解上，一纸存局，一纸给熬户，互相牵制，以备存查，并请颁给花押一枚交保课公所经营。凡遇某峒开煅，各熬户须先持分局报单，注明开煅日期，熬炉几多，到总局换三联票纸，再由公所签盖花押，照票核算，仍将此票交熬户保存，以为凭信。过了几年，鞠道台在德安把这个花押打灭了，从此就有峒商舞弊，比如今天中时开火光，明天到晚熄炉，所以能舞弊。现在因其弊太深，还是想改用三联票办法。凡于某峒开熬，注明开火日期，到总局开三联票子，这样一办，熬户不能偷，局里不能偷。何以见得？就一万一千余炉以桶计算，每天有四百余火课，今天开火明天熄火，一炉九口锅，一口炉子六串钱，合上中下三等计算，每峒每年应出二百桶，若照五分之二计算，每岁也有了一万一千之多，将来这个桶炉逐渐增多，则岁额所出更多；炉数有多的，自然可以规复应盐。凡一对桶有二百炉子，一对六串钱，所以用三联票办法，以规复应盐，则炉子所出，自见其多，而进款亦多。本议员提出此案，必先清查炉数，商明这个办法。

吕议员逵先：王君所提出的清查炉数规复应盐案，王君报告是去年督部堂提出来要本局议复，然没有一定批准，批的是怕盐不足，所以王君说要清查炉数。这个案用意甚善，始终有规复炉数的地步。据其报告用板票、用收条，得几多时才能查好，是据官查，是据绅士查？办法既未确定归于何处，这个案不能提出，请王君将所以有的条件理由补述清白，再发审查，以为何如？

刘议员德标：王君所提出清查炉数规复应盐案，去岁督部堂批示必须地界划定，因为地界不划定，应盐就不能行销，这是一层。再淮盐收入是作军饷的，而应盐收入能否切实作为军饷，必须先要调查那九州县实在行销应盐的确数。王君于这个条应该详细调查的，并且要调查淮盐一年销几多，每年完几多国课，而与行销应盐几多才有把握。究竟哪一种盐贵，如果应盐较贵，不能畅销，必要核减价值，盐商不致贴补吃亏，从此规复应盐，则批准之后，方可实行。本议员意见如此。

张副议长国溶：王君提出来的这个案，并不是王君自己提的，本来是根于去岁督部堂交的议案。在交下这案的意思，是在规复应盐，为本省权利起见；然而故意审慎其词者，以其中到底能行不能行，能供几州县之用不能。但是着手的办法，不清查炉数，不有确实的调查，则才吕君所说清查炉数，须有条件，本议员很赞成的。然而有个根本上的问题，人生日用不能少的，就是米与盐。将来应盐能够打破引地与否，现在不能先定。我们现在研究的是问能供几县之用，清查炉数到底能有多少，能规复不能规复，须把条件列得清清楚楚提出来，再交付审查。

议长汤君化龙：本来规复应盐案亦不算特别案，是当然要办的。现在以炉数不清为前提，所以就有这个案。要清查灶，据去岁批示，要有一万一千炉才能供几县之行销，则对于炉灶将来是应破除引地，如破除引地，就无所谓规复应盐。我们今日要看应盐有多大的生产力，准其照力生产，不应该有个限制。据王君报告，现在决不止六七千炉，将来并可达一万一千炉以上，这是很有关系的事，不能不提出的案。但王君提出此案在文章上着想，而于条件办法不备，所以大家主张要胪列条件，详定办法，并无他意。有赞成本议案议题成立，仍请原提议人将议案胪列详细条件办法，再作为议案者，请起立取决。全体可决。

第四，改定安陆船捐旧章以纾商困议案。

书记长朗读原案。

改定安陆船捐旧章以纾商困议案

提议员张君中立

为改定安陆船捐旧章以纾商困事。安陆船捐起于咸丰初年。其时以安陆府属狮子口堤溃久未修复，下游一带州县如天门、汉川各属实当其冲，一时任事者，苦于无处筹集，即以设局抽收船捐，安陆船捐遂自此始。樊城张家湾船捐情形与安陆同。光绪三十一年，统捐议起，奉宪谕裁撤，亦统由安陆船局经收。安陆船捐定章惟盐茶以包计，其余皆以石计，盖以所装货物之多少，定捐数之多少。厥后以货件多少，彼此争执，改章以船只之种类，分别大中小三等抽收，如甲种船若干，中若干，小若干，乙种船若干，中若干，小若干，丙种、丁种类是。行之多年，极为简当。乃近十数年来，该局抽收既不按载货之多少，亦不依种类之大小，向之抽收数百文者，今则勒报三四串、四五串不等，向之抽收串余文者，今则勒报六七串、七八串不等，比照旧章约增十倍，而实则所给船户之验收票不过数百文、串余文，一与理论，则或指为闯关，或指为偷越，其害实有不可胜言者。查阅该局近年收数，上水约计四万余串，下水或三万余或四万余，合计每年不过七八万串之谱，而商民之暗被抑勒实数倍于此矣。或曰此司巡之弊也，或曰此司巡与局委通同之弊。总之，公家所获无几，徒以饱其私囊而已，困商病民莫此为甚。论理以天门、汉川等属所恃为命之堤工，其费不责之天门、汉川，而于此抽收船捐责之襄河上下往来之船只，不平孰甚，而又于此百般苛索，贻害商民，亟应裁撤。惟湖北财政当此万分拮据之时，遽议及此，殊非易易。爰斟酌情形，非亟图改良，不足以纾商困。谨具数条如左：

一、请仿汉关用尺量船宽窄法，改定捐章。

旧章按船只之种类，分别大中小三等抽收，原极平允，其行之不能无弊者，无标准以定大中小之位也。今仿汉关用尺量之，则司巡不能以窄为宽，船户亦不能以宽为窄，明白简当，孰逾于此。而按尺计算之法，汉关征银，再以钱折合约每尺征银一钱，合钱三百余文。今该局抽收数目可即按各种船只大中小抽收，数目以尺合算约每尺若干，即定为用尺抽收之数。例如甲船以大中小计其抽收数该一千文，以尺合之，其船为一丈，则每尺该一百文，即以每尺百文定为抽收之数；以尺合之其船为八尺，则每尺该一百二十余文，即以每尺一百二十余文定为抽收之数。此名为以尺量船之宽窄，实即照向章以船之种类分别大中小之法，而大中小尤有一定之标准，丝毫不能假借也。用以杜弊，毋逾于此。

一、请仿胡文忠（林翼）厘金参用士人之法参加士绅，以互相稽查。

胡文忠抚鄂时，湖北厘局大概皆用士子。湖南米捐局近尚以本省士绅充之。盖用士子有二利，一无官场恶习，商民一切苦情，可以彼此直接交涉，不为一般司巡所隔阂，利一；一士子自田间来，随从无多，可以随时稽查，司巡不敢轻于作弊，利二。安陆船捐初亦间用士绅，近数十年大概承办者非候补县，即候补府，平时深居简出，商民既苦情之不通，而亲戚朋党随之衣食于此者又不知凡几，欲其不作弊也难矣。若仿胡文忠参用士绅之法，或于本省士绅酌加委任，令其帮办，或即饬安陆府就近择其最有信用者，酌加委任其帮办，在委员可以得辅助之力，在商民可以无隔阂之隐。官商交利，毋善于此。

以上二条不过录其大纲，如得所请，则依尺计算多寡，自当详定捐章；即委任士绅一项，亦须明定权限，俾知各有职守，不使官与绅互相侵越，亦不使官与绅互相推诿。鄙见如是，伏候公决。

议长汤君化龙：请张君中立报告提出理由。

张议员中立：现在官家弊病真难得说，像安陆这个船捐，是在咸丰那个时候因修堤无款才设。这个船捐并不是税捐的意思，又无一定的章程，大概分船的大中小三等，最大的是三串，中的是一串，小的也得几百。现在这个捐从前三串的，现在加至十串、八串不等，然公家没有得到手。他给船户一个票，写一串钱，就要十串钱，要四串线的，只写四百钱。去年本议员回去，有个船户说，他过卡完了六串四百，看他的票子，只写四百，照这样就得了六串钱去了。如要与他计较，他又说你闹[闯]关，反更加重了，往来商家船户无不以此为苦。有的说是委员的弊，有的说是司巡的。所以如此，的是没一个章程，以为标准。就是与他们船户商量，他说也没有法子，他说这个船捐比过汉关还贵些，他要若干，就给若干。我看这样情形实在是困商病民，想来想去，只有用汉关用尺的法子，规定章程，就尺计算，有几尺就给几百钱，就有时多出也有限制。还有胡文忠公参用士人的法子也好，如有士绅稽查，这司巡就不敢作弊，商民也无隔阂。如以为可行，章程还要请大家斟酌。

杨议员文澜：船捐委员是哪个委的？

张议员中立：是制台委的。

杨议员文澜：是统捐不是统捐？

张议员中立：这不是统捐，也不是厘金。

杨议员文澜：这个款子解何处？

张议员中立：有一半归天门一带修堤，有一半归善后局。

议长汤君化龙：议定安陆船捐旧章以纾商困案，已由提议员报告理由，请大家讨论，看可否作为议题。

刘议员金镛：张君所提议定安陆船捐旧章以纾商困案，本议员是很赞成的。从前所有的弊病，本议员都亲眼见过了的。张君原案已经说过，但弊病也不专在巡丁，委员也是通气的。一船到关，请关上人来查验，关上把船一验，就写票把船户，说完几多就算了，也不问缴钱不缴钱；船户拿到这个票子，就不能不报，报了关才放他走，这不是司巡一个人的，必定委员也通同舞弊。侵蚀下来，试问公家能得几多呢？本议员去岁下省来，就在那里访查过，又同赵君麟书调查一下，见得有势力的船或官船经过，立即放行。大概扯一个旗子就要好些，若是没有旗子，必定多方留难，种种弊病，不堪言状。所以赞成这个案子。

议长汤君化龙：这个船捐是货捐不是货捐，我不大清楚。

张议员中立：不是货捐，是逢船抽捐。

吕议员逵先：过船捐的地方很多，也不止安陆一处，凡有从那里经过，就要出捐。

议长汤君化龙：我也是不很清白这件事情，这样看来，是抽船的捐，并不是抽货的捐，与统捐不同。

时议员象晋：船捐是逢船就捐，荆州船关是有部章的，安陆的事问他们办的道理，他们说是为堤工专设的，一年有七八万的进项，后来襄阳卡并在安陆船捐，年年襄阳修堤，还拨得有款子，这个事实在不远。

阮议员毓崧：这个改定安陆船捐以纾商困案，先请问这个案究竟是作为议案，是作为陈请书？

议长汤君化龙：可以作为议案。

阮议员毓崧：所谓古之为关，将以御暴，今之为关，将以为暴，是一点不错的。仅靠委员做事,弊病是愈出愈奇,愈出愈烈。若参用士绅才可以除点弊病,纾点商困。此案既有确据,何必不指全省的卡子说要都参用士绅,使湖北最有关系大地方大厘金局都参用士绅呢?此案可否改个题目,另拟办法,然后再行提议。若就以此案作为议题,是只为安陆而不为全省公众谋利益,范围未免狭隘了。

周议员孚:船关只有安陆有的,这个案本可以提出,若要关系全省始可提出,这个事是不能强六十九州县所无的。

阮议员毓崧:本议员的意思不过是要扩张一点,能够扩充推广,然后好看一点,并须要有详细办法,不过对于本案要成一个完全的案子,如若把这个案子扩张一点,不仅安陆一地方受福,而湖北全省受福的更多。

赵议员麟书:安陆船关为害商家实在不小,我们去年回去的时候,听说有完了十四串的,他只写一串四百,完五串的只写五百,若是有旗子,他就不要钱,也许他过去对于这个地方是很圆通的,对于商家是要得很多的,比汉关、樊城关大不相同,所以非极力设法补救不可。刚才阮君所说安陆船捐是安陆一处的事,不能作为议案,是不知安陆船关系往来商人很大,论他的款子是一半交天门修堤工,一半交善后局,也不是安陆一县的事。据本议员的意思,还是应该交付审查。

周议员孚:在张君提出此案,原意在极力整顿积弊,所以本议员极力赞成。至阮君所说,觉得与其改良一局,不如改良全省的局,用意甚好。但我们只知道安陆的弊病,只有安陆有船捐,所以议题就指定安陆,非仅仅指一部分的事,而不谋全体改革的意思。又如以此为陈请案,不主张作为议案,但经过该处的商人不止一地方[的]人,不止一省的人,况又不止于商家。照咨议局章程有议决本省单行章程之权,我们就可以改良单行章程。本议员本是赞成人,不必多说,不过说张君所提的这个案不应该作为陈请书,应该作为议题的道理。

黄议员赞枢:这个厘金关卡害人不独湖北为然,处处皆是,能裁撤是很好的。安陆人是愿意的,襄阳人不知愿意不愿意,何苦让他们去发财呢？据本议员意思，可以不设那不是更好么。

吕议员逵先：张君所提的这个案，本议员很赞成，是赞成这个议题。像黄君所说是决不行的，只可说章程不善，不能说这个事不办。阮君所说作为陈请案，大众不以为然，毋庸再说。但参用士绅一层，没有明定权限，我们也要明定出来才好。据本议员的意见，这个议题是赞成的，不过是要添补条件。

张副议长国溶：这个议题是增删修改本省章程的事件，本议员很赞成的，但须将已有的章程调查确实，修改之后，再交付审查。

董议员庆云：张君提出此案本是救船户商民交困之案，刚才所说各弊都是我们亲见的。先前设船关的时候，因为堤工无款修筑，就叫往来船户带运石头，如有未运石头的，大船捐三串，小船一串，这本是权宜之计，不料积久就设局不改了。而湖南的船都是大的，总是出大捐，后来把官司一打，也不大吃亏了。若河口及武汉的船，由他摆布，一捐总是十几串，然票上所载的不过二串。湖南船户打了官司以后出的章程，大船不过一串五百文，小者五百，现在定约，宣统二年正月初一以后，捐价稍减，然司巡视为具文。我想既名之为船捐，不问其有无害处，只可说是请定章程，不能说是改章。

张议员中立：今年有人调查他的章程看，是最简单的，大都以装货之多少计，后来因为争执，又以船只大小计。本议员在家时，看见县里有个章程又是一种。像董君所说湖南船捐的事，我也晓得，因为那个时候府里是湖南人，所以湖南的船大的只要一串五百，小的只要五百，到现在还是一样。说打火印这个法子也不好，这个船今天走，明天就不走，不限定专走这一条路，那是如何规定呢？倒不如照他们说照尺量的法子较好。

董议员钦墀：张君所提的这个议案，都是应急速整顿之法，外面似乎太霸，然实有迫切之情，来往船只都被留难多收，所收之项，公家所得无几，大半归委员中饱，为害行旅甚多。推其舞弊原因，是在船无标准，所以想到用尺来量的法子，就尺量船，就船完捐，就有了标准了。

凡弊去其太甚，据此一条，本议员所说通同把厘金局所用的人都改用士子，然后各处厘金可以全行改良，这是很好的。本议员意见以为以尺量船，是本案之所独，而参用士子是各厘金局普通应该实行照办的。在提出这案的报告，这两层办法，不过是暂就本案的办法，本议员以为第二层是通法。

张副议长国溶：这个案是改行旧章的案，已说过了。这个案是不完全的案，应请修正。

议长汤君化龙：这个改定船捐旧章的案，中国苦于无船舶登记的法子，所以生出种种困难事情来。前天制台交下来的案要筹办水面警察，如果把水面警察办好，凡关于水面上的事，自然可以有法子来办。但是安陆船捐这案怎样办，想不出个好法子来。这个案是改革旧章的案，非晓得这个事情的决不能着手。如赞成此案作为议案，请原提议员修订详细办法并会同熟习船捐内容的人商酌再交审查者，请起立取决。多数赞成。

第五，拟整顿各厅州县监狱案。
书记长朗读原案。

拟整顿各厅州县监狱案
提议员丁庆泰

为提议各厅州县监狱急宜整顿事。窃改良监狱，为新政切要之举。自省垣创办模范监狱以来，外厅州县奉饬屡矣，而施行者寥寥；即间行之，亦只图具形式：粉墙壁以饰外观，开窗户以透空气，铺地板以隔潮湿，又或于衙署附近闲房改造数间为习艺所。如此者不徒敷衍塞责，动辄详报数百串、数千串等，究之向日积弊，未能剔除一二，此亦新政之一大障碍也。试指其弊。查各厅州县均有内监一所，命盗大案审查者入焉；有卡房一所，抑或分上卡、下卡，命盗大案未审实及民事商事要案入焉。此外，又有候审所。当其入狱之初，莫不有非刑之拷掠，有系发辫于梁柱使之脚跟离地，坐卧不能，站立不得，受者不堪其苦，啗以金钱，名曰"开手"，殷实之家每纳数十串，即赤贫之户亦须数串。而不然者，饮食不准入口，钱稍迟常拘挛罪人于尿桶之侧，名曰"看金鱼缸"。晚间各带铁环横卧于地，每环相联，稍欲反侧欠伸而不得，名曰"上吊"，逾时以多钱投之，则可顿移高铺焉。卡房露湿、朽腐、便溺、秽浊、肮脏之气逼人脑髓，以故每岁因疫疠而死者，不知凡几。究竟卡押之人其有罪无罪未经审实且不可知，而顾桎梏其躯体，剥夺其食饮，坐视其死亡，而莫之或恤。此最野蛮、最残忍之政体，非尊重人格之道，所当急议整顿者也。谨列条目于左：

一、界限宜分

（甲）监狱囚犯多系凶恶，应施刑具，自应照常，然每夜晚狱官定要亲自检验。

（乙）命盗重业[案？]未经审实入卡收押者，至夜照例应上刑具，但不能非刑拷打。

（丙）民事犯与商事犯因事起争，不过暂时拘留，地方官宜严饬丁役不准苛待。

（丁）州县审讯案件时，宜用长签标明，某案为刑事，某案为民事，某案为商事，以示区别而免混淆。

一、房间宜多

（甲）民商事犯宜另建别院房屋管押之，不可与刑事犯杂收并处，免染恶习。

（乙）监卡内宜另提房屋一间或二间为犯人会食之地，又须有病室一二间，使病者移居其内，以免传染。

一、责任宜专

（甲）监狱官照例州吏目、县典史为之。近日州县专派家丁，狱官徒有名而无实。拟将此权归吏目典史，无任地方官独擅，以专责成，而革积弊。

(乙)吏目、典史职微缺苦,既派充监狱专差,宜优给薪水,以养其廉,每月薪水至少须二三十串。

一、用人宜简

(甲)狱内用禁卒三人,二司管钥,一司犯人之秩序。刑事犯院与民事犯院各用管钥者一。

(乙)每日由监狱官轮派一人,司狱内洒扫之役,厕室便桶每日除净,由禁卒指挥卒使,勿使有误。

(丙)禁卒宜厚给薪工,严禁需索,每人每月至少八串。

一、养给宜厚

(甲)各厅州县向皆有囚饭一款,专给赤贫囚徒,禁卒每多尅扣。以后务须认真清查,必使实惠确沾。

(乙)赤贫囚犯既由官给饭食,其铺盖、棉衣等项亦宜由官发。此等囚犯,即名之曰官养囚犯。

一、教导宜勤

(甲)官养囚犯宜教以捆屦、织布、编席各项粗浅手工,勿令坐闲,每月售价多少,由狱官登簿,核其有无赢余,十分之四归囚徒,十分之六归官收存,则饭食、铺盖等项随时可以添换。其他囚徒有欲学工艺者,亦令其一律学习。

(乙)各州县俱有充宣讲员者,苦口婆心,最开风气,拟定于每月入狱宣讲一二次,启其悔悟。

(丙)各州县书吏有通文理者,每月酌给薪工,令其按星期入狱指授四字讲义,开通民智。

一、工艺宜精

(甲)各州县虽设习艺所,多半敷衍。拟饬各州县订请专门技师认真教授,以图实效。

(乙)囚徒习艺亦必决定时限,或三月或半年,务要毕业;如至期不能毕业,严惩不贷,令其再学。

一、稽查宜严

（甲）监督机关由州县官每间一二日往监狱亲自检阅一次，务查其地板、墙洞、床帐、包裹内有无钻穴、伏藏兵器等情，以防越狱。

（乙）狱内囚徒由监狱官编定号数，以入狱之先后为次第，以定其寝处之地，号数既定，非得监狱官允许，不得擅自迁移。

（丙）民商事犯院每夜宜派亲信妥人查阅禁卒有无苛待勒索情事，用杜禁卒之弊。

以上所拟各节，知非文明完全之极轨，然当此预备立宪之时代，欲急援现沉苦海，舍此简便办法，万难速见施行。待后各项审判厅一律设齐，治人治法两者并进，应必达完全之目的也。谨此提议，伏俟公决。

议长汤君化龙：丁君庆泰在假中，请赞成员刘君金镛代为报告理由。

刘议员金镛：丁君提出这个整顿各厅州县监狱案，今天因本人请假，本议员代为报告。监狱禁卒的积弊六十九厅州县大概一致的，今日省城改良模范监狱，里头一切很好，外州县虽奉上谕公文改良，均视为具文，众犯一入监狱，均受非刑拷掠，一切不给钱的人受无穷之苦，有所谓"看金鱼缸"者，有所谓"上吊"者；监狱中霉湿、朽腐、污秽之气逼人脑中，因之而死者不可数计，言之甚为寒心。本议员看他所列八条很有可采的，第二条乙项，这一项他说监内要另添一房子为犯人会食的地方，但犯人中有强的，有弱的，强的抢得吃，弱的不敢抢，也可以有吃的？病的更不待言。至于病室也不可少的，如无病室，一经传染，死的这人必多，都是实在要办的。这个第三条甲项，这一项也是要紧的。近来州内的吏目、县内的典吏多半是派家丁，如敝处均县就是这样。这是本议员所以赞成的理由。再请大家讨论。

议长汤君化龙：此案既经赞成员报告理由，究竟此案可否交付审查，作为议题，请大家研究。

李议员继膺：丁君提出拟整顿各厅州县监狱案议题甚好，但据本议员意见很难作为议题，因为本议员对于此案先有一个问题：整顿就是改良的话，究竟是就现在的监卡切实改良，抑就原有的监卡随便改良呢？就原案所说，省城已饬各州县整顿，而各州县没有实力奉行，不过就旧日稍为改了一下。在丁君之意非积极改良不可，究之改良这个问题当如何决定，本议员意见无论从哪一方面着想，总难达改良的目的。先从积极改良想，既积极改良，就与国家法律有关系，而监狱的法规尚未定妥，所以各州县不能积极改良的，是没有统一的规则，这是直接的关系；而间接的又与预算案有关系，既要改良监狱，就要筹一笔巨款，各项用款不敷，还有余款来改良监狱吗？如果就消极这一方面想，原案已说过徒具形式，粉饰外观，这也算得消极改良。至于现在教我定一个规则使之奉行，我觉得人民对于国家不得有羁束之法规，如说上个呈文到督部堂那里，请他通饬各厅州县照办，原来各州县改良监狱已有一定之年限，咨议局又不得以重复之公文致嫌歧出。即就现在之财力而言，欲达完全改良之目的是很难的。照省城的模范监狱的样子究竟各州县未必能办得到，然省城监狱也无非因陋就简，也没有完全改良。省城如此，何能奢望各州县呢？这个议案是常人知识，于法律上的知识不完足，于监狱法亦[不]清楚。据本议员所见，此案不可作为议题。

　　吕议员逮先：丁君所提这个议案在去年就可以行，今日就不可行。原来模范监狱法部章程载明，宣统三年以前一律成立，就是今年臬司改为提法使，已有公事到各州县，查验监狱要重卫生管理。现在要想整顿，如何筹款，如何修理，无论如何绝对的难合法部统一监狱办法的章程，所以在去年为好议题，在今年就不可行。

　　议长汤君化龙：拟整顿各厅州县监狱案，本来整顿监狱题目正当，必须经种种研究，方能作为议案。原来这个议案必须与种种法规相辅而行，今年改良监狱是一种最大的问题，因为种种法规未定，而一切监狱改良都是无法的。比如模范监狱一切都办得好，然只说是改良监狱业已错了，已经是第二层事。改良监狱本是各国文明的事，自然是不能不改良的。本来一班平民也不能因他犯了罪，把他放在不干净的地方住下。然改良监狱断不能各地方及州县都有，因为建筑的费用很大，有一地需几十万者，在中国确实的做不到。在外国有三四县共一个监狱的，他一个火车，就把各处的犯人都送到了。中国交通不便，一州与一县不通，一车子送不到，就不能不处处地方改良，想改良一州一县的监狱，恐财力亦做不到。现在连教育一切经费都困难万分，就不能把各厅州县监狱一一改良，这是不能仿照外国文明的难处。现在欲监狱改良不能于积极上改良，只能就旧日有的补偏救弊，为消极改良，所以这一案，事是很难行的，既是补偏救弊的事，也断断乎没有甚么详细的办法。此案本是要紧的事，然没有依据的法规，这个办法就不能妥当，所以李君、吕君都不赞成此案。有赞成此案作为议题者请起立取决。全体否决。

第六，禁革各厅州县官价购物议案。

书记长朗读原案。

禁革各厅州县官价购物议案
提议员吕逵先

官之与民也，有相维相系之情。凡事之利于官不利民者，皆当毅然革之，否则[官]民隔阂而胥差役遂得售其欺罔之技，而阴逞其赵扣之私。即如食用各物尽人而需之，无分乎官与民也；购物之价宜尽人而同之，亦无分乎官与民也，乃各厅州县衙署有官价购物之积习，价值之减少较之民间相去悬殊。探厥原因，有明发差价、暗扣市钱两种。其明发者，食物如酒肉等项，用物如烛炭等项，一入官衙，价有定章，下而至于驿马之粮，亦莫不有差价。售卖之家迫于势力，勉强供应，一切物值不敢争较，官斯土者既以规例所在，不肯矫积弊而议裁，又为体制所崇，惯得此便宜而乐取。是应革者一也。其暗扣者，凡无差价之物件，官以实价购买，内而账房，外而差总，层层侵蚀，有七折八扣之规，有票钱、小钱之别。近虽铜元盛行，此风犹不稍戢，甚至肩挑贸易，远地行商出入宅门，即有需索，动辄仗官倚势，任意剥削，商民敢怒而不敢言。是应革者二也。斯二者虽无关于紧要之政治，而商家隐忍受亏，势必计其所暗耗于衙署者，增涨其物值而加取诸民生寻常贸易之中。试问出身加[?]民者，一家食用无多，而使众人因是损其利，受其累，返衷亦何乐为此。且当此预备立宪时代，各厅州县筹办自治，如议事会、董事会经费大都给于地方之附捐，特捐，倘不革除衙署之陋规，而遽加征新政之捐项，商情不顺，商力不逮，筹款既多阻滞，自治必难进行。事有发端虽微，而关系至巨者，此类是也。查咨议局章程第二十一条第一项，载明议决本省应兴应革事件，官价购物亦各厅州县应革之弊端，应呈请督部堂严札通饬禁革，此本案提出咨议局之理由也。爰具条议如左，敬待公决。

　　第一条　凡厅州县衙署所有向来购物差价名目，自本案公布施行后，一律革除之。

　　第二条　凡厅州县衙署购物均应与民间一律，公平议价，发给现钱、不得尅减折扣。

　　第三条　凡各行户业董所有因贴补官价而向众商抽取之规费，嗣后不准抽取。

　　第四条　本案公布施行后，如各厅州县再有借差价名目勒令商家承应者，以违法论。

　　第五条　凡厅州县之幕胥丁役如仍有仗官倚势尅扣购物价值者，准即指名禀控，照诈赃律治罪。

　　第六条　其他各衙署局所购物如有类于厅州县官价之陋习，亦应一概禁革。

议长汤君化龙：请吕君逵先报告提出理由。

吕议员逵先：本议员提出这个议案，以官价购物实为专制时不可革除的事件，然而调查各厅州县无处不如此。这购物发官价有两种，比方卖肉的，老爷每天几多，师爷每天几多，卖炭的也是这个样子，老爷师爷一年都是几多石，这是一层。还有一层，官价买东西，分明是一串钱，老爷发出来了，门房一扣，账房一扣，只剩七八百钱了。但是本议员承乏商会，想到办种种经费都取之于地方商会，情形不同，本地公款虽多，一切均不能动；但总理夫马并一切薪工共需一千多串，若说取之于省城各商万办不到，因为各商都是出了捐的；想到山货这一宗生意现在没有捐，于是把山货行里董事找来商量，要他每年出几百串钱以为经费，并说明以后替他维持商业。他对本议员说抽捐倒不要紧，但是我们现在做这个生意的有一种最大的苦楚；本议员就问他，他说就是兵船抢我码头，那些兵船看见我们帮内船来，他故意不让，总要送点东西把他，他才走。如果我们商会能替他向兵船的船主说明，并由商会指定一个码头，莫说叫我每年出几百串钱，就叫我们出千把串钱，我都是舒服的。鱼行也要入商会，他说每年各衙门有买鲥鱼的陋规，上自制台，下至江夏县，都是要的。到了那个时节，就由县里出票派差来要。他说如果能由商会把这个规矩免了，我也肯出几百串钱。后来我们就由商会写信去问县里，县里说买鱼是出了钱的，怕是差役舞弊。可见官价购物于商人实在不利，所以提出这案，请督部堂公布施行。办法有六条，一、二条，官家购物，以后当与民一样，不准尅扣。三条，不准行户业董从中抽取，大凡行户业董多半利用差价，何以呢？比方他向众商抽取两百串去了，衙门他未必去了两百串。四条，这事既经公布，务使一律遵行。五、六两条说其他各衙门，凡与此事大概相同的一切陋习，也要革除。

议长汤君化龙：禁革各厅州县官价购物一案既经本提议员报告提出此案的理由与办法，是否可以作为议题，先请大家讨论。

张副议长国溶：中国四千年专制之害，害在官场。前日所提挪夫一案与今日这案，虽说事情甚微，而影响于商人甚大。现今各州县公费已定，对于这一方面陋习自当竭力代为革除。在本议员的意见，以为此案当交付审查。

议长汤君化龙：禁革各厅州县官价购物议案，大家是无有不赞成的。如赞成此案作为议题交付审查者，请起立取决。多数可决。

第七，请禁止洋商在租界以外违约经商案。

书记长石君山俨朗读原案：

请禁止洋商在租界以外违约经商案
提议员吕逵先

窃查《中英条约》载明"新旧各口岸，除已定有各国租界应毋庸议外，其租界未定各处，应由英国领事官会同各国领事官，与地方官商议将洋人住居处所划定界址"等语。《中美条约》载明"大合众国泊船寄居处所，商民、水手人等只准在近地行路，不准远赴乡村市镇，私行贸易，以期永久彼此相安"等语。《中日条约》载明"现今中国已开通商口岸之外，应准添设下开各处，立为通商口岸，以便日本臣民侨寓，从事商业、工艺制作。所有添开口岸，均照向开通商海口或向开内地镇市章程一体办理"等语。是中国未经开埠地方，无论何国商民，不得侨居营业。即已开通口岸，外国商店亦皆有划定之租界，原非漫无限制，可任意杂居也。汉口开埠最早，自一码头以下，迤逦开场，市廛林立。汉商营业应在租界以内。武昌省城，并非通商口岸，洋商私行贸易，更为条约所必禁。乃近年来武汉街市日商开店营生、提包小贸者，实繁有徒，欧美商人虽未在租界以外直接经商，而英商、美商等类之牌名，亦所在多有。夫租界以内之地有限者也，租界以外之地无限者也，以无限之地杂处，洋商势将得寸进尺，相率偕来，盖以肆其无形侵占之手段。此其有损权利者一。外国领事裁判权尚未收回，洋商杂居内地，设与我国人民酿衅滋讼，华官不能径行审理，则两造纷争，方将受裁判于租界之领事，是领事裁判权且得延及于内地矣。此其有损权利者二。况自通商以来，洋货畅销，华货阻滞，中国衰颓，已为无可挽回之势。设再任彼族踰越防闲，遍处招揽，则民生日用所需将尽取于洋货，而华货愈无销路。此其有损权利者三。中国商民冒挂洋旗，律所必惩。假令华界准洋商开店，则奸商借洋旗以自雄，外人拥虚名以渔利，真伪莫辨，取缔为难，且以未辟之商场，而遍列各国之号牌，亦觉大失国体。此其有损权利者四。综厥四端，所关匪细，而追原祸始，要皆我国官吏之苟图无事，有以酿成之也。武汉为吾鄂重镇，对于外人违约之行为，长此隐忍不与交涉，则其他之府厅州县，凡足以扩张商业者，皆将为外人任意居留之地而无抵抗矣。且查《马关条约》第六款第三条："日本臣民在中国内地购买经工货件，若自生之物或将进口商货运往内地之时，欲暂行存栈，除毋庸输纳税钞派征一切诸费外，得暂租栈房存货。"为日商侵入内地借口之理由，然存货与售货，栈房与店铺，暂租与久赁，均有区别，据文解释，固仍不得不以租界以外开店经商。事关本省权利不宜旁落外人，亟应据约力争，切实禁止，以保国权。

计呈：

禁止洋商在租界以外违约经商办法

第一条 拟请督部堂札饬巡警道按照左列各项，限一星期查明，分别造册呈报。

甲、武汉街市洋商店铺国籍、牌名及其经理人姓氏；

乙、提包小贸之日人武汉共有若干人，何人寄居何处；

丙、洋商开店或寄居所租之房屋系何人管业；

丁、冒挂洋商牌名之华商及其经理人姓氏。

第二条 督部堂查核巡警道册报，按照条约分别照会该管领事官转饬洋商店铺，限两星期迁入租界以内。

第三条 督部堂照会日领事，应请声明嗣后日人不得在租界以外沿街提包售卖货物。

第四条 嗣后外国人在租界以外租赁房屋，由业主报名，巡警道派员调查明确，再行核定，以符约章，业主不得擅自允租。

第五条 冒挂洋商牌名之华商，巡警道应严饬将牌名上之洋商字样一概销去，否则勒令闭歇。

议长汤君化龙：请吕君逵先报告提出理由。

吕议员逵先：本议员提出这个议案，是因为看见这几年来汉口、武昌两处日本人满街提包招揽生意，很有好多，就想到他们何以有这种权利？既而看见街上英商、法商的铺子很多。这还是前两年的事。到了今年，并有中国人挂洋旗的。这个事情万不能不整顿。现在国力不强，领事裁判权不能收回，处处失败。大凡外国人得尺则尺，得寸则寸，如听其杂处，很损失权利。这是一层。现今领事裁判权尚未收回，如让他杂处内地，设与我华商有滋讼事件，我们还不能审理，原被告均受他的裁判，是像领事裁判权能延及于租界以外。这是二层。第三，就是自通商以来，中国各州县商业久已不可挽回，如再任其到处招揽，华商必大受影响。第四，中国人心日坏，冒充洋商、本法律应该惩治，不然怕有失国体，但是这个事关于权利很大。本议员是这个意思，所以拟有五条办法，请大家讨论。

议长汤君化龙：禁止洋商在租界以外违约经商案，本来这种议案绝对无不成立之理由，亦是法律上自然之理由，但今所讨论的办法，请诸君研究研究。

李议员继膺：吕君提出此案，本议员极表同情，并且这个议案，为极有价值之议案。吕君为商民之代表，此事一行，不但于商民有好处，于我们亦有好处。今且就此案的理由推论几句，以为吕君原案之补助。原案说追原祸始，要皆我国官吏之苟图无事有以酿成之。我请举一最近之事实作为证据。从前张文襄（之洞）聘用法人为顾问官，后赵制台（尔巽）、陈制台（夔龙）历任都要辞退，是很难的，今瑞制台（澂）绝对要辞退他，照会领事，领事不理，打电到公使馆，公使馆不理，到外务部，外务部以为小事，置不过问，瑞制台进京，到该国钦使馆说为此事打几回电到公使馆，何以不复？该国钦使立即将该顾问召回并将该领事撤任。可见与外人交涉，只要在法律中是不难的，所以难的原因，都是官吏苟图无事有以酿成的。然要知此事亦大有原因。中国上至政府下至臣民，苟图无事，说讲甚么法律，世界上只有强权，无公理，仿佛是一讲激烈就有外国兵来的样子。这是中国人一般的心理，中国各行政官对于外人都是如此，实因为一方面不知道国际公私法，一方面不知道尊崇本国的法律，所以外人不列于国际团体之中。如果都晓得国际公私法，都尊崇本国法律，而中国不居国际团体之中，还不致失国家之权利，一枝一节可据法律与之相争，在租界以外的地方，自然不得许他违约经商。是只要中国官场尊崇法律，断没有不能据法律与外人争的。中国人民没有法律观念，但苟图无事，所以至于如此，这是吕君提出此案之理由。至于办法请议长交付审查委员之后，再来详细讨论。

张副议长国溶：本来吕君所提出的这个案，大家都是赞成的，本不必再说甚么理由。要说今日世界各国贸易之商人，对于中国有法律没有法律实在伤心得很。中国今日是预备立宪时代，而各国对于中国尚逞野心不已，在各国之用心可谓危矣。至于说到租界，说到裁判权，说到外国人对于中国，这是根本上的问题。法律上的问题，有所谓属人者，有所谓属地者，但是各国商人在外国经商都受外国法律之制裁，惟独到了中国就不同。试问租界是否中国的？是否在中国法律范围之下？若所谓提包小贸这是否商人？谓之为商人也可，非商人也亦可，然行商坐贾均可谓为商人。此案实是不可少之案，请即交付审查，赶紧审查出来。

阮议员毓崧：刚才所研究的禁止洋商在租界以外违约经商案，诸君都是赞成交付审查的。但是既说审查，而本议员在法律委员会，有审查之责。请问一个最近之历史：前年赵制台走的时候，汉口人打毁了日本人的商店，而日本人之商店在汉口租界之外，何以日本要求赔偿损失？听得人说制台提出此种交涉，派刘君邦骥去办的。在本议员的意思，不晓得这个最近的事实能否为此案之参考，是怕的有什么为难之处。

胡议员瑞霖：赔偿损失是赔偿损失。

阮议员毓崧：不过就最近的事实参考参考。

胡议员瑞霖：此事可调查《马关条约》，请法律委员逐字逐句解释之后，才可研究明白。

刘议员邦骥：那回事体并非派我去办那个交涉，不过派我带人到那里去弹压，但也与闻那个事体，说是打得稀糟后，日本商人要求赔偿损失。这个事是江汉关办的，赔了三四万块钱，不作为赔偿损失，是作为人民的交涉。至胡君所说的要把《马关条约》调查一下，很好。须知《马关条约》被外人弄了我们的笔头子去了。

议长汤君化龙：禁止洋商在租界以外违约经商案，自然是照条约审查，租界与内地本是不相同的，所以有这个案。本来这个案是照条约办的事，不是特别的办法，我们应该本法律与他争，既是有租界，就应该在租界经商，不能出租界外，这是条约上明定的。这个案应该提出的。

刘议员邦骥：还有这简单报告，《马关条约》本是说汉口无限，而别处都有界限；武昌不是通商口岸，不能包括在内，大约这一条没有指定。

议长汤君化龙：条约上既载得有，应该照条约过细审查。今天有赞成这个议题交付审查者，请起立取决（多数起立可决）。

卷二　会议议决案①

第一　学务类

关于学务之议案②

（宣统二年十月二十日呈）

为决议学务案呈请裁夺事。案奉督部堂札交关于学务之议案内开："宪政万端，教育实为基础；然有普通教育与高等教育之分析，即以国家行政、地方行政为支配。普通教育以初等小学至中学堂为止。高等教育则高等以上各项专门大学皆是。故中学以下属于地方行政，高等以上属于国家行政也。鄂省办理学务最早，分途并进业具大纲。上年备及扩充各事宜分别提交咨议局议复，官绅意见大略相同，本年自应接续办理，不宜稍有延滞。兹就本部堂规划所及与学司条议所陈，约举三端，即希议复。

一、推广师范教育

查分年预备立宪事项，第九年（即宣统八年）人民识字义者须得二十分之一。湖北人民素号三千万，就二十分之一计算，应得一百五十万人。查学部改订初等小学堂新章，每教员应教学生五十名。今以全省学生数目统计，应得教员三万名，始足支配。况穷乡僻壤，人户散处，学区所在，通学不便，致每堂学生或仅十余名及二三十名不等。然有一学堂，即不得不有教员以资讲授。今以教员加倍额为统计，则筹备期内，非养

---

① ［编者案］湖北咨议局第二次常年会于宣统二年（1910年）九月初一日至十月十日举行。会议议决通过并陆续呈送湖广总督批复的议案计三十八件。咨议局办事处曾辑有《湖北咨议局第二次常年会议案》（铅印本，武汉大学图书馆藏）一种，依旧例将"督院交议之案"、"咨议局提议之案"和"人民陈请建议之案"厘为三类，分载上中下各卷，由公益印书馆刊行。本编将上述内容相近的议案作了相对集中的编排，分为学务、实业、税政、吏治和其他等类，以便读者。

② 本案为督院交议之案，载《湖北咨议局第二次常年会议案》（以下简称《议案》）上卷。

成教员六万名不敷应用。查本省宣统元年以前，各项师范毕业生不过五千五百名，尚不足十分之一。齐前署司报部筹备表内所筹师范教育办法，初级师范分为完全、简易二种，意盖以完全科年限长久，需费较多，揆之此时财力，恐不得多设，故多设简易科，以应急需。本年接准学部咨开"以后各省简易师范学堂须一律停办"，则欲为两等小学广储师资，非多设初级师范完全科不可。乃调查本省此项学堂，除省城开设两湖师范外，仅荆宜、汉黄德两道各设一所；施鹤道现议开办一所，尚未开学。安襄郧荆三府一直隶州去岁拟组织合办一所，经学司屡次移行筹商，讫未就绪。是全省已设师范学堂现仅三所，而三堂学生合计不过六百名有奇，比较应用之数，不过百分之二。九年期限，转瞬即届。今本省师范学生名额，既预算不敷应用之数甚多，究竟已设之师范学堂应如何扩充？未设者应如何筹划？据学部颁发分年筹备表，每府各须设立初级师范学堂一所，究竟各府财力能否实行？有无变通办法？此均亟须筹议者也。

一、省内外学堂应分别认定宗旨（附表说）

查省城开设各学堂，专门实业各科外，设有初级师范学堂、中学堂及两等小学堂、半日及简易识字各学塾。在当初风气未开，预于省城开设此项学堂，以示提倡，原属因时制宜办法。现各府中学堂既陆续开办，师范学堂亦亟须推广。高等小学则各州县成立已早，初等小学半日学堂及简易识字学塾，均地方所应担任办理。现本省优级师范及高等学堂均未成立，专门实业各项学堂亟须扩张，若不亟定宗旨，分清界限，以后不独经费难筹，亦且校址难觅，其中窒碍实多。拟自宣统三年起，全省学款以注重办高等、专门、实业及优级师范为宗旨，以余力办初级师范及中学堂，为各属模范。至两等小学、初等实业、简易学塾、半日学堂，本在地方自治范围之内，即不能全恃官力。嗣后此数项学堂官应任提倡补助之责，士绅应任捐款劝办之责。所有省城现拟停办新开各学堂附具表说，应共权商而谋进行。

一、各属赔款捐仍须照章提解

查省城学务经费全年收入七十三四万两，其中赔款捐提解五成，实为大宗，全年出款游学经费年需三十四万两，留于省城充办学经费者，仅约四十万两，而实支须五十万左右，故每年出入不敷，约在十万内外。然此七十余万两之入款率多不可持久，如要政加价，业奉部文提取四分之三，约三十三四万两。前经电请免提，能否挽回尚不可必。即使暂时不减，亦只敷游学经费。至省城学款，实全恃赔款捐提解五成，借资挹注。上年咨议局提议免解，并由咨议局指签捐局赢利划抵，在咨议局既为慎重地方学务起见。亦明知省城学款恃此项捐款为大宗，故为另筹抵补之计。乃签捐议停，赢余无著。现据学司详报各属观望欠解甚多，省城学款不敷甚巨，是去年议案所规定，揆诸现今情势，碍难实行。查此项五成解款大半用以办理中等以上学堂，将来各属中小学毕业学生既多，于省城设有按级递升之学校，于全省学务进行，实有重要关系。诸议员对于地方学务，无论省城州县均应一体补救维持，仍请详加讨论具复，以便施行。"等因。表一件，奉此。本局随即开会讨论，审查报告，逐条议决。理合缮具清折备文呈复督部堂裁夺，乞赐公布施行。须至呈者。

表附：省城各学堂自宣统二年至宣统五年暂停及添办表

省城各学堂自宣统二年至宣统五年暂停及添办表

年别＼事别＼学期别	上学期		下学期	
	暂停	添办	暂停	添办
宣统二年			方言学堂毕业停办理化学堂毕业停办	
宣统三年	高等农业停办	开办高等学堂第三类添办中等工业漆工科织科各一堂	南路两等毕业停办	开办高等工业机械科一堂两湖附属两等高初各一班模范两等添招一班女子师范添办保姆讲习所一堂

续表

学期别＼事别＼年别	上学期		下学期	
	暂停	添办	暂停	添办
宣统四年	北路两等毕业停办农业讲习所毕业停办商业讲习所毕业停办	添办高等第二类一堂添办优级师范第一类	工业教员讲习所停办	中等工业开办土木科图稿科绘画科两湖附属两等添初等一堂女子师范招一班模范两等添招高等生一堂
宣统五年	博物学堂停办	优级师范开办第三类一堂高等学堂添办第三类模范两等添高等一班		

谨将议决学务案缮折呈鉴：

一、推广师范教育宜分别变通办理

按师范教育为国民之母，即所谓造就人才之人才，则欲为普通教育谋进步，自必以注重师范为前提，断未有云不应推广者。但不察所急需之教员有无分别，不揣所推广之方法能否变通，而只限一资格、拘一成数，谓必如是。始可达筹备之目的，则亦胶柱鼓瑟之谈也。兹就原案解决于左：

甲、关于教育数目之问题

原案据筹备事项第九年（即宣统八年）人民识字义者，湖北应得一百五十万。以每教员应教学生五十名及因每堂或二三十名不等，将教员加倍统计，预拟养成六万名。果如此言，诚学务前途之幸也。惟识字义界说既未分明，则所需教员程度亦自有别。原案因本年准学部咨开"以后各省简易师范学堂须一律停办"，遂欲于各道府推广初级师范以备分派，否则不敷应用，即不足以教成若干万识字义之人民，未免作茧自缚矣。

窃以为字义之识有浅有深，其最浅如略能看白话报者，只须高等小学毕业生教以期年之夜课或星期课而已足；其稍深如简易识字学塾及初等小学简易科之类，则据本年学部议复政务处会议赵御史炳麟及赵御史熙各折内，即声明简易识字学塾及三年小学简易科，教员均不限于检定资格，但使文明通顺略具普通知识者，即可受为师资。是此两项教员，皆不必仰给于初级师范学堂。又上年学部奏"变通初等小学堂章程"折内亦言两类小学、简易科无论举贡生监及学问较深之寒儒，既有颁发课本，照此讲授皆可为师。是四年小学简易科一项教员，亦不待取材于初级师范学堂。但原奏所言文理通顺，略具普通知识及学问较深各资格，非经切实考察，难保各学董不徇情滥举。应由学司专派省视分别检定，俾免滥竽充数，贻误学徒。至完全初等小学及高等小学，自以符合部颁检定教员资格为要。然初等小学可先就原有之五千五百名毕业师范尽数分派。次即由学司通饬省内外所有中学务于毕业时补习师范三月，专讲授教育学与管理、教授诸法，俾中学生之年龄稍长者，得另具资格以供检定及分派之用，即以济师范简易科停办之穷。是此一项，教员又不必尽借重于初级师范学堂。若夫高等小学除原充管教各员及历资于初等小学者应现升擢外，固必以初级师范为合格。而统计省城两湖各学堂及荆宜与汉黄德两道学堂，其学生之将次毕业者共六百数十名，加以本年下学期毕业之理化专科学生与宣统五年上学期毕业之博物专科学生，各得一百数十名，其性质原与初级师范相类，合之当不下千名，其与之供厅州县高等小学之求，三年内想绰有余裕。况舍普通而言实业，不得谓各属实业小学生不列于识字义之数，即不得谓农工商三讲习所与工艺师养成所不日毕业之四五百人不列于教员之数也。由此种种观察，觉所有筹备期内应用之教员实无烦过虑其缺乏，而特以督部堂不严饬厅州县迅即推广各小学，致无位置该教员之外，是则可忧耳。且近日一般心理，恒以初等教员为不屑充，宜亟实行优待小学教员章程以资励策，方可以谋进行，而又况国会可望即开，凡所谓筹备事宜尚待解决也。

乙、关于初级师范之问题

查各属初级师范，除荆宜道与汉黄德道外，现均未照章设立。省会为教育中心，其来年两湖师范毕业后，自应仍旧接办以裕师资。荆宜与汉黄德两道师范毕业后之办法，当与两湖从同，似不必亟谋扩充，强以财力之所不逮。如必欲停止该学生膳宿之费借资挹注，究非完全办法也，施鹤道与安襄郧荆组合之师范亦既拟开不开，因循贻误，应请督部堂直接以严札催促，并饬由学司分委两省视学，会同各该主管官妥为筹商，守候就绪，将各方面同时并进，谅尅期可以告成矣。至各府财力奇绌，顷既由学司饬添设实科中学，实不能再添设师范学堂。而各为预备教员起见，则据前说于中学毕业时补习师范三月，亦一变通办法也。

一、省城暂停及添办各学堂不能照原表施行

原案拟自宣统三年起，全省学款以注重办高等、专门、实业及优级师范为宗旨，以余力办初级师范及中等学堂，为各属之模范。各府厅州县学款，以注重办初级师范、中学堂、中等实业学堂为宗旨，以余力办两等小学、初等实业、简易识字学塾及半日学堂，为民办之模范。似此就省内外学堂划分，果有条理，惟表中开列自宣统二年至宣统五年所有省城各学堂暂停及添办两项，不无可商，具列如左：

甲、表开宣统二年下学期停办之方言学堂应不停办。

查方言学堂虽无每省必设之定章，然湖北为交通中枢，轮轨四达，国际公私交涉之事逐日繁多，约计全国此项学堂除京师范译学馆外，仅广东、江宁、湖北三处。内之不足供鞮译之才，外之尤不敷参随之用。且即以学术一端论，西学书繁理赜，要以语言文字为入门，学子如林，固不必尽规远大，但使十百中得三数深造之士，则编摩迻译发皇学理，较之稗贩东文，相去何啻倍蓰，此近日已然之明验也。是宜接办本科兼谋扩展，乃竟以费多效寡学生习气不纯遽议停办，不谋进步改良，而出于因噎废食，非计之得也。

乙、表开宣统三年添办学堂内应增高等商业学堂

查宣统元年学司详复学部湖北学务分年筹备事宜表内，实业、教育、工商高等学堂开办必俟宣统四年工商中学生毕业以后。今此表所列添办

工业，虽非大举，然已由中等增及高等，而商业乃无一字。夫谓工业学科繁需费巨，拟提前着手，以求渐进之功，诚为至虑。然工商高等照奏定章程，应收普通中学毕业生，而商业别无分科，惟恃实地练习。武汉天然两大商场，开办高等商业实较工业为易。第一中学、文普通学生毕业已经数次，曾悬文高等为之招，而应者寥寥。遂谓高等应格学生现尚无几，不知方今民间生计日艰，文高等之学理非应用所急，工业学科繁颐优美亦或限于姿性，苟开商业高等以为升纳之途，武汉市场今日于此练习者，他日即得于此致用，学无不成，成无不售，因其私计以择术业，彼散而之四方者未必不趋之如流水。此教育所以宜察社会现势为消息也。

丙、表开宣统四年停办之农工商三讲习所应不停办或即接办完全科

查农工商三讲习所据奏定实业管理通则称之为实业师范学堂，并说明各省之讲求实业，必以该讲习所为第一要义。按本年学部奏定实业教员讲习所毕业奖励办法折开："查奏定学堂章程各学堂阶级程度统系图，实业教员讲习所系与优级师范学堂列为同等，所定入学资序亦与优级师范入学资序相同，既优级师范系四年毕业，此项讲习所拟定为四年毕业，所有奖励义务准其比照优级师范章程办理。"又开："查师范学堂分优级、初级两种，而初级师范又分有简易科一种，拟即于农工商三讲习所并准设立简易科，其招收学生及毕业年限，均仿照初级师范简易科办理。所有奖励义务亦即比照初级师范简易科办理。"等因，又足见该讲习所为学部非常注重，实此后各省之不可无者。湖北此项讲习所系于去年开办，决不应遽议停止，绝实业师范之来源。彼学部咨开"以后各省简易师范学堂须一律停办"云云，是必指普通简易师范言之，而实业讲习所之简易科必不在内，否则学部于本年何以有准农工商三讲习所并设立简易科之文明也。且即谓简易科不甚完备，应求进步，则亦须于此次简易科毕业后，即注明接办完全科，广培实业教育之人才，以应时势所急需，而表中并未计及之，不得谓非缺点也。

丁、表开宣统五年添办学堂内应增农业高等学堂

农业一门，表中自宣统二年高等停办以来曾未一再置议。考今年四

月二十六日学部奏厘订实业学堂毕业年限，言中等农业学堂定为三年，不得节缩。据学司筹备事宜表说明项下云：查往岁高等农业设补习普通预科，并未开设中等，自本年（宣统元年）农业始开本科，并招农业预科一班；自宣统二年起，学生尽高等小学毕业者取入，遵章径入本科。依此计算，元年本科始开，二年本科渐盛，照章历三年毕业，是宣统三年并四年皆有农业中学毕业生，直至宣统五年，而前所谓暂停之农业高等尚无开办计划，亦百密之一疏也。

除以上仅就原表议决应办应停外，其上年本局议决前督部堂提出之学务议案各节，应请援案实行：

一、各属学堂捐应暂照宣统三年预算数目分配提解。自学堂捐五成提解以来，外属学务，早显有一落千丈之势，其前途尤不堪设想，去年本局议案已详言之。兹原案以本局去年所规定者，揆诸现今情势碍难实行，特标明其条目曰："各属赔款捐，仍须照旧提解。"是则专就省城一方面着想，名为挹注，实则补疮挖肉之谋也。夫学堂捐系随丁漕附加之款，而凡地方税中之附加税，据宪政馆所核订厅州县自治章程，已有指充自治经费之明文，将来税法厘定，此捐随丁漕征收，按照性质亦在划归地方税之列。现在国家既无省税之规定，则省治之提解此附加税，殊属不情，即谓省为最上级地方自治，而前此之耗羡陋规所收各地方附捐已经两度，更万无将此捐囊括之理！况此捐乃附于官府征收之已附加者而附加之，并非附于国税之附加，自应归下级自治使用，其在府厅州县且非正当之收入，而省治更无论矣，又况舍租税而言教育。据原案第二条既有"拟自宣统三年起各府厅州县学款以注重办初级师范中学堂、中等实业学堂为宗旨，以余力办两等小学、初等实业、简易识字学塾及半日学堂为民办之模范"等语，则是各属应需学款其数正不减于省城，势必拨还此捐，各扩张本属学务为一定不易之办法，而五成提解之问题不能成立，亦均在督部堂洞鉴中也。是故为省内外学务之统筹，非决计将学堂捐提解全数拨还各厅州县不可。惟刻准资政院电开"本年以督抚现交岁出预算额作为岁入"，本局为本省地方全体起见，自应移缓就急，不便固执前议。查督部堂答交宣统三年地方行政经费预算案内开"学堂捐学务公所收入为十一万七千三百七十一两八钱五分一厘"，拟请札饬北提学使暂于宣统三年年度内按照预算数目，分配各厅州县应解之数，折合照解，一俟本局确定筹划办法，即得全数拨还。

附：湖广总督札复

为札复事。据咨议局呈称："案奉札交关于学务之议案，遵即开会讨论，审查报告，逐条议决，缮折备文呈请裁夺施行。"等因到本部堂，据此。查各省办理学务，自以援据学部颁订新旧章程及随时各项通饬为主义。此外守旧有之成规，扩新增之科目，则仍视地方之财力为衡，其中斟酌变通，移缓就急，主管官亦具有万不得已之苦衷。兹据呈复各节详加披览，有与本部堂意见极相吻合者，亦有于学务进行方法困难情形未能尽喻者，相应说明理由，逐步答复于左：

一、议决推广师范教育宜分别变通办理。案开甲乙两条皆称不再添设初级师范学堂，大致以初等小学不待取材于初级师范，以后停办此项学堂，即可节省经费，弛轻担负。就财政一方面着想，说亦近是。惟查举贡生监中，虽不乏可用之才，但以充高等文学教员或有余，以充初等科学教员或不足。学部洞见及此，故一方面咨行各省检定教员以应急需，一面咨行各省赶办初级师范以图后效，用意实各有在。至高等小学毕业生学浅望轻，遽为人师，自误误人，均所不免。中学毕业生根底较厚，出路较宽，欲其于毕业时补习师范三月，以为初等小学教员之预备，既非部章所规定，恐亦非诸生所乐从。如虑旧时教员不获尽行位置，遂谓初级师范可从缓办，则未免因噎废食。近时东西各国讲求教育，以教员缺乏为惧，未有以教员拥挤为虑者。现拟饬司移催施鹤道与安襄郧荆道组合之师范学堂准于明岁开办，一面通饬各府于中学堂内附设师范班，视财力之盈绌，定班次之多寡，庶经费既省，师资可储，有俾教育之推行，不增财力之负担。至优待初等教员，部颁新章鄂省现已实行，每学期给有慰劳金，遇有事故，复加周恤，其有山陬贫瘠之区或不能一律办理。部章原定有名誉奖励一条，以济货币奖励之不足，应饬北学司转行各州县地方官会同劝学员绅一体遵办。

一、议决本城暂停及添办各学堂不能照原表施行。案内开第一条"方言学堂应不得停办"，意在养成翻译及外交人才，兼为研究西学西书之用。查现时实科中学堂已增加外国文钟点，考升高等学堂后，外国文尤为注重。教者学者苟能尽心所事，两堂先后八年之久，外国文成绩必有可观。近日西洋留学生毕业回国者渐多，游美学生逐年添派，京师且特设游美预备科，将来次第毕业回国，所有翻译、外交各项人才，自不患其缺乏。湖北方言学堂从前办理未尽合法，校风尤为人所訾议。去岁京视学调查报告，咨议局当有所闻。且查省城学务经费按照原拟办法，仅敷支配，若应行添办者照增，应行停办者不停，增加之费，一概无着。此方言学堂不能不停办之理由也。第二条"应增高等商业学堂"。查前表所列仅及高等工业而高等商业未载者，因工业中分科最多，工厂机械尤极繁赜，中等学堂地址狭隘，难于合用，故拟先期筹觅宽大校地，置办一切，非提前开办也。至高等商业学堂较易着手，经费亦不过巨，届时或就已停办之学堂，或觅相当之房屋，或即就中等校舍开办，均无不可。第三条谓"农工商三讲习所应不停办，或即办完全科"，援引部章，不为无见。查三讲习所开办之初，本因养成实业师资而设，以备各属初等实业学堂教员之选。今各属初等实业计已开齐七十余所，而讲习所学生多则三班，少亦二班，以之派允各属教员，已有供过于求之势。且查本年学部通饬各省停办简易师范，此项学科程度与简易师范同等，其应停办无可疑议。惟俟各班毕业后计算学款有余，即以办完全科，自系要义。第四条谓暂停之高等农业应有开办计划。查宣统三年，高等农业学堂仅余学生一班。此外无合格者可以升入，学生少，而需款巨，不得不别筹办法，以期节省，实则所暂停者，仅高等一班，而所附之中等农林蚕各科，仍在该堂办理。至宣统五年中等农林各科毕业学生既多，自应接续开班，以资深造。以上各条无非综核经费不得不移缓就急，如使学款所入足敷所出，固又当别论也。

一、议决"各属赔款捐照旧提解",案谓"专就省城一方面着想,名为挹注,实则挖肉补疮之计"。查省城与各属同为鄂中学务,本部堂有何歧视?赔款改学堂捐一案经前督部堂陈[夔龙]奏定各属每年应解五成,共计钱四十二万二千一百五十串文,约折合银二十三万六千四百零四两。学务公所列入岁入临时门造具预算,分表咨送清理财政局,嗣由清理财政局按照宣统元年报册内实收之钱,合折银十一万七千三百七十一两八钱五分一厘,列入预算案内。盖以实收计数,非以实收之数为定额也。查学务公所宣统元年报不敷之数计银元二十七万七千四百九十五元零,钱四千零六十六串零,又查宣统三年预算案内岁入岁出两比不敷库平银三十一万一千余,均在官钱局通融借用,积欠未偿。其不能清偿者,以各属五成捐款多未清解,其积久官钱局巨款,仍可向官钱局通融借用,不至困窘无措者,以恃有各属欠解五成捐尾数可以措抵。今咨议局乃议以十一万七千三百七十余两据为定额分配提解,就各属学务一方面论,未必遂为补剂之良方。就省城学务一方面论,则真有一落千丈之势矣。此中曲折,一再详参,自当深悉,所有宣统三年预算案,应仍以钱四十二万三千一百五十串文为准,以各州县积欠尾数,应即催解清款,一俟定有筹剂办法足相抵补,即行全数拨还亦可。此又分配提解暂难照行之原委也。为此,札复咨议局查照复议,呈核施行。须至札复者(宣统元年十一月二十二日)。

规定东西洋留学生经费案①

(宣统元年十月二十一日呈)

为议决规定东西洋留学生经费案呈请裁夺事。窃留学经费,为本省学款之大宗。历年以来,支出极形竭蹶。为培养人才起见,自难为裁减之图。惟必要之范围固不可省,其浮滥冗费,实不可不量为裁节,以减人民之负担。本局议员提出规定东西洋留学生经费案,业经开会审查讨

---

① 本案为咨议局提议之案,载《议案》中卷。

论议决，理合具文呈请督部堂察核，乞赐公布施行。须至呈者。

计呈：

规定东西洋留学经费案

一、裁撤留美学生监督

理由：

美洲留学监督，原由使署参赞兼充。前因吴参赞寿全奉调赴德，前督部堂陈（夔龙）乃为湖北特设机关，他省皆无，湖北亦何不可少？且留美学生彼此相隔千里，或数千里，为监督者，不过每月按名寄费，面目不相识，学科不可知，监何由监？督何由督？计一监督薪公，每年二千四百美金，杂费约二千余美金。以至少之学生，设至费之监督，义尤无取。今请除日、德、法、比、俄等国留学监督由各省公设外，即将湖北美洲留学监督裁撤。裁撤一监督之费，可增派学生五名，孰得孰失，无俟详赘。

办法：

甲、裁撤监督后规定寄费之办法：

监督裁撤以后，美洲留学费宜按照各册实数，由湖北度支公所随年寄存大清银行，与美国银行交换汇兑，各学生并给号折一本，令各自按季到该地何银行支领。见湖南、江苏、浙江办法，亦复如此。

乙、裁撤监督后规定历学之办法：

监督重要职务，在察视各学生向学之勤惰与学业之进退。虽自来未有实行，而一经裁撤，苟无以弥其阙，即可贻人口实。今请由督部堂咨驻美钦使预行通告各学生所入学堂之教长，务于每学期由该堂报告中国学生成绩得失，仍交由中国钦使咨达学部札行本省提学司衙门注册登记。

一、请厘留学官费之冒滥

理由：

留学官费之冒滥，分属本省、外省。属本省者，则已经毕业回国之学生，尚未停止官费是也。据学务公所留学生表册所载，如留德有周泽椿、马德润、恩康、陈康时，留法有汤芗铭，留美有张谦（见有陶德琨归尚未久），其人皆早毕业归国，而寄费至今如故，则必有受之者矣。不[此?]类不可尽知，大要在日本尤居多数。属外省者均分三等：有冒费而现在学中者。据学务公所表册，以日本一隅论，江苏五名，直隶四名，安徽、广东各二名，河南、四川、江西、浙江各一名，湖南乃至十七名，皆湖北官费也。欧美虽未得确数，大较可推。有冒费而现非留学者。如美洲，据本省留学生所报告，有王麟阁一名，直隶人，湖北官费，三年以来，用费养病，并未上学；张謇一名，广东人，湖北官费，毕业已两年，考取法政举人，仍回美在使署当差，兼领湖北官费。美洲如此，何问欧日？有冒费毕业现已远飏者。此尤悉数不能终其物，略举一二：如丁文玺，江苏人，宾步程，湖南人，前留德；陈篆，福建人，前留法；肖焕烈，湖南人，前留俄：皆湖北官费。近有杨恩湛，江苏人，由湖北自强派往留美，经前署督端[方]取有手书毕业回国服湖北义务年限，并声明限内不得自就他事；乃现已于彼省咨议局就事。月前过汉，并不向湖北学务公所通告毕业回国情形，请停寄费，盖尚欲留为后图也。群蛆唼肉，见骨不休。为今日计，虽欲不出于清厘之举，势固有所不可矣。

办法：

甲、清厘之办法：

官费冒滥，其窟宅至深隐，非一举可得其实也。应先由提学司将学务公所现有之东西各国留学生姓名、籍贯表册，呈请督院咨行各驻使会通监督，核对本省留学生名额、姓名、籍贯是否相符，据实咨复。一面由提学司札由各州县劝学所，调查本州县所有出洋留学生姓名、年月、国地、学科与官费、自费，其册赍申学务公所。其内地总分各教育会，亦应责成随时函至各国留学生，令报告所在国本省留学情事。合是三者相校除，庶可得其真相。

乙、清厘后规定官费之办法：

清厘以后腾出之费必不赀，应请督部堂核分某国腾出留学费若干，与现在实行汇寄某国留学费若干，总定为本省某国留学费定数，其虚额即暂行停寄。仍由提学司行查以前迭次所汇寄用归何处，以昭核实。外省冒领已往者，姑不论；若如直隶王麟阁、广东张謇、江苏杨恩湛任意冒滥，干没无耻，应请督部堂咨行各该省，按照该学生冒领湖北费积年总数，迫追缴还。其有现在学堂中由湖北费供给者，概本[由？]督部堂咨归各该省自行担任。或有湖北人现用外省官费留学，亦请查明转咨回湖北本籍。各清界限，以归划一。

丙、清厘后规定留学之办法：

留学一途，总以扩充为主义；力即不逮，亦不应简缩旧有之范围。清厘以后，各国留学费既有定数，应请督部堂即据此数，更确查某国某学一学生逐年需费若干，定为某国留学生名额。有阙额者，先尽现留彼国之本省自费生，由原有官费生二人查明确系湖北人，确有入大学资格者，出具切实保结，呈由钦使或监督咨达学部行提学司注册，按名顶补；出结各生负连带责任。无自费合格生，则由内地归提学司随时考派补阙，以足额为止。无可派者，姑阙无滥。

附：湖广总督札复

为札复事。湖北咨议局呈请规定东西洋留学经费案，称留学经费，为培养人才起见，浮滥冗费，实不可不量为裁节。业经本局开会审查讨论议决，并呈裁撤留美学生监督、清厘留学冒滥官费各理由及办法等因。据此。查留美学生监督一职，本为他省所无，撤回自系正办。惟撤回监督后，径将留学费汇寄美国银行，分给学生号折，按季支领，仍不无流弊。缘此项号折，略与商家期票功用相等；学生持折预向银行支给，只须略扣微息；先期之透用，临时之困难，均所不免。不如归并学部驻美学生监督经理，较为妥善。清理冒滥官费一节，迭经饬司咨请驻各国公使查明核办，尚未接准咨复；应即照咨议局所拟清理办法，再行饬司催查。至湖北出洋学生其已用外省官费者，其毕业回国时，或应仍尽外省义务。此时划归本籍，殊可不必。外省学生已由湖北认费者，遽行停止亦有种种窒碍。应限至该生所入学堂毕业后停止，其改学、升学，概不认费。嗣后外省学生，即不再补官费，以期划一。至湖北候补官员前由官费派送出洋者，毕业后应遵章回鄂服务；虽籍隶外省者，自与外省学生不能相提并论。又查杨恩湛一名，现已经留美学生监督咨回湖北服务；咨议局指斥之语，亦稍失实。惟事关兴学，清厘冒滥，节省经费，理由既属正当，办法亦多可采。应俟咨催驻各国公使查复核定后，再为公布施行。为此札复咨议局查照。须至札者(宣统二年十一月十五日)。

实业学社经理人马应瑞等陈请以农工商三讲习所学生一律改归官费案①

（宣统二年十月二十日呈）

为呈请事。十月初六日由议员吕逵先介绍，实业学社经理人马应瑞等陈请书称："窃思当今急务，教育为先；教育之分途，实业与普通并重；而普通与实业之发达，必以师范为基础。湖北普通师范开办历有年所，合速成、简易、初级计之，已数千人，尽可敷用。而实业师范，仅有农工商三种教员讲习所，合计不上四百人，不及普通师范七分之一。虽全以官费扩充办理，尚难望其进步。而该三所，只有第一班寄宿学生，一切纯系官费；至第二班学生，概归走读，又每月纳学费二元。纳费既违定章，走读又失师范性质；且学费较中等学堂加倍。该生等半属寒门，其目的不趋于他项学堂而趋于此种讲习所者，以家世清贫、经费不足故也。查师范为造就人才之人才，国家设立此科，固为谋教育上之发达起见，然亦止寒素进身之位置，而可免有志者之向隅。今日受一分培植，即将来有一分义务。钦定师范章程体恤尽至，有深意存焉。现存古及两湖师范各堂学生众多，一切尚系官费；而在萌芽幼稚之三实业教员讲习所，竟令纳费走读。一轻一重，未免不平。况就该三所而论，其第一班学生住堂，概用官费；而第二班学生走读，且纳学费。此又不平中之尤

① 本案为人民陈请建议之案，载《议案》下卷。

不平者。考之东西各国，无论普通、实业，自初等以至大学，皆有纳费走读者；惟师范则不分普通、实业，概归官费。是该生等此次纳费走读，征之本国，无是章程；证之外邦，无此例案。本年正月二十四日学部奏定实业教员讲习所毕业奖励办法折中，有学膳等费均照师范学生例一律免收等语。是该生之纳费走读，又与本年奏案不符。借曰学款支绌，招考时已有明文不能纳费者不应投考。是学堂尽为富厚者之升阶，而寒素竟无可立足之地？盖二年短期之学堂尚不能住，则将舍此而就长期纳费之学堂乎？抑放弃其向学之初心乎？则所谓不应投考者，不啻逐一班寒素于学界外而死地置之也。是该生等于不应投考之处而竟投考者，实有不得已之苦衷。又借曰既经纳费走读，不庸改革。不知果应纳费走读，自不庸改革；不应纳费走读，则急宜改革。贵局为议决本省应兴应革之机关，当不以此等事为铁案也。总之，事有轻重，时有缓急，于今日之实业，竟不竭力经营，恐外人实业之竞争愈剧愈烈，我国家将无抵制之方、富强之日矣。况现在添办女子师范，亦是官款，即从前公立之女子各项学堂，学务公所亦屡次拨款津贴，何皆不碍于学款而独于三实业教员讲习所之第二班生竟云学款支绌乎？且每一所只一班人，合三班经费计之，其数不巨。查湖北出洋学生，每年用款三十余万，何待游学生如是之优。而待该生等如此之刻乎？以有余补不足，亦是变通办理之法。应瑞等滥竽学界，既有此种种观念，并确见该生等之经济困难，奔走劳瘁，已显有不能持久之势，而又以实业当兴，需才孔急，未便听其中止，且即令有少数者勉强从事，尤窃恐以旅学各费之累，朝夕走读之苦，与夫因不平均所感受之激刺，致不能专心向学，将转负各大宪推广实业师范以振兴实业教育之初衷。用是不揣冒昧，联合陈请。如蒙公议，转呈请督部堂将农工商教员讲习所第二班学生改归官费，与第一班学生一律办理；或由明年正月起，先免学费，一俟第一班学生毕业，即仍将该项经费拨作第二班生住堂等费之用，俾得专心向学，以重实业，而符定章。"等因前来。比经开会，交付审查。兹据陈请委员会审查报告书称："查原书叙各节理由，均极正当。其云纳费既违定章，走读又失师范性质二语，最为扼要。更援据本年学部奏定实业教员传习所毕业奖励办法折中，有学膳等费均照师范学生例一律免收等语，尤为改归官费至正当之确证。自应呈请督部堂通饬照办，庶实业之师资可广，而揆之法理亦无所背。且由明年正月起，先免学费，俟第一班毕业，即将该项经费拨作第二班住堂等费之用，于事实尤觉推行无滞。"等语。业于本月十八日开会议决，应据情直陈，静候钧裁。理合具文呈请督部堂察夺施行。须至呈者。

附：湖广总督札复

为札复事。据北咨议局呈称：十月初六日由议员吕逵先介绍，实业学社经理人马应瑞等呈请书称，请将农工商业教员讲习所第二班学生改归官费，与第一班学生一律办理，或由明年正月起，先免学费，一俟第一班学生毕业，即仍将该项经费拨作第二班学生住堂等费之用，以重实业，而符定章等因前来。比经开会，交付审查。兹据审查报告书，查原书叙述理由均极正当，于事实尤觉推行无滞等语。业于本月十八日开会议决，理合具文呈请核夺施行等因。据此。查师范免费，固属定章；然鄂省学款，出入不敷，官费实难遍及。与其因款绌停办，不如略收学费，以广师资。故工农商教员讲习所不得不变通办理。前曾将收费情形详咨学部，未奉驳诘，盖亦体察情形，许其量为变通。但即照如此办法，农工商三讲习所每年由学务公所分别补助，每所均在两万元上下。兹据咨议局呈请前情，为推广实业师范起见，果使学款充足，自应准如所请。惟明年筹备事项加多，竭蹶情形日甚一日。查现在该三所均系前班免费，新班纳费，自应明定划一章程，以昭公普。现拟以后该三所学生凡升入头班，即予免费，余均照常纳费，永以一班官费为额，庶于节省经费之中仍寓优励维持之意。为此说明理由，札行咨议局查照复议。应候呈复，再行公布施行。须至札复者（宣统二年十一月初五日）。

第二　实业类

禁止洋商在租界以外违约经商案①

（宣统二年十月初三日呈）

为议决禁止洋商在租界以外违约经商案呈请裁夺事。窃查《中英条约》载明："新旧各口岸，除已定有各国租界应毋庸议外，其租界未定各处，应由英国领事官会同各国领事官，与地方官商议将洋人住居处所划定界址。"等语。《中美条约》载明："大合众国泊船寄居处所，商民、水手人等只准在近地行路，不准远赴乡村市镇，私行贸易，以期永久彼此相安。"等语。《中日条约》载明："现今中国已开通商口岸之外，应准添设下开各处，立为通商口岸，以便日本臣民侨寓，从事商业、工艺制作。所有添开口岸，均照向开通商海口或向开内地镇市章程一体办理。"等语。是中国未经开埠地方，无论何国商民，不得侨居营业。即已开通口岸，外国商店亦皆有划定之租界，原非漫无限制，可任意杂居也。汉口开埠最早，自一码头以下，迤逦开场，市廛林立。汉商营业应在租界以内。武昌省城，并非通商口岸，洋商私行贸易，更为条约所必禁。乃近年来武汉街市日商开店营生、提包小贸者，实繁有徒，欧美商人虽未在租界以外直接经商，而英商、美商等类之牌名，亦所在多有。夫租界以内之地有限者也，租界以外之地无限者也，以无限之地杂处，洋商势将得寸进尺，相率偕来，盖以肆其无形侵占之手段。此其有损权利者一。外国领事裁判权尚未收回，洋商杂居内地，设与我国人民酿衅滋讼，华官不能径行审理，则两造纷争，方将受裁判于租界之领事，是领事裁判权且得延及于内地矣。此其有损权利者二。况自通商以来，洋货畅销，华货阻滞，中国衰颓，已为无可挽回之势。设再任彼族踰越防闲，遍处招揽，则民生日用所需将尽取于洋货，而华货愈无销路。此其有损权利者三。中国商民冒挂洋旗，律所必惩。假令华界准洋商开店，则奸商借

---

① 本案为咨议局提议之案，载《议案》中卷。

洋旗以自雄，外人拥虚名以渔利，真伪莫辨，取缔为难，且以未辟之商场，而遍列各国之号牌，亦觉大失国体。此其有损权利者四。综厥四端，所关匪细，而追原祸始，要皆我国官吏之苟图无事，有以酿成之也。武汉为吾鄂重镇，对于外人违约之行为，长此隐忍不与交涉，则其他之府厅州县，凡足以扩张商业者，皆将为外人任意居留之地而无抵抗矣。且查《马关条约》第六款第三条："日本臣民在中国内地购买经工货件，若自生之物或将进口商货运往内地之时，欲暂行存栈，除毋庸输纳税钞派征一切诸费外，得暂租栈房存货。"为日商侵入内地借口之理由。然存货与售货，栈房与店铺，暂租与久赁，均有区别，据文解释，固仍不得不以租界以外开店经商。事关本省权利不宜旁落外人，亟应据约力争，切实禁止，以保国权。本局议员提出议案，经审查报告，公同决议。理合备文呈请督部堂裁夺，乞赐公布施行。须至呈者。

计呈：

禁止洋商在租界以外违约经商办法

第一条 拟请督部堂札饬巡警道按照左列各项，限一星期查明，分别造册呈报。

甲、武汉街市洋商店铺国籍、牌名及其经理人姓氏；

乙、提包小贸之日人武汉共有若干人，何人寄居何处；

丙、洋商开店或寄居所租之房屋系何人管业；

丁、冒挂洋商牌名之华商及其经理人姓氏。

第二条 督部堂查核巡警道册报，按照条约分别照会该管领事官转饬洋商店铺，限两星期迁入租界以内。

第三条 督部堂照会日领事，应请声明嗣后日人不得在租界以外沿街提包售卖货物。

第四条 嗣后外国人在租界以外租赁房屋，由业主报名，巡警道派员调查明确，再行核定，以符约章，业主不得擅自允租。

第五条 冒挂洋商牌名之华商，巡警道应严饬将牌名上之洋商字样一概销去，否则勒令闭歇。"

附：湖广总督札复

为札复事。宣统二年十月初六日，据北咨议局呈请禁止洋商在租界以外违约经商，以保国权，乞赐裁夺施行，并呈办法五条等因，到本部堂。据此。具见各议员才闳识卓，力挽狂澜，良深佩慰。查各国洋人来华通商，除约载口岸外，本不许在内地开设行栈。其始限制尚严，彼时国势亦与今殊。自日约有暂租栈房存货之条，遂至一溃不可收拾，变本加厉，遍地开设店铺，几等杂居，而提包售货之人踵趾相接，以致各国洋商隐援利益均沾之约，而英美等国之牌名亦所在皆是；加以奸民无识，惟利是图，或为虎作伥，或引狼入室，种种侵损主权，难以枚举。本部堂前任沪道，由苏而鄂，凡以此等违约之事，因与外人交涉力争者，已不胜指数，卒亦未能尽如我愿，岂真谋之不臧，抑亦情势有所扞格耳？今咨议局为舆论代表，相为舆情所向背，既经公同议决呈请，当能上下相维，足回人民之视听，而杜外人之侵越。若不趁此据约力争，将何以顺舆情而保权利？然事关国际交涉，宜加审慎。惟有将所呈议案咨请外务部照会各国驻京大臣，转饬各口领事传知洋商恪守条约，不准再在内地开设店铺及提包售货，此时未便径行查办，致生枝节。倘能就我范围，再将武汉及各府厅州县地方所为违约经商之外人一律禁止，此不独全鄂之幸，抑亦各省之幸也。除咨外务部外，合先札复北咨议局查照。须至札复者(宣统二年十月二十一日)。

保存民矿收复利权以维公益案①

（宣统二年十月二十七日呈）

为议决保存民矿收回利权以维公益案呈请裁夺事。窃兴邑城北二十里之银山，民山也，山内地稞旧充合邑童科岁试卷费，州志载明，康熙

---

① 本案为咨议局提议之案，载《议案》中卷。

五十二年及五十八年，州人叠与董姓清理山界。同治元年，邢魁榜谋占山界，州绅方桂林等以清界保产，具控请勘，均有案证。光绪十六年，汉阳官办铁厂委员恽元复采买该山锰矿，解厂化验，经邑绅石烷等承诺，雇工掘取，按斤给价。以后时停时办，虽去来无定，而宾主迭更。二十二年五月十六日，前阁督部堂张文襄公奏准该官局改归盛大臣宣怀作为商办。二十六年四月，委员伍玑莅州，不问地主，直抵该山，自行采运。邑绅请给地租，该员以俟矿砂稍旺，自当照给为辞。迄三十一年，委员戴治来州接办，锰砂日达旺点，邑绅屡向质问该员，始则虚与委蛇，终乃恝置不理。三十四年生员吴作缄等以照分地股接济学款具禀前督部堂陈（夔龙），奉批仰矿政调查局转饬地方官确切查明，据实禀复，以凭核夺等因。讵前州钟牧奉札后，重受戴委请托，故意宕延，经督部堂催复，遂凭空杜撰，蓦将民山禀作官山，闻者莫不骇诧。伏查官局移交奏案及一切咨文、札饬、批示，涉及兴国锰矿者，并未注明银山，更无所谓官山字样。官山之说，实作俑于兹。宣统元年二月，吴作缄等叠据各情具禀督部堂陈，蒙批准电咨农工商部盛左堂转饬汉阳铁厂查复，候复到再行核夺等因。尔时钟、戴闻信，又复狼狈为奸，先发制人，捏称邻山之董作霖造端生事，出示查拿，并差传吴作缄到案讯究，该州士庶闻之哗然。今年二月，生员赵梦慈等上禀督部堂，因声叙前案不明，未邀批准。查奏定民政统计表，凡地亩分国有、民有、公有三种。该山对于国家，则民业；对于各州县，则该州私有；对于本州人民，则公有，即地方自治章程所谓公产之类。况该山地课，既为试卷之资，山界又无有涉讼之案，其非官山可知。其彰彰可考者，劝业道署现存光绪三十二年十二月咨部之矿山表，大书"兴国银山为民山"，此铁案也。该厂因见及此，一切往来公牍避去银山二字，统称"兴国矿地"，颠顸弊混，况迹显然。查宣统元年闰二月该厂禀由盛大臣转咨陈督部堂借以拒吴作缄等之请者，内称兴国锰矿山地，即系官局移交案内之产业。据张文襄公移交奏案第二款，兴国锰矿，原与炉座、机器、房屋、地基各项交付商厂，作为官局成本，并非作为产业。光绪二十六年三月十二日，盛大臣咨张文襄公，称积年所用官局移交兴国重锰，刻已用完。又三十三年十月十四日。咨前督部堂赵[尔巽]，称历年以来，由厂派员前往兴国，设局收买，果为该厂接收产业，何以前后咨文不曰移交矿山，而曰移交重锰？不曰派员开采，而曰派员收买？可知官局当日移交作为成本者，特已采之矿砂，非将未购之银山一并付与该厂也。又称该厂遵照奏案，每售出生铁一吨，提银一两归还官本，地税一切均包在内，不能另再缴纳地租余利，该生所请提出地股实与奏案并无另外捐款之说不符，委实碍难遵行。按奏案第四款内载，自路局购办钢轨之日始，所售生铁每吨提银一两，缴还官局用本，俟官用还清后，每吨仍提捐银一两，以作报效。地税均纳在内，并无另外捐款等因。夫地税，地腹之利，国家所有也；地租，地面之利，地方所有也。该山既非官局移交产业，故官本之外国家所有者，官局得以兼攻；地方所有者，官局不曾袭取。是该山应有地租；官局正留以力地方之用，界限极为分明。至并无另外捐款云者，细绎原文，系官局对该厂两方面之词，与地主全不相属。且捐款自捐款，地租自地租，二者性质，官私截然不同。迹其始终，牵合附会，将官局成本改移交产业，借国家地租抗拒地方租，该厂所挟以欺兴国者，非不自雄其智。虽然，其如移交之奏案何？如咨部之矿表何？如前咨设局收买各字样何？兴邑银山立林，备载志书。铜铅硃砂之属，且不具论。若该山重锰，实为铁矿之元精，现在铁路所需，关系尤重。该厂以商夺民宝山垂十余载，反客为主，久假不归，无论朦混侵占，显于矿律，且令该州人民引为车鉴，各种佳矿，秘不敢宣，蔽塞民智，妨碍实业，实于吾鄂权利大有损失。应请督部堂查核原案，咨请盛大臣转饬汉阳铁厂派员前往该州，一面饬北劝业道遴委妥员会同铁厂所派专员及该州正绅，订明地租，按年缴纳，并补缴积年地主应得租价，保民产以靖地方。所有呈请保存民矿、订纳地租缘由，理合具文会请督部堂俯赐鉴核，迅赐批准施行。须至呈者。

附：湖广总督札复

为札复事。据湖北咨议局呈提议兴国州银山锰矿保民产以靖地方一案，业经本部堂札饬北劝业道委员前往查明官山、民山，禀复核办，并咨请盛大臣抄案见复。合亟先行札复。为此，札行咨议局查照。须至札者（宣统二年十月二十四日）。

请专奏注销台子湾水泥厂执照收明家嘴水泥厂入官另招商股接办以保本省权利案①

（宣统二年十月十七日呈）

为呈请专案具奏注销台子湾水泥厂执照、收明家嘴水泥厂入官另招商股接办以保存本省权利事。据本局议员提议称：查湖北水泥厂由程道祖福禀请开办，经前阁督部堂张（之洞）具奏，奏内声明该道招集华股三十万两，情愿承办大冶县台子湾水泥厂，请援案专利十五年，且恳暂免税厘，当经札委该道为水泥厂总办等情。业于光绪三十三年八月初八日奉批谕允，旋由部发给湖北省武昌府大冶县台子湾地方湖北水泥厂有限公司执照。是该道应确遵奏案及部照，在台子湾地方设厂采矿，方为正办。乃自奉旨以后，迄今三年，置台子湾不顾，而于渺不相属、距台子湾六里外明家嘴之飞鹅山采取水泥矿石，开炉化炼。违背奏案，不遵矿章，去取任意，名是实非，使承办矿产者尽如该道行为，则奏案均归无效，而执照各成具文，其何以维持矿政、振兴实业？此不得不注销台子湾水泥厂执照之理由也。又查明家嘴水泥厂自去岁开炉后，本年二月该道即将全厂基屋机器抵押日本，借洋三十六万元，由石灰窑电局司事张敏斋与日本驻冶采办铁矿之日员西泽公雄商借成文，所订合同有后此该厂如再缺款，只准向日本加借，不得假之他国。又该厂现聘工程师期满后，须用日人（该厂现聘德国工程师克利师们于宣统三年四月满期）。又该厂炼矿煤斤须用日本焦煤，煤价在借款项下扣抵（前者日煤运到价高货劣，不适于用，竟勒该厂承受代卖）。顷又闻有再向日本加借款项之说。大冶水泥厂石质料之佳，原禀称超出于青岛、青州、唐山名牌不啻

---

① 本案为咨议局提议之案，载《议案》中卷。

倍蓰；勘矿工程师贝恩特报告保单及答问至谓较英国之拍特兰德塞汀、罗马之水泥尤为过之；张文襄公奏案亦言，曾将原料寄至德国函托使臣及化学家考验，许为上品合用质料。如此宝藏，奉旨开办，应若何慎重，保国利权，以开财源，而塞漏卮。乃该道擅行借款，轻于一掷，今日吞饵衔钩，大有行见攫去之势。若不设法挽救，改弦更张，天生佳矿，将拱手输送外人，利权丧失，能无滋惧？此不得不收明家嘴水泥厂入官之理由也。且查该厂开办至今，横施势力，欺压齐民，圈购山基地亩，有不愿售者，即勾串该处监生陈凤池代书卖契，强行建筑。如军丁柏文义、柏文庆等之祖山坟冢累累，该厂盗买修建运矿挂路，穿压坟墓，柏姓□惧，迭次控县，赖令有候再申请水泥厂让偏之批示。监生罗凤鸣、罗云等合族祭田并未售卖该厂，于青苗秀实之时，突来掘水毁禾，填造挂路，罗姓控县，案尚未结。又搪坝矶本大冶公地，邑中士绅以滨江矶岸均为铁政局购买，拟留此矶为异日本县开矿运输码头。今年春间，该厂以需用码头甚急，强占该矶，动工建筑，邑绅向阻，该厂置之不理，凭借势力修作码头，指顾落成，踞为私有，冶绅大愤，上控各行政官厅，于今为烈。其余因田土盗卖、慑于强权、饮泣领价者，指不胜数。人民怨咨，地方骚然，若再任在该处横蛮侵占，日久恐酿事端，此不得不另招商股接办之理由也。比经委员会审查报告，案内指程道祖福一切违背法律之处，证据确凿。病国殃民，败坏矿政，自应遵照矿务正章第二十款、第四十一款办理，以警将来。所议注销执照、收厂入官、招商接办三层及后列办法七条，均系准据法理酌量情势而出。应由本局呈请督部堂专案具奏参办，并一面札饬劝业道、官钱局照原案所拟办法接收该厂，招商承办，庶足以维矿务而苏民困等情。旋于十月初八日开会决议，全体意见佥同。除将原案另缮清折外，理合备文呈请督部堂俯赐察核，具奏施行。须至呈者。

附呈清折一扣：

一、台子湾水泥厂执照应请注销之根据

查矿务正章第三十九款云：凡遵守条例，请领矿地，一经领到开矿

执照后，该矿商可以立时兴工，将照内指定之矿开采。今该道奉旨三年，而台子湾迄未兴工。执照指定台子湾之矿，该道并不开采，而采明家嘴内未指之矿。

查矿务正章第四十一款云：凡禀领执照由诈术者，一经访查得实，应将所给执照立刻收回，从严惩办。查阅前此调来该厂刊印文牍章程三本，该道于光绪三十三年冬月收到勘矿工程师贝恩特报告保单后，已定明家嘴采矿建厂之局。此文牍章程该道已分呈督辕、商部备案，但于该保单内第一条应刊印明家嘴三字处则上下画一括弧，而空其中，不著一字，其诈术已毕露矣。且三十四年该道呈请注册给照禀内，既不声明请以明家嘴填注，及宣统元年商部遵照台子湾奏案注册给照而该道领照之后，又不呈请更正册照自台子湾，而采矿自明家嘴，含糊欺饰，巧取营私，其为诈术，孰甚于斯？推其用意，无非欲凭借奏案，利用官府，以押抑人民，而沿江一带十余里之水泥矿产，皆可以台子湾执照一网打尽。矧矿界不换，则专利免税之奏案自如山不改。此前者试用道李孺请办宜昌水泥厂、贡生黄毓麟请办黄石港胶灰厂，均以格于该道专利案批驳，载在该厂文牍章程二、三两册而自鸣得意者也。使该道果能恪遵奏案，兴办矿业，应享利益，人自无辞。今以挟诈任术朦取执照，与矿地绝不相符，违旨废法，自应按照正章第四十一条办理。

二、明家嘴水泥厂应收入官之根据

查矿务正章第十四款云：开采之权，属之国家，无论官办、民办，或华洋商人合办，均以奉有部照始准开办。今该道未奉明家嘴采矿部照，擅行开办，是直侵犯国家权矣。其当收入官无疑。

查矿务正章第三十款云：所请开矿执照，或为一界，或为数界，均可并载一张之内；所请之地如不止一界，其毗连之边径必须相连，不得隔断。阅该道所领开矿执照，除载台子湾外，并无他项地名。至台子湾与明家嘴之距离，计程六里；中间垄田村舍，难可悉数；即仅以山计，隔断于其中者有富家垴、鹅公包、王家大山、铜鼓山、黄金山、大莺窝各山，其边径之不相连亦可知矣。

查矿务正章第二十款云：矿务不得将矿中产业私行买卖交接及作为借贷抵押，必至原给照处呈明事由，经矿务委员查明批准，方可遵办，违者依私自买卖矿地律治罪，惟该矿商此外所有产业不在此列。今该道将明家嘴水泥厂基屋机器各产业一概抵押日本借款，并未闻呈明事由，邀督院、商部批准，自应遵章治罪，以警将来，一面设法维持，收厂入官，毋失此天然美利。

三、另招商股接办之根据

查矿务正章第三十五款云：设若所请矿地中之某段在民地之内，具禀人如需此段地面以作附属矿地之用，或需全段地面以作开采散矿或流积矿质之用者，务与业主商办，其如何商办之处，亦应声明禀内；如业主不允与具禀人商办，应由总局确查情形，如与民间别无妨碍而又为开矿必不可少之地，可按官断规条办理。该道开办明家嘴水泥厂，非照内请办之矿，已不待言；其取民地公地以作矿厂附属之用，并不俟业主允许，或串卖，或强占，私为厂有，致令讼案累累，贻害地方。无照则无开矿之权利，违章则无开矿之资格。是非另招商股请照接办不可。

查矿务附章第七十条云：矿地如有坟墓，须尽力保护，所有一切工程应在距离该坟定章尺寸以外方许施工，历代有名帝王圣贤陵墓相距三十里，先贤名官墓相距三里，寻常士绅墓相距五百官尺；地下亦不准横斜侵入限内。万一坟墓于矿有碍，势难兼顾者，应禀明地方官，并知照该坟主直属子孙，妥为商办，量其情形从优酌给迁费。该道修建运矿挂路，经由柏姓祖山，未得山主允许，遽尔施工，穿压坟冢，致起冲突，此岂合于矿章距离五百官尺之规定？又岂遵守妥商迁移之办法乎？

查上年八月农工商部咨查各省兴办实业不得搀合外款章程云：一、查察承办实业资本事宜，向例责成劝业道督率各劝业员随时详查，由本省督抚咨部核办。惟近日各省已经筹办咨议局及各地方自治选举，参事、董事、议员等调查议办地方各项宪政，该项兴办实业事宜亦在查议之列，各承办公司商人有无违章私搀外股、抵借外款，国家利权所在，各议员均有稽察议办责成，应一律统归详查举报。一、各承办实业公司商人既经此次严密清查及以后随时稽察，如查得有违背定章搀入外款各实据，即由议局议会议定，停止该商人兴办事项，另易新商办理。该道以全厂抵借日款，私立合同，若仍令主持厂务，流弊将不胜穷。是非遵章急招新商以扶危局，水泥厂前途尚堪问乎？

四、保存本省权利之办法

一、该道台子湾执照注销后，俟有华商遵章禀请开办时，准该地业主按照矿务正章第二十一款矿地作为红股办法办理，不得有强行圈购及串买、窜夺各情弊，致土人疑开矿为秕政。

一、该道所办明家嘴水泥厂既经抵借日洋三十六万元，拟请由督部堂饬湖北官钱局备款偿完，将该道与日人所订合同取消，收厂入官请照接办；其湖北官钱局偿款银数，即作为湖北优先官股，异日摊分余利，由湖北官钱局收存，尽数应湖北之用。

一、该道禀报原集股银三十万两，后又续集股银三十万两，共计股银六十万两。收厂入官时，应确查该厂账据，核对各种机器、厂屋、工程收支实数，不得浮冒，并调查存货多寡，值价若干，逐一算清，除程道不准入股外，其余旧股东仍愿入股者，将该道所给股票缴销，另换新厂股票交执，不愿者由新厂按照原票银数发付收回。

一、新厂开办另行添招新股，所有一切事宜，概遵公司律办理。

一、该厂所造运矿挂路需用民间地段作用，接办人当与该业主妥商，或令以地作为红股，或优给价值购买，悉听业主之便。但不可于业主未允之先，率尔动工。而业主亦不得既不入股，又不领价，致阻矿务发达。

一、该厂挂路所经山地与坟茔有碍者，接办人应详加履勘，如能让偏，自当遵照定章距离办法；万一坟矿不能兼顾，则优给迁费令其他徙。

一、该厂码头既经建筑竣事，接办人宜向冶邑士绅订立年限，妥议租赁办法，限满退还；若冶人如满限后尚无自开矿产出江，应准该厂续租；如再在期限内冶人已组织开矿公司，一切货件起卸该码头，准彼此共用，俟限满后该厂另筹办法。

附：湖广总督札复

为札复事。据湖北咨议局呈议员提议请专奏注销台子湾水泥厂执照、收明家嘴水泥厂入官另招商股接办以保存本省权利一案到本部堂。据此，查所呈台子湾水泥厂执照应请注销及明家嘴水泥厂应收入官两条，内引矿章第三十九、第四十一、第十四、第三十、第二十各款，以为应注销及入官之根据。查农工商部宣统元年四月发给水泥厂之执照，乃公司注册执照，而非办矿执照。公司注册者，可享一体保护之利益，载在商部奏定公司注册章程，于矿章无涉。至该厂系专办水泥，水泥一项，系矿章第十一款甲类灰石之矿。而第十六款说明，甲字类矿质如在民地，应准地面业主任便开采，毋庸征收年租及出井税。又第二十二款说明，除甲字类矿质外，凡欲请办第十一款乙、丙字下所载之矿质者，必须先行请领办矿执照，方准开采。第二十三款说明，执照分两种，一为勘矿执照，一为开矿执照。第二十五款说明，每张勘矿执照所准履勘之地，至多不得逾三十方中里。第二十九款说明，凡开采第十一款乙、丙两类之矿质，须将所领矿地划成矿界，计算准地面平方，每边三百官尺，横直相等者为一矿界。第三十款说明，所请开矿执照或为一界，或为数界，均可并载一张之内，每人至多不得过面积九百六十中亩等语。察度以上各款，是矿界原于执照，应领办矿执照者，乃有矿界；甲类不须请领执照，可以任便开采，则不能限以矿界，部章分晰甚明。况该厂在台子湾附近明家嘴地方采取石料，曾经详明调任督部堂陈咨部立案，是所引矿章三十九款、四十一款、三十款皆不适用，公司产业无可入官之理。第十四款所谓充公者，乃由上文卖于外人句而来，至引第二十款谓该道抵押日本借款，应遵章治罪等语。前准农工商部查录该借款合同底稿咨行前来，查合同所载，只是担保，并非抵押。在矿章已有华洋合股之条文。又本年七月钦奉上谕：产矿之区，设法兴办，华股不足，可附外股等因。钦此。该公司款只担借，不过资以周转，款清则关系全无，与附股尚有不同。且汉口既济水电公司近亦借日本款一百二十万元，禀部批准。同是商办，同是借款，所借尤巨，而水电公司营业如故，此注销执照与收厂入官之未便施行也。另招商股接办一条，宜视注销与入官应办与否，前两条既未便施行，则此条自可毋庸研究。惟议案内有取民地公地以作矿厂附属之用与经由柏姓祖山未得山主允许等语，即呈文内所指军丁柏文义、柏文庆等及塘坝矶各节，呈文较议案为详明。查水泥厂禀借胜洋港塘墩旧址建筑码头，经前护督部堂杨（文鼎）饬查，据兴国营守备禀复批准拨借，旋据该厂以大冶县举人朱润时、附贡生郭崇任等阻挠停工不准建造，并据举人朱润时等以强占公矶、军丁柏文义等以拘痞盗卖等情分别禀控前来，当经饬令劝业道查明，妥议办理，该道据该印委禀详复，后又经批令转饬大冶县妥速办理完结，各在案。是朱润时、柏文义等两案，与罗姓控县之案，皆开矿所常有之缪葛，矿章亦已备载办法，自应由地方官体察情形酌办。保存本省权利一条，纯是接办以后之事。既不能另招商股，则此条同为毋庸研究。所有本部堂查核水泥厂一切办法，按之矿章，于注销执照、收厂入官两层，以为未便施行缘由合亟札复。为此，札行咨议局查明复议。须至札者（宣统二年十一月二十日）。

请专奏保存矿石分别取消
外售合同维持民矿不许强圈勒卖案[1]

（宣统二年十月十九日呈）

为呈请专奏保存矿石分别限制取消外售合同并维持民矿不许强圈勒卖事。窃查汉阳铁厂由前阁督部堂张（之洞）以官款创办，圈购大冶铁山，采矿运汉熔炼钢铁，原为抵制外货，收回中国利权起见。光绪二十二年奏准改归商办，以盛（宣怀）大臣督办该厂事宜。二十五年该广缺乏炼铁焦煤，与日人议定以冶矿易日煤，彼此互售，每年均以五万吨为度。二十九年日使内田又遣总领来商，续购大冶矿石，在上海签订合同，预支矿价计日金三百万元，周息六厘，按年尽数以矿石价抵还。原案每吨

---

[1] 本案为咨议局提议之案，载《议案》中卷。

矿价英洋三元，改为每吨日金三元；原案每年售矿五万吨，改为七万吨以至十万吨。除抵息外，多拨本金，早清前款，并以大冶得道湾山厂运路指为日款作保。该厂自二十九年收日金三百万元，后结至宣统元年十二月止，前后六年，售运矿石除抵息外，只拨还本金五十四万一千一百元，尚存本金二百四十余万元。准前六年售矿成例扣算，非再由日人运矿三十年，本金不能拨清。据此，名为卖矿，实与卖山何异；名为指山厂运路作保，实与以山厂运路抵押借款何异。中国创办铁厂，原欲精制钢铁，杜塞漏卮，乃该厂不务求钢铁熟货之输出，而惟图原质矿石之畅销，殊失当日建厂本旨。在二十五年焦煤缺乏，以有易无，暂出权宜之计，事非得已，尚可共谅。至二十九年，萍煤畅旺，足供冶炼，何得复收日金三百万元，以至可宝贵之矿石，恣不甚爱惜之售卖。该厂不劳而获，以为坐受此绝大进款，方谓得计，曾亦思我薄邻厚、借兵赍粮之可惧耶？此举铸成大错，噬脐何及！而近日财政困难，莫由筹此巨款。以偿日人计，惟有请旨勒定年限，扣明售石吨数，早清日款。并恳钦派大员，彻查该厂用款，如有浮冒，分别参办。仍一面严饬该厂，于此次日款划清完结之外，不得再行将矿石外售，为此饮鸩止渴之谬举。此本案限制售日合同之理由也。又查大冶铁山运道之旁石灰窑地方，本年新筑卸矿码头（码头距运道其远不过数十丈），为美人运矿泊船之所。自夏及秋，美船已来装载多次。其船视日人运矿商轮大过数倍。据土人言，美船抵码头时，每日数百人挑运；运送矿石上船，非半月不能载满。其大盖可想见。该厂售矿美人，闻系去年订立合同，其内容无从查悉。然一误再误，士民悼心。试问大冶铁山菁华有几，乌能堪此东西两洋万吨商轮穷年累月之装运消耗耶？且欧美各国与吾华通商以来，列强均势，利益均沾，已成习惯。设有约诸国起而援例争购，则石灰窑一带将划成租界，而铁山不转瞬将荡为平壤，掘为深潭。利尽不止，则举大冶之金山银山铜锡铅煤各矿，必施其故伎尽欲购买而囊括之，而大冶陆沉矣。此非故为可骇之论也。顷又闻比人要求该厂有驻冶开炉炼铁之说，各国磨牙伸爪，争欲分尝一脔，已露端倪。凡我鄂人，能不寒心？非请旨饬令该厂取消售矿美人合同，无以绝祸本而防觊觎。盖美与日异。二十九年该厂预支日人矿价，经外部与本省督抚院之核准，然后签订合同。若美人则仅由该厂私议，并未闻大部、督院之允许，事关特别利权，理宜力争收回，以杜后祸。此本案取销售美合同之理由也。又查该厂自二十二年五月奏准改归商办后，该厂虑商民私自采铁，分彼利权，是年七月，禀经前阁督部堂张批定，凡兴国、大冶所产铁矿，一律归汉厂购买开采，倘商民私行勘买，封禁充公等语。于是兴、冶两州县铁矿，无论该厂已、未圈购，凡外省商民及本地土人及本矿业主，该厂一概不准开采。迄于今兹，封禁如故。然查二十七年前阁督部堂张咨复盛大臣札饬大冶铁山运道局员解守督同矿师赖伦悉数圈购冶邑矿产案内开：查交付铁厂奏案，盛大臣议定章程原欲两大炉齐开，广筹钢铁销路，保守自有利权，与外洋钢铁争冲。今与日本订立合同，每年售与矿石五万吨，以十五年为期。不筹钢铁销路，而筹矿石销路，且有日本要加买亦必照办等语。漫无限制，以无穷之矿石供外人之鼓铸，士民惊疑，咸谓非宜。虽盛大臣有必当开设学堂专办肄习冶炼之说，然系将来之事，无以取信于人。此圈购民地销售矿石与盛大臣原议实为不符者也。在盛大臣以焦煤缺少，不得已与日本通共有无，自系苦心孤诣，为熔炼钢铁之计。惟查官局交付铁山官地寥阔，前经委员绘有图说，百余年取用不竭。即盛大臣前年六月来电，亦谓冶铁为百年无尽之藏，但就官山开采，除自炼外，售与日本十五年，固自绰有余裕，此又不必圈购民地以附益之者也等语。又查三十一年前阁督部堂张批署大冶县知县王令士卫禀称盛大臣札派周都司献琛偕同英国矿师李御来冶测绘全境各矿山请示只遵由云：据禀已悉。查大冶矿山，除原案拨归铁厂开采之地外，其余矿产，无论官地、民地，自应由湖北地方官主持，不能由厂商越界干预。此次路厂派遣洋矿师赴冶勘矿，并未准盛大臣咨会有案，若在铁厂所管矿地测绘，应听其便。此外大冶全境矿山，断不准任听洋矿师到处测勘，免生枝节，而保利权。除据情电咨盛大臣转饬铁厂遵照并行洋务局转行外，仰即移知运道局宗令遵照办理。此缴。等因。据此。就两案推究，二十七年之咨文，则该厂矿山寥阔，足供冶炼采售，毋庸再行圈购民产以相附益；就三十一年批札观之，除该厂所管矿地外，且不准越界测绘，又何有于圈购开采？是二十二年七月前阁督部堂张批准兴、冶两州县铁矿归汉厂购采，商民勘买，封禁充公之语，已经迭次咨电批札，自行取销。乃由二十七年至今，取销已届十年。而该厂仍执前批，不许兴、冶人民开采私矿。货弃于地，民穷无告，阻挠矿业进步，莫此为甚。且冶人之忧，尚不仅此。惧其自有之矿，既不我与，行将为该厂圈购，尽数采售外洋，以祸中国，是则尤所痛心。故必请旨严饬该厂只准于官局交付原案所有矿山开采，此外不许丝毫干预。至人民除以矿山押借洋款售石洋商外，准其遵章自由购开，则矿务庶日有起色。此本案维持民矿不许该厂强圈勒实之理由也。综上三端，日人合同既经限制，此后可永杜漏厄；美人合同取销，列强不致更萌窥伺；民矿保存，实业发达，富强之效或基此乎。本局提出议案，迭经开会讨论审查议决，理合备文呈请督部堂裁夺，乞予专奏施行。须至呈者。

附一：湖广总督札复

为札复事。据湖北咨议局呈提议大冶矿山应保存矿石分别限制取销外售合同维持民矿不许强圈勒卖一案，业经本部堂咨请盛大臣查明见复，再行核办。合亟先行札复，为此札行咨议局查照。须至札者（宣统二年十一月初二日）。

附二：湖广总督二次札复

为札复事。案据咨议局呈请保存矿石分别限制取销外售合同并维持民矿不许强圈勒卖等因。据此。当经咨请盛大臣查照见复核办。旋准咨复碍难受此限制理由，并从无强圈勒卖情事等因前来。本部堂复加考察，汉冶萍厂矿有限公司对于议案各节，有理应认可者，亦实有碍难认可者。原呈谓"以至可宝贵之矿石，恣不甚爱惜之售卖。该厂不劳而获，以为坐受此绝大进款，方谓得计"一节。查汉冶萍合并主义，原期以冶萍两矿之原质，并纳于汉阳一厂，炼而成钢铁。无如中国铁路以及制造工艺，目前尚未兴盛，国内销钢无多，则不得不售诸外人。日、美既不愿售钢，则又不得不售以生铁。其所以兼售矿石者，盖生铁炼钢必资矿石，否则外人并生铁而不售。即如汉厂炼钢，亦尝搭用矿石，为众目所共睹。此则因销售生铁以资用，并非专售矿不以图利。设此时钢铁销路果能畅行，则此项生铁、矿石一变即成钢铁，其获利较生铁、矿石为尤大，该公司岂肯轻易外售？虽其熟货滞销，生货遂因无所用而见多，不谋外售，货弃于地，厂益不支，是其生熟并售，特因时局所迫，为此权宜之计，本非该公司之所愿。咨议局于其不获畅销者责之多销，于其不能外售者禁之少售，且必限制取消其与日、美已订之合同，殆于该公司困难实情，尚未尽悉。且矿务正章四十八款，矿苗原质本可出口，如湖南水口山之铅，各处安的摩尼等矿，每年出口正复不少。此又咨议局所共知未可独限制该公司者也。至借兵赍粮之说，查现今各国厂矿林立，无不忌外产输入，而期内产输出，故有争竞销路之手段，从无秘藏利源之思想。矿石非我独有之产，便利则购诸我，拒之则彼即他适。如虑邻厚我薄，何以舰炮枪弹洋商之揽售于我者争先恐后，毫无顾虑？可知富强要着，初不在此。冶邑富有矿产，自应次第开采广销，以争列强之利。有而不许自采，采而不许外售，以湖北一省论，各州县地方蕴藏矿产尚多，除已开办各厂外，将来商民集股开采，矿产益旺，内地有供过于求之势，果任其弃搁耶？抑别图销路耶？又原呈谓"列强均势，援例争购，穷年累月之装运，大冶势将陆沉"，且引比人要求驻冶开炼以为分窃之证。无论比人要求事属子虚，而大冶陆沉等语，措词尤未免偏激。既称冶矿铁山寥阔，有如源泉，为百年无尽之藏，又谓菁华有几，不堪消耗，是于公司圈采，则虑陆沉，于冶民自采，则不虑陆沉乎？地球各国，闻有以开矿而致富庶者，未闻以开矿而致陆沉者。本部堂对于此议，不能不重加辨正，诚恐各属愚民，根据采售外洋以祸中国之言，传演加厉，万一酿出无意识风潮，破坏实业，贻害地方，谁司其咎？咨议局抒发言论，为全省人民观听所系，挽回利益，尤维持治安，辞气之间，所望再三审慎也。此案本部堂持平裁夺，该公司已与日、美订立合同，未便限制取销，使不外售；而矿产为地方自有之利，除官局移交原案所有之矿山外，该公司亦不概禁冶民开采。惟开采各矿须遵部章办理，禀由地方官详准立案，方可开办。仍将集股开办章程酌量变通，如本籍地方股款不充，尚须另招客股，应先尽该公司附股，再添招客股凑数，庶冶民得以均沾矿产之利，该公司不致丛垄断之怨。而冶民得公司资助股本，足以增厚财力，公司与冶民各共营业，亦足以化除意见。此后该公司止此官山矿石，除自备炼钢外，所余以供外售者无多，此亦不限制之限制也。合亟说明理由，札行咨议局查照议决，以便施行。须至札者(宣统二年十二月初六日)。

请淮、应并销清查炉数实行规复应盐案①

（宣统二年十月二十二日呈）

为呈请准淮、应并销清查炉数实行规复应盐再提议案事。窃应城峒盐旧案行销云梦、安陆、应山、随州、京山、天门、汉川、黄陂、孝感，合本邑共十州县。光绪十二年，两江因碍淮销，咨准鄂省大宪，应盐只销本县及京山、天门两县。去岁本局常会期中，升任督部堂陈(夔龙)欲为应盐推广销路，提交议案经本局议复。适当帅节升迁，仓促批答须俟红炉有一万一千之数，方可规复旧销云云。盖图规复而必先计炉数者，特恐不满一万一千之数，即不足供十州县之食用也。查应邑西北两山认课之峒一百五十余对，常年蓄卤者三分之二，缴熬者三分之一。每峒平均计算熬炉约二百余只，综计五十余峒，应得炉一万一千有零。此炉数之及旧额，已确有可据。至盐数，每炉日出二千余斤，合一万一千余炉计，可得盐二千二百余万斤。每县人口以二十万计，每岁当食盐二百余万斤。凡此二千二百余万斤，其足供十州县之食用也无疑。即炉数之足额与否，必俟调查；而销路之急须推广，则有迫不及待之势。欲求两全

---

① 本案为咨议局提议之案，载《议案》中卷。

之策，莫善于淮、应并销，听人购食。一面立法清查熬炉实数，不容局委以多报少，庶商场畅旺，商情输服，将来成效，未有限量。如必执炉数而牵制销路，是不欲峒业之发达，而日蹙应人之生机也。且无论应盐工本过重，课税频加，亟应维持，即其价值之廉，实利生人之用。无如淮局沿途分卡，盘缉綦严，甚有莠民假冒巡丁，任意掠夺，以致各处盐贩裹足不前。所截之盐又转输入淮仓，与淮盐搀卖；是名虽不许行销，其实人民日食仍系应盐，特其价则淮盐耳。病商病民，莫此为甚。应请督部堂体恤商艰，先准淮、应并销，并照旧颁给花押，清查炉数，以为实行规复之地。应民之幸，固不独应民之幸也。为此拟具办法数条，经本月十九日开会议决，理合缮折具文呈请督部堂察核，即赐公布施行。须至呈者。

一、规定保课公所权限

应城旧有保课公所，系前局委易通判象禀请设立，并请有花押一枚。凡峒户开火、熄火，先持分局报单，注明开熄日期、熬炉只数，赴公所盖用花押，再交总局存查，十余年接办无异。维因局委张志英希图中饱，不给花押，暗藏炉数，以多报少，遂将保课公所改为膏盐公所，以后课数无从稽查，课税日无起色。今拟复立保课公所，请给保课公所花押，并厘定章程，分别权限，以为清查炉数之机关。

一、稽查炉数方法

保课公所花押归公所绅首经管，并由公所预备三联板票，凡各峒户开熬，先将本峒草条注明某人某峒于某日熬炉几支，在西北两山分局换开熬报单，赴公所更换板票，印盖花押，一分留公所存根，一分交峒户保存，一分由峒户持交总局报炉开熬。熄火亦然。官商互相稽核，炉数自无隐漏。

一、通饬淮、应并销

应盐销路近虽限定京、天、应三县，其实安、云、黄、孝、随、应等州县挑贩颇多。惟淮盐局委缉私告示相望通衢，各地游民借口拦截以致格斗毙命者，不一而足。今者规复议起，淮局意存歧视，从严缉拿，旧时挑贩渐次减少，销路日形逼仄，何人再敢开熬？又何人再愿凿峒？似此，不但炉数不能加增，诚恐逐日萧条，课税并受影响。拟请通饬云梦、安陆、应山、随州、汉川、黄陂、孝感各州县，撤去局卡，听人自由购食，与淮并销，以底振兴峒业之实际。

一、援案加入安陆一县

安陆为应城邻邑，随州、应山居安陆上游，乡民概食应盐，挑贩路经安陆，每被获夺去，贸民不堪其苦。查安陆旧系应盐引地，去岁陈督部堂原稿偶尔遗漏，自应援照旧案，概请通行。

附：湖广总督札复

为札复事。本年十月二十三日，据湖北咨议局呈规复应盐一案，当经本部堂督同司道按条详加查核。一规定保课公所权限一节。应盐系就场收课，向以出盐斤重为纳课准则。开火熬炉，名曰红课，按消熬之多寡定出盐之斤两。蓄水封峒，名曰黑课，每峒一座，计日完课。其间开熄不时，商人偷熬漏税，司巡纳贿匿报，诚所难免，非若引盐之计包征课易于稽察也。本条议请复立保课公所，并给发花押，以为清查炉数之机关，系为裕课恤商、杜防弊窦起见，自可照准。但膏盐公所本为膏盐绅商会议公事之地，保课公所即可附设其间，毋庸另立公所，致涉縻费。但须厘定保课章程，以专责成而清权限。一稽察炉数方法一节。查应盐出产之畅绌，以熬炉多寡为准。本条议由公所稽查炉数，自是探源办法，自可照准。惟三联板票应由盐道编号盖印颁发填用，庶官商互相稽核，不致别滋流弊。一通饬淮、应并销一节。按应盐原销应城及附近之应山、安陆、云梦、黄陂、孝感、汉川、随州、天门、京山十州县，前准两江督部堂以有碍淮商引地，迭次咨请封禁，光绪十二年间经前督部堂裕（禄）、抚部院谭（继洵）奏明，以光绪十年所报开熬一万六千七百余炉作为旧额统计，核减三成，每年准熬一万一千余炉，每炉约计出盐三百五十斤，不许私自加增，并只准在本邑及京山、天门两县行销，其应山等州县不许再行侵入，以碍淮销；声明倘有仍须变通之处，当再妥为商筹，据实奏陈在案。自兹以后，炉数顿减；迄今二十余年，并未及额，收课因之短绌。推原其故，固由于销路之不广，亦由于应盐味道质嫩，难敌川、淮。是以上年咨议局常会期中，调任督部堂陈公布规复应盐之案，饬将所议甲乙丙丁四条先行切实执行，俟红炉有一万一千之数，再议推广销路，期与原奏之案相符；且恐遽议规复，供不逮求，转贻淮商以口实也。本条议请通饬云梦、安陆、应山、随州、汉川、黄陂、孝感各州县，撤去淮盐局卡，听人自由购食，淮、应并销，自系为振兴峒业起见；第变通引地，关系两省盐法，非会商督办盐政大臣及会办两淮盐政大臣奏明办理，未便由鄂遽行通饬裁撤。总之，现值统一盐政，各省原可不分畛域。如果应盐产旺，无路行销，自应奏请变通销路，以裕国课，而利民生。惟查咨议局呈请文内，尚须研究确查者约有数端。如文称应邑西北两山每峒熬炉约二百余只，综计五十余峒，应得炉一万一千有零等语。是炉数业已及额，何以检查宣统元年盐局册报，征收应盐各课全年仅七千四百一十一炉？其距旧额不逮三分之二。本年经局委吕守严禁私盐小炉，七、八、九三月比较上年增多七百余只，亦尚未及旧额。究竟西北两山共有炉数若干，此应确查者一也。又文称每炉日出盐二千余斤，合一万一千余炉，计可得盐二千二百余万斤等语。查应城盐熬之炉，定章每炉一座，设锅九口，盐一日一夜为一炉，每炉约计出盐三百五十斤，有历年奏案可稽。今谓每炉每日出盐二千余斤，相去奚啻倍蓰？究竟每炉实日出盐若干，此应确查者二也。又文称每县人口以二十万计，每岁当食盐二百余万斤；凡此二千二百余万斤，足供十州县之食用等语。查各州县地方，繁简不同，人口亦多寡不齐；所云每人每岁食之盐数，亦系约略悬揣之词。究竟应盐出产能否足供十州县之食用，此应确查者三也。总之，欲图规复旧销，必先清查炉数，改良盐质，务使供足餍求，然后奏请酌加盐课，与淮盐一律并销，庶不致窒碍难行。本条应俟设立保课公所后，按照以上数端，切实调查明确，并实行前次议决公布甲乙丙丁四条办法，著有成效，再行提议。一援案加入安陆一县一节。查安陆本在原销十州县之内，应俟将来推广行销，一并奏明办理，此时应即毋庸置议。除札饬盐道转饬遵办外，为此札复咨议局查照。须至札者（宣统二年十一月十七日）。

商办鄂路公司应将官招股款及官局支用之米捐接收合并案①

（宣统二年十一月初九日呈）

为呈请将湖北官招铁路股款及铁路官局支用之米捐交湖北商办川粤汉铁路公司接收合并事。查川粤鄂路于光绪三十一年十一月分设两局招收股款，并奏明局用不动股本，由米局项下开支在案。两局共招收股款一百一十四万五千八百一十二元五角，统由湖北官钱局经收。两局共支用一十五万九千余两股款，则测路、制图、购地（江、咸两县地已购定）共用银五十四万五千余两，折合银洋约支用七十六万余元。除用，应实存现洋三十八九万元。又查米捐每年收入约四十余万元，原指为赎路之用（赎粤路金元息票）。然粤路赎款吾鄂担任约一百七十余万之谱，现已交还一百零四万两，下余之数不及半矣，是金元息票有限，且系分年偿还；而米捐每年所收之款，尚绰有余裕也。据此，则官招股款以及米捐款项，均应由商办公司接收合并，一以保存原认官股之利益，一以补助商办公司之进行，实一举而数善备焉。何以言之？商招股款，系川粤鄂路；官招股款，亦川粤鄂路。商招、官招虽不同，其附丽于川粤鄂路则一。是据法理上言之，该款有应合并之性质。商招股东，系吾鄂热心路事之人；官招股东，亦吾鄂热心路事之人。热心于官办之铁路者，断无不热心于商办之铁路者也，是据道德上言之，该款有可以合并之情形。铁路既归商办，官招股款岂得终任虚悬？而勘路等事又已用去大半，终久将从何处归着？是据事实上言之，该款亦有应合并之结果。不但此也，商招股款言甚踊跃，而官款现洋尚实存三十八九万元，亦可收为商款之补助。其利一。开工期限只隔四月（开工期间以明年二月为限，合并则

---

① 本案为咨议局提议之案，载《议案》中卷。

循其已成辙迹，克日可以兴工；不然，则测路、制图、购地等项，非两年不能办到），一经合并，则官局原办之成绩，在在均可作用，不至耽误时日。其利二。且官招股款既经确定，则商办人心更当踊跃，以为从前官招股本尚且不至虚掷，此刻争回自办，更可安心缴股。其利三。米捐征自民间食料，原系万不得已之为。然官办路局既可支用，则商办公司自应接收。除每年清还赎路费外，下余米捐即可作为股本保息金，则商办人心更当鼓舞。其利四。股虽官招，并非官款。如经合并，则官招股款即与商招股款无异。不惟现元可以作用，按册而稽，即可称为骤增股款一百一十余万元（测路等事皆筑路之所必需，其所支用即可作为股款）；收并既出有名，部验自无从挑剔。其利五。米捐如归铁路，可以限期停止（铁路成立即可停止）；米捐如入预算，永远即需照办。是米捐并入公司，于穷苦小民可以隐纾其负担。其利六。具此六利，商办公司亦何乐而不为也？顾或者谓：交涉此款，应归认官股之股东。不知股东散处四方，未易团聚；何如公司以团体名义，势集力厚，易于着手。即令股东交涉，强有力者或能办到，零星小股终必向隅，公司又岂能坐得测路、购地之利益，而不一为援手乎？或者又曰：官办与商办，原系截然两途，此时由公司确查接收，诚恐未易得手。不知公司接收此款，实权限上有应执行之义务，界线上有当然组合之理由，并非越俎而代庖、冒昧而从事也。或者又曰：各官招股东对于商办公司，万一有所不愿，其将奈何？不知缴股之人，原为热心路事起见，如其合并，按照官招册据，换给商办股票，则官办、商办，有何分辨？地方公益、个人利权两面均可顾照，断不至有所不愿，必欲卷怀而去也。或者又曰：官款已支用七十余万元，其中糜费必多，而将来六厘之息，又从何出？不知此项股款，如由公司接收，自应切实查核测路、制图、购地等事，一切支用之款，确有主名可按，在公司又何妨任受？如其糜过巨，查有浮滥实据，应由公司开列清单，呈请督部堂查向经办局委着实追赔，亦是正办。至认息一层，似无需过于计较。测路等事，如由公司举办，亦非数十万元不能蒇事也。夫任大事者，当权衡其轻重缓急，以定进行之准则。凡属公所应为，自应急取直追，兼程而赴，何可机宜坐失，顾虑彷徨？开工期间转瞬即来，凡百事件皆宜预备。接收官股一层，自是商办公司当然之事理，而该公司乃迟迟未发。本局为阖省舆论代表所寄，铁路又阖省生命财产所关，自不能不统筹全局，以辅助其进行。查咨议局章程第二十一条第七项"议决本省权利存废事件"，铁路、米捐为本省权利所在，固无疑义；而官股、米捐之存废，商办公司之权利，均应在议决之列。为此提出议案，开会议决。除将拟具办法及调查账目缮册呈候鉴核外，所有请将官局路股、米捐交由鄂路商办公司接收合并各缘由，理合具文呈请督部堂察夺施行。须至呈者。

计呈：

办　　法

甲、应请督部堂饬川粤鄂路官局及官钱局，将经收股款及测路、制图、购地各等项，一概检交商办鄂路公司接收。

乙、商办公司接收时，应将官局股东名册、现存股款账目等项切实察收；如其浮费过巨，确有实据，得呈请督部堂严饬官局经手照数赔偿。

丙、商办公司接收后，由各股东将官给股票交公司查验更换，认为商办公司股东；息钱照商办规则办理；官给股票由公司汇齐缴消。

丁、此项股东所享一切权利，应与原招商股无异。原认之优先、创办，一律仍旧。惟原认创办，此刻即已缴齐，亦不得作为优先。

说明：

商办公司接收官办股款物件，在官局必决无留难，当道亦决无歧视，原认股东亦决不至稍有异说，两得其便，亦两得其平，实具有正当接收之理由也。

戊、官办鄂路局一切开支，咸取资于米捐，则此项米捐应仍请饬米捐局将每年所收捐款，尽数交由商办公司接收。

己、商办公司既经接收米捐，赎路金元息票应由公司将米捐所收之款，照定成约，按年清还。

庚、米捐款项应以每年赎路余款，作为商办公司股款保息金，俟铁路成立后，即将米捐停止。

辛、铁路成立后，保息金成款应作为阖省公股，以将来红利备阖省要公之用。

说明：

米捐原经奏定，指作清还赎铁路费及官局支销费，则米捐即为鄂路之附属物。现官局既撤，商办公司既有接收鄂路之权，即应有接收米捐之权。且商办公司系指米捐余款作股款保息金，并非支用米捐，较官局支用此款者尤迥然不同。而湖南米捐，现归商办公司支用，是邻省尚有至当不易之比较。以地方人民之输将，助地方公益之进行，实具有正当接收之理由也。

官招路股账目表

粤路三十二年五月初一日起

共收股款银洋四十七万二千五百九十七元；

川路三十二年七月初一日起

共收股款银洋六十七万三千二百十五元五角；

两路共收股款一百一十四万五千八百十二元五角。

粤路自三十一年十一月起，至宣统二年三月底止

共支用路股二十七万三千余两；

川路（年月同前条）

共支用路股二十七万二千余两；

两路共支用股款五十四万五千余两（华洋各员测路工费及制图所员生，江、咸两县购地各费均在内）。

银两折合洋元，约支用七十六万余元；除用，应实存现洋三十八九万元。

粤路共支局用估平宝银八万一千余两；

川路共支局用估平宝银七万八千余两；

两路共支局用一十五万九千余两，均系米捐项下开支。

米捐每年收入约四十余万元。

三十一年起共还赎路金元息票共一百零四万两正。

附：湖广总督批复

来牍阅悉。所请将官招路股改归商办公司接收，自属正办。惟此时公司尚未奏报成立，应从缓议。至米捐原为赈巢而设，嗣因粤汉铁路需用甚急，不得已将此项米捐改拨铁路之用。若如所拟办法，俟铁路成立，即将米捐停止，是直以米捐为铁路捐矣，于义殊有未[妥]。总之，以上二问题，均须公司实在成立后，方可再议解决之法。应先批复查照可也（宣统二年十一月十三日）。

议决铁路派股简章案①

（宣统二年十月二十九日呈）

为议决铁路派股简章案呈请裁夺事。窃鄂境川粤汉铁路，前经邮传部批准设立公司招股在案。查招股之法，除劝募而外，以派股为大宗。去年本局常会决议铁路宜归商办案，筹及派股一节，业蒙前督部堂批准。本年黎绅大钧等呈请都察院代表拒款折内，刘绅心源虽请督部堂咨部设立商办公司卷内，俱声叙派股在案。自应依据原议，妥筹办法。查田租派股一项，云南、四川早经办理。湖南咨议局第一届常年会田租派股案，亦经议决公布施行，一年以来，著有成效；本年会议，复议决房租派股、薪金派股两项，呈候裁夺。湘鄂两省情势相类，本局开会之始，即派专员前往湖南切实查考，并调取派股各案前来，酌量情形变通办法，拟定田租、房租、薪金三项派股简章案，迭次开会讨论议决，理合缮具清折，备之呈请督部堂裁夺，乞赐公布施行。须至呈者。

计呈鄂境川粤汉铁路拟定田租、房租、薪金三项派股简章：

---

① 本案为咨议局提议之案，载《议案》中卷。

一、田租派股简章

第一条 按照田租收股,以按粮计租法行之。因定为完丁粮银一两者,随收路股银元一元,核收至分数为止;凡属厘数,一概免收,以归简易,而免畸零;至应完米者,不得随收路股。

第二条 此项随收之租股,以专收本省银元为率。惟僻远地方,如因本省银元缺少,措办不易,得改为每银元一元折收九八钱一千三百文。又因不收零角,概定为如应收银元一角,折收钱一百三十文;应收银元一分,折收钱十三文。无论银价低昂,均不加减其钱。准制钱、铜元、官票一律照收。

从右项之规定,既银元与钱文并收,将来填入股票还息,亦即于发给银元外,照右项折例,并给钱文,以昭平允;惟新币制通行后,当再规定之。

第三条 租股无论多少,均随时填给收单。如数可及一股者(即银元五元),即得将收单缴换股票;其不及数者,听其集成股数,再行换领股票;如愿添缴成股或转售与他人凑领股票者,均听其便。

第四条 此项租股,即于完纳上、下忙之时同时付柜交纳,掣取收单。除由各属钱漕监收局得并监收外,并由铁路分会或劝学所及自治会各绅董,随时前往粮柜稽查核对。不得单完钱粮,蒂[?]欠租股。如租股尚未交纳,虽钱粮已完,不得遽发粮券。

第五条 收单缴换股票之后,即照路股章程起息,见月五厘,遇闰不计,每年于发给各股东息银时一同照领。

第六条 各厅州县创办此项租股,应由地方官先行出示晓谕,并分别照会各绅耆。

第七条 此项租股收单,自宣统三年上忙起,由各厅州县署仿照粮券办法,查照公司刊发式样,分别上、下两忙,一年一造,连同带收。一俟路成股足之后,即将租股停止。无论地方再有何项公司,不得援以为例。其应行停收时,亦必于前一年呈请督部堂通饬出示晓谕之。

第八条　此项租股收单，拟用四联，其格式由公司酌定，刻出底样，呈请督部堂饬由藩司札发各厅州县照式刊刻，概用官堆纸刷印，长短宽狭务取划一，加盖印信发交粮柜一体经收；其所编号次，即按照粮券号数办理，以便调查，其四联一交本人，一存本署，一报藩司署，一解公司。

第九条　各厅州县所收租股，应随时批解公司查收；其运解脚力等费，即照铁路协会章程，由公司按地方远近及道路难易发给之。

第十条　如遇荒歉之岁，视征收钱粮之蠲缓，定租股之多寡。

第十一条　所有各厅州县刊印四联收单及经收填发笔墨纸张印色一切费用，仿照铁路协会章程，准每收银元百元，坐支四元，以资津贴，不得向租主另取分文。

第十二条　此项租股经收到柜后，均由地方官绅互相稽察箝制；除由公司照第九条办法拨付津贴外，无论地方何事，不得动用分文。如遇该管官卸任移交，应用任内正杂各款一体列入交代。如有未清，接任官不得出结。一经出结，即归接任承认。倘有亏短侵挪或延搁不解，均得由公司分别呈咨请照经征粮例核办。

二、房租派股简章

第一条　凡城市繁盛之区，每年就房铺租金酌提其一月之数，入股作为派定房租股。

第二条　此项房租派股现时可办地方如左：

一、武昌省城；

二、汉口；

三、汉阳；

四、沙市；

五、宜昌，

六、武穴；

七、新堤；

八、老河口；

九、樊城。

第三条 除以上所列各处外，其他各厅州县城镇，由铁路分会、商会、自治会得酌情形，仿照立案办理。

第四条 各处创办时，应由地方官先行出示晓谕，并照会铁路协会或分会及商会、自治会遵照办理。

第五条 各处照办时，应由铁路协会或分会及商会、自治会邀集绅商，遴派妥人，调查某街某段房屋铺户共计若干，某栋行租若干，何人管业，何人承租，逐一详注明晰，造具清册，以便定期收股。

第六条 房屋铺面租价每月收五元以上者，方行派股；不满五元者，听其自便。

第七条 此项租股，应归房东担任，由租户代缴；但营业较大店铺租阔之租户，每年代缴房东租股之外，得仿照房东例入股。

第八条 自居自业之房铺或向无租价可查者，即由铁路协会或分会及商会、自治会公同估定每月租价若干，一律照章派股。

第九条 凡庙宇祠寺，有现能出租者，均应照章派股。

第十条 凡办公局所，如系租借民房者，其房东亦照章派股。

第十一条 此项租股，自宣统三年上季起分别查派，每年限八月缴收；其停止年限，照田租派股简章第六条办理。

第十二条 凡各城镇已特设收股处者，此项租股即由该处代收填给收单；未设者，由铁路分会、商会、自治会会同经理之。

第十三条 凡承领此项收单，如数可及若干股者，即得将收单缴换股票；其于若干股外尚有零数不满五元者，则或添缴成股，或另掣取零数收单，俟集成股数，再行换领股票，或转售与他人凑领股票，均听其便。

第十四条 此项租股收单，拟用三联，由公司定式刊刻，加盖钤记，发给各经理代收处填注；其三联一交本人，一存本经理代收处，一解公司。

第十五条　收单缴换股票以后，其起息及领息各事，均仿照田租派股简章第四条办理。

第十六条　各经理代收处凡关于此项租股之批解时期及一切费用，均仿照田租派股简章第八、第十两条办理。

第十七条　此项房租股无论多少，以专收本省银元为率；其以铜元、官票或银两纳租者，均须照时价折成银元，以昭划一。

第十八条　房铺如有关歇数月致未租人者，应计一年实收之数酌提十二分之一入股，以昭平允。

第十九条　此项房租派股以中国人民产业为限。

第二十条　凡房银月租不满五元而自愿入股，准其以收单转相购买，彼此相并；如凑满五元，即可缴换股票；惟不得与田租派股收单相并，以免混淆。

三、薪金派股简章

第一条　凡本省人在本省办事，其每年所得薪金满百元者，派股一元；百元以上，每二十元加派一元。其本省办事之外省人如有热心公益者，亦得照本省人例入股。

第二条　此项薪金派股，每年于三月底调查一次，照调查时所得薪金之定额派任之。其调查方法如左：

武昌、汉口、汉阳三镇内，由铁路协会商同政学军商各界，各指定一经理薪金派股处；其余府厅州县，由各铁路分会、劝学所、商会、自治会共组织一薪金派股处。

第三条　各经理派股处调查完竣后，应即分别派股数目，填写派股单，通知各局所、学堂、衙署之会计处并各城镇商号，俾各照所派股份扣存，由各经理派股处汇收。

第四条　各经理派股处经收此项股款时，分别填写收单，发交各该局所、学堂、衙署之会计处及各该商号，转给各该被派人。

第五条　此项派股收单，拟用三联，由公司定式刊刻，加盖钤记，发给各经理派股处填注；其三联一发由各局所、学堂、衙署之会计处及各商号转交本人，一存本经理派股处，一解公司。

第六条　各被派人已经扣缴应派股款后，如至应领收单时尚有延未接到者，除应向该请理派股处清查外，仍得向公司面询或函问，以免遗误侵混等弊。

第七条　凡承领此项收单如数可及一股者，即将收单缴换股票；其或不满一股，或于一股以上尚有零数者，均得照房租派股简章第十三条办理。

第八条　收单缴换股票以后，其起息及领息各事，均仿照田租派股简章第四条办理。

第九条　此项薪金股无论多少，以专收本省银元为率；其以铜元、官票或银两缴纳者，均须照时价折成银元，以归划一。

第十条　此项薪金股自宣统三年三月起分别查派，每年限五月缴收；其停止年限，照田租派股简章第六条办理。

第十一条　各经理派股处凡关于此项薪金股之批解时期及一切费用，均仿照田租派股简章第八、第十两条办理。

第十二条　各界办事人遇有交替时，其本届已经扣缴之股，不得分摊取偿于接续办事人。

第十三条　前条办事人交替后，接续办事人应负有接续认股之义务；其认股之时期，以每年调查时业经接办者起算。

第十四条　前两条之交替接办情事，除由各经理派股处调查确实，应随时添注入册外，余均照本章各条办理。

附：湖广总督札复

来牍并派股简章均悉。查按租派股，湘省既仿川、滇两省成案，办有成效，咨议局为舆论代表，鄂省仿办租股，现经公同议决，自可推行尽利，无虞扞格。惟事须奏咨立案，必须斟酌妥办。兹查简章，尚有应行推敲之处。如第一条按粮计租，完丁粮银一两者，随收路股银元一圆，究与湘省按租五十石，收租股一石，折收银元一圆，有无轻重之分？与其按粮计租，不如按租派股，名义较为清晰。又房租、薪金与田租派股同时并行，有无窒碍？此外尚有再加商榷之处，均经分别签注。咨议局为议决机关，今期见诸实行，应在铁路行政范围之内。希候札行北劝业道、川粤汉铁路驻鄂分局会商铁路公司，妥定办法，另由公司名义呈候核明，奏咨立案可也。此复。简章存(宣统二年十一月十三日)。

武汉职商钱良佐等陈请官纸印刷局专印六种官纸案[①]

(宣统二年十月十九日呈)

为呈请事。九月初六日由议员陈士英介绍，武汉职商钱良佐、沈春铨、龙长懋、李炎、曹云卿、刘汉澄、朱竹西、汪昌运、蓝希周、黄绍辅、王维全等陈情书称："窃商等向营纸业，各谋生理，武、汉两地借资生活者，不下数十万众。自客岁奖进会给奖提倡而后，外帮复纷至沓来，竞争愈烈，利息愈微，有限生机，不绝如线。当此实业振兴，优胜者尚日事改良，劣败者必须力求进步，以期推广销路，借赡身家。故商等资本劳力在所不惜，其为塞漏卮、袪弊窦计者，已觉困苦不胜。乃本年五月官纸印刷局开办，混合官民用品一律制造，并禀请督宪通饬各署局厂所及军学界支配领购，致商等销售短绌，生计危迫。全部工商呼吁无路，乃于六月间由商会呈请转详改订官纸印刷办法。当蒙督宪批示：官纸印刷办法，业经度支部于本年六月初六日具奏申明，奉旨依议。钦此。将来自应一体遵照办理。在部章未经施行以前，本部堂已确定办法，通饬在案，毋庸复议变通等因。奉此。商等伏查本年七月初一日官报所载度支部申明官纸印刷办法，原为发行纸币及一切有价证券，如邮票、印花票、车票、各项公债票，嗣后概归中央官纸刷印；又如官照、文凭、契尾、粮券、茶盐引、牙贴、联单及各项官用证券，凡所以资信守而防

[①] 本案为人民陈请建议之案，载《议案》下卷。

流弊者，概由度支部督饬该局厂择要制造，绝无制造官民寻常用品与各省设局明文。即直隶官报兼印刷局开办，亦分别官中专用品，曰牙税单、曰拘票、曰传票、曰状纸、曰尸格、曰保结者六种，由局精印出售，订价从廉，以维公益。故于政体民生，两无窒碍。湖北、直隶地域虽分，情形则一。况本省非出产之多，贩运匪易。印刷为工人之末艺，辛苦莫堪，加以米珠薪桂，百货沸腾，即使尽纸商纸工之所获，已难敷食用租税之需。乃官纸印刷局不辨官民用品，概行制造，是欲以一局之设，夺末商末工数万家之生路也。揆之部章，固属不合。即督宪前札饬该局明文，亦谓凡关系公牍、文册，均即专用官纸印刷局所出印刷之品。足见督宪体恤商隐，无微不至。不惟民中寻常用品在所未及，即官中寻常用品，亦未限制定用官纸印刷局印刷所出。其所以维商务而保生命者，至矣尽矣！而局宪禀详稿内，混合官用民用，概由局办，并云谋进行保利权等语。试问谋进行为官谋乎，为民谋乎？如为官谋，则奖进会可以不开，实业团可以不结。试问保利权为中国保乎，为外人保乎？如为中国保，则机器外购，颜料、纸张外买，绝中国之手工、厄中国之纸厂，每岁徒消耗数十万金于外人，诚不知所保者何在？如谓纸商易滋流弊，则申以禁令，谁不恪守？如谓纸工参差不齐，则颁以式样，谁不遵行？今绝纸工纸商数十万人之本业，不但游民堪嗟，而且饿莩难免。是以将局宪详稿、督宪札文并商会转详及直省咨议局议案各件抄粘附呈，谨将纸业失业各缘由请贵局开会议决代呈，以保工商，而苏民困。"等情前来。经讨论公决，交付审查。兹据委员会审查报告书称："该商等所请各节，均系实在情形。湖北官纸印刷局混合官民用品，一律制造，殊于纸业商工人等生计大有妨碍。查度支部奏片申明官纸印刷办法，惟纸币及各种有价证券、各项官用证券，凡所以资信守而防流弊者，由部督造。直隶前亦办官纸印刷局，后因商民不便，改订办法，谨拟定牙税单、拘票、传票、状纸、尸格、保结六种由官局精印，廉价出售，并有各州县或愿就近自行印刷者，悉听其便之文；其余官中通用品，由纸商遵照式样印售。故于政体民生，两无窒碍。湖北官纸印刷局自五月发行制造各件多系官中通用品，而民间用品又复制样印刷；纸业商工人等利权剥夺，失业无依。前由商会禀请督部堂变通办法奉批：官纸印刷办法，业经度支部于本年六月初六日具奏申明，奉旨依议。钦此。将来自应一律遵照办理，在部章未经施行以前，本部堂已确定办法，通饬在案，毋庸复议变通等因。惟是部章本有印刷品类之限制，并非无论何种，一律尽归专卖。现时各种商业困顿已极，大吏应加奖励，似不可遽夺其生机。纸商通用品，以各署局学堂售用为最多。今饬令一律改用官纸，自不得不遵大吏之命令。以命令行贸易，似非贸易自由之公理。纸商受窘，日就凋败，官纸以无与竞争之故，亦必加昂，商民将均取其敝。拟请督部堂即日饬该印刷局暂照直隶办法，官纸六种由该局精印，廉价出售；其各州县愿就近自行仿印者听；其余官中通用纸，由该局拟发式样，责令纸业商工人等遵照印刷。庶于官府文件既受[收]划一精美之效，而该纸业人民亦无失所流离之惧。至该印刷局自奉督部堂批饬改章以后，不得于官纸六种以外，再行刷印官民通用纸品，以清权限，而维商业。"等因。于本月十三日开会议决，应据情直陈，静候钧裁。为此，具文呈请督部堂鉴核施行。须至呈者。

附：湖广总督札复

为札复事。据湖北咨议局呈称：九月初六日由议员陈士英介绍，武汉职商钱良佐等陈请书云云，至据情直陈，呈请鉴核施行等情一案。查该职商等陈请书，类以无理之言，强为喧聒，实属不合。如引部奏而断之曰绝无制造官纸寻常用品与各省设局明文云云。按关系官中用品，皆以资信守而防流弊，如何而区之曰寻常？度支部印刷局现在只立一处，所以具奏时专就中央而言；虽无各省设局明文，但部章即为各省模范，既经奏准通行，自可推广设立。各直省多经奏准开办，可为明证。又谓以一局之设，夺末商末工数万家之生路云云。前指定专用官纸印刷局出品，皆关系公牍、文册；民用品之无关公式者，并未指定专用。该商等之生路，何至被夺？如谓机器外购，颜料、纸张外买云云。印刷局出品具在，何件是洋纸？至机器若不外购，自是极善之事；特吾国自制机器，无从购取。通国商厂，谁是不购外洋之机器者？若舍机器而不用，则出品窳劣，更不足以促进行。至欲援照部奏，谓印刷品类自有限制，即以为官中通用品与专用品之分，然则部奏中各项官用证券一语，将如何详细解释？倘是提出官中通用品令纸商照式制造，则非时时干涉不可。既用干涉，怨蘖必生，将更谓非贸易自由矣。若云官纸以无竞争之故，亦必加昂一语，不知何所见而云然。况官纸价果加昂，正是纸商之利。该职商等明曰劣败，即须力求进步；但求进步，何至剥夺利权乎？总之，印刷局既无专卖民用品之说，于纸商之生路不至于绝；则官用之品，非该商等所能借口；官局之范围，更非该商等所能限制。所有咨议局收受武汉职商陈请书，据情直陈，经本部堂裁夺不以为然缘由，合行札复。为此，札行咨议局查照。须至札者(宣统二年十一月初五日到)。

第三　税政类

整顿统捐案①

（宣统二年十月十八日呈）

为议决整顿统捐案呈请裁夺事。窃统捐之设，所以改厘金之积弊。原章第一卡收捐以后，经过局所，但验捐票，即放行无阻。相沿既久，弊窦滋生。商民虽已完纳统捐，每经一卡，仍复多方挑剔，或指为货票不合，或指为斤两不符，或指为石斗不实，吹毛索瘢，留难百出。黠者重贿以求出脱，懦者饮泣以听苛罚。厘金之弊，不但复见，而且过之。本局有为本省除弊之责，特提出整顿统捐案。经开会公决，理合缮折备文呈请督部堂察核，乞赐公布施行。须至呈者。

计呈：

---

① 本案为咨议局提议之案，载《议案》中卷。

整顿统捐办法

第一章 机关之组织

第一条 所有统捐局卡场所，依照现行章程不得增设，但报捐与收捐分两机关。办理报捐机关以各处第一局及落地之捐局当之；收捐机关以报捐之地之官钱局或其代理店当之。若无官钱分局或代理店之处，应由官钱局增设分局或委托代理店。

（理由）事之举不举，全视乎机关之完不完，此行政之通例也。征收租税之机关，自中世以还，关市抽收之法，各国皆已废弃无遗，以其困民而收入又不确实也。吾国统捐沿袭厘金旧弊，善理财者当革除净尽，不应为此因陋就简之举。但百政未兴，租税亦无统系之组织，所有经常收入出之于统捐者，岁数百万，一旦全废，司农必至仰屋。况国会未开，权限不定，大加改革，非本省大宪所能；是必就其权之所能及、事之所能行者，聊纾暂时之困，亦势之所不得已也。若并此而不行，则大宪无以对吾民矣。查湖北统捐各局卡裁撤旧日厘金专局二十余所，所余者皆地处扼要，如行统捐，实难裁撤。故向章各局卡所设立之场所，姑仍之。但报捐、收捐合而为一，为舞弊之大原因。各国无论何种租税，无不分此为二机关者。盖以权限分立，则弊窦自少。吾国统捐弊端，往往由此二者混淆而生。上级官厅虽有能者，无从查察。如各局卡专任报捐，而收捐责成官钱局，此种弊窦不革自除。夫官钱局操发纸币之权，居吾鄂经济界之要冲，各地可以流通。以官钱局为收捐机关，即无异于各国以中央银行为金库机关。况各局设立之地，多已设有官钱分局或代理店。其未设者，增设亦甚易易，决无损于官钱分局。一转移间，利害天壤，权利划一，上下交便，谁曰不宜？

第二条 报捐机关之日用费，仍照原章实用实销，由收捐机关拨给之。

第二章 统捐专局专办之试验及任免方法

第三条 统捐专局专办之试验每年定期举行一次。

第四条 受验者以知府以上候补人员、曾在中外法政学堂或财政专门学堂及其他类于法政学堂毕业者为合格。

(理由)各国登用官吏，无不先行专职之试验，其用意有二：专门事务有专门知识者方能办理，一也；既有专门知识者，其于国家社会之观念，决不至于全无，国计民生必能顾惜，二也。以此二者，故官吏必须受试验，而征收租税之官吏尤须受试验。

第五条 主试之委员由度支司临时详请督部堂札委，以深通法政者为合格。

第六条 试验时如有违背试验之规程者，不得预其试验；若考取后始发觉者，立即扣除。

第七条 试验分两种：一为科学之论文试验，一为科学之口述试验。

(一)论文试验以左之科目行之：

财政学、经济学、行政法、统计学、统捐现行章程、商业政策。

以上为必要科目。

宪法、商法、民法、外国关税法、民刑诉讼法。

以上于各科中务择其二。

(二)科学论文试验及格者，乃得受口述试验；口述试验仍以论文试验中必要科目问答，由主试委员执行。

第八条 凡试验及格者，按照各次先后，由度支司轮委。

第九条 已受试验及格之员曾委办各局者，可不再受定期试验，而得行酌委。

第十条 任期以一年为限，任满时由度支司酌量情形，考察成绩，得续任之。

第十一条 凡委办人员在职中不得以自己之便宜辞职。

第十二条 专局委员分三等，等次以薪俸之多寡定之。

第三章　统捐吏员之养成及任免方法

第十三条　统捐吏员养成所由湖北度支公所组织之。

第十四条　统捐吏员之资格，限曾在高等小学毕业及其他程度相当者，年龄则限二十五岁以下、十八岁以上者。

（理由）现统捐各局卡之司巡，皆系无业游民，以舞弊为生涯，以无良为天职，无论今日之统捐本属杂乱无章，即有法律，此辈断不能守，所谓有治法，尤须有治人也。高等小学为寻常教育，曾受寻常教育，其无廉耻、丧良心，决不至如今日司巡之甚，可断言也。

第十五条　养成所以一年毕业，额数由度支司酌定之。

第十六条　统捐吏员应受之学科如左：

财政学、外国关税制度、统计学、关税簿记、统捐沿革及现行章程、珠算。

第十七条　统捐吏员分三项，每项分三等如左：

（一）书手吏：掌填票盖印及其他一切事项；

（二）签手吏：掌验货之事项；

（三）巡查吏：掌验票及稽察偷漏等事项。

书手吏：一等、二等、三等；

签手吏：一等、二等、三等；

巡查吏：一等、二等、三等。

第十八条　统捐吏员之等次，以薪水之多寡定之。

第十九条　统捐吏员毕业后，由度支司遣派，受本管委员之指挥，监督执行其职务，所有从前司巡名目，一概废弃。

第二十条　统捐吏员惩戒处分之方法如左：

（一）罚俸；

（二）降等；

（三）除职。

前项之惩戒处分施行细则，由度支公所另定之。

第二十一条　统捐吏员若因金钱舞弊而受除职之处分，由度支司移交司法衙门追赔，处以相当之刑罚，以后即永远不得充当此项吏员。

第二十二条　统捐吏员与统捐委员为长官与属吏之关系，须与以相当之待遇。

（理由）从前司巡、舆台、仆隶，无所不有，流品既卑，人格自下。捐税重大事项托之于此等毫无人格心肝之辈，而彼等亦遂安于厮役，上下其手。委员时有更调，彼辈则得轮流更充，故其为恶之方法，以日研究而日精。而稍有人格者，亦相戒而不为。盘踞既久，每遇新来委员，辄以种种手段，使之就范；弱者受其愚弄，强者倚为爪牙。一旦有事，责在委员，彼辈终得逍遥于法外。事权颠倒，莫此为甚。今既大加整顿，改订章程，吏员既须具应有之学识，则人格自不同于往时之司巡。故委员与吏员之间，全为长官与属吏关系，自应与以相当之待遇，以养其廉耻，而保持其身份人格。

第二十三条　统捐吏员于办公时，均须着一定制服、制帽。其制服、制帽、雨衣、雨靴等均由局供给，每半年更发之，其余均归自备。

第四章　委员及吏员之俸给

第二十四条　委员及吏员之薪俸，由度支司按其劳力分等酌定之。

（理由）旧章专办有薪水、公费等名目，司巡为专办私人，其薪水由各专办之任意。此等人亦各有生财之道，概无意于薪水之多寡。其紊乱之极，不待言矣。专办又立薪水、公费两名目，其用意不知何在，亦在所必改。故委员及吏员薪俸，数目之多寡，悉由度支司酌量各局情形，分别等级，明定办理。有成绩者，务用年功加俸法，以示鼓励。

第五章　委员服务规则

第二十五条　委员功过当以诉讼之有无、多寡并收数之多寡定之。

（理由）查统捐章程五条内所定之赏罚，唯以收数之多寡为标准。惟思收数何以多？农产丰富，工商发达；收数何以少？农产荒歉，工商凋敝。此不待辩而知也。农产荒歉，委员何术使之丰富？工商凋敝，委员何术使之发达？此不待智者而知其不能也。知其不能而乃以是为功过，当其多时，犹可谓费劳力多故有功；及其少时，除怠惰外，绝无他过，何至分成勒赔？如查有舞弊营私情事，即详请从严参办等语。夫少数之原因多矣，果系舞弊营私，勒赔亦固其所；如因天灾事变，不亦冤乎？况舞弊营私从严参办果系于此条之下，然则少收一成以至三成者，与夫多收一成以至五成者，直可按其比较以舞弊营私而无害矣。违法殃民，皆所不问；而唯以收入之多寡，定其人之功罪。流品已杂，又以此法趋之。吾民何辜，乃必欲绝其生机也？是宜亟废此章无疑矣。

第二十六条　委员于职务上有勤劳者，视其事之大小、难易，满任后由度支司或留任或升等。

第二十七条　委员于职务上有怠慢过失者，按其情状处以左之惩罚：（一）记过；（二）罚俸；（三）降等；（四）撤差；（五）停委二年以上。

第二十八条　委员于职务上有舞弊营私等情，一经查出，立即详参。

第二十九条　委员被商人诉讼，事属怠慢过失者，照二十七条惩罚；事属舞弊营私者，照二十八条惩罚。但怠慢过失事项经三回诉讼，则降等；经四回以上，则撤差或停委。

第三十条　每年于咨议局常会时，由度支司提出次年之收数比较，由咨议局协定捐率，呈请督宪批准颁布施行。

（理由）考各国税章，收数决无定例，以税源有伸缩力故也。其于课税前，必派精通经济财政之委员于各物生产地调查丰歉，以定税率。我国行政机关皆不完备，预派委员调查恐难得精确之结果，不如就咨议局议员调查之为得。盖各议员犹是各处之人民，于各处出产丰歉知之必详。较之专员调查，所得既多，所费亦省。由咨议局协议捐率，既足副监督财政之实，又足筹抵补之方，益国便民，是为得矣。以议定之数目责之于委员，自不待暴敛横征，而其数相等，商民亦自少无穷之痛苦。倘有少数，显系营私，否则怠惰，严加惩罚，亦不为过。

第三十一条　比较以年终合十二月计之，如不足者，当依左之惩罚。

（理由）比较本非良法，然无此，又恐官吏之怠惰，故姑仍之，而加以伸缩力。

少收一成者，记过；

少收二成者，罚俸；

少收三成者，降等；

少收四成者，撤差；

少收五成者，撤差并停委。

第六章　征收及核验之方法

第三十二条　报捐机关所有填票查验等事，不得搁延时刻，阻碍商旅；货物重量至若干以上，当于几时间内了结手续，其规则应由度支公所另定之。

第三十三条　报捐机关务将百货或船只纳捐数目分晰列表榜示局门，以便商人纳捐。

第三十四条　报捐机关不能索取分厘；如有需索，商人得即时控诉。

第三十五条　收捐机关当照实数收入于捐款四十分之一提作办公经费，但不得向纳捐商人另加分厘费用。

第三十六条　报统捐者须至报税机关领票，至收捐机关缴钱盖印，再呈报捐机关查验后，方得开行或起坡；其不缴钱盖印者，以偷漏论。

（理由）官钱局充收捐机关，本当给以手数料[原文如此]。然有发行纸币之特权，即有整理国库之义务，世界之通例也，故不能向商民纳取。然官钱局虽系官立机关，究与中央银行之性质稍有不同，于捐款项下略取办公经费，方为平允。

第三十七条　收捐机关每月所收之捐款，用汇兑法拨交于度支公所；其他应行手续，由度支公所与官钱局协议定之。

第三十八条　凡货物无论进口及内河出口或往来过境，在第一卡曾纳统捐者，前途但查票之有无，有票即时放行，不准擅查货物；其无票者，即系绕越偷漏，应将其货物扣留，当给凭条令仍回第一局补完，并一面报知于第一局，仍照原章加五倍，但以补足之数为标准，货物即行发还。

（理由）查改办统捐原奏内开"第一卡征收一次以后，概不重征"。在商民于向来应完厘捐毫未增加，而沿途查验留难，节次索扰，蠲除净尽，是奏案已许其不再验，以免留难也。惟查原表中又有如有指近运远者，及串通司巡绕漏买放前途查出者，仍令将朦免之数补完并加重罚等语。既曰沿途查验蠲除净尽，又曰前途查出，似相矛盾；而细绎其意，即系查票不查货之谓。盖查票已足杜绕漏买放之弊，不查货乃能收蠲除留难之功，此至显而易见者。而孰知奉行者乃大不然。已完统捐之货船，每遇一卡，非指为货件不符，即指斤两石斗不符，百般留难，无证可解。卒之黠者重赂，则从轻补完；愚者不赂，则从重再征。其或喊禀局委，则明目张胆以应之曰比较太严，吾无如何。而原奏所谓"委员舞弊，司巡婪赃，违背新章，浮收勒索，借口留难，一经发觉审实，即将印委参革、司巡拿办"等语，不过一名词耳。故开办统捐以来，从无一参革、拿办之事；而商民之补完受罚者，则日有数起。何员司皆廉介，而不肖独在商民？若遇旗船，则又听其鼓棹扬帆而去，不敢过问。为丛驱雀，果何为者？今但求其照案办理，则上益国家下益人民者，已不少矣。至绕越偷漏者，本应查出即补，以便行商；然第二局所在之地多无收捐局，报捐不能收捐，为一定之原则，此种奸商令其往返补完，亦未为苛也。

第三十九条　货物运至所指之地，无论落地、转口，如与第一卡统捐捐票不符者，令其照章补完，并照补完之数加罚五倍。

（理由）第二卡查票不查货，因为恤商起见。然中途买卖，亦事所恒有。惟必须于落地、转口，查其货票是否相符。有此一层，则查票不查货不惟与奏案相符，即事实上亦绝无丝毫流弊矣。

第四十条　捐票计共四联：第一联为收执票，交商人收执；第二联为查验票，由经过前途第一局截留，汇缴总局查核；第三联为缴核票，由填票之局申缴总局；第四联为存根票，留局备案。

第四十一条　四联票应载之事项如左：

（一）纳捐人姓名、商号；

（二）货物之品名、斤重、价格、个数；

（三）纳捐率；

（四）捐额；

（五）报捐局卡经手员司之名印；

（六）收捐局收讫之盖印；

（七）收捐局经手人之名印；

（八）纳捐局之　年　月　日。

第三联、第四联两票除前项第六号外，皆须记载；有补完者，应将补完及所罚之数并注票上。

第四十二条　四联票仍照统捐旧章盖用，总局及专局印信骑缝处之号码亦同。

第七章　商民诉讼之官厅

第四十三条　专局以度支公所为上级诉讼官厅；其已设审判厅者，得就近向各审判厅诉讼；其判决适于二十六条、二十七条、二十八条者，审判厅得呈由提法使转详督部堂饬度支司执行之。

（理由）上级官厅为行政诉讼官厅，通例大都然也。统捐机关之上级官厅，以纯理言，唯度支公所一处。但专局远者在千里外，人民权利之损失大小不一，若损失不大，商民虽欲上诉，苦于所费不赀因而中止者，恐不乏人。欲补此不完之点，故不得已仿旧日法国之例，以裁判所为行政诉讼之官厅。彼之意在以无所属者属之；此之意在图人民之便宜，就其近者为之。用意虽殊，于法理或不至大谬也。审判厅之判决，即人民权利之确定。若关于惩罚委员等事项，判决虽在审判厅，而执行犹在度支司。倘度支司不遵审判厅之判决，则人民之权利虽有诉讼而仍不能救济，非立法之本意也。故必由审判厅径呈提法使呈请督宪转饬度支司执行，则于司法独立之精神既合，于度支司之权限亦毫无所侵害也。

第四十四条 各分卡以各专局及度支司或审判厅为上级诉讼官厅。

第四十五条 诉讼手续由度支司另定之，其所诉讼之官厅不得索取分文，但在审判厅赴诉时，则从审判厅之规则。

附　则

统捐吏员养成所限定宣统三年正月开办。

本案所言另定规则等限宣统三年正月宣布。

本案除前二条规定外，所有一切事项限宣统四年正月一日实行。

附：湖广总督札复

为札复事。据湖北咨议局呈称"窃统捐之设，所以改厘金之积弊。原章第一卡收捐以后，经过局所，但验捐票，即放行无阻。相沿既久，弊窦滋生。商民虽已完纳统捐，每经一卡，仍复多方挑剔，或指为货票不合，或指为斤两不符，或指为石斗不实，吹毛索瘢，留难百出。黠者重贿以求出脱，懦者饮泣以听苛罚。厘金之弊，不但复见，而且过之。本局有为本省除弊之责，特提出整顿统捐案。经开会公决，理合缮折备文呈请察核，乞赐公布施行"等情到本部堂。据此。查湖北统捐各局司事巡丁人等，舞弊渔利，实所不免。本部堂莅任，迭经严密访查，已将宜昌统捐局舞弊之司事提查审办，委员撤省听候审明汇参；沙市统捐局舞弊之司事驱逐回籍、委员记过停委。又汉口统捐局、安陆船捐局如闻有借端留难之事，亦经严饬整顿，并将委员分别撤调。此外办理不力及被控告有案者，均经随时撤换，从未稍涉姑容。此固为官绅共见闻者也。兹阅饬呈，自系为裕捐恤商力除积弊起见。惟所云弊窦丛生，仅指复查一事，就本部堂之所闻，尚不止此。议呈办法各条，大半凭诸理想，亦非经验有素。事关通省统捐，各处情形非尽一致，应俟派员分赴调查明确，再行督同司道详加核定，以期有利无弊，经久可行。查宪政编查馆定章内载：非详细调查不能裁夺者，应将不能答复缘由先行札知，但于下期开会以前必期答复等语。除札饬北布政司遴委妥实明干熟悉厘务人员分赴各处详细调查，各抒所见，禀由该司汇齐，拟议分别应增应减理由，详候核办外，所有整顿统捐办法，尚须详细调查缘由自应照章先行札知。为此札复咨议局查照。须至札复者（宣统二年十二月十一日）。

议复清剔税契积弊案①
（宣统二年十月二十八日呈）

为呈复事。宣统二年七月十九日，案奉督部堂批据本局复议清剔钱漕税契积弊一案，奉札开："查阅折开复议清剔钱漕积弊案，尚属妥洽，候即照准分布施行。惟清剔税契积弊案内常年经费一条，尚有疑义，已行北布政司妥议，俟议复到日，另由本部堂裁夺札知。"又于八月二十日奉护督部堂王（乃徵）札开："案查接管卷内，据湖北咨议局呈称复议清剔钱漕税契积弊一案，当经本任督部堂瑞（澂）以所议各条尚属妥洽；惟清剔税契积弊案内常年经费一条，尚有疑义。查部定新章，税契加收三分，准各州县就加收数内，每分中提扣办公费一厘，此外不得多收。诚以新加税已形吃重，不欲再设名目抽收捐款，致殚民力。今若沿用广济旧案，每契一张收誊写钱四十文，不独显违部章，兼恐民间力未逮。而各州县应提之办公经费，既令其一半归局，则局中所收款项，即应尽数缴署，方为正办，更无税收通足以九八缴署之理。且各属情形不同，势难执一为断。究竟所议是否可行，行司妥议详复在案。兹据兼署布政司高凌霨详称：'遵查部定新章，税契加收三分，准各州县就加收数内，每分中提扣办公经费一厘，系指各省原征额税不及九分者而言。鄂省典税尚未开办，自应照提卖契征收税捐九分，均在部章之前，应照本省奏章办理，分别提解，毋庸再扣一厘。至正税九分之外，不准多收分文。诚如宪示，正税已重，万不能再设名目，致殚民力，亟应遵照办理。广济县每契收誊写钱四十文，万难沿为成例。拟严饬革除，以肃税政。并

---

① 本案为咨议局提议之案，载《议案》中卷。

查厘定税章载明，银解库平，钱解十足，各州县以九八钱解司者，历经批饬补缴有案。所议税收通足以九八缴署，亦与定章不合，固未能据为定论者也。所有各州县办公经费，将来改定公费之后，均应全数解省。现拟议一半归局，是公家于各州县缴存税项下二分公费，已隐输经征局一分。局用应否另行筹补，拟请饬令清理财政局详核议复后，再行分布施行，俾臻妥协。抑本司更有请者，现在详定额税，须月清月款。总理责任，重在收解款项，保存簿籍。果能选举皆贤，自不至税收短绌，报解愆期。倘或稍有不肖，致使征解不实，亏挪公款，迨到议及追究并责成原举之人，而公家隐受其累。如长阳县绅郑齐德，经收契税解款，动辄经年，甚有腾挪贩货情事；一有亏折，上兑无期，虽饬县查追，仍无把握。兹当立法之初，尤宜引郑绅为殷鉴，预为筹备，以期尽善。拟请札饬选举总、协理，必须确系殷实正绅，大县不动产在万元以上，中县不动产在五千元以上，小县不动产在三千元以上，且府县衙门向无控人及被控劣迹案据者为合格，由县加结详报；如有选举不实，即惟为公举人是问。本司系为慎选用人郑重财政起见，所有遵饬核议原由，请查核饬遵.'等情前来。除常年经费一条应如何妥筹之处，另饬清理财政局复议详夺外，其司详于选举总理一节，再三致重，自为慎重税政，严防弊端起见。亟应札行咨议局查明复议补正，俾臻妥善。为此札行咨议局，烦即查照办理。"又于九月十一日奉督部堂札开："案查湖北咨议局呈称复议清剔钱漕税契积弊一案，当经本部堂以所议各条尚属妥洽，惟案内常年经费一条尚有疑义，行司妥议详复去后，旋据前兼署藩司高凌霨详复：'税契一项，部章准就加收之三分数内每分中提扣办公经费一厘，系指各省原征额税不及九分者而言。鄂省典税尚未开办，自应照提卖契征收税捐九分，均在部章之前，应照本省奏章办理，毋庸再扣一厘。其广济县每契收腾[誊]写钱四十文，万难沿为成例，拟饬革除。所议私收通足以九八缴署，亦与定章不合，未能据为定论。各州县行将改定公费，收款应全数解省。所有经征局用，应否另行筹补，拟请饬令清理财政局详核复议，再行公布，俾臻妥洽.'等情。据经前护部堂王行局妥议详办，并札复咨议局各在案。兹据清理财政局详称：'查各厅州县公费，虽经议定，此时尚未实行。至署用经费如何厘订，业于前详公费案内声明。一俟委员调查禀复到日，再行详订章程，分别核定。原详税契项下公家于各州县缴存二分公费，已隐输经征局一分局用。将来州县公费实行，凡从前扣提各款，自应涓滴归公，亦不独税契为然。此项经征局应提办公经费如何筹补，须候公费案定后议办，此时拟请照旧办理。'等情到本部堂。据此。查各厅州县公费既未实行，此项局需自应查照司详，暂于开办典税内，就加收之数，每分中提扣办公经费一厘，以一半缴署，一半留作经征局局用。其卖契征收税厘，仍照鄂省原章分别拨解，毋庸再扣一厘。此后所收税款，并应照章以十足解署，未便税收通足，只解九八。广济县每契所收誊写钱四十文，应即严饬革除，不得沿为成例，以肃税政。除批示外，为此札行咨议局，希即核明前案，一律编正，呈候公布。"各等因，奉此。本局于第二次常年会公决，交财政委员会复议，旋据该委员报告，有遵照钧批更正者，有仍照原案编入者。于十月十八日复经开会议决。除将所有修正各条另折呈候鉴核外，理合将修正各缘由具文呈请督部堂察夺，乞赐公布施行。须至呈者。

计呈：

复议清剔税契弊积案

一、局所之组织

一、局所就旧有税契房或推收处改用。

一、税契兼办推收，应定名为税契推收局。

一、局所设总董一人，协董一人，司事、杂役无定额。

税额最少之各州县局董可减少一人。

一、总、协董由各州县于完纳钱漕多额、无确实劣迹案据者三十人中用互选法投票选举，以得票最多者为当选。

一、局所司事、杂役，总、协董同意委用。

（说明）查原案所称总、协董互选以完纳钱漕多额三十人为限，与司详所称选举总、协理，大县必须不动产在万元以上，中县五千元以上、小县三千元以上等语，同是责成绅富之意。惟中国无产业登记之法，各州县绅富之不动产颇难调查。钱漕数目多寡按册可稽。互选总、协董，仍应以钱漕多额为确当之标准。至绅士之有无劣迹，不能以曾否控人与被控为断，须查其控人是否诬控，被控是否审实定案为断。无确实劣迹案据，即曾经控人或被控，亦无损于总、协董之资格也。

一、总、协董选定后，由互选人禀请地方官照会到局，并详报度支公所立案。

一、总、协董任期以二年为限，限满改选再被选者，得行连任，但连任以一次为限。

（说明）查各州县税契一款，为全省财政所关，应受上级官厅之监督。司详所称总、协董选定由县加结详报等语，系为郑重财政之起见。但总、协董系互选人公举，并非地方官委派，只须详报，毋庸加结。且税契局为监察税款之机关，如总、协董必由县加结，设所举之人不合地方官之意，又不免多方掣肘，种种留难。至总、协董乃义务性质，地方公益，原无一二人永负责任之理由，故连任以一次为限。

一、总、协董月各支公费钱十二串文；司事、杂役薪工由总、协董酌拟。

二、办理之方法

一、业户收契后，即于契内填明本契价若干、税钱若干、契纸钱若干或附收之钱若干，共钱若干，并照上列各项填具收条，发给业户，凭条领契，以便官民周知，永无浮征之弊。

一、业户投税后，限十日缴还收条领契。

一、收契无论多寡，每五日送印一次，署内三日印发，预备业户领契，彼此不得延误。

一、税契正项及一切附收费，业户投税时即须按数收清，于送印时即缴地方官核收，解拨不得延宕。

一、兼办推收时应由地方官饬书将前年推收底册缴局，以便税契时另册载明图甲、户名、粮数，税契后照册按户推收。

（说明）照章推收，不假书手，为清查匿契最要关键。查广济推收，虽未由税契局兼办，而推收经费系由局拨给，每年推收册簿亦系由局发交。是即由局推收，自无丝毫妨碍。开办之始，惟饬各书将前年推收底册缮写工整，核对清楚，和盘交出，即为推收张本，克期举办不难矣。

三、总、协董之权限

一、凡书吏有串通匿契、留难册底及一切舞弊情事，总、协董得随时开单函请地方官核办，以归简易，但不得干涉局务范围以外之事。

一、局内执务细则及司事、杂役名额、薪工，由总、协董酌量拟议，仍应禀由地方官呈送督部堂查核，听候裁定饬遵。

四、总、协董之责任

一、设局以后，总、协董应视收数之多寡，熟察隐匿漏税民间积弊之所在，随时设法补救，禀商地方官斟酌施行。

一、税契既由局董经征，则款项之收付，册簿之保存，皆属总、协董专责；如有遗失契约、亏挪公款情事，一经发觉，地方官应向总、协董查实追究。

（说明）查经收税契与经管税契责任迥有不同，且办理方法订明每五日送印一次，即令有遗失契约、亏挪公款情事，发觉必速。总、协董均系地方绅富，地方官查实追究，自不至有丝毫短缺。第一次修正案所称如无着落，责成公举人担任分赔等语，系根据督部堂来札补入。查各项选举投票章程，或记名或不记名，均无为被选人担任赔款之办法。且因一二人之过失，而牵累于多数人，未免有伤政体，易滋流弊。应即将此数语删除。

一、总、协董经征税契，如有需索弊混及不守权限违背本项章程情事，一经地方官查实或经绅民控告，应随时斥退究办；情节较重者，应禀长官核示。

五、常年经费

一、局中经费，应于各州县税契项下留县办公之二分内划拨一分归局支用，其契纸费一项，应核计留县办公数目，以一半拨给局用，与典税所扣之一厘，亦应一律均算照办。

（说明）查鄂省税契，前此征收六分，即以划拨一分留县办公。嗣因续加三分，又拨一分为津贴公费之用。是各州县税契九分项下，原有两分截留办公。据司详所称"鄂省卖契征收九分，均在部章之前，应照奏章办理，毋庸再扣一厘"等语。财政局详称"此项经征局应提解办公经费，如何筹补，须俟公费案定后议办，此时请照旧办理"等语。查鄂省各州县于税契九分项下，截留两分办公，固已载在本省奏章。此时既据藩司、财政局详请照旧办理，则各州县旧截留之两分办公经费，自应划拨一分归税契局。其税纸、典税两项办公费，亦均应署局各半。且督部堂来札言明卖契征收税厘，仍照鄂省原章分别拨解。督部堂既认二分拨给之原章为可行，则税契局于二分中划拨一分，亦必以为然也。以税契下办公之款，为经征税契之用，于定章既无冲突，于政体亦极允协。第一次修正案所载"现奉度支部新章加税三分，每分中各州县提扣一厘，照广济前例，亦应一半缴署、一半归局"等语，系因督部堂第一次来札致有误会，应即取消。至原案所载广济局章每契取誊写钱四十文，税收通足以九八缴署，本与定章不合，亟应遵照督札一概删除，以肃税政，而昭划一。

一、局用各项，应以留局一半办公经费为限，支有余剩，仍尽数归公，拨充地方别项公用。局用细数，应按月造册，报告地方官查核；每届年终，编造总册，送由地方官核转通报一次。

此案经督堂批准公布后布置筹划，官绅同负责任。应即会同商酌，克期实行；并将开办情形通报，彼此不得延宕。

附：湖广总督批复

来牍阅悉。查所议修正清剔税契积弊案，均尚妥协可行。惟词意之间，尚有数条拟量为变通者。如第一款细则内之"司事、杂役无定额"句下，应添"但至多不得过八名"一语。又"总、协董月各支公费钱十二串文"。查此项公费，系由局留经费项下开支，各局税额有多寡之不同，设使收不敷支，势难胶柱鼓瑟。应改为"总、协董月各给薪水钱文，其额应量事务之繁简、经费之盈绌酌中规定，禀明立案。司事、杂役薪工，由总、协理酌拟"。又第二款细则内之"税契正项及一切附收费，业户投税时即须按数收清"一条，应改为"一、税契正项及一切附收费，业户投税时即须全数缴清；如有短少，不允收契，其由局送印时亦须连同各款全数送缴；如地方官核有短少，亦不收印。所有收到税款，按月拨解，不得延宕"。又第四款细则内之"税契既由局董经征，则款项之收付，册簿、契纸之保存，皆属总、协董专责"句下，应改为"如收契后延不送印，致有亏挪税款及遗失契纸等项情弊，一经发觉，即由地方官勒令赔缴税款及赔偿契主因此所受损失，仍量其情节轻重，分别禀请斥退究惩"。又第五款细则内之"局中经费，应于留县办公之二分内划拨一分支用"一条。查此项划留二分经费，不尽为津贴各州县公费之用，亦有实抵他项公用在内。若径订为以一分归局支用，一分津贴州县公费，则他项公用又将安出？应改为："一、局中经费，应于各州县卖契纳税项下留署办公之二分经费内，查明实有抵支他项公用若干剔除不计外，系以一半津贴各州县公费，一半拨给局用，其契纸费一项，一应核计留县办公数目，以一半拨给局用；至典契加收数内应扣之办公经费一厘，并应一律均算照办。"于此分别酌改，似更周密。希北咨议局查明详议改正，复候公布施行。此复（宣统二年十一月十七日）。

改良安陆船捐旧章以纾商困案①

（宣统二年十月十七日呈）

为议决改良安陆船捐旧章以纾商困呈请裁夺事。窃安陆船捐，起于咸丰初年。其时以安陆府属狮子口堤溃久未修复，下游一带州县如天门、汉川各属实当其冲，一时任事者苦于无处筹款，议请设局抽收船捐。安

---

① 本案为咨议局提议之案，载《议案》中卷。

陆船捐遂自此始。樊城张家湾船捐情形与安陆同，光绪三十一年统捐议起，奉大吏谕令裁撤，亦统由安陆船局经收。安陆船捐定章，惟盐、茶以包计，其余皆以石计，盖以所装货物之多少定捐数之多少。厥后以货件多少彼此争执，改章以船只之种类，分别大中小三等抽收。如甲种船大若干、中若干、小若干，乙种船大若干、中若干、小若干，丙种、丁种类是。行之多年，极为简当。乃近十数年来，该局抽收既不按载货之多少，亦不依种类之大小。向之抽收数百文者，今则勒报三四串、四五串不等；向之抽收串余文者，今则勒报六七串、七八串不等。比照旧章，约增十倍。而实则所给船户之验收票，不过数百文、串余文。一与理论，则或指为闯关，或指为偷越，其害实有不可胜言。查阅该局近来收数，上水约计四万余串，下水或三万余串，或四万余串，合计每年不过七八万串之数。而商民之暗被抑勒，实数倍于此。公家所获无几，徒饱私囊，困商病民，莫此为甚。且论理上以天门、汉川等属所恃为命之堤工，其费不责之天门、汉川，而于此抽收船捐，责之襄河上下往来之船只，已属不平。而又敲索万状，贻害商民，应在裁撤之列。惟湖北财政当此万分拮据之时，遽议及此，殊非易易。斟酌情势，非亟图改良，不足以纾商困。谨具改良办法数条，业经本月十四日开会议决办法，理合具文呈请督部堂批准，立赐施行。须至呈者。

谨将改良安陆船捐办法呈鉴：

甲、用尺量船以定税则

（说明）安陆船捐，向无一定标准，司巡等乃得高下其手，任意苛求。应仿照武昌等处船关办理，用尺量船，以定税则。

乙、量船审定地位

（说明）抽收船捐，有以船身之长为定位者，有以船身之宽为定位者。安陆船捐拟以船身之宽为定位。船身前后皆窄，惟中权较宽。应从梁头丈量，至为公允。

丙、量船规定关尺

（说明）民间用尺，各从习惯，长短不一。应用武昌关量船尺，以为一定标准。

丁、船捐定则按尺递算

（说明）襄河水急滩多，往来无多巨舰，所以原定捐数至少每船以一百文为起点，至多每船以三串四百文为极点。常行襄河大约中小之船为最多。今拟于梁头用尺量定，加宽一尺，即纳捐钱一百五十文；由尺而丈，均按每尺一百五十文层累而上。查襄河上下船只，虽疏密不等，每日总在二百只以外，每船扯作一丈宽计算，按日可收捐钱三百串，年计在十一万串；较之向日收数，有盈无绌。

戊、小船照例折半

（说明）查武昌船关章程，以七尺为起码，盖以不满七尺者，皆渡划渔船贫民，借此营生，宜从宽典，凡六尺以内之船折半抽捐。安陆船捐亦宜仿照办理，以示体恤。

己、空船照例豁免

（说明）安陆捐局，向来上下水空船，无论大小，一概不收船捐，自应仍照向日定例办理。

附：湖广总督札复

为札复事。据湖北咨议局呈赍议决改定安陆船捐旧章以纾商困一案，本部堂督同藩司，详加查核。安陆船捐办法，近年因设局之处正当溃岸，坡高流急，情形极为危险急切，又无扼要之处可以迁移。是以商船到卡，辄难久停，以致司巡未能上船稽查，流弊极多。业经藩司查知，饬由安陆府与该局会商，妥定章程议复，改为按船装货物分别贵贱计斤抽收等情。当因所议办法与货捐无异，未便准行，批令仍遵向章，并采访各船关办法，用部尺丈量，细心厘定禀复。兹查此次议案，正与现时办法情形大致相同，自可核准公布。惟折开各条，有尚须斟酌之处。兹将原案逐条详细签注说明理由。为此，札行咨议局复议补正，呈候公布施行。须至札复者（宣统二年十二月初六日）。

计开：

甲、乙两条：用尺量船以定税则并量船审定地位　查量船之法，既以宽为定位，想定为子桅下尺，方为公允。盖立桅之处，为全船之重心，乃宽窄适中之地。否则，各舱均有梁头，若择最宽之一梁下尺，则尽有舱而较宽之船而深长之度均少者，是船身深长之船纳捐少而船身横宽之船纳捐多矣。此条应更正。

丙、量船规定关尺　查各船关均用部尺量船，安陆船捐局自应一律遵用，应由藩司调取部尺仿造，如或发交该局领用日久损坏，准其呈明更换，不许私造，以杜弊端。

丁、船捐定则按尺递算　查原章以一百文为起点，以四串八百为极点，本极轻减。近年估抽办法有抽十串上下者，照原章虽属加多，而以税法原理推之，现今百货价值翔贵，水脚加增较从前抽定原章时，亦以倍计，是此项加增之数，本不为多。且近年水灾时闻，堤工需用尤急，实赖长收之款借资挹注。若遽行核减太甚，更恐收数太短，贻误要工，与收捐本旨不合。现今既因商力疲惫，从宽核定，要亦必须兼筹并顾，于公无损，方为正当办法。应定为每船宽一尺，收捐钱二百四十文。襄河本无巨舶往来，平桅下尺量有二丈者，断无其事。每尺收捐二百四十文，如递加而上，至多亦不过收捐三串以外。不仅较现行办法大减，即较原定章程，亦复减轻，在商人大受体恤，而捐收亦有把握。否则，议案所称每日上下水之船约计二百只，除去空船，又除去六尺以下折半小船，恐每年收捐十一万串之统计殊难靠实。此款为堤工要需，所关甚巨，殊不能不详加筹酌也。此条亦应更正。

戊、小船照例折半　查此项折半办法以六尺为断尚属平允。惟划船舱面至少亦宽三尺以外，而舱浅身短，载货不多，未能与各船一例照尺科算。除鸦梢不计外，应仍照向章，不用尺量，分别名目收捐，以一百文为起点，以一串二百文为极额，以示体恤。

己、空船照例豁免　查向来上下水空船，无论大小，一概不收船捐，自应仍照向例办理。

老河口商务分会陈请停止以六厘捐拨充巡防兵费案①

（宣统二年十月初八日呈）

为呈请事。窃老河口商务分会总理韩益派举代表吴葆真赍到陈请书一件，据称："光绪三十四年五月，接奉前襄阳道施札开'奉前督宪赵（尔巽）面谕速为该埠设立商会，俟章程寄到，即亲赴该埠开会，仰即查照经理'等因，并粘开办章程四条。奉此。当经公同集议，欲求商会成立，须先妥筹经费。此地风气初开，倘纳费入会，观望必多。因思此地商民向有买卖六厘经费，系每货银一百两，买卖各抽三厘，故名六厘捐。从前专为筑修堤垣之用，迨后警察、河工、救火、助赈及津贴商办育婴堂、开设阅报室各公益支用，咸取于兹。若移作商民入会经费，则款不另筹，事自易举。一时众意佥同，遂于宣统元年二月初九日成立分会，当即禀请前道宪施特禀前督宪陈（夔龙）批准事实可行，并蒙咨请农工商部核准咨复转行到会各在案。所有此项六厘捐，每年约收银一万一二千两，除旧拨地方公益仍拨银六七千两外，其余之银经此次禀定之后，已为商会专款，不能再拨他项公用。乃去岁六月，前督宪陈札饬光化县，劝谕分会每年认拨左路巡防饷需若干，但必出于绅商之愿输，不得勒派骚扰等因，由县移会。仰见前督宪于筹饷练兵之举，仍寓体恤商艰之心。既饬筹商，又防压制。盖以六厘款项，业经批归商会立案，此次劝谕为咨商性质，决非强迫性质。宪德慈祥，曷胜铭感！维时迭次会议，佥以无款可拨移复。时署光化县欧阳令友炎不遵宪札，横施压力，众商愤激，几至罢市。继而委员知县冯沄亦极力恫喝，与宪札适成反比例。当时分会怵势惧祸，勉强认定每年拨兵费银五千两。商民见分内之款横被强拨，纷纷集议，咸归咎于分会之办事不力。今分会外受公论诘责，内苦款项困难，屡欲停办，经多次开会讨论。兵费为国家税款，商会乃地方公款，以国家兵费取之地方，既背商情，且失政体。况六厘捐为商会经费，具

---

① 本案为人民陈请建议之案，载《议案》下卷。

有成案可稽。若听欧阳令及冯委等强拨横蛮，致已成之分会立见摧坏，似非国家重视商务、提倡商会之意。分会现应筹办者，如工艺厂、初等商业学堂，皆以无款，未能兴办，更何能再拨兵费，而负分外之担任？总之，商会之款应归商会之用，无论法律上、事实上，均无认拨他用之理由。理合陈请开会建议，务希据情转呈督宪，批准停拨兵费，以维商业，而伸公论。"等情前来。当经开会讨论，交付议员审查。兹据审查报告书称："该商会会费既经禀道谨奉前督部堂陈批准，并咨由农工商部核准立案，自不能强移作营防之用。且此会费原系出自买卖六厘，确为地方税性质，应归商会专款。若使该分会担任兵费，是与国家税混合不分，不独该分会办事困难，且使部准拨定之款无端被夺，亦似不合于政体。亟应呈乞督部堂批准永远停拨，免启争端，庶足以清界限，而维商业。"等语。本局业于本月初三日开会公同决议，佥谓宜据情直陈，听候钧裁。为此，备文呈请督部堂俯赐鉴核，查案施行。须至呈者。

附：湖广总督札复

为札复事。据湖北布政司高凌霨、督练公所兵备处详称："本月十五日奉札开：'据湖北咨议局呈称据老河口商务分会总理韩益派举代表吴葆真赍到陈情书一件，据称：光绪三十四年五月接奉前襄阳道札开，奉前督宪赵面谕，速为该埠云云，至佥谓宜据情直陈，听候钧裁等情到本部堂。据此。查左路巡防第五营，系前督部堂陈因襄郧一带地面辽阔，原有营防不敷分布，老河口地方系商务荟萃区，加增防营，即以保卫商贾，行光化县欧阳令有炎，约该处绅商妥筹集款。嗣叠据襄阳道钱道绍桢、欧阳令有炎禀复，该处商会情愿筹饷，年出银五千两；其余不敷之八千八百余两，由签捐局月拨银八百两，以凑足一营饷需。附片奏明在案。是该营成立，全赖老河口商捐及签捐局协款以资应付。前据襄阳道钱署道禀，签捐局月拨之款，现已折钱，业已不敷，计惟请另行筹拨。又据光化县黄署令仁炎禀，请将堡垣捐改归官办各等语。当经本部堂先后行知核议，尚未据复。今咨议局据情代陈，该商务分会又不认出此巡防营之费。若照所请，是该营饷项全无着落，势惟有将该营裁撤而后已。究应如何办法，应由北布政司会同兵备处，限十日内迅即将此案切实核议办法，具详核夺，以凭札复，不得延缓。除行处外，合亟札行。札到该司，即须遵照。'等因。奉此。查左路巡防第五营，添募甫及年余，以襄郧一带防营不敷，老河口为商务要区，借资保卫。某饷项除由该处商会每年筹认五千两外，尚不敷八千余两，由签捐局按月拨济。本年八月，签捐核减票额，拨款依次递减；叠经奉饬核议，尚无筹补之方。兹奉前因，该处商会又停认此项经费，是该营饷项全归无著，诚如宪台所虑。现在本省财政支绌异常，实无从筹此巨款。惟思该营本因保卫商贾而设，现该商会既议停认经费，当可自谋保卫。拟请将该左路巡防第五营全数裁撤，饬由该商会酌提商捐，拨充该埠巡警经费；或由该县自治会酌提此项经费，办理自治警察，以保治安，而副名实。理合会详查核示遵。"等情，到本部堂。据此。当批据详已悉。左路巡防第五营，本因保卫商民而设，上年饬由安襄郧荆道商据老河口商会各职员及帮董事张文汉等允认，每年在工商局项下拨银五千两，以济饷需，经前督部堂陈奏明在案。现在该商会既拟停解，而签局协拨之款亦将无著，鄂省财力支绌，无术另筹，只可将该营奏请裁撤。惟当此冬防吃紧，宵小滋多，遽议撤防，易启窥伺。而此退伍之兵，顿成游手，若不布置完密，恐仍害中商民，势非赶紧添办巡警，不足以善其后。查此项兵饷提拨之初，虽名为认解五千两，实有减解之巡警经费在内；今兵饷既裁，则警费亦复，不待烦言而可解。且该商会请改堡垣局为工商局，禀内声明此捐从前概由行商抽收，坐贾则半未输捐，拟令一律分任，借以挹注商会等费及办理地方一切公共事宜。原案具在，何尝指定为商会专款？此项六厘堡垣局捐抽收多年，从无报销，究竟历年共有收款若干，用款若干，是盈是绌，皆非局外者所能悉，越时颇久，为数不赀。捐系常年本作地方工需之用，近今收款又多于前，官司亦当有监察之责。前据光化县黄令仁荧禀请改归官收，本部堂以恐拂商情，批道查议，并未据准。今该商会既议停解兵饷，筹办他项公益，自应先行遴派精明廉正之员，会同安襄郧荆道眼同该商会调集逐年账据，核明出入款项之盈亏，及现在实可岁收捐款若干，商会常年经费究需若干，余款共有若干，议定以几成为商会专用，几成拨充巡警、消防、堤工、河工以及自治善举等各项公用，几成创办工艺厂及初等商业学堂，详列表册，据实禀复，以凭察夺。其该营未撤以前，按月饷需，仍应饬令如数筹解；以后并由商会逐季造具四柱报销册呈送，俾昭核实。除分行并札复咨议局外，仰即遵照等因。印发去后，本部堂因恐札文到襄较迟，复饬兵备处先行电知襄阳道刘统领照办。旋据襄阳道钱道来电，以第五营现值冬防，势难遽撤，请示前来。除酌量电复饬至明年春间再议裁撤，及委员会同该道遵批查复核夺另札行知外，合先札复。为此，札烦咨议局查照。须至札者（宣统二年十一月十八日到局）。

江陵县贡生王振新等陈请革除保正裁券积弊案①

（宣统二年十月二十三日呈）

为呈请事。窃十月初三日由议员吴楚材介绍，江陵贡生王振新、附贡徐献章、孝廉方正李世芳、廪生魏德霖、谢盛安、生员李杞诚、张希渠、谭吉侯、余子才、李培元、汤寿征、谭子陶、职员彭寿棠、蒋国霖、吴兆熊等陈称："钱漕为国家正供，土方系万民保障，是以设局征收，久逋应予重惩，中饱尤干国法。而江陵粮土各局，积弊之足骇人听闻者，地方官纵委幕，委幕纵书差也。委幕、书差之大肆其婪索者，勒令保正进局裁办也。窃思中国二十一行省征收各局，均无保正裁办之害。惟江陵委幕，银米土费，差催保正进局裁券，挨户收钱缴局；间有花户拖欠，保正赔偿。局中种种苛索，其受害有不可胜言者，试一一缕陈之。自乡民充当保正，则有报条费、认保费、卯费；入局对册，则有清册费、对册费；上、下两忙两次裁办，则有办公费、免裁杂里费、塌粮费、裁券费、券钱费、立折费、送券费；每限缴钱，则有看钱费、解钱费、官票

---

① 本案为人民陈请建议之案，载《议案》下卷。

腰底费、认票费、铜元包皮费；两年役满则有脱保费；其他委幕生日礼物费、汛差下乡夫马费、送示费、整酒费、抽丰费、帮役费，种种朘削，故花户一充保正，无不赔累倾家，殃及亲族。故当脱换之时，接充者谈虎色变，甲乙互推而兴讼，惧其倾家而自尽者指不胜屈。光绪十六年，举人杨振璈等禀奉前抚宪谭（继洵）批'江陵保正进局裁券永远停止'在案。并饬发易知由单，令花户赴柜完纳。乃书差隐匿由单，甫越一年，勒令保正裁券如故，弊弥加重。光绪三十三年六月，贡生蒋国霖等胪陈局弊，沐前藩宪李批：'书役巧立名目，恣意苛索，大为地方之害。兹阅单开各规费至二十三项之多，统计取入为数甚巨。以小民有限之脂膏，供恶蠹无穷之欲壑，殊堪痛恨！仰荆州府速饬江陵县一律裁革，以纾民力。仍令将遵办情形通报查核。'等因。乃革令张阳示而阴纵之，孚令纵容尤甚。有控书差舞弊者，不斥以干预公事，则驳以事不干己。故局弊丛生，日甚一日。如券钱一项，每张前取十文，近更勒取三十余文。查江陵粮土各局，券约一百二十余万张，就每张十文计之，每年已勒收一万二千余串；今增至三十余文，则勒收达四万余串。此第就券钱一项言之耳。若合二十余项计之，剥取之数更不可究诘。夫江陵粮土各局，征额每年计钱二十余万串，今苛索之数，乃浮于正供，岂不骇人听闻！而绅民不敢言者，以言则地方官陷以抗公大罪。如前此杨蒋诸绅，几不能免；而蒋尤为地方官衔恨至今，时时扬言拿办，故不敢蹈其覆辙。贵局为全省舆论总汇机关，申达地方疾苦，系贵局是赖。仰恳开会议决，呈请督宪严饬荆州府江陵县粮土各局永远停止保正裁券，并革除积弊，以维正供，而苏民困。"等语前来。当经讨论公决。交付审查。兹据委员会审查报告书称："所陈该县粮土局勒令保正裁券一节，规费多至二十余项，花户一充此役，身家莫保，殊足令人发指。应申明保正裁券为江陵特别弊端，请督部堂札荆州府转饬江陵县实力革除。又查去岁本局整顿钱漕一案，经批准公布施行，而各厅州县迄未遵办，以故种种朘民虐政相沿不改。江陵若是，他邑可知。应呈请督部堂申布整顿钱漕前案，通饬各府州县限期实力奉行，延宕不行者，严予参处，庶足以昭公法，而纾民艰。"等因。业于本月十六日开会议决，应据情直陈，静候钧裁。为此，具文呈请督部堂察核施行。须至呈者。

附：湖广总督札复

为札复事。据湖北咨议局呈称云云等情。据此。本部堂督同藩司，详加查核。来呈谓江陵粮土各局，向由保正裁券，多立规费名目，积弊甚深。应即饬由荆宜道督同新任江陵县朱令彻底查明，将保正裁券一事认真禁革，所有各项规费亦即一律革除，以纾民困。至征收钱漕一事，前据咨议局呈请革除积弊，酌定办法，业经札行藩司公布施行，应即由司酌定限期，通饬切实遵办。至江陵应征土费，关系堤工要需，并由荆宜道督同江陵县妥定征收章程，禀候核定饬遵。除分饬遵照外，为此札复咨议局查照。须至札者。

第四　吏治类

请禁革各厅州县官价购物案[①]

（宣统二年十月初二日呈）

为议决禁革各厅州县官价购物案呈请裁夺事。窃官民有相维相系之谊，凡事之利于官不利于民者，皆当毅然革之，否则官民隔阂，而胥吏差役遂得售其欺罔之技，而阴逞其克扣之私。即如食用各物，尽人而需之，无分乎官与民也。购物之价，亦尽人而同之，亦无分乎官与民也。乃查各厅州县衙署有官价购物之积习，价值之减少，较之民间相去悬殊。探厥原因，有明发差价、暗扣市钱两种。其明发者，食物如酒、肉等项，用物如烛、炭等项，一入官衙，价有定章，下而至于驿马之粮，亦莫不有差价。售卖之家，迫于势力，勉强供应一切，物值不敢争较。官斯土者，既以规例所在，不肯矫积弊，而议裁又为体制所崇，惯得此便宜而

[①] 本案为咨议局提议之案，载《议案》中卷。

乐取。其暗扣者，凡无差价之物件，官以实价购买，内而账房，外而差总，层层侵蚀，有七折八扣之规，有票钱小钱之别。近虽铜元盛行，此风犹不稍戢。甚至肩挑贸易，远地行商，出入宅门，即有需索，动辄仗官倚势，任意剥削，商民敢怒而不敢言。斯二者，事虽细微，而商家因隐忍受亏，势必计其所暗耗于衙署者，增涨其物值而加取诸民生寻常贸易之中。官吏出身加民一家食用无多，而使众人因是损其利、受其累，返衷亦何乐为此？且当此预备立宪时代，各厅州县筹办自治，如议事会、董事会经费，大都取给于地方之附捐、特捐，倘不革除衙署之陋规，而遽加征新政之捐项，商情不顺，商力不逮，筹款必多阻滞，自治必难进行。本局议员筹虑及此，提出议案，经审查报告，开会议决，理合备文呈请督部堂裁夺，乞赐公布施行。须至呈者。

计呈：

禁革厅州县官价购物规则

第一条　凡厅州县衙署所有向来购物差价名目，自本案公布施行后，一律革除之。

第二条　凡厅州县衙署购物均应与民间一律公平议价，发给现钱，不得克减折扣。

第三条　凡各行户业董所有因贴补官价向众商抽取之规费，自革除官价之日起，不准抽取，违者准由众商民禀究。

第四条　本案公布施行后，如各厅州县再有借差价名目勒令商家承应者，以违法论。

第五条　凡厅州县之幕胥丁役，如仍有仗官倚势，克扣购物价值者，准即指名禀控，照诈赃律治罪。

第六条　其他各衙署局所购物如有类于厅州县官价之陋习，亦应一律革除。

附：湖广总督札复

来牍阅悉。查官价购物，本干禁令，顾以积习相沿，革除未能净尽。

呈到所拟规则，尚属切实，应即照章公布施行。除札行藩司，通行各属遵照实行出示严禁外，希即知照。此复(宣统二年十月初十日)。

请严禁私用门丁实行遴委承启官案①

(宣统二年十月十七日呈)

为议决实用承启官呈请裁夺事。窃维吾国地方各衙门，向以门丁为官民承接机关，舞文弄法，流弊滋多。自前阁督部堂张(之洞)督鄂，通饬各府厅州县改用承启官，盖以门丁皆无业游民，一入官署；彻[辄?]复狐假虎威，肆意讹诈；承启官策名仕途，必能守法奉公，洁身自爱，虽不尽为贤吏，亦断不至如门丁之丧心无耻，意至良、法至美也。惟查前阁督部堂张通饬原卷，并未定有专章，不过有隆以礼貌、优其薪赀等语，于权限资格绝不言及。故各府厅州县仍多私用门丁以便其私图者。即或用承启官，而置之闲散者有之，仅给干薪者有之。以故官民交接之事，仍复上下隔阂，蒙蔽多端。今欲通官民之情，祛蒙隔之弊，非实行任用承启官不可。欲实行任用承启官，非严禁私用门丁不可。或谓审判厅渐次成立，诉讼事件悉归司法衙门，门丁亦无从上下其手。不知新政繁兴，除诉讼外，人民与行政衙门交接之事正多，尤当革除门丁以去障碍。本局据此理由，提为议案，拟定规则，业于本月十四日开会议决。谨将所拟规则六条缮列左方，呈备鉴核。所有议决严禁私用门丁实用承启官缘由，理合备文呈请督部堂俯赐察核施行。须至呈者。

计呈：

实行承启官规则

第一条 各府厅州县承启官，应由各该本官遴委佐班中法政毕业各员或历任差缺尚无遗误者，指名禀请藩司注册加札。

第二条 各府厅州县承启官，无论已委有人、未委有人或名虽委用、

---

① 本案为咨议局提议之案，载《议案》中卷。

受委员并未同赴任所者,应责令一律改用合格人员,指名禀请。

第三条 承启官月薪应分别缺之繁简,酌定敷目,由该本官照送。

(最繁)月薪四十串;(次繁)月薪三十二串;(简缺)月薪二十四串。

第四条 各府厅州县既改用承启官,凡旧日门丁签稿等名目应革除净尽,其关于公事上之职务,应均由承启官担任;各府厅州县不得仍置私人,该管上司亦不得勒荐。

第五条 承启官如有受贿及违法情事,或经本官察觉,或由人民告发,应由该本官详情核办;如本官意存袒护,由人民指实上控,查有实据者,应将该本官一律惩处。

第六条 承启官有操守廉洁办事勤谨,在该任期中未被控告者,经上级官厅查明,应即酌委相当差缺一次以示鼓励。

附一:湖广总督札复

为札复事。据湖北咨议局呈称议决府厅州县衙门革除门丁改用承启官一案拟定规则,呈请裁夺等情到本部堂。据此。查鄂省地方官衙门门丁名目,早经前部堂严饬禁革。惟各属所用承启官职任如何,当时并未规定,间有暗用家丁仍令把持公事者,坐是积弊相沿,未能革除净尽。夫家丁之弊,在经手公牍,而于民刑诉讼事宜为尤甚,但使一切文牍专派委员收发,毋许此辈假手,弊即无自而生。是以本部堂莅鄂以后,即经通饬各属,派员遵办,并正其名曰收发委员,以符名实在案。兹阅议决各节,与本部堂用意略同,而规划较为详尽,自可照办。惟前因承启官名称肤泛,责任不专,已改为收发委员,而此时又改为承启官,则于事实上似无裨益,于名目上徒多纷更,应仍将承启官字样统改为收发委员,又规则第四条所云关于公事上之职务应均由承启官担任等语,范围过广,转虑权限不清。拟改为:一切公牍词状,均由委员收发,不准家丁假手;该委员之职任,即以收发文牍为止,至裁决可否之权,仍操之府厅州县,委员亦不得干涉云云,庶几界划分明,与本部堂前次通饬原案亦不相悖。为此说明理由,札复咨议局查照。希即复议补正,呈候公布施行。至本部堂通饬原文，一并抄录札知，以资接洽。须至札者（宣统二年十月二十六日到局）。

附二：复议革除门丁案

（宣统二年十一月初八日呈）

为复议革除门丁补正收发委员规则案呈请公布施行事。十月二十日奉督部堂札开"据湖北咨议局呈称议决府厅州县云云照录至一并抄录札知，以资接洽"等因。奉此。本局议员遵即复加审查。据报告书称，督部堂于本局原案规则已允照办，惟以承启官名称肤泛，责任不专，早经通饬各属并正其名曰收发委员，拟将原案承启官字样统改为收发委员。定名虽异，宗旨相同，应即遵札照改。至规则第四条所言关于公事上之职务，应均由承启官担任等语，督部堂以范围过广，拟改为：一切公牍词状，均由委员收发，不准家丁假手，该委员之职任即以收发文牍为止；至裁决可否之权，仍操之府厅州县，委员亦不得干涉云云。仰见督部堂订明职守、划清界限之至意。所有示明理由，既与前次通饬原案不悖，复与本局原提议案相符，自当厘照更正。但第四条既经修改，则原文之末各府厅州县不得仍置私人，该管上司亦不得勤荐二语，于委员职务无甚关系，语意亦不联贯，拟请一并删除等语。本局于本月初四日由常驻议员协议二次，为此备文遵札补正，呈请督部堂俯赐公布施行。须至呈者。

计呈：

复议收发委员规则

第一条 各府厅州县收发委员，应由本官遴委佐班中法政毕业各员或历任差缺尚无贻误者，指明禀请藩司注册加札。

第二条 各府厅州县收发委员，无论已委有人、未委有人或名虽委用、受委员并未同赴任所者，应责令一律改用合格人员，指名禀请。

第三条 收发委员月薪应分别缺之繁简，酌定数目，由各该本官照送。

（最繁）月薪四十串；（次繁）月薪三十二串；（简缺）月薪二十四串。

第四条 各府厅州县既改用收发委员，凡旧日门丁签稿等名目应革除净尽，一切公牍词状均由委员收发，不准家丁假手，该委员之职任即以收发文牍为止；至裁决可否之权，仍操府厅州县，委员亦不得干涉。

第五条 收发委员如有受贿及违法情事，或经本官察觉，或由人民告发，应由该本官详请核办；如本官意存袒护，由人民指实上控查有实据者，应将该本官一律惩处。

第六条 收发委员有操守廉洁、办事勤谨，在该任期中未被控告者，经上级官厅查明，应即酌委相当差缺一次以示鼓励。

附三：湖广总督札复

为札复事。案据湖北咨议局呈送议决府厅州县革除门丁案一件，业经本部堂说明理由，交令复议去后。兹据咨议局复议补正，呈请察夺前来。本部堂复核无异，应即公布施行。除行北布政司通饬遵办外，为此札复咨议局查照。须至札者（宣统二年十一月二十一日到局）。

质问停止刑讯并未实行案[①]
（宣统二年十月十八日呈）

为遵章质问呈请批答事。窃查咨议局章程第二十六条载"咨议局于本省行政事件，如有疑问，得呈请督抚批答"等语。谨按光绪三十一年三月，修律大臣伍廷芳、沈家本奏议复恤刑狱各条折，声明禁止刑讯，当经奉旨依议，旋奉上谕重申诰诫，责成督抚严饬各属实力遵行。是年九月，复经修律大臣奏准饬下各省督抚同臬司严饬所属州县：嗣后审理案件，凡罪在流徒以下者，照新章不准刑讯，钦遵前次谕旨，实力奉行，倘有阳奉阴违，仍率用刑求妄行责打者，即令该管上司指名严参，毋许

---

① 本案为咨议局提议之案，载《议案》中卷。

徇隐。又光绪三十四年法部奏酌核御史俾寿奏请停止刑讯折，声明奏定章程，罪犯应死证据已确不肯供认者，准其刑讯等语，系指命盗重案而言，而流徒以下罪名，则一概不准，以免冤滥。是停止刑讯，为屡奉特旨饬遵之件。各官厅自应谨守新章，以仰副朝廷恤下省刑、推行宪政之至意。乃湖北各官厅于停止刑讯要政阳奉阴违，视为具文，实不可解。本局遵章提出质问案，开会议决。谨将疑问四条缮列左方，备文呈请督部堂照章即赐批答。须至呈者。

计呈：

疑问四条

一、停止刑讯为收回领事裁判权之基础。夏口厅乃通商巨镇，该处审判各员动辄于民事诉讼案件任意刑求责打，不知据何法典。其可疑者一。

一、停止刑讯为改良法律之根本。近年各州县不惟未停刑讯，且仍有滥用非刑各具者。值此预备立宪时代，横施压力，显挠法纪，尚复成何事体？其可疑者二。

一、停止刑讯该管上司对于下级官厅应负监督责任，何以并未凛遵谕旨，指名严参？是否毫无觉察，抑或故意徇隐？其可疑者三。

一、停止刑讯之最高宗旨在养国民之廉耻，使晓然于人格之可贵，各官厅何以并未恭录迭次谕旨，出示晓谕，竟使国民受任情敲扑之辱，而隐忍不敢控诉。其可疑者四。

附：湖广总督批复

来牍阅悉。流徒以下人犯停止刑讯，迭奉明诏，理应钦遵办理。各官厅如果不论情罪之轻重，滥用刑讯，一经觉察或由该管上官揭发，断无故意徇隐不行严参之理。如前者房县知县廷启残酷滥刑，曾经本部堂列入弹章，请旨革职，永不叙用。此非指明严参之明证耶？至于录旨晓谕一层，中国颁布法令，除恭逢恩诏及特颁誊黄而外，非谕旨指明应行示谕者，向无出示晓谕办法。迭次谕旨皆系各官厅应行遵守之法令，既无饬令示谕明文，故各官厅亦止奉行而未晓谕者，并非别有私意。如果人民有不应受刑而横遭刑讯者，尽可援据法令上控，并无未经晓谕不准控诉之文。今咨议局所质问，既为养廉耻，重人格，以期国民共晓起见，用意甚善。从此地方自治成立，得多数正绅以礼让倡，率乡人转移风化，期于无刑，斯为正本清源之法，本部堂不能无厚望于咨议局也。候札饬北提法司出示晓谕，并严饬各属一体恪遵谕旨办理，如再阳奉阴违，即由该管上司指明揭参，以肃功令。至此等应行恪遵谕旨事件，无所用其疑问，尽可庄言傥论，据实呈请施行，不必故作缴绕之笔，反失严重之体。后其戒诸。此复（宣统二年十月二十三日）。

请禁送在任官吏碑伞牌匾案①

（宣统二年十月十八日呈）

为呈请事。窃查新律禁为见任官立碑、旧例禁为见任官立碑及送伞等类，盖革虚名以励实政也。近者鄂中立碑送伞，相习成风，几乎吏尽龚黄，官皆召杜。何极贪墨，称为神明，是非之实淆，廉耻之维决，好恶之公泯，治平之矩裂，吏治民风，职是窳败。亟应呈请督部堂严申禁令，凡官吏在任之时，去任之日，立碑送伞及牌匾等类，一概不准，违者照律处罚，分别饬毁饬缴。其有去任十年后遗爱在民者，应仍准地方公立去思碑，以彰政绩，庶存直道于斯民，足以风励乎末俗。本局为维持吏治民风起见，提出禁送在任官吏德政碑及牌匾一案，业于本月十五日开会议决，理合具文呈请督部堂俯赐察夺施行。须至呈者。

附：湖广总督札复

为札复事：据湖北咨议局呈送议决禁送在任官吏得政碑及牌匾一案，请予察夺等情到本部堂，据此。查核所议，系为申明旧例，革除陋习起

---

① 本案为咨议局提议之案，载《议案》中卷。

见，事属可行，应准公布。除行北布政司分别移行通省文武各衙门一体遵照外，合就札复咨议局查照。须至札复者(宣统二年十月二十五日)。

请慎简委员以杜弊端案①
（宣统二年十月二十一日）

为呈请事。窃朝廷设官分治，自府厅州县下逮佐贰杂职，无论实授与署事，要皆有为国为民之专责。能恪守官箴者，尚占多数。独委员既非在任之官，即无守土之责，一旦奉委而出，辄视为调剂之途，供张之刁难，馈送之需索，跟班之开销，借端滋扰，其事虽若甚细，其实上足以伤政体，下足以累闾阎。苟无良法以限制之，流弊将无所底。本局有鉴于此，拟具本省官厅临时委员简章八条，并附则一条，业于本月十八日开会议决。除逐条列左呈备鉴核外，理合具文申明缘由，呈请督部堂俯赐察夺施行。须至呈者。

计呈：

委员简章

第一条 凡上级官厅州县委员赴下级官厅行政区署查办要件，应即由各该上级官厅随札发给火食、夫马等费。

第二条 发给夫马、火食等费，应分别委员资格，按日给费，其数如左：

候补道府：日费五元；

同通以下：日费三元；

本省士绅：日费同上。

第三条 委员日费自奉札日起，至销差日止，其日数由上级官厅预定之。

第四条 委员因天时、人事之阻滞，逾越预定日数，禀经上级官厅

---

① 本案为咨议局提议之案，载《议案》中卷。

核准，日费照补。

第五条 委员有常差薪水未停支者，其日费应于销差日据实开报，余费尽缴。

第六条 委员不得多带跟丁。

候补道府：跟丁二人；

同通以下：跟丁一人；

本省士绅：跟丁同上。

第七条 委员骚扰地方之积弊，应一律革除之。

甲、受供应火食；

乙、受程仪；

丙、受夫马；

丁、受土产；

戊、受折席；

己、受随封。

第八条 违上条所规定者，经上级官察觉或人民告实与受，一律惩处之。

附　则

此案经督部堂核准后，所有从前各官厅调剂一切例差，应请严饬一律禁止。

附：湖广总督札复

为札复事。据湖北咨议局呈送议决本省临时委员简章八条、附则一条，请予察夺等情到本部堂。据此。查本省各项例差，有名无实，徒多纷扰，所请一律禁止，事属可行，自应准其公布。至此外临时委员出差旅费，鄂省向来办法，概由公家给发，本不准需索供应。且查旅费多寡，应视道路之远近，办事之难易，随时斟酌，事前不能预定。若如简章所云，不问行程坐日，规为定数，按日给发，则多延一日，则多得一日之费。倘使早报起程，迟报销差，亦苦无从考核，殊觉窒碍难行。既经本部堂酌定，嗣后凡上级官厅委员查办事件，应先酌给旅费，俟销差日据实开报，由上级官厅复核准驳。有余则缴还，不足则补给。实用实销，准其在行政经费临时项下作正开支。倘再向下级官厅需索规费，一经查觉，与者、受者，一并撤参。委员所携跟丁，自以少为便。第舟行与陆行，劳逸不同；冬季与夏季，行李有别。应定为道府出差跟丁不得逾三人；同通以下及本省士绅跟丁不得逾二人，以分等差而示限制。但此事属行政长官权限，不在咨议局议决范围以内。既经本部堂核定办法，即毋庸交咨议局复议。除饬北藩司分移司道，一面转行各厅州县一体遵办，并将禁止例差一节分布实行外，为此札复咨议局查照。须至札者（宣统二年十一月二十一日）。

严禁违律苛罚案[①]

（宣统二年十月二十二日）

为呈请严禁违律苛罚事。查新律罚金分十等，比照旧律，笞一十至五十改为一等罚至五等罚，杖六十至杖一百改为六等罚至十等罚。一至五以五钱为一等，自五钱起至二两五钱止；六至十以二两五钱为一等，自五两起至十五两止。凡无力出银，以银五钱折工作二日。是罚金为代笞杖而设，按罪拟处，不容有丝毫出入其间，命意本极严明。吾鄂各厅州县官违律苛罚，或一案百金，或一案千金，不但溢出罚刑之外，即按徒流遣死之收赎银两比算，亦十倍、数十倍过之，按平民之捐赎银两比算，仍溢数倍。律之罚有限，厅州县官之罚无限。又或笞而后罚，杖而后罚，禁锢之等于徒而后罚。律以停止刑讯为前提，故以罚去笞杖。厅州县官以违法刑讯为前提，转以笞杖勒罚。又其罚金收入十不报五，报者借口新政，浮支净尽，实则阑入私橐。律以罚恤民，厅州县以罚肥己。夫律者，所以禁人之违律者也。厅州县乃日日以律绳人之违律者，乃纵

[①] 本案为咨议局提议之案，载《议案》中卷。

人民之毁身辱体，荡家破产，非其所恤。新律应否实行，为一问题；厅州县官违律，能禁人民违律与否，为一问题；厅州县官违律，以率人民违律，官民日在违律之中，于法治国体，损害何如，为一问题。本局议员有维持法律责任，计惟上级官厅以律治厅州县官，而后厅州县官不违律；厅州县官以律治人民，而后人民不违律。亟应呈请督部堂饬下北提法司，按照现行刑律十等罚文，加以解释，严札各厅州县官遵律实行。每次处罚数目，引用律文，应即随时揭示，不得于十等罚金外再行任意苛罪，违者照给没赃物例，由北提法使详请督部堂奏参，以贪赃治罪。并饬各厅州县官广为揭示，各属宣讲所刊为白话，分途演说，务使人民一体周知朝廷变法仁至义尽，庶宪政前途益易畅满。已于本月十九日开会讨论议决，为此具文呈请督部堂鉴核，俯赐分布施行。须至呈者。

附：湖广总督札复

　　为札复事。据湖北咨议局呈称查新律罚金分十等云云，庶宪政前途益易畅满，已于本月十九日开会讨论议决，为此具文呈请鉴核分布施行等情到本部堂。据此。查现行刑律罚金及收赎、捐赎各项银数，均有等差可循，不准任意苛罚，早经通饬禁止，并由本部堂遇案批示纠正，已不啻三令五申。兹咨议局提议各属不遵定律，或罚百金，或罚千金，如果属实，殊坏刑章。又称有笞而后罚、杖而后罚等事，尤与省刑之意大相刺谬，自应切实严禁，以杜流弊。嗣后除商务违警自有法律及应依别项法律者外，凡关于民刑事件，均照现行刑律；犯该罚金者，分别等差处罚，罚至十等罚银十五两止，不得于例定银数之外，任意增加。如老小废疾犯罪多妇女犯徒流以上，系属寻常各案按例准其收赎者，又官犯、平民犯徒流以上，非常赦所不原，自愿遵例捐赎者，均照例定收赎各银数分别征取，否则按拟详办，不得借以罚赎朦混从事，其罚赎银数均照例岁底造册详报，并开明罚赎人姓名及数目，晓示各该地方。如有以多报少及隐漏不报并违律苛罚情事，由司详请奏参，以贪赃治罪。除行司饬各属一体遵照并揭示宣讲所以期周知外，为此札复咨议局查照。须至札者(宣统二年十一月二十五日)。

纠举前署襄阳县徐令久绪案①

(宣统二年九月三十日呈)

为据案纠举呈请查办分别奏参事。窃查咨议局章程第二十八条内载"本省官绅如有纳贿及违法等事，咨议局得指明确据，呈候督抚查办"；本条案云"谨案咨议局为一省舆论所集之地，官绅有纳贿违法情事，人民必遭其冤，抑自应立予纠举，俾顺舆情"等语。查湖北吏治窳败，积习相沿，而利害切近以苦痛我人民者，尤莫如州县。督部堂旌节莅鄂，即首参不职厅州县三十余员，而实缺尤居多数，人民忭舞，庶几稍苏。然边远地方，道府徇纵于上，同寮朦蔽于下，知而不举、漏网幸脱者，尚有所闻。本局去年开会以来，迭据襄阳县士绅杨廷赞等以该县前署县徐令久绪劣迹，先后陈情前来。前月始由局调到襄阳道抄来署襄阳府同知魏仲青、襄阳府通判张模、候补知县冯沄会查襄阳县绅王钦鑑指驳前署襄阳县知县徐久绪榜示各款、复禀清折及各卷宗共五件，比即详细查勘。该案条件繁杂，疑窦甚多，徒以调来卷宗有限，无凭对核，未敢尽断虚实，惟于该委员魏丞等会查之禀复清折并前襄阳府窦守查复杨廷赞呈控徐令劣迹十三条清折及各卷内摘其蠹政殃民情弊显著之尤者，如任意勒罚、滥费、营私各款，先为指出，遵照局章第二十八条，立予纠举。其余魏丞等清折所列各条，含糊掩盖，非另有卷宗对核，莫能发其隐伏。应将该清折照抄一分，呈请督部堂选派廉明骨鲠贤员，赴襄逐款彻查，禀复核办。兹就应行先予纠举各款照录该委员魏丞等并窦守清折原文，指其悖谬，列为纠举案。经本局议员提出，当即交付审查。兹据审查报告书称：案内第一款勒罚、第二款滥费、第三款营私经同审查，证据确凿。惟营私款内所称办咨议局选举本官支销夫马钱二百串，学款项下幕友账房支钱九百二十串，实出情理之外，显系吞蚀公款，捏造报销，不

---

① 本案为咨议局提议之案，载《议案》中卷。

仅营私也。综核全案情节，鱼肉平民，袒庇书差，败坏学务，蔑视宪政及种种吞公舞弊，实不胜书。既被民控，又经委查，钱道绍桢遽予了案，其袒护劣吏，冤抑平民，尤属有负监司大员之任，应本局一并纠举，呈请督部堂分别案情，专案具奏，按法惩治，庶可伸国法而儆官邪等因。本局业于九月二十六日开会议决，除将纠举徐令久绪任意苛罚、滥费、营私一案，并照抄道卷委员等会查复禀及清折另行缮折呈核外，理合备文呈请督部堂察夺，乞赐迅速施行。须至呈者。

计缮呈附折二扣（调卷未到）

谨将委员魏丞等并窦守清折原文及本局调查指驳各节录呈鉴核

魏丞等清折原文：一、原呈榜示罚款三十六户，卷查数目相符。惟皮刘氏一款，因地痞皮云程冒认同宗，争继觊产，控经徐令讯实惩办。皮刘氏夫妾生子幼稚将其家产交清节堂保护，皮刘氏心感，报效缉捕经费银千两，兑钱一千八百三十二串六百文。其余罚锾二十八户，又追缴赃款之书差七户。共计一万二千八百二十七串六百文。

附徐令榜示罚款如左：

陈顺银四十串、陈文德五十串、张本忠二百五十串、尚滋荣一百串、骆宏善二百串、杨美五四百串、彭明八十七串、朱选清二百串、郑有本七十串、王芝瑞二百串、刘发兴四百串、郭全胜十四串、刘士超八十串、罗文朝五百串、曹大同八十六串、苏大森三十六串、尹子洲五百串、赵琴鹤三百串、晋丰恒一百串、孙正举十串、杨洪记二百串、双发聚一百串、梁士铎一百串、白理中三十串、刘士珠一千三百串、王有耻三百串、赵天佑五百串、皮刘氏一千八百三十二串六百文、左世贤三十串、刘元瑞一百串、雷坤山三百五十串、周占魁三千串、阎连升三百八十串、张登洪三百五十串、刘殿章一百串、张子云六百串。

共一万二千八百二十七串六百文。

窦守查复民间罚款条内清折原文：一、张菁华之子钱五百串。查张长林系菁华之子，与吴大国田土成讼，由巡检陈肇清申送到县，长林愿捐钱五百串修理双沟街道，其钱由陶宗询县领修街，别无罚款。

窦守查复书差罚款条内清折原文：一、杨文青钱三百串。查此案奉施守宪提讯，追缴钱一百三十二串，原价钱九十串均拨交种树会支用。

窦守查复书差罪款条内清折原文：一、左光第钱一百串。查左光第即左世贤，与郑德有互控，缴钱一百串拨充公用。

按：罚款本于罪疑惟轻之意，薄眚小过，略示儆戒，用救刑法之穷，原非以卷括民财为事。徐令在襄罚款，动以千百串计。果使该人民罪恶深重，自有朝廷法令在，固非罚款所能蔽辜。如其罪可矜恕，则薄罚示儆足矣，何得任意作威，于一人罚三千串或千余串或数百串、百串不等？襄民膏血几何，如此勒罚，据何法典？该委员魏丞等于皮刘氏罚银千两一款，曲意袒庇，谓该氏心感报效，徐令既自行列入罚榜，尚何心感报效之足云？其余罚锾二十八户，如周占魁三千串、刘士珠一千三百串，该委等不能复置一辞，则徐令勒罚之迹，终不可掩。至谓追缴赃款之书差十七户，书差而有赃款，例应加等治罪，岂罚款所能了事？况查前襄阳府窦守禀复清折内有张长林罚款五百串、杨文卿二百二十二串，查徐令罚榜并无二人，亦无张、杨同姓五百串及二百二十二串之罚款。又窦守清折有左光第即左世贤罚钱一百串拨充公用等语，禀复之泛称拨充公用固茫无实据，而徐令罚榜列左世贤罚钱三十串与该府所禀缴钱一百串数目不符，显有侵蚀情弊。恭读光绪二十九年三月十四日德宗景皇帝谕旨：如有不肖官吏，勒罚侵渔，一经发觉，着即请旨就地正法，以昭炯戒。圣训煌煌，何等严重。而徐令肆行威福，罔恤民隐，朘削敲剥，不遗余力，在任仅二年余，榜列罚款至一万二千八百余串之多，是宜遵章纠举者一。

又魏丞等清折原文：一、原呈榜余[示]县卫柜书造券纸张等项隐匿钱六百六十一串九百一节，卷查此项发出各款，核算该书等领状，数目相符，原账亦载六千九百零四串零八十二文，与榜示相同，并无隐匿。

按：学款随正银附捐，虽地方应担之义务，然民间涓滴输将，其来甚苦。接年学司严札州县，禁止糜费，何啻三令五申！并有州县办学于各该堂经费规定原额外有须用款至四十串者，必俟详请批准后方许开支之文。该徐令账榜县卫柜书造券纸张及催差工食等项，共支钱六千九百零四串零八十二文，魏丞等禀复亦云券查数目相符。恣情挥霍，用等泥沙，徐令曾亦扪心自问，征收学捐为豢养书差乎，为振兴教育乎？书差既饱食而嬉，襄阳学务厄于款绌，不能筹办推广，自在意中。徐令催敛学捐计锱铢而取之民，地方担任经费掬汗血而纳诸官，而结果乃以供徐令之肥其书役也。揆之朝廷兴学育才之意，殊相刺谬，若不呈请从严惩处，其影响于吾鄂学务前途必大，是宜遵章纠举者又一。

又魏丞等会查禀复道署原文：同知等公同商议，将视学员礼物一百九十六串八百六十四文，幕友账房九百二十串文、修理贡院四百三十串零三百文、咨议局选举账内告示传单券票等一百四十三串一百十七文、本官夫马二百串文、油炉杂用等一百十六串文，以上六项共计二千零零六串一百八十一文，拟请宪台批饬徐令捐廉，并案移交吴令接收拨用。

按：视学章程严禁馈送学司，久经通饬。幕友账房为徐令自聘之人，何得开支学款，甚至任意取携，动辄数百串？使果账榜不诬（如清查学款委员程敬一百串、考毕业委员礼物钱五十九串四百七十六文之类），应令徐令指实各该员幕姓名，追缴核办；如所榜不实，则徐令不应毁损他人名誉，以遂其攫款之私。总之，徐令滥支糜款，不遵学章，固已数见不鲜。而其办咨议局选举至本身舆马之费亦报销钱二百串文，牟利营私，盖可得其大凡矣。委员魏丞等请饬徐令捐廉移交新任，夫此二千余串之款，苟为正当开支，州县岂能载宝而官，件件捐廉？若其朦账营私，则应在追缴之列，乌得以捐廉美名加之被控吐款之县令。魏丞等曲意回护，于罚款则禀复云"罚款一项，调阅原卷，似皆乐输□"。天下有罚人盈千累百之款，皆乐输者乎？稍有人心者，必不为此言。其拟请批饬捐廉也，则禀徐令何妨再留去后之思？又云"俾该绅等各知感化，以息浮议"。徐令被控吐款，襄人何由沐其感化、息浮议而留去思？魏丞等知情不举，多方掩饰，与徐令狼狈为奸，统观禀复清折，种种曲袒情形，跃跃纸上。而钱道乃批云"阅核清折，尚属详晰，所议亦是。除径行徐、吴两令遵照并牌示外，仰襄阳府分别移行该丞等一体知照"，案遂了结。夫国家之败，由于官邪。兵备道以监察大员，有参劾属吏、澄叙官方之责，顾竟如痴如聋，对此贪酷纵而不治，任一二不肖委员玩弄揶揄而故为曲徇，上下相蒙，其何以国？兹姑就该委员魏丞等清折所陈情节重大、证据确凿如上所述者先予纠举，其余拟照抄清折，呈请督部堂查办。

附：湖广总督札复

为札复事。十月初四日据咨议局呈纠举徐令久绪任意苛罚、滥费、营私一案，并照抄道卷委员等会查复禀及清折另行缮折呈核请赐察夺等因，据此。查此案于本年三月据议员孙传烈、卜文焕电控前署襄阳县知徐令久绪经手各款不榜示等情，当经电饬安襄荆郧道钱道会同襄阳府曹守彻底清查，约同襄樊正绅当面会算。嗣据禀复，查明徐令久绪经手罚款、亩捐各项，尚无侵吞隐匿情事，并将视学员礼物等六款饬由徐令自行捐廉，移交后任等情，批准销案在款。旋于六月间又据师范毕业生朱桂馨、贡生王钦镒禀控徐令久绪鲸蚀学费，恳予饬追等情到本部堂。当以学款出自亩捐，前后情节不符，必须从严并案彻究。复经饬令徐令久绪随带簿册，迅赴襄阳，仍由钱道行提案卷，传集先后人证，督同襄阳府核对账据，按款复算。九月间接据钱道电禀，查明各款实无隐匿浮冒情弊，请示办理。本部堂当以案既查明，应自照例拟办，即经电复在案。兹据咨议局呈称，前因纠举各端，殊与道府所查情形不尽符合，既称钱道绍桢袒护劣吏，一并纠举等情，自未便遽予定案。事关官吏滥罚营私，亟应另派公正大员前往复查，秉公核算，始足以昭核实。除分行外，合先札核[复]。希即查照并希转饬议员孙传烈，俟闭会后迅回原籍，听候查询。须至札复者（宣统二年十月十一日）。

纠举前署建始县金令策先案①

（宣统二年十月十六日）

为遵章据案纠举事。窃查咨议局章程第二十八条"本省官绅如有纳

---

① 本案为咨议局提议之案，载《议案》中卷。

贿及违法等事,咨议局得指明确据,呈候督抚查办"等因,本局去年开会期中,建始县李庭举以前署县令金策先贪诈阴险,借公肥私等情前来,因证据未经调齐,暂未置议。兹经本局议员调查一切案据,开会决议,佥称应行据案纠举。谨将前署建始县金令贪赃违法各节缕晰为督部堂陈之。查光绪三十四年七月,金令在建始县任内禀调任督部堂陈(夔龙),称于光绪三十四年七月初四日访闻县属东乡望坪水灾,亲诣踏勘,河堤冲溃,禾苗概被淹没。因即就地筹赈,倡首捐廉二百串,晓谕绅富乐输,共捐获钱票一千二百一十六串文,即便价买该处原有绅富自筹积谷京斗二百石,每石扣市价钱三串三百十七文,共需钱六百六十三串四百文。将前项买获谷石立时散济,并散钱二百二十六串,两共散钱八百八十九串四百文。尚存钱三百二十六串六百文,发给绅首冯述悦等收领作为修堤之费。现在灾民安堵如初,秋成之后,均可各谋生计,所发积谷仍旧价买,照原填仓,以防来年春季之不足等语。奉批仰司转饬遵照在案。据此案推究,望坪水灾赈款,出自绅富,办赈告竣,实有存款,发交绅领修堤。查宣统元年九月,署施南府知府金守世和禀复藩司,查明金令被控各款情形一案,内称:本年七月奉藩宪札,据建始县贡生黄学珍禀控前署建始县金令策先,浮报平粜款目及习艺所工价,又侵蚀隐漏罚款、笼络城绅各条,是否属实,饬府切实密查,据实详晰禀复核夺,勿稍徇隐等因。计抄粘单一纸。奉此。查该贡生所控各节,均系金令署建始县任内之事。当即密札现署建始县陈令确切查复去后。兹据陈令禀称,遵即按照指搪各节,调查各卷,详询经手之绅首、匠人,互相印证。如原禀去年沈令任内筹办平粜银五百两,计实本八百五十串,派人赴川购米未到交卸,金令接办,转运脚力、麻袋费、局用共亏钱二百七十五串,金令妄禀一千零九十八串七百零五文,计浮报八百十五串一节。卷查上年四月间,卑前县沈令俊筹办平粜,借用冯名灿等义仓谷本利钱二千五百六十三串二十文,发由富绅刘炜堂等赴川购米未到。沈令交卸,移交金令接办。其时东乡望坪大水为灾,入秋后又虫旱合灾,金令于城绅购到川米,督绅在城设局平粜。望坪则劝绅富捐资借谷,失[?]后散赈一次,平粜二次。事竣结算,城内平粜亏折钱二百九十六串八百七十七文，望坪于绅捐之外垫发赈钱二百串，又平粜亏钱六百零一串八百二十八文，总计实亏义仓本利钱一千零九十八串七百零五文。有金令原开赈单附卷，查核相符。此项亏款业由金令禀蒙筹赈局宪，饬由宜昌官钱局拨兑领回归款在案。是原禀金令办粜仅亏钱二百七十五串，系就在城平粜言之，其望坪先后赈粜亏钱八百余串，未经并计，以致数有多寡等情。据此案推究，所谓望坪先后赈粜亏钱八百余串者，一指赈亏垫发钱二百串，一指粜亏钱六百零一串八百二十文。金令望坪赈案，原禀有捐廉二百串之语，无垫发明文，捐廉、垫发，名义悬殊，是金令所指望坪赈亏垫发钱二百串不实之确据也。查金令办粜告竣一案，系光绪三十四年八月一日具报；办赈告竣一案，系光绪三十四年某月某日具报。赈案内未言粜，粜案内未言赈；赈在望坪，粜在建始县城内。两案划然，绝不相涉。金守插"望坪入秋后又虫旱合灾"一语，以为办粜之借口。不思望坪地仅弹丸，水灾实在七月，岂有一月之中既水忽旱之理。若其所谓秋后者不以七月为限，其如八月十一日办赈已告竣，何可知八月十一日以前望坪水灾外无灾，水灾赈案外无粜？金守为金令掩饰弥缝之说，可以立穷，足得所指望坪粜亏钱六百零一串八百二十八文不实之确据。合捏报垫发二百串以并计，金令卖共浮报建始县城粜款八百零一串八百二十文。此其吞粜之确据也。查宣统元年四月，金令禀调任督部堂陈，称于去秋通禀筹办济望坪水灾声明冲溃河堤，仍饬绅首赶紧修筑完竣具报在案。兹据绅首冯述悦等禀称，前项河堤已于本月修筑完竣，系雇被灾人民以工代赈，是以工程坚固，共用工食钱四百二十一串四百五十七文，动用前项余款钱三百二十六串六百文，尚不敷钱九十四串八百五十七文，由该绅等筹垫，公恳转报等情前来。卑职查勘无异，实系工固费俭，除不敷钱文捐廉偿还外，所有河堤修筑完竣情形理合禀报等情，奉批仰司核饬遵照在案。据此案推究，金令任内堤工业已完竣，并经查勘工固费俭。查宣统二年正月，署建始县陈令照会姚家振一案内叙：据谭道五等先后呈控冯述悦挖毁石柱观，并吞蚀堤工积谷等款。经本县分别查勘，其所控挖石柱观之事，已断令冯述悦捐钱二百串作为初等小学之用，业据冯述悦遵断认捐。至堤工经费四百余串，续准金前任移交过县，即已报明府宪，发交原手姜文波、冯述悦等收领，以作地方公用等语。据此案推究，金令移交堤费，在冯述悦被控之后，除捏禀捐廉九十余串不计外，其于光绪三十四年禀称望坪赈款余钱三百二十六串六百发交绅领修堤，宣统元年禀称工固费俭、查勘无异各情，点点皆虚，虽续经移交，以前赈款钱三百二十六串六百因已阑入私囊，此其吞款之确据也。再印契收税，国税所系，有司征收赋课，宜如何奉公洁己，使弊绝风清。乃查金令卸任之时，竟敢预印空白契纸，沿乡发卖。此项空白契纸，亦经本局调查验明，建始县印三颗照印契式盖用无误。本局会议之时，以为此亦违法之一端。而吞粜、吞赈两层，尤属大干法纪。除将一切证据各件随文附呈外，理合备文呈请督部堂俯赐察核，乞予照章查办，以澄吏治，而肃官方。须至呈者。

附：湖广总督札复

　　为札询事。顷于本月十八日经咨议局呈到纠举前署建始县金策先吞粜、吞赈、违法三层，并将一切证据随文附呈本部堂。据此。查咨议局章程第二十八条内载"本省官绅如有纳贿及违法等事，咨议局得指明确据"等语。兹阅局中所指金令违法一节，仅以空白印纸一称为据，纸上并无金令丝毫字迹。夫官非一尺，印非一任，何以此张空白印纸定为金令所发？局中既经纠举，自当另有确据。本部堂职司察吏，嫉恶尤严，然必有以折服属吏之心，乃足以昭平允。为此，先行札询。希将此项空白印纸发自金令确据切实声明，以便派员并案查办，以昭核实。须至札者(宣统二年十月二十四日)。

纠举前署广济县何令庆涛案[①]

（宣统二年十月十八日）

　　为匿灾枉征据实纠举事。窃查咨议局章程第二十八条内载"本省官绅如

[①] 本案为咨议局提议之案，载《议案》中卷。

有纳贿及违法等事，咨议局得指明确据，呈候督抚查办"；又查大清现行刑律检踏灾伤田粮律文"凡部内有水旱霜雹及蝗蝻为害一应灾伤，田粮有司官吏应准告而不即受理申报检踏及本管上司不与委官复踏者，各处八等罚；若初、复检踏官吏不行亲诣田所及虽诣田所不为用心从实检踏，止凭里长甲首朦胧供报，中间以熟作荒，以荒作熟，增减分数，通同作弊，瞒官害民者，各处十等罚，罢职不叙；若致枉有所征免粮数计赃重者，坐赃论"各等语。兹本局查悉广济县罗城围堤内五乡灾民胡仲良等呈控前署县何令庆涛去岁匿灾枉征一案，经年未结，灾民实受冤抑。围地滨临大江，势最洼下。去岁自四月中旬，大雨连绵四十余日，尔时江水陡涨，围闸谨闭，合邑洪水奔注，统汇围内，周围九十余村，田禾概被淹没，入冬始渐退出。何令于六月初莅任，比受围内灾民胡仲良等首先呈报，何令仅批设法疏消，不往检踏。此后相继报灾者非押置不批，即掷不受由[理]。九月中旬，灾民胡仲良等向府省各衙门呈诉，均经批斥饬何令勘实。何令迟至十一月便道略勘一二处，即便朦胧禀复。自此催科日急，灾民愈不堪命。本年二月间，灾民陶松林等赴县环恳检踏，并求给路票逃荒，何令一面往勘，一面以抗粮塞署等词通禀拿办，希图挟制。幸经督部堂批饬黄州府转委黄梅县查令双绥就近勘实，复称上年之水与光绪二十七年无异。六月间，复由灾民李其清等控，经督部堂批仰北布政司饬令黄州府，迅将该处光绪二十七年灾卷并委卷申阅，以凭办理。迄今数月，未知究竟。唯思匿灾枉征，律所不恕。灾民受此荼毒，已经一年，违法之有司，毫无所动。吏治之窳，民生之蹙，流极何堪设想？本局代表舆论，未敢缄默，应即遵章纠举。业于十月十四日开会议决，理应抄录证据，呈请督部堂按律核办，为玩灾殃民之炯戒。除将何令匿灾枉征各证据另行缮呈鉴核外，理合具文呈请督部堂察夺，立赐施行。须至呈者。

计呈：

纠举前署广济县何令庆涛案

一、成灾之证据

宣统二年四月二十三日黄梅县知县查令双绥奉黄州府委勘广济县灾

情禀复原文：该处地势低洼，历年不免积淹，特以上年浸淹过巨，涸复较迟，所以该处灾民告称颗粒无收也。知县揆度被淹情形，准之黄梅水乡，盖所谓积水之灾，原在可以缓、可以无缓之间。知县前此查勘时，该处士民合云光绪二十七年被水成灾，曾经蒙恩准缓，有案可查。回梅后咨访士绅，亦云上年之水与二十七年无异，然秋灾定例，不出九月。如果该处灾民当时未曾禀报，即系自误。现在应如何核办之处，知县未敢擅拟等语。

按：复称上年浸淹过巨，涸复较迟，显见上年之水与历年积淹有别。灾民告称颗粒无收，查令勘实，并非捏饰。又称回梅后咨议士绅，亦云上年之水与二十七年无异。二十七年既蒙恩准缓有案，足见上年被淹非可以缓、可以无缓之灾。至称如果该处灾民当时未曾禀报即系自误，查令或未见原报灾呈文，故有此语。然查是年六月，灾民胡仲良等联名呈报，何令并有批示（次款列载），有案可稽，不能以过时不报归咎于灾民之自误，而为何令解免也。

二、报灾不勘不理之证据

宣统元年六月十三日何令批灾民胡仲良等灾呈原文：据禀称洪水泛涨，恳详允缓。现在国家经费支绌，赶紧设法疏消，补种晚禾，毋庸希图枉缓。

宣统元年十月初二日黄州府批原文：仰广济县迅速亲诣勘明，分别灾情轻重，据实禀办，毋任捏饰枉缓。

宣统元年十月初三日布政司批原文：据灾民胡仲良等呈，查前据该县太东、灵西两乡民人刘在喜等呈诉被淹情形，业奉督宪批司行府督县确切履勘禀办在案。兹据该民等禀各乡被水甚重，无所疏消，是否实情，应否酌量办缓，仰黄州府迅饬广济县切实查勘，并案据实禀办，勿稍玩延。

宣统元年九月二十九日前督部堂陈[夔龙]批原文：查该县水灾较轻案，经酌拨款项派委会县抚恤在案。据禀太东等乡补种无收，是否属实，仰北布政司速饬黄州府督同广济县亲往查勘确情，据实禀办，毋稍捏饰。

按：何令通禀动称该处灾民迄未呈报，原以秋灾定例，不出九月，过此便可朦隐。试问宣统元年六月十三日批语是否何令批示？且该灾民等层叠上诉，均在九月之内，又岂有向府省各衙门虽诉不先向县呈报之理？何令自批胡仲良等灾呈后，凡报灾者概不受理。即以六月十三日批语而论，曾有一字批及检踏否？其谓设法疏消，固明知已被淹没；其谓补种晚禾，固明知全无晚禾。借口国家经费支绌，批斥灾呈，岂该令欲以灾民之输将，维持国家经费之支绌乎？裹朝廷而愚黔首，居心岂复可问！

三、既勘欺瞒之证据

宣统二年三月初三日何令禀单原文：此次查勘县属灵东、永西、灵西等乡之陶塘坂等处，地势低洼，田与湖平。询问本地居民，每年夏水泛涨，汪洋一片，非冬尽不能涸出，非大旱不能全收，历年如是。率以为常俗云十年九不收，一收当十年，即指此等田地。盖其田系湖泥淤成，性质肥美，升科有限并多有无粮者。现在节交仲春，潦尽谭空，其低处尚有田亩浸在水中，田塍露出可辨，所谓宛在水中央者，原不能以灾论等语。

按：查陶塘坂等处，田在湖滨，究非大水不能淹及，禀称夏水泛涨，汪洋一片，非冬尽不能涸出，此即黄梅县查令所称上年漫淹过巨，涸复较迟，非年年如是也。何令自去冬略勘一二处后，至本年三月因灾民环恳，始向该处检踏，已属异常玩视，反称该处田与湖平，宛在水中，历年如是，率以为常。试问历年如是，何以陶塘坂等处自光绪二十七年后历年完粮，并未历年办灾？该令所禀田多无粮，有何根据？十年九不收，居民何以生活？殊为诬罔！

四、匿实枉征之证据

光绪二十七年，罗城围内五乡九十一村被灾蒙缓米数共六千余石，有二十七年誊黄灾卷可查。本年升合未缓，围内被灾粮饷未完者，本年四月间均经何令责令粮书裁垫，持券下乡，威逼完纳，并索重息。广济旧例，凡赴柜完纳钱粮，必上红簿，可调簿查验。

按：围内九十一村被灾分数，何令虽匿不勘报，然二十七年水灾缓米六千余石之成案俱在。何令以贪图征收赢余之故，始则报灾不勘，既而饰词朦禀，终且肆虐枉征，致使该处灾民既遭抗粮之诬，复数[受]裁垫之累，上干国纪，下玷官箴。查律载，枉有所征粮数，自奏准后发觉，谓之赃，故罪重于十等罚，并坐赃论。应请督部堂从严参处，按律核办。

附：湖广总督札复

为札复事。本月十八日据湖北咨议局呈称：窃咨议局章程第二十八条内载：本省官绅如有纳贿违法等事，咨议局得指明确据，呈候督抚查办。又查大清现行刑律检踏灾伤田粮律文：凡部内有水旱霜雹及蝗蝻为害一应灾伤田粮，有司官吏应准告，而不即受理申报，检踏官吏不行亲诣田所及虽诣田所不为用心从实检踏，止凭里长甲首朦胧供报，中间以熟作荒，以荒作熟，增减分数，通同作弊；瞒官害民者，各处十等罚，罢职不叙；若致枉有所征免粮数计赃重者，坐赃论各等语。兹本局查悉，广济县罗城围堤内五乡灾民胡仲良等呈控前署县何令庆涛去岁匿灾枉征一案，经年未结，灾民实受冤抑。围地滨临大江，势最洼下，去岁自四月中旬，大雨连绵四十余日，尔时江水陡涨，围闸谨闭，合邑洪水奔注，统汇围内，周围九十余村，田禾概被淹没，入冬始渐退出。何令于六月初莅任，比受围内灾民胡仲良等首先呈报何令，仅批设法疏消，不往检踏。此后相继报灾者非压置不批，即掷不受理。九月中旬，灾民胡仲良等向府省各衙门呈诉，均经批饬何令勘实。何令迟至十一月便道略勘一二处，即便朦胧禀复。自此催科日急，灾民愈不堪命。本年二月间，灾民陶松林等赴县环恳检踏，并求给路票逃荒，何令一面往勘，一面以抗粮塞署等词通禀拿办，希图挟制。幸经督部堂批饬黄州府转委黄梅县查令双绥就近勘实，复称上年之水与光绪二十七年无异。六月间，复由灾民李其清等控，经督部堂批仰北布政司饬令黄州府，迅将该处光绪二十七年灾卷并委卷申阅，以凭妥理。迄今数月，未知究竟。唯思匿灾枉征，律所不恕。灾民受此荼毒，已经一年；违法之有司，毫无所动。吏治之窳，民生之戚，流极何堪设想？本局代表舆论，未敢缄默，应即遵章纠举。于十月十四日开会议决，理应抄录证据，呈请督部堂按律惩办，为玩灾殃民之炯戒。除将何令匿灾枉征各证据另行缮呈鉴核外，理合具文呈请察夺，立赐施行等因。据此。除派员查明禀复核办外，为此札复咨议局查照。须至札者（宣统二年十月二十三日到局）。

纠举荆州府斌守俊案①

（宣统二年十一月初六日呈）

为据实纠举呈请查办事。窃查咨议局章程第二十八条"本省官绅如有违法及纳贿等事，咨议局得指明确据，呈候督抚查办"等语。本局议员调查荆州知府斌守俊自到任以来，营私罔利，民怨烦兴。兹举其关系最大者二端，指明确据并具理由如左：

一、积谷

查荆州阖府常平仓积谷原额三万石，中间几历变更，至光绪三年，应实存谷二万四千二百八十六石在仓（据府志，细表列后）。仓建府城，向例由知府经理。戊申年斌守假扫仓为名，于四、五、六三个月内，将所有之谷售卖罄尽。比至去年江、公、石、监、枝、松六县大水为灾，人民饥饿而死者无算，不惟米谷杂粮统行告匮，即草根树皮皆餟食无余。而该仓乃四壁空悬，颗粒无存，以致预备救荒善举，罹此凶年，不能得其拯助。各属官绅或向府署缄问，或向斌守面语，辄闪烁支吾，憖置不理，延至此刻，该仓之空虚，依然如故。窃积谷原以备荒，斌守竟悍然不顾，任意售卖，两年之久，捐不还仓。道路喧传咸谓斌守将谷发卖，款交各商号生息，每月一分。不知积谷事件何等重要，岂可任便移挪生息？倘长此玩延，诚恐始则借款渔息，继则干没无余，阖属公益，将成画饼。况目前督部堂洞悉备荒之策，积谷为先，通知各府州县筹办积谷，雷厉风行。是各属无积谷处所，当应赶办；而我府原有之谷，乃任便吞

---

① 本案为咨议局提议之案，载《议案》中卷。

没？藐抗上台之命令，玩视下民之积苦，罔上欺下，莫此为甚；监守自盗，咎将谁归？是积谷盗卖没吞亟宜纠举之切实情形也。

调查荆州阖郡常平仓积谷存储数目表：

（甲）咸丰九年六月，知府唐际盛奉巡抚札提盐厘项下钱采买积谷六千石。十年，知府唐际盛、兵备道严树森设立捐米分局，共获捐谷六千八百八十六石八斗。

（乙）同治二年，知府张建基奉总督札饬，借拨满营谷五千石。五年，知府庆春奉两司札饬，抚恤公、监二县灾民谷三千六百石，共拨谷八千六百石，实存谷四千二百八十六石八斗。同治十年九月，知府陈梦兰奉两院委员采买谷二万石，均储在仓。

（丙）光绪三年八月，知府倪文蔚奉总督拨运荆州储谷二万石，到本月仓谷一万五千五百乙石八斗一升。四年七月，复买谷四千四百九十八石乙斗九升，以足前数，均储在仓。

说明：

据此，则自同治五年后，实存仓谷只四千二百八十六石八斗。至同治十年知府陈任内采买仓谷二万石，光绪三年知府倪任内虽经拨运，旋即还仓，则存仓实数确系二万四千二百八十六石八斗矣。惟查后此三十年中，光绪壬午、癸未两年水灾，曾由各属知县出具印领，着地方绅耆筹款备价，领回平粜；所备之价，均缴由府署。旋即买谷还仓。至丙申年，知府舒公惠因积谷太多，恐致腐烂，责成江陵知县张令集庆切实经理。推陈纳新；十月后即概行还仓无异。自此之后十余年中，从未粜籴。则此二万四千零在仓之谷，即应无从短少。而斌守乃任意售买[卖]，将款吞没，措不还仓，徇利忘义，殊不可解。

一、堤费

江陵县属万城大堤，长二百一十七里，险要最多，匪惟荆沙之命脉，实下游十数州县之保障。查乾隆戊申堤溃，被灾最酷。诏发内帑二百万，命大学士阿文成公持节驻荆督办工赈，并责成本省督抚分年轮防。至道光十二年，因水利同知督率不力，改归知府承办。二十一、二十二、二十四各年连溃，人民困苦不堪。前后又诏发公项银数十万两，始克修理完固。地方因该堤屡经诏旨，故咸郑重之曰命堤。光绪初年，前守舒公惠莅任，知该堤至为紧要，在郡十五六年，实心估筑，所收堤费绝不自私，阖属人民馨香祷祝，就堤上立碑，名曰舒公堤。该堤至今尚能支持者，皆舒守之赐也。自甲辰年斌守接任后，于堤工一味敷衍，每年吸收堤利不下四五万串（出入细单列后），岁修弊端层见叠出。及至江涨告警，危险万状，獾漏崩矬，时有所闻，而斌守概置不理。乡民有报险者，辄以扰乱人心呵斥之；局委请搪护者，则以捏情索费禁止之。人心愤激，未可如何。吸万姓之脂膏，饱一人之欲壑，以充盈囊橐为目的，置小民生命财产于度外，万一疏虞，则百姓生灵咸沉釜底，其害有不可胜言者矣。是堤费逐年没吞，急宜纠举之确切情形也。

调查万城大堤至[自]光绪三十一年至宣统二年出入账目表：

（甲）每年堤费之收入：

城土局	征款	二万有奇
枣林岗		九千有奇
岑河口		一万九千有奇
龙湾局		一万之谱
郝政局		一万之谱
郝分局		一万七千有奇

通计征收局计共六所，每年应征八万五千有奇。

说明：

江陵征收土费之法，照秋科土，照方收费。秋有定名而方无定数。光绪初年，经邑绅李侍御芳柳呈控奏准，江陵每年土费至多不得过二十方，著为定例。照通县秋粮以二十方计之，每年约共征土费九万六千余串。本条所列收入共八万五千串有奇，水旱偏灾而从其酌减之数也。

（乙）每年堤费之支出：

（一）征收局经费（六局各目见上）：

委员薪水（六局六人），每年共计二千一百六十串（每人每年三百六十串文）；总书口食（六局六人），每年共计四百三十二串（每人每年七十二串文）；清书口食（六局十八人），每年共计八百六十四串（每人每年四十八串文）；督办口食（六局六人），每年共计四百八十串（每人每年八十串文）；汛差口食（六局人数多少不等），每年需钱八百余串（每人每年四十八串文）。计征收局六所，每年约需经费四千七百三十六串文。

（一）堤工局经费：

官工四局：李家埠、万城、江神庙、保安寺。民工五局：登南、马家寨、郝穴、金果寺、拖茅埠。计共九局。每年薪水载左：

委员薪水（每局二人，九局共十八人），每年共四千三百二十串（每人每年共二百四十串）；督石工委员一人，每年六个月计算薪水一百二十串；石卡委员一人，每年六个月计算薪水一百二十串。

支发二局司事各一人，每年薪水共三百六十串文。

工书工正（九局计共十人），每年口食共钱四百零八串（每人每年共四十串零八百）；堤差（九局共二十四人），每年饭食钱共五百七十六串（每人每年二十四串文）。

工北科总书口食，每年约一百余串。

九局约需经费共钱六千零四串文。

通计征收、堤工局六、九所，共支出经费计钱一万零七百四十串。

说明：

此项支出之款，每年如是，无论收费多寡、工程大小，而此用数则无增无减也。

（一）逐年岁修土工比较（自光绪三十二年起，至宣统二年止）：

光绪三十二年分岁修：

官、民二工土局，共计二万九千九百九十八串有奇；

石船、工，共计二万零四串有奇；

土、石二工，共钱五万零二串有奇；

加入两项局用一万零七百四十串文之谱；

通计钱六万零七百四十二串有奇。

光绪三十三年分岁修：

官、民土工，共计钱二万八千之谱；

石船、工，共计钱八千之谱；

土、石二工，共二万六千之谱；

加入两项局用一万零七百四十串；

通计钱四万六千八百四十串。

光绪三十四年分岁修：

官、民土工，共钱二万五千有奇；

石工计钱六千之谱；

土、石二工共三万一千之谱；

加入两项局用一万零七百四十串；

通计钱四万一千七百四十串。

宣统元年分岁修：

李家埠局、万城局、江神庙局、保安局四局官工，共钱一万零六百九十串。

民工登南局柴矶堤土工，二千二百六十串；

黄潭翻挖及登南三处土工，共计五百串有奇；

马家寨局乙号土工，一万七百六十串；

郝局龙二渊土工，七百六十串；

潭子湖土工，一千一百有奇；

金果寺局土工，一千一百六十串；

拖茅埠局未定堤土工，三千零三十串；

民工八处，共钱一万一千三百一十串。

官、民二工，总计钱二万二千有奇。

石船、工，共计钱一万之谱。

加入征收局、堤工局两项局用一万零七百四十串。

通计钱四万二千七百四十串。

宣统二年分岁修：

官工万城[局]、李家埠二局土工，三千有奇；

江神庙、保安局翻挖土工，共三千有奇；

四局官工共计钱六千有奇。

民工登南局翻挖土工，四百串有奇；

柴矶堤翻挖（外坍危险，已估未修），五百串有奇；

西柳湾土工，一千一百四十串；

马家寨局下林脑堤工，九百三十串；

双圣坛（外帮内翻挖），共钱九百三十串；

祁家渊（内坍外塌四十余丈），已估未修；

郝局潭子湖、新开堤两处土工，共钱一千五百有奇；

龙二渊、上新开、九等寺砖工，三处共二百串之谱；

金果寺局堤工，一千一百串；

拖茅埠局中、下孟家院，永定堤工、罗家湾土工，四处堤工共二千三百六十串；

石船七十余只（每只钱五十串文），共钱三千五百串；

石工，约计钱四百串之谱；

其余有估无修处所甚多，不及备载，仅就现修工程开列清楚；

总共民工共钱一万二千九百六十串。

官、民二工合算，扣[计]钱一万八千九百六十串。

加入两项局用一万零七百四十串。

通计钱二万九千七百串。

说明：

据前后比较观之，则光绪三十二年支用，约六万串零；合之入款，已获余利二万余串。由光绪三十三年至宣统元年，则每年支用约四万零，每年所获余利约四万余串，共十二万余串。至宣统二年，则支用止二万九千串零，是今年余利约五万余串。其所以然，斌守系三十年莅位，其时情事未熟，故支用尚达六万零；逮任事既久，舞弊渐熟，故每年支用止四万零；比至今年，阅堤务改章案已通过，风说喧传，焦急万状，故今年支用则止二万串零矣。查去年江涨啮堤，崩塌至多，今年岁修，理应加增，而反减少。推该守之意，实不在堤工之吃紧，而只在堤费之吸收矣。爰即数年余利，约略计之，已不下二十万缗。该守之宦囊肥，万城之堤朘瘦；该守之家室安，荆州之人民危。长此如斯，后患何堪设想也。

（一）各项克扣陋规：

支发局每串扣圵8钱三十二文；

每串扣旭钱六文零①；

每串借开销钱十文；

算二成账钱每串扣钱七十文；

堤工局委员每串克扣钱一百文零；

委员家丁每串扣钱五十文零；

工书、工正每串共扣钱（内有门费过工半个诸名色）二百文；

堤差每串克扣钱十文零；

每串发交夫硪，共计克扣钱四百七十八文。

每串实剩净钱五百二十二文。

说明：

据此，则每年估修堤费，除克扣外，每串只剩净钱五百二十二文。此等积弊，已属骇人听闻！而此五百余文之数，领入头硪之手，又有克扣。则每串钱实在上堤，并不及一半矣。试照宣统二年支出最少之数计算，共二万九千零，内除经常局用一万零，则估堤只一万九千零；除克扣，则实在上堤只七八千串，以二百余里之堤，八万余串之款，而实在上堤之钱，只得七八千串，危乎不危？又查支发局，向由各汛官经理，现斌守攘而夺之，由该府署派司事经理，并将克扣之钱一并吸收。又去冬因灾重民艰，地方请将各工早开，概用灾民，以工代赈（向用南夫）。该守因假工赈名目，向当道借款三万串，而工竟未开，至今春二月，略

---

① 圵8、旭为旧时记账字码，即985、95，此处系指铜钱的纯度。

加修补，且有估无修处所甚多。该守之居心，真不可问矣，就以上积谷、堤费二端观之，其违法自属无疑。虽非纳贿，而情节较纳贿尤重。纳贿只关一家一人之屈抑，假积谷、堤工而渔利，实坑害千万人之性命。理应由局呈请督部堂查核严办，责令斌守将原有积谷二万四千二百八十六石八斗迅速还仓，并将两年出息余利照一分扣算，和盘托出；于延误重灾，揞害民命情形，严议罚例，以快人心；堤费则请委员调查逐年账目股单，追缴侵渔款项并克扣积弊，以重要公，而儆官邪等情。当以事关重大，决交审查委员详悉审查。旋据审查报告，内称本局议员提出之纠举荆州府斌守一案，所指各证据应请督部堂遴派大员，切实彻查。其彻查之要端计分八［七］项：（一）查斌守到任接卷内实存积谷若干石；（二）查斌守卖谷后钱存何处，生息若干；（三）查去年荆州府属火灾，无谷赈救，致毙多命情形，（四）查斌守到任后每年征收堤费若干，实收堤费若干；（五）查斌守到任后每年案报堤工支款若干，实支款若干；（六）查勘去年、本年万城堤修补工程；（七）查访万城堤水涨时实在危险情形等语。业经开会议决，理合具文呈请督部堂照章察夺施行，须至呈者。

附：湖广总督札复

为札复事。本月初七日据湖北咨议局呈称，本局议员调查荆州府知府斌守俊自到任以来，营私罔利，民怨烦兴，举其鲸蚀仓谷、堤费二端，指明确据理由，呈请照章察夺等因。据此。除委派大员前往确切查办并行北布政司外，为此札复咨议局查照。须至札者（宣统二年十一月十三日）。

东湖县议、董事会陈请该县警察勒捐滥刑案[①]

（宣统二年九月二十三日呈）

为呈请事。案据东湖县议事会议长曹启荣、董事会总董童玉昌等赍

[①] 本案为人民陈请建议之案，载《议案》下卷。

具陈请书内称："窃宜昌警察坐办舒牧承荫，于八月初九日照会自治公所，开会磋商警察改良办法，议员等不胜忻幸。届时府县均临，舒坐办并未谈及改良之事，惟鳃鳃以经费是虑，欲创办灯火捐，议员等均未认可，府县亦未允。舒坐办竟于二十五日并不会同地方官绅，亲率勇丁，随带刑具，按户勒捐。一时市面恐惶，纷纷来告，并具有陈请书请议。议员等诚恐滋扰，未便缄默，当传各区保正，令其沿街安慰。讵舒坐办蓦地将保正刘洪胜于是晚传去，诬以造谣，重责二千，次日枷号游历十二区，以示威而压众。查保正乃绅首公举，地方保甲办公正人，即地方官之耳目，纵有过犯，当送交地方官惩办。该保正又未犯彼警章，何得擅辱，甚至加以重刑？及公所派人往查，亦被该警勇毒打，请县验明伤痕在案。非彼示意，该警勇何敢如此？议员等当禀府县，蒙府批仰县持平查办。旋奉县批：'案经确切查明，舒坐办挨户清厘者，实系警察固有之铺捐，并非另外倡兴灯火捐，来禀实系误会。至保正被坐办传局责枷，亦因其事未查明，遽尔沿街宣告，殊为荒谬，并恐铺户以讹传讹，误听误信，是以薄责枷示，以释群疑。舒坐办及该议员等互禀府县，奉饬查复，业经本县据实复陈。究应如何办理，仍候府宪批示遵行。'等因。奉批之下，不胜骇异！查警察固有之铺捐，舒坐办并未清厘一家，所写者均向无铺捐之小店户，其花名单当经呈县，何谓误会？保正乃承公所之命沿街安慰，何谓荒谬？重责二千，何谓薄责？枷号游历，适以激众怒，何为释群疑？种种袒护，形于言表。舒坐办甫经到宜，即威迫勒捐，野蛮肆虐；地方官任其孟浪，漫不加察，不能无过，故尔袒护，以求敷衍了事。似此办法，保治安者反以妨治安，恐于新政前途影响滋大。按自治章程，凡事属公益者，得赴官诉讼；官断不服者，得请咨议局公断。今舒坐办勒捐肆虐，县批袒护饰过，反谓议员等误会，议员等心何能服？理合公请裁议决。"等情前来。查大清违警律久经钦定颁布施行，内载罚例不过三种：一拘留，二罚金，三停业及勒令歇业。一切刑具，皆非警官所宜用。盖警察处分，为行政处分，与刑事裁判大不相同。罚例宜遵照警章，不遵警章滥用非刑，即属破坏法律。舒牧既任警察局坐办，断无不读大清违警律之理；既读大清违警律，断无不知法定罚例无枷、杖两刑之理；明知法律无枷笞之刑，故背王章，擅作威福，警官如此，民何以堪？东湖县令批该议事会呈，一则曰传局枷责，再则曰薄责枷示，亦若枷、杖之刑。朝廷虽无此法律，坐办应有此权力；坐办之所作法，小民不当诽谤。一坐办之威，可以离朝廷之法，而独立县令为之左袒，且为饰辞。王法之不能行，民生之不足惜，读之可为寒心。伏查钦定宪法大纲：臣民非按照法律所定，不得加以逮捕、监禁、处罚。今舒牧于大清违警律之外，增加枷、杖二刑，是否违背先朝宪法，固待督部堂之解决。惟近日官吏自我作法，蹂躏人民权利视为故常，不为创惩，法律无可行之日，拟清督部堂暂撤去宜昌警察局坐办舒牧差使，一面电饬东湖县将杖枷情形禀报核办。至抽捐争议一节，除由本局派员驰往该议事会、董事会调查该城商民请议书、该会关系此案一切记录、写捐花名单，并就近调查该处巡警现状外，拟请督部堂特派专员，切实查明禀复，再行核办。为此，备文呈请督部堂察核施行。再省城各巡警局所，大门皆悬列枷杖，各守望所所悬之警章牌，皆系光绪三十三年以前已经改正之废律，似属不合，拟请督部堂札饬巡警道一并撤去更正。须至呈者。

附：湖广总督批复

来牍具悉。宜昌巡警坐办舒牧承荫重捐扰民，擅用枷杖，如果非虚，大属不合。现在本部堂业已札委李道孺就近彻查。咨议局据人民陈请，转请查办，自系照章办理，惟未经行政裁判，遽请将该员撤差，似觉操切。应俟李道孺查实具复，即予惩究。其省城巡警局所悬列枷杖及守望所所悬之警章旧律，业饬巡警道查明分别撤去更正矣。希即知照。此复（宣统二年十月初一日到局）。

批后札复

为札行事。据署湖北巡警道黄祖徽详称：本年十月初一日奉宪台札：据湖北咨议局呈，据东湖县议事会议长曹启荣等赍具陈请书内称，宜昌巡警坐办舒牧承荫，重捐扰民，擅用枷杖等情一案，除札委李道孺就近彻查具复核办外，饬即查明。省城各巡警局所大门如有悬列枷杖，应即撤去；各守望所所悬之警章牌，倘系光绪三十三年以前之废律，并即一律更正等因。奉此。查省城巡警局所悬列枷杖，早经饬令撤去。各守望所所悬之警章牌，皆系奉民政部颁发之违警新律；所有光绪三十三年以前之废律，均经一律撤销。除再严饬各区遵照外，理合将刷印现行违警律摘要一纸，具文详赍宪台俯赐察核。再东湖县议事会议长曹启荣等呈控舒牧一案，并经禀由职道札饬宜昌府按照所禀各节逐一查复，嗣又札委试用府经历刘烺驰往宜昌，详细确查，据实具复，应俟复到，再行禀请核办。合并声明等情，到本部堂。据此，查此案前据呈请，即经分别委员查办及饬道遵行在案，据禀前情，除舒牧一案应俟委员复到核办，并批饬再行确查实行撤去更正外，合亟札烦咨议局查照。须至札者（宣统二年十月十三日到局）。

二次札复

为札行事。案据湖北咨议局呈，据东湖县议事会曹启荣、董事会童玉昌等具呈，警察坐办舒牧承荫，威迫勒捐，枷责地保等情一案，当经札委李道孺确切查明，据实禀复核办去后。兹据李道孺禀称："奉札后，遵先饬委职局专办委员徐令昊龄查明，复称：谨按原札内舒牧承荫议抽捐项，是否就警察固有之铺捐挨户清厘并非另行倡有灯火捐名目；抑所写者皆系向无铺捐之小店一节。查宜郡警察经费，支绌万分，遂至办无起色。舒牧莅差以来，亟思表见，既欲改良，不得不宽筹经费。铺捐一项，本极紊乱不齐，难免隐漏之弊。省城警章连房捐统收；宜郡只有铺捐。凡公馆居户房屋，均未收捐；及小本店铺，亦未收取，原系体恤之意。惟住房与小店等竟不分别收捐办理，原未合格。向来收捐，本给有收条为据。此次清厘，系就原有之铺捐查验收据，系不得不将向无铺捐之小店一并清查。而小店并未出捐，亦无收据，更无所谓灯火捐。在铺捐方且勉强抽收，更何能另俱名目？此清厘铺捐并无灯火捐名目之实在情形也。又按原札内该保正刘洪胜果否经自治公所传令沿街安慰，抑因宣告讹误致被枷责一节。查舒牧厘定铺捐，既挨户清查，所有向无铺捐之小店，以为须饬令出捐，乃有自治局议员兼已字团之团首傅麟祥、王宗增以讹传讹，遂致误会，并未商诸议事会议长，竟自令保正刘洪胜沿街大声疾呼，有警察一律加捐，尔等不愿出捐者，即可闭歇之语。当时舒牧因各铺到警察局诘问，遂传该地保讯究供认，予以薄示枷责。此保正刘洪胜并非经自治局公同传令实因宣告讹误致被枷责之实在情形也。又按原札内自治公所派人往查，有无被警勇打伤请县验明情事一节。查地保刘洪胜宣告讹误，舒牧恐别生事端，因于枷条上判明缘由，派勇押令游街警众，借免煽惑，乃由小北门进城，回局时突有数人称系自治公所派令索取地保。警勇因来人并无执照可凭，未敢擅为交给，言语不合，两相纠扭，地保未为夺去，仍为警勇带局。舒牧因该勇滋事，当即连同地保送县照章惩办。嗣有议员等人群至县署，谓公所丁役被打，请代相验。东湖县令询及其人，即带来之跟丁，当面验明，并未打伤，只手上及颈项少有抓痕，其为互斗无疑，半途邀截，遂致启衅，洵属两有不是。此自治局原非派人往查、并无被警勇打伤之实在情形也。知县查访如是，复往晤议长曹启荣，所言亦大略相同。诘以警局是否倡灯火捐名目，小店曾否收捐，保正因何枷责，自治公所派人往查是否被警勇打伤各节。据称：舒坐办于警务尚属认真，其清厘铺捐时委实无灯火捐名目，凡小店亦只清查，并未收捐，保正误告，故为局中枷责，公所派人往查，经县验明，乃系微伤等语。知县骤闻之下，殊为诧异，所言各语，与陈情书内所称如出两人。复再三研诘，询以书词何人所作，答言甚为含糊。据称：议员傅麟祥、王宗增本欲电禀议长，未允，嗣又呈书，或是傅、王两议员之意；先实未议，后乃得知；现已将公所铃记归议长收掌，凡事须公议决定而后行等语。查曹启荣家本小康，人亦诚实长厚，遂为议员所挟制，亦甚非自治之道。舒牧办理警务，力图整顿，现在挑选警勇在局，教练警察，表面渐有精神，军装亦整齐可观。访闻此项大半系属借款制备。乃因清厘铺捐致起风潮，然亦不过少数之议绅与之反对。现经府县持平查办，意见胥泯，或可永息争端。惟其要好心胜，未能循序渐进，亦难辞操切之过。再宜郡本有十二团，归团首经理，相沿已久，并不统辖于警察范围之内。每团设有灯牌，夜晚灯火资皆取之于民，由各团收取。传闻每年约有二百数十串文，视团之肥瘠，计钱之盈绌，各自为政，从不能衰多益寡，久经啧有烦言。是否团首有中饱之人，未便臆测。乃自治局竟未议决，殊不可解。知县在宜有年，与地方绅士无怨无德，即与舒牧宜从无往来，断不敢稍涉瞻徇，致干罪戾。所有奉查各节，理合据实复陈等情。复经职道延请曹启荣、童玉昌到局，亲加询问，佥称此事起衅微细，本无决裂之理，迨地保上街被提讯责，遂致具控府县，该知县批申斥，始有具陈咨议局提议之事等语。传询舒牧，所称与委员查复情形，亦相吻合。理合据实禀请核示。"等情，到本部堂。拟[据]此。查舒牧承荫果因警费支绌，厘整旧有铺捐，仅止通市清查，并无捐及小户，更无创立灯火捐名目，自是分所应为，其始并无不合。惟于铺户往询之时，已将地保刘洪胜传案讯由，自治公所职员嘱往呼告，并不送县彻究作正式之告诫，辄即予以枷责，有违警章，卤莽操切，殊难辞咎。应行北巡警道立予撤差，并饬布政、提法两司核议，详请惩处。议员傅麟祥、王宗增于舒牧清查捐款，即使意见不合，尽可往陈理由；如果没有苛捐确据，亦毋妨陈请咨议局转呈查办。乃不加详查，擅令地保沿街妄呼，几至酿成罢市；事后派人当路索取地保，互相扭殴；又不取议长之同意，辄用议事会名义饰请纠举。营私武断，可见一斑。应由县照章议予相当之罚则详请核办，并查明当日什警互殴情形，明白禀复；一面将警捐交令议事会切实议筹，力图扩充。东湖县牛令身任地方，责无旁贷，此事既疏觉查于前，又不能持平办理于后，亦属颟顸，应行司记过一次，以示薄惩。除分行并批示外，合亟札行。为此，札烦咨议局查明。须至札者（宣统二年十月三十日到局）。

第五　其他类

关于警务之议案①

（宣统二年十月二十一日呈）

为议决警务案呈请裁夺事。案奉督部堂札交关于警务之议案内开："查警察与人民关系最切，故一切民政均以警察为枢纽。鄂省警察办理多年，成效未著，业经本部堂督责整顿，次第改良。惟关于筹办推广各端，尚有待于商榷者，约举数端，分列于后：

一、筹办乡镇巡警

查宪政逐年筹备事宜清单，第三年厅州县巡警限年内一律完备。第四年筹办城镇巡警，至第八年一律完备。本年为第三年，虽经严饬各厅州县将城治巡警及巡警训练所先后勉力办成，而第四年转瞬即届，乡镇警巡不得不预为筹备。鄂省六十九厅州县，幅员辽阔，繁盛者人烟稠密，稽察固未易周；偏僻者山路纷歧，布置尤难扼要。况官制改定以后，一切行政事宜悉惟警察是赖，巡警人数自系以多为然。今姑从简单计议，平均每邑以三百人为率，全省办齐已须二万人左右，是教练难。此二万人薪饷每人每月至少以六千文计，每邑每年须款二万余串；此外，官长薪水、警局用费尚不在内，是筹款难。按警察性质，本有中央警察与地方警察之分。日本地方警察委任于町、村长，中国之乡、镇即日本之町、村也，则乡镇警察自应就地筹款。此事与自治前途关系最切，究竟此项经费将来应自何处筹拨，或胥归一律，或各按情形，必须早为筹备，庶可计日程功，应请详议呈复。

一、筹办水面警察

鄂省江、汉交流，舟楫如织，水警事项较陆警尤为吃重，若不早筹设立，终觉未尽完备。查商镇船帮于上下经过船只，间有差费、厘头等名目，或托名帮差，或称设会馆，徒敛巨资毫无实效，尽可革除净尽，

---

① 本案为督院交议之案，载《议案》上卷。

提充创办水警专款。论抽捐之法，自以按照船身舱口丈尺酌分等级，厘订捐则，或按年一收，或分季征入，发给凭照以备查验，最为简便。惟船只上下无定，而稽征良有为难，或宜于沿江要辖分设专局数处，或即饬各捐局随时带收，发给凭单，此局收后彼局仅验单，不复再收，必须斟酌妥洽，务期行之无弊。即沿江渔渡各船，亦须设法照办，以归一律。应请详议呈复。

一、整顿汉口警捐

查警察性质属于地方行政范围，其经费应就地方税筹拨。汉镇所收警捐，有房捐、铺捐、团防捐、号坊捐各名目。除号坊捐系附加税，整顿方法应由行政官自行筹划外，其房捐、铺捐等项，急须设法改良。缘汉镇为通商巨埠，租金之大，首推商铺市房。当开办警捐之始，定章已完铺捐者不纳房捐，其缴房捐者转系住家小户，立法殊欠平允，故房捐一项，每年收数甚微。查铺捐系营业税性质，房捐系所得税性质，本属二事，住户、地主同受警察保护利益，似应一律完捐，始为正当办法。现拟凡已完铺捐之铺户，仍应饬房主照完房捐，惟征收成数应以百分之几为率，及住家小户月捐不满若干者，应与豁免，借昭体恤而裕饷糈。事关更定本省地方税则，应请详议呈复。"等因，奉此。本局遵即开会讨论，审查报告，逐条议决。理合缮具清折，备文呈请督部堂裁夺，乞赐公布施行。须至呈者。谨将议决警务案缮折呈鉴。

一、筹办乡镇巡警

原案"宪政逐年筹备事宜清单"等语。查宪政馆筹备清单虽定宣统三年筹办乡镇巡警，然系概括言之，未尝细为分析。巡警事隶民政部，自应以民政部奏定详细清单为筹办之准则。查民政部奏定清单，宣统三年、第四年一[原文如此]指定各省繁盛市镇地方，督催筹办该镇巡警事宜。其中等市镇巡镇之筹办，则在宣统四年。本年议案为宣统三年实行计。就巡警事项而论，宜专就宣统三年应行筹办者，详为规划。既以民政部奏定清单为准，宣统三年应专注重于繁盛市镇巡警，即提前办理亦只及于中等市镇。乡巡警之筹办清单所列在宣统五年以后，此时原不必并力俱举，原案以每邑需三百人，岁需款二万串，自系就乡镇合同计算，未尝按照清单先后次第分晰递等。兹就宣统三年应行筹办及提前筹办之各镇巡警，拟定办法如左：

甲、繁盛各镇筹办巡警，应就现有基础设法改良

按：繁盛市镇筹办巡警，应由民政部指定，惟所谓指定者例由各主管官详情督抚咨报民政部，初无特别之手续。湖北著名繁盛市镇据自治筹办处所详定，仅有沙市、老河口、武穴三处。查该三镇巡警已经设立，款亦有着，惟统系不正，教练不善，致无起色。谨拟改良办法如左：

（一）繁盛市镇巡警应负责令各该镇董事会总董襄办。

按：现在各镇办理巡警，由巡警道派员或卒业学生前往筹办，所处之地位殊不确定，地方居民恒淡漠相视，或且偶因细故动生恶感，巡警之不能进步，此为最大原因。原案称"警察性质有中央、地方之分。日本地方警察委任于町村长。中国之乡镇即日本之町村"等语，亦明知地方警察保卫地方治安，非归地方自办不可。惟是筹办伊始，各地士绅未必能尽知警察事务，则以专门卒业人员为之倡导，未为不可。然非有法定之地方机关为之襄办，畛域不化，进步为难。查沙市、老河口、武穴三镇议事会、董事会均经自治筹办处札限本年成立。现时沙市一镇成立已数月，老河口、武穴两镇成立亦当在十二月之内，该镇既有董事会，自可为襄办巡警之机关。查城镇乡自治章程第六十八条"城镇董事会应办事件"第四款，以律例章程或地方官示谕委任办理各事之执行，是总董之职权，原可执行委任之事件，以之襄办本镇巡警，于法律并无不合，且以总董从事于特派员之后，既可以资练习，为他日特别委任办理地方警察之预备，而镇总董照城镇自治章程第六十六条原领有薪水，不必更支襄办巡警之薪资，不糜费而可以得历练筹办巡警之智能，其利一。董事会总董为本镇所公举，必为本镇居民所信用，一切疑阻自归消融，筹措经费亦较易，其利二。此本案主张改良繁盛市镇巡警，必责令该镇董事会总董襄办之理由也。

（二）繁盛市镇巡警经费预算决算应每年交由该镇议事会议决。

按：原案乡镇警察自应就地筹办，原属正当不易之论。现在各繁盛市镇举办警察皆已筹有的款，以本地之财养本地之巡警，以保卫地方治安，与自治前途关系最切。其所筹出之经费，自不能不归议事会之议决。议决之权分两种，一为议决预算，一为议决决算。议决决算，所以核正前年度之支出，议决预算所以预定来年度之支出。若以镇巡警之预决算全归镇议事会议决，自可免种种困难之问题。盖繁盛市镇筹款本不甚难，惟向例各种经费报告，人民不能过问，积疑生阻，纠葛横生。镇议事会有议决巡警经费决算之权，每年用途报告本镇均能洞悉，可以去因疑阻而生纠葛之困难。各繁盛市镇现筹之巡警经费，原只足供现时之用，将来扩充改革，须费滋多，本镇人民漠不相闻，恐难语以增加负担。以镇议事会议决巡警经费预算，于扩充改革之计划具有端绪，则一切用款自不能不预为筹措，可以去相率漠视之困难。此本案主张繁盛市镇巡警经费预算决算应由该镇议事会议决之理由也。

（三）繁盛市镇宜酌定学生名额派送各本属巡警教练所学习，为本镇巡警扩充改良之预备。

按：各厅州县巡警教练所应于去年设立。现在湖北各属巡警教练所均经先后组织，粗具规模，惟各属教练所收容学生半无选择，贻人口实，且于筹办巡警之次第，亦毫未计及，因循敷衍，收效难期。应即按照部章切实整顿。各繁盛市镇从前所招之巡警多属无业之游民，未尝学问，不知巡警之性质，而从事巡警之职务，枘凿不入，亦固其所。今欲大加整理，不适用者必加沙汰，不敷用者必加扩充。沙汰、扩充皆不能不早为筹备。故一方面整顿巡警教练所，一方面即应饬各繁盛市镇酌定学生名额，送各本属教练所学习。事预则立，不然，则虽欲改良扩充，无可着手也。

乙、中等各镇巡警提前筹办之计划

按中等市镇巡警，民政部清单所载应在宣统四年。今拟提前办理，于宣统三年一律筹办，必须有种种之计划。谨将筹办中等市镇巡警应行早为筹备者，列举如左：

（一）请饬自治筹办处确定本省各属中等市镇，限宣统三年五月以前，中等市镇自治一律成立，以立筹办巡警之基础。

按：地方警察与地方自治关系密切，原案所言，实为不易之论。查民政部奏定清单，中等市镇议事会、董事会本年应指定设立，自治筹办处业经遵照办理。惟是各属所划分之镇随意指定，并未计及行政之便否，财力之胜否，实难据以为定凭。标准不立，所谓中等市镇者，尚无准据，筹办巡警，亦觉下手无从。且本案主持以本地之人民担任本地之经费，襄办本地之警务，中等市镇议事会、董事会之成立，实为筹办巡警之先河。部定清单以本年筹办中等镇自治会，宣统四年筹办中等镇巡警，先后之间实有斟酌。应请饬北自治筹办处按照部限，于本年确定中等镇名目，设立议事会、董事会至迟不得过宣统三年五月。中等镇议事会既成立，筹办该镇巡警之经费，即可责令统筹。董事会成立，筹办该镇巡警之事务，即可责令襄办。操之有要，势顺而易，不然枝分节划，一事自为一事，统系不立，乱丝纠纷，虽欲筹办巡警必不能办也。

（二）请饬巡警道于年内札各属教练所指定各中等市镇派定学生名额尽先入所教练，以备筹办巡警之用。

按：各处办理巡警，率皆未受利而先受害。推原其故，皆办理以前无丝毫之预备，仓卒筹办，招募无业之惰民以办巡警，彼辈既无知识，惟滥作威福，以凌平民，积弊之深几等于旧时之蠹役。东隅已失，自当为桑隅之收。此后办理巡警之要端，应以先教后用为唯一之主旨。今各属巡警教练所既已设立，中等镇之自治会成立尚在明年春夏之交，及此间暇之时，应即早为预备。请饬北巡警道于本年内札饬各属巡警教练所，本年教练务收各中等市镇之学生，限定名额，一年卒业，明冬即可以得其用，中等市镇筹办巡警，庶不致仍蹈仓卒招募之弊。且巡警教练所本年收教中等市镇之学生，明年卒业，即可收录各乡之学生，以为筹办各乡巡警之预备。办事之次第，固宜如是也。

一、筹办水面警察

原案"鄂省江、汉交流"等语。查扬子江绵亘湖北全境，船舶往来，鳞次栉比。欲保水面之治安，自应设立水面警察。惟筹办新政，必先有全局之计划，量用途之多寡，而后计及于经费之征收。湖北水面辽阔，欲规划水面警察，必先有种种之准备，断非一言即可举事，未有准备即筹经费，似太早计矣。且一事之经费，必量一事之支出以为计算，今于全省水面警察如何组织、须用若干款项，茫无把握，即云抽费，应抽之数以若干为度，实属难于臆揣。窃谓水面警察万不可以不办，惟现时绝无规划，断无明年即能举办之理。谨拟定筹办水面警察应行预备事项如左：

（甲）调查全省航路，确定应设水面警察之地段，以为分配组织之预备。

按：水面警察，东西各国率分设水面警察分署，惟相度地势可以不设分署者，亦未始不可，以就近之警署兼理。湖北江、汉交流，水面辽远，必不能处处皆有警察之逡巡。今未先事调查，遽云设立水面警察，如何分配？如何组织？茫无端倪，此如不知地理而用兵，未见其可也。拟请札饬北巡警道派警察毕业员一二名，于宣统三年周历上下游，确切调查何处应组织警署？何处应布置警丁？何处应设独立之机关？何处可以繁盛城镇之警署兼办？有一定之把握，仍可以为全局之规划。此应行预备者一。

（乙）请饬滨水各厅州县编定船舶号牌并造清册，以为筹办水面警察稽核船舶之预备。

按：调查户口章程颁布于光绪三十四年十二月初十日，该章程虽未言及调查船舶，然按法律学之用语，船户与家户视同一体，使仅调查陆地之户口，而船户不为调查，则所报之户口，必非全省确实之数。故调查户口章程，在船舶当然适用。陆地之居户既有门牌，水面之船舶即当然有号牌，此一定不易理也。全省人口总数，按照调查户口章程第二十三条，宣统三年十月应汇报人口总数一次，则明年于各属人口必须详实调查。及其调查之时，使滨水各厅州县于船舶人口调查一次，编定号牌并造清册，因调查人口之便，使筹办水面警察有途辙之可循，费省事举，着手自易。此应行预备者二。

（丙）应饬滨水各厅州县调查各船帮船行抽收船费及运载保险之惯例，以为定取缔船舶抽收款项各章则之参考。

按：各船帮船行抽收规费，诚为弊窦，然其所以能行之久远者，亦有道。盖各船帮船行对于赁船者能为其保险，故赁船欲运载货物，凭船帮船行雇定船只即将货物装运，虽人与货分离，可以保其无所损失。其所以能保无遗失之故，则以船帮船行知该船之船籍故也。此种惯例，各地不同、宜详晰调查作成报告，以为拟定章则之参考。此应行预备者三。

（丁）请就各水师巡防营驻扎处所各设巡警教练所一所，专教水师正勇，以为水师改作水面巡警之预备。

按：水师巡警驻扎处所，一曰宜昌，二曰沙市，三曰沙洋，四曰套口，五曰老河口，六曰岳家口，七曰樊城，计共七处。每处员兵二百名乃至三百名不等，类皆繁盛地方，借以为游弋巡防之用。按其性质与水面警察亦颇相同，以之改作水面巡警原无不合。然巡兵既未练习警察之事务，哨官管带亦不知警务为何物，仓卒更改，恐不得水面警察之用，而旧时巡防之益亦且丧失不便。兹拟于宣统四年改水师巡防营为水面警察，而于宣统三年为之预备。预备之道首在教练，除宜昌可附于东湖县教练所，沙市可附于江陵县教练所，老河口可附于光化县教练所，樊城可附于襄阳县教练所，挑选正勇半数或三分之一增加各该设县教练所班数，添入水面警察服务功课，认真教练外，其沙洋、套口、岳家口三处，无可附属，应独立设一教练所，以正勇二之一或三之一入所练习，其经费即由各该营搏节支用，教员由巡警道札派，并请饬荆襄水师统领预为规划，裁汰不任职之员弁，以曾学警察之学员补充其缺，或即以教练所之教员充当，寓潜移暗转之意，以后改编巡警，庶可以得其用。此应行预备者四。

以上各节，应请饬北巡警道遵照办理，俟办有端倪，完全筹定水面警察办法妥拟编制及抽收船捐各章，则于宣统三年开会期中交局议决，呈请督部堂核夺施行。

一、整顿汉口警捐

原案"警察性质"等语。查地方警察性质，本属地方行政，其经费自应就地筹措。惟武、汉距离，一衣带水，警政闻见，本局较确，且督部堂此时所交议第拟就已完铺捐之铺户，仍饬房主照完房捐，其征收成数，应以百分之几为率，是督部堂交议之主目的，在征取汉商市房房主加捐之率，而于警政之良苦，警捐之多寡，警务支用之数目及现在若何情状，均非此次交议主旨之范围。本局为人民担负之增加，不得不统筹实核以仰副督部堂实事求是之盛意。谨将汉口警捐不能遽议增加之理由，具述如左：

（甲）汉口为通商巨埠，所赖警察保护利益者较他处尤切。商民同受保护，理应无乐捐。乃迩来汉上铺捐已定，各款额几有不缴之虞。今又议加房捐，恐事实万难办到，执法以从，纷扰将起。且市面恐慌日甚一日，近年来市房租金其价数倍于前，再议加捐，名虽出自房主，而实行以后，房主将又增加租价，则其实仍将出自铺商，是使铺商缴两重之警捐也。房主、铺客为双方契约之性质，限制租金苦无法律之根据，则其害直中于商人，势必益增其恐慌，而市面将愈不可收拾。故住房小户，月租不满五元者，应与豁免，而房主之房捐，一时难以补完。此证之汉口商情不能遽议增加警捐之理由一也。

（乙）警察所以保护地方安宁，增进幸福者也。汉口商家因未受警察之实益，乃有各段保安会之组织，救火救患，成效已著。一保安会之集募，动辄数千金。值金融恐慌之余，登时尚可立聚，而独于额定之铺捐，反不能按时缴呈？此可见一般之心理。苟实有保护安宁，增进幸福者，立宪国民断无抗捐之理。又可以见汉口警察之腐败，必实有不能保护安宁，增进幸福之见端。汉口警捐，除原案所指外，尚有车捐、乐户书馆各项捐款，合计入数，年有巨额。今不切实改良警察而遽云整顿警捐，启人民不信之心，失国家设治之旨，本局不敢谬为附和也。此证之汉口警政不能遽议增加警捐者二也。

（丙）汉口警捐本有巨款，现在支用是否相抵，收支细数原案既未声叙，本局无从比较。就现时而论，第一，宜就现在额支核实支用，一面就其所已行各职务如站岗、如清道、如消防、如卫生各节，分别详定职务规则，责令实行。第二，宜就将来为规划巡警是否敷用，须统筹全镇，预备教练以为扩充之地步。街道非常狭恶，须按区设备市场以为迁移摊贩之预备。商团分途代行警察一部之事务，既具成效，须通盘并筹，或即以地方团体之所能担任者，而为之规定部务分担之法。凡此荦荦大端，应请督部堂札饬汉口巡警总局悉心筹度，详定办法，分别期限，次第举行。如果经费不敷，本局无不担任筹款之理。天下事未有成绩毫无办法未定，而徒议捐款，强人民以必从者。此又本局改良汉口巡警意见，而不敢遽议增加警捐者三也。

附：湖广总督札复

为札行事。案据湖北咨议局议复本部堂交议关于警务各案。查阅所呈各条，大旨不外先教后用，以求实效；分年筹办，以厘秩序；缓筹加捐，以纾商力；整顿警章，以崇民信。言之成理，颇有可采。惟情形近有不同，而疑义复未尽免。斟酌讨论，不厌精详。如责成董事会襄办巡警，其效在祛隔阂。但权限不明，斯争执易起。应由巡警道妥订官董执行细则，交咨议局议决公布。又繁盛市镇，巡警经费交议事会预算、决算，本为应有之事实。而各市镇巡警，先送城所教练，亦属改良正办。但各属教练所虽报先后成立，半多因陋就简，困于无费，规模既未大备，扩充良不易言。究竟各该教练所实能容纳学生若干，并繁盛、中等市镇力能认送学生几名，必须体察内情，审度财力。应由巡警道通饬确查，集绅议复，兼将教务认真厘整，冀有进步。又饬自治筹办处指定中等市镇，查自治事务现经本部堂饬据该处提前赶办，拟有顺序清单。惟中等市镇尚未划定，应即札饬赶紧查指详复，行知巡警道遵办。第年内为日无多，辗转调查饬知，恐中等市镇警生不及选送，自宜责成一律于年内议定名额，明正送所教练，则明年年底亦可赶上毕业派出服勤。又水面警察，议从调查航路，编造船号、户册入手，立论至当。应由巡警道分饬编查，限明年上半年将布置方法规定，年底将查明船户册籍一律报齐，并查明船户向出规费数目具复，以为抽收警费之张本。至就水师巡防营改编巡警，事半功倍，揆时度势，亦极可行。惟关系改革营制，容饬襄荆水师统领会同巡警道妥议，详候咨部商准，再定教练办法。又汉口警捐，在本部堂意见，重在整顿。故拟剔除小户，以示体恤；酌收市房捐，以资补苴。今来呈于豁免之小户则一意赞成，于筹增之市房捐，则诿为与加之租户无异，殊不可解。查铺捐系营业税，房捐系所得税，性质截然不同，何可相提并论，因噎废食？如谓警察办理未臻完善，应谋整饬，此自行政官应尽之职务。本部堂于汉镇巡警极加注意，迭饬改良。近又有汰其恶劣，改派武昌巡警经办之举，地方士绅应共见闻。而汉镇警饷数微，势非增益不可。据巡警道报告，上年汉镇警费共收十四万三千余金，出款称是今年收捐，尤形疲滞。若将小户房捐先行豁除，铺面房捐不能征入，凡事非财不办，其将何以支持？况按区设备市场，亦非预筹经费不可。兹本部堂以为，小户房捐数在五千文以下者，可予豁免；而市房月租有在五千文以上者，亦应一体抽收房捐，俾昭公允，而资挹注。应由咨议局复议呈夺。其整顿规则，即责成巡警道妥拟呈送。咨议局本有议决本省单行章程规则，增删修改之职任，俟巡警道拟定后，应即札局讨论完善，呈候公布施行，庶于舆情无戾。现在议院成立年限，已奉明昭缩改，一切筹备事项，均须提前擘画。巡警为行政补助机关，地方自治要点，全赖官绅协力担任妥筹，方足以促进行而臻完备。除行北巡警道遵照外，合亟札复。为此札行北咨议局，烦即查照办理。须至札者（宣统二年十二月初四日）。

关于地方自治之议案①

（宣统二年十月二十一日呈）

为议决自治案呈请裁夺事。案奉赞部堂札交关于地方自治之议案，

---

① 本案为督院交议之案，载《议案》上卷。

内开："自治之范围甚广，其要义在辅助政治之进行，且以济官力所不及也。本部堂对于兹事期望方殷，但此时地方筹办自治，一切公益之待兴、经费之待筹者，指不胜屈。既难同时并举，不得不斟酌缓急，决第推行，庶自治非托虚名，地方可受实益。兹将交议各节条例于左：

一、丁漕附加自治经费

查自治经费，定章以本地方公款、公产公益捐及按照自治规约所科之罚金三项充之。现在各厅州县之议事会、董事会尚未一律成立，自治规约亦未实行，暂时自无罚金一项。而各地方公款、公产，早为办学堂、警务诸新政吸收殆尽。即各项杂捐，亦多有因筹办他事，已经抽收，不便再议增益。故近来自治筹款办法，大都不外请收中人捐及丁漕附捐两项。现中人捐一项，已经饬司议定，拟于五分中费内酌提二成，充作自治经费，撰发简章通行试办。如果无弊，尚可以资挹注。惟丁漕附捐一项，各属禀请带收，数目多寡不一。虽均饬司核议，尚未复到。而丁漕为普通正税，一经准予附捐，各属必将纷纷援请。究竟民力约能担任若干，不至重累，非再四体察情形，折衷筹定，不足以昭划一。闻江苏于丁漕项下，带征自治经费，每地丁一两带收钱六十文，漕米一石带收钱八十文，业经议决实行。鄂省应否仿办，抑或忖量民情自行酌定之处，应请公议具复。

一、厉行全省烟禁

查禁烟一事，仅恃官力必难普及，全赖地方多设机关，以为辅助。湖北自设禁烟公所以来，迭次严饬各属扫净烟种，一面创办公栈、牌照两项，寓禁于征，并调验文武职官，以示行法必自官始之意。乃近来遵戒未断者，既时有所闻，而公栈、牌照之设，仅足以导劝贫民，不足以限制豪富。是官力所不及之处，不能不责望于有自治之职者协助之。查自治章程第五条列有戒烟会一款，盖以深屋邃宇、穷乡僻壤，有时非法律所能直接者，官吏均无所施其稽查，诚不若生同里闬，闻见易周，社会制裁较为严确。近年武汉各属已有戒烟会，是否如同虚设，抑或尚待改良。其余若府厅州县城镇乡村，皆各议员生长之邦，痛痒相关，调查必实。所有禁种、禁卖、禁吃各项，亟宜分同筹议完全办法，以申法令，而除民害。

一、租卖产业之限制

查条约所载，外人除教会公产外，并无准在租界外置产明文。如西历一千八百九十六年即光绪二十二年中日订定通商行轮条约第四款内载，凡通商口岸城镇、允许已定及将来所定外围人居住地界之内，均准赁买房厘，租地起造礼拜堂、医院、坟茔等语。此即外国人不准在租界外置产之明证。近闻汉口商埠往往有奸猾商民，勾通外人在租界外置产情事。虽地方官可以按照条约办理，只恐稽查难周，愚民贪利，交易已成，必滋缪葛，且于分区自治多生窒碍。现在整理内政，应使我国商民守条约上规定之范围，以免事后挽回，转成交涉。应如何切实取缔，以防流弊，请公同筹议具复。

一、收容幼童之教养

蒙学不兴，幼童失教，习于游荡，无以谋生，其不贻累地方者几希。查东西各国对于无依童稚犯罪少年，多收入教养、感化等院，学习简易书算、粗浅工艺，使养成独立生活之能力，其关系诚非浅鲜。惟此项教养院之成立，全视财政为转移。现鄂省筹款惟艰，临时经常在在需款。即如省城之游民习艺所，汉口之劝工院，虽已粗具形式，均以经费不充，未臻完备。此外各府州县地瘠民贫，更难筹办。事关民俗，岂可漠然。究应如何设法收容教养，以资造就，而广生计，各议员热心桑梓，应请筹议具复。"等因，奉此。本局遵即开会讨论，审查报告，逐条议决。理合缮具清折，备文呈复督部堂裁夺，乞赐公布施行。须至呈者。

谨将议决自治案缮折呈鉴：

一、关于丁漕附加自治经费

原案根据城镇乡地方自治章程，以自治经费除公产、公款及按照自治规约所科之罚金外，惟有丁漕附捐一项可以抽收，交局议决。查城镇乡自治章程第九十二条原定有附捐一种，系指自治成立以后为办理自治事务所征收。其征收方法、数目之决议权，操于各该处之议事会。城镇乡自治章程第三十七条第五款议决本城镇乡自治经费筹集方法，规定明瞭，无烦缕陈。夫法定之权，各有所属。本局权限在议决本省地力行政经费。若各地方自治经费或须附加，则各议事会成立后所有之职权，本局不能违法干涉。现当筹办之始，所谋者为筹办自治经费。筹办自治经费与自治经费各有不同。自治经费必限于城镇乡自治章程第九十条、府厅州县章程第七十四条所载；筹办自治经费则如厅州县新政费税契项下办公费及公产、公款之未经指拨者，原可以相度情势，因地为谋。若遽定抽收丁漕附捐，不独于法律不符，事实尤生种种之恶果。现在所办者城镇乡自治，城镇乡各有界域，宜各就其范围以内措收筹办之经费。丁漕之征收总汇于城治，其附加亦必为全厅州县之收入，决不可以取之全属者用之于一隅。现时各属禀抽丁漕附捐率用之于城自治，此自敷衍一时之政策，不出一年，纠葛必将大起，此所谓欲治丝而棼之也。本局有见于此，故提出划一筹办厅州县自治提前成立案。意以厅州县为城镇之总汇，经费取给于全属，筹办较易着手。而厅州县议事会成立，照章得议决厅州县地方税，预定各该厅州县地方税筹办镇乡自治，以之[资]挹注。振裘絜领，分布有方，款项界限之争自可消绝。此案未经实行以前筹办镇乡款自治，但宜就各镇乡相地筹款，不应及于全属之丁漕。应请督部堂饬下藩司及自治筹办处，所有为筹办城镇乡自治筹及全属丁漕附捐者，概予驳斥，以杜将来之争议。一面饬自治筹办处严饬各厅州县，将城镇乡自治依限办竣。俟各该议事会成立，所有附捐按照城镇乡自治章程第三十六条五款交其决议筹集可也。

一、关于厉行全省烟禁

查原案以禁烟一事，官力所不及者，不得不责望于自治团体。但近日各属，仅城自治规模粗具，镇自治正在筹备，乡自治一时尚难筹立。故必厅州县自治成立，始有执行全属机关。本局已提有厅州县自治缩短年限议案，如得所请，明年九月当可先后设备。现在武汉各戒烟会虽颇各有成效，然止能具劝谕之方，实亦无制裁之力。此时欲厉行禁烟，即不得不就现时情事详筹办法。除谨拟自治禁烟规约另列后方外，略具意见如左：

一、禁种　本局上年常会期中禁种洋烟议决案，业经前督部堂陈批准公布施行。各属种烟地方，尚未一律禁绝。本年九月，已蒙督部堂严电各属申禁在案。今虽详定自治禁烟规约，而责成仍在官长。应请督部堂更饬各府地方官，于本年冬、腊月间会同正绅，亲往四乡履勘，明年二三月间复勘一次，如发见茁有烟苗，应按照上年本局议决案第三条处罚。

一、禁卖　公栈、牌照两项，原系寓禁于征。然公栈既难一时遍设，而牌照捐又实多流弊。今拟仿部定管理售卖土膏章程，由各属官厅详查各土膏店铺存货，填给营业执照，并拟限制方法如左：

（甲）严申禁令，以后不准新开土膏店铺。

（乙）凡为他项营业而兼售土膏者，应令各营本业，不准带卖土膏。

（丙）已兼营他业之土膏店铺，予限三个月令将所存土膏售罄，专营他业。

（丁）凡专营土膏业者，应一律就现有土膏数目售卖，售毕即行改业，不得再行贩运。

违右项之规定者，应由该管官厅重罚勒闭。

一、禁吸　禁烟以禁吸为本。禁吸不严，则种烟禁净，尚有洋烟输入，亦大可虑事也。惟是文武职官先后调验而遵戒未断者，亦时有所闻。年来贫民颇因戒烟会社劝导，戒净日多；而豪富者转无法限制。盖深屋邃宇、穷乡僻壤，时为官力所不及，诚如原案所云。今遵议自治禁烟规约，冀以收社会制裁之力。然社会制裁，实赖官力为进退。此又不得不责望于官长者也。夫禁吸之法，诚莫妙于牌照捐之以征为禁。然吾鄂外厅州县牌照多未实行。其已行者，匪等具文，即滋弊端。或捏名领照，巧避己名，以顾全名誉；或伪领新照，当应递减之时，又易一新名；或虚领空照，以预备宾客，而旅行牌照尤易蒙混。本局前经调取禁烟公所牌照捐章程，据云正筹改良。未见新章，无从议决。现在闭会期近，谨按本局议事细则，委任常驻议员议决。应请督部堂俟该公所改良章程详到时，发交本局讨论完善后，呈由督部堂按章办事，严札实行，庶于厉行禁烟之旨或有合也。

谨拟自治禁烟规约：

一、本规约以实行禁吸、禁卖、禁种为主旨。

二、本规约公布施行以后，各属董事会应一律遵照办理。其各属已成立戒烟会社，均应参照本规约所定详定章程，具呈各该处董事会或该管官厅；董事会尚未成立地方，应由该管地方官按照现行所区划自治区域，责令该地方正绅组织禁烟会社，遵照此项规约施行。

三、董事会或禁烟会社应随时密查，遇有违禁事实发生，得指明确据，呈请各该地方官照章惩办。

四、董事会或禁烟会社实行禁烟条款如左：

（甲）关于禁种者：

子、应就各该种地方分别土宜应行改植何种树艺，劝谕本地方向业种烟之户，并刊成白话广为演说。

丑、应密查向种罂粟地亩有无私种情事，密查得实，即呈报各该地方官或查勘委员照章办理。

寅、距离官厅较远地方，如密查实有私种情事，得以该会名义令其拔毁，不服者呈请地方官惩办。

（乙）关于禁卖者：

子、按照此次限制土膏营业办法劝谕各该地方店铺，令其及早改业，并刊成白话广为演说。

丑、遇有违禁添运烟土或不按照牌照捐私售土膏情事，发见得实，应即呈报地方官照章惩办。

寅、遇有违禁潜开烟馆或类似烟馆营业，发见得实，照前条办理。

（丙）关于禁吸者：

子、凡间署局所学堂一切上下办公人员及服役人等，如有吸烟实据，得呈由该管官长办理。若系官吏，得向主管或上级官厅呈报。

丑、各种团体员役如有瘾吸烟，得由发见之人指明确据，报告各处团体照章处理。

寅、绅富深居吸烟无欲戒之事实者（除年在六十岁以上不计外），调查得实，应由发见之董事会或禁烟会社设法劝戒；屡劝不悛，得由该董事会或禁烟会社指明确据，宣告各该地方，以后无论地方何项公务盖不得任事。

卯、董事会或禁烟会社应备戒烟良药施售，或刊精良戒烟药方广布。

辰、按照汉口演说自治戒烟会办法，每星期轮流地段实行讲演，其董事会职务繁重不能按期演说者，得以议事会之决定委托各该地方宣讲所举行。

巳、妇女禁吸方法，应劝由各该家主谕制之。

午、无业人民屡劝不悛者，子弟得通告其族长、家长禁制；如系族长、家主，因其生计得设法勒戒。

五、此项自治禁烟规约，经督部堂批准后刊发，各属官厅照刊，分给自治会、禁烟会社及各种团体。

六、自治会、禁烟会社奉到此项规约时，应刊刷多张或演成白话传单，挨户分送。

七、商会及各团体均应遵照此项规约办理。

八、各乡团族应按定章于乡规、团规、族规内添列此项规约，互相禁止。

九、禁烟事实应按月呈告各该地方官厅、董事会，并须报告于各该议事会。

附则：

（一）董事会或禁烟会社办理禁烟著有成效，得由该管地方官厅详报督部堂予以名誉奖励。

（二）倘有借端滋事及扶同徇隐等情事，发觉得实，董事会职员应由各该议事会议决惩罚，其禁烟会社得由各该地官厅酌量情形惩处。

一、关于租卖产业之限制

原案"条约所载"等语。查中外通商，多成国际法之变例。此时法律俱未改良，虽骤难挽回利权，而条约规定之范围则亟应确定。保守租界外租卖产业，条约上既无明文，自宜厘订切实取缔条件。本局曾提议禁止洋商在租界以外违约经商案，亦即此意。惟查民政部巡警章程曾有外人租屋之规定，则苟非违约经商，则租界外居住亦事实之所不能免。本局为保守条约预防流弊起见，遵议置产及租屋限制方法如左：

甲、置产之限制：

（一）凡置产税契，应按照江夏县清丈商场地址成案，于税契纸上一律盖印"外国人不得管业，并不准转卖、转押与外国人，违者此契作废"等字。

（二）凡置产草约上，一律加写"并非售与外国人"字样。

（三）凡业主税契其草约年月日在此案公布施行以后，而草约中未书有"并非售与外国人"字样者，一律斥不税契。

（四）前项斥不税契之草约，应责令业主邀同售主、中保补书此项字样，限日来局照章税契。

（五）如有勾通外人违约置产或假外人冀作护符，发见者勒令缴还卖价并将所买之产业追出充公，中人科以原价三分之一之罚金，告发得实者应给以原价十分之一。

（六）商会、自治会及其他各团体或绅首，均得就近稽查，遇有违反此项规定者，立即阻止，不服则据实报告税契局。

（七）外人置产条约及此项规定，应由各属刊刷成帙，分致各团体或绅首，饬令遵守，并应缮挂税契局所门首。

（八）此项罚则，应由各属地方官、自治会演成白话，分发各宣讲所实行宣讲。

乙、租屋之限制：

一、凡房东得将内地房屋租与外国人者，其外国人必具左列资格：

甲、官署所雇聘之各国人员；

乙、学堂、工厂聘之各国教习或艺师；

丙、各国领事官及领事馆之随从员役；

丁、各国教会教士、医院医士（以曾领凭证确系慈善事业不涉营利者为限）。

二、凡合格之外国人需租房屋，应由房东责成其职业之各主任或公证保人，将租屋人之国籍、姓名、年龄、职业及眷属、仆役人口开单加盖图记，交与房东为凭，并须于租约上签押。

三、订立正、副租约，正约交房东，副约交租户，退租后即行撤消。

四、订租时房东应将租约照录一份，送由商会或自治会转送该管巡警局或地方官备案，退租后即函请撤消。

五、租约内容应载明左列各款：

甲、租户之国籍、姓名、职业，房东及中保之姓名、职业、住所。

乙、房屋之坐落、间数、门牌号数及一切附属物，若空地须注明四至丈尺。

丙、每月或每年租金若干、有无押租及租金支付之方法。

丁、租赁限期可由房东意思，不必预定，若两面协议，亦得酌定期限。

戊、只供居住，不作开设行栈店铺及其他营利之用。

己、自己居住，不得转租及分租他人。

庚、房东如将房屋典卖或别有正用，可以随时退租，但必须一个月前知照租户。

辛、租户欠租一月以上，房东即可随时退租。

壬、房屋如须修改添造，应告知房东酌办，租户不得擅自兴工。

癸、其余两面特别议定不背公约之各款。

六、租户自订约进屋后，如临时发生左列各项事故，房东得随时退租。租户如有抗阻，应由房东报明商会或自治会，函请该管巡警局或地方官执行。

甲、失去第二条所列资格者；

乙、有违反公安之行为者；

丙、有精神病及传染病者；

丁、违背租约有载各款者。

七、租约上议定期限，房东应预向租户声明。如期满续租，须于前一个月知照，其重订租约时，仍按照第四条办理；其不愿续租，而租户或有强迫情事，亦得报明商会或自治会，转诉于该管巡警局或地方官。

八、本案公布施行后，如有房东不照规则，私将房屋租与外人者，由商会或自治会查明确实，函请该管巡警局或地方官从重处罚。如租户系不合资格之外国人，并勒令由房东退租。

九、本案公布施行后，如有本国人代外国人出名租赁房屋，希图朦混杂居者，房东事前不知，可于发见后报明商会或自治会，函清惩治。倘有房东扶同徇隐，一经有人告知查实后，即用商会或自治会函请严行究办，仍勒令由房东退租。

十、本案公布施行后，所有房东、租户均应永远遵守，不得违抗。

以上所列，不过现时之规定。查日本裁判所有动产、不动产登记法，甚为详尽。我国司法独立后，自应仿办，切实取缔，庶不致授外人以口实。

一、关于收容幼童之教养

原案"蒙学不兴"等语。仰见轸念民生、转移民俗之至意。湖北连年偏灾，流离载道，幼童教养自属不可或缓之图。惟此项教养院之成立与否，全是经济上问题。现鄂省各属筹办新政在在需款，以省城之游民习艺所、汉口之劝工院，尚因经济不充未臻完善，此外贫瘠之各府厅州县而责以遍设教养院，一时亦恐难办到。且筹款一事，须各按地方情形，方无窒碍。查奏定地方自治章程第五条自治应行事宜，关于本城镇乡之学务，内列育婴及贫民工艺两项。应俟自治会一律成立，划清国家税、地方税之后，由各城镇乡议事会及城镇董事会乡董就地筹措，较有把握。

附：湖广总督札复

来牍阅悉。查所议厉行禁烟案内之禁种一项，前经本部堂电檄交驰，饬属认真遵办，并委员分往密查，精神当可一振。应俟腊杪春初，再饬各印官会同正绅,详细履勘,务绝根株。禁卖一项,系根据部章规定,多属可行。惟各店现有土膏售罄后禁令不准再运,能否办到,尚须行禁烟公所体察,妥议具复。禁吸一项,亦候催该公所将改良牌照捐章程从速拟定,详候札局讨论完善呈夺。其自治禁烟规约,所拟尚属周密,当即公布施行。关于教养幼童一案,准饬各属俟自治会成立后,就地筹办。至筹议自经治费及限制外人租买产业两条,已另札行局矣。希即知照。此复(宣统二年十一月初九日)。

复交筹议自治经费札

为札交复议事。案照湖北咨议局议复本部堂札交关于丁漕附加筹办自治经费一案,大旨谓:筹办城镇乡自治,宜就各该地方相地筹款,不宜及于全属之丁漕,自为预防纠葛起见。惟本部堂交此议案之意见,原以各属公产、公款,早为办理学堂、巡警吸收殆尽;其余各项杂捐,亦多有指抵。要需无从取求,而各地方筹办自治公所、自治研究所,均为限日举办、迫不容缓之事。各属亦屡以无款可筹,纷纷援请抽收丁漕附捐,势不得不量为变通,以免因噎废食。况江苏议收附捐筹办自治,有案可援。而筹办自治公所,又为厅州县自治之基础。以之挹注,似无不可。各属城镇乡自治议事会尚未能一律成立,固属无从交议。且事关全省,如令各自为谋,难免有畸重畸轻之患。咨议局本为一省舆论最高之机关,又负有议决本省税法及担任义务增加之职任,是以特立议案交令议决划一办法。来呈谓"附捐为办理自治事务之用,其筹办自治经费须限于城镇乡自治章程第九十条"等语。不独按之馆章,并未分别何项入款始可作自治,何项支用即就地计款。亦只公产、公款等项,各有界域,附捐固无所谓界域也。诚以丁粮一项,原不限于输纳者之所居地,若欲就地划分,无论如何支配,断难得相当之分量。现在议院成立年限已奉缩改,所有上下级地方自治,自宜于宣统三四两年一律设备完全。咨议局又有提前筹办厅州县自治之议案,已由本部堂核咨,筹备之手续正繁,进行之待款至急。若再予批驳,转恐延宕者有所托辞;设严责自筹,又虑苛敛者援为口实。再三斟酌，似不如明示限制，借裨要公。自应照章札局复议，俾利推行，合亟札行。为此札烦咨议局再将筹办自治附捐一案妥议划一数目，刻日具复，以凭察夺。须至札者。

复交限制外人租卖产业札

为札交复议事。湖北咨议局议复本部堂札交关于租卖产业之限制一案，细阅所议限制方法，均尚周妥。惟一方面为内政之取缔，即一方面与外人有关系。当此强弱异势，只能严守条约范围，不容稍有瑕隙，致启责言。兹查所议甲项置产之限制第一条，凡置产税契项下应添除教士租地建堂、契内应载"租作本处公产"字样外，应按江夏县清丈商场地址成案，于契纸上注明"外国人不得管业"等字样，庶与教堂置产之文不相混淆。内转押一层，每有华商向洋商借款抵押，不过为暂时之信用，非管业之据，商界周转势难禁止，应否另行规定，亦须斟酌。又外人租地盖屋，照约只在口岸，惟各国约文多不相同，且有须互证参观者。第七、第八两条所议应将外人置产条约并刊，恐民间不明约文，转致误解。且刷印悬挂，演成白话，分发宣讲，亦恐滋生口实。不如于自治会查户之便，将限制外人置产之规定随时劝告，互相诫勉，俾各家喻户晓，以免外人饶舌。又乙项租屋之限制第一条丙项所指之各国领事官自有领事官署，毋庸租屋，不必置议；其随从员役，如系外国人，亦应在领事官署或通商口岸居住，断无住居内地之理；若系华人，本不必特设限制。此项似可删去。又第五条戊项"栈"字，与日约内地得暂租栈房存货之条亦有关碍，应行酌改。以上各节，究应如何斟酌尽善，以期两无窒碍，合行札交复议。为此，札烦咨议局再行公同妥议，具复察夺。须至札者。

划一筹办厅州县自治缩短成立年限案[①]

（宣统二年九月二十四日呈）

为议决划一厅州县自治缩短成立年限案呈请裁夺事。窃地方自治为

[①] 本案为咨议局提议之案，载《议案》中卷。

立宪之始基，地方自治之不成，即立宪基础之未固。今各省请愿国会，轮辙旁午，朝廷虑终图始，实以地方自治尚未成立，据为不能速开之理由。欲副朝廷望治之心，达国会即开之旨，宜一志凝虑，促地方自治之速见成功。且各省咨议局成立业经一年，成效大率可睹。推原其故，仅有地方最高之议决机关，各厅州县之声援不足以相应。故各厅州县地方自治不能成立，咨议局虚悬而无薄，终必流于有名而无实，可断言也。查自治筹办处自去年九月初一日独立筹办，亦未尝不冀促自治之进行。然而一年以来，斤斤于各属城厢地方，不暇计及于全局，其成效必非可以日月计。所以然者，部定地方自治之筹办，先城镇乡而后厅州县，且筹办续办先后绵亘四五年，有以限之也。夫网必提纲，裘必挈领，事之至易明者也。厅州县自治者，地方自治之纲领也。提其纲领，势顺而易办理，城镇乡自治既有提揭之总汇，亦有途径之可循。若以城镇乡为先声，而后及于厅州县，自下而上枝枝节节为筹划，事倍而功只得其半，甚非计之得者。故欲促自治之成立，非缩短厅州县自治成立年限不得也。部定筹办厅州县自治，曰某年办某县，某年办某县，所据之标准，原不尽可以为定评。盖厅州县虽不尽同，筹办自治之方法原可一致。无端第其次序，国民望治，谁有先后？举此遗彼，以政府之意分之，而不以国民望治为本位，失自治之意，盖亦远矣。今拟缩短厅州县自治成立年限，非划一厅州县自治办法，亦不可得也。查山东巡抚孙[宝琦]本年曾奏请地方自治先办厅州县，后办城镇乡，部议令择某厅州县先行试办在案。惟彼所主持者，在先办厅州县，自治成立仍依部限；城镇乡自治暂行缓置，不能不溢出于定限之外，故须奏明办理。兹议限各厅州县自治成立期在明年，且各属城自治，已有端倪，其余镇乡，仍可依限赶办，在部章限度之内，毋庸特别奏请圣裁，但得督部堂批准督促施行，即为有效。拟诸孙奏用意同，而办法较省。本局议员提出该案，迭经审查报告开会议决，理合备文呈请督部堂裁夺，乞赐公布施行。须至呈者。

  计呈：

划一筹办厅州县地方自治缩短成立年限案

第一，划一筹办厅州县地方自治缩短成立年限之理由

谨案：厅州县自治章程奏定于去年腊月，而通咨于今年三月。宪政馆奏定逐年筹备事宜清单，以去年为筹办府厅州县自治之始，至第七年始一律成立，前后赓续延亘四年。民政部奏定清单，今年筹办省会首县自治，宣统三年筹办外府首县自治，宣统四年筹办冲繁厅州县自治，宣统五年至宣统六年筹办偏僻厅州县自治，又展延至于五年。立法之意，盖防操切急遽之弊。然熟察湖北各厅州县自治，实可以划一办理，缩限成立者，谨述理由如左：

（一）原奏定宣统五年厅州县自治一律成立，系合全国而预筹一最宽之限，如甘肃、新疆边省，风气未甚开通，不能不需以时日。湖北省分民智尚非锢塞，各厅州县无分繁盛、中等、偏僻，各城自治会皆能提前成立，足见部章分年续办不适合于湖北人民之程度。此厅州县自治可以划一筹办、缩限成立者理由一。

（二）厅州县自治成立，部章虽定于宣统六年，实属最迟之定限。此最迟之定限逾之则为违法；在定限之内先行成立，原为朝廷之所期望。预备立宪时代，早一日即有一日之益。可早者而迟办，非朝廷勒限之意。此厅州县自治可以划一筹办、缩限成立者理由二。

（三）今日主张迟办厅州县自治之议者，多以城镇乡自治尚未办齐为言，谓城镇乡自治未办齐而言厅州县自治，未免有躐等之弊。不知奏定筹办未尽事宜清单，城镇乡自治成立，实在宣统四年；而筹办厅州县自治，则以本年为始。是明示城镇乡自治未办齐以前，可以办理厅州县自治。鄂省各属城乡自治业均就绪，急办州厅县自治，势顺而易。且有厅州县自治，大纲既举，各城镇乡自治自易督促进行，不惟无躐等之嫌，且可得推广之助。此厅州县自治可以划一筹办、缩限成立者理由三。

（四）鄂省各属地方用款界限最不清晰，故今日办理各城乡自治率用

全属之公款以资进行。使推之于一城一乡，流弊甚大，将来争端一起，必成为不可解决之问题。先办厅州县自治，以全属之款项用办全属之自治，自不启此争端，且可借之划清范围，于办理镇乡自治之日，不致仍蹈故辙。此厅州县自治可以划一筹办、缩限成立者理由四。

（五）省城自治研究所及法政自治班、公民养成所毕业虽有数次，为数未及千人，各属自治研究所方始萌芽，能办理自治事宜可充自治职员者尚不多觏。厅州县自治会成立选之于全属，或可以得多数之人才；城镇乡各限于一隅，人才之数必不能与议员相应。故先办厅州县自治，推及于各镇乡，俟将来各属自治研究所陆续毕业，庶足以应人才需要之度。此厅州县自治可以划一筹办、缩限成立者理由五。

（六）各属现所划分之镇乡，不过徇旧有之分区略变名目，并非有通盘筹划之成规。枝枝节节而筹办之，办甲区即不计乙区之不便，办乙区又不计丙区之不便，无统同之计划，一误则改正綦难。先办厅州县自治以提其纲，办全属自治选举之分区责诸现分之镇乡，遇不便之事由发生，即可先事以图改正。其情势既为便利，且厅州县之选民即为城镇乡之选民，厅州县之选举调查一竣功，各镇乡选举之基础即已立。因利乘便，虽使厅州县自治成立之际，同时成立镇乡自治可也。此厅州县自治可以划一筹办、缩限成立者理由六。

第二，划一筹办厅州县自治缩短成立年限之办法

欲缩短厅州县自治成立之年限，必有划一之法规，使各厅州县可以同时并举。盖厅州县自治与城镇乡自治不同，城镇乡自治筹办视各地方之繁盛与否以为先后之分，厅州县自治于一属之全体，无分繁盛与偏僻，虽财力贫富规模大小或有不同，其办法次第本可一律也。查府厅州县地方自治草程第一百零五条"本章程施行细则由督抚酌定，仍咨报民政部存案"，该条所定之施行细则，虽非专指筹办事宜而言，而筹办各方法，施行自治章程之事也。谨拟湖北厅州县地方自治章程施行细则如左：

湖北厅州县地方自治章程施行细则

第一章　通则

第一条　本细则依府厅州县地方自治章程第一百零五条之规定，为施行自治章程而设，凡湖北各厅州县，均当一律遵守之。

本细则所称自治章程或单称章程者，均指府厅州县自治章程。

第二条　各厅州县筹办厅州县自治，各于城治地方设立筹办全属自治公所一所，其任用职员一依自治筹办处通行章程办理。

第三条　各厅州县筹办厅州县自治，依现分之城镇乡区域，各于其区域内设立办理自治选举分所一所，其选用职员一依自治筹办处通行章程办理。

第四条　厅州县筹办厅州县自治，除拨帑补助外，所须经费得就本属情势酌量筹措，惟须得全属绅士之协议并禀明督宪核准立案。

前项筹措之经费，至议事会成立后，须交其议决。若议会不以为然时，得行废止，另设别法筹措。惟从前已筹用之款，仍为有效。

第二章　区域

第五条　各厅州县之区域，以现在之行政区域为标准。各厅州县壤地插花不便施行自治者，仍暂因其旧，俟议事会成立后，得提出议案，呈请地方官转详督宪奏明办理。

第六条　各厅州县区域交界之地不分明时，由交界之厅州县两方长官会同本地绅士勘分定夺；因而生争议时，由筹办全属自治公所总理知会咨议局解决之。

第七条　凡经过该厅州县境内之河川等，即为该厅州县之管辖区域；其以河川为界者，应就中流为分界之线，但有特别情形时不在此限。

第八条　各厅州县所属之城镇乡，以现分之城镇乡区域为标准。但于调查选举时发现不便之情势必须拆并者，得由筹办全属自治公所总理会同地方官及该地绅士，酌量拆并，仍禀报自治筹办处备案。

第九条　城镇乡区域不便，而该城镇乡之两方均设有议事会时，由该议事会协议拆并；其仅一方设有议事会，一方未设议事会者，有议事会之一方先行议决，会同未设议事会地方之绅士商明拆并，仍会同筹办全属自治公所总理呈由地方官禀报自治筹办处备案。

第三章　调查居民及选民

第十条　筹办厅州县自治调查居民及选民，由筹办全属自治公所发给调查表格，交由各城镇乡办理，全属自治选举分所实行调查。

调查表格一遵自治筹办处颁发定式，其调查细则由自治筹办处拟定，通饬施行。

第十一条　凡厅州县所属之城镇乡内现有住所或寓所之居民，皆得为厅州县之居民。

第十二条　凡厅州县所属城镇乡内之船户，岸上虽无住所，而本处船行有名可稽者，仍以有住所论。

第十三条　厅州县之选民，依章程第八条，以有选举城镇乡自治职员之权者即有选举厅州县议事会议员之权，但现任本厅州县官吏及现充本厅州县巡警者不在此限。

第十四条　依章程第九条之规定，凡得为厅州县之选民者，除小学堂教员外，皆得被选为厅州县议员。

第十五条　调查居民及选民时，府厅州县章程第八条、第九条、第十条及城镇乡章程第十五条、第十六条、第十七条、第十八条、第十九条均由筹办全属自治公所摘录印刷，分配于各调查员。

第十六条　调查居民及选民遇有疑义时，由调查员函询筹办全属自治公所总理随时解答。

第四章　宣示选民册及核配议员名额

第十七条　各城镇乡办理选举分所于各本区调查完竣，将各本区选举人名册宣示于各本分所。

第十八条　选举人名册宣示后，应以二十日为确定之期，凡在确定期内照章声请更正者，由各该城镇乡选举分所职员更正之。

前项更正之事如遇争议时，由筹办全属自治公所职员处理之；再不服者，由该管地方官处断。

第十九条　选举人名册确定后，各城镇乡选举分所各造具选举人名册连同各本城镇乡居民册汇送于筹办全属自治公所，仍各存选民册副本一分于各本分所备查。

第二十条　厅州县筹办全属自治公所收到各城镇乡选举分所居民总数报告后，即汇计全属居民总数。算定全属应出议员名额。其算例如左：

甲、人口在二十万以下者，议员以二十名为定额；

乙、人口二十万以上者，每加人口二万增议员一名，但至多以六十名为限。

第二十一条　厅州县筹办全属自治公所算定全属应出议员名额后，应依全属应出议员名额分配于各城镇乡选举分所。

第二十二条　厅州县全属议员算定名额分配各城镇乡选举分所之法，由筹办全属自治公所以全属居民总数为实，以应出议员名额为法，用法除实，视得数多寡，定若干居民得分配议员一名，再按各城镇乡选举分所区域内居民总数多寡，核计分配之。

依前项核计各城镇乡选举分所区域内居民总数分配议员名额，其各城镇乡选举分所区域内居民总数或不敷分配议员一名，或敷分配若干名之外仍有零数，致议员不足额者，比较各城镇乡选举分所区域内零数多寡，将余额依次归零数较多之城镇乡区域选出之；若两区以上零数相等，其余额应归河区，由筹办全属自治公所职员会同地方官抽签定之。

依前项分配之法，若选举分区内有人数过少，仍不敷分配议员一名者，得合并二选举区为一选举区，但须得合并与被合并之两选举分所职绅之合议，呈由地方官申报督宪及自治筹办处备案。

第二十三条　厅州县筹办全属自治分所算定分配议员名额后，应将该分区议员名额详具说明书，连同全属分区总数、居民总数、选民总数绘图列表，呈由地方官申报督宪及自治筹办处核夺。

第二十四条　厅州县筹办全属自治分所核分议员名额遇有疑义，随时电请自治筹办处解决之；其核分错误，自治筹办处核明，应即电饬改正。

第二十五条　厅州县筹办自治公所核分议员后，应将各城镇乡选举分所区域内应选出议员名额会同地方官备文，分配于各城镇乡选举分所。

各城镇乡选举分所接到应出议员名额公文后，应即于各本分所宣示之。

第五章　议事会选举

第二十六条　各厅州县选举议事会议员，须于选举定期二十日以前，由筹办全属自治公所商明地方官，颁发选举告示于各城镇乡选举分所。

选举告示应载之事项照自治选举章程第五条办理。

第二十七条　各城镇乡选举分所接到选举告示后，应即张贴于各本选举分所并各区域内之通衢。

第二十八条　各城镇乡选举分所张贴选举告示时，应即预备布置投票所，并将投票所所在地方及启闭定时于各本区域内张贴广告。

第二十九条　各城镇乡选举分所选举厅州县议事会议员，须同日举行投票，其投票细则由自治筹办处另定通行。

第三十条　各城镇乡选举分所选举完竣之翌日，应即举行开票，其开票细则由自治筹办处另定通行。

第三十一条　各城镇乡选举分所举行开票，按照各本区应出议员额数，以得票较多者定为当选人。

开票时遇票数相同，无多寡之比较者，应依选举章程第三十二条办理。

第三十二条　各城镇乡选举分所开票完毕后，除将当选人姓名即日宣示外，应造具当选人名册，移送筹办全属自治公所呈明该管地方官。

第三十三条　各城镇乡选举分所宣示当选人名后，如有选举争议，须自选举之日五日以内呈明地方官会同筹办全属自治公所职员公断。

不服前项之公断者照章呈请咨议局公断之。

第三十四条　选举人确定后，地方官应即通知各当选人，于五日内答复应选，即行给予议员执照，并申报督宪及自治筹办处。

当选人受知会于五日内不答复者，作为谢绝应选。对于谢绝应选人之办法，除有自治章程第十二条之理由者外，应依第十三条之规定处分之。

第三十五条　已受领议员执照者，即为该厅州县议事会议员，以召集开会之第一日为始任之期。

第六章　议事会成立

第三十六条　厅州县议员给予执照后，由地方官于开会定期十五日以前召集各议员举行开会。

厅州县议事会开会遵章以九月为会期，其会堂之布置由筹办全属自治公所职员任之。

第三十七条　厅州县议事会开会之日，应即选举议长、副议长，其选举细则由自治筹办处拟订，通饬遵行。

第三十八条　厅州县议事会成立，应由议长、副议长遴派文牍、庶务等员，其员数由该议事会自定之。

第三十九条　厅州县议事会成立，应由地方官移交督宪刊发木质钤记，由议长、副议长启用，呈报督宪及自治筹办处，并知会咨议局。

第四十条　厅州县议事会成立，所有会议事项，除遵章程第二章第三节办理外，仍得自订规则，呈由地方官申请督宪核定。

第七章　参事会选举及成立

第四十一条　厅州县议事会成立后，应由议长呈明地方官，定期选举参事会参事员。

第四十二条　参事会参事员由议员中互选允之，其定额以该议事会议事员十分之二为准。

选举参事会参事员时，须另选候补参事员，如其参事员之数。

第四十三条　参事会参事员选定后，遵章以地方官为会长，遴派文牍、庶务等员，其员数由会长酌定之。

第四十四条　参事会成立后，由会长启用参事会钤记，申报督宪及自治筹办处，并知会咨议局。

第四十五条　参事会会议除遵照章程第二章第三节办理外，仍得拟定议事细则施行。

第八章　附则

第四十六条　本细则以督宪批准札到各试办州县之日为施行之期。

第四十七条　本细则未尽事宜，应遵照自治章程及自治筹办处所订各项章则办理。

第四十八条　各厅州县筹办全属自治公所非至参事会成立以后不得裁撤。

第四十九条　各厅州县筹办全属自治不遵定章，致逾另表所定成立期限者，除地方官呈由督宪分别惩处外，筹办全属自治公所总理亦应处以相当之惩罚。

第五十条　本细则以各厅州县全属自治成立为效力之终期，其成立以后施行自治章程细则，俟第三届咨议局开会时由咨议局另定议决，呈由督宪核夺施行。

第三，厅州县自治缩限成立定期进行表

谨按：奏定清单，办理厅州县自治原无合全省各厅州县限以时日成立之文，惟现既拟于湖北省分就定章限度内略为变更，则计日程功，必有共同遵守之定限。查自治章程，厅州县议事会开会以九月为会期，克限之定点，自宜以九月为成立之标准。今距宣统三年九月尚有一年，为时匪促。从前湖北筹办咨议局，开始于光绪三十四年十二月，远属厅州县或于宣统元年正月始肇其端，而咨议局选举尚多一复选之手续，是年六月十五日全省各属同日竣事。先例犹在，仿效非难。惟湖北各厅州县远近不一，章文迟速，斯有参差。兹表定限托始以最远者为准绳，俾得按时课事。其近属奉文较早者，原可提前办理，从容展布，非必抑令枯坐以待时至也。定表勒限，但期大纲不逾，非必枝节之必合。从前筹办咨议局，期限清单大纲细目皆排一定之期日，甚有同日可办之事，以事属数项，必分数日，其究亦不能不任其出入之自由，迂而无当，亦可哂矣。兹表但以大事为经，勒以大致之期限，其分条子目，但在大经定限之内，原难刻以一成之期。各厅州县如期进行，不必胶柱以期合，所以求利推行而免滞碍也。拟表如左：

纲要	分目	办理主位	期限
一、成立筹办全属自治公所及各城镇乡办理全属自治选举分所	甲、筹办经费 乙、遴派总公所职员 丙、择定公所 丁、按已划定之城镇乡区域遴派分所成员 戊、择各城镇乡适宜地域设立分所	地方官合同绅士 同上 同上 同上 同上	宣统二年十二月内
一、着手调查	甲、颁发调查表格 乙、遴派调查员 丙、实地调查居民及选民	公所 分所 同上	宣统三年正月内
一、调查告竣及选举人名之宣示	甲、各城镇乡选举分所汇收各调查员调查表册 乙、汇订居民草册 丙、编造选举人名册 丁、宣示选举人名册于各本分所 戊、报告各本分所居民数目于全属公所，居民册造齐补送	分所 同上 同上 同上 同上	宣统三年四月底止

续表

纲要	分目	办理主位	期限
一、选举人之确定	甲、算定本属应出议员名额 乙、算定各城镇乡分所区域内应分配议员名额 丙、申请该属议员名额及各城镇乡分配议员名额 丁、汇造各本城镇乡分所区域内选举人名册移送于全属公所	公所及地方官 同上 同上 分所	宣统三年五月内
一、举行选举	甲、颁发选举告示 乙、制印颁发选举票及投票匦、投票簿 丙、布置投票所 丁、布告投票所所在地及启闭定时 戊、遴派投票管理员 己、布置开票所 庚、遴派开票管理员 辛、报告投票情形 壬、报告开票情形 癸、宣示当选人	地方官分所 分所 同上 同上 同上 同上 同上 同上 同上 同上	宣统三年六月内
一、当选人之确定	甲、造具当选人名册移送全属公所呈报地方官 乙、知会当选人 丙、发给议员执照 丁、汇造议员名册申报督宪并自治筹办处	分所 地方官 同上 同上	宣统三年七月底止
一、议事会成立	甲、发布召集议会告示 乙、布置议事会 丙、申请督宪发给钤记 丁、选举议长副议长 戊、选举参事会参事员 己、申报议事会参事会成立于督宪及自治筹办处	地方官 公所 地方官 议员 同上 地方官	宣统三年九月内

第四，筹办厅州县全属自治经费之补助

谨案：各国地方自治，皆有以国库为之补助者。我度支部奏定预算表式内，亦有补助地方自治经费之目。近如山东、浙江等省，奏拨库银办理各厅州县自治研究所，亦补助自治经费之一例。盖地方之能力薄弱，恒难于大举。当今筹办伊始，居民未见地方自治之益，筹措巨款，必裹足而不前。听其自为，势必以经费难筹迁延岁月，甚或以款由不足托名，筹办并不实力进行，成立则永远无期，岁支则绵延不绝，于事实无济，而用款且不知其纪极，否则强为罗掘，征及锱铢，民怨沸腾，求治而实以酿乱，均非朝廷望治之意也。查督宪奏预算湖北宣统三年分经费表册折内开：补助自治经费，需银一百五十余万两等语。足见卵翼自治，已为督宪所关怀。惟湖北财政困难已达峰极，百万以上之大款，诚恐穷于支应，且为数太巨，于补助之义亦觉名实不符。兹拟适中之数，依据提使学司申报学部湖北厅州县等级表酌分三级，量为补助，如左表：

一等补助费：

江夏县、武昌县、兴国州、蒲圻县、大冶县、汉阳县、汉川县、孝感县、黄陂县、沔阳州、钟祥县、京山县、潜江县、天门县、随州、襄阳县、南漳县、光化县、黄冈县、黄安县、蕲水县、麻城县、黄梅县、荆门州。

以上二十四州县各补助银一千二百两。

二等补助费：

咸宁县、崇阳县、通城县、枣阳县、应城县、应山县、公安县。

以上七县各补助银一千两。

三等补助费：

嘉鱼县、通山县、夏口厅、当阳县、远安县、宜城县、谷城县、均州、郧县、房县、竹山县、竹溪县、保康县、郧西县、安陆县、云梦县、罗田县、石首县、松滋县、枝江县、宜都县、东湖县、归州、长阳县、兴山县、巴东县、长乐县、鹤峰县、恩施县、宜恩县、来凤县、咸丰县、利川县、监[建]始县。

以上三十四州县各补助银八百两。

通计六十九厅州县共计补助银六万七千八万两,其支拨报销之法由自治筹办处另定详章。

第五,厅州县议事会议员之研究

谨案:奏定自治研究所章程第一条"研究宗旨",即为造就自治职员而设。盖自治会职员,为地方谋公益,非具有普通学识,必不足以胜任。惟现在省垣研究自治者,毕业之数既不甚多,且亦未必皆当议员之选。各厅州县自治研究所计明年当能遍设,而厅州县议事会成立,必在其毕业之先。所选出之议员,虽必为公正之士绅,未必即裕自治之知识。但务成立而不事研究,美锦学制,或有愤事之惧。即使不至愤事,亦必有形式而无精神,甚者并形式而无之,致足惜也。查上年咨议局成立之始,议员到省,即有临时讲习之举。拟仿其意,于各厅州县议事会议员选出之后,各组织一议员讲习所。临渴掘井,虽近于补苴之为,然有一日之研求,即可瀹一分之知识。用费无几,而收益实多,似一最切要之图刻也。谨拟定简章如左:

厅州县议事会议员讲习所简章

第一条 厅州县议事会议员选定后,筹办全属自治公所总理应商承地方官,会同该属自治研究所职员组织议员讲习所。

第二条 厅州县议员讲习所以各该厅州县议事会议员之全体为讲习员。

第三条 厅州县议员讲习所讲友,以各该厅州县自治研究所所长、讲员充之。

第四条 厅州县议员讲习所统于宣统三年八月初一日开始讲习,讲习时期以满一月为度。

第五条 厅州县议员讲习所讲习定课如左:

(一)府厅州县地方自治章程大意;

(二)城镇乡地方自治章程大意;

(三)府厅州县、城镇乡议员须知(此书应由自治筹办处编订,廉价发行)。

第六条　厅州县各议员讲习所讲员于讲习期间得酌量发给旅费。

第七条　厅州县议员讲习所讲友于讲习期间得酌给夫马费,但有给讲友以三人为率,其愿充名誉讲友者不限定数。

第八条　厅州县议员讲习所讲习时间除星期日外,每日以五点为率。

第九条　厅州县议员讲习所无论讲友、讲习员,每日莅所讲习时,须各签名于出席簿。

第十条　厅州县议员讲习所讲习员于讲习时间外或星期日,得自开讲演会研究地方自治一切事宜,遇有疑义,随时得咨询讲友解决之。

第十一条　厅州县议员讲习所之成立及完毕,均由筹办全属自治公所呈明地方官申报督宪及自治筹办处备案。

附：湖广总督批复

来呈并请折均悉。查颁定九年筹备章程,城镇乡及厅州县自治各分年限,以次成立,诚以地方之繁僻迥异,人民之程度不齐,欲求适合其宜,毋妨别以差等,循序渐进,庶利推行。咨议局以厅州县自治实挈其纲,相度本省情形,议请提前赶办,期以明年一律完备,亦自言之成理。夫自治事宜,不外以本地之人,筹本地之款,办本地之事。咨议局议员素负乡望,代表舆情,自于桑梓之人材、物力洞见无遗。果能早日图成,为各省之先导,岂非本部堂所深愿！惟拟章内有请给官款补助一条,当此财政困难殊苦,穷于支应。鄂省前造预算自治经费表,曾计及历年出款,而收入实丝毫无著,能否量为补助,须俟大部通筹,本部堂未便遽定。候即将所拟章程分咨度支部、宪政编查馆、民政部查核,一俟接准咨复,再行公布可也。希即知照。此复(宣统二年十月初三日)。

请代奏速开国会建议案①

（宣统二年九月二十四日呈）

为呈请代奏事。窃维立宪预备之时期，必有预备立宪之事实。立宪政体渊源于三权分立，故预备立宪而议决、执行两机关仍混淆而为一，则庶政不能公之舆论，而责任无所于归。中国以预备立宪号召海内外者，盖数年矣。始也国步艰难，犹未若此之甚，今何时乎？始也逐年筹备，冀以渐臻上理，今何如乎？时变纷乘，宪政错迕，一日立宪不确定，则国家一日不能安存；一日国会不开设，则立宪一日不能预备；立宪不能须备，则各省筹办宪政不能实行，而咨议局之议决亦苦无根据。谨就其大者陈之。我国自通商以来，著著失败，列强竞噬，国权日非，向之庞然帝国者，今早列为三等，此无他，各国有国会以谋国家，而我国沿专制之政体，至今而惮于改革也。以专制立国者，圣明不世出，则一二人之心意，可以乱天下而丧邦。立宪之国，不必君主尽圣明，不必政府尽贤能，而萃全国人民之心思才力于国会之中，从容而议一国之政，故政策无分歧，而推行有进步。夫议论与事实尝相违者也，而有国会则以经历为锻炼，而舆论乃健全，以众思广忠益，而朝野无废举。故预备立宪而不开设国会，则一般人民无所发展其学识，而一致其精神。故爱国之心不生，而离贰滋起。国家者，积合人民而成者也。向者人民无知识，仇视教民，仇视洋人，屡酿交涉，大兴偿款。继也人民稍稍知爱国家矣，排外债，抵洋货，阗喧而巷议，政府固不敢纵之，而外人因以不敢遽呈其野心者，赖有此人心耳。通商之权利，变而为瓜分之计划，经济之吸收，渐成为财政之监督。彼方惧吾立宪之成，而祈吾人心之丧，不因而用之，博预备之美名，而无立宪之实际，帛裂东陲，并吞朝鲜，狼逼蜂肆，言之痛心。使果一二政府者，而足康济时艰也，而何至于此！使果吾全国人民竭忠尽智，群策群力，以谋国家也，必尚不至于此。瞬息万

---

① 本案为咨议局提议之案，载《议案》中卷。

变,危发千钧,若不速开国会,则政策何由而巩固?若不速开国会,各国竞进,时不我与,后虽欲开国会而国非其国,即欲立宪而无其时矣。匪敢为危言也,大势之所趋有如此也。此证之今日外患之来而不得不请求即开国会者一也。返而观之,吾国筹备已及三年,宪政成绩岁有报最[?],羌无故实,靡可讳言。不知者以为筹备清单为事实上所不能举,且有欲以变乱清单之计为破坏立宪之谋。夫国家政事,何年不应筹备?以九年为限,则年限已非。以此筹备为立宪则根本已误于此。而欲事之可行,大不可得之量也。预备立宪自一事,筹备宪政自一事。筹备宪政者,行政机关之责任,条举其本末先后,即可程序以计功。预备立宪者,政体根本之变易,必先植立其各种机关,而后可分担而并进。今日所谓军政、外交、民政、实业、交通、教育诸大端,何一非行政范围?即何一非属执行机关?官制不早定,则责任无专属,而庶政不克举。司法不独立,则审判上种种之牵制,波及于行政上之能力。故就执行机关言之,则行政机关设立之完备,不当后于司法。而就立宪之根本言之,则与执行相对待之,议决机关尤不容后于司法、行政。今解释筹备清单者,以为官制之实行与国会之设立,均在第九年,不知此九年中以资政院为议院之预备,而资政院非议会之性质之组织之权限。名为预备,至设立国会时,已立之资政院一律皆当改造。以筹备宪政为行政上之预备,而以旧日一般行政机关之权限之心理,而责之以新政,而其机关又待至第九年而消灭或变更,则在位者,方且明知其地位之不可保,而又安能责望其收成?况执行者无立法之权。而立宪为法制之国,法律不经一般人民之协赞,不足成为立宪国之法律;法律不经一般人民所研究而制定,不足以臻于完全。今以各部行政之官,而使之立各该部之法律,以各国内阁中之一法制局之制度,如宪政编查馆者,而使之核定一般法律,是谓执行、议决两机关相混淆而不分,与昔日中国之政体原无区别,不得谓为预备立宪。以经宪政编查馆核定之各项法律,交资政院议决,而资政院又非议会之性质之组织之权限,必终收不完全之结果,则不得谓为议会基础。故不立宪则已,欲立宪,则必确立三种机关;不预备则已,欲预备立宪，则必先确立议决机关。议决在执行之先，故议决机关之成立，不可在执行机关之后也。再就事实上推论之。国会一方面为参与立法机关，一方面为监督行政机关，财政上之解决，各有司之违反，势处于极危，习尚于不觉，国会承诺、弹劾种种之权不发生，则执行者必多纠纷，趋避迁就，而遁于不负责任之地，而贻君上一人之忧，今日议加赋，明日议借债，今日守官司，明日已传舍，纷纷扰扰，漫无纪极。故证之今日立国之道而不得不请求即开国会者一也。今之议者，怵于各省财政之现象，冀百废之具举，或且傍徨无措，不知此自行政内容之研究而无国会以解决之，故终不得解决之方法。又或谓人民程度不划一，惧国会之滋扰，不知国会者，取决多数之谓，因程度划一而始有此制，非谓立宪国家人人皆必圣贤也。矧今日一般之程度，官与民等。已往之官吏不能立完全之法律者，正坐二三人之意力有限而不能毕举。三占从二，有道不议，正宜同心协力，共期国会之速成，以全国之筹划，责之全国人民也。督部深明此旨，主持国会不开宪政不能进行，洞鉴本原，实事求是。请愿国会之举，去年发起于各省咨议局之议员，今二次陈请早奉明谕。言路已绝，而时局颠沛，日益一日。本局为鄂省筹治安，不得不谋立宪之确定。特缕举国会不可不即开之理由，呈请督部堂代奏，以定预备立宪之基。业经本局会议决定，呈请督部堂俯赐察核，速予代奏施行。须至呈者。

附：湖广总督札复

为札复事。宣统二年九月二十五日，接据北咨议局呈述国会不可不即开之理由，请予代奏，以定预备立宪之基业等因；又于九月二十七日接据北咨议局呈称议员姚晋圻介绍汉口国会请愿同志会会员张国溶等二百二十七人陈请建议速开国会，经审查报告，请予代奏，俾速观成等因，先后到本部堂。据此。查时局艰危，非召集国会，无以策进行之效；非组织内阁，无以谋统一之规。本部堂前与各省督抚往返电商，意见相同，业经合词电奏吁请在案。兹据此咨议局呈称前情，具见忠爱出于至诚，情词恳切，佩慰良深。惟国会关系全国，自应集合全国舆论，以示大同。除据情咨请资政院查核汇办外，为此并案札复北咨议局查照，并将本部堂会奏电稿抄录行知。须至札复者（宣统二年九月三十日）

计发抄奏一纸：

北京军机处钧鉴：内阁国会为宪政根本，计已定于先朝，事无待于末议。顾造端闳大不易图维，老成过为持重，必求谋出万全，政府首当其冲，不敢轻于一发，其争执不过期限之迟早，其关系乃在目前国势之存亡。锡良等疆寄忝膺，忧危共切，忍视朝廷为孤注，独举中央以责难？第外觇世变，内审国情，立宪既无反汗之理，则国会决无不成立之理。与其迟设而失事机，不如速设以维邦本。用敢推求利弊，力破群疑，共竭愚忱，披沥陈之。今之致疑于内阁者，必曰权责太重。权盛则恐挟震主之威，责专则虑启营私之渐。不知自古权奸窃国，非因在位日久，即由兵柄下移。今阁臣但代行政，本无统驭军队之权，而责望所归，易兴易仆，一身进退，利害较轻。既不有擅作之福威，更不必为要津之盘踞。况有国会以监察财政，出纳未由自专；有审判以拥护法权，生杀无从任意。不必虑者一。或有疑内阁既设，君主徒拥虚名。岂知不负责任，实由神圣不可侵犯之义而生。至大权之载诸宪法者，立法、行政、司法悉归总揽。不过无内阁则职务分之下臣，而担负仍在朝廷；有内阁则统治属诸一人，而功过必归枢府。巩固君权，尊崇主极，无逾于此。不必虑者二。或又疑内阁初立，组织者未必皆干济之才，任非其人，终虞复悚。不知世变人才，互相陶冶，但使部臣同为阁臣，应行政纲协同审择，已无目前政出多门、彼此矛盾之事。益以国会监察，权限明则责成专，虽欲诿卸而不能。才力薄则应付穷，虽欲把持而不得。数经更易以后，求才者知非破格不为功。饱尝忧患之余，任事者亦必审量而后进。相磨相激，自有一二非常之选，因时会构造而成。不必虑者三。其致疑于国会者，或谓议员程度不一，言论易涉嚣张，比年争路争矿，迭肆要求，允之则政策益纷，抑之则风潮更烈，一虑也。抑知士论沸腾，实多激于忧愤。与其强为迫制，徒滋事外猜疑，何若引就范围，俾知局中曲折。及其经验渐深，疑误尽解，尚望与政府相扶相励，力拯艰危。今世立宪较久之国，内阁国会往往鲜纷争而多匡正，其明验也。或谓国会有论劾大臣之权，议员将挟私排击，贤者避谤求去，不肖者转得结党自固。二虑也。不知国会弹劾与台谏异。言官风闻入告，动机发自一人；议员据事直陈，同意必谋之多数。如果大臣当国，众望交孚，则数人对抗之私，何能敌全国舆论之公？黜陟进退，权操君主，宪法自有明文，国会何能干预？至论党派之发生，要以政见为标准。内阁政见与议院合，利用适资其交济；内阁政见与议院不合，全党岂听其转移乎？或谓国会当幼稚时代，仅有要求，而无担负，财政问题，仍难解决，三虑也。不知国会初设，不必急谋财政之扩张，先求巩固财政之信用。议员来自田间，深知疾苦，果财政计划悉经协赞，蠲除扰累，力戒虚糜，人民共谅。政府之无他，迨至行政克坚民信，措施深入人心。议员目睹计臣掊注之穷，外界竞争之烈，凡各国通行之租赋，中朝未有之税章，未尝不可审势因时，徐图兴举，即欲广募国债，立应急需。恃此枢纽以为沟通，国民既休戚相关，何能置国难于不顾？日本国会未开，岁入仅八千万元；国会既开，不及廿载已逾六万万元，可为借证。以上阁、会利弊，均无可疑。而持议者犹谓军机处主持行政，略同内阁；资政院采集舆论，可代国会。此又不可不辨也。就军机处言之，枢部未能联合，主义难免背驰，且日赞万几，取决俄顷，合谋不及，详究为难。在昔制度因仍尚可权宜应付，今则政务繁棘，遂觉筹措艰虞，时势岌岌，焉可不变？就资政院言之，各国下院议员必由民选，所以重人民之责，立政府之监。今资政院议员，互选者由议局发生，与人民非直接关系；钦选者以朝官充任，与政府有统属嫌疑。借为引导议院之机关，自无不可；谓可替代国会之作用，而国会遂可迟设数年，则理解疏误。总之，权责所关，不容假借。舍此则主脑不立，宪政别无著手之方；缺一则辅车无依，阁、会均有输辙之害。程度不足，官与民共之，不相磨励，虽百年亦无可进；法律难定，情与俗碍之，互相参考，历数载可望实行。此非锡良等之私言，实天下臣民所共认者也。今日大患，在于政务太繁，财用日绌。有内阁统一政策，国帑始可酌盈剂虚；有国会博赞岁用，要政始不因噎废食。比者日俄协约成后，一举亡韩，列强均势政策，皆将一变方针，猛厉并进，时局危险，已远于德宗在位之日。缓无可缓，待无可待，此即阁、会克期成立，上下合力，犹恐后时，奈何以区区数年期限争执不决乎？锡良等而不言无以对我皇上，更无以对我先帝。伏恳圣明独断，亲简大臣，立即组织内阁，特颁明诏，定于一二年内开设国会，敕宪政编查馆克期拟呈议院选举各法，钦定施行，大局幸甚。再此电由经羲主稿，与锡良等往复电商，询谋佥同，合并陈明，请代奏。锡良、崧寿、瑞澂、赵尔巽、袁树勋、李经羲、广福、溥良、诚勋、信勤、陈昭常、周树模、程德全、朱家宝、孙宝琦、丁宝铨、联魁、增韫、冯汝骙、杨文鼎、张鸣岐、庞鸿书谨肃。

汉口国会请愿同志会陈请建议代奏速开国会案[1]
（宣统二年九月二十六日呈）

为呈请事。九月初八日由议员姚晋圻介绍，汉口国会请愿同志会会员张国溶、邱志岳、李世勋、关钥圻、戴正茂、李养和、马中骥、萧必润、龚国瑞、周鸿勋、唐凤翔、马彭年、冯壬、李昌誉、柯亭林、刘心源、夏寿康、汤化龙、吕寅东、胡瑞霖、李大坤、万钧、邓光乾、胡立民、耿骞、杨星垣、杨鸿渐、陈子安、李民导、陈笃义、何伯良、黄涛、李化新、徐扶清、万成荣、吴先美、王献璋、胡辉、毕绍森、黄家桢、刘敬忠、苏凤怡、胡乾楠、王钟霖、万青选、刘云清、李锡藻、刘梓、梁魏钧、郑孝成、韩澍、佘耀海、周纪明、朱霞、汪鉴述、田嘉穗、汪瀚、王道济、王式度、李树声、任瑛、吴文瑄、刘成熟、高建瓴、张济芳、赵行荣、周寿梓、张汉洲、赵金鹤、陈善、昌寿民、王立模、彭炳焜、高倬汉、刘人望、许有谟、林增植、杨杰超、李哲昭、万翌宸、张

---

[1] 本案为人民陈请建议之案，载《议案》下卷。

中恒、周振成、陈之藩、申国炬、昌经营、许惟甲、童寅畏、王锡爵、胡文清、林钧藻、孟晋祺、王楚乔、陈斯允、萧学旸、张继煦、罗大猎、章瑞廷、谢佩训、赵道德、叶由安、程文惠、全恕、袁华选、宋炜臣、袁绍华、魏涛、马毓雄、魏光有、叶世廉、谭孟祥、鲁洞、江之泳、刘德潜、黄恺元、郑兆康、左树瑛、王培元、赵德钧、余延泽、时功久、蓝元勋、陈传理、朱致铣、邢宗奎、张明乾、招寿祺、戴昌浚、李弼钊、王道铎、容詠南、余祖勋、樊树模、杜毓贤、张万坚、李占魁、刘明钊、洪叔英、罗仲簏、傅庭华、李琢元、叶竹溪、张谦辛、陈方仁、姚秉钧、周鸿卿、吴延佑、江履信、石志光、黄楚彦、杨学诗、胡润棠、胡振璋、成昶、毛叔丹、谭维纶、林璞、惠明、邓凤喈、万良铨、韩麻阳、艾立瀛、高学元、杨荫深、刘人琨、鲍维新、鲍桂清、王长松、方皐、姚亚新、杜春元、关式儒、邱嵒、毕治鑫、吴寿、萧必勉、陈英、姜工鋆、段景庚、韩瑞庭、黄爱青、陈式金、赵沅锆、卢人荣、熊焕章、朱济昌、邓士奎、高廷瑞、李松荣、刘锡钝、张庆怡、陈联煌、杨伦祥、陈家林、曹明超、孙益焕、孙益彬、汪厚善、聂守箴、解如炀、李芹笙、徐国钧、黄沛霖、徐昌祺、胡宝树、樊景涛、徐春田、王昱、刘洪、苏耀眉、龚诚、李钰卿、凌仁敬、万有典、刘炳坤、朱德权、林兆奎、刘成禹、张品芳、方镐、江忠谦、李湘、李秀平、童琅、杨光锦、吴佩卿、张思奭、王永纪等陈请建议一书。据陈："国会请愿之举，发起于各省咨议局。一请未允，直省各团继之。自五月二十一日毋得再行渎请之旨下，忽忽数月，同志虽在，继请无人，是岂中国近日进步？中国立宪实质，在昔见为必须设立国会者，今乃见为毋庸急急设立耶？抑慑于谕旨，噤而不敢请耶？敝会恭读五月二十一日上谕后，曾开全体大会，均以急速继续请求为本会应尽之义务。比即电告北京同志会，请分告各省，同时速举；一面陈请咨议局于常会期中建议，呈请督抚代奏。旋接北京同志会通告书，决定来年二月三续请愿。敝会献议迄今未能行，乃起观国势，入夏以来，日俄协约，日韩合并，东亚时局，日益迫切。内而宪政筹备，具文奉行。又其甚者，方以破坏筹备清单，为破坏立宪之计。时急势危，请求速开国会，殆不可一日缓。兹值贵局开幕之时，谨援敝会前次决议，陈请建议于贵局。速开国会理由甚多，兹特举其大者，为贵局陈之：一、国会不速开，则中国财政不能整理也。今日大部呼号、疆臣束手者，非此财政问题耶？欲整理中国财政，必从根本解决。现在中国现象，一为财政紊乱，一为经济困难。欲救紊乱，而不得其法。今日政府派清理财政官，实已不能毕其绪。异日者，各国必分派监理财政官而一揽中国全体财政之权，可断言也。夫财政之紊乱，失之于蚀侵者，显而易理；失之于经理者，隐而难清。银行未立，金库未设，度支部辖财政，而财政不尽辖于度支；各省督抚辖财政，而内则限于国家行政之分配，外复有藩、监关各库之分歧。机关未善，执行都非。此项问题，非国会不能解决也。至经济之困难，目前诚无可掩饰。赔款既巨，宪政繁兴，纵能暂时节流，必不能按年退步。解决困难，除加赋与募债而外，别无他法。国会未开，税法未改，加赋二字，政府已知其不可行。乃不得已而出于多借外债之途，势有必然者也。夫世界无国债之国，而其国强者，其国债亦多，是借债亦富国之公例。然财政监督各种机关皆未设立，而欲募外债，不问用途，不顾偿款，则外债愈多，而紊乱愈甚，适促之使为印度、波兰之续耳。故欲救经济之困难，必先理财政之紊乱。二者同时解决，则中国存，否则亡可立待。而欲救国亡，则舍国会殆无根本之策。此敝会所谓国会不可不速开之理由一也。一、国会不速开，则全国法制不能统一也。中国之制，本未谋及庶人。而各部之沟分，又自成为风气。故甲法与乙法相异，丙法与丁法又殊；甚至同一法律，而前后不免冲突。颁布者视若无事，而奉行者苦无适从。又或巧词变通，饰言假借。法律发布未久，而成命又已收回。夫立法者，行政、司法之准也。法不立，则政不行；法律不臻完美，则法虽立而政仍不克举，且或致扰乱而速国家之亡。故立法不可不慎也。各国经几许之经验，而始知集合全体人民意思，以议决立法事件，而废止变更之事，又复限以条件。故议决有完全之权，而执行无推行之阻。今中国政府既不负国家之责，而立法机关散隶而无所统率；又或一二人所厘订，而前后彼此不相贯通。故大之阻国家之进步,小之亦妨自治之进行。长此不决,百举俱废。凡我人民,安能负此亡国家之责任?然则欲立行政、司法机关,必自先立议决机关始。欲立完全议决机关,而望之不完全议决之资政院,不可得也。此敝会所谓国会不可不速开之理由二也。吾鄂处江汉之冲衢,汉口尤将来之枢纽。宪政筹备以来,所实行者何在?咨议局成立以后,所收效者何如?筹备不完全,谁负其咎?议案之未执行,谁任其责?政府虽日改官制,而适见其纷更。国无完全之议院,虽立扶省会,而实无此势力。敝会惧中国之亡,而又惧汉口亡,而湖北随之也。同人惴惴,不遑自逸,以为国会一开,则预算、决算定,而司农可免仰屋之嗟;法律、命令定,而政策庶无骑墙之失,夫而后地方行政,乃得以根据中央完全法律,以渐次而施行。用敢缕呈理由,伏希贵局提议公决,呈请督部堂代奏速开国会。全国幸甚,吾鄂幸甚。"等情前来。当交陈请委员审查。兹据审查报告书称"业经本委员会细加审查,所陈理由适中肯綮,亟应呈请代奏"等因。业于二十四日开第十次会议时公同讨论,佥谓速开国会本为督部堂所主持,现时内外均有动机,群情喁喁,意咸有属,本局于本月二十三日业经提出请求即开国会案呈请督部堂代奏,此次汉口同志会陈请建议,主旨从同,理合据情直陈。为此备文呈请督部堂府赐察核,克日代奏,俾速观成,以慰鄂人请愿之心,而厌天下人民之望,不胜迫切祈祷之至。须至呈者。

汉口后湖开河筑路咨询案[①]
(宣统二年十月二十二日呈)

为呈复事。九月十六日奉督部堂札开:"案查宪政编查馆厘订咨议局决清单第三条'督抚对于咨议局有提议事件及咨询事件之别'等因准此。自应遵照办理。查汉口后湖堤外涸出地面,为将来商场推扩所必需,所有修筑马路、开挖运河各项工程,均为急务。而建议屡年,迄未实行,

---

[①] 本案为督院交议之案,载《议案》上卷。

举办亦无一定妥善办法。在汉口为轮轨交通最盛之区，推扩商场事关紧要。除将本部堂意见另纸抄行外，为此札行咨议局查照酌复。"等因，并另纸抄行意见，奉此。查汉口后湖自张文襄（之洞）修堤以后，即以款竭无所建设，然颇引起商民兴业之观念，于是群目所注，知后湖为汉镇拓殖之地，繁盛可必，竞投资本，群相购地，乃至继长增高，投资本于沮洳之中者，其数已达二千万，而汉口商民之财力复竭。近来汉上经济骤绌，恐慌叠见，未始不由于此。然则欲策后湖之进行，非有外省财力灌输其地，恐无有济。乃弥望汪洋，见者却顾，卒不得外省之投资。而外人之攘臂代谋者，恒耽耽于其侧。故刘绅人祥亟起自谋，先有开河筑路之议，旋以费巨不行。然长此沮洳，无道路以通往来，无鱼鳞册以分界限，必终无望外省资本之投入。故特缩小范围，先由筑路入手，此刘绅人祥与宋绅炜臣后议之所由建也。今督部堂欲合前、后议并行，造端宏大，为后湖策万全，本局实深钦佩。然据调查实在情形，窃以为兹事既有款兴办，而开河用刘绅前议宽深丈尺，仅期驶行小轮，犹未能因地尽利。缘后湖地处卑湿，欲以运河谋商业之发达，非长江大轮畅行不可；欲长江大轮之畅行，则河身非宽五丈不可。河身既宽，则河口上下宜各建矶头以资堵塞，河岸宜筑堤防溃，筑驳防冲，地势则以上自桥口、罗家墩河边起，下至谌家矶、红庙港止为宜。综核所费，需银约八百七十余万两，较刘绅原拟经费已增至三倍矣。此原案开河之议本委员会所不敢赞成者也。筑路用刘、宋二绅后议，而原拟路宽四丈，兹益宽为五丈，照原估路工百万有零之比例，当增为一百三十万矣。经费既有出入，工程自应改定。又查原估路工图系分甲、乙、丙、丁四段。其甲段自中国跑马厂以上至桥口止，丁段自洋商跑马厂至刘家庙止，均距繁盛市廛甚远，将来即路工告成，亦难保商业之必兴。此原案筑路之议本委员会所不敢赞成也。况今督部堂固明言筹款维艰矣，而欲期事之必成，乃以募公债、借外款二策相询，是以此事之利害缓急，尤不可以不辨。查原案募借本未定数，然合观刘、宋二绅先后议拟办法及本委员会调查实在情形，需银约在一千万两以上。而督部堂所谓经划商部之规例，需费尚不在此。勿论募公债、借外款，而子金均须有著，资本乃可争投。以湖北今日之财力，其能堪此负担耶！此权其利害而不能承认筹款者一。原案归款之法，即用刘、宋二绅抽费计地之议。查抽费计地之筹入数本足相抵，惟抽费只能在桥口至刘家庙一段，计地一百三十万方可以征取，每方担负之重约银四两有余。计地则地户欠困积重，购填每多无力。值此民力凋疲，果如所议，摊派抽收，是将来之利益未卜，而目前之窘迫立见。此权其缓急而不能承认筹款者二。具此二理由，则督部堂所询妥善之方与必能集合之款，盖不可得也。今拟为避难就易、缓步进行之举，请仍用宋绅等后议，先筑马路而将范围再求缩小，于原估之甲、乙、丙、丁四段只修乙、丙两段，以为模范。上自中国跑马厂起，下至洋商跑马厂止，计长一千五百丈；仍开横路五条，计深四百丈。照原估填路土方核算，约计需土三十四万方；每方工价银三钱五分，共计银十二万两。俟此路告成，市面繁盛，再议扩充。开河一节，既不能亟谋完全之办法，应仍请用刘绅前议，而将工程再加收缩。但浚一宽深之渠，以能宣泄积水为度，上下仍各建石闸，以司启闭，约计工款不过十余万。总计修路、开渠，共不过三十万即可举办。查原案，宋、刘二绅原有拨借官款三十万之请，应请督部堂仍照原案准予拨借，并饬宋绅等另估工程克日开办。所有议复督部堂咨询汉口后湖开挖运河、修筑马路一案各情，理合具文呈复督部堂鉴核施行。须至呈者。

附：湖广总督札复

为札行事。案据湖北咨议局呈复本部堂咨询汉口后湖开挖运河、修筑马路一案，拟为避难就易、缓步进行之举，总计修路、开渠共不过三十万，请照原案拨借官款、饬绅估办等语。固为轻减工费、易于集事起见，惟先筑乙、丙两段马路，以为模范，徐待推广，事半功倍，自可照行。而开渠工程，再筹改缩，究须宽深若干，方能积水畅销，不虞拥滞，必先勘估明确，始可核定工需。其前次借官款三十万两，系因数逾百万，商界独力难筹，事关振兴实业，故准以官款借助。今若工需约只三十万两,全由官借商办,又何若径由官办之直捷!况筹还方法,来呈亦未议及。当此财政支绌,挪拨为难,不得不统筹全局,脚踏实地。本部堂再三审度,应先饬由北劝业道、江汉关道督同宋绅炜臣、刘绅人祥,逐细勘估。如果先筑乙、丙马路两段,并缩小开渠丈尺,实仅三十万两左右即已敷用,该宋、刘两绅原禀商款财政董事担任向银行钱庄借银三十万两,当早就绪。果能专用商款兴办,则前准在官钱局拨借三十万两之案可即取消,由宋、刘两绅刻日集款,按照咨议局收缩之法禀明办理。倘自度财力不能承办,亦速复候本部堂另筹设立公司招股开办,庶免坐费时日,徒托空言。除分行外,合就札行。为此,札烦咨议局查照。须至札者。

附另行意见

汉口后湖地方,本系襄河故道,每逢水涨,即成巨浸。自前督张文襄公拨款修堤,易沮洳为燬壤,实为推广市廛、振兴商务起见,所惜堤成而后款项竭蹶,未能赓续办理。光绪三十二年,刘绅人祥请拟就旧有沟渠故道,辟一运河,宽十五丈,深六丈;上下建筑二闸;以开渠所得之土,培筑堤身;划分地段建筑马路八条,各以宽广五丈为度;计需垫款三百数十万两;开办以堤内之地七百万方左右酌抽地价,为归清所垫之指款。然议虽如是,迄未能办。至宣统元年九月,宋绅炜臣、刘绅人祥又专请筑路,其规划以上自桥口,下至刘家庙,共开横马路五条,直马路二十六条,约银一百万两零,由各地业主按方供土认费,作为马路建筑费料,仍先由官商各拨借三十万两开办,收费缴还,日久仍未能办理。至本年四月,复有虑雨缓期之请。近虽请先划路形,而去兴工之期尚远。且筑路而不挖河,是但为目前之计也。本部堂今拟仍以挖河与筑路并办。挖河则用刘人祥先议之宽深丈尺,以能行驶小轮为度。上自宗关起,下至游湖关出江,于襄河口、江口各修建活动石闸一座,以资随时注泄启闭之用。此不仅疏消积潦,于民船停泊尤为便利,意外风灾可以免矣。筑路用宋炜臣、刘人祥复议之大概,而宽阔则仍须五丈。目前川汉、粤汉各路，刻日进行，轮轨大通，中外巨商，骈阗萃止，汉口实为全国中心点，商业当必异常发达。而旧日市镇，衢巷逼仄，于营业、卫生，均有阻碍。我既无完善之自辟商埠足以容纳招来，势必尽驱而入于租界，岂非憾事！况今日汉镇之形势，舍后湖而外，亦别无可位置之区。然统筹终始，需费实繁。如宋炜臣、刘人祥之专谋筑路为数已过百万，无论商款筹集毫无把握，即能兴办，仍不完全。迨商埠成立以后，夏秋汛涨，可虑实多，则非并办运河不可。照刘人祥先议，约款已三百余万，然为路仅止八条；今则直路所加八倍有余，加以经划商埠之规制，需费当复更巨。筹官款则挹注维艰；募商股则涣散不一。欲事在必成，一气呵就，惟有二策，一募公债，一借外款。子金必须有着，资本或可争投，始得成数，乃可兴工。以刘人祥后议抽费之数，按之先议计地之数归款，毫不为难。况河、路既成之后，事业发达，可以操券，其所得奚啻倍蓰也！惟议借究以何者最为妥善之方，且为必能集合之款，愿悉心详议见复，以便通筹办理(宣统二年十一月初四日)。

筹办积谷宜注重社仓案①

(宣统二年十一月初一日呈)

　　为议决筹办积谷宜注重社仓案呈请裁夺事。窃鄂省迭遭水灾，粮谷缺乏，议捐议赈，朝廷有殊恩之沛，大吏殚宵旰之劳，哀鸿流离，终遍全省。推原其故，皆平时毫无蓄积，以致临歉即生恐慌。督部堂莅鄂之初，即通饬各属筹办积谷，远谋深虑，靡不知感。惟查原章专注重于常平仓，大县限三万石，中县限二万石，小县限一万二千石，以为常平仓之存贮。本局议员之意，窃以办理积谷，注重常平不如注重社仓。盖常平积谷于一隅，收买之初，必取诸本属出谷之处，收散者而使之集，一方固积谷之实，同时一方即生谷价昂贵之影响。若社仓，则虽亦图谋积聚，而仍散集于各地，收买之力小而且匀，不至大促谷价之腾贵。此办

---

① 本案为咨议局提议之案，载《议案》中卷。

常平不如办社仓之理由一也。常平积谷专在治城，放卖之时，惟附城之贫民可以沾其利益，稍远乡镇，欲买积谷，恒有不能必得之苦；社仓则各就近地放卖，无此困难。此办常平不如办社仓之理由二也。且查城镇乡自治章程，办理积谷本属自治范围以内之事，以社仓委诸自治团体，亦属正当办法。本局议员提出积谷宜注重社仓议案，迭经审查讨论议决，理合缮具清折，备文呈请督部堂裁夺，乞赐公布施行。须至呈者。

计呈：

议决各州县筹办积谷宜注重社仓案

一、各府厅州县旧有仓谷，宜切实清厘备抵。

理由：查各府厅州县仓谷，如地方官或挪移别用，劣绅又从中侵蚀，所在多有；若不急为清厘，不足以服人心，而办理必生阻力。

办法：应请督部堂严札各府厅州县，于所属积谷挪移者，赶紧设法弥补；其被劣绅侵蚀者，饬令缴出；历年账项会同公正绅首核算，如查得侵蚀确据，责令照数赔还，并加倍议罚，以儆将来；其原有仓谷确是此次饬备之数者，可以作抵。

二、调查境内殷实之家，募劝积谷；其募劝之方法，由各地方酌定。

理由：一逢歉岁，民间待哺嗷嗷，苟非善为抚辑，则铤而走险，劫夺之事时有所闻，而富户实首罹其害。劝令积谷备荒，利人亦以利己，谅所乐从。

办法：

（甲）地方自治将告成，划井分区，调查户口，粗具规模，宜由城镇董事会乡董分途劝办，视地方之肥瘠，年岁之丰歉，酌量办理。

（乙）产谷地方，劝募捐谷；不产谷地方，劝募捐钱。因地之宜，酌定方法，但不得强行勒派。

三、仓厫就城镇乡区内择地设立。

理由：旧有仓谷，俱设县治。一县之大，相距遥远，每遇平粜放赈之时，乡民取求诸多不便，城镇乡分配，庶乎利益均沾。

办法：

（甲）无论城镇乡，俱按户口之多寡，以定仓内存谷之数。

（乙）仓厫建立由地方自治费项下支销。

（丙）自治将近成立，仓在城镇者，即责成城镇；仓在乡者，即责成董事会乡董认真经理。然每年发放及收还等事势不能身亲其役，可自择仓长以资臂助；其薪资酌量发给，统由自治费项下支销。

（丁）仓厫分配后，须将城内存谷若干、某镇存谷若干、某乡存谷若干以及建仓何所、仓长何人，由城镇董事会乡董禀呈该管官备案，以便稽查。

四、定推陈纳新之法。

理由：积谷存仓，每至夏季，间被虫伤，色味俱变。春散秋敛，古制犹存，况值青黄不接之时，民间食指浩繁者，缺食在所不免；拟酌量售卖贷给以资接济，亦未知非周官赊贷之遗意也。

办法：

（甲）平年于春夏之间谷价昂贵时，稍为减价发卖；新谷登场，乃行收买入仓。

（乙）年岁凶荒，饥户赴仓赊贷，秋收后即须归还，并须酌加利息，拟每石增收一斗，以五升弥补仓内鼠耗，以五升并息作本；如届期抗不缴纳，由城镇董事会及乡董禀请地方官追究。

（丙）赴仓贷谷，须有切实保人，方准发给；如逾期不还，即惟该保人是问。

（丁）贷谷原为利最贫之户起见，倘有可过之家，亦希图食此项积谷，该仓长尽可拒绝。如敢滋扰，以及刁绅劣临恃势强借把持情事，准该仓长据实报告城镇乡各董，转禀地方官究办。

（戊）赴仓贷谷，须查其家人口多寡，酌量发给，至多不过三四石，以杜私贩渔利，而期实惠均沾。

（己）经管者卖谷毕后，应将所卖之价目、石数造册，收买时应将所买之价目、石数造册，贷谷毕后应将贷者及保人之姓名、住址、贷谷若干石造册，报告城镇乡董事会及乡董转呈地方官备案，并广贴通衢，俾众周知，以昭核实。收还后亦如之。

五、严定办事规则，以垂久远。

理由：邑中公事有治法，尤赖有治人，况积谷为人民生命财产所关，贤者大公无私，不肖者视为利薮，腾挪借拨，不敢保其必无。严定规则，庶免积久弊生。

办法：

（甲）查地方自治章程应行事宜，原列积谷一条。城镇总董、董事、乡董既经人民公举而来，自应为地方稍尽义务，不必更筹薪水。开仓之时，由仓长将领谷花户及所请保人先造草册，送呈该董核准广告，然后照数发给。

（乙）息谷既定每石一斗，除以五升弥补鼠耗外，由仓长核定应有归公息谷若干，城镇乡各董宜赴县补其领收备案。次年又按谷加息，生生不已，于公家有济，于仓长无损，不劳而得，洵为善策。

（丙）仓长卖谷或贷谷时，有偏袒亲族、循情多发及因多发而私加息谷肥己者，一经城镇乡各董查觉或被人举发，除将息谷追出充公外，仍将该仓长酌量示罚。

（丁）仓长经理收入、散出等事如稍有不尽不实之处，该城镇乡各董得随时更换，即将接办之仓长姓名禀明地方官备案。

（戊）该仓长一年期满，仍由各城镇总董、乡董慎选正绅，轮充仓长，仍呈报该管地之官备案；但仓长任满一年，公见无过，愿接充者，得城镇总董、乡董之承认，得行连任，连任之期以二次为限。

（己）此项积谷既责该董事以应尽之义务，不能使地方受额外之烦苛，该管官如下乡验仓，夫马、口食俱宜自备；倘随带丁书差役有需索查仓费，以及指官索诈夫马等费情事，准仓长立时面陈，以凭究办。

附　则

本案所称城镇总董、乡董之职务，如该城镇乡自治会尚未成立时，应由各该城镇乡选举正绅办理。

附：湖广总督札复

为札复事。案据湖北咨议局呈称：窃湖北迭遭水灾，粮复缺乏，议捐议赈，朝廷有殊恩之沛，大吏殚宵旰之劳，哀鸿流离，终遍全省。推原其故，皆平时毫无蓄积，以致临歉即生恐慌。督部堂莅任之初，即通知各属，筹办积谷，远谋深虑，靡不知感。惟查原章专注重于常平仓，大县限三万石，中县限二万石，小县限一万二千石，以常平仓之存贮。本局议员之意，窃以办理积谷，注重常平不如注重社仓。盖常平积谷于一隅，收买之初，必取诸本属出谷之处，收散者而使之集，一方固有积谷之实，同时一方即生谷价昂贵之影响；若社仓，则虽图谋积集，而仍散积于各地，收买之力小而且匀，不至大促谷价之腾贵。此办常平不如办社仓之理由一也。常平积谷专在治城，放卖之时，惟附城贫民可以沾其利益，少[稍]远乡镇欲购买积谷，恒有不能必得之苦；社仓则各就近地放卖，无此困难。此办常平不如办社仓之理由二也。且查城镇乡自治章程，办理积谷本属自治范围以内之事，以社仓委诸自治团体，亦属正当办法。本局议员提出积谷宜注重社仓议案，迭经审查讨论议决，理合缮具清折，备文呈请督部堂裁夺，乞赐公布施行。计呈清折一合等情。据此。本部堂督同司道详加查核社仓积谷，固属意美良法。光绪二十五年，曾经前阁督部堂张(之洞)奏明劝办社谷，极为队真。无如地方官绅未能切实奉行，多未足额。其间办有成数者，又因历年已久，或为首士挪用，或因借放未还，辗转缪葛，大半有名无实，以致上年大水为灾，仍须公家拨款赈济，竟不能得积谷之力。本年迭次接准度支部电咨，以各省常平仓谷缺额太多，行令分年筹补。当经饬由藩司详定筹办常平仓谷章程，责令各厅州县分年劝办。此系遵照部议办理，不独湖北一省为然。至原有之社仓积谷，前人创办，煞费经营，岂可任其日久无着，亦经饬由藩司酌拟稽查社谷章程，通饬认真清理。原期常平与社仓相辅而行，以备荒歉，并无偏重于其间也。来呈谓常平集谷于一隅，收买之初，恐生谷价昂贵之影响等语。查各属禀复筹办积谷，或仿川省办法按租捐谷，或仿江苏办法随粮带收。夫按租捐谷，本可无待外求；随粮带收，亦未必遽能大宗采购，致本地谷价之顿昂。况湖北地方产谷有限，全赖湘、蜀、赣、皖等省接济。将来各属积谷，自必分赴外省谷贱之区陆续采购，断不令与本地民食有妨。此其不必过虑者也。又谓常平仓谷专在城治粜卖，乡镇恒有不能必得之苦等语。查积谷原以救荒，何处荒歉，即应拯济何处，断不准在城治一处粜放。即如近年筹办灾赈，移粟远来，有运之于邻远各省者，城乡之隔，何致畛域显分？至某乡捐谷，即在某处存储，其中亦有窒碍。湖北各厅州县，多有年年积淹之区，此等地方，断无力捐谷，遇有灾荒，其将坐视不救乎？即如光绪三十三年江北大灾，阜宁、沭阳等县成熟地方所捐之谷咸各据为己有，灾区同在一县，不肯运往散放，几酿械斗巨案。前车不远，后事之师。此又不可不虑者也。总之，常平与社谷，同为备荒而设，现在遵照部议，酌定劝办章程，通行已久，自可无须更改名目。惟来呈云筹办积谷，本系自治范围以内之事，所请以积谷委诸自治团体，自是正当之论。折开所拟办法，惟赊贷生利一事，必至恩始怨终，殊多流弊；应改为"如遇年岁凶荒，灾轻则减价平粜，幸重则查户赈济，均由地方官会商绅董斟酌禀办"。其余均甚切实，足辅原章所不及。除札行北藩司通饬各厅州县会商自治绅董，各就本地情形斟酌妥善，禀候核办外，为此札复咨议局查照。须至札者（宣统二年十二月十一日）。

施南、安陆府增、廪生贺铸渊、杨文湘等陈请咨商邻省革除折扣本省铜币案①

（宣统二年十月十二日呈）

为呈请事。十月初一日由议员倪惠渊介绍，施南府利川县增生贺铸渊、廪生马炳麟，咸丰县文生秦国城、覃南轩，恩施县廪生饶凰琬、文

---

① 本案为人民陈请建议之案，载《议案》下卷。

生祝乾志，建始县拔贡黄建中、廪生龙则灵等，为陈请咨商邻省革除折扣本省铜币以恤边民事。窃惟泉刀义取流通，币制宜归划一。湖北自张文襄公(之洞)督鄂，奉旨造币，开设铜元局，以当十铜币，补制钱之不足。每铜币一枚，即为制钱十枚之用，通省一律。惟施郡各邑与川省犬牙相错，奉节、巫山、云阳、万县、石柱、酉阳等厅州县比邻而居，买卖货物，通商互市，独受折扣当七、当八之害。自光绪三十年以来，于今五六载，边民之困苦实不堪言。其大者以买川盐为最。施郡各邑，实为川省云盐、巴盐引岸，近年加征盐税，每斤已涨至一百二三十文不等；更加折扣，铜元非一百六七十文一斤，不能食盐。我之铜元有折扣，以谷米及漆桴等交易，则贱视我之出产，而勒掯其价值；以宝纹银元等交易，则内官银价常涨至每两二千一二百文不等，行于川省每银一两落至一千五六百文；银元更相悬殊。夫银价之涨落，随乎铜元之折扣。银币无当某数之明文，无可争执；铜元明注当十，有可争执者也。如谓当十铜币不适于用，川省亦造有铜元，现亦流通抵界，四川省铜币则无折扣，用北省铜币则有折扣，其事为可异而其理更属不平。况现行刑律例文，原有"经纪牙行人等不照钱面数目字样行使折减者，徒二年"。明有办罪之条，为各行省人民所当一律遵守。如谓国家将新订法律，划一币制与收回铜币，我施郡僻处深山，目前旧用制钱已挹注他省州县，渺无踪迹，舍当十铜元，无可用之币；即有划一新币，非三五年，流通不到。总之，边际险远，止有一定之货物，行一定之销路；其受折扣铜币之害，水深火热，已非一日。应请督部堂咨商邻省早出告示，晓谕该省毗连人民，除一日折扣之害，即早纾本省边民一日之困。往年赵督宪(尔巽)入川，经过施郡，各邑土民沿途具有公禀，亦允准革除此弊，或者札饬奉、巫、云、万、石、酉等厅州县，至未榜示各处交界地方。夫银币、铜币，皆为无用之物，饥不可以为食，寒不可以为衣，当十、当百、当千，不过人民之信用，以便流通耳。信用一失，视金银不啻瓦砾！我当十铜币于川省交界之地通用之初，已失其信用而轻易视之，奸民又从中渔利，折扣七八以收纳于川省界内，贩售于我施郡不折扣之乡，贾货取盈，捆载而归。非得川省督院视邻民如己民，剀切告示，不足以疏其滞塞，流如泉，利如刀，而驱我边民之害。我湖北省咨议局为全省人民代表，于各府厅州县应兴应革之利弊，当无不悉心筹划，以救人民出水火而登衽席。铸渊等利害切于肌肤，呼吁等于赤子，不揣冒昧，仰祈洞察微情，代呈督院，咨商川省，革除此弊，不胜翘盼之至。又十月初二日由议员倪惠渊介绍，安陆县廪贡生杨文湘、应山县岁贡生李峻德、孝感县廪生汤有志、夏口厅职商王香程、胡安义等陈请书称：窃惟银币之涨落，视乎铜币之灌输。北省铜币流通，邻省不加折扣，则本省与邻省宝纹及银币之价得其平，百货交通，物价亦得其平，斯市面不至动摇，商民便；车站不至勒掯，行旅便；土产不至滞积，边民尤便。近年武汉地方，银价日高，百物腾贵，人民生计日艰，农商贾交受其困。推原弊之由来，皆因本省之铜币既多，他省之铜币又灌注湖北，不折不扣，故全省人民暗受影响，财产生命摧残于不知不觉之中。而河南一省最近比邻，铁道既通，交易繁盛百倍，上年于本省及南北各行省当十铜币，皆加折扣当七、当八，阻滞其行使。譬之流水，我湖北为众派之所归，而无泄漏之地，安在其不溢泛伤人？铜币为无形之洪水，河南一省以折扣为曲防，是所谓以邻国为壑也。借非疏凿之，排决之，澎湃奔流，伤人必多，湖北财政尚可问乎？文湘等身受其害，迫于滔天之势，不得不将陈请咨商之理由为贵局缕晰言之。汉镇为各省仕商各色人等荟萃之区，而河南实为最近邻省。彼之铜币无折扣可以灌输于我，我之铜币有折扣不能灌输于彼，故武汉为铜币之渊薮。铜币贱，则银价昂，每两涨至一千七八百文不等。银价昂，则物价因之，米珠薪桂，民不聊生，奸商渔利，出入倍蓰，钱庄倒塌，市面动摇。此宜咨商河南免折扣湖北铜币以恤商民者其一。京汉铁路为中央政府入款之大宗。航海北上南来，程途虽纡，而旅费已减于铁轨正价；又加之以河南所属自驻马店以北直抵彰德，无处不折扣外省铜币，旅人行囊难乎为继。京汉铁路为我政府赎回所有；海船属外人公司，非政府所有。铁路少一人，即少一收入数；海船多一人。即失一利权。折扣铜币以致减少银价，殆所谓为渊驱鱼、为丛驱雀。此宜咨商河南免折扣湖北铜币以便行旅者其二。襄阳之光化、襄阳等县，安陆之安陆、应山，汉阳之孝感等县，皆与河南接壤，边民受亏，难以言罄。谷米杂粮来自河南；淮盐运贩来自河南；牛马约材来自河南。以我必折必扣之铜币，易彼不折不扣之物品，七分之价，数已盈十，二成之货，价必加三倍，是未与交易之先，而我已受折扣之累。舍铜币而用银，则我价昂而彼价低，悬殊益甚；即货物以作币，则我值贱而彼值贵，泾渭愈分。最不平者，河南铜币当十者十；湖北铜币当十者七八。彼之币文数目非多于我，彼之币原料非贵于我，彼之币秤分量非重于我，乃以歧视之故，抑勒其价值。间阎之子妇鳏寡，无告之穷民，饮恨吞声。此宜咨商河南免折扣湖北铜币以拯边民者三。文湘等稔悉民间疾苦，惟恳贵局念恤民艰，代呈督院，咨商邻省，出示晓谕，则襄汉各府人民幸甚，湖北全省人民幸甚，各等因前来。逐次开会讨论，归并交付审查。兹据委员会审查报告书称：原书有合有分。其合者，谓豫、蜀铜币行于鄂省，不折不扣；鄂省铜币行于豫、蜀，则折扣七八。分者，一谓州县与河南毗连者，因铜币折扣，钱庄每至倒塌，市面动摇，不便商贾；车站勒掯，铁路即多阻碍，不便行旅；以我必折必扣之铜币，易彼不折不扣之物品，价值益昂，生计愈窘，不便边民。一谓州县与川省相毗连者，以销售川盐为大宗，近年加征盐税，每斤已涨至一百二三十文，更加折扣铜元，每斤非一百五六十文不售；而谷米、漆桴等物类，此种种受累情形，不堪言状。原书中为商民吁告者用心良苦，公请本局代呈督院，咨商邻省出示晓谕，俾铜币无畸轻畸重之虑，自应照准。查今年四月十六日上谕，已允准度支部奏厘定币制酌拟则例一折，自为划一币制起见，如新币通行，铜元辅用，自无折扣之弊。惟是新币开铸伊始，流通有待，边僻之地，非三五年不能遍及。而湖北商民困难，急等燃眉。惟有咨商邻省通饬免扣，以为目前补救一策。况往年赵督宪入川经过施郡，士民沿途具禀，亦邀允准革除。诚蒙督宪咨商，万无不行。川省如是，豫省亦然等因。复经本月十六日开会议决，理合据情代呈，静候钧裁。为此，备文呈请督部堂俯赐察核施行。须至呈者。

附：湖广总督札复

为札复事。据咨议局呈请咨商邻省革除折扣本省铜币一案，业经本部堂咨商四川督部堂、河南抚部院核办，合行札复。为此札行咨议局查照。须至札者（宣统二年十一月初四日到）。

重申种烟禁令案①

（宣统二年九月十七日呈）

为呈请事。窃本局于上年十月十三日由议员提议禁种洋烟一案，分别条件呈请前督部堂陈（夔龙）察核，旋奉批准札行禁烟公所分别施行在案。查种烟之害，流毒无穷。朝廷功令禁严，凡属践土食毛，应一律铲除净尽，务绝根株。现在本局议员由外府州县来者佥谓九十两月，筑场纳稼，正值收获之时，诚恐该地户日久玩生，该管官查禁不力，与其种后惩罚，不若先事防闲。此次督部堂交议自治议案，亦有厉行全省禁烟一条。顾禁卖、禁吸，当以禁种为先。应请督部堂电饬各府厅州县，重申宣统元年收获后不准再种罂粟之令，实行查禁，严定考成，正本清源。申法令而除民害，胥惟督部堂是赖。为此备文，呈乞察核，迅予施行。须至呈者。

附：湖广总督批复

来牍备悉。查禁烟要政，迭经本部堂严饬各属从禁种入手，曾将查禁不力各州县分别示惩。当此秋稼登场，愚民私种不可不防。已严电各府州通饬所属切实查禁，地方自治团体与有稽查之责。并希查照前交议案，克日议决复核裁夺。此复（宣统二年九月二十日）。

---

① 本案为咨议局提议之案，载《议案》中卷。

法令公布规则案①

（宣统二年十月二十日呈）

为决议法令公布规则呈请裁夺事。窃法令期于实行，而实行首在公布。东西各国，皆有法律公布之法。吾国北京政治官报，为公布中央法律之机关。各省法令之施行，率无公布之规则。现方预备立宪，自应使人民周知法律，以成为立宪之国民，法律公布之规程，万不可以稍缺。公布方法，固以官报为主体，旧例之行知揭示，新例之派员宣讲，亦似未可全为废弃。本局按诸法理，斟酌情势，提出法令公布规则案，经讨论审查，会议取决。唯是官报之职务，重在公布，公布之期限，最宜确定，故官报之发行，必每日一次，其内容以公布法令为主要。私家之论著，决无登载之理。湖北官报体例原不甚合，应请督部堂札饬官报局另行改良，编订发行之期，仿北京政治官报之例，每日一次。首列谕旨，次中央法令，次本省法令，次各属报告。凡关系政治之文件，按照本公布规则一律公布；其例行公事，概不登载。所有本局议决法令公布规则案，除缮折呈核外，理合备文呈请督部堂察核，乞赐公布施行。再咨议局照章有议决本省单行章程规则之权，此后如有新定章则与人民有权利义务之关系者，请一并交局决议。须至呈者。

计呈：

法令公布规则案

第一章　总则

第一条　凡中央政府法令施行于直省者，本省总督自奉到法令之日起三日内应照本规则所定公布之。

第二条　凡本省各种单行章程规则及其他属于咨议局议决施行之件，自总督批准之日起十日内应照本规则所定公布之。

---

① 本案为咨议局提议之案，载《议案》中卷。

第三条　凡本省行政官因行政处分上(权限范围内)所发之命令,总督或其他主管官厅应照本规则所定公布之。

第四条　凡本省旧有颁行之章程规则及各属通详之案永远遵行之件现在尚有效力者,总督应于宣统三年六月末日以前照本规则所定悉行追加公布。

前项应行追加公布之件如有变更时,照第二条第一项、第三条所定办理。

第五条　应照本规则所定公布之法令,若不公布或不如法令公布,即不得责人民以遵守之义务。

第六条　凡法令,自公布之日起算十日后发生效力,但有特定其施行期日者不在此限。

第二章　公布格式

第七条　凡公布法令,应记载公布之年月日,由各主管官吏署列衔名。前项公布之年月日不得倒填或预填。

第八条　凡公布法令,应分别中央政府颁行,或本省咨议局议决经总督批准,或系行政官关于行政处分上所发之命令,区划种类记载之。

第三章　公布方法

第九条　凡公布,应先登官报,再行揭示。

官报每日发行一次。

第十条　官报登载后三日内,应由主管官厅揭示,以揭示之日为公布之日。

其在省城外各府厅州县,以官报到达后三日内揭示之。

第十一条　凡由城发递官报外,公布应用行知,限均交邮政局照挂号信件递寄府厅州县。

官报到达各府厅州县数以附则定之。

第十二条　官报听人民购阅,其行政局署处所及法定或官厅认定各团体，皆应颁予一份，仍令照章缴价。

第十三条　省城、各府厅州县应特立揭示处，凡有揭示之件，皆就揭示处揭示之。但因周知之便，于揭示处以外，应酌量城镇乡地方更行揭示。揭示处省城应在督署或藩署前设立，各府厅州县应在巡道或府厅县前设立。

第十四条　凡繁重法令，有非揭示处所尽布者，除公布文告在揭示处揭示外，应将该法令之条件交由城镇乡自治会刊印传布、宣讲所逐条宣讲之。

第四章　附则

第十五条　本规则以总督批准之日起为实行之期。

第十六条　本省各府厅州县之官报到达期限如左：

江夏县：一日；

武昌县：二日；

嘉鱼县：二日；

蒲圻县：五日；

崇阳县：四日；

通山县：五日；

兴国州：三日；

大冶县：二日；

通城县：四日；

咸宁县：三日；

汉阳县：一日；

黄陂县：二日；

孝感县：二日；

汉川县：二日；

沔阳州：三日；

夏口厅：一日；

黄冈县：二日；

黄安县：三日；

黄梅县：三日；

麻城县：四日；

罗田县：五日；

广济县：三日；

蕲　州：三日；

蕲水县：三日；

钟祥县：六日；

潜江县：四日；

京山县：三日；

天门县：三日；

安陆县：三日；

云梦县：二日；

应城县：二日；

应山县：二日；

随　州：二日；

江陵县：四日；

公安县：六日；

松滋县：六日；

枝江县：七日；

监利县：四日；

宜都县：六日；

石首县：六日；

襄阳县：七日；

宜城县：八日；

南漳县：八日；

枣阳县：三日；

谷城县：十日；

光化县：十一日；

郧　县：十三日；

郧西县：十三日；

房　县：十三日；

竹山县：十四日；

均　州：十一日；

竹溪县：十四日；

保康县：十四日；

东湖县：五日；

兴山县：六日；

归　州：八日；

巴东县：十日；

长阳县：十三日；

长乐县：十三日；

恩施县：十四日；

咸丰县：十五日；

宣恩县：十五日；

利川县：十五日；

来凤县：十四日；

建始县：十五日；

荆门州：七日；

当阳县：七日；

远安县：八日；

鹤峰县：十一日。

右表系照邮政局递信期限酌展半日或一日。

附：湖广总督札复

　　为札复事。查咨议局折开法令公布规则十六条，呈请裁夺施行前来本部堂，详加披阅，大致主重公布以为实行地步。惟查规则第四、第五等条所拟各节，俱未适当。盖本省单行法每有缘一事而随时发生者，虽不常引用，而效力自在，日积月累，端绪至繁。今欲悉行追加公布，诚有挂一漏百之虑。若未经追加公布之法令即不能责人民以遵守。办理殊多窒碍。其第六条所拟法令自公布十日后发生效力，按之向来办法，凡法令自公布后即应发生效力者，亦有不同。至第十六条所拟官报到达期限，查鄂省依山各府县，交通不便，邮政局均用早班传递，且不能按日到达，本条所定期限恐难尽合。此条应由官报与邮政局直接商议，较为妥洽。至官报拟改日报，系为公布利便起见，未始不可，候饬官报局酌量情形核议详夺。以上各节，皆系本部堂对于法令公布规则议案分别可行不可行之理由。第现查十一月初十日政治官报所载宪政编查馆电复闽督电：勘电悉。公布法令向系照例办理。此项成例有时窒碍，非督抚所能变更，即非咨议局所能提议。现正拟订法令公布新章，一律通行，应即饬知静候办理等因。是本部堂对于此项议案未能越俎，咨议局对于此项议案毋庸复议，应俟官章颁定再行遵照办理。其余本省如有新定章则与人民权利义务之关系者，自应交局决议，随时刊入官报，以示公允，而促进行。为此，札复咨议局，请烦查照。须至札者（宣统二年十一月二十一日）

请批答水利议决案质问案①

（宣统二年十月二十日呈）

　　为呈请批答事。吾鄂江、汉夹流，常罹水患。最剧烈者，尤为去岁，受灾者共廿余州县，饥饿而死者不下数十万人，阖省均受其影响。今年

---

① 本案为咨议局提议之案，载《议案》中卷。

江、监、沔又复被淹，水势较去年尤大尺余。小民何辜，屡遭厄运。然此犹汉水之患也。闻之父老，往年江水泛滥，万城车湾堤溃（乾隆、道光年间先后溃决数次），武昌省垣水没数版，各衙署水深数尺。准此以推，则下游各州县之受害情形，岂堪设想？目前滨江堤务，弊端百出，岌岌可危，若不亟图改良，早为挽救，吾恐吾鄂水患三五年间当尤有莫大之变局，滔天之惨祸一发而不可收拾之日也。查去年常会期中，经前督部堂陈（夔龙）提出讲求宣防以兴水利一案，交由本局全体赞成议决，当经前护院杨（文鼎）公布施行；今年四月，又经督部堂批准刊入官报各在案。乃迟之至今，毫未实行。议员等徬徨期望，诚不能解其何故。窃维督部堂自莅任以来，勤恤民隐，无微不至；于水利一端，尤所关心。今夏监、潜、沔民堤告溃，立饬地方官吏兴工修筑，赶急断流。饥溺至诚，良深感佩。无如临涨堵筑，至难措手。一则无土可取，二则新土浮松，较之冬工费加倍而工难坚（无论筑口岁修，均以冬工为要，挨至春间，亦不能坚实矣），盛涨踵至，立时溃决。所以新筑各堤终难保全也。夫吾鄂水利，非统筹全局，不足以徼倖于一时。当事者宜如何及时趋工，以副督部堂实事求是之至意。查堤工总局自杨道觐圭接任后，雍容坐镇，声息毫无，不惟于本局议决之水利案未见执行，并于本局议决之水利案立意反对。试略举数端证之。

议决水利案第五条（派员测绘江汉水道）。此为下手之尽先问题。今年二月，由黄道以霖委任候补典史一人、测绘生四人从事测绘（由汉水中段下手，界属潜、沔险要最多，所制之图亦甚的确，现存堤工总局），及至五月盛涨正宜测绘之时，杨道忽将该委员等撤回，不惟所费之二千余元诚有可惜，而测绘要工忽焉中止矣。反对议决案者此其一。

水利案第二条（荆州、安陆各设专局一所，由总局遴选谙工程耐劳苦之府厅专任督率筹备之责）。以外各分局委员，亦均由总局委派；而杨道未闻筹划局所，请派局员。刻届冬初，正宜预备冬工，何处宜予建筑，何处宜予岁修。转瞬春来盛涨一临，何以御之？反对议决案者此其二。

水利案第四条（总局内附设堤工研究所）、第五条（购置挖泥机器船）。研究者所以潜治水之智识，机器船者所以具疏导之利器；而杨道未闻有设所研究、订购机器船之计划。反对议决案者此其三。

水利案附条（征收土费由各有堤州县随粮带征，所有民局一律裁撤）。盖土费一项，所以裕经费而备支用，理应切实征收，通盘预算；而杨道于各有堤之府厅州县征收土费，从未问及一切，旧有堤局，亦未议裁。反对议决案者此其四。

水利补助案第八条（总局应每年综核各局岁出入款项，决算列表，登入官报，并于咨议局常年会期前一月汇送账目一分，以备稽考）。杨道既未闻登入官报，本局函钞亦靳而不与（前月通函至今未复）。反对议决案者此其五。

具此五端，自议员视之，则谓杨道有意反对，不予施行；而人言籍籍，则谓杨道毫无经验，不识水利堤工为何物，徒每年虚糜一万二千两之经费已耳。不知泽国灾黎，饥饿余生，喁喁望治，倘不改良，实有儳焉不可终日之势也，谨案咨议局章程第二十六条，咨议局于本省行政事件及会议厅议决事件如有疑问，得呈请督抚批答。本局议决案事已经年，竟未执行，议员等深怀疑问，不得不呈请督部堂照章批答，用释群疑。并请迅饬该局，即行照案筹办，以苏民困，而重要工。须至呈者。

附：湖广总督札复

为札复事。案据湖北咨议局呈称：查去年常会期中，本局议决之水利案，堤工总局自杨道接任后，未见执行，并有立意反对之处，约举五端，呈请饬局即行照案筹办，以苏民困等因。查堤工总局，现已归并筹赈局，改名曰工赈局，杨道业经饬令销差，另委袁道接办。至局中所陈各条，经本部堂督同司道详加查核。第一条声称武员测绘江汉水道，及至五月盛涨，杨道忽将该委员等撤回各节。查停测襄河，系因春水发，原生测量难准，饬令暂停，以节经费，俟冬令水涸时再行酌办；所有已测之处，业经绘图存工赈局，预备及时接测，以竟全工。第二条声称荆州、安陆各设专局一所，由总局遴选府厅专任督率筹备之责，以外各分局委员，亦均由总局委派，而杨道未闻筹划局所、请派局委员各节。查荆州、安陆两府，本应各设专局，并于有堤州县酌量设立分局。惟此项经费甚巨，上年灾重款绌，筹赈修堤，智能俱竭，权衡轻重，不得不先其所急。且土费未收，先遽设局，亦非撙节之道。现在各属溃堤，业已次第委员勘估，择要筹修。一面催令将征收土费酌定办法，款项有著，再行议设专分各局，以策进行。第三条声称总局内附设堤工研究所及购置挖泥机器船，而杨道未闻有设所研究、订购机船之计划各节。查研究水利，必以经验为先，古人治水成法，载籍极博。惟形势代为迁变，按图索骥，借镜良难。故设所研究，必须附近工区。原拟俟专分各局次第成立后，再行遴派官绅实地练习，方是正办。然各局设立需时，难以久待。现即饬于工赈局内先附设堤工研究所，酌调久办堤工、熟悉水利之官绅入内研究，至购办挖泥机器船，价固不赀，养费亦巨。且鄂境襄河，延袤千虫，船少则旋挖旋淤，诚恐于事无济。应俟将来土费充裕，调查此项机器与水土各性，实系相宜，即行酌购。第四条声称征收土费，由有堤各州县随粮带征，所有民局一律裁撤，而杨道于征收土费从未问及，旧有堤局亦未议裁各节。查收土费以补官力不逮，为目前切要之图。上年灾区重广，议赈议蠲，元气尚虞未复。即如荆州之万城堤，岁修经费，向按受益田亩征收；因该府电禀缓征，由筹赈局垫拨钱一万五千串，借济工需，至今未能扫数归垫。又如沔阳之姚老九合等民垸，亦经拨发官款七万余串，以资津贴。此外各属民堤，由官拨济者，尚复不少。疮痍满目，急则治标。惟揆诸桑土卫之义，究以征收土费方为经久之计。本年岁收中稔，亟应饬由工赈局督同各地方官，妥筹征收方法，禀候核办，总期毫无流弊，方可实行。第五条声称总局应每年综核各局岁出入款项，决算列表，登入官报，并于咨议局常年会期前一月汇送账目一分，以备稽考，杨道既未闻登入官报，本局函钞亦靳而不与各节。查各属承办堤工人员，往往有原领赈款拨作修堤之用，原领工款移作赈粜之需。是以支用工款，必俟各处销册到齐，方能确定数目。现正电檄严催，而各工多有未竣。赓续造报，往返驳查，动稽时日。至总局所发款项，业经遵照部章，分年按季造具清册，送由财政局汇办有案。除札饬北工赈局分别遵办外，为此札复咨议局查照。须至札者(宣统二年十一月十六日)。

卷三　咨议局议决宣统三年预算表说明书①

例　言

一、本表系遵照院电，以督府所交地方行政经费岁出册为地方岁入之准据。

一、本表所列，均调阅全卷并亲访事实，经行政官厅彼此同意斟酌，按照情势期于实行，并非纯以理想为增减。

一、本表所列各行政经费，均由藩署、度支公所开支。

一、本表经督院核定，无论何种衙署局所属于本表支用之事项，均须按表支领，不得挪移。

一、本表所列之外，遇有地方行政事项临时发生，认为必要或经部饬举办不能不办者，应于宣统三年常会决算时将事件用款并交本局承认。其非部饬或不必要而举办之事项，为本表外之支出，须由主管官按数赔偿，以重库帑。

一、本表核定后，除由督院刊发各主管署局遵守外，另札清理财政局认真检查。

一、各主管署局照本表支给经费，须先备文移送清理财政局审查无误后，再转移藩司支拨。

一、各主管署局按照本表用款，按月造表报告清理财政局一次。其造报表式由清理财政局自定之。

---

① ［编者按］依据宪政编查馆奏定咨议局章程，各省咨议局有议决本省岁出入预算决算之权限。按照该馆奏定的宪政筹备清单，各省应于宣统三年试办预算决算。于宣统二年九月举行的湖北省咨议局第二次常年会议，理当审议本省下一年即宣统三年的预算案，但因总督瑞澂迁延交付，未能在法定会期内议决。复于同年十二月上旬召开临时会，对所付预算案进行逐项审核，多所增减，并具文陈述理由，名曰《咨议局议决宣统三年预算表说明书》，于《湖北官报》第67至94期（1911年4月26日至5月23日）陆续刊载。兹据湖北省图书馆所藏《湖北官报》原版收录，以便读者。

一、清理财政局检查各署局照表支用之款，应于宣统三年八月内造成地方行政经费决算册，详院交局议决。

地方行政经费岁出经常门：

第一类 民政费 原案共库平银四十五万二千九十两六钱四厘，本案共库平银四十八万八千三百一十两六钱五分八厘。

第一款 咨议局经费 原案四万九千八百五两二钱一分二厘，本案五万四千四十九两九钱六分一厘。

查咨议局经费预算案，前奉督部堂札行，准度支部咨饬令酌减，本局已将不能核减理由呈请度支部在案。旋奉督部堂札准新添速记生四名，宣统三年应支薪金一千五百二十六两，系在前赍预算之外，自应增入。又本局邮电费二千六百八十八两七钱四分九厘，财政局误列行政经费交通门类，亦应拨还本局经费项下，以清界限，故增列第五、第六两目。此外各目概照原案，已载预算表内，毋庸赘述。

第二款 省城及各府厅州县巡警经费 原案共库平银三十三万二千八百七十三两二钱五分，本案共库平银三十四万二千三百三十八两七分二厘。

查原案各府厅州县巡警经费，本局既无确实之调查，又无参考之册报，未便率拟增减。惟省城、汉口两处系查照关于巡警之最近册报酌量增减，故项目银数均有更变。

第一项 省城警费

查原案银数八万三千七百一十八两一钱二分，本案将金武临救生局消防费拨归该局，而于另册行政岁出经常门民政费内移来经理收捐经费，故此项有八万五千九百三十四两三钱四分一厘之数。

第一目 各区薪资饷项 原案四万一千六百九十一两，本案四万四千九百六十四两四钱三厘。

查本案加增一等巡警十名，二等巡警三十名，三等巡警八十名，所需饷银系查照警务公所新章核算，故银数视原案有加。

第二目 各区公费 原案此目多杂支二字

系查照警务公所新章数目核计，细数已于本目摘要叙明。

第三目　消防费　原案二千九百十二两，本案四千三百九十八两二钱四分八厘。

查省城现设有消防队，用费自应加多。原案为数过少，故酌增。

第七目　服装费　原案六千七百三十四两，本案六千四百八十两。

查原案服装费系笼统计算，本案按照人数平均计算每人九两，故为数较减。

第八目　各区房租及修理费　原案无此目

查原案各区房租及修理费并入公费杂支目内，本案公费既有确定之数，此目自应另列。

第九目　经理收捐用费　原案无此目

查房捐铺捐各款，均系地方税性质，且所收之款确为办理地方巡警之用，则此目自应列入岁出。

原案第二目夫役火食删除。

查警务公所新章有额定公费，已包括夫役工食在内，不必另列一目。

原案第九、第十目藩署、度支公所消防费删除。

查消防为巡警专责，各区既列有消防费，毋庸由藩署、度支公所另筹消防，以节糜费。

原案第十一目度支公所卫生费删除。

查巡警既有卫生专科，度支公所毋庸另筹卫生，以定职守而清权限。

原案第十二目金武临救生局消防费拨归该局项下。

查金武临救生局本系慈善事业，虽附设有救火器具，亦系慈善性质，不能列入巡警项下。

原案第十三目江夏缉捕费删除。

查原案本目摘要叙明三年预算系将此款改为推广巡警之用，但既属于江夏一县，无论为缉捕为巡警，均不应于省城巡警经费项下开支。

第二项　省城巡警教练所经费三千七百四十一两四钱。

原案列入行政经费民政类第六项。查该所专为教练巡警而设，其为地方行政毫无疑义，且原案各府厅州县教练所均列入地方行政，而省城独未列入，未免一事两歧，自应汇入地方行政，以昭划一。

第五项 夏口厅汉镇巡警费

查原案银数九万六千三百六十七两三钱四分二厘，本案银九万八千八百七十四两二钱四分二厘，其加多之数系以巡警学堂减少之数拨入。

第一目 薪资饷项　原案五万三千七百三十九两三钱三分二厘，本案五万七千七百三十一两二钱七厘。

系按照各局区人数，仿照省城巡警薪饷章程规定，故银数较原案加多。

第二目 局区公费　原案无此目

系查照省城巡警各区公费新章规定，惟汉镇用费较繁，故公费之数亦较多。

第五目 清道费　原案无此目

系查照汉口巡警总局新章所列清道夫人数规定，计夫头十四名，每名月饷四元五角，清道夫二百三十九名，每名月饷四元，统计折银适符八千八百八十一两五分四厘之数。

第六目 路灯费　原案四千八百六两二分四厘，本案八千七百十五两四钱六分。

汉镇为最繁商埠，路灯极关紧要，原案仅列电灯，为数亦复过少，故拟增。

第七目 服装费　原案无此目

本案所定公费之数，服装原不在内，自应拟定确数，另列一目。

第八目 房租及修理费　原案无此目

查原案房租及修理费并入杂费目内，本案公费既有限制，此目自应另列。

原案第二、第五目工食、纸张、印刷、缮写费均删除。

本案查照省城巡警新章拟定各区公费，工食及纸张、印刷、缮写费均已包括在内，毋庸另列。

原案第七目杂费删除。

查该局区服装、房租、修理等费均并入杂费目内，本案既分别定有确数，此目自应删除。

原案第八目夏冬冰炭费删除。

此目亦已包括公费之内，毋庸另列。

原案第九目缉案川资赏犒及特别费删除。

查警章，无越境缉案之条，即有应行查访事件，侦探自有专责，毋庸预筹此费。

原案第十目稽核报务委薪删除。

查汉镇巡警总局员司甚多，稽核报务尽可兼任，毋庸另设专员，以图撙节。

第三款 巡警学堂经费 原案共库平银一万七千九百七两九钱五分六厘，本案共库平银一万四千三百四十两九钱五分三厘。

查原案银数一万七千九百七两九钱五分六厘，本案查照该堂近时报册核实撙节，并拟将警务杂志停办，故尽[仅]需一万四千三百四十两九钱五分三厘之数，所减银款拨入汉口巡警项下支销。

第一项 额支

第一目 委员、教员、司事薪水 原案共库平银一万九百八十三两八钱，本案共库平银九千八百三十一两三分九厘。

第二目 工食费 原案共库平银一千六百三两七钱一分四厘，本案共库平银九百四十四两七钱五分六厘。

查照该堂近时报册员司杂役实支之数，分别核计，银数均较原案减少。

第三目 火食费 原案无此目，本案共库平银一千八十两六钱一分七厘。

查该堂近时报册所列火食均系按人计算，并无浮滥，自应综计银数，另列一目，以昭核实。

第四目 纸张、印刷费 原案五百二十二两三钱六分二厘，本案一千九十七两九钱八分六厘。

原案所列纸张、印刷费与己酉数目相同。查该堂交来之经费表，每月印刷费八十元，纸张费六十串，统计折银较之己酉银数多寡悬殊，盖己酉学生仅一班，现在学生系两班，自应核计表内数目加入。

第五目 学生军装费 原案七百八十四两，本案五百六十四两五钱五分二厘。

查该堂所报军装价目，核计学生人数规定，故较原案减少。

第六目 报费及各项杂费 原案杂费一千四百九十五两，本案六百五十八两三厘。

本案既加列火食一目，纸张、印刷费亦已酌加，故杂费锐减。

第二项 活支

第二目 临时添用缮写费 原案一百五十两，本案五十两。

查该堂每年仅两学期考试，临时添用缮写款无多，五十两尽可敷用。

第三目 修理费 原案二百两，本案一百两。

房屋岁修用款有限，原案银数过多，应酌减一半。

原案额支第五目附设警务杂志费删除。

查本目摘要叙明己酉尚未发行，编辑亦无专员，据该堂报名，并未筹及续办，应删除。

原案活支第三目赠赏费。

查该堂近时报册并无此项，应删除。

原案活支第五目炭火费。

本案已将此项包括于各项杂费内，毋庸另列一目。

第四款 游民习艺所经费共库平银三千九百两

原案列入行政经费民政类第七项。查该所系为教养游民、保卫治安起见，其性质与感化院相类，足以补巡警之所不及，自应汇列地方行政，以昭核实。

第五款 善举经费 原案共库平银五万一千一百三十三两二钱六分二厘，本案共库平银七万三千六百八十一两六钱七分三厘。

原案经常门善举经费以支项之居于特立地位者入之，临时门补助善举经费以支项之居于维持地位者入之，其实补助经费不尽出于临时，固有月捐季捐列为额支而地位仍处于维持者。查部章，分别门类，似以常年所有者归经常门，而暂时所有者归临时门。本案依此分列，于原案款、项、目既有移换，银数故有出入。又原案以官署支给分项，本案以善举事实分项，故细目位置前后亦有不同。

第一项　善堂经费

本项所列各目，均由原案临时门善举经费项下拨入，缘此项多系月捐季捐，在各官署额支之款，故列入经常门。

第九目　签捐局善举经费　原案共库平银六千四百五两九钱三分二厘，本案共库平银一千两。

原案计六千四百五两九钱三分二厘。查调来该局细账，用之善举项者，如各善堂额捐之款不过六百六十余两，其余账款为数亦微，而账内所列农工商部主事张厚璟干薪月支一百四十元，督署戈什二千元，文巡捕年终津贴一千二百元，石故令樽家属月支十元，驻京稽查张守曾畴年支花红一千元。以上五项预算，宣统三年已需六千三百余元。开支既非正当，理应一律裁净。至该局员司人役病故，恤赏应由该局酌给，归入张支项下，不得混作善举。本案拟留银一千两为该额给善堂之款。余银五千四百余两，拟作账款预备金，另列一项于临时门。

第十目　荆沙善举经费　共库平银一千三百八十五两九钱九分五厘。

原案未列。据清理财政局来函，称该款每年由荆州钞关截留关款支给，例应作为省款。因该册报来迟，漏未查改，故本案补列于此。

第三项　敬节经费

第四目　武汉三镇敬节堂捐款

原案计六千四百九十三两八钱四分三厘。旋接清理财政局来函称，原案系江汉关己酉捐款年册预算。今查汉黄德道交来预算分册善举经费，又江汉关分册表列补助善举经费数目，原案多列五千七百四十七两六钱四分四厘。因该关册报来迟，漏未查改，现已呈部更正等语。查该关己酉年册既据实造报，则去年所出之额即明年支给之数，何得交局预算册表骤短五千七百余两之巨？事关善举经费，碍难裁减，致善堂停办，故仍照原案，比较己酉捐款银数列目，以维慈善事业。

第六项 救生经费

第一目 永安局救生船水手工食 原案共库平银一百六十两，本案共库平银六百七十六两。

原案预算一百六十两。查调来藩署清单，每年发给该局水手工食银六百七十六两。复由该局董送来收支清册，领款数目与藩署清单相同，故本案照列预算其数较原案增加。

第六目 金武临救生局经费 原案共库平银七千六百五两六钱六分六厘，本案共库平银八千四十九两六分七厘。

原案计银七千六百五两六钱六分六厘，本案将省警费项下金武临救生局消防费四百四十三两四钱一厘并入本目，统归该局用费数，故加入。

第八目 宜昌府红船经费四百八十二两六钱二分六厘

查此款原案未列。本案据清理财政局来函补入，其理由已详本款第一项第十目。

原案第一项第七目江夏塘角灯油费删除。

查省垣有城外巡警，各区均设路灯，塘角灯油费应由该区警费项下发给，毋庸开支善举经费。

原案第二、第三项第十六、第十五、第十六目武昌府贫员津贴、藩署年终贫员津贴、资助武昌府贫员津贴均删除。

查此项津贴虽为体恤贫员起见，然官吏之俸薪公费具有报酬性质，该员既未任事，不应有非分之获。且津贴名目列之善举项下，更觉不伦理，应一律裁去，以示尊重命官之意。

地方行政经费岁出临时门：

第一类 民政费 原案共库平银六万七千三百四十八两五钱七分九厘，本案共库平银三万八千零六十四两一钱五分八厘。

查咨议局第二届选举，应在宣统四年举行，宣统三年无需此项经费，原案所列第一款应即删除。

第一款　补助自治经费　原案共库平银三万四千四百三十八两六钱五分，本案共库平银二万八千一百五十八两三钱二分二厘。

第一项　自治筹办处

查原案银数三万四千四百三十八两六钱五分，系统附设研究所用费在内。现该所已拟停办，应减之数，均查照督部堂发交拟减各册核计。惟原案将该处邮电费列入岁出经费交通门内，未免误会交通之本旨，仍应拨归该处项下，以昭划一，综计应有二万八千一百五十八两三钱二分二厘之数。

第一目　薪水津贴　原案二万三千二百一十四两五钱八分，本案一万二千五百七两七钱八分。

原案并自治研究所教员薪水合计，本案减去教员薪水一项，故银数减少一万零七百零六两八钱。

第二目　工食　原案二千三百五十一两三钱四分二厘，本案一千九十一两三钱四分二厘。

自治研究所既拟停办，需用人役较少，故工银数减少一千零六十两。

第四目　杂费　原案三千九百七十六两一钱八分九厘，本案二千八百七十二两九钱八分九厘。

教员及杂役既经裁减，杂费自必较少，故银数减少一千零三两二钱。

第五目　邮电费　共库平银七百十一两六钱七分二厘。

系查照交通门第二项第十五目拨入，并参考该处近时报册，酌定此数。

第六目　办理自治公报费　共库平银二千两。

第七目　分驻各属筹办自治委员薪水　共库平银三千九百两。

以上两目，均系查照督部堂发交追加预算原案补入。

第二款　临时补助善举经费　原案共库平银二万一千三百七十八两七钱三分一厘，本案共库平银九千九百一十三两八钱三分六厘。

原案所列项目应拨入经常门者，已具述理由于前，兹不赘陈。

原案第三款防疫经费删除。

查此款已奉部饬全裁，故不列。

地方行政经费岁出经常门：

第二类 教育费 原案共库平银六十八万七千二百二十二两零四分二厘，本案共库平银七十七万六千七百八十二两三钱八厘。

由临时门第二类教育费项下移来库平银八万九千五百六十两二钱六分六厘，得数如本案。

第一款 省城各府厅州县学堂经费 原案六十三万七千八百八十一两四钱八厘，本案六十四万二千二百七十八两八钱四分一厘。

第一项 省城法政学堂经费 原案四万一千二百五十三两二钱，本案二万零二百八十九两六钱一分。

法政学堂属专门经费，照高等公例核定之。原设监督一人、教务长一人照旧，管课官二人裁一人，缮校四人裁三人，书记二人裁一人，庶务员裁，设庶务司事一人，会计员裁，设会计司事一人。其原设员司名目多系仿照京师法律学堂办法，但京师法律学堂为全国之冠冕，体制自应崇宏。湖北地位相殊，财力极绌，万不能援京师为例。又检校、缮校等员司因发行校外讲义而设，据该堂教务长报告，三年校外讲义停办，此项员司应全裁。至仆役一项，该堂册报计三十余名，照公例，该堂学生三班，应用十二名，各员司雇用之人，工食概应自给，不得由堂中开支，其余二十余名一概裁去。薪水一项，照高等例，监督月支银二百元，教务长月支一百二十元，管课官月支八十元。教员薪水，查该堂洋教员三人，各月支银元三百元，每星期功课各二十四小时，约计每星期一钟银元十二元五角。中教员应较洋教习稍减，照高等例，每星期一钟银元八元。杂费一项，照高等例，学生两班月支八十元，三班照加十元，每月应支九十元。预备费照各堂例，以该堂全年用数为标准，十分得一，合计得数如本案。

第二项 省城文高等学堂经费　原案四万二千两，本案一万一千零八十一两八钱四分二厘。

设监督一员、教务长一员、监学一员，薪水照高等公例开支。暂招学生两班，除重要课程由兼课洋教习讲授外，本国教员照公例开支，加伙食杂费等项，全年用数得数如本案。

第三项 两湖师范学堂经费　原案五万二千二百九十二两七钱六分，本案三万二千八百二十五两六钱零三厘。

查两湖师范学款开支之巨，由于员司杂役过多，杂费太滥。兹查原有初级师范生八班，员司薪水照中等学堂公例核算，添优级师范生一班，员司薪水照高等学堂公例核算，杂役比非师范学堂加多，杂费比非师范学堂加增，再加学生火食，得数如本案。

第四项 方言学堂改办游美预科英文肄业馆　原案三万七千八百一十一两六钱八分八厘，本案一万三千一百五十八两一钱六分六厘。

查方言学堂课程繁重，难收外国语学之效益，停办原无不可，但对于预科毕业学生不谋安置，招来麾去，殊背教育原理，应由主管衙门拨入中学四年级肄业，并准其投考高等学堂。方今世界交通，外国语学万不可废。查京师设有游美预科英文肄业馆，赣绅陈三文拟在汉口立高等商业学堂附游美预科，亦经禀部立案。前京师招考游美预科，湖北学生及格者仅一人，诚为竞争试验之恨。应即以方言学堂改办游美预科英文肄业馆，课程简则肄习自易，一转移间，必得良果。兹定为学生两班，员司薪水及其余用费，照中学堂公例核算，加外国语教员薪水一万三千元，合计得数如本案。

第五项 理化博物学堂经费　原案二万四千七百零四两四钱五分四厘，本案一万一千六百九两一钱八分。

查博物学堂学生寝室已毁，移入理化学堂内，统由两湖总师范学堂监督管理，各设监学一员，所有一切用费照初级师范学堂公例核算，得数如本案。

第六项 存古学堂经费　原案二万七千五百八十六两二钱零七厘，本案二万六千五百四十一两二钱七分三厘。

一切用费照高等学堂公例核算，加五班火食，得数如本案。

第七项 文中学堂经费 原案二万一千七百二十一两六钱零八厘，本案一万九千五百六十七两零五分三厘。

学生十班，一切用费照中等学堂公例核算，得数如本案。至应收入学生学费仍未扣抵，应由主管衙门酌定划一学费，发款照扣，其余应收学费，学堂一律办理，作为教育收入费，以备四年推广教育之用。

第八项 第二中学堂经费 原案六千四百八十八两九钱二分八厘，本案一万一千六百六十七两四钱八分。

原案所列之数与己酉年同，不知该堂于己酉年下学期开办学生仅两班，现有及添招学生应共五班，以两班学生一学期之费为五班全年之用，万不能敷。兹照公例核算，得数如本案。

第九项 省城南北两等小学堂经费 原案六千四百八十八两九钱二分八厘，本案一万一千六百六十七两四钱八分。

两路学堂系一堂长管理，故应照两等小学堂公例并计之。北路算一学期，南路算全年，得数如本案。

第十项 两湖附属两等小学堂经费 原案七千二百四十两八钱二分四厘，本案一万二千六百九十八两零七分。

高等、初等在一校之内，故照两等小学公例并计之。高等学生七班，初等六班，用费应照本案。

第十一项 模范两等小学堂经费 原案五千三百二十九两八钱三分九厘，本案七千七百七十九两九钱七分。

查该堂应添高等一班、初等一班，合原有学生为高等两班、初等六班，两等小学经公例核算，得数如本案。

第十二项 单级教授研究所经费 原案三千七百三十两，本案三千八百三十四两八钱二分。

原案系照己酉年推算，本案系查取本年开支实数酌为加减，视原案为加，视实数为减。

第十三项　女子师范学堂附设幼稚园经费　原案一万八千七百五十两零一分二厘，本案一万三千一百九十六两一钱一分二厘。

幼稚园原附设在女子师范学堂内，经费自宜并入。经理员及教员薪水，照中学例，女监督、督学薪水照旧，杂费酌减，得数如本案。

第十四项　女子职业教员养成所经费　原案五千四百六十两，本案六千五百七十七两二钱三分。

查该堂现有裁缝、缫丝学生各一班，两等学生二班，兹拟员司薪水照男两等小学例开支，杂费因职业上有必需之材料，照男中学例开支，合计数比原案加增。

第十五项　敬节两等学堂经费　原案一千二百四十八两二钱，本案一千九百三十六两二钱二分。

查敬节女学堂原为教育节妇之女兼收邻近女生而设，而有高小、初小两班，校风纯朴，士论翕然，苦于经费支绌，不能添招学生，特酌为增加，敬节劝学两有裨益。

第十六项　公园改植物园经费　原案三千二百五十两，本案一千二百七十一两七钱三分。

查公园需费极巨，非数十万金莫办，湖北财力支绌，刻难措置。该园地复狭隘，未易展拓。今拟改为植物园，以供各学堂实地研究植物之用，故经费较原公园办法为减。

第十七项　兼课洋教员薪水经费　原案一万四千二百六十六两五钱三分八厘，本案二万二千六百一十六两二钱八分二厘。

原案系就洋教员六员计算，本案因开办文高等及优级师范，所有重要课程拟以兼课洋教习讲授，自应添聘二员，故预算得数如本案。

第十八项　武昌府初级师范学堂经费　原案无，本案一万三百四十四两二钱七分。

督院交下学务议案，注重推广师范，诚为发达教育起见。查部章，各府应设初级师范一堂，湖北均未开办。现拟一律开办，各招学生二班，经费照拟定公例核算，得数如本案。

第十九项至第二十八项经费均与第十八项同。

第二十九项至第五十七项经费均照原案。

第五十八项 教育品制造所附设艺徒讲习所经费　原案无，本案八百九十七两六钱八分。

制造须明学理，故艺徒必须讲习，兹特增入。

原案第一项第七目省城铁路学堂经费删除。

查铁路学堂近已改由邮传部管理，财政局宣统元年岁出报告册业经剔除，自应照删。

原案第二项第六、第八、第九、第十各目初等小学堂经费删除。

查督辕蒙学、盐道初等小学、官钱局蒙学、度支公所蒙学等经费，向由各署局所动支。本案遵照去年常会批准议案，议定省城各初等小学堂统归江夏县接办，酌拨本省学款补助之，其补助经费数目详本案册内。所有各署局所向来担任之款，仍由度支公所照收，归入本省学款项下开支，此四目一并删除。

原案第三项第一目敬节女学堂经费删除。

查财政局宣统元年报告册第十三款第一、第二、第三、第五各条，合计库平银二千三百八十一两一钱二分，与原案敬节女学堂经费适符。乃该堂添建讲堂棚座及开学之用，不应列入经常门，合行删去。

原案第三项第四目启秀女学堂经费删除。

查启秀女学堂向分第一、第二、第三三堂，第一已改为女子职业教员养成所，第二业经停办，第三校舍在汉阳三皇岭，照第四目摘由栏开，由汉阳府公款支银二百一十七两零，与汉阳各属小学堂第七目摘由栏内汉阳府公款支数相同，当系汉阳启秀重列省城学堂之误。今移归本案第三款补助经费项下，删除此目。

第二款 图书馆经费　原案二千三百七十五两九钱七分五厘，本案四千五百四十七两六钱七分七厘。

第一项 省城图书馆经费　原案二千三百七十五两九钱七分五厘，本案四千五百四十七两六钱七分七厘。

该馆月支购置书籍银二百两，业经详准有案，原案漏列，本案补入，故经费较原案有加。

第三款 补助公私立学堂及学会经费 原案四万六千九百六十四两六钱五分八厘，本案十二万九千九百五十五两七钱二分七厘。

第一项至第三项经费，三学堂办理颇著成效，补助费自应照旧。

第四项 湖南中学堂经费 原案六千六百一十二两七钱五分二厘，本案一千八百两。

地方行政费支绌，补助万难偏重，故本案酌减。

第五项 湖北私立法政学堂 原案无，本案一千三百两。

第六项 公立法政学堂经费 原案无，本案二千六百两。

第七项 公立江夏法政学堂经费 原案无，本案一千三百两。

查公立法政学堂业经呈奉督部堂批准，每月补助银一百两，原案未列，兹应补入。然该堂经费仍绌，湖北私立法政学堂、公立江夏法政学堂亦无的款，应各拨补助费，以资提倡。

第八项至第九项经费，两学堂成绩均佳，补助费应照旧。

第十项 补助省治附郭江夏初等小学堂经费 原案二万四千七百六十三两二钱八分七厘，本案八千零四十五两四分。

第十一项 补助省治附郭江夏半日学堂经费 原案六千三百四十八两零九分，本案一千三百四十两八钱四分。

原案于临时门列有补助初等小学堂、半日学堂经费。查上两项向属学务公所直辖，本局上年议决改江夏县办，应即正名为江夏初等小学堂、半日学堂，补助经费不宜过多，却不宜停止。本案酌定初等每班学生补助银元二百元，半日每班学生补助一百元，得数如册所列，特由临时门移入经常门，以期永久。

第十二项至第十六项各补助费甚少，不宜再减，均照原案。

第十七、第十八两项经费关系全省公益，补助费应照旧。

第十九项 宪政筹备会经费 原案一千二百四十五两二钱一分，本案六百五十两。

照部核减案。

第二十项至第八十七项经费　原案无，本案共六万七千六百两。

欲图教育普及，以改良私塾为第一要义。兹照本局自治分州县为三等，大县限改良私塾一百二十堂，中县限改良私塾一百堂，小县限改良私塾八十堂，每堂补助银十两，共数为本案所列之数。

原案第三款第一项第四、第五、第八各目补助经费删除。

查都中公立、私立学堂甚多，求实学堂、陶氏两等小学堂湖北无补助义务之必要。至京官讲习馆津贴与学员学生津贴同一性质，今学堂员生津贴具裁，自应照停。三江两浙旅学堂久经停办。顷当款项支绌，照章应办各学堂且岌岌乎有因款停闭之势，遑顾其他。以上四目一律裁去。

原案第三款第三项第四目督院办理学务书吏廪膳费删除。

查此款已奉院札准部咨在度支公所书役薪工项下开支，此目自应照删。

岁出地方行政经费临时门：

第一类　教育费　原案共库平银三十七万九千四百四十八两二钱六厘，本案二十八万九千八百八十七两九钱四分。

第一款　遣派游学生经费　原案三十三万七千七两九钱一分九厘，本案二十五万九千四百四十七两九钱四分。

原案列作第二款，本案以湖北教育费惟游学一款为最巨，调查学务公所册报，汇解均有定期，尤非他项临时需用之款可比，故提前列表。经费总数较原案减少之理由见下列各分项。

第一项　日本游学经费　原案十三万一千三十五两三钱五分七厘，本案十三万八百二十四两七钱四分。

查学务公所册报，宣统三年春季应汇日本游学生一百三十九人学费及薪公活支等项日币一万六千九百五十二元八角五分，又官立高等五校上学期学费日币一万一千七百元，据以推算，全年经费折中合银，得数如本案。

第二项 德国游学经费 原案三万二千七百五十二两七钱九分三厘，本案一万八千一百三十九两六钱八分。

查学务公所册报，宣统三年春季应汇交学生八人学费及薪公活支等项共一千六百二十八马克，据以推算，全年经费折中合银，得数如本案。

第三项 法、比游学经费 原案十一万六千五百三十八两四钱七分四厘，本案九万两八钱三分二厘。

查学务公所册报，宣统三年春季应汇法国学生二十二人学费及薪公活支等项三万一千三百二十八佛郎、比国学生三十六人学费及薪公活支等项四万七百八十八佛郎，据以推算，全年经费折中合银，得数如本案。

第四项 俄国游学经费 原案三千一百三十四两七钱五分八厘，本案一千九百十二两四钱八分。

查学务公所册报，宣统三年春季应汇学生一人学费及薪公活支等项一千四十五卢布，据以推算，全年经费折中合银，得数如本案。

第五项 美国游学经费 原案二万五千八百六十六两四钱六分二厘，本案一万一千九百八十两零八钱。

查学务公所册报，宣统三年春季应汇学生六人学费一千九百二十美金，据以推算，全年经费折中合银，得数如本案。

第六项 英国游学经费 原案无，本案六千五百八十九两四钱四分。

查学务公所册报，英国留学生三人，宣统三年春季应汇学费及薪公活支等项共二百二十镑，据以推算，全年经费折中合银，得如本案增数。

第二款 临时教育杂费 原案四万一千五百四十两二钱八分七厘，本案三万四百四十两。

原案系以临时补助教育经费总数列作第一款，分三项，其第一、第二两项即省城现办之各初等、半日学堂经费，查皆系常年开支；第三项各府中学堂半成经费亦应按年照拨，故本案概移入经常门第三款内，而改增临时教育杂费一款，列游学经费之后，总数较原案加多，理由详下分项。

第一项 文高等购置教育品经费五千两。

高等学堂设备当求完全，所有图书、标本、理化机械各项需费甚巨，本案所列之数尚恐不敷。

第二项 教育品制造所购置机械经费一万两。

查各学堂应用教育品，向系购之外国，最为一大漏卮。湖北既设立制造所，即应谋扩充办法，故本案增入此项经费。

第三项 图书馆改建经费八千两。

查已经学司详准改建，故本案增入此项经费。

第四项 图书馆购置中外书籍经费七千四百四十两。

查照上项，既经费扩充改建，则馆内陈列书籍应求完备，故本案增入此项经费。

核算省城各学堂经费公例：

甲、高等学堂及程度相等之学堂例

员司薪水：

监督月支二百元，堂长一百二十元，监学八十元，教员每星期授课一点钟月支八元，译员四元，会计司事月支十六元。

员司伙食：

管理员及司事月支各三元，教员、译员不支。

书役工食：

缮书月支十元，杂役月支四元五角。

书役名额：

学生两班用缮书一名，三班以上二名。学生两班用杂役十一名，每加一班加一名。师范学生两班用十四名，每加一班加二名。

杂费（油、烛、茶、炭、笔、墨、纸张、印刷、邮电、图书、标本、试验消耗品及零星添置、修理等费均括在内），学生两班月支八十元，每加一班加十元；师范学生两班月支一百元，每加一班加二十元。

预备费，照上例各项总数十分之一计算，留存学务公所，各学堂遇有应支事项，得临时呈请核发。

乙、中学堂及程度相等之学堂例

员司薪水：

监督月支一百二十元，监学四十元，教员每星期授课一点钟月支四元，算学加一元，文学加二元，译员及会计司事照高等学堂例。

员司伙食，照高等学堂例。

书役工食，照高等学堂例。

书役名额，照高等学堂例。

杂费，照高等学堂例。

预备费，照高等学堂例。

丙、两等小学堂例

员司薪水：

堂长月支八十元，监学三十元，高等小学教员每星期授课一点钟月支二元，算学加五角，文学加一元，初等小学正教员二十四元，副教员月支二十元，司事照高等学堂例。

员司伙食、书役、工食及名额，俱照高等学堂例。

杂费，学生两班月支六十元，每加一班加十元。

岁出地方行政经费经常门：

第三类 实业费 原案共库平银一十七万二千七百七十一两二钱二分二厘，本案一十五万零四百四十七两三钱二分。

第一款 农工商矿各学堂经费 原案共库平银一十五万四百三十三两八钱五分一厘，本案共库平银十万二千四百三十两三钱五分四厘。

第一项 高等农业学堂经费 原案共库平银四万一千两零八钱，本案共库平银一万一千一百十八两七钱一分三厘。

查该堂农林两班于明年五月卒业，惟余十六人为一班，学款支绌万分，势难浪掷多数金钱以曲全少数学生，自应由学司设法安置。日前督院交到学务议案，将该堂编入停办之列，亦即此意。本案预算该堂来年经费，应以六个月计，扣至六月为止。按照本局议定高等通例，将员司薪水及一切杂费核实裁减，复加预算费千余两，改定支出总额为一万一千一百一十八两七钱一分三厘，实已敷用。

第二项　中等农业学堂经费　原案农蚕两堂共库平银一万五千四百七十两，本案并为共库平银一万二千五百九十六两九钱五分七厘。

原案农、蚕二堂分列，似属独立。查部章，农堂分高、中二等，例设农、林蚕各科，是中等农业学堂有独立之名，而林蚕两堂不能独立也。查中等林堂不另开支，中农与中蚕两堂亦在高等农堂隶属之下，来年自高等农业学生卒业之日起，高等停办，中等农、林各堂更无上级之监督，理合遵照部章，将林、蚕两堂并入中等农堂，以一事权而节糜费。本案预算该堂经费，系体察各该堂原有办事员司以至杂费各项支出情形，比照本局议定中学堂通例通盘筹划，非轻议裁并也。

第三项　农业教员讲习所经费　原案库平银一万一千四百六十六两，本案库平银八千八百九十八两五钱九分。

该所经费俱系比照本局议定中学通例核算，惟明年上学期甲班毕业，应于教员薪金及杂费各项照全年支出总额减除四分之一，以昭核实。又查该所应于来年四月毕业，比之工、商两所于六月毕业，为期较早，计可得赢余银若干两，即以作该所农场实习用品之费，不另开支。

原案第四项初等农业学堂经费　原案库平银二千一百三十八两五钱，本案删除。

原案第三项系初等农业学堂经费。查此堂即原案第十一项所指为三初等之一也，于原案为重出。三初等业经停办，此项所列初等自在停办之列，学务公所课员曾当面报告，其为应行删除无疑。

第四项　中等工业学堂经费　原案库平银一万六千三百八十两，本案库平银二万二百八十五两六钱六分八厘。

查该堂除员司薪水以至杂费、预备费，均按照本局议定中学堂通例核减外，因该堂须设金工、电气、土木三工场，以资实习，如将三场办理完全，需费甚巨。查金工场业经成立，电气工场已建筑而尚未设备，土木工场尚待建筑。变通办法计，惟将电气科预科学生改习金工科，可省电气工场设备之费。现建电气工场暂借为土木工场，土木工场可缓建筑。惟土木工场设备不易，至少需银四千两，故特别列入。

第五项 工业教员讲习所经费　原案库平银一万一千八百三十两，本案库平银九千八百四十二两二钱四分四厘。

查该堂除定染织实习原料费为该所特有外，余俱比照本局议定中学堂通例，并准农业讲习所裁减四分之一例核算。惟该所比农桑两所多开一班，费自较广，预算该所支出总额较农商两所稍多也。

第六项 中等商业学堂经费　原案库平银一万五千八百三十四两，本案库平银一万六千三百七十三两三钱七分七厘。

查该堂除员司薪水以至杂费各项，俱系比照本局议定中学堂通例核计裁减外，并裁去会计、庶务各一人。此两人所司一司事，已优为之，毋庸另设专员。舍监之名，仿自日本，为鄂中各堂所无。查该堂原议将本堂移至北路学堂，以本堂为学生寄宿舍，故另设舍监一人。今该堂既无地可移，即无寄宿舍而有舍监，是名实不相符也，理合一并议裁。至该堂学生共计七班，经费究较他堂加多，自应照增。

第七项 商业教员讲习所经费　原案库平银九千一百两，本案库平银八千三百五十五两九钱三分八厘。

查该堂员司薪水以至杂费各项，亦系按照本局议定中学堂通例，并准农桑两讲习所裁减四分之一例核算。

第八项 两湖矿业学堂经费　原案库平银一万六千八百九十六两五钱一厘，本案库平银四千九百七十五两九钱八分六厘。

查该堂原定为高等学堂，旋以学生普通科程度不及，改照中学办理。现仅阅五学期，预科尚未毕业，是该堂尚未具有高等之资格，所有办事员司以至杂费等项，自应比照本局议定中学堂通例切实裁减。惟查该堂来年下学期议添聘物理、化学等科洋教员，月约需银二百余两，应临时由该堂禀候督院核办。

第九项 艺师养成所经费　原案无，本案九千六百六十五两一钱一分八厘。

艺师养成所亦系实业之一，案于本年七月开办，颇有成效。原案未经列入。兹查得该所预算表一份，逐项审查，尚属核实，理合补列。

第十一项 武昌府实业中学堂经费　原案为武昌府农工商三小学堂经费八千三百六十八两，本案改费同。

查三小学业于本年九月内一律停办，自应删去。惟武昌士绅现已组织实业中学堂，定期明正开办，所有武昌农工商三小学堂经费自应尽数移作武昌实业中学堂之用。

第二款 农事试验场经费　原案库平银一万五千二百八两五钱五分，本案库平银一万二千一两六钱四分四厘。

第一项 农事试验场经费　原案库平银一万五百九十八两五钱，本案库平银六千七十六两二钱二分八厘。

第二项 林业试验场经费　原案库平银四千六百一十两五分，本案库平银五千九百二十五两四钱一分六厘。

按去年本局推广农林以兴实业案，内有农林两试验场不另设立一条，业经批准公布施行在案。兹据原案预算农林两场经费为数甚巨，又据劝业道委员面称，现已由该道另辟一林业试验场，并云来年尚拟另辟一农业试验场。查振兴实业，原系该道应办之事，本局成案具在，应将农场附办之农林两场划归该道管理，农堂学生亦尽可就场实习，所有由该道已辟之林场不必废，未辟之农场暂不必辟，即以本局议裁农场之费作为扩充林场之用，减费甚巨，而于该两场之发达并无妨碍也。

第三款 矿政调查局经费　原案无，本案库平银三千六百二十一两三钱九分四厘。

采矿当从地质着手。东西各国恒不惜多数之金钱以调查本国之地质，故矿业能缘此而发达。今国穷民困，弃宝如地，岂非大愚？查筹备清单内原有调查矿山区域一项，应即举办。

第四款 化分析验局经费　原案无，本案库平银八千一百四十两。

中国化分之学，向未讲求，故不足以尽生物之妙用，而矿质尤其大端也。乡民有明知为佳矿，而因不知成分，即不敢试掘者，或误认而采掘失利者，皆由无化分机关之故也。查筹备清单内载有化分局一项，实为当今至急之务，应即举办。

第五款 生漆检查所经费　原案无，本案库平银六百七十两。

生漆一项，历年以来渐成出口之品，然乡人罔知远利，掺入杂质，则信用顿失。外人既系需要，则必自为检查，而价值高低，亦必代为酌定。故红茶之价格不出于卖主而出于买主，皆由于此。倘生漆不亟加干涉，则必蹈红茶覆辙，应即举办。

第六款 商品陈列所经费　原案库平银七千一百二十八两八钱二分一厘，本案库平银一千一百三十九两七钱一分四厘。

第一项 商品陈列所经费　原案无，本案库平银一千一百三十九两七钱一分四厘。

查原案于第三款虚列该所名目，惟新增案内列有该所经费一万一千八百七十七两三钱九分五厘，经费又属无着，且无细目，无从查核。兹据劝业道委员面称，该所规模甚隘，拟于来年扩充，约须拓充费一千二百余元，常年费七百余两。是该所现已筹办。本局酌中定拟扩充费六百七十余两，常年费四百六十余两，照原案新增之数所减虽多，较委员报告之数酌减无几，于该所之发达当无阻碍也。

第三项 劝业场经费　原案库平银七千一百二十八两八钱二分一厘，本案删除。

原案所列该场预算经费七千二百［上文为"一百"，编者］二十八两八钱二分一厘，系据己酉年支入数目略为核减。现查该场业经改章，所有皮业商捐局款项概已停拨，另由度支公所暨铺摊月捐收入支应，并据劝业道委员面交清折一扣，计该场出入相抵，尚可存银若干两。原案所列提调现已裁去。本局查核该场经费一千三百余两，系在该场租金项下开支，应列入原案特别预算。原案所列，应即删除。

第七款 补助各项经费　原案无，本案库平银一万二千二百四十四两二钱一分四厘。

查农务总会补助费，原在官钱局借拨，汉口商业学堂补助费系本年提学司核准，业于七月间给领，均原案漏列。荆防工艺厂补助费，原案误列官业支出费内，本案自应一律添入。至银行研究会，为金融机关改良之基础，借以联络商情，自应酌予补助。至红茶一项，向无出口自卖者，故受外人之把持，非悬赏奖励不足以壮其远游之气，是亦提倡之一道也。

原追加案内江西陶业学堂津贴　原案[原文如此。据下文，"原案"后面应缺"二千两"，编者]，本案删除

追加案内载有津贴江西陶业学堂一项，查系由江西瓷业公司总理康达呈请督院饬由官钱局岁拨津贴该堂银二千两。该堂既无请湖北咨送学生之文，又未言有湖北学生就学该堂之事，是吾鄂有义务而无权利也。如果公帑充盈，为吾国奖励实业计，自不必彼疆此界。奈吾省实业费甚形拮据，自谋不暇，何暇谋人。且方今国家与地方行政经费尚未划清，地方与地方经费宁可混同？应请督院饬官钱局自来年正月始，永远停拨该堂津贴银二千两，庶挹彼注兹，吾省实业费亦借以资弥补。

岁出地方行政经费临时门：

第三类　实业费　原案无，本案五万八千二百七十二两二钱六分。

第一款　养成、传习各所经费　原案无，本案八千七百九十一两九钱零九厘。

第一项　林蚕技师养成所经费　原案无，本案二千一百八十八两二钱五分。

去岁调任督部堂公布施行各厅州县创设农林劝办所规则，第二条内载有兴造林业蚕业为本所着手办法等语。查各属劝办所之办事员必须略具林蚕知识，每一州县至少须养成二三人，以充此项之用，应即举办。

第二项　草帽传习所经费　原案无，本案三千四百九十二两九钱一厘。

草帽一项，已成吾国学生必用之品，而每年草辫出口尤为大宗。鄂草实亦能用，不过割草时稍加改良，即化无用为有用矣。一举而农工两便，自应举办。

第三项　汉口商律巡回讲明所经费　原案无，本案三千一百一十两七钱四分九厘。

汉口为中国商业中心点，中外通商将日增繁盛，而回顾吾国商人，则不特世界大势有所不知，即商业之原理、商人之地位，亦莫不茫然。当此商战之时机，何不至于劣败也。查筹备清单，原有商律讲明所一项，然仅设立一处，则所教者有限，且恐商人无暇，今用巡回讲演之法，则所费无多而收效甚普。

第二款 划一度量衡经费 原案无，本案一万三千四百零八两四钱。

度量衡划一，实为商民造无穷之福。部定章程既已颁行，自应着手举办。

第三款 植业银行经费 原案无，本案三万六千七十一两九钱五分一厘。

银行政策足以亡人之国家，而植业银行专为不动产抵押，尤足以吸收土地。况欲振兴农业，非枝节所能济事，如排水、筑堤、开垦、引水等项，动需巨款，非此种机关，不足应其需要。然则虽日言提倡，亦属无益。查植业银行章程已经颁布，资本至少需五十万元，亟宜早为组织。此次表列之款作为发起经费，其不足者，或招民股，或由官钱局拨入。

岁出地方行政经费特别门：

按此项本非特别预算，因本年试办预算以前，并无决算，而此项又实已另筹有款，禀定有案，系属宣统三年举办之事，若不列入预算，不特增将来决算之困难，且不成为完全之预算，特别此门，以备决算时之参考。再劝业道禀办之农业试验场、洪山林业试验场，均已另筹有款，本类经费门所列农林两试验场经费与该道所筹之款无涉，该款应另存别用，俟来年决算。

岁出地方行政经费经常门：

第四类 官业支出经费 原案五万五千九百四十八两三钱五分八厘，本案移入临时门为二万两。

原案第一款第一项官报刷印局经费 原案一万五千七百九十五两，本案移入临时门作为资本二万两。

查官报局为行政必要之补助机关，所以一人民之耳目而重国家之法令，绝非为开通风气之用，本不得为营业性质，然究为独营之业务，其售报之费，每足以供支用而有余。况该局兼办印刷而又发行官纸，则于独营业务中实具有营业性质。于此而犹于常年经费项下开支，实属不合。惟该局向无流通资本，本有难敷周转之处，前准该局委员面言，非二万金不足以资周转。今即拨二万以为资本，其常年经费，即于营业所得内开支，毋庸另筹。

原案第二款第一项实习工艺厂已裁并。

原案第三项手工善技场应停。

查手工善技场本为提倡工艺而设，然现在高等工艺则有艺师养成所，普通工艺则有贫民工厂及各善堂传习所，而该场实不能出以上二项之外。如系营业性质，则自开厂以来向无盈余，又焉有此赔累之营业乎？即令有盈无绌，而所获有限，不足裕公家之收入，徒足夺小民之生计，更觉不可，故宜停办。

原案第四项汉口劝工院已停。

原案第五项荆州驻防工艺厂移入实业类。

查非营业性质，应属于实业范围。既在行政经费内开支，应归劝业道查核管理。

原案第六项商场局经费

查商场局有地八千亩，从前每亩取稞钱一千文，现拟取稞钱五百文，今宜酌中定为六百文，每月可收钱四百八十串文，而设局每月开支只需三百三十一元，可以相抵而有余，不必另外开支。

原案第七项布纱丝麻四局会办薪水

查布纱丝麻四局既租归韦商承办，则除纳租外，盈亏与官无涉，会办之设，似觉无事可司。如谓机件厂屋需人经理，则韦商可以不负责任矣，天下岂有租物者不负责任而所有者反负责任之理？应由劝业道与该商详定机件厂屋管理及赔偿合同，而将会办裁去，以节縻费。

卷四　文牍

咨议局为预算案呈鄂督瑞澂文①

本局于九月二十三日案准札发宣统三年湖北试办预算全册交局研究等因，奉此。遵即发交本局全体议员共同研究。旋经全体协议，佥称本省地方岁入尚未划交到局，不能不先从地方行政经费着手。惟查地方行政经费册内虽分列款目，而实质仍只列大概，例如某学堂每年经费若干，而于该学堂学生若干班、职员若干人、薪金若干等，用费若干项，概未分析。欲于此而求一校财用之状况，实属无绪可寻。他如民政工程等类，其困难与此一例。今欲解决此难题，除求得各项细册外，别无他法。拟请督部堂饬清理财政局将关于警察、教育两类行政经费，凡有文到该局各项细册一体抄送督部堂，发交本局，以为研究之根据，庶预算有端倪之可求，而宪章不至等诸空文矣。所有请饬清理财政局抄送警察教育两类各项用款细册发交下局缘由，理合呈请鉴核施行。

咨议局就诋毁行政官一事复鄂督瑞澂函②

敬复者。二十一日奉到钧函，不胜惶悚。本局忝为舆论总汇，惟期自尽天职，对于行政官长无不致敬尽礼。本届会议，行政官之莅会陈述意见者，不敢妄相菲待，谨遵朝廷法令，询问执行之现状及所以不执行或执行而两不相合之理由，辩难之词诚为不少。然议会对于长官之辩难，为各国之通例，意者行政委员因预备立宪伊始，人民对于长官之辩难创闻，仅见面陈于督部堂之前，所谓任意诋毁者，其指此耶？若然则惟停止刑讯之质问与豫算讨论两次辩论最力。就此两次言之，停止刑讯之辩论，起于马臬司"上输[谕]为表面之事，人民程度不足，不能遽停刑讯"

---

① 《湖北官报》1910年11月2日第147册《公牍》。
② 载《湖北官报》1910年12月2日第153册《专件》。

之一语。本局为遵守上谕计，不能不加争论。然争论自争论，而敬马臬司如故也。豫算之辩论，起于预算册之错误。本局议员以为主管之员必能通晓，故特举以相质，乃辩论至数小时之久，所条举之错误，无一见答，而力陈部章无国家行政经费地方行政经费之分，不得不缕举部章为之明白解说。然解说自解说，而敬清理财政主管官如故也。总之，轻蔑朝廷，法当解散，辱骂官长，载在刑章，两事虽不相同，负罪则一。议员等粗知礼教，何至以诋侮官长为得意。本局速记录行当汇刊呈核，新闻记者会必莅场记事，登报之文非出于本局之手，两相对照，自知诋毁詈骂事为本局所无，且本局言论均就议案发生，并未出于议题之外，惟监督未亲莅局，故有此传闻之异词。谨说明缘由，上呈鉴察。至钧函所谓今值立宪时代，上下相维，同心协力之语，固当共佩弗谖也。专此祗请勋安，伏惟钧鉴。

附一：鄂督瑞澂致咨议局函①

径启者。本届鄂省咨议局开会，本部堂照章派令行政各官及各局所主管之员赴局代表，即与本部堂亲临无异。咨议局为尊崇秩序之地，理应开诚布公，与各行政官和衷接洽，方为正当。乃迭据行政各官面陈，咨议局议员对于行政官一方面过存成见，每于不关事实之处，任意诋毁嘲笑，出言无状，以张副议长之身，为全局表率，不特不照章制止，且亦随声附和，语涉戏谑，殊堪诧怪。查鄂省咨议局公定章程第四十四条，议员发言讨论不得涉于议题之外，否则可由议长制止之；又第一百六条第二项，不得对于他人为谩骂侮辱之言。今各议员并不专就议案实际讨论，动以诋侮官长为得意，即系涉于议题之外。虽谩骂亦由议案发生，究于事实奚裨？此等言论，议长何以不照章制止，且从而附益之，实于立宪政体未合。盖官为朝廷所任，使诋官即与轻蔑朝廷无异，是以刑律有骂官之条，所以尊君权也。在各议员，以为今日之官尽人可骂，并未

---

① 载《湖北官报》1910 年 11 月 27 日第 152 册《专件》。

指定所骂何人，不知当日到场代表之官即与议案有所关系之人，又与指名辱骂何异？本部堂有监督之责，不能不为劝告纠正。况遇事秉公，对于咨议局亦力维持，不令受局外之诘责。设使行政官实有行不合理之处，尽可平心静气，陈说理由，质问讨论，以冀交相奋勉，否则赃污不法，确有事实可指，亦应照章纠举，又何可信口毁骂，近乎村夫竖子之所为，以自失其议员之资格乎。总之，中国政治不举，由来已久。今值立宪时代，自应上下相维，同心协力，以期逐渐挽救。所望各议员以后务守定章，勿逞意气，免越议事之范围，致生官绅之恶感，是所至企。再今日业已闭会，本可成事不说，惟议员为舆论代表，诚恐愚民不察，以官可任议员之蹂躏，将来地方行政各官，均不免多所掣肘，实非地方前途之福，想各议员当不河汉斯言也。专此奉布，即请公鉴。

附二：鄂督瑞澂再致咨议局函①

径启者。昨展环章，读悉壹是。议会对于行政官询问辩难自是正理，本部堂前函所谓质问讨论，以冀交相奋勉，即是此意。辩论与诋毁语意不同，易于领悟，所派代表各官，纵不如议员之研求有素，亦不至认辩论为诋毁而捏陈于本部堂也。本部堂有监督之责，既有所闻，不能不开诚相劝。各议员既知礼教，不至存心侮辱官长，但愿以后各守此旨，以尽上下相维之谊，庶于宪政前途裨益非浅，本部堂曷胜跂望。第本部堂尚有不能已于言者。细绎此次复函，似以本部堂未能亲临会场隐为责备。要知本部堂为两省行政长官，公事殷繁，几有日不暇给之势，且素患痰喘痼疾，久已上达天听，自念终日喘嗽吐痰于议场，实有种种不便。咨议局章程既有得派代表之条，故亦只好遵章办理，并非自就安逸。况本部堂虽未莅会，而于宪政进行，并未有所阻滞，此亦可以自信者。然念时事日艰，非病躯所能胜任，行乞骸骨，以避贤路耳。专笺再布，敬请均安。

---

① 载《湖北官报》1910 年 12 月 2 日第 153 册《专件》。

咨议局议复学堂预算不敷案①

为报告事。案奉督院交局复议两湖师范暨理化博物学堂预算不敷一案，经详细审查，拟请逐项驳复如下。是否有当，敬待公决。

一、本局预算案所列教员功课，本系以每星期三十六点钟为标准，该师范学堂随意科目实未特别加入。但查该堂去年授课钟点表，及本年三月以前填呈学司预算经费表，学生八班，每星期共授课二百八十八点钟，平均每班实止三十六点钟，英文手工诸随意科钟点均在其内。是本局预算与该堂事实仍无不合，原详称每星期有四十点钟功课，未免不实。

一、学堂功课未经学部颁定教科书者，应由教员自编讲义，他学堂皆然，该师范学堂不得独异，故本局预算未列此项编辑费，一以谋节省，一以示大公也。据该监督原详，系认此项为特别费用。本局窃谓督院既未编入特别预算，交局议决，无论如何不敷，皆非局所能承认。

一、查奏定章程，初级师范第五年级并无理化功课，故本局预算该堂本年经费未计理化教员薪水。原详称理化试验一人不能周到，必有助教之员一节，实与定章不合。

一、原详称优级拟办两班，本局止拟添一班，以为理想未周一节。查奏定章程，优级师范学科分四类，均先开公共科一□，如但凭理想，即应开□四班，两班之说，理想仍欠周到。若求诸事实，则该堂现时一班且未开办，更何论乎两班。本局对于此项预算，盖但求事实之有无，不计理想之完缺，但觉添办一班，将来或可见诸事实，拟办两班，恐徒为现在虚悬之理想也。

一、原详称就本局预算，优级一班合之初级教员薪水，再加办事管理员司薪水，现经所核定者与本局预算员司薪水比较，不敷银约五千余两，相去太远，不知如何得出此数一节。按本局预算该堂员司薪水，系于优级未添班之前，所有教员钟点、管理员人数，均查照奏定初级师范

---

① 载《汉口中西报》1911年5月31日、6月4日，新闻第4页。

章程,凡章程所无者概未列入,即该堂监督薪水亦系比照中等学堂公例核算,其得数固非漫无根据也,若如该堂现经核定之教员钟点及管理员人数,薪水自难按合。

一、原详称该堂前后面积甚大,杂役较他堂为多,又修理房屋及灯油洋烛等费,均不能与他堂比较,以为本局不知事实一节。按本局预算学堂各项经费,均经定有公例,万不能于该堂特别加费。如就事实责备本局,则本局去年调查该堂报册,杂役用至一百余人,今年三月以前预算表,杂役则用七十余人。据此比较,已足征向来杂役之多并非实在不能减少。现时如肯再加裁汰,事实又自不同矣。况本局预算案各学堂均另列有预备费,原以备事实上万一不敷之用,该堂办理情形,即云与他堂不同,本局预算要自留有余地也。

一、本局预算公例杂费一项,原包括图书、标本、试验消耗品及零星添置、修理等费在内。原详称该堂教科所用之消耗品及添配修整材料之款本局未列入预算,似于本局预算公例并未阅悉,更不可解[下缺]。

咨议局审查潜江县议事会书(一)①

查原呈称:该县批查上年教练所毕业警生足以分派,禀请免派警员,曾奉巡警道宪批饬警员系永远留驻,随同地方官办理警务,报部有案,未便遽请停派。是潜江虽有警员三人,均奉巡警道所委,而各乡镇警务正待推广,尚须分派,似难请减,最为明白,该会故执以难本局。此事如何建议,可由该会自行提议。至该会议议案,自有执行机关,本局未便干预,亦拟不准云云。

咨议局审查潜江县议事会书(二)②

查原呈称:该县学师印卷自光绪二十三年由银票抽取,又称该县儒学旧有学田一千三百二十三亩,新增学田二百七十一亩三分。如果此田

---

① 载《汉口中西报》1911年6月4日,新闻第3~4页。
② 载《汉口中西报》1911年6月4日,新闻第3~4页。

成实收租，裕于东西两斋各有田八百亩，已成上缺，该县绅首又何为另筹印卷，其确系湖田泥淤，学租无多可知。今虽裁去一官，廉俸未并，仍不足以自养，向筹印卷自从情理发生。今考虽停而官未撤，遽夺其月给之费，广文先生将从何处嗷饭。且学堂毕业仍旧注册，束修古礼，岂能便废。县批官既未裁，自难遽裁月薪，亦是准情度理。必欲下此辣手，此事本该会自主之权，乃欲本局代呈，搤人之喉而夺[人]之食，殊出情理之外，且非建议事体，拟不准予代呈云云。

咨议局审查郧阳县董事会呈请书①

比经详细审查，据称该县契税官吏通同作弊，强行勒加，遂作十二分一厘征收，小民蚩蚩无知，莫敢或抗等语，自系实在情形。缘契一项，地方官之任意浮征，书吏之借端苛索，名限六分九分，实照旧递加，每契价一串文收至百数十文二百文不等。巧立名目，种种弊窦，湖北六十九厅州县如出一辙，不独该绅等一县为然。本局前提清剔税契积弊一案，累经讨论，正[？]条件至为周审，于上年常会期内经督宪核准，已通饬各州县遵照办理。该绅等应按照章程，选举公正绅首设局开办，自可杜绝弊端。至原书请本局提议纠举，似可不必。查阅抄单，该县三分一厘之浮征，如实业学堂、育婴局等费实系附捐性质，以作本地公益之用，不尽为该殷令干没，且征收不自今日始，必欲彻底根究，于事实上恐有种种障碍，致启无限纠葛。总之，本局议案公布施行而后，则一切浮征等弊不难剔除净尽。如果该县故意延搁，抗不遵办，俟本局常会期时再行纠举可也。

东湖县城议事会复咨议局文②

东湖县城议事会议员傅麟祥、董事王宗增等经该县牛令蒙详除名，由该县士绅大动公愤，赴咨议局上陈请书。据审查员卫寅宾报告，迭次

---

① 载《汉口中西报》1911年6月6日，新闻第3页。
② 载《汉口中西报》1911年6月6日，新闻第4页；6月7日，新闻第3页。

会议，候该县城议事会呈复到日，再行核夺咨院等情，已志各报。兹据该县正议长王宏祥、副议长阎文相等呈复云：本年四月十六日奉贵局知会内开云云等因，奉此。遵即于十九日开会议决。查前议员傅麟祥、董事王宗增奉督宪电饬除名，当经议员黎万青等公禀牛令，请转禀销案免究。牛令未据情转禀，竟以各项公罪加诸该傅、王，砌词禀复。该傅、王二员于奉到督宪除名以后，即未到会，所有各处账簿均各领回，并无捐账不交情事。警察舒坐办勒捐滥刑，实系激动公愤，开会议决始派代表至贵局呈请公断，何得归咎于该二员。鱼船捐系议员李长裕提议，全体表决，呈请牛县令准照复到会延会[？]。渔业首人商议酌定捐数，再呈请出示开办。本会当延会，渔业首人业已承认，不过数目求轻。该首人旋具禀于县，要求全免，议遂中寝，迄今未办，何有强迫手段？若特捐一事，该二员用意未可厚非，意在先清公款，如无公款即将县署已行之特捐交自治会征收，其中颇有羡余，可充自治经费，俾免再兴特捐累民。不知捐款既经官征收，断难交出。从前创办白炭捐，原为咨议局选举开办费用，因自治会尚未成立，遂归官代为征收，后遂视为利薮，不肯交出。迨自治会成立以后，该傅、王二员力争此款并各项捐款，请县交出，归董事会征收，以符定章。牛令屡以酌留办公，含糊了事，是捐款断难交出，该二员结怨于牛令之缘因，遂为牛令所衔砌词禀复致督宪严饬查办。窃该二员如有劣迹，即不能被选。被选后一月无人告发，何待招告？乃招告期内只有保禀而无控词，其无劣迹可知。牛令所指访获各端，一为学堂事，一为王桂亭事，均系公事，有案可查，毋庸辩白。至补选副议长，系牛令监视投票，焉有营充[？]情事。惟误用公所图记，实系不谙章程。该二员稽款缓捐与各议员略有意见，牛令乘机诬陷，得以罗织，文致其罪。此当日之实在情形也。查阅该二员陈请书尚属相符。究应如何办法，请贵局据法律解释，秉公核办。所有开会议决各缘由，理合具文呈复。为此，呈请贵局俯赐鉴核施行。须至呈者。

咨议局审查襄阳县城议事会陈请书①

详细审查地方官与议会互相诘责，互相争议，于自治前途关系极为重要。在该管官、该会，一则无款可拨，一则无款可筹，虽均出于万不得已之苦衷，实由于从末节上争执，未从根本上办[解]决。查城镇乡地方自治章程第三十六条五款本城镇乡自治经费筹集方法，该会筹集经费自治，以城为限。其所议决五款纵有中饱不尽不实之处，系全县公有之款，非一城独有之款，县议事会得有筹集此款权限。该会经费应照第九十条办理，一该城公款公产，二该城公益捐，三该城自治规约所科之罚金。现在尚无罚金一款，姑置无议。该城之公款公产，又为学务善举吸收殆尽，应捐该城关系自治事宜之款项产业呈请拨充，或此项而并无之，惟有创办公益捐。公益捐分为二种，一附捐，二特捐。或者为宜，或者为不宜，体察人情，揣度民力，能实行否，能负担责任否，斟酌妥善，而定为该城之附捐特捐，是该会权限，本局无从代庖。在该官禀批牌示，未有按章一一解决，于自治事宜不无疏虞，于自治前途不无贻误。如该会经费筹定确系城款，该官如仍批驳，再由该会呈请本局代为转呈。仅就管见所及，移知该会查照办理，并将原具呈文交还云云。

襄阳士绅陈请咨议局纠举知县吴本义书②

为陈请事。窃谓立宪时代，新政种类日增，人民负担日重。义务既属勉从，弊窦岂堪再伏。而襄阳税契一项，现办种种情形，今特为我诸□陈之前。在襄阳府呈控各节兹不具论，仅就前任徐令炮约及吴令告示言之[中略]。夫以前白契固所应税，而以前逾限概不追究。部章原有明文，换纸契一项，亦只部章施行以后。示云有宣统二年十月以前十年百年，必勒令换契，照章纳税也。承当者逐年转换，顶稞希图朦混其间何尽，无顶稞而一律税乎？盖县印而令纳税更换，是一契而二税矣。部章

---

① 载《汉口中西报》1911年6月7日，新闻第4页。
② 载《汉口中西报》1911年6月8日，新闻第3页。

免重征，其谓之何。值此力图富强之日，催办新政在在需款，汗血得之不堪言状，一有不慎，即不足以示民信。而复部章税契如彼，县令税契如此，此所不能不陈请之理由也。据吴县示云，奉藩宪札饬整顿税契，一律改用司印官纸云云。按部章言自文到之日起，乃不云以后，而云以前，藩札原文固如是乎？因是而差票催传，倾荡产业者无数。似此情迫无奈，谨将除县任内仅盖县印约据十六张，人名、地价、年月日一并抄粘，伏祈咨议局诸公议决，转请督宪核示发饬所属照章办理，不胜迫切待命之至。须至陈请者。

咨议局就秋米改折呈鄂督文①

查漕征病民，□斛淋失，样米盘耗，百弊丛生。自前抚胡文忠（林翼）奏定折色，民间得免困难，国家徒征巨款，公私两便，惟郧阳五属，汉阳一县，仍完本色。斯时以绿营兵饷无出，就近可免转运之劳，亦省拨兑之费，实于公家不无便利，故以不改折为得。今绿营于本年一律裁撤，无劳转饷，自以改折为宜，然非经部核准，亦碍难改征。今度支部发交本省预算案，于米折项下既说明湖北所有未尽折收之秋米应一律折收，则此六邑均不应向隅。郧县应改折征，请督部堂查照胡文忠奏案，每南漕米一石折征库平银一两五钱、耗银一钱五分，共收银一两六钱五分，以归划一。所有由银折钱之处，应由地方官查明本地情形办理。米价涨落，本自无定。原案所定银数，自以银价低昂，亦无定准，必两两相权，始得其平。今郧县呈请查照原案改折，自无不合，一援成案，二遵部议，三顺舆情，谅无不乐于赞成。

竹山陈大兴等上咨议局书②

具陈请书竹山县士绅陈大兴等为挟嫌借勒违法滥刑，陈请公决，代呈督宪依法律核办，以昭法纪而伸冤抑事。缘竹山县自治毕业学员喻宝

---

① 原题为"咨议局折米谈"。载《汉口中西报》1911年6月11日，新闻第3页。
② 载《汉口中西报》1911年6月11、12日，新闻第4页。

贤客岁由省回籍，念及地方自治非款莫举，因倡议调查竹邑现在财政，无论向来归士绅受理之款与官混用之款，皆须滴滴归公，不得仍然侵蚀，因与竹山县余令大生意见，几起冲突。清款之举名正言顺，迨时余令亦莫可如何。嗣自治筹办处宪札委喻宝贤充当自治研究所所长，因就本邑城隍庙略为修理，即将研究所设于其中，于本年二月十八日开学。讵本邑僻陋，迷信甚深，乡愚谓庙不应设学，一般斋公尤嫉之，造诬诽谤，风波四起，故二月廿七日上课到者仅十余人耳。到三月初六日下午六时，喻宝贤与讲员朱树森、熊正国因公至高等小学，不意有斋公头何正鸿借母告庙，统率斋公数百人及已裁老营兵丁数十人（正鸿又系绿营稿房，近因改行新政，裁汰老营，故仇视政学界尤甚），直由讲堂涌入，声言城隍非设学之址，拜殿号凳阻进香之路，喝令将讲堂桌凳推倒满堂。所内夫役与二三学员出而阻拦，渠喝令朋殴，学员等遍身受伤。迨贤等得信回所，渠党又将贤等百般殴辱。所内门窗器具尽行打毁，以及各学员所有银钱书籍衣箱被帐等件一抢而空。声势汹汹，形同盗匪。嗣庙外石狮前有卫珊亭者不知因何毙命，鸿忽借命喊控，声称系夫役学员等殴毙。窃所内所住学员仅六七人耳，焉有六七人能殴毙数百人中武夫之理。乃余令挟恨贤等之故，对于正鸿统众抄毁各情概不受理，惟于鸿借命之案则故意罗织。当时余令即发差房多人到所，将所长贤与学员夫役不由分说，尽行拘卡。所长系自治局宪所派，为全邑自治之表率，苟非有犯国法，岂能任意逮捕。即谓事涉命案，亦应先就夫役及学员研讯详情，果与所长有关，即通禀撤差，饬令归案，方于办法手续不致悖谬。乃余令一味颟顸，无论所长学员全行逮捕，甚至卡辱，揆该令之用意，殆甚幸该所有此案之发现也。当晚审讯时，将学员许应春廷杖七百，恐吓逼勒，百出其技。越日，余令又出差数百人，凡该所从前考取各员并未到堂者，亦照名册四乡拘拿。似此情形，竹邑自治研究所以后尚有人来就学乎？即余令欲诬学员以杀卫某之罪，已拘卡夫役一人、学员六人、所长一人，凡八人，岂犹不足以偿一人之命？乃余令张皇如此，殆欲借此案以摧灭全邑自治之生命也。夫自治学员首因公与该县令为难，致该县令不能遂吞款之私。该县令固不妨借诬害之案，以残摧之，其如朝廷实行新政何？初五日，余令又提出所长与学员复讯，当将学员邵宗□廷杖一千，并动大刑，血肉横飞，气息几绝。邵受刑不过，只得招一斗殴误伤。冤哉！窃当时鸿统众数百，以一夫役与二三学员岂能与之抵御。斗殴反伤毙命，此不近情之尤者。即使夫役及学员等果有抵御情形，亦有[不]过对于侵害者所施之正常防卫，乌得与杀人并论而施刑讯哉。恭读现行刑律名例门五刑条后之例文，有云至初次讯供时及徒流以下罪名，概不准用刑讯，如有违例用刑者，该管上司即行据实参处。国家律例何等森严，余令竟尔藐违而以酷刑加诸并未殴毙之人之学员，其目中尚有国法乎？即使余令目夫役及学员有殴毙之情形，原迫于紧急不得已之时，按诸法律，固可原免。纵余令欲坐以殴斗之罪，然鸿等统众抄所，在夫役亦属下手理直，固无死罪，犹非可用刑讯也。再余令之意，即欲坐夫役及学员以死罪，亦必须证据确凿而始可刑讯三十板。兹以毫无死罪证据之学员，一则廷杖七百，一则廷杖一千，恣意敲扑，惟恐锻炼罗织之不密，其挟嫌借勒违法，滥刑尤属显然。嗟嗟！值此立宪时代，犹有颠顸专横违法残民之县令，斯不徒竹邑之害，实宪政前途之害也。以无辜自治所长与学员而犹遭此暗无天日惨不忍闻之奇冤，斯不徒竹邑自治之耻，实全省自治之耻也。贵局为全省代表，舆论机关，士民之冤抑有伸理之权，地方官违法有纠举之权，故生等谨将余令挟嫌借勒违法滥刑各情由，陈请议长议员各先生台前。伏祈开会公决，呈督宪照例将余令先行撤究，并饬高等审判厅提案详讯所有诬害及故入各情由，务须彻底根究，分别办法，以昭法纪而伸冤抑，实为公便。

咨议局审查永安轮船公司陈请书①

据呈：照部章，甲乙相撞，乙船沉没，仰甲船拍卖之银抵偿乙船价值，以及遭难苦主，均甲船抚恤。顺风轮船被湘泰撞沉，淹毙多命，督

---

① 载《汉口中西报》1911年6月12日，新闻第3页。

宪饬将湘泰拍卖议恤，自系照章办理。其不议赔偿者，以顺风管事舒宪章违章揽客，劝停不停，儿戏人命，故于不予赔偿外，并科以监禁之罪。今来呈不自揣肇祸之由，尚觊拍卖之款，虽自辩搭客只六十八人，有长沙关点单可验，事隔经年，未经调查，且中途搭载又岂点单所有，此难遽凭信者。劝停不停，来呈已自认有焦、梅二客所言，究亦何凭而捏抵。况船已失事，自以焦、梅之言为证。余客不顾险而求快，尚难辞咎，该管事主持一船，又乌得无罪。两罪并科，故与寻常无故磕沉者不同，督札已剖示明白。款既已拨作春赈，无理安能夺回。自爱一船，较数十人性命何如，此岂四千一百二十金所能偿者，何不思之甚也。且事关诉讼，无论曲直，照章本局不能置议，应勿代呈。

咨议局审查手工试验厂陈请书①

查该书所呈，始终以官印刷局强夺该厂承印之件为词，以货同价昂为证。窃思官印刷局现在办法纯系营业行为，似与民厂无大区别。但贸易自由，官民一致。民厂之于官局不能加以限制，官厂之于民厂亦不得恣意朘削。今该局假督宪之命令，巧取豪夺，不逊垄断之讥，致令商学两界交受其困。而该局独揽其利，甚非督宪惠士林振兴实业之至意，亦必非奏设官印刷局之初心也。应请监院俯察流弊，明定办法，务存政体，不使官局蒙专卖之嫌，而民厂抱向隅之戚。所有该厂承印之课程讲义，仍准该厂照旧自由揽印，则教育上之需用、实业之发展两有裨益矣。

附：工业传习所上咨议局书②

为陈请事。窃国家设立官印刷局，原为改良官纸，谋行政上之整齐划一起见，故度支部奏设立官印刷局专制造纸币及邮票、印花、车票、各项公债票，直隶官印刷局专制造牙税单、拘票、传票、状纸、尸格、保结六种，此外未有以教育上之需用品纳入官印刷之范围者，有之自湖

---

① 载《汉口中西报》1911年6月14日，新闻第3页。
② 载《汉口中西报》1911年6月30日，新闻第4页。

北官印刷局始。查该局总办王于八月间探悉敝厂承印法政学校外讲义暨陆军学堂、警察学堂课程，遂用强权夺去，致敝厂周转不灵，各股东纷纷要求退股。以数年组织之工厂，几有一旦停歇之现象，此开办工厂者将裹足不前，匪独敝厂之大受其影响，抑与督宪提倡实业之至意相背而驰。且承印讲义课程等项纯属营业行为，凡营业上之行为，人情莫不避价之昂而就价之低。今法政校外讲义，敝厂向来印价三百元，改归该局揽印，纸样页数相同，而价则三百三十元，实较敝厂昂至三十元之多，其用强权夺去已可概见。加以该局揽印讲义课程往往不能按期出版，学堂因之旷课，则又于教育前途实多妨碍。敝厂前屡次诣该局谒商，该总办王拒弗之见。今欲隐含不言，敝厂又无维持之策。情不得已，恳乞贵局公同议决，代为呈请督宪鉴情作主，札饬该局专制造官用品，其他讲义课程等项一任各学堂之自由交易，以重教务而恤商艰，实为公便。

鄂督札复咨议局呈办大冶县庇差殃民案①

为札复事。案据咨议局呈请查办会匪柯玉山案内纵差殃民之大冶县赖令并营兵县役借端骚扰等情，据此。查咨议局章程二十八条内载，本省官绅如有纳贿及违法等事，咨议局得指明确据，呈候督抚查办。又前据咨议局呈请解释法官纳贿违法案内电准宪政编查馆复开，法官纳贿违法与咨所称纯然诉讼事件不同，咨议局照章纠举，应以法官确系纳贿或施行审判，及执行检察事务确有违法情形为限，其民刑诉讼案件凡涉及两造理之曲直及罪之有无，无论已未设审判厅地方，只准诉讼人向审判衙门或地方官衙门依法呈诉，不得向咨议局建议，该局即不得干预。现法官惩戒法尚未厘订，本馆业将划分行政审判暨司法审判权限暂行办法，奏准另文通行，嗣后事涉法官经局呈请查办之案，即应遵照此奏办理等因。是官绅如有纳贿违法，咨议局得指明确据，呈候督抚查办。若系民刑诉讼案件，凡涉及两造理之曲直及罪之有无，自可按级控诉，即不在

---

① 载《汉口中西报》1911年6月25日，新闻第3页。

咨议局纠举范围之内。今此案大冶县差役原禀在卢家冲卢万和饭店拿获会匪柯玉山，被卢万和鸣锣聚众，将柯匪夺去，并将该役等指盗捆送，而卢万和则控该役等撞门行抢各等情，是卢万和与差役头为两造诉讼案件。现经饬由高等审判厅审判其中曲直虚实，自应同提两造，质讯明确，分别照例判决。如判决后卢万和尚未提到，非但各差役久羁囹圄，案悬莫结，且亦难保非该差等恃无质证狡供避就。是高等厅之关提卢万和本属依据法律，法官并无纳贿违法情事。似此纯系诉讼案件，照章不得干预。惟当时大冶县签差拿匪是否未给差票关文，以致酿成重案，虽系行政官事件，有可纠举之理由，此时案未水落石出，亦未便悬定，应俟正案判决后，是非昭然，再行核办。除札饬提法司照会高等检察厅，赶紧检察证据，并勒提卢万和至案，移送同级审判厅，提同大冶县役，秉公审讯，照例判决外，合亟札复咨议局知照。须至札者。

咨议局审查应城绅士一百六十五人陈请书①

查此案本局前据王议员光翰报告，曾经以金令违法抗公，纵容书役殴辱议员，呈请督宪查办，乃督院复札仅归罪于陈松亭一人，而谓本局以金令为纵容，未免言之过甚。兹查应绅彭瑷等陈请书，证以关于此案之公牍，金令纵容之咎实有无可逃遁者。谨缕晰陈之。

原书所称金令蔑视宪章，姑息养奸，对绅士则曰已经早日通禀等语，核与藩司原详所称金策先夏间莅任既知有如许弊端，竟敢视若无睹，不予裁革，并谓各书役系因弊之人曲为解脱等语，两相印证，足见金令惯施其欺下朦上手段，而绝无革除书役积弊之心。纵容之咎一也。

原书所称金令对书役则曰，请剔积弊，议员所议，汝等可要求议员通融办理云云。核与王议员报告书役承旨阻抗情形，若合符节□。使金令于书役赴署要求之时，剀切开导，严申禁令，谕以弊在必革，法不容挠，书役知有县令主持，何至迁怒议员，酿成聚众殴辱之事。其纵容之

---

① 载《汉口中西报》1911 年 7 月 2 日，新闻第 4 页；7 月 4 日，新闻第 3 页。

咎二也。

原书所称主使逞凶者实尹骥生、陈润夫，正名定罪不能置骥、润于松等之后，乃金令舍主恶之骥、润，解第(？)欲以从恶之陈松亭抵案等语。查王议员此次之进城由于众绅之片邀，众绅之片请由于尹骥生、陈润夫再三之要求，王议员不允骥等之所请，册书即聚众殴辱。是册书之强逼逞凶，确系骥、润所主使。金令禀呈之中竟不提及骥、润二人，则其袒护劣书已可概见。其纵容之咎三也。

原书所称合邑绅首咸抱不平，齐集城内，金谓首恶宜诛，同禀县主按律严惩，县主面从心违，置禀不批等语。绅首禀骥、润之首恶，果与当日情事相合，即应准予拿办，如系诬指骥、润之词，亦应据实置办。其纵容之咎四也。

又查原表载明应城办公经费共计八千余串，金令答于此款内酌给册书津贴，册书又何至于革弊之案妄求通融。惟金令不愿吐出私攘之利，自觉无以对册书，故于册书非分之要求，亦不肯施以严重之干涉。核与藩司原详所称金令禀词所列书吏索钱数目，揆诸财政说明书，小同大异，漏列实多。此次倘非委员彻底根查，该县又岂肯自发其复等语。足征金令实因自私其利，遂不得不庇书朦禀，致酿重案。其纵容之咎五也。

总之，案关县令违法抗公，纵容书役殴辱议员，非委员切实查办，不足以破官吏勾通之计，即不足以服应城绅民之心。本局应将彭瑗等之陈请书暨应城办公经费表一并呈请督院，遴员前往彻底查办，按律严惩，以昭公允而肃法纪。此拟请将原书呈出之理由也。是否有当，敬待公决。

咨议局审查洋溪王天昌陈请书①

[为洋溪川盐分局包抽湘省厘捐种种不合事]查川盐济楚，定章运抵宜昌完纳鄂省正、加各稞。由宜昌至洋溪，旧有盐号数家，宜局乃设分

---

① 载《汉口中西报》1911年7月2、4日，新闻第3页。

局于此，然不过稽查偷漏验票放行，不复收取分文。突于光绪二十六年，前办宜昌局务陈道兆葵朦禀督宪，转咨湘省，遂商同本地方劣绅承认代抽，从此南北混淆，而售盐食盐之鄂人受累不堪言状。包办时，每年只认解湘钱三万六千串。旋于光绪二十七年，湘省加征加价□捐并归鄂省，另包认解湘钱三万四千串。光绪三十年，湘省复议加收□捐，又议定由鄂加包钱六千串。光绪三十四年，湘省加征铁路□捐暨抵补药税销岸一文加价，再议由鄂每年加包认解湘钱二万六千串。统计新旧各案，包认已至十万二千串之多。细绎原详所据理由，有湘省局卡栉比，抽捐重叠，商贩视为畏途，相率停运。川盐澧岸之销路以荆州所属地方居多，如大江以南松滋、枝江、宜都等县，大江以北运肩挑背负，每年销数不过湖北十分之一二。其实在由洋溪分运至澧界者，完纳湘省厘捐固无可辞，若行销松滋、枝江、宜都、江口、董市、白洋等处，在宜既完鄂稞，在洋溪又复责完湘稞，是在湘省则为越境，在鄂省则为重征也。查澧州一属五县为川淮盐并销，引地居民素喜食川盐，原详所谓几至废弃者，因湘局办理不善，致奸商得以绕越偷漏，其实湘人之售川盐食川盐者，固非必骤减于往日也。至云于宜稞大有妨碍，则更未敢深信。何则川盐下行以宜昌为总涵，而自宜昌而下始分运至湘界，宜稞何从短绌。所谓包办之后宜稞日有起色者，亦因行销荆州所属地方盐责令重完之所致，并非澧州引岸昔废弃而今畅旺也。此理之显而易见者，乃该局视为利薮，据以朦详，无论售湘售鄂，各铺先行照章点包，按包征收，始准发售，任售盐者尚可高其价值，以取偿于食盐之户，而盐为人生所必需，食盐之鄂人究何堪此朘削耶。现当划清国家税地方税时代，川盐运湘，湘省自有收捐权利，若概由鄂局包抽，名实已觉相违。万一所收之数不及所包之数，每认解湘省之十万二千串，鄂款必暗受其夺利。就令湘鄂休戚相关，不得不委曲将事，而必增加鄂人之负担，以应湘人之取求，谅亦两省长官所不忍出此也。夫既曰□宜设之湘地，既曰加价□捐，宜就相[湘]界水陆总□扼要酌设。查图内有界溪河一道，原以湖南、北分界而得名，湘厘捐局似应设于界溪河以南，而不应设于距澧州二百余里洋溪。如谓洋溪与湘省澧州界有路可通，则可通湘界者当不止洋溪一处。例如汉口一镇系四通八达之区，上下货物俱可分运岳州以直达湘省腹地，然必已行运至岳州，始应完湘省厘捐。若预防其运至岳州而即由汉口鄂局包运代抽，不但无此公理，亦且无此办法。即谓洋溪与湘人通商，则沿江如江口、沙市各大镇均为湘人通商之地，何不一律设之，而独偏枯于洋溪。当开办之初，洋溪商民禀请枝、松两县宪，据情邀免，该县乃居间调停，谕令北盐十包完湘捐二包，独不思各省税则原有划一定章，该商人如果应行完纳，断不能稍事通融。今洋溪盐则来自川省，而售盐则仍在鄂境，对于湘省原无纳税之义务，而乃以北混南，漫无区别，徒令分局局委得以上下其手，于中取利，吾不知原详所谓体恤商艰者果何说也。计洋溪距宜昌路仅百里，乃在宜既完鄂省统捐，而重以湘厘，继以湘省□捐，加以湘省铁路捐，按之中国税法，无复有密于此者。况洋溪以上十五里之枝江城与湘地风马牛不相及，查阅该商等所缴厘捐票，如盐店陈钰发、杨复泰、周德成在洋溪盐船过载，旋转上游，并未起坡，明明鄂商□办鄂盐，洋溪局委给票亦载明枝江卸字样，而票面乃盖代抽收厘□捐、铁路等费一并收讫戳记，不更足骇人听闻。本局对于地方原有兴利除弊之责，亦有参与本省税法之权。既据该商等再三吁恳，似应代为呈出，请督部堂咨商湘省查核施行，以杜朦混而祛扰累。至原书所称保商捐一项，查系盐商以盐行专利买卖均受勒捐，是以自请开办，业经规定宜、沙两处不应重征，尽可邀集同人向该局自行理论。且既称为公益捐，每年作何支销，未据声明，是否曾在该管署局立案，本局无从调查，殊难置议。鄙见如此，尚待公决。

咨议局就选举调查事呈鄂督文①

为呈请事。窃本局于四月二十□□□督院札开云云，为此札行咨议局查照等，并发刷□□□□纸到局。查选举顺序期限清单内载，五月二

---

① 原题为"咨议局呈鄂督"。载《汉口中西报》1911年8月13日，新闻第3页。

十以前各厅州县派员实行调查，六月二十以前调查完竣等语，仰见督院慎重选举，计日期成之至意，感佩莫名。惟查各厅州县对于此项选举调查，迄今尚未着手开办。近如江夏、汉阳、夏口等处，亦复玩视如常。此项调查极为繁重，倘非依次举办，断难克期成功。现在调查完竣之期限已过，既毫无调查之举动，转瞬宣示各册之期限又届，将以何者为宣示之根据？各厅州县对于院法定之期限严切之命令敢如此玩忽者，保无有将第一次调查名册举以塞责，因之有恃而无恐耶。不知第一次选举调查事系创办，又迫于时期短促，名□人各册均非完善，三年以来人事之变迁，亦复不少，此次非有确切调查，不足以昭大公而重要政。为此呈请督院严责各厅州县以失期之咎，俾此后兼程趱办，无任敷衍塞责。现查上年自治筹办处拟呈筹办城镇乡地方自治顺序清单，并请严定各属考成详内称，各厅州县地方官漠视，因行敷衍塞责，经通饬定期不能如期举办，或以空文搪抵，不能实力奉行者，拟请严加考成，随时由本处分别轻重，详请司道撤差，其办事认真成绩卓著者，请酌加奖励等语，业经督院批准施行在案。此次办理选举，事同一律，应请援例严定考成，分别赏罚，以昭劝惩。本局为慎重选举起见，理合备文，呈请督院察核施行。须至呈者。

咨议局移汉阳府文[①]

为移复事。案准贵府复开，以贵府候补当选人四名均已挨次补竣，现杨议员遗缺无人递补，因二次选举之期转瞬已届，拟俟下届议员到会再行补足等因，准此。敝局查咨议局选举章程第八十五条二项，议员缺额无候补当选人应即补选。又第十四条二项，其临时选举日期内，复选监督申请督抚酌定，汇案奏报各等语，自应遵照办理。现在杨议员国珍既因病出缺，贵府候补当选人又经补竣，亟应补选，以符定章而免虚顾[？]。请由贵府径禀督院酌定期日，举行临时选举。其补选办法，可

[①] 载《汉口中西报》1911年8月13日，新闻第3页。

否援照宪政编查馆前复山东巡抚之电，由复选监督据前次复选人名册令再投票选举，按照所缺员额，选出续补议员，及于补选时预备候选人各节，并请一并请求遵行。所有选定后具名知会当选人各节，并请一并请求遵行。所有选定具名知会当选人并给与当选执照一切手续，仍照定章办理。至来文以选举之期又届，所有杨议员遗缺无人递补，拟俟下届议员到会再行补足之处，于定章似有未合。兹准前因，相应备文移复。为此合移贵府，请烦查照施行。须至移者。

咨议局就矿业学堂经费毋庸挪移议增学款事呈鄂督文①

为呈复事。窃本局于五月二十六日奉督院札开案照北咨议局云云，北咨议局查照等因，奉此。查本局去年议决预算案，系依据资政院电"移缓就急，酌盈济虚"八字以定宗旨，故本局关于教育一类议增各款，皆属万不容缓之图。今若以议增学款挹注矿业学堂，于应增之一方面，必至□不能举于公布施行之预算案，且预算通例，仅能移目不能移项，今不惟移项，影响所及，且并款而移之，亦与预算通例未合。抑督院以湘省湘绅为前提，而出于大公之剖断，本局无任感佩。惟是该堂经费果属不敷与否，当从该堂事实上解决。若该堂并不实行撙节，监督薪水若照旧开支，教务长一缺照旧不裁，普通二课教员薪金不照中等学堂公例，此而不敷，于人何尤。若已实行撙节，该堂再有执持之理由，不过就督院饬司转移改良办法一节申引推论而已。督院所谓改良办法，当即学司所谓逐渐增加实习科目。就令该堂能实行改良，添聘洋员，则本局已预为之地，声明在案。添聘实科教员，则此有所增，普通教员必有所减，挹彼注此，若尚不足，有预算案所定之预备费，在实力撙节，应可支持。总之，该堂不按事实而计经费，乃因争经费而勉为改良，就令不敷，已落后着，况不敷未必属实。设因此而移款移项，破预算之公例，弛应增之要政，亦大负我督院维持预算之初心。应请督院饬司转移该堂仍照公

---

① 原题为"咨议局呈督院文"。载《汉口中西报》1911年8月14日，新闻第3页。

布预算案实力撙节办理，毋庸挪移议增学款，以保预算而重要政。幸甚，幸甚！所有呈复矿业学堂经费应照公布预算案开支毋庸挪移议增学款缘由，理合备文，呈请督院查核施行。须至呈者。

江陵县绅耆上咨议局书①

江陵虎汛劣绅卞鸿逵把持赈款，贪录修堤，并私开杂粮行，从中渔利各节，已见本报。该劣绅数月之内侵蚀约一万余金，乃堤口尚未合拢[龙]，竟敢结纳要津，卸肩不愿续举。首士某某等均不认可，因大家联名控告，由县而府，由府而厅。讵该劣绅消息极灵，手眼甚大，过堂十余次，接手者俱未得直。特于本月中旬邀齐合垸绅耆具呈，在高等审判厅起诉，蒙梅撷云厅丞批准札委委员行提全案卷宗，俟案讯明时即行照例严惩究办。又有铁道毕业生某君为首联合同志公上陈请书于湖北咨议局，请其决议当由本县议员胡子瑚太守接见，以事关大局，颇抱热忱，拟一面具文陈请督院俯赐查核，一面制就说帖，咨送高等审判厅，恳候厅丞秉公剖断。兹觅得该绅耆等陈请书文并粘呈账据，一并录下：

为陈请事。缘宣统元年江陵水灾，虎汛当长江之卫，受害尤剧（西汛内包十三子垸，仅存天保、七星等四垸），沐前县主李履勘，电禀前督宪陈，除急赈赤贫不计，外拨次贫粜款五千五百串。各垸绅耆会商，以灾重款微，办粜仅能顾目前，利在一时，不若移作修堤，利在百年，复禀借官款一千五百串，凑借民款三千四百余串，共一万零四百串，外筑支、杨家等五垸不在聚美垸之内者，分拨钱一千八百零四串，所剩八千五百九十余串，尽作聚美垸横堤之费。聚美垸者保益、恒丰、合义三保之合称。十月间观察冯将款发下，卞鸿逵闲领到手，垸内绅耆鉴于光绪三十一年逵办赈，吴天元等告发，退银二百四十两，米百石，恐蹈前征，均不愿与逵领办。延至腊月，虎渡司应赵席请垸内绅耆劝举逵领办，自有担任三年借款，归逵按年摊还，众碍面许可，逵始补具领状。此举

①载《汉口中西报》1911年8月17日，新闻第3~4页；8月25、26日，新闻第4页。

逯领款之原因也。尔时米价腾涨，逯申言来春河干筑堤，人众恐难购办，囤王文祥米三百石，价七串五百文，备发夫头不吃市价之亏。就去正开工，逯竟作价十二串，每石赚钱四串五百，共获利一千三百余串。里长蔡性初等十人领钱折内皆有米账可凭。二月间，复将余钱放豌豆账一千三百石（俗名买望涨），三串二百放出，五月内八串收入，每石赚钱四串八百，共赚钱六千余串（有逯印条可证）。昨地方审判厅堂讯时，不准逯诉词，自认伊证，皮保亭亦言是实。堤以坎单为主。坎单者，官绅眼同放堤之底账也。完工时，官照坎单收堤，里长照坎单领钱，报县之账，应与坎单、红折无异，方为无弊。逯报县之账簿于坎单二百余串，红折簿于报县之账数十串，三者各歧，谓为无弊，谁其信乎。此次修堤因系官款，涓滴应归实用。公议三十条规，不准多用一文，局内办公十六串，每日烟火食钱人一百文，设局八十日，只应付钱一百四五十串，逯报账至七百余串，厅宪不照章彻追，仅斥以滥支，罚钱五百串。闸工之账已报，现仍系一口井，并未动工。生等住于此垸，国赋出于斯，此堤之存溃关于身家之存亡，碳有账苟[尚？]未打土，有账尚未修堤，有亩田者亦应出讼，况生等阖族田不下千余亩。厅宪一则曰生等为多事，再则曰生等事不干己。夫此祸福切肤之事尚得曰事不干己，曾不解天下何事干己也。断案全凭证人，逯去春办桌，面秤斤短二两，米石轻五斤，管秤之张寿眉、改升之木匠张臣美对讯时均皆邀到，厅宪既置不问，天家[子]之仁恩被于一人，众人仅蒙其名，莫可告诉。诸公四民代表，万家司命，此账生等应算、堤应收与否，俯乞决议，以定向往。谨录细账，叩乞咨议局诸君公鉴，阖泛灾黎，不胜翘感之至。

抄呈卞鸿逯浮报县宪应驳细账

一、付里长土方钱六千一百九十五串五百三十二文。蔡性初领钱七百四十串零二百四十文，李志信领钱五百五十八串二百四十八文，贺正顺领钱四百九十七串八百二十文，刘士刚领钱六百四十三串六百二十文，张克升领钱四百四十一串零四十文，卢贻方领钱六百二十九串六百八十二文，胡显之领钱五百五十八串二百四十八文，张志福领钱五百九十七串文，周以诗领钱六百六十五串二百四十文，文家望领钱六百二十二串零七十文。以上各里长实领钱五千九百五十三串二百零八文，遴浮报贰百四十二串三百二十四文。

一、付局内火食钱七百五十六串七百四十三文。局内首士三人，监修一人，里长十人，清书一名，局差一名，共十六人。每日每人火食钱一百文，包与厨子。正月初八试土，二月十六停工，至三月十八复开工，四月二十八收局，扣算只七十八日，合钱应一百二十四串八百文，浮报六百三十二串七百四十三文。

一、付修三保垸木闸钱一百六十五串二百零四文。此项有账无闸，概属虚报。

一、付硪头钱二百七十六串二百文。硪工四架，每架日工钱一串六百文，下雨以后均未用硪，此项内浮报一百串。

一、付各土厂车渍水钱二百一十八串五百文。车工二十日，每日四架，每架日工钱八百文，扣算共用钱六十四串，浮报一百五十四串五百文。

一、付买堤外挖压土方钱九十一串。此款许给未给，亦系浮报。

一、付各首赶工鼓励土夫钱一百零三串七百七十文。此项并无影响。

一、付还各里长亏垫钱四十九串。此项内仅给钱七十串，浮报二十九串，里长李志信可质据文义[四十九串似应为九十九串]。

一、付虎渡司□薪水钱二百串。

一、付清书、局差、更夫钱一百四十五串四百文。局内并无更夫。局差钱二十串，清书钱三十串，浮报九十五串四百文。

一、付存防险钱一百三十四串六百五十文。此款未用。

一、付沟头郭开珍钱十二串。

一、付筑支垸拨钱九百三十八串五百文。

一、付青镇垸拨钱二百零五串九百七十文。

一、付集生垸拨钱九十二串六百文。

一、付饶家工拨钱四百四十六串文。

一、付杨家垸拨钱一百二十串零九百三十文。

以上五垸共拨钱一千八百零四串。

卞鸿逵原领账粜借款三共一万零四百串，总上各项，共实支钱八千五百余串，浮报侵吞一千八百余串。

抄呈卞鸿逵借公盘剥获利账

一、囤王文祥米三百石，价钱七串五百文，夯[？]发夫头抬作十二串。夫头不肯受米，逵卡不给钱并工。夫头恐误时日，饮泪忍受。逵共赚钱一千三百余串。

一、放豌豆账一千三百石，俗名买望涨。每石放价三串二百文，收价八串。二月放出，五月收入，三月之久，每石赚利四串八百文。给与奉县批准条示，恐吓乡民，如负债之人无力偿还，归保人垫赔。倘稍抗违，即着虎渡司弓兵追讨，牵牛赶马，如卡丈周永松粮田，赶陈学文、张春方之牛马者，指不胜屈。如沐查访示禁，贫民感如天之德。

核算逵共赚利六千余串。

抄呈卞鸿逵挖吞平粜米面账

一、领米四百石，每石重一百五十斤，逵令伊掌事张寿眉每石轻五斤，升、斗系木匠张臣美所改，可证每石价七串六百文，计吞钱八十一串零一十六文。

一、领面小包八百包，大包一百包。小包每包重四十斤，共三万二千斤。大包每包重一百斤，共一万斤。二共四万二千斤。逵令掌事张寿眉发卖时每斤短二两，共短秤五千二百五十斤，每斤价五十六文，共挖吞钱二百九十串。

以上二项共吞钱三百七十五串零一十六文。

呈请诸公鉴核。

咨议局拟复院交复议部咨筹款抵补预算经费不足案呈稿①

为呈复事。宣统三年五月初二日案奉督院准度支部咨核本年督院公

---

① 载《汉口中西报》1911年8月29日，新闻第1页。

布之地方行政经预算案内开：查湖北地方岁出原预算册经常、临时经费共银一百八十二万一千五百八十七两一钱七分三厘五零零，即希早日具复，以重预算等因，奉此。查裁夺预算为督抚法定之权限，督抚已经公布之案但与国家预算无冲突，督抚任施行之责，无所容度支部之干涉。去年本局议决预算地方行政经费总数，根据督院十月初九日原交之册，一因奉资政院咸电"地方经费岁出之数，以督抚现交之预算册为准"。该册为常会期内所交议，恰在资政院咸电奉到之时，与电文现交之义相合。一因该册遵部定之程式，为正式之交议，本局应行承认，后追加增减各册迭奉札发到局，除追加册尚依部式外，议增议减各款类概算之意见书本非正式之预算表，不合法定程式之表册，只能认为参考之用，决不敢奉为决议之根据，故本局议决预算时以督院原交册一百八十余万之数为准。尊督院法定之权限，尊本局法定之职务，尊预算法定之程式，本局之所自信，亦督院之所洞鉴。既照原案公布，即一定而不可动者也，部咨各节亦自认督院公布之案为正当，惟斤斤致疑于比较部核案之总数有增无减，而以地方经费不足之款责令另筹抵补。不知本年预算在国家税、地方税未分之年度，国家、地方行政经费之所出不能截然划为鸿沟。本省岁入未尝划地方之一部分，交本局之议决，焉有以不足之数归于地方之理。且本省财政归藩库统一，督院已见诸施行。国家、地方政费之所需，皆取给于藩库。苟在资政院及本局议决范围之内，其岁出之数总为本省所负担，于未分之岁入而强为之分，缩小地方之范围，纯以不足归诸地方而费[责？]其筹补。一省内之国家行政经费或有不足，充其理论，将必仰给于部拨。揆理度势，固知其有不能不统尽[划？]兼筹而分此偏畸之畛域。惟度支部尚未知本省财政有统一之办法，故为苦心分明之计虑，实则事实所必致，本无待大部之过虑也。惟筹资抵补，必实生于预算岁入之不足。真知岁入之不足，就已有之岁入而更为整顿，或就未有之岁入而量为增益。政府有确□之计划，议会即当有正当之承诺。岁入并未交议，其不足与否均不可知。就当整顿，就当增益，又未有计划以商榷于议会，而惟责议会以抵补不足之数，实世界预算未有之例。故本局去年预算呈文声叙，如有缓急，不妨息借官钱局之款以资周转。惟足不足尚难确悉，缓急需用之际不能停办事，兼以待款之另筹，故主张息借之办法。息借与挪移，其性质原不相类。息借不过通一时之缓急，必有确实之抵偿。挪移则主管官之自为通融，偿还均归其任意。挪移过多，财政紊乱，官钱局之恒受其累。息借于官钱局之营业毫无所损，而政费得周转之便。各国中央银行负整理国库之义务，于一定范围以内可以无利息而贷入于国库。官钱局在本省有发行纸币之权利，对于藩库，岂敢绝无义务之负担，况息借并非义务。该局对于各商号以息借为营业之大宗，既息借于私人，断无对于公家不可息借之理。度支部鉴于前此本省挪移之弊，饬各署局毋得再行挪借，诚为慎重财政之至意，特未审本局请之息借适不同于挪移，此不能不重为声明者也。总之，预算之效力，必有款而后能确保。预算外支出之不当，分厘可以不认。预算内支出之不足，涓滴皆应负担。惟负担之数不能仓卒另筹，势不得不出于息借□□[以应?]不敷。息借之款应于次年筹还，仍属本省所负担。比年另筹，各国无此事例也。此次地方预算，据部核之数不敷三十七万余两，在岁入未交议年度，本不能划属于地方岁入之□不敷与否，本局既未与议，原难周知底蕴。先虞不足而另筹补，如决算时并无不足，岂无故而加人民之负担。故抵此不敷之法，实惟临时借偿之一途。即不借之于官钱局，亦必借于本国商银号，均可听藩司之斟酌。本局为确保预算起见，所有部咨本年岁出预算范围内不敷之三十七万余两，在地方税未定以前，不能认指为地方经费之不足，如岁入实有不敷，应请仍照去年本局议决案办理各缘由，理合备文呈复，为此呈请督院察核施行。须至呈者。

鄂督札复咨议局呈请重申税契议案通饬遵办文①

为札复事。照得湖北咨议局呈称，据襄阳县议员报告该县税契各弊，及各属议员报告各州县并未遵照公布税契案选举绅董监收，请再重申前

---

① 载《汉口中西报》1911年9月6日，新闻第3页。

案，通饬遵办一案。业经札行北布政司查明襄阳县议员报告各弊，具复察夺，并严饬各州县遵议照办。惟税契关系练饷要款，各该州县具有考成，或因业户实在疲滞，亦不得不体察情形，示以限制。究竟现行有无窒碍，并实行后税项能否日有起色，亦应准各州县随时详晰报告，以便讨论。总之，事关改革，应以除弊为先，必期裕饷便民，两无妨碍，方臻妥善。此则本督院与咨议局所同深期望者也。合亟札烦咨议局查照。须至札者。

鄂督札行咨议局议复两湖师范学堂预算准饬遵办文①

为札复事。据湖北咨议局呈两湖师范学堂预算经费不敷，交局未便复议各节，到本督院，据此。当发会议厅交该主管官切实审查具复。旋据复称，咨议局原驳各节，如每星期三十六点钟，英文、手工诸随意科既均在其内，应饬毋庸另加钟点；如教员编辑讲义照章不另支薪水，其编辑之费应饬照裁；该堂学生已入第五年级，部章无理化科目，其理化助教应饬裁撤；杂费一项，咨议局称包括图书、标本、试验消耗品及零星添置、修理等费在内，应饬一并遵办。至理化博物专修学堂，局称预算案原定为合办，故表内经费列为一项，已由司于五月间札饬该监督将两堂实行合并，将不敷之款另饬该堂按月节省，以资弥补等情。据此，除批示转饬该堂切实办理外，合亟札行。为此，札复咨议局查照。须至札者。

---

① 载《汉口中西报》1911年9月6日，新闻第3页。

卷五　名录

湖北咨议局第二次会期补缺议员录

葛尧丞	四十九	通城县人	附生	补黄文润缺
陈士英	四十二	江夏县人	附生	补郑潢缺
刘邦骥	四十	汉川县人	壬寅科举人候补道	补陶峻缺旋辞
周兆熊	三十八	黄陂县人	附生	补刘邦骥缺
朱泽霖	五十	黄冈县人	增生	补陈国瓒缺
李循墀	四十八	天门县人	附贡生	补周培金缺
叶恒心	五十二	应山县人	附生	补陈培庚缺
禄循	三十八	镶黄旗蒙古	附生	补庚芳缺
邱国翰	四十二	枣阳县人	附生	补吴庆焘缺
郑万瞻	三十	归州人	中书科中书	补黄联元缺
沈维周	三十五	巴东县人	附生	补谈钺缺
晏宗杰	四十六	长阳县人	岁贡生	补马象乾缺

湖北咨议局第二次会期议长、副议长、常驻议员姓名表

议　长

　　汤化龙

副议长

　　夏寿康　张国溶

常驻议员

　　邢璜　刘克定　沈明道　刘金镛　张光耀　左树瑛
　　卫寅宾　左质鼎　车斗南　胡大濂　郑万瞻　玉海
　　刘定瑗　谢鸿举　胡汝衡　何其详　吕逵先

第五编 汤化龙、张国溶议案①
(在各省咨议局议员联合会第二届会议上)

一、皇族不宜充内阁总理请另简大员组织内阁文②
(宣统三年五月初四日提出、初七日通过)

呈为内阁宜实负责任,总理宜不任懿亲,请实行内阁官制章程,另简大员组织,以固国本而奠皇基,恭请代奏事。窃本年四月初十日颁布内阁官制;同日奉硃谕,庆亲王奕劻着授为内阁总理大臣等因。钦此。仰见我皇上统一政权,实行宪政之至意,钦佩莫名。查内阁为代君主负责任之机关,总理大臣为内阁全体责任之总汇,故君主立宪国,内阁大臣任命于君主,实体之组织纯系于总理大臣。总理大臣有组织内阁之权,能负完全无缺之责任。责任之所集,功罪之所归,即国家安危之所系。立宪国家重内阁之组织,尤重总理大臣之任命,其最要之公例,在不令组织内阁之总理归于亲贵尊严之皇族。此非薄待皇族,谓其无组织内阁之能力,实皇族内阁与君主立宪政体有不能相容之性质,势不得不然也。谈君主立宪政体者,类无不知君主神圣不可侵犯之语。君主立于神圣不

---

① [编者按]宣统三年(1911年)四月十四日至五月二十九日,各省咨议局议员联合会第二届会议在北京举行。湖北咨议局议长汤化龙、副议长张国溶和议员陈登山、郑万瞻、胡瑞霖出席会议。本届会议共收到提案二十七件,其中交付大会审议的有二十件,被议决通过的有十二件。在这十二件议决案中,有七件是由湖北议员提出的,其中受联合会委任由汤化龙、张国溶分别起草的三件,汤、张以个人名义提出的四件。这些议案,无疑也是研究湖北咨议局的重要文献资料。本编所录各件,均为汤、张分别草拟、复经会议讨论修正后通过的议决案,原载《直省咨议局议员联合会第二届报告书》(铅印本,中国社会科学院近代史研究所图书馆藏)之第五类《议决案汇录》。

② 此件由汤化龙受联合会之委任起草,经会议通过,修改后,呈都察院代奏。

可侵犯之地位，密隶君主之皇族，亦即立于特别不可动摇之地位。内阁之地位则可动摇而更新者也，立于君主之下以受议会之监督，有政策之冲突，即发生推倒之事实。组织内阁之总理大臣于君主无亲族之关系，倒一内阁不过倒一某总理内阁，君主毫不受其影响。组织内阁之总理大臣为密隶于君主之皇族，倒一内阁，即为倒一皇族内阁，皇族缘内阁而推倒，使臣民之心理忘皇族之尊严，君主之神圣，必有不能永保之虑。恭读钦定宪法大纲，君主神圣不可侵犯，列为专条，新内阁官制十九条绝无组织内阁必以皇族总理之规定，盖亦守君主立宪国之公例。而第一次内阁总理适为亲贵之庆亲王，庆亲王内阁既成，对于皇上担负责任，使不可以推倒，于设立阁制之真意何！使其可以推倒，于我皇上神圣之体统何！此议员等所以熟思深虑不能不披沥呼吁者也。或谓庆亲王内阁不过暂行试办，原非以此开皇族内阁之例。议员等亦知暂行内阁不至成为经制，然朝廷不组织内阁则已，既已组织内阁，须具内阁之真相，似不可有暂行试办之制度。盖试办者必成绩之良否不可知，姑为筹划施行，以定进止，设内阁以定政治之方针，保行政之统一，但当期成绩之优良，决无可暂行尝试之理。以皇族内阁先为尝试，在皇族即为亵尊，政治之前途尤有举棋不定之隐虑。亲庆王受命之始，两次恳辞，请收回成命，另简贤能，一则曰速谤疾颠惧负非常任寄；再则曰唯至圣能无我，咸知朝廷用舍之公诚，不欲开皇族内阁之端，以负皇上者负天下臣民之望，所以为皇上计，为皇族计者至深且远，非仅自为退让计也。且皇族不为组织内阁之总理，此外并非无自展所长之地。皇室经费，亲贵又各有定给，法律上政治上之特例，复不同于一班之臣民，安富尊荣当然受中外之尊敬，原无取乎当政之枢纽，以自陷于危途；况以皇族总理开希冀之门，万一内部生争竞之萌，尤非国家前途之福。议员等若非爱戴皇上，尊敬皇族，则但求得内阁以得良政治，其或不良，任内阁之冲突，组织内阁之总理为皇族与否，皆可不问。维以吾君主之国体，皇族密系于君主，君主密系于国家，若冲突之发生属于皇族，国家之根本不固，亦无善良政治之可言。具忠爱之天良，不能不望我皇上之预杜其渐也。伏读仁宗睿皇帝圣训有曰：本朝设立军机处以来，向无诸王在军机行走。正月初间，因军机处事务较繁，是以暂令成亲王永瑆入值办事，但究与国家定制未符，成亲王永瑆着毋庸在军机处行走等因。钦此。当时之军机原无负一切政治责任之明规，尚严亲王之限制。今日之内阁责任重于军机，组织内阁之总理大臣更不可不循限制之旧矩。伏愿皇上为国家计久远，鉴立宪之通例，守祖宗之经制，俯念阁制为国本所系，取消暂行章程，于皇族外另简大臣充当组织内阁之总理，责任明而政本以立，皇室固而国祚益昌，天下幸甚。议员等愚忠所发，不敢不言，用敢合词具呈，伏乞代奏。谨呈。

二、请明降谕旨另简大臣组织内阁文①

（宣统三年五月二十一日提出、二十二日通过）

呈为皇族组织内阁不合君主立宪公例，失臣民立宪之希望，仍请明降谕旨另行组织，以重宪政而固国本，恭请据情代奏事。窃议员等前以总理大臣为组织内阁之主体，不宜以皇族充任，呈请代奏取消内阁暂行章程，另简大臣组织，未奉明旨。刍荛之言，不足以动天听，惴惴待罪，罔知所措。伏念议员等伏阙请愿，以达国民之公意，既不得邀俯察，何敢再行渎请。惟议员等爱我国家，爱我皇上，惧愚诚之未至，使人民对于政府生希望断绝之感，实非国家前途之福，不避斧锧，谨再为我皇上缕陈之。君主不担负责任，皇族不组织内阁，为君主立宪国唯一之原则，世界各国苟号称立宪，即无一不求与此原则相吻合。今中国之改设内阁，变旧内阁之官制而另订官制，改军机处之旧名而更定新名，其为实行宪政特设之机关，固天下臣民所共见，而第一次组织内阁之总理适与立宪国之原则相违反，外国报纸屡肆讥评。以全国政治之中枢，而受外论之抨击，已有妨于国体，犹曰外人不知内情，可以置之不论也。自先朝颁

---

① 此件由汤化龙受各省咨议局联合会之委任起草，原名为《皇族不宜充内阁总理请另简大员组织上奏案》，经会议通过、修改后，呈都察院代奏。

布立宪之诏，天下喁喁望宪政久矣，请国会之早开，以求实行宪政也，责军机之不负责任，亦以求实行宪政也。天下臣民求实行宪政之心日积日高，希望政府之心即日益日炽。挟最高最炽之希望，一睹新发布之内阁组织之总理，乃于东西各立宪国外开一未有创例，方疑朝廷于立宪之旨有根本取消之意，希望之隐变为疑阻，政府之信用一失，宪政之进行益难，未识朝廷何以处之。内阁之责任显于弹劾，终于惩戒。各国内阁大臣惩戒之例，若英内阁之曾受弹劾而宣死刑，意内阁之曾受弹劾而致流放。唯其绝非皇族，故于国家大本无所动也。今以皇族当其冲，惩之则于亲亲之仁，不能无所顾惜；不惩则全国民之攻点交集于君主之身，国本动摇，实大变之所伏。此虽杞人之过虑，然既为历史之所有，不能保事实之必无，万一此种事实发生，未识朝廷何以处之。内阁总理大臣任命于君主以组织内阁，故责任联带，实以总理为中心，其能联带负责之原因，必在总理大臣与组织之国务大臣为同一政治方针之党派。君主无偏无党，操黜陟之权以临之，故元首超然而大权益固。若以皇族总理组织内阁，大权之行使欲为懿亲留余地，必生进退为难之现象，即乾纲长振，不至生此现象，而皇族悬内阁之希冀，国中党派将有附和皇族以为政党之中权者。皇族既涉政治，不能禁政党之附和，政党各为附和，不能不生党派之竞争，及至酿成竞争，为患何堪设想。机虽不必骤动，弊实中于陷微，万一此种事实发生，未识朝廷何以处之。四月十二日，庆亲王奕劻奏内阁总理大臣断难胜任，仍恳收回成命一折，奉上谕，倘至数月以后精力实有难胜，彼时再候谕旨等因。钦此。恭绎圣训，亦知庆亲王内阁原出于暂时之权宜。既开皇族内阁之端，即易启臣民之误会，第二次总理仍将为皇族之风说渐传播于人口，虽受盲瞽之拟议，决非朝廷之意。而以前次议员等呈请代奏，未奉明谕，实为误会之大因。且既设内阁而奏尚留中，即为内阁辅弼之无状。盖内阁责任缘署名而生，署名则责在大臣，留中则内阁大臣均处于消极之地位，而以责任纯归于皇上。既设内阁重之以同负责任之明旨，署名与留中断无并存之理。内阁成立之后，奏折留中者凡数见，此天下臣民所以益不信内阁而妄测朝廷之意旨也。议员等入都以来，闻诸朝中士大夫多谓皇族组织内阁原非朝廷本意，实有万不得已之苦衷。果如所言，朝廷真有不得已之苦衷，正当明布丝纶，期与臣民共见，不宜以焦劳独贻君父。议员等抱忠君爱国之隐，为披肝沥胆之词，仍请皇上明发上谕，于皇族外另简大臣组织责任内阁，以符君主立宪之公例，以餍臣民立宪之希望。不胜悚惶待命之至，伏乞代奏。谨呈。

三、陈请提议实行内阁官制另简大臣组织责任内阁案[①]
（宣统三年五月二十六日提出、二十八日通过）

为陈请事。本年四月初十日颁布内阁官制，同日奉硃谕：庆亲王奕劻着授为内阁总理大臣。钦此。窃维内阁总理大臣为组织内阁之主体，东西各君主立宪国总理受命于君主，而辟引各国务大臣，以组织联责之内阁，故内阁为某人之总理，即称为某总理之内阁。中国第一次内阁发布以庆亲王充总理，无论各国务大臣是否为庆亲王所组织，而既以亲王为组织之主体，实以皇族当政治之中枢，与立宪国内阁之形神两相矛盾。咨议局等曾呈都察院代奏，请取消暂行内阁章程，另简大臣组织，未奉明谕。兹当钧院开会之际，谨再为钧院陈之。君主立宪国，君主握统治之大权，内阁负政治之责任，皇族立特别之地位，绝不涉于政治之范围。盖政治随时而革新，操政治枢要之机关，即随而生更迭。东西各国之内阁无数年不易之事实，当新旧交易之际，以政策之冲突，舆论之攻击，议会之弹劾，交集于一的，推倒内阁而促其新运，惟皇族不与于内阁之列，君主听舆论以行其黜陟，退一内阁更组织一内阁，大权仍操于君主，而不为众怨之所归。否则，皇族当内阁之冲，内阁与皇族相联，攻击内阁即及于皇族，徇舆论以惩戒之，则有伤笃亲之谊，拂舆论而纵容之，又易启骄盈之渐。群黎百姓对于皇族生政治之恶感，即对于君主必渐减

[①] 此件由汤化龙提出，原名为《陈请协争内阁制提议案》，经会议通过后，由联合会陈请于资政院。

其爱戴之至诚。因倒内阁而发倒皇族之一萌，国本动摇，君主立宪政体必有岌岌不保之惧。葡萄牙以累世君主国而一旦变为共和，其前鉴也。吾国政体定为君主立宪，先朝圣训，薄海周知。新内阁定制之初，即当为君主政体谋巩固之计。恭读钦定内阁官制，有内阁对于皇帝担负责任之文，盖与先朝钦定宪法大纲所谓君上神圣不可侵犯之义相发明，而暂行组织内阁之大臣独以皇族充选。咨议局等亦知暂行内阁不至成为经制，而既开皇族内阁之先例，于君主立宪政体即发生破坏之动机。且本朝祖制，亲王不假事权，嘉庆年间，仪亲王曾总理部务，以启事而罢。成亲王曾在军机处行走，以与国家定制未符而罢。文宗显皇帝因定郡王载铨于召对时与尚书陈孚恩语言辩论，特旨议处。圣祖神宗亲亲之盛德，体国之远谟，与东西各国宪制之精神实相符合。新内阁之组织委诸皇族，亦非皇上厉行宪政绍述先德之本意。咨议局等为各省人民之代表，希望完全之宪政，不能不希望完全之内阁。使内阁能举宪政之实，措国家于磐石之安，天下臣民均受其赐。若以皇族内阁之故，或启国体更易之大变，前途所届，思之寒心。咨议局等爱我国家，爱我皇上，爱我皇族，所以一再呼吁而不能已也。钧院为国会之基础，必得有责任之内阁，始得发挥钧院之能力。去年开院之始，曾以责任不明，弹劾军机大臣，实为根本上之解决。今新内阁之成立能负责任与否，即钧院之效力能发生与否之大关键。以立宪之原理论，皇上不可以负责任，皇族内阁即无可负责任之理。内阁不负责任，钧院之效力即无能发生之理。事关国家大计，宪政大本，度亦钧院所必争。用敢恭录原呈，陈请提议实行内阁官制，于皇族外另简大臣组织责任内阁，议决请旨施行。须至陈请者。

四、请饬阁臣宣布政策文[①]

（宣统三年五月十四日提出并通过）

呈为新借巨债关系国家存亡大计，请饬阁臣宣布政策，以释群疑而

---

① 此件由汤化龙提出，原名为《请饬阁臣宣布政策上奏案》，经会议通过后，呈都察院代奏。

定责任，恭请据情代奏事。窃本年四月初六日奉上谕：近来国家财政竭蹶，由于币制不一；民生困苦，由于实业不兴。朝廷洞鉴于此，不得已饬部特借英、美、德、法四国银行一千万镑、日本横滨银行一千万元，专备改定币制、振兴实业以及推广铁路之用。该管衙门自应竭力撙节，不得移作别用，并着随时造具表册呈览，以副朝廷实事求是之意。钦此。四月二十二日钦奉谕旨：邮传部会奏，粤汉川汉铁路接议英、德、美、法各银行借款合同，磋商定议，缮单呈览并请旨签字盖印一折，著邮传大臣签字。余依议。钦此。恭读两次上谕，一发于内阁官制未颁以前，一发于内阁官制既颁之后。然第一次上谕署名者为军机大臣奕劻、毓朗、那桐、徐世昌，第二次上谕署名者为奕劻、那桐、徐世昌、载泽假盛宣怀。除毓朗、盛宣怀外，后之内阁总协理大臣即前之军机大臣，事本相承，诸臣既始终主持，即始终担负责任，断无因军机变为内阁，责任即行中断之理。议员等对于暂行试办之内阁，曾呈请代奏另派大臣组织，原期实臻政治之统一，责任之确定。惟暂行阁制未取消以前，国家政治上之责任不可一日无所寄，而借债政策，关系国家存亡大计，一日无确当之解决，即国家大计日陷于鼪鼯之危境。此议员等所以仓皇呼吁不能遽息者也。近日中国之贫穷达于极点，借债以谋救济，诚属万不得已之举。然借债之公例，必政府与国民均有用债之能力，而后可利用之，以为救时之药，否则，饮鸩自毙，势必不救。埃及、波兰之覆辙，稍治历史者皆能言之，故立宪各国慎举国债，必经国会之议决。先朝钦定资政院章程，亦以议决公债之职权畀诸资政院，不经资政院议决而起之国债，尊先朝之法律，原应归于无效。惟合同已签押，事实再难更变。大臣违法，属资政院弹劾之范围，议员等请姑舍法律之论争，所急求明白宣示者为关系存亡之借款政策。恭绎谕旨，明定为改定币制、振兴实业以及推广铁路之用。改定币制、振兴实业、推广铁路，为政策之标题，决不可即认为政策之条件。在诸臣本此政策而借巨债，必先有精密之计划，断无漫无成竹，冒然一试之理。就改定币制言，此项借款将为购置币材之用耶？按国中人口之比例，需铸实币若干，需用币材若干，流通于国中之生银若干，银元若干，阁臣曾有详悉之调查比较乎？有详悉调查之比较，当采自由铸造之法，以实值换实值吸收国中之银货，而以外债济其不足。今如法制则不采自由铸造，而以外债为基本，此何说也。将为大清银行准备金之用耶？大清银行之组织纯戾于银行之原则，迩年以来，败相毕露，救正改革实为先决之问题，而所谓准备金者，亦必有一定之成数，阁臣曾于银行改良之法与准备金之确数有精详之计虑乎？将为收回旧币之用耶？国中旧币之恶孽无逾铜元之充斥，非用不加贴补尽数收回之法，必终乱币制之统系而蹙国民之生计。阁臣于筹拟旧币办法亦尝略陈梗概，大旨所在，不外暂准照市价行用，按年限制，随时设法收回，最后之解决归于"体察事情，斟酌办理"。以何方法能使并行不害于主币，收回不累及国民，阁臣曾有确实之把握乎？则例颁布一载，施行瞬将届期，币制根本问题之待决者不知凡几，必计之已熟而后敢树借债改定之政策，此不能不要求宣示者一也。振兴实业，尽人皆知为要政。此项借款条款指定东三省工业。东三省之工业，以何者为重要，东三省重要之工业须若干之资本，而后能举办，而后能推广，必有以总计而区划之。振兴实业之要件，必有种种辅助之机关，中央银行之外，必有赖于国民银行，银行之外，必有赖于股分懋迁公司，阁臣能为有条理之布置否？实业发达必恃有完备之法律，以为监督保障。内地各种已举之实业，旋起旋灭，非法律不备，即用法不善，有以蹙其性命。今欲移植发荣于边省，阁臣能为保障监督之实计否？此不能不要求宣示者又一也。借债修路，阁臣既借上谕以定为一种政策，然政策云者，非仅以铁路国有一语遂足以了之也。中国幅员之广，铁路何以必须国有？国有铁路何以摈斥民款而纯借外债？以收回之外债之数能否尽举国中之干路？修筑国中之干路应以何路为先着？路款之预算，路材之取给，路师之分配，非有成算在胸，安敢毅然取消累年之成案，夺商民已得之权利？且救中国之贫困，借债造路，自以生计之铁路为先，尤必经营铁路以外之事业，以求本息之有着。四国六百万镑之借款，指定之粤汉铁路固可列于生计铁路之数，川汉铁路已不能纯谓之生计铁路。此外，干路属于政治者较多，借日本之一千万元，未指定为何路之用。逆计大势，生产与不生产之比较，必不足以相抵，而铁路以外之实业凋敝已极，无余沥为之分润。以外债造铁路，终必以铁路受外债之害，路未成而本息已无所出，将何法以治之？官办铁路夙称弊薮，京奉铁路每里三万余两，沪宁铁路每里五万余两，津浦铁路尚不止此。以有穷之借款，供无穷之挥霍，将何术以弭之？此不能不要求宣示者又一也。现时中国外债已达十万万两以上，罄全国十年之岁入毫不用于他途，犹不足为偿还凤逋之用，况本年预算政费之用不足超七千万，计臣已穷于罗掘，人民已穷于负担，重以新债骤增，诚不知所以偿还之计。不问所以偿还而姑救目前之急，偿还期至，保不借债还债出于附水附涂之下策乎。涂附既穷，保不乱增恶税以自绝税源，终致债权国攫抵押物之主权乎！恭读四月初六日上谕：该管衙门自应极力撙节，不得移作别用，并着随时送具表册呈览。四月十九日上谕，有着度支部将内外各衙门应造全国预算及借款用法各项表册，分别严催，克期办妥，一俟九月开常年会即交该议院议决，毋稍延误等因。钦此。仰见皇上慎重借债，兢兢业业之意，朝野内外感激莫名。然以皇上圣明，日理万机，表册繁多，断难一一稽核其真伪。审计院之设置尚须俟诸明年，资政院之决算亦必穷于钩考，非更筹严密监督之法，必无以副皇上实事求是之盛心。而财政顾问、币制顾问之电传方宣播于东西之报纸，设其不谬，则内国之监督且均无所用，驯至于受外人监督。况大宗外债骤输入于内地，银价之涨落，物值之低昂，贸易出入正负之差异，皆将缘而生绝大之变动。久困涸辙之社会，亦或以骤增消费生蒸蒸蕃富之幻象，外资竭，则幻象灭，反动力之发现，其困苦且百倍于旧时。前途种种之危险，消弭于未然之策，又均不能不要求其宣示者也。阁臣同负责任，为圣训之所明示。无政策而借债，是以负皇上者负国家，非阁臣之所可言。有政策，即当宣布其政策之所在，以定责任之所归。大计攸关，存亡一发，簿海士庶，危疑交并。拟请皇上饬下内阁，将关于此项政策施行之法及与此项政策相辅而行之计划，明白宣布，以释疑虑而利推行。伏乞据情代奏。谨呈。

五、直省咨议局议员联合会报告书①

（宣统三年五月二十六日提出、二十八日通过）

敬启者。议员等学识浅薄，谬以故乡父老选与议席，比年以来，代抒言论，靡补大局，内咎滋深。迩者时局濒亡，国会未开，海内嗷嗷望救孔亟，各省议局远虑深忧。本年四月开议局联合会于京师，冀合全国之人民议定救亡之大计，佥以为欲救国亡必定救亡之政策，欲定政策必有完全之内阁，必先破皇族政治之阶级。立宪国之君主以不可侵犯不负责任为原则，君主立于神圣不可侵犯之地位，密隶君主之皇族亦即立于特别不可动摇之地位。君主退处于不负责任治[之]地，而以责任负之内阁，则内阁实处于完全负责之地位，而不可以内阁之动摇侵及于君主之神圣。内阁立于君主之下，以受国会之监督，有政策之冲突，即有推倒之事实，内阁而为皇族，万一皇族将因其地位特别之故，自认为不可动摇，则良美之政治不可期。若任其推倒，则一般人民之怨望因内阁而及于皇族，因忘皇族之尊严而于君主之神圣不能保，影响所及，将与君主立宪政体之原则相背驰，而国家一切良美之政治几无有完全成立之希望。此固吾父老之所为杞忧而各议局之所共虑也。议员等重膺各议局之推任，甫入都门，适值内阁官制发表。试办之初，即开皇族内阁先例，诚如诸君子所虑及者。乃新内阁先后发布政策，又不足以定出国是而餍人心。屡开会议，惧负诸君子之期望，思维凡百政治必有一完全之地，根本之解决未定，则枝节之补救徒劳，故议以完全内阁为第一议题，以为内阁组织完全，则不患无完全之政策。谨于□月□日呈由都察院伏奏皇族不能充当内阁总理，请另简大臣组织内阁，附上请增练备补兵一折。复于□月□日呈由都察院代奏请饬阁臣宣布政策，附上请废禁烟条件一折。先后折奏，俱闻留中，报纸交讥，自维无状。谨于□月□日又呈请都察

---

① 此件由张国溶提出，原名为《通告全国人民书》，经会议讨论通过后，决定以联合会名义通告各省。

院代奏请明降谕旨另简大臣组织内阁一折。伏阙待罪，迄至今日，仍未明降纶音。议员等自愧诚恳之未至，不能见信于君父，负我父老望治之深心，谨就连月以来京朝之所见闻报告于诸父老，冀垂察焉。议员等窃以为诸父老所希望者欲得良美政治，以救国家危亡。本此心理以生希望新内阁成立，新政策发生，则转危为安，转亡为存，可以翘首俟也。乃观于近日之新政策，则适与所希望者相左。谨举其荦荦大者：

（一）借债政策　主张借债政策者谓不借外债，则中国必亡。反对者则曰借债必速亡。夫东西各国其国富强者，其国债亦必多，借债固非亡国政策也。但以借债救国亡，必先视其国之财政之现状如何，又必视借债之合乎公例与否。今中国财政现状困难之原因，实生于紊乱，税法无统系，机关未完全，则整理紊乱洵为先决问题。乃不谋清理紊乱之办法，而欲借巨款之输入以苏困难于目前，输入愈多，紊乱愈甚，兴业无期，偿还失恃，欲不为埃及、波斯之续，殆不可得也。借债公例本无担保之必要，中国信用久失，借债必有抵押，今不求所以致信用之途，而仍以任便指押为借债之券，不计偿还之力是否足以相应。今日超出之额一旦骤增，他日罗掘之方苦无所措，目前之抵押物欲免成将来之断送品，盖不可得也。在主张借债政策者必曰英、美、德、法四国银行一千万镑，将以抵制日、俄之攫我远东，然何以自解于日本横滨银行一千万元？且己国财政曾无解理紊乱之方，而以借债为抵制他国之计，前拒狼而后揖虎，虽至愚鲁，必不出此下策。又况川粤汉铁路借款则又力拒商款以输入外债，四国之于东南主权亦将如日、俄之于远东，又何以自解于抵制他国之计划也？两次合同根本损失，而主张借债者又另议币制顾问之约，以巧避监督财政之名；借聘四国以外之工程师，以回护其卖路之实。司马昭之心迹，路人皆知，而谓借债以救国亡，其复谁信？然则今日借款政策，仍亡国政策耳。此新内阁政策之不可恃者一也。

（一）改定币制政策　主张此项政策者，以借债为计划，然此项借债将为购置币材之用耶？按国中人口之比例需铸实币若干，需用币材若干，流通于中国之生银若干，银元若干，如有详细调查比较，当采用自由铸造之法，以实值换实值，吸收国中之银货，而以外债补其不足。今于法制则不采自由铸造，而以外债为基本，此何说也？将为大清银行准备金之用耶？大清银行之组织纯反乎银行之原则，迩年以来，败相毕露，救正改革实为先决之问题。而所谓准备金者，亦必有一定成数，今将以外债为准备金，而未见银行改良之方，并未确定准备之数，又何理也？将以为收回旧币之用耶？国中旧币之恶鏊无逾于铜元之充斥，非不加贴补尽数收回，必终致乱币制之统系，而蠡国民之生计。筹拟旧市办法大旨，不外暂准照市价行用，按年限制，随时设法收回，最后之解决归于体察事情斟酌办理。准此办法将欲并行，必有害于主币，欲收回必致累及国民，名为改定币制，而币制卒不可实行。大清银行前途之信用将不可保，而全国破产之惨象将在目前，尚何以为国乎？则例颁行一载，施行瞬将届期，币制根本问题曾未见有详晰之解决，而第树一借债改定之政策，然则今日改定币制政策，仍一借债亡国政策耳。此新内阁政策之不可恃者又一也。

（一）兴业政策　主张兴业政策者，以东三省工业为计划，而借外债以施行。夫生产之借债与不生产之借债，其利害迥不相同。然而政策者，系全国之政策；实业政策者，系全国农工商之政策。中国实业之凋敝日甚一日，种种辅助之机关，如公司，如银行，屡蹶不振，以无法律之保障，而执法者又不适用法律也。今欲振兴实业，先必能解决根本问题。第一，先确定完全之法律，应如何保护，如何补助，准他国之法理，按中国之情形，从速厘订颁布。第二，先定完全之政策，统计全国实业何者应为国家专利，何者应听国民经营，国有实业应从何处何业着手，民间营业应如何监督救济，非统筹全局成竹在胸，则生产之率不能相当。今内地实业主权半押抵操纵于外人之手，曾不一为顾虑，悬一振兴实业之名，而实只及于东省；东三省之生计种种在外人掌握之中，曾不一为顾虑，悬一振兴实业之名，而实只言及东省工业；工业之范围亦广，办法亦多，资本几何？先营何业？曾无详晰之表示，而第树一借债兴业之政策。借债兴业，为东省工业，则此项借债应为东省借债。今惧东省日暮不可保，偿还无着，而以全国担负之，乃定为国家政策；投资于日暮不保之土地，而使全国人民任其偿还，此何心理也。近日且闻有主张矿产国有政策，以议续举巨债之实者，国法不问，国权不问，国民不问，然则今日兴业政策，仍一借债亡国政策耳。此新内阁政策之不可恃者又一也。

（一）铁路国有政策　主张此项政策者，亦不外借入外债收回商办之计划。其借债也不外乎抵押，其收回也不外乎压制。夫欲定铁路国有政策，第一，必有完全之区划。通一国内应办之铁路干线几何，枝路几何，何者为政事上铁路，何者为商事上铁路，干路是否一律禁止民办，政事铁路是否不应民办，民办铁路是否防碍国家行政主权，已归国有之铁路是否办有成绩？种种根本问题不解决，则不能区划。第二，必有精密之布置。德相谋交通之统一，历八年始议买收；比则先画官设干线，历十七年而始定；日本之买收国内铁路也，隐令商民以收回之股金为南满拓殖之事业，是以他政策为主目的而以铁路国有政策济之也；奥国始则奖励私设，继且补助资金，后且以国有铁路取半费买与人民，是因国有政策不及民有也。各国之先例具在，按之中国内情，应如何妥为布置。第三，必有收回之能力。今纵无区划、无布置，而国家财政整理之后实有余力以为收回之资本，则克期收回亦不得谓非政策。乃商民奉旨经年，咸晓然于交通要政之必需，铁路营业之利益，群策群力，冀睹商办之成功，或已开车，或待赶筑，或按年输股，是商力虽绵薄，尚以自己之资本为铁路之主人。今骤反成命，改归国有，退还民股，而国有之主人翁乃乞借于他之四国，弃自己之实力，引外人以抵制百姓。不问全国铁路之计划，不采各国国有之办法，率然请命以遂其私，甚且以守商办成命者为违制，援用格杀勿论之条，诬一切摊股为派捐，博休养民力之誉。夫前之商办、今之国有，朝廷反汗实以借债为前提，小民保全营业，系遵前旨，非作奸犯科可比，拟以格杀勿论，与草菅人命者有以异乎？立宪公例，人民以负担为原则，为增进幸福计，原不应沾沾煦煦孑孑之仁义；即谓民力竭蹙，则国内之滥捐苛税屈指难终，何不取其甚者而亟除之？

今夺民生业而文之曰"体念民艰",是一方面以恶税收吸人民之脂膏,一方面又绝其生活之路也,立宪国人民权利义务固应尔乎?新内阁负全国之责,而有轻率之举动,然则铁路国有政策不外借债亡国政策,实一铁路外有政策耳。此新内阁政策之不可恃者又一也。

(一)禁烟政策 主张禁烟政策者,以从速禁革提前办理为前提,似此项政策不为无见。然而资政院去年议决案非以今年十二月为各省一律禁绝之期乎?新刑律明年施行,非列举种烟运烟吃烟各罪乎?外务部讵未之知耶?今观其与英使续订禁烟条件,则仍以七年为原则,仍以每年减运五千一百箱为原则。其于禁运也,则一以绝种为断,一以土药禁运为准,虽有分省办理之名,而归结于"考查认可"、"显有确据",若故使中国种绝运绝之后,尚留此犹豫期间以为印药畅销之地者。且禁种不禁运,则来源不绝而禁吸无功;禁运土药不能同时禁运印药,则印药居奇而禁运禁种将致于无效,此必至之数也。其于烟税也,则以每斤箱加至三百五十两税为率,而以消除印药大宗贸易之各项限制及征收各项税捐,为破除各口留难之事,若故予中国以赞助禁烟之名而收自由贸易之实者,非为我国民不认此条件,即彼国民亦不直之,即第三国民亦力争之。而新内阁第一政策乃有此废弛烟禁之反动。然则今日禁烟政策例之往昔又反汗矣。烟禁不速行,民毒不能去,此新内阁政策之不可恃者又一也。

(一)外交政策 主张外交政策者,不外延宕与退让两途。近如片马交涉,喧传海内,滇督争持于上,绅民呼吁于下,国内人士咸愤不平,外部迄未提出严重抗议,与英交涉,乃者奏交由阁议,仍不外延宕退让之法。夫今日片马交涉实由延宕所致,滇缅续约本有查明情形再定界限等语,乘机不决,遂有革道石鸿韶与英领事烈敦会勘之误。外部既知石道之误,而自光绪三十一年至今不援石道与烈敦误议之图证速事另勘,酿成此辱。以延宕败于前者乃欲以延宕持之于后,此何故也?外务部奏交阁议有"就范不易,拟照烈敦原议永远租界[借]"等语。夫永远租借实割让土地之变名词,若如所请,则高丽贡山将不保,英人从此沟通川藏,直踞长江上游;英人得利,法人继起,自余各国亦必欲有以逞其所欲,何地非片马，何国非英人？大陆茫茫，瓜分在日，是以退让为亡国之券也。阁议月余，迄无办法。若故避退让之名而为延宕之计，待英人累进，始故为万不得已舍退让无他法以谢全国者。退让延宕，互相为用，从前外交之失败，悉由于此新内阁固无以易之也。且也北京各国使馆驻兵大反各国公理，该项条约以今年七月为期，如三月以前不通知则承认接续之事实，外部诸人亦无有议及此者。谓外部不知有条约未免太甚，谓外部居心延宕，则延宕实外部外交之政策也。类此失败，笔不胜书，过此以往，犹如昔日。然则今日外交政策，仍媚外政策耳。此新内阁政策之不可恃者又一也。

纵观以上各政策，与我人民所希望转危为安转亡为存者，适成一相反之比例。我人民希望立宪至于今日，国会之开尚待后年，内外官制迄未定议，方以为立宪尚不可期，乃君主立宪国之最重最要高级之机关，竟巍然出现于四千年来专制政体之中国。内阁官制十九条姑无论其完全与否，而第二条有国务大臣辅弼皇帝担负责任之规定，第三条有内阁总理大臣定政治之方针、保持行政统一之规定，是中国竟立宪矣，是政府竟负责矣。而新内阁新政策之发生乃如此，人民希望宪政之心日益高，政府所持之政策乃日见其不可恃。昔日政府不可恃，犹以不负责任为巧避攻击之地。今日之内阁规定其责任矣，而政策仍不可恃。呜呼！吾人民欲得良美政治以救国亡，幸而睹新内阁；而新内阁若此，吾人民之希望绝矣。议员等一再呼号请命而不得，而救亡之策穷矣。然议员等犹以为未也。天下安危，匹夫与责。阁制既定，责有攸归。今日之新内阁而果实行担负责任也，则吾人民希望内阁之心正有加而无已也。而或者谓此数政策有发于内阁官制未颁以前者，有发于内阁总协理大臣辞职之际者，内阁将持此以为不负责任之地，不知四月初六日借款上谕署名者，为军机大臣奕劻、毓朗、那桐、徐世昌；十一日铁路借款上谕署名者，为奕劻、那桐、徐世昌、载泽假盛宣怀，除毓、盛外，后之内阁总协理大臣即前之军机大臣。事属相承，策本一贯，是第一次借债政策即新内阁之政策也。总理大臣虽经辞职，而已遵旨到阁办事，照章署名，不得以总理再辞职、协理未谢恩,而以十一日所发禁烟、铁路国有、铁路借债各政策为总协理卸其责。且各部尚书均为内阁国务大臣,既各照章署名,实有联带责任,更不得借此为不负责任地也。或者又谓阁制并未实行,今日内阁不过为暂行办事之内阁,恐无完全负责之希望。不知内阁为一国行政之总机关,断不可以一日暂行,使全国行政计划出于姑且尝试之举。暂行章程理宜速取消也,且暂行章程虽有变通之处,而实用阁制第三、第四各条之规定,不得以其暂行变通而谓阁制规定之责任亦在取消之例也。然则今日新内阁欲不负责而不能也,今日新内阁既据阁制而应负完全之责任,今日内阁之政策犹是以前政府之政策,甚且推翻以前政府之政策。昔日政府不可恃,今日内阁果可恃乎?去年资政院弹劾军机,犹可以不负责任为词;今日阁制既明定担负责任,资政院常会时内阁尚能以不负责任对付资政院乎?今日之内阁虽一新其名称,而组织内阁之人则犹是昔日之军机。以素不负责任之人一易其名,即能变而完全负责乎?今日内阁已发表之政策如此,未发表之政策不卜可知,迨至资政院常会时,能保无去年弹劾之事乎?弹劾军机去年已无效,以预备议会之资政院而弹劾内阁能否收法律上之效果乎?如仍无效,将解散资政院乎?则今日之内阁实为皇族内阁,保无因资政院之解散而一般人民之怨望因内阁而及于皇族,因皇族而侵及神圣之君主乎?如弹劾而有效也,则必重新组织内阁,内阁可推倒,皇族可以推倒乎?推倒皇族内阁,仍为皇族内阁,万一不幸又有推倒之事,皇族特别不可动摇之地位安在乎?皇族特别不可动摇之地位既不能确定,而皇族实密隶于君主,君主神圣不可侵犯之原则尚能保其永无防碍乎?是故欲救中国之亡,必得良美之政治;欲得良美政治,必得完全内阁;欲得完全内阁,必求不反乎责任内阁之原则。君主立宪国皇族不能充当内阁,我国阁制本无内阁必用皇族之规定,诚以内阁者全国行政之所汇归,而人民希望之所集的也。内阁而自恃其不可动摇,则政策之进步不可期。内阁而为皇族,则内阁几有不可动摇之实质。如是则名为内阁,实则军机,名为立宪,实则专制矣。是故内阁者可以动摇者也,皇族者不可动摇者也。皇族组织内阁则内阁不得动摇,是无内阁也;内阁仍可动摇,是无皇族也。无皇族则君主危,无内阁则国家危。观今日内阁政策之不可恃,则异日必重新组织内阁;观皇族内阁之不便动摇,则内阁无重新组织之日,而我国家永无良美政治之望,所谓欲救国亡先定政策,欲定政策先定政体者此也。故必去皇族内阁始有责任内阁,有完全负责之内阁而后有良美之政治。疆场多故,时不再来。我故乡父老望治之深心,议员等愧无以报命。谨就救亡根本大计具陈一二,望我父老恕议员等能力之薄弱,引天下为己任,希望之心永无断绝,则中国庶有豸乎!

六、请废禁烟条件稿[①]

(宣统三年五月十四日提出并通过)

呈为禁烟条件防碍甚多,拟请旨饬下阁臣力主人道主义,协商英使永废此项条件,俾我国得自由禁烟以迅去民毒而符公理呈请代奏事。窃维禁烟内政也,他国无可干涉之理。去毒人道也,全球无可违反之理。我国内政不明,始以烧烟之举,酿成外交问题,弱我人种,荼我生灵。虽我国人民自甘鸩毒,实亦英国不以人道主义待我中国之所致也。文明进化,公理日彰。朝廷悬禁于上,小民相约于下。数年以来,国民咸争自洗涤。去年资政院议决案以本年十二月为一律禁净之期。新刑律第二十一章列载吸烟、运烟、种烟各犯罪,查修正筹备清单内载宣统四年实行。新刑律是朝廷立法行政,早决定为今年禁烟净尽,海内外人士咸举手加额,以为中国五十年来烟毒从此可以扫除。乃本年四月初十日,外务部与英国公使续订禁约条件,使我国议决之政策,新颁之刑律,将同归于无效。在外务部再四蹉商,其中必有为难情形,为国民所共谅。然议员等求之全国舆论,禁烟前途实有莫大之防碍。按之人道主义,则英使所订此项条件,尤不应有存立之理。用敢不避忌讳,披沥肝胆,为我

[①] 此件由张国溶受联合会委任起草,原名为《请废禁烟条件上奏案》,经会议通过后,呈都察院代奏。

皇上陈之。夫贸易自由，万国之公例，亦通商之原则。无论何种货物，断无限年必定额输入之理。况鸦片为各文明国所通恶，我国未禁以前，每年入口尚有盈绌之不同，乃内地则禁烟期限实行缩短，而印药则准其定额递减。夫递减虽为美名，而定额则已确数，始谋之不臧，已为一般所引恨，乃屈指年内禁绝之期，而续订条件仍以七年递减为原则，仍以每年递减五千一百箱为原则，且明订中国每年减种当以英国每年减运之数为比例。是英国政府本旨为赞成中国禁烟者，而其结果反因定额之输入，开吸烟之源泉，甚且以洋药之居奇，难保无土药之私种。此其防碍于禁烟前途者为何如也。禁烟功令分种、运、吸三项。近年厉行禁令，首在吸，而种次之，然舆论所趋，则咸以为首宜禁运，次宜禁种。譬之荒年，积谷无多，倘无来源，必将饿毙。故一律禁运，则向不种烟地方，将无烟可食，种烟地方禁运出口，则销路顿塞，不待禁种而已相率改植。此理势之固然者也。续订条件第二条印药禁运以中国绝种为断，第三条则又以土药禁运为准，虽有分省办理之名，而一则曰显有确据，再则曰就地考查。两面认可，若故留此犹豫期间伺土药之缺乏以为洋药畅销之地者；且言明广州、上海为最后结束，若故留此两大口岸以为畅输之地者。查英国联合基督教禁烟大会所刊中国实行禁烟之铁证，中国禁种已怯八九，此次实情得之中国各省旅居西人之报告，计三百余函，中国禁烟之真相成效昭然，正宜及时弃止前约，听我国自由禁烟。而此次条件之结果，既不能同时并禁，且于禁绝之后，犹留此犹豫期间，以为洋药片面之销场。土药可以禁绝，而洋药尚未禁运，供给不绝，则禁吸徒劳，是其结果与赞助中国禁烟之本旨适得其反。循此而行，则我国禁烟内政，将以之动摇。且英国派员来华，应与以一切便宜，而我国派员往印，则仍不得干预，此其防碍于禁烟主权者又何如也。各国税率以重征入口为通例，以发达国货为原则。鸦片系属毒物，不能与百货同观。据公理言之，英政府宜早严禁印药运往我国，方合人道主义。今纵不肯自禁，则我国任用如何方法禁止印药入口，英政府亦即不能过问，此人道主义之原则应尔也。乃英政府直订一每年输入之定数；其于税捐也，始则曰加征厘税稍缓续商，今则以每百斤箱加至三百五十两税为赞助中国之名，而以消除印药大宗贸易之各项限制及征收各项税捐为自由贸易之实，从此一税之后，任往中国各口毫无留难，则所谓赞助禁烟者安在？况考查认可之犹豫期内，仍得握一自由贸易之全权，以为任便运输之余地，此项条件将毋取我国历年寓禁于征之根本而取消之。英政府而果专为贸易经济起见也，则即此三年之中，烟价徒涨所得已十二兆镑。按之十年递减，其总入款约十七兆镑者，亏短已属无几。而此次所订条件，反较前约之禁运尤宽。谓为讲人道，据公理，其谁信之？则按之人道主义，此项续订条件为属当然取消者也。近年以来，我国人民咸知鸦片流毒，奔走呼救，所在实多。美之人士尤具爱我热诚，实力赞助，上书英政府，请其永废烟约。即英之国民亦知此事不合人道，组织国耻会，赞助中国禁烟。英议院赞成者至四百余人，前届试办期满，英国民亦屡次上书政府，要求废约，甚且为反对之言；且屡致函我国民，允许极力赞助。是英国民尚知以人道主义匡救政府，而英政府不惜竞争得此项条件。我外部知之而绌于国势争之不能得，我国民知之纷纷电部求之而不应，按之前途，若有烟禁废弛之虞，准此公理，犹有人道灭绝之憾。议员等知而不言，是不以人道自处以处我国人民也，是始终承认英国不以人道主义待我中国也。未来之患，尤不忍言。公理自在，人道未亡。烟毒为世界所不容，禁烟为中国之内政，自由禁止，本系我国主权。印药、土药同属禁物，只有要求英国协力禁运之必要，断无限年定额输入之办法，则此项条件尤应当永远废止者也。议员等自各省来，熟知民隐。人民程度虽远不及英美，而人道尚未澌灭，厉行禁烟之热忱尤为一般之特色，咸不承认此次续订之条件，且谓此项条件适成立于新内阁设立之时，内阁大臣署名，为负政治上之责任。今第一政策即为妨碍禁烟之条件，将来政治殆不可知，而人民希望改良政治之思胥固之而沮丧。烟禁不行，民毒无已。议员等为各省代表，不能不代达舆论。为此合词呼吁，请旨饬下阁臣据情由外务部与英使协商，永废烟约。嗣后印药土药一体按期禁运，不使资政院之议决成为具文，不使新刑律之实行失其效力，俾我国自由禁烟，以符英国政府赞助中国禁烟之本旨，庶民毒净去而国基植立。无任战慄屏营之至，伏乞代奏。谨呈。

七、增练备补兵为征兵预备文①

(宣统三年五月初六日提出并通过)

呈为时局阽危，拟请直省各厅州县一律增练备补兵以为征兵之预备，据请代奏事。窃维今日世界大势非武装不足底和平，故各国军制多采用国民皆兵主义。我国旧习尚文，有事则仓卒募军，事后则设团防卫。承平日久，军备又弛，办团之弊，防营之窳，为一般所通诟。发逆底平，迭遭大故，乃议裁防营练陆军，定额三十六镇，竭全国之财，数年之力，止成二十一镇，而征兵之制且有所惩而不敢实行。比年以来，风云日亟，内讧外患，沓至纷来。团防既废，乡巡未兴。续备无军，而防营又未可遽撤。日日在恐慌时代之中，人人有覆巢危卵之惧。即使三十六镇同时成立，而以中国幅员广袤，一旦有警，征调甲地则乙地空虚。幸或无事，而以招募来者，势不能为退伍计。糜无穷之脂膏，养此有限之兵卒，而又不足以强国，况各镇尚难完成，其危险更何堪设想。故为根本计，非实行征兵不可。然实行征兵，必先确查户口。近年调查一端，风潮迭起，疆吏纷[粉]饰册报，可以为考查之成绩，实不足为征兵之根据。再事确查，尤需时日。此一难也。定制常备兵三年退为续备，又三年退为后备，四年退为平民，经营一军历十年之久。就一镇论之，循环递练，必历九年始成三镇，实得弁目兵丁三万余人。苟值承平无事之时，尚可从容遍置。今则列强思逞，人心动摇，蹉跎蹉跎，恐不及征兵而国已不救。此二难也。每镇经费，约需百二十万，益以战事预备金为百七十万。现有陆军经费较他项为最多。今欲赶练各镇，期于如额，所需经费至为浩繁。将取之于民间，而连年灾歉已不能支，将取之于外债，而借款练兵殊非

---

① 此件由张国溶受联合会委任起草，原名为《增练备补兵为征兵预备上奏案》，经会议通过后，呈都察院代奏。

长策。况如所云三十六镇幸即成立，犹不免兵单势薄之虞。而即此定额尚难办到，设再迁延，何以为国。此三难也。征兵既难遽实行，国防果安所可恃？为今之计，宜有一急则治标之法，使国家增饷不多，增兵无限，器械充足，练一兵即收一兵之用，则惟有直省各厅州县一律增练备补兵，以为征兵之预备，而后可以救国家之危亡。敢披沥肝胆，为我皇上陈之。夫所谓急则治标为征兵之预备者，第一，须有多额之兵。欲练多额之兵，莫如取民兵之意而变通练军之法。定制常备训练期限三年，为时甚久，而常备军设有备补兵，胥有名无实。今拟裁撤备补兵，改练预备兵，仍用备补之名，以为常备之补充，并作为留守兵。第二，须为土著有业之兵。今拟练备补兵就直省各厅州县繁盛城镇编列，则应由各厅州县会同自治团体选择，故必其确系土著，确有职业者可知。第三，须有统一之教练及编制定制。常备兵期满回籍，列为续备，听其自谋生业。每州县有续备兵百人，即派驻弁管辖，每年调操，如有缉捕弹压要事，准各地方官会同该驻弁酌量调用。今拟参用此法，每厅州县派遣驻弁前往镇管标区会同各地方官编练，小县练一队，中县、大县酌加，即以该驻弁担任管教，依队分排，轮班教练，暇日仍听自营执业。练成之后，择优提充常备现役，其余发给凭照，回籍列为续备及后备。第四，须缩短训练时间。今拟练备补兵期以六个月练成，其列为续备及后备者期亦如之。练成之后，续编续练。第五，须明定饷数。备补兵既轮班教练，则每名给饷可仿续备军例，月给银一两。若有缉捕弹压或征调各事，始给全饷，事平仍复其旧。第六，须备多数之军械。续备军制，各府州应按各属兵数，预先请领枪械及号衣等件。今拟略仿其制，先尽各省存储旧枪拨给厅州县练用。一面暂向外国多购新机关枪、新式枪、新式山野炮及造子弹机器，自行赶造子弹；一面扩充兵工厂，添购新机改造最新式之枪，以为取不穷、用不竭之计。如此，则常备不足而有以应征，续备无兵而可资留守。所谓增饷不多，增兵无限，器械充足，练一兵即收一兵之用者也。准此筹练，则三难可免，而四利兴焉。夫征兵之所以难遽实行者，一由于征兵之不确实，二由于人民不知当兵之义务。今直省各厅州县增练备补兵，由各牧令会同自治团体选送，则无土著职业不确实之虞。循环编练，逐次选送，调查户口之事实已因之而厘然，一旦实行征兵，则不待另行调查而已。有着手之方，且人人必知有自卫而后可以防国家。今就地练兵，而晓之以国家大义，则爱国之思想可生，而人民对于当兵乃视为应行之义务，而非为月饷权利而来，则兵乃始尽可用，而何有于逃匿，而何有于滋扰，其利一也。军制以国民皆兵为最优，则实行征兵又安可缓？今不为实行征兵之议者，则尤以国势濒危、迫不及待为一大原因。诚增练备补兵，以六个月为期，而可补充常备，而可列为续备及后备。以三年训练原期计之，所练兵数可增六倍。以直省各厅州县统计之，所增兵数殆相千万。以最短之时期，得最多之兵额，无招募之烦，而收民兵之用，其利二也。练军必筹费，故各镇难遽成立。今练备补兵，而用续备饷制，但提常备军裁旷银两及议裁备补兵饷银外，稍有添筹，即敷挹注。以一镇练兵之费可练无数倍之兵，其利三也。迩者腹内边徼，时虞不靖。外人借词恫喝，调兵调舰，辄不崇朝而集。我国兵备既单，各省大吏明知防营之不足恃，不得不留此形式之兵勇，以为镇慑守卫之资。而地方筹划者又主复团练、乡勇之旧。夫团练、乡勇昔日本以之中兴，而或虑其滋弊者，则以无军事上之纪律而少实力之教练。防营无用而不可裁，又虚糜此浩大之款。今练备补兵，一方面为国防，一方面为留守，取乡团之义，而得多数预备之兵。将来兵实渐充，防营可以次第裁抑，移兹巨款扩充军备，计无有善于此者，其利四也。议员等熟察各省之情形，深维国家之大局，以为今日国家不敢讳言覆亡，而救亡之政策，舍增练备补兵外，均有缓不济急之忧。用敢合词吁请饬下军咨府、陆军部电商各省督抚各镇统制，详定直省各厅州县增练备补兵办法，克日实行，以救危局。无任战慄屏营之至，伏乞代奏。谨呈。

附　录

一、汤化龙行状①

先生讳化龙，字济武，湖北蕲水县人。曾祖讳英信；祖讳德澡，字兰生；父聘莘，字意诚，母氏张，以清同治甲戌（一八七四）年十月十九日生先生。

自先生之上世，用商业积累百年，称富裕。遭咸同兵祸，骤衰。祖兰生公为邑名诸生，读书攻苦至失明，家计益绌。意诚太翁乃辍儒业，规以废居，复旧产，往来孔垅、九江、安庆间旧肆之毁于兵者，清其逋负而第其存废，凡屏营拮据亘数年，所料算稍有绪绪。

先生之生，盖际邑里兵燹之余，而家室喘息初定之后。堕地见光，声色异常儿。四五岁时，即好访变乱轶闻，往往溽暑之夜，席地踞坐，索老人谈故事及避兵历险状。抵漏分，倾听忘倦，时悸时泣时笑舞，呼菩萨不置，其留意世事而以振奇自喜出天性，自童龀时然矣。稍长，从族父庆辉受章句，聪颖善记，弱体而强于心，无童嬉之失。十四岁，随季父聘尹馆同邑蔡氏。一日，主人因事宴他客，忘视馆中餐。迨夜客散，知而责仆，则先生已竟日饿而读书自若，初未以为言，其强忍高旷如此。逾年，太翁建家塾成，先生归就家塾，与两弟俱治帖括业。每有所作，恒申旦不休。张太夫人数以劳苦伤生戒之，且曰：凡人存非分想，即非惜福之道；吾家累世无以科名显者，吾望汝不在此，且人轻重不恃科名。先生权词谢母毋忧，而治业益勤。

---

① 选自《蕲水汤先生遗念录》，铅印本，湖北省图书馆藏。

年十九，以县试第一，旋补县学附生。属有非意之讼，家几再毁，举债逾千金。太翁顾不忍质先畴于人，则敝衣缩食，肆力作苦，为偿债计。先生亦期以笔耕赡家，累邑中官师月课，一投辄十余卷，兼启帐授生徒，积奖金并束修所入，为太翁助。不三年，债竟毕偿，而志学之锐不因此中挫，且益涉猎群籍，识趣愈远。学使王同愈用时务试士，得先生文，大激赏之。年二十四，补廪膳生。黄州经古书院者，南皮张文襄督鄂时所设，先后聘罗田周锡恩、姚晋圻为院长，号以实学造人才，先生实及门焉。其学分考据、性理、经济、词章，条目繁委，每课试非素穷极搜讨，能凿立心解者，恒有曳白之苦。先生旁午兼治刿心辩核，仍时与同学上下榷兑，证其乖合；一卷成，动逾万言，精博常为一院冠。当是时，国家外不宁而内窳，科举敝已极，忧危之士，欲颇矫学非所用之病。则唱治所谓实学者，自今视之，其去政学一贯之途盖远；而处政教严觳，风雪胶固之会，要非志气特异，不专专然弋猎科名者，未能与于斯。先生道德文章所以发扬光大，穷变化而不摇落者，即于斯植根柢焉。

清季，州县官残民之政，命案为最虐，无非土豪恶胥役与官因缘，凭死人为奸利。一命案出，旁近十里村落无完户。先生家尝两遭其毒，即所谓非意之讼者。方事之急，家人皆远避，独先生侍太夫人挟少弟毓龙留匿暗室中，塞门借草而卧。灯才如豆，毓龙寒而号，太夫人曰："忍之勿声。"先生强言曰："儿将为御史者，必除此虐政。"盖推所身受而为天下不忍，而以革涤恶政重自肩荷，至于死不稍息，于是为涓涓之始。戊戌政变后，益治国闻，介然识革新之路。

光绪壬寅，乡试中式。甲辰，赴礼部试。出闱，应山西学使宝熙聘，任山西大学堂国文教习。旋成进士，授刑部主事。见世变益亟，朝局至不可问，发愤谓："政治不革新，国亡不可救；而欲救国，必更博求新知，止旧学不周于用。"先是，仲弟芗铭由湖北文普通中学中乡试式，因入留学法国之选，而科举犹未废，亲故多谓留学非计，有以异域难返相怵者。先生意独不然，芗铭亦自勇断辍礼部试，竟行。先生寻复令从弟丙南入省立农业高等学校，季弟毓龙入省立工业学校，而身自请咨送留学日本，入法政大学。听讲之外，博涉东籍，尤致力公法家言，尝著书曰《违警律释义》，骈罗诸家之说贯穿断制之，一洗剽窃转贩之陋。宣统己酉，毕业自日本归。归之前，与乡人留学者倡设湖北教育会，相约归而实行之，是为先生合群谋国之发轫。

己酉者，清廷所定预备立宪，开各省咨议局之岁也。鄂督陈夔龙以荐者言，奏调先生还鄂筹备立宪事宜；寻被举为湖北咨议局议长。预备立宪之诏，在清廷特姑用以缓塞国人号叫，非真有是意。故号称预备，而斤斤与国人争国会早迟。非独咨国会，即咨议局之权在章程者，亦为疆吏舞文横夺，无所能举；而于预算闭拒特甚。以是各省咨议局愈望速开国会，请愿国会之声遍全国，所在皆咨议局为中坚。明年庚戌，开咨议局联合会于北京，推先生主席。斯会以求开国会及结合咨议局争预算为职志，而因聚气类谋树政党基础，先生盖其中持议最恳挚者。会罢还鄂，鼓吹国会事益力。舆论既激昂，先生复出入北京、武汉商团，时开会发电，与各省相呼答。辛亥五月，咨议局联合会再开，先生自鄂入京，发汉口时，送行者达万人。先生演说至愤激，誓不获所求不止。未几，四川以争路事，咨议局议长蒲殿俊辈九人为赵尔丰所逮，全蜀骚然，操兵反抗者麻[？]起。联合会决议各省前期开会，图为四川争救。八月，先生还鄂，十九日遂有武昌革命之事。兹事发仓卒，初无完算。总督瑞澂既逃，首事者相顾莫适为主，始议戴黄陂黎公。黄陂以民意所萃在咨议局，再三让。乃群奔至咨议局，问汤议长安在。先生是夜适家宿，不在此，众则大哗，曰：今事机危如一发，若议长又不出系众心，将不堪问。正惶遽中，先生自家至。众惊喜，欲即以都督相推。先生谓此非书生事，战且方始，必宿将有德望为诸军所诚服者乃可。众曰：然则仍莫若黄陂矣，乃坚请黄陂，而属先生为之辅。黄陂单骑至，军民大欢呼，遂定以为都督，建鄂军政府。发独立檄告天下，约先生同署名，而先生又自通电各省咨议局促响应，故时有讹传先生为都督者。

鄂军政府既立，北军水陆狎至，日惟备战筹饷，内政外交，一切停顿。所属地方官吏不见文告，有携印窜去者，有入省城求解印若[或]以文告电请进止者。旁皇纷午，若纽驰兽骇。而新被大水后，流孚盗贼交错，满地蒿然，无谁何过问。先生乃言于黄陂，宣布义军旨趣，使吏民还职业，蠲全年丁赋，以纾困敝。檄移所至，人情帖然。先生又以百度草创，事无巨细，一须咨白军政府。而军政府方用兵，自无暇问民政，非建军民分治之制，必以畸废害事。黄陂韪其议，就属先生为草稿，厘军务、政事为二部，部各置长，总成于都督，竟夕成事例若干条及图表以进。黄陂立颁行之，推先生为政事部长，军政府始井井有条理可观矣。

　　武汉地处全国之中，异邦人士所辐辏。自义军有武昌，其领事官访谒军政府者踵相接，数日不得要领。至二十二日，美领事又来，黄陂乃与先生亲接谈。其所问三事：一、清政府国际条约及债务；二、鄂省荒政；三、革命后国体政体。先生一一为之具答，谓清政府条约债务若在八月十九日前者，军政府当继之，非是则不承；鄂境水荒，当特举富绅筹赈济；革命后当废帝国，建民国，用共和政体。美领事欢然悉笔记其言去。次日，即以上其公使；复为文称美，载英文日刊遍布之，列国翕然，用国际先例，承认鄂军政府为交战团体。革命军被承认之速，无如吾国辛亥之役者。先生在政事部虽不久，凡所赞画，荦荦皆有立国规模，而尤措重者，以谓革命非立国之究竟义，国所以立，必有统一之法，以蕲循轨之政。斯时武汉战方亟，南京未下，各省未尽响应。而先生已日夜究心以制约法为一大事。四方豪杰才智之士集武昌者，如黄兴克强、宋教仁遁初，见先生皆交相爱重，而先生与遁初语此事尤投合，遂除室馆之。夜分人寂，对灯促膝，所谈无非约法者。如此二十余日，议论微定，大要兼取法美二国之长而力避偏枯拘挛之病，其草稿出遁初手。厥后南京参议院定约法取材于此，其所增损或有大非先生志者。要之民国约法谓之权舆先生及宋氏，不诬也。

　　先生既以国家统一、政治循轨为蕲向，适仲弟苎铭以海军应黄陂，武昌战事解。先生谓此间事粗定，不烦屑屑，适又有不便先生居此者。先生遂解政务部长，去之上海，因黄克强约，同往南京视临时政状。政府用宋遁初为法制院总裁，用先生为副，先生未就。会南北议和成，民国元年四月，参议院及政府皆移北京。先生至北京，寻被举为参议院副议长。务持大体，不为琐细偏戾，而涉国计尤宏巨者，独不苟随和。在院尝一以财政事质问政府，为书五六千言，于国家岁出入，如亲握筹而数一二，批陈抵虚，受诘者几不能为词。二年，国会开，被举为众议院议长。立宪政治者，责任内阁者，政党议会者，皆先生夙所梦寐祷祈，谓非是不能救国图强。而今且庶几见之，因益愤发笃挚，誓撷其实。民国之初，党势既苴矣，咨议局联合会之蜕变曰民主党，先生实主干之。及是以同志人才不宜有区畛，遂约合共和党、统一党为进步党，与国民党并在会中，期攻错相成一会，而毕制宪大业属项城。袁氏自临时大总统被举即真，旋用九江兵变事连国民党议员，被夺职逾半数。国会一旦[停]顿僵槁，先生痛之极，争之切，谓议员罪应黜否在法，总统得黜议员否，事须别论，要不能借口仆国会，无国会非立宪也。今宪法尚未成，即国会竟瘝罢，公将何以处民国？项城不为动，然尚姑与委蛇，冀终为国家得一当。三年为教育总长，抑郁已非其志，顾于教育事犹多所筹计，不孤其职。人有希项城旨，请以复古为教者，骎骎大变学校教法。先生具牍以去就争，得格不行。四年七月，筹安会起，帝制议骤盛，先生始绝望，知不可将就，而项城亦诡先生终不为屈，侦伺甚密。先生先托就医至天津，以书辞职，仍置家北京，示无他适意，而密谋用计出黄陂，奉以讨袁氏。所虑划至奇秘，因有所牵梗未遂。十二月，乃改计附他国船迂道大连，间行至上海。时滇粤蜀桂已次第独立，用护国军名，设军务院于肇庆，方视湖南转移为大局轻重。湖南将军，先生弟芗铭也，以审度兵形未即发。先生既得脱，太夫人亦出居天津，无可虞，于是先生数使人往还期约，而湖南遂以五月二十八日独立。先生顾自谓兹役于西南军事无所尽力，不愿冒举义名，而抵排帝制，则心事无稍回曲。项城视事势渐不利，欲谢皇帝，复为总统，持此风示求罢兵。西南固不许，而先生执言尤切至，既联国会议员通电声击，仍自腾书抵项城及其左右，趣退位。大略言：护国军志在申讨叛大义、求真共和，项城辞皇帝留总统，不得谓大义已申，共和已复。兵罢否某固无能参与，假能参与者，方当力持不罢兵之议，一洒国民苟且薄弱之耻。义师而胜，某无纤毫干涉，若败则虽身殉之甘也。且谓项城脑筋为专制复古思想所弥布，年来凡百措施，务与世界大势相迕。此而能自存，则历史公例、政理原则举不可信，否则非引咎退休，身且无自全之路。又规以引退时勿铤而走险，肆竭泽焚林之毒，留补救余地。五年六月，项城自病死，兵幸得罢。黄陂以副总统依法继位，合肥段祺瑞起任内阁总理，南北无违议，独恢复旧国会颇持异同。先生自意与黄陂、合肥有夙谊，愿以居间人干北京政府，为彼此沟通，声言不身参政局。而行至北京，见合肥，反覆说旧会当复及有利无害状，合肥意为肯可，而左右犹有相尼者。先生以合肥意电告军务院，使再力争，谓必可得，既而旧国会竟得复。事已，返上海，旋归蕲水，治太夫人丧（下言治丧事从略——编者）。

国会再开，起先生就议长职。往复敦迫，不得已于八月二十六日莅会。先生固坚信立宪政治，而制宪为国会艰巨之责。方其在上海，曾倡不党说，以谓壬癸之交，海内贤达尝欲毁党造党。比者帝祸作，士夫奔走呼号声讨无二致，诚毁党机也，抑国家新造，政治利害多全国所共者，舍小异，取大同，固无事分建旗帜，而官僚政治与民本政治若冰炭。国家既非用民本政治不济，而人才之郁此新思想者，实乃不多。分朋而自弱，适开旧派势力使蹂践政党，蹙国家新机，无宁不党，而用友谊结合，犹乘舟然，惊涛骇浪中，且图共济，待达彼岸而后分途，犹未为晚，凡以为制宪计虑至深远也。及开会，论战蜂起，若对严敌，帝祸时融喁相濡之情无复存者。内既以制宪龃龉，而外对德议与内阁相持尤急。至六年五月，遂有公民团围议院之侮。会合肥免总理，所谓督军团且阻兵示形胜，号兵谏于时，乃有欲交让求全者。先生谓交让当自我发意，今人方以威取，复何交让之云，与溴涊苟留，不如自退。乃具书辞议长职，而别联名通电，矢言共和国体、立宪政体必永保持之意。未几，安徽督军张勋遂入京解散国会，嗣遂有复辟之变。

方国会解散时，西南以督军团所行，破坏约法，宣告独立，与中央绝，所指目以合肥为首。及复辟变兴，合肥奋袂自马厂誓师讨贼。先生在天津，蹶然曰：彼独立者为护法耳，复辟则民国且不保，何有于法。遂发电声张勋罪，偕梁启超任公皆应合肥请，与谋讨贼。合肥初起，固已被黄陂命再为总理。旬日收北京，组织内阁，要先生及任公为阁员。先生念惟西南号护法，争共和；今北方讨平张勋，复民国，宜可以相解，更始谋国家统一，故就内务总长职。内阁之始建也，今总统河间冯公尚在南京，首发议开临时参议院，改组织法，召新国会。合肥意与河间同，其后竟成阁议，布明令，而先生实共副署。盖先生所惧民国几毁幸全，无国会，则根本犹未固。旧国会既为军阀所致死捔掊必不与并存者；而复辟之役，军阀又新有功，兵气方盛，势不容投刺喉必吐之剂，激生他变，致国本再动摇，重天下糜烂。今惟当斩截苦痛，使国会自无而有，以存民国跗蒂，再图其余。如是旁皇审虑，复博咨苦谈，皆以为舍是无他道，乃决赞成阁议。先生尝语人，冀假道以促新国会早成，为国家计久远。苟可消弭祸源，虽冒忌丛谤不惜，此事是也。顾西南不为解，而纠固转急，先生所谓以平和运政治者，一未及措施。阅四月，合肥内阁罢，先生及同志皆下野。于是颇觉所操持盖难合矣，然而志气不稍衰，常曰：使吾意想中之国会政府一日见诸实事，而国家犹无治效者，则吾乃真死心削迹矣。吾政制师外国，不知彼固亦旧而新、恶而善者。方其自旧之新，自恶之善，必有层累曲折致力之所始逮。今而吾但取彼既新既美之制，涂附旧习恶政之上，以冀相入，其药不应病，宁足怪。而觇国者皆摭此遗彼，此良可恨，吾将亲察而求之，或有万一之获。遂以今七年三月二十四日往游日本。行之前，为说以别同党，披漓肝鬲，十年来谋国论政之悫，指写注无宿留，乃今成长诀之谶矣，哀哉。

先生至日本，居二月余。日本与我有同出兵防德之议。先生去而游美洲，逾一月。戒[戎？]行将归，至英属坎拿大之维多利亚，待船且发。九月一日，汤之族侨其地者，宴先生于中华会馆。晚八时宴罢，宾主四十余人相携步华街。忽有贼从群人中以手枪迎击先生，中两弹，立仆地死。两弹一自口入，一自腹入。从先生者南海霍坚晕而苏，视先生已绝，而贼方突人求逸，立起，合警士追之。贼知不可脱，乃自戕。其人曰王昌，粤产，理发匠也。道远信不得详，据霍坚及我公使领事电报，今所知先生死状仅如此。先生卒年四十五(下言子女家族事从略——编者)。

先生为人惇厚旷远，处骨肉故旧不规规末节，而至性流发，迥非伪儒浮俗所望。慕士下贤，无间异同，虽仇敌有特长犹嗟赏不去口。遇人坦夷无城府，不因险易改度。初，避帝祸发天津，太夫人谓宜变姓名以避侦者。先生谓：儿此行殊磊落，无所用伪名也。今兹美洲之行，人颇有引黄远庸事相戒，且劝即至彼，万勿游华街。先生皆不为意，盖内视无馁而又不虞人情险巇。至是，且往尝数遭横逆不死，而竟以是快凶人意，使国家丧其良而莫之赎，哀哉。

先生于汉宋学家言皆能淹贯，治诗古文词尤深邃，已皆屏去不常谈，而专以国家政治为性命。其论政，谓必以民本精神与国家政策相调和发挥，而后可措国巩固之域，故力诋官僚政治。而于偏至之民权论，亦不为苟同，惧国家失统驭力，民权且无所附丽，而众庶政治之过，将成众愚政治，则国尤无幸也。其大归以统一固国基，以秩序求进步，虽更历万变，所挟持鼓吹无改，自信且益力。与人言，未尝不及此。于外国独通日本文字，凡著述涉国政民俗者，无问巨帙短书，旋购旋读，造次不释手。出门访客，车茵上累然皆是物也。长教育部时，尝发愤欲学英文，日昼二小时治之，以中年不任记诵，未卒业，异时常引为恨。又于陆军大学授国法学，恳恳如老儒，虽甚风雨不辍，学者服诵至今。盖在官事填委中，他人所视为劳止小憩之须臾，而不懈其志。如此比游日美所至，于政俗之原，一观辄能道其深际，虽留彼中甚久者，诧所未闻，盖神明专锐之效矣。先生平生行义，人所慕爱，非一二而足。以不自意猝死，未暇多著书。而随事论撰笔札在人间，复非旦夕绩缀所能备。今先生之丧且入国门，辄纂所知尤俊伟大端，以谂爱敬。先生为国家，哭先生者若夫编第其详，揆扬其美，而垂无穷，则有海内鸿笔渊识之贤之盛心公道焉，非简近所骤及已。中华民国七年九月二十日治丧同人谨述。

二、关于湖北咨议局的报刊资料①

(一) 上海《申报》的报导

1. 湖北六十九厅州县初选事宜正依限办理

湖北六十九厅州县初选事宜,已由咨议局筹办处遴委选举研究所毕业员六十九名分往各处,会同地方官办理。所有各司选员均月支薪水银四十两,由各该厅州县按月垫支,议定归咨议局拨还。凡初选监督权限以内之事,该员与地方官同负责任,应即按照筹办处办事顺序期限清单,依限办理。并由咨议局司道谕以此次初选限期异常迫促,计日程功,仅能集事,倘稍有延误一处,全局必为牵动,上负德音,下违舆论,该员不能当此重咎。等语。

(《申报》1909 年 1 月 8 日第三张第一版)

2. 酌定划一之法以备不动产之计值

湖北咨议局筹办处昨通饬各属,以局章第三条、第四条,有五千元、一万元以上之营业资本或不动产各等语。查不动产之计值,各地旧例,从无定准,往往同一田产、房屋,田地之肥瘠,材料工力之贵贱,价格判若天渊,而其合算价值或以银计,或以钱计,以合银元之价,又复低昂无定,调查最为困难。现值币制尚未划一,财产估计自不能强全省尽归一致。惟就其漫无标准,府与府殊,县与县殊,差异过多,争端即起。

---

① [编者按]在各省咨议局中,湖北咨议局颇具影响,因而受到媒体的广泛关注,竞相报导。这些报导中,有的采了湖北咨议局的议案、决议、札呈文牍等,属于文献性质,已将其纳入正编的相应部分,并予注明。更多的报导则记录了湖北咨议局和有关人物的言论行事,这些无疑是我们了解和研究咨议局不可或缺的有价值的重要资料,故厘为三类,附录于后,以便读者。报导 1—8、10—17、19—21、23—24 的标题系编者所拟。

应先于府县之内，以上诸项各相情势，酌一适中率，以为调查之准据。田产一亩计值若干，房屋一间计价若干，分上中下三等差。合银元价格，合算其一元之合银若干、钱若干，亦须就通行之价酌中核定，庶不至有过高过下茫无稽查之弊。合亟札饬该属即遵照，各就本地情形详加体察，酌定划一之法，申报本处备核勿延。

(《申报》1909年1月17日第三张第一版)

3. 筹办处人事及选举日程

鄂督奉派三司为筹办处总办，姚晋圻、周云为坐办，夏寿康、张国溶为参事。改四月十五日为初选期，六月十五日为复选期，仍赶于九月开局。

(《申报》1909年2月4日第一张第四版)

4. 陈夔龙批示咨议局常年经费文

鄂藩昨以咨议局开办常年经费可否咨部作正开销，或祈札饬咨议局筹办处妥议筹济核办示遵等情。详奉陈小帅（夔龙）批云：查咨议局选举实为预备立宪基础，鄂省现已次第举办，惟需用经费颇巨。值此库储支绌，亟须预为筹划，以免竭蹶。所陈各节，仍仰该司会同咨议局筹办处妥切筹议，禀候核办。至此次详开拨发各款，总散数目是否相符，应并移局核明覆夺。

(《申报》1909年2月15日第三张第二版)

5. 陈夔龙拟合并自治、咨议为一所

鄂督陈小帅以湖北财政支绌，自治、咨议皆系研究宪政之地，拟将归并一所，委一总办分别办理，其各办事人员有应裁者，即行裁去，以

节縻费。

(《申报》1909年2月22日第三张第二版)

6. 选举要政不得因州县交替而延搁不办

湖北咨议局筹办处司道因各州县于交替之际，每将选举要政延搁不办，一经催查，彼此多方推诿，刻特具详督院，请通饬各牧、令，嗣后凡遇交替之际，一切选举事宜，须由前任查照期限清单，已办过何事，未完全何事，是否如期告竣，抑或因事迟延，均当会衔禀报，切实申明，详请督院批行本处查核。陈小帅以所议办法系为慎重宪政起见，当批允如详通饬，以专责成而免推诿。

(《申报》1909年3月8日第三张第二版)

7. 拟建咨议局情形

鄂督陈小帅以建筑咨议局一事关系重要，现查派委赴日考查议院图式规模之刘部郎佐清，约计月内当可返鄂，即须预备兴工建筑，经费应先规划。但此项工程浩大，需款不资，公家虽财政困难，勉力筹之，尚堪挹注，特事关全省大局，此邦人士无不注目观成。鄂省号称殷富，往日遇有公益事件，绅商慨输巨资，赞成盛举者久著，声称此次建筑议院尤有密切关系。昨特札饬筹办处司道，会同藩司及监修议员专员高道松如、黄道以霖，妥商应如何筹备公款及酌量劝集之法，若有绅商捐助巨款者，即照助资兴学例奏请从优奖励。

又闻筹办处刻拟在大贡院空地改造咨议局，业经绘就图式，呈请督院核定。昨日，陈小帅率同藩学臬三司暨咨议局坐办周世臣观察，亲诣贡院，勘估工程，计需银十二万金，当即札委官钱局总办高道松如、武昌府黄守以霖为修建咨议局监督，日内须招人投标，动工兴建。

(《申报》1909年4月10日第三张第二版)

8. 夏口厅出示选举诸事宜

夏口厅初选监督冯司马昨日出示云：准汉阳府复选监督曹照会内开：奉咨议局筹办处札，以湖北全省选举人总数十一万三千二百三十三名，以议员八十名除之，应每一千四百十五名又八十分之三十三出议员一名。汉阳府属选举人总数一万零九百三十三名，应出议员八名，以十乘之，应出初选当选人八十名，以除本府选举人总数，每一百三十六名又八十分之五十三出初选当选人一名。夏口厅选举人总数一千二百三十三名，应选出初选当选人数九名，零数一百零八名，余数较多，应分得余额数一名，共计应出初选当选人数十名，分配列表照送到厅，合即出示晓谕厅属九区选举人员一体知悉，凡有选举资格者，认明本区，届于四月十五初选投票日期，务各遵照前示投票方法投票选举，静候十九日开票榜示。

(《申报》1909年5月31日第三张第二版)

9. 湖北咨议局兼自治筹办处致鄂督陈夔龙文

奉札发宪政编查馆核复自治研究所章程内，讲授科目有现行法制大意一门，范围颇难臆定。若详习法制，则第四、五、六之三项已列专门，第七又赅一切，所余法制无多。若统言大意，又似包入第二科。究竟如何酌定，请电询示遵。(节录自鄂督陈夔龙致民政部虞电)

(《申报》1909年6月7日第一张第四版)

10. 江夏县选举情形

江夏县初选举已于本月十五日举行投票，城内之上区即设在江夏县署。是日到所投票者仅三百余人。十九日由王令将十二区投票匦赍至县署二堂，对众开匦，上区得二百二十七票，下区得二百二十三票。其被选人如张仲炘、袁承祖、钱桂笙、王葆华等，得票最多，惟钱桂笙之笙字，有写作生字，王葆华之葆字，亦有写作保者，因此均为废票。其次多数如吕逵先得三十二票，李文藻二十八票，姚汝说十五票，汪步扬十一票，杨文林、姚钧、权量等均得九票。

(《申报》1909年6月13日第三张第二版)

11. 广济县六人当选

广济初选举开票以六十五票以上为当选，已经当选者六人，尚缺五名，择次多数加倍开列，订于二十六日再行投票。刘寅熙一百十四票，郭黻一百零九票，夏昀七十五票，孙秉国七十二票，宋元龙七十一票，潘廷琛六十七票。（次多数）周鸿熙、吴钟铭、张梅雨、孙殿卿、吴道南、杨寿鹏、李裕诒、李德纯、刘楣。

(《申报》1909年6月21日第三张第二版)

12. 汉阳县十人当选

汉阳县再选当选人名单：姚寿东五十三票，万昭度四十八票，刘作杞五十七票，萧新芸四十四票，张桂鼎三十八票，黄式钰三十三票，余崇敬三十三票，李则萧二十七票，田先传二十六票（签抽第一）。修补当选一名：丁崇英二十六票（签抽第二）。

(《申报》1909年6月21日第三张第二版)

13. 枝江四人当选

枝江选举人千六百名，应得当选人十一名，投票实到人数九百零九，以四十票以上为当选。四月二十一日开票，当选者仅四名，尚缺七名，孙令已照章定期重选。周绪炳八十五票，梁成烈七十四票，时象晋六十三票,王瑞珍五十九票,以上当选。吴家繻、向大锦、樊恭坤、张克萃、皮鹤龄、王致汉、滕森树、周荫枝、廖行矩、常高朗、董燮庚、滕家声、刘秉□、胡达惠,以上次多数。

(《申报》1909年6月22日第三张第二版)

14. 夏口厅重选十二人当选

夏口厅初选举,初次合选者仅密[宓]昌墀一人。重选举于三十日开票,计刘人祥九十三票,张福申四十七票,杨鸿渐四十四票,汪曜章三十五票,陈青选二十三票,冯兆纲三十六票,高国勋二十六票,邓毓翿二十九票,王承毓二十五票。(候补当选三名)冯辛、李哲明、王樾均二十四票以上,均当选。

(《申报》1909年6月24日第三张第二版)

15. 夏口厅初选当选候补人需重新开列

夏口厅初选监督冯出示,略云夏口厅初选当选人正额十名,前次满票额者只一名,尚缺九名,应照当选额票数较多者加倍,开列姓名十八名,重行投票,以期足额。前次开列姓名,除十八名外,误会初选当选候补人之数加倍,多开列十名,已禀明咨议局筹办处在案。昨二十八日奉筹办处函开:除十八名,以后均属无效。惟十八名以后假使有如十八名以前初选时票数相同者,仍应当场先行抽签,决定孰为有效,孰为无效,适足十八名额数,然后再行开票,方昭平允。兹届开票期临,开票所不得不预行宣示,为此示仰榜上列名者知悉,眼[?]同抽签决定,其各遵照。

又示云,本届举行初选,实在投票人数共计七百零八名,除无效废票二百二十四名,实在有效四百九十四名,以应出当选人九名额数除之,仍将得数之半为当选额,应以二十五票以上为当选。

又示云，第七区被选举人张生福申被人控告，第五区被选举人李生之珍自行禀明被人匿名揭帖，然均属一面之词，未经讯实，本日开票，其所得票数现仍作为有效。应俟宣示以后，将诉讼各节确切讯明去取，再行核夺。

孝感县选举资格，由初选监督徐大令合计折算以六十票为当选。前月十五投票，十九开匦，得合格二十名，所有得票多少照录如下：沈幼樵八十二票，陶峻七十六票，秦应遒七十六票，黄赞枢七十六票，黄赞铨七十二票，杨国桢七十一票，汪明善七十一票，夏鸣銮六十四票，夏毓英六十四票，李启榕六十四票，傅廷兰六十四票，张廷鸿六十四票，汤启榕六十三票，王辅民六十三票，左辉璧六十三票，刘映藜六十三票，李家璧六十二票，胡邦燮六十二票，鲁煦六十票，晏瀛松六十票。

(《申报》1909 年 6 月 25 日第三张第二版)

16. 武昌府、汉阳府复选情形

武昌府于本月十五日在府署举行复选投票。十六日当众开匦，五票当选，计得五票以上者十一名，缺额一名。于十七日再选。姓名录下：周学[孚]、胡文[大]濂、胡汝衡、金式度、詹次恒、黄文润、邓殷源、刘文俊、但祖荫、刘懋德、王锡恩。

汉阳府于本月十五日举行复选举，五票为当选，计满五票以上者共八名，适足议员额数。姓名录下：万昭度、何世谦、胡柏年、密[宓]昌墀、黄赞枢、陶峻、陈宣凯、刘赓藻。

(《申报》1909 年 8 月 7 日第三张第二版)

17. 武昌府复选、候补当选人选出

武昌府因复选当选人缺额一名，又缺预备候补当选人六名，遵章就得票较多者加倍开列，于十七日再行投票，以七票为当选。十九日开票，

得合格者六名，按照定额，仍缺候补当选人一名，遵章复行投票，补足缺额。兹将二次开票姓名列下：复选当选人一名：吕逵先，候补当选人五名：郑潢、张国溶、葛荄庭、陈士英、程鹏举、胡翼庚。

(《申报》1909 年 8 月 9 日第三张第二版)

18. 湖北咨议局致湖广总督文

窃本处据黄州府麻城县忠令兴申称，本届举行初选，吴绅兆泰得票五十八张，当饬号房前往知会，讵号房不将照会送到，以致吴绅逾期未到。据诸绅函告前情，卑职当将号役重责，以为贻误要政者戒。复查该绅吴兆泰学问人品为湖北全省之冠，既愿赴府应选，自当给文补送填给执照等情到处。查吴绅系初选得票足额，应当填给执照。惟先据该县申送当选人名册，已足麻城应出初选当选人二十一名之数，今加入吴绅一名，是成二十二名，并不将再选当选人得票较少者移出一名，作为候补当选人，以符原定之额，则复选投票时麻城将多得一票，既悖章程，又滋物议，实属非便。除由本处函告黄州府将再选得票最少之邹联奎一名移在候补当选，一并于投票簿内注明，免有浮多之票。再查署麻城县忠令兴始既疏忽于前，继尤办理荒谬，拟请宪台饬司将该署令记过一次，以示薄惩而重宪政。

湖广总督批文

据详该县办理初选，将得票足额之吴绅照会延误未送，嗣虽补给执照，又未将再选当选人得票较少者移出一名，作为候补当选人，以符原额等情，既悖章程，尤滋物议，该署令治事疏忽已可概见。应即记过一次，以示薄惩。仰湖北布政司转饬知照。

(《申报》1909 年 8 月 12 日第三张第二版)

19. 宜昌、麻城选举议员情形

宜昌府复选于上月十六日开票，得当选人五名，候补当选三名。列下：当选人：沈明道(东湖)、黄联元(东湖)、陈登三(长阳)、□[谈]钺(兴山)、马向前(长乐)；候补当选人：郑万章(归州)、景果杰(长阳)、沈维周(巴东)。

麻城选举册调查太滥，故初次当选人至二十一名之多。该县钟小楼大令至六月初四，始将当选人名册赍申到府，十三日又补申二名，已经麒太尊悬牌申斥。又当选人鲍惟准由其戚洪兴邀结多人至同寓蔡家大屋运动公投鲍票，至投票时鲍惟准写票自署己名，由监察员吴叔彝窥见，即告知同事何春浩，吴随入内告知姚晋圻、汤化龙、夏寿康、阮毓嵩等，均嘱其登记事簿并报告书。次日开票，鲍惟准八票，由复选监督麒太尊掣签为八属第一，众论哗然。十七日决选候补议员，各属人齐集投票所，问姚、汤、夏、阮诸君，鲍惟准自投自票，经吴叔彝窥见，比即告知诸君，有此事否？均云属实，并言明诸公均系投票人，又经当选，碍难举发，必至咨议局筹办处有人举发，方好定夺。

(《申报》1909年8月16日第三张第二版)

20. 陈夔龙通饬各复选当选人早聚省城

鄂督陈小帅现因本年九月初一日为省城咨议局成立开会之期，所有复选当选人均应及早聚集省城，以免贻误。爰于日昨通饬各复选监督知照已领执照之复选人克日来省，俾便临期开会。

(《申报》1909年8月25日第三张第二版)

21. 议案草案宜由督院裁夺定稿交议

鄂督陈小帅以咨议局成立开会在即，应行提出议案头绪纷赜异常，若非先事图维，何以昭核实而资妥愜。鄂省执行庶政，各有专司，关于财政立法各事宜，亦皆门分类别，应由各署局按照承管事项，推寻实理，博考卷宗，分别拟具提议草案，统限八月初十以前一律呈由督院裁夺定稿交议，庶不至挂一漏万，渐收好恶同民之效。昨已分札司道局所、学堂、营处一体遵照，定限办理，各抒所见，呈候核夺。

(《申报》1909年9月15日第三张第二版)

22. 鄂督致宪政编查馆电

宪政编查馆鉴：

查议员选举章程第二十五条，选举人名册确定后应分存各投票所及开票所，并由督抚咨报民政部等因。湖北选举人名册早经各属申送齐全，应否将全册咨送民政部，抑系具报总数？祈示遵。龙。宥。

宪政编查馆复鄂督电

武昌制台鉴：

宥电悉。选举人名册照章并无咨送全册明文，自应将确定事由及人名总数咨报民政部。前已电复粤省在案。即希饬遵。宪政编查馆。俭。

(《申报》1909年9月20日第三张第二版)

23. 咨议局设计意图

湖北各属新议员已于初五日齐集省垣研究所，当由监工委员陈明新建议院图说，预定监督及议长之位置，谓监督之位置宜居上，议长之位置宜居下。众议员谓督抚、议长均系平等，宜依宾主礼，监督居左，议长居右。旋又提议，谓议院之建置，向无议员寄宿舍，宜于院内设立寄宿舍，以便议员有所汇归，遂有主张分府配置之说。后由李君继膺主张破除府界，均经大众认可，其议乃定。嗣又提议议员来省应办一招待所，以便众议员团聚一处，相与晤谈，俾知底蕴，为日后开会投票选举议长地步。当由咨议局筹办处坐办周世臣观察禀示小帅，指定劝业公所为招待议员之区。

(《申报》1909年9月24日第三张第二版)

24. 议长、副议长选举情形

湖北咨议局尚未落成，故于二十日假教育会议场开会，选举议长、副议长。是日，陈小帅率同藩臬两司、巡警盐法各道至场监视。计议员八十三人，到者只六十二人投票，署检查总□吴庆焘得四十二票，为正议长，汤化龙、夏寿康二君均各得三十六票，为副议长。常驻议员定于二十一、二十二等日选举。吴，襄阳人，系江西候补道，素称正直，今被选为议长，政学界咸庆得人云。

谷城议员刘元成于二十日筹办处开选举会时辞谢不赴，盖是日适为考试优拔之期也，同人咸嗤之以鼻。

(《申报》1909年10月12日第三张第二版)

25. 湖北咨议局筹备处致鄂督陈夔龙文

据咨议局议员汤化龙等函称，敝省咨议局经贵处经营筹办，大端就绪，合省士绅同深感佩。现议员等恭应督宪召集，陆续到省，关于开会一切事宜，业经屡次会集，公同商议，盒以开会期迫，所有应行提议议案，不能不早为筹备，着手不能不切实调查。议员等来自田间，于本省应兴应革诸大端，虽非一无闻知，而事实之沿革推迁，向无精密之统计，□稽考核实形困难。仅凭理想著为政谈，匪惟不切，于事情必生种种之流弊，既负朝廷设立咨议之德意，亦辜督宪与吾民属望之盛心。惴惴丕忧，不胜忧虑。现经公议，拟先调查卷宗，为事实之探究。惟卷宗分存于各该管署局，咨议局尚未成立，自不能以议员名义向各署局径行调查。

贵处为筹办机关，咨议局未开以前，似应为议员与各行政官交通之枢纽。拟请贵处转详督宪通饬各衙门局所，于咨议局开会之前，遇有议员为研究议案需调取档案时，由议员等公请贵处分别咨行调取，发交各议员讨论。其缴还期限，每件以七日为度。其有事由简单，无需调卷或虽调卷仍有疑义，准由议员等公举咨访委员数人前往该署，由贵处发给证券，以昭信守。各署局对于咨访委员有尽情指导之责，咨访委员对于各署局但有咨访，决无诘责。议员等为慎重议案起见，除俟咨议局成立以后关于调查事件另行详订规则办理外，谨暂定调查条例十七条，恳并转详督宪通饬遵行等情前来。伏乞察核通饬省城各署局，于咨议局开会之前，遇有议员为研究议案，须调取该署局所档案，应由本处备文调取，发交该议员等讨论，限期交还，以重要政而利推行。其实有须咨访者，俟该议员举定后，即由本处发给证券前往。（节录自鄂督陈夔龙札饬各署局文）

（《申报》1909年10月16日第三张第二版）

26. 湖北咨议局成立开会情形

湖北咨议局于九月初一日开成立会，借用教育总会为会场，头门及正厅均悬龙旗，正厅之中，恭设圣谕亭。是日辰九句钟，议长、议员等均衣冠齐集，行政官藩、学、臬三司，盐法、汉关、巡警、劝业四道，武、汉二府，夏口、汉阳、江夏一厅两县，亦陆续到会。来宾到者约有百余人。十句钟时，鄂督陈制军到会，小憩片时，官绅齐至圣谕亭前依次行礼，宣读八月三十日所奉电谕。宣读毕，行谢恩礼，退班。官绅行相见礼，又行开会礼，官绅遂入议事堂，各依序就座。来宾及府县等官坐旁听席及特别席。陈制军起立诵祝辞，众皆起立。议长复诵答词致谢。词毕，各就座。陈制军即告辞出会，议长等恭送至头门。行政各官暨来宾亦先后散去。

鄂督颂词录后：

词曰：使者幼诵先儒之书，于洪范曰谋及庶人，于周官曰询于外朝。窃疑书阙有间，其制不详。二千年以降，度必有圣人首出，上规成周，为我中国开无疆之盛业者。天佑圣清，我孝钦显皇后、德宗景皇帝，特沛纶音，与民更始，自光绪三十二年七月奉诏预备立宪，嗣于光绪三十三年九月奉各省速设咨议局之诏，三十四年六月奉限一年内办齐之诏，八月奉自本年起，务在九年内将各项筹备事宜一律办齐之诏。我皇上善继善述，十月二十一日诏曰，其恪遵前次谕旨，各按逐年筹备事宜切实办理，十一月又诏曰，大小臣工，均应恪遵前次谕旨，仍以宣统八年为限，理无反汗，期在必行。大哉皇言，如纶如綍。薄海臣庶，欢呼雷动。乃遵设咨议局筹办处，本年四月初选举，六月复选举，九月一日朔遂告成功，使者乃得与诸绅莘莘济济相见于此也。使者忝守此邦一年有余矣，愧职事之未修，内治之多阙，尝欲与此邦贤士大夫游，得以时匡乏补过。诸绅此来，其必能襄佐新猷，发皇伟论，以下图民庶之辑和，上宣朝廷之德意，其又奚疑。自今以往，吾民沐浴仁泽，涵濡郅治，当永与我皇清无极也。凡事谋始易者，其图终宜慎。吾鄂之有今日，以为易乎，易者安之渐。以为安乎，安者危之萌。诸绅之被举，应选而来也，其责甚重，其任至远，所与咨谋者岂仅一时之利害而已。朝廷之所畀予吾民之所付托，其皆自今日始。呜呼！我先皇帝诏之矣，勿挟私心以妨公益，勿逞意气以紊成规，勿见事太易而议论稍涉嚣张，勿权限不明而定法致滋侵越。奉是四者，敬畏勿怠，此所以颂也。若夫职守之事，范围之说，有章程在，有宪政编查馆奏议在，诸绅固熟闻而详识之矣，奚赘言为。①

（《申报》1909年10月19日第二张第二版）

27. 吴庆焘答辞

庆焘前奉督宪及咨议局筹办处诸公电，敬悉同人谬推庆焘为议长。

---

① 编者据《湖北官报》1909年10月22日第77册《本省公牍》校订。

自维才识短浅，何以克堪。重以江右中丞之知遇，挽留甚坚。一官羁人，殆难自主，故再次复电，皆谢不敏。而父母之邦不敢忘，国民之任不敢弃，虽权摄此席，而湖北议员之一分子不敢辞也。既有官守，岂无言责。今日得与我六十九厅州县同人相见，复辱行政长官之宠临，此庆焘所宜引为无上之光荣也。然受宠若惊，临事而惧，庆焘则有不能已于言者。吾鄂士风素称纯谨，以出入公庭为羞，以干预公事为戒，未闻有气习嚣张，以士民持官吏短长者。间有二三识时之士，相与私议，以为居下位不援上、不侵上，固大佳事，而官府之命令，一切盲从，官府之行为，概不过问。官绅之间隔阂已甚，复何谓权之重轻。噫！如此说者何尝无政治思想，愚意以谓其言似是而实非也。绅也，官也，皆号为搢绅先生，而异于齐民者也。出则官，处则绅，官与绅二而一者也。官权与绅权相为消长，所谓一贵族之专制而已，何与于国民今逢立宪之世，则无所谓官权绅权也。所争者独两权耳，一曰君权，二曰民权。在民主立宪国则民权重，在君主立宪国，则君权与民权并重。君主本乎宪法而支配天下臣民者，谓之统治权。官吏有行政权，议会有立法权，皆不能出乎统治权之范围。盖自国法上之广义言之，臣民者，国民对于君主对于国家之通称。行政长官与议员皆国民也，无论在朝在野，皆臣于君主而谋国家之共同幸福者也，所行使之权皆公权也。民权愈伸，国权愈固。何者？国民知天下兴亡无贵贱皆与有责，不敢放弃其权者即不敢放弃其责，同心协力，相翊皇猷，国家未有不勃然兴者。由是则官吏之与议员正如人之左右手，相须为用而不可须臾离，安得有所轻重其间哉。我先皇太后先皇帝庙谟宏远，诏设咨议局，以为下议院之基础，付吾民以参政权，与吾民以言论自由权，吾民于是有建议权，有质问权，有纠举权。噫！今日之湖北，非复前日之湖北矣。今日之议员，非复前日之士绅矣。既不能以退避为老成，复不容以缄默为高尚。唯唯诺诺，泄泄沓沓，皆议员之罪人也。咨议局非赘旒，议员非傀儡，今后同人当知无不言，言无不尽，上以宣朝廷之德意，下不负长官之期许，尤庆焘所馨香祷祝，愿与我八十二同志努力以从事者也。虽然为治不在多言，愿力行何如耳。

坐言者每难起而行，建言者必求事之济。议决之权在议员，而执行之权则在长官。伏先皇太后懿旨有云，本集思广益之怀，行好恶同民之政，虚公审察，惟善是从，庶几上下一心，渐臻上理，是则所以范围议员者甚严，而所以期望长官者亦至厚。今后同人当谨守权限，遇事详慎，议决后一切俟长官之实行，此又庆焘所顶礼膜拜致祝于长官而即以互相策励者也①。

28. 湖北咨议局开幕续志

鄂省咨议局开幕详情已志前报。兹悉正副议长及常驻议员、候补常驻议员均已选定，特将各员姓名揭下：

议长吴庆焘，副议长汤化龙、夏寿康。常驻议员刘赓藻、吕逵先、周孚、时象晋、陈登山、张国溶、张中立、阮毓崧、董庆[钦]墀、李继膺、王光翰、金式度、刘寅熙、杨文澜、何元丞、丁庆泰、何世谦。候补常驻议员：刘耕余、沈明道、邢璜、陈国瓒、万昭度、刘金瑗、刘克定、左树瑛、车斗南。

初一日午后，各议员仍在该处开选举委员会。第一次选举法律委员，第二次选举预算决算委员，时已六时，不能选举。次日上午九时开会，举行第三次选举税法及公债委员，第四次选举陈情委员。十二时散会。下午二时开会，举行第五次选举资格审查委员，第六次选举惩罚委员并提议一切，六时散会。初三日因各委员会组织成立，各开会研究应办事宜。所有初四日开会付议之事如下：（督院提出）一、兴学筹款以广教育议案；二、讲求宣防以除水患议案；三、推广农林以兴实业议案；四、筹经费以办自治议案；（议员胡柏年提出）五、禁烟办法议案。

（《申报》1909年10月21日第二张第二版）

---

① 编者据《湖北官报》1909年10月22日第77册《本省公牍》补。

29. 湖北咨议局议长意见之参差

湖北咨议局议长吴庆焘，襄阳府举人，江西候补道。自回鄂办咨议局后，日往谒陈制军不用咨议局议长资格拜会，仍具江西候补道手本，并坐官厅候见。陈制军请其相见，吴又坚不肯登坑（原文如此）。及副议长夏太史寿康、汤主政化龙二君往见，均系顶门拜会，待以客礼。吴大不以为然，语人曰我辈究系属员部民，如往拜会，似目无尊长。两副议长咸以其言为迂，亦不致辩。讵吴日前与各议员会议行文督辕公牍程式，须用呈报不用咨呈，并依属员称谓，称制府为督宪大人，不用贵部堂字样。两副长与议员多不谓然。嗣因吴与荆襄郧宜施上五府逢迎党之议员联合，谓不如此□□即辞职。各议员因鉴于教育总会冲突解散，只得任其所为，惟两副议长以此举有失咨议局资格，再三力争，而吴坚谓我系候补道，你们是京朝清贵，我领衔应用呈报，你们领衔就用咨呈，故卒用呈报体裁。吴于日前又面嘱书记，所有议案，除制台大人发交之堤防、农林、自治、兴学四大端准发抄外，其余议员提出议案均暂守秘密，俟议决后再行宣布。盖吴于议员提出议案如稍有触犯官场者，均不肯画行交议，若一经发抄，则不好将此案不议也。吴于每日到议场时，必偕其同乡郑某旁听。郑在汉口某报主笔，而他报新闻记者均不至，前日争论用呈报公牍，吴即授稿入郑遍登汉口各报。原稿大致谓用呈报字样系各议员主见。现在议长与副议长两方面已成水火，上五府议员与下五府议员亦互树党帜，吴在议场又于不应发言时任意干涉议员言论，识者谓该局不久当有绝大之冲突云。

（《申报》1909年11月5日第二张第二版）

30. 湖北咨议局议长之目光

咨议局为舆论之机关，督抚对于咨议局之公牍程式，当用照会而不当用札，其理固属显然。京堂、翰林仅为个人资格，尚用照会，咨议局为采取舆论之地，安有用札之理？故各省咨议局对于用札用照会问题，莫不反对，电请宪政编查馆收回成命，而赞成者独有鄂省。

湖北咨议局议长吴某本江西候补道，其于官场礼□自必为习，故回鄂后往见鄂督不用咨议局议长资格拜会，仍具江西候补道手本。在该议长心中目中只有至尊且贵之督抚大员，固不足怪，抑知既为咨议局议长，则有代表全省之责，□[轻]一己即所以轻全体。在吴某固无用照会资格，本无所屈辱，独惜咨议局为舆论机关，而亦因其一人，资格之卑下从而败坏，为可惜也。呜呼，湖北咨议局！

(《申报》1909年11月5日第二张第四版)

31. 湖北咨议局第六次议案

湖北咨议局于九月十七日开第六次会议。是日共议两大条件。第一应选特别委员审查之案：甲、筹办荒政案(议员陶峻提出)；乙、急筹裁汰吏役案(议员陈国瓒提出)；丙、整顿差役积弊案(议员孙传烈提出)；丁、振兴工业案(议员刘寅熙提出)。第二应否作为议题交付审查之件：甲、□取学务公所资派外省游学生经费及本公所岁出入报册(议员时象晋提出)；乙、应城宜立石膏公司案(议员王光汉[翰]提出)；丙、秋米改征折色案(议员赵麟书提出)。

(《申报》1909年11月6日第二张第二版)

32. 湖北咨议局致邮传部度支部电

粤汉、川汉借款，关系大局安危，鄂人全未预闻，暂不承认。现已组织湖北铁路协会，妥筹办法，谨合词公恳大部主持，撤销借款草案。余详公呈。湖北咨议局议长吴庆焘等公叩。

(《申报》1909年11月12日第二张第二版)

33. 湖北咨议局会议纪要

湖北咨议局自开幕以来，已将督院提出之农林、自治、教育四大项议题陆续议决在案。兹又将连日议决事项录下：

一、核减典息以纾民困议案，为议员黄文润提出。大致将全鄂典当照章减为月息二分。

一、请裁两湖振粜米谷捐补卡议案，为议员邹永钶提出。其请撤该卡之理由如左：（甲）该卡科捐太重，环球无此，重征于邻不仁；（乙）吾鄂民食仰给于湘，此卡之设，坐困之道，近于不智；（丙）公安、石首二县皆吾鄂疆域，此卡名为补卡，实则所收皆两邑出口税，下民几疑不在湖北管辖之内，行政区划不明。

一、请停外省留学生经费议案，为议员时象晋提出。大致谓湖北历年派出外省留学东西洋学生数十人，每年需费二三十万，拟咨明各该省于来年正月起自行筹解，湖北不再代筹。

一、请裁全鄂驿站以添邮政议案，为议员刘定瑗提出。

上月二十九日开会提议争回川粤汉铁路商办集股办法，首由左树瑛君报告提议路事原因。旋复宣读黎绅大钧等三十人由北京致本局公函（黎函略谓旅京鄂籍官绅均以拒借外债为然，已公呈邮部停止借款，并公举胡莲洲、张尊五二君回鄂会商一切）。次由张国溶君报告铁路性质应否定名为商办，抑或定名民办。众议员俱驳民办，谓一经入股，即系股东，决定为商办。张君国琪、吕君逵先复先后演说筹集股款办法（招集商股，用武汉房租、开办彩票、按租摊股及地价、铁轨、官招股票诸法）。最后由汤副议长化龙逐一取决，众议员俱赞成开彩票等办法，而反对按租摊股诸条，当即删除作废。因为时已晚，遂闭会，俟初二日在汉口四官殿开各界大会时再议。

鄂省财政支绌，陈制军援案奏请试办公债票募集公债银二百四十万两，以偿善后局历年亏累。刻闻咨议局议员刘陶庵君以宪政馆奏定局章第六章职任权限内之第四项，咨议局宜议定本省税法及公债事件，此次奏办公债票大[提]纲挈领，虽由制府筹划靡遗，而条□手续，咨议局亦应照章议及，下届议期即行报告，提出请议。

(《申报》1909年11月17日第二张第二版)

34. 湖北咨议局议场纪事

湖北咨议局于初八日开第十四次会议，共议四事。一、督院提出兴茶业以辟利源案；二、督院提出规复应盐案；三、议员卫寅宾提出禁种罂粟案；四、议员董钦墀提出筹备警察办法案。是日下午三时议毕，续开秘密会议，闻系为议员黄赞枢、董庆云二人被控，奉鄂督饬交议长查看，故会议取决。议长吴庆焘因定章咨议局开会以四十日为期，本月初十已届满限，而种种重要议案尚未决定，爰呈请鄂督延长十日，至二十日闭会。闻陈制军以此节为定章所有，应准展限，已札复照允。

(《申报》1909年11月28日第二张第二版)

35. 湖北咨议局会议纪要

十月初十日，鄂咨议局开第十一次会议，因到会议员仅三十一人，不及过半数，当即照章停议，所有提出议案订期翌日提议。

十一日开第十二次会议。是日，吴议长请假，由汤副议长主席。第一议题为督院提出筹经费以办自治案。众议员反复讨论，咸以筹办自治之时不能担任经费，俟自治公所成立后始照馆章办理，遂取决通过。第二议题为陶君峻提出整顿钱粮税契议案。税法委员会对于钱漕一方面主持缓议，而赞成税契议员中对于税契俱表同情，惟钱漕则与委员会意见相反，当由汤副议长发言此案应重付委员会修正再行提议。

是日，因辩论第一议题为时过久，尚有时象晋君介绍枝江生员曹孝原陈请军田估价总书指[措]册一案，须另订日期提议，遂散会。

十二日为第十三次会议之期。首系清旧款以办新政议案，由议员陶君峻提出，当场说明理由。经审查委员发表意见，众议员又反复讨论，卒以须调查确切再行办理，当将原案取消。次为黄君文润提议照章核减典息一案。原意系主一律减为二分，存典公款则减为五厘。税法委员以数目大觉悬殊，拟变通办理。复经全体讨论至二小时之久，始照原案直接通过。此外，尚有数议案因时已傍晚，由议长发言改期再议，旋即散会。

十三日开第十四次会议。第一件为整顿湖北吏治案，议员谢鸿举提出。第二件为划交税款案，议员刘寅熙提出。第三件为除酒税肉捐案，议员蓝君田提出。第四件为查核发行官票以杜后患案，议员邢君璜提出。第五件裁汰教员以宏教育案，议员周君培金提出。闻是日会议可决者为第一、第二、第四三案，否决者为第三、第五两案，已交审查会修正。

(《申报》1909年11月30日第二张第二版)

36. 鄂藩拨给咨议局经费

湖北咨议局自开幕以来，尚未领到经费，一切用项均由议长借款垫给。兹因闭会在即，由吴议长函催藩台杨俊卿方伯请速拨付。杨方伯因现值新旧交替，司库尚未盘交清楚，未能动支，而该局又需款甚亟，爰向官钱局暂行借银一万移送该局，以济要需，其余应找之款，俟接收库款后找拨。方伯并以部章凡系开支正款者，均应核扣六分减平。咨议局经费系作正开支，自应照章扣减。因恐各议员不悉其事，昨特函致吴议长，请其代向各议员说明，俾知并非司署私行扣发云。

(《申报》1909年11月30日第二张第三版)

37. 鄂咨议局会议详志

十七日咨议局开第十七次会议。第一为督院提出矿业议案，由特别委员会审查赞成，后又经夏仲膺报告湘省保存矿产历史，吕超伯遂倡言宜设鄂矿保存会，以免利权外溢，全体无反对，遂通过。次为议员张中立提出除盗安民案，赞成者占多数，惟办乡团添防营等条均付委员会另行修改。第三案请撤两湖赈粜米谷捐补卡议案，由议员邹永铜提出，经税债委员会审查后，众议员反复讨论，佥以移卡为宜，遂通过。第四案系黄君赞枢提出足兵食以保治安议案，在委员会审查意见，以所论实为思患预防起见，惟将稍有窒碍之处，请从缓议。嗣由陈君登山报告，谓此案乃数十年前之事，现时地方情形非□昔可比，应请废弃，众俱认可。第五至第八案系议员胡壬林、张树林、蓝田、董钦墀四君增补督院讲求宣防案内所未议及各事，当由议长报告应查照督院议案由各提议员会同修正，附于督院提出讲求宣防以除水患议案之后。旋即宣布散会。

(《申报》1909年12月6日第二张第二版)

38. 湖北咨议局会场纪要

湖北铁路协会为筹修鄂路，拟行派股之法，爰具意见书，陈请咨议局议决。十八日各议员在会场讨论，周孚、胡柏年二君俱反对依丁粮派股，赞成营业契价派股两项。当由副议长夏寿康反复解释该会陈请意旨，无非欲公司及早成立。时君象晋遂请改随粮为摊租。赵君麟书赞成，并请变卖公产以补助之。惟陶君峻极力反对变卖公产，请将各属生息公款收回入股。而吕君逵先则谓宜照四川摊租办法，百分取三。陈君登山极力赞成。因为时已晚未决。十九日接续会议，周孚、胡柏年等仍反对摊租，主张劝股。其余议员中则多以按取租谷五十石劝认一股者占大多数，遂照此议通过。

二十日互选资政院议员。十一点钟，陈制军率同学、臬两司到会，先与各议员合拍一影，旋入议事厅坐定，由汤副议长报告互选规则。陈制军起身向众告辞云，交替事甚忙迫，不遑躬亲监督，由高学司代理，遂出会。即由书记散发选举票，计到会者七十九人，应得三十九票为当选。选举开柜时已下午三点半钟，内除金式度君举有非议员一人，其票作为无效外，其余所举能及票数者仅有八人，尚少七人，议长吴庆焘君命俟午餐后再选。兹将第一次当选人名票数录下：胡柏年六十票，陈国瓒五十票，郑璜四十五票，谈钺四十五票，黄文润四十五票，陶峻四十三票，胡大濂四十三票，邹永钶四十票。五点钟又摇铃入议事厅，是时到会者仅六十一人，应以三十一票为当选。开柜适符七人之数：邓殷源四十三票，张光耀三十九票，金麟三十八票，胡汝衡三十五票，何世谦三十三票，熊正钧三十二票，姚晋圻三十一票。

(《申报》1909年12月8日第二张第二版)

39. 胡大濂为拒加旅费布告议员文

前奉督宪批内有加改旅费一节，再四绅诵，想见督宪暨正副议长诸君善体人情，大张公德，虑精法密，首尾完固，无纤毫罅隙，濂幸得此，将感戴之不暇，曷敢妄赞一词。虽然，犹有说。查宪政编查馆奏定咨议局章程内第十八章第五十四条案语云，其旅费杂费及预备费由咨议局会议预算数目，呈请督抚核定。据此，则凡呈请核定局内经费文件，均应先期会议预算可知。未经会议，即非公决。既非公决，断难承认。此次本局请加旅费之呈文未经会议于前，即督宪核加旅费之批文，自不敢承认于后。濂非故为矫激者，区区管见，请为诸君略陈之：濂一介寒儒，俭衣约食，素安之生平，每岁得数十千钱脩资，尽敷家用，不待他求。谬蒙众举，滥竽此间，不三阅月窃百余金，岂非过望，岂非绝幸？加以素无学识，凡我省最重最要最切最急一切兴革事务，百思不得一说，而空言敷饰，借露头面，又非所甘，以故到局月余，饱食终日，绝无事事，惟三五日遵照至会场静坐听命，拱手受成，即起立一端，亦以分配，原案早宴不齐，质鲁难以细究，竟致盲从众人。清夜扪心，岂胜愧汗。若复不知足，滥受加费，濂即至愚，何至无耻若此？且正副议长、常驻议员前曾以不兼差之说，邀请督宪照他省例加优公费。今复为非常驻议员六十三人呈请加给旅费，督宪将视议员为何等人，天下将谓咨议局为何等地？人不加责，自审可知。濂即至愚，又何至无廉耻若此？夫咨议局合八十三人而成者也，此八十三人者，我省同胞公推以为湖北造福者也。正副议长常驻议员又全体议员公推以为湖北造福者也。皆以其贤也，非以其贫也。诸君果能为湖北造福，濂毁家糜身且不辞，何区区旅费之足云。不然，虽日给千金，匪所愿也。噫！生民瘝困极矣。新政诸费罗掘一空，沟壑余生，朝不虑夕，又何必仆仆焉不惮烦，设此优孟衣冠之咨议局，令吾湖北同胞担任此每年数万虚糜之巨款耶。谨拟呈请督宪取销加改旅费批文，仍照九月二十四日核定原数散给。

(《申报》1909年12月19日第一张第五版)

40. 鄂省常驻员会议纪监督控案

湖北存古学堂监督兼文普通中学堂监督纪钜维中翰，与张文襄有乡年谊。文襄薨逝后，绅学界群起排斥。有拔贡刘尚桓等将纪办事种种不善情形陈请咨议局核示，又有存古学堂学生缮具纪监督劣绩在督、学两署呈控。署司齐文宗恐有挟嫌主使等弊，当即函请学务、议长、议绅妥议见复。旋据复到，亦不以纪为然。文宗又移请咨议局公议，以定去留，时咨议局已经闭会。初三日下午，由各常驻员特开会议。先由阮次芙君报告审查刘尚桓等陈请书之意见，大致谓纪监督办事认真，公论自在，该陈请书肆口诬蔑，恐有挟嫌主使之人，倘不呈请行政官彻查，恐不足以戢倾轧之风，而作任事者之气，并将所呈各节逐一驳正。次由某某两议员发言。此事现据查有挟嫌主使等弊，咨议局主张公道，自应请留，惟阮议员对于此案报告书措辞激烈，恐开罪某某等绅，意欲再行修改，然后宣布。阮次芙君则谓强御不可畏，公论亦不可不伸，力请将报告书宣布。当时争辩甚力，而吴议长则主张去纪，与各议员又不相合，致议场内小有冲突，此案遂未能决定。

(《申报》1909年12月25日第一张后幅第二版)

41. 续纪鄂省常驻员会议纪监督控案

湖北咨议局常驻议员于初三日开会公议存古学堂纪监督去留一事，已纪本报。当时审查员阮次芙君主张留纪，致与吴议长小有冲突。兹闻吴议长已为此事宣告辞职，并批阮次芙君审查书后云："此书由阮议员自行承认审查，将书携去，并非鄙人所交，在议事厅所共见。后始知阮君为纪君门人，心陔侍御曾函问阮君应否回避，鄙人以章程所无，听之。今观报告词多过当，气欠和平，惧涉党伐之私而开攻讦之渐，实不能赞成。宦游日久，鄂省学界内容未能深悉，然如纪君及本省诸名宿大老，均系□□，无左右袒。报告书中既云湖北自有公论，当如所云，付之不理，庶几不着色相。至整顿方法，无妨另行提议。寥寥数语，殊有未尽。鄙人为维持大局计，诸君当不河汉斯言。"

初十日，常驻各议员复议阮君审查此事之报告书，除议长吴庆焘业经辞职不计外，到者共十八人，而非常驻之左树瑛、胡柏年等亦先后莅会，意欲设法取消报告书。旋经阮君辩驳移时，加以常驻各议员皆据所见闻以证陈请书逐条之妄诞，卒决议将陈请书全行废弃。报告书则由局保存，预备上宪查询时得以详复。左、胡等遂各怏怏而去。

（《申报》1909年12月27日第一张后幅第二版）

42. 吴议长辞职续闻

湖北咨议局议长吴庆焘因与常驻议员阮毓崧君冲突，负气辞职，已续数日，无人出场挽留。吴君日昨特函致各议员，询问辞职方法，究应否呈报督院核示。兹录原函于下：

"庆焘前日告假，言即呈请督院辞职，嘱书记起稿，据称鄙人出于公举，不必向督院辞职。此言似极为有理，但公举由督院监督，到局由督院照会，今辞职岂能不使督院与闻。既应使督院与闻，此非细故，何可不用正式公文交涉。鄙人于中律素未之学，何论外国新律。本局事当多用外国律，辞职公文究竟如何方为正式，敬候明教。"云云。闻各议员见此函后即知其意，现已有数人出为挽留调释矣。

(《申报》1909 年 12 月 30 日第一张后幅第二版)

43. 鄂咨议局书记长亦将辞差

汉口某报云，湖北咨议局书记长酆君瑞松，日本法政毕业生也，近闻已请假辞差。探其原因，系吴待御因存古学堂陈请书一事，致吴议长之密秘信函为阮议员所携去。议长颇滋不悦，日肆无礼之逼迫，使不能自容，以便任用其私人刘德树云。

(《申报》1910 年 1 月 2 日第一张后幅第二版)

44. 鄂咨议局吴议长公饯各行省议员入都上书序

宣统纪元冬十有一月，海内有请早开国会之举，新疆、甘肃、四川、云贵等省皆签名以书，其余则皆以代表，先后至者若干人。庆焘既偕同人敬迓之汉上，复置杯酒速其行。呜呼！是举也，非夫中国数千年所未有，五大洲所瞩目。今日乃幸而躬逢其盛者耶，其视寻常往来迎送之节，悲欢离合之情，相去盖万万。而国势岌危，人情皇惑，事变之乘，朝夕岌岌。今所谓盛者，其果盛耶，其果可幸者耶？酒酣日落，兴尽悲来，歧路挥手，临风陨涕，庆焘何心，其能无言。闻之非常之原，黎民所惧，常者变之，对非常则变也，变无不可惧者。昔管子变法以强齐王，介甫变法而弱宋。商鞅变法，秦皇二世而亡。王莽变法，新室及身而败。历观史册，立国鲜以变法兴者。子兴氏谓，吾闻用夏变夷者，未闻变于夷者也。国会之开，论者或不能无变于夷之惧。今诸君独毅然决然义不返顾，庆焘复毅然决然速诸君之行，不欲缓须臾，留其果以为幸耶，其果以为幸而无所惧耶，吾知诸君筹之熟矣。诸君皆来自咨议局者也。咨议局之未立，人民势如团沙，及其既立，朝廷令如流水，是故国会者结民心也，即以巩皇室也。前之不遽开者，见先皇太后与先帝之慎始。今之欲早开者，冀皇上与摄政王之善成大。易有言，穷则变，变则通，通则久。今之时不可谓不穷，今之法即不可以不变。彼商鞅、新莽诸人固不得与今日同年而语，而变夷之与变于夷，亦正可以分别参观而互证。然则是举也，上下安危所系，中外治乱所关，数千年所未有，而期之旦夕，五大洲所瞩目，而责之若干人以言乎盛，信乎其盛矣，以言乎幸，宜若可幸矣。然而变者又常之对也。变则非常，而天下之所惧也。今不言常而言变，岂必海内所乐闻？而庆焘与诸君愿毅然决然相倡和者，则以变而不失其常，圣人所许，斯海内人民所翘足延颈以俟者也。语云，天不变，道亦不变。仲尼言，齐一变至于鲁，鲁一变至于道，谓夫法可变而道不可变也。然则古之言变法者，独管子为可师，而圣人之言变鲁，务在以道为归。使以法故而变其道，则庆焘所滋惧者，安问天下诸君，勉乎哉。圣天子在上，百工执事在下，贤王在其左右，诸君奔走号呼，其间是举必有济，不济则再三焉，三四焉，以请必济乃已。异日得请诸君联辔以归，道出汉上，庆焘当复偕同人出迎，举酒相庆，以祝我大清亿万年有道之长，以慰我海内人民嗷嗷待治之望，则夫今之天寒岁晏，冰雪载涂，鸿雁流离，伤心惨目，其愁苦万状，有非仓卒笔墨所能述者。一旦否极泰来，复大地春回，万物皆有以遂其生，而享其有生之乐，吾曹亦将乐其乐而忘其忧，斯则庆焘与诸君所日日祷祀以求者也。诸君行矣，言尽于此，姑书为异日券。湖北咨议局议长吴庆焘谨序。

(1910年1月13日《申报》第二张第二版)

45. 禀讦议员案将成京控

湖北南漳县士民以该县议员董庆云与县令赵传鎏狼狈为奸，自当选后即迭起诉讼，经省吏先后派员往查，又经咨议局屡次开资格审查会，均以董为直。现南漳留省同人以董议员之不法证据确凿，断难认为一邑人民之代表，特于日昨在黄鹤楼旧址抱膝亭开会，筹议对待之法。到者四十余人，多半主张京控。遂公举候选知府冯仁佺、拔贡郭炳炎两君为阖邑代表，赍呈晋京赴资政院、大理院上控。所需路费，当日由到会同人捐集共洋三百余元。闻不日即须北上云云。

(《申报》1910年1月21日第一张第五版)

46. 议员与吴议长冲突已平

汉口某报云，咨议局常驻议员对于学宪询问存古学堂陈请书之移文，咸主张据实答复。因议长吴庆焘初护权绅，不肯画行，遂致大起冲突，其详情已见前报。近闻初一日会议时，该议长又大受议员之讥诮，自知理屈词穷，遂将复文一事认可。其文末有曰："本局凡属通过之案，均经随时呈请督部堂公布施行。此案既未据呈，自系未曾通过。"云云。经副议长极力反对，始将"自系未曾通过"数字改"实属业经取消"云云。在议长之意，不过谓吴兆泰等致护院之函，诡云存古学堂陈请书咨议局业经通过，今云未曾通过，恐吴兆泰等将受造谣欺官之诘责，故不惜出死力以与全体议员争。其实诘责与否，公论所在，护院自有权衡，"业经取消"、"未曾通过"究有何区别耶？现在该局复文已经缮就，初三日业经移复学宪矣。查存古陈请案初发之时，几于暗无天日，经咨议局多数议员之屡次抗议，始得就范，不可谓非湖北咨议局议员之特色矣。

(《申报》1910年1月21日第一张第五版)

47. 鄂咨议局议长不辞而行

湖北咨议局议长吴庆焘与全体议员向不能相客[容]。有庶务书记某因修葺局屋，动用公款，事前未禀白议长，吴遂不允核销。此事固为慎重公务起见，然事后竟不商之大众，擅将该书记辞退，另延宋敦复君接办。各议员以书记系公众所举，经制府札委，议长一人无权辞退，遂与吴交涉，不承认宋敦复继职，并嘱会计处不准支发薪水。讵吴竟私用公文，欲呈请制府加札委宋接充。已用钤记画行矣，为副议长汤化龙君查悉，以议长此举违背局章，无异盗用钤记，遂开全体常驻议员会议，将该公文□销作废。众议员复以本局为共和政体，议长岂能独行[其]是，迫令当场将钤记缴交汤副[议]长收管，以免将来再有此等举动。吴因此羞恼万状，遂连夜乘轮往南昌，仍作候补道去矣。但吴行时并未告辞，将来回鄂供职与否，尚不能定。

(《申报》1910年2月18日第一张后幅第二版)

48. 鄂省预备选举纳税多额议员

鄂省应选纳税多额议员，刻经署藩高方伯委派郭守在璜管理员就省垣兰陵街官房设立互选事务所，一切事宜遵章饬由武、汉两总商会办理。惟互选日期部章定于二月朔举行，现计时日迫促，非赶速调查合格人员，分别造成互选人名册，必致有误选期。昨高方伯特出示晓谕绅商士民人等，谓鄂省风气素号开通，商务尤称繁盛，其年纳正税或公益捐占额多数者，当不乏此项合格之人。将来互选定后，咨送资政院汇开清单，奏请按额钦选为资政院议员。凡在湖北境内合格之纳税多额人须知，此系朝廷优待人民之意，故特定资政院议员名额，为数千年来未有之盛举，慎勿怀疑过虑，观望不前，致碍宪政进步之初步。

(《申报》1910年2月18日第一张后幅第二版)

49. 湖北咨议局复长春筹还国债会函

敝省近亦发起筹还国债会，一切办法，拟仿尊处及杭州之例。惟人民担任国债，固属应尽之义务，而政府之取于民者，从无报告之确数，人民专尽义务，于本省财政绝无闻问之权利，似非平允之办法。拟一面开会筹议集款，一面由敝局呈请督院公布本省每岁出入之数。现已次第议妥，预备进行。

(《申报》1910年3月2日第一张第五版)

50. 鄂省展缓纳税多额议员互选日期

武、汉两总商会刻以选举资政院纳税多额议员事体重大，非详细调查不足以昭公允。现已届宣示人名时期，而调查甫经着手，且外府州县调查更需时日，故公呈鄂督恳电商资政院展期两月，以二月初十日为宣示之期，四月初一日为互选投票之期。当经杨护院核准转商资政院请示，闻已奉到电允。惟此项展缓日期，仍以本届选举为限，下届不得援案办理。

(《申报》1910年3月2日第一张后幅第二版)

51. 鄂督瑞澂为常驻议员能否参加各项考试事致宪政编查馆电

宪政编查馆钧鉴：

常驻议员能否再与各项考试，馆章未有明文。如常驻议员自愿就各项考试，应否辞职，抑作何办理？请电示遵办。护督杨文鼎叩。阳。

附：宪政编查馆复电

武昌署督鉴：

阳电悉。上年十月，据黔抚电询议长及常驻议员等项可否准令应试，当经电复察酌于职务无碍，应准与考。惟旷职日期逾定章限制者，即令辞职在案。即希查照办理，此复。宪政编查馆。真。

(《申报》1910年3月29日第一张第六版)

52. 杨护督调处议长与议员之意见

湖北咨议局议长吴庆焘自去腊与议员冲突后，即将议长钤记交出，潜行往赣，仍作候补监司。其行时虽往谒杨护督诉明离鄂原因，惟未用正式公文辞职。兹始由赣备具禀文，谓身染重病，一时难痊，不能以病躯就职，致多贻误，恳咨报宪政馆另行举人接任，免旷职守云云。此禀日昨到鄂，杨护院阅后，尚拟作调处之策，已命某道至咨议局与各议员就商矣。

(《申报》1910年4月3日第一张后幅第二版)

53. 鄂省移民实边案罢议

鄂省移民往黑龙江边境垦荒一案，前由咨议局议决办法，即呈请督院恳拨经费银十万两。旋奉鄂督批复，谓现今公款奇绌，候行司道筹划等情，均记前报。乃官场迁延，至今迄未筹拨一文，而绅界因路事急迫，亦将此事置为后图。闻黑龙江省以事关荒政，不能久待，业已另招近畿贫人前往开垦。惟鄂于创议此案时，曾经咨请邮传部转饬京汉、京奉火车减收半价。兹已接到部复，略谓："移民实边，为今日救荒备边莫大政策。矧鄂民患满，江省苦荒，尤为酌盈剂虚之至计。本部于核复前协办大学士戴鸿慈兴利实边折内，业已奏准轮船、交通各地一律减收半价在案。此次事同一律，自应准减半价。"云云。然已事过境迁，空负此一团美意矣。

(《申报》1910年4月14日第一张后幅第二版)

54. 鄂咨议局推定副议长

湖北咨议局议长吴观察庆焘辞职后，经众议员议定，以第一(副)议长汤化龙主政推升。递遗副议长一席，初三日开常驻议员会互选，瑞制军以下各官均到会监视。当经选定常驻议员张太史国溶升补，业已呈报督院咨报宪政馆、资政院立案。

(《申报》1910年4月17日第一张后幅第二版)

55. 湖北咨议局复国会请愿代表团文

国会为今日第一要图，急起直追，无论何人，皆与有责。谨当遵谕，商集各界同志，赓续前来，总不误四月中旬之期。先此复闻，届时另电。

(1910年5月7日《申报》第一张第六版)

56. 鄂咨议局函述官场谋去瑞督情形

宥电计早达。此事内容系因莘帅嫉恶如仇，于鄂官场营私舞弊将为廓清之举，参革冯道启钧其见端也。前鄂臬梁鼎芬于冯素亲昵，为谋报复，联合渠党（即鄂官场合办侵蚀公款勒买五福公司中人）集金三十万，辇送入都，谋起用□□督鄂，乘粤督袁议处之隙，粤督需人为词，督抚中一有更调，彼谋必逞。昨日为吴待御心陔奠期，有人将实情质问官界中要人，其人亦直言不讳，盖鄂中已尽人知之矣。吾鄂吏治不振者三十年，财政紊乱，视各省尤甚。莘帅于斯二者着手甚清，以故招官界之忌，而必思有以去之，严明[？]督抚为司道府县结团驱逐而去，以后司道府县何所惮而不违法，督抚又何所恃而敢孤行其志？大局亦愈不堪设想矣。此敝局昨之所以发一等电也。贵团负全国代表之望，务恳主持公论，毋令奸谋得逞，微特鄂人拜赐，全国实隐受其福。

(《申报》1910年6月16日第一张第五版)

附：鄂督瑞澂复汤化龙、夏寿康文

顷奉台函，过承推许。轻材薄德，抱愧良深。惟所称电致同乡京官及上海各报馆一节，举动未免轻率，有不得不为公等正告者。盖此种无稽之谭，不特决无其事，即令有之，亦断不足以惑朝廷之耳目。弟在位一日，但知有平情之是非，决不为矫情之好恶。行吾心之所安，去就得失在所不计。公等职居议员，代表舆论，万不宜撫拾途说，误用名义，逾越范围，致使鄂省咨议局为人诟病，则幸矣。

(《申报》1910年6月16日第一张后幅第二版)

57. 湖北咨议局致浙江咨议局电

浙咨议局鉴：

预算无岁入，请照联合会成议。鄂局。庚。

(《申报》1910年10月15日第一张第四版)

58. 湖北咨议局纪事

湖北咨议局议员提出议案多已交付审查，兹于初八日开第四次会议，至会者六十一人，用第一读会法决议各件如左：一、禁阻烧熬案，因系常会前陈请事件，未具议案形式，已先期取销。二、禁止酒户耗粮案，因事难实行，且滋流弊，公决取销。三、革除挪夫积弊案，因类似此项积弊者尚多，公决交原提案人修改议题，增加条款。四、以征收税契机关委任自治团体案，因本局去岁提有清厘钱漕税契积弊一案，且自治团体尚难一律成立，公决暂缓提出。五、请实行承启官案，公决交付审查委员会修改议题，另立法规。六、改良条款并纠举证据案，因列举太多，未详办法，公决交原提案人指陈详实办法，分案提出。八[七]、裁谷米统捐以加奢侈费抵补案，公决以裁厘加税为前提，交原提案人另题建议案。

(《申报》1910年10月16日第一张后幅第三版)

59. 湖北咨议局致各省咨议局电

□□咨议局鉴：

鄂预算仅交费岁出底册到局参考，决力争。鄂议局。寒。

(《申报》1910年10月19日第一张后幅第二版)

60. 咨议局第五次会议

九月初十日，湖北咨议局开第五次会议，用第一读会法议决事件如左：第一，清理各州县财政案，因本省已有清厘厅州县公产公款章程，另议增删修改问题，公决此案不必提出。第二，规定东西洋留学官费案，公决交付审查。第三，清查炉数规复应盐案，公决由原提议人详列办法，再付审查。第四，改定安陆船捐旧章以纾商困案，公决由原议人会同熟悉船捐人员详具章程，再行提出。第五，拟整顿各州厅县监狱案，公决暂不提出。第六，禁革各厅州县官价购物案，公决交付审查。第七，禁止洋商在租界以外违约经商案，公决交付审查。

(《申报》1910年10月19日第一张后幅第三版)

61. 鄂咨议局对付警官办法

宜昌警察坐办舒牧承荫在东湖县勒捐滥刑，经该县议事会董事会纠举该牧劣迹，陈请咨议局筹议对付之法。现由议员提议，以该警官勒捐滥刑，有违警章，公决呈请督部堂将该官先行撤差，另行查办。兹将议长批词录下："征收公益捐，照章须由议事会决议，董事会执行。该牧不交议事会，擅收该城灯火捐，置定章于不顾，已属无法。笞杖废弃，久见明谕，警章更无此刑，枷号尤非所宜用。该牧笞责保正至二千之多，枷号游历十二区，违法作威至极。鄙意拟先据此两事请督部堂先行撤差，另行切实查办。"

(《申报》1910年10月24日第一张后幅第二版)

62. 湖北咨议局停议催交预算全案

湖北预算案迭经咨议局照章呈请鄂督交议，于九月十八日始奉交出地方岁出经费底册，且只交其参考，并无交议字样。咨议局当以定章，本局有议决本省岁出岁入预算决算之权，而预算通例，有岁出必有岁入，断无有出无入之预算案。是以再行呈请督院即日将岁出入预算交局议决，其预算全册送局参考。旋接督院札复，谓预算岁入本拟即行交议，因册籍繁多，缮写未齐，已饬清理财政局赶即办理，一俟抄齐，即送局议。各议员奉札，立开密秘会议，以现在开会已逾两旬，照联合会议案，预算不交，应于二十日停议以待。兹督院虽允交议，实则任意稽延，欲待闭会前数日交出，使议员不能悉心研究，草草通过，非停议以待，终无速交之日。乃议决于二十二日起停会，一面再呈催督院迅速抄交。

(《申报》1910 年 10 月 30 日第一张后幅第三版)

63. 湖北咨议局关于预算致各省咨议局电

本局已电院，谓鄂地方预算全册已发交到局，惟系先行逐项讨论，非交议决。查试办预算已逾定期，常会已过半，设再迟交，惧滋贻误遗诏，局章深虑摇动。请速主持解决。贵局如何，详电复。鄂议局。宥。

(《申报》1910 年 11 月 1 日第一张第五版)

64. 鄂咨议局停会开会情形

湖北咨议局前接清理财政局函，谓预算全册现正赶缮，并未确定交议日期，该局恐其迁延不交，故于上月二十二日停止会议以待。兹闻停会之夕即奉督院札复，缕述预算册籍浩繁，现已广雇书手，无分昼夜缮写，允二三日内全案可以抄齐交议，切勿误会，致碍观听。次日又派某委员来局声明，督院实无容心于其间，诸绅应当见谅，照常议事，以免废弃可贵之光阴云云。当由汤议长询问众议员意见，金谓督院既已定期交议，我辈目的已达，自应照常接续会议，以免官绅发生恶感。爰于二十四日开十次会议。兹将是日议事日表录下：

第一，汉口后湖开挖运河修筑马路咨询案，督院提出。第二，请慎简委员以杜弊端案，议员张树林提出。第三，呈请督院通饬各厅州县实行咨议局选举诉讼章程案，议员陈士英提出。第四，蒲圻县典商陈请书，议员吕逵先介绍。第五，江陵县禀生张廷海陈请议书，议员胡瑞霖介绍。

二十四日之夕，督院已将预算全案表册札发到局，惟仍是交局参考，并无交议字样。副议长张国溶太史恐议员又与官厅冲突，意主调和，爰组织特别委员发交讨论。议员周孚、阮毓崧、吕逵先当起争辩，谓此案系交参考，并非交议，何能讨论，须俟另开协议会研究对待方法。

（《申报》1910年11月2日第一张后幅第二版）

65. 湖北咨议局对汉口国会请愿会陈请书的批示

本月十四日办事处交到汉口国会请愿同志会陈请建议书一件，业经本委员细加审查，所陈理由剀切详明，适中肯綮，应请办事处速备文，连同该会会员姓名录一并赍呈督部堂代奏。

（《申报》1910年11月2日第一张后幅第二版）

66. 湖北咨议局关于疏江案致江苏咨议局电

江苏咨议局鉴：

鄂提七省协商疏江案，经联合会贵省代表赞成，并允提交常会议决。已否通过？速复。鄂。

附江苏咨议局复电

武昌咨议局鉴：

疏江案敝局议定应居宾位，俟贵局标明办法再议。宁。

（《申报》1910年11月5日第一张后幅第二版）

67. 呜呼鄂咨议局之议员

湖北咨议局议员周君培金，天门县人。前在籍时强纳有夫之妇为外室，经该妇亲夫诉告于周之族长，派人将周捆缚，逼令书立永远杜绝字据始释。现乡人与其有宿仇者，将字据用写真法照成像片，并具陈请书，夹此照片，分投咨议局各议员。日前开会，议长汤化龙君提及此事，各议员亦在怀中各取出此项请议书。周见之羞愧无地，不待众人宣读罪状，即起立自请辞职，当场拂衣而去。闻其字据中有"一朝失足，千古遗讥"等语，是当日受族长责罚时固有悔过之念矣。又有人云，该议员私识之妇，即其嫡堂婶母，族长以其乱伦，故缚而责之。若然则此等衣冠禽兽，固不能容其污我议会也。

又常驻议员刘邦骥，原兼有本省教练处□办、测绘学堂总办、陆军财政局总办各差，初到咨议局时，群起不服，且责其系军人资格，不应有选举权。嗣经鄂督为之辩护，众始翕然。兹因测绘学堂开办在即，事务太繁，实难兼充常驻议员，昨已自请辞职矣。闻刘系汉川县人，与周培金同为汉阳府议员，现须以该府候补议员补入，但汉阳府候补者仅一人，恐尚须另行复选云。

（《申报》1910年11月10日第一张后幅第二版）

68. 湖北咨议局致资政院电

资政院钧鉴：

艳电敬悉。国家、地方税虽未划分，指定款额作为地方岁入，原可办到，若有出无入，预算决不成立，岁入议决无款终动摇，关涉财政各议案亦不能确定。请咨部电督，指定地方岁入款额，交局议决。期促，急盼请示。至预算报告如有隐漏,当遵示查复。鄂咨议局。

(《申报》1910年11月15日第一张第五版)

69. 致浙江咨议局电

浙江咨议局:

地方岁入,已呈督电院,请部划定,未复,公决始终力争。刻不议预算,俟划定岁入,要求开临时会议决议。

(《申报》1910年11月16日第一张后幅第二版)

70. 致福建咨议局电

福建咨议局:

地方岁入,敝局已呈督电院,请部划定,未复,公决始终坚争。此时不议预算,俟岁入分定,要求开临时会议决。刻仍呈督,请电各省商办。请愿有效,代表团似应变组织,尊意如何?复鄂。微。

(《申报》1910年11月16日第一张后幅第二版)

71. 鄂省公布实行议案规则

湖北咨议局日前呈报督院议决请责成各主管官实行公布议案一案,略谓:"去年本局议决案虽经督部堂批准公布,概未实行,推厥原因,多由各主管官任意延宕,而无责成实行之方法。惟是议案既经公布,无论有限期无限期,皆当实力奉行。不为设法责成,非独无限期之案得以玩延,即有限期之案,亦将推宕。兹经全体议员公决,拟定责成实行议案规则四条,理合呈请公布施行。"鄂督瑞制军以所呈规则切实可行,应准作为本省单行法,以补宪政馆章所未备,特于日昨通饬全省行政官厅局所一体遵照施行。所有规则并录于后。

第一条　案经督部堂批准公布，各主管官应照公布规则，揭示有限期者，以揭示第二日为着手实行之日，无限期者，以揭示第二日为预备实行之日。

第二条　凡议案，除确有窒碍情形，详奉督部堂批准展限外，有限期者应于限期内将办理实际情形禀报督院查核，无限期者应在次期常年会三十日以前禀报办理实际。

第三条　各主管官禀报之件，经督部堂查核后发交官报登载。

第四条　各主管官有延不禀详及禀详不实者，得由咨议局纠举之。

（《申报》1910年12月5日第一张后幅第三版）

72. 湖北咨议局关于议决预算情形致鄂督瑞澂文

宣统二年九月十一日奉督部堂札发地方行政经费以资研究，九月二十三日札发岁入总册参考，十月初九日奉札正式交议，经本局协议，以预算册有出无入，不能成立，当呈请督部堂电部裁示，并由局电请资政院解决。十月十六日奉资政院咸电内开："各省问预算不议岁入，则议决岁出是否可以不问国家财政之盈绌。查全国预算出入不敷至五千万之巨，本院正议节减冗费，以资弥补。各省本年预算岁入既未划分，则议决岁出宜以督抚现交预算案之数为准。此中移缓就急，酌盈剂虚，自属咨议局分内之事。若于现交预算外另议增加某项支出，应先由咨议局议定筹集该项专款之法，庶不至与全国预算有所牴触。"等语。细绎电文，地方岁入虽未划分，实已确定，地方岁出既以督抚现交地方预算岁出册为准，凡地方岁出册外增加事项由各省另行筹款，即地方岁出册内所定之数目，应由全省岁入册内坐拨。院电顾全全省地方事业，自应恪遵办理。核计札交地方岁出经费册载，地方行政经费经常门库平银一百三十六万八千零三十七两六钱六分一厘，临时门库平银四十五万三千五百五十四两九钱四分六厘，宣统三年应增学务经费，已报部之款三十一万八千六百一十两，共二百一十四万零二千零零二两六钱零七厘，自应以此项出款作为本省地方岁出之确数。恪遵院电，亦即应于岁入总册内如数坐拨，以为本省地方岁入之确数。惟是册内所列地方行政经费仅教育、警察、实业、支出四类，而四类之中亦列载不全，本省岁出不应只有此数。现奉院电既以督抚现交预算之数为准，宣统三年之预算效力仅在一年，未便再请更改。且既以现时预算之数为依据，则册内所载之二百一十余万两只能供册内所载各款之用，本册以外之事项，现时已列入国家行政经费册内者，自不能拦用此款。东西各国预算之效力，只可移目而不可移项，册内属何类之行政经费，亦不得彼此挪移。目下全国财政困难，本局亦所深悉。裁节冗费，原应以院电之宗旨为衡。顾念本省岁出所负担达于一千六百万以上，用之于地方者不及十分之二，经费本极菅缩，而教育、警察、实业三种皆属应行推广之事，以此微少之数兼营并进，实属万难再减。惟有遵照院电，于册内所载略为移缓就急，酌盈剂虚，以为宣统三年年度本省行政经费支出之准据。本局迭次讨论，于本月十九日业经为正式之议决。惟是本年预算交议在本月初九日，为期甚迟，付议亦稍迫蹙，议决册一二日内赶缮不及，先将议决情形呈报，一俟清册缮齐，另行备文补呈。再本年预算，于预算性质实际均不相合，以闭会期迫，不能调查更造，是以只依原册为根据，一切均无变动。明年预算册请札派通晓预算之员总理其事，庶讨议较有把握，行政事项亦应预为计划。为此，备文呈请督部察核，乞赐裁夺施行。

(《申报》1910年12月6日第一张后幅第二版)

73. 湖北咨议局审查预算之详慎

湖北咨议局于本月初一日开临时会，议员到者共六十三人，其余均因路远不能赶到，且近年关，故离省远者皆请假不来。开会之日，由署藩马积生方伯代表瑞制军莅局交出预算全案。议长汤济武君因册表浩繁，非多派委员分类审查，不能于会期内竣事，特于初二日开正式会议，发表其意见，众均赞成。当举审查会委员十九人，以张副议长国溶当选为委员长，汤议长当选全案起草员，其余民政类审查员五人，教育类五人，实业类四人，官业支出类三人。分类委员举定后，即宣告休会五日，以便各员悉心研究，故连日以来各议员惟从事于预算册表，不遑问及他事，并分别由办事处函致各衙门调卷复核，而行政官如署法司梅光羲、巡警道黄祖徽、学司王寿彭及各主计员等，逐日均诣咨议局，与起草员接洽协商一切。说者谓官绅如此合衷，预算议决必获易于实行之好结果云。

(《申报》1911年1月13日第一张后幅第三版)

74. 咨议局调查外债确数

鄂省自庚子年协济军需，财政困难，由张文襄开始借用外债，嗣后历年均有借款，截至今年，虽本利陆续清还，尚欠近二千万元上下。刻下咨议局开临时会，审查明岁预算，所借洋款总数，亟应查知，以便清厘。特于日昨函请度支公所将历年所借洋债应还本息已还若干、未还若干，逐一列表送局。闻该公所已查照办理矣。

(《申报》1911年1月19日第一张后幅第三版)

75. 鄂议局核减官业支出三款

湖北咨议局现开临时会讨论明年行政经费预算案，闻于官业支出类议决裁减三款。兹调查如下：

一、请停官报。咨议局以湖北官报现在每次发行虽有千余份，然所载多属无关紧要已见他报之陈文，凡派销之处，多系勒派，无人愿阅，而每年官报局经费实属冗滥。当此财政支绌，该报既无裨于政治，似应停办，以节糜费。所有应行公布官牍法令章程，莫如抄送汉上商办之报附刊，每月酌给津贴，所省实巨。业经全体议决汇案，呈院核夺施行。

二、请裁会办。鄂省纺织丝麻四局系官督商办，官家只负监察之责，故特委道员二人充四局督办、会办。其实督、会办毫无责任,除核转公牍外,别无所事。现咨议局预算审查员以督、会办年縻薪夫甚巨,不如裁减会办一员,年可省三千余金,业得全体议员之同意矣。

三、裁善技场。鄂省手工善技场系张文襄所创办,成立以来,亏耗已近百万,而所造金木、丝棉、毛革各寻常用品,皆与商家制品相类。不能抵制外货,反夺小民谋生之技,已与创办斯场宗旨相背。且每年所需经费甚巨,出品又不能畅销,故官业支出类审查员谓应将该场亟行停工,改招商人承办,即以售场售□银两抵补预算不敷之数。至其余教育类、民政类、实业类,闻均有增有减。容探续志。

(《申报》1911年1月21日第一张第三版)

76. 湖北咨议局致各报馆电

各报馆鉴:

鄂预算完全成立。鄂咨议局。

(《申报》1911年3月5日第一张第四版)

77. 汤化龙复黑龙江巡抚周树模电

齐齐哈尔周抚帅钧鉴:

蒙奏调并两次电召,均未奉复。方惧疏谬,又得卢兄电促,惭感万分。地方事本难办,究不忍遽去。区区之心,当邀原宥,容图后报。化龙叩。冬。

附:周树模致汤化龙电

武昌咨议局汤济武兄鉴:

边地需才极急,朴帅深盼台从早日来江,借资臂助。执事系曾经奏调人员,祈迅即东来。边疆同人,良深翘企。并希速赐电复。卢弼。感。

院代印。

(《申报》1911年3月10日第一张后幅第四版)

78. 湖北咨议局关于外债复直隶咨议局电

直隶咨议局：

外债属存亡问题，应在联合会筹对付法。各局复电均准四月朔到京，望早布置。鄂。

附：直隶咨议局致湖北咨议局电

湖北咨议局鉴：

六百万镑外债闻已签押，应如何补救，望复。联合会在即，贵局主任通信，望速电各局预筹一切。直局叩。

(《申报》1911年4月26日第一张第六版)

79. 湖北咨议局复湖南咨议局电

前电已悉。各部干路收归国有，贵局拟向内阁、资政院电诘据争，本局极表同情。惟势孤力弱，殊难抗拒，须与川粤两省咨议局互相连络，再行据理直争可也。

(《申报》1911年5月23日第一张后幅第二版)

80. 汤化龙电

川粤汉铁路收归国有，挽救綦难。若必欲达商办之目的，非强毅不屈之士，弗克担此巨任。刘君幼丹精毅素著，久为鄂人所倚重，应即迅速函嘱赶紧来京，偕仆抵死力争，以作前仆后继之计。

(《申报》1911年5月23日第一张后幅第二版)

81. 湖北咨议局致湖南咨议局电

湖南咨议局鉴：

电悉。昨据京电云，盛以湘鄂境川粤铁路押六百万镑，鄂人决不承认。已举张国溶、郑万瞻为代表，与贵省代表协争。鄂局。洽。

(《申报》1911年5月23日第一张后幅第二版)

82. 汤化龙致武汉各士绅函

昨函计达。探得盛氏借款共六百万镑(湘境路二百万镑，鄂境粤路五十万，鄂境川路二百五十万镑，余百万以五十万赎金元票，以五十万作准备金)，专为湘鄂路之用，与川粤两省无干，专以鄂湘两路作抵。盖恃国有主义，并张文襄之奏案推倒之，惟借款合同则仍其旧。我鄂前此无论何党之争执，至此尽归销灭，至可痛也。兹事非有一番新组织为再接再厉之举，此路利益永不能为鄂有。望同人运动公司，速定办法。京内外一气，尚可为也[下略]。

(《申报》1911年5月23日第一张后幅第二版)

83. 湖北咨议局致郑万瞻电

路事久累公，未收效果。借款合同损失甚巨，仍举公向部执争废约。乞与川代表切商进行。鄂咨议局。江。

(《申报》1911年8月6日第一张第四版)

(二)《汉口中西报》的报导

1. 咨议局筹办处纪事

咨议局筹办处总办周观察接各厅州县申送选举人名册，于不动产一项多未填清坐落，殊属玩□已极。昨特□一律□改。

(《汉口中西报》1909年4月1日，新闻第3页)

2. 咨议局筹办处纪事

咨议局筹办处总办周观察以本省咨议局成立在即，应赶行建筑，以备办公，特禀请督宪。闻督宪昨已札委高观察佑□、黄太守伯雨充当建筑员。

(《汉口中西报》1909年4月1日，新闻第3页)

3. 督宪札饬会筹建筑咨议局经费

为札饬事。照得本年九月初一日即为咨议局成立之期，所有初选复选应行筹备饬办各事，业经筹办处陆续详明核定饬遵在案。惟建筑咨议局一节，即宜提议。前据□□处详请借刘部郎佐清赴日本游历之便，就近调查议院规模，亦经本部堂咨明驻日大臣，约计图说日内当可到鄂，即须预备兴工建筑，经费应先规划。此项工程异常浩大，所需之款当复不赀，公家财政虽属困难，勉力筹之，尚堪挹注。特事为全省大局所关，凡此邦人士无不注目而观其成。向来地方工作全由绅富乐输，或酌议官民各半，相沿已久。然零星凑集，既虑后时，亦复无济。鄂省号称殷富，绅商往日遇有公益事件，慨输巨资，赞成盛举者久著声称。此次建筑尤为本省密切关系，若有捐助巨款者，既助官力，且昭义声，本部堂不难奏请从优奖励，以示褒嘉。除分行外，合亟札饬。札到该[司处]即便遵照，会同[咨议局筹办处][北布政司]妥商，应如何筹备公款及酌量劝集之处，迅为办理。

(《汉口中西报》1909年4月4日，新闻第3页)

4. 咨议局筹办处纪事

咨议局筹办处附设自治研究所已牌示各属申送之士绅亲身赴筹办处投名，已志本报。兹该处参事汤主政与总办周观察筹商，谓地方自治一事，关系于中国前途甚大，宜严加考验，以昭郑重。闻周观察亦甚赞成云。

(《汉口中西报》1909 年 4 月 15 日，新闻第 3 页)

5. 咨议局筹办处纪事

咨议局筹办处总办周观察以自治研究所功课宜多讲中国现行法律，以备实施。若徒讲外国法律而不参以中国情形，恐于事实上毫无所补。刻下正与参事等筹议此事云。

(《汉口中西报》1909 年 4 月 15 日，新闻第 3 页)

6. 督宪电复预备议厅

本月初四日，督宪接都中宪政编查馆王大臣电告各省建筑议厅体制，并谓费须撙节，修饰务壮观云云。当经小帅以鄂省议厅形式系由使日胡大臣处仿照日本议院绘成图式寄回，延聘技师，将旧有之贡院改造。惟计九月初一开会之期甚迫，届时巩难竣工，拟借宽敞公所暂行开会，以免误期等语。于日前由电咨复。

(《汉口中西报》1909 年 4 月 30 日，新闻第 3 页)

7. 鄂督陈夔龙关于咨议局建筑事宜复宪政编查馆电

宪政编查馆钧鉴：

江电悉。钧筹□至，钦佩莫名。鄂省于去年奉文后，即虑及建筑咨议局无可依据,因电请驻日胡大臣调查议院图式,并令游历日本之鄂绅刘部郎佐清就近调查,以资参证。旋准胡大臣电复,已托大藏省代绘,约日内可到。但图式到后,需得具有实地经验之人随时损益,方有把握。已饬筹办处在汉延订日本技师,以便按图参酌,务求适用,此先事筹议建筑之大略也。现查鄂省各项公所均难改造,拟就贡院旧址改建。惟计九月初一成立期限甚迫,既不容稍事延宕,亦何能草率完工。当经电商南北洋大臣,佥以届时建筑未竣,应先择借宽敞公所有可合议厅之用者如期开会,鄂省即拟查照办理。一俟图到议定,即估费兴工。所有规模布置,均当电开钧示办理。谨先电复。龙。艳。

附:宪政编查馆致鄂督电

鄂督鉴:

各省财力厚薄及咨议局议员人数多寡,各有不同,所筑咨议局议事厅或从新创设,或将就改造,均无不可。其新建者则宜仿各国议院建筑,取用图式,以全厅中人能彼此互见共闻为主,所有议长席、演说席、书记席暨列于上层之旁听席等,皆需预备。若改造者亦宜略仿此意办理。至议员席需照现在该省议员额数加多,以为将来酌增议员之地步。其工程无取过事华美,亦需备有规模,以求适用而具观瞻。宪政馆。江。

(《汉口中西报》1909年5月5日,新闻第3页)

8. 湖北宪政筹备会通告书

宇内望宪政久矣。九年开国会之诏下,士夫喁喁骈首跂足以待时至,待之诚是也。坐以待之,则非也。适远道者必有宿粮,为巨室者必求大木,未有事前无预备而事后能餍望者。今喁喁望宪政者,宁不曰九年限定,政府自有筹备乎?立宪者非独政府之责任,而与吾民共之者也,且吾民之责任,视政府之责任有其过之无不及也。政府统全局而筹备之,吾民各分域而筹备之,萃吾民之心力以供政府之前驱,两相成而不相背者也。专望政府自弛责任，及时而宪政举，吾民[有]累黍之功，其不举则有邱山之罪。况吾民尽委责任于政府，于宪政本旨南辕北辙，固决其不能举矣。即举矣，亦必为有形式无精神之宪政，甚非朝廷重视吾民之意也。此宪政筹备会之所由发起也。宪政以全国为范围，非可以一隅论也，以一省而言筹备，将为有识所讪笑。宪政之全体，千头万绪，又非可以一端论也，枝枝节节而言筹备，又将为有识所讪笑。然而积城镇乡而成厅州县，积厅州县而成省，省者吾国行政之最大区划也。以一省言筹备，为国家之一隅，合各省言筹备，即国家之全部也。春秋托始一元，庖牺托始一画，其作始也简，其成功也巨。分之为一端，合之即全体也。今必以一隅一端不足以言宪政，放弃天职，或则侈谈高远，一切事情一隅之不举而望诸全国，一端之不举而期有全体，缘木求鱼，蔑有济矣。吾侪湖北人也，感湖北之利害也切，得爱国始爱乡之意，不得不先为湖北谋。吾侪对于国家，则预备立宪时代之国民也，以国家之一分子，尽对于国家一分之责任，不得不即吾所当预备者。分途预备，为土壤细流之助，此宪政筹备会所为特冠以湖北之名，而草章第二条特揭按照预备立宪期限清单，认年提前筹备之宗旨也。

日月不居，流光如驶。九年预备立宪之期已去一年矣，回顾此一年中，吾湖北所预备者唯筹办咨议局一事。始以宪政编查馆未有定章，无所事事者既阅月。继而章程颁布，着手无术，盲人瞎为，徘徊不敢前者又阅月。驯至十一月以后，始有派员各府讲演馆章，着手调查之事。以官绅之协力，雨雪从事，文电交午，至今年二月仅及蒇事初选，复选不能不奏请改期，此非事前无筹备之明效乎？往者不可谏，来者犹可追。吾侪不能不注目于今年以后之宪政。今年以后之宪政亦茫乎未有涯也，吾侪不能不首先筹备今年应行举行之宪政。今年应行举行之宪政，据预备立宪期限清单第二年中所列由各省举办者，皆吾侪所宜筹备，权其缓急轻重，不能不首先筹备咨议局议员之议案。

咨议局议员为全省人民中所选出者，其学识必有以孚众望，而吾侪斤斤然代其筹备议案，或非所以重待议员乎？曰此正所以重待议员也。

议员者，全省人民生命财产之所寄望之也厚，责之也重，以今日人民生命财产岌岌立于不确实之地，议员出而肩之，必惴惴不敢信。吾侪袖手而望之，不如假手而助之。后事而责之，不如先事而导之。导之助之，正其所以敬之爱之，而不敢薄之也。且夫一叶蔽日则太山不见，寸纩塞耳则震雷不闻，蔽塞之为害至烈也。吾湖北号称交通便利之地，然如郧、施各府，有弥月始能达省者。距省较近之府县，其士民或狃于积习，犹有胼足僻壤，不与闻国家事者。且无鼓吹政见之报章，无完全缜密之统计，即欲钩考时事，纵能[论]得失，凭虚意造，苦无可据之成竹，施诸事实有滞而已。今且勿论远者，以武、汉两镇论，吾侪之所足日亲历、目日亲接者也，还问吾侪何者应兴何者应革，义务之担任，权利之存废，章程规则之增删修改，一切种种应如何解决，吾侪必不能言之。即能言其大略，必不能历历言之。未深入其中，先事预备，取决于临时，虽日居游于其地者犹不能，而况责诸自田间来之议员乎？而况责自田间来之议员以议决全省之事件乎？此筹备之责，吾侪之所决不能谢也。议案筹备之要着，曰调查。调查必分门别类，非一人所能任也。调查之后，必编辑报告之，编辑报告亦非一人所能任也。故本会必用正式之集会，其性质纯为政治集会之性质，政治幸福也。且本会之所以不能不用正式集会者，其目的不在暂设，而在为永久计。国家以立宪奠□拔之基，九年之中为预备，九年以后即实行。本会以筹备宪政为天职，预备中则筹备其进行，实行后则筹备其进步。有宪政即有筹备，宪政无终极，筹备亦无终极，故所谓按照预备立宪期限清单逐年筹备者，以筹备之次第言，非谓以清单所定之年限为本会之止境也。即以咨议局议案论，今年所筹备者，今年之议案也。自今以后，咨议局之议案无限，本会之筹备亦无限。本会对于筹备事件负无限之责任，即不能无完全之□关头，我同人一深察也。

本会筹备宪政为湖北筹备，即为国家筹备。前既□之矣，实则本会之筹备，即谓为吾侪之自为筹备亦无不可。吾侪今日立于筹备之地位，他日必有供政府之用者，亦必有膺议员之选者。果吾侪自身供政府之用，膺议员之选，今日之筹备固自为筹备也。即不必自身供政府之用，膺议员之选，今日所筹备者为湖北筹备之，筹备之利益普及于全省之人民，吾侪为全省人民之一，即身受筹备利益之一者，则今日之筹备，亦吾侪之绝大之团体，发抒政论，促国家之进化者。盖靡国无之，其组织□魄力巨者，雄谋伟论，恒足以倾全国之视听。吾侪今日虽不能遽及，高山仰止，景行行止，睎骥之马，亦骥之乘，安知今日之宪政筹备会不即为之嚆矢也。此吾侪所殷殷为吾湖北人望者也。

（《汉口中西报》1909年5月14日，新闻第4页）

9. 咨议局详请划一审判办法

为详明事。案据湖北绅商权量、吕逵先、刘洪烈、姚汝说、汪步扬、刘赓藻、刘凤章、胡瑞麟、邱文荣、许钟岳、石世英、朱绮章、张锡龄、陈崇祖、王先庚、程明栋、李文藻、余德元、刘楫、张湘、刘凤书、邱东阳、马毓京、尹潮、王□泽、□鹄翔、□步□、李熙、刘□□、陈□、刘邦麒、喻其相、刘云龙、□毓华、徐国彬、傅廷春、沈增祺、纪鸿、朱蟠、陈法祖、李华龙、王立模等亟开：窃查逐年筹备事宜清单内开，本年筹备各省城及商埠各级审判厅，督宪业将议办情形专折入奏，朝廷以法独立为宪政之初桄，督宪又为慎重用人，专设审判员养成所，圣谟宸虑，至周极详。伏读之余，钦佩莫状。惟兹事体大，关系人民之生命财产至重且切，创始之际，无一定之准据，疑义一起，冲突即生。绅商等再四讨求，觉今日设立审判厅，有种种问题待解决者，请就管见，缕晰陈之。窃闻立宪国民非依法律不得逮捕审判，各国宪法皆载专条。我奏定宪法大纲附臣民权利义务，亦有臣民非按照法律所定，不加以逮捕监禁处罚等因。追法治国之隆轨，以确保臣民之权利，用意至为深远。读督宪奏办地方审判厅，每厅分刑事民事为二庭，盖遵照奏定各级审判厅试办章程第一条，所谓凡审判案件分刑事民事二项是也。第新刑律虽未实施，而现行律例奉行已久，审判刑事固不患无准据之法。民事审判今尚无可依据，商律虽定而未全颁，民律草案犹未告竣，大清律例户礼杂律虽亦偶载民事，然零星散见，过于曩日，民刑一致时审判之用，今民刑分科，断无择刑律之一二条为民事审判准据之理。审判厅新设各庭审判员，虽为法政卒业之选，究其所学之民事法学，概为外国之法律，以中国之司法人员，又断无许其适用外国法律之理。然则今日审判厅中之民事庭名虽设立，直可无所事事，其有所事事者则必汇取各案件审问处分，壁壁虚造耳。读审判厅试办章程第三十八条，判词宣示各有定式，其在刑事判决条款：一、犯罪者之姓名、籍贯、年龄、居住、执业；二、犯罪之事实；三、证明犯罪之缘由；四、援据法律某条；五、援据法律之理由。民事判决条款：一、诉讼人之姓名、籍贯、年龄、住所、职业；二、呈诉事实；三、证明理由之缘因；四、判断之理由。夫刑事判词必援据法条且说明其理由，民事则但述判断之理由无援法条之规定，盖明知无可准据，许其通融办理。然而司法人员适用法律为立宪国之公例，决无所谓通融办理也。许司法人员以通融办理之权，出一私人之意见，可以视为民事法，可以科以民事罚，是与宪法大纲所定臣民非按照法律所定不得与处罚之专条相背驰也。臣民有遵守法律之义务，司法人员或与宪法大纲相背驰，违宪之罪，他日必生剧烈之问题。此宜先为解决者一也。各国司法人员必有法定之资格，以人民所托命，无专门之学术不足以膺重寄也。今文官考试任用章程犹未订定，而各省裁判应限年成立，审判厅之人员应具如何之资格，法部对于各省无划一之通咨。读督宪奏折，推事以下，各宜暂于候补厅州县内择其通晓法律长于听断及曾任出洋游学之员分别委用，督宪视司法员之资格可谓重矣。

［下缺］

(《汉口中西报》1909年5月18日，新闻第3~4页)

10. 督宪饬咨议局造选举员册

督宪陈小帅现以各属复选业已告竣，昨特饬咨议局总办周观察将复选举各属人员姓名出身造具清册呈辕,以备转呈宪政编查馆及民政部具[注]册。

(《汉口中西报》1909年8月27日,新闻第3页)

11. 藩宪定期兴修咨议局

咨议局以议事厅为重,照西式图□□修造,已经藩宪详委金大令崇爵监修。兹因工程浩大,照料一切需人,又详委谭大令汝鼎照料工程,定于下月初一日兴工。

(《汉口中西报》1909年8月29日,新闻第3页)

12. 咨议局工程处准凿井汲泉

湖北咨议局于初一兴工,以凿井而饮为急务。昨经工程处委员谭大令汝□准于隙地凿三井,以便汲水,每井深以三丈为限。兹闻凿一井甫及丈,即有泉流而出,亦可见地利随在皆有也。不然工作约二千余人,日需水数百石,附近之井虽有源源而来之水,但朝夕与居民争汲,岂能济急耶。是故木工共一井,泥工共一井,石工土工共一井,不但不与附近居民争汲,而工作人等亦各有井汲水而免争端矣。及工竣而该局取之不尽用之不竭,其地利之无穷更可见也。

(《汉口中西报》1909年9月22日,新闻第3页)

13. 咨议局议员被控候查

咨议局筹办处总办周观察据南漳县廪生周以南禀批:据禀议员董庆云声望不副,候咨议局成立后移交议长审查。仰即知照。

(《汉口中西报》1909年9月25日,新闻第3页)

14. 留日学生致湖北咨议局议员书

敬启者。吾鄂留东诸人因铁道借款丧失主权，爰开大会，以筹抵制。其议决也，佥以商办为归，盖因吾鄂人前主张商办时认股甚踊跃故也。张相国处已电阻借款，但执掌机关，统筹方法，端惟吾咨议局诸公是赖。主张商办，客岁间冲突一次矣，留东诸人非欲与此难问题以燃余焰而启虚争也，不过以拒款为宗旨，以为准外省人入股，贤于外债万万，盖始而英法合借，继而德美加入，寻至俄人起而强争，日本亦眈眈虎视焉。此中必伏有种种阴谋，不然何群起相争如是之烈。识者谓川汉铁道成后，一入滇，一入徽，征诸逐年历史，如蛛丝马迹，斑斑可考。留东诸人虑后患绵延，终为厉阶，吾咨议局必无宁岁，祸机已迫，一发千钧，不借外省之力，恐一时难凑巨款，故决意商办。请诸公于我省各县各设局劝股，以期普及。至于定伍元为壹股，系按我国贫富程度，且恐将来生贫富不均问题起见。吾咨议局诸仁人君子，为国民轻负担增幸福，如集合众裁统筹全局，能于商办之策外，别建一万全无弊之策，弭此大患，抵拒洋款，吾留东诸人靡有不舍己从人，馨香顶祝者也。各除成见，免致冰炭不容。同处一舟，幸勿秦越相视，惟诸公垂察焉。留日湖北同乡会公启。

（《汉口中西报》1909年9月30日，新闻第1页）

15. 咨议局议员研究所成立

湖北咨议局议员系全省言论机关，事关重要，不可不早日成立，以资研究。刻由周观察咨商陈制台择于牙厘局街纯药公所内附设咨议局议员研究所，一俟各属议员到齐，即示期开学。

（《汉口中西报》1909年10月3日，新闻第3页）

16. 咨议局电催议长

咨议局日前选定议长议员等已志本报。兹闻正议长吴观察庆焘现任江西咨议局(筹办处)会办，尚未来鄂。昨咨议局筹办处总办周观察□以咨议局成立在即，万难延缓，特电催急速来省。今探得正议长吴观察复电如下："来电敬悉。准于月杪至鄂不误。"昨又致赣同乡函，云准于月之二十八日定行到鄂云。

(《汉口中西报》1909年10月9日，新闻第3页)

17. 湖北咨议局办事处致旁听者书

咨议局旁听诸君鉴：

本局于九月初一日成立，议场照章设有旁听席，除秘密会议应禁旁听外，每次会议前一日分发各议员旁听券一枚，以便介绍。凡与议员相知者，向索旁听券入场可也。湖北咨议局办事处启。

(《汉口中西报》1909年10月17日，新闻第4页)

18. 新议员之怪状(南漳)

南漳县此次新举之劣议员董庆云，向为该县著名之讼棍，劣迹多端，迭奉上宪访拿有案。其人卑鄙龌龊，久不耻于士林。前因贿通前该县教谕某君，得为劝学所总董事。经理以来，借公营私，专肆架讼，交通县役，结纳门丁，武断乡曲，鱼肉良民，勒索敲诈，无所不至。县官甘为护符，衙役多爪牙，乡愚受其荼毒者饮恨于怀，有冤莫白。此外侵蚀公项，糜费学款，以致学务废弛，教育败坏达于极点，尤为全邑士绅所共愤，均欲得食其肉而甘心。去岁曾经襄阳道施观察调查该董经手账目不符，罚金赔款七百余串，充修府学圣庙。今年又为学宪高文宗访悉种种劣迹，将董斥革，全邑士民闻□称快。讵该革董不知羞愧，犹觍颜运动选举，不惜金赀，冀得议员，则旧日毒害一邑卑劣贪污之手段，将欲毒害于全省。现为该县人士联合留省学界同人，历举其被罚被革及嗜吸鸦片，品行悖谬，声望不符各节，迭向咨议局筹办处暨臬署纷纷控告（详情曾已数志本报）。刻闻臬宪已批准派某大令密往该县调查，筹办处亦经批准发交新举议长查看。兹闻该劣董探悉被控，自知不符众望，近日举止甚为狼狈，日与同党密商，满将此次纲费二千串作为运动资，跪求某某两君，暗向新举正副议长及某大令极力关说，希图弥缝。想新举议长及查办此案之某大令，素来品行端方，清正廉明，久为全省士绅所钦仰，此次必不受其奸计，徇一人之私情，误全省之大局，当能秉公据实判断，照章革退，另行选补，以副舆论。此事固小，关系甚大，虽为一邑除大害，实为全省除大害，不仅为湖北一省之幸，且惩一儆百，亦足为全国造福。其诸君维持立宪，除邪扶正，杜弊防害之功，将不在禹下。吾等拭目俟之以观其后，否则吾等亦当另筹对待之策，以达其目的也。

记者按：前述纲费二千串，即系此次董某运得选举后，在籍打秋风勒索所得之费，俗名谓之打纲，故曰纲费。此二字一出，想讲求新学家自后又可添一新名词矣。一笑。

（《汉口中西报》1909年10月17日，新闻第4页）

19. 南漳学界同人敬告咨议局诸执事书

咨议局诸位执事：

议员之关系重矣，筹划地方之治安，指陈通省之利病，今日人民之代表，即异日下议院之基础，议员之得人与否，于民情国宪大有影响。我孝钦显皇后德宗景皇帝屡降谕旨，饬各省公举贤能，作为议员，断不可使品行悖谬营私武断之人滥厕其间。复颁定咨议局章程，特重选举资格，分别有无选举权及被选举权，俾昭法守。且防刁狡之流运动作伪，显示以选举诉讼之条，立法杜弊，至详且严，务期议员得人，为切实进行之本。南漳复选当选议员董庆云者，著名讼棍，劣迹多端，久为士林所羞道。前谋充劝学所总董，屡经禀逐在案。最重要最尊贵最光荣议员之席，乌可令彼玷污耶。同人公愤□忍缄默，前已缕列庆云罪案禀呈咨议局筹办处各宪，蒙批俟咨议局成立后移交议长审查。今届成立之日矣，立法严于肇端，择人贵于慎始。诸执事领袖群伦，一经审查，泾渭不难立判，同人何必刺刺不休。惟是庆云确实劣迹，报告如左右，备审查焉。

一、庆云素工刀笔，专以出入衙署结纳吏胥为务，如架向承煜等控害骑尉世职赵洪锡，嗣转架洪锡控承煜等，现洪锡执有庆云亲书词稿是其一端。其劣迹一也。

一、庆云充南漳劝学所总董时，变卖庙产，从中渔利，屡经僧人控告府道有案。其劣迹二也。

一、庆云为劝学所总董，账目不清，款项亏漏，经邑绅李文炳等禀控道宪，提讯得实，饬罚款一千串作修文庙经费，有案可查。其劣迹三也。

一、庆云总董南漳学务，日以摧残初等小学为事，致动师范生公愤，驱逐出所。今春邑绅以禀学宪，蒙批该总董诸多溺职，本司早有所闻，应即开除，另委接办，有案可查。其劣迹四也。

一、庆云吸烟数十余年，根深蒂固，现虽假饰戒除，其蕉面墨齿，昭然若揭。且前在汉镇公盛栈内，留日法政学生陶凤集亲见其卧榻饱吸，当被面诘神丧。凤集已禀呈戒烟公所，蒙批候咨会咨议局查核。其劣迹五也（庆云前在咨议局开会，不遵会规，嗒然鼾睡数小时，为各议员所唾骂，毋亦烟为之祟欤。可丑）。

一、南漳初选当选七人，除冯仁佺由汉赴襄外，复选时庆云预治筵邀请，再四嘱托选伊议员，并各赠夫马费二十串，且不惜重赀购银耳四斤，贿前代理南漳县张令佑代为运动。获选归，人有贺者，庆云曰此吾酒杯力也。其劣迹六也。

以上六条，确系庆云实在劣迹，南漳人士共知共见，庆云百口何说之辞？窃章程所载，营私武断不得有选举及被选举权。庆云劣迹昭著，而犹滥竽其间，不亦轻宪政而损议员之价值耶？夫庆云不去，于全省关系原无足重轻，特恐假为护符，于虎附翼，蹂躏乡愚，流毒何堪设想。且宵小幸近，显违定章，殊于先朝谕旨大相背谬，宪政前途亦不无妨碍，而损议员之名誉犹其为次焉者也。惟诸执事有以裁之。

（《汉口中西报》1909年10月17日，新闻第4页）

20. 解决咨议局位次之问题

自湖北咨议局督抚坐位问题发生以来，有倡督抚位议长上之说者，有倡督抚议长平行之说者。倡第一说者为咨议局筹办处某某一人私意也，倡第二说者为诸议员，则咨议局全体意也。二说之孰是孰非，不待辨而已知矣。夫咨议局之性质为国民公共团体组织之机关，有责任无阶级，非若朝廷之上，职有大小，分有尊卑，而位置判高下次序定后先也。故督抚之在一省行政官内，则位司道及各府州县之上，而在咨议局则不能位议长之上。何者，此为行政官，彼非其属吏也。彼此不相联属，斯分位无由定其上下，譬如两线对列，其势已分，永远平行，有断然者。是以当第一说发起时，诸议员上书筹办处，力辟其言，请转恳督宪，俯从督抚议长平行之议，某观察即代白督宪，且善为说辞，援南洋办法为例，以开悟之，而督宪又素热心宪政，洞达事体，岂肯以封疆大吏之威势为炫而自高其位置，以失咨议局之性质哉，故伟其言而从之如流也。孰知一暴不胜十寒，善始不必全终，变故中生，而督抚位议长上之说竟行矣。呜乎！此岂有他故哉，实某某一人之私意有以致之也。观彼所建之议，就其表面论之，似为尊重督宪起见，揆其实意，无非欲以尊督宪者谀督宪耳。盖彼久隶于高等行政官之下，其心目中直以督抚之尊全省无有与比者，他非所知也。一旦筹办咨议，恃其官场之积习，逢迎大吏，虽议员首破其奸，同寮显违其议，上峰暗黜，其言一施，其变化莫测之术，旋乾转坤之能，则奸终售矣。破之者将奈何，议终从矣；违之者将奈何，言终行矣。黜之者乃堕其术中而不自知，此日前彼所以当会以函示议员，谓督宪接北洋电云，北洋督抚位上，议长位下，以便其仿行而遂所大欲也。呜乎！其自为计则得矣，独不知何以为宪政前途计也。夫今日我国宪政之进行，实以咨议局为第一手续。书曰：靡不有初，鲜克有终。言始之当慎也。今欲以朝廷之官阶行之咨议局中，则第一手续已乖其宜矣，宪政前途尚堪设想乎？且按之宪法，自卿相以至国民，皆有充当议长资格及义务。设今日湖北之议长为内阁大学士、协办大学士，彼亦将行朝廷之官阶乎？则督宪不得位上矣。设今日湖北之议长为尚书、侍郎耶，彼亦将行朝廷之官阶乎？则督宪应相与平行矣。不特此也，日本议院章程，惟天皇位议长上。今吾国之督宪亦位议长上，则是以人臣而居天子之位，更将置天子于何地？不特此也，中国向来旧例，书院山长各与其督抚州县平行，今日之议长重乎昔日之山长不待言矣，其可不平行乎？然则督抚位上之说，失议院之性质，误宪政之前途。孔子曰：一言可以丧邦，殆此之谓。而某竟以之图上峰之欢乐，希一己之荣利。呜乎！其自为计则得矣。虽然此辈原无足怪，所望首破其奸者益痛力以诛其奸，显违其议者更多方以辟其议，暗黜其言，毋回护以惑其言，则督抚议长平行之说行，而议院之性质乃完，可为宪政前途贺矣。或曰此日而再言平行，似出于争，议长其肯居此乎？夫议长而不居此，乃议长之谦逊，非行政官与议长之定例，其得与失，吾不敢知，愿以质之当局者。

（《汉口中西报》1909年10月18日，新闻第1页）

21. 咨议局提议兼差事宜

鄂省咨议局成立后，首先提议财政事项，已见报端。兹闻昨各议员以吏员兼差，徒耗薪资，无裨实益，殊为吏治大弊，特提议嗣后无论何项差委，均应分别任吏，以杜有名无实之弊。俟决议后即申请督宪施行。

（《汉口中西报》1909年10月18日，新闻第3页）

22. 咨议局新提议

正议长吴庆焘观察于月前二十九始到，越日赍具衣冠，谒拜同会各员。旋邀集同事，谦称才难胜任，只以桑梓情长，不敢诿卸。倘鄂省绅权之陵替，实较他省为最。现在立宪时代，在上既极力提倡绅权，我等应如何互相劝勉，和衷共济。传云：师克在和可见和之一字为团体之命脉，千万不可使有缺点云云。想同事诸员，均学问经济擅长之士，亦安有不知此义者乎。现已分科票选员四十八人，此后责有攸归，各出所长，岂尚有废弛之虞耶。计六科：一法律，二预算，三税则，四资格，五陈情（陈诉各地方利害情形），六惩罚。前三科三十员，后三科较简易，每科六人。闻日内调查财政，拟先从警务、学务两处入手。警务公所周访员已约定，一俟奉至贵函，即当□□备查云。

(《汉口中西报》1909年10月18日，新闻第3~4页)

23. 咨议局议员提议川粤汉路事

鄂省咨议局议员刘陶庵、卜心安等，以宪政编查馆遵拟咨议局章程第六章二十一条六七两项，规定咨议局宜议决本省权利之存废事件。现在川粤汉路事主持借款，为鄂省权利一大问题，若不提议挽回，不惟有负馆臣立法之至意，在湖北民人应有权利举而授之他人。刻拟商同正副议长及各议员提出议决，力持商办，以挽利权。俟决议后，即发布施行。

(《汉口中西报》1909年10月19日，新闻第3页)

24. 咨议局议长与议员之冲突

咨议局移文各署调查，前经议长吴与众议员议决其行文式样，督署用承文，余者悉用咨文。昨(初四)吴议长怨独易前议，改咨为承。于是各议员均怀不平，面质议长，议长亦不相下，几致大起冲突云。按：咨议局为主体，各行政官厅为客体，一为立法机关，一为行政机关，虽督抚不能居其咨议局上，况各署乎？吴议长之意诚不知所出也。

(《汉口中西报》1909年10月21日，新闻第4页)

25. 咨议局议长位次之专电

各省咨议局议长位次，南洋与总督平坐，北洋在总督下二级。湖北初仿南京[洋？]，后经某观察改照北洋，议长位下二级。现闻宪政编查馆有电，督部席应在议长后层[居中稍高]云云。并闻督宪已札行咨议局矣。

（《汉口中西报》1909年10月22日，新闻第3页）

26. 咨议局议员纷争

咨议局行督抚公文明定章程，原有呈督抚核夺之语。自用呈字为正，众议员乃于日前集议，竟有主张用咨字者。三日始行决定，仍从议长吴庆焘之言，以呈字为当云。

（《汉口中西报》1909年10月22日，新闻第3页）

27. 咨议局议员纷争

咨议局为议决机关，只有立法权而无行政权，其提议在兴利除弊，仅及本省而止。此次议员不明此理者实不乏人，竟有主张宜挂牌放告者，而议长吴庆焘不然其说，故咸以腐败目之，误矣。

（《汉口中西报》1909年10月22日，新闻第3页）

28. 议员神通广大（南漳）

南漳复选议员董庆云行为恶劣，迭经漳人士控告各大宪，移交议长审查，又委某令往漳邑调查，已志本报。兹闻云送某委银三百两，代为弥缝，系其议员招待所同房某君为之绍介。此系其死党某无心说出。现某君四出运动，想某言必不虚也。又有审查委员某君系现任南漳教官某之同乡，由教官某函嘱亦出而为之解说。闻云随带钱千余串已用罄矣，又由漳城某号汇到银数百两，大施运动手段，未知调查审查诸委员此后如何发布。有闻必录，姑志之以观其后。

（《汉口中西报》1909年10月22日，新闻第4页）

29. 咨议局纪事

中国办事，坐涂饰表面之弊，故口清廉而行盗跖者所在多有。该局提议首先将正副议长及常驻月薪并一般议员之旅费、杂费、预备费先期订定，以便养廉有资，故内无身家之累，而外绝蝇营之行。现闻议定正议长月支银一百五十两，副议长一百三十两，常驻七十两，书记长七十两，书记员四十两。惟其余议员之三项费用，尚须斟酌妥协后，咨由督院核定。并闻书记长系长期法政毕业生李君宗藩，即书记员亦统需法政人员方谓合格也。

（《汉口中西报》1909年10月24日，新闻第3~4页）

30. 咨议局纪事

一般人民帖安于专制政体之下垂二千年，去岁钦奉两宫特颁谕旨，预备立宪。兹又咨议局各省已先后成立，是庶政公诸舆论已发端矣。惟现闻该局会议除秘密议案外，一切均准旁听，不过坐[座]位不能漫无限制，已拟定每次百座，由各议员介绍一名，书记长及书记员均可介绍。至由正副议长介绍名数较多云。

（《汉口中西报》1909年10月24日，新闻第4页）

31. 湖北咨议局书记长李宗藩启事

抱病归国，迭蒙戚友关注，或以函或亲身惠顾，实深感谢。但病疾至今虽未全愈,而经正副议长呈请,督宪委充湖北咨议局书记长,才力棉[绵]薄,何堪任事。况病后颓唐,难免陨越,用是兢兢,不敢旷废,所有各处回拜礼节一时不能履行,祈共谅焉。

(《汉口中西报》1909年10月24日,新闻第4页)

32. 湖北咨议局风潮之感言

湖北咨议局开局之种种之风潮,何以故,曰意气用事而已。夫意气之害,小之贻祸于一身,大之为害于一乡一邑,一府一省,更大之则偾事于全国,无所底止。其中人也恒入于不自觉,当其初往往以薄物细故,末节微嫌,或干糇,或小利,无关轻重之事,一堂争执,嫌隙遂启。独居静思,媒孽乃生。迨其意气既盛,愤激倾轧遂一往而不知所返,则不至于颠倒是非不止矣。然徇私纵欲之弊,惟小人则有之,而君子固不虑其至是也。若意气之害,则君子亦有所不免。盖国家所赖以治安者,君子也,或在上位为官为员,或在下位为士为绅。倘有意气,则地方受其害者将不可问矣。既受其害,则天下国家将无不均受其害。是则意气之害,乌得而涯涘耶。昔者宋司马温公薨,其日适值郊祭大典,朝臣陪侍,礼成而退,众议同往司马家吊唁,程明道阻之,引子于是日哭则不歌以为证,谓宜改日往吊。东坡驳之曰,传云子于是日哭则不歌,未云子于是日歌则不哭。盖以人之常情,由衰而乐难也。必援此以为证,谓歌则不哭,万一于庆典之后,旋闻亲丧,亦将不哭耶?程子强执如故,苏子曰此难相强,各行其是焉可耳。既而苏子偕同人往吊,程子则已先使人饬司马诸孤不得受吊,苏子遂废然而返,如是嫌隙日启,意气日深,终成党祸,可不慨哉。夫程子君子也,苏子君子也,非为宋时绝无而仅有之二人耶?庆焉,吊焉,所关甚微,即所见偶有不同,如苏子云各行其是,有何不可?而程子必力争之,欲强人以从己,强之不得,乃饬司马诸孤不得受吊,以窘辱人,此其所为近于意气用事,至今论者皆不得为程子讳也。其后攘酿党祸,为害国家,朱子尝追论其事,谓党锢之祸,亦吾党有以激成之，允哉言乎，其亦有鉴于此矣。由此观之，人品学问如程子，尚不免为意气所害，况后此之人乎。意气中于人心，有如疾病，甚至黑白色变，东西方易，心思耳目，俱为意气所使，任其自由，莫能钳制。究之为君子者，志非不正，量非不宏，识非不明，操非不洁，而一为意气所深中，则正可变而为邪，宏可变而为隘，明可变而为暗，洁可变而为污。一事也，明明为非，以意气之故，偏以为是，明明为是，以意气之故，偏以为非，颠之倒之，不知纪律。其人伏处在下，事权不属，意气之发，仅在于一身一家，其害犹小，万一其人于地方少有关系，则其害大矣。今者中国预备立宪，湖北咨议局兹已告成。盖咨议局为下议院之基础，而议员系国民之代表也，吾邦人之望，造桑梓之福者，皆赖议员。今之湖北议员，诚多君子。虽然，于开局之初，即难免意气用事之弊。记者窃愿议员憬然早悟不远而复终归于大公至正之途，同心同德，宏济艰难，毋徒逞一时之私，快一己之意，置公事于不顾，则湖北庶几其有豸乎，则中国庶几其有豸乎。

（《汉口中西报》1909年10月28日，新闻第1页）

33. 议事厅地平之规划

咨议局以议事厅为重，规模广大，其地以碎石粉平之。工程处收买碎石，每方钱四串八百文。兹以碎石需六百方之多，省城内外弃于地者搜罗殆尽，又加价钱二百文，以期踊跃而来云。

（《汉口中西报》1909年11月2日，新闻第4页）

34. 咨议局欢迎铁路代表特别大会

二十日，咨议局晚八点钟于特别会场开留日学界争川粤铁路商办代表张君伯烈、夏君道南欢迎大会。众议员齐集后，由李君继膺、吕君逵先请代表二君，一入会场，议长及全体议员皆起立致敬。归座后，议长吴宽仲先生报告开会及欢迎意旨毕，请代表张、夏二君相继演说。张君演说历三小时之久，慷慨激昂，沉痛迫切，陈借款之祸患，伤心刺骨，座中有泣下者。复陈商路之利益及筹划，周密详尽，闻者气振，一除委靡怯懦之见。除招股不分省界外，中有将抵押借债之盐厘税捐作公股及派股之议，犹为官民两利。原词颇长，笔记多缺，俟补足后录登，以供众览。夏君之说简捷切实，犹以速电急争为最扼要。代表词毕，刘君赓藻起而演说，爽朗俊快，锋利绝伦，有并刀哀梨之概。最快众心者，论诸君既心许即须实行（言至此而拍掌之声大震），实行即须筹款，筹款以在局所得，无论公费旅费及职员薪金，须以九五助捐，即在办事处扣提，赞成者起立。言甫脱口，而众人俱在此同一时间内齐立。续称款既有基本，则宜联合教育会、宪政筹备会及一切各团体组织。湖北铁路协会请代表即起铁路协会章程草，代表请局员协助，即由议长吴宽仲先生命公推咨议局代表为铁路协会员，备组织成立一切事宜。遂公推刘君赓藻、张君国溶、夏君寿康、汤君化龙、魏[卫]君寅宾等共十人为铁路协会员。张君国溶、吕君葵[逵]先相继演说，公任联合商会、教育会、宪政筹备会、汉口商务总会，并举万君昭度、金君式度二人绍介代表亲往联合会址借教育会，成立即在转瞬，足征议员之热心公益，诚不愧为国民之代表。当场议长吴宽仲先生拟定致邮部电文。二十二日早即谒督院，要请代争，犹可尚焉。

（《汉口中西报》1909年11月5日，新闻第3页）

35. 咨议局记事

留学东瀛法政毕业生李君宗藩，咨议局成立后即奉督宪委派为该局书记长。刻李君旧疾陡发，且该局事务冗繁，难期承办周密，昨特赴督辕恳请辞去差使，以便回里调养。闻督宪意欲给假数日，俾得安心调治，销差一节，应毋庸议云云。

（《汉口中西报》1909年11月6日，新闻第3页）

36. 咨议局记事

咨议局议事之期，经正副议长及各议员齐集会议督辕提出之农林事宜毕，经议员卜君文焕提议水患事件报告，云鄂省水患，前奉督宪提出，本局业已遵议，诸君筹议劝赈筑堤各节，均属周妥。惟江潜等县无岁不遭水灾，筹赈虽曰可行，不过一时权宜之计，究非保全长久之策。与其年年筹赈，不如妥筹万全之策，使少有田土者就食，地方尤为有济。查东三省荒地甚夥，故外人金视为殖民地，矿产交错，故外人又咸视为利薮。以江潜每年受灾密度过高之人口，移诸地大物博之东省，一则可使吾民无饥寒之苦，一则可杜外人之觊觎，一举两得计，无逾此。所有该民等迁移路费，即以现在筹赈之银两酌给。是则余之肤见也云云。伊时掌声鼓动，咸唱赞成，俟议决后即呈请督宪夺核施行。

（《汉口中西报》1909年11月6日，新闻第3页）

37. 南漳乡民为控议员董庆云事致《汉口中西报》函

咨议局关系重大，董议员滥竽为害甚巨。敝邑同人于廿五日下一点钟开质问会，请议长以下审查员莅会旁听，以为审查实据，届期烦饬贵书记员莅会，详录实据，布告天下，以为将来儆，未知兄以为然否。敝同人不胜盼切矣。董某持其无聊之饰辞，托人向报界求登，南溪已掷入篓中，想兄王[主]盟请[清]议，必不使污我最文明之报界，可断言也。呈上同人与董某函及传单，请即日登出征之，使不得不到，且免审查诸公规避。切盼，切盼。此请竹孙道长箸安。小弟燠南顿上。廿二日。

（《汉口中西报》1909年11月6日，新闻第4页）

38. 咨议局提议力争拒款

粤汉、川汉铁路，南皮主张借四国之款合计六千万，以为新筑之费，利权尽失，漏卮无算，切之身害，吾鄂湘之人实同受之，无少差异。然数月以来，湘省士绅函电交驰，力主废约，复选甫竣，当选人即提倡拒约之议。独吾鄂士绅蜷伏于南皮势力之下，寒蝉仗马，噤不一言，士无热心，绅无团体，已足为外省之人所笑骂，然犹可自为解嘲曰，以南皮之专制，身为宰相，主持此议，审量事势，争必不胜，知难而退，不失为智。今者南皮死矣，非无可争之势也。咨议局已成，议员已集，非无可争之人也。而数日以来，更无提议此事者，树瑛不佞，窃为吾八十三人羞之。夫所谓议员者，非一省数千万人所公举之代表而以生命财产相付托者欤？此次借款之失败，为我鄂前途之大损害，固议员之所稔知也。知之而不敢言，将何以称为国民之代表乎？推此而言，即令南皮未死，吾议员亦必以力争废约为咨议局第一大议案，成败利钝，皆所不计，而况其已死乎。咨议局之宜主持废约，本不以南皮之生死为进退。南皮生而约不能废，其过南皮独任之，而议员在可原之列。南皮死而咨议局未成，不过鄂省巨绅公任之，议员亦无可受之责。今者南皮之死，适当咨议局成立之期，则废约之争，纯粹为吾八十三议员之任责，而全省绅商军学各界之人仅立于辅助之地。数年以后，吾八十三人之功罪，将悬挂于鄂省人人之齿颊，特视今日之决议何如耳。鄙见如此，愿以质之同事诸君。

办法：

一、由咨议局禀请督宪代奏，力主废约，仍归商办。

一、由咨议局电同乡京官，与湘省京[官]联络一气，协力同争。

一、由咨议局电湘省咨议局，协力同争。

一、由咨议局发起开全省绅商军学各界大会，商议办法，并由全体各代表电察院、邮传、度支、民政各部，恳其代奏，决定废约，仍归商办。

（《汉口中西报》1909年11月7日，新闻第3~4页）

39. 绅学两界公致咨议局(为借款废约事)

敬启者。自粤汉借款议起，湘人为保存湘路，奔走呼号，戮力同心，誓以死拒，函电纷驰，如风发潮涌，见各报者已数月矣。吾鄂以一省兼承川粤两路之巨债，而至今寂然。近闻留东学界诸君倡拒款之议，尚无应者。不佞等对于此事窃有一日之责，不揣僭陋，拟上度支、邮传两部公呈一纸，谨呈公鉴。贵局为全省舆论总汇之地，诸君子鄂人爱鄂，谅有同心，如不吝赞成，即祈签署衔名，公同缮辞。或有未当，尚赐指示为幸。吴兆泰、刘洪烈等十四人公启。

(《汉口中西报》1909年11月7日，新闻第4页)

40. 咨议局提议纪略

上月二十九日，咨议局诸君提议争回铁路集股办法，首由左君树瑛报告提议路事原因，旋又宣读黎君大钧等三十人由北京致咨议局公函。次由张君国溶报告铁路性质应否定名商办，抑或定名民办。众议员俱驳民办，谓一经入股，即系股东，决定为商办。张君国琪、吕君逵先、张君国溶等先后报告筹集股款办法(招集商股借用武汉房租、开办彩票、按租摊股及地价、铁轨，官招股票诸法)，惟不收外人股款。最后由汤主政化龙逐一取决，众议员俱赞成开彩票等办法，而反对按租摊股诸条当即删除作废。铁路集股办法提议毕，复由汤君提议各邑人命报案规则，其于杜绝骚扰严防拖累等事，莫不周密妥洽。众俱赞成，惟原则语名稍欠详明，须俟逐一改订云。按：上则不过大略，容俟探得议案，再行明白宣布。

(《汉口中西报》1909年11月13日，新闻第3页)

41. 记北京黎君大钧等致咨议局公函

敬启者。鄂省铁路借款事自南皮张公逝后，合同草稿始行发见，其间权利尽归外人之手(如用人购料,均归外人之手),负担偿还之责久而且大,吾鄂何能堪此,与其偿之于将来,曷若筹之先事。闻去年鄂中绅商在汉会议,已有四百余万之数,若按公司办法(即纯粹商办),□[以]此作为创办人之贽本,即可招股一千余万,照此办法,吾鄂之生命便能保全数日。留学日本诸君及旅沪诸君来电,欲合力拒款,钧等因筹款勘路未定切实办法,是以未敢轻率呈部。现在事机急迫,于昨二十一日邀集同乡在湖广馆会议,均以拒款为然,拟具呈请邮传部停止借款,以保利权而杜后患。惟以后应办之事件甚多,诸公为全省所仰望,钧等已公举胡君□洲、张君尊五先后来鄂会商一切,伏望主张会同鄂中绅商筹划应办事宜。此时宜先由贵局电请邮传部将借款合同从缓出奏,以与弟等公禀相合,并请约同绅商会筹切实办法,弟等力所能到,无不勉强为之(下略)。

(《汉口中西报》1909年11月13日,新闻第3页)

42. 咨议局会议展期十日

各省咨议局订章,九月一日至十月十日止即须闭会。刻湖北咨议局虽开会已足四十日,无如决议之件似不达十之二三,非量予展期,恐以紧促误公。因即陈请督宪准于再展十日,以便人民前此不及陈请建议事件,此十日内可以为之收受代陈,并前此提议各件禀乘此议决。昨经督宪批准,自十一日起至二十日止,俾将从容集议。但会期既经延展,所有议员旅费一项自不能不酌核增加。查原定开会期内及往返程期内,□[非?]常驻议员六十三人,共应支旅费银二十三两。襄阳府属程期改为一个月零五日,荆门县属程期改为一个月,其他各属遵照原定日期核算云。

(《汉口中西报》1909年11月27日,新闻第3页)

43. 提议整顿咨议局实行规则

吾鄂咨议局之设，非第为一二人势力范围，盖仰体朝廷庶政公诸舆论之意，借以为全体议员研究公益之地也。潢才识疏浅，科名不足动众，言语不足惊人，猥以桑梓谬相推许，俾得侪于诸君之林，亦已过矣。然自抵省以后，旅居将近三月，开会业经数次，期间提议之件，有分配已久延不及议者，有交付审查擅行取销者，往往彼此争执，不能取决。间或事经众决，有从中主持以为必不可行者。显以开聚讼之端，隐以启专擅之渐，以故近日莅会人数渐次减少。揆之会议规则，当不如是。且各省设局会议，实为将来议院基础。自初选复选以至九月成立之期，耗费不下数十万□。位置不为不优，事体不为不巨，责任不为不重，而顾自相倾轧，毫无裨益于地方，纵不为名誉惜，独不为宪政前途惜耶。犹忆议长初次发议，以共和二字为主义，虽属老生常谈，而团体实系于此。夫团体者，由八十三人之心血所组织而成也，勿分畛域，勿逞意气，勿矫同而立异，勿尊己而卑人，开诚布公，同心戮力，如此而咨议局有不竞胜于环球中者，未之有也。潢滥竽日久，毫无发明，第恐始基一坏，后局可知。因就意见之所及者，相与磋商而质正之。谨具条议如左：

一、常驻议员必须驻局办事。前此刘君赓藻提议不准兼差，词严义正，全体赞成，并援山东章程函禀督部堂加费以专责任。督宪并于所请之外月加二十两，所以待常驻者不为不优。迄至今日，兼差者未闻辞职，主不兼差者噤不作声，若仍暗地兼差，非特惭对督宪，亦且大负初心，众议员决不承认。

一、凡提议之案必先酌定繁简，简者三日，繁者五日，由期前发交各议员悉心讨论，临决议时提纲挈领，不烦言而解。且一人只准发一次，不得任意辩驳，致延时刻。其中有必须申明者，或谓请命受命于议长，始得再行演说，否则禁止之。

一、常驻与普通议员原立于平等地位，若令其零星散处，非特开会时号召为难，即分配各种议案表册诸多不便。现值咨议局创建伊始，有常驻议员住宿处，即应有普通议员住宿处，一律修造，方昭平允。前副议长汤君化龙曾于研究所提议此事，并经全体赞成，盖组织团体研究公益计，无有善于此者。此次修造局所，仍请照汤君前议办理。

一、关于调查事项，必须众议员分担责任。其在省各局署卷宗自可就近调查，无须诹访。至各府州县调查事项，当以各议员公同担任。如本县无人，以切近邻县议员兼之，由本局先行公文准其随时随事调查，州县官不得任意拒绝。调查详确，或由驿站由邮政局迅速报告咨议局，局内有必要事件亦由此通信，较之派员往返尤为便利，夫马等费亦可节省。

一、议员发言时，除对皇室不敬及侵越权限外，只要于事实上有利害关系，不得禁止其发言，且必载于记言记事簿中，于未散会时当场宣布，当晚发交油印，即于次日分配各议员，以供众览。如有记有不记，与所记非所议者，着令随时改正，以杜书记舞文之弊。

一、其一议员提议各案，若有请剔积弊，若有请定新章，大都为地方公益起见，虽所言不尽可行，而属其本心，非假公济私者可比。若委员会一概驳销，非导之使言，适以禁之使不言也，按之采取舆论之旨，殊觉未合。

一、铁路协会开全体大会时，选举各职员，常驻议员不得与于当选之列。盖本局既有不准兼差之决议，即咨议局章程第八条现充小学堂教员者停止其被选举权，亦即此例也。但既系铁路会员，仍可随时稽查监督，以重职守而防侵□。

第八条　本局经费皆属同胞脂膏，不可听庶务会计等员私支浮报。各房屋器具等项，总以朴素为主，不可意求美备，忘其寒素，亦不得以少数人占优胜，多数人居劣败，致启猜嫌而贻笑柄。愿诸君务存大体，以维持本局于永久不败之地，是吾鄂之幸福，亦即诸君之幸福也。

附办法数则

一、关于本局之内容组织者

甲、全体议员于开会期间统归一处住宿，随时接洽，俾资研究。

乙、凡本局公益所在，虽与办事规则微有出入，仍许同人临时指陈，以图改良，不得借口权限，概行阻止。

丙、咨议局之设，在中国虽为创办，自应遵守本国法律，不得借口东西各洋办法，以图炫异。

丁、照奏定章程，本局经费应请议长副议长按月清查一次，并应于开会报告全体议员，以重公款。

一、关于议案之准驳修改者

甲、全案持论不合者，应说明理由，交提议人另行起草，不得擅自取销。

乙、议案所列条件微不合需修改者，应由委员会代为拟定，俟开会宣布，公同取决。

丙、各委员会有党同伐异、任意指驳者，由开会时公同酌定，不得借口权限。

一、关于议案之取决者

甲、提议案件经临会宣布后无人反对，即作为公同取决，无须起立。

乙、重要案件宜以投票法取决。

丙、次要案件以多数起立取决之，俟查点人数确凿方各就座。

丁、提议案件如各议员未经研究，漫无见地，不得率行起立，以备取决之数。

以上得列条件，系由本局现象详细审察，妥为厘订，虽未斟酌，□并而愚者千虑，容有一得。用缕陈之，以待公决。

(《汉口中西报》1909年11月27日，新闻第1页)

44. 咨议局会议详志

十三日咨议局第十四回会议，到会议员凡四十一人。首由谢君鸿举报告提议整顿湖北吏治理由，法律委员会以其中尚有宜稍修订之处，当将意见表述，全体俱表同情。次乃议员刘君寅熙提出请饬各州县划交税款并日后不准擅自加捐议案,委员会以窒碍甚多,应从缓议,刘君当即认可。第三案蓝君田请除酒税肉捐积弊议案,税债委员会请改作地方陈请之件,全体均赞成。第四为查核官局发行钞票议案,系议员邢君璜提出。据委员会审查意见,须将官钱局所关系之数方面一并调查,众议员亦讨论多时,卒以俟本年常会闭会后由常驻议员担任调查取决。第五周君培金提出淘汰教员案,委员会以宜实地调查,切实指陈,分别提议,全体无反对。遂散会。

(《汉口中西报》1909年11月27日,新闻第3页)

45. 咨议局会议详志

十七日咨议局开第十七回会议。第一为督院提出矿业议案,由特别委员会审查,亦极力赞成,众议员俱表同情。后又经夏仲膺报告湘省保存矿产历史,吕超伯遂倡言宜设鄂矿保存会,以免利权外溢,全体无反对,遂通过。次则议员张中立提出除盗安民案,赞成者占大多数,惟办乡团添防营等条均付委员会另行修改。第三案请撤两湖赈巢米谷捐补卡议案,系议员邹君永钶提出。经税债委员会审查,众议员反复讨论,佥以移卡为宜,遂通过。第四案黄君赞枢提出足兵食以保治安议案,在委员会审查意见以所论实为思患预防起见,惟将稍有窒碍之处请从复议。嗣由陈君登山报告谓此案乃数十年前之事,现时地方情形非□[往?]昔可比,应请禀弃云云。众俱认可。第五至第八案系议员胡壬林、张树林、蓝田、董钦墀四君增补督院讲求宜防案内所未议及各事,当由议长报告应查照督院议案,由各提议员会同修正,附于督院提出讲求以防水患议案之后。旋即宣布散会。

(《汉口中西报》1909年12月1日,新闻第3页)

46. 咨议局会议详述

十八日咨议局第十八回会议,到会五十人,吴宽仲告假,由汤副议长报告开会。所有情形，胪列于后：

第一、请力争实地调查案。理由：陶君峻因见宪政编查馆有调查文件须由各局署抄交之电，遂提出此案，以免障碍而期事归实际。此案已直接通过，并未付委员会审查，亦未讨论。

第二、划一讼费案。理由：孙君传烈为各邑诉讼费用至巨，商民难堪其累，拟仿武汉审判见习所之法办理。审查意见：法律委员会极力赞成，惟间有删改之处。讨论：众议员有立不必划定者，有论直照审判厅章程者，惟吕君逵先谓讼费一项，江夏王大令棠轩曾定为每状一纸收费三百文，过堂一次收费五百文，从前一切陋规□革净尽。此次既欲划一，即可遵照办理。结果：照吕君报告取决，直立者四十八人。惟各属审判厅成立时仍照部章办理。

第三、时君象晋介绍枝江附生曹孝原陈请军田估价总书揹册一案。理由：乡书不遵定章，苛收军粮，弊窦横生，请呈院划一征收钱数。审查意见：极力赞成。讨论：并无反对。结果：□原案稍加修正取决。

第四、吴议长介绍铁路协会陈请书。理由：为筹修鄂路，拟派股之法，请议决，转呈院定案。审查意见：未付审查。讨论：周孚、胡柏年俱反对依丁粮派股，赞成营业、契价派股两项。夏副议长复解释陈请意见无非欲公司及早成立。时君象晋遂请改随粮为摊租。赵君麟书赞成，并请变卖公产以补助之。陶峻反对变卖公产，请将各属生息公款收回入股。吕逵先谓宜照川省摊租办法，百分取三。陈登山极力赞成。结果：汤副议长因此事关系至巨，当即宣告俟十九日用通知传单取决。此时已旁[傍]晚，遂散会。

（《汉口中西报》1909年12月2日，新闻第3页）

47. 湖北商办铁路协会陈请咨议局书

为陈请事。窃鄂境之川汉、粤汉铁路实系中国存亡攸关，其不可不拒债筹款，争回自办，利害得失早在诸公洞鉴之中。独是筹款方法除招股、抽股、公股由敝会筹卖外，所有待奉行设官之命令而行者，则非仰赖贵局提倡呈请督院札饬各府州县定案施行，不能有效，即敝会所议之派股是也。派股之法有三：一依丁粮派之。凡年钱粮五钱上者可派一股；一依营业派之。凡营业资本有五百元以上者可派一股；一依契价派之。凡买田地屋宇价上百元者可派一股。每股以五元为限，过此者用通加法，不及此者听之。其递加之数有不足一股者，丁粮、营业两项则用三舍四入法（例如完银九钱者可派二股，不及九钱仍派一股，资本九百元者可派二股，不及九百元者仍派一股），契价一项则用四舍五入法（例如契价百五十元者可派二股，不及百五十元者仍派一股），庶足以昭划一而杜流弊。

或谓行此派股之法，恐民间未享其利先受其害，自此不堪骚扰，且调查亦复不易。此言诚然。要之，此法行于昔日则难行，于今日则易。何也？咨议局已经成立，而地方自治又接踵而起，各州县之调查统计自不难于周知，况粮券资本税价尤属显而易见之事。此不足虑者一也。

或谓前此选举调查，人民无知，以为朝廷意在搜括财产，故以多报少，以有报无，自抛弃选举权者不知凡几。若乘此时派股，则人民搜括财产之误解将因此疑以为实，而愈形长避，未免有妨新政。不知刻下迭经选举，人民咸晓然系权利之所在，朝廷并无他意，加之借重贵局诸公分任其事，与敝会所派劝募员到处演说，多方开导，使人民洞悉外国人侵占我国土地，殄灭我国人类之意，则人民爱乡心发，自不难倾箱倒箧以为之助。此不足虑者二也。

或谓天灾连年，流离载道，仁人君子于设法救济尚且不暇，乌能再以派股一节累及灾民□也。不知六十九州县中受水灾者不过三十州县，何难分别缓急，将未受灾各州县提前办理，已受水灾诸州县推后办理，自不致其伤民生。况受灾最重者莫如沔阳，然黄君[赞]枢、胡君柏年、李君国镛等前日已在教育会为沔阳全体担任十万元，分五年交，不过交银期限迟他州县一年耳。夫胡、黄、李三君籍隶沔阳，未尝不深痛其州民力之艰难，而愿如此担任者，亦无非为大局起见，有迫于不得不已之势。以受灾最重之沔阳尚且如此，其余被灾较轻之州县当亦勉为其难。此不足虑者三也。

或谓派股之事与四川、湖南租捐无异，现在湖南尚在初办，虽未能言及利害，然四川人民已极怨愤载道，固可为湖北殷鉴。不知四川租捐皆系民间纯然义务，近于附加税之性质。若派股则系商业性质，自投股之日由当事者予以股票，年付官息，及铁路成功后量所赚多寡，按股分红，以为子孙之业，较诸四川、湖南租捐仅负义务而不享权利者大有分别。且其租捐收入经手操之于官，所收之钱皆为他项挪用，以致铁路久搁，迄今未见开工，此人民怨愤之所由来也。我湖北此次征收皆由绅商经手，收时另有细则规定，自不致上下其手，勒索害民。此不足虑者四也。

即谓治法易定，治人难求，终不免于扰民。然扰民固为民害，以视路失何如乎？两害相较，避重就轻，实逼处此亦将奚逃。窃见子弟之患病疽也，为父母者明知医药之苦，针灸之痛，不忍加诸其身，然而非药之针之，不能治其病而疗其毒，就表面视之，固近于忍，就实际观之，则出于爱子之苦心。今日之强迫派股殆亦犹此。贵局自东京代表张、夏二君回国呈请之日，当即派员十人，继以捐款，联合绅商军学各团体提倡协会，不遗余力，仰见贵局对拒债筹款之事无微不至。惜心源等力绵才薄，参此重任，非年有固定款项以为集腋之助，不可为此。略陈管见，恳祈贵局迅速付议，俯如所请，庶不负贵局前提倡协会之美意也。不惟心源等感戴无暨，而湖北幸甚，天下幸甚。

（《汉口中西报》1909年12月2、4日，新闻第4页）

48. 法政学堂讲习科绅班全体学员致咨议局议员书

咨议局议员诸君公鉴：

诸君为吾鄂全体代表，对于选举人负道德上之责任，此义为诸君所饫闻，无俟鄙人等赘述。惟开会以来，鄙人等默加体察，览诸君对于咨议局之地位实有不符众望者。今已届闭会之期，谨举尊局内容为鄙人等耳目所及以供质证，伏冀诸君子一加省察焉。总计常会及展限日期不为短少，试问诸君所议决提出议案者何事？凡事之关大利害者率皆批□搁置，所经公决者必属权利义务两无关系之空阔问题。夫宪政编查馆所示诸君权限之范围日益加狭，鄙人等非不深知。然使诸君认清权限，凡行政之属于地方者，应兴之利应革之弊亦复何限？又以对于官府之不利，恐生阻力，不敢主张。诸君之位置诚为坚固，全省属望咨议局之心恐不如是也。每当开议时，谛视列席诸君，凡事涉公共利害者，除提议审查两番报告外，大都噤若寒蝉。即有一二讨论，亦惟是咬嚼文字，卖弄身手，未有高瞻远瞩深究，仍旧更新两方面利害之比较，或当公认或当否决者。惟闻于常驻兼差、普通旅费之议案，则拂依而起，全体争持，断断不决。是诸君对于公共利益之希望淡，对于个人利益之希望浓也。诸君被选经两番投票而来，期更两月，犹豫之期间不为不多，诸君有私事掣肘，尽可发表意见，豫辞当选。既已应召，即当屏除私累，一意公益。历五观十日开会时期，议场之阙席者曾[？]累皆是。听书记员报告假单，率无必要事由，且□时见之于酒食游戏之场者。三年名誉，职仅此百余日之勤务，尚不能洗心涤□[面]，一效仔肩，是诸君来时之目的与咨议局之地位固大相刺谬也。国势危殆，甚于厝火积薪。一线生机，曰惟国会之成立。咨议局固国会前途影映也。有此咨议局，有诸君为咨议局之议员，使全国皆然，鄙人等敢断言之曰中国必亡。鄙人等参观谛听，实切痛心，用敢以不入耳之言勉效忠告，诸君内顾资力如实不能担当责任，屏除偏私，开会时请即先行裁决，无复滥竽充数，至断我国生机。鄙人等不胜迫切之至。谨上。

(《汉口中西报》1909年12月6日，新闻第4页)

49. 咨议局舞弊引发冲突

咨议局议员旅费，襄阳议员每人二百一十四两，该局办事处舞弊，扣去银十八两不发，连日之间，议员与办事处书函往复，冲突颇甚。□[尤]可异者，书记长函称款项出入皆经大众商妥云云。议员见而大骇，谓此事未经正式议会公决，何得妄称大众商妥。刻已严词诘问，并拟禀呈督宪云。

(《汉口中西报》1909 年 12 月 12 日，新闻第 3 页)

50. 咨议局常驻议员会议详志

本月初三日下午，咨议局开常驻议员会，所议者为存古学堂陈请一事。先由议员阮君次扶报告审查之理由，大旨谓纪监督办事认真，公论自在，该书所呈肆口诬蔑，显系挟嫌者从中煽惑，倘不呈请学宪彻查，以期水落石出，恐不足以戢倾轧之风，而作任事者之气云云。后有某某议员谓此事系由已革退之某教员与觊觎存古学堂监督一席之某侍御某观察所嗾使，如该议员所报告措辞过于激烈，恐开罪于大人先生，意欲将该报告书再行修改，然后宣布。阮君则谓强御不可畏，公论亦不可不伸，力请将报告书宣布，争辩甚力，且与吴议长小有冲突，其结果未知如何了结。吁！湖北咨议局开办以来无一事足述，惟阮君此举扶植善类，持正不阿，可谓湖北咨议局议员中之朝阳鸣凤矣。

(《汉口中西报》1909 年 12 月 19 日，新闻第 3 页)

51. 湖北咨议局之悲观

呜呼！吾侪数年来所延颈跂趾仰望于咨议局者，而今竟演出如此之现象乎，聚全国志士仁人之血泪、之脑力、之唇舌、之笔墨，乃仅仅得朝廷之允许于今年开咨议局，俾吾民以参政之权。自九月一日开幕以来，上自公卿下迄□氓，目所视，视咨议局，手所指，指咨议局，口所道，道咨议局，盖无不以咨议局为铸造幸福之绝大场合也。故见其所提议之案，有为吾民兴利除弊者，未尝不举手加额，奔走相庆。或见有中外报章揭载咨议局一二腐败之事，冷嘲热讽，形容过甚，辄为不怿，以为咨议局本属创举，议员本属幼稚，即欧美议员尚难求其人之皆合程度，况我国初次开办乎。若必执议员举动琐屑之征而苛以相责，是使政府与社会皆生轻视咨议局之心，殊非立宪前途之幸也。乃今者竟不幸有湖北咨议局议长与议员冲突至于辞职之音闻。

湖北近来风气，党争倾轧日盛一日，如秋间教育总会与理化学堂之冲突，两造竟至百余人之多，以口舌为锋铓，以笔墨为枪弹，学界几变为军界之剧战焉。曾几何时，而存古学堂之风潮又起矣。存古学堂内之复杂已略详本报，记者无暇再论，但咨议局议长之辞职其近因亦在乎是。呜呼！咨议局者，一省政治之总机关也。学界者，一省政治之一部分也，存古学堂者又一部分中之一分也。今以一省政治之分子而牵动一省政治之总机关，未免小题大做，而骇人听闻矣。记者乌能已于言乎。

方咨议局之开幕也，记者常隐然忧之，以为天下事，利于官者必不利于民，利于民者必不利于官。咨议局为民人而设者也，议员又为民人所选举而来者也，吾意开议之始必能增人民之福，而不能遂官吏之欲，若是，议员与官吏或不免有冲突之举。乃议员等对于官吏则唯唯否否，不敢有丝毫之要求，对于民人亦淡淡漠漠，未见有一事之振兴，独议员对于议员，议员对于议长，是各以意气用事，各以私欲为怀，党同伐异，互相攻讦，由袒护而起争执，由争执而起冲突，及冲突甚而议长乃不安于其位矣。夫议长者咨议局之主也，今忽然辞职，则该局之前途何堪设想，辞职而以私不以公，则湖北之宪政又何堪设想，吁可危也。

虽然，士君子合则留，不合则去。该议长与议员意见不合，决然舍去，是非论之公论，不与计较。湖北之议长虽失江西之候补道，自在也，不为贤绅，或可为名宦，吾不能不服该议长见机之早。及闻辞职数日未见一人之挽留者，是议员等于我已矣尚何言。尚何言何以又致手书于常驻议员云辞职非细故，不可不用正式公文呈请督院示遵云云（见十三日本报），岂见议员等不为投辂而恳督院为之留行耶。恋栈之情形，恐为有识者所窃笑也。

嗟乎！记者亦湖北之份子也。咨议局之冲突关系于湖北前途甚大，故不觉其哓哓如此。传曰：惟善人能受尽言。吾愿议员诸公再勿以意气相争，急行整顿，为湖北数千万人造无穷之福，则幸矣。

（《汉口中西报》1909 年 12 月 27 日，新闻第 1 页）

52. 对于湖北咨议员阮毓崧感言之感言

顷从报端得对于湖北咨议员阮君之感言一篇，阅竟之下，不待细心访察而已知其为吴兆泰之鹰犬义儿、孝子顺孙也。谓予不信，请为一一征实如左：

一、原函谓议员失其最重要之资格，甘心为他人之奴隶云云。查咨议局章程第三十九条，凡议员于咨议局议事范围内所发言论，不受局外之诘责，诚以议员有代表国民之重任，不负法律上之责任，立宪各国之通例均系如此。若辈岂未之梦见耶，不然，何诬蔑我代表公论、神圣不可侵犯之议员一至于此？律以辩言乱政之条，当在碎尸万段之列。征论阮议员之辩驳，主持公道，护惜善类，为□运所传颂，无若辈置喙之地。即令实有偏私，按之定章，亦非若辈之所能诘责。况乎八十三议员之中，对于该议员之辩驳几乎全体赞成，即受嘱托之吴议长，虽与阮议员小有冲突，亦不过碍于大老之情面，谓措辞过于激烈，恐将开罪权绅，是议长之所反对者在私情不在是非，并非谓该陈请书之不当驳也。今吴议长尚在，若辈独不能面质？此外尚有某某两议员与阮君略有反对，一为胡某，一为即已革存古学堂之教员也，其痛恨纪监督可知，乃入场未几，即为阮议员所驳倒而抱头鼠窜以去，是其言之无价值可想而知。除此三人外，其余则全体赞成，亦足见阮议员持论之公矣。但阮议员之辩驳书所以至今未能上呈者，乃学务议长之人，行侍御大人之脸面，有以教之，并非谓阮议员辩驳之不当也。竖子何知，竟欲颠倒黑白，诋毁日月，此足征为吴某之孝子顺孙者一。

一、原函谓阮君为纪监督私人云云。私人之界限不知何指，若仅以师弟言，则阮君亦吴侍御之弟子，又系同乡，阮君果何厚于纪监督而独薄于侍御，良以公论所在，虽师生亦有不能左右袒耳。若以援引而言，则曾记去岁有一荆门州友人某君前在某道中学附属高等小学堂充当监学，后因学堂解散，来省另谋差委。到省之后，请吴侍御在汉江春吃酒一次，不数日而荆门州教员之札已下矣。又侍御之充当黄州府学堂监督也，即以其姓世兄充当监学。若是者谓之援引私人，庶乎无愧？至纪监督则从未闻有此事，其向来用人一秉大公，故其所办之学堂，差足为湖北吐气。至其高足弟子现时充当要差者颇不乏人，然或以品学，或以资望，或以劳绩，类皆出于行政长官之特简，初不赖纪监督之援引。若以阮议员之省视学为由纪君请托而来，则试问去岁之省视学若金、张、马诸君，孰不由销支郡学堂差后赋闲无事而来，岂尽纪君请托之力耶？况阮君者以经心书院之高才生，重以跋涉重洋之辛苦，办理支郡之劳绩，其充当省视学也，自属循资序进应有之劳宠，初何需乎请托，又何需乎感恩？信口狂吠，肆言诬蔑，此足征为吴侍御之孝子顺孙者二。

一、原函谓纪君于存古学堂措置不善，因百口无可解说云云。惟其中一则曰纪君在文普通办事认真，再则曰闵监学颇能任事，措置不善者而能若是乎？若谓其认真于文普通而不认真于存古，则固理所必无之事。监学能任事，则非任用私人可知。又曰舍杜宗预因杜之不任事，又曰开除各旧教员因其旷堂，则旧教员之屏弃非由纪君排挤可知。种种方面，即在甘为鹰犬义儿之辈，亦不能为纪监督捏诬，亦足见阮议员之持论可以质诸天地鬼神而无愧矣。至以教务长用曹汝川为不合，则大为无理。查曹君为广东水师学堂学生，学有专长，历扬湖北学界将及二十年，资格最老，所著课程已刊未刊者不下百余卷，以如是资深望重而犹谓之年轻望浅，试问年不轻望不浅者，湖北之各学堂中有几人耶？他如监学不授功课，则属湖北通例，不独存古为然，盖管理事繁不能兼顾，非监督使之然也。又如顾、李之旷堂，由□督辕之派校试卷，监督虽欲认真，其奈之何。外省教员薪水独优，则道里之远近使然，不得谓监督待外人独厚，以顾、李与纪监督素不相识，尤无所用其偏私。若必执是以相诘责，则洋教员薪水之优于中国人，若辈岂竟不知，何以不闻全堂师生之不平耶？以此等事谓为措置不善，殊不足以服人心。此足征为吴侍御之孝子顺孙者三。

一、原函谓纪尝对存古职员曰湖北人要钱不要脸云云。查此言为存古革员萧某而发。萧某于去岁教员不齐之时，曾代某门功课数点钟，及到年假时，则在庶务陈介庵太守处要求多给薪水。太守当答纪监督新到差，渠办事向来认真，此事碍难启齿。君若钱不敷用，则我愿解囊赠以百元，明岁君亦可以不必再行代理云云。于是太守遂私给以百元而了事。事后纪监督闻之，遂发此言，并非诽谤湖北人也，若辈何得借为口实，激动公忿，以遂其倾陷排挤之私。此足征为吴侍御之孝子顺孙者四。

一、原函谓吴侍御为湖北朝阳之鸣凤云云。查侍御请停颐和园工程之封奏，系左笏卿之大手笔，侍御不过因人成事，海内久已哄传，莫不谓侍御之得享盛名为有天幸。若辈岂未尝闻知，乃尚欲学之以夸示于人，亦适足以令人齿冷而已。又谓侍御行将入都陛见。夫陛见之事不过个人私图，较之川粤汉铁路关系于我湖北人之身命财产者孰重孰轻？以最重之铁路代表而犹不肯入都，岂区区陛见一事而谓其敢于入都，其谁信之？盖侍御烟癖素深，每日非下午二三点钟不能起床，凡属湖北人莫不知之，即令其敢于入都也，吾不知凯旋门之检查土膏，渠将何以御之。此其不敢北上之一大原因也。至谓议长兼会长一有所言便受辱詈云云。查该侍御之为议长会长也不自今日始，以前学堂之腐败于存古学堂万万，监督之远不如纪某万万者，从未闻该议长有一言之指摘，何独于皎如日月之纪某而敢于罗织排挤之耶。况又不排挤之于张文襄未死之前，而独排挤于张文襄死之后，亦良以文襄未死，深知其嗜好□深，决不肯以存古一席畀之也。倘谓该侍御之言果出于公，则不待私函之嘱托，湖北咨议局已早代为排斥之，如法政监督是其已事也，乃密函之达于咨议局者数次，而议员之持正自若，亦足见该侍御之言不当，其受辱詈也固宜。若辈反欲为之饰词辩白，此足征为该侍御之孝子顺孙者五。

以上数端，记者盖愤公道之不张，奸邪之害正，故不惮舌敝唇焦而为之一一纠正,并非有意左袒阮君也。阮君与记者向无私交,但以直言而遭诽谤,窃恐自兹以往,为议员者皆将如寒蝉仗马而为权绅所左右矣,于吾鄂宪政前途所关甚巨,故不可以不辩。

(《汉口中西报》1910年1月9、11、12日,新闻第1页)

53. 咨议局国会请愿代表仍须重选

湖北咨议局前派之国会请愿代表陈登山君,闻人短于词令,函宜撤换。因是咨议局拟于即日内重选三人,以便同各省诸代表一同入都。闻副议长夏寿康必膺其选云。

(《汉口中西报》1910年1月9日,新闻第3页)

54. 咨议局工程舞弊之骇闻

日间咨议局致书于监修咨议局工程黄伯雨观察云:"顷闻外间风说新咨议局用砖多印有天主正三字,殊不可解,即令本局书记亲往查验。据该书记报告,工厂中果有此砖,其已凑入壁间者无从调查,其未凑入壁间者堆积甚富,随手取二砖携归作证,并查得厂中有咨议字样之砖,红色系伪涂等因,据此。窃咨议局为全省重地,该工匠等似未可漫然从事,至贻笑柄。况天主正显然为教堂之□□无意外交涉,种种方向[面],皆须熟虑。应祈饬工程师立即将有天主正字样之砖尽行撤去,伪涂红色之砖尽行更换,以弭后衅而重□[要]工,至为纫佩。"

(《汉口中西报》1910年1月9日,新闻第3页)

55. 黄观察复咨议局书

(为查复天主正砖事)新建之咨议局砖上有天主正字样,经咨议局议员所见,当即函监工请黄观察以霖查复一节,久志本报。兹闻观察已查复,其函略谓:咨议局之青砖系刘裕泰行承烧,另有自烧天主正、地字元砖两种,乃为小工误搬运而来,数有两千之谱,并无别项情事,愿具切结。再传询承造匠人协义盛,此项青砖乃去腊二十二日运到,二十三动工,刻下已将所砌之墙悉数拆看,所有天主正之砖俱已剔净。如不见信,亦愿具结等因。兹特将两结送呈详核。此事关系重要,不得不彻底清厘。兹既查明情形,敢请派明言[?]工程之赴□验视,或亲举至趾,尤所深盼云云。

(《汉口中西报》1910年3月9日,新闻第3页)

56. 再论湖北咨议局

记者曰,吾观湖北咨议局之现象,吾不欲言矣,然吾欲不言又若有骨鲠在喉,急欲吐之以为快者。毋亦望之愈殷,故责之愈严乎,是则可哀也已。

吾鄂咨议局开幕以来,其所提议之案有可令人庆幸者,有可令人畏难者,并有可令人发噱者。记者曾略为贡献,或发表于提议之前,或商榷于提议之后。在记者之意,总期言者无罪,闻者足戒。其所望于议员者,亦应有则改之,无则加勉。盖报馆与咨议局有莫大之关系,固出于贤王明训者也。今议长与常驻议员因冲突而辞职,用是不惜笔秃唇焦,以告危于我湖北六十九州县同胞之前。

今吾欲言议长之过欤,而议长固吾鄂人士所一选再选而奉之若神明者也。欲言常驻议员之过欤,而常驻议员亦吾鄂人士所一选再选而视为端人正士者也。且其内容非常复杂,不独议长与常驻议员有意见,即众议员亦各有意见不合之处。吾今就议员中胡君大濂因辞加旅费布告众议员之书转述与吾鄂人观之,则咨议局之内容与议员之行为,皆可得其真相矣,吾鄂人谅亦争先快睹乎。

上月咨议局各议员因旅费扣不发足之故,曾与书记长有隙,于是正副议长有请督院加给议员旅费之呈文,而议员中主张加给旅费者亦居多数。独胡君大濂不以加旅费为然，大有独醒独清之概。今将致众议员辞旅费之书节录于左，议事厅欤？养老院欤？吾鄂人士必有能辨之者矣。

（上略）"大濂一介寒儒，俭衣约食，固素安之生平，每岁得数十千脩金，尽敷家用，不待他求。"记者曰，此殆所谓淡泊以明志者也。人能长守此志，必能为生民造无穷之福。惜乎为议员者不尽存此心也，又恐其空言者多而实行者少也。"谬蒙众举，滥竽其间，不三阅月窃百余金。"记者曰，一人百余金，十人则千余金，八十三人则八千数百金矣，而今又加之，而正副议长与常驻议员又加之，则万余金矣。此万余金者岂天雨之耶，地生之耶，无非吾民之血汗之脂膏也。呜呼痛矣！"岂非过望，岂非绝幸。加以素无学识，凡我省最重最要最切最急一切兴革事务，百思而不得一说，而空言敷饰，借露头面（提议无关痛痒之议案者听诸），又非所甘，以故到局月余，终日饱食，绝无事事（吾民所希望于议员者如是乎），惟三五日遵照至会场静坐听命，拱手受成，即起立一端，亦以分配，原案早宴不齐，质鲁难以细究，致盲从众人（吾民所要求开咨议局者如是乎），清夜扪心，岂胜愧汗。若复不知足，滥受加费，濂即至愚，何至无耻者若此。且正副议长、常驻议员前曾以不兼差之说请督宪照他省例加优公费，今复为非常驻议员六十三人呈请加给旅费，督宪将视议员为何等人，天下将谓咨议局为何等地？人不加责，自审可知。濂即至愚，又何至无耻若此。（中略）噫！生民瘵困极矣。新政诸费罗掘一空，沟壑余生，朝不虑夕，又何必仆仆焉不惮烦，设此优孟衣冠之咨议局，令吾湖北同胞担任此每年数万虚糜之巨款耶。"（下略）

记者曰，呜呼！吾真不欲言矣，吾真不忍言矣，吾惟取胡君大濂之书反复细味之。窃叹吾鄂咨议局诸公无非为私利起见，始而要求督院加给公费，继而要求督院加给旅费，吾不知议员既享此重大之权利，果尽若何之义务也。夫君子小人之分，只利欲与道义之别而已。君子以道义相尚，虽有时意见不合，然为公而非为私。韩、范上殿时力争如虎，下殿时则亲爱如故。小人利欲为怀，始而胶漆相投，合群团体之声不绝于口，及见利害当前，则各自趋避，互相水火，以异同为爱憎，以爱憎为是非，喜则声援，怒则倾轧。议员所以不免于冲突者正坐此弊，吾今无以名之，名之曰怪现状而已。悲夫！

然记者岂仅为众议员惜哉，今各省凛然于大局之危，请开国会之声浪震人耳膜，苦心孤诣，热度万丈，亦犹是议员也。而吾鄂之议员乃如此，得不为各省所唾骂，而为众矢之的乎？即置唾□于不顾，使此排挤反噬之活剧愈演愈甚，势必置搁全省重要议案而专以党同伐异之见，暗操同室之戈，其结果必致违犯咨议局章程第四十七条规定，致受督抚停会或解散之命令。是各省以有咨议局而兴起，吾鄂反以有咨议局而陷于天演淘汰之列也，岂不重可危也耶。

曾文正有言，以前种种譬如昨日死，以后种种譬如今日生。今咨议局以前之冲突，吾固望其速死矣。咨议局以后之整顿，吾更祝其生生不已，无负吾六十九州县厅人民之望也。诸公果尚有心肝乎，必不河汉吾言矣。

（《汉口中西报》1910年1月14日，新闻第1页）

57. 咨议局之主持公论

咨议局常驻议员对于学宪询问存古学堂陈请书之移文，咸主张据实答复，因议长吴庆焘袒护权绅不肯画行，遂致大起冲突，其详情已见报端。近闻初一日会议时该议长又大受议员之唾骂，自知理屈词穷，遂将复文一事认可，其文有曰查本局凡属通过之案，均经随时呈请督部堂公布施行，此案既未据呈，自系未曾通过云云。经副议长极力反对，甘受数次唾骂，始将自系未曾通过数□□[字改]为实属业经取消云云。在议长之意，不过谓吴兆泰等致护院之函诡云存古学堂陈请书咨议局业经通过，今云未曾通过，恐吴兆泰等将受造谣欺民之诘责，故不惜出死力以与全体议员争。其实诘责与否，公论所在，护院自有权衡，业经取消与未曾通过究有何区别耶。现在该局复文已经缮就，初三日业经移复学宪矣。查存古陈请案初之时，几于暗无天日，经咨议局多数议员之屡次抗议，终使宵小之毒口归诸烟云，正士之行谊皎如星日，不可谓非我湖北咨议局议员之特色矣。

(《汉口中西报》1910年1月17日，新闻第3页)

58. 咨议局常驻议员董钦墀致铁路协会书

协会诸公台鉴：

敬启者。自湘鄂铁路借款之事端起，吾鄂人栗栗危惧，如临万丈不测之深渊，奔走骏汗，力求达拒款之目的而不得。幸去秋协会成立，群情振奋，力图挽救。又幸三代表毅然赴都，誓死抗争，舌敝唇焦，不遗余力。捧读三上邮传部书，既闻张君徐宅之痛哭，未尝不感且泣下，以为吾鄂数百万人之生命财产，吾中国铁路前途之大局，其关系皆萃于三代表之身，实非寻常庸众所能肩此至艰且巨之任也。今幸批准立案矣，阴霾愁惨之状倏变为化日光天，此实吾鄂异常之特色，绝大之光荣。厥功伟矣，庆何如之。虽然，拒款之事虽终，筹款之虑方始。盖路之能成与否，在有款无款。款之能筹与否，在人心之齐不齐。人心之固结与否，又在主持诸公之能调和联络。股款由赀本集合而成，商界者赀本之母。此次人心异常踊跃，直因纯粹商办之故。然尝微窥商界之情形，不惟畏官之压制，并且畏绅之蔑视，则绅商军学各界必须和同而化，破除成见，永固团体，方能达万众一心之境地，收始终如一之效果。诚如是也，何患款之不集，路之不成也。侧闻□□二十七日开职员会，颇有意气之争执。吾人对此不免鳃鳃，然有所过虑焉。语云和衷共济，又云惟有忍乃有济。深愿诸公之能和且忍，以共济此不世之伟业，则吾鄂无量之幸福，亦诸公不朽之盛名也。诸公识力高远，阅历深透，必有□策以善其后。钦墀所以不能已于言者，不过就闻见所及，尽吾鄂人一分子之义务而已。盖筹款之事固重且大，而吾鄂路事目前尤有绝大两问题在，尤愿诸公及早图之，不令彼此争执，驯至纠结而不可解，则尤幸已。

一曰官招路股问题。虽曰官招，实皆吾鄂热心路事之人解囊担任，万不能泾渭过分，终予摈弃。似宜速筹处置之方，与督院交涉，将该款早日验收（两路应存百数十万元），既可以骤增巨款，又可以翕服人心，以为从前所认股分尚且不至虚悬，此刻既争回自办，更可安心入股。且商办批准之日，应既[即]官办消灭之期。多延一日，即多一日之糜费（去冬官办停委虽已见报，然局尚未撤，职员亦未经辞退，仍常开支）。其所糜费无一非吾鄂人之脂膏，甚可惜也。或曰糜费其业达百数十万元，收入前认之股款，恐损后认之股东。此说诚是。惟闻张文襄从前定案时已奏明一切局用不准支销股本，从米捐项下开支。援定案以与之争，应接收全数之股本，决不认分毫之局用。此种止（正）大之理由，料当道亦无人回护。以外[此外]勘路线、置地皮、买铁木所用诸费，但确有主名之可按，在公司又何妨任受。如核查账目确有浮开，应请督院严切追赔，以儆官邪（好在督院于财政极为认真，钉针厂其前车也）。况筑路以人才为急，闻官办之铁路学堂腐败至极，早日接收，将学堂切实整顿，人才养成，即可备他日缓急之用。或曰接收学堂奈无款何。查阖省米捐原系奏归铁路之用，此时要求米捐仍归公司，亦是正当办法。如能达其目的，则学堂开支何患无款。借曰米捐系铁路之用，小票尚未偿还，捐款岂能挹注。然查鄂路小票不过数十万元，米捐一年得款三四十万元，接收数年，即可得款二三百万元，学堂开支之外，并可存留余款，作为阖省公股，公司亦何乐而不为也。如不早为之所[计]，诚恐米捐款项拨归他用。官场狡计愈秘愈深，一切浮费愈支愈滥，从前股东心滋不服，于此次招股亦有妨碍。盖从前股款系川粤鄂路，目[日]今股款亦川粤鄂路，据此争执，不可为无理取闹。譬如商店有先投之赀本，有后投之赀本者，万不能将先者一笔扫开，绝无处置，即小谕大，可概见也。如曰待从前股东与官场交涉，微论四方散处，未易团集，而强有力者又恐不能多觏，即令股东交涉股款收回，势必分散零风卷藏而去，劝导殊难，巨款可惜。同是鄂人，同是路股，何如由协会交涉，势众而力厚，反可援奏案以与之争，有米捐以善其后，且可骤增巨款以为援也。

一曰路线问题。夫路线之长短难易，均有一定不移之理。化除此疆彼界之私心，即可泯此争彼夺之私见。因从前官所勘测即曰可以照办，固非核实之道。因从前官所勘测而即弃之如遗，亦非事理之平。查川汉鄂线较长，由硚口过蔡甸、仙桃镇、潜江张锦河、丫角驿、沙市江口以达宜昌，其线甚直，其道甚平，不过七百里之谱。如由随、枣绕襄樊而达宜昌，其线甚曲，共千有余里，且高山峻岭，开凿为难，驾（架）桥过汉工程亦巨，费用加增八百余万元。吾鄂两线并举，集腋维艰，舍费省工少之路而就费巨工艰之线，需款更多，则成功更难。避易就难，殊为非计。说者曰取道襄樊可控引西北利源，不知干路取直，支路绕曲，此铁路自然之势。支线由沙接襄，西北利源仍可控引，东南常、澧、永、宝，亦可再接厉，彼此兼顾，其义更圆，其发达当更巨。说者又曰蔡甸、仙桃镇一带地势过低，诚恐妨碍路线。不知由硚口绕襄樊必经汉川，该县地势较汉沔尤低，又将何说。彼京汉路线过孝感三汊湖等处，填湖成路，及过河南滨河各州县地势更为低洼，河水亦患横决，从未闻因水废路。如能测量水势，将路垫筑，自可无虑，且填路之费较之凿山穿洞之费其减省多矣。说者又曰干线近江，恐与航路相妨，路线难期发达。不知汉南之线与江相距近者百余里，远者二三百里，万不足以妨航路。即妨航路，铁路系吾鄂独有之利权，航路则三公司久踞之利薮，招商所得曾有几何，即夺尽航路之利，亦无不可，况两不相妨乎。披阅地图，水陆并驰之线甚多，何独于吾鄂而疑之也。且蔡甸、仙桃镇、江口等处皆吾鄂中等埠头，沙市系吾鄂上等埠头，路经繁盛，发达更易。汉北之线舍襄樊而外，别无名埠，山路硗确，岂能竞胜于沃衍之区乎。说者又曰如由广水接襄阳，其路甚近，成功不难。不知附着京汉，既失川汉名义，又损吾鄂利权。以主人翁而甘为附属品，似可不必。说者又曰我取直道由沙达宜，恐京汉由广水接襄樊，西北利源必为所攫。不知由广水至襄樊皆吾鄂地段，我不允筑，或声明我自兴筑，京汉岂能强夺我之干路？能早敷设襄樊支线，通过西北利源已为我有，京汉之所筹划未必有利。即令有利，吾路既成之后，自不难以余赀兴筑彼路，主权在我，京汉其如我何也。说者又曰由襄阳接支荆沙，即可顾全沙市。不知由沙市接支襄阳，是于直干之外另接一直线，由襄阳接支沙市，是于曲线之内又重一曲线。调停其说，不自知其烦费而无益也。况就沙路，则取所省八百万，尤可即时开办襄阳支线。就襄阳，则干线且苦不足，接支更在何年。闻襄樊路线由于日人原口氏之说，据云路多一里即得一里之利益，不知路多一里即多一里之费用。彼族贪多，自有别见，吾鄂人则不能不统全局以筹，不在以多为贵，而在能早日观成也。

总之，就费省工易之线则成功可期，就繁盛较多之埠则发达更速。必故为其难，恐款绌工巨，半途竭蹶，则滞碍更多。诸公主持大体，谅无成见，务恳选派公正士绅主荆沙者数人，主襄樊者数人，会同工程师，于荆沙一路再行勘测，如无窒碍，则该路即可确定。至襄樊一路，则路线之长，工程之巨，尽人皆知，似毋庸枉道以求合也。是否，统候尊裁。恭叩道安，余惟征照不宣。董钦墀顿首。

附：董钦墀致《汉口中西报》函

敬启者。闻吾鄂路事意见颇有参差，鄙人致协会书一通，略抒管见，拟请入贵报质之公论。想贵主笔热心路事，当不至以复□见弃也。此颂，竹孙先生近祉。弟董钦墀顿(三月五日)。

(《汉口中西报》1910年4月17日，新闻第1页)

59. 嘉鱼县贡廪增附生上咨议局书

陈请人：嘉鱼县贡廪增附涂德楷、徐天策、张桂芬、刘步洲、陈爽亭、刘世勋、刘亮、汪永承、程天炜、江世煜、刘廷、汪友敬、尹朝桢、熊祖荫、李林芳、陈慕亮、刘延圭、张钟秀、熊步鳌、周祥堃、涂祖宪、何正鉴、田雨农。

敬启者。因当铺行息一节，经前督宪张文襄公改良二分，各属久已遵照，嘉、蒲二县仍未改减。去年蒲圻县陈请局中，已蒙议决，于本年正月初一日一律减作二分。轸念民情，斟酌至当，逖听之下，钦佩莫名。

蒲邑当铺已按期照章二分取息，独嘉鱼各当铺贪婪厚利，抗不遵减。商人惟利是视，本不足责。而地方百里寄命，父母斯民，宜如何奉行新政体，体恤民难，乃苏概不出示晓谕。现任汪令下车伊始，曾对城绅提议减息，旋忽中变宗旨，城绅金承禧等公禀反遭批斥，云当屋狭小，骤行减息，恐当棉絮者愈多，一经堆满，势必停当，理应押抱告人惩办（此等批语不攻自破，停当之字，生事之引线）。观其前言与其后批，竟若两人。二三其德，岂徒难哉。十万通神，良可畏也。夫嘉邑与蒲圻接壤，而饥荒实甚于蒲。蒲可减息，嘉顾不可减乎！蒲之车埠、新店二铺，与嘉之龙口、陆溪口二铺即是一家，何以减于蒲而不减于嘉乎！现值青黄不接，民饥欲死，一丝一缕，搜括无余，使不减息，展限一日，则取多一点膏血，即少一分生机。生不忍坐视，前已禀呈府宪，蒙批嘉鱼县禀复，县主亦复宕延。该铺等铜臭薰天，竟敢目无法纪，金声掷地，遂能掌玩官司。生等被当铺藐视，又被县主捣鬼，情不能已，只得迫叩于议长先生台前。伏乞重申前议，呈督部堂大人严饬嘉鱼县各当铺实行正月初一日减息，□算全活灾区余生，生等下情无任汴□之至。

（《汉口中西报》1910年4月20日，新闻第4页）

60. 咨议局商法委员审查嘉鱼县绅等陈请减当息书

初九日嘉鱼县合邑绅耆致书咨议局，当由议员金式[度]介绍，经议长汤化龙查阅情询减当息以全活灾区余生等情（参看十二日报），当由议长交商法委员吕逵先审查。

（《汉口中西报》1910年4月21日，新闻第4页）

61. 论咨议局请将某道私产按律充公事

记者尝谓宪政之不行，殆由于吏治之窳败乎。今日之时势，岂尚有吏治之可言哉。天下熙熙，皆为利来；天下攘攘，皆为利往。上自公卿将相之尊，下讫于一命之士，何尝丝毫有为国为民之心，其所以孜孜矻矻，钟鸣漏尽，而犹不肯暂止者，无非垄断罔利之思所迫而致者耳。故忧时之士有谓外人之船坚炮利不足畏，而吾国士大夫之嗜利无耻，乃足以亡国灭种而有余。痛哉言乎！而今幸矣，幸有咨议局为之监察，而各省之吏治庶几由此而整顿乎。

如湖北已革某道①，盘踞鄂省历有年岁。剥公肥私，贪利忘义。借官吏之势，渔平民之产业。长袖善舞，多钱善买。某道曾足以自豪矣，虽身挂弹章，名登白简，而虽无位尊之荣，犹有多金之实，初不意咨议局之议其后也。

夫律载，有司官吏不得于现任内置买田宅，违者笞五十，解任，田宅入官。朝廷立法何等森严，特是吾民处于专制压力之下，官吏虽强横违法，吾民安敢轻议之，几若国家立法于平民不妨加重，于官吏无妨从轻。呜呼！此吏治所以日偷，民生所以日蹙也。今咨议局议员为全省人民之代表，吾民得以拨云雾而见青天，端赖乎此，故凡吾民所不能言者咨议局能言之，吾民所不敢言者咨议局敢言之。如此次某革道在现任内私置产业，本属显背国法，然吾侪小人虽知之而不敢言，即言之而不能尽。吾议员诸公上顾宪政，下顾舆情，竟毅然为国除奸，为民请命，将某革道私置产业呈请督宪饬查，按律充公，是议员诸公不畏强御，吾不能不服其识之卓也。且调查清悉，并非妄加某革道违律之罪，将某革道私置产业条分缕晰，则武汉轮渡、厚记、利记等公司，汉口华胜洋行，皆为某革道之私产，此犹人所易知者也。而汉口后湖一带地皮与省城所有各地皮，外人无从探悉，而咨议局乃能将底册契纸账簿（参观昨日本报）一一查悉，证据确凿，百喙莫辞，吾不能不服议员诸公心之细也。

且云私产充公，并不能为弥补亏空之用，立言尤为正大。盖某革道亏空鄂省公帑数十万（屡见各报），或谓以私产作抵，即可以当充公之罚。不知充公系不法之产业所应得之处分，追补亏空为赔偿国库损害所

---

① 指湖北巡警道冯启钧。

应加之处分，两种性质原不相同，办法自不容稍混。此尤见议员诸公注重国帑维持法纪之苦心哉。

抑记者更有虑焉。据咨议局所言，传闻某革道亏空公款过多，拟以地皮押卖外国洋行，借消积债。夫各国势力在武汉既已极盛，若果有押卖地皮之举，一瞬息间，增长外人无数之土地所有权，贻害国家尤非浅鲜。咨议局深为此惧，记者亦隐为大忧。此则仰赖于嫉恶如仇之督宪，而先归美于思患预防之咨议局。

(《汉口中西报》1910年5月28日，新闻第1页)

62. 咨议局议员前途之可危

卸任襄令徐久绪噬吞公款，除移交新任一万四千一百六十六串外，统共应赔出者尚不下六七万之巨。经该邑士绅禀请扣留追缴，乃核算公款之魏仲青司马有意袒护同僚，借议员已经认可为名，禀曹耕生太守希图了事。讵太守洞烛其奸，严词驳斥。该司马现虽复算，仍属敷衍了事，于徐令已亏之款毫无着落。并闻徐令且拟禀上宪，谓算账之时孙议员伟烈规避不面。该议员热心公益，□□贪劣县令赃证确凿，果何疑何惧而规避不面。奈督算各官于事前既不令该议员得知，该议员虽欲不规避又乌可得耶。该令账目分文未欠云云。且积□[怨]孙议员甚深，曾于日前在樊城官钱局对人云，吾与孙某势不两立云云。孙议员之友人闻之，□代为这危[?]，日前□函嘱该议员预为之防。孙君闻而笑曰，此□贪官污吏不去，中国且不保，只身何足惜。劣令倘能令乃尔不与鼠辈并生于污浊之世，□翁方且感之不暇云云。呼！该议员之气可为雄矣。但因尽议员之天职，致遭狗官之毒手，自此以往，为议员者其惧矣。

(《汉口中西报》1910年6月4日，新闻第3页)

63. 督宪核准咨议局扩充基地

咨议局规模广大，拟于后面坐山之基地扩充。时有民房五六间，监修黄小农观察已禀蒙督宪瑞莘帅核准,即于二十六日饬江夏县估价圈购,为扩充修造地步,以期形式可观。

(《汉口中西报》1910年6月5日,新闻第3页)

64. 咨议局工场工人滋事

东厂口模范小学对面水井,因前崇福山杀毙四命,凶犯系在此井毙命,业经巡宪示禁居民吸饮在案。一十七日十二点钟时,有修建咨议局工头等数人在此挑水,被该处站岗巡警出而阻止。该工头等不惟不听,竟敢肆口谩骂,巡警亦以恶言相向,致起冲突。该工头等即将巡警朋殴,受伤颇重。警察中区第二分区(在西厂口)距此甚近,该巡警即鸣警笛唤来伙伴,报经分区派委巡警六人前往拿获工头一名,业经送区究办。讵逃去工头跑回工场,邀集六七十余人赴局滋闹,其势汹汹,声言须速将拿去人释放,并放鞭爆陪礼始罢,否即折毁警署。该区官正传电话禀请公所派员保护之际,幸该场总工头职商某君闻信前来弹压,始将工头解散,所拿工人二名仍未释放。现区官正与总工头交涉,尚不知如何了结。

(《汉口中西报》1910年6月6日,新闻第3页)

65. 论咨议局请查嘉邑不减典息事

呜呼!今日之州县其不恤民瘼者何多也。州县之于民,犹父母之于子也。有疾病,为父母者忧勤惕虑,百方疹治,不遗余力。民有困苦,为州县者当如何抚循噢咻,方足尽父母斯民之责。乃湖北比年以来,水旱迭见,生民之困苦极矣,而各属牧令求其能尽心民事勤加抚恤者,如祥麟威凤,不可多得。但闻某令抗谕瞒征(现任黄冈县廖佩珣),某令讳灾不报(前任沔阳州张清),某令延宕赈务(前任汉川县何蔚绅),某令侵吞公款(前任襄阳县徐久绪)。其余溺职殃民者,尤书不胜书。即如嘉鱼县之减典息违抗定章,虽与讳灾不报等类有别,而其玩视民瘼则无不同也，是乌可以不论。

湖北典息经张文襄督鄂时改定每月二分，通饬各属遵行既久，乃嘉鱼县独违抗破坏，仍三分行息。在一般典业中人固恃该县令为护符，而获厚利矣，特不知嘉邑穷黎之典尽春衣者，对于该县令其感情为何如也。然该县令恃其威福由已之势，吾民处于压力之下又安能如彼何，亦惟有吞声饮泣而已。

幸者有咨议局议员为之伸公理，吾民或有一线生机也。盖咨议局于去年开会期中，曾议决核减典息以纾民困，奉调任陈督批准查照定章公布施行，业蒙札饬各厅州县一体遵照办理在案。乃此次议员金君式度介绍嘉鱼县贡生涂德楷等有陈请核减典息以符前议一书，据云嘉邑各当铺贪谋厚利，抗不遵减。商人惟利是视，本不足责，而地方官百里寄命，父母斯民，宜如何奉行新政，体恤民艰。乃前任苏令既不出示晓谕，现任汪令下车之始，曾对城绅提议减息，旋忽改变宗旨，城绅金承禧等公禀反遭批斥，有当屋狭小，骤行减息，恐当棉絮者愈多，一经堆满，势必停当[按此语殊难索解]云云。呜呼！嘉邑汪令诚可谓只知有利于己，不顾有害于民者也。盖汪令之所袒护典商借词搪塞不主张二分行息者，岂有厚于典商哉，不过欲得已之数千金规费耳。闻各当铺三分行息时，每年皆有规费银数百两送与地方官，若二分行息，则此项规费可免，而地方官无所利焉。此汪令所以始而提议核减继而中变者也。不知利于一己者尚小，害于民生者甚大。且视督部堂通饬为具文，视咨议局已定之案为无效，不徒下拂舆情，亦且上违宪法，该县令亦愚之甚矣。

噫嘻！当此青黄不接之时，嘉邑灾象无异各属，一丝一缕，搜括无余。使典息多一分，则取时多一分膏血，吾民即少一分生机。使典息少一分，则取时少一分膏血，吾民即多一分生机。哀哀穷黎，无所控诉。咨议局为民请命，已将嘉邑困苦情形缕陈于督宪之前。督宪整顿吏治，爱民如子，自必雷厉风行，饬嘉邑县令遵照定章，一律二分行息，以纾民困。记者盖拭目俟之矣。

（《汉口中西报》1910年6月10日，新闻第1页）

66. 咨议局请持公论之要电

小沙土□崐新馆孙洪伊、陈登山及同志诸公鉴,并转各报馆及鄂京官公益研究所鉴:

鄂官场组织五福记、诚记等公司,以结团运动为宗旨,以收买地皮为基金,历年以来,资本雄厚,根蒂深固。莘帅莅鄂,剔除积弊,整饬官方,该公司大为震恐,冯启钧参革后益危惧。现由该公司运三十万金人都,谋去莘帅,昌言不讳。圣明在上,枢府公忠体国,必不为所动。而该公司党志固结,手段灵敏,实为可虞。莘帅去留,于湖北安危关系甚大。恳主持公论,使奸谋不逞,造福全鄂。项□无任盼复。鄂咨议局。宥。

(《汉口中西报》1910年6月11日,新闻第3页)

67. 咨议局工人滋闹警区事已平息

建修咨议局工人等因在模范小学对面封闭井内挑水与巡警冲突,经拿去工人二名,后该工人等鸠众赴警区滋闹,经工头前来解散各节,均志前报。兹悉该工头是日在警区极力说情,次日即将拿去二人释放了事,毫未惩罚。该工头旋即赴警务公所具禀,谓该咨议局工程紧要,需水甚多,呈恳准予取用,亦禀黄小农批准牌示井栅,准予挑取。兹将牌示录于下:

照得模范小学前面水井前因事封禁,兹据建修咨议局工头□称,该工厂调和泥灰及泡砖一切工作需水缺乏,禀恳开封,以济要工等情前来。查该厂工程吃紧,需水甚多,姑准暂行开汲。然只许工作之用,不准居民擅行汲饮,致碍卫生。除饬令该工厂防护栅栏,俟工程告峻再行设法清浚,俾使公用外,合行出示,晓谕该居民等一体遵照勿违。特示。

(《汉口中西报》1910年6月11日,新闻第4页)

68. 对于咨议局请持公论之公论

初五日本报载湖北咨议局致电鄂京官,以湖北官场之地皮公司因瑞莘帅剔除积弊,大为震恐,运金三十万入都,谋去莘帅,恳持公论云云。呜呼!人心陷溺,恶直丑正,盗憎其主,下倾其上,乃至于此极耶。

夫湖北吏治之腐败,官场之横暴,难以枚举。而普通之弊,非枉法贪赃,择肥而噬,则横征苛敛,莫恤民艰。盖自张文襄督鄂以来,历任督抚循其旧规,务宽大之名,无整顿之实。法加于贱而挠于贵,情徇于上而恝于下。哀我小民,呼吁无应,任其敲剥,莫敢谁何,至于今日生命之存者,盖亦仅矣。然蝇营狗苟之徒,既狃于故常,肆无忌惮,只顾欲壑之难填,不知怀璧之有罪,而开行号、营商产、立公司、括地皮者,接踵而起。罗网高张,斧凿并奏,岂但脂膏之将竭,会见立锥之无处。长此以往,吾鄂尚有人哉,官而已矣。

朝廷圣明,洞鉴此弊,知湖北锢疾所入已深,非贤明果断之督抚莫能攫陷而廓清也,乃简瑞莘帅而任之。盖知莘帅之刚正无私,必苟于僚属,取快一时,以求一日之名哉。上念国计,下念民生,非惩贪无以劝廉,非除盗无以安良。故到任以来,严办匪徒,纠参劣员,皆图治之本根,不得不然者也。在官人员既受朝廷之责任,又受贤者之甄陶,清夜扪心,苟有天良发现,宜乎洗心革面,踊跃从公矣。乃魑魅攫人,不能现形于白昼,而鬼蜮含沙,竟欲射人于暗陬。于是五福记、诚记等地皮公司遂运金入都,谋倾长官,狼子野心,顽梗不化。此何人哉?此何人哉?且莘帅为朝廷股肱心膂之臣,耳目所寄,屏藩是资,贤王在上,明鉴万里。既任贤之无贰,必倚赖之不暇,岂群小所能摇惑者哉。以情揣之,似不必虑,然咨议局则不可以不虑,何也?湖北官场之鸱肆久矣,民生之困弊极矣。莘瑞在鄂,则官场可稍敛,民困可渐苏,而湖北以安。莘瑞去鄂,则贪污之焰愈张,剥削之行益甚,而湖北以危。安危所系,大局攸关。咨议局既受全省人民之委托,苟不预为之防,吾湖北之乱将不旋踵,亦何贵有此咨议局耶。故不可不虑也。

然而莘瑞则又不然。职所应为，则力为之。当查者查，当参者参。劳有所不辞，怨有所不避。运动不为移，倾陷不为慎。但期利国利民，而不计利官不利官。大臣公忠体国，官如是也，又岂宵小所能恐喝而挟持者乎。

虽然，五福记、诚记等地皮公司，果谁氏子所组织耶，吾不得而知。运金入都谋去莘帅，果谁氏子所主张耶，亦不得而知。以情理测之，奸谋决不能逞，鬼蜮必不获售，有断然矣。不能逞不获售而竟出于此谋，蝼蚁撼山，其愚何及。吾虽欲哀之，吾终无术以醒之矣。呜呼！城狐社鼠，扫巢穴于何时。汉水江流，洗腥膻之不尽。吾愿瑞莘帅力持之，咨议局力赞之，记者将浮大白而一痛快之。

（《汉口中西报》1910年6月13日，新闻第1页）

69. 对于咨议局请持公论之公论二

冯巡道革职之后，咨议局调查该革道在鄂私置产业，呈请督宪援服官省分之例，核办充公，此固快人听闻之事也。不意政界中其与该革道性质相同者惕于督宪之严明，咨议局之强项，而有五福记、诚记等公司辇金三十万入都运动督宪去位之事（见初五日本报）。呜呼！不料预备立宪时代而湖北官场之怪象有如此之甚者也。

夫杜成返锦，感令尹之贤仁，柳下怀清，化顽夫之志节。自来愚夫愚妇日受贤长官之仁风德泽，尚能化莠为良。衮衮诸公，非绾钱章佩墨绶，忝然居民上者乎，何以天良尽泯，甘冒不韪之名，与民争利。论国家法律，未必能当此重咎也。然果有识者，值此督宪调查冯革道地皮之际，自当砥砺廉隅，和盘托出，由公家按原价收回。在督宪体恤下情，决无不俯予所请。或则转售商民，为一己保全之计。不谓计不出此，而乃昌言不讳，以下凌上，等国法于弁髦，负宪恩之□大不诚，利令智昏，抑胡计之左也。方今圣天子在上，贤王当国，东南半壁直倚督宪为长城，五福记、诚记等虽手眼浩大，恐鬼蜮伎俩终难试于光天化日之下也。纵广钱可以通神，万一侥幸成事，亦不能据此席而代之。是雷厉风行之督宪虽去，而可宝可贵之咨议局犹存，其能为一网打尽之策乎？否则万难高枕而卧也。呜呼！不料预备立宪时代而湖北官场之怪象有如此之甚者也。

且亦知今日时代乎？上有宵旰焦劳之天子，下有流离道路之小民。尔等筹设公司，吸尽脂膏，归而置田宅，长子孙，为故乡田舍翁足矣，何必轻弃祖宗丘墓之乡，而与奄奄垂毙之鄂民争此虎狼不食之余唾也。度其意以笑骂由他，笑骂者不过毋令后人笑拙也。然而人生上寿，不过百年，生存华屋去，冷落归山丘。宛其死他矣，人入室，君子读山枢之什［"宛其死……之什"，原文如此］，窃叹积铢累寸者之不足与有为也。况人事之变迁难定，子孙之贤否难知。世有纨袴之徒，视祖若父不义之财为不足惜，而万金立尽者。甚至以奢侈骄淫之性，招丧家斩犯之殃。天道无凭，而福善祸淫不爽。试三复斯言，当亦废然白返矣。今以市侩之奸谋，为鄂人之公敌，乃不自责，而欲迁怒于民之父母之督宪，不幸又被揭于不畏强御之咨议局，吾知五福记、诚记等团结力虽固，运动力虽高，区区三十万金未必能达此目的也。书曰：虐我则仇。孟子曰：殃民者不容于尧舜之世。以如此作奸犯科之辈，吾愿督宪以非种而锄之，则造福于吾鄂者多多矣。呜呼！不意预备立宪时代而湖北官场之怪象有如此之甚者也。

痴梧曰，作者谓湖北官场怪象如是，诚如是矣。窃意辇金谋去莘帅，不敢谓必无其事，而又不敢谓必有其事。夫既曰由该公司辇三十万金入都，又曰该公司党志固结，手段灵敏，咨议局当非无所据而云。然惟是何人入京运动，又入京运动何人，两者电中未见一一指出，即有其事亦不能征信也。倘无其事而咨议局诸君撷拾途说，遽尔传电，岂不为该公司之大股东酸笑于其旁耶。

痴梧又曰，六日上谕，莘帅已补授湖广总督，此固天假以造福湖北也，然于此事更不能无疑焉。前日有谋去总督之电传，今日接补授总督之谕旨，两适相值，岂谋去之事，该公司党志不结欤，抑该公司大股东之手段不敏欤,而咨议局诸君则又言之凿凿矣。或者国会同志、鄂省京官主持公论以挽回欤,则又未闻有人赞一辞矣。还请质知其事者。

(《汉口中西报》1910年6月14日,新闻第1页)

70. 咨议局书记员吴道南致铁路协会书

铁路协会执事公鉴:

日前开会,道南谓有障碍缴股之原因有数种,其一则唯官办铁路局,建议由协会拟一正式公函,自邮部批准商办之日,即该局停止之时,以后所生之消费及以前无益之消费概不承认,其所收股金须点存银行,倘有虚糜,勒令赔偿。此正式公函一面通知该局,一面宣示大众,使人人晓然知官办关系断绝,而商办招股之信用乃坚。当时到会诸公所最赞成者在此,执事诸公所最惊疑者亦在此。诚恐误会其意,谓道南故为挑拨,以鼓动人心,终置此议不行,再经数月而大事已去,不能不更为执事诸公申明之。

吾国自昭信股票出现以来,官之失信用于民者屡矣。故客岁鄂境川粤汉借款之问题起,执事诸公发起拒款,争回商办,登高一呼,四山响应,率能达其目的,则民情之畏官办而乐商办也明矣。迟至今日,额定第一期创办股款及总数尚未缴齐。其故何也,以邮部虽批准商办,而官办之名义尚未停止。官局既未停止,则人民对于商办之信用仍不坚,则是官局为商办招股之一大障碍物不去,此缴股者所以寥寥也。度诸公意见,此时不问官局之停止不停止,只要缴足股款,组成公司,开工筑路,则将来官局自然停止。斯固然矣。果如诸公之言,则我集我股,我筑我路,去今两年间之拒款,诸公舍身拼命,各地函电交驰莫[?]争,志士奔走号呼,又奚为者?诚以官办借款之问题未解决,商办之根据不能定,官办之关系未断绝,则商办之招股无信用。既不见信用于人而劝人之缴股,吾恐劝股者舌敝唇焦,而率无应之者。即就实事而论。官局一日未停止,旧有百余万金之股东对于该局之关系一日未断绝,岂有已投入数十百千万元之股金于该局尚无着落，而复有投入数十百千万元之股金于商办铁路乎？又官局既未停止，官局之招股亦必未停止。一局未停止，一局又发生，同一铁道线而有两局同时招股，即令人民热心路股，其将何适从乎（按：东西各国法律，规定铁路为独立事业，他人不得与之竞争）。且传有股东之亲邻族友鉴于其前次认股之虚悬，即热心商办铁路亦不敢遽为孤注之一掷。若对此人而劝其入股，恐起苏、张为劝股员，亦难耸其动听也（按：此次所缴股款，旧有股东间有入股者，真凤毛麟角，曾不多见）。或谓若宣言官局停止，反惹起他要清查股款，现在既无多额股款可查，必受他之压迫，姑隐忍置之。又谓官局一旦停止，他向所收百余万元股金必要缴存公司，此时公司既未成立，谁敢承领此巨款，他又信任谁而与此巨款，又不能不隐忍置之。虽然，清查股本及公司，有正式之清查及随时之调查。置[？]种正式之清查，原有一定时期，此时期之效力必满了六个月以后始能发生。六个月未满以前，无论何时只得行随时之调查，不得行法律上之强迫。至于股款非开工筑路后，不得存在公司随时动用，官局所收之股金立须存放银行生息，我公司成立之期限未到，彼即请交旧有股金，亦唯仰交银行可耳。若因我股本尚少，即生恐慌，对于官局姑置之不问，此敷衍政策，断难长恃。倘六个月期限经过，我即不提起，恐彼亦不能久待也。与其畏首畏尾，难底于成，何如力除障碍，而或可有济。况我组织协会原期公司之必成，消灭时期一日未到来，尚容我一日之进行。此时距邮部批准之日仅三个月，岂可先自馁其气，恐将来公司难于成立，而不要求官局之停止耶。即邮部亦岂可逆料我将来公司不能成立，而故存此官局以有待耶。在执事诸公，拒款之时何其雄，而现在又何其怯耶，毋亦为缴股者之不踊跃故耳？苟请官局立时停止，则障碍以除，商办招股之信用乃固，缴股者自然踊跃。在旧有股东，各得挪移旧有股金以入。此次创办股，在旧有股东之关系人未认旧股者，亦得决意筹款而入新股，在此次未认股或认而未缴者，亦得决意认缴，此二三百万元之股金，一二月内可措之裕如矣。且协会为湖北之协会，铁路为湖北之铁路。湖北地段铁路既归商办，则官办之名义当然取消,湖北铁路协会亦当然有请求取消之权。其得请求之理由分言于下：

(一)据部批,可以请求其取消也。政府既准商办,断不再索回官办,岂外债既已拒绝,而官局独不可取消耶。若谓虽允归商办,公司尚未成立,不肯遽然取消官局,则是政府故存官局以惹起人民观望不前之念,度可达夙所希望借款之目的。依此理由,更不能不求其取消也。

(二)为糜费,可以请求其取消也。去年以前,每月消费甚夥,即现在每月消费亦不下万余金,非动用股本,即出自公家收入,然何一非我湖北之民膏民脂也。或谓官局之支销,系出自奏定米捐。计米捐之收入每年有四十万两以外,亦为我湖北地方人民所负担。即奏归公家,上可为朝廷报效之款,下可为地方行政经费。当此财政支绌,岂可置此巨款不问,听其为无益之消费也。

(三)因旧股东之权利得丧,可以请求其取消也。地方团体机关对于团体内人民之利益,有保护之义务,对于损害团体人民利益之人,有要求其赔偿之权利。今湖北官办铁路既改归商办,凡我湖北人民已缴之股金,湖北铁路协会即有代为要求偿还之义务。否则听其损失,则旧有股东将不责官局之损害,而责我协会不要求赔偿也。

(四)依右种种理由,可以取消。宜即时发一宣言书,通知官局登诸报章,他纵不即时停止,我亦不与之算账,只要一般人知之可矣。一旦公司成立,宣言书之效力即同时发生,除邮部未批准以前正当之用款不计外,其余一切消费,概勒赔偿。若此时不发通知,将来与之算账,则彼反有辞以挡也。右函仅申明前在会场演说之意见,至劝股之方法,容当面商。专此奉申,祇请公安。咨议局书记员广济吴道南顿。

(《汉口中西报》1910年7月2日,新闻第1页)

71. 咨议局欢迎爱国华侨

华侨陈炳农,香山人,执业机器化学科,因热心祖国特归,赴南洋劝业会，目睹第一张入场券西人欲出六千元购买，陈君以各国赛马规则，第一张入场券决无外人买去之公理，殊与国体大有关碍，于是以壹万元捷足先得，爱国之心已达极点。日前旅汉住迎宾江馆数日，随赴汴游，不日遄返。闻督宪谕为优待，而咨议局、国会暨两广同乡均拟开特别欢迎大会，以□感情。

（《汉口中西报》1910年7月2日，新闻第4页）

72. 咨议局书记员吴道南再致铁路协会书

铁路协会执事公鉴：

前函言官办之关系断绝，商办之信用乃坚，至是始可以言劝股。虽然，尚有一重要问题亟待解决者，即保息金是（也）。盖保息金之设，专以坚普通人之信用为主，在股分公司发达之国可以不设，对文明程度高尚之人可以不设。公司发达之国有已著成效以为信用，程度高尚之人，信用将来必有成效。中国此时公司之效果未著，人民之程度不齐，非指定的款以为利息之担保，即普通人皆热心认股，而章程规定从缴股之时起，每年官息六厘，五年之中，路既未成，此息取偿于何处。且开办费一项所需甚巨，特别捐又岂能长恃。踌躇再四，不能不令人为之却步。或谓公司责任为创办人所负担，普通股息亦自有创办人为担保，另筹保息金又奚为者。然此时□股不第普通人无远识，即创办人之识见不必尽远，不然缴股者何以如此之迟也。假如筹定的款为保息金，在劝股者有所措词，在入股者亦无所顾虑，且保息金楚人失之，楚人得之，又何惮而不为者。度执事诸公未尝不念及此，因无的款可筹，故置之不论耳。查河南商办铁路保息金，取之盐斤加价。当苏杭甬拒款之后，波及浦信，惹起河南全省人民慷慨激昂，拒款商办。招股伊始，全省绅士开会，决议盐斤加价五文为股款保息金及公司开办费，禀由林赞帅奏明立案，晓谕人民，毫无阻滞。四川商办铁路开办伊始，曾□锡清帅饬烟捐、土厘两款内拨用。查烟捐、土厘两款原系官款，锡清帅因铁路尚未动工，未便支用股本,特指拨此两款以为开办经费,至今仍按月列入收款内,虽未明言为保息金,而保息金之实事在此。观上两省之保息金,一则由地方绅士筹抵,一则由地方长官指拨,何幸如之。返观湖北,近数年来屡受天灾,哀鸿遍野,财政紊乱,有司告匮,绅士筹之无可筹,长官拨之无可拨,唯有官绅合议将停止官办路局之经费改为商办经费,即以米捐一项改为股东之保息金,凡官办路局负有应继续支出之费用,亦可移归商办负担,此皆顺而易行,毫无滞碍者也(据此次招股章程为有限公司,二千五百万元分五期缴,每年缴五百万元,已收者存放银行生息,一日未用则有一日息,可置勿论。唯就已用者言之,第一期所用之五百万元,至第二期须付息三十万元,折银廿一万两。米捐年得四十万两以外,抵偿股息尚余一半,即以所余为第三四期之弥补。至第四期以后,则大局将告成矣)。至是,乃真可以言劝股。劝股含有劝其缴股及认股两种。以现在而论,则缴股为急,而认股次之。劝缴股含有普通股及创办股两种,以现在而论,则创办股为急,而普通股次之。兹先就创办股言之。凡已认之创办股人,姓名住址俱详股册,对于此种,只可谓之催,不可谓之劝,以其有原动力之资格,并负担有维持协会及劝人入股之义务,不过因一时不便,尚未缴款,可由协会派人按册催缴。派人催缴有直接催缴及间接催缴两种。凡武汉三镇或外厅州县人就事于武汉三镇、直接在协会认创办股者,可由协会直接派人催缴;或间接在代表处认创办股者,则由该代表间接催缴。一日未缴清,则催一日。苟为赤贫,必不能认股。苟非热心,必不认创办股。既已认为创办股,一经催缴,未有不汲汲筹办者。如此则第一期所短之数即取之于创办股中而已足,而况济之以普通股也(按去年认创办股者达七百万以上)。更就普通股言之。熙来攘往,唯利是视,有钱而不愿入股者必其怀此事业之不稳固,或将来无利益也。假如劝股员系地方殷实正绅且自己认股已缴纳,足以破一般人之疑团,以启其营业获利之心,缴股者自然踊跃。以近例观之,广济县区分七乡,水乡五,山乡二,面积直径仅九十里,地瘠民贫,为全省冠,此次缴股之多,平均比较,亦为全省之冠。此何以故,因劝股人首先缴股以示信于人也。由此观之，仍须由协会召集各州县代表劝令各回本地，在商务繁盛地方会同商界中殷实公正者筹商，先自缴款，转劝他人。在城厢地方会同绅界中殷实公正者筹商，先自缴款，转劝他人。更由协会直接派人随时至各州县会同该州县令及劝股员开会讲演，劝催劝缴。官吏提倡于上，绅士劝导于下，无论如何闭塞地方，未有不勃然兴起者也。惴此复上，并候公安。广济吴道南顿。二十五日上。

（《汉口中西报》1910年7月5日，新闻第1页）

73. 咨议局议决减折武汉房租

武汉三镇房租渐加，住客已不堪其虎噬。每见贸民之基本金几何，大半消耗于房租，居民之进项有限，日食且不足，又负累于房租。且昔年租金照本计息，多不过八厘，少则五六厘。今之租金照本计息，有至四分五分者。常年如此，何异重利盘剥。闻咨议局已议决将武汉三镇房租照原数通作七折，以纾民困，定于本月禀请督宪瑞莘帅通饬遵照。

（《汉口中西报》1910年7月15日，新闻第4页）

74. 咨议局议员演说联合会

咨议局议员胡君子笏由京回鄂，在汉口万寿宫银行研究所大开演说。纪事者特述略如左：

（一）各省代表之游说。各省代表鉴于庆邸总理内阁，攻以文明手段，乃效苏秦游说之法，时至各亲王、贝勒、大臣府第晓以时事，耸以舆情，请劝庆邸自行辞职，以继贤者。

（二）参劾庆邸之公式。各省代表恐游说不足以去庆邸，势必参劾。其参之之法，何举各国内阁无贵族充当总理大臣之任，及咸丰朝曾有不许成亲王掌握大权专行要政之上谕，再参以现在时事，国民要求，资政院或都察院代奏。其奏稿乃汤君化龙所拟，闻作一昼一夜之久，甚为妥善云。

(三)举办国民军。国民军虽为救亡之急,然必为政府所忌。各省代表有鉴于此,磋商对待方法,必达其目的而后止。兹议定每直隶州征兵四百名,大县三百,小县二百,以六阅月为退伍换新之期(退伍每季大操一次)。其经费由各州县商董协商筹措,其兵士操课、官长一切办法,由本省陆军统制管辖,名为民兵,实与官兵无异,庶于政府无忌而于救亡实良诚□□也。

(四)日人瓜分中国谈。日本有两党,一曰激烈,一曰和平。激烈党言英俄两国已与彼国协约,美国巴拉玛河尚未开通,来华甚远,不如趁此机会速行瓜分中国。和平党言中国广土□□,民气进化,且有马、胡等贼之患,必俟美国巴拉玛河成而后可以行瓜分中国之手段。呜呼!瓜分豆剖逼人来,同种沉沦讵可哀,太惜神洲[州]将去矣,劝君□□莫徘徊。

(《汉口中西报》1911年5月30日,新闻第3~4页)

75. 咨议局请增经费

咨议局本年经费预算四万九千八百余两,奉部议酌减。经咨议局复称,本局前呈赍宣统三年岁出预算表,均系切实核计数月以来经过事实,逆料将来实有不敷之虑,万难再减。奉院批添用速记生四名,月薪共一百六十元,宣统三年连闰应支洋易银一千五百二十余两,系在前赍预算之外,应请照增云云。

(《汉口中西报》1911年6月12日,新闻第3页)

76. 鄂省查办常驻议员之问题

咨议局常驻议员张君光耀,上年十月常年会后即行回籍。迨开临时会时,又无故不到,直至本年二月始行来局,四月二十日又复回籍。所有应得公费，经局扣除，数月来并无一人提议此事，而按月报销册内亦未具报，是以督院并不知觉。刻下不知如何，始由常驻议员谢君鸿举举发。莘帅以为仅扣公费，殊为不正常之罚则，亟应查照局章第五十九条办理，已札交该局查明开会决议，并令将所扣公费并未具报理由呈复。

(《汉口中西报》1911年8月29日，新闻第3页)

77. 咨议局办事处通告

敬启者。前准直省咨议局联合会函称：本会呈奏内阁组织一案，明旨未如所请，除由本会陈请资政院通知汉口各商团联合会速行联合上海各处商团，于今年资政院开院之前各举代表到京，专对此事上建议案，声援既壮，或者实效可收，想贵局必乐于赞助也等因，准此。查责任内阁为宪政重要之机关。内阁不能负责任，即无宪政之可言。全国人民望宪政之完成，必望有完全之内阁。一请不效，自应再三呼吁，以冀上回天听。贵团热心宪政，谅无不以此为当务之急。请即联合各处商团于八月中派代表赴京，同行伏阙陈请，实所至祷。特此转达，即希察照，敬请公安。湖北咨议局办事处谨启。

(《汉口中西报》1911年9月5日，新闻第4页)

78. 咨议局常年会之准备

咨议局常年会每年一次，会期以四十日为率。兹届九月初一日，为开会之期，莘帅以地方行政经费出入不敷，为数甚巨，亟应筹补；藩司为本省财政总汇机关，负有完全责任，已饬王方伯将职掌内事宜提前拟议，详明核夺，以便届时札交咨议局会议，而免贻误云云。

(《汉口中西报》1911年9月20日，新闻第4页)

79. 咨议局筹备开会

九月初一日为咨议局常年会开幕之期，汤、张二议长以本届为三年任满，凡地方新政利弊及民间疾苦等要件，亟应详咨博采，造福闾阎，以尽天职，刻下与常驻各议员妥筹开会一切事宜。又以开会期迫，各属普通议员早经照会先期来省，免误要公。上五府各议员，如赵君麟书等已纷纷到局矣。

(《汉口中西报》1911年9月28日，新闻第3页)

（三）其他报刊的报导

1. 鄂督派员办理咨议局创办所

鄂督赵次帅以地方自治为行政上补助之机关，特饬设局筹办，调查本省习惯民情，编订自治法规，并饬各属选送士绅研究自治，以为传习、次第实行之预备。昨已派藩司为咨议局创办所总办，臬司为会办，前留学日本陆军梅道光义为坐办，武昌府为正提调，江夏县为副提调。爰将札文录下：

照得咨议局系奉旨速设之事，前次业经札饬该司钦遵查照办理在案。查咨议局虽设立于省会，而议员应选举于各属。现在湖北地方自治制尚未编订，选举区域无从规划，被选举资格及选举方法又未规定，一时难以饬选，拟与自治局同时设立咨议局创办所，以为咨议局之基础。所有该所创办各项事宜，非遴派大员选派士绅，不能广集众思，克期兴举，业经札委北布政司为该所总办，北按察司为该所会办。兹查有武昌府知府黄以霖堪以派充该所正提调。除分行外，合行札委。札到该府，即便遵照，悉心筹议，勿负委任。此札。

(《大同报》1907年第46册第196期，第34页)

2. 湖北咨议局提议禁绝种烟之规则

湖北咨议局议员卫寅宾因鸦片之害，禁吸不如禁种，鄂属虽已通饬于今岁一律禁绝，而外府州县之强有力者多仍旧栽种，其故，由于地方官吏徇情见好，未能实力奉行，爰提议禁绝种烟规则八条，请众公决。一、请制府出告示申饬各府厅州县，本年禁种洋烟一律宜认真务尽。二、通饬各属谕城乡公正绅董划清区域，组织禁烟会，设立巡查所，先将禁烟之害与逾十年期限禁不能尽，定成交涉，英人过索赔款、民不堪命之祸，明白演说，有知识之人必悟此，使之自然不种之法也。三、制府府[多一府字]既出示申禁，绅董又明白演说，如再违禁仍种，是为顽冥不灵，宜加惩罚。所罚之款宜照种烟之利加倍。四、冒禁仍种多系有势力之家，惩罚必自有势力之家始，而人自不敢犯。五、惩罚之款归入该处禁烟会，经费有余则购戒烟丸，以施戒烟贫民。六、出告示，立禁烟会如在种烟后，未可遽此惩罚，须先由禁烟会绅董演说，并着各集诸地保鸣锣喊告，限十日内自己将烟苗毁尽，如再不毁，查出实行议罚。如不受罚即禀官惩治。七、地方官受禁烟会之禀，宜立行差传惩治，毋为瞻徇情面。如地方官禁烟不力，准禁烟会将种烟亩数陈明咨议局，由局呈请制台核办。八、禁烟会成立，将成立日期呈报地方官，匝月后地方官亲履各区踏勘，如尚有烟苗未毁，即按其主名扭获惩罚，面斥区绅董之不力或易人接办。

（《大同报》1909年第44册第293期，第33~34页）

3. 拟议公债案之原因

鄂督陈制军现拟仿照直隶成案试办公债票，以便办理新政，业经具奏通饬遵照在案。该省议员刘君陶庵因此事关乎国计民生，查宪政编查馆奏定章程第六章职任权限内之第四项，咨议局宜议决本省税法及公债事件，此次奏办公债票，提纲挈领，虽有督部堂筹划，然条目手续，咨议局亦应照章议及，故已决定俟下届议期再行开议。

(《大公报》1909 年 11 月 25 日)

4. 咨议局议决之无效力

湖北咨议局议决各案呈报后，迄今未见施行，各议员惟铁路拒款是争，亦不向行政官厅呈催。探闻有学务一案，行政官厅已经认可，又为绅界所反对，竟致无效。兹纪其原因如下。先是鄂省有官立小学三十余堂，均隶属于学务公所，议员等以其成绩不佳，决议改归江夏县经营，借重地方官实行整顿。所有该小学经费原系各署局捐助，亦议定交县经收支用。迨经学政司核允后，首县劝学所总绅杨文林与视学员朱某均起而反对，不允接收，故首县李振卿大令昨仍禀请将小学归公所经营。议论多而成功少，其斯之谓欤。然识者于此益叹咨议局之凡百议案皆无效力也。

(《大公报》1910 年 4 月 18 日)

5. 湖北咨议局议案

湖北咨议局已于初一日开第二届常会，所有议员提出各议案兹调查列下：划一筹办厅州县自治缩短成立年限案；请饬武汉暨各州县多设工艺厂备荒案；整顿统捐局案；严禁酒户耗粮案；革除挪夫积弊案；以征收税契机关委任自治团体案；请实行承启官案；裁谷米统捐以加奢侈税抵补案；清理各州县财政案；规定东西洋留学官费案；改定安陆船捐旧章以纾商困案；拟整顿各厅州县监狱案；禁革各厅州县官价购物案；禁止洋商在租界以外违约经商案；请定州县公费案；请严禁私用门丁并裁革承启另拟办法案；请早申禁种洋烟案；各府厅州县科房改为公所案；议决公布之案请饬州县实行案；筹办各厅州县巡警案。

(《大同报》1910 年第 36 册第 338 期，第 31 页)

6. 湖北咨议局为川米运鄂致四川总督赵尔巽电

赵制台钧鉴：

鄂中饥甚，道殣相属，乞公俯念旧治，准川米下运，苏此奇厄，祷切施行。鄂咨议局叩。艳。

附：四川总督赵尔巽复电

武昌咨议局诸君鉴：

夔米大涨，官绅请停运。饬查重米稍平，当令上游展限一月，仅停夔运，以愿邻急而副电属。倘重米再涨，则不能兼顾。谅之。巽。艳。

(《四川官报》1910年第5册，第8页)

7. 湖北咨议局至四川总督赵尔巽电

赵制台钧鉴：

鄂米将空，告籴无门，窘急万状。闻贵省万、夔积米尚富，恳饬发护照，运米二三万石，一济眉急。毋任顶祷。咨议局。

附：四川总督赵尔巽复电

武昌咨议局、汉口商会诸君鉴：

电悉。川东小春歉收，夔、万米早空，斗至二千钱，人心惶恐。现正设法平粜，自顾不遑，无暇他及矣。川督院。养。

(《四川官报》1910年第10册，第17~18页)

8. 湖北咨议局致资政院电

资政院鉴：

鄂地方预算并全册已发到局，惟系先行逐项讨论，非交局议决参考。

查试办预算已迫定期，常会已届强半，设再迟交，惧滋贻误。遵照局章，深虑摇动，请速主持解决，电复。鄂议局。

(《大公报》1910年11月11日)

9. 湖广总督瑞澂致资政院、度支部电

资政院、度支部钧鉴：

据湖北咨议局呈称，预算案为地方行政经费之准据，未经确定，阻碍殊多。当此试办之初，交议稍迟，不能遽决，请开临时会讨议等情。查地方税一项，前经度支部奏准明年与国家税同时核定，本年预算岁入册内一时自无从划分。至本年预算本系试办，一切难以完备。且湖北财政出入不敷甚巨，前据藩司筹议裁减并经度支部核减各款，分饬各主管署局复加决议。兹据先后议复前来，查裁减各项以军费为大宗，而陆军部则奏明原有军费不准擅减，自不得不遵照办理。此外各处亦均以关系重要，减无可减。即间有量予核减者，较之原减之数大相悬殊。现正督饬司道复核汇编，非假以时日，难以完竣。今咨议局既已闭会，应令暂散，俟前项表册编定，再由本部堂另行定期召集临时会，交令讨论，以昭慎重。除札复外，谨以奉闻。瑞澂。马。

(《大公报》1910年12月8日)

10. 鄂咨议局推倒学务

鄂省学款奇绌，前经学司提议，将宪政期内应添办学堂及拟停办学堂规定办法，交由咨议局会议。咨议局迎合其意旨，已议决宣统二年至五年暂停添办各学堂，列成表式，申报学辕，咨送各学堂一体遵照。兹探录如下：

宣统二年下学期，理化专科毕业停办，方言学堂毕业停办，添办无。

宣统三年上学期，高等农业停办，添办中等职业、漆工、染织三科

各一堂，添办高等学堂第三类。下学期，南路两等毕业停办，开办高等工业机械科一堂，两湖附属两等添高等各一堂，模范两等添招一班女子师范，添办保姆讲习所一堂。

宣统四年上学期，北路两等毕业停办，农业教员讲习所毕业停办，添办高等第二堂，添办优级师范第一类。下学期，工业教员讲习所停办，中等工业开办土木、图稿、绘画三科，两湖附属添初等一堂，女子师范添招一班，模范两等添高等一班。

宣统五年添停俱无。

(《民立报》1910年10月26日)

11. 关于预算案之争持

湖北预算案，咨议局全体曾经再三呈催将岁入出全册交议。兹悉预算全案表册已于日前由院札发咨议局，惟仍是交局参考，并无交议字样。副议长张国溶拟组织特别委员会发交讨论。有议员周孚、阮毓崧、吕逵先，谓此案系交参考，并非交议，何能讨论，须俟另开协议会，研究对待方法。

(《民立报》1910年11月3日)

12. 鄂议局之暗裏风潮

两湖学堂师范科教务长郭肇明刊布驱逐议长传单，痛摘其推倒学务之罪，故议长汤化龙大有辞职之心，现正告病假。事为全体议员议决后，呈请瑞督札饬学司巡道彻查此项传单是否郭肇明所为，并一面出示严禁。

(《民立报》1910年11月4日)

13. 主持速开国会

咨议局于二十六日下午接北京代表团来电："请愿国会事已具奏，

闻政府有主持缩至宣统五年之说，但五年与此相去无多，何不即日举行，请即日电枢维持。"张议长以国势日亟，非速开国会不足以挽回，当即电请军机处极力维持矣。

(《民立报》1910年11月5日)

14. 汉口国会请愿同志会电

国会事准约各团全体赴院，要求再电奏请即开。又云国会期限颁布，代表团即改作政党组织，现敝会已决改作支部，如何？乞电复。

(《民立报》1910年11月17日)

15. 鄂人也中康梁之毒

汉口宪政同志会干事长张国溶，附会北京同志会，运动武汉各团体请开党禁，起用康、梁，各团体均为所惑，昨致各团云：

敬启者。请释党禁事，承贵团热心赞助，在敝堂开汉口各团体研究会，当经全体赞成，由敝堂造成各团体姓名册，加盖印章，以资凭信。兹谨将名册送上，即希加盖贵团印章为荷。

附呈致北京同志会函稿

敬启者。顷奉台函，拟于资政院开院期内上书，陈请开释党禁，具见爱国热忱，曷胜铭志。汉上民智初开，向乏团力，然对于宪政前途，则责任所在，实不敢自甘放弃。自接大示，即联合各团在汉口商业学堂开研究会，当经全体赞成。兹将汉日[口]各团会员姓名造册盖印，由邮呈上，务祈大力主持，即时陈请开先朝之禁纲，为政党之预备。国家幸甚。此请公安。汉口宪政同志会及各团谨启。

(《民立报》1910年12月20日)

16. 湖北咨议局开临时会

湖北咨议局因预算案要求于常会后接续开临时会，时瑞制军因前交出之预算错讹太多，须督饬清理财政局修改，故饬各议员暂散，候再召集。兹预算案修改已将告竣，特核定以十二月朔为临时开会日期，业已札行咨议局并通电各府转行各议员知照矣。

（《北洋官报》1911 年 1 月 9 日第 2664 册，第 10~11 页）

17. 议长利国不利民

湘省刻开米禁，湘抚以今春赔款需甚，无从筹措，拟加抽米捐，以为挹注之计，连口每担共抽一千文，在湘设立总局，在鄂设分局，所有捐项湘七鄂三，两省摊分。刻咨议局议员时象晋因湘省加捐过多，恐开禁米价难以大跌，小民仍难聊生，且在鄂设局，岂非并鄂属公安、监利、藕池一带米谷一律加抽乎，爰即作成议案提议。讵议长汤化龙、张国溶大加反对，谓此议仅可利民不能利国，所议不准提作议案云云，因之时议员与之大起冲突。昨日（十七）因时间太迟，未决，遂散。今日时议员仍拟与之激战，不知如何结局。闻其中原因，实以该议长等与湘省某大老甚友善，故此举实行拍马之意云云。

（《民立报》1911 年 1 月 25 日）

18. 汤化龙真要化龙

鄂函咨议局正议长汤化龙于十四日召集议员商酌救亡要策，先由汤提议三大端：（一）隆裕皇太后请勿干预朝政；（二）各省督抚属于君主，不属于责任内阁；（三）内阁总理大臣不得以皇室充任。此三议案俟四月中各省咨议局联合会在北京集议时如得通过（做梦），即作请愿，如不获允准，即各议员驰回上海，在中国商团联合会提议不纳税，以为抑制

（儿戏）。但议长入京，武汉各商团闻均拟排队往送，以作鼓励云。

（《民立报》1911年4月22日）

19. 汤化龙行将飞去

湖北咨议局议长汤化龙为咨议局联合会事入都，曾预备许多请愿。武汉各团于二十七日假宪政同志会公请汤君，表示此次入都意见，汤因事冗未来，改期二十八日。至三十日汤君起行，是日九时以前，各团均整队往火车站欢送云。

（《民立报》1911年4月29日）

20. 湖北咨议局为路事致川粤咨议局电

川粤汉铁路收归国有，本局与湘议局已再四电商，拟选派精毅不屈之员向外务邮传两部剧争。未知贵局对于此项问题如何办理？祈将筹议抗拒方法及进行手续详细答复。

（《民立报》1911年5月27日）

21. 汤化龙、张国溶关于路事致武汉铁路公司电

督办铁路大臣出京在即，闻拟在鄂布置一切，即赴湘省清理路事。已由湘代表电告全体公筹对待，期收内外夹攻之效。请于午帅抵汉时，由公司直接交涉，毋令稍失权利。

（《民立报》1911年5月31日）

22. 张国溶关于路事致湖北咨议局电

吴都统折上留中，尚未发生效力。吴等百折不回，拟再专折具奏，

热忱可敬。连日均在江汉学堂会商,俟议决后随时电达。

(《民立报》1911年5月31日)

23. 汤化龙、张国溶关于路事主张①

汤议长化龙、张副议长国溶,以郑中书万瞻争路公呈并无下回分解,益信不认国有之议必无成功,不如改变方向,隐收民有之实效。其主张者如下:(一)本年四月以前之民款,不向攻[政]府索回,仍归入路股;(二)要求邮传部发给商民股票;(三)要求邮传部嗣后商民有愿附路股者,仍准随时加入;(四)要求邮传部准川鄂湘等省商民设置查账会,有稽查铁路用款之权。能一一认可,便即相安无事云。

(《民立报》1911年6月15日)

24. 郑万瞻等为路事呈请都察院代奏稿

呈为大臣巧借命令以变法律,归咎君父,以卸责任,恳恩收回成命,并治主管阁臣违法之罪,以维法律而固民心,合词呈请代奏,仰祈圣鉴事。

恭读本月十一日上谕:"邮传部奏遵议给事中石长信奏铁路亟宜明定干路枝路办法一折,所筹办法尚属妥协。中国幅员广阔,边疆辽远,袤延数万里,程途动需数阅月之久。朝廷每念边防,辄劳宵旰。欲资控御,惟有速造铁路之一策。况宪政之咨谋,军务之征调,土产之运输,胥赖交通便利,大局始有转机,熟筹再四,国家必得有纵横四境诸大干路,方足以资行政而握中央之枢纽。从前规画未善,并无一定办法,以致全国路政错乱纷歧,不分枝干,不量民力,一纸呈请,辄行批准商办。乃数年以来,粤则收股及半,造路无多;川则倒账甚巨,参追无着;湘、

---

① 标题为编者所加。

鄂则开局多年，徒资坐耗。竭万民之脂膏，或以虚縻，或以侵蚀，恐旷时愈久，民累愈深，上下交受其害，贻误何堪设想。用特明白晓谕诏示天下，干路均归国有，定为政策。所有宣统三年以前各省分设公司集股商办之干路，延误已久，应即由国家收回，赶紧兴筑。除枝路仍准商民量力酌行外，其从前批准干路各案一律取销。至应如何收回之详细办法，着度支部、邮传部凛遵此旨，悉心筹划，迅速请旨办理，该管大臣毋得依违瞻顾，一误再误。如有不顾大局，故意扰乱路政，煽惑抵抗，即照违制论。□此通谕知之。钦此。"同日又钦奉谕旨："邮传部奏粤汉铁路，鄂境川汉铁路正合同签字，势难久延，请将该部批准前案取销等语。着依议。钦此。"

窃查铁路国有主义，主持于邮传部大臣盛宣怀，末尾署名除总理大臣奕劻，协理大臣那桐、徐世昌外，惟盛宣怀一人，此项政策实为盛宣怀之政策。今日中国铁路应否收归国有，国有铁路是否为完全政策，职等未敢深辩。惟盛宣怀此次之主持，破坏法律，丧失民心，贻咎君父，厥罪甚大。请为我皇上陈之。

查先朝钦定资政院章程第十四条资政院应行议决事件三项税法及公债事件，是国家起借公债，必经资政院议决。盛宣怀为川汉、粤汉两路借英金六百万镑，以此重大之借款，自应遵章交资政院，得其同意，方为有效。而盛宣怀以私意请旨签字盖印，置资政院于不顾。蔑视资政院之职权，实蔑视先朝钦定之法律。然且巧为欺饰，谓该约签字于宣统元年四月，成议在资政院之前。不思该约在未经请旨之先不过一草合同，非即作为定案，该大臣此次协订亦经为数条之改正。以开院前已成议为不交院决之理由，实欺朦朝廷、隐肆乱法之手段。罪一。

又查钦定内阁官制章程第十二条八项各部重要行政事件，必任内阁会议。川汉、粤汉各铁路之归商办为该部批准之成案，一旦收归国有，断不可谓非重要之问题，律以阁章，须待阁议之决定。盛宣怀惧阁议之不能同意，于新总、协理大臣辞职之际，径行上奏，借勅令以售其奸私。新内阁初成，此欺上谩下之举，虽署名而不负责任，使内阁官制发布之日即失天下之信用。罪二。

世界各立宪国，阁臣必有同一之政策。然政策同一，总为内阁之政策，而非君主之政策，故政策之宣布，其责备于阁臣。盛宣怀以铁路国有为政策而借上谕之名以发布，是以皇上为定政策之主体，实以皇上当怨谤之中枢。盖政策本非绝对之物，常生政治家之反对，惟阁臣自信果笃，即自负责任，以期达其施政之方针。今不发之于阁臣而发之于皇上，是欲以违制之罪箝天下人民反对之口。皇上承先帝之绪以立宪诏示天下，而盛宣怀隐以专制加诸皇上，天下臣民谓我皇上何。且盛宣怀请旨定此政策之日，即内阁总、协理大臣辞职之日，虽曾奉温旨慰留，尚未谢恩就职，总理、协理大臣之署名从何而来，是明以欺皇上者欺天下也。罪三。

总之，盛宣怀非能言政策之人，惟以私债累累，不能不借国债以自益，又倒行逆施，无所择利，以君父为丛怨之府，居心实不可问。上谕所谓朝廷之政策，实为该大臣借名之政策。该大臣署名之上谕，实为不负责任之署名。过则归君，善则归己，有臣如此，其何以国。职等惧法律破而民心失，是以不敢缄默，谨合词吁恳天恩，收回该大臣署名之成命，并治该大臣违法欺君之罪，以顺舆情而重成法。不胜惶悚屏营之至。谨呈请代奏，伏乞皇上圣鉴。谨呈。

（《大公报》1911年6月9日）

25. 湖北咨议局呈复督院借新债还旧债一案请仍照原议并将草合同正式交议文

湖北咨议局为呈复事。闰六月初三日，案奉督院札开：据咨议局呈称，借新债还旧债一案（中略）等因。并札发旧债简表到局。奉此。窃查来札规定归还办法，议于比期日前签字收款，分别归还，期于新债发生，旧债同时消灭，断不至双方齐负，致有重息之累，仰见督院慎重债务之至意，钦佩莫名。惟本局有不能已于言者。查此案去年交议之时，府札据藩司禀：查度支公所承接善后局旧欠汉口二百四十余万，内除六十五万系常年七厘付息不计外，余均期限短迫，付息转期应付不暇，拟向洋商借银二百万两，常年七厘付息，分作十年归还，期则变短为长，息则转重为轻，并非另借巨款，借口滥用及挪作消耗之费等语。是原札系专指偿还善后局旧欠之款，并声明不准挪作别用，本局去年议决办法呈请批准施行在案。今来札据藩司呈送简表计共三百二十九万六千余两，数目则增加八十余万，欠款则添入度支公所新欠。查去年札交议案及本局议决案，既系专指善后局旧欠，则度支公所新欠之款自不在原案范围之内，即亦不在本局议决案范围之内，断不能以议还善后局旧欠之款，挪作还度支公所新欠之用，显背督札不准挪作别用之旨。现值清理财政之际，新旧财政均应划分界限，以符设会计年度之本意。度支公所之新债，去年会期既未交议，自应作为新案，与去年议决偿还之旧债两不相涉。若使搀参挪还，以后财政之纠棼，永不能与会计年度相应。且度支公所新借之款，如非为本年预算岁出之用，本局尚难承认。如为本年预算岁出之用，只属一时通融，本年度岁入所收可以抵补。万一有抵补不敷之数，应否借债填还，亦应俟决算时交局议决，此时亦不能遽行议及也。议决公债，在咨议局定章。本局前呈请将此次拟借新债之草合同札交下局，原系郑重局章之意。来札谓草合同前经迭次磋商，至正式札交咨局查照等语。查新借巨债既蒙督院正式交议于前，则此次草合同自应由督院正式交议。在督院固不便靳正式之札文致与局章相背，本局尤不敢认私人接洽与正式札文视为同一之效力，所有此案应仍请按照去年札交原议办理，并请由督院正式札交草合同到局，以符定章而求完善。再，本局前呈请督院札饬藩司将所有善后局旧债关于洋商合同、华商折据及此次偿还旧欠详表抄呈札交一节，应仍请查照办理，以资考证。本局始终为债务起见，理合具文，呈复督院，俯赐察核施行。须至呈者。

（《大公报》1911 年 8 月 23 日）

附：鄂督借新债还旧债复咨议局札

为札复事。据咨议局呈称：借新债还旧债一案，请先饬藩司将旧债偿还方法切实规定，务使新债发生之日即旧债偿还之日，以免受空息之累等情到本督院。据此。查此项借款专为减轻负担起见，借长期还短期，借轻息还重息，不准丝毫侵耗挪移，本为此案一定办法。鄂省先后息借各款，前据藩司呈送简表计共银三百二十九万六千余两，月息自五厘至八厘半不等，以十年计之，应还息银二百七十五万，即以二百万借款本银平均计算，亦应还息一百六十六七万两。此次还旧借新，年息七厘，统计十年息银及用项在内，共需银一百零九万二千七百十二两有奇，比旧债约可省银五十七万六千余两。此犹系就各商号旧债承允输票而言，万一市面恐慌，比期吃紧，商号不能转票，势不得不出于借短还短，甚至借息较旧加重，则本省亏耗更不止此。此新债旧债比例分明，不独合于咨议局呈文有利则举之说，即按事理而言，亦非如此不足以纾本省喘息。至咨议局来文所虑新旧利息双方齐负，致受空息之累，具见慎重之意，自应规定办法。除汇丰、正金两银行借款洋例银七十三万七千五百两曾经订立合同，分年归还，不在短期重息之列，难以提前外，尚有应还本银计合洋例银二百五十五万八千八百三十六两零，拟就中择其期短利重者连利并计提前归还二百万两。惟各商号向以每月十五、三十两日为比期，不届比期旧款，不切此次合同，议定签字之日全数交兑。现拟约定比期日前签字，便可即时收款，分别归还，新债发生，旧债同时消灭，断不致双方齐负，致有空息之累。至草合同，前经迭次磋商，大致已定，并因事机迫促，不及正式交议，曾由藩司将草底交陶绅德琨审查，并托持往咨议局接洽在案。除候合同签字交款还款，再将新债合同及旧债收回字据正式札交咨议局查照外，合先将规定还款办法暨旧债简表一并札复。为此札复咨议局查照是荷。须至札者。

（《大公报》1911年8月23日）

26. 湖广总督瑞澂奏咨议局改选调查等经费拨用前调查局银两片

再窃查湖北咨议局系于宣统元年九月初一日成立，议员任期扣至明年届满，照章以正月十五日为改选初选日期，其选举人名册应于选举期六个月以前一律告成。本年自宜提前筹备，俾免贻误。当经拟定顺序办事清单，檄饬各厅州县切实调查，依限申报，一切设施手续悉由臣随时督饬进行，并不另立总挈机关，借资节省。惟是查催则须分派委员，核缮则须酌添书记，所有夫马、薪水、邮电、纸墨等费，在在需款。前者编制本年地方行政经费岁出预算案，咨议局以第二届选举应在四年举行，本年无须此项经费，议决删除，而目前待用孔殷，不得不酌筹挹注。查本省调查局裁并以后，尚有节存银两缴储臣署，拟即于此项款内撙节拨用，已饬藩司、清理财政局编入临时费追加预算册内，汇报修正事竣，另册报销，以昭详实。除分咨查照外，理合附片奏陈，伏乞圣鉴。谨奏。宣统三年八月十一日奉朱批：该部知道。钦此。

(《内阁官报》1911年10月5日第44号，第10页)

27. 湖北督院为咨议局事致各府州电

查咨议局改选人员名册，应于本年六月内一律告成，前已核准定顺序清单通饬遵办。现为期已促，尚有十余州县未将奉文遵办缘由具报，实属玩延，望该管府州务速督饬所属依限赶办。如稍逾违，并干未便，懔之，即复。督院。宥。

(《湖北官报》1911年7月3日第133期，第14页)

28. 湖北咨议局请裁瘠缺津贴

赵次帅督鄂时，凡府厅州县各缺真正枯瘠者，每署酌给津贴，以资办公，按月签捐盈余项下拨给。刻咨议局呈请护督，谓府厅州县瘠缺津贴，应由优缺匀拨，今优缺分文未提，公中厚给瘠缺津贴，是官为致富之途，转于吏治有损。查湖北向所称为瘠缺州县，今并不为瘠缺，何也。解款少则无钱价之亏累，差事少则无供应之浩繁，且签捐者固仍民膏民脂耳。钱粮税契种种积弊未除，脂膏已尽又另取以益州县，在州县应受之不安，在捐局亦予之不当，请即将凡有津贴之缺一律裁去云。

（《湖北宪政杂志》1910年第1期《湖北纪事》第1~2页）

29. 湖北咨议局为鄂路自办致军机处等电

北京军机处，外务部，度支部，邮传部，王爷、公爷、中堂大人钧鉴：

川汉、粤汉铁路，川湘粤三省均归自办，鄂岂独外生成？况股款已齐，开工甚易。代表入都数月，未有定局，万众惶惑，泣请主持。伏恳俯顺舆情，赏予自办。鄂民幸甚，大局幸甚。咨议局汤化龙、夏寿康等公叩。真。

（《湖北宪政杂志》1910年第1期《湖北纪事》第3页）

后　记

本书初版于 1991 年。这次收入《荆楚文库》，除校正了初版中的若干错字和标点外，又增补了二十余万字的篇幅。增加的内容，主要是新发现的文献资料，其次是当年有关湖北咨议局的报刊资料和议长汤化龙的传记资料。另外，新增的序言，对湖北咨议局的议政实践作了比较系统的介绍和评价，同时保留了初版时的前言，以明原委。

本书初版面世已历时 25 年，当时参与编辑工作的陈祯琏、李天松两位先生已经先后作古。此次再版的增补编辑工作仍由吴剑杰主持。王兴科、何广为增补资料提供了咨询。严威承担了增补的报刊资料的搜集整理工作。

吴剑杰

2016 年 7 月